기사·산업기사

정보보안

필기 한권으로 끝내기

필자가 네트워크를 배우고 리눅스를 배울 때만 하더라도 보안은 그리 중요하게 여겨지지 않았습니다. 그러나 그로부터 25여 년이 흐른 지금에는 상황이 완전히 달라졌습니다. 이러한 상황 속에서 많은 사람이 보안을 공부하고 싶어 하는 것은 당연한 일일 것입니다. 또한, 정보보안 분야는 무엇보다도 흥미로운 분야이기도 하기 때문일 것입니다. 혹자는 취업을 위해서 정보보안을 배운다고 할 수도 있을 것이고, 현장에서 근무하는 독자라면 업무능력 향상을 위해서 공부하려고 할 것입니다. 취업이든 업무능력 향상이든 이제는 정보보안 분야는 IT 분야에서 필수이지 선택은 아닌 듯합니다.

자가 정보보안전문가와 정보보안기사 등을 강의해 오면서 가장 많이 듣는 질문이 "어떻게 하면 정보보안을 쉽고, 빠르게 공부할 수 있느냐"라는 질문이었습니다. 그때마다 학생들에게 "정보보안 분야는 광범위하니 먼저 세부적으로 분야를 나누고, 분야별로 목표를 세워 그 목표를 이뤄내기 위하여 한 부분씩 공부해 나가면 효율적이고, 지치지도 않으며 목표를 꼭 이룰 것입니다"라고 답하였습니다.

정보보호 분야는 광범위하여 이 모두를 공부한다는 것은 많은 시간과 인내를 필요로 합니다. 그러나, 용어부터 시작하여 개념, 원리, 심화 내용까지 단계적으로 공부하면 좋은 결과가 있을 것이라 확신합니다.

수험생 여러분 중에는 전공자도 있을 것이고 비전공자도 있을 것입니다.
전공자이면서 실무경력도 있다면 좋겠지만, 여의치 않은 수험생들이 많이 있으리라 생각합니다. 이러한 수험생들을 위하여 각 페이지마다 새로운 용어에 대한 상세한 해설을 수록하였으며, 원리를 그림으로 도식화한 후 상세하게 설명하였습니다. 또한, 심화 내용을 원하는 독자를 위하여 심화 · 실무 내용을 포함하였습니다.

이 책에는

○ 시험에 출제되는 부분을 집중적으로 담았습니다.

○ 출제될 가능성이 있는 분야를 추가하여 담았습니다.

○ 개념, 원리, 심화 이론을 담았습니다.

○ 필기시험을 넘어 실기 시험을 준비할 수 있도록 중요한 부분은 실무 내용을 담았습니다.

끝으로, 무엇보다도 현재 정보보안 현장에서 근무하고 있는 독자와 향후 정보보안 분야에 진출하고자 하는 독자들이 정보보안(산업)기사 자격증을 취득하는 데 많은 도움이 되었으면 하는 바람입니다. 항상 독자의 입장에서 책의 완성도를 높이기 위해서 최선을 다할 것이며, 독자와 함께하는 필자가 되도록 노력할 것입니다. 이 책으로 공부하는 모든 수험생의 합격을 기원합니다.

저자 **박 성 업**

처음 공부하는 수험생, 기초를 쌓고 싶은 수험생, 깊게 공부하고 싶은 수험생들에게 추천합니다!

제14회 정보보안기사 시험이 마무리된 시점에 베타테스터로 참여하게 되었습니다. 이미 공부를 해 보았기 때문에 베타테스터로서 역할을 제대로 수행할 수 있겠다는 생각을 하며, 부족한 부분을 채울 수 있도록 노력하였습니다. 처음에는 책의 내용이 너무 상세해서 '이 정도까지 필요한가?'라는 물음표에서 시작하였습니다. 하지만 정보보안(산업)기사 시험의 경우 공부할 범위도 넓지만, 지엽적이면서도 깊은 이해를 요구하는 문제가 자주 출제되고 있기에 중반이 넘어가면서 그 물음표는 '이 방식이 옳다!'라는 확신으로 바뀌며, 감탄하고 있는 저를 발견할 수 있었습니다.

정보보안(산업)기사 한권으로 끝내기는 챕터별로 깔끔하고 상세하게 정리가 되어 있습니다. 특히, 표와 그림을 활용하여 이해하기 쉽게 풀어 두었고, 다른 이론서에서는 볼 수 없는 부분까지 정리가 되어 있기 때문에 정보보안에 대해서 좀 더 깊게 공부할 수 있었습니다. 저는 이 책을 통해 필기시험을 넘어서 실기시험까지도 준비할 수 있을 것으로 생각합니다.

인터넷이 확대되면서 사이버보안의 중요성이 날로 그 비중이 커지고 있는 만큼 정보보안(산업)기사에 관한 관심도 커지고 있습니다. 이 책을 통해 정보보안에 대한 기초를 확실하게 잡을 수 있고, 체계적으로 공부할 수 있다고 생각하기에 기존의 전공자나 정보보안(산업)기사를 공부해오던 사람들뿐만 아니라, 비전공자나 처음 공부하시는 분들에게도 좋은 이론서가 될 것입니다.

이 책을 통해서 정보보안(산업)기사 자격시험을 넘어 보안전문가가 많이 양성될 수 있기를 바랍니다.

경영학부 경영학전공 조 재 완

수험서를 넘어 정보보안의 교과서적인 느낌!

새로운 무언가를 배운다는 것은 알지 못하는 용어들을 알아가는 과정이라고 해도 과언이 아닐 것입니다. 비전공자인 저에게 있어 정보보안(산업)기사 시험을 공부하는 과정이 그랬습니다. 용어와의 싸움, 이러한 과정은 누구에게나 필요하지만 이를 배려한 수험서는 찾을 수 없었고, 모르는 용어들을 인터넷을 통해 정리해 나가는 시간이 때로는 너무도 아까웠습니다. '정보보안(산업)기사 한권으로 끝내기'는 이러한 학습자들의 수고를 덜어주기 위하여 책의 날개 부분에 용어들에 대한 설명이 때로는 '이런 것까지 설명해 놓았네?'라는 생각이 들 정도로 꼼꼼하게 작성되어 있기 때문에 시험을 준비하는 수험생들이 모르는 용어를 검색하는 데 들이는 시간을 최소화하여 효율적으로 공부하는 데 도움이 될 것이라 생각합니다.

정보보안(산업)기사 시험은 '시스템 보안', '네트워크 보안', '애플리케이션 보안', '정보보안 일반', '정보보안 관리 및 법규' 과목으로 구성되어 있습니다. 공부해야 할 범위도 넓고, 내용도 방대해서 처음 시작하는 수험생들은 어떻게 공부를 해야 좋을지 막막함을 느낄 것입니다. 이 책은 시험에 나왔던 이론들을 중심으로 시험에는 출제되었지만 다른 수험서에서는 다루지 않는 내용들도 자세히 다루고 있으며, 표와 그림을 통해 쉽게 이해할 수 있도록 정리되어 있기 때문에 처음 공부하는 수험생들은 물론 기존에 공부를 해왔던 수험생들에게도 합격으로 가는 가이드 역할을 할 것으로 기대합니다. 또한, '정보보안(산업)기사 한권으로 끝내기'는 정보보안 이론과 함께 실무 능력까지도 갖춰졌다고 생각합니다.

이 책을 통해 많은 수험생들이 합격의 기쁨을 누리길 바랍니다.

경찰행정학부 행정학전공 김 도 우

정보보안 분야에 입문하는 수험생들에게 추천합니다!

저는 이 책의 베타테스터로 참여하면서 처음 접하는 네트워크와 서버 및 정보보안에 대해 상세하게 공부할 수 있는 계기가 되었습니다.

저처럼 정보보안에 관심을 갖는 수험생이 많을 것이라 생각합니다. 정보보안 분야를 처음 접하게 되었을 때는 관련 용어 및 여러 지식으로 인해 많은 어려움에 직면하게 될 것입니다. 그러나, 이 책을 읽어 나가면 개념, 원리, 심화 내용으로 그대로 습득할 수 있습니다. 뿐만 아니라 관련 용어도 각 페이지의 날개 부분에 상세히 설명되어 별도로 용어를 인터넷으로 찾을 필요가 없을 것입니다.

'정보보안(산업)기사 한권으로 끝내기'라는 이 책을 통해 많은 수험생들이 기초부터 심화까지 상세하게 하나하나 배우면서 정보보안에 대한 꿈을 키워나갔으면 좋겠습니다.

끝으로, 이 책으로 공부하는 모든 수험생들의 합격을 진심으로 기원합니다.

학점은행제 정보통신공학전공 정 지 훈

기본을 튼튼하게 세우고 싶은 수험생들에게 추천합니다.

취업을 위해 정보보안(산업)기사 준비를 하며 책을 찾던 중 이렇게 베타테스터로 참여하게 되었습니다. 처음에는 내용이 너무 넓고 세세한 부분까지 다루고 있어 공부하는 데 시간이 많이 걸리고 어렵겠다는 생각을 했습니다. 하지만, 내용이 상세하게 설명되어 개념을 이해하기 쉬웠고 본문이 체계적으로 정리되어 이론을 확립하는 데 많은 도움이 되었습니다. 또한, 정보보안(산업)기사 실기시험은 어떤 문제가 출제될지 모르기 때문에 자세한 부분까지 공부가 필요하였는데, 이 책으로 필기와 실기를 모두 대비할 수 있을 것으로 생각합니다. 다른 이론서로 공부했던 수험생들이 보셔도 자신의 부족한 부분을 발견하고 보완할 수 있는 책으로서, 정보보안(산업)기사 자격시험을 넘어서 정보보안 이론을 공부하는 데 많은 도움이 될 것이라 확신합니다.

이 책을 통해 많은 수험생들이 정보보안(산업)기사 자격시험에 합격하길 기원합니다.

전자전기공학부 전자전기전공 이 준 배

기초부터 심화까지 알찬 이론으로 탄탄한 배경지식을 쌓는 데 큰 도움이 되었습니다.

타 출판사의 정보보안(산업)기사 수험서로 공부하던 도중 운이 좋게 베타테스터로 참여하게 되어, 이 책으로 공부를 할 수 있게 되었습니다. 타 수험서로 공부했을 때 보다 더 세세한 부분까지 공부할 수 있어서 전체적인 그림을 그리고 암기하는 것에 도움이 되었습니다.

이 책은 비전공자도 쉽게 이해할 수 있게 구성되어 기초부터 탄탄하게 쌓아 올리는 데 최적화되어 있기 때문에 정보보안 분야를 처음 접하는 사람들이 공부를 시작하기에는 기출 문제 위주의 수험서보다 개념, 원리, 심화 이론, 실기 내용까지 다루고 있는 이 책이 도움이 될 것입니다.

정보보안(산업)기사 자격시험 및 정보보안 이론을 이 한 권으로 끝낼 수 있다고 생각됩니다.

정보보안(산업)기사 수험생 여러분 파이팅!

이 책을 통해 많은 수험생들이 정보보안(산업)기사 자격시험에 합격하길 기원합니다.

정보통신공학부 정보통신공학전공 이 태 권

핵심이론

각 과목의 출제기준과 최신 출제 시험내용을 세밀하게 분석하여 만든 핵심 이론을 섹션별로 정리했습니다.

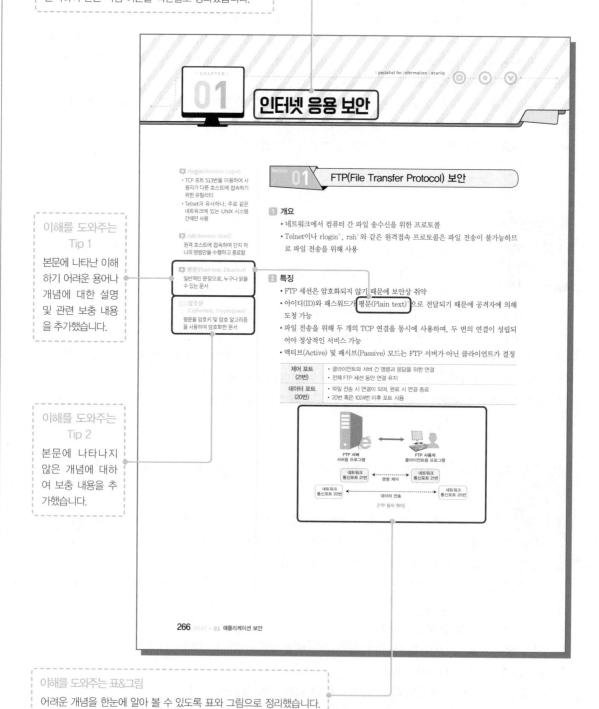

· CHAPTER ·

01 인터넷 응용 보안

peclalist for information ecurity

rlogin(Remote Login)
· TCP 포트 513번을 이용하여 사용자가 다른 호스트에 접속하기 위한 유틸리티
· Telnet과 유사하나, 주로 같은 네트워크에 있는 UNIX 시스템 간에만 사용

rsh(Remote Shell)
원격 호스트에 접속하여 단지 하나의 명령만을 수행하고 종료함

평문(Plain text, Cleartext)
일반적인 문장으로, 누구나 읽을 수 있는 문서

암호문(Ciphertext, Cryptogram)
평문을 암호키 및 암호 알고리즘을 사용하여 암호화한 문서

이해를 도와주는 Tip 1

본문에 나타난 이해하기 어려운 용어나 개념에 대한 설명 및 관련 보충 내용을 추가했습니다.

이해를 도와주는 Tip 2

본문에 나타나지 않은 개념에 대하여 보충 내용을 추가했습니다.

Section 01 FTP(File Transfer Protocol) 보안

1 개요

· 네트워크에서 컴퓨터 간 파일 송수신을 위한 프로토콜
· Telnet이나 rlogin*, rsh*와 같은 원격접속 프로토콜은 파일 전송이 불가능하므로 파일 전송을 위해 사용

2 특징

· FTP 세션은 암호화되지 않기 때문에 보안상 취약
· 아이디(ID)와 패스워드가 평문(Plain text)으로 전달되기 때문에 공격자에 의해 도청 가능
· 파일 전송을 위해 두 개의 TCP 연결을 동시에 사용하며, 두 번의 연결이 성립되어야 정상적인 서비스 가능
· 액티브(Active) 및 패시브(Passive) 모드는 FTP 서버가 아닌 클라이언트가 결정

제어 포트 (21번)	· 클라이언트와 서버 간 명령과 응답을 위한 연결 · 전체 FTP 세션 동안 연결 유지
데이터 포트 (20번)	· 파일 전송 시 연결이 되며, 완료 시 연결 종료 · 20번 혹은 1024번 이후 포트 사용

FTP 서버
서비용 프로그램

FTP 사용자
클라이언트용 프로그램

네트워크
통신포트 21번 ←명령 제어→ 네트워크
통신포트 21번

네트워크
통신포트 20번 ←데이터 전송→ 네트워크
통신포트 20번

[FTP 동작 원리]

이해를 도와주는 표&그림

어려운 개념을 한눈에 알아 볼 수 있도록 표와 그림으로 정리했습니다.

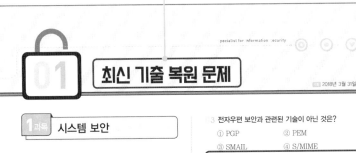

최신 기출 문제
최신 기출 복원 문제를 준비했습니다.

specialist for information security

01 최신 기출 복원 문제

시행 2018년 3월 31일

1과목 시스템 보안

1 다음 〈보기〉에서 설명하는 인증방법은?

> 기업의 시스템에서 하나의 시스템을 인증하면 자동으로 개별 시스템까지 모두 인증을 수행한다.

① PAM
② ID/Password
③ SSO
④ ESM

해설
① PAM(Pluggable Authentication Module) : 리눅스 또는 GNU/FreeBSD 시스템에서 애플리케이션과 서비스에 대한 동적 인증을 제공한다.
④ ESM(Enterprise Security Management) : 방화벽, 침입 탐지시스템(IDS), 침입 방지시스템(IPS), 가상사설망(VPN) 등의 보안 솔루션을 하나로 모은 통합보안 관리시스템이다.

2 다음 〈보기〉에서 설명하는 공격기법은?

> 시스템에 쉽게 접근하기 위해서 열어 둔 것이며, 관리자가 쉽게 접근하기 위해서도 사용된다.

① Spyware
② Hoax
③ Trapdoor
④ Joke

해설
① Spyware : 사용자의 동의 없이 설치되어 컴퓨터의 정보를 수집하고 전송하는 악성 소프트웨어로, 신용 카드와 같은 금융정보 및 주민등록번호와 같은 신상정보, 암호를 비롯한 각종 정보를 수집한다.
② Hoax : 이메일, 메신저, 문자메시지, 웹 사이트 등의 통신 수단에 존재하지 않는 거짓 악성코드 정보 또는 유언비어, 괴담 등을 올려 마치 사실인 것처럼 사용자를 속이는 가짜 정보를 말한다.
④ Joke : 바이러스인 것처럼 보여서 사람들을 놀라게 하지만 실제로는 해를 입히는 프로그램은 아니며, 실제 환경에서 업무에 많은 영향을 미칠 수 있다.

3 전자우편 보안과 관련된 기술이 아닌 것은?

① PGP
② PEM
③ SMAIL
④ S/MIME

해설
① PGP(Pretty Good Privacy) : 1991년 필립 짐머만이 개발하였으며, 현재 전 세계적으로 이메일 보안의 표준이다.
② PEM(Privacy Enhanced Mail) : IETF에서 채택한 기밀성, 인증, 무결성, 부인방지를 지원하는 이메일 보안기술이다.
④ S/MIME(Secure/Multipurpose Internet Mail Extension) : 응용 계층에서 보안을 제공하는 가장 대표적인 시스템으로, MIME 객체에 암호화와 전자서명 기능을 추가한 프로토콜이다.

해설
문제의 답을 도출할 수 있도록 명쾌한 해설을 표시했습니다.

4 트로이목마에 대한 설명이다. 옳지 않은 것은?

① 사용자 컴퓨터를 감염시켜서 개인정보를 갈취한다.
② 자기복제를 수행하여 증식한다.
③ 트로이목마에 감염된 컴퓨터에서 은행의 계좌번호, 거래내역과 같은 정보를 획득한다.
④ 트로이목마를 통해서 백도어를 설치하여 공격자가 쉽게 침입할 수 있게 하고 카드번호, 비밀번호 등을 유출할 수 있다.

해설
②는 웜(Worm)에 대한 설명이다.

5 다음 〈보기〉는 Windows 부팅 순서를 나열한 것이다. 옳은 것은?

> ㉠ MBR을 실행한다.
> ㉡ Power on Self Test
> ㉢ CMOS
> ㉣ Windows 운영체제
> ㉤ Windows 서브 시스템

① ㉢ → ㉠ → ㉡ → ㉤ → ㉣
② ㉠ → ㉡ → ㉢ → ㉣ → ㉤
③ ㉡ → ㉢ → ㉠ → ㉣ → ㉤
④ ㉡ → ㉢ → ㉠ → ㉤ → ㉣

정답 1 ③ 2 ③ 3 ③ 4 ② 5 ③

정답
정답과 오답을 빠르게 확인할 수 있습니다.

■ 수행 직무

- 정보보안기사 : 시스템 및 솔루션 개발, 운영 및 관리, 컨설팅 등의 전문 이론과 실무능력을 기반으로 IT 기반시설 및 정보에 대한 체계적인 보안업무 수행
- 정보보안산업기사 : 정보보안 기사의 업무를 보조할 수 있는 기초 이론과 실무 능력 수행

■ 시행처

- 한국인터넷 진흥원 정보보안국가기술자격검정센터(kisq.or.kr)
- 문의
  - 이메일 : kisq@kisa.or.kr
  - 전 화 : 118 (평일 09:00~18:00 까지 운영)

■ 응시자격

기사	1. 산업기사 등급 이상의 자격을 취득한 후 응시하려는 종목이 속하는 동일 및 유사 직무분야에서 1년 이상 실무에 종사한 사람 2. 기능사 자격을 취득한 후 응시하려는 종목이 속하는 동일 및 유사 직무분야에서 3년 이상 실무에 종사한 사람 3. 응시하려는 종목이 속하는 동일 및 유사 직무분야의 다른 종목의 기사 등급 이상의 자격을 취득한 사람 4. 관련학과의 대학졸업자등 또는 그 졸업예정자 5. 3년제 전문대학 관련학과 졸업자등으로서 졸업 후 응시하려는 종목이 속하는 동일 및 유사 직무 분야에서 1년 이상 실무에 종사한 사람 6. 2년제 전문대학 관련학과 졸업자등으로서 졸업 후 응시하려는 종목이 속하는 동일 및 유사 직무 분야에서 2년 이상 실무에 종사한 사람 7. 동일 및 유사 직무분야의 기사 수준 기술훈련과정 이수자 또는 그 이수예정자 8. 동일 및 유사 직무분야의 산업기사 수준 기술훈련과정 이수자로서 이수 후 응시하려는 종목이 속하는 동일 및 유사 직무분야에서 2년 이상 실무에 종사한 사람 9. 응시하려는 종목이 속하는 동일 및 유사 직무분야에서 4년 이상 실무에 종사한 사람 10. 외국에서 동일한 종목에 해당하는 자격을 취득한 사람
산업기사	1. 기능사 등급 이상의 자격을 취득한 후 응시하려는 종목이 속하는 동일 및 유사 직무분야에 1년 이상 실무에 종사한 사람 2. 응시하려는 종목이 속하는 동일 및 유사 직무분야의 다른 종목의 산업기사 등급 이상의 자격을 취득한 사람 3. 관련학과의 2년제 또는 3년제 전문대학졸업자등 또는 그 졸업예정자 4. 관련학과의 대학졸업자등 또는 그 졸업예정자 5. 동일 및 유사 직무분야의 산업기사 수준 기술훈련과정 이수자 또는 그 이수예정자 6. 응시하려는 종목이 속하는 동일 및 유사 직무분야에서 2년 이상 실무에 종사한 사람 7. 고용노동부령으로 정하는 기능경기대회 입상자 8. 외국에서 동일한 종목에 해당하는 자격을 취득한 사람

■ 시험과목 및 검정방법

• 정보보안기사

시험과목		문항수	배점	검정방법		
				검정시간	문제유형	합격기준
필기시험	시스템 보안	20	100	각 과목 30분 (2시간 30분)	4지 선택형 (객관식)	각 과목 : 40점 이상 5과목 평균 : 60점 이상
	네트워크 보안	20	100			
	애플리케이션 보안	20	100			
	정보보안 일반	20	100			
	정보보안관리 및 법규	20	100			
실기시험	정보보안 실무	15	100	총 180분(3시간)	필답형	60점 이상

• 정보보안산업기사

시험과목		문항수	배점	검정방법		
				검정시간	문제유형	합격기준
필기시험	시스템 보안	20	100	각 과목 30분(2시간)	4지 선택형 (객관식)	각 과목 : 40점 이상 5과목 평균 : 60점 이상
	네트워크 보안	20	100			
	애플리케이션 보안	20	100			
	정보보안 일반	20	100			
실기시험	정보보안 실무	15	100	총 150분(2시간 30분)	필답형	60점 이상

■ 정보보안기사 · 산업기사 자격증 혜택

• 공무원 임용시험

국가직(전산개발직, 전산기기직, 정보관리직, 정보보호직), 경찰행정(정보보안, 사이버수사), 군무원(전산직) 채용시험 응시시 필수자격

- 6 · 7급 : 기사(정보보안, 전자계산기, 정보통신, 정보처리, 전자계산기조직응용) 이상
- 8 · 9급 : 산업기사(정보보안, 전자계산기제어, 정보통신, 사무자동화, 정보처리) 이상

• 장교 · 부사관 · 특기병

정보보호 관련 분야 보직(주특기) 지원 시 자격요건

- 장교 : 정보통신, 정보, 사이버 분야 등
- 부사관 : 인간정보, 신호정보, 영상정보, 전술통신운용, 특수통신운용, 사이버정보체계운용 분야 등
- 특기병 : 정보보호병, 신호정보병, SW 개발병 등

• 공기업 · 민간 기업

정보보호 관련 직무분야(정보보호 담당자, 보안관제, CERT, 보안컨설턴트, 엔지니어 등) 채용 시 우대

• 학점인정

정보보안 국가기술자격 취득 시 그에 상당하는 학점을 인정

- 적용범위 : 정보통신공학사, 정보보호학사, 정보처리전문학사, 인터넷정보전문학사, 정보보호전문학사 등
- 인정학점 : 기사의 경우 최대 20점, 산업기사의 경우 최대 16점 인정

• 사업법상 기술인력 우대현황

정보보안 국가기술자격 취득 시 기술인력 등급(초급, 중급, 고급, 특급) 산정 시 우대

목 차

● PART 01

시스템 보안

Chapter 01 운영체제

Section 01	운영체제의 개요	016
Section 02	운영체제의 주요 구성 기술	020
Section 03	운영체제별 특징과 주요 기능	043
Section 04	모바일 보안	051
Section 05	운영체제 보안	055

Chapter 02 클라이언트 보안

Section 01	Windows 보안	057
Section 02	인터넷 활용 보안	065
Section 03	공개 해킹 도구에 대한 이해와 대응	072
Section 04	도구 활용 보안 관리	075

Chapter 03 서버 보안

Section 01	인증과 접근통제	076
Section 02	보안 관리	096
Section 03	서버 보안용 S/W 설치 및 운영	113
Section 04	디지털 포렌식	117

네트워크 보안

Chapter 01 네트워크의 이해

Section 01	OSI 7계층	126
Section 02	TCP/IP 일반	128
Section 03	UNIX/Windows 네트워크 서비스	146

Chapter 02 네트워크의 활용

Section 01	IP 라우팅(IP Routing)	163
Section 02	네트워크 장비의 이해	166
Section 03	네트워크 장비 보안	179
Section 04	무선통신의 이해	183
Section 05	네트워크 기반 프로그램 활용	193

Chapter 03 네트워크 기반 공격의 이해

Section 01	서비스 거부(DoS) 공격	198
Section 02	분산 서비스 거부(DDoS) 공격	204
Section 03	분산 반사 서비스 거부(DRDoS) 공격	208
Section 04	APT(Advanced Persistent Threat) 공격	210
Section 05	기타 공격	213
Section 06	네트워크 공격	221

Chapter 04 네트워크 장비 활용 보안 기술의 이해

Section 01	침입 차단시스템(Firewall, 방화벽)	235
Section 02	침입 탐지시스템(IDS)	245
Section 03	침입 방지시스템(IPS)	250
Section 04	허니팟(Honeypot)	252
Section 05	가상 사설망(VPN)의 이해	254

Chapter 05 네트워크의 보안 동향

| Section 01 | 최근 네트워크 보안 솔루션 | 260 |

목 차

PART 03

애플리케이션 보안

Chapter 01 인터넷 응용 보안

Section 01	FTP(File Transfer Protocol) 보안	266
Section 02	메일(Mail) 보안	271
Section 03	웹(Web) 보안	278
Section 04	DNS 보안	292
Section 05	DB 보안	302

Chapter 02 전자상거래 보안

Section 01	전자상거래	310
Section 02	무선 플랫폼에서의 전자상거래 보안	322
Section 03	전자상거래 응용 보안	324

Chapter 03 기타 애플리케이션 보안

| Section 01 | 기타 애플리케이션 보안기술 | 327 |

PART 04

정보보안 일반

Chapter 01 보안 요소 기술

Section 01	사용자 인증	352
Section 02	접근통제 기술	364
Section 03	접근통제 모델	369
Section 04	키 분배 프로토콜	371
Section 05	전자서명과 공개키 기반 구조	377

Chapter 02 암호학

Section 01	암호 알고리즘	392
Section 02	대칭키 암호 알고리즘	397
Section 03	공개키 암호 알고리즘	418
Section 04	해시함수와 응용	423

PART 05

정보보안 관리 및 법규

Chapter 01 정보보호 관리

Section 01	정보보호의 개요	434
Section 02	정보보호 정책 및 조직	437
Section 03	위험관리	442
Section 04	대책구현 및 운영	452
Section 05	업무 연속성 계획과 재해 복구 계획	455

Chapter 02 정보보호관련 표준 · 지침

| Section 01 | 국제 · 국가 표준 · 국제 협약 및 지침 | 457 |
| Section 02 | 국내 정보보호 관리체계 및 인증제도 | 470 |

Chapter 03 정보보호 관련 법규

Section 01	정보통신망 이용촉진 및 정보보호 등에 관한 법률	482
Section 02	정보통신망 이용촉진 및 정보보호 등에 관한 법률 시행령	493
Section 03	개인정보 보호법	503
Section 04	개인정보 보호법 시행령	537
Section 05	정보통신기반 보호법	563
Section 06	정보통신기반 보호법 시행령	571
Section 07	위치정보의 보호 및 이용 등에 관한 법률	578
Section 08	신용정보의 이용 및 보호에 관한 법률	589
Section 09	클라우드컴퓨팅 발전 및 이용자 보호에 관한 법률	625
Section 10	전자정부법	634

PART 06

최신 기출 복원 문제

01회	기출 복원 문제	642
02회	기출 복원 문제	665
03회	기출 복원 문제	687
04회	기출 복원 문제	709

PART

01

시스템 보안

CHAPTER 01   운영체제

CHAPTER 02   클라이언트 보안

CHAPTER 03   서버 보안

운영체제

📌 MS-DOS

- 마이크로소프트사가 IBM사의 의뢰를 받아 시애틀 컴퓨터 시스템사로부터 매입하여 개발한 IBM PC용 운영체제로, 사상 최초로 대중화된 운영체제
- 문자 중심의 사용자 인터페이스(CUI) : 작업을 위한 실행 명령을 문자로 직접 입력하여 실행
- 단일 사용자(Single-User) : 하나의 컴퓨터를 한 사람만이 사용
- 단일 작업(Single-Tasking) : 한번에 하나의 프로그램만을 수행
- 파일 시스템의 디렉터리 구조는 트리 구조

📌 Windows

- 마이크로소프트사가 개발한 컴퓨터 운영체제
- 애플이 개인용 컴퓨터에 처음으로 도입한 그래픽 사용자 인터페이스 운영체제인 맥 OS에 대항하여 당시 널리 쓰이던 MS-DOS에서 다중 작업과 GUI 환경을 제공하기 위한 응용 프로그램으로 처음 출시

📌 Unix

- 1970년대 초반 벨 연구소 직원인 켄 톰슨, 데니스 리치 등이 처음 개발
- 시분할 시스템(Time Sharing System)을 위해 설계된 대화식 운영체제
- 대부분 C언어로 작성되어 있어 이식성이 높으며, 장치, 프로세스 간의 호환성이 높음
- 다중 사용자, 다중 작업 지원
- 많은 네트워킹 기능을 제공
- 트리 구조의 파일 시스템을 가지고 있음

📌 Linux

- 리누스 토발즈가 개발한 컴퓨터 운영체제. 혹은 커널을 뜻하기도 함
- 자유 소프트웨어와 오픈소스 개발의 가장 유명한 표본
- 다중 사용자, 다중 작업, 다중 스레드를 지원하는 네트워크 운영체제

Section 01 운영체제의 개요

1 개요

- 시스템 소프트웨어 중 핵심이 되는 프로그램으로, 하드웨어 및 소프트웨어를 효율적으로 관리해 주는 프로그램으로 구성
- 데이터를 입력하여 결과를 만들어 내는 일을 직접 수행하지는 않지만, 처리 프로그램이 실행될 수 있도록 도와주는 역할
- 시스템 자원의 효율적인 관리와 제어가 편리하도록 사용자에게 편리한 인터페이스를 제공하는 프로그램(하드웨어와 사용자 간 인터페이스 제공, 성능 향상 등 제공)
- 컴퓨터의 운영체제로는 MS-DOS*, Windows*, Unix*, Linux* 등이 있음

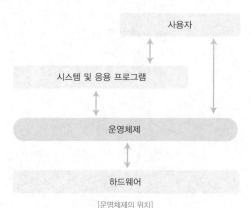

[운영체제의 위치]

1) 운영체제의 종류

용도		운영체제
데스크톱용	단일 사용자용	MS-DOS
	다중 사용자용	Win95, Win98, WinXP, Win7, Win10
서버용	Windows NT4.0, Windows 20xx 서버, Unix, Linux	

2) 운영체제의 목적

처리능력의 향상	• 시간당 작업 처리량 • 단위 시간당 최대한 많은 양의 작업 처리
신뢰도의 향상	시스템이 얼마나 중단없이 주어진 일을 정확히 수행할 수 있는지에 대한 능력
응답시간의 단축	사용자가 시스템에 작업을 의뢰하고 응답을 얻을 때까지의 시간
사용 가능도의 향상	• 시스템에 장애와 오류가 발생하여도 그 영향을 받지 않고 운영할 수 있는 정도 • 시스템 자원이 요구하는 전체 시간 중 실제 사용 가능한 시간

3) 운영체제의 기능

① 주요 기능

프로그램 생성, 프로그램 실행, 입출력 제어, 파일 시스템 관리, 통신 오류검출 및 응답, 자원할당, 계정 관리·보호 등

② 세부 기능

프로세스 관리	하드웨어에 의존하는 가장 하위 단위로, 프로세스 스케줄링*을 통하여 실행 가능한 프로세스 추적·관리
주기억장치 관리	주기억장치에 대한 접근 관리·제어하는 기능으로, 주소변환, 기억 보호, 버퍼 기억 등의 기능 수행
보조기억장치 관리	하드디스크나 플로피디스크 등과 같은 보조기억장치에 대한 접근 관리·제어 등을 수행하는 기능
입출력(I/O) 시스템 관리	• 중앙처리장치와 주변장치와의 효율적인 통신방법 제공 • 기본적인 주변장치 : 입력장치(키보드, 마우스), 출력장치(모니터, 프린터), 보조기억장치(하드디스크, USB) 등
파일 시스템* 관리	프로그램이나 데이터를 파일* 단위로 저장하며, 파일 단위로 관리

4) 운영체제의 구조

- 시스템의 자원 관리에 따라 계층별로 분류
- 5계층으로 나누어지며, 계층별 고유의 기능 수행

① 구조

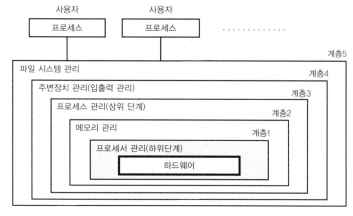

[운영체제 5계층 구조]

② 계층별 주요 기능

1계층	프로세서 관리	동기화 및 프로세서 스케줄링
2계층	메모리 관리	메모리의 할당 및 회수 기능
3계층	프로세스 관리	프로세스의 생성, 제거, 메시지 전달, 시작과 정지
4계층	주변장치 관리	주변장치의 상태파악과 입출력장치의 스케줄링
5계층	파일 시스템 관리	파일의 생성과 삭제, 파일의 열기 및 닫기, 파일의 유지 및 관리

■ 프로세스 스케줄링 (Process Scheduling)

- 프로세스가 생성되어 실행될 때 필요한 시스템의 여러 자원을 해당 프로세스에 할당하는 작업을 의미
- 목적 : 중앙처리장치(CPU)나 자원을 효율적으로 사용하기 위한 정책

■ 파일 시스템 (File System)

컴퓨터에서 파일이나 자료를 쉽게 검색 및 접근할 수 있도록 보관 또는 조직하는 체제

■ 파일 (File)

- 컴퓨터 등의 기기에서 의미 있는 정보를 담는 논리적인 단위
- 하드디스크, CD, DVD 등 저장매체에 대하여 추상화된 정보 단위
- 운영체제는 파일 조작에 관련된 기능을 API로 제공

API (Application Programing Interface)

- 응용 프로그램에서 사용할 수 있도록 운영체제나 프로그래밍 언어가 제공하는 기능을 제어할 수 있게 만든 인터페이스
- 주로 파일 제어, 창 제어, 화상 처리, 문자 제어 등을 위한 인터페이스를 제공
- 응용 프로그램에서 데이터를 주고받기 위한 방법을 의미
- 특정 사이트에서 특정 데이터를 공유하기 위해 어떠한 방식으로 정보를 요청해야 하는지, 그리고 어떠한 데이터를 제공받을 수 있을지에 대한 규격

<div class="sidebar">

이중 프로그래밍

- 중앙처리장치(CPU) 작업과 입출력 작업을 병행하는 것
- 한 번에 여러 개의 프로그램을 동시에 주기억장치에 적재하여 실행함으로, CPU 연산과 처리를 중첩시켜 CPU 이용과 처리량을 향상시킬 수 있음

</div>

③ 이중 모드(Dual Mode) 구조

- 다중 프로그래밍* 환경에서는 실행 중인 프로그램 오류가 다른 프로그램에 영향을 줄 수 있으므로 적절한 보호 필요
- 보호 메커니즘 중 하나로, 두 가지 동작 모드를 제공함으로써, 오류를 발생시킬 수 있는 명령을 일반 모드에서 실행할 수 없도록 제어

일반 모드 (사용자 모드)	• 사용자 모드의 프로그램은 특권이 부여되지 않은 상태로 동작하며, 시스템 자원에 제한적으로 접근 가능 • 보호받는 하위 시스템은 각자 소유하고 있는 공간에서 실행되며 서로 간섭하지 않음 • 이 모드에서는 제한적인 명령어만 사용 가능
관리자 모드 (모니터 모드)	• 커널 모드, 슈퍼바이저 모드라고도 하며, 오류를 발생시킬 수 있는 명령은 특권 명령으로 분류하고, 관리자 모드에서만 실행되도록 제한 • 이 모드에서는 모든 명령어 사용 가능

② Windows와 Unix 운영체제의 구조

1) Windows 운영체제

① Windows 운영체제의 구조

<div class="sidebar">

CPU

- 중앙처리장치
- 컴퓨터 시스템을 통제하고 프로그램의 연산을 실행하는 가장 핵심적인 컴퓨터의 제어 장치, 혹은 그 기능을 내장한 칩

RAM

- 임의의 영역에 접근하여 읽고 쓰기가 가능한 주기억장치
- 휘발성

NIC

- 네트워크 인터페이스 카드. 즉 LAN 카드
- 컴퓨터를 네트워크에 연결하여 통신하기 위해 사용하는 하드웨어 장치

HDD

- 순차 접근이 가능한 컴퓨터의 보조 기억 장치
- 비휘발성

서브시스템

- 하나의 시스템을 구성하고 있는 부분적 시스템
- 일반적으로는 서브시스템을 제어하는 시스템과 독립하여 작동하거나 비동기로 작동하도록 할 수 있음

</div>

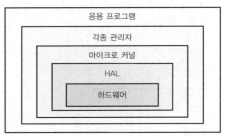

[Windows 운영체제의 구조]

② 계층별 기능

하드웨어 (Hardware)	• 일반적으로 컴퓨터에 포함된 부품과 본체를 비롯하여 실질적으로 눈으로 보고, 접촉할 수 있는 모든 부품을 지칭 • CPU*, RAM*, NIC*, HDD* 등
HAL (Hardware Abstraction Layer)	하드웨어가 개발된 소프트웨어와 원활한 통신을 할 수 있도록 도와주는 인터페이스 역할
마이크로 커널	• 컴퓨터 운영체제 중 가장 중요한 부분으로, 거의 모든 운영체제가 기본적으로 가지고 있음 • Windows에서는 커널의 주요 기능을 여러 관리자에게 분담시키고, 자신은 하드웨어와의 통신만을 제어하는 최소한의 커널 역할
각종 관리자	입출력 관리자, 개체 관리자, 보안참조 관리자, 프로세스 관리자, 로컬 프로시저 호출 관리자, 가상메모리 관리자, 그래픽장치 관리자, 기타 관리자
응용 프로그램	• 응용 프로그램이 존재하는 영역이며, 응용 프로그램을 실행하기 위한 서브시스템(Subsystem)*이 있음 • 다양한 응용 프로그램 및 서비스 프로그램이 존재하는 영역

① Unix/Linux 운영체제의 구조

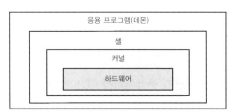

[Unix/Linux 운영체제의 구조]

② 계층별 기능

하드웨어 (Hardware)	• 일반적으로 컴퓨터의 부품과 본체를 비롯하여 실질적으로 눈으로 보고, 접촉할 수 있는 모든 것을 지칭 • CPU, RAM, NIC, HDD, 주변장치 등
커널 (Kernel)	• 컴퓨터 운영체제 중 가장 중요한 부분이며, 대부분의 운영체제가 기본적으로 가지고 있음 • 프로세스 관리, 기억장치 관리, 파일 시스템 관리, 장비 제어, 네트워크 관리
셸 (Shell)	• 응용 프로그램에서 명령을 전달받아 커널에 전송하는 역할 • 종류 : 본 셸(Bourne Shell), 콘 셸(Korn Shell), C 셸(C Shell) 등 • 기능 : 자체 내장 명령어 제공, 와일드 카드 , 입출력 오류의 방향변경, 파이프라인 , 조건부/무조건부 명령행 작성, 서브 셸 생성, 백그라운드 처리, 셸 스크립트(프로그램) 작성
응용 프로그램 (데몬)	• 응용 프로그램이 존재하는 영역이며, 다양한 응용 프로그램 및 서비스 데몬이 존재하는 영역 • 사용자 또는 다른 응용 프로그램에 특정 기능을 직접 수행하도록 설계된 프로그램

• 컴퓨터에서 특정 명령어로 명령을 내릴 때, 여러 파일을 한꺼번에 지정할 목적으로 사용하는 기호를 가리킴
• 이 문자는 어느 곳에서 사용하느냐에 따라 약간의 차이를 보이지만, 주로 특정한 패턴이 있는 문자열 혹은 파일을 찾거나, 긴 이름을 생략할 때 쓰임

• 한 데이터 처리 단계의 출력이 다음 단계의 입력으로 이어지는 형태로 연결된 구조이며, 이렇게 연결된 데이터 처리 단계는 여러 단계가 서로 동시에, 또는 병렬적으로 수행될 수 있어 효율성을 향상할 수 있음
• 명령어 파이프라인(Instruction Pipe Line)은 명령어를 읽어 순차적으로 실행하는 프로세서에 적용되는 기술로, 한 번에 하나의 명령어만 실행하는 것이 아니라, 하나의 명령어가 실행되는 도중에 다른 명령어 실행을 시작하는 식으로 동시에 여러 개의 명령어를 실행하는 기법

주기적인 서비스 요청을 처리하기 위하여 계속 실행되는 프로그램

운영체제의 주요 구성 기술

1 프로세스(Process) 관리

프로세스 제어 블록(PCB)

- 운영체제가 프로세스 스케줄링을 위하여 프로세스에 관한 모든 정보를 가지고 있는 데이터 베이스
- 운영체제에 프로세스에 대한 정보를 제공하여 주는 자료구조 테이블
- 각 프로세스가 생성될 때마다 PCB가 생성되며, 완료되면 PCB 제거
- 부모와 자식 프로세스는 PCB를 공유하지 않음

프로시저(Procedure)

- 특정 작업을 수행하는 이름이 있는 블록
- 매개변수를 받을 수 있고, 반복적으로 사용할 수 있는 블록

1) 정의

- 현재 실행 중인 프로그램으로 중앙처리장치(CPU)에 의해 수행되는 사용자 및 시스템 프로그램
- 운영체제가 관리하는 실행 단위로 실행 중인 프로그램
- 프로세스 제어 블록(PCB)을 가진 프로그램
- 실제 기억장치에 저장된 프로그램
- 프로세서가 할당되는 실체이며, 프로시저가 활동 중인 실체
- 비동기적 행위를 일으키는 주체

2) PCB(Process Control Block)에 저장된 정보

프로세스의 현재 상태, 프로세스 고유식별자, 스케줄링 및 프로세스의 우선순위, 프로그램의 위치, 중앙처리장치(CPU) 레지스터 정보, 각종 자원의 포인터, 주기억장치 관리정보, 입출력 상태정보, 계정정보

3) 종류

운영체제 프로세스	• 프로세스의 실행순서 제어 • 시스템이나 응용 프로그램 감시 • 사용자나 입출력 프로세스 생성 • 시스템 운영에 필요한 코드 실행
사용자 프로세스	사용자 코드 실행. 즉 사용자가 실행하는 프로세스
병행 프로세스	• 여러 프로세스가 동시에 실행되는 것 • 동시에 시스템에 존재하지만, 어느 순간에는 한 프로세스만 실행

4) 상태 전이

① 프로세스 상태 전이도

큐(Queue)

- 스택(Stack)과 마찬가지로 삽입과 삭제의 위치와 방법이 제한된 유한 순서 리스트지만, 스택과 달리 준비상태 큐의 한쪽 끝에서는 삽입 작업이 이루어지고 반대쪽 끝에서는 삭제 작업이 이루어짐
- 삽입된 순서대로 삭제되는 선입선출(FIFO)의 자료 구조

스택(Stack)

- 제한적으로 접근할 수 있는 나열 구조로, 접근 방법은 언제나 목록의 끝에서만 일어남
- 한쪽 끝에서만 자료를 삽입하거나 삭제할 수 있는 선형 구조(LIFO)
- 자료를 삽입하는 것을 밀어 넣는다하여 푸시(Push)라 하고, 반대로 자료를 꺼내는 것을 팝(Pop)이라고 함

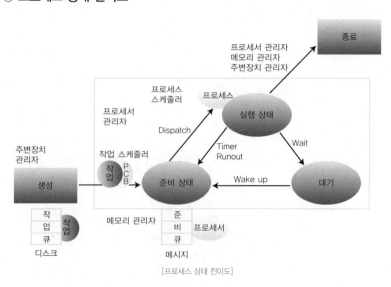

[프로세스 상태 전이도]

② 프로세스 상태별 특징

실행상태 (Running)	프로세스가 중앙처리장치를 할당받아 실제로 실행되는 상태
준비상태(Ready)	프로세스가 실행을 위하여 중앙처리장치의 할당을 대기하는 상태
대기상태(Wait)	프로세스가 중앙처리장치를 할당받아 실행 중 어떤 사건이 발생하여 멈추어 있는 상태
생성상태(New)	프로세스가 생성되었지만, 아직 운영체제에 의하여 실행될 수 없는 상태
디스패치 (Dispatch)	준비상태에서 대기하고 있는 프로세스 중 하나가 중앙처리장치를 할당받아 실행상태로 전이되는 과정
종료상태(Exit)	프로세스의 실행이 종료되고 중앙처리장치 할당이 해제된 상태
웨이크업 (Wake up)	대기상태에 있던 프로세스가 나머지 작업의 실행을 위하여 준비상태로 전이되는 과정

3) 프로세스 스케줄링(Process Scheduling)

- 보조기억장치의 프로그램이나 데이터를 언제 주기억장치에 적재할 것인지를 결정하는 기법
- 다중 처리 시스템 내의 프로세스가 중앙처리장치 사용권을 넘겨줄 것인지를 결정하는 일

① 선점형 스케줄링(Preemption)

㉠ RR(Round Robin)

- 타이머 인터럽트를 사용하여 모든 프로세스에 지정된 시간 동안만 중앙처리장치를 할당하는 기법
- 지정된 시간 동안 수행한 프로세스는 준비상태 큐의 끝으로 돌아가 대기하게 됨
- 우선순위를 두지 않고 중앙처리장치를 할당하는 기법
- 타이머 인터럽트를 처리하는 오버헤드를 감수해야 함
- 응답시간이 짧아지는 장점이 있어 실시간 시스템이나 대화식 시분할 시스템에 적합
- 할당시간이 긴 경우 FIFO(FCFS)와 유사함

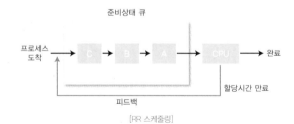

[RR 스케줄링]

㉡ SRT(Shortest Remain Time)

- 남은 처리시간이 짧은 작업을 우선 처리하는 기법
- 남은 처리시간이 짧은 프로세스가 준비상태 큐에 들어오면 그 프로세스가 선점하는 기법
- 작업처리는 SJF와 동일하나, 이론적으로 가장 적은 대기시간이 소요됨
- 처리시간이 긴 작업은 SJF보다 대기시간이 길어짐
- 기아 현상이 발생할 가능성이 있음

- 중앙처리장치에서 실행 중인 프로세스를 저장하고 제어권을 다른 프로세스로 전환하는 것
- 잦은 문맥교환은 중앙처리장치에 부하를 증가시킴

- 프로세스를 사용하는 기본 단위로, 실행에 필요한 최소한의 정보만을 가지는 실행 단위
- 프로그램을 실행하는 프로세스 내의 개체
- 경량 프로세스(Light Weight Process)라고도 함
- 하나의 프로세스 내에 여러 개의 스레드가 존재할 수 있음
- 장점 : 문맥교환 감소, 기억장치 낭비 감소
- 단점 : 스레드가 너무 많으면 중앙처리장치에 부하가 증가하며, 프로그래밍이 복잡하고 어려움

- 하나의 프로세스에서 여러 스레드가 동시에 실행되는 것
- 프로그래머가 신중히 설계하여 구현해야 함

- 우선순위가 높은 프로세스가 다른 프로세스에게 할당된 중앙처리장치(CPU)를 강제로 선점할 수 있는 방식
- 빠른 응답시간을 요구하는 실시간 프로세스, 대화식 시분할 시스템에 적합
- 많은 오버헤드를 초래함
- 종류 : RR, SRT, MLQ, MFQ

SJF(Shortest Job First) 스케줄링 기법에서 계속 짧은 작업이 준비상태 큐에 들어올 경우 긴 작업은 계속해서 CPU를 할당받지 못하고 기다려야 하는 현상

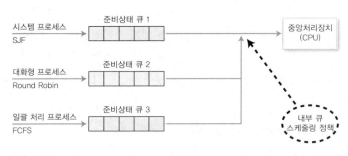

[SRT 스케줄링]

ⓒ MLQ(Multi Level Queue)

- 작업을 여러 종류의 등급으로 분류하여 단계별 큐를 이용하는 기법
- 프로세스 우선순위에 따라 시스템 프로세스(상위), 대화형 프로세스(중위), 일괄 처리 프로세스(하위)로 나누어 준비상태 큐를 분류하는 다단계 큐 스케줄링

[MLQ 스케줄링]

ⓓ MFQ(Multi Feedback Queue)

- 입출력과 중앙처리장치 위주인 프로세스 특성에 따라 서로 다른 중앙처리장치의 타임 슬라이스(Time Slice)를 부여하는 기법
- 하나의 준비상태 큐와 여러 개의 피드백 큐를 이용하여 작업을 처리하는 기법
- 작업은 상위 큐에서 하위 큐로 또는 에이징(Aging) 기법 에 의해 상위 큐로 이동할 수 있음
- 오래 실행된 프로세스는 중앙처리장치를 양도하고, 우선순위가 낮은 하위 큐로 이동하여 남은 작업을 처리하며, 짧은 작업에 우선권을 부여
- 입출력장치의 효율적인 이용을 위해 입출력 위주의 작업에 우선권을 부여

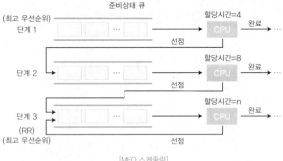

[MFQ 스케줄링]

② 비선점형 스케줄링(Non-Preemption)

㉠ FIFO(First In First Out, FCFS)

- 프로세스들이 준비상태 큐에 들어온 순서대로 중앙처리장치를 할당받는 기법
- 응답시간의 차가 적기 때문에 작업 완료 시간의 예측이 용이
- 짧은 작업이 긴 작업을 기다리게 하므로, 실시간 시스템 이나 대화식 시스템에는 부적합

• 일괄 처리 시스템에서 주로 사용

• 컴퓨터 프로그램 흐름에 따라 순
차적으로 자료를 처리하는 방식
• 하나의 작업이 끝나기 전까지는
다른 작업을 할 수 없음

[FIFO 스케줄링]

ⓛ SJF(Shortest Job First), SPN(Shortest Process Next)
• 프로세스들의 중앙처리장치 사용시간을 비교하여 가장 적은 사용시간을 가진
  프로세스에 중앙처리장치를 할당하는 기법
• 가장 짧은 작업을 우선 처리, 실행시간 추정치가 가장 적은 작업부터 실행하
  는 기법
• 평균 대기시간이 최소가 되는 최적의 스케줄링
• FIFO 알고리즘보다 평균 대기시간은 적지만 긴 작업의 대기시간이 장기화
  가능성이 크고 시간 예측이 어려움
• 계속 짧은 작업이 준비 큐에 들어올 경우 기아 현상이 발생하며, 에이징
  (Aging) 기법으로 해결 가능
• 대화식 시분할 시스템에는 부적합
• 선점형 스케줄링과 비선점형 스케줄링 기법 모두 사용 가능

[SJF, SPN 스케줄링]

ⓒ HRN(Highest Response Ratio Next)
• 처리시간이 긴 작업과 짧은 작업은 응답 비율을 증가시킴으로써, 처리의 불합
  리한 점을 어느 정도 보완한 기법으로 기아 현상 해결 가능
• 짧은 작업이나 대기시간이 긴 작업은 응답 비율 값이 증가하므로, 입출력 프로
  세스에 유리
• SJF 스케줄링의 단점(기아 현상)을 보완하는 기법
• 최고 응답률을 갖는 프로세스를 선택
• 응답률 $= \dfrac{(\text{대기시간}+\text{서비스시간})}{\text{서비스시간}}$

[HRN 스케줄링]

ㄹ 우선순위 스케줄링

- 프로세스에 부여된 우선순위대로 처리하는 기법
- 프로세스의 특성 및 종류에 따라 시스템에 의해 자동 부여되거나 외부적으로 부여할 수 있음
- 시간제한, 메모리 요구, 프로세스의 중요성 등을 기준으로 우선순위를 결정
- 무한 정지되거나 기아 현상이 발생할 수 있음
- 기아 현상은 오랫동안 기다린 프로세스에 우선순위를 높게 해주는 에이징 (Aging) 기법을 사용하여 해결할 수 있음

ㅁ 기한부 스케줄링

- 프로세스가 할당된 시간 내에 완료되도록 하는 기법
- 작업시간이나 상황 등을 예측하기 어려움
- 실시간 시스템과 같은 제한된 응답시간 요구 분야에 유용함

6) 프로세스 교착상태(Deadlock)

① 정의

- 서로 다른 둘 이상의 프로세스들이 상대 프로세스가 차지하고 있는 자원을 점유하려고 기다리는 무한대기 상태
- 다중 프로그램 시스템 내의 병행 프로세스들이 발생하지 않을 사건들을 무한 대기하는 상태
- 자원할당 및 프로세스 스케줄링 결정 시 프로세스가 무한대기하는 상태

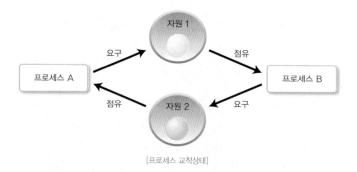

[프로세스 교착상태]

② 발생조건

상호배제 (Mutual Exclusion)	프로세스가 필요한 자원에 대해 배타적 통제권을 요구하는 상태
점유와 대기 (Wait)	프로세스가 다른 자원을 요구하면서 자신의 점유 자원을 해제하지 않고 대기하는 상태
비선점 조건 (Non-Preemption)	프로세스에 할당된 자원을 처리가 완료될 때까지 강제로 해제할 수 없는 상태
환형대기 조건 (Circular Wait)	프로세스의 순환 사슬이 존재하여, 요청 자원에 대해 뫼비우스의 띠 (Mobius Strip)* 처럼 서로의 꼬리를 물고 있는 상태

③ 교착상태 예방

상호배제 (Mutual Exclusion)	공유 가능 자원이 배타적인 접근을 요구하지 않기 때문에 교착상태 불가
점유와 대기 (Wait)	• 각 프로세스가 필요한 자원을 실행 전에 모두 요구하여 충족되면 미리 할 당(Pre-Allocation)함으로써 예방 • 단점 : 자원 낭비

뫼비우스의 띠 (Mobius Strip)

- 1858년에 뫼비우스와 요한 베네딕트 리스팅이 서로 독립적으로 발견
- 좁고 긴 직사각형 종이를 180도 (한 번) 꼬아서 끝을 붙인 면과 동일한 위상기하학적 성질을 가지는 곡면
- 수학의 기하학과 물리학의 역학이 관련된 곡면으로, 경계가 하나밖에 없는 2차원 도형(즉, 안과 밖의 구별이 없음)

비선점 조건 (Non-Preemption)	• 할당받은 자원은 다른 프로세스에 의해 중단될 수 없다는 조건을 부정하여 예방 • 점유 자원을 반납하고 대기상태가 되도록 함 • 단점 : 프린터 등에는 적용이 어려움, 이전까지 수행한 작업 내용은 손실 우려가 있음
환형대기 조건 (Circular Wait)	• 모든 프로세스에게 자원의 유형별로 할당 순서를 부여하여 항상 일정한 순서로 자원을 할당 • 자원에 고유번호 부여 • 단점 : 고유번호가 변경될 경우 고유번호를 재부여하므로, 고유번호를 기억해야 함

④ 교착상태 회피

- 교착상태 발생 가능성을 인정하고, 교착상태가 발생하려고 할 때 적절히 피해 나가는 방법
- 회피 방법
  - 은행원 알고리즘 이용 : 시스템이 언제나 전체 자원의 상황을 고려하여, 모든 사용자에게 작업을 완료할 수 있도록 안전한 상태를 유지시키는 방법
  - 자원 요구방법을 제약
  - 교착상태 발생조건의 제약

⑤ 교착상태 탐지

- 교착상태 발생을 인정하고 발생할 경우 원인을 규명하여 해결하는 방법
- 탐지 방법
  - 프로세스와 자원 사이에 환형 대기 상태가 존재하는지를 검사
  - 자원할당 그래프(RAG) 이용 : 방향 그래프를 이용하여 자원할당 사항과 요구사항을 나타내는 방법
  - 교착상태 발견 알고리즘(그래프, 타임스탬프)과 시간의 상한값 등을 사용

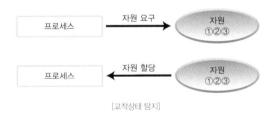

[교착상태 탐지]

⑥ 교착상태 복구

- 교착상태를 발생시킨 프로세스를 종료하거나 교착상태의 프로세스에 할당된 자원을 선점하여 프로세스나 자원을 복구하는 방법
- 복구 방법
  - 교착상태가 발생한 프로세스로부터 할당된 자원을 강제로 회수
  - 교착상태가 발생한 프로세스를 강제로 종료
  - 환형 대기 상태에 있는 프로세스 중 하나를 중지(Suspend)

⑦ 병행 프로세스(Concurrent Process) 해결 방안

상호배제 (Mutual Exclusion)	• 임계구역을 보호하기 위한 기법 • 한 프로세스가 공유 메모리 혹은 공유 파일을 사용하고 있을 때, 다른 프로세스들이 사용하지 못하도록 배제시키는 제어 기법
임계구역 (Critical Section)	• 하나의 프로세스만 자원을 이용할 수 있도록 보호된 영역 • 두 개 이상의 프로세스가 동시에 임계구역을 사용할 수 없으며, 하나의 프로세스가 독점할 수 없음
동기화 기법	• 상호배제의 원리를 보장하는 데 사용되는 기법 • 다중 작업환경에서 여러 개의 처리를 서로의 진행 상황에 맞추어 진행

[사이드]

- E.J. Dijkstra가 제안한 것으로, 은행에서 모든 고객의 요구가 충족되도록 서비스를 할당하는 데서 유래한 기법
- 은행원 알고리즘을 적용하기 위해서는 자원의 양과 프로세스 수가 일정해야 함

- 프로세스와 자원 간의 관계를 나타내는 그래프
- 그래프 : 정점(Vertex)과 정점을 연결하는 간선(Edge)으로 이루어짐
- 간선의 두 형태
  - 요청선(Request Edge) : 프로세스 정점에서 자원 정점으로 연결된 선
  - 할당선(Assignment Edge) : 자원 정점에서 프로세스 정점으로 연결된 선

- 유한개의 자원 관리
- 프로세스들이 임계구역에 접근하기 위해서 두 개의 연산 P(Wait)와 V(Signal)를 통해 동기화를 유지

순차적으로 사용할 수 있는 공유자원을 할당하는 데 필요한 데이터 및 프로시저를 포함

두 개 이상의 프로세스가 동시에 존재하며 실행상태에 있는 것

② 기억장치 관리

- 모든 컴퓨터는 주기억장치, 보조기억장치와 같이 계층적으로 구성
- 모든 프로그램은 주기억장치에 적재되어 실행
- 주기억장치의 용량은 한계가 있으므로 관리 필요
- 프로그램 중에서 현재 실행되지 않는 것은 보조기억장치에 저장

1) 동작 원리

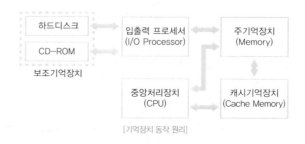

[기억장치 동작 원리]

2) 구성요소

코드 영역 (Code Space)	• 중앙처리장치에 의하여 실행되는 시스템 코드가 있는 영역으로, EIP(Extended Instruction Pointer)가 다음에 실행할 명령을 가리킴 • 프로그램 코드 자체를 구성하는 명령이나 기계어 명령을 위한 메모리 영역
데이터 영역 (Data Space)	• 초기화된 데이터 세그먼트(Initialized Data Segment)라고도 하며, 프로그램이 실행될 때 0이나 NULL 포인터로 초기화되는 영역 • 프로그램의 전역변수나 정적변수의 할당을 위하여 존재하는 영역
힙 영역 (Heap Space)	• 프로그램이 실행될 때까지 가변적인 양의 데이터를 저장하기 위해 프로세스가 사용할 수 있도록 예약되어 있는 메모리 영역 • 프로그램에서 사용하는 일시적이고 동적인 메모리를 할당하기 위하여 사용되는 메모리 영역
스택 영역 (Stack Space)	• 후입선출(LIFO) 방식에 의하여 데이터를 관리하는 구조 • Top이라고 불리는 스택의 끝부분에서 데이터의 삽입과 삭제가 일어남 • 지역변수, 매개변수, 복귀번지, 함수호출 시 전달되는 인수값 저장을 위한 메모리 영역

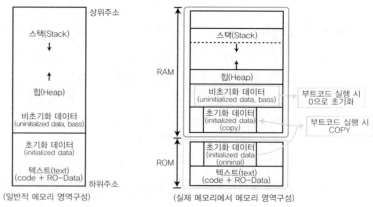

[주기억장치 영역 구성]

- 실행 전 EIP 레지스터에는 다음 실행해야 할 명령어가 존재하는 주소가 저장됨
- 현재 명령어를 실행 완료한 후에 EIP 레지스터에 저장되어 있는 주소에 위치한 명령어를 실행

FIFO와 LIFO

- FIFO(First In First Out)는 큐에 들어 있는 프로그램의 작업요청을 처리하는 방식으로서, 가장 오래된 요청(가장 먼저 요청된)을 가장 먼저 처리
- LIFO(Last In First Out)는 가장 최근에 요청된 것을 가장 먼저 처리하는 방식으로서, 가장 처음에 들어온 요청은 나중에 처리

26 시스템 보안

메모리 접근 모드(Memory Access Mode)

실제 모드 (Real Mode)	• x86계열로 처음 등장한 8086 CPU에서 사용된 동작 모드 • 20비트 주소 버스 를 사용하기 위하여 16비트 레지스터 사용 • 총 1MB(2^{20} = 1,048,576)의 메모리 사용 가능 • 20비트를 나타내기 위하여 세그먼트 레지스터를 도입함으로써, 16비트 세그먼트 레지스터와 16비트 오프셋을 중첩시킨 20비트 물리 주소를 만듦
보호 모드 (Protected Mode)	• 80286 CPU부터 도입된 모드로 80386 CPU에 이르러 완성 • 32비트 주소 버스를 통하여 4GB의 메모리를 사용할 수 있음 • 메모리보호 기능과 페이징 등을 통하여 가상메모리를 효율적으로 구현할 수 있음 • 인터럽트 및 예외처리 기능 가짐

(옆단 주석)
- 일정한 메모리 번지를 찾는 데 사용되는 신호를 운반하는 버스
- 물리 주소를 지정하는 데 쓰임
- 주소 버스의 대역은 시스템이 할당할 수 있는 메모리의 양을 결정
- 32비트 주소 버스를 가진 시스템은 2^{32} (4,294,967,296)개의 메모리 위치를 할당

종류 및 특징

[기억장치 종류 및 특징]

(옆단 주석)
- 주소 버스, 데이터 버스와 함께 컴퓨터 버스의 3요소 중의 하나
- 중앙처리장치가 기억장치나 입출력장치와 데이터 전송을 할 때나, 자신의 상태를 다른 장치들에게 알리기 위해 사용하는 신호를 전달할 때 사용하는 통로

- 연산장치와 레지스터 사이에서 데이터를 전달하는 연결 통로 (내부 버스 또는 시스템 버스)
- 레지스터 연산장치에 읽기, 쓰기 또는 여러 종류의 명령 제어 신호를 전달하는 통로
- 양쪽으로 데이터를 보낼 수 있어 양방향 버스(Two-Way Bus)라고도 함

주기억장치와 보조기억장치의 비교

구분	주기억장치	보조기억장치
접근방법	직접 접근	직접 및 순차 접근
처리속도	빠름	느림
저장위치와 처리속도	관계 없음	관계 있음
접근단위	바이트(Byte), 워드(Word)	블록(Block)
저장비용	높음	낮음
저장형태	휘발성	비휘발성

(옆단 주석)
데이터의 어느 위치에 접근해도 시간이 같게 걸리는 방식

- 데이터에 접근하는 방법의 하나로, 자기 테이프 같이 데이터를 순차적으로 접근하는 방식. 데이터의 위치에 따라 시간이 달라짐
- 직접 접근과 반대되는 개념

캐시기억장치

- 중앙처리장치보다 속도가 느린 주기억장치의 접근속도를 높이기 위하여 중앙처리장치와 주기억장치 간 속도가 빠른 기억장치를 설치하여, 이 기억장치에 반복적으로 참조될 프로그램 및 데이터의 블록을 옮겨 놓은 후 호출하여 실행시킴으로써, 기억장치 접근시간을 단축할 수 있도록 만든 기억장치
- 수행할 명령이나 오퍼랜드 를 주기억장치로부터 읽어 온 데이터로 저장한 후, 필요시 빠른 속도로 중앙처리장치에 제공

(옆단 주석)
실제 데이터에 대한 정보 표시, 기억장소 주소, 레지스터 번호, 사용할 데이터 등을 표시

① 캐시기억장치가 있는 시스템

- 중앙처리장치가 데이터를 읽기 위하여 주기억장치를 참조할 필요가 있을 때 캐시기억장치를 먼저 참조하며, 만약 찾는 데이터가 존재할 경우 중앙처리장치로 전달되고, 그렇지 않으면 캐시기억장치가 데이터가 포함된 한 블록을 주기억장치로부터 읽어오는 동시에 중앙처리장치로 전달

RAM
(Random Access Memory)

- 휘발성 메모리, 즉 전원이 차단되면 내부의 데이터가 손실되는 메모리를 지칭하는 것으로, 이와 반대되는 개념은 ROM(Read Only Memory)이 있음
- RAM을 크게 두 가지로 나누면 SRAM(Static RAM)과 DRAM(Dynamic RAM)으로 분류
  - SRAM은 플립플롭 방식의 메모리 셀을 가진 임의 접근 기억장치
  - SRAM은 복잡한 재생 클럭이 필요 없으므로 소용량 메모리 제조에 적합
  - SRAM은 주로 캐시메모리에 사용
  - DRAM은 캐패시터에 전하를 저장하는 방식으로 데이터를 저장
  - DRAM은 상대적으로 소비전력이 적으며, 대용량 메모리 제조에 적합
  - DRAM은 주로 주기억장치에 사용

- 캐시기억장치에 접근하여 데이터를 찾았을 경우 적중(Hit), 찾지 못했을 경우 실패(Miss)라고 함

[캐시기억장치 동작 원리]

② 크기와 인출방식

캐시기억장치의 크기	• 용량과 비용을 고려하여 적절하게 결정 • 용량이 클수록 성능은 높아지지만, 이에 따른 비용 증가 • 용량이 클수록 주소해독 및 정보인출을 위한 주변 회로가 복잡해지므로, 접근시간이 다소 길어짐
인출방식	• 요구 인출(Demand Fetch) 방식 : 현재 필요한 정보만 주기억장치로부터 인출하는 방식 • 선인출(Pre-Fetch) 방식 : 현재 필요한 정보 외에도 예측되는 정보까지 인출하는 방식

③ 적중률

- 캐시기억장치의 성능은 적중률에 의하여 측정

$$적중률 = \frac{적중\ 수}{주기억장치\ 참조\ 횟수} = \frac{적중\ 수}{적중\ 수 + 실패\ 수}$$

- 주기억장치와 캐시기억장치에서의 평균 접근시간
  $$Ta = Hh \times Tc + (1-Hh) \times Tm$$

  Ta = 평균 접근시간
  Hh = 주기억장치 접근시간
  Tc = 캐시기억장치 접근시간
  Tm = 적중률

- 캐시의 적중률이 높아질수록 평균 접근시간은 캐시 접근시간에 접근

④ 사상 함수(Mapping Function)

주기억장치와 캐시기억장치 사이에서 정보를 옮기는 것

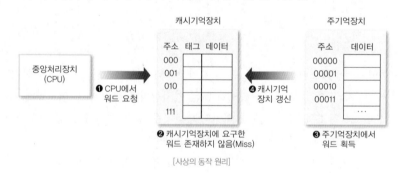

[사상의 동작 원리]

㉠ 직접 사상

- 기억장치 블록이 특정 라인에만 적재
- 캐시의 적중 검사는 그 블록이 적재될 수 있는 라인만 검사

장점	• 캐시 블록을 직접 결정할 수 있음 • 탐색이 필요하지 않음 • 배치기법이 간단하고 비용이 적게 듦
단점	• 주기억장치의 블록이 적재될 수 있는 라인이 하나밖에 없음 • 프로그램이 동일한 라인에 적재되는 두 블록을 반복적으로 접근하는 경우 캐시 실패율이 매우 높아짐 • 캐시 메모리의 사용률이 낮음 • 스래싱(Thrashing) 이 발생할 수 있음

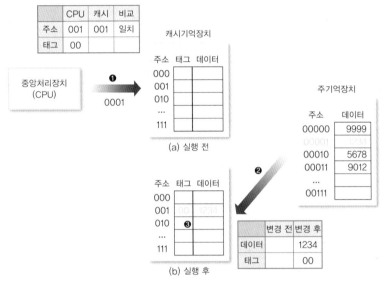

[중앙처리장치가 0001번지 워드를 필요로 하는 경우]

- 자주 페이지 교체가 일어나는 현상을 말함
- 어떤 프로세스가 계속적으로 페이지 부재가 발생하여 프로세스의 처리시간(프로그램 수행에 소요되는 시간)보다 페이지 교체시간이 더 많아지는 현상을 말함. 따라서 시스템은 심각한 성능 저하를 초래함

- Tag, Index, Offset을 가지고 있는데, 이것을 이용하여 주기억장치의 주소를 찾고, 그 안의 데이터를 찾음
- Controler와 Block으로 구성
- 각 Block은 Index, Tag, Valid Bit, Dirty Bit, Data로 구성
- Tag는 주기억장치 블록의 주소를 가지고 있고, Controler가 Tag를 검색하면서 HIT/MISS를 판단

㉡ 연관 사상

- 직접 사상과는 달리 주기억장치의 블록은 어느 캐시 라인 에도 적재할 수 있음

장점	• 주기억장치의 블록이 캐시의 어느 라인 에도 적재될 수 있어 직접 사상에서 발생할 수 있는 단점 보완 • 가장 빠르고 융통성을 가지고 있는 캐시 구조 • 스래싱(Thrashing)이 발생하지 않음
단점	• 적중 검사가 모든 라인에 대해서 이루어져야 하므로 검사 시간이 길어짐 • 캐시 태그 메모리가 많이 필요 • 전체 태그 메모리를 동시에 검색하므로 하드웨어가 많이 필요 • 캐시 슬롯 의 태그를 병렬로 검사하기 위해서는 매우 복잡하고 고가의 회로가 필요

- 캐시 영역의 기본 단위
- 보통 4워드나 8워드 단위로 사용하며, 보통 16워드(64byte) 사용

주기억장치의 블록 주소를 갖고 있음

캐시 메모리의 데이터가 저장되는 곳

- 주소를 태그와 워드 필드로 나누어 사용

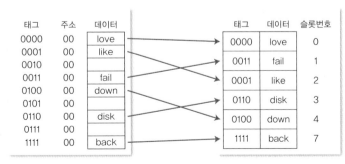

[연관 사상 동작 방법]

ⓒ 집합 연관 사상

- 직접 사상과 연관 사상 방식을 조합한 방식
- 하나의 주소 영역이 서로 다른 태그를 갖는 여러 개의 집합으로 이루어지는 방식
- 두 개의 집합을 가지는 집합 연관 캐시기억장치의 구조
- 집합 1과 집합 2의 집합으로 구분
- 같은 주소 000번지에 서로 다른 태그 00, 01로 구분되는 두 개의 데이터를 동시에 저장
- 동일한 주소를 가지고 다른 태그 번호를 가지는 번지를 접근하는 경우
  - 직접 사상인 경우 실패
  - 집합 연관 사상인 경우 적중

주소	태그	데이터	태그	데이터
000	00	1357	01	3344
111	01	2468	00	1122
	집합 1		집합 2	

[집합 연관 사상 동작 방법]

⑤ **사상 기법의 비교**

사상 기법	복잡도	태그 연관검색	캐시 효율	교체 기법
직접	단순	없음	낮음	불필요
연관	복잡	연관	높음	필요
집합 연관	중간	중간	중간	필요

7) 기억장치 관리 전략

① **반입기법(Fetch)**

보조기억장치의 프로그램이나 데이터를 언제 주기억장치에 적재할 것인지를 결정하는 기법

요구반입	• 현재 실행되는 프로그램에 의해 참조될 때, 프로그램이나 데이터를 주기억장치에 적재 • 오버헤드는 적지만 페이지 할당을 위한 많은 대기시간 소요
예상반입	• 현재 실행되는 프로그램에 의해 참조될 가능성이 큰 프로그램이나 데이터를 예상하여 주기억장치에 적재 • 예측 결정이 맞으면 프로세스 실행시간이 크게 감소하나, 예측 결정이 맞지 않으면 오버헤드 가 많음

② **배치기법(Placement)**

보조기억장치의 프로그램이나 데이터를 주기억장치의 어디에 위치시킬 것인지를 결정하는 기법

최적적합 (Best Fit)	주기억장치 내의 분할된 공간에 적재할 경우 단편화 가 가장 적게 발생하는 공간에 할당하는 기법
최초적합 (First Fit)	주기억장치 내의 분할된 공간에 적재할 경우 반입된 프로그램을 수용할 수 있는 첫 번째 빈 공간에 할당하는 기법
최악적합 (Worst Fit)	주기억장치 내의 분할된 공간에 적재할 경우 단편화 공간이 가장 많이 발생하는 공간에 할당하는 기법

• 어떤 처리를 하기 위해 들어가는 간접적인 처리시간 · 메모리 등을 말함
• 특정한 기능을 수행하기 위해 추가로 사용되는 컴퓨터 자원을 말함

주기억장치에서 메모리 공간이 작은 조각으로 나뉘어져, 많은 양의 메모리가 존재하지만 실제로 사용이 불가능한 경우에 메모리 단편화가 발생했다고 함

[메모리 배치기법]

③ 교체기법(Replacement)

주기억장치의 모든 영역이 이미 사용 중인 상태에서 주기억장치에 프로그램을 적재하려고 할 때, 어느 영역을 교체하여 사용할 것인지를 결정하는 기법

OPT(Optimal Replacement)	가장 오랫동안 사용하지 않을 페이지를 교체	
FIFO (First In First Out)	• 주기억장치 내에 가장 오래 머물렀던 페이지를 교체 • 가장 먼저 사용되었던 페이지를 먼저 교체	각 페이지별로 존재하는 논리적인 시계(Logical Clock)로, 해당 페이지가 사용될 때마다 0으로 초기화시킨 후 시간을 증가시켜 페이지를 교체하는 데 사용
LRU (Least Recently Used)	• 최근 가장 오랫동안 사용하지 않은 페이지를 교체 • 각 페이지마다 계수기(Counter) 를 두어, 현재 시점을 기준으로 가장 오래전에 사용된 페이지를 교체	
NUR (Not Used Recently)	• 최근에 사용하지 않은 페이지를 교체 • 최근 사용 여부를 확인하기 위해 각 페이지마다 참조 비트 와 변형 비트 를 사용	페이지가 호출되지 않았을 때 0, 호출되었을 때 1
LFU(Least Frequently Used)	사용횟수가 가장 적은 페이지를 교체	
SCR(Second Change Replacement)	• 가장 오랫동안 주기억장치에 머물렀던 페이지 중 자주 사용되는 페이지의 교체를 방지 • FIFO 기법의 단점 보완	페이지 내용이 변경되지 않았을 때 0, 변경되었을 때 1

④ 할당기법

단일 분할 할당	오버레이 (Overlay)	• 실행할 프로그램의 크기가 기억공간보다 커서 사용자 기억공간에 적재될 수 없을 때, 프로그램을 분할하여 필요한 부분만 교체하는 기법 • 주기억장치는 분할하지 않고, 프로그램을 분할하여 필요한 프로그램 부분만 적재 및 중첩하여 수행
	스와핑 (Swapping)	• 하나의 프로그램 전체를 주기억장치에 적재하여 사용하면서 필요에 따라 프로그램 전체를 다른 프로그램과 교체하는 기법 • 주기억장치와 프로그램을 모두 분할하지 않고, 프로그램 전체를 주기억장치에 적재하여 수행하고 다른 프로그램과 교체하는 기법
다중 분할 할당	고정 분할 할당	• 주기억장치를 몇 개의 고정된 개수와 크기로 분할하여, 여러 개의 프로그램을 동시에 적재하여 실행하는 기법 • 프로그램 전체를 주기억장치에 적재하여 수행 • 주기억장치를 고정된 크기로 분할하고, 프로그램은 분할하지 않음
	가변 분할 할당	• 프로그램을 주기억장치에 적재하면서 필요한 크기만큼 영역을 분할하는 기법 • 프로그램 전체를 주기억장치에 적재하여 수행하는 데, 적재할 때 그 크기에 맞게 주기억장치를 분할 • 주기억장치는 프로그램 크기로 분할하고, 프로그램은 분할하지 않음

⑤ 기억장치의 단편화

여러 분할 작업이 수행되는 과정에서 사용자의 작업 크기가 분할 크기에 정확히 맞지 않거나, 분할 크기가 너무 작아서 대기 중인 어떤 작업도 적재될 수 없는 기억공간

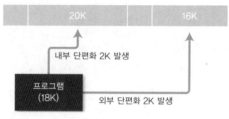

[기억장치의 단편화]

ⓐ 단편화 발생 원인
- 사용자 작업의 크기가 정확하게 분할 공간에 맞지 않을 때
- 분할공간이 너무 작아서 어떤 작업도 적재될 수 없을 때

ⓑ 단편화 해결 방안

압축 (Compaction)	주기억장치 내에 분산되어 단편화된 공간을 하나의 공간으로 압축하여 큰 가용 공간을 확보하는 것
통합 (Coalescing)	주기억장치 내에 인접해 있는 단편화된 공간을 하나의 공간으로 통합하여 큰 가 용 공간을 확보하는 것

⑥ 기억장치 보호

- 기억장치로의 접근에 일정한 제한을 두는 것
- 다중 프로그래밍 시스템에서 여러 개의 프로세스가 동시에 수행되면서, 자신이 허가받은 기억장치 영역 외의 다른 영역을 읽거나 쓰는 것을 방지하는 것

베이스 레지스터 (Base Register)	데이터용 메모리 영역에서 첫 번째 주소를 저장하는 레지스터°로, 프로그램이 한 영역에서 다른 영역으로 옮겨지더라도 명령의 주소 부분을 바꾸지 않고 수행될 수 있도록 함
경계 레지스터 (Fence Register)	다중 프로그래밍 시스템에서 분할된 영역을 다른 프로그램이 사용 하지 못하도록 메모리 내의 프로그램 블록의 상한 주소 또는 하한 주소를 기억
한계 레지스터 (Bound Register)	사용자 영역의 프로그램이 운영체제 영역을 침범하지 못하도록 하 는 레지스터로, 물리적 메모리 내의 프로세스 주소 공간을 결정하는 데 사용
기억장치 보호 키 (Storage Protection Key)	세그멘테이션(Segmentation) 기법에서 블록의 크기가 가변적이기 때 문에 주기억장치에 배치될 때 다른 세그먼트에게 할당된 영역을 침 범할 수 없도록 구분하기 위한 키

⑦ 가상기억장치 구현 기법

- 물리적 기억장치의 효율적 사용을 위해 논리적으로 확장된 기억공간을 제공하는 기법
- 물리적 기억장치와 논리적 기억장치 사이의 대응 관계를 관리 및 유지하는 시스템 구조와 운영체제와의 협력관계가 필요
- 프로그램이나 작업을 수행하는 데 필요한 기억장치가 부족할 경우, 실제 메모리 이상의 확장된 메모리 영역으로 이동

페이징 (Paging)	• 주기억장치와 프로그램을 모두 동일한 크기로 분할하여 필요한 프로그램만 적재하거나 교체하는 기법 • 가상기억장치에 보관되어 있는 프로그램과 주기억장치의 영역을 동일한 크기의 물리적 단위(페이지)로 나누고, 프로그램을 페이지 단위로 주기억장치에 적재시켜 실행하는 기법 • 실제 주소 공간을 페이지 크기와 같은 페이지 프레임(Page Frame)으로 나누어 사용 • 논리적 주소 공간으로부터 물리적 기억장치로의 주소 변환을 위해 페이지 테이블이 필요 • 시스템에서 여러 사용자가 동일한 프로그램을 실행하는 경우에 중복된 데이터를 여러 개 갖는 문제를 해결하기 위하여 페이지 공유가 필요 • 외부 단편화는 발생하지 않지만, 내부 단편화가 발생할 수 있음
세그멘테이션 (Segmentation)	• 가상기억장치의 프로그램을 가변적인 크기의 논리적 단위(세그먼트)로 나누고, 주기억장치에 적재시켜 실행하는 기법 • 주기억장치는 프로그램 조각 크기로 가변하여 분할 • 프로그램 조각을 주기억장치에 적재하여 수행하는데 그 크기에 맞게 주기억장치를 분할 • 사용자의 사용 주소와 물리적 주소 간의 변환을 위해 세그먼트 테이블을 사용 • 세그먼트는 세그먼트 번호와 세그먼트 오프셋으로 구성된 주소를 사용 • 내부 단편화는 발생하지 않지만, 외부 단편화가 발생할 수 있음

8) 가상기억장치의 페이지 교체 알고리즘

① 선입선출(FIFO)

- 페이지가 주기억장치에 적재될 때마다 타임스탬프(Time Stamp)*를 기록하고, 페이지가 교체될 필요가 있을 때 가장 먼저 주기억장치에 적재된 페이지를 교체
- 주기억장치에 가장 오랫동안 머물렀던 페이지를 교체
- 페이지들의 주기억장치 적재 순서를 기록하여 선입선출 큐를 유지 관리
- 페이지 교체가 가장 많으므로 페이지 부재가 가장 많이 발생
- 프로세스에 할당된 페이지 프레임 수가 증가하면 페이지 부재*가 더 증가하는 현상이 발생

참조 페이지	0	1	2	3	0	1	4	0
페이지 프레임	0	0	0	3	3	3	4	4
		1	1	1	0	0	0	0
			2	2	2	1	1	1
페이지 부재 발생	0	0	0	0	0	0	0	×

② LRU(Least Recently Used)

- 페이지가 호출되면 페이지 테이블에 복사된 사용횟수 레지스터의 값이 가장 최근에 호출된 시간을 나타내므로, 사용횟수 레지스터를 검색하여 가장 적은 값을 가진 페이지를 교체하는 기법
- 가장 오랫동안 사용하지 않은 페이지를 교체
- 페이지마다 계수기를 두어 사용하는 기법
- 선입선출보다 적은 페이지 부재율을 나타냄

📌 타임스탬프(Time Stamp)
- 특정한 시각을 나타내는 문자열
- 둘 이상의 시각을 비교하거나 기간을 계산할 때 편리하게 사용하기 위해 고안되었으며, 일관성 있는 형식으로 표현

📌 페이지 부재(Page Fault)
- 가상기억장치의 프로그램이 접근하려고 하는 페이지가 주기억장치에 존재하지 않는 경우 발생하는 현상
- 대체로 빈 페이지가 하나도 없거나, 미리 정해진 페이지 수보다 적을 때 발생

참조 페이지	0	1	2	3	0	1	4	0
페이지 프레임	0	0	0	3	3	3	4	4
		1	1	1	0	0	0	0
			2	2	2	1	1	1
페이지 부재 발생	0	0	0	0	0	0	0	×

③ LFU(Least Frequently Used)

- 페이지 사용이 얼마나 집중적으로 이루어지는지에 중점을 두어, 가장 적게 사용하거나 집중적으로 사용되지 않은 페이지를 교체하는 기법
- 사용한 횟수가 가장 적은 페이지를 교체
- 사용한 횟수를 기록할 참조 변수를 각 페이지에 두어 사용
- 최소의 페이지 부재율을 갖는 기법으로, 적중률이 가장 높음
- 페이지 사용횟수를 정확히 예측하여 교체
- Belady 알고리즘*으로 가장 이상적이지만 실현 가능성이 희박

참조 페이지	0	1	2	3	0	1	4	0
페이지 프레임	0	0	0	3	3	3	4	4
		1	1	1	0	0	0	0
			2	2	2	1	1	1
페이지 부재 발생	0	0	0	0	×	×	0	×

④ 최적화 기법(OPT)

가장 오랫동안 참조되지 않을 페이지를 교체 페이지로 선택하여 교체

참조 페이지	0	1	2	3	0	1	4	0
페이지 프레임	0	0	0	0	0	0	0	0
		1	1	1	1	1	1	1
			2	3	3	3	4	4
페이지 부재 발생	0	0	0	0	×	×	0	×

⑤ NUR(Not Used Recently)

- 최근에 참조되지 않은 페이지는 미래에도 참조되지 않을 가능성이 많기 때문에 호출되는 페이지와 교체
- LRU와 유사하며, 실제로 자주 사용되는 기법
- 오버헤드가 적음
- 하드웨어 비트인 참조 비트와 변형 비트를 사용
- 페이지 교체 순서(0 : 참조 안 됨, 1 : 참조됨)

참조 비트	변형 비트	참조 순서
0	0	1
0	1	2
1	0	3
1	1	4

Belady 알고리즘
- 최소의 페이지 부재를 위해서 이후에 가장 오랫동안 사용하지 않을 페이지를 교체하는 알고리즘
- 이론상으로는 최적이지만 프로세스 실행 도중에 미래에 어떤 페이지가 적합할 것인지 정확히 알 수 없으므로 실제 구현은 불가능

Belady의 모순 (Belady's Anomaly)
프로세스에 프레임을 더 주었는데 오히려 페이지 부재율이 더 증가하는 현상

⑥ 클럭(Clock)

- 상주 페이지와 연관된 참조 비트가 해당 페이지를 참조할 때마다 설정되고, 주기적으로 제거되는 기법
- FIFO와 LRU의 결합 기법

9) 가상기억장치 성능에 영향을 미치는 요인

워킹 셋 (Working Set)	• 프로세스가 일정 시간 동안 자주 참조하는 페이지들의 집합 • 하나의 프로세스에서 주기억장치에 적재될 수 있는 페이지들의 집합 • 자주 참조되는 워킹 셋을 주기억장치에 상주시킴으로써, 페이지 부재 및 페이지 교체 현상을 감소시킴
스래싱 (Thrashing)	• 프로세스의 처리시간보다 페이지 교체시간이 더 길어지는 현상 • 워킹 셋과 페이지 부재 빈도를 이용하여 스래싱(Thrashing)에 대해 접근 • 전역 페이지 교체 알고리즘에서 물리적 기억장치가 한계에 도달했을 때 새로운 프로세스가 실행을 요청하게 됨. 기억장치 관리자는 교체 알고리즘을 통해 교체 페이지를 선택해 새로운 프로세스에 할당하고, 할당된 페이지들은 모두 사용되었던 것이기 때문에 중앙처리장치가 페이지 부재율 증가를 처리하기 위해 효율이 저하되는데, 다시 새로운 프로세스를 실행하게 됨으로써 더욱 더 효율을 떨어뜨리는 것

> **지역성(Locality)**
> - 시간 지역성 : 최근 참조된 기억장소가 가까운 미래에도 계속 참조될 가능성이 높음
> - 공간 지역성 : 하나의 기억장소가 참조되면 그 근처의 기억장소가 계속 참조될 가능성이 높음

10) 보조기억장치 스케줄링

① FIFO(First In First Out) 기법

여러 개의 요청이나 작업이 대기상태 큐에 들어올 경우 우선순위를 붙이지 않고 도착한 순서대로 처리하는 기법

장점	디스크의 부하가 적을 때 유리
단점	• 디스크의 부하가 커지면 응답시간이 길어짐 • 탐색시간(Seek Time)*을 최적화하려는 노력이 없음

[FIFO 스케줄링]

> **보조기억장치의 탐색, 검색, 경과시간**
> - 탐색시간(Seek Time) : 디스크에서 원하는 데이터를 찾기 위해 헤더가 원하는 트랙(실린더)까지 움직이는 데 걸리는 시간
> - 검색시간(Search Time) : 해당 트랙(실린더)을 찾은 후 섹터를 찾는 데 걸리는 시간
> - 경과시간(Access Time) : 정보를 디스크에 저장 및 읽기 명령을 내린 후 실제로 정보를 저장하거나 읽기 시작할 때까지 걸리는 시간

② SSTF(Shortest Seek Time First) 기법

- 대기상태 큐에 먼저 들어와 있지 않더라도 탐색 거리가 짧은 경우 먼저 처리하는 기법. 즉 탐색 거리가 가장 짧은 요청을 먼저 처리
- 중앙의 트랙이 안쪽이나 바깥쪽보다 먼저 처리될 확률이 높음
- 현재 헤더 위치가 가까운 곳에 있는 모든 요청을 먼저 처리하기 때문에 헤더에서 멀리 떨어진 요청은 기아상태가 발생할 수 있음
- 처리량이 많은 일괄 처리 시스템에 유용

장점	• FIFO의 단점을 보완하기 위한 기법 • FIFO보다 처리량이 많고 평균 응답시간이 짧음
단점	응답시간의 편차가 크기 때문에 대화형 시스템에는 부적합

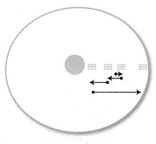

[SSTF 스케줄링]

③ Scan 기법

- 진행 방향의 가장 짧은 거리에 있는 요청을 먼저 처리하는 기법
- SSTF와 유사하지만, SSTF의 응답시간의 편차를 보완하는 기법
- 현재 헤더 위치에서 진행 방향이 결정되면 탐색 거리가 짧은 순서에 따라 그 방향의 모든 요청을 끝까지 이동한 후 역방향으로 요청을 처리하는 기법
- SSTF에서 발생하는 안쪽과 바깥쪽 트랙의 불균형을 최소화하고 응답시간의 편차를 줄임
- 부하가 적은 경우에 Scan 기법이 가장 좋은 결과를 얻음
- 대부분의 디스크 스케줄링의 기본

[Scan 기법 스케줄링]

④ C-Scan 기법

- 헤더가 항상 바깥쪽에서 안쪽으로 이동하면서 가장 짧은 탐색시간을 갖는 요청을 처리하는 기법
- 헤더는 바깥쪽에서 안쪽으로 한 방향으로만 이동하며 끝까지 이동한 후 안쪽에서 더 이상의 요청이 없는 경우, 다시 가장 바깥쪽으로 이동하여 처리하며 이 과정을 반복
- 헤드의 안쪽과 바깥쪽 트랙의 불균형은 모두 해결할 수 있음
- 응답시간의 편차가 매우 적음
- 부하가 적은 경우에 C-Scan 기법이 가장 좋은 결과를 얻음

⑤ N-Step Scan 기법

- Scan의 무한대기 발생 가능성을 제거하기 위한 기법
- Scan보다 응답시간 편차가 적음
- 진행 방향으로 요청을 처리하지만, 진행 중 추가된 요청은 처리하지 않고 다음 진행 때 처리

[N-Step Scan 기법 스케줄링]

⑥ Look 기법
- Scan 기법이 진행 방향에 요청이 없어도 헤드가 0번 트랙까지 이동하는 불합리한 점을 보완한 기법
- 헤드가 이동하기 전에 먼저 요청이 있는지 검사하고 이동하는 방식
- 요청에 따라 헤드가 이동하기 때문에 만약, 헤드가 이동하는 방향에 요청이 더 이상 없다면 요청이 있는 다른 방향으로 방향을 바꿈

⑦ C-Look 기법
- C-Scan 기법이 진행 방향에 요청이 없어도 헤드가 0번 트랙까지 이동하는 불합리한 점을 보완한 기법
- 순환 스케줄링 방식을 기초로 하지만 헤드가 이동하는 방향에 더이상 요청이 없다면 즉시, 헤드의 방향을 바꿈

3 파일 시스템 관리

컴퓨터에서 데이터를 기록하기 위해서는 미리 하드디스크의 데이터를 읽고, 쓰고, 검색을 위한 준비를 해야 하는데, 파일 시스템은 그 준비의 규칙을 정리하여 놓은 것으로, 파일에 이름을 붙이고, 저장이나 검색을 위하여 파일을 어디에 위치시킬 것인지를 나타내는 모든 조직체계

1) 파일 시스템의 구조

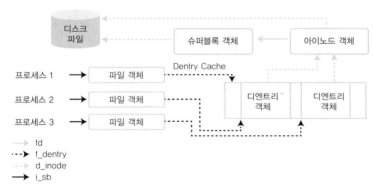

[파일 시스템의 구조]

2) 파일 시스템의 기능
- 파일에 대한 다양한 종류의 접근제어 방법 제공
- 파일의 생성 · 수정 · 삭제 관리
- 파일의 무결성, 보안 유지 방법 제공

> 🗨 디엔트리(Dentry)
> - 디렉터리 항목
> - 파일 시스템의 계층 특성은 dentry 객체라고 하는 또다른 객체가 관리함
> - 파일 시스템에는 슈퍼블록에서 참조된 하나의 루트 dentry가 있으며, 루트 dentry는 상위계층이 없는 유일한 dentry임
> - 기타 모든 dentry에는 상위 계층이 있으며, 그 중에는 하위 계층을 갖고 있는 것도 있음

- 데이터의 백업 및 복구기능 제공
- 데이터의 효율적 저장과 관리를 위한 방법 제공

3) 파티션의 구조

[파티션의 구조]

주(Primary) 파티션	• 기본 파티션* • 하나의 하드디스크에는 주 파티션과 확장 파티션을 모두 4개의 파티션까지 분할 가능 • 4개 이상의 파티션이 필요한 경우 확장 파티션 내에 논리 파티션 만듦
확장(Extend) 파티션	• 하드디스크를 여러 개의 파티션으로 나누고자 할 때 만드는 파티션 • 논리 파티션을 만들 수 있게 하는 공간 • 디스크당 하나만 만들 수 있음
논리(Logical) 파티션	• 4개 이상의 파티션을 사용하게 되는 경우 확장 파티션 내에 논리 파티션 생성 • 하나의 하드디스크에서 논리 파티션의 수는 최대 12개까지 생성 가능

4) 파일의 접근 방식

① 순차 접근 방식(SAM, Sequential Access Method)
파일 내의 각 레코드를 논리적 순서에 따라 연속적으로 저장하고, 저장된 순서대로 접근할 수 있는 방식

장점	• 순서대로 자료가 기억되어 취급이 용이 • 기억장소의 낭비가 없음 • 일괄 처리 시스템에 적합
단점	레코드 삽입 · 삭제 시 시간의 낭비가 심함

② 색인 순차접근 방식(ISAM, Indexed Sequential Access Method)
- 순차접근 방법을 지원하는 순차 파일과 직접 접근 방법을 지원하는 직접 파일을 결합한 형태의 파일. 즉, 순차 파일과 직접 파일의 장점을 이용함으로써, 보다 융통성 있는 데이터 접근을 제공하는 방법
- 레코드는 각 레코드의 키 값에 따라 논리적인 순서로 배열되어 있음
- 시스템에 의해 생성된 인덱스의 검색을 통해 직접 접근할 수도 있음
- 인덱스된 순차 레코드는 키 값의 순서에 따라 순차적으로 접근할 수도 있음
- 시스템은 일부 주요 레코드의 실제 주소가 저장된 인덱스를 관리
- 인덱스된 순차 파일은 일반적으로 디스크에 저장
- 기본 영역*, 색인 영역*, 오버플로 영역*으로 구성

장점	• 순차 처리와 비순차(랜덤) 처리 가능 • 파일 중간에 레코드의 삽입과 삭제가 쉬움
단점	• 인덱스 및 오버플로 영역을 위한 추가 기억공간이 필요 • 오버플로 레코드가 많아지면 주기적인 파일 재구성이 필요

③ 직접 파일(Random File, Direct File)

- 레코드가 기억장치의 물리적 주소를 직접 접근
- 해싱 기법*을 이용하여 데이터 레코드에 직접 접근

해싱 기법
기억공간에 저장된 정보를 보다 빠르게 검색하기 위해 절대 주소나 상대주소가 아닌 해시 테이블(Hash Table)을 생성하는 방식

장점	• 특정 레코드의 검색이 가장 빠름 • 운영체제에서 키 변환을 자동적으로 처리 • 대화식 처리시스템에 적합
단점	• 기억공간의 낭비가 심함(충돌(Collision) 발생으로 인한 공간의 확보) • 연속적으로 전체적인 검색이 불가능

5) 디렉터리

① 디렉터리의 역할

- 파일 시스템 내부에 있는 것으로, 효율적인 파일 사용을 위해 디스크에 존재하는 파일에 대한 여러 정보를 가지고 있는 특수한 형태의 파일
- 시스템이 가지고 있는 파일의 일람표로써, 각 파일의 위치, 크기, 할당 방식, 형태, 소유자, 계정정보 등을 저장

② 디렉터리의 구조

1단계 디렉터리 (Single Level Directory)	• 모든 파일이 같은 디렉터리에 있어 유지 및 관리가 용이 • 디렉터리 내 모든 파일의 이름이 구별되어야 하며, 파일명의 크기에 제한이 있음
2단계 디렉터리 (Two Level Directory)	• 각 사용자마다 별도의 사용자 파일 디렉터리가 배정 • 부팅 시 마스터 파일 디렉터리(MFD)를 먼저 탐색
트리 구조 디렉터리 (Tree Structured Directory)	• 사용자들이 자신의 종속 디렉터리(Subdirectory)를 생성하며, 각 파일은 유일한 경로를 가짐 • 파일(0)과 종속 디렉터리(1)의 구분 : 각 항목에 한 비트 지정 • 디렉터리의 생성 · 수정 · 삭제 : 시스템 호출 • 경로 이름 : 완전 경로 이름(루트 디렉터리부터 지정된 파일까지 경로 명시), 상대 경로 이름(현재 디렉터리를 기준으로 지정)
비순환 그래프 디렉터리 (Acyclic Graph Directory)	• 디렉터리들이 종속 디렉터리나 파일을 공유할 수 있도록 허용하는 구조 • 공유 파일/공유 디렉터리 구현 방법 : 새로운 디렉터리 항목 사용, 공유 파일에 관한 모든 정보를 복사하여 필요로 하는 디렉터리에 저장하는 방법
일반적인 그래프 디렉터리 (General Graph Directory)	순환 가능 구조

마스터 파일 디렉터리
(Master File Directory)
• 사용자 작업이 시작되거나 시스템에 사용자가 로그온 등을 통해 접속하게 되면 시스템은 마스터 파일 디렉터리를 먼저 탐색
• 계정 이름이나 계정 번호로 색인되어 있고, 각 항목은 그 사용자의 사용자 파일 디렉터리(User File Directory)를 가리킴

4 분산 운영체제의 구성 기술

- 하나의 시스템처럼 보이는 독립된 컴퓨터들의 집합을 의미
- 네트워크를 통하여 분산된 시스템의 자원을 공유하고, 응용 프로그램을 처리하는 시스템
- 원격지의 응용 프로그램 또는 데이터베이스, 기타 시스템을 이용하여 하나의 트랜잭션이 처리되는 개념
- 각 노드(Node)*의 자율성 보장
- 분산처리 및 분산 데이터로 구성

노드(Node)
• 근거리 통신망(LAN)
• 네트워크의 기본요소인 지역 네트워크에 연결된 컴퓨터와 그 안에 속한 장비들을 통틀어 하나의 노드라고 함

📌 **클라이언트(Client)**
서비스를 사용하는 사용자 혹은 사용자의 컴퓨터를 말함

📌 **서버(Server)**
서비스를 제공하는 컴퓨터이며, 다수의 클라이언트를 위해 존재하기 때문에 일반적으로 매우 큰 용량과 성능을 가짐

1) 구조 및 운영방식

① 클라이언트*/서버*(Client/Server) 모델
클라이언트와 서버로 나누어지는 네트워크 아키텍처를 나타냄

② 피어 투 피어(Peer-to-Peer) 모델
- 소수의 서버에 집중하기보다는 망구성에 참여하는 시스템의 처리능력과 대역폭에 의존하여 구성되는 통신망
- 클라이언트나 서버란 개념이 없이 동등한 계층 노드가 서로 클라이언트와 서버 역할을 하게 됨

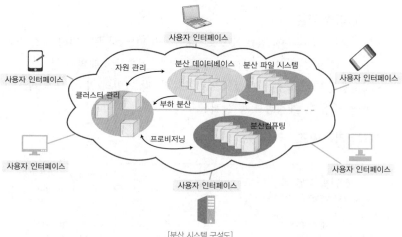

[분산 시스템 구성도]

2) 분산 운영체제의 특징

- 네트워크로 연결된 분산 시스템 자원을 효율적으로 관리하기 위한 운영체제
- 자원의 공유, 연산속도 향상, 신뢰성 향상 목적
- 빠른 응답시간과 다수의 구성요소가 존재하여 일부분의 시스템 장애에도 다른 시스템은 계속 동작 가능
- 공유자원에 접근할 경우 시스템 유지를 위하여 제어를 분산할 필요가 있음
- 처리기와 입력장치 등의 물리적 자원분산 가능

장점	• 지역 자치성, 시스템 용량 확장 용이 • 신뢰성, 가용성, 효용성, 융통성 • 빠른 응답속도와 통신비용 절감 • 데이터의 가용성과 신뢰성 증가 • 시스템 규모의 적절한 조절 가능 • 각 지역 사용자의 요구 수용 증대
단점	• 자원공유 및 투명성의 문제 • 소프트웨어 개발비용, 처리비용 증대 • 오류의 잠재성 증대 • 설계 및 관리의 복잡성과 비용 증대 • 불규칙한 응답속도 및 통제의 어려움 • 데이터 무결성에 대한 위협

3) 분산 시스템의 운영체제

① 자료 이동(Data Migration)

서버에 있는 파일 등의 자료에 접근 시 시스템이 자료를 이동시키는 두 가지 기본적인 방법

- 파일 전체를 이동하는 방식
- 실제 필요한 파일 일부를 이동하는 방식

② 연산 이동(Computation Migration)

- 대용량 파일의 접근이나 분석의 경우 연산을 이동하는 것이 효율적
- 파일이 위치하는 사이트에 접근하여 연산 후 결과를 반환받는 것이 적합

③ 프로세스 이동(Process Migration)

- 연산 이동의 논리적 확장
- 전체 또는 일부 프로세스를 다른 사이트에서 수행 가능

4) 분산처리의 목적

부하 균등화* (Load Balancing)	부하를 균등화하기 위하여 프로세스 분산
연산속도 향상 (Computation Speed Up)	프로세스가 동시 수행 가능한 부분 프로세스로 분리되어, 전체 반환시간 단축
하드웨어 선호성 (Hardware Preference)	특정 프로세스는 특정 프로세서에 의하여 수행되는 것이 적합
소프트웨어 선호성 (Software Preference)	특정 프로세스는 특정 사이트의 소프트웨어에 의하여 수행되는 것이 적합
데이터 접근 (Data Access)	데이터의 양이 많은 경우 데이터의 이동보다 프로세스의 이동이 효율적

> 💬 **부하 균등화**
> **(Load Balancing)**
> - 컴퓨터 네트워크 기술의 일종으로, 둘 혹은 셋 이상의 중앙처리장치 혹은 저장장치와 같은 컴퓨터 자원들에게 작업을 나누는 것을 의미
> - 가용성 및 응답시간을 최적화시킬 수 있음

5) 분산 파일 시스템

분산 파일 시스템에서 물리적으로 여러 사이트 간에 분산되어 있는 파일들에 대해 동일한 방식의 파일 공유를 지원하는 것

① 네이밍(Naming) 구조

- 논리적인 객체와 물리적인 객체 간의 사상(Mapping)*
- 네이밍 사상에 관한 두 가지 중요 개념

위치 투명성 (Location Transparency)	파일 이름에 그 파일의 물리적 기억장소에 대한 정보를 나타내지 않음
위치 독립성 (Location Independency)	파일의 물리적 기억장치의 위치가 변경되어도 파일 이름을 변경할 필요 없음

> 💬 **사상(Mapping)**
> - 가상주소와 물리주소의 대응 관계 또는 가상주소로부터 물리주소를 찾아내는 것을 말함
> - 사상 표(Mapping Table)를 통해 가상주소로부터 실제주소를 알아낼 수 있음

② 네이밍 기법(Naming Scheme)

- 파일의 이름을 호스트 이름과 지역 이름의 조합으로 구성하는 방법
- 원격 디렉터리를 지역 디렉터리에 연결할 수 있게 하는 방법
- 구성 파일 시스템을 전체적으로 통합하는 방법

③ 파일 중복(File Replication)

여러 시스템에 파일을 중복시키는 것은 접근요청에 대하여 가장 가까운 복사본을 선택하여 사용할 수 있으므로, 전체 시스템의 가용성을 증가시키고 성능을 향상시킬 수 있음

㉠ 파일 중복의 문제점

복사본의 갱신	사용자의 관점에서 복사본은 동일한 논리적인 존재이기 때문에 임의의 복사본에 대한 갱신은 다른 모든 복사본에 반영되어야 함
일관성 유지 방법	일관성 유지를 위하여 프로세스의 무한 대기상태를 초래할 수 있는 방법
일관성 무시 방법	프로세스 실행을 보장하기 위하여 일관성 파괴로 인한 오류를 감수하는 방법

④ 캐싱 기법(Basic Caching Scheme)

- 어떤 접근요구를 만족하는 자료가 캐시*되어 있지 않으면 자료의 복사본을 서버로부터 클라이언트로 이동시키고, 접근은 캐시된 복사본상에서 행해짐
- 동일한 정보에 대한 반복된 접근은 부가적인 네트워크 접근 없이 지역적으로 처리될 수 있음
- 요구페이지 가상기억장치와 유사

㉠ 캐시 위치(Cache Location) : 캐시된 자료의 저장 위치

디스크 캐시	비휘발성이기 때문에 기억장치의 오류 발생 시에도 자료가 로컬에 저장
주기억장치 캐시	디스크가 없어도 됨

㉡ 캐시 갱신 전략(Cache Update Policy) : 수정된 자료 블록을 서버의 마스터 복사본에 갱신하기 위한 전략

즉시기록	수정 후 즉시 기록하는 방법
교체기록 / 지연기록*	수정은 캐시에서 하고, 마스터 복사본의 수정을 지연시키는 방법

6) 투명성(Transparency)

- 분산 처리시스템의 주요 고려사항 중 하나
- 자원의 존재 위치와는 관계없이 시스템의 모든 파일에 대하여 사용자가 동일한 방법으로 접근할 수 있도록 하는 것, 즉 사용자가 여러 자원의 위치정보를 알지 못하고 시스템을 사용하는 것
- 사용의 단순성, 용이성 등을 위하여 어떤 객체의 특성 중 일부가 사용자에게 숨겨져 그 존재를 인식하지 못하게 하는 것

투명성	기능	장점	단점
분할(단편화)	데이터베이스 분할 관리에 무관한 작업환경 제공	병목현상 방지시스템 성능 향상	충분한 설계기술 필요
위치 투명성	데이터 저장장소에 무관한 접근 제공	• 응용 프로그램 단순화 • 데이터의 자유로운 사이트 왕래	• 이중처리로 속도 저하 • 저장공간 낭비
지역 사상	각 지역 시스템과 무관한 이름 사용	상향식 점진적 확장 제공	이질적인 시스템 구현 시 복잡
중복 투명성	• 논리적 데이터 객체의 사이트 중복 가능 • 데이터 일관성 유지와 무관하게 사용	질의 · 응답 성능 개선	• 갱신 · 전파 오버헤드 추가 • 기억공간 필요
장애 투명성	구성요소 장애와 무관한 트랜잭션 원자성 유지	장애처리 구현 단순(사용자)	장애 원인 규명 복잡
병행 투명성	동시 수행시간 트랜잭션 결과에 대한 일관성 유지	자원사용 극대화	복잡한 잠금 기능

★ 캐시(Cache)
데이터나 값을 미리 복사해 놓는 임시 장소를 가리킴

★ 지연기록 기법의 종류
- 클라이언트의 캐시에서 블록이 나오기 직전에 반영하는 방법
- 정해진 시간마다 캐시를 조사하여 지난 조사 이후 갱신된 블록을 반영하는 방법
- 파일이 폐쇄될 때 반영하는 방법

Section 03 운영체제별 특징과 주요 기능

1 유닉스(Unix)

1) 개요

- 1960년대 후반에 AT&T사의 Bell 연구소에서 개발한 Multics라는 운영체제가 모태가 됨
- Ken Thompson이 DEC사의 PDP.7용 운영체제를 어셈블리로 개발하여 기초를 만듦
- 1973년 Dennis Ritchie가 이식성이 뛰어난 C언어로 유닉스 시스템을 재코딩하여 개발

2) 특징

대화식 운영체제, 멀티태스킹*, 멀티유저*, 계층적 파일 시스템, 이식성, 유연성, 호환성, 입출력 방향전환 및 파이프라인* 기능, 보안 및 보호 기능, 각종 장치의 독립성 등의 기능 수행

3) 종류

UNIX System V R4.0	벨 연구소에서 개발한 유닉스 표준
SUNOS	SUN사의 BSD 중심의 운영체제
Solaris	SUN사의 SVR4 구현
HP-UX	UNIX의 HP 버전
AIX	IBM의 System V 운영체제로, SVR4, BSD, OSF/1의 특징을 가짐
Linux	Free UNIX 방식, 리누스 토발즈가 개발하였으며, Linus UNIX 의미

4) 구성요소

① 커널(Kernel)

- 유닉스 운영체제의 가장 핵심 부분으로 주기억장치에 상주
- 하드웨어를 보호하고(하드웨어의 캡슐화), 프로그램과 하드웨어 간 인터페이스 역할
- 프로세스 관리, 기억장치 관리, 파일 시스템 관리, 입출력장치 관리, 프로세스 간 통신, 데이터 전송 및 변환 등 여러 기능 수행

㉠ 커널의 역할

프로세서 컨트롤러	프로세서를 제어하는 것으로, 여러 프로세서에 대한 실행 프로그램 제어
서브 시스템	시스템 제어와 관련된 여러 정보의 참고자료로 커널 자체 호출
내부프로세스 통신	유닉스 내부에서 운영되는 프로그램 연결
스케줄러	스케줄에 관련된 유닉스 내부에서의 프로그램 처리순서 등을 관리하는 역할에 대한 내용으로, 시분할 방식의 시스템에서는 필수적
메모리 관리자	주기억장치에 적재된 프로그램의 크기 등 남아있는 영역의 효율적인 관리를 목적으로 운영되는 프로그램

> ☆ **멀티태스킹(Multitasking)**
> - 다수의 작업이 중앙처리장치의 공용 자원을 나누어 사용하는 것
> - 다수의 중앙처리장치를 내장한 컴퓨터에서도 유효하며, 멀티태스킹을 사용하게 되면 탑재한 중앙처리 장치의 숫자보다 많은 수의 작업을 동시에 수행할 수 있음
>
> ☆ **멀티유저(Multiuser)**
> - 두 명 이상의 사용자가 여러 프로그램을 동시에 그리고 독립적으로 실행할 수 있는 컴퓨터
> - 중앙처리장치에 하나의 프로그램을 동시에 혹은 독립적으로 다수의 사용자가 사용할 수 있는 컴퓨터
>
> ☆ **파이프라인(Pipeline)**
> - 한 데이터 처리 단계의 출력이 다음 단계의 입력으로 이어지는 형태로 연결된 구조를 가리킴
> - 이렇게 연결된 데이터 처리단계는 여러 단계가 서로 동시에, 또는 병렬적으로 수행될 수 있어 효율성을 향상시킬 수 있음

② 셸(Shell)

- 명령어를 번역하여 프로그램을 호출하고, 명령을 수행하는 명령어 해석기 또는 번역기
- 주기억장치에 상주하지 않고 명령어가 포함된 파일 형태로 존재하며, 보조기억장치에서 교체처리 가능
- 프로그래밍 언어로, 셸이 해석할 수 있는 '스크립트(Script)'라는 프로그램을 작성할 수 있음
- 유닉스 명령뿐만 아니라 셸프로그래밍 언어도 포함
- DOS 운영체제의 COMMAND.COM*과 동일한 역할을 하며, 사용자가 로그온할 때 가장 먼저 실행되며, 단말장치로부터 받은 명령을 커널로 전송하거나 해당 프로그램을 실행

[Unix/Linux 운영체제의 구조]

③ 파일 시스템(File System)

- 시스템에서 사용되는 파일을 운용하고 관리하는 운영체제의 파일 관리체계
- 컴퓨터에서 데이터를 기록하기 위해서는 미리 하드디스크의 데이터를 읽고, 쓰고, 검색하기 위한 준비를 해야 하는데, 파일 시스템은 그 준비의 규칙을 정리해 놓은 것으로, 파일에 이름을 붙이고 저장이나 검색을 위하여 파일을 어디에 위치시킬 것인지를 나타내는 체계

㉠ 구조

부트 블록 (Boot Block)	• 부팅 시 필요한 코드를 저장하고 있는 블록 • 파일 시스템으로부터 UNIX 커널을 적재시키기 위한 프로그램이 저장되어 있음
슈퍼 블록 (Super Block)	• 전체 파일 시스템에 대한 정보를 저장하고 있는 블록 • 파일 시스템마다 하나씩 존재 • Logical Volume*의 4096 Byte Offset*에 위치하며, 크기는 4,096 Byte • 슈퍼 블록 정보를 확인하는 명령어 : #dumpfs • 슈퍼 블록이 손상되었을 때 점검하는 명령어 : #fsck • 저장정보 : 데이터 블록의 개수, 실린더 그룹의 개수, 데이터 블록과 단편의 크기, 하드웨어 설명, 마운트 위치 등의 정보 저장
아이노드 블록 (I-Node Block)	• 파일의 이름을 제외한 해당 파일이나 디렉터리에 대한 모든 정보를 저장하고 있는 블록 • 파일의 실제 주소로서 파일 앞부분의 블록 번지는 직접 가지고, 나머지 블록 번지는 간접 블록 번지로 가짐 • 모든 파일은 반드시 하나의 아이노드(I-Node) 블록을 가짐 • 저장정보 : 파일의 소유자, 파일 유형, 접근 권한, 접근시간, 파일 크기, 링크 수, 저장된 블록 주소
데이터 블록 (Data Block)	• 실제 데이터가 파일의 형태로 저장되는 공간 • I-Node에 포함되며, I-Node가 몇 개의 데이터 블록을 포함하고 있음 • 파일은 크게 두 개의 부분으로 구성되며, 하나는 파일에 대한 정보(Meta Data)를, 다른 하나는 실제 데이터를 담고 있는 블록

COMMAND.COM
- DOS와 Windows 95, 98, ME 등을 기본으로 하는 운영체제
- 셸의 다른 이름으로 '명령줄 해석기'라 부름

논리적 볼륨 (Logical Volume)
일반 파일 시스템, 스왑 영역 등으로 사용할 수 있도록 논리적으로 할당한 공간

오프셋(Offset)
- 일반적으로 동일 오브젝트 안에서 오브젝트 처음부터 주어진 요소나 지점까지의 변위 차를 나타내는 정수형
- 이를테면, 문자 A의 배열이 abcdef를 포함한다면 'c' 문자는 A 시작점에서 2의 오프셋을 지닌다고 할 수 있음

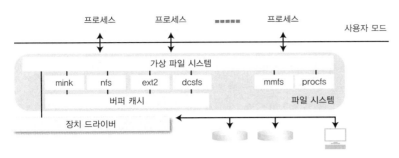

[Unix/Linux 파일 시스템의 구조]

ⓒ 파일 구조

유닉스의 파일은 아이노드 블록(I-Node Block)과 데이터 블록(Data Block)으로 구성

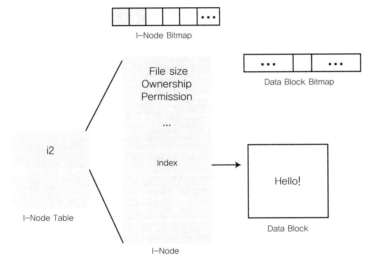

[Unix/Linux 파일의 구조]

ⓒ 디렉터리 구조

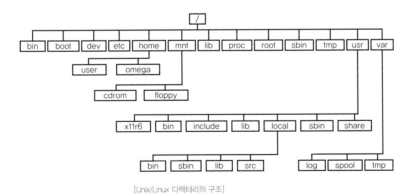

[Unix/Linux 디렉터리의 구조]

디렉터리	설명
/bin	System Binary의 약어로 이진 파일이며, 리눅스에서 기본 명령어가 저장된 디렉터리
/usr	시스템에 사용되는 각종 프로그램이 설치되는 디렉터리
/etc	리눅스 시스템의 각종 환경설정 파일과 디렉터리가 저장된 디렉터리
/sbin	시스템관리를 위한 명령어가 저장된 디렉터리
/lib	• 프로그램의 각종 라이브러리* 파일이 저장된 디렉터리 • 유틸리티(Utility), 패키지(Package) 등의 파일 포함

파일 디스크립터
(File Descriptor)

• 파일 디스크립터의 내용에는 파일의 식별자(ID), 디스크 내 주소, 파일 크기 등에 대한 정보 저장
• 파일이 접근되는 동안 운영체제가 관리목적으로 알아야 할 정보를 모아 놓은 자료구조
• 파일이 열리면 FCB(File Control Block)가 메모리에 적재되어야 함
• 보조기억장치에 저장되어 있으며, 파일이 열릴 때 주기억장치로 옮겨짐
• 사용자의 직접 참조 가능
• 파일 관리를 위한 파일 제어 블록
• 시스템에 따라 다른 구조를 가질 수 있음

🗂 라이브러리(Library)

소프트웨어를 만들 때 쓰이는 클래스나 서브루틴들의 모음을 말함

정적 라이브러리

컴파일러가 소스 파일을 컴파일할 때 참조하는 프로그램 모듈

동적 라이브러리

프로그램 수행 도중 해당 모듈이 필요할 때 사용하는 프로그램 모듈

스티키 비트(Sticky Bit)
• 제3자(Other)의 쓰기 권한에 대한 특별한 허가권
• 디렉터리에 Sticky Bit가 설정되어 있을 경우 제3자에게 쓰기 허가권이 있어도 파일을 수정할 수는 있지만, 그 파일을 삭제할 수는 없음

가상 파일 시스템
(Virtual File System)
• 실제 파일 시스템 위의 추상 계층
• VFS의 목적은 클라이언트 응용 프로그램이 여러 파일 시스템에 같은 방법으로 접근할 수 있게 하는 것

/var	• 시스템에서 사용되는 동적인 파일을 저장하는 디렉터리 • 각종 시스템 로그 파일, 사용자 로그온에 대한 로그 기록 • 메일 서버를 운영한다면 사용자에게 전송된 메일을 임시로 저장하는 디렉터리
/tmp	임시 디렉터리로, 스티키 비트(Sticky Bit)*가 설정되어 있음
/root	시스템관리자(root)의 홈 디렉터리
/proc	• 시스템의 각종 프로세서, 프로그램 정보 그리고 하드웨어 정보가 저장된 디렉터리 • 가상 파일 시스템*으로 하드디스크에 물리적인 용량을 가지지 않는 디렉터리
/dev	시스템의 각종 장치에 접근하기 위한 장치 드라이버가 저장된 디렉터리
/home	일반 사용자의 홈 디렉터리

5) Unix/Linux 런 레벨(Run Level)

• 부팅 혹은 재부팅 시 선택되는 모드
• #init [Run Level] 명령으로 모드 선택 가능
• 관련 디렉터리 및 파일 : /etc/inittab

> • id:runlevels:action:process
> • [id:3:initdefault:]

구분	설명
id	해당 라인을 다른 부분과 구분하는 식별자
runlevels	실행 레벨(Run Level) 설정
action	해당 라인의 동작 방식 지정
process	실행할 명령어

① 런 레벨(Run Level)

명령어 인터페이스(CLI)
텍스트 터미널을 통해 사용자와 컴퓨터가 상호 작용하는 방식을 말함

그래픽 사용자 인터페이스
(GUI)
컴퓨터를 사용하면서, 그림으로 된 화면 위의 물체나 틀, 색상과 같은 그래픽 요소들의 기능과 용도를 나타내기 위해 고안된 사용자를 위한 컴퓨터 인터페이스

런 레벨	운영 모드	설명
0	Halt	시스템 종료
1	Single User Mode	단일 사용자 모드(CLI*)
2	Multi User Mode(Without Networking)	다중 사용자 모드(CLI)(네트워크 사용 불가)
3	Multi User Mode(Only Console Login)	다중 사용자 모드(CLI)
4	Not Used	사용하지 않음
5	Multi User Mode With Display Manager	다중 사용자 모드(GUI*, X-Window)
6	Reboot	재시작

2 리눅스(Linux)

1) 개요

• 핀란드의 리누스 토발츠(Linus Torvalds)에 의하여 1991년에 개발되었으며, 처음에는 인텔 CPU(80386)를 장착한 컴퓨터(PC)용으로 개발
• 현재 인텔 CPU가 아닌 다른 CPU를 장착한 컴퓨터와 워크스테이션까지 이식되고 있음
• 리눅스의 사용자는 점차 늘어나고 있으며, 개인용보다는 서버용 운영체제로 주로 사용

2) 특징

- 다양한 플랫폼(Platform)*에서 실행되는 다중 처리 운영체제로 다중 작업, 다중 사용자 환경
- 커널과 라이브러리 운영에 필요한 기본 유틸리티와 응용 프로그램으로 구성
- 대부분 프로그램이 공개 소스와 공개 프로그램으로 구성
- 프로젝트개발 그룹에 의하여 인터넷에 공개 소스로 배포
- 기본 구조가 유닉스와 유사하며, 안드로이드*나 임베디드* 커널 등으로 많이 사용
- 파일 시스템에 오류가 발생할 경우, 유닉스의 파일 시스템보다 강력한 기능으로 데이터 복구 가능
- C언어로 작성되어 이식성, 확장성, 개발성이 뛰어남

3) 프로세스의 생성

① fork( )와 exec( )

공통점	fork( )나 exec( ) 모두 한 프로세스가 다른 프로세스를 실행시키기 위해 사용하는 시스템 호출
fork( )	• 새로운 프로세스를 위한 메모리를 할당. 그리고, fork( )를 호출한 프로세스를 새로운 공간으로 모두 복사. 이후 원래 프로세스는 원래 프로세스대로 실행되고, fork( )를 이용해서 생성된 프로세스도 fork( ) 시스템 콜이 수행된 라인의 다음 라인부터 실행 • exec( )를 호출한 프로세스의 메모리에 새로운 프로세스의 코드를 덮어쓰게 됨 • fork( )의 결과는 프로세스가 하나 더 생성되는 것. PID(프로세스 ID)도 완전히 다른 또 하나의 프로세스가 생성되는 것
exec( )	• fork( )처럼 새로운 프로세스를 위한 메모리를 할당하지 않고, exec( )를 호출한 프로세스가 아닌 exec( )에 의해 호출된 프로세스만 메모리에 남게 됨 • exec( )를 호출한 프로세스의 PID가 그대로 새로운 프로세스에 적용됨. exec( )를 호출한 프로세스는 새로운 프로세스에 의해 덮어쓰게 됨 • exec( ) 실행의 결과로 생성되는 새로운 프로세스는 없음

4) 암호관리 체계

- 파일 안에 패스워드를 저장하여 관리하는 방식(관련 파일 : /etc/passwd)
- 파일은 관리자 계정만으로 읽을 수 있으며, 패스워드를 암호화(MD5)하여 저장 (관련 파일 : /etc/shadow)
- Shadow Password에 적용되는 시스템은 대부분 PAM(Pluggable Authentication Module)*이라 불리는 장착식 인증 모듈을 통하여 /etc/shadow 파일에 접근

5) 파일의 소유권과 접근 권한

디스크에 저장된 모든 파일과 디렉터리에 적용되는 정보

소유권과 접근 권한 확인 명령어	#ls –l (7개의 필드로 구분 확인 가능)
소유권과 접근 권한 변경 명령어	#chmod

플랫폼(Platform)
- 소프트웨어가 구동 가능한 하드웨어 아키텍처나 소프트웨어 프레임워크의 종류를 설명하는 용어
- 일반적으로 플랫폼은 컴퓨터의 아키텍처, 운영체제, 프로그램 언어, 그리고 관련 런타임 라이브러리 또는 GUI를 포함

안드로이드(Android)
- 휴대전화를 비롯한 휴대용 장치를 위한 운영체제와 미들웨어, 사용자 인터페이스, 그리고 표준 응용 프로그램(웹 브라우저, 이메일 클라이언트, 단문 메시지 서비스(SMS), 멀티미디어 메시지 서비스(MMS) 등)을 포함하고 있는 소프트웨어 스택이자 모바일 운영체제
- 안드로이드는 개발자들이 자바 언어로 응용 프로그램을 작성할 수 있게 하였으며, 컴파일된 바이트 코드를 구동할 수 있는 런타임 라이브러리를 제공
- 안드로이드 소프트웨어 개발 키트(SDK)를 통해 응용 프로그램을 개발하기 위해 필요한 각종 도구들과 API를 제공

임베디드(Embedded)
- 사전적인 의미로, '끼워넣다'라는 의미를 가지고 있으며, 컴퓨터 시스템에서는 '내장된', '탑재된'이라는 의미
- 컴퓨터의 하드웨어인 프로세서, 메모리, 입출력장치와 하드웨어를 제어하는 소프트웨어가 조합되어 특정한 목적을 수행하는 시스템을 말함

PAM(Pluggable Authentication Module)
- 장착식 인증 모듈
- 사용자를 인증하기 위한 유연한 메커니즘으로, 솔라리스 등 거의 모든 리눅스 배포판(레드햇, 칼데라와 데비안 버전 2.2)과 Free BSD 버전 3.1 등의 많은 유닉스계열 시스템에서 PAM을 지원
- PAM을 사용함으로써, 프로그램은 패스워드, 스마트카드 등의 인증 구조에 독립적일 수 있음

3 보안 운영체제

1) 개요

- 운영체제의 보안상 결함으로 발생 가능한 각종 공격으로부터 시스템을 보호하기 위하여 기존 운영체제 내에 보안 기능이 추가된 운영체제
- 서버의 보호, 시스템 접근제한, 관리자에 의한 권한 남용 제한, 사용자의 권한 내에 정보 접근허용, 응용 프로그램 버그를 악용한 공격으로부터 보호 등이 요구되는 운영체제

① 기능

- 사용자에 대한 식별*과 인증*
- 강제적 접근통제
- 임의적 접근통제
- 재사용 공격 방지
- 침입 탐지 등

식별
계정명 또는 식별자(ID)에 의하여 사용자가 누구인지 인식하는 과정

인증
시스템이 사용자가 그 본인임을 인정해 주는 것. 즉 식별된 사용자를 증명하는 과정

② 필요성

- 응용 프로그램 수준의 정보 보호 시스템은 부분적인 보안 적용으로 인하여 고비용 발생
- 운영체제의 버그 등 자체 취약성을 이용한 공격 증가 : 패치나 업그레이드 등 일시적인 취약성 수정 대응
- 운영체제 커널에 보안기법을 추가한 보안 운영체제를 개발하면 보다 효율적인 보안시스템 구축 가능

③ 요구사항

- 사용자와 프로그램을 가능한 최소의 권한으로 운영 가능해야 함
- 우연 혹은 의도적인 공격으로부터 손상을 최소화해야 함
- 작고 단순한 보호 메커니즘이 포함된 경제적인 보안시스템이어야 함
- 기능을 공개함으로써 개방형 설계를 지향해야 함
- 직접적 혹은 우회적인 모든 접근에 대한 검사를 통한 완전한 중재 및 조정이 가능해야 함
- 객체*에 대한 접근은 하나 이상의 조건에 의하여 결정되어, 하나를 우회하여도 객체보호가 이루어져야 함
- 공유객체는 정보흐름 가능성이 있는 채널을 제공하므로 최소화해야 함
- 보안 메커니즘 사용이 용이하고, 우회 가능성이 적어야 함

객체
- 데이터와 관련된 프로시저의 묶음
- 데이터, 행위, 아이덴티티(Identity)를 가지고 있는 것

④ 장점 · 단점

장점	• 소프트웨어적으로 서버 보안을 구현함으로써 도입 및 관리비용 절감 • 운영체제에 보안 기능이 추가되어 공격으로부터 시스템을 보호할 수 있음
단점	• 운영체제의 기능이 제한되거나 호환성 문제가 발생할 수 있음 • 적은 설정변경에도 서비스 제공에 큰 문제가 발생할 수 있음

2) 보안 커널(Security Kernel)

- 운영체제 소스 코드에 보안 기능을 추가하거나 적재 가능한 커널 모듈에 보안 기능만 추가적으로 구현하는 방식으로 개발
- 참조 모니터 개념을 구현한 하드웨어, 펌웨어* 혹은 소프트웨어로, 시스템 자원에 대한 접근을 통제하기 위하여 기본적인 보안절차를 커널에 구현한 컴퓨터 시스템
- 보호 대상 객체에 대한 모든 접근 검사 보장
- 보안 메커니즘의 독립성이 보장되고, 모든 보안 기능이 단일코드 집합에 의하여 수행되도록 함으로써, 무결성 유지, 커널에 대한 분석·검증 가능

① 반드시 제공해야 하는 기능

- 운영체제의 기본개념을 기반으로 설계
- 외부로부터의 공격 방어기능과 탐지기능을 통한 역추적 가능
- 시스템 자원에 대한 통제가 가능하고 모든 자원 관리 가능
- 모든 운영상의 접근과 행위 감시
- 각종 프로그램과 환경설정 변경에 대한 기록
- 인증을 통한 신분확인

② 참조 모니터(Reference Monitor)

- 보안 커널의 가장 중요한 부분
- 주체와 객체 간 모든 정보를 대상으로 하는 보안 모듈
- 감사·식별·인증·보안 매개변수 설정 등의 보안 메커니즘과 데이터를 교환하면서 동작
- 운영체제 측면에서 사용자가 특정 객체에 대한 접근 권한이 있는지 혹은 특정 동작이나 행위를 할 수 있는지 여부를 검사·감시하는 기능
- 접속 확인과 보안 정책 및 사용자 인증을 위한 감사를 시행하며, 사용자가 파일이나 디렉터리에 접근하면 사용자 계정을 검사하여 접근허용 여부를 결정하고 필요시 그 결과를 감사 메시지로 생성
- 자원 형태와 상관없이 시스템 전체에서 동일하게 보호될 수 있도록 접근 확인 코드를 갖고 있음
- 항상 호출되는 프로세스

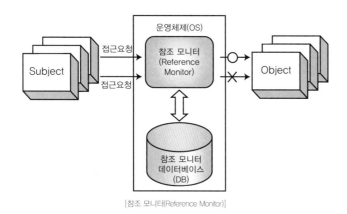

[참조 모니터(Reference Monitor)]

★ 펌웨어(Firmware)
- 특정 하드웨어 장치에 포함된 소프트웨어로, 소프트웨어를 실행하거나 수정되는 것도 가능한 장치
- ROM이나 PROM에 저장되며, 하드웨어보다는 교환하기가 쉽지만, 소프트웨어보다는 어려움
- 처리의 고속화와 회로의 단순화를 구현한 것

3) TCB(Trusted Comtputing Base)

하나의 시스템 내의 보호 메커니즘의 총체로서, 시스템과의 조화를 통해 보안 정책을 적용할 책임을 가지고 있음

① 특징

- TCB(Trusted Computing Base)는 신뢰할 수 있는 프로세스를 가지고 보안 커널을 이용하여 구현
- 운영 TCB는 기본적인 보호 환경을 만들고, 신뢰성 있는 시스템에 있어 필요한 부가적인 사용자 서비스를 제공
- TCB의 각 계층은 고유의 보안 정책을 정의하기 때문에 기존의 TCB를 재사용할 수 있고, 확장 용이
- 보안정책의 정확한 적용 능력은 오직 TCB 내의 메커니즘과 보안 정책 관련 정보의 입력에 달려 있음

4) TPM(Trusted Platform Module)

- 신뢰컴퓨팅을 구축하기 위해서 필요한 여러 하위기능을 제공하는 모듈
- 주로 암호화 키를 포함하여 기본 보안 관련 기능을 제공하도록 디자인된 마이크로칩이며, 일반적으로 컴퓨터의 메인보드에 설치되어 있으며, 하드웨어 버스를 사용하여 시스템의 나머지 부분과 통신

① TPM의 신뢰 관련 연산

- 암호화 키의 생성과 저장
- 무결성 검증을 위한 측정값의 저장
- 디지털 인증서 관련 신뢰연산의 제공

Section 04 모바일 보안

1 모바일 운영체제

1) 종류

팜(Parm) OS	• 1996년에 개발된 운영체제 • 개인용 정보 단말기(PDA : Personal Digital Assistance)*인 팜파일럿에서 사용하기 위해 만든 것 • 팜 OS에는 주소, 달력, 메모장, 일정 관리, 계산기와 개인 정보를 숨기기 위한 간단한 보안 도구가 포함되어 있음
윈도우 (Windows) CE	• 마이크로소프트가 PDA나 모바일 장치 등에 사용하기 위해 만든 운영체제 • 1MB 이하의 메모리에서도 동작이 가능하도록 설계 • 초기에는 PDA의 운영체제로 주로 사용 • 이후에는 AutoPC, 스마트폰 등의 기기에 사용
블랙베리 (Black Berry) OS	• RIM(Research In Motion)에 의해 만들어진 모바일 운영체제 • 메시지와 이메일 전송과 관련된 기능과 보안에 초점을 둠
안드로이드 (Android)	• 구글과 휴대전화 업체들이 연합하여 개발한 개방형 모바일 운영체제 • 2007년 11월에 최초의 구글폰인 HTC의 Dream(T–Mobile G1)에 안드로이드 1.0이 탑재된 것이 시작
iOS	• 2007년 1월 9일부터 애플사에서 출시한 아이폰(iPhone)의 모바일 운영체제 • 초기에는 OSX로 사용하다가 공식적으로 iOS로 변경 • 애플사 제품에만 탑재가 가능하며, 타회사의 제품은 iOS를 사용할 수 없음

> 💬 **PDA**
> (Personal Digital Assistant)
> • 개인 정보 단말기로서, 터치스크린을 주 입력장치로 사용하는 한 손에 들어올 만큼 작고 가벼운 컴퓨터
> • 휴대용 소형 컴퓨터에 개인의 일정 관리와 검색, 관리기능이 있는 주소록의 기능을 추가한 것을 말함
> • 현재는 PDA와 휴대전화의 기능을 합친 스마트폰이 대중화됨에 따라 PDA가 점점 사라지고 있음

2) 모바일 운영체제의 보안과 취약점

[현재 모바일의 흐름]

① iOS

- 맥 OS인 OS X의 모바일 버전에서부터 시작
- 맥 OS는 Darwin UNIX에서 파생하여 발전된 것(iOS의 원래 구조는 유닉스라고 할 수 있음)
- 항상 호출되는 프로세스

[iOS의 보안 모델]

⑦ iOS의 보안

- iOS는 보안에 대한 기본적인 통제권을 애플이 소유하고 있음
- 애플은 보안 모델을 기초로 4가지의 시스템 보안 체계를 갖춤

안전한 부팅 절차 확보	iOS를 사용하는 모바일 기기에서 모든 소프트웨어는 애플 암호화 로직의 서명된 방식에 의해 무결성이 확인된 후에만 작동함
시스템 소프트웨어 개인화	• 모든 소프트웨어를 애플의 아이튠즈를 통해 일괄적으로 배포 • 소프트웨어를 설치/업데이트 시에는 이전 버전으로 다운그레이드할 수 없도록 함 • 이를 시스템 소프트웨어 개인화라는 절차를 통해서 통제하고 있음
응용 프로그램에 대한 서명	• iOS에 설치되는 모든 앱에 대해서 코드 무결성 서명(Code Signature)을 등록하게 하고 있음 • 코드 무결성 서명은 앱에 대한 일종의 해시값으로, 등록된 앱의 코드 무결성 서명이 다를 경우 앱을 설치하지 못하게 하는 것임 • 개인이 각각의 iOS에 설치한 응용 프로그램이 문제가 있을 때 네트워크에 연결된 iOS를 강제로 삭제할 수 있음
샌드박스* 활용	• 사용자 앱의 경우 기본적으로 앱 상호간 데이터를 주고받을 수 없고, 시스템 파일에도 접근할 수 없음 • 앱 상호간 문서나 음악 사진 등을 전송하는 것은 시스템 API에서 기능을 제공하는 경우에만 가능

ⓛ iOS의 취약점

- iOS의 보안상의 문제점은 대부분 탈옥(Jailbreak)* 한 iOS 기기에서 발생
- 탈옥된 iOS에서 SSH 서버를 실행할 경우 로컬이나 원격지에서 로그온하는 것도 가능
- 사용자가 iOS를 탈옥할 경우에 반드시 적용해야 할 보안 사항은 기본 패스워드 변경
- iOS에서는 root의 패스워드가 'alpine'으로 설정되어 있음
- 탈옥해 놓은 상태에서 SSH 서버 등을 실행시켜 놓으면 임의의 접속자에 의해 iOS에 있는 정보들이 유출될 수 있음

② Android

- 안드로이드(Android)는 리눅스 커널(2.6.25)을 기반으로 한 모바일 운영체제
- 2005년 : 구글이 안드로이드사를 인수
- 2007년 11월 : 안드로이드 플랫폼을 휴대용 장치 운영체제로 무료 공개한다고 발표

⑦ Android의 보안

- 리눅스 커널을 기반으로 함
- 개방형 운영체제로서의 보안 정책을 적용

[Android 운영체제의 구조]

★ 샌드박스(Sand Box)

- 미국에서 어린아이를 보호하기 위해 모래통(Sandbox)에서만 놀이를 하도록 한 것에서 유래한 보안 모델
- 가상화를 통한 보안으로서 악성 코드를 감지하고 분석하는데 사용되는 기술
- 외부 접근 및 영향을 차단하여 제한된 영역 내에서만 프로그램을 동작시키는 기술
- 샌드박스 내에서 어떤 파일이나 프로세스가 안전하지 못하다고 판명되면, 외부로의 접근을 차단하여 시스템의 피해를 방지

★ 탈옥(Jailbreak)

iOS의 샌드박스 제한을 해제하여, 타 회사에서 사용하는 서명되지 않은 코드를 실행할 수 있게 하는 과정

★ 달빅(Dalvik) 가상 머신

- 레지스터 머신 형태(Register-Based)의 가상 머신
- 댄 본스타인이 다른 구글 엔지니어들의 도움하에 설계/구현
- 현재 안드로이드(4.4.4이전) 휴대전화 플랫폼에 탑재
- 달빅 가상 머신은 적은 메모리 요구 사양에 최적화
- 하위에 설치된 프로세스 아이솔레이션(Process Isolation), 메모리 관리, 스레딩 지원 등 운영체제의 지원에 의존하나, 여러 개의 달빅 VM 인스턴스가 동시에 실행될 수 있음

응용 프로그램의 권한 관리	안드로이드에 설치된 모든 응용 프로그램은 일반 사용자 권한으로 실행됨
응용 프로그램에 대한 서명	• 안드로이드 역시 애플과 마찬가지로 설치되는 응용 프로그램에 대해 서명을 하고 있음 • 애플이 자신의 CA를 통해 각 응용 프로그램을 서명하여 배포하는 반면, 안드로이드는 개발자가 서명하도록 하는 차이점이 있음 • 안드로이드에서의 전자서명은 보안보다는 응용 프로그램에 대한 통제권을 개발자가 가지게 하는 것이 목적
샌드박스 활용	• 안드로이드는 특정 형태를 갖추어 권한을 요청하는 것을 허용 • iOS에 비해 상대적으로 응용 프로그램 간 통신과 데이터 전달이 자유로움

ⓒ Android의 취약점

사용자의 선택에 따라 보안 수준을 선택할 수 있음. 이런 이유로 각종 바이러스와 악성코드가 유포되었으며, 이로 인해 백신이 보급되고 있음

3) iOS와 Android의 보안 체계 비교

구분	iOS	Android
운영체제	Darwin UNIX에서 파생하여 발전한 OS X의 모바일 버전	리눅스 커널(2.6.25)을 기반으로 만들어진 모바일 운영체제
보안 통제권	애플	개발자 또는 사용자
프로그램 실행 권한	관리자(root)	일반 사용자
응용 프로그램에 대한 서명	애플이 자신의 CA를 통해 각 응용 프로그램을 서명하여 배포	개발자가 서명
샌드박스	엄격하게 프로그램 간 데이터 통신 통제	iOS에 비해 상대적으로 자유로운 형태의 응용 프로그램의 실행이 가능
부팅 절차	암호화 로직으로 서명된 방식에 의한 안전한 부팅 절차 확보	−
소프트웨어 관리	단말 기기별 고유한 소프트웨어 설치 키 관리	−

4) 모바일 기기의 취약점

모바일 기기의 가장 큰 문제는 모바일 기기의 이동성에 있음

구분	공격유형	공격 시나리오
일반적인 사이버 보안 위협	• 사회공학 • 드라이브 바이 다운로드 • 브라우저, OS 취약점	• 사회공학(피싱, 악성 메일 등)을 통해 악성코드 유포 시도 • 브라우저, OS 취약점 등 일반적인 소프트웨어 취약점을 이용한 공격 시도
네트워크 보안 위협	• 네트워크 취약점 • 와이파이 스니핑 • 크로스 플랫폼 공격	• 중간자 공격을 통해 서버와 클라이언트 간 주고받는 정보 변조 및 유출 • 인증 정보 및 서비스 범주 외의 정보 수집
기기 임의 변경	• 루팅(Rooting) • 탈옥(Jailbreak) • APK 디컴파일/언패킹	• 루팅, 탈옥된 기기의 최상위 권한을 빼앗아 민감한 정보 탈취 • 기기 내 인증 및 암호화 키 노출 • 앱 위·변조를 통한 앱 기능 분석 및 중요 정보 유출
물리적인 위협	분실·도난	기기 분실·도난으로 인한 정보 유출

인증기관(CA)

• 공개키 인증서를 발급하며, 이 인증서는 해당 공개키가 특정 개인이나 단체, 서버에 속해 있음을 증명
• 인증기관의 의무는 인증서에 대한 정보를 사용자에게 확인시켜 주는 것

APK(Android Application Package)

• 안드로이드 응용 프로그램 패키지
• 안드로이드의 소프트웨어와 미들웨어 배포에 사용되는 패키지 파일이며, .apk 확장자를 가짐
• APK 파일은 우분투 같은 데비안 기반 운영체제에서 사용하는 뎁 패키지와 마이크로소프트 윈도우에서 사용하는 MSI 패키지와 같은 설치 파일과 비슷

컴파일(Compile)

인간이 이해하기 편하게 만든 소스를 컴퓨터가 이해할 수 있는 기계어 구조로 변환하는 일련의 과정

디컴파일(Decompile)

컴파일된 소스를 다시 반대로 되돌리는 일련의 과정

패킹(Packing)

• 실행 파일을 암호화하거나 압축하여 소스 코드를 볼 수 없게 만드는 것
• PE 파일(EXE, SCR, DLL, SYS, OBJ) 내부의 코드를 압축
• 다운로드 시간을 줄일 수 있고, 실행 속도가 빨라짐
• 다른 컴퓨터에 빠르게 악성코드를 유포시킬 수 있음
• 언패킹을 해야 하므로 분석하기가 어려움

언패킹(Unpacking)

• 패킹된 소스 코드를 보기 위해 암호화나 압축을 해제하는 것
• 보통 프로그램 분석을 위해 쓰임

블루투스(Bluetooth)

- 1994년에 에릭슨이 최초로 개발한 개인 근거리 무선 통신을 위한 산업 표준
- ISM 대역에 포함되는 2.4~2.485 GHz의 전파를 이용하여 전자 장치 간의 짧은 거리의 데이터 통신 방식을 규정
- 개인용 컴퓨터에 이용되는 마우스, 키보드를 비롯해 휴대전화, 태블릿, 스피커 등에서 문자 정보 및 음성 정보를 비교적 낮은 속도로 무선통신을 통해 주고받는 용도로 사용

OPP(OBEX Push Profile)

- 데이터 객체를 정의하는 전송 프로토콜이며, 두 장치가 이러한 객체를 교환하기 위해 사용할 수 있는 통신 프로토콜
- 표준화된 형태로 다양한 데이터 및 명령을 교환하기 위한 적외선 통신을 지원하는 장치를 사용할 수 있도록 설계됨

5) 블루투스의 취약점과 위협

블루 프린팅 (BluePrinting)	• 블루투스* 공격 장치의 검색 활동을 의미 • 장치 간 종류를 식별하기 위해 서비스 발견 프로토콜(Service Discovery Protocol)을 송수신하는데, 공격자는 이를 이용해 공격이 가능한 블루투스 장치를 검색하고 모델을 확인할 수 있음
블루 스나프 (BlueSnarf)	• 블루투스의 취약점을 이용하여 장비의 파일에 접근하는 공격 • 공격자는 블루투스 장치 간 상호인증 없이 정보를 간편하게 교환할 수 있는 OPP(OBEX Push Profile)*를 사용하여 정보를 열람
블루 버그 (BlueBug)	• 블루투스 장치 간 취약한 연결 관리를 악용한 공격 • 블루투스 기기는 한 번 연결되면 다시 연결하지 않아도 서로 연결되는 인증 취약점을 이용하여 공격
블루 재킹 (Bluejacking)	• 블루투스를 이용해 스팸처럼 명함을 익명으로 퍼트리는 것(데이터의 이동이나 변조하는 것이 아님) • 명함에는 주로 공격자의 메시지가 들어 있음

Section 05 운영체제 보안

1 운영체제 보안의 기능과 보호 대상

우연한 또는 의도적인 방해로부터 사용자의 정보처리를 보호할 수 있는 방법을 개발하여야 함

운영체제 보안의 기능	• 메모리 보호 • 파일보호 • 접근통제 • 사용자 인증
보호 대상 객체	• 메모리 • 공유 및 재사용이 가능한 입출력장치 • 공유 가능한 프로그램 및 서브프로그램 • 공유 데이터

2 운영체제 보안을 위한 분리

물리적 분리	서로 다른 보안수준을 요구하는 프로세스별로 분리
시간적 분리	서로 다른 보안수준을 요구하는 프로세스를 서로 다른 시간에 운영
논리적 분리	프로그램의 접근을 제한하여 허용된 영역 밖의 객체에 대해 접근제한
암호적 분리	다른 프로세스가 인식할 수 없는 방법으로 자신의 데이터를 숨김

3 메모리와 주소지정 보호

펜스 레지스터	• 단일 사용자 시스템에서 사용 • 펜스 레지스터에 운영체제의 끝부분 주소저장 • 프로그램이 데이터를 수정할 때 주소값을 펜스 레지스터와 비교하여 펜스 레지스터보다 작은 경우 오류 발생 • 한 사용자를 다른 사용자로부터 보호하는 것은 불가능
재배치	• 프로그램 시작을 주소 0번지에서 시작하는 것으로 하여 메모리에 적재되는 모든 정보의 주소를 변경 • 즉, 프로그램의 각 주소에 상수값인 재배치 요인을 더하는 것
베이스/ 바운드 레지스터	사용자마다 베이스 레지스터라는 가용 메모리 하한값과 바운드 레지스터라는 상한값으로 제한
태그부착 아키텍처	• 메모리 내의 모든 워드는 해당 워드에 대한 접근 권한을 식별하는 하나 이상의 부가적인 비트를 사용 • 접근 비트는 권한이 있는 운영체제 명령에 의해서만 설정 가능 • 베이스/바운드 레지스터가 '전부 아니면 무' 라면 태그부착 아키텍처는 데이터 값의 일부는 보호, 일부는 접근 허용
페이징/ 세그멘테이션	• 운영체제가 가상 기억장치를 구성할 때 많이 사용하는 기법 • 메모리를 여러 개의 조각으로 분리해서 프로그램을 재배치 • 베이스/바운드 레지스터를 무제한적으로 사용하는 효과 • 데이터 항목의 다양한 분리에 대해서 서로 다른 보호 수준을 할당 • 두 명 이상의 사용자가 서로 다른 접근 권한으로 세그먼트에 접근 공유

4 일반 객체에 대한 접근통제

- 다중 프로그래밍으로 인해 여러 프로그램이 자원을 공유하므로 운영체제에 의한 자원 보호가 필요
- 메모리, 보조기억장치, 파일/디렉터리, 하드웨어, 데이터 구조, 운영체제 테이블, 특수 권한의 명령어, 패스워드 및 사용자 인증 메커니즘, 보호 메커니즘

5 공유자원 보호 목적

- 자원에 대한 사용자의 모든 접근을 검사
- 최소권한의 원리 : 사용자가 주어진 임무를 수행하는데 최소한의 자원만을 접근할 수 있도록 함
- 접근의 허용뿐 아니라 자원에 대하여 수행하는 행위의 적절성도 감시

6 시스템에 대한 접근통제

시스템 자원에 대한 접근은 관여하는 개체들의 행위 여부에 따라 주체와 객체로 구분

주체	사용자나 프로세스와 같은 능동적인 개체
객체	파일, 메모리, 프린터와 같은 자원으로 수동적 개체

1) 접근통제 목적

주체의 객체에 대한 접근제한뿐만 아니라 권한에 대해서도 제한

2) 접근통제 메커니즘

접근통제 매트릭스 (ACM)	• 주체의 관점에서 객체에 대한 접근 모드를 테이블로 표현 (행 : 주체, 열 : 객체) • 주체의 관점에서 접근통제 매트릭스를 해석한 것 • 시스템은 최상위 수준에서 각 사용자의 권한 목록을 관리 • 사용자는 자신의 객체에 대해 다른 사용자에게 접근 권한을 부여 · 취소 가능 • 보안 관리상 복잡함(어떤 객체에 어떤 사용자가 접근했는지 관리하기가 어렵고, 권한 취소가 어려움)
접근통제목록 (ACL)	• 객체의 관점에서 접근통제 매트릭스를 해석한 것 • 접근통제 매트릭스의 열에 해당 • 객체에 대해 어떤 사용자가 접근 권한을 갖는지 명시
절차지향 접근통제	• 객체에 대한 접근통제 절차가 존재 • 정보은닉의 원리 구현 : 객체의 구현 수단은 객체에 대한 통제 절차에만 알려짐 • 효율성의 문제 수반
사용자 인증	ID와 패스워드 이용 : 두 단계의 사용자 인증 - ID는 개별적 식별능력을 제공 : 어떤 사용자인지 - ID는 개별적 인증능력을 제공 : 운영자인지

클라이언트 보안

Section 01 | Windows 보안

1 Windows 설치 및 관리

1) Windows 특징

32비트 운영체제	16비트로 처리되던 DOS 운영체제보다 처리 속도 빠름
GUI 환경	아이콘이라는 그림 명령을 통하여 쉽게 프로그램에 접근 가능
Plug & Play	하드웨어를 추가하는 경우 자동으로 인식하여 환경 설정을 해주는 기능으로, 하드웨어가 플러그 앤 플레이(Plug & Play) 기능을 지원하는 장치이어야 함
단축 아이콘 (Short Cut)/바로 가기	프로그램이나 데이터를 빠르고 편리하게 실행시키기 위하여 원하는 위치에 원본 파일을 연결한 아이콘 생성 가능
다중 작업	한 번에 여러 작업수행 가능
OLE (Object Linking Embedding)	개체연결 기능으로, 프로그램 간 개체(그림, 표 등) 교환 가능
멀티미디어 기능	다양한 음성, 그림, 영상 데이터 처리 기능
네트워크 기능	• 다양한 프로토콜을 제공하므로 네트워크 설치나 인터넷 연결이 편리 • NetBIOS* 프로토콜로 네트워크 공유 편리
다중모니터 지원	한 대의 컴퓨터에 최대 8대의 모니터를 연결하여 사용 가능
정보의 전송통합	두 개 또는 그 이상의 응용 프로그램에서 작업하여 상호 정보를 전송·통합하는 것이 가능(클립보드라고 불리는 Desktop Accessory를 통하여 이루어짐)

2) Windows의 종류

Windows 9x 계열	Windows 95	Windows 운영체제 중 최초의 GUI 환경 운영체제
	Windows 98	• Windows 95 버그 수정/업데이트 • 익스플로러 4.0을 자체적으로 탑재
Windows NT 계열	Windows NT	• 서버용 UNIX에 대항하기 위하여 만든 운영체제
	Windows 2000	• 기존의 운영체제보다 안정된 운영체제로 보안성 강화 • Professional, Server, Advanced Server, Data Center Server로 분류
	Windows XP	• 클라이언트용 운영체제 • Home Edition, Professional 등으로 분류 • 그래픽 기능, PNP 기능, 네트워크, 보안성, 안정성 업데이트
	Windows 2003	• Home Edition, Standard Edition, Enterprise Edition • 안정적 보안 기능 강화
	Windows 2008	• x64 버전으로만 출시되는 첫 번째 Windows 플랫폼 • 최대 256개 논리적인 프로세서 지원 • SLAT(Second Level Address Translation)* 지원 • Hyper-V*가 호스트 CPU에 대하여 최대 64개의 논리적 CPU를 지원 • 240개의 새로운 명령어 세트를 포함하는 Power Shell* 포함

NetBIOS(Network Basic Input Output System)

• Windows를 포함한 많은 운영체제는 네트워크에서 컴퓨터 이름을 나타내기 위한 주소값을 가지고 있음

• 대표적으로 IP주소를 들 수 있으나 Microsoft OS에서는 NetBIOS를 사용하여 네트워크에서 고유한 이름값을 가지고 있어 사용자의 컴퓨터를 확인할 수 있음

• 컴퓨터 이름이 바로 NetBIOS를 사용한 이름값

SLAT(Second Level Address Translation)

중첩 페이징이라고도 하는 2차 레벨 주소 변환은 소프트웨어 관리 섀도우 페이지 테이블과 관련된 오버헤드를 피할 수 있는 하드웨어 지원 가상화 기술

Hyper-V

• Windows Server 2008부터 기본적으로 제공되는 가상화 솔루션

• 가상화 기술을 사용하여 가상화된 컴퓨팅 환경을 만들고 관리할 수 있는 인프라 제공

• 가상화 구성을 통하여 IT 구축 비용 절감, H/W 활용도 증대, 서버의 통합 등의 최적화된 인프라 환경을 제공

Power Shell

• MS사가 개발한 확장 가능한 명령줄 인터페이스(CLI) 셸 및 스크립트 언어

• 객체 지향적인 구조를 가지며, .NET Framework 기반

• 작업 자동화뿐만 아니라 구성 관리 등 여러 분야에서 작업을 쉽게 수행하는 것이 가능

Windows 10		• 새로운 웹브라우저 '에지(Edge)' • Windows 스토어 • 다중 바탕화면 기능 추가 • 통합 알림 기능 제공 • PC와 휴대전화 통합
Windows 2019		• 엔터프라이즈급 하이퍼컨버지드 인프라(HCI) • 보안 개선 • 더 작고 효율적인 컨테이너 • Linux 상의 Windows 하위 시스템

2 Windows 운영체제 활용

1) 컴퓨터 관리

① 로컬 사용자 및 그룹

㉠ 내장된 사용자 계정

Administrator	• 컴퓨터와 도메인의 전반적인 구성을 관리하기 위한 계정 • 사용자 그룹의 계정생성과 수정, 보안정책 관리, 프린터 생성 및 네트워크 자원에 대한 권한과 허가권 부여 • 관리자 계정삭제 불가능, 이름 변경 가능
Guest	• 자원을 제한적으로 사용하는 사용자를 위한 계정 • 기본적으로 [사용 안 함]으로 설정 • 계정삭제 불가능, 이름 변경 가능
로컬 사용자 계정	• 로컬 컴퓨터 내에 사용자를 정의하는 정보 포함 • 로컬 컴퓨터에 로그온할 수 있고, 로컬 컴퓨터 내의 자원만 접근 가능
도메인 사용자 계정	• 도메인 사용자에 대하여 정의하는 정보 포함 • 사용자 이름, 전체이름, 이메일 주소 등의 다양한 정보 포함 • 도메인환경에서 도메인 내 모든 사용자 계정에 대한 정보는 액티브 디렉터리(Active Directory)* 데이터베이스에 저장

㉡ Windows 그룹*

글로벌 그룹	• 주로 같은 네트워크 사용자를 조직화하여 자신의 도메인을 포함한 다른 도메인에 있는 자원에 대한 접근 지원 • 글로벌 그룹이 생성한 도메인에 속한 사용자와 글로벌 그룹만 포함 • 같은 도메인에 있는 다른 글로벌 그룹에 한 글로벌 그룹 추가 가능
도메인 로컬 그룹	• 자원에 대한 허가를 부여할 목적으로 하나의 도메인에 대한 자원접근 지원 • 생성된 도메인과 같은 위치에 있는 자원에 대한 허가를 부여할 때 주로 사용 • 자신이 생성한 도메인은 물론이고, 다른 도메인의 모든 사용자 계정, 유니버설 그룹과 글로벌 그룹을 추가할 수 있고, 다른 어떤 그룹에도 포함되지 않음
유니버설 그룹	• 복수의 도메인 환경에서 상호 관련 있는 자원에 대한 허가를 부여할 때 주로 사용 • 자신이 생성한 도메인은 물론 다른 도메인의 모든 자원에 대한 접근 지원 • 유니버설 그룹이 생성한 도메인은 물론이고 다른 도메인의 모든 사용자 계정, 유니버설 그룹과 글로벌 그룹 추가가 가능하고, 다른 그룹에 포함 가능 • 자신이 생성한 도메인은 물론이고 다른 도메인의 도메인 로컬 그룹과 유니버설 그룹에 추가 가능

📌 **액티브 디렉터리**
(Active Directory)
• 마이크로소프트가 Windows 환경에서 사용하기 위해 개발한 LDAP 디렉터리 서비스의 기능
• Windows 기반의 컴퓨터들을 위한 인증서비스를 제공
• 커버로스 기반 인증
• DNS 기반 이름 지정 및 기타 네트워크 정보 제공
• 관리자들에게 정책을 할당하고, 소프트웨어를 배치하고, 중요한 업데이트를 조직에 적용하는 것을 허용

📌 **Windows 그룹**
• 파일이나 자원의 접근 권한을 동일하게 가지는 사용자의 집합
• 사용자 계정을 그룹의 구성원으로 생성하면 그 사용자는 그룹에게 부여된 모든 권한을 상속받음

ⓒ 내장된 로컬 그룹*

Administrators	• 컴퓨터의 모든 관리 권한과 사용 권한을 가지고 있음 • 기본적으로 Administrators가 사용자 계정과 Domain Administrators를 포함
Guests	관리자에 의하여 허용된 자원과 권한만을 사용하여 네트워크 자원에 접근 가능
Users	• 기본적인 권한은 가지고 있지 않음 • 컴퓨터에서 생성되는 로컬 사용자 계정이 포함되며, Domain Users 글로벌 그룹이 구성원으로 포함
Local System 계정	• 로컬 SAM*에 저장된 로컬시스템 계정을 이용하여 로그온 작업을 수행하기 때문에 도메인 리스트 없이 사용자 계정과 패스워드를 입력하는 것만으로 사용 가능 • 사용자 시스템 내에서만 사용 가능

ⓔ 내장된 도메인 로컬 그룹

Administrators	• 도메인을 관리할 수 있는 모든 관리 권한과 사용 권한을 가지고 있음 • 기본적으로 Administrators가 사용자 계정과 Domain Administrators를 포함
Guests	관리자에 의하여 허용된 자원과 권한만을 사용하여 네트워크 자원접근 가능
Users	• 기본적인 권한은 가지고 있지 않음 • Domain Users 글로벌 그룹이 구성원으로 포함
Backup Operators	모든 도메인의 컨트롤러에 있는 파일과 폴더를 백업하고 복구할 수 있는 권한 가짐
Account Operators	• 사용자 계정, 그룹의 생성 및 삭제, 수정 권한을 가짐 • 서버 관리자 권한으로 컴퓨터를 도메인에 추가 가능
Print Operators	도메인이 도메인 컨트롤러에 있는 프린터를 생성하고 관리
Server Operators	도메인 컨트롤러에 있는 자원을 공유하거나 폴더를 백업하고 복구

ⓜ 내장된 글로벌 그룹

Domain Administrators	디폴트로 Administrator 계정을 포함
Domain Guests	디폴트로 Guest 계정을 포함
Domain Users	사용자 계정을 생성하면 자동으로 Domain Users 그룹에 포함

② 공유 폴더

• 관리목적 상 기본적으로 공유되는 폴더
• NetBIOS : 139/TCP(NetBIOS Session)
• SMB* : 445/TCP, nbtstat* /?(도움말 참조)

```
[공유 폴더 확인]
C:\> net share
공유 이름                 리소스                   설명
------------------------------------------------------------
ADMIN$                  C:\WINDOWS              Remote Admin
D$                      D:\                     Default share
C$                      C:\                     Default share
IPC$                                            Remote IPC
[공유 폴더 해제]
C:\> net share admin$ /delete
[공유 문서 폴더 삭제]
레지스트리에서 "{59031a47-3f72-44a7-89c5-5595fe6b30ee}" 키를 삭제
HKEY_LOCAL_MACHINE\SOFTWARE\Microsoft\Windows\CurrentVersion\Explorer\
MyComputer\NameSpace\DelegateFolders\{59031a47-3f72-44a7-89c5-5595fe6b30ee}
```

▪ 내장된 로컬 그룹
관리자가 계정을 만들지 않아도 Windows 설치 시 자동으로 만들어진 그룹

▪ SAM(Security Account Manager)
• 보안 계정 관리자
• 사용자, 그룹 계정 및 암호화된 패스워드 정보를 저장하고 있는 데이터베이스
• 사용자의 로컬 또는 원격 인증에 사용
• Windows 2000 SP4부터는 액티브 디렉터리가 원격 사용자 인증에 사용

▪ SMB (Server Message Block)
• 파일/프린터 공유 프로토콜로, TCP/IP 프로토콜 상에서 동작하는 NetBIOS를 통해 네트워크 이름과 IP 주소가 할당된 컴퓨터들이 서로 통신할 수 있도록 해줌
• DCE/RPC 서비스도 네트워크 노드 사이의 인증된 IPC 채널로 SMB를 이용. 하지만, 기능에 비해 구현이 견고하지 않아 취약점이 많이 발견되었으며, 공격자의 주요 공격대상이 되고 있음
• NetBIOS는 SMB 형식에 기반을 두고 있으며, 많은 네트워크 제품들도 SMB를 사용

▪ nbtstat 명령어
• NBT는 NetBIOS over TCP/IP를 말함
• TCP/IP 상의 NetBIOS를 사용해서 상대방 Windows 시스템의 MAC 주소, 사용자 이름, 로그온명, 그룹명 및 연결상태 및 통계를 출력하는 명령어
• IP 주소 충돌이 일어날 경우 해당 컴퓨터를 찾을 때 많이 사용

폴더명	설명
ADMIN$	모든 Windows를 대상으로 어떤 파일을 복사하거나 변경할 필요가 있을 때 주로 사용
C$, D$	• C 또는 D 드라이브에 대한 공유 폴더로, 하드디스크 수만큼 공유되어 있음 • 드라이브 안에 있는 파일/폴더의 삭제나 생성이 쉬우므로, 임의로 파일을 복사하거나 중요한 파일을 삭제할 수도 있음
IPC$	• 컴퓨터 간 필요한 정보를 통신하기 위하여 사용하며, 네트워크에서 프로세스 간 통신을 위하여 사용 • Null Session Share에 취약하여 레지스트리 수정을 통한 변경 필요

㉠ 널 세션(Null Session)

도메인으로 구축된 네트워크에서 Windows 2000/Windows 7이 설치된 컴퓨터에 접속하기 위해서는 사용자명과 패스워드를 통한 인증을 거쳐야 하지만, 널 세션(Null Session)은 사용자명과 패스워드 없이 로그온을 가능하게 함

㉡ 사용방법

[널 세션 접속/접속 방지]
• DOS 명령 프롬프트에서 다음과 같이 입력하면 다른 네트워크에 접속할 수 있음
　C:₩〉 net use ₩₩[IP 주소] ₩IPC$ " " /user : " "
• 널 세션 접속을 방지하기 위하여 다음과 같은 명령 사용
　C:₩〉 net use /delete ₩₩[IP 주소] ₩IPC$

③ 서비스

• 백그라운드*에서 실행되는 응용 프로그램으로 유닉스 데몬*과 비슷
• 서비스 응용 프로그램은 대개 클라이언트/서버 응용 프로그램, 웹 서버, 데이터베이스 서비스 및 기타 서버 기반 응용 프로그램과 같은 기능 제공
• services.msc MMC Console을 이용하여 시스템 서비스를 쉽게 검색하고 변경 가능
• 서비스 제어 명령

[서비스 시작/중지]
C:₩〉 net start [서비스명]
C:₩〉 net stop [서비스명]

④ 성능 로그 및 경고

• 성능 로그 및 경고를 사용하여 로컬 또는 원격 컴퓨터에서 성능 데이터를 자동으로 수집 가능
• 시스템 모니터를 사용하여 로그*에 기록한 카운터 데이터를 확인하거나 데이터를 스프레드시트 또는 데이터베이스로 전송하여 분석하거나 보고서 생성 가능
• C:₩PerfLogs 위치에 저장되며, 일반적으로 blg 확장자로 저장되고, SQL 데이터베이스에 저장 가능
• perfmon.msc MMC Console을 이용하여 실시간 시스템 모니터, 성능 로그 및 경고를 확인 가능
• 모니터링 가능한 개체로는 Cache, Memory, Object, Paging File, Physical Disk, Process, Processor, Server, System, Thread 등이 있음
• 네트워크 트래픽 관련 인터페이스, TCP/UDP에 대한 성능도 모니터링 및 로그 기록 가능

백그라운드(Background) 실행
사용자가 특정 명령을 실행하고 있는 동안 보이지 않게 뒤에서 실행되는 것

데몬(Daemon)
사용자가 직접적으로 제어하지 않고, 백그라운드에서 실행되면서 여러 작업을 하는 프로그램을 말함

로그(Log)
• 시스템에 접속한 사용자들의 행위들을 저장해 놓은 기록을 말함. 즉 외부에서 침입한 공격자 및 사용자가 시스템에서 어떠한 일을 했는지, 또는 어떠한 명령어들을 사용했는지 등의 행위와 시스템의 보안상 해가 되는 행동을 하지 않았는지, 사용자의 사용 패턴이 어떠한지, 시스템이 처리한 업무와 오류 등은 어떻게 되는지 등의 시스템 운영 정보들을 가지고 있음
• 시스템에서 작동된 모든 상태를 저장하고 보여주는 것을 말함
• 문제가 발생하였을 때 그 해결 방안을 제시해 주는 가장 기본적인 자료

2) Windows 백업

일반 백업	• 일반적으로 전체 백업을 할 때 사용 • 아카이브 비트(Archive Bit)[*]와 관계없이 모든 파일을 백업. 백업 후 모든 파일의 아카이브 비트를 리셋함 • 각 파일의 백업 상태를 표시함
복사본 백업	• 일반 백업과 같지만, 백업 후 아카이브 비트를 리셋하지 않음 • 각 파일의 백업 상태를 표시하지 않음
증분 백업 (Incremental Backup)	• 전체 백업 또는 증분 백업이 수행된 후 변경사항을 선택적으로 백업하는 방식 • 마지막 일반 백업 또는 증분 백업 이후 생성되거나 변경된 파일만 복사하는 백업 • 아카이브 비트가 셋팅된 파일만 백업. 백업 후 아카이브 비트를 리셋함 • 각 파일의 백업 상태를 표시함 • 장점 : 전체 백업보다 백업 데이터양이 적고, 백업 소요시간 짧음 • 단점 : 전체 백업에 종속적이고, 증분 백업이 많을수록 복구시간 많이 소요
차등 백업 (Differential Backup)	• 이미 수행된 차등 백업과 무관하게 전체 백업 이후의 모든 변경사항을 백업하는 방식 • 일반 백업이나 증분 백업을 마지막으로 수행한 이후 생성되거나 변경된 파일을 복사하는 백업 • 증분 백업과 같지만, 백업 후 아카이브 비트를 리셋하지 않음 • 각 파일의 백업 상태를 표시하지 않음 • 장점 : 복구 시 전체 백업본과 차등 백업본 각각 하나씩만을 필요로 하므로, 빠른 시간 내에 복구 가능 • 단점 : 증분 백업보다 백업 데이터양이 많음

> **아카이브 비트**
> **(Archive Bit)**
> • 파일 헤더에 포함된 1비트 값
> • 파일의 백업 유무를 기록
> • 파일이 백업된 적이 있다면 1, 없다면 0

3) 네트워크 관리

① 관련 디렉터리 및 파일

경로	%SystemRoot\system32\drivers\etc

파일	설명
hosts	DNS를 참조하기 전에 hosts 파일에 정의된 IP 주소와 도메인 이름(Domain Name)을 참조하여 원하는 사이트에 연결
protocols	RFC[*]1700을 참조하여 인터넷 프로토콜 정의
services	잘 알려진 서비스(Well-Known Service)에 대한 정보 정의
networks	네트워크 대역에 대한 별칭(Alias) 정의

> **RFC(Request for Comments)**
> • 위원회의 초반 결과물로 나온 인터넷 공식 문서 또는 표준으로서, 몇몇 RFC들은 사실상 정보제공 정도의 목적을 가짐
> • RFC는 인터넷 표준이 되기 위한 목적이므로, RFC의 최종판이 표준으로 채택되면 더 이상의 비평이나 변경은 허용되지 않음. 그러나 이전 RFC들의 전부 또는 일부에 대해 양도하거나 퇴고한 후속 RFC를 통하여 변경될 수는 있음
>
> **RFC1700**
> 잘 알려진 서비스의 경우 RFC 1700에 telnet 또는 smtp와 같은 예약된 유니버셜 심볼 이름이 정의되어 있음

② Windows 방화벽

• 네트워크에서 들어오는 트래픽을 확인하는 침입 차단시스템
• 다른 사용자의 컴퓨터로부터 들어오는 트래픽을 제한하여 컴퓨터 데이터를 효과적으로 보호하고, 무단으로 접근하려는 사용자나 바이러스(Virus) 및 웜(Worm)을 포함한 프로그램에 대한 방어기능 제공
• 설정에 따라 차단(Deny)하거나 허용(Allow)

> **Windows 원격데스크톱**
> • 동일한 네트워크나 인터넷에 연결된 Windows 실행 컴퓨터에서 원격의 Windows 실행 컴퓨터에 연결하는 도구
> • 예를 들어, 가정용 컴퓨터에서 회사 컴퓨터에 접속하여 자신의 컴퓨터인 것처럼 회사 컴퓨터의 모든 프로그램, 파일 및 네트워크 자원을 사용할 수 있도록 하는 도구

[Windows 방화벽 설정]

③ Windows 원격데스크톱[*]

다른 컴퓨터에서 사용자의 컴퓨터에 실행 중인 Windows 세션에 접근 가능

3 컴퓨터 바이러스와 백신

1) 세대별 분류

세대	형태	설명
1세대	원시형	• 프로그램 구조가 단순하고 분석이 상대적으로 쉬운 바이러스* • 기존의 DOS용 바이러스 대부분이 이에 해당 • 종류 : 돌(Stoned) 바이러스, 예루살렘(Jerusalem) 바이러스 등
2세대	암호형	• 백신* 프로그램이 진단할 수 없도록 바이러스 프로그램의 일부 또는 대부분을 암호화시켜 저장 • 종류 : 폭포(Cascade) 바이러스, 느림보(Slow) 바이러스 등
3세대	은폐형	• 자신을 은폐하고 사용자나 백신 프로그램에 거짓 정보를 제공하기 위한 다양한 기법 사용 • 기억장소에 존재하면서 감염된 파일의 길이가 증가하지 않은 것처럼 보이게 함 • 백신 프로그램이 감염된 부분을 읽으려고 할 때 감염되기 전의 내용을 보여줌으로써, 바이러스가 없는 것처럼 백신 프로그램이나 사용자를 속임 • 종류 : 조시(Joshi) 바이러스, 프로도(Frodo) 바이러스 등
4세대	갑옷형	• 초기 2세대, 3세대 바이러스는 백신 프로그램이 바이러스를 진단하기 어렵게 하는 것이 목표였으나, 백신 프로그램의 발달로 목표를 이뤄내기가 불가능하게 되자 바이러스 개발자는 백신 프로그램 개발자를 공격대상으로 하여 백신 프로그램으로부터 숨기보다는 여러 단계의 암호화와 다양한 기법을 동원하여 바이러스 분석을 어렵게 하고 백신 프로그램 개발을 지연시킴 • 종류 : 다형성(Polymorphic) 바이러스 등
5세대	매크로형	• 운영체제와 관계없이 응용 프로그램 내부에서 동작하는 것이 가장 큰 특징 • 매크로 기능이 있는 마이크로소프트(Microsoft)사 오피스 제품군(워드, 엑셀, 파워포인트) 이외에 비지오(Visio)*, 오토캐드(AutoCAD)* • VBS(Visual Basic Script)*를 지원하는 다양한 프로그램에서 활동하기 때문에 현재 등장하고 있는 바이러스 중에서 가장 높은 비중 차지

2) 종류

종류	설명
일반 바이러스	• 자신 또는 자신의 변형 코드를 실행하는 프로그램 • 실행 가능한 시스템 영역 등에 복제하는 프로그램 • 기생할 숙주 프로그램*이 반드시 필요함
웜	네트워크 및 메일을 통하여 자신을 복제하고 유포시키는 악성 프로그램
트로이목마	• 자기복제 능력이 없으며, 유틸리티 프로그램 내에 악의적 기능을 가지는 코드를 내장하여 배포하거나, 그 자체를 유틸리티 프로그램으로 위장하여 유포 • 특정한 환경 또는 조건에서 배포자의 의도에 따라 사용자의 정보 유출이나 자료를 파괴
스파이웨어	다른 사용자의 컴퓨터에 잠입하여 중요한 개인정보를 유출하는 프로그램

3) 감염 영역별 분류

부트 바이러스	• 하드디스크의 부트 영역에 감염되는 바이러스 • 부팅이 되지 않거나 Windows에 블루 스크린(Blue Screen)*이 나타나게 함
파일 바이러스	• 가장 일반적인 바이러스 • 실행 프로그램에 감염되는 바이러스
매크로 바이러스	MS 워드 또는 엑셀 프로그램 등의 매크로를 사용하는 문서 파일에 감염되는 바이러스

4) 유형별 분류

겹쳐쓰기형	• 원래 파일을 파괴하기 위하여 덮어쓰는 형태의 바이러스 • 바이러스 개발자가 가장 개발하기 쉬운 바이러스 • 쉽게 발견되기 때문에 잘 개발하지 않음 • 최고의 악성 바이러스
비겹쳐쓰기형	• 일정 주기로 서서히 파괴 활동을 하는 바이러스 • 파일의 원형을 그대로 보존하기 때문에 발견하기 어려움 • 초기에 발견될 경우 치료가 가능하나 오랜 시간이 경과한 후에는 치료 불가능 • 감염될 경우 정상 프로그램의 실행 속도 느려짐
메모리상주형	• 한 번 메모리에 침입하면 메모리에 상주하여 모든 파일이나 디렉터리를 감염시킴 • 인터럽트 벡터 테이블(Interrupt Vector Table)*의 일부분을 변형시켜 자신이 사용하려고 만든 루틴과 결합한 후 사용자가 원하지 않는 명령 실행 • 한 번 메모리에 상주하면 시스템을 종료하기 전까지 계속 상주
호출형	• 파일의 속성변환 등을 통하여 쉽게 눈에 띄지 않음 • 바이러스를 호출하는 명령어를 파일에 기록 • 디스크의 맨 뒷부분에 위치하거나, 특정 파일로 저장 • 새로운 형태의 바이러스 감염 방법

5) 바이러스 구성요소

자기 복제	새로운 숙주를 찾아 감염시키는 기능
자기 은폐	시스템 내에서 자신의 코드를 숨기는 기능
실행 코드	바이러스가 가지고 있는 행동
트리거	바이러스의 실행 코드 부분을 작동시키는 장치 혹은 조건

6) 스턱스넷(Stuxnet)

- 2010년 6월에 발견된 웜 바이러스
- Windows를 통해 감염되어, 지멘스 산업의 소프트웨어 및 장비를 공격
- 산업시설을 공격하는 최초의 악성 소프트웨어는 아니지만, 산업시설을 감시하고 파괴하는 악성 소프트웨어로는 최초
- 스턱스넷의 여러 변종이 이란에 있는 5개 시설에서 발견되었으며, 웜의 공격목표는 이란의 우라늄 농축시설인 것으로 추정

① 특징

- Windows가 설치된 임의의 컴퓨터에 감염되지만, 지멘스의 SCADA* 시스템만을 감염시켜 장비를 제어하고 감시하는 특수한 코드를 내부에 담고 있음 (장비를 프로그램하는 데 사용되는 PLC를 감염시켜 장비의 동작을 변경함)
- 내부망에 존재하는 SCADA 시스템을 공격하기 위해 USB 및 네트워크 전파 기법을 사용
- Windows 기반의 Net Path Canonicalize 함수의 서버 서비스 취약점, Windows 프린트 스풀러 서비스 취약점, 공유 네트워크 서비스와 같은 익스플로잇을 이용하여 제작됨

② 동작

- 대부분의 악성 소프트웨어와 달리, 특정 조건을 만족하지 않는 컴퓨터와 네트워크에는 거의 해를 끼치지 않음
- 무작위로 전염되지만, 감염된 컴퓨터에서 지멘스 소프트웨어를 발견하지 못하면 휴면 상태에 들어가며, 3개 이하의 다른 컴퓨터에만 전염되도록 제어

인터럽트 벡터 (Interrupt Vector)

- 인터럽트가 발생했을 때, 그 인터럽트를 처리할 수 있는 서비스 루틴들의 주소를 가지고 있는 공간
- 인텔 아키텍처에서는 가상메모리를 사용하지 않았던 386 이전에는 주로 주기억장치의 0번째에 위치하였으나 이후부터는 IDT(Interrupt Descriptor Table)의 형태로 바뀜

인터럽트 벡터 테이블 (Interrupt Vector Table)

- 인터럽트 벡터 테이블은 인터럽트 서비스 루틴의 시작주소를 찾는 3가지 방법에서 사용
- 대부분의 중앙처리장치 아키텍처에서 흔한 개념으로, 인터럽트 벡터들의 테이블
- 디스패치 테이블 : 인터럽트 벡터 테이블을 구현하는 방법 중의 하나로, 인피니언, 마이크로칩, Atmel, 프리스케일, AMD, 인텔 등 대부분의 중앙처리장치들은 인터럽트 벡터 테이블(IVT)을 가지고 있음

SCADA(Supervisor Contorl And Data Acquisition)

- 일반적으로 원거리에 있는 설비들을 집중감시하거나 제어하기 위한 시스템
- 다양하고 복잡한 설비를 간소화, 자동화하고 이들 설비와 계통들을 한곳에서 효과적으로 감시・제어・측정하여 분석・처리함으로써, 설비 및 계통의 합리적 운용 및 효율적인 에너지 관리를 가능하게 만드는 시스템

- 공격목표를 발견하면, 스턱스넷은 공정 제어 신호를 중간에서 가로채 가짜 신호를 보내는 중간자 공격(MITM)을 수행하여, 소프트웨어가 오작동을 감지하고 시스템을 정지시키지 않도록 하는 등의 복잡한 공격 수행(이렇게 복잡한 공격을 수행하는 악성 소프트웨어는 사실상 처음 발견된 것)
- Windows, 지멘스 PCS 7, 그리고 지멘스 S7 PLC*로 이루어진 3단계 시스템에 각각 공격을 수행

4 레지스트리 활용

1) 레지스트리의 특징

- Windows 운영체제의 부팅 시 시스템 하드웨어, 설치된 프로그램 및 설정, 사용자 계정의 프로필 등에 대한 정보가 포함된 데이터베이스
- Windows의 모든 시스템 정보를 백업 및 복구하기 위하여 user.dat, system.dat, system.ini*, win.ini*와 같은 파일 필요

경로		%SystemRoot%₩user.dat, system.dat
파일	user.dat	사용자에 따라 달라지는 데이터(로그온명, 데스크톱 설정, 시작 메뉴 설정 등) 저장
	system.dat	시스템 환경 설정 및 데이터 설정(하드웨어, 응용 프로그램 설정 등) 정보 저장

2) 레지스트리의 구성 정보

HKEY_CLASSES_ROOT	• OLE* 데이터와 파일의 각 확장자에 대한 정보 저장 • 파일과 프로그램 간 연결에 대한 정보 포함
HKEY_CURRENT_USER	• Windows가 설치된 컴퓨터 환경 설정에 대한 정보 포함 • 다수의 사용자가 사용할 경우 각 사용자별 프로파일 저장 • 현재 로그온하여 시스템을 사용 중인 사용자의 배경 화면, 디스플레이 설정이나 단축 아이콘, 사용자가 설치한 응용 프로그램의 설정 등의 정보가 기록되어 있음
HKEY_LOCAL_MACHINE	• Windows에 설치된 모든 하드웨어와 소프트웨어의 설정정보 포함 • Windows를 처음 설치할 때 내용이 구성되며, 장치관리자를 이용하여 하드웨어 구성을 변경할 수 있음 • 현재 설치된 하드웨어와 사용 중인 드라이버에 대한 정보부터 프린터, 인터넷 시리얼 포트 설정 등을 저장
HKEY_USERS	• 컴퓨터에서 사용 중인 각 사용자 프로파일에 대한 HKEY_CURRENT_USER 키에 일치하는 서브키를 저장 • 데스크톱 설정과 네트워크환경에 대한 정보 포함 • user.dat에 저장
HKEY_CURRENT_CONFIG	• 실행시간에 수집한 자료를 저장하고 있으며, 이 키에 저장된 정보는 디스크에 영구적으로 저장되지 않고 시동 시간에만 생성 • 디스플레이와 프린터에 관한 정보 포함 • 레지스트리 중 가장 단순한 키

용어 설명 (여백)

PLC(Programmable Logic Controller)
- 산업 플랜트의 자동 제어 및 감시에 사용하는 제어 장치
- 입력을 프로그램에 의해 순차적으로 논리 처리하고, 그 출력 결과를 이용해 연결된 외부장치를 제어하는 시스템

system.ini
- 하드웨어(각종 장치)를 제어하기 위한 환경 설정 파일
- Windows의 전체적인 정보를 포함한 win.ini와 달리 system.ini는 탐색기, 키보드, 마우스 드라이버 등 구체적인 내용을 포함

win.ini
- 운영체제나 각종 응용 프로그램을 위한 환경 설정 파일
- 자동 실행 프로그램이 등록됨

OLE(Object Linking and Embedding)
- 응용 프로그램 사이에서 데이터를 공유하는 기술이며, MS Windows에서 지원됨

Section 02 인터넷 활용 보안

1 웹 브라우저 보안

1) 웹 브라우저란?

웹(WWW) 서비스를 이용할 수 있도록 하는 웹 클라이언트 프로그램으로, HTML 로 작성된 하이퍼텍스트를 웹 서버로부터 전송받아 보여주는 프로그램

| Chrome | Firefox | Internet Explorer | Opera | Safari | edge |

[웹 브라우저 종류]

2) 웹 브라우저의 기능

- HTTP, HTTPS 기능 지원
- HTML*, XML*, XHTML 지원
- GIF, PNG, JPEG 등 그래픽 파일 포맷 지원
- CSS*, 쿠키*, 자바스크립트*, DHTML, 디지털 인증서, 플러그인* 지원

3) 웹 브라우저 속성

① 일반

홈페이지	시작 홈페이지 주소 설정
검색 기록	임시 파일(Cache File)*, 열어본 페이지 목록(History*), 쿠키(Cookie), 저장된 암호 및 웹 양식 정보 삭제, 종료할 때 검색 기록 삭제, 사용할 디스크 공간 설정, 기록 저장 기간 설정, 캐시 및 데이터베이스 저장 기간 설정

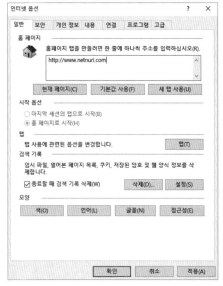

[일반 탭 설정]

HTML(HyperText Markup Language)
- 웹 문서를 작성하는 Markup Language
- 여러 태그로 구성되어 있으며, 각 태그를 사용하여 원하는 형태의 문서를 만들 수 있음
- Hyper Text의 원리를 이용하여 여러 문서를 링크시킴으로써, 다양한 정보를 손쉽게 검색할 수 있게 만듦

XML(eXtensible Markup Language)
기존 HTML이 가지고 있는 태그의 한계와 SGML의 복잡성을 보완하기 위해 만들어진 것으로, 웹에서의 데이터 및 구조화된 문서들을 위한 보편적인 표준

CSS(Cascading Style Sheet)
- 웹 문서를 사용자에게 어떻게 출력할 것인가를 기술하는 언어
- HTML이 정보를 표현한다면 CSS는 HTML 문서를 시각적으로 예쁘게 꾸며주는 역할을 함

쿠키(Cookie)
하이퍼 텍스트(Hyper Text) 기록의 일종으로, 인터넷 사용자가 웹 사이트를 방문할 경우, 그 사이트의 서버에서 사용자의 컴퓨터에 설치하는 작은 기록 정보 파일

자바스크립트(Javascript)
- HTML과 CSS 등의 정적 언어로 만들어진 웹페이지를 동적으로 변경해주는 언어
- 경고창을 띄우고, 탭 인터페이스를 만들고, Drag & Drop 기능의 웹 응용 프로그램을 만들 수 있음

플러그인(Plug In)
- 일반적인 소프트웨어의 일부이며, 웹브라우저에서 취급할 수 없는 인터넷상의 콘텐츠를 취급
- 웹브라우저의 일부로서, 쉽게 설치되고 사용될 수 있는 프로그램

임시 파일(Cache File)
특정 웹 사이트의 접속 속도 개선을 위해 클라이언트의 컴퓨터에 임시로 저장되는 데이터

히스토리 파일(History File)
- 사용자의 방문 기록을 저장하는 파일
- URL 명, 최초 방문 날짜, 마지막 방문 날짜, 방문 횟수, 웹 브라우저 종류, 사용자 프로필 정보 등이 저장되는 파일

② 보안

인터넷	• 다른 영역에 포함되지 않은 모든 웹 사이트의 보안수준 설정 • 기타 범주에 들어가지 않는 모든 사이트가 해당
로컬 인트라넷	• 사용자의 인트라넷*에 있는 모든 웹 사이트의 보안수준 설정 • 방화벽 뒤에 있는 또는 조직 내의 사이트를 말하며, 이 사이트는 보통 가장 높은 수준의 신뢰를 가짐
신뢰할 수 있는 사이트	• 사용자 컴퓨터나 데이터를 손상시키지 않을 것으로 신뢰되는 웹 사이트의 보안수준 설정 • 방화벽 밖에 있지만 가장 높은 신뢰의 사이트
제한된 사이트	• 사용자 컴퓨터나 데이터를 손상시킬 수도 있는 웹 사이트의 보안수준 설정 • Windows를 처음 설치했을 때 비어 있음

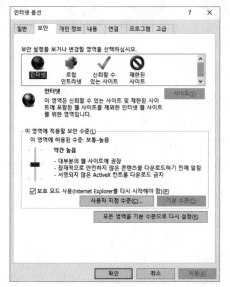

[보안 탭 설정]

③ 개인정보

설정 (사이트 관리)	웹 사이트가 쿠키를 사용할 수 있도록 허용 또는 차단 지정
위치	웹 사이트에서 사용자의 위치 정보를 허용/차단
팝업차단	팝업창 표시 차단

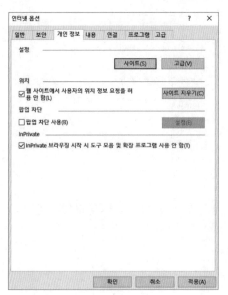

[개인정보 탭 설정]

④ 내용

인증서	암호화된 연결 및 ID에 인증서를 사용, SSL 상태 지우기
자동 완성	이전에 입력한 내용 중에서 알맞은 내용을 추천해 줌

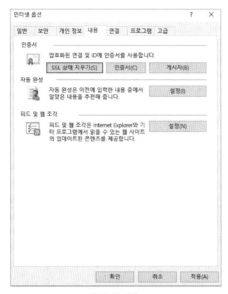

[내용 탭 설정]

⑤ 연결

인터넷 연결(전화 및 VPN*) 설정 및 프록시(Proxy)* 관리

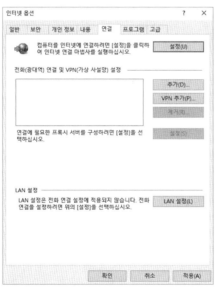

[연결 탭 설정]

⑥ 프로그램

추가 기능 관리 : 사용자의 컴퓨터에 설치된 웹 브라우저 추가 기능 관리

⑦ 고급

- 액티브 콘텐츠*의 실행 허용/차단
- 다운로드 프로그램의 서명 확인
- 발급자의 인증서 해지 확인
- 보안 · 비보안 모드 전환 시 경고

가상사설망(VPN,
Virtual Private Network)
인터넷망과 같은 공중망을 사설
망처럼 이용해서 회선 비용을
절감하는 기업통신 서비스

프록시(Proxy)
- 클라이언트가 자신을 통해서 다
른 네트워크 서비스에 간접적으
로 접속할 수 있게 해주는 컴퓨
터나 응용 프로그램
- 서버와 클라이언트 사이에서 중
계기로서, 통신을 수행하는 기
능을 가리켜 '프록시', 그 중계
기능을 하는 것을 '프록시 서버'
라고 함

액티브 콘텐츠
(Active Contents)
- 웹 사이트에서 사용되는 대화형
또는 애니메이션 콘텐츠
- 인터넷에서 널리 사용되는 작은
프로그램인 ActiveX 컨트롤 및
웹 브라우저 추가기능 포함
- 도구 모음, 주식 시세표, 비디오,
애니메이션 콘텐츠 제공

- 웹 브라우저 종료 시 임시 인터넷 파일 삭제
- 사이트 인증서가 유효하지 않을 때 경고
- 암호화된 페이지를 디스크에 저장하지 않음
- 프로필 관리자 사용
- SSL, TLS* 기능 사용

SSL(Secure Socket Layer)/ TLS(Transport Layer Security)
- Netscape사에서 웹 서버와 브라우저 사이의 보안을 위해 만듦
- 인증기관(CA)이라 불리는 서드파티(Third Party)로부터 서버와 클라이언트를 인증하는 데 사용

[고급 탭 설정]

4) HTTP 프로토콜

① HTTP 프로토콜

- 웹 서버와 웹 브라우저 간 통신을 위하여 사용되고, 요청과 응답의 메커니즘으로 작동하는 프로토콜
- OSI 7계층의 응용 계층 프로토콜, 기본적으로 TCP 80번 포트 사용

② HTTP 연결 메커니즘(Mechanism)

연결을 계속 유지하는 것이 아니라 처리가 완료되면 연결을 해제하는 방식으로, 이러한 단점을 극복하기 위하여 다음의 4가지 방법 제공
- URL* Rewriting
- Hidden Form Field
- Cookie
- Session

URL(Uniform Resource Locator)
- 인터넷상에서 자원 위치를 알려주기 위한 규약
- 웹 사이트 주소로 알고 있지만, 웹 사이트 주소뿐만 아니라 인터넷상의 자원을 모두 나타낼 수 있음
- 웹 사이트에 접속하려면 해당 URL에 맞는 프로토콜을 알아야 하고, 해당 프로토콜로 접속해야 함

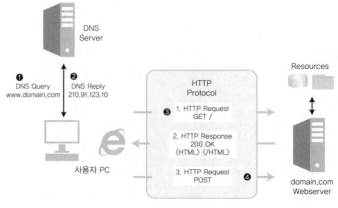

[HTTP 연결 메커니즘]

③ HTTP 요청방식

GET 방식	• 클라이언트에서 서버로 전송된 자료가 URL에서 모두 노출될 수 있으므로, 패스워드와 같은 보안 정보를 GET 방식으로 보내는 것은 위험 • 쿼리 스트링˚인 GET 방식으로 전송할 수 있는 자료의 양은 한계가 있으므로, 많은 데이터를 전송하는 경우 일정 크기에서 잘릴 수 있음 • 정적인 HTML 파일의 경우에는 파일 내용을 화면에 보여줌 • 동적인 ASP˚, JSP˚, PHP˚ 파일의 경우 명령을 실행하고, 그 처리결과를 요청한 웹 브라우저로 전송하여 보여줌
POST 방식	• 입력자료는 URL 뒷부분에 추가하여 전송하는 것이 아니라, HTTP 헤더 안에 포함하여 전송 • Submit 버튼을 클릭하는 순간 폼의 자료는 인코딩되어 전송되며, URL에는 보이지 않음 • 서버는 보호된 정보를 수신하게 되고 서버에서 동작하도록 요청

④ HTTP 상태 코드

㉠ 트랜잭션이 성공한 경우(2xx)

코드	상태	설명
200	OK	요청이 성공적으로 완료
201	Created	요청이 POST이며, 성공적으로 완료
202	Accepted	요청이 서버에 전달되었으나, 처리결과를 알 수 없음
203	Non Authoritative Information	GET 요청이 실행되었으며, 부분적인 정보를 리턴하였음
204	Not Content	요청이 실행되었으나, 클라이언트에게 전송할 데이터가 없음

㉡ 트랜잭션의 리다이렉션(3xx)

코드	상태	설명
300	Multiple Choices	요청이 여러 위치에 존재하는 자원을 필요로 하므로 응답은 이에 대한 정보 전송
301	Moved Permanently	요청 데이터는 영구적으로 새로운 URL로 옮겨짐
302	Found	요청 데이터를 발견하였으나, 실제 다른 URL에 존재
303	Not Modified	If Modified Since 필드를 포함한 GET 메소드를 수신했으나, 문서는 수정되지 않음

㉢ 오류 메시지(4xx) – Client

코드	상태	설명
400	Bad Request	요청 문법 오류
401	Unauthorized	요청이 서버에게 Authorization 필드를 사용하였으나, 값을 지정하지 않았음
403	Forbidden	요청이 허용되지 않은 자원 요구
404	Not Found	서버는 요구된 URL을 찾을 수 없음

㉣ 오류 메시지(5xx) – Server

코드	상태	설명
500	Internal Server Error	서버 내부에 오류가 발생하여 더 이상 진행할 수 없음
501	Not Implemented	요청은 합법적이나, 서버는 요청된 메소드(Method)˚를 지원하지 않음
503	Service Unavailable	서버 과부하로 서비스를 할 수 없음
504	Gateway Timeout	보조 서버의 응답이 너무 오래 지체되어 처리 실패

🔲 쿼리 스트링(Query String)
• 사용자가 웹프로그램으로 입력 데이터를 전달하는 가장 단순하고 널리 사용되는 방법
• URL 주소 뒤에 입력 데이터를 함께 제공하는 방법

🔲 ASP(Active Server Page)
마이크로소프트사에서 동적으로 웹 페이지들을 생성하기 위해 개발한 서버 측 스크립트 엔진

🔲 JSP(Java Server Page)
HTML 내에 자바 코드를 삽입하여 웹 서버에서 동적으로 웹 페이지를 생성하여 웹 브라우저로 전송해주는 언어

🔲 PHP(Personal Home PageTool)
• 서버에서의 동작 기술 또는 언어
• 동적 웹 페이지를 만들기 위해 설계되었으며, 이를 구현하기 위해 PHP로 작성된 코드를 HTML 안에 넣으면 PHP 처리 기능이 있는 웹 서버에서 해당 코드를 인식하여 작성자가 원하는 웹 페이지를 생성

🔲 메소드(Method)
• 클래스에서 정의된 여러 종류의 변수들을 사용하여 정해진 기능들을 실행할 수 있도록 코드를 선언한 것
• 다른 곳에서 인자를 주어 호출할 수 있고, 정해진 자료형을 반환할 수 있음

5) 웹 브라우저 보안 프로토콜

① S-HTTP(Secure HTTP)

- 보안 기능이 추가된 HTTP
- 암호화되고 전자서명 포함
- 프로토콜 지시자로 'shttp' 사용
- 하이퍼링크 앵커는 서버식별, 요구되는 암호 매개변수 지시
- Certs와 Cryptopts라는 새로운 HTML 요소가 정의되어 사용
- SSL 대안 보안 프로토콜
- OSI 7계층의 응용 계층 프로토콜, 기본적으로 80번 포트 사용
- S-HTTP를 수용하는 웹 서버와 웹 브라우저 프로그램이 별도로 필요
- 기밀성, 무결성, 송신자 인증, 송신 부인방지, 접근통제 등의 보안서비스 제공

㉠ 관련 알고리즘

서명	RSA, DSA	키 교환	Diffie-Hellman, Kerberos, RSA
암호화	DES, RC2	공개키	X.509, PKCS-6
메시지 축약*	MD2, MD5, SHA	캡슐화* 형식	PGP, MOSS 및 PKCS-7

메시지 축약
- 임의의 길이의 메시지를 일정 크기의 메시지로 만들어 내는 것을 말함
- 일반적으로 해시함수 등이 있음

캡슐화(Encapsulation)
속성과 데이터를 처리하는 함수를 하나로 묶어 중요한 데이터를 보존·보호하는 것을 말함

② SSL(Secure Socket Layer)

- Netscape사에서 개발한 프로토콜로, 인터넷을 통한 사용자의 메시지를 안전하게 전송하기 위한 보안프로토콜
- 비밀키 공유를 위하여 공개키 알고리즘 사용(X.509 인증서 지원)
- 프로토콜 지시자로 'https' 사용
- OSI 7계층의 전송 계층과 응용 계층 사이에서 동작, 기본적으로 TCP 443포트 사용
- 비밀성, 무결성, 인증 등 세 가지 보안서비스를 제공하고, 효율성을 위하여 데이터 압축기능 제공

③ S-HTTP와 SSL의 비교

구분	S-HTTP	SSL
보호 범위	웹에만 적용	Telnet, FTP 등 응용 프로토콜 지원
인증 방식	서버와 클라이언트 각각 인증서 필요	클라이언트의 인증이 선택적
인증서	클라이언트에서 인증서 보낼 수 있음	서버에서만 인증할 수 있음
암호화와 인증 단위	메시지 단위	서비스 단위
연결 주소	shttp://	https://

2 메일 클라이언트 보안

1) Outlook 및 Outlook Express 보안

- 사용자가 공격자의 뉴스그룹 방문 시 아웃룩 익스프레스에 악성 스크립트가 설치되어 사용자의 컴퓨터를 제어할 수 있는 공격에 노출될 수 있음
- 공격자가 악성 스크립트*를 메일에 첨부하여 전송하면, 수신자가 메일을 확인하거나 읽는 순간 악성 스크립트가 실행되어 공격에 노출될 수 있음

악성 스크립트 (Malicious Script)
- 스크립트 언어로 작성된 웜, 바이러스, 트로이목마 같은 악성 프로그램들을 말함
- 현재까지 발견된 Windows에서 활동하는 악성 스크립트는 VB 스크립트, mIRC 스크립트, 자바 스크립트가 가장 많으며, 그 외에 PHP 스크립트, 코렐 드로우 스크립트 등으로 작성된 바이러스, 웜, 트로이목마가 있음

① 메일 필터링 기법

- [도구]−[메시지 규칙] 기능을 이용하여 메일, 뉴스 필터링 가능
- 보낸 사람 차단 목록기능을 이용하거나 제목, 내용, 첨부파일 등에 대한 메시지 규칙을 설정하여 필터링 가능
- 메일주소 또는 도메인으로 메일차단 가능

② 첨부파일 보안

메일의 첨부파일을 이용한 웜 및 악성 스크립트 공격이 가능하므로, 송신자 메일 주소 및 메일 제목을 확인하여 불필요한 메일 필터링

③ PGP 활용

기밀성 제공	사용자가 작성한 메일의 내용과 첨부되는 파일을 암호화하여 메일 수신자만이 그 내용을 볼 수 있도록 함
전자서명 기능 제공	송신자라고 주장하는 사용자와 메일의 실제 송신자가 동일인임을 확인 가능

㉠ 특징

- 인증받은 메시지와 파일에 대한 전자서명 생성과 확인 작업
- 키 관리를 그래픽사용자인터페이스(GUI)로 지원
- 공개키를 4,096비트까지 생성 가능
- 두 가지 형태의 공개키 생성 가능 : RSA*/DSA*, Diffie−Hellman*
- 공개키 서버와 직접 연결되어 있어 공개키 분배 및 취득 간편

㉡ 활용방법

- 셋업 프로그램을 이용하여 설치하면 최초 사용자는 개인키/공개키 쌍을 생성하게 되고, 개인키는 안전하게 자신의 컴퓨터에 암호화하여 저장하고, 공개키*는 다른 사용자가 사용할 수 있도록 분배하여 줌
- 다른 사용자가 여러 사람의 공개키가 있어야만 여러 사람에게 암호문을 전송할 수 있고, 여러 사람이 생성한 전자서명의 확인 가능
- 공개키를 분배하는 방법 : 공개키 서버에 등록하는 방법, 이메일의 내용에 공개키를 포함하는 방법, 별도의 텍스트 파일에 복사하는 방법 등이 있음

■ RSA 암호 알고리즘

- 미국 MIT에서 개발한 공개키 암호 시스템
- 이 암호 알고리즘의 핵심은 큰 정수의 소인수 분해가 어렵다는 점을 이용
- 전자서명, 전자상거래에서 많이 사용되는 공개키 알고리즘

■ DSA(Digital Signature Algorithm)

1991년 8월에 NIST(National Institution of Standard and Technology)가 미국 전자서명 표준(DSS, Digital Signature Standard)으로 사용하기 위하여 발표한 정부용 전자서명 알고리즘으로, 그 안전성은 이산대수 문제의 어려움에 기반하고 있음

■ Diffie−Hellman 키 교환 알고리즘

- 휫필드 디피와 마틴 헬만이 1976년에 발표
- 암호 키를 교환하는 하나의 방법으로, 두 사람이 암호화되지 않은 통신망을 통해 공통의 비밀키를 공유할 수 있도록 함

■ 공개키(Public Key) 암호 방식

- 암호방식의 한 종류로, 사전에 비밀키를 공유하지 않은 사용자들이 안전하게 통신할 수 있도록 함
- 공개키와 비밀키가 존재하며, 공개키는 누구나 알 수 있지만, 그에 대응하는 비밀키는 키의 소유자만이 알 수 있어야 함

Section 03 공개 해킹 도구에 대한 이해와 대응

1 해킹* 도구(Hacking Tool)

1) 트로이목마(Trojan Horse)

자기 복제 능력이 없으며, 프로그램 내에 악의적인 기능을 내장하여 유포하거나, 그 프로그램 자체로 위장하여 유포

① 기능

데이터 유출, 시스템 파일 파괴, 프록시, FTP 전송, 안티바이러스(백신) 기능 정지

드롭퍼 (Trojan-Dropper)	내부에 포함되어 있던 추가적인 악성코드를 설치함
다운로더 (Trojan-Downloader)	지정된 웹 사이트에 접속하여 추가적으로 악성코드를 다운로드
패스워드 스틸러 (Trojan-PWS)	사용자 계정 및 비밀번호를 외부로 유출
프록시 (Trojan-Proxy)	프록시 설정을 변경하거나 프록시를 사용
클리커 (Trojan-Clicker)	오류 메시지나 광고를 통해 사용자의 사이트 접속을 유도
스파이 (Trojan-Spy)	각종 시스템 정보를 외부로 유출하기 위해 제작
익스플로잇 (Trojan-Exploit)	취약점을 통해 감염시키는 것이 주목적

② 종류와 특징

넷버스 (Netbus)	• 12,345번 포트 사용 • 가장 사용하기 쉽고 유포하기 쉬운 트로이목마
백오리피스 (BackOrifice)	• 31,337번 포트 사용 • 가장 유명하여 제거 도구가 많은 트로이목마
스쿨버스 (School bus)	• 54,321번 포트 사용 • 다른 컴퓨터에 접속하여 대상 컴퓨터를 제어하는 트로이목마
Executor	• 80번 포트 사용 • 감염된 컴퓨터의 시스템 파일을 삭제하여 시스템을 파괴하는 트로이목마
Silencer	• 1,001번 포트 사용 • 제거 도구는 나와 있지 않음
Striker	• 2,565번 포트 사용 • 감염된 시스템을 사용할 수 없도록 만들어 버림 • 시스템 드라이브 등 하드디스크를 모두 파괴하여 부팅되지 않게 하는 트로이목마

2 크래킹* 도구(Cracking Tool)

1) 루트킷(Rootkit)

개념	루트 권한을 획득하기 위한 악의적인 의도를 가진 사용자가 사용하는 백도어, 트로이목마 등의 공격 도구 집합체	
특징	• 트래픽이나 키스트로크 감시 • 네트워크의 다른 컴퓨터 공격 • 공격대상 시스템 내에 백도어 생성 • 기존 시스템 도구 수정 • 로그 파일 수정 • 시스템 흔적 제거	
기능	시스템 접근 권한을 획득하여 공격자의 의도대로 사용 가능	
탐지 방법	안티 루트킷(Anti Rootkit)을 사용하여 탐지	
작동 모드	사용자 모드	가장 낮은 권한을 가진 ring3 권한을 가지게 되기 때문에 중앙처리장치 등에 큰 영향을 주는 명령어 실행 불가능
	커널 모드	ring0 권한을 획득(Administrator, root, 관리자)함으로써, 시스템 내에서 모든 명령어 실행 가능

2) 패스워드 크래킹 도구

① 종류와 특징

John The Ripper	• 가장 잘 알려진 패스워드 점검 도구 • Windows, 리눅스, MAC 등 거의 모든 운영체제에서 사용 가능
Pwdump	Windows에서 패스워드를 덤프할 수 있는 도구
LOphtCrack	• 패스워드 취약성 점검 도구 • 원격 또는 로컬 서버나 컴퓨터의 패스워드를 점검하는 데 유용 • SAM 파일의 해시 정보를 이용하거나 무차별 대입 공격을 통한 패스워드 취약점 점검
IpcCrack	• 사용자 계정 및 패스워드를 원격지에서 추측하여 취약성을 점검하는 도구 • 사전 공격을 이용한 점검
Chntpw	물리적 접근이 가능한 시스템에서 패스워드를 초기화시키는 프로그램
ERD Commander	Windows 20XX 서버의 관리자 패스워드 분실 시 복구를 위해 사용

② 패스워드 공격기법

무차별 대입 공격 (Brute Force Attack)	암호를 찾기 위하여 가능한 모든 조합을 시도하는 공격기법
사전 공격 (Dictionary Attack)	사전 파일(단어 리스트 파일)을 이용하여 공격하는 기법
암호 추측 공격 (Password Guessing)	사용자의 개인정보를 이용하여 암호를 추측하고 대입하는 공격 기법

크래킹(Cracking)
• 다른 사용자의 컴퓨터 시스템에 무단으로 침입하여 정보를 훔치거나 프로그램을 훼손하는 등의 불법행위
• 침입자(Intruder) 또는 공격자(Invader)라고도 하며, 소프트웨어를 불법으로 복사하여 배포하는 사람을 가리키기도 함
• 네트워크의 보급과 이용이 확대되면서 사회문제로 대두되고 있음

운영체제 링(Ring)
• 인텔 x86 계열의 마이크로프로세서는 접근 제어를 위해서 링(Ring)이라는 개념을 사용
• ring0(Ring Zero)부터 ring3까지 총 네 가지 레벨이 있으며, ring0가 가장 권한이 높고 ring3이 가장 권한이 낮은 것을 의미
• 내부적으로 각각의 링은 숫자로 저장되며, 실제로 마이크로칩에 물리적인 링이 존재하는 것은 아님
• Windows 운영체제의 모든 커널 코드는 ring0로 동작하며, 따라서 커널 안에서 동작하는 루트킷 또한 ring0로 동작하는 것
• 커널 안에서 동작하지 않는 사용자 모드 프로그램들은 ring3 프로그램이라고 부름
• Windows와 리눅스를 포함해서 많은 운영체제가 ring1, 2는 이용하지 않고 ring0와 ring3만을 사용
• ring0는 가장 권한이 높은 레벨이기 때문에 루트킷 개발자들은 그들의 코드가 ring0로 동작할 수 있도록 노력함

3) 키 로거(Key Logger)

- 사용자의 키보드 움직임을 탐지하여, 아이디와 패스워드, 계좌번호, 카드번호 등 중요한 개인정보를 수집하고 유출하는 프로그램
- 키 로거의 종류와 특징 : Keycopy, Keylogwin, Keylog25, Winhawk, Perfectkeylog 등

Keylog25	컴퓨터에서 키 입력 정보를 파일로 저장
SK-Keylog	키 입력을 로그로 남기며, 지정시간에 공격자 메일로 로그 파일을 자동으로 전송
Winhawk	• Trojan-Spy(트로이목마 스파이)의 한 종류 • 감염된 시스템에서 다양한 정보 유출을 위하여 제작된 트로이목마

3 악성 소프트웨어 특성 분류

감염성	컴퓨터 바이러스, 매크로 바이러스, 웜
은폐성	트로이목마, 루트킷, 백도어
목적	프라이버시 침해 소프트웨어, 스파이웨어*, 봇넷*, 키로깅, 웹 위협, Fraudulent Dialer, Malbot
운영체제	리눅스 악성 프로그램, 팜 OS* 바이러스, 모바일 바이러스
보호	바이러스 검사 프로그램, 방화벽, 침입 탐지시스템, 데이터손실 예방 프로그램

★ 스파이웨어(Spyware)

사용자의 동의 없이 설치되어 컴퓨터의 정보를 수집하고 전송하는 악성 소프트웨어로, 신용 카드와 같은 금융 정보 및 주민등록번호와 같은 신상정보, 암호를 비롯한 각종 정보를 수집

★ 봇넷(Botnet)

- 인터넷에 연결되어 있으면서 침해를 당한 여러 컴퓨터의 집합
- 공격자가 트로이목마, 악성 소프트웨어를 이용해 감염시킨 다수의 좀비 컴퓨터로 구성된 네트워크

★ 팜 OS(Palm OS)

- 팜소스(PalmSource, Inc.)에서 개발한 PDA 및 스마트폰 운영체제로, 여러 회사에서 라이선스를 취득하여 사용하고 있음
- 쉽게 사용할 수 있도록 설계되어 있으며, 전화번호부, 시계, 메모장, 동기화, 보안 소프트웨어 등을 기본 탑재

Section 04 도구 활용 보안 관리

1 클라이언트 보안 도구 활용 및 운영

1) 패스워드 관리

- SAM(Security Account Management)*에 의해 관리
- 확장자는 SAM 파일로 관리하며, 파일은 운영체제에 접근할 수 없도록 잠겨 있고, 정해진 경로에 저장·관리
- 관리자 패스워드 분실 시 해당 파일을 수정, 초기화 가능

2) 업데이트

- 자동 업데이트 구성 가능
- 기본적으로 Microsoft에서 업데이트하지만, 인트라넷 환경에서는 WSUS를 사용하여 Windows 업데이트 가능
- WSUS*를 이용하여 Windows 업데이트를 하기 위해서는 레지스트리를 변경함으로써 가능
- Wuacult.exe / Detectnoe Command 명령으로 Windows 업데이트 요청 가능

3) 원격데스크톱

- 원격데스크톱과 원격지원이 있으며, 동일한 기본 기술 사용
- 원격데스크톱 기능으로 다른 컴퓨터에 실행 중인 Windows 세션에 접근 가능
- Windows 원격데스크톱은 기본적으로 TCP 3389 포트를 사용하며, 터미널 서비스(Terminal Service)가 구동 중이어야 함

4) 터미널 서버

관리목적이 아닌 일반 사용자에게 Windows 서비스를 제공할 목적으로 라이센스를 추가 배포하여 사용할 수 있도록 함

⚡ SAM(Security Account Manager)
- 사용자·그룹 계정정보에 대한 데이터베이스 관리
- 사용자의 로그온 입력 정보와 SAM 데이터베이스 정보를 비교하여 인증 여부를 결정하도록 해주는 것

⚡ Windows 서버 업데이트 서비스(WSUS, Windows Server Update Services)
- 마이크로소프트 Windows 운영체제와 다른 마이크로소프트 제품군을 위한 소프트웨어 업데이트 서비스를 제공
- 시스템 관리자에게 더 많은 제어권을 주기 위해 공개 마이크로소프트 업데이트 웹 사이트로 동작하는 관리 시스템
- 관리자는 단체 환경에서 Windows 서버 업데이트 서비스를 사용하여 자동 업데이트를 통해 마이크로소프트 핫픽스와 업데이트의 배포를 관리할 수 있음

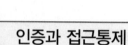
서버 보안

인증과 접근통제

1 계정과 패스워드 보호

1) Windows 서버 계정과 패스워드 보호

① 계정 정책

- [시작] → [Windows 관리 도구] → [컴퓨터 관리]에서 사용자 추가
- Windows 계정 정책 적용 방법 : [시작] → [Windows 관리 도구] → [로컬 보안 정책] → [계정 정책]

㉠ 암호 정책

- 운영체제에서 사용할 수 있는 최소한의 보안 강화 설정
- 암호 복잡성, 암호 기억, 암호 사용 기간, 암호 길이, 최소 암호 사용 기간, 해독 가능한 암호화를 사용한 암호저장

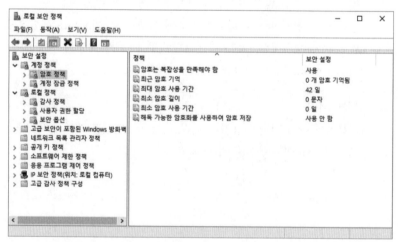

[암호 정책]

암호는 복잡성을 만족해야 함(사용)	• 알파벳 대문자, 소문자, 숫자, 특수문자 중 3가지 이상을 조합하여 만들어야 함 • 사용자 계정과도 전체 또는 일부(4자 이상) 같으면 안됨
최근 암호 기억	• 동일한 암호를 다시 사용하지 않도록 최근 24개를 기억함 • "0"이면 기억 안 함
최대 암호 사용 기간(42일)	• 암호 사용기간이 만료되면 바꾸라는 메시지가 나옴 • 만료되면 연동 솔루션의 경우 로그인이 되지 않음 • "0일"로 설정하면 암호 만료되지 않음
최소 암호 길이 (0)	• 지정된 길이 이상의 암호를 입력해야 암호설정이 가능함 • "0"이면 제한 없음 (암호를 사용하지 않을 수도 있음)
최소 암호 사용 기간(0)	• 한 번 변경한 암호는 최소 암호 사용기간 동안은 다시 변경할 수 없음 • "0"이면 제한 없음 (즉시 변경 가능함)
해독 가능한 암호화를 사용하여 암호 저장(사용 안 함)	• 암호화되어 저장된 패스워드를 복호화 할 수 있는 암호화 기법을 사용 • 사용 시 복호화 할 수 있는 키가 유출되면 보안위험 발생됨

ⓒ 계정 잠금 정책

- 로그인에 대한 무차별 대입 공격, 사전 공격 등에 대한 방어 가능
- 계정 잠금 기간, 계정 잠금 임계값 설정

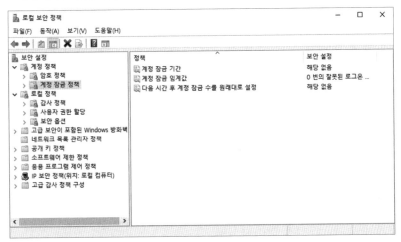

[계정 잠금 정책]

계정 잠금 기간	설정된 숫자만큼 계정 잠김(단위 : 분)
계정 잠금 임계값	설정된 숫자 이상 로그인 실패 시 계정 잠김(단위 : 횟수)
다음 시간 후 계정 잠금 수를 원래대로 설정	설정된 숫자만큼 시간이 지난 후 원래대로 설정을 되돌림(단위 : 분)

② 로컬 정책

㉠ 감사 정책

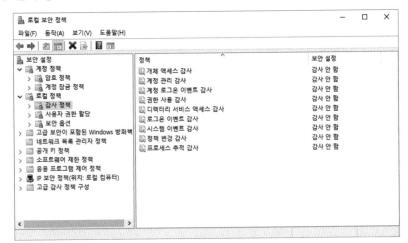

[감사 정책]

시스템 이벤트 감사	사용자가 컴퓨터를 재시작, 종료할 때 또는 어떤 이벤트*가 시스템이나 보안 로그에 영향을 미칠 때 발생
계정 관리 감사	사용자나 보안그룹이 생성, 수정, 삭제, 사용자 계정의 이름변경, 활성화 및 비활성화, 암호설정 및 변경 등을 할 때 발생
계정 로그인 이벤트 감사	사용자가 네트워크를 통하여 로그인이나 로그아웃을 시도하거나, 로컬 사용자 계정으로 인증받을 때 발생
개체 액세스 감사	사용자가 파일, 폴더, 프린터, 레지스트리 키 및 기타 검사를 위하여 설정한 개체를 접근하려고 시도할 때 발생
권한 사용 감사	사용자가 권한을 수행할 때 발생(다른 유형의 이벤트를 발생시키는 로그인과 로그아웃, 네트워크 접근 권한은 제외)

📌 이벤트(Event)
- 프로그램에 의해 감지되고 처리될 수 있는 동작이나 사건을 말함
- 대체로 이벤트는 프로그램 동작 과정과 함께 동시에 처리되도록 되어 있음
- 프로그램은 이벤트를 처리하기 위한 하나 이상의 전용공간(또는 핸들러)을 가지게 되는데, 보통의 경우 이벤트 루프라고 불리는 곳에서 이를 처리하게 됨

③ Windows 인증 구조

Windows NT 버전부터 체계적인 인증 구조

㉠ 동작 원리

1. 사용자가 ID/PW를 입력
2. GINA에서 입력받은 ID/PW를 LSA에게 전달
3. LSA가 내부에서 NTLM을 실행시켜 검증을 시작
4. NTLM이 SAM에 저장된 기존의 사용자 정보와 동일한지 비교
5. 비교 결과가 맞으면 SRM에서 사용자에게 고유 SID 부여
6. 부여된 SID가 사용자에게 전달되면서 실행 권한을 획득

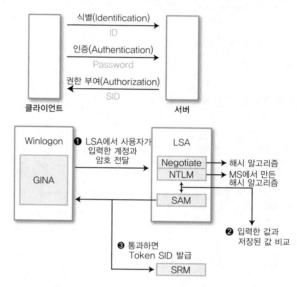

[Windows 인증 구조]

㉡ 프로세스의 역할

Winlogon	Windows 로그인 프로세스의 한 부분
GINA (Graphical Identification and Authentication)	Winlogon 내에서 msGINA.dll을 로딩시켜 사용자가 입력한 계정과 패스워드를 LSA에게 전달
LSA (Local Security Authority)	• 전달받은 계정과 패스워드를 검증하기 위해 NTLM* 모듈을 로딩하고 모든 계정의 로그인에 대한 검증 • 시스템 자원 및 파일 등에 대한 접근 권한을 검사(로컬, 원격 모두에 해당) • SRM이 작성한 감사 로그를 기록하는 역할 수행 • NT 보안의 중심 요소이며, 보안 서브시스템(Security Subsystem)* 이라고도 함
SAM (Security Account Manager)	• 사용자, 그룹 계정 정보(암호화된 해시값)에 대한 데이터베이스를 관리(사용자 계정 정보 저장) • 사용자의 로그인 입력 정보와 SAM 데이터베이스 정보를 비교하여 인증 여부를 결정 • 리눅스의 /etc/shadow와 같은 역할. 중요하므로 복사본 존재 • SAM 위치 : %systemroot%/system32/config/sam
SRM (Security Reference Monitor)	• SAM이 사용자의 계정과 패스워드가 일치하는지를 확인하여 SRM(Security Reference Monitor)에게 알려주면, 사용자에게 고유의 SID(Security Identifier)를 부여 • SID에 기반하여 파일이나 디렉터리에 접근제어를 하게 되고, 이에 대한 감사 메시지를 생성 • 사용자에게 고유의 SID를 부여 • SID에 준하는 권한을 부여

★ **NTLM**(NT LAN Manager)

• 사용자가 부팅시 제일 먼저 로그인할 때, Windows 2000은 사용자가 정당한 권한을 가지고 있는지 두 가지 인증절차를 거침

• 첫 번째로 AD 통합된 표준인증 프로토콜인 Kerberos 인증을 거치고, 만약 KDC(모든 도메인 컨트롤러에서 실행되며, AD 커버로스 보안 인증과 연동되는 서비스)가 커버로스 인증을 찾지 못하면 로컬 보안 계정 관리자(SAM)에서 데이터베이스 내에서 사용자 계정 인증을 위해서 NTLM을 사용

💬 **보안 서브시스템** (Security Subsystem)

사용자가 로그인할 때 데이터를 보호하고, 운영체제가 이를 제어할 수 있도록 만든 서비스 시스템

ⓒ SID(Security Identifier)

- Windows 각 사용자나 작업 그룹에 대하여 부여되는 고유한 식별 번호
- 사용자 계정을 처음으로 생성할 때 자동으로 보안 식별자를 할당받게 되며, Windows Server 2019는 권한과 사용 권한을 표현하기 위해 사용자 이름을 표시하지만, 계정에 대한 핵심적인 식별자는 SID이며, 이 때문에 SID는 계정을 생성할 때 같이 생성되는 유일한 식별자
- Access Token이 적용되며, 각 소속 그룹에 대한 SID나 계정에 대한 SID 등 사용자와 관련된 모든 것을 포함하고 있음

The SID for account NEWGENERATION ₩administrator is
S-1-5-21-1801674531-839522115-1708537768-500
　ⓐ　　 ⓑ 　　　　　ⓒ　　　　　　　 ⓓ

ⓐ	S-1	Windows 시스템을 의미
ⓑ	5-21	시스템이 도메인 컨트롤러*이거나 단독 시스템(Stand Alone System)임을 표시
ⓒ	D1-D2-D3	• 시스템의 고유한 숫자. 이 고유한 숫자는 시스템을 설치할 때 시스템의 특성을 수집하여 생성 • 도메인에 가입하면 D1, D2, D3 값이 관리자와 같게 되는데, 그 값을 통해 가입 여부를 확인
ⓓ	RID (Relative IDentifier)	• 사용자별 숫자로 표현되는 고유한 ID(상대 식별자) • 관리자(Administrator)는 500번, Guest 계정은 501번, 일반 사용자는 1000번 이상의 숫자를 가짐

> 📋 도메인 컨트롤러
> (Domain Controller)
> • Windows Server에서 도메인을 관리하는 서버
> • 도메인 내의 공통 정보를 가지는 역할을 수행하며, 도메인당 최소 한 개 이상으로 구성

④ **Windows 패스워드 구조**

㉠ 패스워드 블록구조

- SAM(Security Account Manager)에서 관리
- 패스워드의 길이에 관계없이 8바이트가 하나의 블록
- 7바이트(문자열 저장) + 1바이트(패스워드 블록 정보)
  예 패스워드 'secure12'는 8개의 문자이므로, 2개의 패스워드 블록으로 나누어짐

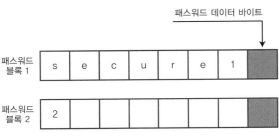

[Windows 패스워드 구조]

㉡ 패스워드 블록구조 취약점

- 하나의 패스워드 블록은 독립적으로 운영됨
- secure12는 2개의 패스워드 블록 secure1, 2로 나누어짐. 즉 [블록1]의 sercure1의 경우는 7개의 문자로 쉽게 크래킹되지 않을 수도 있지만, [블록2]의 2는 패스워드를 1개의 문자로 설정한 것과 같아서 쉽게 크래킹할 수 있음
- 14개 문자 길이의 페스워드를 크래킹하는 것은 7개 문자 길이의 패스워드 크래킹은 7개의 패스워드를 2개 크래킹하는 것과 같음
- Unix/Linux의 경우 패스워드 블록이 없으므로, 1개의 문자가 늘어남에 따라 패스워드 강도는 약 100배 정도 높아짐

• 이러한 구조적 취약점은 공격자가 SAM의 정보를 획득한 경우에만 해당되며, 원격에서 공격자가 공격을 시도할 경우에는 Unix/Linux와 마찬가지로 문자 수에 따라 보안 강도가 높아짐2) Unix/Linux 서버 계정과 패스워드 보호

2) Unix/Linux 서버 계정과 패스워드 보호

① PAM(Pluggable Authentication Module) 패스워드 시스템

- Windows와 달리 Unix/Linux는 PAM에 의하여 계정 정책 제어
- Login, FTP, Telnet 등의 일반적인 서비스 인증설정 가능
- 계정의 로그인 시간과 장소 등을 지정하여 제한설정 가능
- 계정이 사용할 시스템 자원(프로세스 수, 메모리 사용량 등) 제한 가능
- 사전 공격*과 무차별 대입 공격* 예방 가능
- PAM 환경 설정 파일 : /etc/pam.conf

㉠ 구성 요소 및 특징

PAM Module Type	auth	실제적인 인증 기능(패스워드 확인)을 제공하는 모듈
	account	사용자의 시스템 사용 권한을 검사하는 모듈
	passwd	패스워드를 설정하거나 확인하기 위한 모듈
	session	사용자가 인증에 성공했을 때 모듈로 세션을 연결하여 시스템 사용 가능
PAM Module File	pam_cracklib.so	사전적인 단어 또는 특정 단어와 입력된 패스워드를 비교 · 검사하기 위한 모듈
	pam_deny.so	프로그램이나 서비스에 인증이 실패하였음을 알리는 모듈
	pam_group.so	그룹에 대한 관리기능을 제공하는 모듈
PAM Control Flag	required	같은 라인에 명시된 모듈의 성공이 필수적이어야 함
	requisite	PAM 라이브러리가 실패 응답을 받으면 인증절차를 종료하도록 함
	sufficient	성공이라는 응답을 받으면 인증이 완료될 것으로 간주
	optional	모듈의 성공, 실패 응답은 중요하지 않음

㉡ su 명령어 사용 제한

```
/etc/pam.d/su

1 #%PAM-1.0
2 auth          sufficient      pam_rootok.so
3 # Uncomment the following line to implicitly trust users in the "wheel" group.
4 # auth          sufficient      pam_wheel.so trust use_uid
5 # Uncomment the following line to require a user to be in the "wheel" group.
6 # auth          required        pam_wheel.so use_uid
```

1. 6번째 라인 주석 제거(모든 사용자 su 명령 사용 제한, 주석처리 시 모든 사용자 허용)
2. wheel 그룹에 su 명령 허용할 사용자(test) 추가
   #usermod - G wheel test

② Unix/Linux 서버 계정과 패스워드 보호

㉠ 계정 관련 파일

/etc/passwd	사용자 기본 정보 파일(계정명, UID*, GID*, Shell, $HOME)
/etc/shadow	사용자 패스워드의 암호화, 패스워드 정책이 포함된 파일
/etc/group	그룹 기본 정보 파일

★ 사전 공격
(Dictionary Attack)
- 사전에 있는 단어를 입력하여 암호를 알아내거나 해독하는 패스워드 공격기법
- 암호를 알아내기 위해 사전의 단어를 순차적으로 대입

★ 무차별 대입 공격
(Brute Force Attack)
- 특정한 암호를 알아내기 위해 가능한 모든 값을 대입하는 공격기법
- 대부분의 암호화 방식은 이론적으로 무차별 대입 공격에 대해 안전하지 못하며, 충분한 시간이 존재한다면 암호화된 정보를 해독할 수 있음

★ UID(User Identifier)
- 사용자 아이디, 사용자 식별자
- 유닉스 계열에서의 사용자 식별 번호
- 슈퍼 유저(root)의 UID=0
- /etc/passwd 파일에서 확인 가능

★ GID(Group Identifier)
- 그룹 아이디, 그룹 식별자
- 유닉스 계열에서의 그룹 식별 번호
- 슈퍼 유저(root) 그룹의 GID=0
- /etc/passwd, /etc/group 파일에서 확인 가능

/etc/default/useradd	사용자 계정 생성 시 기본 정보를 가지고 있는 파일
/etc/login.defs	사용자 계정 생성 시 전체를 제한하기 위한 설정 파일
/etc/skel	사용자 계정 생성 시 홈 디렉터리에 기본적으로 생성되는 파일이 저장된 디렉터리

ⓛ /etc/passwd 파일의 구조

root	x	0	0	root	/root	/bin/bash
계정명	패스워드	UID	GID	계정 설명	홈 디렉터리 경로	셸 경로(종류)

	0	root
UID, GID	500 이상	일반 사용자(일반 계정 추가 시 500번부터 시작)
	500 이하	시스템 예약

```
[root@localhost ~]# cat /etc/passwd
root:x:0:0:root:/root:/bin/bash
test:x:500:500:test:/home/test:/bin/bash
```

ⓒ /etc/shadow 파일의 구조

root	!@~3Ux1	16551	0	999	7	: :
계정명	암호화된 패스워드	패스워드 변경기간	패스워드 변경 최소일수	패스워드 최대 유효기간	패스워드 만료 경고일	기타

- /etc/shadow 파일의 두 번째 필드는 사용자의 패스워드가 암호화되어 저장
- 형식 : [$Hash 종류][$salt][$Hash 결과]
  [root:6bWUzfiz54MQFmZ3i$OZ4zTWsrCy3uKrGpQQf4MH4KlZZ9enc77PS,p...]

root	사용자 계정명			
$6	Hash 종류	$1	MD5	$5	SHA-256
		$2	Blowfish	$6	SHA-512
$bWUzfiz54MQFmZ3i	• Salt • 동일한 패스워드가 서로 같은 해시 값을 갖지 않도록 사용하는 랜덤 값			
$OZ4zTWsrCy3uKr...	패스워드 + Salt 값을 해싱한 결과 값			

ⓔ 초기 패스워드 생성 정보

```
/etc/login.defs
[다음 라인에 패스워드 초기값 설정]
    PASS_MAX_DAYS       99999
    PASS_MIN_DAYS       0
    PASS_MIN_LEN        5
    PASS_WARN_AGE       7
```

PASS_MAX_DAYS	패스워드 최대 유효기간
PASS_MIN_DAYS	패스워드 변경 최소기간
PASS_MIN_LEN	패스워드 최소 길이
PASS_WARN_AGE	패스워드 만료 경고일

ⓜ 패스워드 복잡성 설정

```
/etc/pam.d/system-auth
[다음 라인에 패스워드 정책 설정]
    password    requisite    pam_pwquality.so try_first_pass local_users_only
    retry=3 difok=3 minlen=8 lcredit=-1 ucredit=-1 dcredit=-1 ocredit=-1
```

retry=3	패스워드 입력 실패 시 재시도 횟수(3번 패스워드 재입력 가능)
difok=3	새로 설정할 패스워드에 기존 패스워드에 있지 않은 문자를 몇 자나 사용해야 하는지 설정(3자 이상 다른 문자로 설정)
minlen=8	최소 패스워드 길이 설정(최소 8자리 이상 설정)
lcredit=−1	최소 소문자 요구 소문자(최소 1자 이상 요구)
ucredit=−1	최소 대문자 요구(대문자 최소 1자 이상 요구)
dcredit=−1	최소 숫자 요구(숫자 최소 1자 이상 요구)
ocredit=−1	최소 특수문자 요구(특수문자 최소 1자 이상 요구)

③ 패스워드(passwd) 명령어 활용

사용자 패스워드 설정 및 변경 등에 사용하는 명령어

㉠ 옵션

− S	패스워드 정보 출력
− l	패스워드 잠금
− u	패스워드 잠금 해제
− d	사용자 패스워드 삭제
− n	패스워드 변경 최소일
− x	패스워드 최대 유효기간
− w	패스워드 만료 경고일
− i	패스워드 만료 후 실제로 로그인이 불가능할 때까지의 기간
− e	패스워드 만료일(다음 접속 시 반드시 패스워드 변경하도록 강제함)

㉡ 패스워드 변경

```
[root 사용자]
[root@localhost ~]# passwd
root 사용자의 비밀 번호 변경 중
새 암호:
새 암호 재입력:
passwd: 모든 인증 토큰이 성공적으로 업데이트 되었습니다.

[일반 사용자]
[test@localhost ~]$ passwd
(현재) UNIX 암호:
새 암호:
새 암호 재입력:
passwd: 모든 인증 토큰이 성공적으로 업데이트 되었습니다.
```

㉢ 패스워드 중지(Lock)/해제(Unlock)

```
[root@localhost ~]# passwd [옵션] [계정명]
[root@localhost ~]# passwd − S test
test PS 2019−10−14 0 99999 7 −1 (비밀번호 설정, SHA512 암호화)
[root@localhost ~]# passwd − l test
test 사용자의 비밀 번호 잠금
passwd: 성공
[root@localhost ~]# passwd −S test
test LK 2019−10−14 0 99999 7 −1 (비밀 번호 잠금)
[root@localhost ~]# passwd − u test
test 사용자의 비밀 번호 잠금 해제 중
passwd: 성공
[root@localhost ~]# passwd −S test
test PS 2019−10−14 0 99999 7 −1 (비밀번호 설정, SHA512 암호화)
```

test	계정명
PS/LK	패스워드가 설정/중지되었다는 것을 의미
2019-10-14	패스워드를 변경한 날짜
0	패스워드 변경 최소일
99999	패스워드 최대 유효기간(99999는 패스워드를 변경하지 않고 계속 사용할 수 있음)
7	패스워드 만료전 경고일
-1	패스워드 만료 후 계정 사용이 불가능하게 되기 전 유효기간(-1은 설정이 안되었다는 것을 의미)

ⓔ 패스워드 삭제

```
[root@localhost ~]# passwd [옵션] [계정명]
[root@localhost ~]# passwd -S test
test PS 2019-10-14 0 99999 7 -1 (비밀번호 설정, SHA512 암호화)
[root@localhost ~]# passwd -d test
test 사용자의 비밀 번호 삭제 중
passwd: 성공
[root@localhost ~]# passwd -S test
test NP 2019-10-14 0 99999 7 -1 (비밀 번호란이 비어 있음)
```

④ 패스워드(chage) 명령어 활용

- 패스워드 정보 변경 명령어
- /etc/shadow의 날짜와 관련된 필드의 설정 명령어

㉠ 옵션

-l	패스워드 정보 출력
-d	최근 패스워드를 변경한 일 수를 변경(/etc/shadow의 3번째 필드)
-m	패스워드 변경 최소일
-M	패스워드 최대 유효기간
-W	패스워드 만료 경고일
-I	패스워드 만료 후 실제로 로그인이 불가능할 때까지의 기간
-E	패스워드 만료일(다음 접속 시 반드시 패스워드 변경하도록 강제함)

㉡ 패스워드 정보 변경

```
[root@localhost ~]# chage [옵션] [계정명]
[root@localhost ~]# chage -l test
마지막으로 암호를 바꾼 날          : 10월 14, 2019
암호 만료                        : 안 함
암호가 비활성화 기간              : 안 함
계정 만료                        : 안 함
암호를 바꿀 수 있는 최소 날 수    : 0
암호를 바꿔야 하는 최대 날 수     : 99999
암호 만료 예고를 하는 날 수       : 7
```

2 파일 시스템 보호

1) Windows 파일 시스템

① FAT(File Allocation Table) 파일 시스템

- MS-DOS, OS/2, MS Windows(ME까지)를 포함한 다양한 운영체제를 위한 파일 시스템
- 마이크로소프트사 독립형 디스크 베이직의 디스크 관리를 위해서 개발
- FAT의 주요 버전은 FAT12, FAT16, FAT32, VFAT, exFAT 등이 있음
- 디지털 카메라의 저장장치, USB 메모리 등에서 많이 사용되고 있음

㉠ 종류 및 특징

FAT	• 1976년 MS사의 빌게이츠에 의하여 구현 • DOS에서부터 사용되고 있는 대표적인 파일 시스템 • 하드디스크 내에 FAT 영역을 생성하여, 파일의 실제 위치 정보 등을 기록하고 사용
FAT12	• 베이직 언어를 지원하기 위하여 개발 • 플로피디스크용
FAT16	• MS-DOS 4.0 이후 하드디스크 지원 • 큰 클러스터에 작은 파일이 들어가게 되어 낭비가 생김 (하드디스크의 용량이 커지면 클러스터의 크기도 커지기 때문에) • 클러스터 $2^{16}=65,536$개
FAT32	• Windows 95에서 2GB 이상의 고용량 하드디스크를 지원하기 위하여 개발 (32GB 까지로 제한) • FAT16 보다 효율적으로 하드디스크 사용 • 클러스터를 4,294,967,000개의 공간으로 나눔 • 클러스터의 크기가 작으므로 하드디스크의 낭비를 줄일 수 있음 • 물리적 드라이브 크기에 따라 클러스터 크기를 다르게 설정

㉡ FAT32 파일 시스템 구조(예약 영역)

[FAT32 파일 시스템 구조(예약 영역)]

BR (Boot Record)	• 파티션의 첫 번째 섹터이며, 예약된 영역의 첫 번째 섹터 • BR은 섹터 1개를 가짐(512 Bytes) • Windows를 부팅시키기 위한 기계어 코드와 FAT 파일 시스템의 여러 설정값이 저장
FSINFO (File System Information)	파일 시스템의 정보를 저장
Boot Record Backup	BR의 정보를 백업하는 섹터
FSINFO Backup	FSINFO의 정보를 백업하는 섹터
Boot Strap	• 부팅에 사용되는 파티션일 경우 수행하는 부분 • 부팅 시 동작해야 할 명령 코드가 들어있는 부분
Reserved Sector	예약된 섹터 공간

ⓒ FAT32 파일 시스템 구조(FAT 영역)

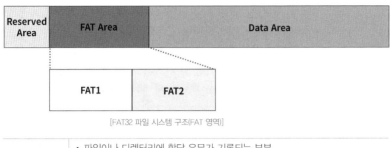

[FAT32 파일 시스템 구조(FAT 영역)]

FAT1	• 파일이나 디렉터리에 할당 유무가 기록되는 부분 • 클러스터 단위로 기록되며, 1개의 클러스터에 대한 사용 유무를 기록하기 위해 4 Bytes 공간 필요
FAT2	• FAT1 영역의 백업 영역 • FAT1의 구조와 동일

ⓓ FAT32 파일 시스템 구조(Data 영역)

• 실제 파티션 안에 만들어지는 데이터인 파일이나 디렉터리가 저장되는 영역
• 데이터 영역의 시작은 Root Directory*가 할당되며, 해당 영역에 대해서는 Directory Entry의 형식으로 기록

★ Root Directory
• 최상위 디렉터리
• 파일이나 디렉터리의 이름, 속성 등을 저장

② NTFS 파일 시스템

• FAT 파일 시스템의 한계점을 개선한 파일 시스템. 즉, FAT32에 대용량 하드디스크 지원, 보안, 압축, 원격 저장소 기능 등을 추가하여 만든 Windows NT 파일 시스템
• 파일 시스템에 대한 트랜잭션을 추적하므로 복구 가능
• 읽기 전용, 숨김, 파일별 암호화, 압축 기능
• Everyone 그룹*에 대하여 모든 권한 허용
• 현재 Windows 파일 시스템의 기본 형태로 사용

★ Everyone 그룹
해당 그룹에 속하는 사용자들에게 모든 권한을 허용하기 위한 그룹

ⓐ 특징

USN 저널 (Update Sequence Number Journel)	• 파일의 모든 변경 내용을 기록하는 로그 • 시스템 오류 발생으로 재부팅될 경우 잘못된 처리 작업을 롤백(Roll Back)
ADS (Alternate Data Stream)	• 파일당 하나의 데이터 스트림을 저장할 수 있도록 지원 • 파일 이름, 소유자, 시간 정보 등을 스트림을 통해 표현, 데이터도 하나의 데이터 스트림으로 표현 • 추가된 ADS는 정보 은닉 용도로 사용될 수 있음
Sparse 파일	파일 데이터가 대부분 0일 경우 실제 데이터는 기록하지 않고 정보만 기록
파일 압축	LZ77의 변형 알고리즘을 사용하여 파일 데이터 압축
EFS (Encryption File System)	파일을 암호화하는 기능으로, 빠른 암호화/복호화를 위해 FEK(File Encryption Key)를 통한 대칭키 방식의 암호화 수행
VSS (Volume Shadow Copy Service)	Windows 2003부터 지원, 새로 덮어 쓰인 파일, 디렉터리의 백업본을 유지하여 USN 저널과 함께 안전한 복구를 지원
Quota	사용자별 디스크 사용량 제한
유니코드 지원	다국어 지원(파일, 디렉터리, 볼륨 이름 모두 유니코드로 저장)
대용량 지원	이론상 ExaByte(2^{64}), 실제로는 약 16TB(2^{44})
동적 배드 클러스터 재할당	• 배드 섹터 발생 클러스터의 데이터를 자동으로 새로운 클러스터로 복사 • 배드 섹터 발생 클러스터는 플래그를 통해 더 이상 사용되지 않도록 함

💾 Cipher 명령어

C:\CIPHER [/E | /D | /C |/K].. [경로 이름 [..]]

/E	지정한 파일 또는 디렉터리를 암호화
/D	지정한 파일 또는 디렉터리를 복호화
/C	암호화된 파일에 정보를 표시
/K	EFS에서 사용할 새로운 인증서 및 키를 생성

ⓛ EFS(Encryption File System)
- CIPHER* 명령을 이용하여 디렉터리(파일)의 암호화 상태를 확인 · 변경 가능
- NTFS 볼륨의 파일과 폴더만 암호화 가능
- 압축된 파일이나 폴더는 암호화 불가
- 파일과 폴더는 암호화하면 압축 불가
- 암호화된 폴더에 파일이 추가되면 데이터는 자동 암호화
- 암호화 파일을 NTFS가 아닌 파일 시스템으로 복사하여 이동하면 복호화
- 암호화 데이터를 읽으면 복호화되기 때문에 네트워크로 전송 시 안전성 보장이 안 됨

ⓒ NTFS 파일 시스템의 구조

파일, 디렉터리 및 메타 데이터를 파일 형태로 관리

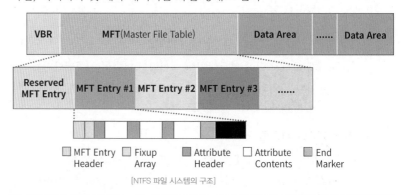

[NTFS 파일 시스템의 구조]

💾 볼륨(Volume)
- 파일 시스템으로 포맷된 하드디스크 상의 저장 영역
- 볼륨에는 드라이브 문자가 할당됨
- 단일 하드디스크에 여러 개의 볼륨이 있을 수 있고, 일부 볼륨은 여러 개의 하드디스크로 스팬될 수 있음

VBR (Volume Boot Record)	• 볼륨* 및 클러스터 크기 • MFT 시작 주소 • 파일 시스템의 메타 데이터 • 추가적인 부트 코드 • 부트 섹터
MFT (Master File Table)	• 볼륨에 존재하는 모든 파일 및 디렉터리에 대한 정보(메타 데이터)를 가진 테이블 • 파일 및 디렉터리 수에 비례한 크기 • 각 파일의 위치, 시간 정보, 크기, 파일 이름 등을 MFT Entry라는 특별한 구조로 저장 • MFT 크기를 초과하여 사용 시 동적으로 클러스터를 추가 할당하여 파일 시스템의 여러 부분이 조각으로 분포 • NTFS 상 모든 MFT Entry의 배열 • 0~15번 MFT Entry는 파일 시스템 생성 시 함께 생성되고 특별한 용도로 사용 • 삭제 영역은 0으로 채움

③ FAT와 NTFS의 비교

구분	FAT	NTFS
장점	• 호환성 우수 • 단순성 • 저용량 볼륨에 최적화	• 대용량 볼륨 지원 • 디스크의 효율적 사용 • 강력한 보안 기능 • 자동 압축 및 안정성 • 향상된 파일 이름 저장 및 파일 길이 지원
단점	• 보안 취약 • 대용량 볼륨에 비효율적	• Windows NT계열 운영체제 외에는 호환 불가 • 저용량 볼륨에서 FAT보다 속도 저하

2) Unix/Linux 파일 시스템

- 리눅스(커널 2.6) 시스템에서는 기본적으로 EXT 파일 시스템을 사용
- 1993년에는 EXT의 단점을 개선한 EXT2를 개발

① 특징

Minix	• 리눅스에서 처음 사용한 파일 시스템 • 파일 시스템당 최대 64MB 지원 • 파일 이름 최대 30자 지원
ext2	• 부트 섹터(Boot Sector)*와 블록 그룹(Block Group)으로 구성(Block Group은 파일) • 파일 시스템 테이블을 정의하기 위하여 시스템 내의 각 파일을 아이노드(I-Node) 자료구조로 표현하며, 모든 정보를 Super Block과 Group Descriptor Table에 저장 • 파일에 들어 있는 데이터는 데이터 블록에 저장되며, 데이터 블록의 크기는 같음 • ext2 파일 시스템의 크기는 mke2fs 명령을 통하여 파일 시스템이 만들어질 때 결정 • 파일 시스템이 손상되었을 때, FSCK(File System Check)를 이용하여 데이터를 복원할 수 있으나, 캐시에 저장된 데이터를 하드디스크에 저장하는 동안 시스템의 다운 등의 문제 발생 시 파일 시스템이 손상됨 • 비정상 종료 시 e2fsck 검사 프로그램 실행 시 검사시간이 오래 걸리며, 다른 작업 수행 불가
ext3	• 커널 2.4 버전부터 지원 • 사용자가 직접 데이터 보호유형과 보호 수준 결정 가능 • ext2 파일 시스템의 검사 시 또는 복구 시 시간이 오래 걸리거나 시스템을 사용하지 못하는 단점을 보완하기 위하여 저널링(Journaling)* 기능 추가 – 데이터의 신뢰성과 작업 능률을 향상시킬 수 있음
ext4	• 64비트 기억공간의 제한을 없애고, ext3 파일 시스템보다 성능을 향상시켰으며, 호환성이 있는 확장 버전 • 1EB(Exabyte) 이상의 볼륨과 16TB(Terabyte) 이상의 파일 지원 • 지연된 할당(Allocate on Flush)* 파일 시스템 기능 지원 • 실제 파일 크기에 기반하여 블록 할당을 결정하고, 향상된 블록 할당이 가능하므로 단편화를 줄이고 성능을 향상시킴

② EXT 파일 시스템 구조

- 부트 섹터(Boot Sector)와 여러 개의 블록 그룹(Block Group)으로 이루어져 있음
- 부트 섹터(Boot Sector)는 부팅에 필요한 정보들이 담겨 있고, 각 블록은 Windows와 같이 클러스터(Cluster)와 비슷한 개념으로, 크기는 1K~4K까지 설정이 가능
- 각 블록 그룹(Block Group)의 기본구조는 아래와 같이 Super Block, Group Descript Table(GDT), Block Bitmap, Inode Bitmap, Inode Table, Data의 구조로 구성되어 있음

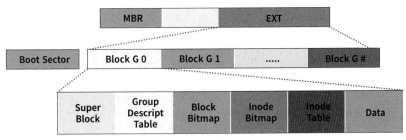

[EXT 파일 시스템 구조]

부트 섹터(Boot Sector)
부팅 프로그램을 저장할 수 있는 하드디스크, 플로피디스크, 또는 비슷한 기억장치의 섹터를 말함

저널링(Journaling)
- 데이터를 하드디스크에 쓰기 전에 로그에 데이터를 남겨, 비정상적 종료에도 FSCK보다 빠르고 안정적인 복구기능을 제공함으로써 백업 및 복구능력이 있는 파일 시스템
- 하드디스크에 있는 인덱스가 갱신되기 전에 관련 내용이 로그에 기록되기 때문에, 정전이나 다른 문제로 인한 인덱스에 이상이 생기더라도 다시 시스템을 재가동하면 운영체제가 로그를 참조하여 인덱스를 재생성 및 복구 가능
- 하드디스크에 적용되는 변화를 로그로 남기기 때문에 전통적인 파일 시스템보다 안전

지연된 할당
(Allocate on Flush)
데이터가 하드디스크에 기록되기 전에 블록을 할당하는 파일 시스템과는 달리 데이터가 하드디스크에 기록되기 전까지 블록 할당을 지연시키며, 실제 파일 크기에 기반하여 블록을 할당함으로써 향상된 블록 할당이 가능하게 되며, 하나의 파일에 대한 블록이 여러 곳으로 분산되는 현상을 막고, 하드디스크 이동을 최소화시킴으로써 성능을 향상시킴

Super Block	• NTFS, FAT의 Boot Record와 유사 • Super Block의 사본은 모든 Block Group의 첫 번째 Block에 저장
Group Description Table	• 총 32byte로 구성되어 있으며, 해당 파일 시스템 내의 모든 블록 그룹에 대한 정보를 저장 • 크기는 가변적(Block Group의 개수가 정해져 있지 않기 때문)
Block / Inode Bitmap	사용 현황을 Bit를 활용하여 Map 형태로 나타낸 것
Inode Table	아이노드와 관련된 정보를 테이블 형태로 나타낸 것

3) EXT 파일 시스템의 비교

구분	ext2	ext3	ext4
최대 볼륨 크기	32TB	32TB	1EB
최대 파일명 길이	255 바이트	255 바이트	255 바이트
최대 파일 크기	2TB	2TB	16TB
최대 파일 수	10^{18}	다양함	40억
타임스탬프 단위	1초	1초	1나노초
저널링	지원하지 않음	지원	지원

3 디스크 및 파일 시스템 관리

1) 유닉스/리눅스 시스템 파일

① 마운트(Mount)*, 언마운트(Umount)

장치나 디렉터리 연결 · 해제 작업 명령어로 시스템 파일이나 하드디스크 추가 · 제거

```
#mount -t [파일 시스템 유형] [장치명] [마운트 포인트]
#mount -t ext4 /dev/sdb1 /mnt
#umount [장치명]
#umount /dev/sdb1
#umount [마운트 포인트]
#umount /mnt
```

② 디스크 용량 확인

```
[파일 시스템 단위 출력]
#df [옵션]
#df -Th
Filesystem                Type      Size   Used   Avail   Use%   Mounted on
/dev/mapper/centos-root   xfs       39G    36G    2.8G    93%    /
devtmpfs                  devtmpfs  894M   0      894M    0%     /dev
tmpfs                     tmpfs     910M   0      910M    0%     /dev/shm
tmpfs                     tmpfs     910M   9.0M   901M    1%     /run

[디렉터리 단위 출력]
#du [옵션]
#du -Th
0       ./test/.mozilla/extensions
0       ./test/.mozilla/plugins
0       ./test/.mozilla
9.1G    ./test
9.1G    .
```

★ 마운트(Mount)
- 파일 시스템 구조 내에 있는 일련의 파일을 사용자나 사용자 그룹이 이용할 수 있도록 하는 것
- 유닉스 환경에서 mount라는 명령은 논리적으로 하드디스크와 디렉터리를 연결하는 것
- 모든 파일 시스템을 마치 그들이 속해 있는 파일 시스템의 서브 디렉터리인 것처럼 사용 가능하게 만듦

소유자, 그룹, 제3자 허가권

r	Read	4
w	Write	2
x	Execute	1

- 3개의 숫자로 표기 가능=777
- chmod 명령으로 허가권 설정 가능

Filesystem	파일 시스템
Type	파일 시스템 종류
Size	사용 가능한 총량
Used	사용된 용량
Avail	사용 가능한 용량
Use%	사용한 %
Mounted on	마운트 포인트(마운트된 디렉터리)

③ 파일 시스템 점검(FSCK & Recovery)

- 강제 재부팅이나 쿨부팅(Cool Booting)* 시 파일 시스템 손상 가능성이 있어 자동복구가 불가능한 경우 수동으로 복구하여야 함
- 검사하고자 하는 파일 시스템은 언마운트 한 후 점검

```
#fsck [옵션] [장치명]
#fsck -a /dev/sdb1 ← 사용자에게 질의하지 않고, 자동적으로 복구(권장하지 않음)

#e2fsck [옵션] [장치명]
#e2fsck -c /dev/sdb1 ← 배드 블록(Bad Block)을 검사
#e2fsck -p /dev/sdb1 ← 파일 시스템을 검사하면서 자동으로 복구
```

④ 쿼터(Quota)

- 디스크 사용량 체크 감시, 사용자나 그룹별 디스크 사용량 제한 설정
- 적절한 사용량 제한으로 DoS 공격 등을 방어 가능

```
#repquota -a
*** Report for user quotas on device /dev/sda1
Block grace time : 7days; Inode grace time: 7days
                    Block limits                    File limits
User    used    soft    hard    grace    used    soft    hard    grace
--------------------------------------------------------------------
root --   50      0       0                 5       0       0
test --   30      0       0                20       0       0
```

Block limits	사용량으로 제한
File limits	파일의 개수로 제한
User	사용자 계정명
used	현재 사용량
soft	현재 설정된 Soft Limit*
hard	현재 설정된 Hard Limit*
grace	Soft Limit에 지정된 용량 초과시 남은 유예 기간 표시

⑤ 허가권(Permission)

리눅스 파일 시스템에서 파일/디렉터리의 접근 권한 설정

```
#chmod [허가권] [파일/디렉터리]
#chmod 777 test.txt
```

파일 형식	소유자 허가권	그룹 허가권	제3자 허가권	소유자명	그룹명
d	rwx	rwx	rwx	root	root
	421	421	421		

■ 쿨부팅(Cool Booting)

Ctrl + Alt + Delete 키가 작동되지 않을 때, 즉 웜부팅이 작동되지 않을 때 사용하는 방법이 리셋이며, 이 리셋 버튼을 누르는 것이 바로 쿨부팅임

■ 파일 형식

-	일반 파일
d	일반 디렉터리
b	블록 장치
c	문자 장치
l	심볼릭 링크

■ umask

- 파일이나 디렉터리 생성 시 자동으로 설정되는 초기 허가권 설정 마스크
- 기본 umask는 022로, 파일 생성 시 644, 디렉터리 생성 시 755의 기본 허가권 부여

■ Soft Limit

- 사용자가 해당 파일 시스템(파티션)에서 사용할 수 있는 전체 디스크 용량(단위 Kbyte)과 파일 수를 의미
- 사용자가 이 수치를 넘을 경우 시스템에서 용량을 초과했다는 경고메시지를 출력

■ Hard Limit

사용자에게 설정된 용량(단위 Kbyte)과 파일 수를 절대 초과할 수 없는 절대치를 설정한 것

⑥ 소유권(Ownership)

리눅스 파일 시스템에서 파일/디렉터리의 소유 권한 설정

```
#chown [소유자명] [파일/디렉터리]
#chown test test.txt

#chgrp [그룹명] [파일/디렉터리]
#chgrp test test.txt
```

⑦ Sticky Bit, SetGID, SetUID

특수 비트	허가권	설명
Sticky Bit	1000	• /tmp 디렉터리가 대표적 • Other 권한의 사용자는 /tmp 디렉터리 안에서 파일에 대한 모든 권한을 사용 가능 • /tmp 디렉터리에 대한 삭제 권한은 root와 소유자만 가짐 • 속성 표시 및 허가권 : rwxrw-r-t → 1765
SetGID	2000	• 파일이 실행될 때만 실행한 그룹에게 소유자 권한을 부여하는 허가권 • 속성 표시 및 허가권 : rw-r-sr-x → 2655
SetUID	4000	• 파일이 실행될 때만 실행한 사용자에게 소유자 권한을 부여하는 허가권 • 속성 표시 및 허가권 : rwsrw-r-- → 4764

```
[root@localhost ~]# ls -l
drwxr-xr-x    2 root root     6  10월 14 16:30 info
-rw-r--r--    1 root root    46  10월 14 16:30 test.txt
[root@localhost ~]# chmod 765 test.txt
drwxr-xr-x    2 root root     6  10월 14 16:30 info
-rwxrw-r-x    1 root root    46  10월 14 16:30 test.txt
[root@localhost ~]# chown test test.txt
[root@localhost ~]# chgrp kisa test.txt
drwxr-xr-x    2 root root     6  10월 14 16:30 info
-rwxrw-r-x    1 test kisa    46  10월 14 16:30 test.txt
[root@localhost ~]# chmod 5765 info
[root@localhost ~]# chgrp kisa test.txt
drwsr-xr-t    2 root root     6  10월 14 16:30 info
-rwxrw-r-x    1 test kisa    46  10월 14 16:30 test.txt
[root@localhost ~]#
```

⑧ 파일 속성 관리

파일에 부여된 속성 변경 및 속성 출력

```
[root@localhost ~]# chattr [옵션] [+/-/=속성] [파일명/디렉터리명]

[root@localhost ~]# lsattr
---------------- ./test
---------------- ./info
---------------- ./test.txt
[root@localhost ~]# lsattr test.txt
---------------- test.txt
[root@localhost ~]# chattr +i test.txt
[root@localhost ~]# lsattr test.txt
----i----------- test.txt
```

옵션	– R	하위 디렉터리까지 변경
	– V	파일 속성을 변경한 다음 내용 출력
	– v	지정된 파일의 버전을 설정
설정 모드	+	속성 추가
	–	속성 제거
	=	원래 파일이 갖고 있던 속성만 유지
속성	A	파일을 액세스할 때 atime이 변경되지 않음
	a	파일에 추가 모드로만 내용을 추가할 수 있음(vi 편집기로는 내용을 추가할 수 없음)
	c	압축된 상태로 저장
	d	dump 명령를 사용하여 백업할 경우 백업받지 않음
	i	파일을 읽기만 가능하게 설정(추가, 삭제, 수정 불가능, root 사용자도 불가능)
	s	파일을 삭제할 경우 디스크 동기화
	S	파일을 변경할 경우 디스크 동기화
	u	파일을 삭제할 경우 그 내용이 저장되며, 삭제하기 전의 데이터로 복구 가능

4 디스크/스토리지 관리

1) RAID(Redundant Array of Independent Disks)

- 여러 개의 디스크를 하나로 묶어 하나의 논리적 디스크로 작동하게 하는 기술
- 중요한 데이터를 가지고 있는 서버에 주로 사용되며, 여러 개의 하드디스크에 동일한 데이터를 다른 위치에 중복해서 저장하는 방법
- 데이터를 여러 대의 디스크에 저장함에 따라 입출력 작업이 균형을 이루며, 겹치게 되어 전체적인 성능이 개선되며, 여러 대의 디스크는 MTBF*를 증가시키기 때문에 데이터를 중복해서 저장하면 고장에 대비하는 능력도 향상됨

MTBF(Mean Time Between Failure)
- 평균 고장 시간 간격
- MTBF = MTTR + MTTF

MTTR (Mean Time To Repair)
- 평균 수리 시간
- 평균적으로 걸리는 수리시간

2) 구성 방식

하드웨어적인 방법	• 별도의 어댑터 카드나 메인보드 속 내장 칩을 통해 RAID를 구성하는 방식 • 하드웨어적인 방법으로 RAID를 구성할 경우 운영체제에 하나의 디스크처럼 보이게 함
소프트웨어적인 방법	• 주로 운영체제 안에서 구현되며, 사용자에게 디스크를 하나의 디스크처럼 보이게 함 • 운영체제는 여러 개의 디스크로 인식 • 하드웨어적 구성에 비해 성능향상 적고, 안정성이 떨어짐

MTTF (Mean Time to Failure)
- 평균 고장 시간
- 평균 고장 시간으로 첫 사용부터 고장 시간까지를 의미

① RAID 0

- 빠른 데이터의 입출력을 위해 스트라이핑(Striping)*을 사용
- 하나의 디스크에 오류가 발생하면 데이터를 잃어버릴 수 있음

최소 HDD 개수	2
최대 용량	디스크 수 x 디스크의 용량
장점	• 빠른 입출력 • 디스크 N개로 구성할 경우 N개의 디스크 용량을 사용할 수 있음
단점	안정성이 낮음

스트라이핑(Striping)
- 성능을 향상하기 위해 데이터를 1개 이상의 디스크 드라이브에 저장하여 드라이브를 병렬로 사용할 수 있는 기술
- 즉, 논리적으로 연속된 데이터들이 물리적으로 여러 개의 디스크 드라이브에 나뉘어 기록될 수 있는 기술

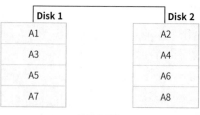

[RAID 0 구조]

② RAID 1

미러링(Mirroring)
- 같은 데이터를 2개의 디스크에 저장하여 복사본을 만드는 기술
- 1개의 디스크에 장애가 발생해도, 나머지 다른 디스크의 데이터는 손상되지 않아 데이터를 보호할 수 있고, 그 데이터로 복구할 수 있음

- 두 개 이상의 디스크를 미러링(Mirroring)*을 통해 하나의 디스크처럼 사용하는 것
- 완전히 동일하게 데이터를 복제하기 때문에 사용량이 절반밖에 되지 않음
- 하나의 디스크에 오류가 발생하면 미러링된 디스크를 통해 복구가 가능

최소 HDD 개수	2
최대 용량	디스크의 용량
장점	• 안정성 높음 • 일반적인 구성 대비 읽기 성능에서 조금 향상된 성능
단점	전체 디스크 용량에서 사용 가능한 용량은 절반이 됨. 즉, 높은 비용

	Disk 1		Disk 2
	A1		A1
	A2		A2
	A3		A3
	A4		A4

[RAID 1 구조]

③ RAID 2

해밍 코드 (Hamming Code)
- 이진 선형 블록 오류 정정 부호의 일종
- 1950년에 미국의 Bell 연구소의 Richard Hamming에 의해 고안되었으며, 데이터 전송 또는 메모리 접근 등의 경우 최대 2비트 오류를 감지하거나, 1비트 오류를 수정할 수 있음

- 오류 정정을 위해 해밍 코드(Hamming Code)*를 사용하는 방식. 비트 단위에 해밍 코드를 적용
- 최근 디스크 드라이브가 기본적으로 오류 검출 기능이 있으므로 거의 사용하지 않음

장점	하나의 디스크에 오류가 발생해도 ECC(Error Correction Code)*를 이용하여 정상적으로 작동
단점	추가적인 연산이 필요하여 입출력 속도가 매우 떨어짐

ECC(Error Correct Code)
- 읽기, 쓰기, 저장, 전송 또는 처리 중에 발생하는 데이터 손상을 자동으로 감지하고 수정
- 이 기술은 보다 완벽하고, 안전한 데이터 전송을 보장

패리티(Parity)
- 미러링보다 저렴하게 디스크의 데이터를 보호하기 위한 기술
- 손상된 데이터를 복구하기 위하여 패리티를 저장할 디스크 드라이브 1개를 추가하는 것. 패리티는 별도의 전용 디스크에 저장하거나, 모든 디스크에 분산하여 저장할 수 있음
- 패리티 계산은 XOR 비트 연산을 사용

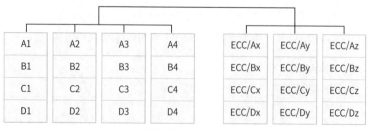

[RAID 2 구조]

④ RAID 3/RAID 4

- 하나의 디스크를 패리티(Parity)*정보를 위해 사용하고, 나머지 디스크에 데이터를 균등하게 분산 저장하는 방식
- 읽기 성능은 RAID 0과 비슷하나, 쓰기는 패리티 처리로 인해 일부 성능 저하
- 하나의 디스크에 오류가 발생하면 패리티 디스크를 통해 복구 가능

- RAID 4는 RAID 3과 같으나, 블록 단위로 분산 저장하는 차이가 있으며, 모든 블록이 각 디스크에 균등하게 저장되지 않음
- 병목 현상이 발생하면 성능 저하가 발생할 수 있음

최소 HDD 개수	3
최대 용량	(디스크의 수 − 1) x 디스크의 용량
장점	• 1개의 디스크에 오류가 발생하면 복구 가능 • RAID 0 대비 높아진 안정성 • RAID 1 대비 뛰어난 성능
단점	• 2개의 디스크에 오류가 발생하면 복구 불가능 • 패리티 디스크에 오류(Fail)가 발생하면 복구 불가능 • 패리티 전용 디스크에 부하가 걸리면 전체적인 성능이 저하됨 • 읽기보다는 쓰기에서 성능이 저하됨

Disk 1	Disk 2	Disk 3	Disk 4
A1	A2	A3	Aparity
B1	B2	B3	Bparity
C1	C2	C3	Cparity
D1	D2	D3	Dparity

[RAID 3/4 구조]

⑤ RAID 5

- 3개 이상의 디스크를 사용하여 하나의 디스크처럼 사용하고, 각각의 디스크에 패리티 정보를 가지고 있는 방식
- 하나의 디스크에 오류가 발생해도 다른 두 개의 디스크를 통해 복구할 수 있음
- 패리티 디스크를 별도로 사용하지 않으므로 병목 현상이 발생하지 않음

최소 HDD 개수	3
최대 용량	(디스크의 수 − 1) x 디스크의 용량
장점	• RAID 4 대비 병목 현상을 줄임 • 안정성과 성능 등 모든 부분에서 뛰어나 실제로 가장 많이 사용되는 레벨
단점	• 2개의 디스크에 오류가 발생하면 복구 불가능 • 디스크 재구성(Rebuild)이 매우 느림 • 쓰기 성능은 패리티 정보를 끊임없이 갱신해야 하므로 우수하다고 할 수는 없음

Disk 1	Disk 2	Disk 3	Disk 4
A1	A2	A3	Aparity
B1	B2	Bparity	B3
C1	Cparity	C2	C3
Dparity	D1	D2	D3

[RAID 5 구조]

⑥ RAID 6

- 하나의 패리티를 두 개의 디스크에 분산 저장하는 방식
- 패리티를 이중으로 저장하기 때문에 두 개의 디스크에 오류가 발생해도 복구가 가능
- 쓰기 속도는 패리티를 10번 쓰기 때문에 느려질 수 있지만, 안정성은 높아짐

최소 HDD 개수	3
최대 용량	(디스크의 수 – 2) x 디스크의 용량
장점	2개의 디스크에 오류가 있어도 복구 가능
단점	• 쓰기 성능은 패리티를 여러 번 갱신해야 하므로 RAID 5보다 매우 떨어짐 • 디스크를 재구성하는 동안에 성능이 매우 떨어질 수 있음

	Disk 1	Disk 2	Disk 3	Disk 4
	A1	A2	Aparity1	Aparity2
	B1	Bparity1	Bparity2	B2
	Cparity1	Cparity2	C1	C2
	Dparity2	D1	D2	Dparity1

[RAID 6 구조]

⑦ **RAID 0+1**

- RAID 0와 RAID 1을 결합하는 방식
- 최소 4개 이상의 디스크에서 먼저 2개씩 RAID 0(스트라이핑)으로 묶고, 이 것을 다시 RAID 1(미러링)으로 결합하는 방식

최소 HDD 개수	4
최대 용량	디스크의 수 / RAID 0으로 묶은 디스크 개수 x 디스크의 용량
장점	• RAID 0의 속도와 RAID 1의 안정성이라는 각 장점을 합침 • RAID 10에 비해 기술적으로 단순
단점	• RAID 10에 비해 확률적으로 안정성이 떨어짐 • 복구 시간이 오래 걸림

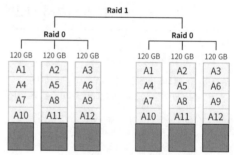

[RAID 0+1 구조]

⑧ **RAID 10**

- RAID 0+1과 비슷하지만, 먼저 2개를 RAID 1(스트라이핑)로 묶고, 이후에 RAID 0(미러링)으로 결합하는 방식
- 4개의 디스크를 사용하는 경우 RAID 0+1과 비슷해 보임. 그러나, 만약 6개 의 디스크를 사용하면 RAID 0+1은 3개의 디스크를 먼저 스트라이핑으로 묶 고, 미러링을 하므로 2개의 그룹으로 나누어짐. RAID 10은 2개의 디스크씩 미러링한 후 스트라이핑하므로 3개의 그룹으로 나누어짐
- 복구 시 RAID 0+1은 다른 그룹에게 전체 복사를 해야 하지만, RAID 10은 하나의 디스크만 복제를 해도 됨

최소 HDD 갯수	4
최대 용량	디스크의 수 / RAID 1로 묶은 디스크 개수 x 디스크의 용량
장점	• RAID 0의 속도와 RAID 1의 안정성이라는 각 장점을 결합 • RAID 0+1에 비해 디스크 장애 발생 시 복구가 쉬움
단점	기술적으로 복잡

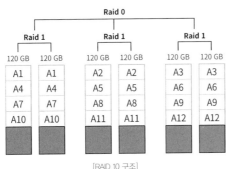

[RAID 10 구조]

5 서버의 접근통제

1) Windows 서버의 접근통제

- Administrator 권한을 수행하여 접근을 통제하며 응용 프로그램이나 폴더별, 사용자와 그룹별 접근통제 가능
- Windows NT 이상 시스템에서 시스템 이벤트 로그 정보 기록 방법 : 시스템 이벤트에는 시스템, 애플리케이션, 보안 이벤트가 있는데 보안 이벤트는 디폴트로 설정이 되어 있지 않기 때문에 관리자가 설정해야만 로그를 기록
- IPSec : [시작] → [Windows 관리 도구] → [로컬 보안 정책] → [IP 보안 정책]

2) Unix/Linux 서버의 접근통제

① iptables

- 리눅스 서버를 보호하기 위하여 패킷 필터링을 이용함으로써 기본적인 방화벽을 구성할 수 있으며, 커널의 패킷 필터링 테이블에 필터링 규칙을 삽입하거나 삭제하는 도구
- 넷필터(netfilter)* 프로젝트에서 개발했으며, 광범위한 프로토콜 상태 추적, 패킷 애플리케이션 계층 검사, 속도 제한, 필터링 정책을 명시하기 위한 강력한 메커니즘 제공
- iptables를 사용하기 위해서는 netfilter를 가지고 있는 커널이 필요하며, netfilter는 2.3.15 이상의 리눅스 커널에 포함되어 있고, 커널설정에서 config_netfilter에 'Y'로 지정하고 컴파일한 커널이어야 사용 가능

> ⭐ 넷필터(netfilter)
> iptables가 방화벽 기능을 구현할 수 있게 프레임워크를 제공하는 것

㉠ 기능

상태 추적 (Stateful Inspection)	• 방화벽을 통과하는 모든 패킷에 대한 상태를 추적하여 메모리에 기억 • 기존의 연결을 가장하여 접근할 경우 메모리에 저장된 목록과 비교하여 차단하는 지능화된 공격 차단 기능
향상된 매칭	• 방화벽의 기본적인 매칭 정보인 패킷의 IP 주소와 포트 번호뿐만 아니라 추가적으로 다양한 매칭 기능 제공 • 현재의 연결 상태, 포트 목록, 하드웨어 MAC 주소, 패킷 전송자의 사용자나 그룹 프로세스, IP 헤더의 ToS 등 여러 가지 조건을 이용한 세부적인 필터링 가능
포트 포워딩 (Port Forwarding)	• NAT 기능을 자체적으로 포함하고 있어 사용 가능 • 브리지 등의 다양한 네트워크 구조를 지원하여 원하는 방식대로 네트워크 구성

서버 벤더

서버를 직접 생산하거나 납품을 대행하는 유통회사

SELinux
(Security Enhanced Linux)

- 미 국가보안국(U.S. National Security Agency)이 오픈소스 커뮤니티에 릴리즈한 Linux의 보안 강화 버전(코드 포함)으로, 리눅스 보안 모듈 구조체를 이용하여 리눅스 커널에 강제적 접근 통제(MAC)를 구현하는 것
- Fedora Core3부터 기본으로 적용되기 시작하였고, 현재 대부분의 최신 리눅스 배포판에서 지원되고 있음
- 매우 상세한 설정을 포함하여 시스템이 개별 사용자, 프로세스, 데몬에 허용할 것인지를 잠재적으로 제어
- 일반적으로 사용자 프로세스는 주로 SELinux에 제한되지 않는 영역에서 실행되지만, 리눅스 접근 권한에 제한받음

패키지(Package)

- 어떤 작업을 하기 위해 필요한 응용 소프트웨어 또는 일련의 컴퓨터 프로그램들을 지칭
- 완전한 멀티미디어 전송 시스템을 구성하는 컴퓨터 하드웨어와 소프트웨어의 조합
- 미디어, 인쇄물, 그리고 포장 등 제품을 전송하기 위해 필요한 일체의 것을 의미

Section 02 보안 관리

1 운영체제 설치

1) 운영체제 설치 시 고려사항

고려사항	설명
서버 벤더 선정	HP, DELL, IBM, 국산 서버
기억장치 용량	메모리(RAM), 하드디스크 종류(SATA, 구동 드라이버)
IP 주소 정보	IP 주소, Subnet, Gateway, DNS 정보
랜카드 종류	최신 랜카드 구동 드라이버 준비
운영체제	최신의 안정화된 버전 사용(Windows 2019)
파티션 정보	서버 용도, 백업 등을 고려한 파티션 설정 정보

2) 운영체제 설치에 따른 보안정책 수립

고려사항	설명
서버 용도	웹서버인지 DB 서버인지 혹은 미디어 서버인지 등 서버의 용도 중요
파티션 용량	로그와 메일, 응용 프로그램이 많이 저장되는 파티션은 충분히 할당
방화벽 사용 유무	Windows 기본 방화벽, IPSec, 리눅스 iptables, SELinux*
패키지 선택	기본 설치 외에 어떠한 패키지*를 선택할 것인지 결정

2 시스템 최적화

1) Windows 시스템

① 프로세스 종류

csrss.exe	Client/Server Runtime SubSystem의 약자로서, Windows 콘솔을 관장하고 스레드를 생성/삭제하며, 16bit 가상 MS-DOS 모드를 지원
lsass.exe	Local Security Authentication Subsystem Server의 약자로서, Winlogon 서비스에 필요한 인증 프로세스를 담당. 이 과정은 Msgina.dll과 같은 인증 패키지를 이용하여 이루어짐
mstask.exe	작업 스케줄러 서비스
smss.exe	• Session Manager SubSystem의 약자로서, 사용자 세션을 시작하는 기능을 담당. 이 프로세스는 시스템 스레드에 의해 실행되며, Winlogon Win32(csrss.exe)를 구동시키고 시스템 변수를 설정 • 이러한 과정이 끝나면 Smss는 Winlogon이나 Csrss가 끝나기를 기다려 정상적인 Winlogon/Csrss 종료 시 시스템을 종료시키며, 비정상적인 Win logon/Csrss 종료 시 시스템이 멈추는 상태가 됨(System Hang)
svchost.exe	DLL로부터 실행되는 다른 프로세스들의 host 역할을 해 줌. 따라서 작업관리자의 프로세스 창에는 하나 이상의 svchost.exe가 존재할 수 있음
services.exe	Service Control Manager로서, 시스템 서비스를 시작/정지시키고, 상호작용하는 기능을 수행
system	대부분의 커널 모드 스레드들의 시작점이 되는 프로세스
winlogon.exe	• 사용자 로그인/로그 오프를 담당하는 프로세스 • Windows의 시작/종료 시에 활성화되며, 또한 Ctrl + Alt + Delete 키를 눌렀을 경우에도 활성화됨
taskmgr.exe	작업관리자 자신
winmgmt.exe	클라이언트 관리의 핵심 요소

② 시스템 최적화

Windows 서버의 불필요한 서비스 비활성화	• [시작] → [Windows 관리 도구] → [서비스] → 실행 • 필요한 서비스를 비활성화하지 않도록 주의
Windows 성능 모니터링	[시작] → [Windows 관리 도구] → [컴퓨터 관리] → 성능

2) 유닉스/리눅스 시스템 최적화

① 최적화 자원

중앙처리장치(CPU), 기억장치(Memory), 디스크(Disk), 네트워크 입출력 (Network I/O)

② 시스템 최적화 모니터링

㉠ CPU 점검

• top : CPU, Memory, Swap에 대한 전체적인 모니터링

```
[root@localhost~]# top
top – 20:51:28 up 44 min,  3 users,  load average: 0.00, 0.01, 0.05
Tasks: 189 total,   1 running, 188 sleeping,   0 stopped,   0 zombie
%Cpu(s):  2.8 us,  1.8 sy,  0.0 ni, 95.4 id,  0.0 wa,  0.0 hi,  0.0 si,  0.0 st
KiB Mem :  1863208 total,   566288 free,   749376 used,   547544 buff/cache
KiB Swap:  2097148 total,  2097148 free,       0 used.   899004 avail Mem
  PID  USER   PR  NI    VIRT    RES    SHR  S  %CPU  %MEM    TIME+    COMMAND
 1364  root   20   0  288720  31648  10452  S   3.7   1.7   0:09.80   X
 2511  root   20   0  747132  27196  16656  S   3.3   1.5   0:03.46   gnome-term+
 1964  root   20   0 1917592 196772  50980  S   1.0  10.6   0:25.83   gnome-shell
  698  root   20   0    6472    652    544  S   0.0   0.0   0:00.26   rngd
```

• ps : 프로세스 상태 모니터링

```
[root@localhost~]# ps –ef
 USER  PID  %CPU  %MEM    VSZ   RSS  TTY  STAT  START  TIME     COMMAND
 root    1   0.0   0.3  127972  6736   ?   Ss   20:06  0:30  /usr/lib/systemd —switchd
 root    2   0.0   0.0      0     0   ?   S    20:06  0:00  [kthreadd]
 root    3   0.0   0.0      0     0   ?   S    20:06  0:00  [ksoftirqd/0]
 root    5   0.0   0.0      0     0   ?   S<   20:06  0:00  [kworker/0:0H]
```

• pstree : 프로세스 연결 구조를 트리 구조로 보여줌

```
[root@localhost~]# pstree
systemd – + –ModemManager– – – 2*[{ModemManager}]
         |–NetworkManager – + –dhclient
         |                   '–2*[{NetworkManager}]
         |–VGAuthService
         |–2*[abrt–watch–log]
         |–abrtd
         |–accounts–daemon– – – 2*[{accounts–daemon}]
```

• 좀비(Zombie) 프로세스 찾기(개수)

```
[root@localhost~]      # top –b | grep zombie
Tasks: 191 total,   1 running,   190 sleeping,   0 stopped,   0 zombie
Tasks: 190 total,   1 running,   189 sleeping,   0 stopped,   0 zombie
Tasks: 190 total,   2 running,   188 sleeping,   0 stopped,   0 zombie

[root@localhost~]# ps –ef | grep defunct | grep –v grep | wc –l
0
```

• 좀비(Zombie) 프로세스 모두 죽이기(Kill)

```
[root@localhost~]# ps –ef | grep defunct | awk '{print $3}' | xargs kill –9
```

CPU 점검	• top : CPU, Memory, Swap*에 대한 전체적인 모니터링 • ps : 프로세스 상태 모니터링 • pstree : 프로세스 연결 구조를 트리 구조*로 보여줌
메모리 점검	• free : 메모리 용량 확인 • vmstat : 가상 메모리(Virtual Memory)* 통계 확인
하드디스크 점검	• df : 파일 시스템의 용량 확인 • du : 지정된 디렉터리의 하드디스크 사용량 확인 • iostat : 하드디스크의 I/O 관련 명령어
네트워크 점검	• netstat : 네트워크 상태를 확인 • ping : 호스트에 IP 데이터그램 도달 여부를 확인하기 위한 프로그램 • traceroute : 네트워크를 통한 목적지까지의 경로 정보를 보여주는 프로그램 • tcpdump : 네트워크를 통하여 송수신되는 패킷을 캡처하는 프로그램

③ Unix/Linux의 불필요한 패키지 삭제

패키지 목록	설명
anacron	• 시간에 따라 지정한 프로그램을 정기적으로 실행시켜 주는 프로그램 • cron과 유사하지만 지속적으로 동작하지 않음
apmd	• 전원 관리 데몬 • 서버는 24시간, 365일 지원(가용성)
at	• 스케줄링을 위한 데몬 • 보안 취약성 논란이 되기도 함
dhcpd	• 동적 주소할당 서버데몬 • 대부분 서버에서 사용하지 않음
dosfdtools	MS-DOS FAT 파일 시스템 체크 시 사용하는 유틸리티
eject	CD-ROM이나 플로피디스크를 제어하는 유틸리티
metamail	텍스트나 멀티미디어 출력 방법을 결정하는 프로그램
ksymoops	커널에 문제 발생 시 오류 메시지를 디코딩하는 유틸리티

3) 유닉스/리눅스 스케줄링

① cron

특정 시간/주기에 어떤 작업을 수행하는, 즉 예약(반복/비반복) 작업(Job)을
실행시켜 주는 주체

㉠ 표현식

• 아래와 같은 포맷(6개 필드)으로 crontab에 등록할 작업을 기술
• 요일은 0: 일요일 ~ 6: 토요일(7: 일요일 가능)

*	*	*	*	*	Command
분	시	일	월	요일	실행 명령
0~59	0~23	1~31	1~12	0~6	cron.sh

<div class="sidebar">

✿ 스왑(Swap)

• 물리적 메모리(RAM)의 용량이 가득 차게될 경우 사용되는 여유 공간. 즉, 시스템이 처리하고 있는 데이터를 저장할 RAM이 충분하지 않을 때 스왑 공간에 데이터를 기록
• 소량의 RAM을 사용하는 시스템에서는 도움이 되지만, RAM에 대한 대체로 여겨서는 안 됨. 하드디스크에 위치하기 때문에 물리적 메모리에 접근하는 것보다 접근 속도가 훨씬 느림
• 스왑 크기는 일반적으로 사용자의 컴퓨터 RAM 용량의 두 배정도로 함

✿ 트리(Tree) 구조

나뭇가지 형태로 계층화되어 있는 구조

✿ 가상 메모리
(Virtual Memory)

• RAM을 관리하는 방법의 하나로, 각 프로그램에 실제 메모리 주소가 아닌 가상의 메모리 주소를 주는 방식
• 멀티태스킹 운영체제에서 흔히 사용되며, 실제 주기억장치보다 큰 메모리 영역을 제공하는 방식으로 사용

</div>

ⓛ 표현식 예제

- 1분마다 cron.sh를 실행(한 시간에 60번 실행)
  [* * * * * /home/cron.sh]
- 1시 0분부터 30분까지 매분 cron.sh를 실행(한 시간에 30번 실행)
  [0~30 1 * * * /home/cron.sh]
- 10분마다 cron.sh를 실행(한 시간에 6번 실행)
  [*/10 * * * * /home/cron.sh]
- 매시 15분과 45분에 cron.sh를 실행(한 시간에 2번 실행)
  [15,45 * * * * /home/cron.sh]
- 매시 30분에 cron.sh를 실행(한 시간에 1번, 하루에 24번 실행)
  [30 * * * * /home/cron.sh]
- 6시간 간격으로 cron.sh를 실행(하루에 4번 실행, 00:30, 06:30, 12:30, 18:30)
  [30 */6 * * * /home/cron.sh]
- 매일 새벽 1시 20분에 cron.sh를 실행(하루에 한 번 실행)
  [20 1 * * * /home/cron.sh]
- 매주 월요일 새벽 3시 10분에 cron.sh를 실행(일주일에 한 번 실행)
  [10 3 * * 1 /home/cron.sh]
- 매월 1일 새벽 3시 30분에 cron.sh를 실행(1달에 한 번 실행)
  [30 3 1 * * /home/cron.sh]

ⓒ 표현식 옵션

?	• '일', '요일'에서만 사용 가능 • 조건 없음
*	• 모든 조건에서 참 • 시작시간/단위 　예 0/5 : 해당 시작시간(0)부터 해당 단위(5)일 때 참 • 시작범위~끝범위 　예 3~5 : 3에서 5까지 조건(3, 4, 5)일 때 참 • x, y, z, … 　예 1, 3, 5 : 1, 3, 5일 때만 참
L	• '일', '요일'에서만 사용 가능 • '일'에서 사용하면 : 마지막 날짜 　예 L : 1월이라면 31일, 2월이라면 윤년에 따라 28 혹은 29일, 4월이라면 30일에 참 • '요일'에서 사용하면 : 마지막 해당 요일 　예 6L : 6은 토요일. 즉, 마지막 토요일에 참. 그러나 마지막 주에 토요일이 없다면 그 　　　전 주 토요일에 참
W	'일'에서만 사용 가능 : 가장 가까운 평일(월~금)을 찾음 　예 15W 　　－ 15일이 월~금 범위라면 해당 날짜에서 참 　　－ 15일이 토요일이라면 가장 가까운 금요일인 14일에 참 　　－ 15일이 일요일이라면 가장 가까운 월요일인 16일에 참
#	'요일'에서만 사용 가능 　예 3#2 : '수요일#2번째 주'라는 의미이므로 2번째 주의 수요일에 참

② crontab 옵션

－ l	crontab에 등록된 작업목록 출력
－ e	crontab 편집
－ r	crontab에 등록된 작업목록을 모두 삭제

[root@localhost ~]# crontab －l
10 21 * * * /home/cron.sh

3 시스템 로그 설정과 관리

1) Windows 시스템 로그

📌 이벤트 뷰어
(Event Viewer)

Windows NT계열 운영체제의 구성 요소이며, 관리자와 사용자가 로컬 컴퓨터나 원격 컴퓨터의 이벤트 로그를 볼 수 있게 함

- 이벤트 뷰어(Event Viewer)*를 통하여 응용 프로그램, 보안, 시스템, DNS 서버, 익스플로러 등 각종 이벤트에 대한 로그 확인 · 분석 가능
- 이벤트 뷰어를 이용하여 로그 분석을 수행할 수 있으나, 다량의 로그 분석을 위해서는 이벤트 ID를 기반으로 로그 분석 수행 가능
- 중앙집중화된 로그를 수집하여 저장하기 때문에 관리가 쉽지만, 공격자가 하나의 로그 파일만 삭제하면 로그 기록 전체가 삭제되어 위험성도 큼

① 응용 프로그램 로그(AppEvent.evt/Application.evtx)

응용 프로그램 실행 중 이벤트가 발생할 때 저장되는 로그

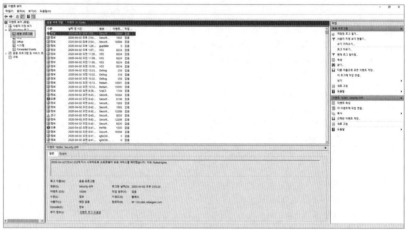

[응용 프로그램 로그]

② 시스템 로그(SysEvent.evt/System.evtx)

Windows 시스템 운영 중에 발생한 충돌이나 오류 등이 저장되는 로그

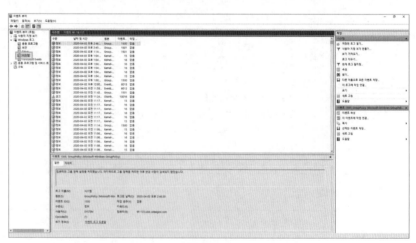

[시스템 로그]

③ 보안 로그(SecEvent.evt/Security.evtx)

- Windows 보안과 관련된 정보가 저장되는 로그
- 사용자가 지정된 특정 작업을 수행할 때마다 기록
- 성공한 작업과 실패한 작업을 모두 감사할 수 있음
- 보안 로그는 감사 정책이 설정되어야만 기록하기 때문에 초기 상태에서는 기록하지 않음

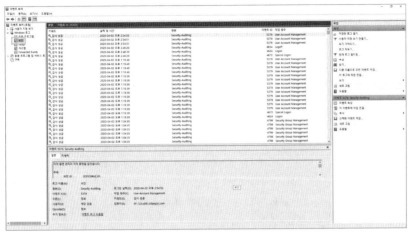

[보안 로그]

④ 기본 로그 파일 저장 경로

응용 프로그램 로그	• 응용 프로그램에서 기록한 이벤트 기록 기본 로그저장 경로 　- C:\Windows\system32\config\AppEvent.evt • [Windows Vista 이상] 기본 로그저장 경로 　- C:\Windows\system32\winevt\logs\application.evtx
보안 로그	• 파일이나 다른 개체 생성, 열기, 삭제 등 자원 사용과 관련된 이벤트 • 정상적인 로그인 시도 및 비정상적인 로그인 시도와 같은 이벤트 기록 • 기본 로그저장 경로 　- C:\Windows\system32\config\SecEvent.evt • [Windows Vista 이상] 기본 로그저장 경로 　- C:\Windows\system32\winevt\logs\security.evtx
시스템 로그	• Windows 시스템 구성요소가 기록한 이벤트 • 시스템 구성요소가 기록하는 이벤트 유형은 Windows 시스템에서 미리 정해짐 • 기본 로그저장 경로 　- C:\Windows\system32\config\SysEvent.evt • [Windows Vista 이상] 기본 로그 저장 경로 　- C:\Windows\system32\winevt\logs\system.evtx
설치 로그	• 애플리케이션 설치 시 발생하는 이벤트 • 프로그램이 잘 설치되었는지, 호환성 문제가 일어나지 않는지를 기록 • [Windows Vista 이상] 기본 로그 저장 경로 　- C:\Windows\system32\winevt\logs\setup.evtx

NIS(Network Information Service)
- SUN Microsystems의 클라이언트/서버 디렉터리 서비스 프로토콜
- 네트워크의 컴퓨터들 사이에 있는 사용자와 호스트 이름과 같은 시스템 구성 데이터를 여러 곳에 제공
- 중요한 시스템 데이터베이스 파일들을 네트워크를 통하여 공유함으로써, 관리자와 사용자들에게 일관성 있는 시스템 환경을 제공하며 NIS+는 보안 및 편의 기능들을 추가한 버전

NFS (Network File System)
- Sun Microsystems사가 개발한 새로운 파일 시스템
- 로컬 시스템이 아닌 네트워크 환경에서 다른 시스템의 파일 시스템을 공유할 수 있도록 해 줌

⑤ 이벤트 로그 데이터

- Windows 이벤트 로그는 Windows Vista를 전후로 부분적 차이점 존재
- Vista 이전에는 EVT라는 확장자가 사용되고, Vista부터 EVTX라는 확장자로 이벤트 파일 생성
- EVT 확장자의 시간은 유닉스 32비트 헥스 타임(Unix 32bit Hex Time)/리틀엔디안(Little-Endian)으로 기록되면, EVTX 확장자의 시간 윈도우 64비트 타임/리틀엔디안으로 기록

㉠ EVT 데이터

속성	설명
Record Number	기록된 이벤트 번호
Time Generated	이벤트 기록 시간
Event ID	특별한 이벤트 유형을 식별하는 값
Event Type	• 이벤트의 심각도를 분류하여 나타냄 • 분류 : 정보(Information), 경고(Warning), 오류(Error), 심각(Critical), 성공 감사(Success Audit) 실패 감사(Failure Audit)로 구분
Event Category	이벤트 카테고리
Event Source	이벤트를 기록한 소프트웨어(이벤트가 일어난 프로세스)
Computer	컴퓨터 이름
Strings	설명에 사용된 문자열

㉡ EVTX 데이터

속성	설명
Source	이벤트를 기록한 소프트웨어(이벤트가 일어난 프로세스)
Event ID	특별한 이벤트 유형을 식별하는 값
Level	• 이벤트의 심각도를 분류하여 나타냄 • 분류 : 정보(Information), 경고(Warning), 오류(Error), 심각(Critical), 성공 감사(Success Audit) 실패 감사(Failure Audit)로 구분
User	이벤트 발생에 대한 사용자의 이름
Operational Code	응용 프로그램에서 이벤트가 발생했을 때 활동이나 시점을 식별하는 숫자 값을 포함
Log	이벤트가 기록된 로그의 이름
Task Category	이벤트 게시자의 하위 구성요소 또는 활동을 표현하는 데 사용
Keywords	이벤트를 검색하거나 필터링하는 데 사용할 수 있는 범주 또는 태그의 집합 예 "네트워크", "보안", "리소스를 찾을 수 없습니다."
Computer	이벤트가 발생하는 컴퓨터의 이름
Date and Time	이벤트가 기록된 날짜와 시간
Process ID	이벤트를 생성하는 과정에 대한 식별번호
Thread ID	이벤트 생성 스레드의 식별번호

2) Unix/Linux 시스템 로그

messages	• 로그 파일 중 장치, 네트워크, 부팅 등의 가장 다양한 정보 기록 • syslog* 계열의 로그이며, 콘솔상의 화면에 출력되는 메시지 기록 • su 실패에 대한 로그, 특정 데몬이 비활성화된 로그, 부팅 시에 발생한 오류 등 기록 • 시스템의 장애에 대한 기록과 보안 취약점에 의한 공격 흔적 기록 • 텍스트로 저장되기 때문에, vi 편집기로 확인 가능
lastlog	• 사용자의 IP 주소별로 가장 최근에 로그인한 시간, 접속 장소, 사용자 이름, IP 주소 정보 등 기록 • 확인 명령어 : lastlog
wtmp	• 사용자의 로그인 및 로그아웃 정보를 가지고 있으며, utmp와 같은 데이터 구조 사용 • 파일이 생성되는 순간부터 로그인/로그아웃 정보 확인 가능 • 텔넷을 통한 로그인뿐만 아니라, FTP를 통한 로그인 등 실질적으로 로그인 프로세스를 거친 정보 및 재부팅과 같이 시스템과 관련된 정보 기록 • 확인 명령어 : last
utmp	• 시스템에 현재 로그인한 사용자에 대한 상태정보 기록 　예 사용자 이름, 터미널 장치 이름, 원격 로그인 시 원격 호스트 이름, 사용자가 로그인한 시간 등 • wtmp와 비슷하나 로그아웃에 대한 정보는 없음 • 확인 명령어 : who, w, whoami, whodo, users, finger 등
pacct	• 시스템에 로그인한 사용자가 어떤 명령어를 실행하고, 어떠한 작업을 했는지에 대한 사용 내역 등을 기록 • 사용자가 수행한 명령어의 모든 정보를 바이너리 파일로 기록 • 피해 시스템의 피해 정도와 백도어* 설치 여부 등을 파악하기 위해서는 이 로그 파일 분석이 필수적 • 확인 명령어 : lastcomm, acctcom • 유닉스 종류에 따라 'startup' 혹은 'accton' 명령어를 사용하여 설정
btmp	• 로그인 실패에 대한 로그 정보를 바이너리 파일로 기록 • 바이너리 파일로, vi 편집기로 확인할 수 없음 • 확인 명령어 : lastb
sulog	• root 계정이나 일반 사용자 계정의 사용자 전환과 관련된 su 명령어* 사용에 대한 로그 • 날짜 및 시간, 성공(+)·실패(−), 사용한 터미널 이름, 사용자 정보 등을 기록
history	• 사용자별로 수행한 명령 기록 • sh, csh, tcsh, ksh, bash 등 사용자가 사용하는 셸에 따라 .sh_history, .history, .bash_history 등의 파일로 기록 • 침해 시스템 분석 시 불법 사용자 계정이나 root 계정의 history 파일을 분석하면 공격자가 시스템에 접근한 후 수행한 명령어를 확인할 수 있다는 점에서 매우 중요한 파일 • history 파일은 acct/pacct 파일에서 기록되지 않는 명령어의 전달 인자(Argument)나 디렉터리 위치까지 기록이 가능하므로, 공격자의 행위를 추적하는 데 유용한 정보가 될 수 있음
secure	• Telnet이나 FTP 등 인증과정을 거치는 모든 로그 저장 • syslogd* 데몬에 의하여 기록 • Linux에만 존재하는 로그 파일 • 로그 확인 : 텍스트 파일로 저장되기 때문에, vi 편집기로 확인 가능
syslog	• 사용자 인증과 관련된 로그 및 커널, 데몬에서 생성된 모든 로그를 포함하여 기록 • rsh, rlogin, ftp, finger, telnet, pop3 등에 대한 접속 기록 및 접속 실패 기록 • /etc/syslog.conf 파일을 이용하여 환경설정을 할 수 있음 • 보안사고 발생 시 가장 먼저 백업받아야 할 파일 • 버퍼 오버플로 공격에 대한 기록이 유일하게 남는 파일 • Linux의 경우에는 secure 로그에 기록 • 로그 확인 : 텍스트 파일로 저장되기 때문에 vi 편집기로 확인 가능

syslog
• 로깅 메시지 프로그램의 표준
• 다양한 프로그램들이 생성하는 메시지들을 저장하고, 이들 메시지들을 이용해서 다양한 분석 등이 가능하도록 로그 메시지들을 제공
• 프로그램뿐만 아니라 장치들도 syslog를 사용할 수 있도록 제공. 관리자들은 장치에서의 로그 메시지들을 통해 문제 사항이나, 성능 등을 확인할 수 있음
• 컴퓨터 시스템의 관리, 보안 알림만 아니라 일반적인 정보, 분석, 디버깅 메시지 등을 제공

백도어(Backdoor)
• 시스템 설계자나 관리자에 의해 고의로 남겨진 시스템의 보안 허점
• 응용 프로그램이나 운영체제에 삽입된 프로그램 코드. 즉, 시스템 접근에 대한 사용자 인증 등 정상적인 절차를 거치지 않고 응용 프로그램 또는 시스템에 접근할 수 있도록 만들어 놓은 비밀통로

su 명령어
• su(SUbstitute, Switch User)
• 다른 사용자 계정으로 전환할 때 사용하는 명령어
• 일반 사용자 계정에서 root나 다른 사용자 계정으로 전환할 경우 패스워드를 묻지만, root에서 다른 사용자로 전환할 경우에는 패스워드를 묻지 않음

syslogd
시스템의 커널 경고, 디버깅 정보, 각종 메시지 출력 등의 다양한 활동에 대한 로그 정보를 받아서 일괄 처리·기록하는 데몬

3) 기타 서비스 로그

① 웹서버 로그

- 액세스 로그(Access Log)와 에러 로그(Error Log)로 구성
- 액세스 로그 파일을 분석하여 DDoS 공격 등에 대한 웹 접근 분석

㉠ access_log

로그 파일 형식	[사용자 IP 주소 / 클라이언트의 응답 관련 / 사용자 인증 관련 / 파일 요청 시간 / 요청 방식 / 상태 코드 / 요청 파일의 크기]
로그 파일 내용	[192.168.10.100] [-] [test][18/Oct/2019:23:09:09 +0900] ["GET/HTTP/1.1"] [200] [192]
로그 기록 설정	• 기본적으로 httpd.conf 환경설정 파일에서 설정 • AccessLog /usr/local/apache/logs/access_log

㉡ access_log 내용 분석

192.168.10.100	원격 호스트 IP 주소
-	• REMOTE_IDENT(RFC 931 identification : 동일함 확인) • 서버가 RFC 931을 지원하는 경우 이 환경변수에 클라이언트 시스템에서 CGI 프로그램을 실행시킨 사용자명 저장
test	사용자명
18/Oct/2019:23:09:09 +0900	요청 시간
GET	요청 방식(GET, POST)
HTTP/1.1	HTTP 프로토콜 버전
200	결과 코드(200 : 정상 처리) - 상태코드 일부 304는 -(하이픈)으로 표시 - hits : 모든 상태 코드 포함 - files : 상태코드 200번만
192	헤드를 제외한 전송량(바이트 단위)

㉢ error_log

로그 파일 형식	[메시지의 날짜와 시간 / 보고된 오류의 심각성 수준 / 오류를 발생시킨 클라이언트의 IP 주소 / 오류 메시지 내용]
로그 파일 내용	[Wed Oct 16 13:02:38 2019] [error] [client 172.16.5.16] [File does not exist : /home/www/test.html]
로그 기록 설정	기본적으로 httpd.conf 환경설정 파일에서 설정 - ErrorLog /usr/local/apache/logs/error_log - LogLevel warn

㉣ error_log 내용 분석

Wed Oct 16 13:02:38 2019	메시지의 날짜와 시간
error	• 오류 수준 debug, info, notice, warn, error, crit, alert, emerg 중 하나를 선택(기본 설정 : Warn) • debug는 심각성이 가장 낮은 수준의 로깅이며, emerg는 심각성이 가장 높은 수준의 로깅을 의미 • LogLevel을 debug로 지정할 경우 대단히 사소한내용도 기록되어 로그의 양이 많아질 수 있으므로적정한 수준에서 기록하도록 하여야 함
client 172.16.5.16	오류를 발생시킨 클라이언트의 IP 주소
File does not exist : /home/www/test.html	• 오류 메시지 내용 • /home/www/test.html 파일이 존재하지 않음

② FTP 로그

- FTP 프로토콜을 이용하여 전송되는 모든 자료에 대한 정보를 로그 파일로 저장
- 송수신 자료와 시간, 원격 호스트, 파일 크기, 파일 이름, 송수신 모드, 전송 방향, 로그인 사용자 등
- wtmp 및 utmp와 병행하여 분석해야 할 필요가 있음

　㉠ xferlog

로그 파일 형식	[날짜 · 시간 / 전송시간 / 사용자 IP 주소 / 전송 파일 크기 / 전송된 파일 이름 / 전송 방법(ASCII/ BINARY) / 특수작업(압축/해제) / 전송 방향 / 접근모드 / 접속계정 / 서비스 이름 / 인증서버 사용 여부 / 사용자 인증 여부 / 파일 전송 성공 여부]
로그 파일 내용	[Thu Sep 18 19:48:53 2019] [3] [192.168.10.100] [192] [/home/test/test.txt] [b] [_] [i] [r] [test] [ftp] [0] [*] [c]
로그 기록 설정	기본적으로 로그가 기록되지 않으며, /etc/inetd.conf에서 −l 옵션을 설정했을 때만 기록 예 ftp stream tcp nowait root /usr/sbin/tcpd in.ftpd −l − a

　㉡ xferlog 내용 분석

Thu Sep 18 19:48:53 2019	전송 날짜와 시간
3	전송에 소요된 시간(초 단위)
192.168.10.100	원격 호스트 IP 주소
192	전송된 파일의 크기(바이트 단위)
/home/test/test.txt	전송 파일명
b	• 전송 파일 유형 • a : ascii, b : binary
−	• 액션 플래그(압축, 묶음) • − : 행위가 일어나지 않음, c : 압축, u : 압축 안 됨, t : tar로 묶음
i	• 전송 방향 • i : 파일 업로드(Incoming), o : 파일 다운로드(Outgoing), 　d : 파일 삭제
r	• 접근 모드 • r : 시스템 사용자로 인증, a : 익명 사용자, g : Guest 계정
test	사용자명
ftp	서비스명
0	• 인증 방식 • 0 : 인증하지 않음, 1 : RFC 931 Authentication
*	• 인증 사용자 ID • 인증 메소드가 돌려주는 ID • * : 인증된 사용자 ID를 사용할 수 없음
c	• 완료 상태 • c : 전송 완료(Complete), i : 전송 실패(Incomplete)

4 로컬 공격과 원격 공격

로컬 공격	• 원격 공격으로 공격대상 시스템에 침입한 공격자가 루트(Root) 권한을 얻기 위한 공격 • 시스템 내부 프로그램의 버그, 환경변수 조작, 경쟁조건 방식, 관리자에 의한 시스템의 잘못된 설정 등을 이용
원격 공격	외부로부터 공격대상 시스템이 가지고 있는 버그, NIS, NFS 등의 설정 오류를 이용하여 대상 시스템의 셸(Shell) 권한 획득을 목표로 하는 공격

사이드 용어

⭐ 스니핑(Sniffing)
- 사전적인 의미로 '코를 킁킁거리다', '냄새를 맡다' 등의 의미
- 해킹기법으로, 스니핑은 네트워크상에서 자신이 아닌 다른 상대방의 패킷을 엿듣는 것을 의미
- 네트워크 트래픽을 도청(Eavesdropping)하는 과정을 스니핑이라고 할 수 있으며, 스니핑하는 도구를 스니퍼라 함

⭐ 스캐닝(Scanning)
- 네트워크상의 어떤 대상을 확인하거나 탐색하는 행위
- 공격하기 위한 사전 정보수집 활동(상대 시스템의 취약점 발견을 위함)

⭐ Unlink( ) 함수
- 시스템 호출을 사용하여 파일에 대한 디렉터리 항목을 지우고, 링크 개수를 감소시킴 (반환값 : 0(성공), −1(오류))
- unlink를 사용하려면 파일의 디렉터리 항목에 포함된 모든 디렉터리에 대해 쓰기와 실행 권한이 필요함(rm 프로그램은 이 호출을 사용함)

⭐ 컴파일러(Compiler)
인간의 언어에 가까운 고급 언어로 작성된 원시 프로그램을 입력으로 받아 기계어로 된 목적 프로그램을 출력하기 위해 사용되는 언어 번역 프로그램

⭐ 경계 검사 (Boundary Check)
C언어에서 변수에 값을 할당할 때 값의 크기가 변수의 메모리 경계를 벗어나지 않는지 검사하는 내부과정

📖 C언어 함수

strcpy	문자열을 복사
strcat	2개의 문자열 인수를 받아서 1개의 문자열로 합침
sprintf	버퍼로 사용될 변수로 출력
vsprintf	문자 및 값의 시리즈를 형식화하고, 버퍼 Target String에 저장
gets	키보드로부터 문자열을 입력받아 버퍼에 저장

5 서버 공격 원리의 이해

1) 공격의 단계

1단계	정보수집	• 공격대상에 대한 정보수집 • 스니핑*, 포트 스캔* 등을 통하여 시스템 및 네트워크 정보수집
2단계	시스템 침입	• 시스템에 침입하여 관리자(Root) 권한 획득 • 차후 공격을 위한 백도어 설치 • 침입에 대한 흔적을 남기지 않기 위하여 로그 조작·변경 및 삭제
3단계	공격 경유지와 거점 마련	• 공격자는 자신을 숨기고 역추적을 방지하기 위하여 여러 곳을 경유하여 공격 • 침입에 성공한 공격자는 시스템을 에이전트화(좀비)시켜, 다른 시스템을 공격하는 거점으로 활용

2) 공격의 종류

① 경쟁 조건(Race Condition) 공격

두 프로세스 간 자원 사용에 대한 경쟁을 이용하여 시스템 관리자의 권한을 획득하고, 파일에 대한 접근을 가능하게 하는 공격기법. 즉, 시스템과 공격 프로그램이 경쟁 상태에 이르게 함

공격방법	• 임시파일을 만들어 쓰고, 쓰기가 완료된 후에 임시파일을 삭제하기 직전에 원하는 파일에 원하는 내용을 삽입하는 공격기법 • 하나의 프로그램이 수행을 위하여 /tmp 디렉터리에 임시파일을 생성할 경우 미리 이 파일을 생성하여 동작을 일으키도록 조작하며, 자원을 공유할 경우 임시파일을 생성하는 프로그램에서 자주 사용 • 다른 정상적인 프로세스가 사용할 자원의 상태를 변환하여 공격
공격조건	• 프로그램에 root 권한의 SetUID가 설정되어 있을 것 • 프로그램 실행 중 임시파일을 생성하고, 생성된 임시파일의 이름과 위치를 알고 있을 것 • 파일이 생성되는 디렉터리에 쓰기 권한이 있을 것
대응방법	• Sticky Bit를 설정하여 unlink( )*를 불가능하게 함 • 임시파일 사용 시 링크 상태, 파일의 종류, 파일의 소유자, 파일의 변경 여부 등을 점검 • SetUID가 설정된 파일을 오픈할 때는 심볼릭 링크 여부 확인 • 심볼릭 링크를 사용하지 않거나, 추측이 어려운 파일 이름 사용

② 버퍼 오버플로(Buffer Overflow) 공격

C/C++ 컴파일러*가 배열의 경계 검사(Boundary Check)*를 하지 않으므로, 선언된 크기보다 더 큰 데이터를 기록하여 버퍼의 용량을 초과하는 것을 이용하는 공격기법

공격방법	• 메모리에 할당된 버퍼의 양을 초과하는 데이터를 입력하여 프로그램의 복귀주소를 조작, 공격자가 원하는 코드를 실행하는 공격기법 • 운영체제가 스택이나 힙 영역에 임의의 데이터 기록 및 실행을 허용함으로써 가능한 공격기법
대응방법	• 프로그래밍할 때 경계값을 검사하는 안전한 함수 사용 • scanf 계열의 함수는 취약하므로, 최대 입력받을 수 있는 문자 길이 제한 • realpath( )나 getopt( )와 같은 함수도 최소한의 PATH_MAX 바이트 길이를 정해주는 getwd( ) 사용 • 복귀주소 등을 사용자가 덮어쓸 수 없게 제한 • 프로그램을 실행할 때는 최소 권한으로 실행 • 프로그램을 최신 버전으로 패치 • 침입 차단시스템 등으로 특정 트래픽을 필터링

㉠ 관련 함수

취약한 함수	strcpy( ), strcat( ), sprintf( ), vsprintf( ), gets( )
안전한 함수	strncpy( ), strncat( ), snprintf( ), fget( )

㉡ 취약한 프로그래밍의 예

```
void func(char *str) {
    char buffer[256] ;
    strcpy(buffer, str) ;
    return ;
}
```

㉢ 안전한 프로그래밍의 예

```
void func(char *str) {
    char buffer[256] ;
    strncpy(buffer, str, sizeof(buffer) - 1) ;
    buffer[sizeof(buffer) - 1] = 0 ;
    return ;
}
```

③ 스택 오버플로(Stack Overflow) 공격
- 스택 영역에 할당된 버퍼 크기를 초과하는 데이터를 기록하고 저장된 복귀주소를 변경함으로써, 공격자가 임의의 코드를 실행하는 공격기법
- 다른 공격과는 달리 시스템 메모리를 저수준에서 조작하는 기법으로, 고난도 기법이라고 할 수 있음
- 시스템의 중요 자원인 메모리를 직접 제어한다는 측면에서 공격에 의한 결과는 치명적

공격방법	• 프로그램이 변수가 할당된 공간의 데이터 크기에 제한을 두지 않게 하고, 데이터의 길이와 내용을 적절히 조정하여 변수 공간을 넘치게 하는 공격기법 • 스택 오버플로가 가장 빈번하게 일어나는 함수인 strcpy( ) 함수를 이용하여, Parent EBP, Parent EIP에 저장된 기존 값을 덮어쓰도록 함으로써, Parent EBP = 0x77777777, Parent EIP = 0x73737373으로 변경
대응방법	• SetUID Bit 제거 • Non-Exec Stack 옵션 적용 • Boundary 함수 추가 • 경계(Canary) 검사(스택 무결성 검사) • 스택 가드(Stack Guard)* 사용 • Null Canary* 사용 • ASLR* 사용 • 스택 실드(Stack Shield)*

[스택 오버플로 공격]

★ 스택 가드(Stack Guard)
특정 변수를 입력받을 때 해당 변수값의 경계에 특정한 값을 입력하여, 이 값이 변조되거나, 침범당할 경우 시스템 프로세스로 하여금 오류를 발생시켜 버퍼 오버플로 등의 공격을 방지하기 위한 프로그램 컴파일러 기술

★ Null Canary
공격자가 버퍼에 Null 문자를 넣을 수 없다는 점을 이용하여 공격에 대응

★ ASLR
컴퓨터를 시작할 때마다 다른 메모리 영역에 저장되어 있는 중요한 시스템 파일을 읽어 악의적인 코드의 실행을 어렵게 하는 기능

★ 스택 실드(Stack Shield)
• 함수의 리턴 주소를 복사하여 실제 리턴 주소를 참조하지 않고 복사된 함수의 리턴 주소를 사용하는 방식
• 실제 리턴 주소와 복사된 주소는 참조되지 않으므로, 리턴 주소를 변조하는 것이 불가능
• 하지만, 안전한 장소로 함수의 리턴 주소를 복사하는 과정에서 프로그램의 성능이 다소 떨어질 수 있음

★ EBP(Extended Base Pointer)
스택 프레임이 시작된 위치의 주소값을 가르키며, 나중에 ESP가 시작점으로부터 얼마나 벗어나 있는지를 가리킴

★ EIP(Extended Instruction Pointer)
프로그램이 끝난 후 돌아갈 주소를 저장하고 있음

★ 스택 프레임(Stack Frame)
• 어떤 절차 또는 함수의 호출에 따라서 그와 관계되는 모든 데이터(지역변수, 매개변수, 복귀주소)를 저장해두는 스택 영역
• 호출된 프로그램의 프레임은 스택에 순차적으로 저장되고 나중에 순차적으로 인출됨. 즉, 함수가 호출되면 스택 메모리에 스택 프레임이 만들어져 스택과 동일하게 후입선출(LIFO)로 모든 데이터(지역변수, 매개변수, 복귀주소)를 저장하고 저장된 순서의 반대로 인출됨

④ 힙 오버플로(Heap Overflow) 공격

힙 영역에 할당된 버퍼의 크기를 초과하는 데이터를 기록하거나 저장된 데이터 및 함수의 주소를 변경함으로써, 임의의 코드를 실행하는 공격기법

공격방법	malloc 계열의 heapalloc, heapfree, malloc, free, new, delete 등의 메모리 할당 함수를 이용하여 프로그램을 할당할 때, 힙 영역에 오버플로를 발생시켜 공격자가 원하는 작업을 수행하는 공격기법
대응방법	버퍼 오버플로를 대응하기 위한 방법으로는 DEP, ASLR 등이 있음 – DEP(Data Execution Prevention) : 실행되지 말아야 하는 메모리 영역에서 코드의 실행을 방지하여 임의의 코드가 실행되는 것을 방지하는 방어 기법 (Windows에서 사용되며, Linux의 NX–Bit와 같은 것) – ASLR(Address Space Layout Randomization) : PE 파일(예 exe, dll 등)이 실행될 때마다, 즉 메모리에 로딩될 때마다 Image Base 값을 계속 변경해 주는 기법

⑤ 포맷 스트링(Format String) 공격

㉠ 포맷 스트링(Format String)

```
[소스 코드]
int main() {
        char str[15] = "Hello, World!₩n";
        printf("%s", str);   ← ⓐ
        printf(str);         ← ⓑ
        return 0;
}
[실행 결과]
[root@kali:~]#./fms
Hello, World!   ← ⓐ
Hello, World!   ← ⓑ
```

- ⓐ와 ⓑ가 동일한 기능을 수행하는 것을 확인할 수 있음. 그러나, ⓑ의 경우 printf 함수에 의해서 해석되는 문자열 "str"은 출력하고자 하는 문자열이 아니라 printf 함수에서 사용할 각종 형식 지시자(%d, %s, %c 등)를 포함한 Format String으로 인식하게 됨
- 일반적으로 프로그래머들이 프로그래밍할 때 ⓐ와 같은 형식 사용하지만, 어떤 프로그래머들은 프로그래밍을 보다 편리하게 하기 위하여 ⓑ와 같은 형식을 사용
- ⓑ와 같은 형식의 소스 코드가 ⓐ와 같은 형식의 소스 코드보다 적은 양의 소스 코드를 사용하는 장점이 있으나, ⓑ와 같은 형식의 소스 코드를 사용하여 프로그래밍하는 경우에는 공격자들에게 프로그램의 흐름을 변경할 수 있는 기회를 제공할 수 있음

㉡ 포맷 인자

인자	입력 형식	출력 형식
%d	값	10진수
%u		부호 없는 10진수
%x		16진수
%s	포인터	문자열
%n		지금까지 출력한 바이트 수

📖 어셈블리 명령어
(프로시저 : call, ret)
- [call]
  – 형식 : call target
  – 기능 : 스택에서 CS 다음에 오는 명령의 오프셋(offset) 주소를 Push하고 Target으로 이동. Call 명령 다음 위치에 있는 명령의 주소를 스택에 Push
- [ret(return)]
  –EIP(Extended Instruction Pointer)가 지시하는 주소값
  – 형식 : ret
  – 기능 : 호출된 함수에서 호출한 함수로 복귀. ESP에 있는 값을 인출(POP)하여, EIP 레지스터에 할당. 즉, Call 명령 당시 Push되었던 주소를 POP하여 EIP에 입력

ⓒ 공격방법
- C 언어에서 가장 빈번하게 사용하는 printf( ) 계열 함수에서 입출력을 지시하려고 사용하는 포맷 스트링의 취약성을 이용한 것으로, 버퍼 오버플로 공격과 더불어 심각한 피해를 줄 수 있는 공격기법
- 프로그램 작성 시 정확한 포맷 스트링을 사용하지 않았을 경우, 이를 이용하여 임의의 명령을 수행하거나 UID*를 변경하는 것이 가능

ⓔ 대응방법
- printf 문을 정상적으로 사용

```
printf("%s\n", buffer);
```

- int fprintf(fp, const char *fmt, ...)
  fp는 파일에 대한 포인터 값이며, printf() 함수처럼 표준 출력으로 하지 않고, 해당 파일로 출력하는 것이 차이점

```
fp = fopen("/dev/null", "w");   ← 파일을 쓰기 모드로 열기
fprintf(fp, "decimal=%d octal=%o", 135, 135);
```

- int sprintf(char *str, const char *fmt, ...)
  이 함수는 printf( ) 함수와 같으며, 결과를 표준 출력으로 하지 않고, 문자열로 출력

```
a = sprintf("decimal = %d octal = %o", 135, 135);
printf("   ", a);
```

- int snprintf(char *str, size_t count, const char *fmt, ...);
  sprintf와 snprintf의 차이점은 snprintf가 복사할 문자열을 지정할 수 있다는 점
- 이외에도 시스템 패치를 주기적으로 해야 하며, SetUID에 대한 보안 취약점을 보완하는 것

⑥ ROP(Return Oriented Programming)* 공격
취약한 프로그램 내에 있는 기계어 섹션(Gadget)을 이용하여 버퍼 오버플로 공격 시 특정 명령을 실행시키는 공격기법

㉠ 공격방법
기계어 섹션(Gadget)을 이용하여 함수 끝에 기술된 ret 명령어를 포함한 상위 명령어의 집합으로 공격 수행

㉡ 대응방법
운영체제는 악의적 코드의 주입을 보호하기 위하여 여러 메모리 보호기법을 사용

UID(User Identifier)
- 특정 컴퓨터 사용자에게 부여되는 숫자 또는 이름
- 사용자를 식별하는데 UID를 사용하며, 양의 정수로 0부터 32767까지 사용(16비트)
- 0은 슈퍼 유저(root)
- 시스템에 따라 시스템 용도로 예약되어 있음. 보통 1부터 100까지이지만 레드햇은 101부터 499까지 데비안은 999까지 예약

ROP Gadget
악성코드 개발자가 정상적인 코드를 악성 셸 코드로 재사용하는 것

⑦ **디스크 자원 고갈 공격**

임의의 파일을 생성한 후 계속해서 파일의 크기를 증가시켜 디스크를 쓸모없
는 데이터로 채우는 공격기법

㉠ 공격 코드

```
[root@kali:~]#vi disk_attack.c

#include <unistd.h>
#include <sys/file.h>

(void) main()
{
  int attack;
  char buf[100];
  attack = creat("/root/tempfile",0777);
  while(1) {
      write(attack,buf,sizeof(buf));
  }
}

[root@kali:~]#gcc -o disk_attack disk_attack.c
[root@kali:~]#./disk_attack
```

㉡ 대응방법

- 문제의 프로세스를 찾아 종료
- 각 사용자에 대한 쿼터(Quota) 설정
- 공용 디렉터리(/tmp, /var/tmp)에 대하여 독립적인 파티션으로 구성

⑧ **메모리 자원 고갈 공격**

하나의 프로세스가 시스템에서 사용 가능한 모든 메모리 자원를 고갈시킴으
로서 시스템을 마비시키는 공격기법

㉠ 공격 코드

```
[root@kali:~]# vi memory_attack.c

#include <stdio.h>
#include <stdlib.h>

void main()
{
  char *m;
  printf("CTRL+C will terminate mem process\n");
  while(1){
  m=malloc(1000);
  }
}

[root@kali:~]#gcc -o memory_attack memory_attack.c
[root@kali:~]#./memory_attack
```

ⓛ 대응방법

- 각 사용자에 대한 최대 메모리 사용량 제한
- ulimit CMD 활용 : 프로세스의 자원 한도를 설정하는 명령으로, soft 한도와 hard 한도를 설정하는 명령어

```
[root@localhost~]# ulimit [옵션] [설정값]
[root@localhost~]# ulimit -u 2048

  • ulimit 설정값 확인
[root@localhost~]# ulimit -Sa

core file size              (blocks, -c) 0
data seg size               (kbytes, -d) unlimited
scheduling priority         (-e) 0
file size                   (blocks, -f) unlimited
pending signals             (-i) 7148
max locked memory           (kbytes, -l) 64
max memory size             (kbytes, -m) unlimited
open files                  (-n) 1024
pipe size                   (512 bytes, -p) 8
POSIX message queues        (bytes, -q) 819200
real-time priority          (-r) 0
stack size                  (kbytes, -s) 8192
cpu time                    (seconds, -t) unlimited
max user processes          (-u) 7148
virtual memory              (kbytes, -v) unlimited
file locks                  (-x) unlimited
```

-a	모든 제한 사항을 보여줌
-c	최대 코어 파일 크기
-d	프로세스 데이터 세그먼트의 최대 크기
-f	Shell에 의해 만들어질 수 있는 파일의 최대 크기
-s	최대 스택 크기
-p	파이프 크기
-n	오픈 파일의 최대 수
-u	특정 사용자가 생성 가능한 프로세스의 최대 수
-v	최대 가상 메모리의 양
-S	Soft 한도
-H	Hard 한도

- /etc/security/limits.conf

```
[root@localhost~]# vi /etc/security/limits.conf
# /etc/security/limits.conf
#This file sets the resource limits for the users logged in via PAM.
It does not affect resource limits of the system services.
═══ 중략 ═══
#<domain>        <type>          <item>          <value>
#*               soft            core            0
#*               hard            rss             10000
#@student        hard            nproc           20
#@faculty        soft            nproc           20
#@faculty        hard            nproc           50
#ftp             hard            nproc           0
#@student        —               maxlogins       4

# End of file
```

⑨ 프로세스 자원 고갈 공격

프로세스를 지속적으로 생성하여 시스템 자원을 고갈시킴으로써 시스템을 마비시키는 공격기법

㉠ 공격 코드

```
[root@kali:~]# vi process_attack.c

#include <stdio.h>
#include <unistd.h>

int main()
{
        while(1)
        fork();
        return 0;
}

[root@kali:~]# gcc —o process_attack process_attack.c
[root@kali:~]# ./process_attack
```

㉡ 대응방법

- 사용자마다 생성 가능한 최대 프로세스의 수를 제한
- ulimit CMD 활용
- /etc/security/limits.conf 설정

3) 새로운 공격기법의 특징

에이전트화	원격으로 조정 가능한 에이전트(Agent)형 백도어를 설치하고, 이를 이용하여 대상 시스템 공격
분산화	보안시스템을 우회하기 위하여 많은 시스템으로 단일 · 다수의 시스템 공격
자동화	공격자가 마스터에게 명령을 내리면, 마스터는 에이전트에게 자동으로 공격명령을 전달하여 분산공격
은닉화	암호화 및 터널링 기법을 사용하여 탐지하기 어려움

Section
03

서버 보안용 S/W 설치 및 운영

1 시스템 취약점 점검 및 탐지 도구

1) 구조별 종류 및 특징

① 호스트 기반

TIGER	• UNIX 보안 점검 도구로, 본셸(Bourne Shell) 스크립트, C코드를 이용하여 취약점을 점검하는 파일로 구성된 패키지 • 시스템 설정 파일의 권한, 파일 시스템, 사용자 설정 파일을 점검하여 취약점을 찾아낸 후 보고 • 점검 사항 　– 모든 사용자의 $HOME 이상 유무, .rhosts*, .netrc* 파일 검사 　– 시스템 파일의 권한 　– NFS에서 내보낸(Export) 파일 　– SetUID가 실행될 가능성이 있는 파일 　– 암호의 적절성 　– 서비스 설정 환경 : /etc/services, /etc/inetd.conf
COPS	• UNIX 시스템 관리자 등의 시스템 보안관리를 돕기 위하여 설계된 보안도구 패키지 • 점검 사항 　– 파일, 디렉터리, 장치 접근 권한 점검 　– 크랙으로 발견되기 쉬운 패스워드 점검 　– 패스워드 파일이나 그룹 파일에 대한 내용과 형식 점검 　– root UID 파일의 존재 여부, 기록 가능 여부 점검 　– 시작 프로그램 파일에 대한 기록 가능 여부 점검
SATAN	• 시스템보안 점검용 패키지 • 원격 시스템을 점검한다는 것을 제외하고는 COPS와 같은 원리 • 네트워크를 통하여 원격 시스템의 취약점을 점검하고 데이터베이스에 저장하며, 그 결과를 HTML 문서로 출력해 주는 기능 포함 • 호스트 유형, 서비스, 취약점 등의 보고서를 생성할 수 있음 • 점검 사항 　– ftpd 취약점, FTP 디렉터리 쓰기 보호 　– NFS, NIS, rsh 취약점 　– sendmail, X서버 취약점
SARA	• SATAN을 기반으로 개발된 취약점 분석 도구로서, 네트워크 기반의 컴퓨터, 서버, 라우터, IDS에 대한 취약점을 발견 · 분석 · 보고하는 기능 포함 • 점검 사항 　– 유닉스 시스템에서 동작 　– 대규모의 네트워크를 점검하는 데 사용 　– 방화벽이 있는 환경에서 점검이 가능하고, nmap이나 SAMBA*의 기능을 사용 　– 설치 및 사용이 쉬움 　– HTML 형식의 보고서 기능
nmap	• 호스트 스캐닝 도구로서, TCP Connect 방식뿐만 아니라, 스텔스(Stealth) 모드로 포트 스캐닝하는 기능 포함 • 점검 사항 　– TCP Connect 스캔 　– TCP SYN 스캔 　– TCP FIN, Xmas, 또는 NULL 스캔 　– TCP FTP Proxy 스캔 　– IP 분할된 패킷을 이용한 SYN/FIN 스캔 　– TCP ACK, Windows 스캔 　– UDP raw ICMP 포트 Unreachable 메시지를 이용한 스캔 　– ICMP 스캔, TCP Ping은 직접 스캔 　– Scanning Direct(Non Portmapper) RPC*는 TCP/IP 지문을 이용하여 원격 OS의 종류를 스캔하며, Reverse–Ident를 이용한 사용자 스캔

.rhosts
- riogin, rsh, rcp는 패스워드를 입력하지 않고, 원격 로그인을 하기 위한 명령어. 이 명령어들을 사용 시 /etc/hosts.equiv 그리고 홈디렉터리의 .rhosts 파일의 접근허용 설정이 되어 있어야 함
- 이 명령들은 모두 원격에서 패스워드 인증과정 없이 바로 실행되므로 서버 자체의 보안을 고려해야 함

.netrc
- linux의 FTP 명령어에 Auto Login 기능이 있음
- Auto Login을 하기 위해서는 우선 자신의 홈디렉터리에 .netrc 파일이 있어야 하며, 파일에는 사용자명과 패스워드를 설정해야 함

SAMBA
- TCP/IP를 이용하여 여러 운영체제 간에 파일 및 하드웨어 자원을 공유할 수 있도록 하는 프로그램
- 주로 리눅스와 Windows 서버 간의 자원(파일, 프린터 등)을 공유하는 용도로 사용
- SMB라는 프로토콜을 이용하여 다른 운영체제 간의 자원을 공유

RPC
(Remote Procedure Call)
원격 시스템의 프로그램이 다른 시스템 내에 있는 서브 프로그램을 호출하는 것

② 네트워크 기반

SAINT	• 유닉스계열 시스템에서 동작 • 원격으로 취약점을 점검하는 도구로, 대상 네트워크나 호스트의 보안등급과 함께 HTML 형식의 보고서 기능 포함 • 클라이언트/서버 구조에서 사용하지만, 클라이언트 프로그램 대신 웹인터페이스 사용 • 점검 사항 : finger, NFS, NIS, FTP, tftp, rexd, statd 서비스 등을 이용하여 원격 호스트와 네트워크에 대한 정보 스캔
mscan	• 도메인 전체를 스캔하여 주요 취약점을 한 번에 점검할 수 있는 도구 • 점검 사항 : wingate, test-cgi, NFS exports, statd, named*, ipopd*, imapd* 등
sscan	• mscan에 비하여 네트워크 보안 취약점 점검기능이 매우 강력하며, 취약점을 공격할 수 있는 공격 스크립트를 수행하도록 설정할 수 있음 • 취약점 점검 도구로서 공격용으로도 많이 사용
mns-v 75beta	• 최근 해킹에 많이 사용되는 RPC 관련 취약점 점검 포함 • 점검 사항 : POP, IMAP, CGI, RPC, ftpd 등
기타	ISS(Internet Security Scanner), K-COPS

③ 호스트/네트워크 기반

Nessus	• 유닉스계열 시스템에서 동작하는 취약점 점검 도구로, 공개용 프로그램이면서도 상용 프로그램과 같은 막강한 기능 제공 • 클라이언트/서버 구조로 작동하며, 서버는 Linux, FreeBSD, NetBSD, Solaris 등 유닉스계열에서 동작, Java* 클라이언트가 있는 Linux, Windows 시스템이 클라이언트로 동작 • IP 주소나 호스트 이름을 기반으로 포트를 스캔하고, DNS 정보를 기반으로 네트워크 스캔 • 데몬인 nessusd와 각종 보안 점검 플러그인 사용 • TXT, PDF, HTML 등의 형태로 결과 보고 • nmap과 gtk 기반으로 동작

④ 기타 도구

Windows용	CIS, Winfingerprinting, VeteScan
인터넷 서비스	twwwscan
IIS5.0서버	Hfcinst, Iislock, ISPerms
스니퍼 탐지	Antisniff

2) 무결성 점검 도구

Tripwire	• 파일 내용의 체크섬(Checksum)* 값 계산 • 체크섬 파일 변경시간 등을 토대로 서명 작성 • 작성된 서명을 DB에 저장하고, 이후 tw.config 파일을 비교하여 파일의 무결성 점검 • 파일에 대한 데이터베이스를 생성하여 공격자의 파일 변조 여부 판별 • MD5, SHA, CRC*-32 등의 다양한 해시함수 제공 • 해시함수 : MD5, HAS-160, SHA-1, SHA-256, SHA-512

💬 named
네임서버 데몬

📖 sendmail, ipopd, imapd
메일서버 데몬

💬 자바(Java)
• 썬 마이크로시스템즈의 제임스 고슬링(James Gosling)과 다른 연구원들이 개발한 객체 지향적 프로그래밍 언어이며, 썬마이크로시스템즈에서 무료로 제공
• 1991년 그린 프로젝트(Green Project)라는 이름으로 시작해 1995년에 발표
• 처음에는 가전제품 내에 탑재해 동작하는 프로그램을 위해 개발했지만, 현재 웹 애플리케이션 개발에 가장 많이 사용하는 언어 가운데 하나이고, 모바일 기기용 소프트웨어 개발에도 널리 사용하고 있음

💬 체크섬(Checksum)
오류 검사의 한 형태로, 오류정정을 통해 공간(전자통신)이나 시간(기억장치) 속에서 송신된 자료의 무결성을 보호하는 단순한 방법

💬 CRC
(Cyclic Redundancy Check)
• 네트워크를 통하여 데이터를 전송 시 오류가 있는지 확인하기 위한 체크값을 결정하는 방식
• 데이터 블록에 16비트 또는 32비트 다항식을 적용하며, 다량 전송에는 32비트 CRC 사용
• 이더넷과 토큰링 프로토콜에서도 모두 32비트 CRC 사용

3) 접근통제 및 로깅 도구

TCP Wrapper	• 리눅스 시스템에서 기본적으로 제공되는 접근통제 도구 • 네트워크 서비스에 대한 접근통제(IP 주소 기반) • 접근 제어 목록(ACL)*을 통한 거부(Deny)/허용(Allow) • 네트워크 접속에 대한 로그 생성 • 불법 접근 알림 기능 • 로깅 도구 : Xinetd, IPFilter(Solaris) • 환경설정 파일 : hosts.allow, hosts.deny • 관련 로그 파일 : syslog, messages, mailog

4) 루트 킷(Root kit) 탐지 도구

RTSD(Real Time Scan Detector)	한국인터넷진흥원에서 개발한 불법 스캔 자동 탐지 도구
Antirootkit	악성 루트킷을 탐지하고 삭제하는 도구

5) SATAN(Security Analysis Tool for Auditing Network)

Courtney, Gabriel, Natas	악성 루트킷을 탐지하고 삭제하는 도구
Iplog, Sentry	은닉 스캔*을 탐지할 수 있는 도구
Snort	침입 차단 기능까지도 포함된 탐지 도구

6) 로깅 기능 및 로그 분석 도구

Webalizer	• 아파치 웹로그를 분석해 주는 도구 • 웹로그는 일정한 규칙으로 기록되며, 이를 이용하여 로그 분석 • 실시간으로 로그를 업데이트하는 것이 아니라 사용자가 실행하여 분석
Clearlog	• zap은 utmp, wtmp, lastlog 파일의 기록만 삭제 가능 • wipe는 utmp, wtmp, lastlog 파일의 내용 조작 가능 • chkwtmp는 삭제된 기록이 있는지 검사 가능 • 일반 텍스트 파일은 vi 편집기를 이용하여 조작 가능 • 로그 파일과 같은 이름의 디렉터리로 만들거나 /dev/null로 전송하여 삭제 가능 • 로그를 완전히 삭제 가능
Swatch (The Simple Watcher and Filer)	• 펄(Perl)*로 작성된 실시간 로그 모니터링 도구 • 로그를 모니터링하면서 특정 패턴에 반응하여 요청한 작업을 처리해 줄 수 있음(콘솔 출력, 메일 전송 등) • 설치나 관리 등이 간편하여 많이 사용되는 로그 모니터링 도구

7) 스캔 탐지 도구

Portsentry	• 포트 스캔을 실시간으로 수행하여, TCP Wrapper의 hosts. deny 파일에 해당 IP 주소를 자동으로 등록하고 방어해 주는 스캔 탐지 도구 • 정상적인 스캔과 은닉(Stealth) 스캔을 모두 탐지할 수 있음 • 공격 호스트를 경유하는 모든 트래픽을 자동 재구성하는 기능
패킷 모니터 및 침입 탐지 시스템 도구 활용	Ethereal*, Snort* 등

📌 접근 제어 목록(ACL)
• 개체나 개체 속성에 적용되어 있는 허가 목록을 말함
• 누가 또는 무엇이 객체 접근허가를 받는지, 어떠한 작업이 객체에 수행되도록 허가를 받을지를 지정함

📌 은닉 스캔(Stealth Scan)
• 세션을 완전히 성립하지 않고, 공격대상 시스템의 포트 활성화 여부를 알아내는 스캔
• 공격대상 시스템에 로그가 남지 않음

📌 펄(Perl)
• 래리 월이 만든 인터프리터 방식의 프로그래밍 언어 혹은 인터프리터 소프트웨어
• 고급 언어, 범용 언어, 인터프리터 언어, 동적 언어 범주에 속함

📌 Ethereal
• 네트워크 패킷 분석기
• 유닉스와 Windows에서 사용 가능
• 네트워크 인터페이스로부터 패킷 데이터를 캡처
• 다양한 통계를 생성

📌 Snort
• 마틴 로시가 1998년에 개발
• 오픈 소스 네트워크 침입 차단 시스템이자, 네트워크 침입 탐지 시스템

snoop
- 사전적 의미로는 '기웃거리다', '염탐하다' 라는 뜻을 가진 단어
- 스니핑과 같이 도청하는 것을 의미하며, 네트워크상에서 중요한 정보를 몰래 탈취하는 것

CGI(Common Gateway Interface)
웹서버와 클라이언트 간에 필요한 정보 교환을 가능하게 해주는 일종의 웹 인터페이스 프로그램

CSV(Comma Separated Values) 파일
- 몇 가지 필드를 쉼표(,)로 구분한 텍스트 데이터 및 텍스트 파일
- 확장자는 .csv

8) 네트워크 트래픽 감시 도구

종류	tcpdump, snoop*, netlog
기능	• 실시간 또는 로그를 기록하여 스캔 공격을 탐지할 수 있으며, 이 경우 많은 양의 로그가 기록되기 때문에 주기적 감시 필요 • netlog의 경우 TCP 트래픽을 기록하는 TCPlogger, UDP 트래픽만을 기록하는 UDPlogger로 구성되어 있고, 네트워크 감시가 편리함

9) 최신 취약점 점검 도구

nikto	• 6,500여 개의 방대한 데이터베이스를 이용하여 취약한 CGI* 파일을 스캔하고, 서버 환경설정의 취약점이나 웹서버 설치 시 기본적으로 설치되는 파일과 웹서버의 종류와 버전 등을 스캔 • 짧은 시간 안에 웹서버를 점검할 수 있으며, 은닉 스캔 기능이 없어 로그 기록이 남게 됨 • 취약성 데이터베이스는 수시로 업데이트가 되며, 원격 업데이트 가능 • 취약점 점검결과는 HTML, TXT, CSV 파일* 형태로 저장
x-scan	• 네트워크 취약점 점검 도구로, 특정 IP 주소 대역이나 시스템을 멀티스레드 방식으로 스캔 • Windows용 취약점 분석 도구로 플러그인 기능도 지원하며, 운영체제 종류, 버전, 취약한 패스워드 등을 자동으로 스캔 • 취약점 점검결과는 HTML 형식으로 출력하며, 결과 파일에서 보안 홀(Security Hole)로 나오는 부분은 취약점이 존재함을 나타냄

디지털 포렌식

1 디지털 포렌식(Digital Forensic)

1) 등장 배경
- 정보화 사회가 고도화됨에 따라 사이버 범죄가 증가하고 있으며, 이에 대처하기 위해 과학수사와 수사과학 분야에서 새로운 형태의 조사 기술이 필요하게 됨
- 생성되는 자료의 95% 이상이 전자 형태로 존재, 매년 2배씩 증가

2) 디지털 포렌식 정의

① 포렌식(Forensic)의 의미
법정의 공개토론이나 변론에 사용되는 범죄와 관련된 증거물을 과학적으로 조사하여 정보를 찾아내기 위한 일련의 과정

② 법 과학(Forensic Science)
- 범죄 사실을 규명하기 위해 각종 증거를 과학적으로 분석하는 분야
- Digital Forensics 미국 DFRWS(Digital Forensic Research Workshop) : 범죄 현장에서 확보한 개인 컴퓨터, 서버 등의 시스템이나 전자 장비에서 수집할 수 있는 디지털 증거물에 대해 보존 · 수집 · 확인 · 식별 · 분석 · 기록 · 재현 · 현출 등을 과학적으로 도출하고, 증명 가능한 방법으로 수행하는 일련의 과정

③ 컴퓨터 범죄 수사에 입각한 정의
컴퓨터 관련 조사 · 수사를 지원하며, 디지털 자료가 법적 효력을 갖도록 하는 과학적 · 논리적 절차와 방법을 연구하는 학문

전자적 자료	컴퓨터에만 국한되지 않음
법적 효력	법규범에 합치되는 논리성을 가져야 함
과학적/논리적	보편성과 객관성이 필요한 지식 체계
절차와 방법	목표 달성을 위한 과정이 결과만큼 중요

3) 디지털 증거

① 디지털 증거의 의미
전자적 형태로 유통되거나 저장된 데이터로, 사건의 발생 사실을 입증하거나 반박하는 정보 또는 범행 의도나 알리바이(Alibi)*와 같은 범죄의 핵심 요소를 알 수 있는 정보

컴퓨터 시스템	하드디스크, USB와 같은 휴대용 저장장치
통신 시스템	• 네트워크 정보 • 인터넷, 방화벽, IDS 등의 로그 데이터
임베디드 시스템*	휴대전화, PDA, 내비게이터, MP3 플레이어

📌 **알리바이(Alibi)**
- 현장 부재 증명
- 형사 사건이 발생한 시간에 용의자가 그 범죄 현장에 있지 않았다는 증명

📌 **임베디드 시스템**
 (Embedded System)
- 사전적 의미는 '내장된'이라는 의미
- 기계나 기타 제어가 필요한 시스템에 대해 제어를 위한 특정 기능을 수행하는 컴퓨터 시스템으로, 장치 내에 존재하는 전자 시스템. 즉, 전체 장치의 일부분으로 구성되며, 제어가 필요한 시스템을 위한 두뇌 역할을 하는 특정 목적의 컴퓨터 시스템

② 디지털 증거의 종류

자동으로 생성되는 디지털 증거	인위적으로 생성되는 디지털 증거	휘발성 증거	비휘발성 증거
• 인터넷 사용 기록 • 방화벽 로그 • 운영체제 이벤트 로그 등 • 최근 사용한 파일	• 문서 파일, 전자 메일 • 동영상, 사진 • 소프트웨어 • 암호 데이터	• 프로세스 • 예약작업 • 인터넷 연결 정보 • 시스템/네트워크 공유 정보 • 메모리 정보 등	• 파일 및 파일 시스템 • 운영체제 • 로그 데이터 • 설치된 소프트웨어

③ 디지털 증거의 특징

매체 독립성	• 디지털 증거는 '유체물'이 아니고 각종 디지털 저장매체에 저장되어 있거나 네트워크를 통하여 전송 중인 정보 그 자체 • 정보는 값이 같다면 어느 매체에 저장되어 있는지 동일한 가치를 가짐 • 디지털 증거는 사본과 원본의 구별이 불가능함
비가시성, 비가독성	• 디지털 저장매체에 저장된 디지털 증거 자체는 사람의 지각으로 바로 인식이 불가능하며, 일정한 변환절차를 거쳐 모니터 화면으로 출력되거나 프린터를 통하여 인쇄된 형태로 출력되었을 때 가시성과 가독성을 가짐 • 디지털 증거와 출력된 자료와의 동일성 여부가 중요
취약성	• 디지털 증거는 삭제 · 변경 등이 용이 • 하나의 명령만으로 하드디스크 전체를 포맷하거나 파일 삭제가 가능함 • 파일을 열어보는 것만으로 파일 속성이 변경됨 • 수사기관에 의한 증거조작의 가능성을 배제할 수 없기 때문에 디지털 증거에 대한 무결성 문제 대두
대량성	• 저장 기술의 발전으로 방대한 분량의 정보를 하나의 저장매체에 모두 저장할 수 있게 됨 • 회사의 업무처리에 있어 컴퓨터의 사용은 필수적이고, 회사의 모든 자료가 컴퓨터에 저장됨 • 수사기관에 의하여 컴퓨터 등이 압수되는 경우 업무수행에 지장을 줄 수 있음
전문성	• 디지털 방식으로 자료를 저장하고, 이를 출력하는 데 컴퓨터 기술과 프로그램이 사용됨 • 디지털 증거의 수집과 분석에도 전문적인 기술이 사용되므로, 디지털 증거의 압수 · 분석 등에 있어 디지털 포렌식 전문가가 필수적임 • 여기에서 디지털 증거에 대한 신뢰성 문제가 대두됨
네트워크 관련성	• 디지털 환경은 각각의 컴퓨터가 고립된 것이 아니라 인터넷을 비롯한 각종 네트워크를 통하여 서로 연결되어 있음 • 디지털 증거는 공간의 벽을 넘어 전송되고 있으며, 그 결과 관할권을 어느 정도까지 인정할 것인지 국경을 넘는 경우 국가의 주권문제까지도 연관됨

4) 기본 원칙

정당성의 원칙	• 증거가 적법한 절차에 의해 수집되어야 함 • 위법 수집증거 배제법칙 : 위법절차를 통해 수집된 증거의 증거능력 부정 • 독수의 과실이론 : 위법하게 수집된 증거에서 얻어진 2차 증거도 증거능력이 없음
재현의 원칙	같은 조건과 상황에서 항상 동일한 결과가 나와야 함
신속성의 원칙	디지털 포렌식의 전 과정이 신속하게 진행되어야 함
연계 보관성의 원칙	• 증거물의 수집 · 이동 · 보관 · 분석 · 법정 제출의 각 단계에서 담당자 및 책임자가 명확해야 함 • 수집된 하드디스크가 이송단계에서 물리적 손상이 있었다면 이송 담당자는 이를 확인하고 해당 내용을 인수인계, 이후 과정에서 복구 및 보고서 작성 등 적절한 조치를 할 수 있어야 함
무결성의 원칙	• 수집된 증거가 위 · 변조되지 않아야 함 • 수집 당시의 데이터 해시값과 법정 제출 시점 데이터의 해시값이 같다면 해시함수의 특성에 따라 무결성을 입증

5) 디지털 증거 분석의 기본 원칙

증거 원본의 절대적 보존	• 수집 및 분석 과정에서 발생 가능한 변경 방지 • 원본 사용에 대한 통제, 무결성의 증명
분석 도구의 신뢰성 확보	• 신뢰성이 검증된 분석 장비 및 프로그램 사용 • 공개된 알고리즘 및 프로그램 사용
모든 과정의 문서화	원본 획득 및 분석 등 전 과정의 문서화

6) 디지털 포렌식 증거 처리 절차

① 5단계 처리 절차

수사 준비	증거물 획득	보관 및 이송	분석 및 조사	보고서 작성
• 포렌식 도구 준비 및 테스트 • 포렌식 장비 확보 • 협조체계 확립	• 현장 분석 • 사진 촬영 • 디스크 이미징* • 증거물 인증	• 획득한 이미지 사본 생성 • 증거물 포장 및 운반	• 자료복구 · 검색 • 타임라인 분석 • 증거 분석 • 은닉자료 검색 • 해시 · 로그 분석	• 증거 분석 결과 • 증거 담당자 목록 • 전문가 소견

② 6단계 처리 절차

사전 준비	증거 수집	증거의 포장 및 이송	조사 분석	정밀 검토	보고서 작성
• 디지털기기 및 데이터 유형 숙지 • 디지털 포렌식 교육 및 연구 개발	• 수집 대상 파악 • 압수 대상 선정 • 증거 목록 작성 • 디지털 증거 수집 • 관련자 면담 • 문서화 • 이미징 및 복제	• 증거물 포장 • 증거물 이송 • 증거물 보관	• 데이터 이미징 • 데이터 복제 • 데이터추출 분류 • 데이터 조사 및 증거 검색	분석 결과검증 및 분석 과정에 대한 검토	• 용어 설명 • 객관적 설명 • 결과 정리

7) 포렌식의 종류

컴퓨터 포렌식	컴퓨터를 매체로 한 증거 수집 및 분석을 위한 포렌식
네트워크 포렌식	네트워크의 사용자 추적 및 로그 분석을 위한 포렌식
모바일 포렌식	휴대전화, PDA*, PMP* 등의 이동형 정보기기에 대한 포렌식
활성 데이터 포렌식	휘발성 데이터에 대한 증거 수집 및 분석을 위한 포렌식
e-Discovery	미국 민사소송법상의 기업 내부 전자 증거 확보 및 제출
항 포렌식 대응	디지털 포렌식을 어렵게 하는 기술에 대한 대응

■ 디스크 이미징
  (Disk Imaging)
• 디지털 포렌식 조사를 위해 조사 대상 저장매체의 사본을 생성하는 것을 의미. 이렇게 생성된 사본을 이미지 파일이라 함
• 기본적으로, 디스크 사본 생성 기술은 적법절차에 의한 디지털 포렌식 분석이 가능하도록 개발됨
• 원본의 훼손을 막고, 반복적이고 안정적인 분석을 가능하게 하는 최선의 수단은 원본과 동일한 사본을 생성하여 분석하는 것이기 때문

■ PDA(Personal Digital Assistant)
• 개인 휴대 단말기
• 터치 스크린을 주 입력장치로 사용하는 한 손에 들어올 만큼 작고 가벼운 컴퓨터
• 프로그래밍이 가능한 계산장치라는 의미의 휴대용 소형 컴퓨터에 개인의 일정 관리와 검색, 관리 기능이 있는 주소록의 기능을 추가한 것

■ PMP(Portable Multimedia Player)
• 음악(MP3)은 물론 동영상 재생을 기본으로 디지털카메라 기능 등 언제 어디서나 다양한 매체를 재생할 수 있는 휴대형 컨버전스 기기
• MP3 플레이어와 유사하지만, 대형 LCD 화면을 통해 동영상을 재생할 수 있는 것이 차이점

8) 디지털 포렌식 기술

구분	증거 수집	증거 수집 및 보관	증거 분석
저장매체	• 하드디스크 복구 • 메모리 복구	• 하드디스크 복제 기술 • 메모리 기반 장치 복제기술 • 네트워크 정보 수집	• 저장매체 사용 흔적 분석 • 메모리 정보 분석
시스템	• 삭제된 파일 복구 • 파일 시스템 복구 • 시스템 로그인 우회 기법	• 휘발성 데이터* 수집 • 시스템 초기 대응 • 포렌식 라이브 CD/USB	• Windows 레지스트리 분석 • 시스템 로그 분석 • 프리패치 분석 • 백업 데이터 분석
데이터 처리	• 언어 통계 기반 복구 • 암호 해독, DB 구축 • 스테가노그래피* • 파일 조각 분석	• 디지털 저장 • 데이터 추출 • 디지털 증거 보존 • 디지털 증거 공증인증	• 데이터 포맷별 분석 • 영상 정보 분석 • 데이터베이스 정보 분석 • 데이터 마이닝*
응용/네트워크	• 파일 포맷 기반 복구 • 프로그램 로그인 우회 기법 • 암호 통신 내용 해독	• 네트워크 정보 수집 • 네트워크 역추적 • 데이터베이스 정보 수집 • 허니넷	• 네트워크 로그 분석 • 해시 데이터베이스 • 바이러스 · 해킹 분석 • 네트워크 시각화*

9) 기타 디지털 포렌식 기술

- 개인정보보호 기술, 디지털 포렌식 수사 절차 정립, 범죄 유형 프로파일링 연구, 통합 타임라인 분석
- 디지털 포렌식 도구 비교 분석, 하드웨어/소프트웨어 역공학 기술, 회계부정 탐지 기술

10) 포렌식 도구

Encase	• 1998년 Guidance Software Inc.가 사법기관 요구사항을 바탕으로 개발한 컴퓨터 증거 분석용 소프트웨어 • 미국 법원이 증거능력을 인정하는 독립 솔루션(2001년 Enron사 회계부정 사건) • 컴퓨터 관련 수사에서 디지털 증거 획득과 분석 기능을 제공 • Windows 환경에서도 증거 원본 미디어에 어떠한 영향도 미치지 않으면서 '미리 보기', '증거 사본 작성', '분석', '결과 보고'에 이르는 전자 증거 조사의 모든 과정을 수행할 수 있음
FTK	• 포렌식 도구 중에서 가장 널리 사용되는 도구인 Encase와 더불어 쌍벽을 이루는 도구 • 3가지 버전으로 나뉘며, 1.x는 가볍고 사용하기에 편하다는 장점이 있음 • 3.x 버전은 데이터베이스를 탑재하여 무겁고 느리게 동작하는 단점이 있으나, Encase 같은 도구 사용 시 대용량 이미지 작업 중 프로그램이 중단되더라도 모든 정보는 데이터베이스에 남아있으므로 중지된 부분부터 작업이 가능함
TCT	• Dan Farmer와 Wietse Venema가 개발 • 유닉스 운영체제에서 실행되는 도구 • 이전 이벤트를 재현하기 위한 포렌식 데이터를 분석하고 수집하기 위한 매우 강력한 기술을 제공하고 있으며, 네 개의 개별적인 그룹을 하나로 모아 둔 것 • 운영 중인 시스템에서 현재 상태정보를 캡처하고, 분석할 수 있는 뛰어난 도구 • 법원에서 증거로 채택하기 위해 데이터를 모으는 것이 아니라, 어떻게 시스템을 손상시켰는지 알아내도록 돕기 위한 것
Safeback	• 1990년에 처음 시장에 출시되었으며, FBI와 IRS의 범죄 수사부에서 포렌식 조사와 증거 수집을 위해서 사용 • 모든 크기의 개별 파티션 또는 전체 디스크를 복제할 수 있으며, 이미지 파일은 SCSI* 테이프 또는 다른 저장매체로 전송될 수 있음 • 무결성을 제공하기 위해 CRC 함수를 제공하며, 소프트웨어의 감사 정보를 위해 날짜와 시간 정보를 포함하고 있음 • DOS 기반의 프로그램이며, 인텔 호환 시스템에서 DOS, Windows, UNIX 디스크를 복제할 수 있음 • 이미지를 생성할 때는 어떤 압축이나 변형도 하지 않음

| Autopsy | • 사전적 의미로 (사체)부검, 검시라는 의미
• 2000년경에 발표된 TCT(The Coroner's Toolkit)을 기반으로 지속적 개발
• Linux 시스템에서 사용할 수 있는 오픈소스 기반 포렌식 프로그램으로 알려진 Sleuth Kit를 Windows 시스템에서 사용할 수 있도록 개발된 무료 포렌식 프로그램
• Windows와 Unix/Linux를 비롯하여 OS X, Android 등 다양한 운영체제의 파일 시스템 내용을 분석할 수 있으며, 검색 및 타임라인 분석, 해시 필터링 기능 제공. 그리고, 기능 확장을 위한 Add-On 모듈을 지원해 Project VIC 및 C4P와 같은 데이터베이스를 통합하여 분석하거나 비디오 분석 모듈 등을 추가할 수 있음 |

11) 활용 분야

범죄 수사, 내부 감사, 침해 사고 대응 등

2 안티 포렌식(Anti Forensic)

1) 안티 포렌식(Anti Forensic)의 의미
• 자신에게 불리한 증거자료를 사전에 차단하려는 활동이나 기술
• 개인이나 단체의 기밀자료 보호
• 데이터 복구 회피 기법
• 증거물 생성의 사전 봉쇄(증거 자동 삭제)
• 데이터 은닉(Steganography)
• 추적 및 증거물 획득을 원천적으로 자동화된 방법으로 막아주는 전문제품 등장

2) 데이터 복구 회피
• 삭제된 파일의 데이터 중 물리적으로 디스크에 남아있는 부분을 덮어쓰고 삭제하는 과정을 반복
• 미국방성 DoD의 기밀자료 삭제를 위한 표준(DoD5220, 22-M) : 하드디스크 완전 삭제
    - 임의의 문자로 데이터를 덮어씀
    - 첫 번째 문자의 보수로 덮어씀
    - 다시 임의의 문자로 데이터를 덮어씀
    - 이 과정을 7번 반복함
• 디가우저(Degausser) : 전자기 소자를 이용해서 데이터를 파괴하는 장비

3) 증거물 생성의 사전 봉쇄
• OS에서 자동으로 생성되는 정보 중 증거가 될 만한 모든 정보를 생성 즉시 자동으로 삭제
• Web 페이지, 그림, 동영상, 음성 파일, 이메일, 레지스트리, 쿠키, 히스토리

4) 데이터 암호화
디스크에 기록할 때 데이터를 암호화, 읽을 때 복호화

5) 데이터 은닉(Steganography)
• 디지털 매체(이미지 파일, MP3, WAV)에 정보를 암호화하여 숨기는 기술
• 데이터가 중복되는 곳에 데이터를 숨길 수 있음. 텍스트 파일은 데이터가 중복되는 곳이 많지 않아 어려움

- 암호화 소프트웨어로 암호화한 후 데이터를 숨김
- 숨기고자 하는 정보의 비율이 15%가 넘으면 조작된 이미지 파일은 육안으로 확인 가능
- 도구 : Cloak v7.0, iNViSiBLEsecrets 4
- 단점 : 원본의 5~10% 내에서 최대한 정보 은닉이 가능
- 해결방법
  - 디지털 매체의 통계적 분석 방법으로 은닉된 정보를 탐지
  - 패스워드 무차별 대입 방법으로 정보 확인

6) BitLocker-Drive Encryption

- 디스크 전체를 암호화하는 드라이브 암호화 기법
- BitLocker를 설정하면 노트북이나 디스크를 도난당할 경우 다른 운영체제에 연결해도 읽을 수 없음
- TPM(Trusted Platform Module)*으로 보안을 강화
  - 컴퓨터가 오프라인 상태일 때 불법 접근으로부터 하드디스크의 운영체제 볼륨을 보호
  - 컴퓨터가 부팅되어 TPM이 시스템의 무결성을 증명하면 BitLocker 암호화 해제

7) BitLocker Disk Layout

- 시스템 볼륨을 Windows OS 볼륨과 별도로 구성
- Windows 볼륨을 암호화하는 데 필요한 FVEK(Full Volume Encryption Key)*를 생성
- FVEK는 USB에 저장된 Startup Key나 PIN(Personal Information Number)에 의해서 암호화되어 System Volume에 저장됨

> - **OS Volume**
>   Encrypted OS, Encrypted Page File, Encrypted Temp Files, Encrypted Data, Encrypted Hibernation File, Encrypted Crash Dump Files
> - **System Volume**
>   MBR, Boot Block, Boot Manager (bootmgr), Boot Configuration Data (BCD), Font Files, Boot Utilities, Plaintext

8) BitLocker의 복구 키

- BitLocker를 설정할 때, FVEK를 잃어버리거나 손상될 것을 대비
- 48개의 숫자로 이루어진 128Bit 복구 패스워드나 256Bit의 복구 키를 생성
- 복구 키를 USB에 저장
- 복구 키를 디스크에 저장
- 복구 패스워드를 프린터로 출력

9) USB Startup Key를 잃어버리거나 시스템이 파손되었을 때

- 시스템을 복원한 후 복구 키가 저장된 USB를 컴퓨터에 삽입해 놓거나 복구 패스워드를 입력
- 인증된 사용자가 암호화된 볼륨을 접근

★ TPM(Trusted Platform Module)

- 주로 암호화키를 포함하여 기본 보안 관련 기능을 제공하도록 설계된 마이크로칩. 즉, 패스워드나 디지털 인증서, 암호화키를 저장할 수 있는 공간과 RSA와 SHA-1 등의 암호화 기법이 포함된 하드웨어 칩을 의미
- 일반적으로 TPM은 메인보드에 장착되어 다른 하드웨어 장치들과 통신
- TPM이 포함된 컴퓨터에는 TPM에서만 키의 암호를 해독할 수 있도록 암호화키를 만들어 암호화하는 기능이 있음

★ FVEK(Full Volume Encryption Key)

- 섹터 자체를 암호화
- VMK(Volume Master Key)로 암호화되어 볼륨 메타 데이터의 일부로 디스크 자체에 저장
- FVEK가 로컬에 저장되기는 하지만 암호화되지 않은 상태로 디스크에 기록되는 일은 결코 없음

10) 안티 포렌식 대응방안

① 데이터 복구

삭제된 증거 데이터 복구

② Password 전수 조사

암호화된 데이터 파일의 Password 전수 조사

③ BitLocker

증거 자료에 대한 이미지를 만들 때 반드시 BitLocker를 꺼야 함

④ 제어판

- BitLocker 드라이브 암호화
- BitLocker를 설정할 때 TPM의 사용 유무에 상관없이 복구 키나 복구 암호를 반드시 생성
- 복구 키나 복구 암호만 있으면 부팅 과정에서 BitLocker를 해제 가능

PART

· P A R T ·

02

네트워크 보안

CHAPTER 01	네트워크의 이해
CHAPTER 02	네트워크의 활용
CHAPTER 03	네트워크 기반 공격의 이해
CHAPTER 04	네트워크 장비 활용 보안 기술의 이해
CHAPTER 05	네트워크의 보안 동향

네트워크의 이해

OSI 7계층

1 프로토콜 개요

- 표준화된 통신규약으로, 네트워크 기능을 효율적으로 수행하기 위한 규약
- 통신을 원하는 두 개체 간에 무엇을, 어떻게, 언제 할 것인가를 약속한 규약

1) 기본 3요소

구문(Syntax)	데이터의 형식, 부호화 방법, 전기적 신호 레벨에 대한 사항
의미(Semantics)	오류, 동기 및 흐름 제어 등의 각종 제어절차에 대한 사항
타이밍(Timing)	송수신 간 또는 통신 시스템 간 통신속도 및 순서 등에 대한 사항

2) 프로토콜의 기능

분할 및 재조립 (Fragmentation and Reassembly)	• 정보전송 시 오류를 줄이거나 전송효율을 증가시키기 위하여 사용 • 일반적으로 패킷망에서 사용
정보의 캡슐화 (Encapsulation)	송신시스템에서 생성된 정보의 정확한 전송을 위하여 전송할 데이터의 앞부분과 뒷부분에 헤더(Header)*와 트레일러(Trailer)*를 추가하는 과정
연결 제어 (Connection Control)	데이터를 전송하기 위한 과정으로, 노드 간 연결은 연결확립, 데이터 전송, 연결해제의 세 가지 과정을 거침
흐름 제어 (Flow Control)	네트워크에서 전송되는 패킷의 수를 적절히 조절하여 시스템 전체의 안정성을 유지하고, 서비스 품질의 저하를 방지하는 것
오류 제어 (Error Control)	전송 중에 발생한 오류를 검출하여 정정하는 기능
동기화 (SYNchronization)	정보를 전송하기 위하여 송수신 시스템 간 같은 상태를 유지하는 것
순서지정 (Sequencing)	패킷 교환망*에서 사용되는 방식으로, 패킷 단위로 분할 전송할 때 패킷의 순서를 지정하는 것
주소지정(Addressing)	네트워크에서 송수신 시스템 간 인식이 가능하도록 하는 역할
다중화(Multiplexing)	한정된 통신 링크를 다수의 사용자가 공유할 수 있도록 하는 전송방식

2 OSI 7계층 참조 모델

- 개방형 시스템 간 상호접속규격으로, 서로 다른 시스템 간 통신 시 네트워크 구조에 관계 없이 통신할 수 있는 모델
- 하드웨어와 소프트웨어의 논리적 변경 없이 시스템 간 통신 개방

⭐ **헤더(Header)**
데이터 블록의 시작을 나타내는 표시와 목적지 주소 등을 포함

⭐ **트레일러(Trailer)**
데이터 블록 내에서 발생한 전송 오류를 검출하기 위한 오류검출 코드

⭐ **패킷 교환(Packet Switching)**
- 네트워크 통신 방식 중 하나로, 현재 가장 많은 사용자가 사용하는 통신 방식
- 작은 블록의 패킷으로 데이터를 전송하며 데이터를 전송하는 동안만 네트워크 자원을 사용하도록 하는 방법
- 정보 전달의 단위인 패킷은 여러 통신 지점(Node)을 연결하는 모든 노드들 사이에 개별적으로 경로를 제어

1) 계층별 역할

7계층	응용	여러 프로토콜 개체에 대하여 사용자 인터페이스 제공
6계층	표현	• 데이터 표현형식의 차이를 해결하기 위하여 서로 다른 형식으로 변환 • 부호화(Encoding)*, 압축(Compression)*, 암호화(Encryption)*
5계층	세션	• 응용프로그램 간 세션을 형성하고 관리하며, 상위 계층인 표현 계층에서 두 개 이상의 요소 간 통신을 가능하게 함 • 통신을 동기화*하고 대화 제어 • 애플리케이션 접근 스케줄링 담당
4계층	전송	• 종단(End to End) 간 신뢰성 있는 데이터 전송 보장 • 메시지의 전송, 오류 제어, 흐름 제어, 연결 제어 기능 • 출발지와 목적지의 포트 번호가 결정되는 계층 • 부하분산 : 과도한 트래픽 분산
3계층	네트워크	• 패킷의 목적지 IP 주소를 참조하여, 최적의 경로를 설정 · 전송하는 계층 • 라우팅, 흐름 제어, 단편화*, 오류 제어 수행
2계층	데이터 링크	• 점 대 점(Point To Point) 간 신뢰성 있는 전송 보장 • 프레임 구성 : 헤더+네트워크 계층에서 받은 패킷+트레일러 • 서브 계층(Sub Layer) 　– LLC(Logical Link Control) : 오류 제어, 흐름 제어, 오류 검사 및 복구, 비트 동기 및 식별 기능 수행 　– MAC(Media Access Control) : MAC 주소를 사용한 매체접근 방식
1계층	물리	시스템 간 링크를 활성화하고 관리하기 위한 사용자 장비와 네트워크 종단 장비 간 기계적, 전기적, 기능적, 절차적 특성과 인터페이스 정의

2) 계층별 특징

응용	전송 단위	메시지(Message)
	프로토콜	FTP, Telnet, SMTP, HTTP, DNS, SNMP, POP3, IMAP 등
	장비	L7 스위치(L7 Switch), 게이트웨이(Gateway)
표현	전송 단위	메시지(Message)
	프로토콜	JPEG, MPEG, ASCII, GIF 등
	장비	게이트웨이(Gateway)
세션	전송 단위	메시지(Message)
	프로토콜	SSL, Socks*
	장비	게이트웨이(Gateway)
전송	전송 단위	세그먼트(Segment)
	프로토콜	TCP, UDP, SPX 등
	장비	L4 스위치(L4 Switch), 게이트웨이(Gateway)
네트워크	전송 단위	패킷(Packet)
	프로토콜	IP, IPSec, IPX*, ICMP, IGMP, ARP, RARP 등
	장비	라우터(Router), L3 스위치(L3 Switch)
데이터링크	전송 단위	프레임(Frame)
	프로토콜	PPP, PPTP, L2F, L2TP, HDLC, SDLC, Ethernet 등
	장비	브리지(Bridge), 스위치(Switch)
물리	전송 단위	비트(Bit)
	프로토콜	EIA RS-232C, V.24, V.35, X.21 등
	장비	리피터(Repeater), 더미 허브(Dummy Hub)

⬛ 부호화(Encoding)

정보의 형태나 형식을 표준화, 보안, 처리 속도 향상, 저장 공간 절약 등을 위해서 다른 형태나 형식으로 변환하는 처리 혹은 그 처리 방식을 말함

⬛ 압축(Compression)

데이터를 더 적은 저장 공간에 효율적으로 기록하기 위한 기술, 또는 그 기술의 실제 적용

⬛ 암호화(Encryption)

어떤 평문을 암호문으로 바꾸는 것을 암호화라 하고, 이때 사용되는 것을 암호화키라고 함

⬛ 동기화(Synchronization)

• 작업 사이의 수행 시기(순서)를 맞추는 것
• 사건이 동시에 일어나거나, 일정한 간격을 두고 일어나도록 시간의 간격을 조정하는 것

⬛ 단편화(Fragmentation)

• 프로토콜 기본 전송 단위인 PDU(Protocol Data Unit)를 여러 작은 단위로 나누는 것
• 일단 단편화된 패킷은 목적지에 도달할 때까지는 재조립(Reassembly) 되지 않음
• 패킷 단편화는 주로 네트워크 계층에서 이루어짐

⬛ Socks(Socket Secure)

• SOCKS 서버는 클라이언트의 요청을 받아 클라이언트와 서버 사이에서 중계하는 역할
• SOCKSv5는 이 과정에 인증을 도입하고, IPv6 주소 방식을 적용할 수 있게 하였으며, UDP 기반에서도 수행 가능

⬛ IPX(Internetwork Packet Exchange)

• IPX/SPX 프로토콜 스택 안에 있는 OSI 모델
• 네트워크 계층 프로토콜
• 논리 네트워크는 32비트 고유 16진수 주소를 할당 받음(범위 0x1부터 0xFFFFFFFE까지)
• 호스트는 48비트 노드 주소를 가지며, 기본적으로 랜 카드의 맥 주소로 설정됨. 이 노드 주소는 네트워크 주소에 추가하여 네트워크 호스트를 위한 고유 인증자를 만듦
• 네트워크 주소 00:00:00:00은 현재의 네트워크 주소
• 브로드캐스트 주소는 FF:FF: FF:FF

Section
02 **TCP/IP 일반**

1 TCP/IP 개요

1) TCP/IP 프로토콜

- 일반적으로 4계층으로 분류하며, 통신 프로토콜 중 가장 널리 사용되는 프로토콜
- 다른 통신 프로토콜에 비해 이기종 간 연결이 용이하고, LAN*/WAN*에서 모두 사용 가능

★ LAN(Local Area Network)
- 근거리 통신망
- 작은 지역 내에서 다양한 통신 기기의 상호 연결을 가능하게 하는 통신 네트워크

★ WAN(Wide Area Network)
- 광역 통신망
- LAN과 LAN을 연결하는 광역 네트워크, 즉 서로 멀리 떨어진 지역의 네트워크를 연결해 줌

2) TCP/IP 계층 구조와 프로토콜

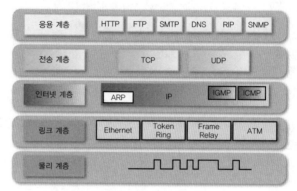

[TCP/IP 계층 구조와 프로토콜]

3) TCP/IP의 통신 원리

- 송신측은 송신하려는 데이터에 계층별로 헤더 정보를 추가한 후 수신측에 전송하며, 수신측은 수신한 패킷의 헤더를 확인하면서 최종적으로 데이터를 확인할 수 있음
- 송신측은 송신 데이터를 데이터로 변환하여 하위 계층으로 전달하면 데이터는 세그먼트(Segment)*로 변경되고, 연결은 전송 및 수신 호스트에서 이루어지며, 다시 하위 계층으로 전달하면 세그먼트는 패킷이나 데이터 그램으로 변경되고, 다시 하위 계층으로 전달하면 패킷 또는 데이터 그램은 로컬 네트워크에 전송하기 위한 프레임으로 변환되어 수신측에 전송

★ 세그먼트(Segment)
- 네트워크에서 브리지, 라우터, 허브 또는 스위치 등에 의해 연결되어 있는 네트워크의 영역을 말함
- 세그먼트를 적절히 나누면 네트워크 대역폭을 효율적으로 사용할 수 있음

★ 인캡슐레이션
(Encapsulation)
OSI 7계층에서 데이터를 전송할 때 각 계층마다 인식할 수 있는 헤더를 추가하는 과정

★ 디캡슐레이션
(Decapsulation)
데이터를 전송하고 전송 매체를 통하여 전송된 후 1계층부터 7계층으로 올라가면서 헤더가 제거되는 과정

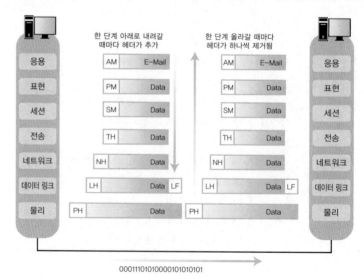

[OSI 7계층 인캡슐레이션*, 디캡슐레이션*]

4) OSI 7계층과 TCP/IP 프로토콜의 비교

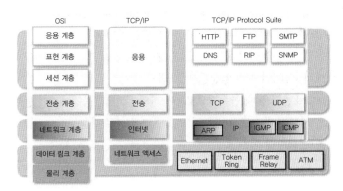

[OSI 7계층과 TCP/IP]

2 TCP/IP 주요 프로토콜

1) IPv4

- 대부분의 네트워크에서 사용하는 IP 주소 체계
- TCP/IP 프로토콜의 가장 기본적인 IP 주소 체계
- 통신대상 호스트는 IP 주소를 할당받아 사용

① 특징

- 네트워크 주소(네트워크 영역을 구분)와 호스트 주소(개별 장비를 구분)로 구성
- 네트워크 주소와 호스트 주소는 서브넷 마스크로 구분
- 비신뢰성, 비연결형 프로토콜

② 주소 체계

총 비트 수	구성	구분	표기
32비트	8비트/옥텟*	' . '	10진수

예) 192.168.10.1, 211.203.176.223 등으로 표기

192 . 168 . 10 . 1
↓ ↓ ↓ ↓
11000000.10101000.00001010.00000001

[IP 주소의 10진수, 2진수 표기]

> **옥텟(Octet)**
> IPv4의 주소 체계는 3자리 숫자가 4마디로 표기되며, 각 마디를 옥텟(Octet)이라 함

인터넷 프로토콜(IP) 주소와 네트워크 인터페이스(MAC) 주소와의 연관성을 가지지 않음

③ 클래스 범위

Class	First Octet Range	Max Hosts	Format
A	1 ~ 126	16M	0 NET ID / HOST ID (1 Octet / 3 Octet)
B	128~191	64K	1 0 NET ID / HOST ID (2 Octet / 2 Octet)
C	192~223	254	1 1 0 NET ID / HOST ID (3 Octet / 1 Octet)
D	224~239	N/A	1 1 1 0 Multicast Address
E	240~255	N/A	1 1 1 1 Experimental

[IPv4 클래스 범위]

> **루프백(Loop Back) 주소**
> - 호스트 자신을 가리키는 IP 주소
> - 127.0.0.1의 A 클래스를 사용하며, 주로 네트워크 관련 프로그램이나 환경의 테스트를 위한 목적으로 사용
> - 루프백 주소를 사용하면 가상 네트워크 인터페이스 환경을 구축할 수 있음

④ 서브넷 마스크(Subnet Mask)

- 주어진 IP 주소를 네트워크 환경에 맞게 나누어 주기 위한 2진수의 조합
- IP 주소를 네트워크 부분과 호스트 부분으로 나눔
- 네트워크 영역은 서브넷* 마스크가 2진수로 1인 부분, 호스트 영역은 서브넷 마스크가 2진수로 0인 부분을 나타냄
- 2진수로 표현했을 때 연속적으로 1이 나와야 하고, 중간에 0이 들어가면 안됨
- 디폴트 서브넷 마스크와 변형된 서브넷 마스크로 나눔

  ㉠ 디폴트 서브넷 마스크

클래스 A	255.0.0.0
클래스 B	255.255.0.0
클래스 C	255.255.255.0

  ㉡ 서브넷팅이 필요한 이유

브로드캐스트 영역을 나눔	서브넷으로 나누지 않고 사용하는 경우 브로드캐스트 도메인이 커져서 불필요한 브로드캐스트 패킷이 많이 발생하게 됨
IP 주소를 절약	큰 네트워크를 작은 네트워크로 나눔으로써, 필요한 만큼의 IP 주소를 부여할 수 있어 IP 주소를 효율적으로 부여할 수 있음

> **서브넷(Subnet)**
> - 서브넷 마스크로 만들어진 네트워크
> - 하나의 독립된 네트워크이기 때문에 서로 다른 서브넷 간에는 라우터를 통해서만 통신 가능
> - 사용 가능 호스트 수 : 2^n-2
> - -2인 이유 : 호스트 주소가 모두 0인 경우는 네트워크 주소, 모두 1인 경우는 브로드캐스트 주소를 의미. 그러므로 제외해야 함

⑤ 통신 방식

유니캐스트 (Unicast)	• 단일 인터페이스를 지정하며, MAC 주소 기반으로 상대측 IP 주소를 목적지로 하는 일대일 통신 방식 • 유니캐스트 주소로 전송된 패킷은 그 주소에 해당하는 인터페이스에만 전달
멀티캐스트 (Multicast)	• 여러 노드에 속한 인터페이스의 집합을 지정하며, 멀티캐스트 주소로 전송된 패킷은 그 주소에 해당하는 모든 인터페이스에 전달 • 하나 이상의 송신자가 네트워크의 특정 그룹에 패킷을 전송하는 다대다 통신 방식
브로드캐스트 (Broadcast)	자신의 호스트가 속해 있는 네트워크 전체를 대상으로 패킷을 전송하는 일대다 통신 방식

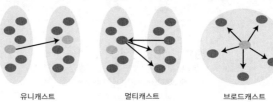

유니캐스트   멀티캐스트   브로드캐스트

[유니캐스트, 멀티캐스트, 브로드캐스트]

⑥ 헤더 구조

0	4	8		16			32
version	Header length	Type of service		51	Total packet length		
Fragmentation Identifier				Flags		Fragmentation offset	
Time to live		Protocol identifier		Header checksum			
Source IP Address							
Destination IP Address							
Option						padding	

Version (4bit)	• IP 프로토콜의 버전을 정의 • IPv4는 4의 값을 가짐
Header Length (4bit)	• IP 헤드의 길이를 32비트 단위로 나타냄 • 대부분의 IP 헤더의 길이는 20바이트, 필드 값은 거의 항상 5
Type of Service Flags	• 서비스 품질에 따라 패킷의 등급을 구분 • 높은 값을 우선 처리함

Total Packet Length (16bit)	IP 패킷의 전체 바이트 수로, 헤더와 페이로드* 길이의 합
Fragment Identifier (16bit)	분할이 발생한 경우, 조각을 재조립하기 위한 식별자로 사용

Fragmentation Flags (3bit)	처음 1bit는 항상 0으로 설정, 나머지 2비트의 용도는 다음과 같음
	– May Fragment : IP 라우터에 의해 분할 여부를 나타냄
	  (플래그 0 : 분할 가능, 1 : 분할 방지)
	– More Fragment : 원래 데이터의 분할된 조각이 더 있는지 여부 판단
	  (플래그 0 : 마지막 조각, 기본값 1 : 조각이 더 있음)

Fragmentation Offset (13bit)	• 전체 패킷에서 해당 단편의 오프셋*을 나타내며, 8바이트 단위로 표기 • 단편의 오프셋이 100이면 800바이트에서 단편이 시작됨
Time to Live (8bit)	• 패킷이 전달될 최대 라우터(Hop)의 수를 나타냄 • 출발지 호스트에서 이 값을 생성하며, 각 라우터는 이 값을 1씩 감소시키고, 이 값이 0인 패킷을 받으면 폐기함
Protocol Identifier (8bit)	• 상위 계층 프로토콜 • 1 : ICMP, 2 : IGMP, 6 : TCP, 17 : UDP
Header Checksum (16Bit)	• IP 헤더에 대한 오류 검사 • 라우터를 거칠 때마다 재계산을 하므로 속도 저하
Source IP Address (32bit)	출발지 IP 주소
Destiantion IP Address (32bit)	목적지 IP 주소
Options (가변적)	Type of Service 플래그처럼 특별한 처리 옵션을 추가로 정의할 수 있음

> **페이로드(Payload)**
> • 실제 전송되는 데이터를 의미
> • 전송의 근본적인 목적이 되는 데이터의 일부분
> • 데이터와 함께 전송되는 헤더와 메타데이터는 제외

> **오프셋(Offset)**
> 두 번째 주소를 만들기 위해 기준이 되는 주소에 더해진 값을 의미

2) IPv6

① 등장 배경

- IPng : IP Next Generation
- IPv4 주소의 한계*를 극복하기 위해 개발

② 특징

- 2^{128}개의 많은 주소 할당 가능(IPv4보다 주소 공간 4배 확장)
- 보안성 향상(IPSec 프로토콜 기능 포함)
- MAC 주소와 Prefix를 통해 IP 주소 자동설정(비용, 시간 절약 및 관리 편리)
- 등급별, 서비스별 패킷을 구분할 수 있어 품질보장 용이(트래픽 클래스*, 플로우 레이블*에 의한 QoS 지원)
- 일부 헤더 삭제하고, 확장 헤더 도입
- 라우팅 효율성 증가 : 패킷을 전송할 때 평상시에는 IPv6 기본 헤더만으로 구성된 패킷을 사용하다가 필요시 용도에 맞는 확장 헤더를 기본 헤더 뒤에 추가시킴으로써, 라우팅 효율을 증가시킴

> **IPv4 주소의 한계**
> 주소 고갈, 클래스 단위 주소 할당 방식으로 인한 주소의 낭비

> **트래픽 클래스(Traffic Class)**
> QoS에서 사용되는 필드로 우선순위 등을 나타냄

> **플로우 레이블 필드 (Flow Label Field)**
> • 네트워크상에서 패킷들의 어떤 특정한 흐름에 대한 특성을 나타내는 필드
> • 기본적으로 0으로 되어 있고, 음성이나 화상 등의 실시간 데이터를 나타내기 위해 0이 아닌 값으로 설정

③ 주소 체계

총 비트 수	구성	구분	표기
128비트	16비트/옥텟	' : '	16진수

예 F4DC : AC91 : 1234 : 4DAC : ECEC : AEDC : 4E2D : 9921

인터넷 프로토콜(IP) 주소와 네트워크 인터페이스(MAC) 주소와의 연관성을 가짐

④ 통신 방식

유니캐스트 (Unicast)	• 단일 인터페이스를 지정하며, MAC 주소 기반으로 상대측 IP 주소를 목적지로 하는 일대일 통신 방식 • 유니캐스트 주소로 전송된 패킷은 그 주소에 해당하는 인터페이스에만 전달
멀티캐스트 (Multicast)	• 여러 노드에 속한 인터페이스의 집합을 지정하며, 멀티캐스트 주소로 전송된 패킷은 그 주소에 해당하는 모든 인터페이스에 전달 • 하나 이상의 송신자가 네트워크의 특정 그룹에 패킷 전송
애니캐스트 (Anycast)	• IPv6에서 브로드캐스트의 대안으로 사용하는 통신 방식 • 단일 송신자와 그룹 내에서 가장 가까운 곳에 있는 일부 수신자 사이의 통신 • 여러 노드에 속한 인터페이스의 집합을 지정하며, 애니캐스트 주소로 전송된 패킷은 그 주소에 해당하는 인터페이스 중 하나의 인터페이스에 전달 • 한 호스트가 호스트 그룹을 위하여 라우팅 테이블을 효과적으로 갱신할 수 있도록 설계 • 어떤 게이트웨이가 가장 가까이 있는지를 결정할 수 있으며, 유니캐스트 통신인 것처럼 그 호스트에 패킷을 전송할 수 있으며, 그 호스트는 모든 라우팅 테이블이 갱신될 때까지 그룹 내의 다른 호스트에게 차례로 애니캐스트할 수 있음

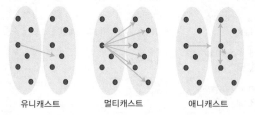

유니캐스트   멀티캐스트   애니캐스트

⑤ 기본 헤더 구조

IPv6 기본 헤더	IPv6 확장 헤더	상위 계층 데이터
40 바이트	Payload : ~2¹⁶ (65,536 바이트)	

$Payload : \sim 2^{16}$ (65,536 바이트)

0	4	8	16	24	31

Version	Traffic Class	Flow Label			
Payload Length			Next Header	Hop limit	
Source Address					
Destination Address					

IPv6 기본헤더 (단순)

Version	• IP 프로토콜의 버전을 정의 • IPv6는 6의 값을 가짐
Traffic Class (8bit)	• IPv4의 서비스 유형 필드와 유사한 역할 • IP 패킷마다 서로 다른 서비스 요구사항을 구분하기 위함
Flow Label (20bit)	데이터의 특정한 흐름을 위한 특별한 처리를 제공
Payload Length (16bit)	• 기본 헤더를 제외한 IP 패킷의 길이를 정의 • 페이로드 길이(확장 헤더+상위 데이터)는 2¹⁶(65,536)까지 가능 • IPv4에서는 헤더 길이 필드와 전체 길이 필드의 2개의 필드가 있지만, IPv6는 기본 헤더의 길이가 40바이트로 고정되어 있어 페이로드의 길이만 정의하면 됨
Next Header	• 기본 헤더 다음에 위치하는 확장 헤더의 종류를 표시 • IPv4의 프로토콜 번호와 유사한 역할
Hop Limit	IPv4의 TTL 필드와 같은 목적으로 사용
Source IP Address	• 출발지 IP 주소 • 128비트(16바이트) 인터넷 주소 • 16진수 콜론 표기법(Colon Hexadecimal Notation)이 사용되어 주소를 8개의 필드로 나타냄 • 영역 앞에 있는 0은 생략 가능하고, 연속되는 영역이 0으로만 구성되면 0을 모두 제거하고 더블 콜론으로 대체하는 0 압축(Zero Compression)을 사용

Destination IP Address	• 목적지 IP 주소 • 128비트(16바이트) 인터넷 주소 • 16진수 콜론 표기법(Colon Hexadecimal Notation)이 사용되어 주소를 8개의 필드로 나타냄 • 영역 앞에 있는 0은 생략 가능하고 연속되는 영역이 0으로만 구성되면 0을 모두 제거하고, 더블 콜론으로 대체하는 0 압축(Zero Compression)을 사용

⑥ 확장 헤더

확장 헤더	설명
Hop by Hop Option	경로의 각 Hop에서 배달 또는 전달 처리 옵션을 지정하기 위해 사용
Destination Option	패킷의 목적지에서 배달 또는 전달 처리 옵션을 지정하기 위해 사용
Routing	IPv6 출발지 노드가 패킷이 목적지에 가는 동안 경유해야 할 라우터들을 지정
Fragmentation	요청한 페이로드가 MTU보다 크면 IPv6 Source에서 페이로드를 조각내고, Fragmentation Option Header를 사용하여 재조립 정보를 제공하여 목적지 노드가 재조립
Authentication	IPSec의 인증 헤더
Encapsulating Security Payload	IPSec의 인증 및 암호화 헤더

3) IPv4와 IPv6의 비교

구분	IPv4	IPv6
주소 길이	32비트	128비트
표시 방법	8비트 단위 4개 필드 10진수 표기 예 203.211.172.128	16비트 단위 8개 필드 16진수 표기 예 2013:0102:ABCD:ABDF:0000:0F00:FFFF:2002
주소 개수	약 43억 개	거의 무한대(약 43억×43억×43억×43억)
주소 할당	A, B, C, D, E 클래스 단위의 비순차적 할당(비효율적)	규모 및 단말기 수에 따른 순차적 할당(효율적)
품질 제어	베스트 에퍼트(Best Effort) 방식으로 품질보장이 곤란 − 유형이나 서비스에 대한 QoS 일부 지원	등급별, 서비스별 패킷을 구분할 수 있어 품질보장 용이 − 트래픽 클래스, 플로우 레이블에 의한 QoS 지원
보안 기능	IPSec 프로토콜 필요	확장기능에서 기본적으로 제공
플러그 & 플레이	없음	있음(Auto Configuration)
모바일	곤란(비효율적)	용이(효율적)
웹 캐스팅	곤란	용이(범위 필드 추가)

4) IPv4와 IPv6의 대응 관계

구분	IPv4	IPv6
공인 IP 주소	공인 IP 주소	Global Unicast Address
사설 IP 주소	10.0.0.0/8 172.16.0.0/12 192.168.0.0/16	FEC0 : : 48
멀티캐스트 주소	224.0.0.0/4(D Class)	FF00 : : /8
브로드캐스트 주소	255.255.255.255 (호스트 비트가 모두 1인 경우)	해당 주소 없음
미지정 주소	0.0.0.0/32	: : /128
루프백 주소	127.0.0.1	: : 1/128
링크 로컬 주소	169.254.0.0/16	FE80 : : /64

웹 캐스팅(Web Casting)
• 여러 명의 인터넷 사용자들에게 동시에 비디오나 오디오 생중계를 보내는 프로그램 방식
• 인터넷, 특히 웹을 이용하여 정보를 방송하듯 보내는 것을 말함
• 일반적인 웹서핑이 원하는 웹페이지를 필요로 할 때마다 Pull 방식을 취하고 있는 데 반해, 웹 캐스팅은 개개인들의 요구에 기초하여 미리 선정된 웹 기반의 정보(텍스트, 그래픽, 오디오, 비디오 등)를 사용자에게 밀어 넣는(배달) 방식을 도입하여, 흔히 푸시(Push)기술이라고도 함

링크 로컬 주소
(Link Local Address)
• IPv6 주소에서 단일 네트워크로 범위를 제한하는 주소 체계
• 모든 인터페이스는 1개 이상의 링크 로컬 주소를 가짐
• 상위 64비트는 링크 로컬 프리픽스로, 하위 64비트는 인터페이스 ID로 사용

⭐ NAT(Network Address Translation)
· IPv4의 주소 부족 문제를 해결하기 위한 방법으로 고려되었으며, 주로 비공인(사설) 네트워크 주소를 사용하는 망에서 외부의 공인 네트워크(인터넷)와의 통신을 위해서 네트워크 주소를 변환하는 기술
· 즉, 내부망에서는 사설 IP 주소를 사용하여 통신하고, 외부망과의 통신시에는 NAT를 거쳐 공인 IP 주소로 변환

5) 사설 IP 주소(Private IP Address)

- 공인 IP 주소가 아닌 사적인 용도로 사용되는 IP 주소
- IP 주소의 부족을 해결할 수 있으며, 자유로이 사용할 수 있음
- NAT(Network Address Translation)* 기능 이용

① 주소 범위

클래스	범위
A	10.0.0.0~10.255.255.255
B	172.16.0.0~172.31.255.255
C	192.168.0.0~192.168.255.255

6) MAC(Media Access Control) 주소

- 네트워크 인터페이스 카드(NIC)에 부여된 고유 식별자
- 하드웨어 주소(Hardware Address)로, 데이터링크 계층(2계층) 프로토콜
- 서로 다른 컴퓨터에 있는 NIC는 서로 다른 이름, 즉 서로 다른 MAC 주소를 가지고 있음
- 라우터 안에 있는 여러 개의 인터페이스, 같은 컴퓨터 안에 있는 이더넷 어댑터와 무선 어댑터도 이와 마찬가지로 적용
- ARP 스푸핑(ARP 스푸핑) 공격을 통해서 MAC 주소를 변조할 수 있음

① 주소 체계

총 비트 수	구성	구분	표기
48비트	8비트/옥텟	' : ' 또는 '－'	16진수

② 구조

앞부분 24비트는 NIC 제조업체의 정보, 뒷부분 24비트는 랜카드의 정보를 담고 있음

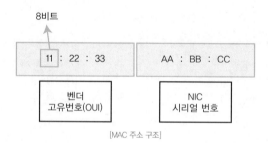

[MAC 주소 구조]

3 TCP/IP 프로토콜과 포트

- 클라이언트/서버(Client/Server) 모델에서 응용서비스 간 통신을 위한 논리적 통로
- 데이터를 송수신할 때 프로그램이 사용하는 프로토콜의 일련번호를 표기한 것
- 여러 개의 클라이언트와 통신 가능 : 각 네트워크 메시지가 특정 프로세스를 인식하기 위한 방법

1) 포트 번호 체계 : 총 65,536개(0~65,535)

Well-Known Port	0~1,023
Registered Port	1,024~49,151
Dynamic Port	49,152~65,535

2) 포트 관련 디렉터리와 파일

Linux	/etc/services
Windows	C:\WINDOWS\system32\drivers\etc\services

3) TCP/UDP 기반 응용프로토콜과 포트 번호(Well-Known Port)

Port 번호	프로토콜	응용프로그램
20	TCP	FTP(Data)
21	TCP	FTP(Control)
22	TCP	SSH
23	TCP	Telnet
25	TCP	SMTP
53	UDP	DNS
67/68	UDP	DHCP
69	UDP	TFTP
80	TCP	HTTP
110	TCP	POP3
143	TCP	IMAP
161/162	UDP	SNMP
443	TCP	SSL
1,433	TCP	MS SQL Server
1,521	TCP	Oracle
3,306	TCP	MySQL

4 주요 프로토콜 및 특징

1) ARP(Address Resolution Protocol)

TCP/IP 네트워크의 시스템이 동일 네트워크나 다른 시스템의 MAC 주소를 알고 자 하는 경우에 사용. 즉, IP 주소를 MAC 주소로 변환하여 주는 프로토콜로, 여러 시스템에서 주소지정의 차이를 해결하기 위한 규약

① 동작 원리

1. 송신 시스템은 목적지 시스템의 MAC 주소를 알아내기 위하여 해당 네트워크의 모든 시스템으로 ARP Request 패킷 전송
2. ARP Request 패킷을 수신한 모든 시스템은 자신의 IP 주소와 일치하는지 확인 후 일치하지 않으면 해당 패킷 폐기
3. 목적지 IP 주소와 일치하는 시스템은 자신의 MAC 주소를 포함시켜, ARP Reply 패킷을 유니 캐스트(Unicast)로 응답
4. 송신 시스템은 목적지 IP 주소에 대응하는 MAC 주소를 알아냄

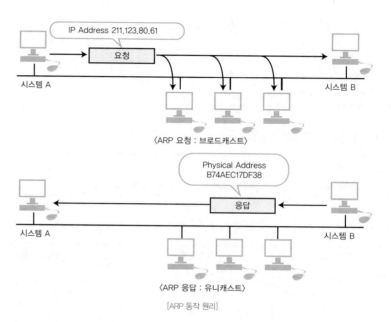

〈ARP 요청 : 브로드캐스트〉

〈ARP 응답 : 유니캐스트〉

[ARP 동작 원리]

② 헤더 구조

Hardware Type		Protocol Type	
Hard Add Len	Proto Add Len	Operation Code	
Source Hardware Address			
Source Protocol Address			
Destination Hardware Address			
Destination Protocol Address			

Hardware Type
(2 Byte)
	• Hardware 주소 타입을 나타내는 필드
	• 네트워크 유형
	  – 1(Ethernet), 2(Experimental Ethernet), 3(Amateur Radio AX.25), 4(Proteon ProNET Token Ring), 5(Chaos), 6(IEEE 802.3 Networks)
	  – 7(ARCNET), 8(Hyperchnnel), 9(Lanstar), 10(Autonet Short Address), 11(LocalTalk), 12(LocalNet(IBM PCNet or SYTEK LocalNET))

Protocol Type (2 Byte)	프로토콜(IPv4, IPv6, ATM 등)의 유형 – 0x0800(IPv4)
Hard Add Len (1 Byte)	하드웨어 주소(MAC)의 길이를 Byte로 나타냄 – 6(Ethernet)
Proto Add Len (1 Byte)	프로토콜 주소의 길이를 Byte로 나타냄 – 4(IPv4)
Operation Code (2 Byte)	ARP 패킷의 종류 – 1(ARP Request), 2(ARP Reply), 3(RARP Request), 4(RARP Reply)
Source Hardware Address (6 Byte)	출발지의 MAC 주소
Source Protocol Address (4 Byte)	출발지의 IP 주소
Destination Hardware Address (6 Byte)	• 목적지의 MAC 주소 • ARP Request 동작 시 0으로 설정 – 이더넷 헤더의 목적지 주소가 FF:FF:FF:FF:FF:FF로 설정되어 브로드캐스팅
Destination Protocol Address (4 Byte)	목적지의 IP 주소

③ ARP Cache

- 송신 시스템이 수신 시스템으로 데이터를 보내기 전에 먼저 ARP Cache 내용을 참조함으로써 효율적인 통신을 위해 사용
- 송신 시스템은 수신 시스템으로 ARP Request 패킷을 전송하기 전에 먼저 ARP Cache Table을 참조
- 데이터 전송 시 송신 시스템의 ARP Cache Table에 수신 시스템의 MAC 주소가 저장되어 있을 경우 ARP Request 패킷을 전송하지 않음
- ARP Cache에 저장된 정보는 일정 시간 동안 사용되지 않으면 삭제 : 저장되는 시간은 Windows 기준으로 2분이며, 2분 이내 다시 통신하게 되면 10분으로 저장시간 증가

```
인터페이스: 192.168.0.48 ── 0xb
인터넷 주소              물리적 주소              유형
192.168.0.1            88-36-6c-af-26-54       동적
192.168.0.255          ff-ff-ff-ff-ff-ff       정적
224.0.0.2              01-00-5e-00-00-02       정적
224.0.0.22             01-00-5e-00-00-16       정적
224.0.0.251            01-00-5e-00-00-fb       정적
224.0.0.252            01-00-5e-00-00-fc       정적
239.255.255.250        01-00-5e-7f-ff-fa       정적
255.255.255.255        ff-ff-ff-ff-ff-ff       정적
```

[ARP Cache Table]

④ ARP 명령어

```
[정적 주소지정]
#arp -s [IP 주소] [MAC 주소]
#arp -s 192.168.10.100 00-aa-00-62-c6-09

[정적 주소지정 삭제]
#arp -d 192.168.10.100 00-aa-00-62-c6-09

[ARP 테이블 확인]
#arp -a

[ARP 테이블 삭제]
#arp -d
```

2) Gratuitous ARP

일반 ARP와는 달리 GARP는 자신의 IP 주소를 목적지로 하여 ARP 요청을 보냄 즉, 누군가의 MAC 주소를 알고자 하는 것이 목적이 아님

① 목적

IP 주소 충돌 감지	• IP 주소 충돌을 감지하기 위해 사용 • 호스트에서 자신의 IP 주소를 목적지로 하여 ARP 요청을 보내고, 만약 다른 호스트에서 이에 대한 응답이 있다면 이미 해당 IP 주소를 사용하고 있는 호스트가 존재하고 있음을 알 수 있음 • 이 경우 Windows는 IP 주소 충돌 메시지를 화면에 띄움

- HSRP와 마찬가지로 게이트웨이 이중화 프로토콜
- HSRP와 달리 표준 프로토콜
- VRRP에서 패킷 포워딩을 하는 장비를 마스터 라우터, 장애 시 이어받는 장비를 백업 라우터라고 함
- HSRP는 인터페이스에 설정되어 있지 않은 IP를 VIP(Virtual IP)로 설정하지만, VRRP는 인터페이스에 설정된 실제 IP로 Virtual IP를 설정할 수 있음. 또한, 별도의 VIP도 사용 가능

★ HSRP(Hot Standby
Redundancy Protocol)
- 시스코에서 개발한 게이트웨이 이중화 프로토콜
- Active 라우터와 Standby 라우터가 존재하는데, Active 라우터가 프레임을 처리하고, Standby 라우터는 Active 라우터를 감시하고 있다가 Active 라우터가 다운되면 Standby 라우터가 그 역할을 대신하게 됨

★ TTL(Time to Live)
- 컴퓨터나 네트워크에서 데이터의 유효 기간을 나타내기 위한 방법
- 계수기나 타임스탬프의 형태로 데이터에 포함되며, 정해진 유효 기간이 지나면 데이터는 폐기
- 패킷의 무한 순환을 방지하는 역할
- Router는 TTL 패킷을 수신하면 TTL 값을 1씩 감소시킴. 만약, TTL 값이 0인 값을 받았다면 Router는 패킷을 폐기
  - 운영체제별 TTL 값(참고)
  - Windows 기반 : TTL=128
  - UNIX 기반 : TTL=64
  - 기타 운영체제 : TTL=255

ARP Table 갱신	• 서브넷상에 존재하는 호스트/라우터의 ARP Table(ARP Cache)을 갱신하기 위해 사용 • 즉, 누군가가 GARP 패킷을 보내면 이를 수신한 모든 호스트/라우터는 GARP 패킷의 {Sender MAC Address와 Sender IP Address} 필드로 자신의 ARP Table을 갱신함
VRRP/HSRP	• VRRP*/HSRP* 프로토콜에서 사용 • VRRP/HSRP가 Enable된 라우터 중 Master에 해당하는 라우터는 자신과 연결된 L2 Switch의 MAC Address Table 정보를 갱신하기 위해 GARP를 사용

3) Proxy ARP

- 서브넷(Subnet)을 인식하지 못하는 호스트와 서브넷을 인식하는 다른 호스트가 공존할 수 있도록 하기 위해 브로드캐스트(Broadcast) 네트워크에서 사용
- ARP를 요청한 호스트가 목적지의 호스트와 같은 세그먼트(Segment)에 존재하지 않으면 일단 라우터가 자신의 MAC 주소를 대신하여 응답

4) ICMP(Internet Control Message Protocol)

- TCP/IP를 이용하여 두 호스트 간 통신을 담당하는 프로토콜
- 두 호스트가 통신할 때 오류 정보를 알려주거나, 상대 호스트의 통신 가능 유무를 확인하는 데 사용

① 특징

- 네트워크 계층 프로토콜로, IP 패킷의 프로세스에 관련된 오류 정보를 보고하는 메시지 제공
- 첫 번째의 IP 데이터 그램에 대해서만 오류보고를 하며, 중간 라우터에 문제 발생 시 IP 데이터 그램이 전달되지 않아도 네트워크에서는 ICMP가 시작 호스트로 보내짐 : 오류보고, 도착 가능 검사, 혼잡 제어, 수신측 경로 변경, 성능 측정

② 메시지 종류

Echo Request/Reply	Type 8/0	ICMP 요청/응답 메시지
Destination Unreachable	Type 3	도달할 수 없는 목적지에 계속해서 패킷을 보낼 때 경고 역할
Source Quench	Type 4	수신측 서버가 불안정하거나 폭주했을 때 상황을 송신측에 알려서 전송을 잠시 중단하거나 전송률을 줄이는 등의 조치를 하도록 하는 역할
Redirect	Type 5	송신측으로부터 패킷을 수신받은 라우터가 특정 목적지로 가는 더 짧은 경로가 있음을 알리는 역할
Time Exceeded	Type 11	목적지 시스템에 도달하기 전에 TTL* 값이 0에 이르렀음을 알리는 역할
Timestamp Request/ Reply	Type 13/14	ICMP 질의 메시지가 두 시스템 간에 왕복하는데 소요되는 시간 또는 시간차를 파악하는 데 사용
Address Mask Request/Reply	Type 17/18	서브넷 마스크를 얻는 데 사용

③ ICMP 헤더 구조

Type(8bit)	Code(8bit)	Checksum(16bit)
Message Body		

[ICMP 헤더 구조]

Type	ICMP 메시지 종류
Code	Type에 대한 코드 값
Checksum	ICMP 메시지 자체(헤더+데이터)에 대한 오류를 검사하는 필드

④ ICMP Redirect 기본 원리

1. 호스트가 인터넷으로 패킷를 보낼 때, 디폴트 라우터로 라우터 A가 정해져 있다면 호스트는 일단 패킷을 라우터 A로 보냄
2. 라우터 A는 라우팅 테이블*을 참조하여 직접 데이터를 처리하는 것보다 라우터 B가 처리하는 것이 효율적이라면 패킷을 라우터 B로 전송
3. 라우터 A는 동일 목적지로 보내는 패킷이 라우터 B로 전송되도록 호스트에게 ICMP Redirect 패킷을 보냄
4. 호스트는 라우팅 테이블에 현재 전송 중인 패킷에 대한 정보를 저장하고, 동일 목적지로 전송하는 패킷은 라우터 B로 보냄

> ■ 라우팅 테이블
> (Routing Table)
> • 패킷이 목적지까지의 거리와 가는 방법 등을 명시하고 있는 테이블
> • 시간에 따라 주기적으로 업데이트하며, 라우터의 손상이나 새로운 경로 생성 및 제거에 따라 변화함
> • 라우터는 라우팅 테이블을 참조하여 최적의 경로로 패킷을 전송

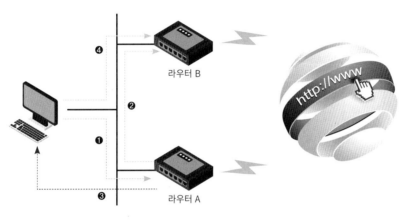

[ICMP 기본 원리]

⑤ ICMP Redirect 헤더 구조

Ethernet		
IP Header		
Type(5)	Code(0~3)	Checksum
New Gateway IP(4 Byte)		
IP Header(12 Byte)		
Sender IP(4 Byte)		
Destination IP(4 Byte)		
Data(8Byte)		

[ICMP Redirect 헤더 구조]

5) ICMPv6

- ICMPv6(Internet Control Message Protocol Version 6) 버전
- IPv4에서의 ICMP 기능과 ARP, IGMP 기능을 통합한 제어 프로토콜
- IPv6 네트워크에서는 모든 제어 구조 기능이 ICMPv6에 통합됨으로써, 가장 중요한 역할을 하는 프로토콜이라고 할 수 있음

① 특징

네트워크 계층 프로토콜로, IP 패킷의 프로세스에 관련된 오류 정보를 보고하는 메시지 제공

② 메시지

IPv6 기본 헤더의 Next Header로 위치

Type Field	크게 2개의 카테고리, 즉 오류 메시지와 정보 메시지로 나눔 – 0~127 : 오류 메시지 – 128~255 : 정보 메시지 – 130~132 : MLD(Multicast Listener Discovery) – 133~137 : NDP(Neighbor Discovery Protocol)
Code Field	ICMPv6의 메시지 Type을 구별
Checksum	최소한의 메시지 무결성 확인
Message Body	전달하고자 하는 메시지 내용

③ 헤더 구조

Type(8bit)	Code(8bit)	Checksum(16bit)
Message Body		

④ 추가 기능

ICMPv6에는 IPv4의 ICMP에서 존재했던 기능 외에 PMTUD, MLD, NDP, 주소 자동설정과 같은 기능들이 추가됨

PMTUD (Path MTU Discovery)	• 목적지 경로상에 존재하는 링크들 중 MTU* 값이 가장 적은 링크의 MTU 값을 확인하는 과정 • IPv6에서는 오직 출발지 장비만이 IPv6 패킷을 분할할 수 있도록 규정. 그 이유는 IPv4에서 목적지 경로상의 중간 라우터들이 무분별한 분할을 수행함으로써, 발생했던 라우팅 속도 저하를 막기 위해서임
MLD (Multicast Listener Discovery)	• IPv4에서의 IGMP와 유사한 기능을 수행하는 프로토콜로서, 연결된 링크 상에 멀티캐스트 그룹에 소속되어 있는 호스트가 존재하는 지의 여부를 확인하거나, 멀티캐스트 그룹에 소속되어 있는 호스트들의 관리 목적으로 사용 • MLD는 MLQ, MLR, MLD라는 3개의 메시지 유형을 사용 – MLQ(Multicast Listener Query) : 멀티캐스트 그룹에 소속된 호스트가 존재하는 지의 여부를 확인하기 위한 ICMPv6 메시지, 메시지 전송 시 출발지 주소는 자신의 링크 로컬 주소를 사용, 목적지 주소는 All Node Multicast를 사용 – MLR(Multicast Listener Report) : MLQ 메시지를 받은 대상이 응답을 위해 사용하는 ICMPv6 메시지, 메시지 전송 시 출발지 주소는 자신의 링크 로컬 주소를 사용, 목적지 주소는 MLQ 메시지를 보낸 상대방의 링크 로컬 주소를 사용 – MLD(Multicast Listener Done) : 특정 멀티캐스트 그룹에서 탈퇴할 경우 라우터에게 보내는 ICMPv6 메시지, 메시지 전송 시 출발지 주소는 자신의 링크 로컬 주소를 사용, 목적지 주소는 All Router Multicast 주소를 사용
NDP (Neighbor Discovery Protocol)	• IPv4에서의 ARP와 유사한 역할을 수행. 즉 이더넷 환경에서 상대방의 IPv6를 통해 MAC 주소를 알아내고, 이를 바탕으로 상대방과의 통신을 가능하게 해줌 • ICMPv6 메시지 중에서 NS(Neighbor Solicitation)와 NA(Neighbor Advertisement)를 사용 – NDP(Neighbor Discovery Protocol) : 분류, 메시지 종류, Type, Code, 기능의 내용이 있음
DAD (Duplicate Address Detection)	처음 인터페이스가 활성화된 호스트는 자신과 인접한 라우터의 존재 유무를 확인하고, 해당 라우터와 통신하기 위해 스스로 링크 로컬 주소를 생성. 이때 호스트는 링크 상에 자신이 사용할 주소와 동일한 주소를 사용하는 장비가 존재하는지 확인하는 과정을 DAD 과정이라고 함

	DHCP와 같이 별도의 설정이 없더라도 라우터와의 상호 작용으로 자동으로 글로벌 주소를 획득할 수 있는 기능. 이 기능은 RS, RA의 메시지로 이루어지며, EUI-64* 포맷을 기반으로 형성 – RS(Router Solicitation) : 글로벌 주소를 생성하기 위하여 현재 라우터가 사용하고 있는 글로벌 Prefix를 요청하는 메시지. 출발지 주소는 자신의 링크 로컬 주소 혹은 미확정 주소(::)를 이용하며, 목적지 주소는 All Router Multicast 주소를 사용 – RA(Router Advertisement) : RS 메시지에 대한 응답 메시지로, 라우터 인터페이스에 설정된 글로벌 /64의 Prefix 정보를 포함한 정보를 제공. 출발지 주소는 자신의 링크 로컬 주소를 이용하며, 목적지 주소는 All Node Multicast 주소를 사용
Stateless Auto Configuration	

> **EUI (Extended Unique Identifier)**
> - IEEE 표준으로써, 링크 계층에서 유일 식별성을 갖추기 위한 주소 형식
> - IPv6 호스트가 자기 자신에게 EUI-64를 설정할 수 있게 함
> - 일반적으로 64bit의 네트워크 주소는 라우터에서 받아오며, 인터페이스의 주소 64bit는 랜카드의 MAC 주소를 EUI-64bit로 변환하여 사용

6) TCP(Transmission Control Protocol)

호스트 간 신뢰성 있는 데이터 전달과 흐름 제어 및 혼잡 제어 등을 제공하는 전송 계층의 연결지향형 프로토콜

① 특징

- 패킷의 순서번호(Sequence Number)와 CRC(Cyclic Redundancy Check)*를 이용하여 신뢰성 있는 통신 수행
- 상대방과 신뢰성 있는 통신을 위하여 세션을 연결하며, 논리적으로 1 : 1 연결된 통신에서 가능
- TCP 기반 프로토콜 : FTP, Telnet, SMTP, HTTP 등

> **순환 중복 검사(Cyclic Redundancy Check)**
> 네트워크를 통하여 데이터를 전송할 때 전송된 데이터에 오류가 있는지를 확인하기 위한 체크 값을 결정하는 방식

② TCP 헤더의 사용 목적

프로세스 주소지정	출발지와 목적지 시스템에 있는 프로세스는 포트 번호로 식별
슬라이딩 윈도우 (Sliding Window) 구현	순서번호, 승인번호, 윈도우 크기(Window Size)* 필드로 TCP 슬라이딩 시스템 구현
제어 비트(Control Bit)와 필드설정	다양한 제어기능을 구현하기 위한 특별한 비트와 그것에 필요한 포인터나 다른 데이터를 저장하는 필드가 있음
데이터 송신	데이터 필드에는 시스템 간 송신되는 실제 데이터가 바이트 단위로 들어감
다양한 기능 구현	데이터 보호를 위한 체크섬(Checksum)과 연결확립을 위한 선택사항도 있음

> **윈도우 크기 (Window Size)**
> - 수신자가 한 번에 버퍼링할 수 있는 최대 데이터 크기
> - 송신자는 수신자의 윈도우 크기만큼 ACK를 기다리지 않고 데이터를 전송할 수 있음

③ 헤더 구조

Source Port Number(16bit)			Destination Port Number(16bit)
Sequence Number(32bit)			
Acknowledgement Number(32bit)			
Header Length(4bit)	Reserved (6bit)	Control Flag (6bit)	Window Size(16bit)
Checksum(16bit)			Urgent Pointer(16bit)
Option			

[TCP 헤더 구조]

Source Port (16bit)	• 출발지 포트 번호 • 출발지 호스트에서 TCP 세그먼트를 전송하는 포트의 2바이트 포트 번호 • 클라이언트가 서버로 전송할 때는 임시(클라이언트) 포트 번호를 사용하고, 서버가 클라이언트에게 응답을 전송할 때는 잘 알려진 서버 포트 번호 사용

Destination Port (16bit)	• 목적지 포트 번호 • 목적지 호스트에서 메시지의 최종 목적지인 프로세스의 포트를 나타내는 2바이트 포트 번호 • 클라이언트 요청일 경우 잘 알려진 포트 번호를 사용하고, 서버의 응답으로는 임시 클라이언트 포트 번호 사용
Sequence Number (32bit)	• 정상적인 송신일 경우 이 세그먼트에서 전송하는 첫 번째 순서번호 • 연결요청(SYN) 메시지일 경우에는 출발지 TCP가 사용할 순서번호 • 실제로 전송할 첫 번째 데이터 바이트는 이 필드의 값+1을 순서번호로 가짐
Acknowledgement Number(32bit)	• ACK 비트가 설정되면 세그먼트는 승인기능을 가짐 • 출발지가 다음에 목적지로 전송해야 할 순서번호를 가짐
Header Length (4bit)	• TCP 세그먼트에 있는 데이터를 32비트 워드(Word) 단위*로 나타내며, 즉, 이 필드 값의 4배는 세그먼트에 있는 바이트 수가 되며, 따라서 세그먼트의 바이트 수는 항상 4의 배수 • TCP 세그먼트의 시작에서부터 데이터의 시작까지 얼마나 많은 32비트의 워드가 있는지 알리기 위하여 데이터 Offset이라고 함
Reserved (6bit)	• 나중에 사용하기 위하여 예약되어 있음 • 0으로 설정
TCP Flags (6bit)	• TCP는 제어 메시지를 별도로 두지 않음 • 제어 비트를 전송할 때는 특정 비트 설정
Window (16bit)	• 세그먼트의 송신자가 수신자에게 한번에 받을 수 있는 옥텟 수를 알림 • 연결에서 발생하는 데이터를 수신하기 위하여 할당된 버퍼의 현재 크기 • 세그먼트를 전송하는 시스템의 현재 수신 Window 크기이며, 세그먼트를 수신하는 시스템의 송신 Window 크기
Checksum (16bit)	• 데이터 무결성 보호를 위하여 사용하는 16비트 체크섬 • 전체의 TCP 데이터와 특수한 가상 세그먼트 필드를 통하여 체크섬 계산 • 체크섬을 이용한 송신 중에 발생할 수 있는 오류로부터 TCP 세그먼트 보호 • 선택적으로 다른 체크섬을 사용할 수 있음
Urgent Pointer (16bit)	• 우선순위 데이터 송신을 나타내는 URG 비트와 같이 사용 • 긴급 데이터의 마지막 바이트가 가지는 순서번호
Option (32bit)	• TCP는 세그먼트로 여러 선택사항 데이터를 전송할 수 있는 일반적인 방식 사용 • 각 선택사항의 길이는 1바이트이거나 가변 길이 • 첫 번째 바이트는 선택사항 종류, 하위 비트로 선택사항 유형 명시 • 선택사항 유형으로 선택사항이 1바이트인지 또는 여러 바이트인지 알 수 있음 • 여러 바이트를 가지는 선택사항은 3개의 필드로 구성
Padding	선택사항 필드가 32비트의 배수가 아니면 0을 덧붙여 32비트의 배수가 되도록 함

워드(Word) 단위

- 비트(Bit), 바이트(Byte), 워드(Word)는 컴퓨터의 데이터 단위 또는 메모리의 단위로 사용
- 하나의 기계어 명령어나 연산을 통해 저장된 장치로부터 레지스터에 옮겨 놓을 수 있는 데이터 단위. 메모리에서 레지스터로 데이터를 옮기거나, ALU을 통해 데이터를 조작할 때, 하나의 명령어로 실행될 수 있는 데이터 처리 단위
- 사용하는 32비트 CPU라면 워드는 32비트가 됨

④ TCP Flag

URT	• 긴급 비트 • 1로 설정되면 세그먼트에 우선순위가 높은 데이터가 있다는 의미 • 긴급 포인터 필드 값 활용
ACK	• 승인 비트 • 1로 설정되면 세그먼트가 승인을 포함한다는 의미 • 승인번호 필드 값은 세그먼트의 목적지가 다음에 전송해야 할 순서번호*를 가리킴
PSH	• 밀어 넣기 비트 • 세그먼트의 송신시스템이 TCP 밀어 넣기 기능을 사용했기 때문에, 세그먼트를 수신하는 즉시 응용계층으로 송신하라는 의미
RST	• 초기화 비트 • 송신시스템에 문제가 발생하였으니 연결을 초기화해야 한다는 의미

순서번호 (Sequence Number)

- 바이트 단위로 구분되어 순서화되는 번호로, 이를 통해 TCP에서는 신뢰성 및 흐름 제어 기능을 제공
- TCP 각 세그먼트의 첫 번째 바이트에 부여되는 번호

SYN	• 동기화 비트 • 순서번호를 동기화하고 연결확립을 요청하는 비트 • 순서번호 필드는 세그먼트를 송신하는 장비의 ISN을 가짐
FIN	• 종료 비트 • 세그먼트의 송신 장비가 연결 종료를 요청한다는 의미

⑤ **동작 원리**

세션이 생성되어 종료될 때까지 3단계를 거침

1. 상대 소켓과의 연결 → 2. 상대 소켓과의 데이터 전송 → 3. 상대 소켓과의 연결 종료

㉠ **상대 소켓과의 연결(3-Way Handshake)**

1. 클라이언트가 서버로 [SYN](SEQ : 1000) 메시지 전송
2. 서버가 클라이언트로 [SYN+ACK](SEQ : 2000, ACK : 1001) 메시지 응답
3. 클라이언트가 [ACK](SEQ : 1001, ACK : 2001) 메시지를 전송하면 연결확립

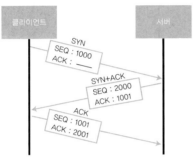

[상대 소켓과의 연결]

㉡ **상대 소켓과의 데이터 전송**

1. 클라이언트가 서버로 [SYN](SEQ : 4000) 메시지와 50바이트의 데이터 전송
2. 서버가 [ACK : 4051] 전송
3. 클라이언트가 SEQ : 4051 메시지와 80바이트 데이터를 전송하는데, 서버가 [ACK] 메시지를 수신하지 못함 : 이런 경우 일정 시간이 지나면 Time Out이 일어나게 됨
4. 클라이언트가 SEQ : 4051 메시지와 80바이트 데이터를 재전송하고, 서버가 ACK : 4132 메시지로 응답하면 데이터 전송 완료 : 이런 과정을 통하여 데이터가 얼마만큼 전송이 되었는지, 전송이 정상적으로 되었는지를 확인할 수 있음

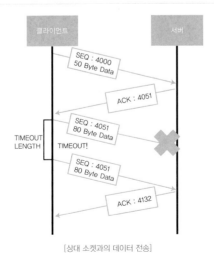

[상대 소켓과의 데이터 전송]

ⓒ 상대 소켓과의 연결 종료

1. 클라이언트가 [FIN](SEQ : 6000) 메시지를 서버로 전송
2. 서버는 [ACK](SEQ : 7000, ACK : 6001) 메시지로 응답
3. 서버가 다시 [FIN](SEQ : 7001, ACK : 6001) 메시지로 응답 : 여기에서 특징적인 것은 중간에 ACK : 6001이 두 번 전송된다는 점
4. [FIN] 메시지에 있는 ACK : 6001은 [ACK] 메시지를 전송한 후 수신하지 못하였기 때문에 재전송
5. 클라이언트가 [ACK](SEQ : 6001, ACK : 7002) 메시지로 응답하여 연결 종료

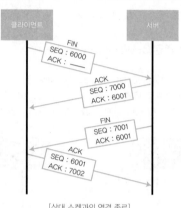

[상대 소켓과의 연결 종료]

🌟 슬라이딩 윈도우 (Sliding Window)
- 네트워크 호스트 간 패킷의 흐름을 제어하기 위한 방법
- TCP와 같이 데이터의 전달을 보증하는 프로토콜에서는 패킷 하나 하나가 정상적으로 전달되었음을 알리는 확인 신호(ACK)를 받아야 하며, 만약 패킷이 전송 도중에 잘못되었거나 분실되어 확인받지 못하는 경우, 해당 패킷을 재전송해야 할 필요가 있음
- 슬라이딩 윈도우는 일단 윈도우(메모리 버퍼의 일정 영역)에 포함되는 모든 패킷을 전송하고, 그 패킷들의 전달이 확인되는 대로 이 윈도우를 옆으로 옮김(Slide)으로서, 그 다음 패킷들을 전송하는 방식
- 아직 확인을 받지 않고도 여러 패킷을 보내는 것이 가능하므로 매번 전송한 패킷에 대해 확인을 받아야만 그 다음 패킷을 전송하는 방법(Stop-and-Wait)을 사용하는 것보다 훨씬 네트워크를 효율적으로 사용할 수 있음

🌟 NFS(Network File System)
- 썬 마이크로 시스템(SUN)에서 네트워크를 통해 파일을 공유할 수 있도록 만든 프로토콜
- 하드웨어, 운영체제 또는 네트워크 구조가 달라도 파일을 공유 할 수 있도록 고안. 파일 공유 등을 비롯해 다른 부가 기능을 제공. 하지만 공유된 파일들에 대한 보안 문제가 발생할 수도 있음
- 리눅스 시스템에서 윈도우 파티션을 마운트하여 사용하는 것처럼 NFS 서버의 특정 디렉터리를 클라이언트에서 마운트하여 자신의 영역인 것처럼 사용할 수 있음. 그러나 위와 같은 편리한 점에도 불구하고 보안상 많은 취약점을 갖고 있어, 클라이언트인 것처럼 속여서 서버에 접속하게 되면 특정 디렉터리를 마음대로 조작할 수 있음

7) UDP(User Datagram Protocol)

호스트간 데이터 전송과 오류검출만을 제공하는 비연결형 프로토콜

① 특징
- TCP에 비해 전송과정이 단순하므로, 고속의 안정성 있는 전송 매체를 사용하며, 고속의 수행 속도를 필요로 하는 응용프로그램의 경우 사용
- 가상회선의 개념이 없으며, 슬라이딩 윈도우(Sliding Window)* 등의 복잡한 기술을 사용하지 않음
- 데이터의 전송 단위는 블록이며, UDP의 사용자는 16비트의 포트 번호를 할당 받음
- 전송 중 패킷이 손실되면 수신측에서 패킷 손실의 유무를 알 수 없으므로, 신뢰성 부족
- UDP가 제공하는 두 가지 서비스
  - 프로세스 대 프로세스 데이터 전달
  - 오류검출 : 헤더에 오류검출 필드를 포함함으로써 무결성 검사 제공
- 비연결형 프로토콜이며, 패킷 오버헤드가 적음(세그먼트 당 8바이트)
- UDP 기반 프로토콜 : DNS, NFS*, SNMP, RIP 등

② 헤더 구조

Source Port Number(16bit)		Destination Port Number(16bit)
Total Length(16bit)		Checksum(16bit)

[UDP 헤더 구조]

Source Port Number	출발지 포트 번호
Destination Port Number	목적지 포트 번호
Total Length	UDP 헤더와 데이터 길이
Checksum	데이터의 무결성 확인

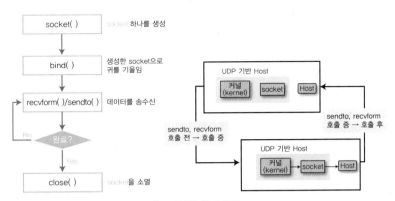

[UDP 동작 원리(소켓 흐름)]

8) TCP와 UDP 프로토콜 비교

구분	TCP	UDP
일반적 특징	애플리케이션이 네트워크 계층 문제와는 무관하게 데이터를 안정적으로 송수신할 수 있도록 하는 프로토콜	단순하고, 빠르며, 애플리케이션이 네트워크 계층에 접근할 수 있도록 하는 인터페이스만 제공할 뿐 다른 역할은 거의 하지 않음
프로토콜 연결 수립	연결형	비연결형
애플리케이션의 데이터 입력 인터페이스	• 스트림 기반 • 애플리케이션은 특정한 구조 없이 데이터를 송신	• 메시지 기반 • 애플리케이션은 데이터를 별도의 패키지로 송신
신뢰성과 승인	• 메시지 전송을 신뢰할 수 있음 • 모든 데이터에 대한 승인이 있음	• 신뢰성이 없음 • 모든 데이터에 대한 승인이 없음
재전송	모든 데이터 전송을 관리하며, 손실된 데이터는 자동으로 재전송	• 수행하지 않음 • 애플리케이션은 손실 데이터를 탐지하고 필요할 경우 재전송해야 함
데이터 흐름 관리 기능	• 슬라이딩 윈도우를 이용한 흐름 제어 • 윈도우 크기를 적절히 조정하고, 혼잡 회피 알고리즘을 사용	없음
부하	높음	낮음
전송 속도	느림	빠름
적합한 데이터 양	소량에서 다량의 데이터까지 (최대 수 기가 바이트)	소량에서 중량 데이터(최대 수백 바이트)
프로토콜을 사용하는 애플리케이션의 유형	• 신뢰할 수 있는 방법으로 데이터를 송신해야 하는 대부분의 프로토콜과 애플리케이션 • 대부분의 파일/메시지 전송 프로토콜을 포함	데이터의 완전성보다 전달 속도가 중요하고, 소량의 데이터를 송신하고, 멀티캐스트/브로드캐스트를 사용하는 애플리케이션
애플리케이션과 프로토콜	FTP, Telnet, SMTP, DNS, HTTP, POP, NNTP*, IMAP, BGP, IRC*, NFS(개선 버전)	멀티미디어 애플리케이션, DNS, BOOTP*, DHCP, TFTP, SNMP, RIP, NFS(초기 버전)

NNTP(Network News Transfer Protocol)

뉴스 서버 간에 유즈넷 뉴스 기사(Netnews)를 전송하고, 최종 사용자 클라이언트 애플리케이션에 의해 기사를 구독, 게시할 수 있게 하기 위한 애플리케이션 프로토콜

IRC(Internet Relay Chat)

• 실시간 채팅 프로토콜로, 여러 사용자가 모여 대화를 나눌 수 있음
• 개인 간의 대화 기능도 지원하며, 'DCC'라는 파일 전송 기능도 제공
• 전통적인 채팅 프로토콜로, 이를 지원하는 수많은 서버 네트워크와 클라이언트가 존재함

BOOTP(Bootstrap Protocol)

• 처음 부팅된 컴퓨터, 디스크를 갖지 않은 컴퓨터에게 IP 주소 등 구성정보를 제공
• 정적인 클라이언트/서버 형태의 구성정보 제공용 프로토콜
• 3가지 정보 제공 : IP 주소, 부트 파일이 있는 서버 이름, 부트 파일 이름

<table>
<tr><td>Section
03</td><td>UNIX/Windows 네트워크 서비스</td></tr>
</table>

1 주요 서비스

1) DNS(Domain Name System) 서비스

- TCP/IP 네트워크에서 사용되는 이름 서비스의 구조로, 도메인 이름과 IP 주소의 정보를 자동으로 해석하는 시스템
- 인터넷에서 www.netnuri.com과 같은 특정 도메인을 IP 주소로 변환해 주는 프로토콜
- OSI 7계층의 응용계층 프로토콜, 기본적으로 TCP/UDP 53번 포트를 이용하여 통신하며, 클라이언트가 운영체제 내에 내장되어 자동으로 동작

① 도메인 이름(Domain Name)

넓은 의미로는 네트워크에서 컴퓨터를 식별하는 호스트 명을 가리키며, 좁은 의미에서는 도메인 등록기관에 등록된 이름을 의미

도메인 등록기관	도메인 이름의 종류에 따라 국제 인터넷 주소 관리기구(ICANN)*와 해당 국가 기관으로부터 승인받아, 일반 사용자의 도메인 이름을 등록 대행하는 역할
사용 가능한 문자	0부터 9까지, a부터 z까지, 하이픈(-)(알파벳 대소문자 구분 안함)
도메인 사용 시 장점	숫자로 된 IP 주소에 비해 기억하기 쉬우며, 여러 IP 주소를 한 도메인에 대응시키거나(서브 도메인) 여러 도메인을 하나의 IP 주소로 대응시키는(가상 호스트*) 것이 가능

② 기본 원리

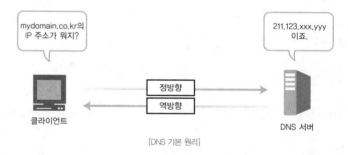

[DNS 기본 원리]

③ DNS 레코드

A (Address Mapping Record)	• 주어진 호스트에 대한 IP 주소(IPv4)를 알려줌 • 도메인 이름을 해당하는 IP 주소(IPv4)로 변환하는 데 사용
AAAA (IPv6 Address Record)	• 주어진 호스트에 대해 IPv6 주소를 알려줌 • 도메인 이름을 해당하는 IP 주소(IPv6)로 변환하는 데 사용
CNAME (Canonical Name)	• 도메인 이름의 별칭을 만드는 데 사용 • 도메인을 외부 도메인으로 별칭을 지정하려는 경우 유용 • 경우에 따라 CNAME 레코드를 제거하고, A 레코드로 대체하면 성능 오버헤드를 줄일 수도 있음
HINFO (Host Information)	• 호스트에 대한 일반 정보를 얻는 데 사용(CPU 및 OS 등) • 두 호스트 간 통신을 하고자 할 때, 운영체제나 특정 프로토콜을 사용할 수 있도록 함 • 하지만 일반적으로 보안상의 이유로 HINFO 레코드는 공용 서버에서 사용되지 않음

📌 국제 인터넷 주소 관리기구 (ICANN)
- 1998년에 설립된 인터넷의 비즈니스, 기술계, 학계 및 사용자 단체 등으로 구성
- NS의 기술적 관리, IP 주소 공간 할당, 프로토콜 파라미터 지정, 루트 서버 관리 등의 업무를 조정하는 역할

📌 가상 호스트(Virtual Host)
- 하나의 서버가 여러 개의 도메인을 가지고 있고, 각각의 도메인마다 다른 서비스를 제공하고자 할 때 가상 호스트를 사용하면 편리
- 이름 기반 가상 호스트 설정

MX (Mail Exchanger)	• DNS 도메인 이름에 대한 메일 교환 서버를 알려줌 • SMTP(Simple Mail Transfer Protocol)가 전자 메일을 적절한 호스트로 라우팅하는 데 사용 • 일반적으로 DNS 도메인에 대해 2개 이상의 메일 교환 서버가 있으며, 각 도메인에 우선순위가 설정됨
NS (Name Server)	주어진 호스트에 대한 공식적인 이름 서버를 알려줌
PTR (Reverse-Lookup Pointer Record)	정방향 DNS 확인(A 및 AAAA 레코드)과 달리 PTR 레코드는 IP 주소를 기반으로 도메인 이름을 찾는 데 사용
SOA (Start of Authority)	기본 이름 서버, 도메인 관리자의 전자 메일, 도메인 일련번호 및 영역 새로 고침과 관련된 여러 타이머를 포함하여 DNS 영역에 대한 핵심 정보를 지정
TXT (Text)	• 형식이 지정되지 않은 임의의 텍스트 문자열을 저장할 수 있음(파일도 가능) • 일반적으로 이 레코드는 SPF(Sender Policy Framework)*가 가짜 전자 메일을 차단하기 위해서 사용

2) HTTP(Hyper Text Transfer Protocol)

웹에서 하이퍼텍스트 문서를 송수신하는데 사용되는 통신규약 : 웹에서 HTTP 프로토콜을 사용하여 멀티미디어 데이터 전송

① 특징

㉠ 비연결성(Connectionless)

클라이언트와 서버가 한 번 연결한 후, 클라이언트 요청에 대해 서버가 응답하고, 맺었던 연결을 해제하는 성질

장점	인터넷상에서 불특정 다수의 통신 환경을 기반으로 설계되었는데, 만약 서버에서 다수의 클라이언트와 연결을 계속 유지한다면 이에 따른 많은 자원의 낭비를 유발. 따라서 연결을 유지하기 위한 자원을 최소화하면 더 많은 사용자들이 연결할 수 있음
단점	서버는 클라이언트의 연결 정보를 저장하고 있지 않으므로, 동일한 클라이언트의 모든 요청에 대해서 매번 새로운 연결 요청/해제의 과정을 거쳐야 함. 따라서 연결/해제에 대한 오버헤드가 많이 발생
해결책	오버헤드를 줄이기 위해 HTTP의 KeepAlive* 속성을 사용할 수 있음

㉡ 무상태(Stateless)

• 비연결성(Connectionless)으로 인해 서버는 클라이언트를 식별할 수가 없는데, 이를 무상태(Stateless)라고 함
• 클라이언트의 상태를 알지 못하기 때문에 매번 인증해야 함
• 상태를 기억하는 방법

쿠키	• 웹브라우저에서 쿠키를 저장하여 서버가 클라이언트를 식별할 수 있도록 함 • 사용자 정보가 웹브라우저에 저장되므로, 공격자로부터 위변조의 가능성이 높아 보안에 취약
세션	• 웹브라우저가 아닌 서버에 사용자 정보를 저장하는 구조 • 세션 정보도 중간에 탈취당할 수 있으므로, 보안에 완벽하다고 할 수 없음 • 쿠키보다는 안전
토큰	• 쿠키와 세션의 문제점들을 보완하기 위해 토큰(Token) 기반의 인증 방식 • 중간에 공격자로부터 토큰이 탈취당하더라도 데이터에 대한 정보를 알 수 없으므로, 보안성이 높은 기술이라 할 수 있음 • 대표적으로 OAuth*, JWT* 등이 있음

SPF
(Sender Policy Framework)

• DNS 레코드의 한 유형으로, 스팸메일 발송자가 전자 메일 주소를 변조하거나 도용하여 수백, 수천 또는 수백만 개의 전자 메일을 불법으로 보낼 수 있는 전자 메일 시스템의 허점을 방지하기 위해 2003년 개발

• 메일 서버 정보를 사전에 DNS에 공개 등록함으로써, 수신자로 하여금 전자메일에 표시된 발송자 정보가 실제 메일 서버의 정보와 일치하는지를 확인할 수 있도록 하는 메일 검증기술로, 메일 서버 등록제라고도 불리며, 국제표준인 RFC 7208에 정의되어 있음

KeepAlive

• 지정된 시간동안 서버와 클라이언트 사이에서 패킷 교환이 없을 경우, 상대방의 상태를 확인하기 위해 패킷을 주기적으로 보내는 것을 말함

• 이때 확인 패킷에 반응이 없으면 접속을 해제

OAuth
(Open Authorization,
Open Authentication)

• 인터넷 사용자들이 비밀번호를 제공하지 않고 다른 웹사이트상의 자신들의 정보에 대해 웹사이트나 애플리케이션의 접근 권한을 부여할 수 있는 공통적인 수단으로 사용되는 접근 위임을 위한 개방형 표준

• 애플리케이션(페이스북, 구글, 트위터)의 사용자 비밀번호를 Third Party 앱의 제공 없이 인증, 인가를 할 수 있는 오픈 표준 프로토콜

• OAuth 인증을 통해 애플리케이션 API를 사용자 대신 접근할 수 있는 권한을 얻을 수 있음

JWT(JSON Web Token)

• 몇 가지 클레임을 주장하는 JSON 기반 접근 토큰을 만들기 위한 인터넷 표준

• 예를 들어, 서버는 admin으로 로그온 이라는 주장이 있는 토큰을 생성하여 이를 클라이언트에 제공할 수 있음

• C, Java, Python, C++, R, C#, PHP, JavaScript, Ruby, Go, Swift 등 대부분의 프로그래밍 언어에서 지원

• 필요한 모든 정보를 자체적으로 지니고 있음. 즉, JWT 시스템에서 발급된 토큰은 토큰에 대한 기본정보, 전달할 정보 그리고 토큰이 검증됐다는 것을 증명해주는 서명을 포함하고 있음

② 헤더 구조

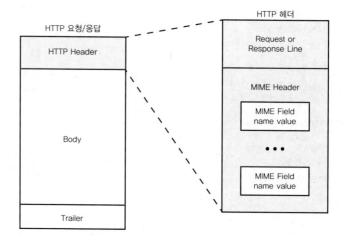

[HTTP 헤더 구조]

③ 기본 원리

1. 사용자는 웹브라우저에 접속하고자 하는 웹페이지의 URL을 입력
2. 사용자는 입력한 도메인 이름을 DNS 서버에서 검색
3. DNS 서버에서 도메인 이름에 해당하는 IP 주소를 찾아 사용자가 입력한 URL과 함께 전달
4. 전달받은 웹페이지 URL 정보와 IP 주소를 HTTP 프로토콜을 이용하여 HTTP 요청 메시지를 생성함. 이렇게 생성된 HTTP 요청 메시지는 TCP 프로토콜을 사용하여 해당 IP 주소의 컴퓨터로 전송
5. 이렇게 도착한 HTTP 요청 메시지는 HTTP 프로토콜을 이용하여 웹페이지 URL 정보로 변환
6. 웹 서버는 도착한 웹페이지 URL 정보에 해당하는 데이터를 검색
7. 검색된 웹페이지 데이터는 다시 HTTP 프로토콜을 이용하여 HTTP 응답 메시지를 생성. 이렇게 생성된 HTTP 응답 메시지는 TCP 프로토콜을 이용하여 원래 컴퓨터로 전송
8. 도착한 HTTP 응답 메시지는 HTTP 프로토콜을 이용하여 웹페이지 데이터로 변환
9. 변환된 웹페이지 데이터는 웹브라우저를 통해서 사용자가 볼 수 있게 됨

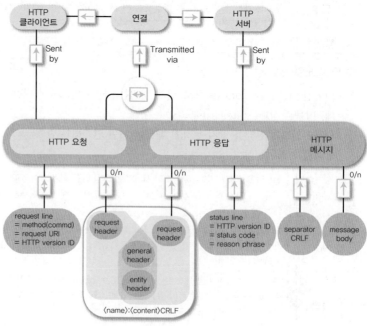

[HTTP 기본 원리]

④ HTTP 메소드

GET	클라이언트가 서버의 자원을 요청할 때 사용
PUT	서버가 요청 본문을 갖고 요청 URI*의 이름대로 새로운 문서를 만들거나, 이미 URI가 존재한다면 요청 본문을 변경할 때 사용(수정)
POST	서버에 입력 데이터를 전송하며, 요청 엔티티 본문에 데이터를 넣어 서버에 전송(삽입)
HEAD	• GET과 같지만, 서버는 응답으로 엔티티 본문 반환 없이 헤더만을 반환 • 클라이언트는 자원을 가져올 필요 없이 헤더만을 통해 정보를 얻을 수 있음
DELETE	원격지 웹 서버에 파일을 삭제하기 위해 사용되며, PUT와는 반대 개념의 메소드
TRACE	• 클라이언트와 서버 사이에 있는 모든 HTTP 애플리케이션의 요청/응답을 따라가면서 자신이 보낸 메시지의 이상 유무를 파악하는데 사용 • 서버는 응답 메시지의 본문에 자신이 받은 요청 메시지를 넣어 응답하며, 주로 진단을 위해 사용
CONNECT	웹 서버에 프락시 기능을 요청할 때 사용
OPTIONS	서버에게 특정 자원이 어떤 메소드를 지원하는지 물어볼 수 있음

> **URI**(Uniform Resource Identifier)
> • 통합 자원 식별자인터넷에 있는 자원을 나타내는 유일한 주소
> • URI의 존재는 인터넷에서 요구되는 기본조건으로서, 인터넷 프로토콜에 항상 포함됨

3) FTP(File Transfer Protocol)

- 클라이언트와 서버 간 전송을 위한 프로토콜
- Telnet이나 rlogin, rsh와 같은 원격접속 프로토콜은 파일 전송이 불가능하므로, 클라이언트와 서버 간 파일 전송을 위해 사용
- 기본적으로 FTP 서버가 동작하는 시스템이 FTP 클라이언트가 동작하고 있는 시스템으로부터 명령어를 송수신하는 클라이언트/서버 프로토콜

① 특징

- 계정접속과 익명접속* 두 가지가 있는데, 계정접속은 FTP 서버에 로그온하기 위한 계정이 필요하고, 익명접속은 로그온할 때 Anonymous라는 계정 필요
- FTP 클라이언트는 대화식이며, 명령어 중심의 텍스트 위주인 인터페이스에서 동작
- OSI 7계층의 응용계층 프로토콜, 기본적으로 TCP 21번(제어 포트)과 20번(데이터 포트) 사용

② 기본 원리

> • FTP는 TCP 통신을 하므로, 3-Way Handshaking 과정을 완료 후 클라이언트가 명령을 입력하면 서버가 응답
> • FTP 서버와 클라이언트 사이에 두 개의 연결이 생성됨. 하나는 데이터 전송을 제어하기 위한 신호를 주고받기 위함이고(제어 포트 : 21번 포트), 다른 하나는 실제 데이터(파일) 전송에 사용됨(데이터 포트 : 20번 포트)

[FTP 기본 원리]

> **Anonymous FTP**(Anonymous File Transfer Protocol)
> • 익명 FTP를 사용할 때 사용자들이 서버에 자신을 식별시키지 않고서도 파일에 접근할 수 있는 방법을 제공
> • 보통의 FTP 사이트들은 오직 적법한 사용자와 패스워드를 가진 사용자만 이용할 수 있는데 반해, Anonymous FTP는 파일을 읽거나 다운로드하기 위해 사용자 아이디나 패스워드가 없더라도 가능하므로 Anonymous라고 부름
> • Anonymous FTP 서버에 접속한 뒤 사용자 아이디로 Anonymous라고 입력하고, 패스워드에는 자신의 이메일 주소를 입력하면 로그온이 허용됨.(이때, 패스워드를 입력하지 않거나 어떤 내용을 입력하더라도 로그온하는데 문제가 없지만, 대개 자신의 이메일 주소를 입력하는 것이 통신상의 예의로 되어 있음)

ASCII
(American Standard Code for Information Interchange)

· 아스키 또는 미국 정보 교환 표준 부호
· 영문 알파벳을 사용하는 대표적인 문자 인코딩 형식
· 컴퓨터와 통신 장비를 비롯한 문자를 사용하는 많은 장치에서 사용되며, 대부분의 문자 인코딩이 아스키 기반
· 1967년에 표준으로 제정되어 1986년에 마지막으로 개정
· 7비트 인코딩으로, 33개의 출력 불가능한 제어 문자들과 공백을 비롯한 95개의 출력 가능한 문자들로 이루어짐
· 제어 문자들은 역사적인 이유로 남아 있으며, 대부분은 더 이상 사용되지 않음
· 출력 가능한 문자들은 52개의 영문 알파벳 대소문자와 10개의 숫자, 32개의 특수 문자, 그리고 하나의 공백 문자로 이루어짐

Unix, Windows 메일 클라이언트

· 유닉스용 : mail, mailx, elm, pine(외부 에디터 사용) 등이 있음
· 윈도우용 : 넷스케이프, 메일, 메신저, 익스플로러의 아웃룩 익스프레스, eudora 등이 있음

Mail Daemon

· 일종의 프로세스로서, 송신자의 메일과 정보를 메일 서버가 해석 가능하도록 재가공, 반대의 경우에도 같은 방법으로 수신자의 정확한 메시지 수신과 릴레이를 지원
· UNIX 기반 대표적인 메일 데몬으로는 sendmail, postfix 등이 있음

POP3s

SSL/TLS로 암호화된 POP3

IMAPs

SSL/TLS 암호화된 IMAP

4) SMTP(Simple Mail Transfer Protocol)

① 특징

- 네트워크에서 메일 전송을 위한 프로토콜
- 메일 서버 간 송수신뿐만 아니라 메일 클라이언트에서 메일 서버로 메일을 전송할 경우에도 사용
- 텍스트 기반의 프로토콜로서, 요구/응답 메시지뿐 아니라 모든 문자가 7비트(ASCII)[*]로 되어 있어야 한다고 규정
- OSI 7계층의 응용계층 프로토콜, 기본적으로 TCP 25번 포트 사용

② 기본 원리

1. 사용자는 메일 클라이언트 프로그램(Outlook Express 등)[*]을 통해서 메일을 작성한 후 SMTP를 이용하여 메일 데몬(Mail Daemon)[*]으로 메시지를 전송
2. 메일 데몬은 종단간 클라이언트의 주소를 분석하고, 인접한 메일 서버(송신자의 메일 서버)로 메시지와 정보를 보냄
3. 송신자가 보낸 메일이 송신자의 전자우편을 관리하는 메일 서버에 전달되면, 메일 서버는 수신자의 메일 주소를 분석하여 인접한 메일 서버에 메일을 전달
4. 최종 수신자의 메일 서버에 도착하기까지 연속적으로 전달중계 작업이 계속됨. 즉 서로 인접한 메일 서버들 간에 메일을 계속해서 중계해 나가며, 메일을 저장 후 전송(Store-and-forward)하는 서비스를 하게 됨
5. 이러한 일련의 작업이 지속적으로 이루어진 후, 송수신자는 정확하게 메일 교환을 할 수 있게 됨

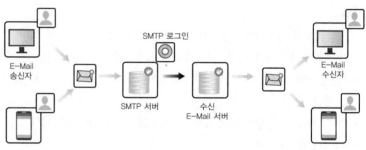

[SMTP 기본 원리]

③ POP3와 IMAP

구분	POP3	IMAP
특징	· 사용자가 메일 서버에서 메일 수신을 위한 프로토콜로, SMTP와 함께 동작 · SMTP와 달리 기본적으로 인증 기능 지원 · OSI 7계층의 응용계층 프로토콜, 기본적으로 TCP 110번 포트 사용 · POP3s[*] : TCP 995번 포트 사용	· 사용자가 메일 서버에서 메일 수신을 위한 프로토콜로, SMTP와 함께 동작 · SMTP와 달리 기본적으로 인증 기능 지원 · POP3보다 유연하고 뛰어난 성능 · OSI 7계층의 응용계층 프로토콜, 기본적으로 TCP 143번 포트 사용 · IMAPs[*] : TCP 993번 포트 사용
방식	비동기화	동기화
받은 편지	읽은 후 삭제	읽은 후 저장
읽음 표시	· 불가능 · 컴퓨터와 메일 서버에서 별도 관리	동기화

5) Telnet

- TCP/IP 기반의 프로토콜로 원격지 시스템을 자신의 시스템처럼 사용할 수 있게 하는 원격 터미널 접속 서비스
- 일종의 터미널 에뮬레이션 프로토콜로, NVT(Network Virtual Terminal)*라고 불리는 가상 터미널의 개념 사용
- 터미널과 호스트와의 일대일 대칭적인 관계

① 특징

- OSI 7계층의 응용계층 프로토콜, 기본적으로 TCP 23번 포트 사용
- Gopher*, Archie*, WAIS*와 같은 부가 응용프로토콜 이용 가능
- 모든 데이터를 평문으로 전송하기 때문에 아이디(ID)나 패스워드(Password), 실행한 명령어와 명령어에 대한 정보가 모두 노출됨

② 구성

- Telnet 서버와 Telnet 클라이언트로 구성되며, 응용프로그램에 속함
- Telnet 서버가 작동 중인 시스템에서 Telnet 클라이언트를 이용하여 접속 가능
- 클라이언트와 서버 간 하나의 TCP 연결이 사용되며, Telnet 클라이언트는 터미널의 사용자와 TCP/IP를 중개

③ 기본 원리

> 접속 과정 : 접속 시도 → 원격지 시스템(서버) 배너 정보 리턴 → 접속 계정 요구 → 계정 입력 → 패스워드 요구
> (시스템 버전, 로그온 아이디, 패스워드가 원격지 시스템(서버) 배너 정보로 반환)
>
> 1. 클라이언트는 원격 로그온을 통하여 원격지 시스템(서버)에 TCP 연결(23번 포트 사용)
> 2. 원격지 시스템(서버)은 연결된 클라이언트로 가상의 터미널 제공
> 3. 클라이언트는 실제 터미널인 것처럼 원격지 시스템(서버)에서 명령 실행
> 4. 원격지 시스템(서버)은 클라이언트의 명령을 수행하여 결과를 다시 클라이언트로 전송

[Telnet 기본 원리]

6) SSH(Secure Shell)

원격 호스트에 로그온하거나 원격 호스트에서 명령을 실행하고, 다른 호스트로 파일을 복사할 수 있게 해주는 응용프로그램 또는 프로토콜

① 특징

- 강력한 인증방법 및 보안상 취약한 네트워크에서 안전하게 통신할 수 있는 기능 제공 : 암호화 통신을 하므로, 노출되더라도 안전
- 기존의 rsh*, rlogin*, Telnet* 등의 대안
- OSI 7계층의 응용계층 프로토콜, 기본적으로 TCP 22번 포트 사용

NVT(Network Virtual Terminal)
- Telnet 표준 RFC 854에서 최초 정의
- 가상적이고 일반화된 양방향성 터미널 인터페이스 문자 집합
- 다양한 형태의 터미널 및 호스트 간의 호환성을 보장하는 일련의 데이터 형식

Gopher
- WWW이 사용되기 전까지 텍스트 정보를 검색하기 편리하게 이용되던 서비스
- 텍스트 정보를 메뉴 방식으로 검색할 수 있으나, 그래픽을 포함하는 멀티미디어 정보를 제공하는 WWW이 사용된 이후부터 거의 사용되지 않고 있음

Archie
초창기에 활발하게 사용되던 인터넷 서비스로, 자신이 필요로 하는 컴퓨터 파일이나 문서가 어느 Anonymous FTP 서버에 있는지 찾아주는 서비스

WAIS(Wide Area Information Service)
주어진 주제어에 대한 정보를 전체 인터넷을 모두 검색하여 알려 주는 서비스

rsh(Remote Shell)
- login의 간단한 버전
- 원격 호스트에 로그온하여 단지 하나의 명령만을 수행하고 종료함

rlogin(Remote Login)
- Telnet과 유사하나, 주로 같은 네트워크에 있는 UNIX 시스템 간에만 사용
- 두 호스트 간에 마치 직접 연결된 것처럼 통신

Telnet
- 특정 사용자가 인터넷을 통해 다른 컴퓨터에 접속하여 텍스트 기반의 명령어로 제어하는 것
- 다양한 형식의 터미널과 호스트 간의 통신

② 기본 원리

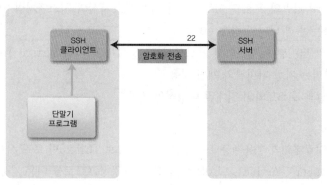

[SSH 기본 원리]

③ 동작 원리

1. TCP 포트 22번으로 클라이언트가 SSH 접속요청
2. 암호화에 어떤 버전을 사용할지 클라이언트와 서버 협상 → 평문(MITM 공격*으로 버전 롤백 시 취약한 버전 1로 통신)
3. 클라이언트가 서버로 비정형화된 패킷 전송(SSH 세션 설정)
4. Diffie−Hellman 키 교환* 방식으로 서버와 클라이언트가 키 교환
   • 서버가 키 교환 설정 전송
   • 클라이언트가 DH로 설정
   • 서버가 DH 키 교환 응답
   • 클라이언트가 DH KEXINIT 전송
   • 서버가 DH KEXINIT Reply 전송
5. SSH 암호화 통신 시작

SSH ver 1	키 교환 Hybrid Cryptography*	Version Rollback MITM 공격에 취약(암호화 된 트래픽 해독)
SSH ver 2	키 교환 Diffie−Hellman	다소 취약하지만, 버전 1보다 안전

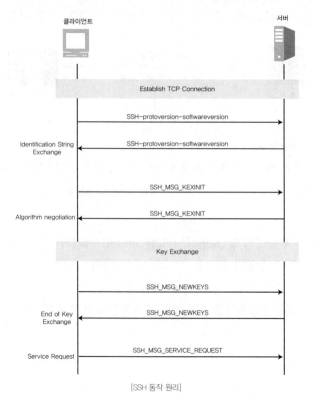

[SSH 동작 원리]

🗨 MITM 공격
(Man In The Middle Attack)

• 네트워크 통신을 조작하여 통신 내용을 도청하거나 조작하는 공격 기법
• 통신을 연결하는 두 사람 사이에 중간자가 침입하여, 두 사람은 상대방에게 연결했다고 생각하지만 실제로 두 사람은 중간자에 연결되어 있으며, 중간자가 한쪽에서 전달된 정보를 도청 및 조작한 후 다른 쪽으로 전달하는 공격 기법
• 많은 암호 프로토콜은 중간자 공격을 막기 위하여 인증을 사용하는데, SSL/TLS 프로토콜은 공개키를 기반으로 한 인증을 사용

🗨 Diffie−Hellman 키 교환

• 휫필드 디피와 마틴 헬만이 1976년에 발표
• 암호 키를 교환하는 하나의 방법으로, 두 사람이 암호화되지 않은 통신망을 통해 공통의 비밀 키를 공유할 수 있도록 함
• 기초적인 암호학적 통신 방법을 수립

🗨 혼합 암호(Hybrid Cryptography) 방식

• 전치 암호와 치환 암호를 결합하여 사용하는 방식
• 이 방식을 사용하면 보안성을 높일 수 있음
• 현대 대칭키 암호 알고리즘은 모두 혼합 암호 방식을 사용하고 있음

7) DHCP(Dynamic Host Configuration Protocol)

- 클라이언트에게 IP 주소와 각종 TCP/IP 프로토콜의 기본 설정을 자동(동적 주소 할당)으로 제공해 주는 프로토콜. 즉, 호스트로 네임 서버 주소, IP 주소, 게이트웨이 주소를 할당해 줌
- 클라이언트에서 사용되는 IP 주소를 DHCP 서버가 중앙집중식으로 관리하는 클라이언트/서버 모델
- OSI 7계층의 응용계층 프로토콜, 기본적으로 UDP 67, 68번 포트 사용

① 기본 원리

- DHCP를 통한 IP 주소 할당은 '임대'라는 개념을 가지고 있는데, 이는 DHCP 서버의 IP 주소를 영구적으로 클라이언트에 할당하는 것이 아니라, 임대 기간을 명시하여 지정된 기간 동안만 IP 주소를 사용하도록 하는 것
- 클라이언트는 임대 기간 이후에도 계속 해당 IP 주소를 사용하고자 한다면 IP 주소 임대 기간 연장(IP Address Renewal)을 DHCP 서버에 요청해야 하고, 또한 임대 받은 IP 주소가 더 이상 필요치 않게 되면 IP 주소 반납 절차(IP Address Release)를 수행하게 됨

1. 클라이언트가 네트워크 내에 DHCP 서버가 있는지 확인 · 요청(DHCP Discover)
2. 클라이언트의 Discover 메시지를 받은 DHCP 서버가 응답(DHCP Offer)
   – DHCP 서버가 자신의 IP 주소와 할당 가능한 IP 주소를 클라이언트에게 알려줌
3. 클라이언트가 DHCP 서버에게 IP 주소 할당 요청(DHCP Request)
4. DHCP 서버가 IP 주소를 클라이언트에게 할당해 줌(DHCP Ack)
   – DHCP 서버가 IP 주소, 서브넷 마스크, 게이트웨이 주소, DNS 서버 주소를 클라이언트에게 할당해 주고, 임대 기간을 알려줌

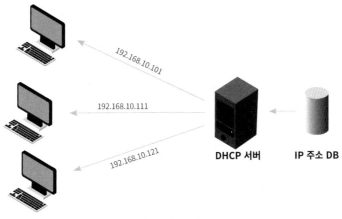

[DHCP 기본 원리]

② 장점, 단점

장점	• IP 주소 관리 편리 – DHCP 서버에서 IP 주소를 자동으로 할당해주기 때문에, IP 주소 충돌을 예방할 수 있음 • 네트워크 연결 설정 시간 단축 – 컴퓨터를 네트워크와 연결할 때 DHCP 서버에서 IP 주소를 자동으로 할당해주므로, 특별한 설정 없이 사용할 수 있음
단점	• DHCP 서버가 IP 주소를 중앙집중적으로 관리하기 때문에 서버가 다운되면 전체 호스트들이 인터넷 사용이 불가능하며, 또한 악의적인 공격으로 서버의 IP 주소 자원이 고갈될 우려가 있음 • UDP 기반 프로토콜로, 네트워크 부하에 따라 IP 주소 할당이 지연되거나 실패할 수도 있음

③ BOOTP, RARP, DHCP의 관계

BOOTP	• 클라이언트가 IP 주소 할당을 요청하면 MAC 주소 테이블에서 찾아 해당하는 IP 주소를 알려줌 • IP 주소 외에 게이트웨이나 DNS 주소 등의 정보도 제공할 수 있는 장점이 있음 • MAC 주소와 IP 주소의 매핑 테이블은 관리자에 의해 고정적으로 만들어지기 때문에, 단말기의 이동이나 LAN 카드의 변경 등에 신속한 대응을 할 수 없다는 단점이 있음
RARP	• 디스크가 없는 단말기 등이 IP 주소를 얻기 위해 사용하는 프로토콜 • 호스트가 자신의 MAC 주소는 알지만 IP 주소를 모르는 경우, 서버로부터 IP 주소를 요청하기 위해 사용. 반대로 IP 주소로부터 MAC 주소를 알아내는 것은 ARP
DHCP	• IP 주소 풀(Pool)에서 가용한 IP 주소를 선택하여 해당 클라이언트에게 일정 기간 임대해주는 동적 주소 할당 프로토콜 • IP 주소와 MAC 주소를 고정적으로 매핑시키는 테이블을 사용할 수 있음 • BOOTP와의 호환을 위해 동일한 패킷 형식과 포트 번호, 헤더 구조를 가짐

④ DHCP 공격

㉠ DHCP Starvation 공격

공격방법	• DHCP는 MAC 주소를 기반으로 클라이언트에게 IP 주소를 할당하는데, 공격자는 이점을 악용하여 MAC 주소를 랜덤하게 변경하며 새로운 IP 주소를 할당받음. 결국, DHCP가 할당할 IP 주소가 모두 고갈되어 정상적인 클라이언트는 IP 주소를 할당받지 못함 • 이 공격이 성공할 수 있는 이유는 DHCP 서버의 경우 클라이언트가 전송하는 DHCP Discovery 안에 포함된 클라이언트 MAC 주소를 참조하여 다른 장비임을 판단하기 때문임 • 이 공격은 서버가 정상적인 서비스를 하지 못한다는 점에서 DoS 공격으로 볼 수 있음
대응방법	Port Security 설정 – 특정 스위치 포트에 지정된 MAC 주소만 접속을 허용하고, 조건에 일치하지 않는 MAC 주소의 장비가 연결될 경우 해당 포트를 차단(Shutdown)하는 기술 – L2/L3 장비에서 하나의 포트에 허용하는 MAC 주소 제한

㉡ DHCP Spoofing 공격

공격방법	• 공격자가 가짜 DHCP 서버의 역할을 수행하면서 클라이언트가 IP 주소를 요청할 경우, 자신의 IP 주소를 게이트웨이 또는 DNS 서버의 IP 주소로 속여서 전송하는 공격기법 • 결과적으로 클라이언트가 외부와 통신하는 모든 트래픽을 자신의 게이트웨이, 즉 공격자에게 전송하기 때문에 MITM(Man In The Middle) 공격으로 패킷을 스니핑하거나 변조하는 것이 가능
대응방법	DHCP Snooping(Port Security) 설정 – 기본적으로 스위치 모듈에서 지원하지 않음 – 스위치 포트를 Trusted 포트와 Untrusted 포트로 구분 : Trusted 포트는 DHCP 서버가 연결된 신뢰 포트이고, Untrusted 포트는 단말기(End Device)가 연결된 비신뢰 포트 – L2/L3 장비에서 정상적인 DHCP 서버가 연결된 포트를 제외한 나머지 포트에서 필터링 기능으로 DHCP Offer, Ack 메시지를 차단. 단, DHCP Discover, Request 메시지는 DHCP 서버에 전송하므로 차단하면 안됨

8) NAT(Network Address Translation)

- 외부 네트워크에서 알려진 공인 IP 주소*와 내부 네트워크에서 사용하는 사설 IP 주소*를 변환하는 기술
- 공인 IP 주소와 사설 IP 주소의 변환방식에 따라 크게 정적 NAT와 동적 NAT로 나눔

🔹 **공인 IP 주소**
(Public IP Address)

- ICANN, 한국인터넷진흥원 등의 IP 주소 할당 공인기관에서 할당하여 인터넷상에서 사용할 수 있는 IP 주소
- 전 세계에서 고유한 IP 주소를 가지게 되므로, 인터넷상에서 확인할 수 있고, 다른 사용자들이 자신을 찾아올 수도 있음

🔹 **사설 IP 주소**
(Private IP Address)

- 내부 네트워크(공유기 내부 네트워크)에서만 사용되는 주소로, 인터넷상에서는 사용할 수 없는 IP 주소
- 하나의 네트워크 안에서 유일하며, 인터넷상에서 확인할 수 없고, 내부 네트워크에서만 사용 가능한 IP 주소

① 사용 목적

IP 주소 절약	인터넷의 공인 IP 주소는 한정되어 있으므로, 이를 공유할 수 있도록 하는 것이 필요한데, NAT를 이용하면 사설 IP 주소를 사용하면서 공인 IP 주소와 상호변환할 수 있기 때문에 공인 IP 주소를 절약할 수 있음
내부 네트워크 보안 강화	• 인터넷과 사설망 간 방화벽을 설치하여 외부 공격으로부터 사용자의 통신망을 보호하는 기본적인 수단으로 활용 • 인터넷과 라우터 간 NAT를 설정할 경우 라우터는 자신에게 할당된 공인 IP 주소만 외부로 알려지게 하고, 내부에서는 사설 IP 주소만 사용하도록 서로 변환시켜 줌으로써, 공격자가 내부 사설 IP 주소를 알아낼 수 없으므로, 공격이 불가능

② 기본 원리

• NAT 라우터에 연결되어 있는 192.168.10.100의 사설 IP 주소를 사용하는 컴퓨터에서 구글 사이트(www.google.com)에 접속할 경우 아래와 같은 절차로 처리

1. NAT 라우터로 구글 사이트 접속 신호를 보냄
2. NAT 라우터는 구글 사이트로 접속 요청한 사설 IP 주소를 NAT 테이블에 저장
3. NAT 라우터의 NAT 기능을 사용하여 사설 IP 주소를 공인 IP 주소로 변경
   (192.168.10.100(사설) → 168.126.63.100(공인))
4. 구글 사이트는 해당 요청을 받고 168.126.63.100으로 페이지를 응답
5. NAT 라우터는 응답받은 정보를 확인하고, 2번에서 저장한 사설 IP 주소를 바탕으로 192.168.10.100으로 페이지를 전달

• 이 과정을 통해서 사설 IP 주소로 공인 IP 주소를 사용하는 영역에 접근이 가능해지고, 하나의 공인 IP 주소를 사용하여 여러 대의 컴퓨터가 인터넷을 사용할 수 있게됨

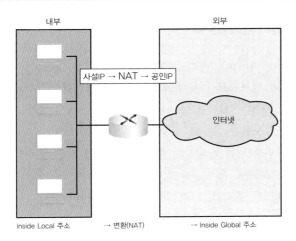

[NAT 기본 원리]

㉠ 정적(Static) NAT

- 관리자가 사설 IP 주소와 공인 IP 주소를 직접 매핑(Mapping)
- 패킷 헤더의 출발지 또는 목적지 IP 주소 변환
  - 내부 → 외부 : 출발지 IP 주소(공인 IP 주소) 변환
  - 외부 → 내부 : 목적지 IP 주소(사설 IP 주소) 변환
- 패킷의 다른 부분은 바뀌지 않음
  - 세그먼트 내 포트 번호
  - 응용계층의 데이터
- TCP 세션 단위가 아닌 각 패킷별로 NAT 진행
- 공인 IP 주소와 사설 IP 주소의 개수가 동일

- 공인 IP 주소 절약 불가능
  - 공인 IP 주소와 사설 IP 주소가 1:1 매핑
    (공인 IP 주소 M = 사설 IP 주소 N)
- 일반적으로 라우터나 방화벽에서 수행

ⓛ 동적(Dynamic) NAT

- NAT 라우터에서 사설 IP 주소와 공인 IP 주소를 자동으로 매핑
- 패킷 헤더의 출발지 또는 목적지 IP 주소 변환
  - 내부 → 외부 : 출발지 IP 주소(공인 IP 주소) 변환
  - 외부 → 내부 : 목적지 IP 주소(사설 IP 주소) 변환
- 일반적으로 로컬 IP 주소가 글로벌 IP 주소보다 많음
  - 글로벌 IP 주소 수만큼 동시에 외부 네트워크와 통신 가능
  - 방화벽에서 NAT 테이블 유지(일정 시간 로컬 호스트와 글로벌 호스트 간 데이터 전송이 없는 경우 삭제)
- 공인 IP 주소 절약 가능
  - 공인 IP 주소와 사설 IP 주소가 M:N 매핑
    (공인 IP 주소 M < 사설 IP 주소 N)

ⓒ PAT(Port Address Translation)

- 로컬 IP 주소 전체(사설 IP 주소)가 하나의 글로벌 IP 주소(공인 IP 주소)로 자동 매핑
- IP 주소만을 이용하여 정확한 NAT 기능을 수행할 수 없으므로, IP 주소에 포트를 추가하여 NAT 수행
- 공인 IP 주소 절약 가능
  - 공인 IP 주소와 사설 IP 주소가 1:N 매핑

9) SNMP(Simple Network Management Protocol)

- TCP/IP 기반 네트워크상의 각 호스트로부터 정기적으로 여러 관리 정보를 자동으로 수집하거나, 실시간으로 상태를 모니터링 및 설정할 수 있는 서비스로, SNMP는 프로토콜
- 네트워크 관리를 위한 목적으로, 주로 서버나 네트워크 장비에서 SNMP를 설정한 MRTG 프로그램*을 이용하여 트래픽을 관리하는데 사용
- 관리의 편의성은 주지만, 여러 취약점이 존재하여 서비스 거부 공격(DoS), 버퍼 오버플로, 비인가 접속 등 여러 가지 문제점들이 발생할 수 있음
- SNMP를 지원하는 대표적인 장치에는 라우터, 스위치, 서버, 워크스테이션, 프린터 등이 있음
- OSI 7계층의 응용계층 프로토콜, 기본적으로 UDP 161, 162번 포트 사용

① 특징

단순하고 구현이 용이	매우 간단하여 관리 · 적용이 쉬움
정보 지향적 동작	• 명령어를 직접 전달하는 방식이 아닌 정보를 직접 전달하는 방식 • 특정 정보 변수에 대한 단순한 요청/응답 메커니즘(Get/Set)
Manager와 Agent로 동작	관리자와 대리인으로 동작
여러 프로토콜과의 협동	정보 운반 및 관리 정보 프로토콜 분리

MRTG(Multiple Router Traffic Grapher)

- SNMP 기반 장비의 트래픽 모니터링 및 관리 도구로, 주 용도는 네트워크 트래픽 사용량 모니터링이지만, 벤더에서 제공하는 SNMP MIB 값을 사용하여 다양한 정보를 수집할 수 있음
- 트래픽 관리 서버(MRTG가 설치되어 운용되고 있는 서버)에서 주기적으로 실행된 결과를 gif 및 png의 그래픽 파일을 포함한 HTML 파일을 자동으로 생성하여 웹브라우저를 통해 네트워크 트래픽을 분석/관리할 수 있음
- C와 Perl로 개발되었으며, 속도를 필요로 하는 루틴은 대부분 C로, HTML을 생성하는 부분은 대부분 Perl로 되어 있음

② 동작 원리

1. Manager가 Get Request 생성
   - 사용자의 요청에 따라 필요로 하는 정보로 구성
   - Manager = Manager가 원하는 MIB 객체의 이름
2. Manager에서 Get Request 메시지 전달(Manager의 랜덤 포트에서 송신)
3. Agent에서 요청 메시지 수신 후 처리(Agent의 161번 포트로 수신)
   - 요청받은 MIB 객체명의 목록이 Agent가 가지고 있는 MIB 객체가 맞는지 확인 후 변수값을 읽어서 처리
4. Agent가 Response 메시지 생성(수신한 161번 포트로 응답 메시지 송신)
   - 요청받은 MIB 객체의 값과 오류 코드를 포함
5. Agent가 Response 메시지 전송(Manager의 랜덤 포트로 수신)
6. Manager에서 Response 수신 후 처리

Agent가 생성하여 송신한 메시지의 경우는 목적지가 Manager의 랜덤 포트가 아닌 162번 포트로 전송

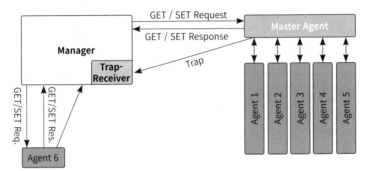

[SNMP 동작 원리]

③ 구성 요소

Manager	• Agent에 필요한 정보를 요청하는 역할 • UDP 162번 포트 사용
Agent	• Agent가 설치된 시스템의 정보나 네트워크 정보 등을 수집하여 MIB 형태로 보관, Manager에 전달해주는 역할 수행 • UDP 161번 포트 사용

④ 통신을 위한 조건(다음 3가지 일치)

SNMP 버전	Manager와 Agent간 SNMP 버전이 일치해야 함
Community String	• 상호 간에 설정한 Community String이 일치해야 함 • SNMP 데몬(Manager)과 클라이언트(Agent)가 데이터를 교환하기 전에 인증을 위해 사용하는 일종의 패스워드 • 일반적으로 초기값은 Public 또는 Private가 설정되어 있음 • SNMP에서는 RO(Read Only)와 RW(Read Write)모드 제공. 따라서, 쓰기 권한이 있을 경우에 중요 설정을 수정할 수 있는 등 심각한 보안 문제를 유발할 수 있으므로 사용 자제를 권고
PDU	통신하기 위한 메시지 유형이 같아야 함

⑤ PDU(Protocol Data Unit) 유형

Get Request	관리시스템이 에이전트로 원하는 객체의 특정 정보를 요청
Get Next Request	관리시스템이 에이전트로 이미 요청한 정보의 다음 정보를 요청
Set Request	관리시스템이 에이전트로 특정한 값을 설정하기 위해 사용
Get Response	에이전트가 관리시스템에 해당 변수 값을 전송

Trap	• 에이전트가 관리시스템에 어떤 정보를 비동기적으로 알리기 위해 사용 • 경보(Notify)라고 하며, 콜백 함수와 같은 역할 • Trap을 제외하고는 모두 동기적으로 동작

⑥ 데이터 수집 방식

Polling 방식	• Manager가 Agent에게 정보를 요청하면 응답해주는 방식 • Agent가 UDP 161 포트 사용
Event Reporting 방식	• Agent가 이벤트 발생 시 이를 Manager에게 알리는 방식 • Manager가 UDP 162 포트 사용

⑦ SNMP 프레임워크

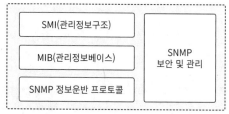

[SNMP 프레임워크]

MIB (Management Information Base)	• 관리 되어야 할 특정한 정보자원을 객체라 하고, 이러한 객체들을 모아놓은 집합체를 MIB라 함. 즉 관리자가 조회하거나 설정할 수 있는 객체들의 데이터베이스 • 관리되어야 할 객체는 시스템 정보, 네트워크 사용량, 네트워크 인터페이스 등이며, 계층적(트리 구조) 구조를 가짐
SMI (Structure Management Information)	• MIB를 정의하기 위한 일반적인 구조를 의미하며, ASN.1(Abstract Syntax Notation)* 언어를 사용 • ASN.1은 데이터와 데이터의 속성들을 설명하기 위한 공식 언어로, 대부분의 고수준 프로그램언어와 같이 데이터를 데이터 유형과 값으로 표현

⑧ SNMP 활용

구성관리	네트워크상의 호스트들이 어떤 구조를 이루고 있는지 지도를 그릴 수 있음
성능관리	각 네트워크 세그먼트(소규모 네트워크) 간의 네트워크 사용량, 오류, 처리 속도, 응답 시간 등 성능 분석에 필요한 통계 정보를 얻을 수 있음
장비관리	• SNMP 주목적이 네트워크 관리이지만, 유연한 확장성으로 시스템 정보(CPU, Memory, Disk 사용량)를 얻을 수도 있음 • 이 정보는 네트워크 문제해결에 많은 도움이 됨
장애관리	비정상적인 동작을 발견하여 대처하는 기능
보안관리	• 정보의 통제 및 보호 기능이 있음 • 최신 버전 SNMPv3는 정보보호를 위한 기능이 향상됨

⑨ SNMP 취약점 대응 방법

- 불필요한 SNMP 서비스 중지
- Community String 변경
- SNMP 포트 필터링
- 인증되지 않은 내부 서버로부터의 트래픽 차단
- 내부 네트워크로부터의 SNMP 트래픽 분리
- 외부 네트워크로부터의 트래픽 필터링

📌 ASN.1
(Abstract Syntax Notation)
- OSI 계층모델의 표현계층 상에서 사용되는 추상적 구문 구조를 기술하는 언어
- 특정 장치, 데이터 표현 형식, 프로그래밍 언어 등에 종속되지 않게 표준화됨
- 크로스 플랫폼 방식으로 직렬화 및 역 직렬화할 수 있는 데이터 구조를 정의하기 위한 표준 인터페이스 설명 언어
- 통신 및 컴퓨터 네트워킹, 특히 암호화에 널리 사용

10) TFTP(Trivial FTP)

- FTP와 마찬가지로 파일을 전송하기 위한 프로토콜이지만, FTP보다 더 단순한 방식으로 파일을 전송. 따라서 데이터 전송 과정에서 데이터가 손실될 수 있는 등 불안정하다는 단점을 가지고 있음. 하지만 FTP처럼 복잡한 프로토콜을 사용하지 않기 때문에 구현이 간단
- 주로 클라이언트/서버 간에 FTP와 같이 복잡한 상호 동작이 필요하지 않은 응용에 많이 사용
- 플래시 메모리(Flash Memory)에 적합하도록 설계
- 디스크가 없는 가동 프로세서에 이용
- OSI 7계층의 응용계층 프로토콜로, UDP 69번 포트 사용

① 특징

- 프로그램이 간결하고 규모가 작음
- 단순한 파일 전송 기능만 제공
- 인증 기능 미제공 : 사용자 이름 및 비밀번호 확인 없이 파일 전송
- UDP 프로토콜을 사용하기 때문에 데이터에 대한 신뢰성을 보장하지 않음
- 오류 제어 및 흐름 제어 방식으로는 정지/대기(Stop and Wait) 방식 사용

② 동작 원리

1. TFTP 클라이언트가 UDP 69번 포트로 TFTP 서버에 특정 데이터에 대한 읽기를 요청(Read Request)
2. TFTP 서버는 데이터를 전송할 포트를 열고, 클라이언트로 데이터(Data)를 전송
3. 전송이 끝나면 TFTP 클라이언트가 전송 완료를 알리는 패킷(Ack)을 서버로 보냄
4. 이번에는 TFTP 클라이언트가 UDP 69번 포트로 TFTP 서버에 쓰기를 요청(Write Request)
5. TFTP 서버는 임의의 데이터 포트를 열고, 클라이언트로 요청을 허가하는 패킷(Ack)을 보냄
6. TFTP 클라이언트는 데이터 포트를 통해 서버로 데이터(Data)를 전송

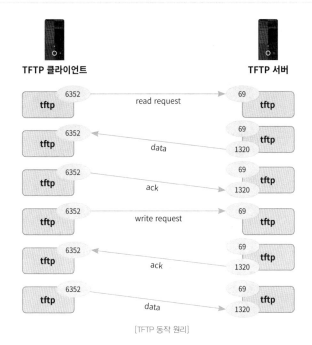

[TFTP 동작 원리]

③ 메시지 구조

1P header	UDP header	TFTP massage			

1PRO 2WRO	Filename (N bytes)	0	Mode = netascii or octet	0
3 data	block number	Data (0 ... 512 bytes)		
4 ACK	block number			
5 error	error number	Error message (N bytes)		0

op code
2 bytes / 2 bytes

[TFTP 메시지 구조]

11) NTP(Network Time Protocol)

- 네트워크상에 분산된 NTP 서버들로부터 클라이언트(서버, 라우터)의 시간을 동기화하는 프로토콜
- UDP 123번 포트를 사용하며, 현재 NTP Version 4까지 나와 있음
- NTP를 통해 시간을 동기화하기 위해서는 기준시간이 필요한데, 기준시간을 만들어내는 NTP 서버가 별도로 있음
- NTP 클라이언트와 NTP 서버 간의 시간을 동기화할 때 Request 패킷과 Replay 패킷 한 쌍을 교환

① 동작 원리

1. 클라이언트는 타임 서버에 현재 시간을 요구하는 요청을 보낼 때, 패킷에 클라이언트의 현재 시간(T0)을 포함하여 보냄
2. 클라이언트의 요청을 받은 타임 서버는 요청을 받았을 때의 시간(T1)을 패킷에 포함
3. 타임 서버는 현재 UTC 시간을 패킷에 포함하고, 클라이언트로 보내는 순간의 시간(T2)도 패킷에 포함하여 클라이언트의 요청에 응답
4. 클라이언트는 타임 서버의 응답을 받는 순간의 시간(T3)과 나머지 시간을 이용하여 네트워크에서 얼마만큼의 시간을 보냈는지 판단하여 UTC 시간에 더한 후 시스템의 시간으로 설정

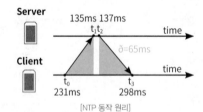

[NTP 동작 원리]

② Stratum 구조

Stratum 0	Stratum 0 계층 장비에 직접 연결되어 시간을 동기화하는 1차 타임 서버
Stratum 1	Stratum 0 계층 장비에 직접 연결되어 시간을 동기화하는 1차 타임 서버
Stratum 2	• Stratum 1 계층 장비에 직접 연결되어 시간을 동기화하는 2차 타임 서버 • Stratum 2 부터는 트리 구조를 가짐 • 대표적인 시간 서버 – time.kornet.net KT – time.bora.net LG U+ – time.kornet.net : KT – time.bora.net : LG U+
Stratum 3	Server
Stratum 4	Client

③ Timestamp 종류

Reference Timestamp	• 서버 혹은 클라이언트가 마지막으로 시스템을 초기화한 시간을 기록하는 항목 • 초기화한 기록이 없으면 그대로 초기값
Origin Timestamp	• 클라이언트가 서버로 Request한 시간 • 클라이언트 Request에서는 Transmit Timestamp에 기록되어 있고, Origin imestamp 는 초기값 • 서버에서 Reply 보낼 때는 Origin Timestamp에 기록되어 있음
Receive Timestamp	• 서버가 클라이언트로부터 Request 받았을 때의 시간 • 클라이언트 Request에서는 초기값
Transmit Timestamp	서버 혹은 클라이언트로부터 패킷이 전송될 때의 시간

④ 기본 설정 및 확인

```
[root@localhost ~]# vi /etc/ntp.conf
# the administrative functions.
restrict 127.0.0.1
restrict 192.168.10.0    mask    255.255.255.0
restrict ::1

server time.bora.net iburst

[root@localhost ~]# ntpq −
          remote           refid      st  t  when  poll  reach   delay   offset  jitter
    −time.bora.net     204.123.2.5    2   u    4    64     1    10.991   0.475   1.254
    +send.mx.cdnetwo   216.239.35.8   2   u    3    64     1    10.381  −2.896   7.037
    *dadns.cdnetwork   133.100.9.2    2   u    2    64     1    10.626  −2.420   1.184
```

※ * : 동기화 중, + : 연결 가능한 서버, 공백: 접속할 수 없는 서버

⑤ 직접 동기화 적용

```
[root@localhost ~]# rdate −s time.bora.net
```

⑥ NTP 취약점

• 1985년부터 시스템 간의 시간 차이를 없애기 위해 사용. 하지만 시간을 동일하게 맞추는 과정과 시스템 자체에 많은 취약점이 존재하고 있으며, 시간을 쉽게 변경할 수 있다는 사실을 안찰 말호트라(Aanchal Malhotra), 이삭 코헨(Isaac Cohen), 에릭 브라크(Erik Brakke), 샤론 골드버그(Sharon Goldberg)가 발견해 발표

• 예를 들어, 클라이언트 시스템의 시간을 이전 어느 시점으로 되돌리면 가짜 TLS 인증서, 특히 과거에 한 번 가짜인 것으로 판명이 난 폐기된 인증서도 쉽게 통과할 수 있어, 암호화된 통신은 무용지물이 되어 버림. 또한, 서버의 시간을 미래로 돌려 DNSSEC 암호화 키 및 시그니처를 강제로 만료시킬 수도 있어, 서버와 그 서버에 연결된 클라이언트는 도메인으로의 연결을 할 수 없게 됨

⑦ NTP 공격 시나리오

- 첫 번째, NTP 내의 안전 메커니즘인 키스 오브 데스(Kiss of Death) 패킷을 악용해 클라이언트 시스템의 NTP를 비활성화시키는 것. 클라이언트 서버로부터 너무 많은 요청이 NTP 서버로 들어올 때 이 메커니즘으로 키스 오브 데스 패킷을 사용하면 클라이언트의 서버 쿼리를 일정 기간 멈출 수 있음
- 두 번째, 역시 키스 오브 데스와 관련이 있음. 하지만 이 경우 공격자가 스푸핑을 통해 NTP 서버로 가는 쿼리를 특정 클라이언트 시스템으로부터 출발한 것처럼 보이게 하면, 서버가 해당 클라이언트의 쿼리만 차단할 수 있는 키스 오브 데스 패킷을 생성하게 됨
- 세 번째, NTP 서버로 가는 트래픽을 하이재킹하는 것
- 네 번째, IPv4의 패킷 조각을 악용해 클라이언트 시스템의 시간을 바꾸는 것

⑧ NTP 분산 서비스 거부 공격

기존의 DDoS 공격 기법이 악성코드에 감염된 수많은 좀비 PC를 동원하는데 반해, 이 취약점(CVE-2013-5211)은 NTP 서버에 최근 접속한 시스템 목록을 전송하는 정상적인 monlist 명령어*를 악용한 것으로, 대규모 공격을 쉽게 할 수 있어 위험성이 매우 높음

monlist 명령어
- NTP 서버에 최근 접속한 600개의 IP 주소 정보를 전송하는 명령어
- NTP 서버에 monlist란 명령어가 들어오면 최근에 접속한 600개의 IP 주소 목록을 전송하는 명령어

㉠ 공격 원리

1. 공격자는 좀비 PC의 출발지 IP 주소를 공격대상 IP 주소로 변조(변조)
2. 불특정 NTP 서버를 대상으로 다수의 쿼리(monlist 명령어) 전송(전송)
3. NTP 서버는 증폭된 패킷을 변조된 IP 주소(공격대상)로 응답(증폭)
4. 공격대상 서버는 증폭된 다수의 쿼리 수신으로 네트워크 대역폭 고갈(장애)

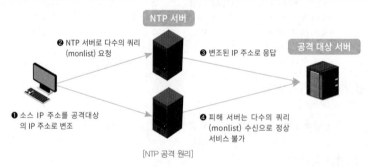

[NTP 공격 원리]

㉡ 대응방법

- NTP 서버의 서비스(nptd) 버전을 4.2.7로 업데이트
- 업데이트가 어려운 경우 NTP 서버의 설정을 변경하여 'monlist' 기능을 비활성화

```
Timeout이 발생하면 안전, 목록이 출력되면 취약
[root@localhost ~]# ntpdc -n -c monlist 192.168.10.100
192.168.10.100: timed out, nothing received
*** Request timed out

monlist 응답을 하지 않도록 noquery를 설정
[root@localhost ~]# vi /etc/ntp.conf
restrict default noquery
```

네트워크의 활용

IP 라우팅(IP Routing)

1 개요

1) 라우팅(Routing)이란?

라우터가 패킷*의 목적지를 확인하고, 라우팅 테이블*을 참조하여 목적지와 연결되는 인터페이스로 패킷을 전송하는 동작

📢 패킷(Packet)
- 사전적인 의미로는 한 다발, 한 묶음을 의미
- 네트워크에서는 한 번에 전송하는 정보의 단위

① 라우터의 패킷 전송과정

1. 수신한 프레임(2계층) 확인
2. 수신한 패킷(3계층)의 목적지 IP 주소 확인
3. 넥스트 홉(Next Hop) 장비의 MAC 주소를 알아내고, 이를 이용하여 전송할 프레임을 생성
4. 목적지와 연결되어 있는 인터페이스로 패킷(프레임) 전송

📢 라우팅 테이블
　　(Routing Table)
패킷을 어느 방향으로 전송해야 할 것인지를 결정하는 데 사용하는 경로 배정표

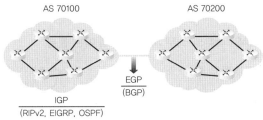

[라우터(Router)와 라우팅(Routing)]

2) 라우팅 종류

① 정적 라우팅(Static Routing)

- 관리자 혹은 운영체제에서 인터페이스를 바탕으로 자동 설정한 라우팅 테이블을 변경하지 않고 그대로 테이블 내용을 유지하면서 라우팅하는 방식
- 네트워크 관리자가 직접 경로를 설정하며, 관리자가 변경하지 않으면 설정된 경로는 계속 유지
- 네트워크 환경 변화가 적거나 상호 연결 네트워크가 적은 형태에 적합

장점	· 처음 설정한 내용이 일관되게 유지되기 때문에 설정이 간단 · 라우터나 네트워크에 부하를 적게 줌
단점	· 라우팅 테이블 설정 시 지정해 놓은 경로에 장애가 발생하면 대처가 어려움 · 기존 경로에 장애가 발생할 경우 관리자가 직접(수동) 재설정해야 함

② 동적 라우팅(Dynamic Routing)

- 네트워크 환경이 변동되거나, 트래픽이 변경되는 경우에 자동으로 경로 설정
- 패킷을 전달할 경로가 여러 개 있을 경우 효과적이며, 라우팅 테이블을 자동으로 유지 · 관리

• 대부분의 라우터에서 사용되며, 네트워크 환경이 자주 변동되는 상황에 적합

장점	• 자동으로 라우팅 테이블을 유지하므로, 경로에 장애 발생 시 대처가 유연 • 라우팅 알고리즘을 통해 자동 경로 설정이 이루어지므로, 관리자의 네트워크 관리 용이
단점	• 라우팅 테이블을 유지하기 위해 라우터간의 통신이 네트워크 트래픽을 증가시킴 • 라우팅 테이블을 상호 교환하기 위한 초기 설정이 정적 라우팅에 비해 복잡하고, 라우팅 프로토콜이 서로 동일해야 함 • 라우터 프로세서나 메모리 자원의 소모가 정적 라우팅에 비해 많음 • 라우팅 테이블이 복잡할 때 구간을 맴도는 현상이 발생할 수 있음(루핑 발생)

3) 분류

① 라우팅 광고(Routing Advertisement)에 내용에 따른 분류

거리 벡터 (Distance Vector)	• 라우팅 정보 전송 시 목적지 네트워크와 메트릭(Metric)* 값을 알려줌 • 대표적인 프로토콜 : RIP, EIGRP, BGP
링크 상태 (Link State)	• 목적지 네트워크 메트릭을 특정 네트워크가 접속되어 있는 라우터와 그 라우터와 인접한 라우터 등에 광고 • 대표적인 프로토콜 : OSPF, IS-IS*

② 라우팅 광고(Routing Advertisement)에 서브넷 마스크 정보 포함 여부에 따른 분류

클래스풀 (Classful)	• 라우팅 정보 전송 시 서브넷 마스크 정보를 전송하지 않음 • 대표적인 프로토콜 : RIPv1, IGRP
클래스리스 (Classless)	• 라우팅 정보 전송 시 서브넷 마스크 정보를 전송 • 대표적인 프로토콜 : RIPv2, EIGRP, OSPF, ISIS, BGP

③ 자율 시스템(AS) 내부와 외부 사용 여부에 따른 분류

내부 게이트웨이 프로토콜 (IGP)	• 동일한 조직 내부에서 사용되는 라우팅 프로토콜 • 대표적인 프로토콜 : RIPv1, RIPv2, IGRP, EIGRP, OSPF, ISIS
외부 게이트웨이 프로토콜 (EGP)	• 다른 조직(AS)과 조직 간 사용되는 라우팅 프로토콜 • 대표적인 프로토콜 : BGP

4) 종류 및 특징

① RIP(Resolution Information Protocol)

대표적인 거리 벡터(Distance Vector) 라우팅 프로토콜로, 근거리통신망에서 서로 연결된 그룹과 같은 독립적인 네트워크 내에서 라우팅 정보 관리를 위해 광범위하게 사용

특징	• 내부 네트워크에서 주로 사용 • 벨만-포드* 알고리즘 사용 • 홉 수로만 최적의 경로를 설정하며, 최대 홉 수는 15개 • 매 30초마다 이웃 라우터와 라우팅 정보 교환
장점	• 표준 프로토콜로, 모든 벤더에서 지원 • 설정이 간단하고, 운영이 쉬움 • 전원이나 메모리 등 시스템 자원의 소모가 적음
단점	• 지원하는 홉 수가 15개로, 16개부터는 전송이 불가능하므로, 대규모 네트워크에는 부적합 • 경로 선택 방법이 홉 수뿐이므로, 최적의 경로를 선택하는 것은 한계가 있음

메트릭(Metric)
• 라우터가 목적지에 이르는 여러 경로(루트) 중 최적의 경로를 결정하는데, 기준을 정할 수 있도록 숫자로 환산하는 변수 (최적 경로 선택 기준값)
• 최적의 경로 선택기준을 말하며, 라우팅 프로토콜별로 사용하는 메트릭이 다름

IS-IS
(Intermediate System to Intermediate System)
• ISO의 CLNP 프로토콜을 위한 라우팅 프로토콜로 개발
• 링크 상태 라우팅 프로토콜 : OSPF와 같은 링크 상태 라우팅 프로토콜로, OSPF를 모델로 만들었기 때문에 OSPF와 유사한 특징이 많음
• OSPF와 같이 2계층 구조

벨만-포드(Bellman-Ford)
가중치를 갖는 방향(Direct) 그래프에서 최단 경로 문제를 해결하는 알고리즘이며, 이때 간선의 가중치는 음수일 수도 있음

② EIGRP(Enhanced Interior Gateway Routing Protocol)

Cisco 사에서 개발한 전용 라우팅 프로토콜(Routing Protocol)

특징	• RIP과 동일하게 스플릿 호라이즌* 적용, 주(Major) 네트워크에서 자동 축약(Auto-Summary) • DUAL 알고리즘(Diffusing Update Algorithm)*을 사용하여, Successor(최적 경로)와 Feasible Successor(후속 경로)를 선출
장점	• 부하분산 지원 RIP과 OSPF는 메트릭 값이 동일한 최적 경로만을 사용하지만, EIGRP는 메트릭 값이 다른 경로로 부하분산 가능 • OSPF에 비해 설정이 간단
단점	• 시스코 라우터 장비에서만 사용 가능 • 중소규모 네트워크에서는 사용 가능하지만, 대규모 네트워크에서는 제한적

③ OSPF(Open Shortest Path First)

대표적인 링크 상태 라우팅 프로토콜로, 대부분 인터넷 사업자(ISP)와 대형 네트워크에서 사용

특징	• 라우터와 라우터 간의 연결 속도를 중심으로 가중치를 두며, 지능적인 라우팅 가능 • 자율 시스템(AS)* 내에서 사용하기 위해 설계된 내부 라우팅 프로토콜 • 다익스트라(Dijkstra) 알고리즘*을 사용하여 최단 경로 트리(Shortest Path Tree)를 산출
장점	• 대규모의 네트워크에서 안정된 운영 가능(Area 단위로 운영) • Stub*이라는 강력한 축약 기능 • 표준 라우팅 프로토콜이기 때문에 대부분의 라우터에서 사용 가능
단점	• 설정이 다른 라우팅 프로토콜에 비해 다소 어려움 • 네트워크 종류에 따라 동작 방식이 다름 • CPU, 메모리 자원을 많이 사용

④ BGP(Border Gateway Protocol)

외부 라우팅 프로토콜로서, 자율 시스템(AS) 간에 사용 : 다른 시스템과 연결된 라우터 내부에서 실행

특징	• 정책(Policy)을 적용할 수 있는 프로토콜. 즉 내부 네트워크의 일부 구간이 아닌 해당 AS 전체 트래픽의 방향을 변경할 수 있는 프로토콜 • 라우팅 경로 선택 시 다양한 측정 기준 이용 측정 기준 : Next Hop, Weight, Local Preference, AS Path, Origin Type, MED 등
장점	• 표준 라우팅 프로토콜이기 때문에 대부분의 라우터에서 사용 가능 • 최적의 외부 라우팅 경로 생성 (가장 짧은 AS Path 경로를 선택) • 두 개 이상의 ISP 연결 시 자동 회선 백업 • BGP 회선 장애 시 우회경로 생성 • IGP(RIP, IGRP, OSPF, EIGRP) 등과 재분배 가능
단점	• ISP 연결은 가능하나, 부하 분산(Load Balancing) 설정이 어려움 • BGP Update를 위한 CPU와 메모리 자원을 많이 사용 • 하나의 ISP 연결에 BGP 사용 시 부하만 줌 • Metric 설정이나 Traffic 분산 시 설정이 어려움

■ 스플릿 호라이즌
(Split Horizon)

동일 인터페이스에서 수신한 라우팅 정보를 동일한 인터페이스로 전달하지 않는 규칙(루프 방지)

■ DUAL 알고리즘
(Diffusing Update Algorithm)

• EIGRP에서 최적의 경로를 계산하는데 사용하는 알고리즘
• 기본적으로 대역폭과 지연시간을 사용하는데, 이때 대역폭은 최저 대역폭을, 지연시간은 목적지까지 가는 지연시간의 합을 사용

■ 자율 시스템(AS)

동일한 라우팅 정책으로 하나의 관리자에 의하여 운영되는 네트워크, 즉 한 회사나 단체에서 관리하는 라우터 집단을 자율 시스템(Autonomous System)이라 하며, 각각의 자율 시스템을 식별하기 위한 인터넷상의 고유한 숫자를 망식별 번호(AS 번호)라 함

■ 다익스트라 알고리즘
(Dijkstra Algorithm)

벨만-포드 알고리즘과 동일한 작업을 수행하며, 처리 속도는 빠르지만 가중치가 음수인 경우는 처리할 수 없음

■ Stub
• 사전적으로는 토막, 끝 등을 의미
• 하나의 네트워크에서 외부의 네트워크로 나가고 들어오는 경로가 오직 하나뿐인 경우. 즉, 외부에서 들어와 결국은 종료되는 네트워크를 말함

네트워크 장비의 이해

1 전송 매체(Transmission Media)

1) 종류 및 특징

광섬유 구조

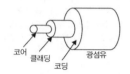

코어   클래딩   광섬유
코딩

★ 코어(Core)

광섬유에서 빛이 흐르는 중심 부분, 광섬유에서 실제로 빛을 전송하는 영역

★ 클래드(Clad)

빛의 굴절과 관계된 광섬유 바깥 부분, 광 코어 주변을 둘러싸고 있는 접합 영역으로, 내부 전반사를 유도하고, 코어 표면을 보호하며, 광섬유의 역학적 특성을 향상시키는 역할을 함

장비	특징
랜 케이블 (UTP)	• 랜(LAN)에서 가장 많이 사용하는 케이블 • 두 개의 절연된 구리선이 균일하게 서로 꼬인 형태 • 여러 개의 쌍이 다발로 묶여 보호용 외피로 싸여 있는 케이블로, 꼬임쌍(Twisted Pair)이라고도 함
동축 케이블 (Coaxial)	• 내부의 중심 도체와 그를 감싸고 있는 외부 도체, 중심 도체와 외부 도체 사이에 절연물질이 채워져 있음 • 꼬임쌍(Twisted Pair)에 비해 외부 간섭이나 누화에 영향이 적고, 훨씬 넓은 대역폭을 가짐
광섬유 케이블 (Fiber Optic)	• 코어(Core)*와 클래드(Clad)*로 구성 • 굴절률이 서로 다른 재질로 되어 있음 • 빛을 이용하여 정보를 전달하므로 전자기적 간섭 등의 영향을 거의 받지 않음 • 전송 매체 중 가장 넓은 대역폭을 가짐

① UTP 케이블

• Unshield Twisted Pair의 약어로, 차폐가 되지 않은 두 가닥씩 꼬인 케이블
• 카테고리(Category)라는 케이블 등급에 따라 전송 거리나 속도가 다름

㉠ EIA/TIA 568A와 568B의 구조

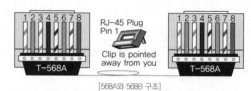

[568A와 568B 구조]

㉡ 스트레이트 케이블과 크로스 오버 케이블의 비교

스트레이트 케이블 (Straight Cable)	• PC ↔ 허브, 라우터 ↔ 스위치 등 서로 다른 부류의 장비를 연결할 때 사용 • A 타입(1, 2번 핀) : 흰녹/녹색 ↔ 흰녹/녹색 • A 타입(3, 6번 핀) : 흰주/주황 ↔ 흰주/주황 • B 타입(1, 2번 핀) : 흰주/주황 ↔ 흰주/주황 • B 타입(3, 6번 핀) : 흰녹/녹색 ↔ 흰녹/녹색
크로스 오버 케이블 (Cross Over Cable)	• PC ↔ PC, 라우터 ↔ 라우터, 스위치 ↔ 스위치 등 같은 부류의 장비를 연결할 때 사용 • A/B 타입 구분 없이 흰녹/녹색(1, 2번 핀) ↔ 흰주/주황(3, 6번 핀) 양 끝단을 바꿈

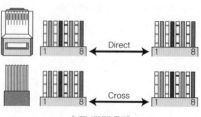

[UTP 케이블 구조]

2 네트워크 장비(Network Device)

1) 랜 카드(LAN Card)

① 개요
- 근거리통신망에 접속하기 위하여 컴퓨터나 서버에 장착된 카드
- 외부 네트워크와 연결하고 데이터를 주고받을 수 있도록 컴퓨터 내에 설치되는 확장카드
- 랜에 연결된 PC나 워크스테이션들은 대체로 이더넷이나 토큰링*과 같은 근거리통신망을 위해 설계된 랜카드를 장착
- OSI 7계층의 물리계층(1계층) 장비

② 동작 원리
1. PC에서 전송요구가 발생하면 CPU는 NIC로 데이터를 일정한 형태로 생성하여 보냄
2. NIC는 이 정보를 수신하여 일단 버퍼에 저장한 후, 다음 네트워크에 맞는(시리얼) 형태로 변환 후 목적지로 보냄
3. 목적지 PC의 NIC는 데이터를 수신한 후 CPU로 데이터를 전달하여 처리

③ 기능

PC와의 통신	NIC가 PC로부터 데이터를 넘겨받음
Buffering	데이터를 임시 저장
Frame 형성	이더넷의 프레임 크기(Frame Size)인 64~1,518바이트의 프레임을 생성
직렬/병렬 변환	PC로부터 받은 병렬신호를 케이블에 전송하기 위해 직렬신호로 변환
Encoding/Decoding	맨체스터(Manchester) 인코딩*을 사용
Cable Access	케이블이 사용되지 않고 있음을 확인하고, 전송 후 충돌 여부를 감지
전송	데이터를 전기적인 펄스 신호로 변환하여 전송

④ 구성요소

컨트롤 칩	데이터의 입출력과 기본적인 기능을 담당
통신 전용 칩	통신 기능을 담당
버퍼	데이터를 저장

⑤ 분류
- 보드의 형태에 따른 분류 : ISA(Industry Standard Architecture)용과 EISA(Extended Industry Standard Architecture)용으로 구분
- 커넥터의 형태에 따른 분류 : AUI(Attachment Unit Interface)*+동축 케이블, AUI+TP(Twisted Pair), AUI+동축 케이블+TP 등의 종류가 있으며, 이 가운데 AUI+동축 케이블+TP로 이루어진 것을 콤보(Combo) 형이라고 함

⑥ 통신방식

반이중(Half-Duplex) 방식	단방향 통신. 무전기처럼 송수신을 한 번에 하나의 기능만 수행할 수 있음
전이중(Full-Duplex) 방식	양방향 통신. 동시 송수신 가능

토큰링(Token Ring)
- 1980년대 초반 IBM에 의해 개발되었고, IEEE802.5로 표준화
- 근거리통신망(LAN) 기술은 OSI 모델의 데이터링크계층에서 쓰이는 통신망 프로토콜
- 여러 스테이션이 하나의 링으로 연결되며, 데이터는 항상 한 방향으로만 흐름
- 각각의 스테이션은 바로 이전의 스테이션이 전달해준 비트를 그대로 다음 스테이션에 전달해주는 역할을 수행
- 보통 3바이트로 이루어진 하나의 제어 토큰이 생성되어 한 방향으로 링을 순환하며 스테이션들의 네트워크 접속을 제어
- 만약, 어느 스테이션도 전송하고 있지 않다면, 이 제어 토큰 프레임이 링을 끊임없이 순환
- 데이터 프레임을 같은 네트워크 내의 스테이션에 전달하고자 하는 스테이션은 이 토큰을 획득하여야만 프레임을 전송할 수 있음

맨체스터 코드 (Manchester Code)
- 통신에서 디지털 인코딩의 한 형태
- 이는 어떠한 신호를 물리 계층에서 전송할 때 쓰이는 방법
- 하나의 비트가 전송될 때 각 비트 타임의 중앙에서 전압의 전이(Transition)가 발생하는 것이 특징이며, 수신자는 이렇게 전달된 신호만을 보고 전송속도를 알아낼 수 있어, 송신자와 수신자의 동기화를 쉽게 할 수 있으며, 오류를 줄일 수 있음

AUI (Attachment Unit Interface)
동축케이블을 사용하는 10Base-5 이더넷에 컴퓨터의 네트워크 카드를 연결하기 위해 사용되는 15 Pin을 가지는 커넥터

[유선 LAM 카드] [무선 LAN 카드]

2) 리피터(Repeater)

① 개요

- 근거리통신망에서 인접한 2개 이상의 네트워크 간 신호를 전송하며, 신호를 재생(Regeneration)하고, 복사(Replication)하는 장비
- 데이터가 전송되는 동안 케이블에서는 감쇄(Attenuation) 현상*이 일어나는데, 리피터는 감쇄되는 신호를 증폭하고, 재생하여 전송하는 역할

② 특징

- UTP 케이블, 광케이블 등 성능이 뛰어난 케이블의 등장으로 거의 사용되지 않음
- 충돌 도메인*과 브로드캐스트 도메인*이 없음
- OSI 7계층의 물리계층(1계층) 장비

③ 동작 원리

> 1. 노드에서 프레임을 전송하기 위해 패킷 단위로 변환
> 2. 변환된 패킷을 전기신호를 사용해서 리피터로 전송
> 3. 리피터는 이 패킷을 연결된 다른 포트로 전송
> 4. 리피터의 각 포트는 해당 물리계층에 연결되어 있고, 전송 매체의 전기 또는 광신호와 표준 디지털 신호 등으로 상호 변환하여 전송

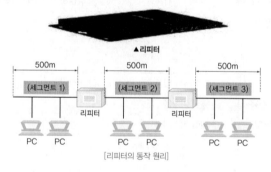

▲리피터

500m 500m 500m

(세그먼트 1) (세그먼트 2) (세그먼트 3)

리피터 리피터

PC PC PC PC PC PC

[리피터의 동작 원리]

④ 장점, 단점

장점	• 하나의 세그먼트 만큼의 길이를 연장 • 리피터로 구성된 여러 세그먼트는 하나의 단일 LAN으로 취급
단점	• 물리 계층에서 동작하므로 손상된 데이터에 대해서 검사하지 않음 • 이더넷의 경우 LAN에서 2개 이상의 리피터 설치가 불가능(신호 감쇄)

3) 허브(Hub)

① 개요

UTP 케이블을 이용하여 가까운 거리에 있는 컴퓨터들을 연결시켜 주는 네트워크 장비

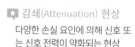
감쇄(Attenuation) 현상
다양한 손실 요인에 의해 신호 또는 신호 전력이 약화되는 현상

충돌 도메인
(Collision Domain)
LAN에서 전송 매체를 공유하고 있는 여러 단말기가 서로 경쟁하며, 충돌이 발생하는데, 이 충돌한 프레임이 전파되어 영향을 받는 영역

브로드캐스트 도메인
(Broadcast Domain)
LAN에서 단말기가 브로드캐스트 패킷을 전송할 때 이 패킷에 의해 네트워크에서 영향받는 영역 또는 그 패킷을 수신할 수 있는 단말기의 집합

② **특징**

- 하나의 포트에서 수신한 신호를 브로드캐스트로 전파
- 감쇄된 신호의 증폭
- 충돌 도메인 1개, 브로드캐스트 도메인 1개
- OSI 7계층의 물리계층(1계층) 장비

③ **동작 원리**

> 허브의 프레임 전달 과정을 보면, PC A가 PC C에게 전기신호를 보낸다고 가정
> 1. PC A는 PC A가 연결되어 있는(Connected) Hub A로 신호를 보냄
> 2. Hub A는 신호를 증폭해서 해당 허브에 연결된 PC에게 신호를 보냄
> 3. 왼쪽의 모든 PC가 신호를 받음. 이때 PC B도 신호를 받게 되며, 그 허브에 Hub B도 연결되어 있으므로, Hub B도 신호가 전달됨
> 4. Hub B는 자신에게 연결되어 있는 모든 PC에게 신호를 보내며, 이때 PC C도 신호를 받음
> 5. PC C는 목적지가 자신임을 알고, PC A에게 응답하게 되어, PC A와 PC C는 데이터를 주고 받게 됨

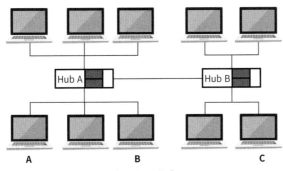

[허브의 동작 원리]

④ **장점, 단점**

장점	• 케이블링 간소화 및 관리 용이 • 노드 추가 및 이동, 변경 용이 • 모든 트래픽이 허브를 통과하므로 트래픽 흐름 제어 용이
단점	• 대역폭 공유 • 트래픽을 조작하거나 검사하지 않음 • 연결 장비가 많아지면 충돌 가능성도 높음 • 제어 기능이 없고, 충돌 도메인, 브로드캐스트 도메인을 분리하지 못함 • 허브 고장 또는 전원 차단 시 하위 모든 네트워크 다운

4) 브리지(Bridge)

① **개요**

LAN에서 같은 종류의 네트워크를 상호 접속시키기 위한 장비

② **특징**

- 하나 이상의 네트워크를 연결하거나 큰 규모의 네트워크를 MAC 주소를 기준으로 작은 규모로 나눔
- 양방향으로 데이터를 전송하지만, 경로 설정이나 프로토콜 변환 등의 기능은 없음
- 운영체제에 의한 프레임 전달(소프트웨어 방식)
- 중앙처리장치(CPU)가 내장되어 있으며, 최대 16개 포트를 지원

- 충돌 도메인은 연결된 수만큼 증가
- 브로드캐스트 도메인 1개
- OSI 7계층 데이터링크계층(2계층) 장비

③ 동작 원리

> 브리지가 패킷을 전달하기 위해서는 다음과 같은 과정을 거침
> 1. Blocking 과정
>   – 브리지 포트가 관리자에 의해 시작(Enable)되면, 초기 Disable 상태에서 Blocking 상태로 전환
> 2. Listening 과정
>   – 포트가 설정 BPDU를 수신하여, 브리지 동작에 참여하기로 결정되면 Listen 상태로 전환
> 3. Learning 과정
>   – 브리지에 실제 패킷이 수신되면 브리지는 먼저 송신지 주소를 추출하여 이 주소가 자신이 보관하고 있는 필터링 데이터베이스(Filtering Database)에 등록되어 있는 지를 확인. 만약, 송신지 주소가 fdb에 등록되어 있지 않다면, 브리지는 새로운 송신지 주소를 테이블에 등록하고, 이후로는 fdb에 등록된 주소에 의하여 네트워크상에 존재하는 장치로 인식
> 4. Filtering
>   – 학습 단계를 마친 후 브리지는 패킷에 나타나 있는 목적지 주소와 fdb상의 주소를 비교하여 패킷의 목적지와 송신지가 동일한 네트워크 내에 있는지를 확인. 만약, 송신지와 동일한 네트워크 내에 목적지가 존재한다면 프레임은 브리지를 경유하여 다른 네트워크로 전달될 필요가 없으므로, 브리지는 자동으로 패킷을 폐기
> 5. Forwarding
>   – 만약, 목적지 주소가 송신지와는 다른 네트워크에 존재하며, fdb에 목적지 주소가 이미 존재하고 있다면 테이블에 있는 정보를 이용하여 적절한 경로를 결정한 다음, 해당하는 전송로로 패킷을 전송

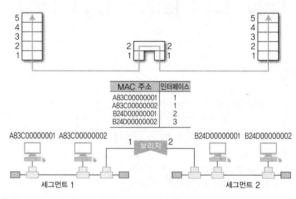

[브리지의 동작 원리]

④ 장점, 단점

장점	• 충돌 도메인의 분리 가능 • 네트워크 충돌 현상 감소 • 물리적 네트워크 확장성 제공
단점	브로드캐스트 패킷을 필터링하지 못함

5) 스위치 허브(Switch Hub)

① 개요

- 근거리통신망(LAN)에서 각각의 포트에 접속된 랜카드의 MAC 주소를 학습하고, 프레임의 목적지 MAC 주소를 참조하여 지정된 포트에만 프레임을 전송
- 다른 스위치들처럼 프로세스, 메모리, 펌웨어(운영체제)가 포함되어 있는 Flash ROM으로 구성

② 특징

- 단순히 전기적인 신호를 증폭시키지 않고 프레임을 재생
- 허브와 달리 이더넷의 MAC 주소를 참조하여 프레임 전송 포트를 결정하기 때문에 전송 중 패킷의 충돌이 발생하지 않음
- 동시에 많은 수의 LAN과 컴퓨터 간에 프레임 교환 가능
- 하나의 포트에서 다른 포트로 정보를 동시에 전송 가능
- OSI 7계층의 데이터링크계층(2계층) 장비

③ 동작 원리

1. 스위치가 부팅되면 각 포트별로 연결되어 있는 노드 상태를 확인
2. 각 노드의 MAC 주소를 학습하여 메모리에 적재하고, 패킷이 전달될 때 이 정보를 참조하여 프레임을 전송

④ 구성도

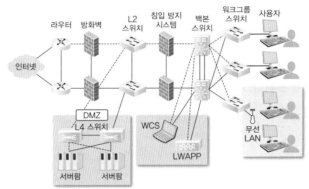

[스위치 허브* 구성도]

⑤ 포워딩 방식에 따른 분류

컷 스루 (Cut Through)	• 수신한 프레임의 목적지 주소를 확인하고, 목적지 주소의 포트로 프레임을 즉시 전송 • 전체 프레임이 수신되기 전에 중계를 하기 때문에 프레임 구분 없이 모두 중계 • 프레임의 첫 6바이트(48비트)만 확인 후 목적지로 전송 • 오류 처리가 어려우며, 복구능력이 떨어짐 • 중간 지연 시간을 최소화하기 위해 사용하는 방법
스토어&포워드 (Store&Forward)	• 모든 프레임을 수신한 다음 처리 • 오류, 목적지 주소, 출발지 주소 확인 후 목적지로 전송 • 중계 지연 시간이 길어짐 • 오류가 발생하면 모든 프레임을 버리고 재전송 요구를 하기 때문에 오류 복구능력이 뛰어남 • 전송 매체에서 오류가 자주 발생하거나 출발지와 목적지의 전송 매체가 다를 경우에 자주 사용되는 방식
프래그먼트 프리 (Fragment Free)	• 컷 스루(Cut Through) 방식과 스토어&포워드(Store&Forward)방식의 장점을 혼합 • 프레임의 앞부분에서 오류가 없음을 보증할 수 있는 길이인 64바이트(512비트)만 확인한 후 전송 • 컷 스루(Cut Through) 방식보다는 오류 복구 능력이 뛰어남

> **허브(Hub)와 스위치(Switch)의 차이점**
> - 허브는 들어오는 신호의 송신지와 수신지를 구별하지 못해 허브를 통해 연결된 모든 컴퓨터에게 신호를 전달
> - 스위치는 각 포트에 연결된 컴퓨터들의 MAC 주소를 자신의 메모리에 기억. 송신지와 수신지의 주소를 구분하여 해당 목적지로만 신호를 전달

⑥ 기능

Learning	• 호스트가 데이터 전송을 위해 프레임을 전송하면 이 호스트의 MAC 주소를 참조하여 MAC 주소 테이블에 저장한 후, 다른 호스트가 이 호스트로 프레임을 전송하려고 할 때 자신의 MAC 주소 테이블을 참조한 후 전송 • MAC 주소 테이블에 저장되는 정보 : 각 호스트의 세그먼트(Collision Domain 영역)와 MAC 주소
Forwarding	• 자신의 MAC 주소 테이블에 목적지 주소가 있고, 목적지가 출발지와는 다른 세그먼트에 존재할 경우 발생 • 다른 세그먼트까지 프레임을 전송할 경우 발생
Flooding	• 수신한 프레임의 목적지 주소가 MAC 주소 테이블에 없는 경우, 출발지 포트를 제외한 모든 포트로 프레임을 전송 • 브로드캐스트나 멀티캐스트에서도 발생
Filtering	• 출발지와 목적지가 같은 세그먼트에 있는 경우에 발생 • 다른 세그먼트로 프레임이 전송되는 것을 막아줌 • 충돌 도메인을 나누어 주는 기능
Aging	• MAC 주소 테이블에 있는 정보는 같은 출발지로 프레임이 수신되지 않을 때 일정 시간이 지나면 삭제 • 저장이 유지되는 디폴트 시간은 300초이며, 이 시간 동안 출발지 MAC 주소를 가진 프레임이 수신되지 않으면 MAC 주소 테이블에서 삭제하는데, 만약 MAC 주소 테이블에 저장하고 있는 출발지 MAC 주소를 가진 프레임이 수신되면 해당 테이블의 타이머를 초기화하여 카운트를 다시 시작

⑦ 브리지와 스위치의 비교

구분	브리지(Bridge)	스위치(Switch)
처리방식	소프트웨어	하드웨어
포트별 속도	같은 속도 지원	다른 속도 지원
포트 수	2~3개	몇 10~몇 100개
전송방식	스토어&포워딩 (Store and Forwarding)	• 스토어&포워딩(Store and Forwarding) • 컷 스루(Cut Through) • 프레그먼트 프리(Fragment Free)

6) 라우터(Router)

① 개요

2개 이상의 네트워크 간 데이터 전송을 위해 최적의 경로를 설정해주며, 전송할 데이터를 해당 경로를 통해 다른 네트워크로 전송할 수 있도록 도와주는 장비

② 특징

• 네트워크 세그먼트를 논리적으로 동일하게 유지하면서 서브 네트워크를 기초로 하는 네트워크 장비
• 브리지와는 달리 TCP/IP 프로토콜을 이용한 포워딩이 가능하고 다단계 포워딩을 위한 주소 계산 가능
• 라우팅 프로토콜을 사용하며, 패킷 헤더를 참조하여 최적의 경로로 패킷을 전송
• OSI 7계층의 네트워크계층(3계층) 장비

📖 **CSMA/CD**(Carrier Sense Multiple Access/Collision Detect)

• 1972년 미국, 제록스사에서 이더넷에 처음 채택된 매체 접근 방식
• 1983년 IEEE 802. 3 표준이 되었으며, 모든 종류의 이더넷에 적용
• 반송파 감지 및 충돌 검출 기반의 매체 접근방식
• 버스형 또는 스타형(논리적으로는 버스형) 토폴로지를 사용
• 여러 대의 호스트가 같은 전송 매체에서 통신할 수 있도록 규칙을 제공
• 송신 데이터는 버스를 통해 전체 네트워크로 전송되고, 프레임내 목적지 주소의 호스트가 수신
• 충돌 발생 시 랜덤시간 지연 후 재전송
• 장점 : 비교적 저렴한 가격으로 시스템을 구성, 가장 널리 사용
• 단점 : 노드 수가 많고, 각 노드에서 전송하는 데이터양이 많을 경우 패킷 충돌이 많아져 데이터의 손실이 발생

③ 동작 원리

- 라우터(Router)는 LAN과 LAN을 연결하는 장치로, 목적지까지 최적의 경로를 결정하여 라우팅(Routing)해주는 장비

1. 아래 구성도에서 라우터가 하는 일은 A LAN에서 B LAN으로 가야 할 패킷만 B LAN으로 전달해주고 나머지는 폐기함
2. 먼저, A LAN 내부에서의 통신은 Hub 1을 통해서 이루어지며, 라우터도 같은 Hub 1에 연결되어 있으므로 신호가 전달되지만, 라우터는 목적지를 확인하여 A LAN 내부의 통신임을 확인하고, 패킷을 더 이상 전달하지 않고 폐기
3. 그러나, A LAN에서 B LAN으로 전송해야 할 신호라면 라우터는 B LAN의 Hub 2로 신호를 전송하여 B LAN에 속한 장비들이 신호를 받아 처리할 수 있도록 함

- 라우터의 역할은 어디로 전송할 패킷인지를 판단하여 최적의 경로로 패킷을 전송하는 것

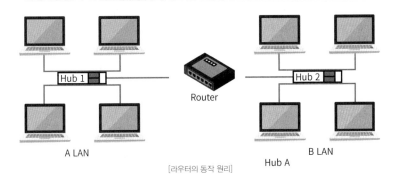

[라우터의 동작 원리]

④ 라우터의 구조

ROM	부팅 프로그램 및 OS 저장(비휘발성)
FLASH	IOS 저장(비휘발성)
NVRAM	Startup Config, Backup Config 저장(비휘발성)
RAM	현재 사용되고 있는 프로그램(IOS 및 명령어), 사용 중인 설정 값(Running Config, Active Config 저장(휘발성))

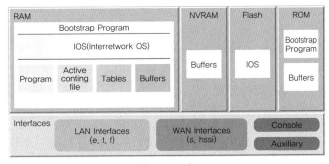

[라우터의 구조]

⑤ 라우터와 스위치의 비교

구분	라우터(Router)	스위치(L3 Switch)
OSI 계층	3계층	3계층
처리 방식	소프트웨어	하드웨어
포트별 속도	같은 속도 지원	다른 속도 지원
지원하는 2계층 프로토콜	Ethernet, Fast Ethernet, Token Ring, FDDI, ATM, WAN	Fast Ethernet, Gigabit Ethernet
포워딩 능력	느림(CPU 성능과 가격에 따라 다름)	빠름(Near Wire Speed)
대기시간	약 200ms	10ms(100Mbps) 이하

관리 및 프로그램 가능성	매우 높음	낮음
지원 프로토콜	All	IP(일부 IPX)
라우팅 프로토콜	All	RIPv1,v2 OSPF(일부 DVMRP*)
WAN 지원 여부	지원함	지원하지 않음
비용	높음	낮음

7) 게이트웨이(Gateway)

① 개요

• 네트워크에서 서로 다른 통신망이나, 프로토콜을 사용하는 네트워크 간의 통신을 가능하게 하는 컴퓨터나 소프트웨어를 통칭
• 하나의 네트워크에서 다른 네트워크로 들어가는 관문 역할을 하는 장비

② 특징

• 게이트웨이가 필요한 것은 네트워크마다 데이터를 전송하는 방식이 다르기 때문이며, 각각의 네트워크는 다른 네트워크와 구별되는 프로토콜로 데이터를 전송
• OSI 7계층의 응용 계층(7계층) 장비

[게이트웨이 구성도]

③ 장점, 단점

장점	• 프로토콜 구조나 다른 네트워크 환경의 장비를 연결 • 게이트웨이 고유 기능만을 수행
단점	• 가격이 비쌈 • 설치가 어렵고, 사용환경의 제약 • 데이터 및 프로토콜 변환 기능이 있으므로 속도가 느림

8) L4 스위치(Layer 4 Switch)

① 개요

TCP/UDP 포트번호를 참조하여 부하분산(Load Balancing) 기능 수행

② 특징

• 포트마다 제어가 가능하여 보안, 구성상 효율이 좋음
• 여러 대의 서버의 트래픽을 분산시켜 네트워크 전송속도를 향상
• 응용프로그램별로 트래픽에 대한 우선순위를 부여하여 네트워크 전체에 대한 QoS를 제공
• ASIC(Application Specific Integrated Circuit)* 기반으로 동작하여 빠른 속도를 보장

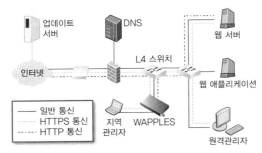

[L4 스위치 서버 부하분산 구성도]

③ 구성 방식

서버 부하분산	웹, 메일 서버 등 동일 서비스를 제공하는 서버에 대해 여러 가지 방법으로, 트래픽을 분산시키는 구성 방식
방화벽 부하분산	방화벽을 위한 부하분산 구조로, 방화벽의 부하를 줄이고, 트래픽을 효율적으로 분산시키는 구성 방식

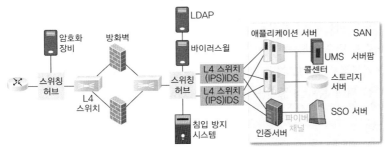

[L4 스위치 방화벽 부하분산 구성도]

④ 동작 원리

트래픽 분산 방식	다양한 방법으로 서버나 방화벽의 부하분산 역할을 수행
라운드로빈	서버 숫자만큼 순차적으로 트래픽을 전달하는 방식
WFQ (Weighted Fair Queuing)	• 미리 정해놓은 비중에 따라 서버가 받아들이는 요청의 수를 변경 • 관리자가 서버의 성능과 트래픽을 고려하여 가중치 할당이 가능
최소 연결	• 연결상태를 파악하여 연결 수가 가장 적은 서버로 요청이 집중되는 방식 • 상황변화에 동적으로 반응할 수 있으나 처리 과정이 길어짐
가장 빠른 응답	• 서버에 패킷을 보내 가장 빠른 응답 서버에게 트래픽 전달 • 동적이지만 성능이 좋은 서버로 작업 부하가 집중될 수 있음

⑤ L4 스위치와 L7 스위치의 비교

구분	L4 스위치	L7 스위치
목적	4계층 부하분산 및 고가용성 지원	콘텐츠 기반 부하분산 및 고가용성 지원
특징	포트 기반 필터링, 미러링, 부하분산	L4 스위치 기능 + 콘텐츠 기반 제어
주요 기능	동시 연결 수, 처리 용량, 임계치 설정	동시 연결 수, 처리 용량, 임계치 설정
L2/L3 기능	스위칭 및 라우팅	스위칭 및 라우팅
보안 기능	L2~L4 기반(ACL 등) 보안 기능	콘텐츠 기반 필터링, 안티바이러스
장점	ASIC 기반 빠른 속도, L7 대비 저비용	URL 등 콘텐츠 분석 기능, 업데이트 가능
단점	서비스 유무만 확인, 콘텐츠 기반 제어	L4 대비 고비용, CPU 처리, 성능 저하
활용	SLB, FWLB, VPNLB	L4 스위치 기능 + URL 기반 LB, 필터링

3 가상 LAN 구성 및 관리

1) 개요

- 물리적 접속과 관계없이 논리적으로 LAN을 구성할 수 있는 기술
- 물리적인 네트워크 구성이 아닌 논리적 네트워크 구성을 가능하게 함
- 스위치의 모든 인터페이스는 동일 브로드캐스트 도메인에 포함되어 있으나, VLAN을 적용할 경우 스위치의 일부 인터페이스를 하나의 브로드캐스트 도메인으로 구성하고, 다른 인터페이스를 또 다른 브로드캐스트 도메인으로 구성하여 여러 개의 도메인으로 구성할 수 있음
- 라우터를 사용하지 않고, 스위치에서 여러 개의 상이한 서브넷을 구성하여 사용할 수 있는 LAN 기술

2) 구성

- 일반적으로 사용자들은 VLAN 안에 그룹화하여 트래픽이 VLAN 안에 존재하도록 하는 것이 목적
- 같은 VLAN에 속해있는 포트는 브로드캐스트를 공유하며 동일한 서브넷에 속함
- 기본적으로 VLAN 소속이 다른 노드 간 통신은 불가능하며, VLAN 간의 통신을 위해서는 L3 장비(Router, L3 Switch)가 필요

3) 구조

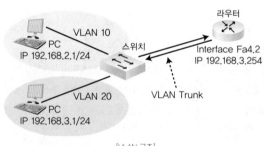

[VLAN 구조]

4) 장점

불필요한 트래픽 감소	• 서로 다른 네트워크 그룹이기 때문에 브로드캐스트 패킷이 다른 VLAN으로 전송되지 않음 • 세분화하여 브로드캐스트 도메인을 나눌 수 있으므로, 불필요한 트래픽을 줄일 수 있음 • 브로드캐스트와 멀티캐스트 트래픽을 브리징 도메인에 한정시키는 논리적인 충돌 도메인을 제공
보안성 향상	• 네트워크 그룹 설정을 변경하거나 이동하게 되면 보안상의 문제가 발생할 우려가 있지만, VLAN을 이용하면 실제적인 네트워크 그룹의 이동이 없어도 보안상의 문제를 쉽게 해결할 수 있음 • L3 장비의 지원 없이는 VLAN 내부와 외부 간 통신이 차단되므로 보안성이 향상됨
관리자의 네트워크 설정 작업 용이	네트워크 관리자가 특정 장비의 네트워크 그룹을 옮겨야 할 때, 실제 장비를 옮기는 과정이 없이 스위치 설정만으로 네트워크 그룹을 옮길 수 있으므로 편리
비용 절감	VLAN 기술을 사용하지 않는다면 서로 분리된 LAN 환경을 구축할 때 장비가 추가로 필요하게 되나, VLAN을 이용하면 장비의 추가 없이 분리된 LAN 환경을 구축할 수 있음

| 트렁킹(Trunking) | • 스위치가 하나의 링크를 통하여 여러 개의 VLAN 트래픽을 전송하도록 하는 기법 |
| | • VLAN 내에서 장비 간의 전송로 |

5) 구성방법

① 포트(Port) 기반

- 한 대 또는 그 이상의 스위치에 있는 포트를 묶어서 VLAN으로 설정
- 스위치의 각 포트당 해당 포트가 속할 VLAN을 설정
- FastEthernet 1, 2, 3을 VLAN 10, FastEthernet 4, 5, 6을 VLAN 11로 FastEthernet 7, 8, 9를 VLAN 12로 다른 VLAN을 설정하는 것
- 장비에 별도의 설정을 해 줄 필요가 없고, VLAN을 구성하는 포트에 장비를 연결하면 해당 VLAN의 네트워크 그룹에 소속되는 방식

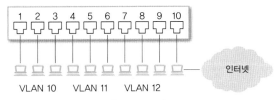

[Port 기반 VLAN]

장점	• 일반적으로 가장 많이 사용됨
	• 사용자가 연결된 스위치에 관계 없이 VLAN 구성 가능
	• 동시에 여러 명의 사용자에 대한 VLAN 구성 가능
	• 유지 · 관리가 쉬움
단점	• PC를 다른 포트로 옮기면 VLAN 재구성해야 함
	• 하나의 포트에 하나의 VLAN만 구성 가능

② MAC 주소 기반

- 네트워크 장비의 MAC 주소를 기반으로 VLAN을 정의
- PC가 추가 · 삭제되어도 스위치 포트와는 무관하게 동일한 VLAN에 소속됨

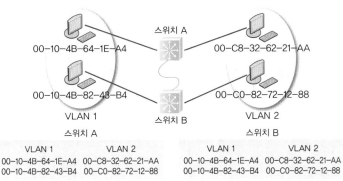

[MAC 주소 기반 VLAN]

장점	MAC 주소가 내장된 장비와 VLAN 소속도 이동하기 때문에 사용자가 이동해도 VLAN을 재구성할 필요 없음
단점	• 여러 개의 VLAN에 대한 MAC 주소를 가진 포트에 대해서는 성능 저하 발생
	• VLAN 소속이 연결된 장비와 관련되어 있음
	• 모든 사용자가 최소한 하나의 VLAN에 소속되도록 구성해야 함
	• LAN 카드를 교체하면 VLAN을 재구성해야 함

③ 프로토콜 기반

- 프로토콜 유형이나 IP 주소를 기반으로 VLAN을 정의
- MAC 주소와 VLAN의 데이터베이스를 구현하고 관리하는데 효과적

장점	• 프로토콜 유형별로 구분 가능 • 하나의 포트가 여러 개의 VLAN에 소속될 수 있음 • 프레임 태깅(Frame Tagging)이 필요 없음 • IP 주소와 혼용할 경우 매우 효율적
단점	• IP 주소를 읽어야 하므로 성능 저하 발생 • 라우팅이 되지 않는 프로토콜은 사용할 수 없음 • 고정 IP 주소를 사용해야 하며, 유동 IP 주소(DHCP)를 사용할 수 없음

네트워크 장비 보안

1 라우터 보안

1) 라우터 비밀번호 설정

① 콘솔 비밀번호 설정

```
Router>enable ← ㉠
Router#configure terminal ← ㉡
Router(config)#line console 0 ← ㉢
Router(config-line)#password infosec ← ㉣
Router(config-line)#login ← ㉤
Router(config-line)#
```

㉠ 특권실행 모드*로 전환
㉡ 전역설정 모드*로 전환
㉢ 비밀번호를 설정*할 콘솔* 포트 0번으로 전환
㉣ 비밀번호 'infosec'으로 설정
㉤ 로그온 시 적용

② 특권실행 모드 비밀번호 설정

```
Router>enable ← ㉠
Router#configure terminal ← ㉡
Router(config)#enable password infosec1 ← ㉢
Router(config)#enable secret infosec2 ← ㉣
Router(config)#
```

㉠ 특권실행 모드로 전환
㉡ 전역설정 모드로 전환
㉢ 평문 비밀번호를 'infosec1'로 설정
㉣ 암호화 비밀번호를 'infosec2'로 설정

③ 텔넷(Telnet) 비밀번호 설정

```
Router>enable ← ㉠
Router#configure terminal ← ㉡
Router(config)#line vty 0 4 ← ㉢
Router(config-line)#password infosec ← ㉣
Router(config-line)#login ← ㉤
Router(config-line)#exit
Router(config)#
```

㉠ 특권실행 모드로 전환
㉡ 전역설정 모드로 전환
㉢ 가상 터미널 5개 생성(동시에 사용자 5명이 접속 가능)
㉣ 비밀번호를 'infosec'으로 설정
㉤ 로그온 시 적용

특권실행 모드
(Privileged Mode)
사용자 모드에서 enable 명령을 사용하여 접근할 수 있으며, 관리자 모드로 라우터의 모든 명령을 사용할 수 있는 모드

전역설정 모드(Global Configuration Mode)
특권실행 모드에서 configure terminal 명령을 사용하여 접근할 수 있으며, 라우터의 설정 파일을 변경하는 경우에 사용하는 모드

비밀번호 설정
평문과 암호화 비밀번호가 동시에 설정되어 있을 경우 암호화 비밀번호가 우선

콘솔(Console)
라우터에 직접 연결하여 설정할 수 있는 장비 또는 프로그램

2) 접근제어목록(ACL)

① 표준 접근제어목록(Standard ACL)

- 출발지 IP 주소(Source IP Address)만을 참조하여 허용(Permit), 차단 (Deny) 여부를 결정
- 패킷의 출발지 IP 주소와 ACL에 정의된 출발지 IP 주소가 일치하면 ACL의 설정 내용을 수행
- 허용(Permit)이면 해당 패킷을 정해진 경로로 전송하고, 차단(Deny)이면 패킷의 흐름을 차단
- 표준 ACL 번호 : 1~99, 1300~1999
- 명령어 형식

Router(config)#access-list [ACL 번호] [허용/차단] [출발지 IP 주소] [와일드카드 마스크]

㉠ 표준 ACL 설정(1)

Router>enable ← ㉠
Router#configuration terminal ← ㉡
Router(config)# access-list 1 deny 211.168.70.0 0.0.0.255 ← ㉢
Router(config)# access-list 1 permit any ← ㉣
Router(config)#

㉠ 특권실행 모드로 전환
㉡ 전역설정 모드로 전환
㉢ 211.168.70.0 대역에서 들어오는 모든 패킷을 차단
㉣ 211.168.70.0 대역에서 들어오는 패킷을 제외하고는 모든 패킷 허용(반드시 적용해야 하며, 적용하지 않았을 경우 211.168.70.0 대역뿐만 아니라 모든 패킷이 차단됨)

㉡ 표준 ACL 설정(2)

- 인터페이스 적용
- 명령어 형식

Router(config)#interface [적용할 인터페이스]
Router(config-if)#ip access-group [ACL 번호] [방향(in|out)]

- 인터페이스 적용 설정

Router(config)#interface serial 0/0 ← ㉠
Router(config-if)#ip access-group 1 in ← ㉡

㉠ 인터페이스 시리얼 0/0로 전환
㉡ ACL 1번을 적용하여 들어오는 패킷 차단

② ACL의 동작 방식

㉠ Ingress Filtering

- 패킷이 라우터 내부로 들어올 경우 필터링 여부를 결정
- 라우터 인터페이스로 패킷이 들어올 경우 수신 인터페이스에 ACL이 적용되어 있는지 확인하고, 적용이 되어있지 않으면 통과시키고, 만약 ACL이 적용되어 있다면 해당 패킷의 정보와 ACL의 설정 내용을 비교해서 통과 여부를 결정

ⓛ Egress Filtering
- 패킷이 라우터 외부로 전송될 경우 필터링 여부를 결정
- 라우터 인터페이스에서 패킷이 외부로 전송될 경우 인터페이스에 ACL이 설정되어 있는지 확인하고 설정이 되어있지 않으면 통과시키며, 만약 ACL이 적용되어 있다면 전송되는 패킷의 정보와 ACL에 적용 내용을 비교해서 통과 여부를 결정

ⓒ Blackhole Filtering(Null Routing)
- 특정한 IP 주소 또는 IP 주소 대역에 대해서 Null이라는 가상의 인터페이스로 보내도록 함으로써, 패킷의 통신이 되지 않도록 하는 것
- 패킷이 Null 인터페이스로 보내져 패킷이 필터링 될 때마다 패킷의 출발지 IP 주소로 ICMP Unreachable이라는 오류 메시지를 발송하게 되는데, 만약 필터링하는 패킷이 많을 경우에는 라우터에 과부하를 유발할 수 있으므로, Null 인터페이스에서 응답하지 않도록 비활성화시켜야 함

ⓔ Unicast RPF 필터링
- 인터페이스를 통해 들어오는 패킷의 출발지 IP 주소를 확인하여 들어온 인터페이스로 다시 나가는지 확인하는 것
- URPF가 Enable된 인터페이스에 192.168.10.1이라는 출발지 IP 주소에서 들어오는 패킷이 있다면, 라우팅 테이블을 참조하여 192.168.10.1이라는 목적지로 라우팅될 때 같은 인터페이스를 통하여 나가는지 확인하여 같다면 정상적인 트래픽으로 간주하여 트래픽을 통과시키고, 다르면 스푸핑된 패킷으로 간주하여 필터링하는 것
- 시리얼(Serial) 인터페이스에 설정할 경우 Ingress 필터링 효과를, 이더넷 인터페이스에 설정할 경우 Egress 필터링의 효과를 기대할 수 있음

③ ACL 규칙
- 위에서부터 아래로 수행
- 네트워크를 좁은 범위에서 넓은 범위로 설정해야 함. 만약, 넓은 범위를 먼저 설정하게 되면 모든 패킷이 허용 또는 차단되어 필터링 효과가 없음
- ACL의 마지막 줄은 'deny any'가 생략되어 있으므로, 마지막에 'permit any'가 없을 경우 모든 IP 주소는 차단(암묵적 Deny)
- 순서대로 추가되기 때문에 중간 삽입이나 중간 삭제 불가능
- 프로토콜, 방향, 인터페이스당 1개의 ACL만 적용 가능
- Named ACL*의 경우에는 예외로 중간 삽입 · 삭제 및 추가가 가능

④ 확장 접근제어목록(Extended ACL)
- 출발지와 목적지 IP 주소를 모두 참조하여 패킷을 필터링
- IP, TCP, UDP, ICMP 등의 프로토콜을 선택하여 설정할 수 있음
- 확장 ACL 번호 : 100~199, 2000~2699
- 명령어 형식

Router(config)#access-list [ACL 번호] [허용/차단] [프로토콜] [출발지 IP 주소/와일드카드 마스크] [목적지 IP 주소/와일드카드 마스크] [적용부호] [포트번호/서비스]

Named ACL
(이름 기반 ACL)

Numbered ACL은 조건문 삭제 시 모든 Numbered ACL이 삭제되기 때문에 처음부터 다시 모든 ACL을 다시 입력해야 하는 문제가 있지만, Named ACL은 원하는 조건문만 삭제할 수 있음

⑦ 확장 ACL 설정(1)

```
Router(config)#access-list 101 deny ip 211.123.80.0 0.0.0.255 168.126.63.0
0.0.0.255 ← ㉠
Router(config)#access-list 110 deny tcp 211.123.80.0 0.0.0.255 168.126.63.0
0.0.0.255 eq 80 ←㉡
```

㉠ 211.123.80.0 대역에서 168.126.63.0 대역으로 가는 모든 패킷을 차단
㉡ 211.123.80.0 대역에서 168.126.63.0 대역으로 가는 모든 패킷 중에서 웹서비스를 요청하는 모든 패킷을 차단

㉡ 확장 ACL 설정(2)

• 인터페이스 적용
• 명령어 형식

```
Router(config)#interface [적용할 인터페이스]
Router(config-if)#ip access-group [ACL 번호] [방향(in|out)]
```

• 인터페이스 적용 설정

```
Router(config)#interface serial 0/0 ← ㉠
Router(config-if)#ip access-group 101 in ← ㉡
```

㉠ 인터페이스 시리얼 0/0로 전환
㉡ ACL 101번을 적용하여 들어오는 패킷 차단

Section 04 무선통신의 이해

1 무선 LAN(Wireless LAN)

1) 개요
- 무선으로 인터넷을 사용할 수 있는 환경
- Wi-Fi, 3G(HSDPA*), WLAN, LTE 등

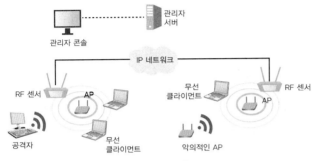

[무선 LAN 구성도]

① 와이파이(Wi-Fi, Wireless Fidelity)
- 2.4~5GHz를 사용하며, IEEE802.11b/g/n으로 규정한 무선 LAN 규격에 부여하는 일종의 인증마크
- 무선 인터넷 광대역 접속기술이며, 무허가 주파수 대역을 사용하는 새로운 통신기술
- 초기에는 전파 도달거리가 10m에 불과했으나, 최근에는 200~300m로 대역폭이 증가하여 대용량의 멀티미디어 정보를 송수신할 수 있고, 전송속도는 약 150Mbps로 이동성과 보안성 향상
- 최근 스마트폰의 등장으로 Wi-Fi가 이동통신사 간 이슈로 등장하고 있음

② LTE(Long Term Evolution)
- 3세대 이동통신을 장기적으로 진화시킨 기술을 의미
- 기존의 네트워크와 연동할 수 있어, 기지국 설치 등의 투자비와 운용비를 크게 줄일 수 있음
- 최대 75Mbps의 속도로 1.4G 영화 한 편을 2분 안에 내려받을 수 있고, 이동 중에도 끊김 없이 사용할 수 있음
- 3G*의 속도를 5배 이상 향상시킨 서비스라는 점에서 4G*라고 부름

③ 5G(5 Generation)
- 광대역을 구현하기 위해서 주로 밀리미터파(mmWave)*를 사용
- 4G보다 10배 빠른 속도로 음성, 영상을 주고 받을 수 있음
- 4G보다 훨씬 빠른 데이터 전송률과 매우 낮은 지연 시간을 보장하는 차세대 모바일 네트워크
- 단일 네트워크를 가상화하는 네트워크 슬라이싱 기술 지원, 센서와 같은 수십억 개의 '사물' 지원, 자율 주행 자동차 지원 등

HSDPA(High Speed Downlink Packet Access)
- 고속 하향 패킷 접속
- 화상통화, 고속 데이터 등을 제공하는 3세대 이동통신인 WCDMA의 속도를 더욱 발전시킨 기술로, 고속 인터넷 이동전화 라고도 함

3G(3 Generation)
- WCDMA, HSDPA 방식 등이 대표적
- 사용 주파수는 2GHz로, 전 세계 공통 주파수이기 때문에 자동으로 국제로밍 서비스 가능
- HSDPA 기술(업로드 속도보다 다운로드 속도가 빠름)로 인해 영상통화가 가능하며, 무선인터넷도 기존 2세대보다 빠름
- 다운로드 속도 : 144K~2.5M

4G(4 Generation)
- 4세대 이동통신
- 3G보다 향상된 기술로, 3세대와 비슷하나 다운로드 속도가 10배 이상 향상된 기술
- 데이터 전송속도는 정지 시 1G, 고속이동 시 100M의 속도
- 현재 영상통화 카메라 화소수가 30만화소인데, 100만, 200만, 300만 화소 카메라가 등장하여 지금보다 영상통화가 급격히 개선됨. 4G가 상용화되면 KTX를 타고 시속 300 킬로로 달려도 끊김 없이 통화 및 인터넷을 즐길 수 있는 기술

밀리미터파(mmWave)
- 주파수는 30~300GHz이며, 파장이 대략 0.1mm~10mm 범위의 전자기파
- 기존에 사용하는 통신용 전파보다는 회절성이 작고, 직진성은 크나, 레이저광보다는 회절성이 크고, 직진성은 작음
- 밀리미터파의 직진성으로 인해 장애가 있을 때 충돌 및 분산이 발생할 수 있음

2) 구성요소

AP(Access Point)	무선 LAN에서 네트워크와 사용자 간 중계장비
W－NIC(Wireless NIC)	무선 LAN 카드(WNIC)
인증 서버	사용자 인증을 수행하는 서버

★ P2P(Peer－to－Peer)

- 비교적 소수의 서버에 집중하기 보다는 망구성에 참여하는 노드들의 연산과 대역폭(Bandwidth) 성능에 의존하여 구성되는 통신망
- 일반적으로 노드들을 규모가 큰 애드혹으로 연결하는 경우 이용
- 이런 통신망은 여러 가지로 유용하게 사용되는데, 오디오나 비디오, 데이터 등 임의의 디지털 형식 파일의 공유는 매우 보편적
- 인터넷 전화(VoIP)같은 실시간 데이터 등도 P2P 기술을 통해 서로 전달될 수 있음
- 클라이언트나 서버란 개념이 없이, 동등한 계층 노드들이 서로 클라이언트와 서버 역할을 하게 됨
- 보통 중앙 서버를 사용하는 통신 형태의 클라이언트/서버 모델과 구별됨

3) 유형과 접속방식

① 유형

WPAN (Wireless Personal Area Network)	• 별도의 무선장비가 없는 소규모 네트워크 • 개인 사용자 간 단거리 네트워크 • 구성형태 : 단거리 Ad_Hoc 또는 P2P* 방식
WLAN (Wireless Local Area Network)	• 근거리 무선통신 • 전파를 전송 매체로 하여 가까운 거리에 있는 각종 터미널 간 데이터를 전송하는 네트워크
WMAN (Wireless Metropolitan Area Network)	• IEEE802.16 표준 • 도시 규모의 무선 광대역 접속기능을 이용하여 사용자 간 연결기능 제공

② 접속방식

인프라스트럭처 (Infrastructure) 방식	• AP를 통해서 외부 네트워크와 통신하는 구조 • 모든 통신은 반드시 AP를 통해서 이루어짐
애드혹(Ad_Hoc) 방식	• AP 장비 없이 내부 단말기로만 구성되어 상호 통신할 수 있는 구조 • 외부 네트워크와는 통신 불가능 • 보안에 취약하므로 권장하지 않음

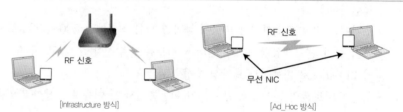

[Infrastructure 방식]　　　　　[Ad_Hoc 방식]

4) 장점, 단점

장점	• 편의성 : 가정이나 사무실에서 무선 네트워크 장비가 있는 곳이라면 쉽게 사용할 수 있음 • 휴대성 : 커피숍과 같은 공공장소에서도 사용할 수 있음 • 생산성 : 장소를 옮겨 다니며 원하는 네트워크의 접속을 유지할 수 있음 • 배치 : 하나 이상의 액세스 포인트를 지원 • 확장성 : 기존의 장비를 사용하여 수많은 사용자를 수용할 수 있음
단점	• 보안 : 인증 암호의 취약성, 물리적 특성에 의한 취약성(도난, 불법 설치, 불법 도청 등) • 지원 범위의 제한적 : 일반적으로 쓰이는 802.11b/g/n은 수십 미터의 거리를 지원 • 신뢰성 : 가전기기와 주파수 대역이 같기 때문에 전파간섭의 영향을 받을 수 있음, 유선보다 품질이 낮음 • 속도 : 유선 네트워크에 비해 느림

2 프로토콜의 종류 및 특징

1) IEEE802.11(무선 LAN 표준)

- IEEE의 LAN/MAN 표준 위원회(IEEE802)의 11번째 워킹그룹에서 개발된 표준기술
- 현재 주로 사용되는 유선 LAN 형태인 이더넷의 단점을 보완하기 위하여 고안된 기술
- 네트워크의 종단에 위치하여 불필요한 배선작업과 유지관리 비용을 최소화하기 위하여 널리 사용됨
- 무선 LAN, 와이파이(Wi-Fi)라고 부르는 무선 근거리통신망에 사용되는 기술

① 구성방법

보통 공개된 넓은 공간에 하나의 핫스팟(Hot Spot)*을 설치하며, 외부 WAN과 백본 스위치, 각 사무실 핫스팟 사이를 이더넷으로 연결하고, 핫스팟으로부터 각 사무실의 컴퓨터는 무선으로 연결

② 동작 원리

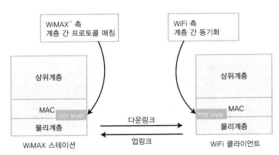

[무선 LAN 프로토콜 WiMAX 동작 원리]

3 무선 LAN 보안

1) 개요

- 일반적인 보안서비스와 유사한 목표를 가지고 있음
- 정당한 사용자가 인증을 받고 정당한 권한으로 접근하여 데이터를 비밀스럽게, 훼손 없이 전달하고, 전달된 데이터에 대한 수신 또는 송신 사실을 부인할 수 없도록 하는 보안서비스 제공

① 무선 랜 보안 고려사항

사용자 인증(Authentication)	정당한 사용자 인증
접근 제어(Access Control)	정당한 사용자 인증, 권한 제어
권한 검증(Authorization)	정당한 권한
데이터 기밀성(Confidentiality)	데이터의 비밀유지
데이터 무결성(Integrity)	데이터의 변경·변조 없음을 증명
부인방지(Non-Repudiation)	데이터의 송신·수신 부인방지
안전한 핸드오프(Secure Hand-Off)	사용자가 이동 시 데이터의 비밀이 보장된 상태에서 훼손 없이 유지

📌 **핫스팟(Hot Spot)**
- 인터넷 서비스 제공자(ISP)의 링크에 연결된 라우터를 통하여 무선 인터넷 접근을 제공하는 지점
- 보통 특정 지역에서 무선 접근 범위를 최대화하기 위하여 공공장소의 천장, 벽이나 기타 전략적 위치에 설치된 하나 이상의 접근 점(AP)으로 구성

📌 **WiMAX**
점대점 연결에서 완전한 휴대형 접근에 이르기까지 다양한 방식으로 원거리 무선통신을 제공하는 프로토콜

📌 **ISM 밴드**(Industry, Science, Medical)
산업, 과학, 의학용 대역이라고 할 수 있으며, 국제전기통신연합(ITU)은 전파를 유일하게 무선통신 이외의 산업, 과학, 의료에 고주파 에너지원으로 사용하기 위하여 지정된 주파수 대역

📌 **CSMA/CA**(Carrier Sense Multiple Access/Collision Avoidance)
- 무선 LAN(IEEE802.11)에서 사용되는 접근 모드
- 802.11은 경로 공유를 위하여 모두 이더넷 프로토콜인 CSMA/CA 사용
- CSMA/CD의 Multiple Access와 Carrier Sense는 CSMA/CA에도 적용
- Hidden Terminal Problem(전송을 시작한 두 스테이션 간 장애물이 있어 충돌이 발생하더라도 감지하지 못하는 문제) 때문에 충돌 회피라는 방법을 대신 사용
- 데이터의 흐름을 감지하여 네트워크가 사용 중이 아니면 바로 패킷을 보내지 않고, 예비 신호를 먼저 전송하여 데이터 전송 중 패킷 충돌(Collision)을 회피하는 방법

2) 인증 및 보안 프로토콜

① SSID(Service Set IDentifier)

- 무선 LAN을 통하여 전송되는 패킷의 각 헤더에 덧붙여지는 32바이트 길이의 고유 식별자
- 액세스 포인트(AP)의 이름을 나타내며, 각 액세스 포인트는 할당된 고유 SSID를 브로드캐스팅 함
- 특정 무선 LAN을 다른 무선 LAN으로부터 구분하여 주는 역할을 하며, 특정 무선 LAN에 접속하려는 모든 액세스 포인트나 무선장비는 반드시 동일한 SSID를 사용해야만 함
- 무선장비가 BSS(Basic Service Set)*에 접속할 때 암호처럼 사용
- 특정 BSS의 SSID를 알지 못하는 장비는 그 BSS에 접속할 수 없음
- 패킷에 부가된 평문 텍스트이기 때문에 스니핑 공격에 노출될 가능성이 있음

② MAC 인증

- 무선 LAN 카드에는 고유의 MAC 주소가 있으므로 MAC 주소를 이용하여 액세스 포인트에 미리 허용 또는 차단할 MAC 주소를 입력하여, 무선으로 접속하는 랜카드의 MAC 주소를 확인함으로써 접근을 허용 또는 차단할 수 있음
- 액세스 포인트에서 클라이언트의 MAC 주소를 필터링하여 인증하는 방식

③ WEP(Wired Equivalent Protocol)

- 1987년 개발된 RC4* 암호 알고리즘을 이용하는 무선 보안 프로토콜로, 64비트와 128비트를 사용할 수 있으며, 64비트는 40비트, 128비트는 104비트의 RC4키 사용
- IEEE802.11b 표준에 정의된 무선 LAN에 대한 프로토콜로, 가장 초보적인 보안 기능 제공
- 무선 LAN 통신 암호화를 위하여 802.11b 프로토콜부터 적용되기 시작
- 무선 단말기와 액세스 포인트가 동일한 WEP키를 공유하며, 이 WEP키로 사용자 인증 및 암호화 서비스 제공
- 정적 암호화키를 사용하기 때문에 초기화 벡터(IV)* 스니핑을 통한 크랙이 가능하며, 수동 및 능동적 공격에 취약

㉠ 기본원리

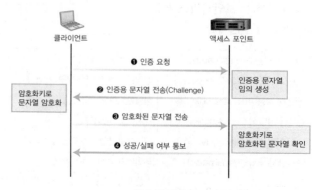

[WEP 기본원리]

BSS(Basic Service Set)
- 무선 LAN의 가장 기본적인 구성단위
- 하나의 조정자(또는 조정기능)의 제어하에 다수의 노드(스테이션, STA)가 모여서 서로 통신하는 구성형태
- 하나의 AP에 다수의 이동 노드(STA)로 구성

RC4(Ron's Code 4)
- RSA Security를 위해 Ron Rivest에 의해 1987년 고안된 스트림 암호방식
- 바이트 단위의 작용에 대하여 다양한 키 크기를 갖는 스트림 암호방식으로, 랜덤 치환을 기반으로 함
- 가장 널리 사용되는 스트림 암호방식
- SSL/TLS, WEP 프로토콜에서 사용

초기화 벡터 (Initialization Vector)
- 최초의 평문 블록을 암호화할 때 「1단계 앞의 암호문 블록」이 존재하지 않으므로 「1단계 앞의 암호문 블록」을 대신할 비트열인 한 개의 블록을 준비할 필요가 있음
- 비트열을 초기화 벡터 또는 앞 글자를 따서 IV라고 부름
- 비밀키와 마찬가지로 송신자와 수신자 간 미리 약속되어 있어야 하지만 공개된 값을 사용하여도 됨
- 암호화할 때마다 다른 랜덤 비트열을 이용하는 것이 보통

ⓛ 암호화와 복호화의 원리

- 암호화 과정에서 암호화 키와 24비트의 IV를 사용하며, 통신 과정에서 IV는 랜덤하게 생성되어 암호화키에 대한 복호화를 어렵게 함
- 24비트의 IV는 통신 과정에서 24비트의 짧은 길이로 반복되어 사용되며, 이러한 반복 사용이 WEP 키의 복호화를 쉽게 함
- 무선통신에서 패킷에 포함된 IV를 충분히 수집하여 WEP 키를 크랙할 경우 1분 이내로 복호화 가능

▣▣ 순환 부호 방식
(Cyclic Coding)
- 선형 블록 부호의 부분 집합
- 선형성에 순환성이 추가된 구조
- 단순하고 효율적이며, 쉽게 구현 가능

예 BCH 부호, RS 부호, PN 코드 등

▣▣ 선형 부호 방식
(Linear Coding)
- 선형 블록 부호
- 어떤 선형조건이 블록부호의 구조에 추가되어 선형 블록부호가 됨

예 Hamming Code, Hadamard Code, Golay Code 등

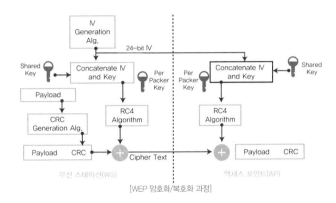

[WEP 암호화/복호화 과정]

ⓒ 보안 취약성

사용자 인증, 접근제어, 데이터의 무결성 기능 지원

취약 요인	취약성
초기화 벡터가 짧고, 정적	24비트 초기화 벡터를 사용하며, 스트림을 반복하여 사용 (복호화 가능)
암호화키 짧음	• 40비트 키가 모든 시스템에 대하여 충분한 것은 아님 • 키의 길이가 길수록 무차별 대입(Brute Force) 공격이 어려움
암호화키 공유	키의 공유는 시스템침입 가능성을 높여줌
RC4가 취약한 키 스케줄	24비트 초기화 벡터의 유출과 RC4의 취약점으로 인하여 키가 복구될 가능성 존재
패킷 무결성 부족	CRC-32와 다른 선형 블록 코드는 암호학적 무결성 제공 미흡
사용자 인증 안됨	• 장비에 대한 인증 불가능 • SSID 기반의 식별로는 사용자 인증 불가능

④ WPA, WPA2(Wi-Fi Protected Access)

ⓐ WPA

- Wi-Fi(Wireless Fidelity)에서 제정한 무선 LAN 표준 규격
- 동적 WEP 보안기술에 추가한 무선구간 암호 알고리즘으로, TKIP* 암호방식 사용
- EAP-TLS를 사용한 IEEE802.1x 인증 및 IEEE802.11i의 4단계 핸드셰이크 키 교환이 완료된 후 동적으로 생성된 키를 TKIP에 적용하는 방식
  - WEP와 동일한 RC4 스트림 암호방식을 사용하나, 프레임별 상이한 키를 적용하고, 필요한 경우 임시 비밀키를 자동으로 갱신함으로써 보안성을 강화한 방식
- WEP 암호의 취약성 보완을 위하여 동적 암호화키 사용
- 패킷 전송 시 일정 간격으로 암호화키를 변경하여 사용
- 크랙은 가능하지만 많은 시간이 소요되므로, WEP보다 보안성 우수

🔹 TKIP(Temporal Key Integrity Protocol)
- 임시 키 무결성 프로토콜
- IEEE 802.11의 무선 네트워킹 표준으로 사용되는 보안 프로토콜
- IEEE 802.11i의 작업 그룹과 와이 파이 얼라이언스에서 WEP 프로토콜의 취약점을 보완하고 하드웨어의 교체 없이 대체하기 위해 고안

- IEEE802.1x EAP 인증과 WPA2에 정의되어 있는 AES 암호 알고리즘 사용
- 사용자가 기업에 설치된 AP를 통하여 사내망 또는 정보자산에 불법적으로 접근하거나, 중간에 키나 세션을 훔쳐 정보를 가로 채려는 시도까지 차단 가능
- WPA2로 블록 암호를 사용한 강력한 암호방식으로, 최근에 출시되는 일부 무선 LAN 장비에 적용되고 있음

ⓛ WPA2

- AES 암호방식을 사용하여 무결성까지 보장
- AES라고 1:1로 매핑이 되는 것은 아니고, WPA 프로토콜로 Key를 주고받고 알고리즘으로는 TKIP이나 AES를 사용할 수도 있고, 또한 WPA2 프로토콜로 Key를 주고받고 알고리즘으로는 TKIP이나 AES를 사용할 수도 있음

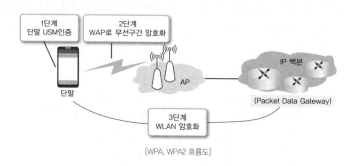

[WPA, WPA2 흐름도]

⑤ WPA-PSK(Wi-Fi Protected Access Pre-Shared Key)

- 802.11i 보안표준 중 일부분으로, WEP 방식의 보안 문제점 해결을 위하여 만듦
- 암호화키를 이용하여 128비트인 암호화키를 생성하고, 이 암호화키를 10,000개 패킷마다 변경
- 암호 알고리즘으로 TKIP(Temporal Key Integrity Protocol) 또는 AES 알고리즘을 선택하여 사용하는 것이 가능하며, WEP보다 강화된 암호화 세션 제공
- 보안 취약성 : AP에 접속하는 사용자마다 같은 암호화키 사용

EAP-TLS

- TLS 프로토콜(RFC 2246)을 기반으로 하는 802.1x EAP 인증 알고리즘
- TLS는 X.509 인증서를 기반으로 하는 상호인증을 함

EAP-TTLS
(EAP Tunneled TLS)

- PEAP와 유사한 기능을 제공하는 Funk Software의 802.1x EAP 인증 유형
- 서버측 TLS를 사용하며 암호와 OTP를 비롯한 다양한 인증 방법을 지원

PEAP(Protected Extensible Authentication Protocol)

- LAN의 802.1X 인증 유형
- 강력한 보안성 및 사용자 데이터베이스 확장성을 제공하며, 일회용 토큰 인증과 암호변경 또는 에이징을 지원

EAP Cisco Wireless
(LEAP)

- 클라이언트와 RADIUS 서버 간 강력한 상호인증을 지원하는 WLAN의 802.1x 인증 유형
- 다양한 네트워크 공격을 방어할 수 있는 향상된 사용자별, 세션별 동적 WEP 키 기능 제공

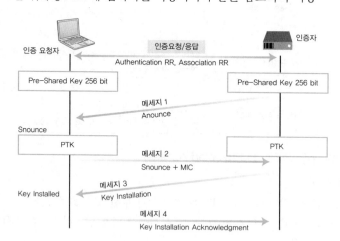

[WPA-PSK 흐름도]

⑥ EAP(Extensible Authentication Protocol) 및 RADIUS 서버 인증

- 인증 서버가 사용자 인증을 수행하고, 그 결과에 따라 사용자의 네트워크 접근을 제어하는 방식
- 공중망 서비스에 적용될 수 있는 가장 낮은 수준의 보안
- 인증을 통하여 네트워크를 보호하는 포트 보안 프로토콜
- 네트워크 접근을 위한 인증절차를 거쳐 가상포트 접근 허용
- 인증 알고리즘으로 MD-5 Challenge, EAP-TLS*, EAP-TTLS*, PEAP*, LEAP* 등이 있음

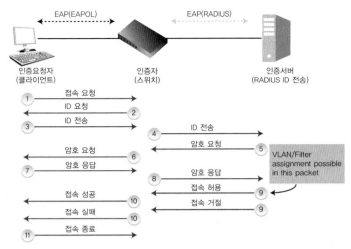

[EAP 및 RADIUS 서버 인증 원리]

㉠ 보안 취약성

- 별도의 인증 서버를 활용하여 EAP-MD5* 인증 수행
- EAP-MD5 인증방식은 무선연결 이전 사용자와 인증 서버 간 패스워드의 공유를 통하여 이루어지나, 다음과 같은 공격에 의해 사용자의 패스워드가 노출될 위험성이 있음
  - 오프라인 무차별 대입(Brute Force) 공격
  - 중간자 공격 및 의인화 공격
  - 재전송 공격

> ★ EAP-MD5(Message Digest 5)
> 추가 보안 인증을 위해 MD5 해싱을 함께 사용하는 ID/Password 방식

⑦ IEEE802.1x* 인증 및 RADIUS 서버 인증

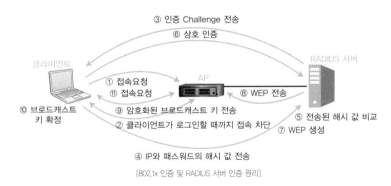

[802.1x 인증 및 RADIUS 서버 인증 원리]

> ★ IEEE802.1x
> - 포트 기반 네트워크 접근제어(PNAC)에 대한 IEEE 표준
> - 네트워크 프로토콜에 대한 그룹인 IEEE802.1의 일부로, 근거리 통신망과 무선 LAN 연결을 위한 장비의 인증 메커니즘을 제공

> ★ IEEE802.11i RSN 표준
> 서비스 거부(DoS) 공격에 대한 보호 기능을 비롯하여 무선랜에 훨씬 강화된 보안 기능을 제공

⑧ 동적 WEP

- EAP-TLS를 사용하는 사용자 인증과 동적 WEP를 사용하는 데이터 암호화를 지원하는 방식
- 사용자 인증 : EAP-TLS를 사용하는 IEEE802.1aa* 인증을 통하여 상호인증을 수행하는데, EAP-TLS는 인증서기반 상호인증 기능 지원
- 무선랜이 가지고 있는 대부분의 보안 취약점을 해결할 수 있는 보안 수준

> ★ IEEE802.1aa
> IEEE802.1x 규격에 대한 개정안으로, 기술적 발전 사항으로는 무선구간 암호 키교환을 위한 데이터 형식을 재정의하고 있으며, 반드시 키 교환 이후에 사용자 인증을 완료하는 구조의 시스템을 포함하고 있음

⑨ RSN

- 상호 인증을 통한 접근제어, 동적인 키 갱신과 강력한 암호 알고리즘을 사용하는 보안방식
- WPA 알고리즘과 다른 점은 강력한 암호 알고리즘인 CCMP를 이용하고 있으며, 암호 알고리즘 처리 모듈을 위하여 하드웨어 칩셋을 기반으로 하고 있음

3) WAP 프로토콜 스택

단순한 마크업 언어가 아니라 무선 인터넷 사용을 위한 각 네트워크의 구성을 개별적으로 정의

구분	주요 기능
WAE (Wireless Application Environment)	• 다양한 응용을 개발하기 위한 응용 환경에 대한 규격을 정의 • 서비스 제공자와 개발자가 상호 작용할 수 있는 환경을 제공하여 다양한 무선환경에서 응용과 서비스를 효율적으로 구축할 수 있도록 지원 • WML, WML Script 등을 정의하여 휴대 단말기에 적용될 수 있는 소규모 웹브라우저를 개발할 수 있도록 함
WSP (Wireless Session Protocol)	• HTTP 1.1에 상응하는 기능을 정의 • WAP 프록시가 WSP 클라이언트를 표준 HTTP 서버에 연결할 수 있도록 개발 • WTP 위에서 동작하는 연결형 서비스와 WDP 위에서 동작하는 비 연결형 서비스로 구성되며 푸시, 중지, 재생 기능 포함 • 낮은 대역과 긴 응답시간을 지닌 네트워크에서 동작하도록 최적화 • 장시간 사용하는 세션을 정의하고, 세션 관리를 위한 • Suspend*/Resume* 기능 및 프로토콜 기능에 대한 협상 가능
WTP (Wireless Transaction Protocol)	• 무선 응용 프로토콜(WAP)의 트랜잭션 계층 프로토콜 • 무선 데이터그램 프로토콜(WDP)의 위에서 동작 • 모바일 네트워크에서 사용하기 적합한 작은 트랜잭션 형태의 데이터 전송기능 제공 • 신뢰성 및 비신뢰성 전송기능 제공 • 오류 복구를 위한 재전송 기능 제공
WTLS (Wireless Transport Layer Security)	• TLS와 SSL 프로토콜 기반으로 무선환경에 적합하도록 개발된 보안 프로토콜 • UDP/IP를 적용하여, 단말의 성능을 고려한 파라미터의 길이 축소, 좁은 통신 채널에 최적화 • 애플리케이션은 필요에 따라 WTLS의 항목들을 활성화 또는 비활성화 가능 • 인증, 부인방지, 무결성, 기밀성 등의 보안 서비스 제공
WDP (Wireless Datagram Protocol)	• 다양한 네트워크 토폴로지 지원 • 물리적 네트워크에 상관없이 작동하고, 상위 계층에 대해 일관된 인터페이스 제공으로, 무선 네트워크 구성에 관계 없이 독립적인 기능 수행 • End-to-End 전송을 위해 포트 번호를 제공 • UDP와 같은 전송기능 담당

💬 **Suspend**
세션을 일시중지 시키는 것

💬 **Resume**
일시 중지된 세션을 다시 실행하는 것

① WTLS 동작 원리

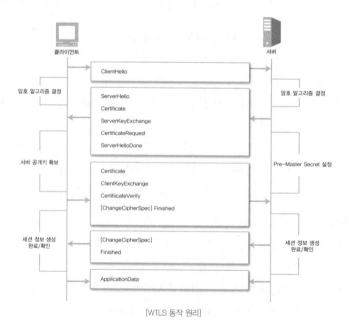

[WTLS 동작 원리]

Client Hello	지원 가능한 {암호방식, 키교환 방식, 서명 방식, 압축 방식}을 서버에게 알림
Server Hello	수용 가능한 {암호방식, 키교환 방식, 서명 방식, 압축 방식}을 응답. 이때 새로운 세션 ID를 할당
Server Certificate	서버 측 공개키가 수납된 인증서를 보냄
Server Key Exchange	서버가 직전에 송신한 Server Certificate 메시지에 수납된 인증서의 내용만으로는 클라이언트가 Premaster Secret* 값을 생성하기에 불충분한 경우에 추가로 송신
Certificate Request	클라이언트의 인증서를 요구
Server Hello Done	서버의 Hello 절차가 완료되었음을 알림
Client Certificate	클라이언트의 공개키가 수납된 인증서를 보냄
Client Key Exchange	RSA 방식인 경우 클라이언트가 설정한 Premaster Secret 값을 서버의 공개키로 암호화한 값이 수납됨
Certificate Verify	클라이언트 자신이 Client Certificate에 수납된 공개키에 대응되는 개인키를 가지고 있음을 서명 값으로 서버에게 증명
Change Cipher Spec	지금 암호화 방식이 변경되었으며, 이후 전송되는 것들은 모두 지금까지 협상했던 CipherSpec과 키값에 의해 암호화 및 압축되어 전송됨을 상대방에게 알림
Finished	지금까지의 협상 과정에서 설정된 암호 알고리즘으로 암호화되어 송신되는 첫 번째 메시지로서, 수신측은 이 메시지를 복호화하여 지금까지 협상 절차가 정당한지를 검사함

> 📌 **Premaster Secret**
> • 클라이언트가 만든 난수
> • Master Secret을 생성하기 위한 데이터
> • 서버의 공개키로 암호화하여 서버로 보냄

② WTP 구조

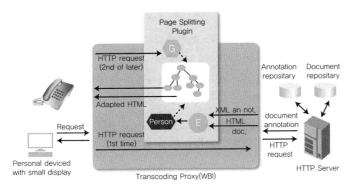

[WTP 구조]

③ 무선 LAN 프로토콜 구조

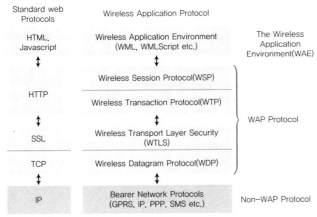

[무선 LAN 프로토콜 구조]

IAPP(Inter−Access Point Protocol)
- 무선 LAN에서 무선 스테이션이 여러 AP 간 이동을 위한 로밍 프로토콜
- 표준 작업은 802.11f에서 했으며, 2003년 표준화가 완료·승인된 상태이나, 실용성이 없어 2006년 표준 철회

SSID(Service Set Identifier)
- 무선 네트워크를 확인하는 장치 이름
- 네트워크의 모든 장치는 무선 네트워크의 SSID를 알아야 하며, 그렇지 않을 경우에는 상호 통신이 불가
- 일반적으로 무선 네트워크는 SSID를 브로드캐스트하여 영역 내의 무선 장치를 연결하며, 보안상의 이유로 SSID가 브로드캐스트 되지 않는 경우도 있음
- SSID에는 영숫자 32자까지 사용 할 수 있음

NULL
- 알 수 없는 값, 정의되지 않은 값을 의미
- 0, 공백, " " 값과는 다른 의미

RADIUS
(Remote Authentication Dial In User Service)
- 사용자가 네트워크에 연결하고 네트워크 서비스를 받기 위한 중앙 집중화된 인증, 인가, 회계 관리
- 1991년 서버 접근 인증, 회계 프로토콜로, Livingston Enterprises, Inc에서 개발했고, 후에 IETF 표준으로 등재됨
- 지원 범위가 넓고 유비쿼터스 환경에서도 사용이 가능하기 때문에 ISP와 기업들이 인터넷이나 인트라넷 접근을 관리하거나 무선 네트워크 인증 등에 자주 쓰임
- 응용계층에서 작동하는 클라이언트 및 서버 프로토콜이며, 사용자 데이터그램 프로토콜을 통해서 전송

4) 이동 보안

- RSN 보안 기능을 지닌 AP에 IEEE802.11f 규격인 IAPP(Inter AP Protocol)* 기능을 추가하여 무선 LAN 이용자의 안전한 이동성을 보장하는 보안 방식
- RSN 보안기술이 하드웨어 칩셋 구현을 필수적인 요소로 하는 반면, 이동 보안 기술은 소프트웨어 구현 보안기술
- 무선 LAN 공중망 사업자가 자사의 무선 LAN 인프라를 보호하기 위한 강력한 보안 단계
- 사용자 인증, 접근제어, 권한검증, 데이터 기밀성, 데이터 무결성, 핸드오프 기능 지원

5) 무선 LAN의 취약점

물리적인 취약성	• 강한 전파로 인하여 서비스 범위를 초과하여 전송 • 불법 장비 설치 및 도청 가능성 • AP의 도난
인증 및 암호화 메커니즘 취약성	• 취약한 보안 기능 • 낮은 암호화 수준(WEP) • 기본 패스워드 설정 및 사용 • AP에 대한 서비스 거부(DoS) 공격

6) 무선 LAN 보안정책 수립

SSID* 설정을 통한 접속제한	보안을 위한 AP의 SSID 브로드캐스팅 제한 설정
폐쇄적 시스템 운영	AP의 SSID를 NULL*로 설정하여 사용자의 인증요청 차단
MAC 주소 인증	MAC 주소 필터링 기능 사용
동적 WEP 인증 및 EAP 인증	• WEP에서의 고정된 공유키 취약점을 보완한 동적 WEP 사용 • WEP 인증방식 자체가 단방향 인증이기 때문에 패킷 도청 공격에 취약
공격자의 패킷 도청 방지정책	WEP/EAP 기능을 이용한 데이터 암호화
AP 보안 설정	• AP 관리계정의 패스워드 설정 • AP 장비의 물리적 접근차단 • AP 장비의 전파출력을 조정하여 건물 내부 한정 • AP의 DHCP 기능 정지 • SSID(Service Set Identifier), WEP(Wired Equivalent Privacy), WPA(Wi-Fi Protected Access) 설정
인증 서버 이용	802.1x와 RADIUS* 서버를 이용한 인증

네트워크 기반 프로그램 활용

1 Ipconfig

1) 개요

ipconfig 명령어를 이용하면 내 컴퓨터의 IP 주소, 서브넷 마스크, 기본 게이트웨이 등을 확인할 수 있고, DHCP를 초기화하여 IP 주소를 재할당 받을 수도 있음

2) 사용방법

C:₩ ipconfig [옵션]

C:₩ ipconfig

[IP 주소, 서브넷 마스크, 게이트웨이 정보 출력]

```
무선 LAN 어댑터 Wi-Fi ........ :
연결별 DNS 접미사 ............... :
링크-로컬 IPv6 주소 .............. : fe80::18ff:a948:7669:f79d%11
IPv4 주소 ............................ : 192.168.10.100
서브넷 마스크 ..................... : 255.255.255.0
기본 게이트웨이 ................... : 192.168.10.1
```

C:₩ ipconfig /all

[LAN Card 모델명, MAC Address, IP 주소, 서브넷 마스크, 게이트웨이, DHCP, DNS 서버 정보 출력]

```
무선 LAN 어댑터 Wi-Fi ..... :
연결별 DNS 접미사 ........... :
설명 .................................... : Qualcomm Atheros QCA9377 Wireless
                                          Network Adapter
물리적 주소 ........................ : 50-5B-C2-98-5C-27
DHCP 사용 .......................... : 예
자동 구성 사용 ................... : 예
링크-로컬 IPv6 주소 .......... : fe80::18ff:a948:7669:f79d%11(기본 설정)
IPv4 주소 ............................ : 192.168.168.100(기본 설정)
서브넷 마스크 ..................... : 255.255.255.0
임대 시작 날짜 ................... : 2019년 7월 9일 화요일 오후 7:51:31
임대 만료 날짜 ................... : 2019년 7월 10일 수요일 오후 7:51:30
기본 게이트웨이 ................. : 192.168.10.1
DHCP 서버 .......................... : 192.168.10.1
DHCPv6 IAID ....................... : 00-01-00-01-23-12-FD-EB-50-5B-C2-98-5C-27
DNS 서버 ............................ : 168.126.63.1
Tcpip를 통한 NetBIOS ........ : 사용
```

3) 옵션

옵션	설명
ipconfig /renew	지정된 인터페이스에 대해 IP 주소 갱신
ipconfig /release	지정된 인터페이스에 대해 IP 주소 해제
ipconfig /displaydns	DNS Resolver의 캐시 정보 출력
ipconfig /flushdns	DNS Resolver의 캐시 정보 삭제

2 Ping

1) 개요

- Packet Internet Groper의 약어로, TCP/IP 프로토콜을 사용하는 응용프로그램
- 원격지 시스템에 도달했는지 여부와 시스템이 정상적으로 작동하고 있는지 확인
- ICMP Echo Reply(Type:0)와 ICMP Echo Request(Type:8)를 사용

2) 작동원리

1. 네트워크 상태를 확인하려는 대상 호스트로 일정 크기의 패킷을 보냄(ICMP Echo Request)
2. 대상 호스트가 이에 대한 응답 메시지(ICMP Echo Reply)를 보내면, 메시지를 수신
3. 수신한 응답 메시지를 분석하여 대상 호스트가 작동하고 있는지, 또는 대상 호스트까지 도달하는 네트워크 상태가 어떠한지 파악할 수 있음

3) 사용방법

```
# ping [옵션] [목적지 IP 주소]
# ping - c 4 127.0.0.1

Pinging 127.0.0.1 with 32 bytes of data :
Reply from 127.0.0.1 : bytes=32 time<1ms TTL=128
Reply from 127.0.0.1 : bytes=32 time<1ms TTL=128
Reply from 127.0.0.1 : bytes=32 time<1ms TTL=128
Reply from 127.0.0.1 : bytes=32 time<1ms TTL=128

Ping statistics for 127.0.0.1 :
Packets : Sent=4, Received=4, Lost=0(0% loss),
Approximate round trip times in milli-seconds :
Minimum=0ms, Maximum=0ms, Average=0ms
```

4) Ping이 제공하는 정보

- 상대방 도메인 이름을 입력하면 상대방의 IP 주소를 출력해 줌
- 패킷이 돌아오는데 걸리는 시간을 알려줌
- TTL(Time To Live)*은 운영체제에 따라 다른 값을 출력

5) Ping 보안

- #Ping xxx.xxx.xxx.255 주소와 같이 브로드캐스트 IP 주소로 Ping을 지속적으로 전송하면 네트워크가 정상적인 서비스를 할 수 없도록 하는 서비스 거부(DoS) 공격에 취약할 수 있음
- 서비스 거부 공격 방지를 위하여 브로드캐스트 IP 주소로 전송되는 Ping을 차단해야 함

TTL(Time To Live)
- IP 패킷 전송에 대한 생존시간 의미
- 네트워크에서 IP 패킷이 라우팅될 때 거쳐야 할 라우터의 개수를 나타내며, IP 패킷 헤더 내에 하나의 필드(8비트)로 포함
- 라우터는 IP 패킷을 라우팅할 때 마다 TTL 값을 1씩 감소시킴

3 Traceroute

1) 개요

- 대상 호스트 IP 주소를 입력하여 호스트까지 연결된 경로를 추적할 때 사용하는 명령어
- ICMP, UDP와 IP 헤더의 TTL 필드를 사용
- ICMP Time Exceeded 메시지와 ICMP Destination Unreachable 메시지를 사용
- 기본 옵션으로 실행 시 각 구간별로 3회의 UDP 패킷을 전송하고 응답속도를 출력

2) 동작 원리

1. 각 중계 노드 구간에 대한 상태를 측정하기 위해 IP 헤더의 TTL 필드를 1로 설정한 UDP 패킷을 보냄
2. 라우터는 패킷의 생존 기간을 계산하기 위해 TTL 값을 1 감소시킨 후, 그 결과가 0이 되면 TTL 초과로 보고 해당 패킷을 폐기한 후, ICMP Time Exceeded (Type:11) 메시지를 최초 출발지로 보냄
3. TTL을 1씩 증가시키면서 UDP 패킷을 지속적으로 전송하여 다음 중계구간에 대한 네트워크 상태를 판단
4. 목적지 호스트에 도착하면 해당 UDP 포트가 열려있지 않기 때문에 ICMP Destination Unreachable (Type:3) 메시지가 반환되며, 출발지 호스트는 이 정보를 이용하여 목적지 호스트임을 식별

[응답시간이 '*'로 표시되는 경우]
- 지정한 시간(Default : 4초) 내에 응답이 없는 경우
- 방화벽이나 라우터에서 응답하지 않도록 설정된 경우
- 실제 해당 구간에 문제가 발생한 경우

3) 사용방법

```
# traceroute [옵션] [목적지 IP 주소]
# traceroute test.co.kr

traceroute to test.co.kr (192.168.10.3), 13 hops max, 40 bytes packets
1 5ms 3ms 4ms 192.168.0.1
2 2ms 3ms 1ms 193.168.0.26
3 1ms 5ms 4ms 194.168.0.37
4 6ms 1ms 1ms 195.168.0.41
5 2ms 3ms 3ms 196.168.0.100
```

4) Traceroute가 제공하는 정보

- 각 구간에 대한 접근성 및 네트워크 속도
- 경로상의 문제점이 있는 네트워크
- 경유 Router의 IP 주소, 개수 및 도착 시간
- 방화벽이나 라우터에서의 필터링 여부

4 Netstat

1) 개요

- 기본적으로 프로토콜, 컴퓨터 이름, IP 주소, 포트 등의 네트워크 상태를 보여 줌
- 활성화된 연결상태에 대한 정보를 상징적으로 표시
- 프로토콜이나 라우팅 테이블 정보에 대한 활성화된 소켓(Socket)★ 표시

★ 소켓(Socket)

IP 주소와 Port 번호가 합쳐진 것으로, 네트워크에서 서버와 클라이언트 프로그램이 통신할 수 있도록 해주는 소프트웨어를 말함

2) 사용방법

```
# netstat [옵션]
# netstat - anp

프로토콜      로컬 주소              외부 주소              상태
TCP          0.0.0.0 : 135          0.0.0.0 : 0            LISTENING
TCP          0.0.0.0 : 443          0.0.0.0 : 0            LISTENING
TCP          0.0.0.0 : 1045         0.0.0.0 : 0            LISTENING
TCP          127.0.0.1 : 1120       127.0.0.1 : 1121       ESTABLISHED
TCP          192.168.40.69 : 1114   110.76.143.196 : 5223  ESTABLISHED
TCP          192.168.40.69 : 1964   61.111.52.94 : 80      CLOSE_WAIT
```

프로토콜	현재 사용하는 프로토콜
로컬 주소	현재 열려있는 사용자의 IP 주소와 포트 번호
외부 주소	현재 사용자의 시스템에 접속되어 있는 IP 주소와 포트 번호
상태	TCP의 연결상태를 나타냄

3) TCP 연결상태

TCP 연결 관련 상태	LISTEN	• 데몬이 연결 요청을 기다리는 상태. 즉, 포트가 열려있음을 의미 • 윈도우에서는 LISTENING으로 표시
	SYN_SENT	로컬에서 원격으로 연결 요청(SYN 신호를 보냄)을 시도한 상태
	SYN_RECV	• 원격으로부터 연결 요청을 받은 상태 • 요청을 받아 SYN+ACK 응답을 보낸 상태이지만 ACK 응답은 받지 못함 • netstat로 확인할 때 SYN_RECV가 많다면 TCP SYN 플러딩(Flooding) 공격일 가능성이 있음 • 윈도우와 솔라리스에서는 SYN_RECEIVED로, FreeBSD는 SYN_RCVD로 표시
	ESTABLISHED	호스트 간 서로 연결이 되어 있는 상태
TCP 종료 관련 상태	FIN_WAIT1	• 소켓이 닫히고 연결이 종료되고 있는 상태. 원격의 응답은 받을 수 있음 • 솔라리스에서는 FIN_WAIT_1로 표시
	FIN_WAIT2	• 로컬이 원격으로 부터 연결 종료 요청을 기다리는 상태 • 솔라리스에서는 FIN_WAIT_2로 표시
	CLOSE_WAIT	• 원격의 연결 요청을 받고 연결이 종료되기를 기다리는 상태 • 원격으로 부터 FIN+ACK 신호를 받고 ACK 신호를 원격에 보냄
	TIME_WAIT	• 연결은 종료되었으나 원격의 수신 보장을 위해 기다리고 있는 상태 • 이 상태를 자주 보게 되는 경우는 Apache에서 Keep Alive를 OFF로 설정한 경우나 Tomcat 서버를 쓰는 경우
	LAST_ACK	연결은 종료되었고 승인을 기다리는 상태
	CLOSED	완전히 연결이 종료된 상태

5 Tcpdump

1) 개요

- Lawrence Berkley Nation Lab의 Network Research Group에서 만든 것으로, 네트워크의 패킷을 캡처하는 프로그램
- 네트워크 인터페이스를 통과하는 패킷의 헤더를 출력해 주는 프로그램
- 주로 지정된 호스트로 들어오는 패킷 중 주어진 조건식에 만족하는 패킷을 캡처하고 출력하는 프로그램

2) 동작원리

- 리눅스 등 대부분의 유닉스 계열 운영 체제에서 동작하며, libpcap 라이브러리를 사용하여 패킷을 캡처
- 윈도우용 tcpdump로는 WinDump가 있으며, 이는 libpcap의 윈도우 WinPcap을 사용하여 패킷을 캡처

3) 사용방법

- Telnet 패킷 캡처(접속)

```
[root@localhost~]#tcpdump -n host 192.168.10.100 and port 23 -w /tmp/tcpdump.pkt
[root@localhost~]#tcpdump -r /tmp/tcpdump.pkt | head -4
reading from file /tmp/tcpdump.pkt, link-type EN10MB(Ethernet)
18:31:56.130027 IP 192.168.10.100.43928 > 192.168.10.1.telnet: S 2025275308:2025275308(0) win
5840
18:31:56.130734 IP 192.168.10.1.telnet > 192.168.10.100.43928: S 2197800215:2197800215(0) ack
2025275309 win 5734
18:31:56.131109 IP 192.168.10.100.43928 > 192.168.10.1.telnet: . ack 1 win 92
18:31:56.271659 IP 192.168.10.1.telnet > 192.168.10.100.43928: P 1:13(12) ack 1 win 91
```

패킷 내용	설명
18:31:56.130027	패킷 수집 시간
192.168.10.100.43928 > 192.168.10.1.telnet:	• Source IP.포트번호 > Destination IP.포트번호(또는 서비스 이름) • *.포트번호 : /etc/services 파일에 등록되어 있다면 서비스 이름 표시
S	패킷 플래그 – S(SYN), F(FIN), R(RST), P(PSH), U(URG), A(ACK)등 패킷 플래그가 설정되어 있지 않음
win 5840 mss 1460	Max Segment Size

- Telnet 패킷 캡처(종료)

```
[root@localhost~]#tcpdump -r /tmp/tcpdump.pkt | tail -5
reading from file /tmp/tcpdump.pkt, link-type EN10MB(Ethernet)
18:31:56.125807 IP 192.168.10.1.telnet > 192.168.10.100.48324: P 1024:1031(7) ack 106 win 91
18:31:56.128341 IP 192.168.10.100.43928 > 192.168.10.1.telnet: . ack 1024 win 159
18:31:56.132293 IP 192.168.10.1.telnet > 192.168.10.100.48324: F 1024:1024(0) ack 106 win 91
18:31:56.133569 IP 192.168.10.1.48324 > 192.168.10.100.telnet : F 106:106(0) ack 1025 win 159
18:31:56.136021 IP 192.168.10.100.telnet > 192.168.10.1.48324: . ack 107 win 91
[root@localhost~]#
```

네트워크 기반 공격의 이해

1 개요

특정한 시스템이나 네트워크, 웹 서비스에 정상적인 사용자가 접근하지 못하도록 방해하는 것. 즉, 다량의 트랙픽을 통해 특정 대상에 과부하를 주거나, 악의적인 요청을 지속적으로 수행하여, 시스템이나 네트워크 서비스를 비정상적으로 동작하게 함으로써 가용성을 저하시키는 공격

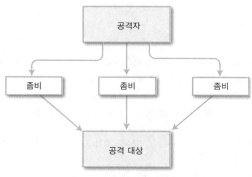

[DoS, DDoS 공격의 기본구조]

📌 좀비 PC(Zombie PC)
· 원격제어가 가능한 프로그램인 봇(Bot) 프로그램이 설치되어 공격자의 마음대로 조종이 가능한 PC를 말함
· 공격자가 봇 프로그램을 이용하여 특정 웹사이트를 공격하거나, 취약한 시스템을 검색하는 용도로 활용
· 기업, 기관뿐만 아니라 개인 PC에도 동일하게 적용될 수 있음

2 공격 원리

1. 공격자에 의한 악성코드(악성봇) 전파(불특정 다수의 PC)
2. 악성봇 감염 PC에 의한 다른 PC로의 전파
3. 감염 PC(좀비 PC*)들이 공격자의 시스템에 접속
4. 공격자에 의해 원격 조종
5. 감염 PC(좀비 PC)에 의한 취약점 공격 등 각종 악성 행위 수행

📖 DoS 공격유형
· 시스템 과부하 공격 : 프로세스 다량 생성, 디스크 채우기, 네트워크 대역폭 고갈 공격
· 네트워크 과부하 공격 : SYN Flooding, TCP/UDP Flooding, Smurf, Land 공격

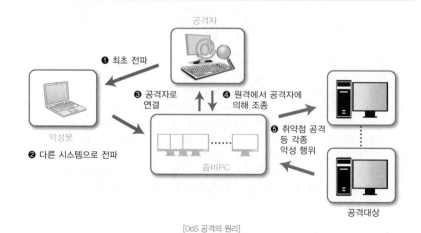

[DoS 공격의 원리]

3 특징

- TCP/IP 프로토콜의 취약성을 이용한 공격이 가장 많음
- 루트 권한 획득의 목적 없음
- 데이터 파괴, 변조, 유출의 목적 없음
- 공격 원인과 공격자 추적이 어려움
- 매우 다양한 공격방법을 이용함으로써, 대응책 마련이 어려움
- 다른 공격을 위한 사전 공격으로 이용될 수 있음
- 사용자의 실수로 발생할 수도 있음
- 즉효성이 높음
- 공격의 결과는 피해 시스템의 구현과 매우 밀접한 관련이 있으므로, 시스템에 따라 다른 결과를 발생시킬 수 있음

4 DoS 공격기법

1) SYN Flooding 공격

공격기법	• TCP의 3-Way Handshake* 취약점을 이용한 공격 • 출발지 IP 주소를 존재하지 않는 IP 주소로 변조한 후 다량의 SYN 패킷을 전송하여, 공격 대상 시스템의 백로그 큐(Backlog Queue)*를 가득채움으로써, 시스템을 마비시키는 공격
탐지방법	• 공격자가 전송한 패킷의 IP 헤더와 TCP 헤더 분석 • TCP 헤더 분석결과 Flag가 SYN이면 공격자가 전송하는 패킷 카운트를 증가. SYN/ACK이면 카운트를 감소 → SYN 개수 파악 • 공격 인정시간 내 SYN 개수가 공격 인정횟수 이상이면 SYN Flooding으로 탐지
대응방법	• 내부 IP 주소를 출발지 IP 주소로 변조하여 들어오는 트래픽 차단 • 비정상적인 IP 주소를 출발지 IP 주소로 변조하여 들어오는 트래픽 차단 • 백로그 큐 크기를 늘림 • syncookies* 기능 사용 • 시스템의 네트워크 설정 최적화 • 가상 서버 커널 패치* • 방화벽과 라우터에서 차단기능 사용(인터셉트 모드*, 와치 모드*)

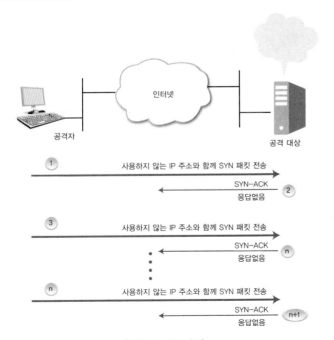

[SYN Flooding 공격 원리]

★ TCP 3-Way Handshake
TCP/IP 프로토콜을 이용하여 통신하는 응용프로그램이 데이터를 전송하기 전에 정확한 전송을 위하여 상대 컴퓨터와 세션을 수립하는 과정

★ 백로그 큐(Backlog Queue)
호스트와 호스트 간 연결설정 정보가 저장된 메모리 공간

★ syncookies
- 1996년 9월에 Daniel J. Bernstein과 Eric Schenk가 고안
- SYN Flooding 공격을 방어할 때 사용하는 TCP 초기 순서번호 값
- SYN 큐가 가득 차면 서버는 접속을 처리하지 못하고 버리지만, SYN 쿠키를 사용하면, 서버는 SYN+ACK 응답에 접속 관련 정보를 저장한 다음 전송하고 SYN 큐에서 삭제. 이후에 클라이언트로부터 ACK 응답을 받으면 서버는 TCP 순서번호에 인코딩(Encoding)된 정보를 이용하여 SYN 큐 접속 정보를 복원할 수 있음

★ 가상 서버(Vitual Server) 커널 패치
- 부하분산 등의 클러스터링 시스템을 구성할 때 필요한 커널 패치로서, 패치 후 sysctl -a| grep .vs로 확인하면 몇 가지 설정이 추가된 것을 볼 수 있음. 이것을 가상 서버 커널 패치라고 함
- 몇 가지 DoS 공격을 방어할 수 있음

★ 인터셉트 모드(Intercept)
인터셉트(Intercept) 모드는 라우터로 들어오는 SYN 패킷 요청을 그대로 서버에 넘겨주지 않고 라우터에서 가로채어(Intercept 하여) SYN 패킷을 요청한 클라이언트와 연결을 맺고, 연결이 정상적으로 이루어지면 서버와 연결을 맺은 다음 두 연결을 투명하게 연결시켜 주는 방식. 따라서, 존재하지 않는 IP 주소로부터 오는 SYN 요청은 서버에 도달하지 못하게 되는 것

★ 와치 모드(Watch Mode)
와치(Watch) 모드는 인터셉트 모드와는 달리 라우터를 통과하는 SYN 패킷을 그대로 통과시키고 일정 시간 동안 연결이 이루어지지 않으면 라우터가 중간에서 SYN 패킷을 차단하는 방식. 몇몇 방화벽에서도 이 두 가지 방식으로 SYN Flooding을 차단하고 있음

2) UDP Flooding 공격

공격기법	• UDP 프로토콜을 이용하여 서버에 가상 데이터를 연속적으로 전송함으로써, 서버의 부하 및 네트워크 과부하를 발생시키는 공격 • UDP의 비연결성 및 비신뢰성 특성을 이용한 공격
탐지방법	• 공격자가 전송한 패킷에서 UDP 헤더 분석 • 대상의 포트 번호를 확인 : 17, 135, 137번 포트* • UDP 포트 스캔이 아니면 UDP Flooding으로 간주 • 패킷의 횟수를 카운트하여 일정 시간 내에 공격 인정횟수 이상이면 UDP Flooding으로 간주
대응방법	• 불필요한 UDP 서비스 비활성화 • 방화벽과 라우터에서 불필요한 UDP 서비스 차단

⭐ Netbios 프로토콜 취약점

• 135 포트 : MS RPC 취약점을 악성 프로그램에서 악용
• 137 포트 : 이름 서비스
• 139 포트 : 목록화, Nuking 공격
• 445 포트 : Window 계열 공유 폴더를 이용하는 악성 프로그램에서 악용

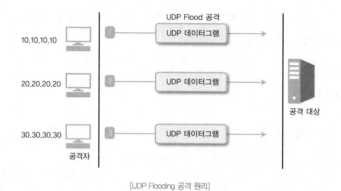

[UDP Flooding 공격 원리]

3) Teardrop 공격

공격기법	• IP 패킷 조각(Fragment)을 아주 작거나 겹치게 만들어 전송함으로써, 재조립하는데 과부하를 일으키는 공격 • Windows뿐만 아니라 리눅스 시스템에서도 공격 가능 • 공격을 받을 경우 네트워크 연결 끊김 또는 블루스크린* 오류화면을 출력하고 시스템 정지
탐지방법	• 패킷을 분석하여 단편화를 확인하고 단편화되어 있으면 카운트 • 패킷의 데이터 부분에 데이터가 존재하는지를 확인하여 데이터가 없으면 공격으로 간주 • 패킷 횟수를 카운트하여 일정 시간 내에 공격 인정횟수 이상이면 공격으로 탐지
대응방법	• 시스템의 운영체제 관련 보안패치를 최신 버전으로 업데이트 • 변종이 많으므로 방화벽만으로는 근본적인 해결 불가능 • IP 패킷의 재조립 시 0보다 작은 패킷에 대한 처리루틴 포함

⭐ 블루스크린(Blue Screen)

Windows는 특정한 상황이 발생하면 시스템을 정지하며 블루스크린에 흰색으로 결과 진단 정보를 표시. 이런 오류를 지칭하여 '블루스크린' 또는 '죽음의 블루스크린' 이라고 함

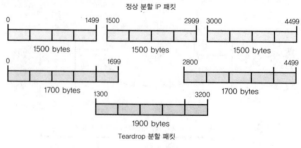

[Teardrop 공격 패킷 구조]

4) Smurf 공격

공격기법	• ICMP의 Ping을 이용한 공격 • 위조된 IP 패킷(출발지 IP 주소를 공격대상의 IP 주소로 변조)과 브로드캐스트 IP 주소를 이용하여 네트워크나 시스템에 과부하를 일으키는 공격 • 네트워크의 라우터로 하여금 ICMP Echo를 서브넷 내의 모든 호스트에 전송하여, 조작된 공격대상의 IP 주소로 응답이 폭주하도록 만듦 • 전체 대역폭을 점유하여 네트워크를 마비시킴
탐지방법	• 패킷을 분석하여 ICMP_ECHO_REPLY 확인 • IP 스푸핑 여부 확인 • 패킷 횟수를 카운트하여 일정 시간 내에 공격 인정횟수 이상이면 공격으로 간주
대응방법	• 직접 브로드캐스트(Directed Broadcast)* 비활성화 : 중간 경유지로 쓰이는 것을 막기 위하여 라우터에서 다른 네트워크로부터 들어오는 IP 브로드캐스트 패킷을 차단하도록 설정 • ICMP 메시지 차단, ICMP Echo Reply 패킷 차단

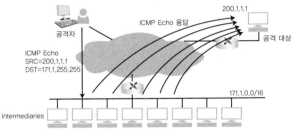

[Smurf 공격 원리]

5) Ping of Death 공격

공격기법	• ICMP Ping 패킷을 비정상적으로 크게 만들어 전송하면 공격 네트워크에 도달하는 동안 아주 작은 조각(Fragment)이 됨 • 공격대상 시스템은 분할된 패킷을 모두 처리해야 하므로, 정상적인 Ping의 경우보다 많은 부하가 걸리게 되어 시스템의 성능 저하 및 마비를 일으키는 공격
탐지방법	• 패킷을 분석하고 ICMP 패킷을 확인하여 Ping 여부와 크기 확인 • 패킷 횟수를 카운트하여 일정 시간 내에 공격 인정횟수 이상이면 공격으로 간주
대응방법	반복적으로 들어오는 일정 수 이상의 ICMP 패킷을 차단하도록 설정

90,000 bytes   30,000 bytes per fragment   90,000 bytes Error!

[Ping of Death 공격 원리]

> **직접 브로드캐스트**
> (Directed Broadcast)
>
> 브로드캐스트란 모든 노드에 데이터를 전송하는 것을 말하는데, 255.255.255.255의 목적지 IP 주소로 네트워크의 임의의 시스템에 패킷을 보냄. 이러한 브로드캐스트는 기본적으로 3계층의 장비, 즉 라우터를 통과하지 못함. 그러나 라우터를 통과하여 브로드캐스트 해야 하는 특별한 경우가 있는데, 이러한 경우에는 172.16.0.255와 같이 네트워크 부분에 정상적인 IP 주소를 설정하고, 해당 네트워크에 있는 클라이언트의 IP 주소 부분에 255, 즉 브로드캐스트 IP 주소로 설정하여 원격지 네트워크에 브로드캐스트를 할 수 있는데, 이를 다이렉트 브로드캐스트라고 함

🔷 루프 상태(Loop State)
- 무한 반복적으로 이벤트를 처리하는 상태
- 시스템이 무한루프 상태에 빠지게 되면 서비스를 정상적으로 처리하지 못함

6) LAND 공격

공격기법	• 출발지와 목적지의 IP 주소를 동일하게 공격대상의 IP 주소로 변조하여 전송 • 패킷을 받은 시스템은 응답하기 위하여 출발지 IP 주소를 참조하는데, 출발지 IP 주소가 자신의 IP 주소이기 때문에 자신에게 응답하게 되고, 이 과정을 반복하게 하여 과부하를 유발 • 동시 사용자 수를 점유하고, 루프 상태*가 되도록 함으로써, 시스템 과부하 유발
탐지방법	• 패킷에서 TCP 헤더를 분석 • IP 패킷 중 출발지와 목적지 IP 주소가 동일한 것이 존재하는지 확인 • 패킷 횟수를 카운트하여 일정 시간 내에 공격 인정횟수 이상이면 공격으로 탐지
대응방법	라우터와 방화벽에서 내부 IP 주소와 동일한 출발지 IP 주소 차단

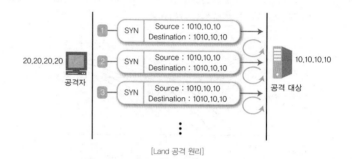

[Land 공격 원리]

🔷 오프셋(Offset)
패킷 조각이 단일 패킷에서 재조립될 경우 어디에 위치하는지를 나타내는 값

🔷 MTU(Maximum Transmission Unit)
- 한 번에 전송할 수 있는 패킷의 최대 전송단위
- 네트워크 인터페이스에서 세그먼트 없이 전송할 수 있는 최대 데이터 그램 크기

🔷 IP 헤더 플래그
- 첫 번째 플래그는 예약 비트. 항상 0
- 두 번째 비트는 DF(Don't Fragment). 이 비트값이 1이면 패킷을 분할하지 못한다는 의미
- 세 번째 비트는 MF(More Fragment). 이 비트 값이 1이면 분할된 패킷이 더 있다는 의미

7) Newtear/Targa/Nestea 공격

공격기법	• 작업 중 저장되지 않은 데이터를 모두 삭제하는 공격 • 단편화된 패킷을 재조립할 때 오프셋* 값을 비정상적으로 크게함으로써, 오버플로우를 발생시키고 시스템을 마비시키는 공격 • 침입 탐지시스템이나 방화벽 우회 가능
대응방법	변종 공격이 많으므로 운영체제의 최신 버전 패치

8) IP Fragmentation 공격

- IP 데이터그램이 네트워크를 통해 전송될 때, 데이터 크기가 최대전송단위(MTU : Maximum Transmission Unit)*보다 클 경우 작은 패킷으로 나누어 전송되고 목적지에서 재조립되는데, 원래의 상태로 재조립하기 위하여 각 패킷 조각에는 'IP Identification Number', 'Fragment ID' 식별 번호가 붙게 되고, 각 패킷 조각은 'Fragment Offset'이라는 원래 패킷이 분할되기 전의 위치 데이터를 가지고 있음
  - 각 패킷 조각은 추가적인 패킷 조각이 있을 경우 MF(More Fragment) 플래그(Flag)*를 1로 설정하여 보냄
- 이러한 특성을 이용하여 비정상적인 패킷 조각을 만들어서 서비스 거부(DoS) 공격
- 단편화를 처리하지 않는 라우터나 침입 탐지시스템을 피하기 위한 목적

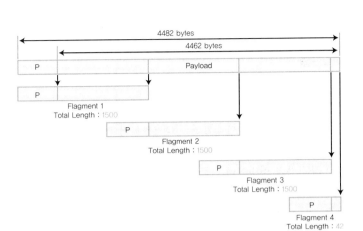

[IP Fragmentation 원리]

9) Tiny Fragment 공격

최초의 패킷 조각을 아주 작게 만들어 침입 탐지시스템이나 패킷 필터링 장비를 우회하는 공격

10) Fragment Overlap 공격

몇 개의 패킷 조각을 생성하여 첫 번째 조각에는 필터링 장비에서 허용하는 HTTP(80) 포트 번호를 지정, 두 번째 조각은 오프셋을 아주 작게 조작하여 패킷 조각을 재조립할 때 첫 번째 조각을 덮어쓰게 함으로써, 침입 탐지시스템을 통과하는 방법

11) Bonk 공격

첫 번째 패킷은 순서번호를 1번으로 보낸 후 두 번째, 세 번째 패킷은 모두 순서번호를 1로 조작하여 보냄

12) Boink 공격

첫 번째 패킷의 순서번호를 1번으로 보낸 후 두 번째 101번, 세 번째 201번으로 보내다가 중간에 일정한 순서번호로 보냄

13) Win Nuke(OOB, Out of Band) 공격

- 윈도우 시스템을 작동 불능으로 만들기 위해 사용. Nuking이라고도 함
- 윈도우의 '죽음의 푸른 화면'이라고 불리는 블루 스크린(Blue Screen)이 출력되도록 하는 공격
- 139번 포트를 스캔하여 열려 있는지 확인하고 패킷을 전송하면 공격대상은 수많은 URG 패킷을 인식하고, 모든 시스템의 세션을 닫은 뒤 재연결을 요구하게 되는데, 이때 CPU에 과부하가 걸리게 됨

Section 02 분산 서비스 거부(DDoS) 공격

1 개요

- 공격대상에 많은 패킷이 전송될 수 있도록 서비스 거부(DoS) 공격용 프로그램(바이러스나 파일)을 일반 사용자 컴퓨터에 설치한 다음(사용자 PC가 좀비 PC로 변함) 공격자의 명령이나 프로그램 자체 알고리즘에 의하여 공격대상 서버로 다량의 패킷을 전송함으로써, 성능 저하 및 시스템 마비를 발생시키는 공격기법
- 네트워크에서 다수의 시스템이 동시다발적으로 하나의 공격대상 시스템을 공격함으로써, 정상적인 서비스를 하지 못하도록 하는 공격
- 공격자가 직접 공격하는 것이 아니라, 마스터(Master)와 슬레이브(Slave)의 관계에서 슬레이브(Slave)를 이용하여 공격

2 공격 원리

1. 공격에 취약한 PC를 좀비 PC로 만듦. 이후 인터넷에서 활용 가능한 크래킹 도구를 다수(수 천대 이상)의 시스템에 설치
2. 시스템 내의 취약점을 악용하여 DDoS 마스터로 만듦
3. 마스터 시스템을 이용하여 연합할 수 있는 다른 시스템을 인식하고 정보를 주고받음
4. 공격자가 특정 서버를 공격하기 위해 마스터에게 명령을 내림
5. 마스터는 슬레이브 시스템에 여러 호스트를 제어할 수 있는 명령을 내림
   - 하나의 명령으로 제어할 수 있는 모든 시스템으로 공격 명령을 내림으로써, 공격 대상에게 다량의 패킷이 전송되어 정상적인 서비스를 제공하지 못하게 함

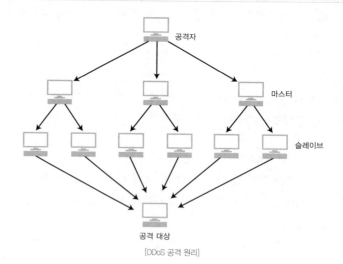

[DDoS 공격 원리]

3 구성요소

공격자(Attacker)	공격을 주도하고 마스터에게 명령을 내리는 역할
마스터(Master)	• 공격자로부터 직접 명령을 받는 시스템으로, 여러 개의 에이전트 관리 • 마스터에서 수행하는 프로그램을 핸들러(Handler) 프로그램이라고 함
슬레이브(Slave)	공격대상에게 직접 공격을 수행하는 시스템으로, 에이전트라고도 함
공격대상(Victim)	공격을 당하는 시스템

4 특징

- 공격대상 시스템의 성능 저하 및 시스템을 마비시킬 목적으로 수행하는 공격
- 공격자의 위치 및 근원지 파악이 불가능한 경우가 대부분
- 공격의 특성상 대부분이 자동화된 도구 사용
- 공격을 증폭시켜주는 슬레이브(에이전트) 존재
- 다수의 슬레이브로 짧은 시간 내에 많은 공격이 가능하고 즉효성이 있음
- 공격자는 마스터, 슬레이브 시스템을 이용하여 좀비 컴퓨터로 명령을 내려 공격하기 때문에 추적이 어려움

5 Agent 유포경로

P2P(정상 소프트웨어에 악성 코드 삽입), 웜/바이러스, 이메일, 게시판 등

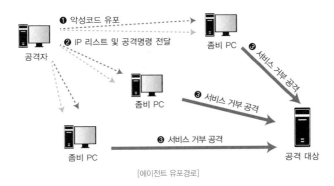

[에이전트 유포경로]

6 공격기법

1) Trinoo

공격자가 하나 혹은 그 이상의 마스터에 접속하여 여러 에이전트(슬레이브)에게 특정 시스템을 일시에 공격하도록 명령을 내리면 공격대상 시스템에 다량의 UDP 패킷(UDP Flood 공격)을 전송하여 공격대상 시스템을 마비시킴

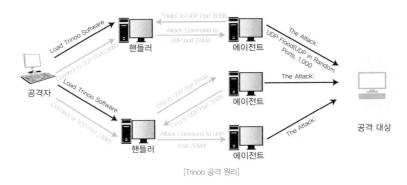

[Trinoo 공격 원리]

2) TFN(Tribe Flood Network)

- Trinoo의 발전형
- UDP Flood, TCP SYN Flood, ICMP Echo, Smurf 공격 등 다양한 기능 포함
- 공격자가 클라이언트(혹은 마스터) 프로그램을 이용하여 공격 명령을 TFN 서버 (혹은 데몬)로 전송함으로써 이루어짐

■ 백도어(Backdoor)
- 시스템 개발자나 관리자에 의하여 고의로 남겨진 시스템의 보안 취약점으로, 응용프로그램이나 운영체제에 삽입된 프로그램 코드
- 시스템 접근에 대한 사용자 인증 등 정상적인 절차를 거치지 않고, 응용프로그램 또는 시스템에 접근할 수 있도록 하는 보안 허점
- 보안 허점을 남겨두는 이유가 항상 악의적인 것은 아님

- 데몬(Daemon)은 설치 시 자신의 프로세스 이름을 변경함으로써, 프로세스 모니터링을 회피
- 지정된 TCP 포트에 백도어(Backdoor)*를 실행시킬 수 있음
- UDP 패킷 헤더가 실제 UDP 패킷보다 3바이트 더 큼
- TCP 패킷의 길이는 항상 0(정상적인 패킷이라면 0이 될 수 없음)

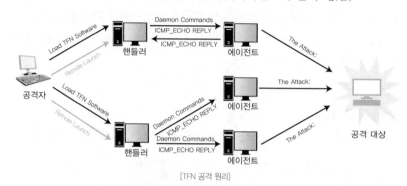

[TFN 공격 원리]

3) TFN2K

- TFN의 발전형으로, Targa*를 제작한 Mixter에 의하여 개발되었고, Targa가 기본적으로 제공하는 서비스 거부(DoS) 공격 외에 5개의 공격이 추가됨
- TEN2K에서 제공하는 공격은 Change IP Antispoof-Level, Change Packet Size, Binf Root-Shell, UDP Flood, TCP/SYN Flood, ICMP/Ping Flood, ICMP/Smurf Flood, MIX Flood, Targa3 Flood 등이 있음
- 모든 명령은 CAST-256* 알고리즘으로 암호화
- 분산 모드로 작동하여 서버 모듈, 클라이언트 모듈로 구분 : 클라이언트 모듈은 서버 모듈을 제어하는 모듈로서, 서버에게 어떤 공격을 누구에게 할 것인지를 지시
- 지정된 TCP 포트에 백도어 실행 가능
- TCP 패킷 헤더의 길이는 항상 0

■ Targa
- 여러 종류의 서비스 거부 공격을 수행할 수 있도록 만든 공격 도구로서, Mixter에 의해 만들어짐. 즉, 이미 존재하는 여러 DoS 공격 소스들을 사용하여 통합된 공격 도구를 만든 것
- Targa에서 지원하는 공격기법 : bonk, jolt, land, nestea, newtear, syndrop, teardrop, winnuke 등이 있음

■ CAST-256
- 대칭키 암호 알고리즘
- CAST-128의 확장판으로, 256 비트 키와 128비트 블록을 가짐

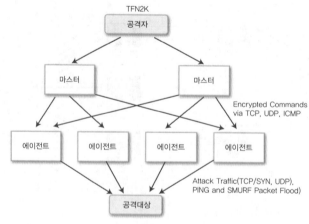

[TFN2K 공격 원리]

4) Stacheldraht

- TFN이나 TFN2K처럼 ICMP Flood, SYN Flood, UDP Flood와 Smurf 등의 공격을 이용함으로써, DDoS 공격을 할 수 있는 기능을 가짐
- TFN 도구에 공격자, 마스터, 에이전트 간 통신에 암호화 기능만 추가된 도구

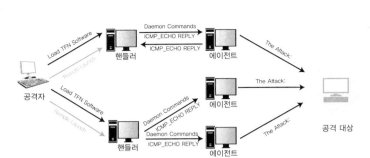

[Stacheldraht 공격 원리]

7 대응방법

입력 소스 필터링 기법	• SYN 패킷을 이용한 공격의 경우 출발지 IP 주소가 변조된 것이기 때문에, 공격자를 알아내는 것은 어려움 • 네트워크에서 패킷의 목적지 IP 주소만을 이용하여 전송하기 때문에, 공격 근원지를 검증하는 유일한 방법은 입력소스 필터링
적절한 라우터 설정 및 블랙홀* 널(NULL) 처리	• IPv4에서는 IP 스푸핑의 방어 방법이 없음(완전한 해결책이 없음) • 네트워크 트래픽 관리를 철저히 하여 공격 가능성을 감소시켜야 함
위장한 IP 주소 필터링	자신의 네트워크에서 출발지 IP 주소가 변조되어 전송되는 패킷 차단
라우터의 Ingress 필터링 기능 적용	• 지정된 IP 주소로부터 들어오는 패킷만 라우터를 통과하도록 필터링 • Ingress : 외부로부터 들어오는 패킷
방화벽, 침입 탐지시스템 활용	• 방화벽과 침입 탐지시스템을 설치 · 운영하고, 안정적인 네트워크 설계 • 시스템 소프트웨어 최신 버전 패치
전용 솔루션 도입	DoS, DDoS 공격 방지 전용 솔루션 도입

> 🔲 블랙홀 라우팅/널 라우팅
>   (Blackhole Routing/Null
>   Routing)
>
> • 블랙홀과 거의 비슷한 특징을 가지는 라우팅을 말하며, 패킷을 받으면 지정된 경로로 보내는 것이 아니라 그대로 소멸시키는 라우팅을 의미
> • Null0 라우팅이라고도 불리며, 원리는 리눅스의 Null Device와 비슷하게 Null0 라는 가상 인터페이스로 트래픽을 포워딩하여 패킷을 소멸시키는 방식

1) DNS 싱크홀(DNS Sink Hole)

① 개요

악성 봇에 감염된 PC를 공격자가 조종하지 못하도록 악성 봇과 공격자의 명령/제어 서버 간 연결을 차단하는 서비스

② 동작 원리

> • 악성 봇이 공격자의 명령/제어 서버에 연결을 시도할 때, KISA 싱크홀 서버로 우회 접속되도록 하여, 공격자의 악의적인 명령을 전달받지 못하게 함
> • 악성 봇이 명령/제어 서버 식별정보(도메인, IP 주소) 중 도메인을 사용하는 경우, 응답 IP 주소를 싱크홀 서버로 변경하는 기법

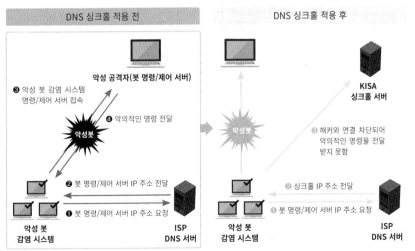

[DNS 싱크홀 작동원리]

분산 반사 서비스 거부(DRDoS) 공격

1) 분산 반사 서비스 거부(DRDoS, Distributed Reflection DoS) 공격

- 공격대상에게 공격 트래픽을 전송 시 라우터나 웹서버와 같은 제3자(Third Party)를 이용함으로써, 출발지가 어디인지 알지 못하게 하는 데 목적이 있으며, 이때 공격에 사용되는 제3자를 반사자(Reflector)라고 함
- 유입되는 패킷에 응답하는 모든 장비는 잠재적인 반사자(Reflector)가 될 수 있음
- DDoS와 유사하며, 슬레이브(Slave) 시스템에서 악의적인 SYN 패킷을 정상적 TCP 서버인 반사자(Reflector)에 전송함으로써, 반사되는 SYN/ACK 패킷을 공격대상으로 집중시키기 때문에 기존 DDoS 공격보다 더 많은 과부하 유발

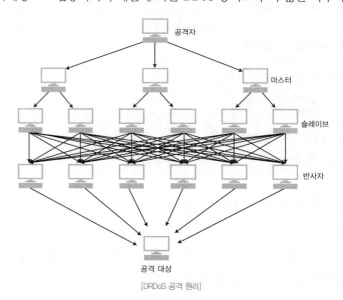

[DRDoS 공격 원리]

① 특징

- BGP 취약성*, 3 Way Handshake 취약점 이용
- 공격자의 IP 주소를 스푸핑하여 전송하기 때문에 대규모의 네트워크가 불필요
- 공격대상은 클라이언트 접속지별로 서비스 포트를 제한하거나, 해당 포트의 서비스를 중단시켜 다른 서비스를 계속 유지하는 것이 최상의 방법
- 분산 서비스 거부(DDoS) 공격과 비교할 때 분산 반사 서비스 거부(DRDoS) 공격에서의 트래픽은 제3자(Third Party)를 이용함으로써, 더 많이 분산되며 트래픽 증가
- 봇 감염 불필요
- 경유지 서버목록 활용

② 공격방법

- 공격자는 출발지 IP 주소를 공격대상 IP 주소로 변조하여 SYN 패킷을 공격 경유지 서버로 전송
- SYN 패킷을 받은 경유지 서버는 변조된 공격대상 IP 주소로 SYN/ACK 패킷을 전송
- 공격대상 서버는 수많은 SYN/ACK 패킷을 수신하게 되어 서비스 마비
- DRDoS라는 프로그램을 유포하고, 공격대상을 지정하면 자동으로 공격할 수 있도록 구성

★ BGP의 취약성

- Peer 사이의 BGP 통신에서 사용하는 메시지에 대해 무결성, Peer 간의 상호 인증 등을 지원하는 강력한 내부 메커니즘을 가지고 있지 않음
- NLRI(Network Layer Reachability Inforamtion)을 Announce하는 AS의 권한을 증명할 어떠한 메커니즘도 정의되어 있지 않음
- AS에 의해 Announce되는 경로의 속성이 확실하고, 신뢰할 수 있는지 여부를 확인할 수 있는 어떠한 메커니즘도 정의되어 있지 않음
- BGP의 보안 위협 요소로는 무결성 위반, 메시지 재전송, 메시지 삽입, 메시지 삭제, 메시지 변형, MITM 공격, 서비스 거부, 네트워크 운영자의 설정 실수 등 매우 다양함

2) 봇넷(Bot* Net)을 이용한 공격

- 악성 소프트웨어인 봇(Bot)에 감염된 다수의 컴퓨터들이 네트워크로 연결되어 있는 형태
- 즉, 봇(Bot)들을 자유자재로 통제하는 권한을 가진 봇마스터에 의해 원격 조종되며, 각종 악성 행위를 수행할 수 있는 수천에서 수십만 대의 악성 프로그램인 봇(Bot)에 감염된 컴퓨터들이 네트워크로 연결되어 있는 형태

① 특징

웜/바이러스, 백도어, 스파이웨어, 루트킷 등 다양한 악성 코드의 특성을 복합적으로 지니며, 봇넷을 통해 DDoS, 애드웨어(Adware)*, 스파이웨어(Spyware)*, 스팸메일 발송, 정보 불법 수집 등 대부분의 사이버 공격 가능

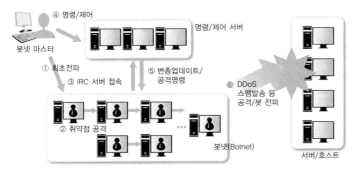

[봇넷의 구성 및 공격 시나리오]

3) HULK(HTTP Unbearable Load King) DoS

- 웹서버의 가용자원을 모두 사용함으로써, 정상적인 서비스가 불가능하도록 유도하는 GET Flooding 공격*
- 공격대상 웹사이트 주소(URL)를 지속적으로 변경하여 DDoS 공격 차단정책 우회
- URL에 임의의 파라미터를 포함하여 특정 URL에 대한 임계치 기반의 DDoS 공격 차단을 우회하기 위한 공격기법

① 공격방법

- 클라이언트에서 웹서버로 Request URL을 전송하면 웹서버는 해당 URL에 해당하는 웹사이트를 클라이언트에 전송
- Request URL에는 아이디, 패스워드와 같은 정보를 포함하여 전송 가능한데, 이때 Request URL 뒤에 '?' 기호와 함께 임의의 문자열을 포함할 수 있음
- Python*으로 작성되었으며, Windows 환경에서는 Active Python을 설치하여 명령어로 간단히 실행할 수 있음

② 대응방법

접속 임계치 설정을 통한 차단	• 특정 출발지 IP 주소에서 동시접속 수에 대한 절대값을 설정하여 하나의 IP 주소에서 다량의 연결을 시도하는 공격 차단 • 유닉스나 리눅스계열의 운영체제를 운영한다면 운영체제의 방화벽 설정 도구인 iptables를 이용하여 차단
HTTP Request의 HOST 필드 값에 대한 임계치 설정을 통한 차단	URL이 아닌 HTTP Request에 포함된 HOST 필드 값을 카운트하여 임계치 이상인 경우 차단

봇(Bot)
- 소프트웨어 로봇(Robot)을 의미
- 넓은 범주의 바이러스 범위에 포함

애드웨어(Adware)
특정 소프트웨어를 실행할 때 또는 설치 후 자동으로 광고가 표시되는 프로그램

스파이웨어(Spyware)
- 스파이와 소프트웨어의 합성어로, 다른 사람의 시스템에 설치되어 중요한 개인정보를 유출하는 프로그램
- 소프트웨어 회사들이 정품 프로그램을 무료로 배포하기 위한 마케팅 수단으로 설치하는 경우가 많음

GET Flooding 공격
동일한 URL을 반복적으로 요청하는 공격으로, 다량의 GET 요청 메시지를 생성하여 서버로 전달하면 웹서버는 클라이언트의 과도한 응답 요구로 인해 DoS 상태에 빠짐

파이썬(Python)
- 1990년 암스테르담의 귀도 반 로섬(Guido Van Rossum)에 의해 만들어진 인터프리터 언어
- 현재 국내에서는 많이 알려져 있지 않지만, 외국에서는 학습의 목적뿐만 아니라 실용적인 부분에 대해서도 많이 사용되고 있는데, 그 대표적인 예는 바로 구글(Google)
- 구글에서 만들어진 소프트웨어의 50%이상이 파이썬으로 만들어 짐
- 또한, 공동 작업과 유지보수가 매우 쉽고 편리하므로, 이미 다른 언어로 작성된 많은 프로그램과 모듈들이 파이썬으로 다시 재구성되고 있는 상황

APT(Advanced Persistent Threat) 공격

1 개요

- 2006년 미국 공군사령부에서 최초로 사용한 데서 비롯됨
- 특정 기업 또는 기관을 목표로 한 장기적이고 정교한 공격

1) 정의

NIST*(National Institute of Standard and Technology)는 APT 공격을 다음과 같이 정의하고 있음

> "지능형 지속 위협(Advanced Persistent Threat)은 정교한 수준의 전문기술 또는 방대한 자원을 가진 공격자가 여러 공격 경로(사이버, 물리적 경로 및 교란)를 통하여 공격의 목표를 달성할 수 있는 기회를 창출하는 것이다. 공격목표는 일반적으로 조직의 정보 기술 인프라 내에 발판을 마련하고 확장하여, 지속적으로 정보를 빼내거나 미션, 프로그램 또는 조직의 중요한 측면을 약화 또는 방해하거나 향후 그렇게 할 수 있는 입지를 획득하는 것이다. 또한, 방어자의 저항에 적응하고, 목표를 실행하는데 필요한 수준의 상호작용을 끈질기게 유지하면서 긴 시간 동안 반복적으로 이러한 목표를 추구한다."

① 용어 정의

Advanced (지능형)	• 표적의 취약점을 악용할 수 있는 정도의 탁월한 기술적 능력을 가지고 있음 • 취약한 대규모 데이터베이스에 접근할 수 있는 능력, 정보탈취 및 코딩 능력뿐만 아니라 잘 알려지지 않은 취약점을 파악하고 이용할 수 있는 능력까지 포함
Persistent (지속)	• 장기간에 걸쳐 이루어지는 경우가 많으며, 한시적인 기회를 이용하는 단기 공격과 달리 수년 동안 일어날 수 있음 • 인터넷 기반 공격에서 사회공학적 공격*까지 총망라한 여러 공격방법이 사용될 수 있으며, 중요한 데이터에 접근하기 위하여 가벼운 보안 침해로 위장한 공격을 여러 차례 조합하여 시도할 수도 있음
Threat (위협)	위협이 있는 곳에는 항상 공격의 동기와 공격에 성공할 수 있는 능력을 가지고 있는 공격자가 존재

2) 공격단계

1단계	목표설정	• 공격자는 우선 공격대상인 표적을 정함 • 성공적인 공격 수행을 위하여 표적을 분석하고, 실효적인 공격방법에 대하여 연구 • 공격대상은 정치적인 목적으로 설정될 수도 있고, 경제적인 목적으로 설정될 수도 있음
2단계	정보수집	• 공격대상인 표적을 정하면 침입에 필요한 자료나 공격기법을 탐색 • 침입에 필요한 자료는 공격대상의 위치, 연혁, 인적 조직, 서버 위치, 보안 용역을 담당하는 업체 등의 기업에 관한 자료부터 직원원의 성향 및 기호, 사회적 관계 등의 구성원에 관한 자료까지 망라하고, 이 과정에서 취약점이나 공격 포인트를 찾게 되며, 이 정보를 근거로 공격기법을 선택
3단계	공격침투	직접 방화벽을 통과하거나 서버에 침투하는 기술적인 방법을 사용하기보다는 공격대상의 임직원으로 하여금 악성 코드를 내부에 침투시키는 등의 사회공학적 방법을 활용 예 악성 링크나 악성 코드를 삽입하여 동창회 메일 또는 회사 리크루팅 메일 등으로 속여 전송하는 방법 등이 많이 쓰임(스피어 피싱*) 예 악성 코드는 아직 발견되지 않은 보안 취약점을 이용하거나(제로데이 공격), 기존 APT 공격 방어를 위한 보안솔루션에서 탐지하지 못한 것을 사용

★ NIST
(National Institute of Standards and Technology)

- 미국 국립표준기술연구소
- 1901년부터 1988년까지 국립표준국(NBS,National Bureau of Standards)이라고 알려진 측정 표준 실험실로, 미국 상무부 산하의 비규제 기관

★ 사회공학적 공격
(Social Engineering Attack)

- 컴퓨터 보안에서 인간 상호 작용의 깊은 신뢰를 바탕으로 사람들을 속여 정상 보안 절차를 깨뜨리기 위한 비기술적 침입 수단
- 우선 통신망 보안 정보에 접근 권한이 있는 담당자와 신뢰를 쌓고, 전화나 이메일을 통해 그들의 약점과 도움을 이용하는 것
- 상대방의 자만심이나 권한을 이용하는 것, 정보의 가치를 몰라서 보안을 소홀히 하는 무능에 의존하는 것과 도청 등이 일반적인 사회공학적 기술
- 이 수단을 이용하여 시스템 접근 코드와 비밀번호를 알아내어 시스템에 침입하는 것으로, 물리적, 네트워크 및 시스템 보안에 못지않게 인간적 보안이 중요함

★ 스피어 피싱
(Spear Phishing)

- 불특정 다수가 아닌 특정 기관이나 기업의 내부직원을 표적으로 삼아 집중적으로 공격하는 행위를 말함
- 정부기관이나 기업조직 등 특정 목표의 내부 사용자를 은밀히 염탐하고, 해당 조직의 기밀정보를 빼내기 위하여 신뢰할 수 있는 내용처럼 위장한 악성 이메일을 관련자들에게 전송하여 감염시키며, 이후 원격제어 및 데이터 탈취 등을 시도하는 대표적인 지능형 표적공격

4단계	세력확산	• 일단 공격 침투에 성공하게 되면 백도어(Back Door)를 통하여 원격통제
		• 공격자는 은닉상태로 정보수집과 모니터링 활동을 통하여 수집 가능한 모든 정보를 수집하면서 방어시스템을 회피하거나 관리자 권한의 아이디나 패스워드를 획득
		• 수집된 정보를 통하여 권한 상승에 성공하면, 중요 데이터에 접근할 수 있는 방법이나 정보를 유출할 수 있는 구체적인 방법, 방어시스템을 회피할 수 있는 방법, 공격이 탐지된 경우에 대응할 수 있는 방법 등을 연구
5단계	정보유출	• 4단계까지 성공하게 되어 공격자가 중요 데이터 접근에 성공하면, 데이터를 파괴하거나 경유 서버를 활용하여 피해자의 추적을 회피하면서 공격자의 근거지로 중요 데이터를 유출시킴
		• 이때 지속적으로 쌓이는 데이터를 그때마다 유출시킬 수도 있지만, 단기간에 유출시킬 수도 있음

3) 공격방법

1. 공격자는 공격대상에 대하여 스피어피싱을 위한 직원을 찾아냄. 회사의 주요 간부, 연구원, 관리자 등 중요한 정보에 접근할 수 있는 직원을 찾음
2. 신뢰하는 사람으로부터 발송된 악성 코드가 포함된 메일이나 메신저를 이용하여 전송하고, 제로 데이 취약점이 있는 첨부파일이나 링크를 포함하여 MS 오피스나 어도비 리더 취약점을 공격
3. 시스템 접근기반을 만든 후 접근 권한 상승을 시도함. 이때 패스워드를 알아내기 위하여 무차별 대입 공격을 수행한 후 네트워크 접근 권한 및 시스템 접근 권한 획득
4. 데이터를 유출시킨 다음 유출 정보를 회사 내부의 서버에 암호화하여 저장하거나 압축 파일(.zip)로 저장. 이 파일을 작은 파일로 분할하여 비정기적으로 외부 유출

4) 목표와 표적

목표	표적
• 정치적 조작 • 군사적 스파이 활동 • 경제적 스파이 활동 • 기술적 스파이 활동 • 금전의 부정 취득	• 정부 기관 • 군사 · 방위 조직 및 업체 • 중요 인프라 시스템, 공공시설, 통신 및 교통시스템 • 정치조직 • 금융기관 • 기술회사

5) APT 공격과 일반 공격의 차이점

- APT 공격이 일반적인 공격과 가장 다른 점은 한 조직을 확실한 표적으로 삼는다는 것
- 일반적인 공격에서는 경계방어 및 표준 보안 제어기능을 사용하여 조직을 보호할 수 있지만, 이러한 기술로 APT 공격을 차단하기에는 충분하지 않음
- 공격자는 새로운 취약점이 발견될 때까지 기다린 후 약점을 이용하거나, 작은 취약점을 여러 개 조합하여 막대한 손해를 끼치는 대규모 공격으로 만들 수 있음

6) 대응방법

- 공격자가 원하는 정보에 접근하기까지 소요시간을 지연시킴
- 공격자가 원하는 정보에 접근하기 이전 단계에서 탐지 · 차단
- 알려지지 않은 악성 코드(Zero Day Attack) 탐지
- 모든 네트워크 트래픽 저장 및 모니터링

7) 피해 사례

국내	국외
• 농협 해킹사고 • 현대캐피탈 정보유출 사고 • SK컴즈 정보유출 사고	• 영국 RBS 월드 페이 해킹사고 • 다국적 석유회사 해킹(일명 Night Dragon) • 미국 국립오크리지연구소 해킹사고 • 모건 스탠리 해킹사고(일명 오로라 작전)

Section 05 기타 공격

1 제로데이(Zero Day) 공격

1) 개요
- 단어의 어원은 공격이 수행되는 시점에서 유래
- 컴퓨터 소프트웨어의 취약점을 공격하는 기술적 위협
- 취약점에 대한 패치가 나오지 않은 시점에서 이루어지는 공격을 말하며, 이러한 시점에서 만들어진 취약점 공격(익스플로잇*)을 제로데이 취약점 공격이라고도 함

2) 특징
- 제로데이 공격은 공식적으로 프로그램 취약점 패치가 배포되기 전에 수행
- 이러한 프로그램은 보통 일반 사용자들에게 공개되기 전 공격자에게 배포
- 제로데이 공격대상은 일반 사용자와 프로그램 배포자가 모르는 것이 보통
- 공격이 개시된 이후에 며칠간 발견이 되지 않을 수도 있음

3) 대응방법
- 포트 노킹* 또는 단일 패킷 권한* 데몬의 사용
  - 많은 사용자가 참여하는 환경에는 적절하지 않음
- 화이트 리스팅* 기술 사용
  - HIPS나 바이러스 사전의 블랙 리스트 같은 다른 보호 기법과 병행되지 않으면 사용자에게 불편을 줄 수 있음
- 제로데이 긴급대응팀(ZERT)* 운영
- 제품을 업그레이드하기 전에 적당한 기간을 기다림

2 사회공학적 공격
- 보안학적 측면에서 기술적인 방법이 아닌 사람 간 기본적인 신뢰를 기반으로 속여 비밀 정보를 획득하는 기법
- 인간관계의 깊은 신뢰를 바탕으로 사람을 속여 정상 보안절차를 무력화시키기 위한 비기술적 침입수단

1) 특징
- 인간의 신뢰를 이용하는 방법으로 진화한 공격의 한 갈래
- 고도의 컴퓨터 기술을 필요로 하는 다른 공격의 분야와는 달리 사회공학은 인간의 심리를 이용하는 경우가 많음
  - 통신망 보안 정보에 접근 권한이 있는 담당자와 신뢰를 쌓고, 전화나 전자메일을 통하여 그들의 약점과 도움을 이용하는 것
  - 상대방의 자만심이나 권한을 이용하는 것, 정보의 가치를 알지 못하여 보안을 소홀히 하는 무능에 의존하는 것과 도청 등이 일반적인 사회공학적 기술
  - 이 수단을 이용하여 시스템 접근 코드와 패스워드를 알아내어 시스템에 침입하는 것으로, 물리적, 네트워크 및 시스템보안에 못지 않게 인간적 보안이 중요
- 필연적으로 사회공학만을 사용하기 보다는 다른 공격기술과 함께 사용되는 경우가 많음

익스플로잇(Exploit, 취약점 공격)
- 컴퓨터의 소프트웨어나 하드웨어 및 컴퓨터 관련 제품의 버그, 보안 취약점 등 설계상 결함을 이용하여 공격자의 의도된 동작을 수행하도록 만들어진 절차나 일련의 명령, 스크립트, 프로그램 또는 특정한 데이터 조각을 말하며, 이러한 것들을 사용한 공격 행위를 말함
- 주로 공격대상 컴퓨터의 제어 권한 획득이나 서비스 거부(DoS) 공격 등을 목적으로 함

포트 노킹(Port Knocking)
- 2003년 마틴 크리지빈스키 포트 노킹이라는 개념을 보안 커뮤니티에 소개
- 서비스(예를 들어, sshd)가 기본 차단 전략으로 설정된 패킷 필터에 의해 보호되게 해주는 닫힌 포트를 통한 인증 데이터의 통신

단일 패킷 권한 (Single Packet Authority)
- 포트 노킹 구현과 유사한 방식으로 기본 버리기 패킷 필터와 수동적으로 감시하는 패킷 스니퍼를 결합
- 패킷 헤더 항목을 이용해서 인증 데이터를 전송하는 대신 SPA는 인증 정보의 소유를 증명하기 위해 페이로드 데이터를 활용

화이트 리스팅 (White Listing)
좋은 것으로 알려진 프로그램 또는 기관의 시스템 접속만을 허가하며, 그로 인해 새롭거나 알려지지 않은 공격 프로그램은 접속을 차단

제로데이 긴급대응팀(ZERT)
제로데이 공격을 방어하는 비 제작자들이 패치를 배포하기 위해 결성된 소프트웨어 엔지니어들의 집단

■ 케빈 미트닉
(Kevin Mitnick, 1963.8.6~)
• 미국 출신의 유명한 해커
• 체포될 때까지 별명으로 잘 알려져 있었으며, 미국 국방성 펜타곤과 국가안보국(NSA)의 전산망에 여러 차례 침투한 것으로 유명(하지만 본인의 자서전에서는 루머라고 밝히고 있음)
• 모토롤라, 썬마이크로시스템즈, NEC 등이 그에게 해킹당함. "기업 정보보안에 있어서 가장 큰 위협은 컴퓨터 바이러스, 패치가 적용되지 않은 중요한 프로그램이나 잘못 설정된 방화벽이 아니다. 가장 큰 위협은 바로 당신이다."

■ USB
(Universal Serial Bus)
• 범용 직렬 버스
• 컴퓨터와 주변 기기를 연결하는 데 사용하는 입출력 표준 가운데 하나. 대표적인 버전으로는 USB 1.0, 1.1, 2.0, 3.0, 3.1 등이 있음
• 다양한 기존의 직렬, 병렬방식의 연결을 대체하기 위하여 만들어 짐
• 키보드, 마우스, 게임패드, 조이스틱, 스캐너, 디지털 카메라, 프린터, PDA, 저장장치와 같은 다양한 기기를 연결하는 데 사용되고 있음
• 이러한 기기 연결의 대부분은 표준 연결 방식을 이용하여 이루어지고 있음

■ 역 사회공학
(Reverse Social Engineering)
• 가장(假裝, Masquerade)을 이용한 기법에서 공격자(Social Engineer)는 모두 공격 대상에게 도움을 요청하는 인물들로 위장하는 것이 일반적인 유형
• 하지만, 역 사회공학 기법은 공격자(Social Engineer)가 공격대상이 모르게 미리 특정한 문제를 유발시킨 후, 공격대상이 자발적으로 공격자에게 도움을 요청하도록 만드는 기법
• 이 기법을 통해서 공격자는 공격대상이 가지고 있는 특정 문제를 해결함으로써, 공격대상에게 공격자 자신을 도움을 준 신뢰할 수 있는 좋은 사람으로 쉽게 판단할 수 있게 만듦

• 일상생활에서 사회공학의 대표적인 공격으로, 피싱 · 스미싱이 있음

2) 사회공학 사이클

사회공학적 공격으로 유명한 케빈 미트닉(Mitnick, Kevin D)*은 사회공학적 공격을 총 4단계로 분류

1단계 (Research)	공격자는 목표기업의 사내 보안규정에 휴대용 저장매체(USB 메모리) 보안에 관련된 사항이 없으며, USB* 메모리 사용에 대한 규정이 없다는 것을 발견
2단계 (Developing Trust)	• 공격자는 최근에 나온 USB 3.0 메모리를 구매한 후 백도어를 생성하는 악성 코드 삽입 • 공격자는 USB 3.0 메모리를 퇴근 시간에 목표 회사의 현관에 떨어뜨려 놓음
3단계 (Exploiting Trust)	• 보안교육을 제대로 받지 않은 신입사원이 마침 업무에 필요한 USB 3.0 메모리를 발견하고, 호기심과 함께 자신의 업무용 컴퓨터에 연결 • 컴퓨터가 USB 3.0 메모리를 인식함과 동시에 해당 컴퓨터에 백도어가 자동으로 설치됨
4단계 (Utilizing Trust)	공격자는 백도어가 설치된 컴퓨터에 수시로 접속하여 정보를 빼내거나, 사내 네트워크에 접속하여 다른 취약점이 있는지 확인

3) 공격방법

정보수집 (Information Gathering)	• 직접적인 접근(Direct Approach) • 어깨너머로 훔쳐보기(Shoulder Surfing) • 휴지통 뒤지기(Dumpster Diving) • 설문조사(Mail Out) • 시스템 분석(Forensic Analysis) • 인터넷(Internet)
관계형성 (Developing Relationship)	• 중요한 인물(Important User) • 도움이 필요한 인물(Helpless User) • 지원 인물(Support Personnel) • 역 사회공학(Reverse Social Engineering)*
공격 (Exploitation)	• 의견대립 회피 • 사소한 요청에서 큰 요청으로 발전 • 감정에 호소 • 신속한 결정
실행 (Execution)	• 책임회피 • 보상심리 • 도덕적 의무감 • 사소한 문제

4) 대응방법

정보수집단계의 대응	• 개인 신상정보와 관련한 문서관리 • 온라인상의 개인정보 관리
공격단계의 대응	• 사회공학(Social Engineering) 기법의 공격형태 인지 • 배경조사(Background Check)
실행단계의 대응	신속한 관계기관 신고

3 피싱(Phishing)

- 피싱(Phishing)이란 용어는 Fishing에서 유래하였으며, Private Data와 Fishing의 합성어, 즉 점점 더 복잡한 미끼(함정)를 이용하여 사용자의 금융정보와 패스워드를 '낚는다'는 데에서 유래
- 전자메일 또는 메신저를 이용하여 신뢰할 수 있는 사람 또는 기업이 전송한 메시지인 것처럼 가장함으로써, 패스워드 및 신용카드 정보와 같은 기밀을 요구하는 정보를 부정하게 얻으려는 사회공학의 한 종류

1) 특징

- 메일을 이용하여 신뢰할 수 있는 메일주소로 가장하고, 대부분 송신자를 사칭
  - 예 공격자가 ABC 은행인 것으로 속인다면, 이 경우 「info@abc.com」과 같이 정상적인 메일주소로 가장하여 무작위로 전송
- 신용카드번호나 패스워드 입력 요구(피싱 공격자의 최종 목적)
- 백신 소프트웨어에 검출되지 않음
- 웹사이트를 만드는 기술 외에는 특별한 기술 불필요

2) 유형

보이스 피싱	유선전화 발신 번호를 수사기관 등으로 조작하여 사칭함으로써, 자금을 편취하거나 자녀 납치, 사고 빙자 등의 이용자 환경의 약점을 노려 자금을 갈취하는 수법
문자 피싱	스마트폰 환경에서 신뢰도가 높은 공공기관 및 금융회사의 전화번호를 도용하거나, 정상 홈페이지와 유사한 URL로 접속하도록 유도하여 개인정보나 금융정보를 빼내는 수법
메신저 피싱	SNS*, 모바일(또는 PC) 기반 메신저 등 신규 인터넷 서비스의 친구추가 기능을 악용하여, 친구나 지인의 계정으로 접속한 후 금전차용 등을 요구하는 수법
스피어 피싱 (Spear Phishing)	• 작살 낚시에 빗댄 표현으로, 불특정 다수가 아닌 특정 기관이나 기업의 내부직원을 표적으로 삼아 집중적으로 공격하는 행위를 일컫는 용어 • 정부 기관이나 기업조직 등 특정 목표의 내부 이용자를 은밀히 염탐하고, 해당 조직의 기밀정보를 빼내기 위하여 신뢰할 수 있는 내용처럼 위장한 악성 이메일을 관련자들에게 전송하여 감염시키며, 이후 원격제어 및 데이터 탈취 등을 시도하는 대표적인 지능형 표적 공격
피싱 사이트	불특정 다수에게 문자나 메일을 전송하여 정상 사이트와 유사한 가짜 사이트로 접속을 유도함으로써, 개인정보 및 금융정보를 빼내는 수법

> 💬 **SNS(Social Networking Service)**
> - 네트워크상에서 불특정 타인과 관계를 맺을 수 있는 서비스. 이용자들은 SNS를 통해 인맥을 새롭게 맺거나, 기존 인맥과의 관계를 강화시킴
> - 인스타그램, 페이스북 등이 있음

3) 대응방법

- 신뢰할 수 없는 메일의 링크를 클릭하지 않음
- 의심스러운 점이 있을 경우 직접 사이트 방문
- 메일 헤더 확인
- 링크의 주소가 IP 주소인지 도메인 이름인지 확인(IP 주소일 경우 피싱 사이트일 가능성)

4 파밍(Pharming)

- 새로운 피싱 기법 중 하나
- 사용자가 자신의 웹브라우저에서 정확한 웹주소를 입력하였음에도 가짜 웹사이트로 접속을 유도하여 개인정보를 훔치는 것

🔹 인터넷 서비스 제공자(ISP)

· 인터넷에 접속하는 수단을 제공
하는 주체를 가리키는 말
· 그 주체는 영리를 목적으로 하
는 사기업인 경우가 대다수이나
비영리 공동체가 주체인 경우도
있음

1) 특징

인터넷 서비스 제공자(ISP)*가 지정한 인터넷주소 정보에 접근할 수 있는 권한이
있거나, 인터넷 서비스 제공자의 서버에 취약점이 있는 소프트웨어가 존재할 경우
공격자가 인터넷주소를 변경시킴으로써 가능

2) 유형

가짜 은행사이트	악성 프로그램에 감염된 피해자 컴퓨터를 가짜 은행사이트로 접속을 유도하여 보안 승급이 필요하다고 하면서 보안카드번호 전체 입력 유도
팝업창	악성 프로그램에 감염된 피해자 컴퓨터를 가짜 은행사이트로 접속을 유도하여 'OTP 무료 이벤트' 팝업창이 뜨면서 계좌번호 · 보안카드번호 입력 요구
가짜 쇼핑몰 결제창	인터넷 쇼핑몰에서 옷을 구매하면서 실시간 계좌이체를 선택하고, 결제를 위하여 '인 터넷 뱅킹'을 누르는 순간 악성 프로그램에 감염된 피해자 컴퓨터가 피싱 사이트로 유 도되어 보안카드번호 · 계좌 비밀번호 등 입력 요구
이메일 첨부파일	신용카드회사 명의로 된 메일 명세서를 받은 후 첨부파일을 열람할 경우, 악성 프로그 램에 감염됨에 따라 주민등록번호와 보안카드번호 입력 요구
가짜 대법원 사이트	· 악성 프로그램에 감염된 피해자 컴퓨터가 가짜 대법원 사이트로 접속 · 계좌번호 · 보안카드번호 입력 요구 · 납부화면에서 대법원이 사용하지 않는 방식인 계좌이체 방식 사용 · 가상계좌 이용 시 대법원이 지정하지 않은 예금주의 가상계좌로 납부 요구
웹하드/파일공유 사이트	파일공유 사이트에 등록된 최신 동영상을 내려받을 경우 피해자 컴퓨터가 악성 프로 그램에 감염됨에 따라 인터넷뱅킹 이용 시 계좌번호 · 공인인증서 비밀번호 · 보안카 드번호 입력 요구

3) 공격 원리

1. 피해자의 컴퓨터가 악성 프로그램에 감염
2. 피해자가 정상적인 사이트 주소를 입력하더라도 가짜 사이트로 접속
3. 금융거래 정보를 탈취
4. 범행 계좌로 예금 이체 또는 대출 등을 받는 수법

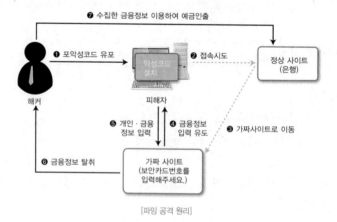

[파밍 공격 원리]

4) 대응방법

🔹 파밍 캅

악성 코드를 사용자의 컴퓨터에
감염시켜, 진짜 은행사이트에 접
속 시 강제로 가짜 은행사이트에
접속되도록 하여 금융거래 정보
를 빼낸 뒤 이용자의 예금을 인
출하는 수법으로, 신종금융범죄
파밍(Pharming)을 예방하기 위
한 프로그램

· 출처가 불분명한 동영상이나 전자메일은 악성 코드 감염 우려가 있으므로 다운
로드 자제
· 보안카드 코드표 전부 입력을 요구하는 경우 가짜 은행사이트로 판단되므로 반
드시 확인 후 사용
· 백신 프로그램을 설치하고, '파밍 캅'* 프로그램으로 검사
· 지급정지 및 피해금 환급 신청
· 악성 프로그램에 감염된 컴퓨터 치료

5) 피싱과 파밍의 비교

구분	피싱(Phishing)	파밍(Pharming)
목적	가짜 사이트로 유도하여 개인정보 탈취	
공격방법	• 실제 도메인 이름과 유사한 가짜 도메인 이름 사용 • 진짜처럼 위장된 가짜 사이트로 접속하여 개인정보 입력 유도	조직, 목적, 분류 등 명칭을 영문 약어로 표시한 최상위 도메인 이름 사용
특징	주로 이메일, SMS 등에 첨부된 링크를 통해 접속 유도	정상적인 도메인 입력으로도 공격이 가능하기 때문에 별다른 유인방법이 불필요
위험성	사용자가 세심한 주의를 기울이면 공격탐지 가능	• 실제 도메인 이름이 그대로 사용되기 때문에 공격 탐지 어려움 • 사용자가 많은 DNS 캐시 서버에 공격을 성공할 경우 피해가 광범위

5 스미싱(Smishing)

1) 개요

문자 메시지(SMS)와 피싱(Phishing)의 합성어로, 악성 앱 주소가 포함된 휴대전화 문자(SMS)를 대량으로 전송 후, 이용자가 악성 앱을 설치하도록 유도하여 금융정보 등을 탈취하는 신종 사기 수법

2) 특징

① 인터넷 주소

- 악성 코드에 감염된 스마트폰을 이용한 사이버사기 수법으로, 악성 앱을 설치하기 위한 인터넷주소가 문자 메시지에 포함되어 있음
- 이러한 인터넷주소(URL)는 단축 서비스를 사용하여 이용자가 웹사이트 정보를 알기 어렵고, 정상적인 사이트와 매우 유사하게 모방하여 제작된 가짜 사이트인 피싱 사이트로 연결됨

② 악성 앱

- 휴대전화에 일반적으로 많이 설치된 정상 앱(예 크롬, Play 스토어, 공공기관에서 사용하는 민원24, 유명 모바일 백신 등)을 사칭하여 악성 앱 설치를 유도
- 전화, 문자 메시지 관리, 개인정보 조회, 저장소 조회, 위치정보, 기기 관리자 권한 요구 등 정상 앱보다 과도한 권한을 포함하고 있으므로 앱 설치 단계에서 주의해야 함
- 또한, 악성 앱이 악성 행위를 직접 수행하기도 하지만, 별도의 악성 앱을 설치하도록 유도하는 기능이 탑재된 경우도 있음. 크롬, 뱅킹, 백신 등 특정 애플리케이션이 실행될 경우 '업데이트 파일입니다'라는 형태로 업데이트를 안내하여 이용자들이 악성 앱을 다운로드하도록 유도하고 있음

3) 문자 메시지 유형

유형	사례 메시지
지인 사칭	"돌잔치 초대장 보냈습니다.", "토요일 결혼식 축복하러 와주세요." 등
택배 사칭	"고객님의 택배가 부재중으로 반송되었습니다.", "[현대택배]고객님 택배가 도착하였습니다.", "고객님 배송불가 주소불명 주소확인 변경 요망" 등
공공기관 사칭	"민원24 층간 소음으로 민원이 접수되었습니다.", "검찰로 사건 송치되었습니다.", "(민방위) 소집훈련통지서 수령하세요." 등
사회적 이슈	"[연합뉴스] 여객선(세월호) 침몰사고 구조현황 동영상", "2014 브라질 월드컵 거리응원 장소 어디일까요? 응원 장소 확인" 등
기타	"고객님 자동이체일은 5일입니다.", "고객님 네이버 계정은 신고접수 상태입니다. 해제 하세요." 등

4) 대응방법

- 악성 애플리케이션 설치 파일 삭제
- 악성 애플리케이션 삭제
- 모바일 결제 확인 및 취소
- 공인인증서 폐기 및 재발급

6 랜섬웨어(Ransomware)

1) 개요

- 1989년 조셉 루이스 팝이라는 사람이 하드디스크의 루트 디렉터리 정보를 암호화하고 복호화 해주는 것을 빌미로, 돈을 요구하는 악성 코드를 제작하여 최초로 배포함
- 몸값(Ransom)과 소프트웨어(Software)의 합성어로, 시스템을 잠그거나 데이터를 암호화하여 사용할 수 없도록 하고, 이를 인질로 금전을 요구하는 악성 프로그램

2) 종류

워너크라이 (WannaCry)	• 2017년 5월 12일(현지 시간 기준) 스페인, 영국, 러시아 등을 시작으로 전 세계에서 피해가 보고된 악성 코드로, 다양한 문서 파일(doc, ppt, hwp 등) 외 다수의 파일을 암호화 • Windows의 SMB(Server Message Block, MS17-010)*를 이용하여 악성 코드를 감염시킨 후, 해당 PC 또는 서버에서 접속 가능한 IP 주소를 스캔하여 네트워크로 전파 • 워너크라이 랜섬웨어에 감염되면, 파일들을 암호화한 바탕화면을 변경하고, 확장자를 .wncry 또는 .wncryt로 변경 • 워너크립터는 변종이 지속적으로 발견되고 있으며, 미진단 변종이 존재할 수 있으므로, Windows의 최신 보안 패치를 반드시 적용해야 함
록키 (Locky)	• 2016년 3월 이후 이메일을 통해 유포, 수신인을 속이기 위해 Invoice, Refund 등의 제목 사용 • 자바 스크립트(Java Script) 파일이 들어있는 압축 파일들을 첨부하고, 이를 실행 시에 랜섬웨어를 다운로드 및 감염 • 록키 랜섬웨어에 감염되면, 파일들이 암호화되고, 확장자가 .locky로 변하며, 바탕화면과 텍스트 파일로 복구 관련 메시지 출력 • 최근의 록키 랜섬웨어는 연결 IP 주소정보를 동적으로 복호화하고, 특정 파라미터를 전달하여 실행하는 경우만 동작

SMB
(Server Message Block)

- Windows에서 파일이나 디렉터리 및 주변 장치들을 공유하는데 사용되는 메시지 형식
- NetBIOS는 SMB 형식에 기반을 두고 있으며, 많은 네트워크 제품들도 SMB를 사용
- 하지만, SMB는 아이디와 패스워드 없이 시스템에 접근할 수 있는 자동 로그온 취약점을 가지고 있음
- 2017년 5월 12일에 워너크라이 랜섬웨어 공격의 일부로 사용된 취약점 공격 도구로, eternalblue가 있음
- Windows의 SMB 원격코드 실행 취약점(MS17_010)을 악용하여 랜섬웨어 악성 코드를 유포

크립트XXX (CryptXXX)	• 지난 2016년 5월, 해외 백신 기업의 복호화 도구 공개 이후에 취약한 암호화 방식을 보완한 크립트XXX 3.0 버전이 유포 • 초기에는 앵글러 익스플로잇 키트(Angler Exploit Kit)를 이용하였으나, 최근에는 뉴트리노 익스플로잇 키트(Neutrino Exploit Kit)를 사용 • 크립트XXX에 감염되면 파일 확장자가 .crypt 등으로 변하고, 바탕화면 복구안내 메시지 변경 • 비트 코인* 지불 안내 페이지에는 한글 번역 제공 • 실행 파일(EXE)이 아닌 동적 링크 라이브러리(DLL)형태로 유포 • 정상 rundll32.exe를 svchost.exe 이름으로 복사 후 악성 DLL을 로드하여 동작 • 현재 버전은 네트워크 연결 없이도 파일들을 암호화
케르베르 (CERBER)	• CERBER는 말하는 랜섬웨어로 유명 – 감염 시에 "Attention! Attention! Attention!? Your documents, photos, databases and other important files have been encrypted" 음성 메시지 출력 • 웹사이트 방문 시 취약점을 통해 감염되며, 감염되면 파일을 암호화하고 확장자를 .cerber로 변경, 최근 이메일 통해 유포되는 정황 발견 • 악성 코드 내에 저장되어 있는 IP 주소와 서브넷 마스크 값을 사용하여 UDP 패킷을 전송, 네트워크가 연결되지 않더라도 파일은 암호화 • 윈도우 볼륨 섀도우(Windows Volume Shadow)를 삭제하여 윈도우 시스템 복구가 불가능하게 만듦
크립토락커 (CryptoLocker)	• 2013년 9월 최초 발견된 랜섬웨어의 한 종류로, 자동실행 등록이름이 크립토락커(CryptoLocker)로 되어있는 것이 특징 • 웹사이트 방문 시 취약점을 통해 감염되거나, 전자메일 내 첨부파일을 통해 감염되며, 확장자를 encrypted, ccc로 변경 • 파일을 암호화한 모든 폴더 내에 복호화 안내 파일 2종류를 생성(DECRYPT_INSTRUCTIONS./ HOW_TO_RESTORE_FILES.) • 윈도우 볼륨 섀도우(Windows Volume Shadow)를 삭제하여 윈도우 시스템 복구가 불가능하게 만듦
테슬라크립트 (TeslaCrypt)	• 2015년 국내에 많이 유포된 랜섬웨어로 2016년 5월경 종료로 인해 마스터키가 배포되었음 • 취약한 웹페이지 접속 및 이메일 내 첨부파일로 유포되며, 확장자를 ecc, micr 등으로 변경 • 드라이브 명에 상관없이 고정식 드라이브(DRIVE_FIXED)만을 감염 대상으로 지정하며, 이동식 드라이브나 네트워크 드라이브는 감염 대상에서 제외 악성 코드 감염 시(Howto_Restore_FILES.)와 같은 복호화 안내 문구를 바탕화면에 생성

비트 코인(Bit Coin)
2009년 나카모토 사토시가 만든 디지털 통화로, 통화를 발행하고 관리하는 중앙 장치가 존재하지 않는 구조. 대신 비트코인의 거래는 P2P 기반 분산 데이터베이스에 의해 이루어지며, 공개키 암호 방식 기반으로 거래를 수행함

3) 감염경로
- 신뢰할 수 없는 사이트
- 스팸메일 및 스피어피싱
- 파일 공유 사이트
- 사회관계망 서비스(SNS)

4) 증상
- 중요 시스템 프로그램이 실행되지 않음
- 윈도우 복원 시점을 제거
- 랜섬웨어가 별도의 다른 악성 코드 설치
- 중앙처리장치(CPU)와 램(RAM) 사용량이 급격하게 증가하고, 파일들이 암호화되기 시작
- 백신이 오작동 혹은 강제로 꺼지거나 삭제됨
- 안전 모드(Safe Mode)* 로 기동할 경우 중간까지는 정상적으로 로딩되는 듯하다가 다시 정상 윈도우로 부팅. 즉, 안전 모드 자체로 진입할 수가 없음

안전 모드(Safe Mode)
Windows의 기능 대부분을 정지시키고, 운영체제를 유지하는 데 꼭 필요한 부분만 활성화한 상태로 부팅하는 기능

- 사용자가 암호화된 파일을 열 수 없음. 원래 해당 파일을 편집했던 프로그램으로 연결해도 '읽을 수 없는 형식'이라 표시
- 만약, 사용자가 아직 암호화되지 않은 문서 파일을 열 경우, 한 동안은 편집이 가능하지만 문서를 저장하는 순간 암호화됨
- 외장 하드형 하드디스크나 USB로 파일 백업을 시도할 경우, 강제적으로 외장형 메모리 접속을 해제시킴
- 재부팅을 할 때마다 텍스트 파일, HTML 파일이 시작 프로그램 목록에 추가됨

5) 대응방법

- 중요 문서 및 파일 백업
- 스팸메일 첨부파일 실행 금지
- 운영체제 및 각종 응용프로그램의 보안 업데이트 진행
- 바이로봇 백신 프로그램 최신 업데이트 유지
- 안티 익스플로잇 도구를 활용한 감염 차단

Section 06 네트워크 공격

1 스캐닝(Scanning)

1) 개요

- 공격대상의 시스템이나 서비스(Telnet, SSH, HTTP 등) 및 활성화 상태를 확인하기 위한 절차
- 스캐닝에 사용되는 프로토콜은 ICMP, TCP, UDP가 있음

2) 얻을 수 있는 정보

- 시스템에서 실행되고 있는 TCP/UDP 서비스
- 시스템과 운영체제의 종류
- IP 주소, 포트, 도메인 이름 등 네트워크 정보

3) 포트 스캐닝* 유형 및 도구

다중 취약점 스캔	SAINT, Sscan2k, Vetescan, Mscan
특정 취약점 스캔	Cgiscan, Winscan, Rpcscan
은닉 스캔	Nmap, Stealthscan
네트워크 구조 스캔	Firewalk, Nmap

> 📌 **포트 스캐닝**(Port Scanning)
> 공격자가 공격대상 시스템의 포트 상태를 확인하는 것으로, OS 판별, 공격 경로 선택 등을 위하여 수행하는 절차

4) 종류 및 특징

① TCP 포트 스캔

Open Scanning	• TCP Connect 스캔 • TCP 프로토콜의 3-Way Handshaking을 이용하여, 각 포트에 완전한 TCP 연결 확립 후 대상 포트로 SYN 패킷 전송 • 속도가 느리고, 상대 시스템에 로그 기록 남음 • 열린 포트 : SYN/ACK, 닫힌 포트 : RST/ACK 패킷 응답
Half Open Scanning	• SYN 스캔 • 완전한 TCP 연결을 하지 않고, Half-Open 연결을 통하여 포트의 Open/Close 상태를 확인하기 때문에 TCP Connect( ) 스캔과 달리 시스템에 로그 기록 남지 않음 • 스캔 속도가 TCP Connect( ) 스캔보다 빠르므로 많이 사용
Stealth Scanning	• SYN 패킷 자체를 전송하지 않고 스캐닝 • FIN, NULL, X-MAS, ACK 스캔 • UNIX 계열 시스템에서만 사용할 수 있으므로, TCP FIN, NULL, X-MAS 스캔을 수행 후 응답이 없다면 윈도우 계열의 시스템이라고 판단할 수 있음 • 열린 포트 : 무응답, 닫힌 포트 : RST 패킷 응답

② UDP 포트 스캔

UDP 포트 스캐닝	• 공격대상 시스템 포트를 목적지 포트로 하여, UDP 패킷 전송 • 열린 포트 : 무응답, 닫힌 포트 : ICMP Unreachable 메시지 응답

5) 기본원리

① TCP FIN, NULL, X-MAS Scan

FIN 스캔	TCP Flag*의 FIN을 활성화하여 대상 포트로 패킷 전송
NULL 스캔	TCP Flag를 모두 비활성화하여 대상 포트로 패킷 전송
X-MAS 스캔	TCP Flag의 FIN, URG, PSH를 활성화하여 대상 포트로 패킷 전송

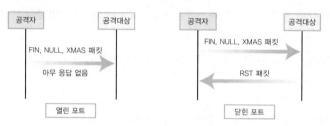

[TCP FIN, NULL, X-MAS 스캔 원리]

② TCP SYN Scan

TCP SYN 패킷을 전송하여 접속을 시도하고, 포트가 열려 있는 경우 응답 패킷인 SYN/ACK에 대하여 RST 패킷을 전송함으로써, 정상적인 TCP 3-Way Handshaking 연결확립을 하지 않는 스캔

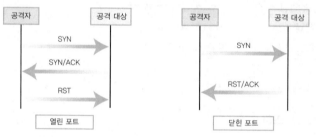

[TCP SYN 스캔 원리]

③ TCP ACK Scan

· 대상 시스템에 SYN 패킷 대신 ACK 패킷 전송
· 다수의 패킷 필터링 장비가 네트워크에 연결된 세션은 허용한다는 점을 이용
· 방화벽 정책을 설계하는데 사용
· 방화벽의 차단 설정 유무를 확인하는 데 사용

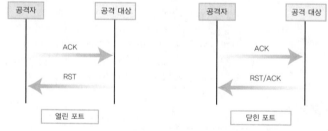

[TCP ACK 스캔 원리]

④ TCP RPC Scan

· UNIX 시스템에 적합
· TCP/UDP 포트에 RPC* 포트, 서비스를 제공하는 프로그램, 버전 등을 탐색하거나 확인하기 위하여 SunRPC Program NULL 명령을 계속 전송

[TCP RPC 스캔 원리]

⑤ UDP Scan

- 대상 시스템에 UDP 패킷 전송
- 열린 포트 : 무응답, 닫힌 포트 : ICMP Unreachable* 패킷 응답

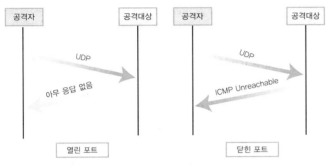

[UDP 스캔 원리]

> **ICMP Unreachable**
> - 목적지 도달 불가 메시지
> - 도달할 수 없는 목적지에 계속하여 패킷을 보내지 않도록 송신측에 알려 주는 ICMP 오류 보고 메시지 유형
> - 이 오류 메시지를 분석함으로써, 문제점을 찾아낼 수 있음

⑥ Source Port Scan

특정 출발지 포트를 무조건 신뢰하는 접근통제 정책을 이용한 스캔

6) 스캐닝 도구(Nmap)

- Gordon Lyon이 개발한 포트 스캐너
- 컴퓨터와 서비스를 찾을 때 사용하며, 네트워크 지도를 만듦
- 서비스 탐지 프로토콜로, 자신을 광고하지 않는 수동적인 서비스도 탐지 가능
- 호스트, 포트, 소프트웨어 버전, 운영체제, 장치 종류, 운영 시간 등 다양한 정보를 알려줌

① 특징

호스트 스캔	네트워크의 컴퓨터들을 확인할 수 있음
포트 스캔	하나 혹은 그 이상의 컴퓨터들에 대한 포트 상태를 확인할 수 있음
버전 스캔	응용프로그램의 이름과 버전을 확인할 수 있음
운영체제 스캔	원격으로 운영체제와 네트워크 하드웨어 장치의 특성을 확인할 수 있음

② 사용방법

```
# nmap [스캔 유형] [옵션] [IP 주소]
# nmap -sT 192.168.10.100
Port                State               Service
21/tcp              open                FTP
23/tcp              open                Telnet
25/tcp              open                SMTP
80/tcp              open                HTTP
443/tcp             open                HTTPS
```

2 스니핑(Sniffing)

- 사전적인 의미로 스니핑(Sniffing)이란 '코를 킁킁거리다', '냄새를 맡다'의 의미
- 네트워크에서 자신이 아닌 다른 상대방의 패킷 전송을 엿보는 것
- 네트워크 트래픽을 도청(Eavesdropping)하는 과정으로, 스니핑할 수 있도록 하는 도구를 스니퍼(Sniffer)라 함

1) 원리

> - TCP/IP 프로토콜의 데이터그램 자체가 암호화되어 전송되지 않기 때문에, 네트워크로 전송되는 패킷을 수집하여 순서에 맞게 재조립하면 원래의 데이터를 얻을 수 있는데, 이러한 방법을 이용하여 스니핑을 하게 됨
> - LAN 카드의 Promiscuous Mode*를 사용하여 로컬 네트워크에서 암호화되지 않은 모든 트래픽을 수신함으로써 패킷 도청

① Promiscuous Mode 설정 상태

```
[root@kali : ~]# ifconfig
eth0 Link encap : Ethernet HWaddr 00 : 0c : 29 : ba : aa : 33
       inet addr : 192.168.137.129 Bcast : 192.168.137.255 Mask : 255.255.255.0
       inet6 addr : fe80 : : 20c : 29ff : feba : aa33/64 Scope : Link
       UP BROADCAST RUNNING PROMISC MULTICAST MTU : 1500 Metric : 1
       RX packets : 110 errors : 0 dropped : 0 overruns : 0 frame : 0 TX packets : 29 errors :
       0 dropped : 0 overruns : 0 carrier : 0 collisions : 0 txqueuelen : 1000
       RX bytes : 9369 (9.1 KiB) TX bytes : 2437 (2.3 KiB) Interrupt : 19 Base
       address : 0x2000
```

2) 공격기법

① 허브 환경에서의 스니핑

허브는 모든 프레임을 브로드캐스트하기 때문에 Promiscuous Mode를 사용하면 모든 프레임을 전송받을 수 있으므로, 스니핑 도구로 저장 · 분석 가능

② 스위치 환경에서의 스니핑

- 스위치는 기본적으로 MAC 주소*를 이용하여 패킷을 어떤 목적지로 보낼 것인지 결정
- 허브 환경에서와 달리 프레임은 실제 수신 대상에게만 전송되기 때문에 공격자가 아무리 인터페이스를 Promiscuous Mode로 설정했다 하더라도 패킷을 도청할 수 없음

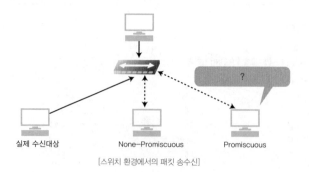

[스위치 환경에서의 패킷 송수신]

★ Promiscuous Mode

- 이더넷에서는 여러 호스트를 대상으로 데이터를 전송하게 되며, 각 호스트는 자신에게 전송되는 데이터가 아니면 무시해 버리고, 자신에게 전송되는 데이터이면 처리하게 되는데, 만약, 네트워크 인터페이스가 Promiscuous Mode로 설정되어 있으면 모든 데이터를 수신하게 됨. 이러한 원리를 이용하여 공격자는 스니핑 공격을 수행하게 됨
- 자신의 시스템이 Promiscuous Mode로 설정되어 있다면 스니퍼가 작동하고 있으며, 스니핑을 당하고 있다고 의심해야 함

★ MAC
(Media Access Control)

- 네트워크 장비의 하드웨어에 존재하는 48비트 식별자
- 소프트웨어 대신 하드웨어에 존재하기 때문에 물리적(실제) 주소라고도 함
- 01-23-45-67-89-AB와 같은 형식의 16진수로 표기
- 네트워크에서 통신할 수 있는 모든 장치에는 MAC 주소가 있음

③ 공격유형

Switch Jamming	• 스위치가 MAC 주소 테이블을 기반으로 포트에 패킷을 스위칭할 때 정상적인 스위칭을 하지 못하도록 하는 공격. MACOF 공격*이라고도 함 • 공격자는 위조된 MAC 주소를 지속적으로 전송하여, MAC 주소 테이블을 오버플로우되게 함으로써, 스위치가 허브처럼 동작하게 되어, 모든 네트워크 세그먼트*로 이더넷 프레임을 브로드캐스팅 하도록 함
ARP Spoofing	• 두 대상의 MAC 주소를 공격자 자신의 MAC 주소로 변조하여 중간에서 패킷을 가로채는 공격 • 네트워크 내에서 두 대상의 IP 주소에 대한 MAC 주소를 공격자의 MAC 주소로 변조하여 클라이언트에서 서버로 가는 패킷이나 서버에서 클라이언트로 가는 패킷이 공격자에게 전송되도록 하는 공격
ARP Redirect	• 위조된 ARP Reply를 주기적으로 브로드캐스트함으로서, 네트워크 내의 호스트들이 공격자를 라우터로 인식하도록 만들고, 외부로 전달되는 모든 패킷이 공격자를 한번 거친 후 라우터로 전송되도록 하는 공격 • 이때 자신이 공격자임을 숨기기 위해 스니핑 후 패킷을 IP 포워딩하여 라우터로 전달해줘야 함 • 이 과정에서 공격자는 네트워크에 있는 호스트가 어떤 패킷을 라우터를 통해 외부로 통신하려 하는지 감시와 분석을 할 수 있음
ICMP Redirect	• ARP Redirect와 동일하게 공격자가 라우터로 인식되도록 하는 공격 • 여러 라우터가 존재하는 네트워크에서 최적의 경로를 찾기 위해 여러 알고리즘으로 동작하게 되는데, 공격자는 공격대상에게 '자신이 라우터이고 최적의 경로'라는 변조된 ICMP Redirect를 보내 데이터를 전달받음 • 이때 자신이 공격자임을 숨기기 위해 스니핑 후 패킷을 IP 포워딩하여 라우터로 전달해줘야 함 • 이 과정에서 공격자는 네트워크에 있는 호스트가 어떤 패킷을 라우터를 통해 통신하려 하는지 감시와 분석을 할 수 있음
SPAN 포트 태핑 (Port Mirroring)	• 스위치의 포트 미러링 기능을 이용한 공격 • 각 포트에 전송되는 데이터를 미러링하는 포트에도 동일하게 전달하는 것으로, 침입 탐지시스템, 네트워크 모니터링, 로그 시스템 등에 많이 사용. 이 포트를 이용해 모든 정보를 볼 수 있음

3) 탐지방법

Ping을 이용하는 방법	• 공격자로 의심되는 호스트에 네트워크에 존재하지 않는 MAC 주소로 위조된 Ping을 보내면 ICMP Echo Reply로 응답하게 되는데 만약, 공격자가 아니고 정상적인 사용자라면 Ping 요청에 응답할 수 없음 • 위조된 Ping에 대한 응답을 한다는 것은 공격자가 네트워크 내에 존재한다는 것. 이 방법으로 공격자를 탐지할 수 있음
ARP를 이용하는 방법	• Ping과 유사한 방법으로, 위조된 ARP Request를 전송했을 때 ARP Response가 돌아오면, 상대방 호스트가 "Promiscuous Mode"로 설정되어 있는 것으로 추측할 수 있음 • "Promiscuous Mode"로 설정되어 있을 경우, 모든 ARP Request에 ARP Response를 함. 이 방법으로 공격자를 탐지할 수 있음
DNS를 이용하는 방법	• 일반적으로 스니핑 프로그램은 사용자의 편의를 위하여 스니핑한 시스템의 IP 주소를 보여주지 않고, 도메인 이름을 보여주기 위하여 Reverse-DNS Lookup*을 수행함 • 대상 네트워크로 Ping Sweep을 보내고, 돌아오는 Reverse-DNS lookup을 감시하면 스니퍼를 탐지할 수 있음
유인(Decoy) 방법	• 네트워크에 사용자 ID와 패스워드를 지속적으로 전송함으로써, 공격자가 이 패스워드를 사용하도록 유도 • 관리자는 네트워크에 전송한 사용자 ID와 패스워드를 이용하여 접속을 시도하는 시스템을 탐지함으로써, 스니퍼를 탐지할 수 있음
Host Method	• 호스트 단위에서 "Promiscuous Mode"를 확인하는 방법으로, "ifconfig"* 명령을 이용하여 확인할 수 있음 • "PROMISC" 부분을 보고 "Promiscuous Mode"가 설정되어 있음을 알 수 있음

MACOF 공격

MAC Flooding, Switch Jamming 공격이라고도 함

세그먼트(Segment)

• 사전적인 의미로는 분할, 단편, 구분 등의 의미
• 물리적으로 제한된 네트워크 구분 단위

Reverse DNS Lookup

• 역으로 IP 주소를 도메인 이름으로 바꾸기 위한 질의
• 모든 과정은 클라이언트가 DNS 서버에 요청하여 이루어짐

ifconfig

• 리눅스 환경에서 시스템에 장착되어 있는 네트워크 인터페이스 카드(NIC)를 설정하거나 정보를 확인하는 명령어
• 이더넷 카드의 활성화 및 비활성화
• 이더넷 카드의 MTU 등과 같은 옵션들을 변경
• 윈도우 환경의 명령창에서 ipconfig와 유사한 역할을 하는 명령어

4) 탐지도구

ARP Watch	• ARP 트래픽을 모니터링하여 MAC/IP 주소 매핑을 감시하는 프로그램 • 초기에 설정된 네트워크의 ARP 엔트리를 검사하여 저장하며, 이 ARP 엔트리가 변하게 되면 이를 탐지하여 관리자에게 메일로 통보하여 줌 • 대부분 공격기법이 위조된 ARP를 사용하기 때문에 이를 쉽게 탐지할 수 있음 • 관리자는 메일을 통하여 ARP를 이용한 공격을 탐지하고 대응할 수 있음
Sentinel	• 스니퍼를 탐지하는데 있어서 4가지 방법을 제공(ARP, Ping, DNS 등 3가지 모두 이용) • 네트워크 관리자는 내부 네트워크의 모든 호스트에 대하여 주기적으로 스니퍼가 설치되어 있는지 점검해야 함
Antisniff	sentinel과 비슷한 메커니즘에 의하여 네트워크의 스니퍼를 탐지함으로써, 스니핑하고 있는 시스템을 탐지하는 도구

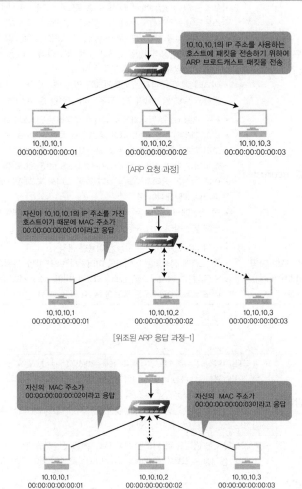

[ARP 요청 과정]

[위조된 ARP 응답 과정-1]

[위조된 ARP 응답 과정-2]

5) 대응방법

암호화	• login이나 rsh 대신 SSH나 slogin을 사용하면 패킷을 암호화하여 전송하기 때문에 스니핑 공격을 받더라도 안전할 수 있음 • S/Key*라는 것을 사용하면 원격접속할 경우 일회용 패스워드(One Time Password)*를 생성해주기 때문에 스니핑에도 어느 정도 대응할 수 있고, 로그온할 때마다 새로운 패스워드를 사용해야 하므로 안전하다고 볼 수 있음
스위치 환경에서의 스니핑 방지	• MAC 주소 테이블*을 정적(Static) 지정* • MAC 주소와 포트를 1 : 1 매핑 • 명령어 : #arp -s [IP 주소] [MAC 주소]
스니핑 탐지도구를 이용한 방지	• Promiscuous 모드의 호스트를 스캔 · 탐지하여 필터링 　- 탐지 도구 : CPM(Check Promiscuous Mode) • Ping이나 ARP를 이용하거나, Anti-Sniff와 같은 탐지 도구 이용

Specialist for Information Security

3 스푸핑(Spoofing)

- 사전적인 의미는 '골탕 먹이다', '속이다'의 의미
- 공격자가 공격하고자 하는 호스트의 IP 주소, MAC 주소, DNS 등을 변조하는 공격기법

1) ARP 스푸핑

- 공격대상과 서버 간 트래픽을 공격자의 시스템으로 우회시키는 공격
- 우회한 트래픽으로부터 공격자는 사용자 ID와 패스워드 등의 정보를 획득할 수 있음

① 공격 원리

공격자가 호스트 A와 B 사이의 패킷을 가로채기 위해 ARP 스푸핑 공격을 시도
1. 공격자는 호스트 A와 B의 통신 중간에 끼어들어 A와 B에게 각각 자신의 MAC 주소를 알려줌
2. 호스트 A와 B는 공격자를 서로 통신하는 대상으로 인식하여 공격자에게 패킷을 전송함으로써, 호스트 A와 B의 패킷 내용을 공격자가 모두 볼 수 있게 됨
3. 패킷 내용을 보고 난 후 다시 패킷을 원래 목적지로 보내거나, 패킷을 일부 변조하여 보낼 수도 있음

[ARP 스푸핑 과정]

② 대응방법

- MAC 주소 테이블을 정적(Static) 지정
- MAC 주소와 포트를 1 : 1 매핑
- 설정 방법

```
#arp -s [IP 주소] [MAC 주소]
#arp -s 192.168.10.100 00-01-02-03-04-05
```

2) IP 스푸핑

공격자가 IP 주소를 변조하여 다른 시스템을 공격하는 기법으로, 신뢰 관계에 있는 두 시스템 간 공격자가 마치 신뢰 관계에 있는 호스트인 것처럼 속이는 것

① 특징

- IP 스푸핑에 성공한 공격자는 신뢰 관계를 이용하기 때문에 서버로부터 패스워드 인증 없이 접근 가능
- 클라이언트가 서버로 전송하는 패킷이나 서버에서 클라이언트로 전송하는 패킷을 가로채야 하므로, DoS 공격이나 스위치 재밍, ARP 스푸핑 등 두 가지 이상의 공격기법을 동시에 사용

Chapter · 03 네트워크 기반 공격의 이해 **227**

- 서비스 거부 공격(TCP SYN Flooding, UDP Flooding, ICMP Flooding)을 수행할 수도 있고, 공격대상과 서버 사이에 연결된 세션을 끊을 수도 있음
- TCP 순서번호* 추측 공격(Sequence Number Guessing Attack) 수행 가능

② 공격 원리

[원격 IP Spoofing]
1. 공격자가 세션을 탈취하고자 하는 호스트에 DoS 공격
2. 공격자가 호스트의 IP로 자신을 속여 서버로 SYN 패킷을 전송
3. 서버가 보낸 SYN/ACK 패킷을 호스트는 받지 못하고, 공격자가 무차별 대입(Brute Forcing)으로 순서 번호(Sequence Number)를 맞춰 ACK 패킷을 보냄
4. 세션(Session) 성립

[로컬 IP Spoofing]
1. 시스템의 /etc/host.equiv 파일에 클라이언트의 IP 주소와 접속 가능한 아이디(ID)를 등록해 놓음 이후 패스워드 없이 IP 주소만으로 두 시스템 간의 인증이 이루어짐
2. 공격자는 이러한 트러스트 관계를 이용하여 /etc/host.equiv 파일에 등록된 IP 주소로 스푸핑하여 인증에 성공

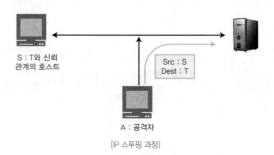

[IP 스푸핑 과정]

③ 공격의 종류

Blind Spoofing	• 공격자가 클라이언트와 서버 간의 통신에서 순서번호의 예측으로 중간에 끼어드는 방식 • 순서번호가 증가하는 방식은 운영체제별로 다름 • 일반적으로 일어나는 스푸핑 방법이지만 사용은 까다로움
Non-Blind Spoofing	• 공격자가 클라이언트와 서버 간의 통신을 스니핑한 후 중간에 끼어드는 방식 • 순서번호를 예측하지 않아도 되기 때문에 간단하지만, 스니핑하고 있다는 것 자체가 내부 네트워크에서 서버를 통제하고 있다는 것

④ 대응방법

- 신뢰 관계를 사용하지 않음
- 신뢰 시스템의 MAC 주소를 정적 지정
- 외부 유입 패킷 중 출발지 IP 주소가 내부 IP 주소로 변조된 패킷은 라우터 등에서 필터링
- 무작위의 순서번호 생성, 암호화된 순서번호 사용
- 내부 사용자에 의한 공격은 각 시스템에서 TCP Wrapper*, SSH 등을 사용하고, rlogin 등과 같이 패스워드의 인증과정이 없는 서비스를 사용하지 않음
- 로깅(Logging)과 경고(Altering) 기능을 강화하여 비정상적인 패킷을 발생시키는지 감시

3) DNS 스푸핑

- DNS에서 전달되는 IP 주소를 변조하거나 DNS의 서버를 장악하여 사용자가 의도하지 않은 주소로 접속하게 만드는 공격
- 공격자가 DNS 서버를 통제함으로써, 사용자가 요청한 도메인 이름에 대한 IP 주소를 공격자가 원하는 IP 주소로 변조하는 공격기법
- DNS 질의 요청 시 출발지와 목적지 포트, 요청처리 ID를 부여할 때, 임의의 값이 생성되는 것을 예측할 경우 캐시 조작이 가능하다는 취약점 존재
- 취약점을 포함하지 않는 DNS의 경우 강력한 난수 생성기를 사용한다고 하더라도 평균적으로 32,768번만 시도하면 요청처리 ID를 쉽게 예측할 수 있으며, 취약점을 내포한 DNS의 경우 더 적은 수의 시도만으로도 예측 가능

① 정상적인 DNS 질의

1. 클라이언트가 DNS 서버로 접속하고자 하는 IP 주소를 질의(DNS Query)
2. DNS 서버가 해당 도메인 이름에 대한 IP 주소를 클라이언트로 보내줌(DNS Response)
3. 클라이언트는 DNS 서버로부터 받은 IP 주소를 바탕으로 웹서버로 접속

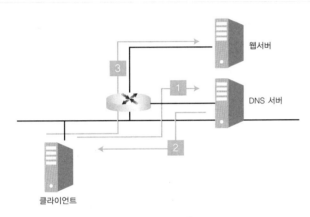

[정상적인 DNS 질의]

② 공격 원리

1. 클라이언트가 DNS 서버로 DNS Query 패킷을 보내는 것을 확인
2. 공격자가 로컬에 존재하기 때문에 DNS 서버보다 지리적으로 가까움. 따라서, DNS 서버가 정상적인 DNS Response를 보내주기 전에 공격자가 위조된 DNS Response 패킷을 클라이언트로 보냄
3. 클라이언트는 공격자가 보낸 DNS Response 패킷을 정상적인 패킷으로 인식하고 공격자가 원하는 웹서버로 접속(지리적으로 멀리 떨어진 DNS 서버가 보낸 DNS Response 패킷은 버림)

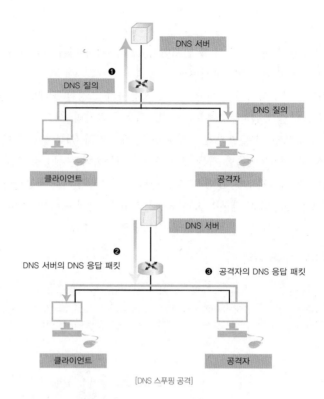

[DNS 스푸핑 공격]

요청처리 ID
(Transaction ID)

· 클라이언트가 보낸 질의와 수신된 응답 간 일치 여부를 식별하는 식별자
· 16 Byte 범위의 숫자로 증가시키며 사용

순환 질의
(Recursive Query)

로컬 DNS 서버에 질의를 보내어 완성된 응답을 요청하는 작업

반복 질의
(Iterative Query)

상위 DNS에서 하위 DNS로 반복적으로 질의하여 신뢰할 수 있는 응답을 얻는 작업. 즉 로컬 DNS 서버가 다른 DNS 서버에게 질의하여 응답을 요청하는 형태

Recursive DNS 서버

· 대개 클라이언트는 신뢰할 수 있는 DNS 서비스에 직접 질의를 수행하지 않음. 대신에 해석기 또는 재귀적 DNS 서비스라고 알려진 다른 유형의 DNS 서비스에 연결하는 경우가 일반적
· DNS 레코드를 소유하고 있지 않지만, 사용자를 대신해서 DNS 정보를 가져올 수 있는 중간자의 역할을 함
· 재귀적 DNS가 일정기간 동안 캐시된 또는 저장된 DNS 레퍼런스를 가지고 있는 경우, 소스 또는 IP 주소정보를 제공하여 DNS 질의에 응답을 함. 그렇지 않다면, 해당 정보를 찾기 위해 질의를 하나 이상의 신뢰할 수 있는 DNS 서버에 전달

Authoritative DNS 서버

· 신뢰할 수 있는 DNS 서비스는 개발자가 공인 DNS 이름을 관리하는데 사용하는 업데이트 메커니즘을 제공. 이를 통해 DNS 질의에 응답하여 도메인 이름을 IP 주소로 변환
· 도메인에 대해 최종 권한이 있으며, 재귀적 DNS 서버에 IP 주소 정보가 포함된 답을 제공할 책임이 있음

③ DNS Cache Poisoning 공격

· 취약한 DNS 서버에 조작된 요청을 전송하여 DNS 서버가 저장하고 있는 주소 캐시 정보를 임의로 변조하여 조작된 사이트로 접속하게 됨
· DNS 질의 요청 시 출발지와 목적지 포트, 요청처리 ID(Transaction ID)*를 부여할 때, 임의의 값이 생성되는 것을 예측할 경우 캐시 조작이 가능하다는 취약점 존재
· 공격자는 취약점을 이용하여 DNS 질의 정보를 변조할 수 있으며, 캐시 변조 공격 성공 시, DNS 질의 데이터 변경 및 삭제 등의 작업 가능
· 순환 질의(Recursion)*가 허용된 DNS의 경우 DNS Cache Poisoning 공격에 악용될 수 있음

㉠ 정상적인 DNS 질의

1. 인터넷 사용자가 Recursive DNS 서버로 AAA 도메인을 요청
2. Recursive DNS 서버*가 다시 Authoritative DNS 서버*로 AAA 도메인의 IP 주소를 요청
3. 요청을 받은 Authoritative DNS 서버는 Recursive DNS 서버로 그 결과값을 전달하고, 캐시에 저장. AAA 도메인에 대한 결과값은 인터넷 사용자에게 전달
4. 이후 AAA 도메인에 대한 요청은 Recursive DNS 서버의 캐시에 저장된 정보를 전달

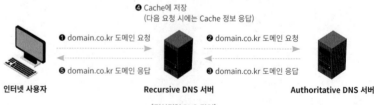

[정상적인 DNS 질의]

ⓛ 공격 원리

1. 공격자가 domain.co.kr 도메인을 Recursive DNS에 요청하면서 Authoritative DNS 서버로 가장하여 domain.co.kr 도메인에 대한 위조된 결과값을 Recursive DNS 서버로 보냄
2. Recursive DNS 서버의 캐시에는 잘못된 domain.co.kr 도메인의 정보가 저장됨
3. 이후 인터넷 사용자는 잘못된 domain.co.kr 도메인에 대한 결과값을 전달받게 됨

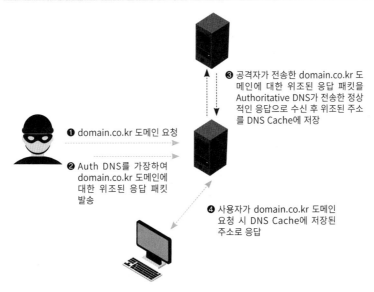

❶ domain.co.kr 도메인 요청

❷ Auth DNS를 가장하여 domain.co.kr 도메인에 대한 위조된 응답 패킷 발송

❸ 공격자가 전송한 domain.co.kr 도메인에 대한 위조된 응답 패킷을 Authoritative DNS가 전송한 정상적인 응답으로 수신 후 위조된 주소를 DNS Cache에 저장

❹ 사용자가 domain.co.kr 도메인 요청 시 DNS Cache에 저장된 주소로 응답

[DNS Cache Poisoning 공격 원리]

ⓒ 대응방법

- Cache DNS나 Resolving DNS 서버로 사용되는 시스템을 운영 중이라면 최신 버전의 BIND* 프로그램으로 업그레이드
- BIND DNS 서버 설치 시 순환 질의 기능이 기본적으로 모두 허용되어 있는데, 신뢰할 수 있는 호스트에 대해서만 순환 질의에 대한 응답을 하도록 설정하고, 순환 질의 기능이 필요하지 않으면 차단할 것을 권고
- BIND는 방화벽과 라우터에서 DNS 서비스로 자주 사용되기 때문에 필요하지 않은 서비스라면 제거할 것을 권고

④ Hosts 파일 변조 공격

- 특정 호스트(netnuri.com)를 hosts 파일에서 지정한 IP 주소로 연결시켜 주는 기능
- 공격자가 이 파일을 변조하면 원하는 사이트로 접속을 유도할 수 있음
- 파일 경로 : C:₩windows₩system32₩drivers₩etc₩hosts
- 설정 형식 : [공격자가 원하는 사이트 IP 주소] [도메인 이름]
  예 192.168.10.100 www.netnuri.com

> 💬 BIND(Berkley Internet Domain Daemon)
> - 인터넷에서 가장 널리 사용되는 도메인 이름 시스템 소프트웨어
> - 유닉스 계열 운영체제에서는 표준

㉠ 공격방법

```
# Copyright (c) 1993-2009 Microsoft Corp.
#
# This is a sample HOSTS file used by Microsoft TCP/IP for Windows.
#
# This file contains the mappings of IP addresses to host names. Each entry should be
# kept on an individual line.
# The IP address should be placed in the first column followed by the corresponding
host # name.
# The IP address and the host name should be separated by at least one space.
#
# Additionally, comments (such as these) may be inserted on individual lines or following
the machine name denoted by # a '#' symbol.
#
# For example:
#
#    102.54.94.97    rhino.acme.com        # source server
#    38.25.63.10     x.acme.com            # x client host

# localhost name resolution is handled within DNS itself.
#    127.0.0.1       localhost
#    ::1             localhost
192.168.10.100       www.netnuri.com
```

㉡ 대응방법

• 중요 사이트 IP 주소를 확인하여 등록해 두면, DNS 스푸핑 공격을 방어할 수 있음

• hosts 파일에 주요 URL과 IP 주소 등록

• 모든 서버의 IP 주소를 등록하는 것은 불가능함(DNS Spoofing 방어의 한계)
예) 사이트 IP 주소(192.168.10.100)와 도메인 이름(www.netnuri.com)을 1:1 매핑

⑤ DoS/DDoS 공격

• Open DNS는 네임 서버로 요청되는 모든 질의에 대하여 검색을 수행하고, 따라서 수많은 질의를 한꺼번에 한다면 네임 서버는 정상적인 요청을 처리하지 못하는 서비스 불능 상태에 빠짐

• 서비스 거부(DoS) 공격은 Bind 버전별로 취약점이 있기 때문에 Bind 버전 정보가 외부에 노출되지 않도록 차단할 것을 권고

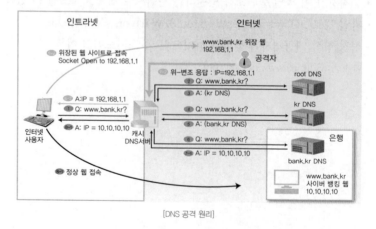

[DNS 공격 원리]

⑥ 대응방법(공통)

DNSSEC 사용	• DNS 데이터 대상의 "데이터 위조 · 변조 공격"을 방지하기 위한 인터넷 표준 기술 • DNS 데이터의 위조 · 변조 가능성을 원천적으로 차단하기 위해 공개키 암호방식 (Public Key Cryptography)의 전자서명 기술을 DNS 체계에 도입 적용
실시간 모니터링	실시간으로 DNS 패킷을 모니터링하여 비정상적인 패킷 차단
2차 DNS 서버 사용	2차 DNS 서버와 여러 개의 DNS 서버를 운영함으로써, DoS 공격으로부터 DNS 서버가 무력화되지 않도록 시스템 구성

4) 메일 스푸핑

- 메일 발송 시 송신자의 주소를 위조하는 공격기법
- 스팸메일*이나 바이러스가 감염된 메일을 존재하지 않는 주소나 다른 사용자의 메일주소로 변조하여 전송하는 공격기법

① 공격방법

1. 이메일 송신자 From 필드에 별칭(Alias) 필드를 사용
2. 이메일 발송 시 별칭을 설정한 경우에는 별칭 주소로 발송됨
3. 이메일 수신자는 실제 이메일 송신자가 아닌 별칭 필드만을 확인하고, 별칭 주소에서 발송된 것으로 알게 됨

② 대응방법

이메일 주소 확인 및 스팸메일 오픈 자제

4 세션 하이재킹(Session Hijacking)

- 사전적인 의미로 '세션 가로채기' 공격
- 서버에 접속할 정상적인 사용자 아이디와 패스워드를 알지 못할 경우 공격대상 (클라이언트)이 이미 서버에 연결되어 있는 세션을 가로채는 공격
- 공격자가 서버와 클라이언트 간의 통신에서 세션*을 탈취하여, 정상적으로 세션이 형성된 클라이언트인 것처럼 위장함으로써, 인증*을 회피하는 공격기법
- 클라이언트와 서버 간의 통신 시 TCP의 순서번호 제어의 문제점을 이용하는 공격

1) 공격 원리

① 정상적인 TCP 세션 연결

1. 클라이언트는 서버에 접속을 요청하는 SYN 패킷을 보냄. 이때 클라이언트는 SYN 패킷을 보내고, SYN/ACK 응답을 기다리는 SYN_SENT 상태가 됨
2. 서버는 SYN 패킷을 받고 클라이언트에게 요청을 수락한다는 ACK와 SYN Flag가 설정된 패킷을 전송하고, 클라이언트가 다시 ACK로 응답하기를 기다림. 이때 서버는 SYN_RECEIVED 상태가 됨
3. 클라이언트는 서버에게 ACK를 보냄. 서버가 ACK를 받으면 연결이 이루어지고 데이터를 주고받게 됨. 이때의 서버는 ESTABLISHED 상태가 됨

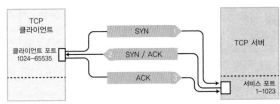

[정상적인 TCP 세션 연결]

⭐ 스팸메일(Spam Mail)
- 전자우편, 게시판, 문자 메시지, 전화, 인터넷 포털 사이트의 쪽지 기능 등을 통하여 불특정 다수의 사용자들에게 보내는 광고성 편지 또는 메시지를 말함
- 전자메일을 사용하여 일방적이고 다량으로 전송되는 메시지의 속칭. 정크(Junk, 쓰레기)메일이라고도 함

⭐ 세션(Session)
- 클라이언트와 웹서버 간 네트워크 연결이 지속적으로 유지되고 있는 상태를 말함
- 클라이언트가 웹서버에 요청하여 접속하면 서버는 요청한 클라이언트에 유일한 ID를 부여하게 되는데, 이 ID를 세션이라 함
- 세션 ID를 임시로 저장하여 페이지 이동 시 이용하거나, 클라이언트가 재접속했을 때 클라이언트를 구분할 수 있는 유일한 수단

⭐ 인증(Authentication)
어떤 사용자나 시스템이 실제로 요청된 바로 그 실체(또는 바로 그것)인지를 판단하는 과정

📋 TCP 상태 전이
- SYN-SENT (능동 개방 요청) : 클라이언트가 능동적으로 SYN 세그먼트를 보내고, ACK를 기다리는 상태
- SYN-RECEIVED(ACK 세그먼트를 기다림) : SYN 세그먼트 (연결 요청)를 받고, 자신의 SYN(즉, SYN+ACK 세그먼트)으로 응답한 상태. 이때 부터, 상대방에서 ACK 세그먼트를 기다리는 상태. 상대방의 ACK 세그먼트가 수신되어야, 비로소 ESTABLISHED 상태로 전이됨
- ESTABLISHED : 연결 확립(데이터 교환 가능)

② 공격방법

> [현재 서버와 클라이언트 간 세션이 연결된 상태(Established)]
> 1. 공격자는 스니핑하여 세션을 확인 후 적절한 순서번호 획득
> 2. 공격자는 클라이언트로 RST 패킷*을 전송하여 서버와의 연결 상태를 폐쇄 상태(Close State) 로 만들고, 클라이언트는 연결확립(Established) 상태가 유지되도록 함
> 3. 공격자가 새로운 순서번호를 생성하여 서버로 전송하면 서버는 해당 순서번호를 받아들임
> 4. 공격자를 정상적인 클라이언트로 인식하고 세션을 확립하게 됨

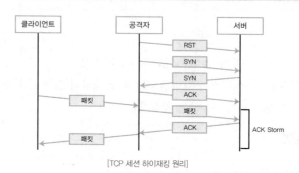

[TCP 세션 하이재킹 원리]

③ 특징

- 클라이언트와 서버 간 트래픽을 스니핑할 수 있을 뿐만 아니라 신뢰 관계를 이용한 세션은 물론, 텔넷이나 FTP 등 TCP를 이용한 거의 모든 세션의 탈취 가능
- 일회용 패스워드(One Time Password), 토큰 기반 인증(Token Based Authentication, Kerberos)*을 이용할 경우에도 세션을 탈취 가능

④ 공격종류

Non Blind Attack	클라이언트와 서버 간 전송되는 순서번호를 이용하여 세션을 가로채고 클라이언트의 세션을 제어하는 방법을 사용
Blind Attack	클라이언트와 서버 간 전송되는 순서번호를 알 수 없기 때문에 RST 패킷을 이용하여 접속을 폐쇄 상태(Closed State)로 만든 다음 재접속하는 방법을 사용

2) 탐지방법

비동기화 상태 탐지	서버와 순서번호를 주기적으로 검사하여 비동기화 상태*인지 탐지
Ack 스톰(Storm) 탐지	전송 중 Window 크기*와 순서번호가 맞지 않는 상태가 되면, 교정 패킷이 정상적으로 작동하지 못하기 때문에 무한루프에 빠져 ACK 패킷의 비율 급증
패킷유실 및 재전송 증가 탐지	공격자가 중간에 끼어있기 때문에 패킷의 유실과 재전송 발생, 서버와의 응답시간 증가
기대하지 않은 접속의 리셋(Reset)	• 접속 초기에 예상치 못한 세션의 리셋(Reset)이 발생할 수 있음 • 만약, 세션을 탈취당하거나, 탈취당하지 않았다 하더라도 공격이 실패할 경우에는 세션이 멈추거나 초기화

3) 대응방법

전송 데이터의 암호화	• 스니핑에 대한 대응방법과도 같음 • 스니핑 기술의 일종이라고 생각할 수 있음
지속적인 인증을 통한 세션 유효성 확인	대부분의 시스템이 로그온 시 패스워드를 한 번 입력 후 재인증 과정을 거치지 않는데, 어떤 특정한 행동을 하거나 일정 시간이 지나면 다시 패스워드 등을 확인함으로써, 접속자가 정당한 인증을 받은 사용자인지 확인하는 것

RST(Reset) 패킷
- TCP Flag 중의 하나
- 재설정(Reset) 과정이며, 양방향에서 동시에 일어나는 중단 작업
- 비정상적인 세션 연결 끊기
- 현재 접속하고 있는 대상과 즉시 연결을 끊고자 할 때 사용

토큰 기반 인증
(Token Based Authentication)
- 쿠키와 세션은 사용하지 않고, 서버로의 모든 요청에 대해 사용자를 인증하기 위해 토큰을 사용함
- 서버는 클라이언트가 요청하면 DB를 쿼리하여 사용자를 검증. 만약 요청이 유효하면 토큰을 생성하고, 토큰 정보를 응답 헤더에 포함시켜 반환함

비동기화 상태
(Asynchronous State)
정상적인 접속이 유지되기 위해서는 서버와 클라이언트가 서로의 순서번호를 정확하게 알고 있어야 하는데, 이것을 무너뜨리게 되면 정상적인 데이터를 전송할 수 없게 되고, 세션 또한, 불안정한 상태가 되는데 이런 상태를 비동기화 상태라고 함

윈도우 크기
(Window Size)
- 한 번에 받을 수 있는 데이터의 양
- 통신하고자 할 때 상대방에게 자신의 Window 크기를 알려주면 상대방은 그만큼의 양을 한 번에 전송하고, 모두 처리했는지 확인 후 다음 데이터를 전송함

· CHAPTER ·
04
네트워크 장비 활용 보안 기술의 이해

침입 차단시스템(Firewall, 방화벽)

1 개요
- 외부와 내부 네트워크를 경유하는 패킷을 규칙에 따라 차단하는 H/W 또는 S/W 를 총칭
- 주로 외부의 공격들로부터 내부 네트워크를 안전하게 보호하기 위해 사용

2 특징
- 외부와 내부 간 패킷 전송에 대한 처리 및 제어
- 외부 네트워크와 연결된 유일한 통로 역할 수행
- 서비스 접속 및 차단, 사용자 인증
- 명백히 차단되지 않은 것은 허용
- 명백히 허용되지 않은 것은 차단
- 로깅(Logging)*과 감사 기능 제공

3 동작 원리
- 외부로부터 들어오는 모든 접근 시도는 방화벽 내부에 사전에 설정한 보안 규칙인 접근제어목록(ACL)을 참조하여 허용/차단 여부를 결정
- 모든 접근을 거부(Deny)한 후 허용할 접근만 단계적으로 허용(Permit)하는 방식
- 외부로부터 접근하는 IP 주소나 특정 프로그램에 따라 허용/차단 여부를 결정. 또한, 네트워크를 통해 패킷이 전송되는 통로를 포트라 하는데, 기본적으로 65,000여 개의 포트로 접근통제
- 접근제어목록은 관리자가 직접 설정하며, 설정이 쉽도록 직관적인 형태로 출력되고, 적용 즉시 결과를 확인할 수 있도록 제공

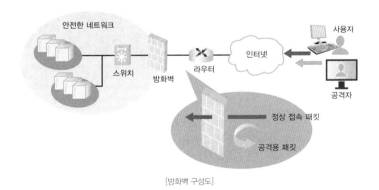

[방화벽 구성도]

> 🔖 **로깅(Logging)**
> - 운영체제나 응용프로그램이 발생시키는 이벤트를 조사하기 위하여 기록하는 모든 절차
> - 대부분의 유닉스와 리눅스 시스템에서는 로그 정보를 표준 출력 장치나 공유 로그 파일로 출력
> - 로그 파일을 이용하여 시스템 버그의 원인을 발견하거나 침입자의 출처를 확인하고, 해킹 피해의 범위를 알 수 있음
> - 리눅스를 포함한 유닉스 시스템은 로그의 종류 및 로그의 위치가 시스템마다 다소 차이가 있음

4 기능

접근통제	패킷 헤더에 포함되어 있는 IP 주소, 포트 번호 등을 기초로 패킷 흐름 제어
트래픽 암호화	통신 중의 데이터를 암호화하여 데이터의 노출 차단
기록 및 감사	접근하는 모든 접속요구를 기록하며, 이에 대한 감사 수행
네트워크 주소 변환	내부 네트워크 은닉 및 다양한 네트워크 구성 가능

5 세대별 특징

1) 1세대 방화벽

① 패킷 필터링

가장 간단한 형태의 구현 기술로서, IP 주소와 프로토콜의 헤더만을 이용해 미리 설정된 보안정책에 따라 해당 패킷의 허용 여부를 결정

㉠ 동작 원리

> 패킷이 들어오면 IP 헤더와 프로토콜(TCP, UDP, ICMP 등) 헤더의 출발지, 목적지 IP 주소와 포트 번호만을 이용해 미리 설정된 보안정책에 따라 해당 패킷의 통과 여부를 결정하며, 외부로부터의 공격을 1차적으로 방어

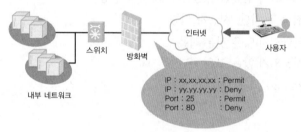

IP : xx.xx.xx.xx : Permit
IP : yy.yy.yy.yy : Deny
Port : 25 : Permit
Port : 80 : Deny

[패킷 필터링 방화벽]

㉡ 특징

- 현재 출시되고 있는 대부분의 라우터에 기본기능으로 내장되어 있으며, 또한, 대부분의 상용 방화벽 솔루션들도 어떤 형태로든 패킷 필터링 기능을 기본적으로 제공
- 물리적인 구현 형태에 따라 스크리닝 라우터로 구성할 수도 있으며, 배스천 호스트와 패킷 필터링 소프트웨어로도 구현할 수 있음

㉢ 기능

- 출발지/목적지 IP 주소를 이용한 호스트별, 네트워크별 접근제어
- TCP, UDP 포트를 이용한 응용서비스별 접근제어
- TCP, UDP, ICMP 등 프로토콜별 접근제어
- TCP SYN 비트를 이용한 최초 접근제어

㉣ 장점, 단점

장점	• OSI 7계층 중 3, 4계층에서 수행되기 때문에 다른 방식에 비하여 처리속도가 빠르며, 사용자에게 투명성* 제공 • 기존 사용하는 응용서비스 및 새로운 서비스에 대하여 쉽게 연동 가능 • 기존 응용서비스 프로그램에 대한 수정 불필요 • 하드웨어에 의존적이지 않음 • 다른 방식에 비해 저렴한 구축 비용

🔖 투명성(Transparency)

사용자 간 실제 경로를 드러내지 않도록 경로(Transparent Data Path)를 구성하여, 실제 경로가 달라지더라도 어떤 가상의 일관된 경로를 유지하는 성질. 즉 데이터 전송 경로가 달라지더라도 사용자들은 이를 감지하지 못하고 통신을 지속하게 됨

단점	• TCP/IP 프로토콜의 구조적 취약점
	• IP 패킷 헤더 조작 가능
	• 패킷 내의 데이터에 대한 공격 차단 불가능
	• 접근제어를 위한 복잡한 규칙으로 인해 운영상 어려움
	• 접속제어 규칙의 개수 및 순서에 따라 방화벽 부하 유발
	• 로깅 및 사용자 인증 기능을 제공하지 않음

2) 2세대 방화벽

① 스테이트풀 인스펙션(Stateful Inspection)

- 패킷의 헤더, 발신지, 목적지, 포트 번호를 이용한 접근통제 방식으로, 2계층과 3계층 사이에서 동작하며, SYN 패킷에 의해 만들어진 세션 테이블을 이용, 후속 패킷들에 대해 규칙 테이블 검사 없이 고속으로 처리 가능
- 패킷 절차가 맞지 않는 DoS 공격의 차단이 쉽고, UDP 패킷들에 대한 가상 세션을 형성하여 인바운드/아웃바운드 방향성 통제가 가능한 동적 패킷 필터링 방식

㉠ 동작 원리

- 단순히 IP 헤더나 프로토콜 정보만 가지고 필터링을 하는 대신 패킷 인스펙션은 헤더뿐만 아니라, 패킷 내용(문맥) 전체를 해석하여 접근정책을 적용하는 방식으로, 네트워크 계층에서 응용계층까지 모든 프로토콜을 이해하는 인스펙션 모듈(Inspection Module)에서 모든 계층으로부터 관련 정보를 얻은 후 이를 바탕으로 보안정책을 수행
- 특히, 과거의 패킷에 대한 정보, 즉 상태 정보(State Information)를 계속 유지하여 이를 바탕으로 현재 패킷의 통과 여부를 결정. 예를 들어, 해당 연결의 첫 패킷만을 접근정책과 비교하여 통과 여부를 결정하고, 이 정보를 상태정보에 추가하여, 그 연결의 후속되는 패킷들은 이 상태정보에 따라 허용 여부를 결정하고, 연결이 끝나면 자동적으로 해당 상태정보를 삭제하여 동적 패킷 필터링을 제공할 수 있음
- 물론 UDP나 RPC 같은 무상태 프로토콜(Stateless Protocol)에 대해서도 애플리케이션 데이터로부터 유사한 상태정보를 추출할 수 있으며, 만일 어떤 서비스가 애플리케이션 데이터에 대한 검사가 필요하다면 각 패킷에 대한 추가적인 응용 레벨 처리를 적용시킬 수도 있음

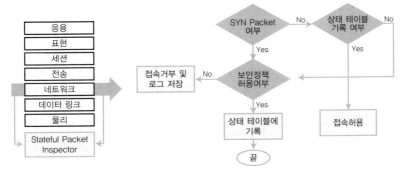

[스테이트풀 인스펙션 처리 흐름도]

㉡ 특징

- 패킷 필터링과 애플리케이션 프록시 방식을 상호 보완한 기술
- 네트워크와 데이터링크 계층 사이에서 동작하는 인스펙션 엔진(Inspection Engine)이 상위 계층 정보를 바탕으로 접근제어 수행
- 세션 연결에서 종료까지 접속처리 정보를 기반으로 하기 때문에 속도가 빠름
- 다수의 방화벽에서 지원
- 관리자의 보안정책에 따라 빠르고, 높은 보안성 제공

ⓒ 장점, 단점

장점	• 보안성 우수 • 새로운 서비스 적용 용이
단점	• 보안에 비례한 구축의 복잡성 • 높은 구축 비용 • 관리의 복잡성

3) 3세대 방화벽

① 애플리케이션 프록시(Proxy)

- 특정 애플리케이션 서비스에 대해 내부망과 외부망을 연결시켜 주는 중간 매개체 역할을 하는 것으로, 클라이언트와 서버 간의 직접 연결 대신, 클라이언트를 대신해서 서버와의 연결을 맺고, 클라이언트와 서버 사이의 통신을 중계해 줌
- 사용자와 서버 간 직접적인 연결을 허용하지 않고, 사용자의 접근요청을 받아 접근제어 규칙과 보안 검토 후 접근이 허용된 요청에 대해서만 서버로 전송함으로써, 안전하게 접속이 이루어지도록 하는 중계용 프로그램
- 클라이언트에게는 애플리케이션 서버로서, 애플리케이션 서버에게는 클라이언트로서 동작하여 통신을 중계
- 각각의 애플리케이션 프로토콜을 애플리케이션 프록시*로 실제 구현

㉠ 동작 원리

> 1. 클라이언트가 프록시로 서비스 요청
> 2. 클라이언트의 서비스 요청 정보를 저장 및 인증
> 3. 프록시는 클라이언트의 서비스 요청을 해당 서비스로 전달
> 4. 서버는 요청한 서비스를 프록시로 전달
> 5. 프록시는 해당 서비스를 전송 후 로그 저장

[애플리케이션 프록시 방화벽의 원리]

㉡ 기능

- 정교한 접근제어 가능(IP 주소, 포트 번호, 응용서비스, 시간/날짜별 접근제어 가능)
- 상세 로그 기록 가능(IP 주소, 포트 번호, 실행된 명령, 전송된 파일 이름, 바이트 수, 소요시간, 사용자별 사용빈도 등)
- 비정상적인 행위를 판별하여 대책을 수립하는데 필수적이며, 외부에서는 프록시 서버만 인식하므로 내부망의 시스템 구성(IP 주소 등)을 외부로부터 완전히 은폐
- 애플리케이션 프로토콜 명령 및 파라미터에 기반한 접근통제 기능 제공
- 사용자 인증, 서버로의 접속 요청, 패킷을 전송하고 로그 저장

★ 프록시(Proxy)

- 클라이언트가 자신을 통해 다른 네트워크 서비스에 간접적으로 접속할 수 있게 해주는 컴퓨터나 응용프로그램을 가리킴
- 서버와 클라이언트 간의 중계기로서, 대리로 통신을 수행하는 기능을 가리켜, 프록시, 그 중계 기능을 하는 것을 프록시 서버라고 함

📖 2세대 프록시

- 클라이언트가 방화벽을 프록시 서버로 사용하도록 설정하는 대신, 방화벽이 네트워크 트래픽을 모니터링하여 외부의 애플리케이션 서버로 전송되는 패킷을 가로채, 클라이언트의 요청을 응답하여 그 요청이 방화벽으로부터 전송되는 것처럼 만들어주고, 애플리케이션 서버로부터 수신되는 패킷에 대해서도 마찬가지의 과정을 수행해 줌으로써 클라이언트에게는 응답이 외부로부터 오는 것처럼 동작
- 이러한, Transparent 프록싱은 클라이언트 설정에 소요되는 시간적, 경제적 비용을 최소화할 뿐만 아니라 사용자의 이용 편리성을 높여 줌으로써, 사용자가 방화벽을 우회하는 일이 없도록 해주는 등 방화벽의 기능을 향상시켜 주는 기술

ⓒ 장점, 단점

장점	• IP 주소나 서비스 포트뿐만 아니라 프로토콜 특성, 데이터까지 검사할 수 있으므로 안전한 보안 기능 제공 • 기존에 사용하고 있는 응용프로그램에 대한 수정 불필요 • 일회용 패스워드(OTP) 등의 향상된 인증 기법 사용 가능 • 강화된 로깅 및 감사 기능 제공 • 서비스별 개별적인 접근제한/이용 시간 등의 부가적인 기능 구현 용이 • 프로토콜 및 데이터 전달 기능을 이용하여 새로운 기능 추가 가능 • 응용계층에서의 사용자 인증이나 명령어 필터링, 바이러스 검사, 암호화 등의 부가기능을 제공할 수 있음
단점	• 프록시 프로그램이 응용계층에서 작동하기 때문에 처리속도가 상대적으로 느리며, 사용자에게 투명성을 제공하기 어려움 • 새로운 서비스 제공을 위해서는 새로운 프록시를 추가해야 하므로 유연성 부족

② 서킷 레벨 게이트웨이(CLG)

애플리케이션 프록시와 유사한 프록시 기능을 제공하지만, 애플리케이션 레벨이 아니라 세션 레벨에서 동작하는 형태이며, 클라이언트와 서버 사이에 가상의 서킷을 형성하여 데이터를 전달하는 방식

ⓐ 동작 원리

> 내부 시스템이 방화벽에 외부망과의 접속을 요청하고, 방화벽은 이 요청에 따라 외부망과의 접속을 수행

ⓑ 기능
- 애플리케이션 서비스와 무관한 세션 계층에서 동작하기 때문에 대부분의 프로토콜을 지원
- 방화벽과의 통신을 위해 클라이언트는 특별한 프로토콜(예 Socks)을 사용
- 전송계층 위에 Socks 프로토콜* 처리를 위한 가상 계층 생성
- 하나의 프록시에서 모든 서비스 처리
- OSI 7계층의 세션계층에서 동작

ⓒ 장점, 단점

장점	• 내부 IP 주소 은닉 및 사용자에게 투명한 서비스 제공 • 단순하면서도 서비스의 유연성 높음 • 다른 방식에 비해 좀 더 높은 보안성 제공 • 첫 패킷 검사 후 다음 패킷은 재검사를 하지 않고 전송 • 서비스별 별도의 프록시가 필요하지 않음
단점	• 클라이언트에 Socks 프로토콜 처리를 위한 프로그램 필요 • 방화벽을 통한 내부 시스템으로 접속을 위하여 클라이언트에 서킷 프록시를 인식할 수 있는 클라이언트 프로그램이 필요하며, 클라이언트 프로그램이 설치된 클라이언트만 서킷(회로) 형성 가능 • 애플리케이션 프로토콜을 해석하지 않기 때문에 응용서비스 접근통제나 로그 기록, 감사 기능은 제공하지 않음

> ▣ Socks 프로토콜
> • 서버와 클라이언트 간 TCP나 UDP 통신을 프록시 서버를 경유하여 수행하도록 해주는 프로토콜
> • 버전 4a와 5가 널리 사용됨. 버전 5는 RFC1928에 정의

③ 애플리케이션 레벨 게이트웨이(ALG)

- OSI 7계층의 응용계층에서 접근제어를 수행함으로써, 서비스별 프록시 데몬 실행 가능
- 프록시 기능을 위한 패킷 세션 정보 유지

ⓐ 특징
- 사용자 인증 및 파일 전송 시 바이러스 검색기능 등 기타 서비스 제공
- 일회용 패스워드 사용 가능

ⓛ 동작 원리

> 1. 클라이언트로부터 접속 요청을 받은 후, 자신의 규칙을 참조하여 허용할 것인지를 결정
> 2. 접속 요청이 허용된 경우 방화벽은 클라이언트 대신 해당 서버로 접속 요청
> 3. 서버로부터 응답을 받아 이를 다시 해당 클라이언트로 전송(Proxy로 동작). 이때 클라이언트 → 방화벽 → 서버로 이어지는 세션 형성

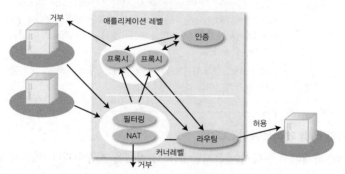

[애플리케이션 레벨 게이트웨이 동작 원리]

ⓒ 장점, 단점

장점	• 내부와 외부의 직접 연결이 필요 없으며, 프록시 서버만을 통한 연결 가능 • 내부 네트워크에 대한 경계선 방어 및 정보 은닉 • 패킷 필터링보다 높은 보안 설정이 가능하고, 강력한 로깅 및 감사기능 제공 • 프로토콜 및 데이터 전송기능을 이용하여, 새로운 기능 추가 용이 • 서비스별 프록시를 이용하고, IP 주소, TCP 포트를 이용한 네트워크 접근제어 가능 • 사용자 인증 및 파일 전송 시 바이러스 검색기능 등 기타 부가적인 서비스 지원
단점	• 하드웨어에 의존적 • 네트워크에 부하가 심함 • 사용자에게 투명한 서비스 제공 어려움 • 새로운 서비스를 위한 새로운 데몬 필요

6 침입 차단시스템(Firewall)의 구조

1) 배스천 호스트(Bastion Host)

- 방화벽 소프트웨어가 설치된 호스트로 보안 취약점을 방어하기 위한 시스템
- 내부 네트워크의 전면에서 전체의 보안을 책임지는 호스트이기 때문에 공격자의 공격 목표가 되기 쉬움
- 내부 네트워크에서 내부와 외부 네트워크의 연결점으로 사용되는 호스트
- OSI 7계층의 네트워크계층과 전송계층 수행

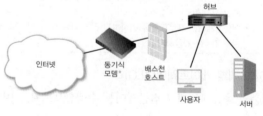

[배스천 호스트]

➡ 동기식 모뎀

고속 전송에 주로 사용하며, 대형 컴퓨터의 터미널 연결에 사용

① 특징

- IP 주소와 포트를 이용한 접근제어 가능
- 내부와 외부 네트워크의 경계선에 위치하며, 패킷 필터링 규칙을 적용하여 방화벽 역할 수행

② 장점, 단점

장점	• 스크린 라우터 방식보다 안전 • 각종 로깅 정보 생성, 관리 용이
단점	• 배스천 호스트가 손상되면 내부 네트워크 보호 불가능 • 로그온 정보유출 시 내부 네트워크 보호 불가능 • 데이터링크 계층 공격을 통한 방화벽 우회 공격에 취약

2) 스크리닝 라우터(Screening Router)

- 라우터의 기본기능 이외에 패킷의 헤더를 참조하여 패킷의 통과 여부를 결정할 수 있는 필터링(스크린) 기능을 가지고 있으며, 이러한 라우터를 스크린 라우터라 함
- OSI 7계층의 네트워크계층과 전송계층 수행

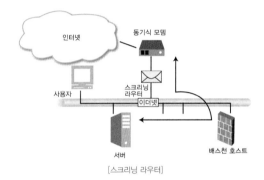
[스크리닝 라우터]

① 특징

- IP 주소, 포트 번호와 프로토콜 등을 참조하여 필터링 수행
- 네트워크 수준의 IP 헤더에서 출발지와 목적지 주소에 의한 필터링 가능
- TCP/UDP 수준의 패킷에서 포트 번호 접근제어

② 장점, 단점

장점	• 필터링 속도가 빠르고 저비용 • 하나의 스크린 라우터로 내부 네트워크 전체 보호 가능
단점	• OSI 7계층의 네트워크 계층과 전송 계층만 방어 가능 • 패킷 필터링 규칙을 검증하기 어려움 • 스크린 라우터 허용/차단에 대한 패킷 기록 관리의 어려움 • 라우터에 구현된 펌웨어*만으로는 접근제어가 어려우므로, 배스천 호스트와 함께 사용

3) 듀얼 홈드 게이트웨이(Dual Homed Gateway)

두 개의 랜카드(NIC)를 가진 호스트 구조로 내부와 외부 네트워크의 물리적인 연결을 함으로써, 두 인터페이스 사이에서 필터링 수행

[듀얼 홈드 게이트웨이]

> 📌 **펌웨어(firmware)**
> - 컴퓨팅과 공학 분야에서 특정 하드웨어 장치에 포함된 소프트웨어로, 소프트웨어를 읽어 실행하거나, 수정되는 것도 가능한 장치
> - ROM이나 PROM에 저장되며, 하드웨어보다는 교환하기가 쉽지만, 소프트웨어보다는 어려움

① 특징

- 두 개의 랜카드로 내부와 외부 네트워크 연결
- 두 네트워크 간 라우팅은 허용하지 않음

② 장점, 단점

장점	• 응용서비스에 의존적이기 때문에 스크린 라우터보다 안전 • 정보 지향적인 공격 방어 가능 • 각종 로깅 정보를 생성 및 관리 용이 • 설치 및 유지보수 쉬움
단점	• 게이트웨이 손상 시 내부 네트워크 보호 불가능 • 로그온 정보유출 시 내부 네트워크 보호 불가능 • 제공되는 서비스가 증가할수록 프록시 소프트웨어가 많이 필요

4) 스크린 호스트 게이트웨이(Screen Host Gateway)

- 배스천 호스트(듀얼 홈드 게이트웨이)와 스크린 라우터를 결합한 구조
- 1차 스크린 라우터에서 패킷 필터링한 후, 2차 배스천 호스트에서 패킷 필터링

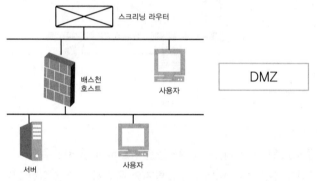

[스크린 호스트 게이트웨이]

① 장점, 단점

장점	• 2단계로 필터링하기 때문에 보안성 우수 • 네트워크계층과 응용계층 접근제어 • 가장 많이 사용되는 시스템이며, 융통성이 좋음 • 듀얼 홈 게이트웨이의 장점도 가짐
단점	• 단일 실패 지점* 장애가 발생하면 전체 네트워크 마비 • 두 번에 걸쳐 필터링하기 때문에 속도 지연 • 스크린 라우터의 라우팅 테이블 변경 시 방어 불가능

5) 스크린 서브넷 게이트웨이(Screen Subnet Gateway)

- 스크린 호스트 게이트웨이와 듀얼 홈 게이트웨이를 결합한 구조
- 스크린 호스트 방식의 보안상 문제점을 보완하기 위하여 내부와 외부 네트워크에 하나 이상의 경계 네트워크를 구성하여 분리한 구조
- 스크린 라우터는 외부 네트워크와 스크린된 서브넷 그리고 내부 네트워크와 스크린 된 서브넷 사이에 각각 설치하고, 입출력된 패킷을 규칙에 따라 필터링하며, 스크린 서브넷에 설치된 배스천 호스트는 프록시 서버(응용 게이트웨이)를 이용하여 허용되지 않은 모든 패킷 차단

> **단일 실패 지점**
> (Single Point of Failure)
> - 시스템 구성요소 중 해당 시스템이 동작하지 않으면 전체 시스템이 중단되는 요소를 말함
> - 예를 들어, 이더넷 케이블과 전원, 허브, 접속 단말들의 NIC 등으로 이루어진 간단한 네트워크에서 허브(Hub)의 전원은 SPoF임. 허브의 전원이 차단됨과 동시에 나머지 모든 요소들은 네트워크를 사용할 수 없음

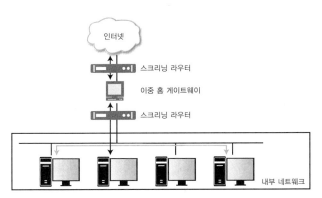

[스크린 서브넷 게이트웨이]

① 특징

- 두 개의 스크린 라우터, 배스천 호스트 사용
- 스크린 서브넷을 DMZ에 설치하는 다단계 방화벽 구조

② 장점, 단점

장점	• 다른 방화벽 구조의 장점을 지니며, 다단계 구조로 강력한 보안서비스 제공 • 융통성 뛰어남
단점	• 설치와 관리 어려움 • 구축 비용 고가 • 서비스 속도 저하

6) DMZ(DeMilitarized Zone)

- 내부 네트워크와 외부 네트워크 간 중립적 네트워크
- 내부 네트워크에 있는 자원을 불특정 다수의 외부 사용자에게 허용하거나 보안상 허점이 많은 서비스를 운영하여야 할 경우 DMZ에 설치하고 운용
- 주로 기업의 Web 서버, Mail 서버, DNS 서버 등이 DMZ에 위치

① 사용 목적

- 외부로부터의 침입에 대한 2중 차단 효과를 얻기 위하여 사용
- 침해사고가 발생할 경우 피해의 범위(Risk Zone)를 DMZ에 있는 몇몇 시스템으로 한정
- DMZ를 두는 것은 선택사항이지만 방화벽보다 더 안전한 방법이며, 프록시 서버로서의 역할도 효과적으로 수행할 수 있음

7 호스트 기반 방화벽과 네트워크 기반 방화벽

1) 호스트 기반 방화벽

- 소프트웨어 기반으로 보호하고자 하는 호스트 내에 존재
- 단일 호스트에 대한 패킷 유입 및 유출 트래픽을 감시하고 통제
- 특정 호스트의 환경에 최적화할 수 있기 때문에 네트워크 방화벽보다 더 나은 보안 제공
- 리눅스나 윈도우 등 서버 운영체제의 일부일 수도 있고, 다양한 운영체제에 설치되는 추가적인 소프트웨어 형태일 수도 있음

- 호스트에서 외부로 전송되는 트래픽을 제한하면 다른 호스트로 전염되는 악성 코드를 차단하는 데 도움이 될 수 있음
- 공격자가 이미 호스트를 장악하고 관리자 권한을 획득한 경우 호스트 기반 방화벽을 비활성화하거나 우회할 수 있음
- 일반적으로 로그를 기록하고, 주소기반 접근통제를 수행하도록 설정할 수 있음

2) 네트워크 기반 방화벽

- 네트워크 트래픽을 검사하여 유해 트래픽 및 악의적인 사용자를 차단하는 독립된 플랫폼
- 네트워크 단위에 하나만 설치하여 접근통제 가능
- 기존 네트워크 변경 불필요
- 네트워크 또는 호스트에 영향 최소화

★ **WAS**
(Web Application Server)

- 인터넷에서 HTTP를 통해 사용자 컴퓨터나 장치에 애플리케이션을 수행해 주는 미들웨어
- 동적 서버 콘텐츠를 수행하는 것으로 일반 웹서버와 구별이 되며, 주로 데이터베이스 서버와 같이 수행됨

★ **웹 방화벽**(Web Application Firewall)

- 웹서버로 전송되는 모든 HTTP Request Packet을 검사하여 웹 애플리케이션에 의도하지 않은 내용들은 전송되지 못하도록 하는 역할. 또한, 웹서버에서 통과하는 HTTP Replay Packet 내용을 감시하여 특정 정보의 유출을 막는 역할도 함
- 웹 방화벽의 기본 역할은 SQL Injection, XSS 등과 같은 웹 공격을 탐지하고 차단하는 것인데, 직접적인 웹 공격 대응 이외에도 정보유출 방지 솔루션, 부정 로그온 방지 솔루션, 웹사이트 위변조방지 솔루션 등으로 활용이 가능

★ **다이얼 업 모뎀**(Dial-Up Modem)

- 일반적으로 컴퓨터와 전화선을 연결하여 주는 통신용 장비
- 컴퓨터의 디지털 신호를 아날로그 신호로 변환하여 전화선으로 송신하고, 전화선에서 수신한 아날로그 신호를 디지털 신호로 변환

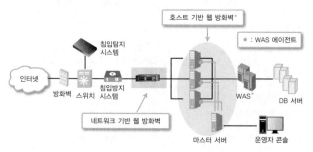

[호스트 기반 방화벽과 네트워크 기반 방화벽 구성도]

8 방화벽의 한계점

침입 알림 기능	침입발생 시 관리자에게 알림기능 없음(Log 기록을 확인해야 함)
백도어	우회경로를 통한 백도어 생성과 침입에 대한 방어 불가능
바이러스 검색 불가능	수신된 패킷의 내용에 대한 검색이 불가능하기 때문에 메일을 통하여 전송되는 바이러스 방어 불가능
내부 사용자에 의한 보안침해	악의적인 내부 사용자에 의한 보안침해를 방어하지 못함
다이얼 업 모뎀 (Dial-Up Modem)	외부 네트워크로부터 내부 네트워크로 비인가된 다이얼 업 모뎀을 통한 접근에 대한 방어 불가능(1차적인 네트워크 침입 차단 역할)

9 방화벽 구축 시 고려사항

- 어떤 자원을 보호할 것인가?
- 어떤 위협이 존재하는가?
- 누구를 인가할 것인가?
- 요구되는 응용서비스는 무엇인가?
- 비용대비 효과 측면에서 보호하기 위한 방화벽 종류와 구축 기법은 무엇으로 할 것인가?

10 주요 보안 기술의 비교

구분	패킷 필터링	패킷 기반 및 세션기반 분석	시그니처 및 이상 징후	비정상 행위 비정상 트래픽	안티바이러스	안티스팸
방화벽	가능	-	-	-	-	-
침입 탐지 시스템	-	탐지	탐지	탐지	-	-
침입 방지 시스템	가능	차단	차단	차단	가능	가능

Section 02 침입 탐지시스템(IDS)

1 개요

- 기존의 방화벽이 탐지할 수 없는 모든 종류의 악의적인 네트워크 패킷 및 공격 시스템 탐지
- 탐지 대상시스템이나 네트워크를 모니터링함으로써, 비인가되거나 비정상적인 행동 탐지

[침입 탐지시스템]

2 구성요소

센서	보안 이벤트 발생
콘솔	• 이벤트를 모니터링 • 센서를 제어하거나 경계(Alert)
엔진	• 센서에 의하여 기록된 이벤트를 데이터베이스에 기록 • 시스템 규칙을 사용하여 수신된 보안 이벤트로부터 경고 생성

3 특징

- 공격에 대한 경고를 관리자에게 알려주는 역할
- 직접적인 차단기능 없음
- 일반적으로 침입 차단시스템(Firewall)과 결합하여 사용

4 기능

- 시스템 자원 보호 및 정보유출 방지
- 공격 대응 및 복구, 증거수집 및 역추적
- 기록 및 통계적인 상황분석 보고
- 보안정책에 대한 검증 제공
- 탐지오류 가능성이 있으므로, 문자 메시지(SMS)나 메일과 연계하여 실시간 관리자 통보기능 제공

5 필요성

- 외부 공격뿐만 아니라 내부 공격의 가능성 있음
- 방화벽 자체의 취약점이나 터널링을 통한 우회
- 데이터를 통한 공격에 취약(Active X*, JAVA*, 바이러스 등)

☆ 액티브 엑스(Active X)

- 개방형 통합 플랫폼으로서, 개발자, 사용자 및 웹 개발자가 인터넷 및 인트라넷용 통합 프로그램과 콘텐츠를 빠르고 쉽게 개발할 수 있는 방법 제공
- Active X를 사용하면 멀티미디어 효과, 대화식 개체, 복잡한 프로그램을 웹사이트에 쉽게 삽입할 수 있기 때문에 고품질 멀티미디어(CD−ROM)에 버금가는 사용자의 웹사이트를 제작할 수 있음
- 개발자 언어와 관계없이 네트워크 환경의 소프트웨어 구성요소가 상호작용할 수 있게 하는 표준
- 대부분의 웹 사용자는 Active X 컨트롤, Active X 문서 및 스크립트의 형태로 Active X 기술 경험

☆ 자바(JAVA)

- 썬 마이크로시스템즈의 제임스 고슬링(James Gosling)과 다른 연구원들이 개발한 객체 지향적 프로그래밍 언어이며, 무료로 제공
- 1991년 그린 프로젝트(Green Project)라는 이름으로 시작해 1995년에 발표
- 처음에는 가전제품 내에 탑재해 동작하는 프로그램을 위해 개발했지만, 현재 웹애플리케이션 개발에 가장 많이 사용하는 언어 가운데 하나이고, 모바일 기기용 소프트웨어 개발에도 널리 사용하고 있음
- 자바의 개발자들은 유닉스 기반의 배경을 가지고 있었기 때문에 문법적인 특성은 파스칼이 아닌 C++의 조상인 C언어와 비슷

- 새로운 공격기법에 따른 효과적 대응 필요
- 보안정책과 관리를 위한 정량적인 분석 가능

6 침입 탐지 유형

1) 데이터 소스에 의한 분류

① 호스트 기반 IDS(H-IDS)

- 호스트 내에서 운영체제 모니터링을 통한 침입 탐지
- 호스트에서 시스템 호출*, 애플리케이션 로그, 파일 시스템의 수정사항(이진 파일, 패스워드 파일, 성능, ACL 데이터베이스), 그리고 호스트의 동작과 상태 등을 분석하여 침입을 식별하는 에이전트로 구성

📌 시스템 호출(System Call)
- 운영체제의 커널이 제공하는 서비스에 대하여 응용프로그램의 요청에 따라 접근하기 위한 인터페이스
- 보통 C나 C++과 같은 고급 언어로 작성된 프로그램들은 직접 시스템 호출을 사용할 수 없기 때문에 고급 API를 통해 시스템 호출에 접근하는 방법

㉠ 장점, 단점

장점	• 공격의 성공 · 실패 여부 식별 가능 • 암호화 세션과 스위치 환경에서도 분석 가능 • 네트워크 기반 침입 탐지시스템에서 탐지하지 못하는 침입 탐지 가능 • 커널 및 시스템 로그 분석으로 보안성 우수. 우회 가능성 거의 없음 • 추가적 하드웨어가 필요하지 않고, 네트워크 기반 침입 탐지 시스템보다 상대적으로 저비용 • 오탐률이 네트워크 기반 침입 탐지시스템보다 낮음
단점	• 시스템 감사를 위하여 기술적인 어려움과 시스템 구축 시 고비용 • 시스템 호출 레벨 감사까지 지원해야 하므로, 여러 운영체제를 위한 개발 어려움 • 일정 부분의 호스트 자원을 점유하기 때문에 설치된 플랫폼의 성능 저하 • 네트워크 스캐닝은 탐지하지 못함 • 사용자가 판독하기 어려움 • 운영체제가 취약할 경우 무결성 보장 어려움 • 서비스 거부(DoS) 공격에 취약

② 네트워크 기반 IDS(N-IDS)

- 네트워크 트래픽을 검사하고 여러 호스트를 모니터링함으로써, 침입을 식별하는 독립된 플랫폼
- 포트 미러링(Port Mirroring)* 또는 네트워크 탭(Network Tap)*을 구성하여, 허브와 스위치의 네트워크 트래픽에 접근
- 패킷 스니퍼, 패킷 모니터 도구의 발전형

📌 포트 미러링(Port Mirroring)
- 특정 포트에 송수신되는 모든 패킷들의 복사본을 다른 포트에 전달하는 기능
- 주로 패킷을 감시, 분석 및 디버그하거나 오류를 진단하는데 사용

📌 네트워크 Tap
(Test Acess Port)
네트워크 트래픽에 영향을 주지 않으면서 트래픽을 모니터링할 수 있게 해주는 장비

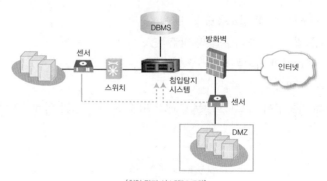

[침입 탐지 시스템(N-IPS)]

㉠ 장점, 단점

장점	• 네트워크 단위에 하나만 설치하여 폭넓은 네트워크 감시 가능 • 네트워크 또는 호스트에 영향을 최소화(미러링*, 독립 서버 설치) • 독립 서버 설치로 운영체제에 독립적(구현과 구축 비용 저렴) • 호스트 기반 침입 탐지시스템에서 탐지하지 못하는 침입 탐지 가능 • 기존 네트워크 환경의 변경 불필요
단점	• 트래픽 양에 영향을 받음 • 암호화 세션 분석 불가능 • 공격 성공 · 실패 여부 분석 불가능

③ 네트워크 기반 IDS와 호스트 기반 IDS 비교

항목	네트워크 기반	호스트 기반
탐지대상	네트워크를 통과하는 패킷	시스템 내부 사용자의 활동
설치단위	네트워크	호스트
기반기술	• 패킷 캡처링 • 프로토콜 분석 • 패킷 조각모음	• 프로세스 모니터링 • 실시간 로그 분석 • 터미널 장치(TTY)* 모니터링
특징	• 네트워크 공격에 대하여 효과적으로 대응 • 기존 시스템 자원에 영향을 주지 않음 • 서버에서 수행되는 명령에 대하여 탐지하는데 한계가 있고, 여러 서버를 동시에 관리하는 데 제약이 따름	• 네트워크 공격에 대하여 탐지할 수 없음 • 서버에 플랫폼별로 에이전트를 설치해야 하는 어려움

④ 하이브리드(Hybrid) IDS

- 호스트 기반과 네트워크 기반 침입 탐지시스템의 혼합형
- 호스트 에이전트 데이터는 네트워크의 종합적인 분석을 위하여 네트워크 정보와 결합

㉠ 장점, 단점

장점	• 네트워크와 호스트에 대한 개별 감시 및 통합 감시 가능 • 암호화, 스위치 환경에 적합 • 추가적인 하드웨어 불필요
단점	• 호스트 기반과 네트워크 기반 상호 연동이 가능한 표준 없음 • 설치 및 관리 어려움

2) 침입 탐지방법에 의한 분류

① 오용 탐지(Unused Detection)

- 사전에 정해진 공격패턴과 비교하여 일치하는 경우 침입으로 판단
- 규칙 기반, 지식 기반

㉠ 장점, 단점

장점	• 침입에 사용된 특정 도구와 기술에 대한 분석 가능 • 신속하고 정확한 침해사고 대응 • 관리 및 보고 용이(탐지 내용 확실, 참고 자료 많음) • 설치 즉시 사용 가능 • 오탐률* 낮음
단점	• 새로운 공격 유형에 취약(지속적 업데이트 필요) • 다양한 우회 가능성 존재 • 오탐을 줄이기 위한 세밀한 패턴 정의 필요 • 공격에 대한 정보수집이 어려우며, 취약점에 대한 최신정보 유지 어려움

미러링(Mirroring)
- 사고 발생 시 데이터가 손실되는 것을 막기 위하여 데이터를 하나 이상의 장치에 중복 저장하는 것
- 이러한 기법은 하드웨어 또는 소프트웨어에 의해 구현될 수 있음

터미널 장치(TTY)
시스템 콘솔 및 로컬로 연결된 입출력 장치

오탐률(False Positive)
비정상 패킷이라고 탐지했는데 실제로는 비정상이 아닌 비율을 말함

미탐률(False Negative)
정상 패킷이라고 탐지했는데 실제로는 정상이 아닌 비율을 말함

★ 키스트로크(Key Stroke)
- 키보드를 눌렀을 때 얼마나 깊이 들어가는지를 나타내는 수치
- 키보드 타이핑의 강·약이나 속도 등을 나타내기도 함

★ 상태 전이(State Transition)
한 상태에서 다른 상태로 변경될 수 있는 가능한 경로

★ 인코딩(Encoding)
특정 장치나 형식에 맞게 변환해주는 것

★ 행동 프로파일
(Behavior Profile)
공격자의 행동 패턴

ⓛ 탐지방법

조건부 확률 (Conditional Probability)	• 이벤트 패턴 중에서 특정 이벤트의 침입 가능성을 확률공식에 의한 계산 • 이상 탐지로 분류하기도 함
전문가시스템 (Expert System)	• 공격패턴에 대한 데이터를 기반으로 그 행위 명시 • if then rule and the enter facts 형태로 공격 서술 • 일치하는 공격패턴 발견 시 if then rule에 따라 처리
키스트로크 모니터링 (Keystroke Monitoring)	• 공격패턴의 발생을 결정하기 위한 방법 • 공격패턴을 나타내는 특정 키스트로크* 순서 패턴화
상태 전이 분석 (State Transition Analysis)	• 공격패턴을 특정 시스템의 상태 전이* 순서로 표현 • 하나의 상태가 주어진 조건을 만족하면 다음 상태로 이동
패턴 매칭 (Pattern Matching)	• 알려진 침입유형을 감사 데이터의 패턴으로 인코딩* • 사건을 침입 시나리오로 설정된 패턴과 비교 검사 • 선언적인 기술, 독립성, 이식성, 낮은 자원 소모 • 알려진 보안 취약점에 근거한 공격만 탐지

② **이상 탐지(Anomaly Detection)**
- 사전에 정해진 정상 패턴과 비교하여 벗어난 경우 침입으로 판단
- 비정상 행위 기반

⊙ 장점, 단점

장점	• 새로운 공격 유형에 대한 탐지 가능 • 취약점을 사용하지 않는 권한 남용형 공격 탐지 가능 • 이론상 완전한 침입 탐지 가능
단점	• 주기적인 행동 프로파일* 재학습 필요 • 실제 학습환경을 만드는 그 자체가 어려움 • 구축과 관리 어려움 • 구현하는데 고비용 • 오탐률 높음

ⓛ 탐지방법

통계적 접근 (Statistical Approaches)	• 과거의 경험적인 자료를 기반으로 처리 • 행위분석 및 각 행위에 대한 프로파일 생성 • 프로파일을 주기적으로 분석하여 이상 측정
특징추출 (Feature Selection)	• 특정 침입패턴을 추출하는 방법 • 경험적인 침입 탐지 측정 도구의 집합을 설정 • 침입의 예측, 분류 가능한 침입 탐지 도구의 부분집합 결정
비정상 행위 측정 (Anomaly Measured) 방법들의 결합	• 여러 비정상적인 행위 측정방법을 사용하여 결과 통합 • 특정 행위의 정상과 비정상 여부 판단
예측 가능한 패턴 생성 (Predictive Pattern Generation)	• 행위를 이루는 이벤트의 순서가 '인식할 수 있는 패턴이다'라는 가설 • 시간 기반 규칙을 사용하여 각 이벤트에 시간 부여 • 순서가 옳은 경우에도 시간 간격에 따라 탐지 가능

3) 침입 탐지시스템 엔진의 구성방식 비교

구분	비정형 분석	패턴 분석
장점	• 보편화된 통계적 처리방식을 사용할 수 있음 • 메모리 사용량 적음	• 사용되는 서비스에 따라 적용되는 패턴을 규정할 수 있음 • 연산 과정에 부하 적음
단점	통계적 방식이므로, 기준선(평균점) 결정이 어려움	• 패턴이 많아질수록 전체 성능 저하 • 확장성 약함

7 침입 탐지시스템의 배치

일반적으로 방화벽과 결합하여 사용

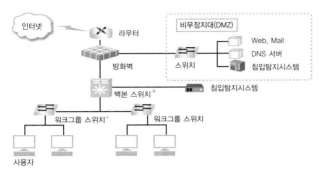

[침입 탐지시스템 배치]

8 침입 탐지시스템의 한계성

침입에 대한 자동대응	· 자동대응 기능이 TCP 공격으로 한정 · UDP, ICMP 프로토콜 공격에 대한 자동대응 기능 적용 불가능 · DoS 공격과 병행하여 이루어질 경우 공격으로 판단되는 IP 주소의 자동 차단 불가능
우회 공격기법 증가	· 단일 보안 시스템만으로 보호 대책 구현이 미흡 · 탐지기능 우회 공격기법의 다양화

9 침입 탐지시스템 구축 시 고려사항

· 공격기술의 발달로 침입 탐지시스템(IDS) 우회 기법이 다수 개발되어, 침입 방지시스템(IPS), 기업보안 관리시스템(ESM) 등의 보안 시스템과의 연동을 통한 공격 방어기술 필요
· 탐지된 공격에 대한 자동대응 및 근원적 차단의 한계성을 침입 방지시스템(IPS)과 상호 연동하여 보완
· 우회 공격기법 탐지와 잠재적 취약점은 기업보안 관리시스템(ESM)을 통한 통합 모니터링 및 로그 관리

침입 방지시스템(IPS)

1 개요

- 넓은 범주의 통합위협관리시스템(UTM)에 속함
- 공격에 대한 탐지만을 하는 침입 탐지시스템의 한계성을 극복한 보안 시스템
- 공격 시그니처(Signature)를 탐지하여, 네트워크에 연결된 시스템에서 비정상 행위가 발생하는지를 감시하고, 자동으로 중단시키는 보안 솔루션
- 시스템 및 네트워크에 대한 다양한 불법 침입행위를 실시간으로 탐지하고 분석하여 비정상적인 패킷인 경우 자동으로 차단하는 시스템

2 기능

- 네트워크에서 탐지하지 못하는 알려지지 않은 공격까지도 방어할 수 있는 실시간 침입 방지시스템으로, 운영체제 레벨에서 실시간 탐지와 방어기능 제공
- 급속한 증가가 예상되는 제로데이 공격(Zero Day Attack)의 위협에 대한 능동적 대응 기법과 알려진 공격(Known Attack), 알려지지 않은 공격(Unknown Attack)이나 비정상 트래픽(Anomaly Traffic)을 효율적으로 탐지하고 방어할 수 있는 정확한 분석 기능
- 바이러스 웜, 불법 침입이나 분산 서비스 거부(DDoS) 공격 등의 비정상적인 이상 신호를 발견 즉시 인공지능적으로 적절한 조치를 취한다는 점에서 방화벽이나 IDS와는 차이가 있음
- 현재 침입 방지시스템은 허니팟(Honeypot) 기능을 내장하여 침입에 취약한 것처럼 침입을 유도하고, 이에 대한 실시간 대응을 하도록 구성

3 특징

- 손실이 발생하기 전에 대응 가능
- 독립된 에이전트를 가지고 있음
- 시스템 자원에 접근 어려움
- 보안 이벤트는 메일, 메시지, 자식 프로세스*의 형태로 발생
- SNMP 트랩 데이터* 이용 가능

📌 **자식 프로세스(Child Process)**
- 부모 프로세스의 복제로서, 부모 프로세스의 자원을 일부 공유하는데, 부모 프로세스가 종료되면 더 이상 존재할 수 없게 됨
- 트리 구조로, 부모와 자식 프로세스의 관계가 나타남

📌 **SNMP 트랩 데이터 (Trap Data)**
Agent에서 통보해야 할 어떤 정보가 발생했을 때(임계치를 넘는 네트워크 자원 사용 등) Manager에게 해당 상황을 알리기 위해서 사용

4 동작 원리

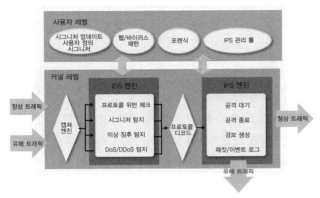

[IPS의 아키텍처]

5 도입 효과

- 웜과 해킹으로부터 유발되는 네트워크 서비스 장애 감소
- 유해하거나 불필요한 트래픽을 사전에 차단하여 네트워크 비용 절감
- 공격에 대한 적절한 대응 및 사전 방어로 관리비용 절감
- 운영체제나 애플리케이션의 취약점을 사전에 보완하여 높은 보안 기능 제공

허니팟(Honeypot)

1 개요

- 1990년대 중반 미국 매사추세츠 공과대학 교수 데이비드 클록(David Clock)이 처음 제안
- 1999년 썬 마이크로시스템즈의 컴퓨터 보안전문가인 랜스 스피츠너(Lance Spitzner)와 2002년 소프트웨어 제조회사 SAIC이 실제 프로젝트 수행
- 크래커를 유인하는 함정을 꿀단지에 비유하여 허니팟(HoneyPot)이란 명칭으로 불리게 됨
- 허니팟의 발전된 유형으로 허니넷(HoneyNet)이 있으며, 보통 허니팟이란 공격 자의 정보를 얻기 위한 하나의 개별 시스템을 의미하고, 허니넷은 허니팟을 포함 한 하나의 네트워크를 의미

2 특징

- 비정상적인 접근을 탐지하기 위하여 의도적으로 설치해 둔 시스템
- 네트워크에 공격이 있는지 탐지하는 도구로 사용할 수 있으며, 스팸메일과 같이 기계적인 공격의 패턴을 파악하는 데 사용 가능
- 침입자를 속이는 최신 침입 탐지기법으로, 실제로 공격을 당하는 것처럼 보이게 함으로써, 크래커를 추적하고 공격기법의 정보를 수집하는 역할

3 목적

- 경각심(Awareness), 정보(Information), 연구(Research)
- 공격자를 유인하여 정보를 얻거나 찾아내기 위함 : 정보의 수집과 시스템 제어의 기능을 충실히 수행할 수 있어야 함
- 공격의 회피 : 중요한 시스템을 보호하기 위한 위장 서버의 역할

4 역할

- 허니팟으로 들어오는 모든 트래픽을 감시한다는 개념
- 일반적으로 실제 서버, 실제 운영체제, 실제처럼 보이는 자료를 기본으로 갖추고 있으며, 주된 차이점은 실제 서버와의 관계에서 시스템의 위치
- 보통 DMZ에 위치시켜, 내부 네트워크가 공격자에게 노출되지 않게 함
- 침입자가 허니팟을 사용하는 동안 감시 · 통제하는 기능
- 일반적으로 침입자의 활동을 감사하며, 로그 파일을 저장하고, 침입 과정의 시 작, 컴파일, 파일 추가, 삭제, 변화, 키를 입력하는 것까지도 기록하도록 설계

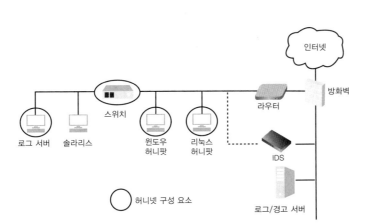

[허니팟과 허니넷 구성도]

5 요구조건
- 쉽게 공격자에게 노출되어야 함
- 쉽게 공격이 가능한 것처럼 취약해 보여야 함
- 시스템의 모든 구성요소를 갖추고 있어야 함
- 시스템을 통과하는 모든 패킷을 감시해야 함
- 시스템에 접속하는 모든 사용자에 대하여 관리자에게 알려줘야 함

6 기본적인 허니팟에서의 로그
- 허니팟에서 가장 중요한 세 가지 요소는 데이터 캡처(Data Capture), 데이터 수집(Data Collection), 데이터 제어(Data Control)이며, 관리자의 요구에 맞는 상세한 로그를 남길 수 있음
- 유닉스나 리눅스 로그 서버는 장치(Facility)와 레벨(Level)로 구분하여 설정

★ IPX(Internetwork Packet Exchange)
· 클라이언트와 서버를 사용하는 네트워크를 상호 연결하는 노벨의 네트워킹 프로토콜
· 데이터 그램 또는 패킷 프로토콜이며, 네트워크계층에서 동작하며, 패킷 교환 중 연결이 계속 유지될 필요가 없는 비연결형 프로토콜
· 패킷 수신통보는 노벨의 또 다른 프로토콜인 SPX에 의해 관리됨

★ AppleTalk
· 애플사가 컴퓨터 네트워킹을 위해 개발한 프로토콜
· 1984년에 초기 매킨토시에 포함 되었으며, TCP/IP 네트워킹의 선호로 인해 잘 사용되지 않게 됨
· 구조적 측면에서 보면 애플의 매킨토시뿐만 아니라 IBM 호환 PC와 같은 애플이 아닌 컴퓨터와 서로 통신할 수 있으며, 프린터나 서버 등의 자원을 주고받을 수 있게 되어 있음

★ SNA(System Network Architecture)
· 1974년에 만들어진 IBM의 사유 네트워크 아키텍처
· 컴퓨터와 자신의 자원 간 상호 연결을 위한 완전한 프로토콜 스택
· 포맷과 프로토콜을 기술하며, 그 자체가 소프트웨어의 일종은 아님
· SNA 구현을 통해 다양한 통신 패키지(SNA 통신용 메인프레임 패키지인 VTAM)의 형태를 취함

★ F/R(Frame−Relay)
· LAN을 연결하는 고속 통신 기술
· 적은 비용으로 전용회선처럼 사용 가능
· 기업이 원하는 망을 구축하여 사용 가능
· 가상회선인 VC(Virtual Circuit)를 구성하여 사용
· 연결지향형 서비스

★ 터널링(Tunneling)
· 송신자와 수신자 사이의 전송로에 외부로부터의 침입을 막기 위해 일종의 파이프를 구성하는 것으로, 파이프는 터널링을 지원하는 프로토콜을 사용하여 구현하고 있으며, 사설망과 같은 보안 기능을 지원
· 터널링되는 데이터를 페이로드(Payload)라고 하며, 터널링 구간에서 터널링 프로토콜을 통해 페이로드는 캡슐화되어 전송

Section 05 가상 사설망(VPN)의 이해

1 등장 배경

· 기업은 다양한 내부 네트워크(IP, IPX*, AppleTalk*, SNA*)를 구축하여 사용하고 있으며, 네트워크를 상호 연결하기 위하여 NSP(Network Service Provider)의 전용회선이나 F/R(Frame−Relay)*망을 이용함으로써, 제한된 영역내에서 안전하게 데이터를 송수신하고 있음

· 인터넷의 활성화로 인하여 기업의 비즈니스 영역을 전 세계로 확대하고 있으며, 저렴한 비용으로 효율적인 원격접속이 가능하게 되었음

· 개방성과 확장성을 가지고 있어, 외부의 공격으로 인한 정보의 유출 · 변조 · 도용 등의 보안상 심각한 취약점이 있으므로, TCP/IP를 기반으로 한 인터넷에서 사설망의 기능을 제공하기 위하여 도입된 기술

· 전자상거래 및 해외지점 간 거래 등 가상 사설망 구축의 범위가 확대되면서, 강력한 사용자인증과 키 관리 및 분배를 자동화하기 위하여 공개키 기반의 공인인증 서비스를 적용한 VPN 구축 필요

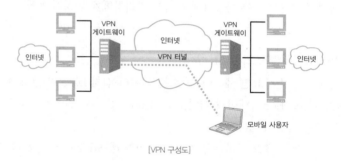

[VPN 구성도]

2 주요 적용기술

1) 터널링* 프로토콜(Tunneling Protocol)

VPN에서는 보안 기능을 제공하기 위하여 여러 요소기술을 적용하는데, 그 중에서 가장 기본이 되는 것이 터널링 기술

2) 기본 원리

송신측은 소스 패킷을 터널링을 통하여 IP 패킷 내에 캡슐화하며, 네트워크를 통하여 전송된 패킷은 수신측에서 터널링을 해제하고, IP 헤더를 제거 후 목적지로 전송

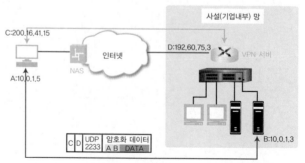

[터널링을 통한 패킷 전달]

3) 터널링의 구현

Client-to-Server 터널링	이동 사용자가 자신의 기업 LAN으로 접속하는 데 사용되는 방식으로, 주로 OSI 7계층의 데이터링크 계층 터널링 프로토콜을 이용하여 구현
Host-by-Host 터널링	기업의 여러 LAN을 상호 연결하기 위한 것으로, OSI 7계층의 네트워크 계층 터널링 프로토콜을 이용하여 구현

3 특징

- 강력한 중앙집중형 관리 시스템
- 다중 프로토콜 지원(IP, IPX)

1) 사용 암호 알고리즘

암호화(40/128비트)	RC2 알고리즘
인증(512비트)	RSA 알고리즘*
키 교환(512비트)	Diffie-Hellman 알고리즘
무결성	MD5 알고리즘*

4 터널링 프로토콜 종류 및 특징

1) PPTP 프로토콜

- PPP(Point to Point Protocol)의 패킷을 IP 패킷으로 캡슐화하여 IP 네트워크에서 전송하기 위한 터널링 기법
- 하나의 터널에 하나의 연결만을 지원하여 일대일 통신만 가능
- PPP 데이터 터널링 형성을 위하여 TCP 기반으로 하는 GRE(Generic Routing Encapsulation)* 헤더 사용
- 데이터 암호화를 위하여 PPTP의 MPPE(Microsoft Point-to-Point Encryption) 128비트 암호화를 하려면 운영체제의 기본 암호화를 128비트 수준으로 하여야 함
- Windows 2000 기반의 VPN 서버와 클라이언트에서는 PPTP 연결인 경우에도 인증 프로토콜로 MS-CHAPv2*만을 지원함으로써 보안을 강화할 수 있으며, EAP(Extensible Authentication Protocol)를 지원하여 스마트카드 로그온 허용
- 스마트카드*라는 사용자 인증 정보를 1차로 요구하며, 이 카드를 사용하기 위한 PIN(Personal Identification Number)을 2차로 요구

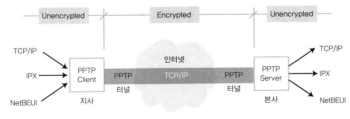

[PPTP 터널링 흐름도]

2) L2F(Layer 2 Forwarding)

- Cisco 제안 프로토콜
- 원격지의 ISP 장비에서 접근 서버의 터널 서버로 L2F 터널을 생성시키며, 이 가상 터널은 Direct Dial PPP/RAS 세션을 생성함
- 원격지 사용자의 Home Site에서 주소를 할당하며, Home Site의 게이트웨이에서 사용자인증을 함
- 하나의 터널에 여러 개의 연결을 지원하여 다자간 통신을 가능하도록 함
- PPP 프로토콜 사용

3) L2TP 프로토콜

- 마이크로소프트의 PPTP와 시스코의 L2F 기술이 결합된 것으로, 향상된 보안 서비스를 위하여 IPSec 프로토콜의 암호화와 인증 부분을 적용하여 사용
- 마이크로소프트와 시스코 등이 제안한 Layer 2의 표준
- IPSec 보안 프로토콜은 물론 Appletalk*이나 IPX*와 같은 비 IP 프로토콜 등도 지원

① 특징

- 주로 네트워크 장비(RAS 및 라우터)에 소프트웨어 추가로 구현 가능
- 사용자 인증은 사용자 ID와 도메인을 결합한 형태(user@domain.com)로 검증
- 기본적으로 PPP 인증을 사용하며, 별도로 RADIUS나 TACACS+ 지원
- 패킷 암호화는 IETF에서 규정한 IPSec의 암호화 방식을 적용하도록 권장
- L2TP 자체는 PPP 데이터를 위한 암호화 메커니즘을 가지고 있지 않기 때문에, 데이터 암호화와 무결성을 유지하기 위하여 IPSec의 AH(Authentication Header)와 ESP(Encapsulation Security Payload) 사용
- PPP의 터널링 형성을 위하여 UDP 사용
- L2TP 터널링을 이용한 원격 연결은 IPSec의 ESP에 의하여 데이터가 암호화되고, AH에 의하여 데이터의 무결성 유지

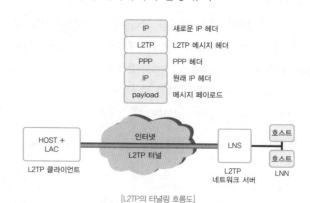

[L2TP의 터널링 흐름도]

Appletalk
- 애플사가 애플컴퓨터를 위하여 개발한 일련의 근거리 통신망 프로토콜로, ISO/OSI 모델과 비슷한 계층화된 구조
- 최종 사용자 서비스계층
- 고신뢰성 데이터 전송계층
- 네임드 엔티티계층 (Named Entity Layer)
- 종단 간 데이터흐름계층
- 데이터링크계층
- 물리계층

IPX(InterNetwork Packet eXchange)
- 노벨사에서 개발한 네트워크 라는 파일서버와 클라이언트 간 통신에서 사용하는 프로토콜
- IPX 프로토콜과 TCP/IP를 비교하면, LAN 구간에서는 IPX의 성능이 우수하고, WAN 구간, 즉 외부로 접속하는 경우에는 TCP/IP의 성능이 우수, 따라서 내부에서는 IPX를 외부와의 통신을 위해서는 TCP/IP를 주로 사용

② 동작 원리

- 클라이언트와 RAS(Remote Access Server)간 다이얼업 접속을 위하여 PPP 프로토콜 사용
- PPP를 통하여 연결이 완료되면 L2TP는 네트워크 서버가 사용자를 확인하고, 터널을 통하여 사용자에게 서비스를 제공할 것인지를 결정하게 되며, 터널이 생성되면 네트워크를 통하여 전송되는 PPP 패킷을 캡슐화하는 역할 수행

4) IPSec(Internet Protocol Security)

- 인터넷 표준화 그룹인 IETF에서 규정한 프로토콜
- IPv4 및 IPv6에 대하여 네트워크계층에서 보안서비스 제공
- IPSec에서 제공하는 보안서비스로는 접근제어, 데이터 인증, 응답보호, 무결성, 암호화 및 키 관리 기능을 포함하고 있으므로, VPN 터널링을 위한 보안서비스에 가장 적절

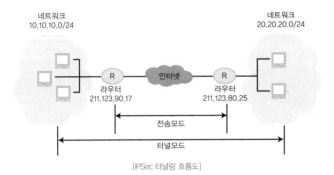

[IPSec 터널링 흐름도]

① AH(Authentication Header)

- IP 데이터그램에 대하여 무결성, 인증, 재전송 공격 방지 등 세 가지 보안서비스 제공
- AH 데이터 형식에 포함된 인증 데이터 필드의 값을 계산하기 위하여 사용되는 암호 알고리즘은 SA를 생성할 때 결정되는데, DES와 같은 대칭키 암호 알고리즘을 기반으로 한 MAC(Message Authentication Code) 또는 MD5, SHA-1 등과 같은 해시함수 사용
- IP 헤더와 페이로드 사이에 위치하며, 페이로드에 어떠한 변경 없이 IP 패킷 전체에 대하여 인증 수행

② ESP(Encapsulating Security Payload)

- 암호화를 위한 데이터를 페이로드 필드에 위치시킴
- 암호 알고리즘은 대칭키 알고리즘이 사용되며, 일반적으로 패딩(Padding) 부분은 알고리즘이 요구하는 평문 길이를 조정하기 위하여 사용
- ICV는 ESP Header, Payload, ESP Trailer에 대한 MAC 값을 의미하며, ESP를 적용할 경우 암호와 인증이 동시에 NULL이 되어서는 안됨

③ IKE 수행모드

보안 솔루션의 안정성은 선택된 암호 알고리즘의 세밀한 실행보다 암호화키를 얼마나 잘 유지하느냐에 달려있으며, IPSec에서는 IKE의 안정적인 작동을 위하여 2단계로 구분

- 1단계 : IKE 실행을 수행하기 위한 보안 채널 설정
- 2단계 : SA 협상

RAS(Remote Access Server : 원격 접속 서버)

- NT4.0의 네트워킹을 활용하는 데 가장 많이 사용되고 있는 원격 접속 서비스
- 원격지에서 전화 접속이나, X.25, 널 모뎀 케이블 등을 사용하여 컴퓨터 상호 간에 접속할 수 있도록 해주는 서비스
- NetBEUI, IPX/SPX, TCP/IP 프로토콜을 PPP나 SLIP을 통하여 연결
- 결과적으로 RAS 서버는 종단 간을 연결하는 게이트웨이 용도로 사용

SA(Security Association)

- IPSec 구현에 있어 매우 중요한 개념으로, 두 장비 간 보안성 있는 데이터를 교환하기 위해서는 암호 알고리즘, 키 교환방법, 키 변경 주기 등에 대한 사전합의가 필요하며, 이러한 합의 사항들은 IPSec의 SA가 담고 있음
- 송신측과 수신측 간 보안통신에는 적어도 1개 이상 SA가 필요하며, 패킷 인증에 1개의 SA가 요구되며, 동일 패킷의 암호화에도 별도의 SA 1개 필요
- 패킷 인증과 암호화에 동일 알고리즘을 사용하더라도 SA는 각기 다른 키를 사용하기 때문에 SA는 2개 필요

메시지 인증 코드 (Message Authentication Code)

- 메시지의 인증에 사용되는 작은 크기의 정보
- MAC 알고리즘은 비밀키를 입력받고, 임의 길이의 메시지를 인증하고 출력함으로써, MAC 값을 출력
- MAC 값은 검증자(비밀 키를 소유한 사람)의 허가에 의해서 메시지의 데이터 인증과 무결성을 보장

페이로드(Payload)

패킷이나 프레임 등에서 헤더를 제외한 실제 데이터가 들어가는 부분

ICV (Integrity Check Value)

ESP에서의 무결성 점검 값 (MAC)

💬 HMAC
(Hash−Based Message
Authentication Code)
· Keyed−Hash Message Authentication
Code로, 키를 조합하여 해시함
수를 구하는 방식.
· 송신자와 수신자만이 공유하고
있는 키와 메시지를 혼합하여
해시값을 만드는 것

④ AH와 ESP의 비교

프로토콜		AH	ESP
기능		패킷 인증	패킷 암호화
암호 알고리즘	기밀성	−	DES−CBC(56bit)
	인증 및 무결성	· HMAC*−MD5(128bit) · HMAC−SHA−1(160bit)	· HMAC−MD5(128bit) · HMAC−SHA−1(160bit)
지원 모드		전송, 터널	전송, 터널
특징		단독 사용 가능	AH와 병행 사용

5) VPN 프로토콜의 비교

구분	PPTP	L2TP	IPSec	Socks
표준화	Microsoft	RFC2661	RFC2401~2410	RFC1928,1929,1961
계층(OSI)	2계층	2계층	3계층	5계층
운영모드	Client/Server	Client/Server	Peer−to−Peer	Client/Server
프로토콜	IP, IPX, NETBEUI 등	IP, IPX, NETBEUI 등	IP	TCP, UDP/IP
터널링	Single PPP Tunnel Per Connection	Multiple PPP Tunnel Per Connection	Multiple PPP Tunnel Per SA	Session By Session
사용자인증	×	×	×	○
데이터인증, 암호화	× (PPP에 의해 제공)	× (PPP에 의해 제공)	Packet 단위 제공	Message 단위 제공
키 관리	×	×	ISAKMP/IKE	GSS−API/SSL
접근제어	×	×	Packet Filtering	Packet/Content Filtering, Proxying
효율적인 VPN	Remote Access	Remote Access	Intranet	Extranet

5 VPN 서비스 종류

VPN 서비스는 크게 Remote Access VPN과 LAN−to−LAN VPN으로 구분

1) Remote Access VPN

① Client−Initiated

- 클라이언트가 자신의 컴퓨터에서 암호화된 IP 터널을 직접 설정(PPTP)하고,
  클라이언트가 사용자 ID와 패스워드를 기업에 전송하여 사용자 인증 수행
- 원격 사용자의 VPN 전용 소프트웨어 사용(단말 성능에 좌우)
- 단−대−단 보안 적용 : IPSec
- 다중서비스 이용 가능 : VPN, 인터넷 접속
- IP 이외의 네트워크 프로토콜 사용 불가능

[Remote Access VPN(Cliented−Initaited)의 구성도]

② NAS-Initiated

- 클라이언트가 네트워크 액세스 서버(NAS)*에 다이얼업하면 네트워크 액세스 서버(NAS)는 네트워크 서비스 제공자가 제공하는 인증 서버에 사용자 ID 를 전송함으로써, 사용자를 인증하고 원하는 기업의 위치를 파악하며, 기업의 터널 서버(터널 종단점)까지 터널 설정
- 클라이언트와 기업의 인증 서버가 엄격한 인증 수행
- 현재 사용되지 않는 형태

[Remote Access VPN(NAS-Initiated)의 구성도]

2) LAN-to-LAN VPN

- 다양한 형태의 VPN 장비 존재
- S/W : 호스트 컴퓨터에 VPN 모듈 탑재(Microsoft, Novell, Check Point 등)
- 방화벽 : 방화벽 제품에 VPN 모듈 탑재
- H/W : VPN 기능만을 전용 처리(VPNet, Lucent, Xedia 등)
- 원격 VPN 대부분 지원
- 기존 서비스에 영향을 미치지 않음
- 기업에서 독자적으로 구축하는 방법

[Remote Access VPN(LAN-to-LAN VPN)의 구성도]

> 📌 NAS
> (Network Access Server)
> - 네트워크 자원 제공
> - 중앙의 인증 서버와 인증을 통한 사용 권한 부여, 설정된 정보 사용 시간 및 각종 기록 등의 정보 제공

네트워크의 보안 동향

최근 네트워크 보안 솔루션

1 역추적 시스템

- 공격자가 IP 주소 우회기법을 이용하여 접속하는 경우, 블랙리스트 데이터베이스(BlackList DB)와 프로토콜 분석을 통하여, 공격자의 IP 주소가 우회 IP 주소인지 아닌지 여부를 실시간 추적하는 시스템
- iTrace*나 Traceroute 등을 연계하여 라우터(Hop) 구간 결과를 조회하도록 함

📌 iTrace(ICMP Traceback)

- 역추적 기법
- 라우터에서는 일반적으로 1/20,000의 확률로 패킷을 샘플링하여 iTrace 메시지를 생성하고 이를 패킷의 목적지 IP 주소로 전송
- iTrace 메시지는 일반적인 ICMP 메시지와 유사하게 이전 단계 라우터 정보와 다음 단계 라우터 정보를 포함하고 있으며, 패킷의 Payload 정보 등을 포함하여 전달
- 생성 시 TTL(Time to Live) 필드 값은 255로 설정되어 전달
- 목적지에서는 TTL 값을 보고 네트워크에서의 홉 정보로 활용하여 공격 경로의 재구성에 사용
- 해킹 공격이 발생하였을 경우 피해 시스템에서 해킹 트래픽 연결에 대한 공격 경로를 홉 단계로 추적해 나가는 방식

2 ESM(Enterprise Security Management)

- 네트워크를 통하여 들어오는 모든 위험요소를 총체적으로 분석하여 사전에 예방할 수 있도록 운영자에게 알려주는 시스템
- 네트워크 운영자 및 서버 운영자는 ESM을 통하여 수집된 위험정보를 바탕으로 네트워크에서 발생할 위기상황을 미리 파악하고 대처할 준비를 함으로써, 시스템 운용을 원활하게 할 수 있음
- 접근 권한을 모니터링하고, 접근하는 객체를 관리할 수 있도록 구성
- 제로데이(Zero-Day) 공격 방지를 위한 대책으로, 네트워크 시스템의 접근 권한을 분리할 목적으로 사용하는 시스템

1) 구성

- 매니저(Manager)/에이전트(Agent)의 계층적 구조
- 쉽게 사용할 수 있는 그래픽 사용자 인터페이스(GUI) 제공

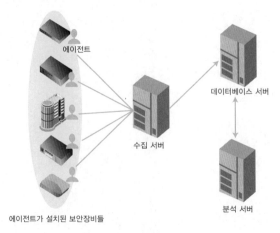

에이전트

데이터베이스 서버

수집 서버

분석 서버

에이전트가 설치된 보안장비들

[ESM의 구성도]

2) 구성요소

에이전트	방화벽이나 침입 방지시스템 등의 장비에서 정보를 수집하여 실시간으로 수집 서버에 전송하는 시스템
수집 서버	에이전트를 통하여 수신한 정보를 수집 및 정리하여 데이터베이스 서버 및 분석 서버에 전송하는 시스템
데이터베이스 서버	수집 서버에서 수집된 정보를 데이터베이스에 저장하는 시스템
분석 서버	수집 서버에서 수신한 데이터 및 데이터베이스에 저장된 정보를 바탕으로, 네트워크의 상태 및 위기상황을 분석하고 정리하여 그 결과를 사용자에게 알려주고 데이터베이스에 저장하는 시스템

3) 기능

- 로그 수집 기능
- 보안정책 관리
- 이벤트 분석 기능
- 통합 보고서 기능
- 보안사고 징후의 탐지

2 NAC(Network Access Control)

- 사용자 컴퓨터 및 네트워크 단말기가 네트워크에 접근하기 전에 보안정책을 준수했는지 여부를 검사하여 네트워크 접속을 통제하는 기술
- 네트워크 접근제어 기술을 이용하여 내부 네트워크의 자원을 관리하고, 네트워크 내의 장애 및 사고 원인을 예방·탐지하고 제거함으로써, 안정적인 네트워크 운영·관리가 가능하도록 해줌
- 접근 권한을 모니터링하고, 접근하는 객체를 관리할 수 있도록 구성
- 제로데이(Zero-Day) 공격 방지를 위한 대책으로, 네트워크 시스템의 접근 권한을 분리할 목적으로 사용하는 시스템

[NAC의 구성]

1) 주요 기능

내부 네트워크에 접근하는 사용자 및 단말기 제어	사용자 인증, IP 주소 관리, 소프트웨어 패치 등
네트워크의 안정성 확보	비인가 장비 및 서비스 탐지, 네트워크 우회경로 탐지
정책 기반 네트워크 관리	내부 사용자의 보안정책 준수 통제
비정상 트래픽 탐지 및 차단	내부 네트워크 악성 트래픽 탐지

2) 분류

구분	호스트 기반 NAC(Agent)	네트워크 기반 NAC(Agent-Less)
유형	• 네트워크 기반 통합서버에서 각 단말기의 에이전트 관리 • In Line 방식* 위주	• 네트워크 기반 중앙집중 관리 • 백본 또는 스위치에 장비 연결 • Out of Band 방식* 위주
적용 방식	네트워크 접속 전 에이전트에서 수행	네트워크 접속 후 NAC에서 수행
인증	• 에이전트가 인증 수행 • 802.1x 구현 필요	• 인증 플러그인 지원 • RADIUS/LDAP 인증
적용 지점	각종 단말기(PC, 노트북, PDA)	네트워크 장비(백본, L3 스위치)
권한 관리	임의적 접근통제 및 역할기반 접근통제 등 지원	임의적 접근통제 및 역할기반 접근통제 등 지원
장점	• NAC 구축 목적 및 도입 효과에 맞는 인프라 시스템 구축 • 단말 통제력 우수, 세밀한 정책 제어 가능 • 확장성이 좋으며, 기존 NAC 시스템 활용 가능 • 기존 인증체계 연동 및 단말 시스템 연동 능력 우수	• 에이전트 설치 불필요 • 비용 측면에서 상대적으로 저렴(인증 서버 미구축 시) • 보안 위협 탐지 및 차단기능 우수
단점	에이전트 설치 및 관리 필요	단말기 상태 점검 기능 약함

★ In Line 방식
  네트워크 접속 전 에이전트에 의해 접근통제를 수행

★ Out of Band 방식
  네트워크 접속 후 NAC에서 접근통제를 수행

4 UTM(Unified Threat Management)

- 하나의 장비에 여러 보안 기능을 탑재한 장비를 통칭하며, 통합위협관리시스템을 의미
- 기존의 다양한 보안 솔루션(방화벽, IDS, IPS, VPN, 바이러스 필터링, 콘텐츠 필터링 등)의 보안 기능을 하나로 통합한 기술과 장비
- 최근에 구축되는 보안장비는 대부분 통합위협관리시스템(UTM)에 속함

1) UTM의 구성

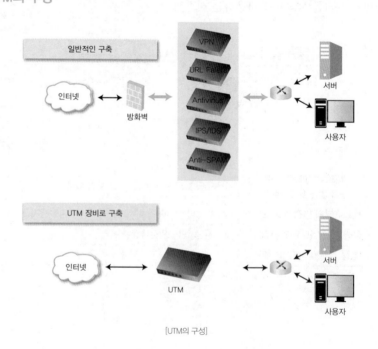

[UTM의 구성]

2) 기능

- 침입 방지시스템(IPS)
- 침입 탐지시스템(IDS)
- 침입 차단시스템(Firewall)
- 가상 사설망(VPN)
- 안티바이러스(Anti-Virus)
- 안티 스팸(Anti-Spam)
- 웹 콘텐츠 필터링(Web Contents Filtering)
- 무선랜 보안(Wireless LAN Security)

3) 도입 효과

- 통합솔루션으로 복잡하고 다양한 공격에 신속 대응
- 다양한 보안 솔루션을 하나의 장비로 통합함으로써, 단순화하고 장애 지점을 최소화
- 통합보안 구현으로 인한 비용 절감(초기 투자비용 및 운용비용 감소)

3) 분류

호스트 기반 시스템	• 서버나 클라이언트에 설치되는 시스템 • 허니팟(Honeypot) 기능을 구현하지 않는 경우가 많고, 일반적인 방화벽의 확장형태가 많음 • 바이러스 백신도 일부 기능 구현
네트워크 기반 시스템	• 네트워크 내에서 방화벽과 접목된 UTM으로 구현 • 이중화 구성 시 호스트 기반 시스템에 비해 안전

5 UTM과 ESM 비교

구분	UTM	ESM
장점	• 여러 종류의 보안장비를 하나로 통합·관리하는 기능 • 관리 용이 • 공간 절약	이 기종의 보안 시스템을 통합·관리하는 기능
단점	장애 발생 시 전체에 영향 미침	• 관리 어려움 • 이벤트(로그) 많이 발생

PART

03

애플리케이션 보안

CHAPTER 01 인터넷 응용 보안

CHAPTER 02 전자상거래 보안

CHAPTER 03 기타 애플리케이션 보안

· CHAPTER ·

01

인터넷 응용 보안

rlogin(Remote Login)
· TCP 포트 513번을 이용하여 사용자가 다른 호스트에 접속하기 위한 유틸리티
· Telnet과 유사하나, 주로 같은 네트워크에 있는 UNIX 시스템 간에만 사용

rsh(Remote Shell)
원격 호스트에 접속하여 단지 하나의 명령만을 수행하고 종료함

평문(Plain text, Cleartext)
일반적인 문장으로, 누구나 읽을 수 있는 문서

암호문
(Ciphertext, Cryptogram)
평문을 암호키 및 암호 알고리즘을 사용하여 암호화한 문서

Section 01 · FTP(File Transfer Protocol) 보안

1 개요

· 네트워크에서 컴퓨터 간 파일 송수신을 위한 프로토콜
· Telnet이나 rlogin*, rsh*와 같은 원격접속 프로토콜은 파일 전송이 불가능하므로 파일 전송을 위해 사용

2 특징

· FTP 세션은 암호화되지 않기 때문에 보안상 취약
· 아이디(ID)와 패스워드가 평문(Plain text)*으로 전달되기 때문에 공격자에 의해 도청 가능
· 파일 전송을 위해 두 개의 TCP 연결을 동시에 사용하며, 두 번의 연결이 성립되어야 정상적인 서비스 가능
· 액티브(Active) 및 패시브(Passive) 모드는 FTP 서버가 아닌 클라이언트가 결정

제어 포트 (21번)	· 클라이언트와 서버 간 명령과 응답을 위한 연결 · 전체 FTP 세션 동안 연결 유지
데이터 포트 (20번)	· 파일 전송 시 연결이 되며, 완료 시 연결 종료 · 20번 혹은 1024번 이후 포트 사용

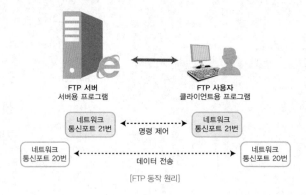

[FTP 동작 원리]

3 동작 모드

1) 액티브 모드(Active Mode)

> FTP는 TCP 통신을 하므로, TCP 3-Way Handshake가 완료된 후 시작

1. 클라이언트가 1024 이상의 임의의(2047) 포트를 열고, FTP 서버의 21번 포트로 연결 요청한 후 2048(임의의 포트(2047)+1)번 포트를 데이터 포트로 열고 대기
2. 서버가 클라이언트로 ACK를 보냄
3. 서버가 20번 포트로 클라이언트의 2048 포트로의 연결을 요청하면 클라이언트가 서버로 ACK를 보냄
4. 제어 포트 연결과 데이터 포트 연결이 완료되며, 데이터를 주고받음

① 특징

- PORT 명령 사용 : FTP Bounce 공격, 포트 스캐닝 공격에 이용될 수 있음
- 클라이언트에 방화벽이나 NAT* 설치 시 정상적인 서비스 불가

> ⚡ NAT(Network Address Translation)
> 사설 IP 주소를 공인 IP 주소로 변환하는 데 사용하는 네트워크 주소 변환기술

② 접속방식

제어 연결	클라이언트 → 서버(TCP/21)
데이터 연결	서버(TCP/20) → 클라이언트가 지정한 두 번째 포트(TCP/1,024 이후 포트)

2) 패시브 모드(Passive Mode)

> FTP는 TCP 통신을 하므로, TCP 3-Way Handshake가 완료된 후 시작

1. 클라이언트가 1024 이상의 임의의(2047) 포트를 열고, FTP 서버의 21번 포트로 연결 요청한 후 2048(임의의 포트(2047)+1)번 포트를 데이터 포트로 열고 대기
2. 서버가 클라이언트로 ACK를 보냄
3. 클라이언트가 2048번 포트로 서버의 2049 포트로의 연결을 요청하면 서버가 클라이언트로 ACK를 보냄
4. 제어 포트 연결과 데이터 포트 연결이 완료되며, 데이터를 주고받음

① 특징

- 서버에서 클라이언트로 접속하는 모순을 해결하기 위해 고안된 방식
- 1~2단계는 액티브 모드와 동일하나 데이터 접속에서 서버의 20번 포트를 사용하지 않고 1024 포트 이상의 임의의 포트로 클라이언트가 먼저 접속을 시도하는 방식
- 보안상 서버에서 패시브 모드로 사용할 포트 제한
- PASV 명령 : Data Hijacking*에 이용될 수 있음
- 서버에 방화벽이나 NAT 설치 시 정상적인 서비스 불가

> ⚡ Data Hijacking
> 데이터를 가로채는 공격기법

② 접속방식

제어 연결	클라이언트 첫 번째 포트 → 서버(TCP/21)
데이터 연결	클라이언트 두 번째 포트 → 서버(TCP/1024번 이후 포트)

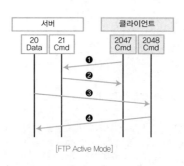
[FTP Active Mode]

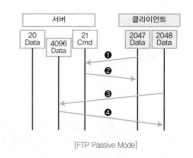
[FTP Passive Mode]

4 FTP 공격유형

1) FTP Bounce 공격

FTP 프로토콜의 취약점을 이용한 공격으로, FTP 서버가 데이터를 전송할 때 목적지를 검사하지 않는다는 점을 이용한 공격

① 공격 원리

> FTP 세션에서 클라이언트가 임의의 포트를 생성하고, 포트 21번으로 연결을 요청한 후 연결이 완료되면, 클라이언트는 데이터 전송을 위한 포트 정보를 서버로 전송하게 되는데, 이러한 과정은 처음에 접속을 요청한 클라이언트가 아닌 공격자가 선택한 서버의 포트로 연결 가능
>
> 1. 공격자가 임의의 포트(1234)를 생성하고, 서버의 21번 포트로 연결을 요청한 후 연결 완료
> 2. 연결된 서버에서 PORT 명령을 이용하여 공격대상의 IP 주소와 포트 번호로 접속을 시도
> 3. 접속 완료 후 공격대상 호스트를 스캔하여 포트 정보 등을 얻음

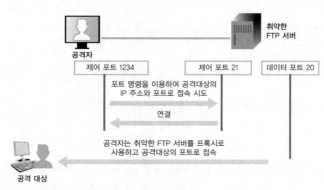
[FTP 바운스 공격 원리]

② 특징

- 외부에서 방화벽 내부로의 익명 접근이 가능한 FTP 서버가 존재하면 방화벽을 우회할 수 있음
- 메일의 헤더 부분을 변조하여 전송할 수 있음
- 익명(Anonymous) FTP 서버, 취약한 FTP 서버를 경유하여 호스트 스캔 및 거짓 메일(Fake Mail)*을 전송할 수 있음

③ 대응방법

- FTP의 표준 규약을 어느 정도 제한
- FTP의 표준 규약을 인정하되 다른 서비스에서 20번 포트 접속요청 차단
- 익명 FTP의 경우 임의로 ./incomming*에 악의적인 파일을 업로드할 수 없도록 쓰기 권한 제한

★ 거짓 메일(Fake Mail)
- 보낸 사람을 숨기거나 다른 사람으로 위장한 채 상대방에게 보낸 전자메일을 의미
- 메일 발송 시스템을 조작하여 다른 사람의 이름 및 주소 또는 변조된 이름과 주소에서 발송한 것으로 가장하여 상대에게 메일을 보내는 것

★ ./incomming 디렉터리
Anonymous FTP에서 파일을 누구나 자유롭게 업/다운로드할 수 있는 디렉터리

2) 익명(Anonymous) FTP 공격

- /bin 디렉터리의 권한을 잘못 설정할 경우 /bin 디렉터리의 특정 프로그램을 변경하거나 업로드하여 시스템에 침입
- .rhosts*나 .forward* 파일 등을 생성하여 다른 호스트를 통한 신뢰 관계 설정 이용
- 미러 사이트(Mirror Site)*인 경우, 주 사이트의 프로그램에 특정 코드를 삽입함으로써, 원격지 사이트 공격
- 사용자에게 업로드 기능을 부여하는 경우, 악의적인 사용자에 의한 바이러스 및 스파이웨어 등의 프로그램으로 인해 심각한 문제를 유발할 가능성이 있음
- 인증 절차를 거치지 않은 익명 사용자에게 FTP 서버로의 접근 허용
- 익명 FTP 설정 파일의 오류를 이용한 파일 유출 공격

① 대응방법

- FTP 루트 디렉터리 소유자는 반드시 루트(root)가 되어야 하며, 허가권을 555(쓰기 권한 제한)로 설정
- ftp/pub 디렉터리의 소유자는 FTP 서버 관리자 권한으로 설정하고, 허가권을 555로 설정
- ftp/bin 디렉터리의 FTP 서비스를 제공할 경우, 모든 프로그램의 소유자를 루트(root)로 하고, 허가권을 111로 설정
- ftp/incomming 디렉터리의 소유자는 root, 허가권을 777로 설정
- ftp 디렉터리 내의 .rhosts나 .forward 파일의 소유자는 root, 허가권을 000으로 설정
- Anonymous 사용자의 접속경로에 쓰기 권한과 실행 권한 제한
- 미러링 시에는 반드시 유명 FTP 사이트나 신뢰할 수 있는 사이트의 자료를 미러링해야 함
- 정기적으로 ftpd 데몬에 의해 생성되는 로그 파일을 검사하여, 불필요한 접근 또는 명령어 시도 확인

3) TFTP(Trivial File Transfer Protocol) 공격

- 자체 디스크를 가지고 있지 않은 시스템(X-터미널 등) 설치 시 주로 사용되는 프로토콜
- FTP보다 구조가 간단하고 기능이 단순
- 인증 절차를 요구하지 않아, 누구나 호스트에 접근할 수 있으므로 파일 유출 가능
- TFTP의 취약점을 이용한 파일의 전송이나 복제 공격
- 최근 TFTP는 웜에 의해 악용되고 있으며, 블래스터 같은 웜들은 다른 컴퓨터를 감염시키는 데 TFTP를 악용

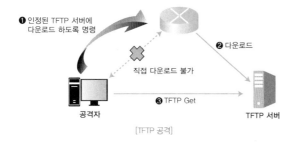

[TFTP 공격]

★ .rhosts
특정 시스템의 특정 서버로부터 별도의 인증(로그온 계정과 암호 입력) 과정 없이 접속할 수 있도록 해주는 파일

★ .forward
자신에게 수신되는 모든 메일을 다른 사용자에게 전달해주는 파일

★ 미러 사이트(Mirror Site)
- 네트워크 트래픽을 줄이기 위해 다른 서버를 복사해 놓은 웹사이트 또는 파일 서버
- 웹사이트나 파일의 가용성을 향상시키고, 해당 사이트에서 다운로드된 파일들이 미러 사이트 부근에 있는 사용자들에게 보다 빨리 도착하게 함
- 원래 사이트의 정확한 복제품이어야 하므로, 원래 사이트의 내용을 확실히 반영시키기 위해 보통 주기적으로 갱신됨
- 미러 사이트들은 원래 사이트가 지리적으로 어느 정도의 거리가 있을 때 보다 빨리 접근하기 위해 사용

4) FTP 보안 취약점

FTP 프로토콜	FTP 세션 자체는 암호화되어 있지 않아 스니핑 공격에 취약
익명 FTP	• 특정 패스워드를 요구하지 않으며, 모든 사용자가 같은 계정을 사용할 수 있음 • 모든 사용자에게 접속이 허용되기 때문에 쓰기 권한이 통제되지 않을 경우, 불법 파일의 업로드 등을 통한 공격에 노출될 취약점 존재
무차별 대입 공격	임의의 계정으로 로그온 시도를 반복적으로 수행함으로써, 실제 시스템에 존재하는 계정의 패스워드를 유추(Password Guessing)할 수 있는 취약점 존재
FTP Bounce 공격	포트가 20번과 21번으로 분리된 것을 이용함으로써, 명령 채널을 통해 파일 전송을 요청한 클라이언트와 데이터 채널을 통해 실제 파일을 수신하는 클라이언트가 분리될 수 있는 취약점 존재

5 FTP 보안 대책

• 불필요한 FTP 및 익명 FTP 서비스는 사용 제한
• 시스템의 설정이 변경되지 않도록 ftpd의 권한 제한
• 시스템 접근 권한을 최소화하여 시스템을 운영하고, proftpd와 같은 데몬은 기본적인 보안 설정이 적용된 패키지 사용
• 미러(Mirror) 시스템은 메인 서버 프로그램에서 실행 가능한 프로그램이 복제되거나, 이상 데이터가 전송되지 않도록 감시하고 주의
• 최신버전 FTP 프로그램을 설치하여 사용

① 익명 FTP를 사용할 경우

• 쓰기(업로드) 기능의 제한
• 사용자의 루트 디렉터리, /bin, /etc, /ftp, /pub 디렉터리의 소유자와 접근 권한을 적절하게 관리
• /etc/passwd 파일에서 Anonymous FTP에 불필요한 계정 제거

② TFTP를 사용할 필요가 없는 경우

• 시스템 환경설정 파일에서 tftp를 위한 부분을 제거 또는 주석처리
• /etc/xinetd.conf 파일을 다음과 같이 설정

```
#tftp dgram udp wait root /usr/etc/in.tftpd -s /tftpboot
```

③ TFTP를 사용할 경우

• TFTP 데몬을 보안 모드(Secure Mode)로 운영
• /etc/xinetd.conf* 파일을 다음과 같이 설정

SunOS 4.X	tftp dgram udp wait root /usr/etc/in.tftpd -s /tftpboot
AIX	/etc/tftpaccess.ctl 파일을 생성하여 접근통제 리스트 작성

📌 /etc/xinetd.conf
• 슈퍼 데몬인 xinetd가 호스트에서 서비스를 요청하면 환경설정 파일인 /etc/xinetd.conf 파일을 참조하여 in.inetd를 구동하고 서비스를 처리
• 슈퍼 데몬인 inetd의 환경설정 파일

메일(Mail) 보안

1 개요

1) 메일(Mail) 시스템

- SMTP(Simple Mail Transfer Protocol)를 이용하여 문자나 부호 기반의 메일 송수신을 위한 서비스
- 메일 서버 간 송수신뿐만 아니라 메일 클라이언트에서 메일 서버로 메일을 송신할 때에도 사용
- 메일 서비스를 구성하는 핵심 프로토콜에는 MTA 간의 메일 전송과 전송 과정을 제어하는 SMTP 프로토콜과 MTA와 MUA 간 사용자 기반의 메일 서비스를 위한 POP3, IMAP 프로토콜이 있음

① 기본원리

abc@daum.net을 메일 주소로 가진 사람이 xyz@naver.net을 메일 주소로 가지고 있는 사람에게 이메일을 보내는 과정

1. daum.net 메일 서버로 abc@daum.net을 사용하는 abc는 xyz@naver.net에게 메일을 보내기 위해 MUA로 작성된 메일을 SMTP(Port 25)를 이용하여 발송
2. daum.net 메일 서버의 25번 포트에서 sendmail이 Daemon으로 실행되어 있다가 Outlook Express가 보내고자 하는 메일을 받음
3. 메일을 받은 sendmail은 메일의 도착지가 자신인지를 확인. 만약 도착지가 자신이 아니라면 naver.net 메일 서버로 메일을 다시 전송. 만약, 자신이 메일의 도착지라면 메일을 MDA(Mail Delivery Agent)로 전달. MDA(메일을 MTA로부터 받아서 메일 박스 등에 저장하거나 원하는 필터링을 할 수 있는 프로그램)는 필터링 과정을 거친 후 사용자의 메일 박스에 저장
4. naver.net 메일 서버는 자신이 도착지가 아니라면 MTA는 메일을 naver.net의 25번 포트를 통하여 MTA로 전달함. naver.net의 MTA에 접속할 수 없다면 naver.net의 메일 스풀에 저장되어 주기적으로 naver.net 메일 서버의 MTA와 접속을 시도하여 접속이 이루어지면 메일을 전송하고, 자신의 스풀에 저장된 메일을 삭제하며, 지정된 시간이 지나도 보낼 수 없다면 메일을 전송한 사람에게 메일을 되돌려 보냄
5. 메일을 전달받은 naver.net의 MTA는 xyz의 존재 유무를 확인하여 전달하며, 사용자가 존재하지 않을 경우 다시 메일을 처음 발송한 사람에게 되돌려 보냄. 수신인이 naver.net에 존재할 경우 MDA로 메일을 전달해 주며, MDA는 적절한 필터링을 거쳐 각 사용자의 메일 박스에 저장
6. 메일 수신자인 xyz@naver.net의 사용자는 리눅스용 MUA인 Evolution과 같은 프로그램으로 메일을 받아보며, PC용 MUA인 Microsoft Outlook Express, Netscape Messenger, Eudora를 이용하여 IMAP 혹은 POP3 프로토콜을 이용하여 naver.net에 접속하여 메일을 가져와 읽을 수 있음

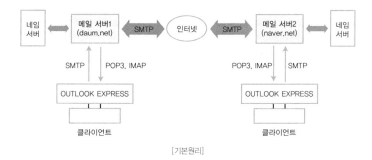

[기본원리]

② **구성요소**

MTA (Mail Transfer Agent)	· 컴퓨터 간 메일을 전송하는 서버 프로그램 · SMTP 프로토콜을 사용하여 메일을 목적지로 전송하는 역할 · Sendmail*이나 Mail Exchange* 등이 대표적
MUA (Mail User Agent)	· 사용자가 메일을 송수신할 때 사용하는 클라이언트 프로그램 · Windows의 Outlook Express*와 리눅스의 Pine* 등이 대표적인 MUA 프로그램
MDA(Mail Delivery Agent)	메시지를 사용자의 메일에 쓰기 위해 MTA가 사용하는 프로그램
MRA(Mail Retrieval Agent)	원격지 서버로부터 사용자의 MUA로 메일을 가져오는 프로그램

2) 메일 관련 프로토콜의 종류 및 특징

SMTP (Simple Mail Transfer Protocol)	· 메일을 송수신할 때 사용되는 프로토콜로, TCP 25번 포트 사용 · 서버 대 서버, 메일 클라이언트와 메일 서버 간 메일 전송을 위한 프로토콜 · SSL(Secure Socket Layer)*을 이용하여 암호화된 메일을 전송할 수 있어 안전
IMAP (Internet Message Access Protocol)	· 메일을 수신 · 보관하는 서버/클라이언트 프로토콜로, TCP 143번 포트 사용 (IMAP3는 220번 포트) · 메일을 읽어도 메일 서버에서 메일이 삭제되지 않음 · 메일 헤더만 보고 읽을 수 있으며, 읽은 메일과 읽지 않은 메일의 표시 가능
POP3 (Post Office Protocol 3)	· 메일을 수신 · 보관하기 위한 서버/클라이언트 프로토콜로, TCP 110번 포트 사용 · 메일을 읽으면 서버에서 메일 삭제 · 사용자가 고정적인 위치에서 메일을 받는 경우 유리

2 메일 서비스 공격유형

1) 메일 클라이언트(Outlook Express) 취약점을 이용한 공격

① **액티브 콘텐츠 공격(Active Contents Attack)**
· 불특정 다수에게 메일을 유포하는 방식이 아닌 특정 집단을 대상으로 사전에 수집된 이메일 정보를 이용하여 악의적인 문서 파일을 첨부하여 열람하도록 유도한 후 취약성이 있는 시스템을 장악하는 공격
· 메일 열람 시 HTML 기능이 있는 메일 클라이언트나 웹브라우저를 사용하는 사용자를 대상으로 하는 공격기법
· 주로 자바스크립트나 비주얼베이직 스크립트, HTML이나 메일 클라이언트 스크립트 기능을 이용하여 시스템에서 정보를 유출하거나 악성 프로그램을 실행
· 사용자가 메시지를 열람할 때 특정 사이트로 연결하거나 시스템을 마비시키는 서비스 거부(DoS) 공격

㉠ **대응방법**
· 메일 클라이언트 스크립트 기능을 사용하지 않도록 설정
· 메일 서버에서 메일이 저장될 때 스크립트 태그를 다른 이름으로 바꾸어 저장하여 스크립트가 실행되지 않도록 함

② **트로이목마 공격(Trojan Horse Attack)**
· 일반 사용자가 트로이목마 프로그램을 실행시켜, 시스템에 접근할 수 있는 백도어를 만들거나 시스템에 피해를 줌
· 사용자가 트로이목마를 실행시키도록 유도하기 위해 사회공학*적 방법을 사용하며, 사용자가 첨부파일을 실행하도록 유도

- Windows 시스템은 디폴트로 파일 이름의 확장자를 숨기도록 설정되어 있어, 공격자는 확장자명을 바꾸어 트로이목마의 실행 파일이나 스크립트 파일을 위장
- 메일 클라이언트의 버그 또는 설계상의 오류로 사용자의 간섭 없이도 자동으로 트로이목마 실행 가능
  - ㉠ 대응방법
    - 메일 서버에서 실행 가능한 첨부파일을 실행하지 못하도록 이름을 변경하여 저장
    - 첨부파일 및 스크립트 파일 실행 시 백신 검사 후 실행 권장

③ 개인정보 탈취
- 개인정보 탈취를 위해 메일 전송
- 피싱 사이트* 등과 연계하여 개인정보의 아이디와 비밀번호 수집을 위한 콘텐츠를 담아 수집 시도

④ 컴퓨터 악성코드 전파
바이러스나 매크로* 등을 전파하여 클라이언트 감염 유도

2) 메일 서버(Sendmail) 취약점을 이용한 공격

① 버퍼 오버플로 공격(Buffer Overflow Attack)
- 공격자가 조작된 메일을 전송함으로써, 공격대상의 컴퓨터에서 임의의 명령을 실행하거나 트로이목마 같은 악성 프로그램을 설치하도록 함
- IMAP 데몬 취약점이 발견되어 60바이트 이상의 긴 문자열 전송 시 스택 기반 오버플로 공격 가능(4.52버전 이전)
  - ㉠ 대응방법
    최근 Sendmail 등은 내용을 단순 텍스트로 저장하여 서버의 버퍼 오버플로 방지

② 메일을 이용한 APT(Advanced Persistent Threat) 공격
- 문서 파일의 취약점을 이용하여 상대방의 시스템 공격
- 공격대상으로 특정 집단을 선정하여 사전에 수집된 메일 정보를 이용하여 악의적인 문서 파일을 열람하도록 유도함으로써, 취약점이 발견된 시스템을 장악하는 공격

③ 센드메일 공격(Sendmail Attack)
- 전송되지 않은 메시지를 /var/tmp/dead.letter 파일 끝부분에 추가하여 저장한다는 사실과 링크를 이용하여 내부 사용자가 루트 권한을 얻을 수 있다는 취약점을 이용하여 공격(8.8.4버전)(/var/tmp/dead.letter, /etc/passwd)
- 메시지 내용에 사용자 계정을 기록하고, 도착할 수 없는 메시지를 전송할 때 발생하는 Sendmail 헤더 파싱* 코드의 버그에 초점을 맞추어 "To : " 헤더를 15,000개 이상 생성함으로써, 서버를 마비시키는 공격(8.9.2 및 하위 버전)
- SMTP 명령어 중 EXPN(Expand), VRFY(Verify)는 사용자의 정보를 외부로 유출할 가능성이 있음

피싱 사이트
(Phishing Site)
인터넷에서 사용자의 개인정보나 금융정보를 빼내기 위해 만들어 놓은 진짜 사이트와 유사한 가짜 사이트

매크로(Macro)
- 컴퓨터에서 매크로는 여러 개의 명령어로 치환되는 프로그램이거나 사용자 인터페이스
- 마이크로소프트 워드나 다른 프로그램들에서, 미리 저장된 일련의 명령어들을 하나의 명령으로 만들어 실행하거나, 또는 키보드에서 하나의 키를 입력하여 미리 저장된 여러 개의 명령어를 실행시키는 방법

파싱(Parsing)
어떤 주어진 문장을 분석하거나 문법적 관계를 해석하는 행위

④ 서비스 거부 공격

서버의 메일 재전송 개수를 초과한 릴레이를 시도하거나, 메일 내용을 아주 크게 첨부하는 등의 방법으로 메일 서버의 정상적인 송수신을 방해

3 메일 보안기술

1) 개요

- 메일은 인터넷을 통한 웹메일이나 휴대전화의 모바일 기술의 연계로 사용이 확대될 전망
- 메일에 관련된 보안기술의 인증, 기밀성, 무결성에 대한 이해 필요

2) 보안 기능

기밀성	인가받지 않은 사용자는 내용을 볼 수 없음
메시지 인증	전송 중 내용이 불법적으로 변경되었는지 확인
사용자 인증	메일을 실제 발송한 사람이 발송자라고 주장한 사람과 일치하는지 확인
송신 부인방지	메일을 발송하고 발송하지 않았다고 주장하지 못하게 함
수신 부인방지	메일을 수신하고 수신하지 않았다고 주장하지 못하게 함
메시지 재전송 방지	메시지를 복사한 후 재전송함으로써, 정당한 사용자로 가장하는 공격 방지

3) 프로토콜 종류 및 특징

① PGP(Pretty Good Privacy)

- 필 짐머만(Phill Zimmerman)이 독자적 개발 및 무료 배포
- PEM보다 보안성은 낮지만, 대중적으로 사용
- 메일을 암호화하고, 수신한 메일을 복호화해 주는 프로그램
  - ㉠ 특징
    - 공개키 암호기술 사용
    - 개인용 비밀키와 공개된 공개키, 2개의 키를 사용하여 안정성 제공
    - 인증받은 메시지와 파일에 대한 전자서명 생성과 확인 가능
    - 메뉴방식으로 기능에 대한 접근이 쉬움
    - 메일 애플리케이션에 플러그인(Plug-In)으로 사용
    - 압축, 단편화와 재조립 지원

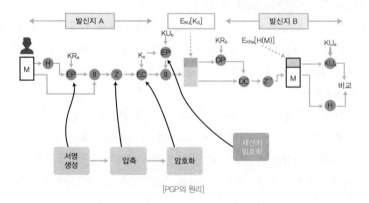

[PGP의 원리]

② PEM(Privacy Enhanced Mail)

- 인터넷 표준안으로, IETF에서 개발한 메일 보안 프로토콜
- 이진 데이터*를 6비트씩 분할하고, 아스키(ASCII)* 문자로 변환하는 Base64* 변환 방식 사용
  - ㉠ 특징
    - 암호화하여 전송함으로써, 유출되더라도 안전
    - PGP에 비해 보안성 우수
    - 중앙집중식 키 인증방식
    - 대중적으로 사용되기 어려움

③ MIME(Multi-purpose Internet Mail Extension)

- 아스키(ASCII) 데이터만을 처리할 수 있는 메일 프로토콜
- SMTP를 확장하여 오디오, 비디오, 이미지, 응용 프로그램, 기타 여러 종류의 데이터 파일을 송수신할 수 있는 프로토콜

④ S/MIME(Secure MIME)

- MIME 객체에 암호화와 전자서명 기능 추가
- RSA* 암호 알고리즘 사용
- X.509* 버전 3 인증서 지원
  - ㉠ 암호 알고리즘

공개키 암호화	RSA, DSA, Diffie-Hellman
대칭키 암호화	DES, RC4, IDEA, TDES, RC2
인증서 지원	X.509 Version 3
기타	• PEM으로 인코딩된 인증서 파일처리 기능 지원 • PKI* 인증서 사용

4) 메일 보안프로토콜 비교

PGP	PEM	PGP/MIME	S/MIME
• 필 짐머만이 개발 • 분산화된 키 인증 • 구현 용이 • 일반 용도의 보안성 • 대중적으로 사용	• IETF* 표준안 • 중앙 집중화된 키 인증 • 구현 어려움 • 높은 보안성 • 대중적이지 못함	• 메일 메시지 표준(MIME) 기반 • PGP 암호기법+메일 시스템 • X.509 인증서 지원 안 됨	• RSA Data Security Inc 개발 • 메일 메시지 표준(MIME) 기반 • 다양한 상용 툴킷(Tool Kit) • X.509 인증서 지원

이진 데이터(Binary Data)
- 기본 단위가 2개의 상태만 가지는 데이터
- 일반적으로 이진법과 부울 대수에서는 2개의 상태를 0과 1로 나타냄

아스키(ASCII)
- 컴퓨터나 인터넷에서 텍스트 파일을 위한 가장 일반적인 형식
- 아스키 파일에서는 각각의 알파벳이나 숫자, 그리고 특수문자들이 7비트의 2진수(7개의 0 또는 1의 조합으로 이루어진 스트링)로 표현되며, 총 128개의 문자를 정의
- 유닉스나 도스 기반의 운영체계(Windows NT는 제외)는 텍스트 파일을 표현하는 데 있어 아스키를 사용

Base64
- 8비트 이진 데이터를 문자 코드에 영향을 받지 않는 공통 ASCII 문자열로 바꾸는 인코딩 방식
- Base64를 글자 그대로 번역하면 64진법이란 의미

RSA
- 공개키 암호 시스템의 하나
- 암호화뿐만 아니라 전자서명이 가능한 알고리즘
- 전자서명 기능은 인증을 요구하는 전자상거래 등에 RSA의 광범위한 활용을 가능하게 함

X.509
공개키 인증서와 인증 알고리즘의 표준

PKI (Public Key Infrastructure)
- 공개키 기반 구조
- 공개키 암호방식을 바탕으로 한 디지털 인증서를 활용하는 소프트웨어, 하드웨어, 사용자, 정책 및 제도 등을 총칭

IETF(Internet Engineering Task Force)
- 국제 인터넷 표준화 기구
- 인터넷의 운영 · 관리 · 개발에 대해 협의하고 프로토콜과 구조를 분석하는 인터넷 표준화 작업기구

4 스팸 메일(Spam Mail)

1) 개요

불특정 다수에게 보내는 광고성 메일. 즉, 수신자의 의사와 상관없이 일방적으로 전송되는 불필요한 광고성 메일로, 정크(쓰레기) 메일이라고도 함

2) 사용자 관점에서의 스팸 메일 대응방법

메일 클라이언트 프로그램(Outlook Express)을 이용한 메일 필터링

3) 메일 서버 관리자 관점에서의 스팸 메일 대응방법

① Sendmail

* Anti-Spam 기능과 Access DB를 이용한 스팸 릴레이 차단
* /etc/mail/access 파일 형식

```
[도메인이나 IP 주소]          [허용/차단/릴레이]

localhost.localdomain        RELAY
spammail.co.kr               REJECT
sendmail.co.kr               OK
168.126                      RELAY
localhost                    RELAY
127.0.0.1                    RELAY
```

OK	지정된 도메인이나 IP 주소가 보낸 메일은 다른 규칙이 거부하는 경우에도 허용(Relay)
REJECT	• 지정된 도메인이나 IP 주소와 관련된 모든 메일은 송 · 수신 거부 • 송신자에게 메일의 거부 사실을 알려줌
DISCARD	• 지정된 도메인이나 IP 주소와 관련된 모든 메일은 송 · 수신 거부 • 송신자에게 메일의 거부 사실을 알려주지 않음 • /etc/sendmail.cf 파일*에서 설정된 $#discard mailer에 지정된 곳으로 메일을 폐기하며, 송신자는 메일을 정상적으로 발송된 것으로 알게 됨
RELAY	지정된 도메인이나 IP 주소가 보낸 메일을 수신하고, 사용자가 서버를 통해 메일을 보낼 수 있게 중계

📌 /etc/sendmail.cf 파일
메일 서버(sendmail)의 주 환경 설정 파일

② Qmail

* 기본적으로 모든 IP 주소를 차단하기 때문에 /etc/tcp.smtp 파일에 릴레이를 허용할 IP 주소를 등록하고, tcprules라는 명령을 통해 DB 업데이트
* 일반적인 설정 예

```
/etc/tcp.smtp 파일에 등록하는 IP 주소에 대하여 SMTP 접속 허용 및 차단, rcpthost 참조 등을 결정

#vi /etc/tcp.smtp
127.0.0.1:allow,RELAYCLIENT=""
192.168.:allow,RELAYCLIENT=""
192.168.10.:deny  ← 접근 차단
:allow
```

③ 기타 스팸 메일 대응방법

RBL(Real time Blocking List)*	SBL, DNSRBL, URIBL, SURBL
SPF(Send Policy Framework)	허용된 도메인이나 IP 주소 등에서 발송된 것인지 확인하는 방법
Procmail	• 리눅스에서 MDA 역할을 하는 이메일 필터링 도구 • 현재는 기본적인 기능 외에 정규 표현식, 점수 주기(Scoring) 기능 등이 추가됨 • 환경설정 파일 : Procmailrc 　– 환경변수, 처방(Recipes), 플래그(Flag) • 기능 　– 보낸 사람, 제목, 이메일 크기, 내용 등으로 필터링 　– 제목에 "성인", "고화질" 등의 광고 관련 문구가 3개 이상 포함된 메일 필터링 　– "(광고)"라는 문구 또는 "@"로 종료되는 문구를 삭제 　– 메일 크기가 5K~50K이며, 첨부 파일명이 xxx.jpg인 메일 반송
Sanitizer	• 이메일을 이용한 모든 공격에 대해 효과적으로 대응할 수 있도록 해주는 Procmail Ruleset • 기능 : 확장자 필터링, MS Office 매크로에 대한 검사, 악성 매크로에 대한 Score, 감염된 메시지 저장 장소 설정, 〈STYLE〉 태그 변경 기능 등
Inflex	• 메일 서버에서 로컬이나 외부로 나가는 이메일을 검사하여 첨부파일만 필터링 • inflex.cf 환경설정 파일 사용 • 기능 : Contents Scanner, In-Outbound Policy, File Name, File Type
Spam Assassin	• 펄(Perl)로 개발되었으며, 규칙 기반으로, 메일의 헤더와 내용 분석과 실시간 차단리스트(RBL)를 참조하여, 각각의 규칙에 매칭될 경우 총 점수가 기준점수의 초과 여부에 따라 스팸 메일을 결정 • 분류 기준 : 헤더 검사, 본문 내용 검사, 베이시언 필터링, 주요 스팸 근원지/비근원지 목록 자동생성

4) 악성 메일 대응방법

- 라우터
  - Class-Map*을 이용한 차단
  - Policy-Map*을 이용한 차단
- 바이러스 월(Virus Wall)*을 이용한 차단
- 메일 서버 프로그램(MTA)에서의 패턴 매칭에 의한 차단

▶ RBL (Real time Blocking List)

- 1997년 Paul Vixie에 의해 최초로 만들어졌으며, 현재는 MAPS RBL, SPEWS, ORBS, Spamhaus Block List, SORBS 등 다양한 유형의 RBL이 전 세계적으로 서비스되고 있음
- 이메일 수신 시 간편하게 스팸여부를 판단하여 차단할 수 있도록 제공되는 스팸 발송에 이용되는 IP 리스트를 말하며, 대체로 DNS Lookup을 통해 확인하는 방식을 이용하므로, DNSBL (DNS-based Blackhole List)이라고도 함

▶ Class-Map/Policy-Map

- Cisco 라우터에서 Class-Map은 어떤 패킷에 대한 정의를 하는 것이고, Policy-Map은 적용한 것에 대한 어떤 행동을 할 것인가를 정의하는 것
- Class-Map을 설정한 후 Policy-Map을 설정해야 하고, 속도, 서비스, 포트, 트래픽에 대한 설정을 할 수 있음

▶ 바이러스 월(Virus Wall)

- 네트워크 경계지점에서 네트워크를 통해 유입되는 콘텐츠의 바이러스 감염 여부를 검색하고, 치료/격리, 차단해 바이러스의 확산과 그로 인한 피해를 최소화하도록 설계된 보안 솔루션
- HTTP, SMTP, POP3, FTP 등과 같은 다양한 프로토콜에 대한 검사 기능을 수행

웹(Web) 보안

1 개요

1) HTTP 프로토콜

웹 애플리케이션의 아키텍처는 주요 전송 매체인 HTTP(Hyper Text Transfer Protocol) 프로토콜을 사용하여 웹서버와 웹 클라이언트 간 서비스 요청과 응답 처리

① 기본원리

1. 사용자가 웹브라우저를 이용해 웹 페이지의 URL 주소를 입력
2. 사용자가 입력한 URL 주소 중에서 도메인 이름(Domain Name) 부분을 DNS 서버에서 검색
3. DNS 서버에서 해당 도메인 이름에 해당하는 IP 주소를 찾아 사용자가 입력한 URL 정보와 함께 전달
4. 웹 페이지 URL 정보와 전달받은 IP 주소는 HTTP 프로토콜을 사용하여 HTTP 요청 메시지를 생성
5. 생성된 HTTP 요청 메시지는 TCP 프로토콜을 사용하여 해당 IP 주소의 서버로 전송
6. 도착한 HTTP 요청 메시지는 HTTP 프로토콜을 사용하여 웹 페이지 URL 정보로 변환
7. 웹서버는 도착한 웹 페이지 URL 정보에 해당하는 데이터를 검색
8. 검색된 웹 페이지 데이터는 다시 HTTP 프로토콜을 사용하여 HTTP 응답 메시지를 생성
9. 생성된 HTTP 응답 메시지는 TCP 프로토콜을 사용하여 원래 컴퓨터로 전송
10. 도착한 HTTP 응답 메시지는 HTTP 프로토콜을 사용하여 웹 페이지 데이터로 변환
11. 변환된 웹 페이지 데이터는 웹브라우저를 통해 사용자가 볼 수 있게 출력

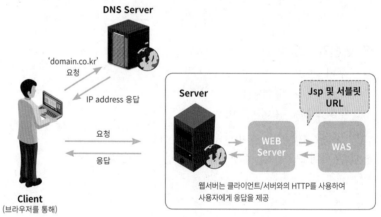

[웹서비스 기본원리]

② HTTP 요청 헤더

```
1 GET /www.server.com/ HTTP/1.1
2 ACCEPT_ENCODING: gzip,deflate,sdch
3 CONNECTION: keep-alive
4 ACCEPT: text/html,application/xhtml+xml,application/xml;q=0.9,*/*;q=0.8
5 ACCEPT_CHARSET: windows-949,utf-8;q=0.7,*;q=0.3
6 USER_AGENT: Mozilla/5.0 (X11; Linux i686) AppleWebKit/535.1 (KHTML, like Gecko)
  Chrome/13.0.782.24
7 ACCEPT_LANGUAGE: ko-KR,ko;q=0.8,en-US;q=0.6,en;q=0.4
8 HOST: www.server.com
9 Cookie2: $Version=1; Skin=new;
```

Host	• 요청하는 호스트에 대한 호스트명 및 포트 번호(필수) – HTTP/1.1 이후부터 Host 필드는 필수 항목(웹브라우저는 이를 반드시 포함해 야 함) • Host 필드에 도메인명 및 호스트명 모두를 포함한 전체 URI(FQDN) 지정이 필요 • 이에 따라 동일 IP 주소를 갖는 단일 서버에 여러 사이트를 구축할 수 있음
User-Agent	클라이언트 소프트웨어(웹브라우저, OS) 명칭 및 버전 정보
From	클라이언트 사용자 메일 주소 – 주로 검색엔진 웹 로봇의 메일 주소를 나타냄 – 메일 주소를 User-Agent 항목에 포함하는 경우도 있음
Cookie	서버에 의해 Set-Cookie로 클라이언트에게 설정된 쿠키 정보(쿠키/캐시 관련)
Referer	바로 직전에 머물렀던 웹 링크 주소
If-Modified-Since	제시한 일시 이후로만 변경된 자원을 취득 요청
Authorization	• 인증 토큰(JWT/Bearer 토큰)을 서버로 보낼 때 사용하는 헤더 • "토큰의 종류(Basic, Bearer 등)+실제 토큰 문자"를 전송
Origin	• 서버로 POST 요청을 보낼 때, 요청이 어느 주소에서 시작되었는지 나타냄 • 여기서 요청을 보낸 주소와 받는 주소가 다르면 CORS 오류가 발생 • 응답 헤더의 Access-Control-Allow-Origin과 관련

• HTTP 메시지 Body의 속성 또는 내용 협상용 항목
• HTTP Entity Header 항목 중에 Content-Type, Content-Type charset-xxx, Content-Encoding, Content-Language와 일대일로 대응

Accept	• 클라이언트 자신이 원하는 미디어 타입 및 우선순위를 알림 – 텍스트(text/html,text/plain,…), 이미지(image/jpeg,…) 등 • 어떤 미디어 타입도 가능 예 Accept: */* • 모든 이미지 유형이 가능 예 Accept: image/*
Accept-Charset	클라이언트 자신이 원하는 문자 집합
Accept-Encoding	클라이언트 자신이 원하는 문자 인코딩 방식
Accept-Language	클라이언트 자신이 원하는 가능한 언어

③ HTTP 응답 헤더

```
1 HTTP/1.1 200 OK
2 Date: Tue, 08 Oct 2019 10:50:51 GMT
3 Server: Apache/2.2.4 (Unix) PHP/5.2.0
4 X-Powered-By: PHP/5.2.0
5 Expires: Sat, 26 Oct 2019 05:00:00 GMT
6 Last-Modified: Tue, 08 Oct 2019 00:59:41 GMT
7 Cache-Control: no-store, no-cache, must-revalidate
8 Content-Length: 102
9 Keep-Alive: timeout=15, max=100
10 Connection: Keep-Alive
11 Content-Type: text/html
12 Set-Cookie2: UserID=JohnDoe; Max-Age=3600; Version=1
```

Server	서버 소프트웨어 정보
Accept-Range	• 범위를 정의하기 위해 사용될 수 있는 단위를 가리킴 • 바이트(Byte) 단위로 표현
Set-Cookie	서버에서 클라이언트에게 세션 쿠키 정보를 설정(쿠키/캐시 관련)
Expires	• 자원이 지정된 일시까지 캐시로써 유효함을 나타냄. 즉, 응답 콘텐츠가 언제 만료되는지를 나타냄 예 Expires: Thu, 26 Jul 2018 07:28:00 GMT • Cache-Control과 별개로 응답에 Expires라는 헤더를 줄 수 있음 단, Cache-Control의 max-age가 있는 경우, 이 헤더는 무시(쿠키/캐시 관련)
Age	• 캐시 응답 • max-age 시간이 얼마나 경과했는지 초 단위로 알려줌(쿠키/캐시 관련)
ETag	HTTP 콘텐츠가 바뀌었는지를 검사할 수 있는 태그(쿠키/캐시 관련)
Proxy-Authenticate	• 프록시는 응답 메시지에 AuthenticateField를 생성 • 프록시를 통해 요청 메시지를 전송하면 다음과 같은 경우, 서버나 프록시를 자동으로 인증하려고 시도 − HTTPOptions.Authenticate 속성이 true(디폴트 값)인 경우 − HTTPOptions.Credentials 속성이 필요한 이름과 비밀번호를 포함하는 경우 • 인증이 성공하면 응답 메시지가 OK 상태를 반환하고, 인증 필드를 포함하지 않음 • 인증을 사용하지 않도록 설정했거나 인증이 실패한 경우, 응답 메시지가 인증 필드를 반환
Allow	• 해당 엔티티에 대해 서버에서 지원 가능한 HTTP 메소드의 리스트를 나타냄 • HTTP 요청 메시지의 HTTP 메소드 OPTIONS에 대한 응답용 항목으로 사용 − OPTIONS : 웹서버에 제공 HTTP 메소드에 대한 질의 • 405 Method Not Allowed 에러와 함께 웹서버에서 제공 가능한 HTTP 메소드는 GET, HEAD뿐임을 알림 예 Allow: GET, HEAD
Access-Control-Allow-Origin	• 요청을 보내는 프론트 주소와 받는 백엔드 주소가 다르면 CORS* 에러가 발생. 서버에서 이 헤더에 프론트 주소를 기록해야 에러가 나지 않음 예 Access-Control-Allow-Origin: www.mydomain.com 프로토콜, 서브도메인, 도메인, 포트 중 하나만 달라도 CORS 에러가 발생 예 Access-Control-Allow-Origin: * 만약 주소를 일일이 지정하기 어렵다면 '*'으로 모든 주소에 CORS 요청이 허용되지만 그만큼 보안이 취약해짐 • 유사한 헤더로 Access-Control-Request-Method, Access-Control-Request-Headers, Access-Control-Allow-Methods, Access-Control-Allow-Headers 등이 있음 • Request와 Allow에서 Method의 단수 복수 주의

★ CORS(Cross Origin Resource Sharing)

• 처음 전송되는 자원의 도메인과 다른 도메인으로부터 자원이 요청될 경우 해당 자원은 Cross-Origin HTTP 요청에 의해 요청
• 보안상의 이유로, 웹브라우저들은 스크립트 내에서 초기화되는 Cross-Origin HTTP 요청을 제한
• POST와 같은 요청을 보낼 때, 요청이 어느 주소에서 시작되었는지를 나타냄. 여기서 요청을 보낸 주소와 받는 주소가 다르면 CORS 문제가 발생

④ HTTP 공통 헤더

• HTTP 헤더 내 일반 헤더(General Header) 항목
• 요청 및 응답 메시지 모두에서 사용 가능한 일반 목적의(기본적인) 헤더 항목

Date	HTTP 메시지를 생성한 일시(RFC 1123에서 규정) 예 Date: Sat, 2 Oct 2018 02:00:12 GMT
Connection	• 클라이언트와 서버 간 연결에 대한 옵션 설정 • 현재 HTTP 메시지 직후에 TCP 접속을 끊는다는 것을 알림 예 Connection: close • 현재 TCP Connection을 유지 예 Connection: keep-alive
Cache-Control	쿠키/캐시 관련

Pragma	• HTTP/1.1 버전의 no-cache 헤더가 생기기 전까지 HTTP/1.0 버전에서 사용한 요청/응답 체인에 다양한 영향을 줄 수 있는 구현 헤더 • HTTP 응답에서 명시되지 않았던 헤더이므로, 응답에서 no-cache 헤더가 생략되었을 시, Cache-Control: no-cache와 같은 효과를 나타내지만, 일반적인 HTTP/1.1의 no-cache 헤더의 신뢰할만한 대체재로 사용될 수는 없음 • HTTP/1.0을 사용하는 클라이언트들만을 위한 비공식적인 호환성을 위해서 사용하는 것이 좋음
Trailer	• 다른 HTTP 헤더처럼 나열하게 되는데, 위치가 메시지 본문(Body)의 제일 끝부분 • 수신자에게 어떤 HTTP 헤더가 Chunked 방식의 트레일러(Trailer)로 사용될 것인지를 알려주는 헤더

⑤ HTTP 엔티티 관련 헤더

- HTTP 헤더 내 개체 헤더(Entity Header) 항목
- 요청 및 응답 메시지 모두에서 사용 가능한 개체(콘텐츠, 본문, 자원 등)에 대한 설명 헤더 항목
- HTTP 메시지 내 포함된 선택적 개체에 대한 구체적인 미디어 타입 등의 설명
- HTTP 메시지는 이미지, 비디오, 오디오, HTML 문서, 전자메일 등의 개체들을 운반할 수 있음

Content-Type	• 해당 개체에 포함되는 미디어 타입 정보
	• 콘텐츠의 타입(MIME 미디어 타입) 및 문자 인코딩 방식(EUC-KR, UTF-8 등)을 지정
	• 타입 및 서브타입(Type/Subtype)으로 구성
	  – 타입(Type) : 10개 정도 표준으로 지정됨(Application, Audio, Font, Image, Multipart 등)
	  – 서브타입(subtype) : 각 타입별로 수십에서 수백 개 정도
	• 해당 개체가 html 텍스트 문서이고, iso-latin-1 문자 인코딩 방식으로 표현되는 것을 의미
	  예 Content-Type: text/html; charset=latin-1
	• 공통 헤더

Content-Language	• 해당 개체와 가장 잘 어울리는 사용자 언어(자연언어) • 공통 헤더
Content-Encoding	• 해당 개체 데이터의 압축 방식 • 만일 압축이 수행되었다면 Content-Encoding 및 Content-Length 2개 항목을 토대로 압축 해제가 가능 예 Content-Encoding : gzip, deflate • 공통 헤더
Content-Length	• 전달되는 해당 개체의 바이트 길이 또는 크기(10진수) • 응답 메시지 Body의 길이를 지정하거나, 특정 지정된 개체의 길이를 지정 • 공통 헤더
Content-Location	• 해당 개체의 실제 위치를 알려줌 • 공통 헤더

Content-Disposition	• 응답 Body를 웹브라우저가 어떻게 표시해야 할지 알려줌
	• inline인 경우 웹페이지 화면에 표시되고, attachment인 경우 다운로드함
	  예 Content-Disposition : inline
	  예 Content-Disposition : attachment; filename='filename.csv'
	• 다운로드를 원하는 파일은 attachment로 값을 설정하고, filename 옵션으로 파일명까지 지정해줄 수 있음
	• 파일용 서버인 경우, 이 태그를 자주 사용
	• 응답 헤더

Content-Security-Policy	• 다른 외부 파일들을 불러오는 경우, 차단할 소스와 불러올 소스를 명시 • XSS 공격에 대한 방어 가능(허용한 외부 소스만 지정 가능) • https를 통해서만 파일을 가져옴 　예 Content-Security-Policy: default-src https: • 자신의 도메인 파일들만 가져옴 　예 Content-Security-Policy: default-src 'self' • 파일을 가져올 수 없음 　예 Content-Security-Policy: default-src 'none' • 응답 헤더
Location	• 자원이 리다이렉트(Redirect)된 때 이동된 주소, 또는 새로 생성된 자원 주소를 명시 • 300번대 응답이나 201 Created 응답일 때, 어느 페이지로 이동할지를 알려줌 • 새로 생성된 자원의 경우 　– HTTP 상태 코드 201 Created가 반환 • 300번대 응답의 경우 　– HTTP/1.1 302 Found Location: / 　– 이런 응답이면 웹브라우저는 / 주소로 Redirect함 • 응답 헤더
Last-Modified	• 자원을 마지막으로 갱신한 일시 • 응답 헤더
Transfer-Encoding	• Chunck* • 동적으로 생성되어 Body의 길이를 모르는 경우 조금씩 전송이 가능 • 각 Chunk마다 그 시작에 16진수 길이를 삽입하여 Chunk 길이를 알려줌 • 응답 헤더

> **Chunk**
> • HTTP 1.1에서 사용할 수 있는 스트리밍 데이터 전송 메커니즘
> • 청크 전송 인코딩에서 데이터 스트림은 일련의 겹치지 않는 "청크"로 나누어짐. 또한, 청크는 서로 독립적으로 전송 및 수신

⑥ HTTP 캐시/쿠키 관련 헤더(Caching 관련)

Cache-Control	• 아무것도 캐싱하지 않음 　예 Cache-Control: no-store • 모든 캐시를 쓰기 전에 서버에 해당 캐시를 사용해도 되는지 확인 　예 Cache-Control: no-cache • 만료된 캐시만 서버에 확인을 받도록 함 　예 Cache-Control: must-revalidate • 공유 캐시(또는 중개 서버)에 저장해도 된다는 것을 의미 　예 Cache-Control: public • 웹브라우저 같은 특정 사용자 환경에만 저장 　예 Cache-Control: private • 캐시 유효시간을 명시 　예 Cache-Control: max-age • 주로 응답 헤더로 사용하지만, "클라이언트 ↔ 중개 서버 ↔ 서버"의 구조에서 중개 서버의 캐시를 가져오지 않도록 하려면 클라이언트에서 요청 헤더에 이 헤더를 추가 • 공통 헤더
Expires	• 자원이 지정된 일시까지 캐시로써 유효함을 나타냄. 즉, 응답 콘텐츠가 언제 만료되는지를 나타냄 　예 Expires: Thu, 26 Jul 2018 07:28:00 GMT • Cache-Control과 별개로 응답에 Expires라는 헤더를 줄 수 있음 　– Cache-Control의 max-age가 있는 경우, 이 헤더는 무시 • 응답 헤더
Age	• 캐시 응답. max-age 시간이 얼마나 경과했는지 초 단위로 알려줌 　예 max-age= 3600을 설정한 경우, 1분 후 Age: 60이 캐시 응답 헤더에 포함 • 응답 헤더
ETag	• HTTP 콘텐츠가 바뀌었는지를 검사할 수 있는 태그 • 같은 주소의 자원이더라도 콘텐츠가 달라졌다면 ETag가 다름 • 같은 주소로 GET 메소드 수행 시 응답 Body의 내용이 동일하면 같은 ETag를 갖지만, 내용이 바뀌었다면 ETag 헤더 값이 변경 • 이 헤더 값이 변경되었다면 캐시를 지우고, 새로 변경된 콘텐츠를 받음 • 응답 헤더

If-None- Match	• 서버에 ETag가 달라졌는지 검사를 요청 • ETag가 다를 경우에만 콘텐츠를 새로 받음 • ETag가 같다면 서버는 304 Not Modified를 응답해서 캐시를 그대로 사용 • 요청 헤더

⑦ HTTP 캐시/쿠키 관련 헤더(Cookies 관련)

Cookie	• 서버에 의해 Set-Cookie로 클라이언트에게 설정된 쿠키 정보 　예 Cookie: attribute1=value1; attribute2=value2; • 서버는 이 쿠키 헤더를 파싱하여 사용 • CSRF 공격 등을 막기 위해서 반드시 서버는 쿠키가 정상적인 상황에서 보내온 　것인지 확인하는 절차가 필요 • 요청 헤더
Set-Cookie	• 서버에서 클라이언트로 세션 쿠키 정보를 설정할 때 사용하는 항목 　예 Set-Cookie : 속성이름(attribute)=속성값(value); 옵션들 형태로 다수의 정보가 　　설정됨 • 옵션 　– Expires : 쿠키 만료 날짜 설정 　– Max-Age : 쿠키 수명 설정. Expires는 무시 　– Secure : https에서만 쿠키가 전송 　– HttpOnly : 자바스크립트에서 쿠키에 접근할 수 없음. XSS 요청을 막으려면 활 　　성화하는 것이 좋음 　– Domain : 도메인을 적어주면 도메인이 일치하는 요청에서만 쿠키가 전송. 가끔 　　도메인이 다른 쿠키들이 있는데, 이런 쿠키들은 써드 파티 쿠키로, 클라이언트 　　를 추적하고 있는 쿠키 　– Path : 해당 path와 일치하는 요청에서만 쿠키가 전송 　예 Set-Cookie: mydomain=park; Expires=Wed, 21 Oct 2015 07:28: 00 GMT; 　　Secure; HttpOnly 　– 쿠키는 XSS 공격과 CSRF 공격 등에 취약하므로, HttpOnly 옵션을 설정하고, 쿠 　　키를 사용하는 요청은 서버에서 검증하는 절차를 구현하는 것이 좋음 • 응답 헤더

⑧ 캐시, 쿠키, 세션의 차이점

캐시 (Cache)	• 웹 페이지 요소를 저장하기 위한 임시 저장소. 특히, 나중에 필요할 것 같은 요소들 　을 저장 • 웹 페이지가 빠르게 렌더링할 수 있도록 도와줌. 그림 파일이나 문서 파일 등의 요 　소들이 있음 • 사용자가 직접 수동으로 삭제해주어야 함
쿠키 (Cookie)	• 기본적으로 웹서버에서 PC로 보내는 작은 파일들을 저장 • 보통 쿠키는 누군가 특정한 웹사이트를 접속할 때 발생 • 사용자의 인증을 도와줌 • HTTP의 비연결(Connectionless)과 무상태(Stateless)를 보완 • 웹브라우저에 서버에 있는 상태 값들을 저장할 수 있도록 하여 사용자에 대한 지속 　적인 상태감시 및 상태 참조 • 웹서버는 HTTP 헤더 내 Set-Cookie:란에 설정할 쿠키 관련 정보를 보냄 • 웹브라우저는 쿠키를 도메인 서버 이름으로 정렬된 쿠키 디렉터리에 저장 • 로그온 정보, 방문기록, 방문횟수 등의 정보 저장 • 만료 기간이 있어 시간이 지나면 자동삭제 • 해당 사용자의 컴퓨터를 사용한다면 누구나 쿠키에 입력된 값을 쉽게 확인 가능(보 　안성 낮음)
세션 (Session)	• 일정 시간 동안 같은 웹브라우저로부터 들어오는 요청을 하나의 상태로 보고, 그 상 　태를 유지하는 기술 • 웹브라우저를 통해 서버에 접속한 이후부터 웹브라우저를 종료할 때까지 유지되는 　상태 • 서버에 직접 저장되므로, 세션 내의 데이터를 탈취하는 것은 어려움(보안성 높음)

⑨ **쿠키와 세션의 통신 방식**

㉠ **쿠키**

> 1. 최초 통신에서는 쿠키값이 없으므로, 일단 클라이언트는 요청
> 2. 서버에서 클라이언트가 보낸 요청 헤더(Request Header)에 쿠키가 없음을 판별. 통신 상태(사용자 ID, 패스워드, 조작상태, 방문횟수 등)를 저장한 쿠키를 응답
> 3. 클라이언트의 웹브라우저가 받은 쿠키를 생성/보존
> 4. 두 번째 연결부터는 HTTP 헤더에 쿠키를 포함하여 서버에 요청

㉡ **세션**

> 1. 클라이언트가 서버에 접속 시, 세션 ID를 발급
> 2. 서버에서는 클라이언트로 발급해 준 세션 ID를 쿠키를 이용해서 저장
> 3. 클라이언트는 다시 페이지에 접속할 때, 쿠키에 저장된 세션 ID를 서버에 전달
> 4. 서버는 요청 헤더(Request Header)의 쿠키 정보(세션 ID)로 클라이언트를 판별

⑩ **HTTP의 보안 문제점**

웹과 다른 위험성 문제	메일이나 Usenet* 뉴스 같은 기능 지원으로 위험 내포
웹과 다른 서비스와의 통합 문제	웹과 다른 서비스와의 통합은 취약점 내포
클라이언트 문제	웹브라우저의 보안에 관한 기본 설정을 잘못하였을 경우 문제
서버 문제	웹서비스 환경, CGI 작성 등의 문제
방화벽과 연계 문제	어떤 서비스는 외부로부터 내부로 전송을 허용함으로써, 취약점 존재

2 웹서비스 공격유형

- 웹 클라이언트의 취약점을 이용한 공격과 웹서버의 취약점을 이용한 공격으로 나누며, 웹서버에 대한 공격은 네트워크의 방화벽을 우회하여 내부 네트워크를 공격하는 시작점이 될 수 있으므로 주의하여야 함
- 웹서비스 관련 공격은 최신 해킹 경향에 따라 끊임없이 새로운 공격기법이 발견되므로, 항상 최신 보안 경향에 관심을 가지고, 매년 발표되는 OWASP TOP 10*에 대하여 이해하고 있어야 함

1) 웹서버 버그 공격

- 서버의 버전 정보가 가지는 의미
- 아파치 서버에 존재하는 최신 취약점 정보
- IIS* 서버에 존재하는 최신 취약점 정보 : IIS 서버 공격을 응용한 인터넷 웜 공격 기법(Codered*, Nimda* 등)

2) 부적절한 파라미터 조작

공격방법	• HTML 요청을 변조하여 보안 메커니즘 우회 • 인수를 조작하여 시스템 명령어 실행 • Perl이나 Shell Script 등의 스크립트 기반 언어로 작성된 웹 애플리케이션의 경우, 일반 변수에 특정 문자열을 삽입하여 사용하면 이를 적절히 처리하지 못하고 시스템의 명령어 실행
취약성 판단방법	• 취약함수 사용 여부 확인 • 소스 코드 상세분석 • OWASP의 WebScarab*과 같은 도구를 사용하여 취약함수 검사 • https://github.com/OWASP/OWASP-WebScarab/blob/master/WebScarab.jnlp

대응방법	• 데이터 유형 검증 • 허용된 문자셋 검증 • 최대/최소 길이 검증 • 중복 허용 여부 검증 • 숫자의 범위 검증 • Null 값의 허용 여부 검증 • 타당한 것으로 지정된 값이나 패턴 검증 • 필수 함수와 그렇지 않은 함수 검증

3) 원격지 파일의 명령 실행

공격방법	게시판 소스 코드 중 Include 문을 이용하여 Passthru나 System과 같이 원격에서 명령 실행이 가능한 함수를 추가함으로써 원격지에서 명령 실행
취약성 판단방법	• 게시판 소스 코드에 Include 문이 있는지 확인 • Include 문에 의하여 원격지의 파일을 포함할 수 있는지 확인
대응방법	PHP의 경우 php.ini 파일에서 allow_url_fopen 옵션을 Off 값으로 설정

4) SQL Injection

공격방법	• 공격자가 입력값을 조작하여 원하는 SQL* 구문을 실행하는 기법 • 잠재적인 SQL 구문의 구조 확인 후 적절히 실행되는 문자의 결합을 찾을 때까지 입력을 조작하는 기법 • 부적절한 입력값을 전달하여 오류를 발생시키고, SQL 구문을 확인하는 방법 • MS-SQL에서의 시스템 명령어 실행 : xp_cmdshell 저장 프로시저를 이용한 시스템 명령어 실행
취약성 판단 방법	• 검색어 필드 및 로그온 필드에 큰 따옴표, 작은 따옴표, 세미콜론을 입력하여 DB 오류가 발생하는지 확인 • 로그온 ID 필드에 '[or 1=1 ; --]'과 패스워드 필드에 아무 값이나 입력 • 로그온 ID 필드와 패스워드 필드에 '[or' 1' = ' 1]을 입력
대응방법	• 사용자의 입력에 특수문자가 포함되어 있는지 검증 • SQL 서버의 오류 메시지 숨김 • 일반 사용자 권한으로 시스템 저장 프로시저에 접근 차단

5) 파일 업로드(File Upload)

공격방법	게시판에서 파일 업로드가 가능한 경우 게시판의 웹 애플리케이션과 같은 언어의 스크립트 파일을 업로드한 후, 이를 SSI(Server Side Include)* 특성을 이용하여 실행시킴으로써, 웹서버의 내부 명령어를 실행하는 공격
취약성 판단방법	게시판에 쓰기 권한과 파일 첨부 기능이 있는지 확인 후 확장자가 JSP*, PHP*, ASP*, CGI* 등의 파일이 업로드가 가능한지 확인
대응방법	• 업로드되는 파일의 확장자 검증 • 업로드 파일을 위한 디렉터리의 실행 권한 제한

6) 파일 다운로드(File Download)

공격방법	다운로드를 위한 게시판의 파일을 이용하여 임의의 문자나 주요 파일명을 입력함으로써, 웹서버의 홈 디렉터리를 벗어나 시스템 내부의 파일에 접근하는 공격
취약성 판단방법	게시판에 특정 파일을 이용하여 다운로드하는 페이지가 있는지 검사한 후, 다운로드 파일명을 시스템의 중요한 파일의 위치와 이름으로 바꾼 후 다운로드 시도
대응방법	• 파일 다운로드 시 절대 경로 사용 대신 특정 파일을 이용하여 다운로드 • 파일 다운로드 시 지정된 파라미터 값이 모두 입력되었는지 검증

💬 **SQL**(Structured Query Language)
• 구조적 질의 언어를 말함
• 데이터베이스의 데이터를 질의하거나 처리하는 데 사용
• 모든 데이터베이스에서 ANSI 표준 SQL 언어가 기본으로 지원되고 있으며, 추가로 각 데이터베이스 업체들이 확장된 SQL문들을 제공하기도 함
• Microsoft SQL Server에서 사용하는 SQL문은 Transaction-SQL 혹은 TSQL이라 부름

💬 **SSI**(Server Side Include)
• 서버가 생성한 혹은 저장된 HTML 파일을 사용자에게 보내기 직전에 포함할 수 있는 변수 값을 치환하는 것을 말함
• HTML 문서는 웹브라우저에 전송되어 해석되지만, SSI는 서버에서 먼저 해석된 후에 웹브라우저로 전송됨
• 서버가 많은 양의 데이터를 처리하기 때문에 서버에 과부하를 주게 됨

💬 **JSP**(Java Server Page)
HTML 내에 자바 코드를 삽입하여 웹서버에서 동적으로 웹페이지를 생성하고, 웹브라우저로 전송해 주는 언어

💬 **PHP**(Hypertext Preprocessor)
• 범용성을 지닌 널리 사용되는 오픈소스 스크립트 언어
• 웹 개발 및 HTML에 포함시키기에 적합

💬 **ASP**(Active Server Page)
• 웹서버에서 동적인 웹 콘텐츠를 제작하기 위해 마이크로소프트에서 개발한 기술로, 대화형 웹페이지
• 웹 기반 애플리케이션을 제작하기 위한 서버 기반의 스크립팅 언어

💬 **CGI**(Common Gateway Interface)
• 웹서버와 외부 프로그램 사이에서 정보를 주고받는 방법이나 규약
• PHP/ASP는 CGI를 만들기 위한 하나의 도구이며, 스크립트 언어

★ GET 방식
· 클라이언트로부터의 데이터를 이름과 값이 결합된 스트링 형태로 전송
· 기본적으로 데이터베이스의 질의어 데이터와 같은 요청 자체를 위한 정보를 전송할 때 사용

★ POST 방식
· 클라이언트와 서버 간에 상호 정의되어 있는 형식으로, 값을 인코딩한 다음 서버로 전송
· 데이터베이스의 갱신 작업과 같이 서버에서의 정보 갱신 작업할 때 사용

7) 쿠키/세션 위조

공격방법	· 클라이언트에 전달된 쿠키 분석 · 인증에 사용되는 웹페이지 분석 · 매번 접속할 경우 변하는 쿠키 부분과 변하지 않는 쿠키 부분 분석 · 쿠키의 이름을 확인 후 내용 유추 · GET 방식*과 POST 방식*을 이용하여 위조된 쿠키로 인증을 통과하는 기법
취약성 판단방법	웹브라우저 주소창에 'javascript : document.cookie ; '를 입력하여 내용 확인 후, 세션 쿠키를 사용하는 웹 애플리케이션 소스 점검을 통하여 불법 변조 탐지루틴이 있는지 확인
대응방법	· 전송 중 자격증명 보호 · Cookie 대신 Server Side Session 사용

8) 크로스사이트 스크립트(XSS)

- 게시판, 웹 메일 등에 삽입된 악의적인 스크립트에 의해 웹 페이지 오류가 발생하거나 다른 사용자의 사용을 방해하고, 쿠키 및 기타 개인정보를 특정 사이트로 전송시키는 공격기법
- 게시판의 글에 원본과 함께 악성코드를 삽입하고, 해당 글을 읽으면 악성코드가 실행되도록 함으로써, 클라이언트의 정보를 유출하는 공격기법
- 웹 페이지가 사용자로부터 입력받은 데이터를 필터링하지 않고, 동적으로 생성된 웹 페이지에 포함함으로써, 잘못된 데이터를 사용자에게 재전송할 때 발생

① 반사(Reflective) XSS

- 공격자가 악성 스크립트가 포함된 URL을 클라이언트에게 노출시켜 클릭하도록 유도하여 쿠키 정보를 탈취하거나, 피싱 사이트, 불법 광고 사이트로 이동하게 함
- JSP나 서블릿(Servlet)* 코드에서 사용자의 입력값을 검증하지 않고 그대로 웹브라우저로 출력하는 경우 발생
- 텍스트 필드에 <script>alert('xss') ; </script>를 입력하여 전송 버튼을 눌렀을 때, Alert 창이 뜨게 된다면 해당 텍스트 필드는 반사(Reflective) XSS에 취약점을 가지게 됨
- XSS 공격을 방어하는 최선의 방법은 HTTP 헤더, 쿠키 쿼리 스트링, 폼 필드*, 히든 필드* 등의 모든 인자에 대하여 허용된 유형의 데이터만을 입력받도록 입력값 검증을 해야 함

★ 서블릿(Servlet)
자바를 기반으로 만드는 웹 애플리케이션 프로그래밍 기술

★ 폼 필드(Form Field)
· 폼(FORM)의 범위를 표시
· 사용자 입력을 위한 다양한 형식의 컨트롤(W3C는 입력 필드, 버튼 등의 폼을 구성하는 입력 요소를 컨트롤이라고 부름)로 구성되는 영역이며, 이 영역의 시작과 종료 지점은 FORM 요소에 의해 정의

★ 히든 필드(Hidden Field)
사용자가 입력하거나 선택하는 정보는 아니지만 폼 전송과 같이 전송해야 하는 정보를 담기 위해 사용

[반사 XSS 공격 시나리오]
1. 공격자는 먼저 A 사이트에 XSS 취약점이 있는 것을 발견
2. 민감한 정보를 획득할 수 있는 공격용 악성 URL을 생성
3. 공격자는 이 URL을 이메일 메시지에 포함하여 배포
4. 사용자가 URL을 클릭하면, 바로 공격 스크립트가 사용자에게 반사되어 A 사이트에 관련된 민감한 정보(ID/패스워드, 세션 정보)를 공격자에게 전송

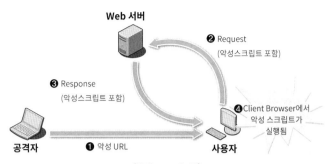

[반사(Reflective) XSS]

② 저장(Stored) XSS

- 웹 애플리케이션 취약점이 있는 웹서버에 악성 스크립트를 영구적으로 저장해 놓는 방법
- 서버를 이용하는 사용자가 해당 스크립트를 실행하게 하여 사용자의 쿠키 정보를 탈취하거나, 피싱 사이트, 불법 광고 사이트로 이동하게 됨

> [저장 XSS 공격 시나리오]
> 1. 공격자는 웹사이트의 게시판, 사용자 프로필 및 코멘트 필드 등에 악성 스크립트를 삽입해 놓음
> 2. 다시 공격자는 악성 스크립트가 있는 URI를 사용자에게 전송
> 3. 사용자가 사이트를 방문하여 저장되어 있는 페이지에 정보를 요청할 때, 서버는 악성 스크립트를 사용자에게 전달하여 사용자 웹브라우저에서 스크립트가 실행되면서 공격

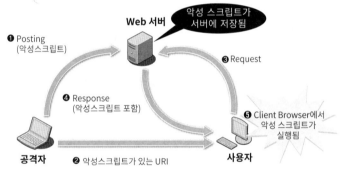

[저장(Stored) XSS]

③ DOM XSS

- HTML, XML을 다루기 위한 프로그래밍 API*로, Ajax* 프로그램에서 사용되는 자바스크립트를 이용하여 웹브라우저로부터 수신된 데이터를 다시 분할하여 Document Write하는 작업을 수행하는 경우 XSS 공격이 가능하게 됨
- 가능한 애플리케이션은 DOM* 데이터를 처리하기 위한 클라이언트의 스크립트 사용을 자제해야 함
- 저장 XSS 및 반사 XSS 공격의 악성 페이로드가 서버의 애플리케이션 취약점으로 인해 응답 페이지에 악성 스크립트가 포함되어 웹브라우저로 전달되면서 공격하는 것인 반면, DOM 기반 XSS는 서버와 관계없이 웹브라우저에서 발생하는 것이 차이점

> [DOM XSS 공격 시나리오]
> 1. 공격자는 DOM 기반 XSS 취약점 있는 브라우저를 대상으로 조작된 URL을 이메일을 통해 전송
> 2. 사용자는 이 URL 링크를 클릭하면 공격 스크립트가 DOM 생성의 일부로 실행되면서 공격. 페이지 자체는 변하지 않으나, 페이지에 포함되어 있는 웹브라우저 코드가 DOM 환경에서 악성코드로 실행

API(Application Programing Interface)

- 응용 프로그램에서 사용할 수 있도록 운영체제나 프로그래밍 언어가 제공하는 기능을 제어할 수 있게 만든 인터페이스
- 주로 파일 제어, 창 제어, 화상 처리, 문자 제어 등을 위한 인터페이스를 제공

Ajax

대화식 웹 애플리케이션의 제작을 위해 DHTML, LAMP, JAVA Script, XML 등의 조합을 이용하는 웹 개발 기법

DOM(Document Object Model)

- W3C 표준으로, HTML 및 XML 문서에 접근방법을 표준으로 정의하는 문서객체 모델
- W3C9에서는 DOM을 '프로그램 및 스크립트가 문서의 콘텐츠, 구조 및 형식을 동적으로 접근 및 업데이트할 수 있도록 하는 언어 중립적인 인터페이스이다'라고 정의되어 있음
- HTML 문서를 계층적으로 보면서 콘텐츠를 동적으로 변경할 수 있음

❶ URL: http://www.domain.com/top.html#default=<script>alert(document.cookie)</script>
❷ 조작된 URL 링크를 전송

공격자

사용자

Web 서버

[DOM XSS 공격]

9) 크로스사이트 요청 변조(CSRF)

- 사용자가 자신의 의지와는 무관하게 공격자가 의도한 행위(수정, 삭제, 등록 등)를 특정 웹사이트에 요청하게 하는 공격기법
- 로그온한 사용자의 웹브라우저가 취약한 웹 애플리케이션에 피해자의 세션 쿠키와 공격자의 변조된 HTTP 요청을 강제로 전송하도록 함
- 저장(Stored) XSS 방식, 반사(Reflective) XSS 방식 모두 가능

[CSRF 공격 시나리오]
1. 공격자가 공격 코드를 가진 웹페이지를 제작하여 공개하거나, 특정 웹사이트에 공격용 코드를 삽입
2. 사용자는 공격자가 삽입한 웹페이지에 접속
3. 사용자(사용자의 웹브라우저)는 공격자가 삽입한 요청을 서버로 전송

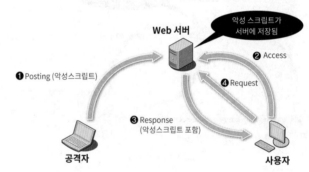

[CSRF 공격 시나리오]

① 공격방법

- 정형화된 수법이 있기보다는 웹에 요청을 보낼 수 있는 모든 방법이 공격 방법이 된다고 할 수 있음
- javascript와 ajax를 이용한 방법, 전통적인 form 방법, img 태그를 이용한 방법 등 요청을 보낼 수 있는 방법이라면 그 어떤 것이라도 가능함

② 대응방법

- 일반적으로 가장 널리 이용되는 방법에는 Synchronizer Token Pattern(동기화된 토큰 패턴)이 있음. 이 패턴은 서버 사이드(세션 스코프 등)에 보관된 토큰을 CSRF 방어가 필요한 요청마다 포함(요청할 form에 hidden 필드를 이용하여 토큰을 추가)시켜 요청하고, 서버에서 비교하는 방식으로 CSRF를 방어하는 방법
- 가장 간단한 방식으로, 사용자 경험에 영향을 주지 않는 방식으로 방어할 수 있으므로 널리 사용됨

- 가장 강력한 대책으로는 CAPCHA*나 재인증 등의 방법이 있지만, 사용자의 경험에 영향을 미치므로 신중하게 생각해서 도입해야 함

10) XSS와 CSRF의 비교

- XSS는 공격대상 웹사이트의 취약한 곳을 찾아 악성 스크립트를 삽입하는 공격인 반면, CSRF는 공격대상 웹사이트에 직접 악성 스크립트를 삽입하지 않고 페이로드에도 악성코드를 사용하지 않음
- CSRF의 목적은 웹사이트의 기능을 공격대상으로 삼고 인증받은 사용자가 공격자 대신 특정 요청을 수행하도록 하는 것이고, XSS는 웹브라우저에 악성 스크립트를 삽입해 데이터 수집하거나, 웹브라우저가 특정 동작을 하도록 유도하는 것
- XSS와 CSRF는 공격방식도 다르며, 대응방법도 다르므로 서로 독립적으로 대응하여야 함
- CSRF는 XSS의 반사(Reflective) 방식과 저장(Stored) 방식 모두 사용 가능한 특징을 갖고 있음

구분	XSS	CSRF
주 공격지점	클라이언트	서버
기능 구현	공격자가 Script를 이용하여 직접구현	서버에서 제공하는 기능을 도용
Script 사용 여부	반드시 Script 사용이 가능해야 함	Script를 사용할 수 없어도 공격 가능
공격 시 준비사항	XSS 취약점만 발견 후 즉시 사용 가능	공격하고자 하는 요청(Request)/응답(Response)의 로직을 분석해야 함
공격 감지 가능 여부	저장(Stored)/반사(Reflective)	구분할 수 없음

3 OWASP Top 2017

- 오픈소스 웹 애플리케이션 보안 프로젝트
- 주로 웹에 관한 정보 노출, 악성 파일 및 스크립트, 보안 취약점 등을 연구하며, 10대 웹 애플리케이션의 취약점 발표
- 가장 위험한 웹 애플리케이션 보안 위험 10가지

A1 (인젝션)	• SQL, OS, XXE, LDAP 인젝션 취약점은 신뢰할 수 없는 데이터가 명령어나 쿼리문의 일부분으로써, 인터프리터로 보내질 때 발생 • 공격자의 악의적인 데이터는 예기치 않은 명령을 실행하거나, 정당한 권한 없이 데이터에 접근할 수 있도록 인터프리터를 속일 수 있음
A2 (취약한 인증)	인증 및 세션 관리와 관련된 애플리케이션 기능이 종종 잘못 구현되어 공격자에 의해 암호, 키, 세션 토큰이 위험에 노출될 수 있거나, 일시적 또는 영구적으로 다른 사용자의 권한 획득을 위해 구현상 결함을 악용하도록 허용
A3 (민감한 데이터 노출)	• 다수의 웹 애플리케이션과 API는 금융 정보, 건강 정보, 개인 식별 정보와 같은 중요한 정보를 제대로 보호하지 않음 • 공격자는 신용카드 사기, 신분 도용 또는 다른 범죄를 수행하기 위해 보호가 취약한 데이터를 훔치거나 수정할 수 있음 • 중요한 데이터는 저장 또는 전송할 때 암호화 같은 추가 보호 조치가 없으면 탈취당할 수 있으며, 브라우저에서 주고받을 때 각별한 주의가 필요함
A4 (XML 외부 개체 (XXE))	• 오래되고 설정이 잘못된 많은 XML 프로세서들은 XML 문서 내에서 외부 개체 참조를 평가함 • 외부 개체는 파일 URI 처리기, 내부 파일 공유, 내부 포트 스캔, 원격 코드 실행과 서비스거부 공격을 사용하여 내부 파일을 공개하는 데 사용할 수 있음
A5 (취약한 접근통제)	• 인증된 사용자가 수행할 수 있는 작업에 대한 제한이 제대로 적용되어 있지 않음 • 공격자는 이러한 결함을 악용하여 다른 사용자의 계정에 접근하거나, 중요한 파일을 보거나, 다른 사용자의 데이터를 수정하거나, 접근 권한을 변경하는 등 접근 권한이 없는 기능과 데이터에 접근할 수 있음

CAPCHA(Completely Automated Public Turing test to tell Computers and Humans Apart)

- 완전 자동화된 사람과 컴퓨터 판별
- 어떤 사용자가 실제 사람인지 컴퓨터 프로그램인지를 구별하기 위해 사용되는 방법
- 흔히 웹사이트 회원가입 시사용하는 자동가입방지 프로그램에 사용됨

Forward

- Web Container 차원에서 웹 페이지 이동만 있음
- 실제로 웹브라우저는 다른 페이지로 이동했음을 알 수 없음. 그렇기 때문에 웹브라우저에는 최초에 호출한 URL이 표시되고, 이동한 페이지의 URL 정보는 볼 수 없음
- 같은 웹 컨테이너에 있는 페이지로만 이동할 수 있음
- 현재 실행중인 페이지와 Forward에 의해 호출될 페이지는 Request와 Response 객체를 공유

Redirect

- Web Container는 Redirect 명령이 들어오면 웹브라우저로 하여금 다른 페이지로 이동하라고 명령을 내림. 그러면 웹브라우저는 URL을 지시된 주소로 바꾸고, 그 주소로 이동
- 다른 웹 컨테이너에 있는 주소로 이동이 가능
- 새로운 페이지에서는 Request와 Response 객체가 새롭게 생성됨

A6 (잘못된 보안 구성)	• 잘못된 보안 구성은 가장 흔하게 보이는 이슈 • 취약한 기본 설정, 미완성(또는 임시 설정), 개방된 클라우드 스토리지, 잘못 구성된 HTTP 헤더 및 민감한 정보가 포함된 장황한 오류 메시지로 인한 결과 • 모든 운영체제, 프레임워크, 라이브러리와 애플리케이션을 안전하게 설정해야 할 뿐만 아니라, 시기적절하게 패치/업그레이드를 진행해야 함
A7 (크로스 사이트 스크립팅 (XSS))	• 애플리케이션이 올바른 유효성 검사 또는 필터링 처리 없이 새 웹 페이지에 신뢰할 수 없는 데이터를 포함하거나, 자바스크립트와 HTML을 생성하는 웹브라우저 API를 활용한 사용자 제공 데이터로 기존 웹 페이지를 업데이트할 때 발생 • 피해자의 브라우저에서 공격자에 의해 스크립트를 실행시켜 사용자 세션을 탈취할 수 있게 만들고, 웹사이트를 변조시키고, 악성 사이트로 리다이렉션할 수 있도록 허용
A8 (안전하지 않은 역 직렬화)	• 안전하지 않은 역 직렬화는 종종 원격 코드 실행으로 이어짐 • 역 직렬화 취약점이 원격 코드 실행결과를 가져오지 않더라도 이는 권한 상승 공격, 주입 공격과 재생 공격을 포함한 다양한 공격 수행에 사용될 수 있음
A9 (알려진 취약점이 있는 구성요소 사용)	• 라이브러리, 프레임워크 및 다른 소프트웨어 모듈 같은 컴포넌트는 애플리케이션과 같은 권한으로 실행됨 • 취약한 컴포넌트가 악용된 경우, 심각한 데이터 손실을 일으키거나 서버가 장악됨 • 알려진 취약점이 있는 컴포넌트를 사용한 애플리케이션과 API는 애플리케이션 방어를 약화하거나 다양한 공격에 영향을 미침
A10 (불충분한 로깅 및 모니터링)	• 불충분한 로깅과 모니터링은 사고 대응의 비효율적인 통합 또는 누락과 함께 공격자들이 시스템을 더 공격하고, 지속성을 유지하며, 더 많은 시스템을 중심으로 공격할 수 있도록 만들고, 데이터를 변조, 추출 또는 파괴할 수 있음 • 대부분의 침해 사례에서 침해를 탐지하는 시간이 200일이 넘게 걸리는 것을 보여주고, 이는 일반적으로 내부 프로세스와 모니터링보다 외부기관이 탐지함

4 XML 기반 Web 보안

• XML은 웹에서 구조화된 문서 전송을 위한 표준화된 텍스트 형식
• 인터넷에서 기존에 사용하던 HTML의 한계를 극복하고, SGML*의 복잡성을 해결하는 방안으로, HTML에 사용자가 새로운 태그(Tag)를 정의할 수 있는 기능 추가
• SGML의 실용적인 기능만을 포함한 부분집합(Subset)이라 할 수 있으며, 어떤 플랫폼에서나 읽을 수 있는 포맷을 제공하는 범용성을 가짐

UDDI (Universal Description, Discovery and Integration)	• 인터넷에서 전 세계 비즈니스 목록에 자신을 등재하기 위한 XML 기반의 레지스트리 • 비즈니스 이름, 제품, 위치 혹은 웹 서비스 등으로 목록을 작성하여 사용자에게 제공 • UDDI를 통하여 기업은 인터넷에서 어떤 거래를 원하는지 공개할 수 있고, 기업 간 전자상거래의 발전 촉진 • 기업과 그 기업이 제공하는 서비스에 관한 정보를 공개하거나 찾아내고 종합하기 위해 오픈된 아키텍처를 제공함으로써, 모든 기업이 혜택을 받을 수 있음
SOAP (Simple Object Access Protocol)	• 1999년 MS에 의하여 발표되었고, 2000년 5월 W3C에 의하여 표준으로 채택(SOAP1.1) • XML과 HTTP 통신을 기반으로 네트워크에 존재하는 각종 시스템 간 호출의 효율적 실현을 위한 방법으로 제시하는 통신 규약
WSDL (Web Service Description Language)	• 특정 비즈니스가 제공하는 서비스를 설명하고, 개인이나 다른 회사가 서비스에 전자적으로 접근할 수 있는 방법을 제공하기 위해 사용되는 XML 기반의 언어 • 마이크로소프트, IBM 및 Ariba 등에 의하여 주도된 UDDI의 기본이라 할 수 있음 • 기업이 서비스 내용을 인터넷에 스스로 등록할 수 있게 해주는 XML 기반의 등록처 • 마이크로소프트의 SOAP와 IBM의 NASSL*로부터 파생되었지만, 이제 UDDI 등록처에 비즈니스 서비스를 명시하는 수단으로서, NASSL과 SOAP를 모두 대체할 수 있음

SGML(Standard Generalized Markup Language)

• IBM에서 1960년대에 개발한 GML(Generalized Markup Language)의 후속이며, ISO 표준
• 문서용 마크업 언어를 정의하기 위한 메타언어
• 많은 응용이 가능하도록 다양한 마크업 구문을 제공
• 심지어 SGML 선언을 변경함으로써, 소괄호(<, >)를 사용하지 않는 것도 가능하기 때문에 '상세 참조 구문(Concrete Reference Syntax)'이라고도 불림
• 정부나 항공우주 기업의 대규모 계획 사업 과정에서 기계 판독형(Machine-Readable) 문서를 공유할 목적으로 몇 십 년 이상의 기간 동안 판독 가능하도록 설계됨
• 인쇄와 출판 산업에 광범위하게 사용되었지만, 너무 복잡한 이유로 소규모 범용 목적으로 사용하는 데 제약이 있음

NASSL(Network Accessible Service Specification Language)

• XML을 사용하며 웹 서비스의 접근에 관한 인터페이스 언어
• W3C XML 스키마 언어(XSD)를 사용하여 웹 서비스 간에 전달되는 데이터 유형을 기술

XML 전자서명	• XML 전자서명에 대한 구문과 처리 규칙 • 무결성, 메시지 및 서명자 인증과 부인방지 • 어떤 디지털 콘텐츠에도 적용 가능
XML Encryption	• XML 암호에 대한 구문과 처리 규칙, 수행 규칙 • 3DES, RSA-v1.5, Base64* 알고리즘 지원 • XML 암호의 적용 대상(일반 XML 문서, 일반 2진 형식 데이터)

⭐ Base64

글자 그대로 번역하면 64진법이란 의미로, 8비트 이진 데이터를 문자 코드에 영향을 받지 않는 공통 ASCII 영역의 문자들로만 이루어진 문자열로 바꾸는 인코딩 방식

Section
04

DNS 보안

1 개요

1) 개념

- 호스트의 도메인 이름을 IP 주소로 변환하거나 반대로 변환을 수행할 수 있도록 개발
- 특정 시스템의 IP 주소를 찾기 위해 사용자가 이해하기 쉬운 도메인 이름을 숫자로된 IP 주소로 변환해 주는 시스템

2) 기본원리

1. 클라이언트의 웹브라우저에서 www.mydomain.com을 입력하면 클라이언트는 미리 설정되어 있는 DNS 서버(클라이언트에 설정되어 있는 DNS를 Local DNS라 함)에게 www.mydomain.com이라는 도메인에 대한 IP 주소를 질의
2. Local DNS에는 www.mydomain.com에 대한 IP 주소가 있을 수도 있고, 없을 수도 있음. 만약, 있다면 Local DNS가 바로 클라이언트에 IP 주소를 알려주고 종료
 — Local DNS에 www.mydomain.com(192.168.10.100)에 대한 IP 주소가 없다고 가정

3. Local DNS는 www.mydomain.com에 대한 IP 주소를 찾아내기 위해 다른 DNS 서버들과 통신을 시작. 먼저 Root DNS 서버*에게 www.mydomain.com에 대한 IP 주소를 질의. Root DNS 서버는 www.mydomain.com의 IP 주소를 모름. 따라서 Local DNS 서버에게 자신이 알고 있는 다른 DNS 서버를 알려줌. 질의를 받은 다른 DNS 서버는 .com 도메인을 관리하는 DNS 서버
4. 이제 Local DNS 서버는 .com 도메인을 관리하는 DNS 서버에게 다시 www.mydomain.com에 대한 IP 주소를 질의
5. 역시 .com 도메인을 관리하는 DNS 서버에도 해당 정보가 없음. 그래서 이 DNS 서버도 Local DNS 서버에게 다른 DNS 서버를 알려줌
6. 이제 Local DNS 서버는 www.mydomain.com 도메인을 관리하는 DNS 서버에게 다시 질의 (myname.com)
7. mydomain.com 도메인을 관리하는 DNS 서버에는 www.mydomain.com 호스트 이름에 대한 IP 주소가 있음. 그래서 Local DNS 서버에게 www.mydomain.com에 대한 IP 주소를 192.168.10.100으로 응답
8. 이를 수신한 Local DNS는 www.mydomain.com에 대한 IP 주소를 캐싱하고(이후 다른 질의는 이 정보로 응답) IP 주소 정보를 클라이언트에 전달해 줌

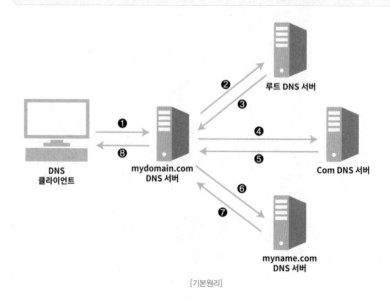

[기본원리]

DNS 영역
- 하나의 DNS 서버가 관리하는 범위
- 정방향 조회 : 도메인 이름을 IP 주소로 변환하기 위한 데이터 영역
- 역방향 조회 : IP 주소를 도메인 이름으로 변환하기 위한 데이터 영역

Root DNS 서버
- 전 세계에 13대가 구축되어 있음
- 미국에 10대, 일본/네덜란드/노르웨이에 각 1대씩. 그리고 우리나라의 경우 Root DNS 서버가 존재하지는 않지만, Root DNS 서버에 대한 미러 서버를 3대 운용하고 있음

순환 질의
(Recursive Query)
- Local DNS 서버가 여러 DNS 서버를 차례대로(Root DNS 서버 → .com DNS 서버 → mydomain.com DNS 서버) 질의하여, IP 주소를 찾는 과정
- 서비스 거부(DoS) 공격에 악용 가능

3) 구조

사용자 장비 (컴퓨터)	스텁 리졸버(Stub Resolver)라는 소프트웨어가 설치되어 동작하며, 도메인 이름을 IP 주소로 변경하는 요청을 받아 자신의 PC에 설정된 DNS 서버 IP 주소로 보냄
DNS 서버 (DNS Server)	• DNS Query를 받아, 도메인 이름에 대한 IP 주소를 알아냄. 이때, Root, TLD(Top-Level-Domain), 해당 도메인을 순차적으로 찾아가기 때문에 순환 이름 서버 (Recursive Name Server)라고 부르기도 함 • 한번 찾은 IP 주소를 메모리에 일정 기간 저장한다고 해서 캐싱 리졸버(Caching Resolver)라고 부르기도 함
도메인 서버 (Authoritative Name Server)	• 자신의 도메인에 대한 IP 주소를 가지고 있음 • 3-Level 이상으로 이루어져 있음 : Root, TLD, Lower-Level-Domain • 각 도메인 서버는 구현상 1개의 Master 서버와 다수의 Slave 서버로 구성

4) 종류

Primary DNS (Master)	• 내부 정보를 관리자가 수동으로 설정하면 적용되는 영역 • 호스트 정보가 주로 저장되는데, WWW나 FTP 같은 이름이 호스트명이며, 도메인 정보가 주 영역 안에 저장
Secondary DNS (Slave)	• Secondary DNS라고 하며, 주 영역과 같은 정보를 가지고 있는 영역 • 주 영역의 서버 IP 주소만 설정하면 자동으로 주 영역에 설정한 정보 수신 • 정방향의 보조영역은 주 영역 정보를 가지고 있는 서버가 다운되거나 더이상 동작할 수 없는 상황이 되었을 때 주 영역을 대신하여 보조 역할
Cache Only DNS	• DNS는 기본적으로 한 번 요청받은 질의에 대하여 서버의 캐시에 저장함으로써, 대역폭 소모를 줄이고 질의응답의 성능을 향상시킴 • 아무런 영역도 설정되어 있지 않은 DNS 서버는 기본적으로 캐시 기능만을 제공하므로, 캐시 DNS 서버(Caching Only DNS)라 부름

5) 구성요소

① 도메인 이름 공간(Domain Name Space)

계층적 구조를 갖는 트리 구조로 설계하고, 도메인 이름 공간의 각 영역을 서브도메인(Sub-Domain)으로 구분하여 위임할 수 있도록 함

도메인 이름 (Domain Name)	• 특정 노드로부터 루트까지 이르는 모든 노드(Node)의 레이블을 점(.)으로 연결한 것 예 www.mydomain.co.kr. 형태와 같이 완전한 도메인 이름의 형태 • "."으로 끝나는 도메인 이름을 FQDN(Fully Qualified Domain Name)이라 함. 이때, 맨 마지막의 "."은 루트 레이블을 의미하며, 통상적으로 생략할 수 있음
서브도메인 (Sub-Domain)	• 상위 도메인에 대해 하위 도메인을 서브도메인(Sub-Domain)이라 함 • 하나의 도메인 이름은 최상위 도메인의 관리 주체에 의한 것이 아니라, 서브도메인으로 구분된 도메인 영역을 위임받은 관리 주체가 이를 관리 • mydomain.co.kr 도메인을 등록 신청하여 도메인을 확보했다면, 이 서브도메인 영역에 대해서는 배타적인 관리 권한을 위임받은 것을 의미 • 도메인 이름체계는 이러한 위임체계를 기반으로 분산구조의 DNS를 형성하고 있음
노드 (Node)	• 트리(Tree) 구조에서 분기되는 지점 • kr, co, mydomain, beta, www, ftp 등이 여기에 해당 • 특정 노드는 유일성을 가져야 함. 즉 트리 구조와 중복되지 않는 레이블을 통해 도메인 이름은 유일성을 가질 수 있게 된다는 의미
레이블 (Label)	• 각 노드의 이름을 레이블(Label)이라 함 • 각 레이블은 1~63바이트 길이를 가질 수 있음 • 루트(Root) 레이블만 예외적으로 0바이트의 길이를 가짐

② 리소스 레코드(Resource Record)

- 유일성을 갖는 도메인 이름에 설정할 수 있는 다양한 데이터 유형을 제공하며, 리소스 레코드를 축약하여 RR(Resource Record)로 표기
- 도메인 이름은 중복되지 않는 키 인덱스(Key Index) 역할을 하며, DNS에서 제공할 수 있는 실제의 정보는 리소스 레코드에 의해 정의
- 다양한 데이터 타입을 가짐. 즉, IP 주소 데이터(A RR)만이 아니라 일반 문자열 데이터(TXT RR)나, 제공하는 서비스 포트 정보(WKS RR), 지리 정보(LOC RR) 등과 같은 데이터 유형들이 정의되어 있음
- 확장성이 크기 때문에 필요에 따라 DNS에서 다루는 데이터 종류를 신규로 정의함으로써, 지속적으로 확장할 수 있음
- 초기에 정의된 리소스 레코드 외에 최근의 IPv6 도입에 따라 추가 정의된 IPv6 주소 데이터를 위한 AAAA RR, 그리고 DNS 보안을 위한 보안 확장 프로토콜 DNSSEC을 위해 DNSKEY RR, RRSIG RR, NSEC RR, DS RR 등과 같은 데이터 유형이 필요에 따라 지속적으로 추가 정의되고 있음
- 리소스 레코드 포맷은 네트워크에서 DNS 메시지에 포함되어 전달. 네임 서버에 대한 리졸버의 DNS 질의응답 절차를 통해 리소스 레코드는 네임 서버에 의해 DNS 메시지로 리졸버에게 전달. 리졸버는 응답받은 리소스 레코드를 애플리케이션에 전달하는 한편, 자신이 관리하는 캐시 메모리에 저장하여 관리. 이때, 저장되는(Caching) 시간은 모든 유형의 리소스 레코드에 있는 TTL(Time To Live) 필드 값에 의해 결정
- 리소스 레코드 포맷

Owner Name	레코드를 소유하는 도메인 이름을 지정
Type	리소스 레코드 유형을 지정
Class	리소스 레코드의 클래스를 지정
TTL	리졸버 캐시에 저장되는 시간을 표시
RDLENGTH	리소스 레코드의 유형에 따른 리소스 데이터(Resource Data)의 크기
RDATA	리소스 데이터(Resource Data)

③ 네임 서버(Name Server)와 리졸버(Resolver)

- 네임 서버는 도메인 이름과 도메인 이름에 대한 리소스 레코드 데이터를 저장하여, 인터넷으로부터의 DNS 질의에 대하여 해당 리소스 레코드를 응답하는 동작을 수행하는 서버
- DNS에서 존재하는 도메인 이름과 리소스 레코드 데이터는 네임 서버에 분산되어 저장되어 있음
- DNS는 계층구조의 이름체계를 가지고 있으므로, 리졸버는 대상 도메인 이름이 어느 네임 서버에 존재하는지를 파악하기 위해 전체 도메인 이름의 뿌리에 해당하는 루트 도메인의 네임 서버로부터 조회를 시작. 루트 네임 서버는 질의하는 도메인 이름이 속하는 위임된 하위 도메인에 대한 네임 서버 정보를 리졸버에게 알려줌. 이는 루트 네임 서버의 존(Zone)에 설정된 자식 도메인의 위임을 표시하는 NS 리소스 레코드 정보에 의해 리졸버에게 알려짐. 리졸버는 계층구조를 따라서 최종 네임 서버까지 파악하게 되고, 최종 네임 서버는 리졸버에게 질의된 리소스 레코드 정보를 응답

네임 서버 (Name Server)	• 도메인 이름 시스템의 분산구조 데이터베이스를 구현한 서버 • 존(Zone)으로 구분된 영역에 속한 리소스 레코드 데이터를 가짐. 네임 서버의 존 파일(Zone File)은 해당 네임 서버가 관리하는 부분적인 도메인 데이터 영역의 도메인 존과 리소스 레코드 데이터 내용을 정의한 파일 • TCP와 UDP 포트 53번에 대해 DNS 질의 메시지를 수신하고 응답을 처리하며, 서버/클라이언트(Server/Client) 모델에 의해 동작. 클라이언트에 해당하는 요소는 리졸버(Resolver)
리졸버 (Resolver)	• 인터넷에 산재하고 있는 네임 서버들 가운데 특정한 도메인 이름에 대하여 원하는 유형의 리소스 레코드 데이터를 조회하는 기능을 수행 • 네임 서버에 대하여 클라이언트의 역할을 수행. ISP와 각 회사 및 기관에서 사용하고 있는 캐시 네임 서버(Cache Name Server)가 리졸버 • 스스로 리소스 레코드 데이터에 대한 질의를 개시하는 것이 아니라, 애플리케이션의 요청에 의해 질의 절차를 개시. 즉, 리졸버는 애플리케이션을 대신하여 DNS 질의응답을 수행하고, 파악된 데이터를 애플리케이션에 리턴 • 리졸버와 애플리케이션 사이의 인터페이스는 응용 프로그램 인터페이스(API)의 형태를 가짐

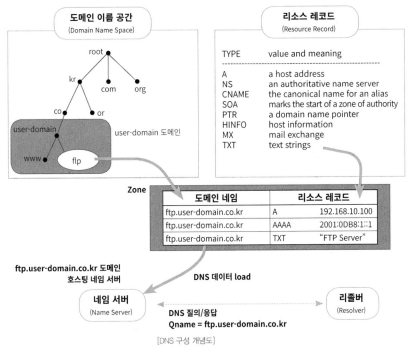

[DNS 구성 개념도]

2 DNS 보안 취약점

1) 개요

- DNS 개발 당시 보안은 충분히 고려하지 않았고, 효율적인 측면만을 고려하여 만들었기 때문에 자체 보안 취약점을 가짐
- 취약한 BIND 네임 서버가 조작된 RDATA를 로드한 후 리소스 레코드를 요청할 경우 BIND DNS가 마비되는 취약점(CVE-2012-5166)
- 현재 ISC에서 보안 업데이트 완료

2) 보안 취약점

① Zone Transfer

- DNS 서버 관리에 있어서 가장 흔히 잘못 설정하는 것 중의 하나는 바로 불필요한 사용자에게 DNS Zone Transfer를 허용하는 것
- 해당 도메인의 Zone에 대한 복사본을 얻기 위해 Primary Name Server로부터 Zone 데이터베이스를 받아오는 작업
- Primary Name Server와 Secondary Name Server의 Zone 정보를 일관성있게 유지하기 위해 이루어지기 때문에 Secondary Name Server에서만 Zone Transfer를 할 수 있도록 설정하면 됨
- 허가되지 않는 사용자에게 Zone Transfer를 허용할 경우 DNS 서버의 중요한 정보가 유출되게 됨. 즉, 공격자는 전송받은 Zone 정보를 이용하여 호스트 정보, 네트워크 구성형태 등의 많은 정보를 파악할 수 있게 됨
- 대부분 사이트에서 DNS 서버를 디폴트로 설치할 경우 임의의 사용자가 Zone Transfer를 할 수 있도록 설정됨

② Dynamic Update

- BIND-8 버전부터 지원되는 관리자가 직접 해당 도메인 이름 서버의 Zone 파일을 수정하지 않고, 동적으로 Zone 파일의 레코드를 원격 갱신할 수 있도록 해줌
- 보안상의 이유로 기본적으로 설정되어 있지 않기 때문에, 이를 허용할 도메인에 대해서는 allow-update 옵션을 추가해야 함
- 잘 사용할 경우 유용할 수 있지만, 그렇지 않을 경우에는 Updater에 의해 Zone 내부의 레코드 정보가 삭제되거나 변경될 수 있는 위험성이 있음

③ DNS 코드 취약점

- DNS 트래픽은 일반적으로 방화벽을 통과할 수 있도록 설정되어 있어 공격자는 충분히 이를 악용할 수 있음
- DNS 서버로 조작된 패킷을 전송하여 버퍼 오버플로를 발생시킴으로써, DNS 서버는 공격자가 원하는 코드를 실행하거나 루트 셸을 얻을 수 있음
- 이러한 공격은 최근에 보고된 BIND 8.2.3 이전 버전의 TSIG 취약점과 BIND 8.2/8.2.1 버전에 대한 NXT Record 취약점으로 인해 발생

④ Address Spoofing

- DNS 질의는 Recursive 방식과 Iterative 방식으로 전달될 수 있음
- DNS 서버가 Recursive 모드로 동작할 때, 클라이언트(Resolver)의 요청에 대해 Namespace를 검색한 후 결과를 전달하고, 성능상의 이유로 인해(동일 요청에 대한 재검색 오버헤드를 줄이기 위해) 검색 결과를 캐싱함. 하지만 Iterative 모드에서는 알 수 없는 질의(자신이 관리하지 않는 도메인에 대한 요청)에 대해 응답 가능한 DNS 서버의 목록을 전달
- 대부분의 DNS 서버는 Recursive 모드로 동작하며, Iterative 모드는 루트 서버와 같이 DNS 서버를 위한 DNS 서버(DNS 서버 간의 통신에는 Iterative 모드가 사용됨)에서 과다한 트래픽을 막기 위해 사용. 또한, 클라이언트는 Iterative 모드로 설정된 DNS 서버를 사용할 수 없으므로, DNS 서버 목록(예 resolv.conf, Windows의 DNS 찾기 목록)에 추가해서는 안 됨

- Address Spoofing의 경우에는 검색 결과를 캐시하고 있는 Recursive 모드의 DNS 서버에서 주로 발생할 가능성이 있음
- 공격자는 nslookup을 실행시키고 질의대상 DNS 서버를 Recursive 모드로 동작하고 있는 DNS 서버로 설정. 이후 공격자는 공격대상 DNS 서버로 하여금 잘못 설정한 자신의 DNS 서버로 호스트 정보를 검색하도록 하고, 공격자가 그 응답으로 조작된 정보를 제공하면 공격대상 DNS 서버는 검색 결과를 캐싱하게 되며, 이후 해당 도메인의 호스트들은 위조된 캐시 결과를 사용하여 인터넷을 사용하게 됨
- 이러한 공격을 통해 공격자는 유명 전자상거래 사이트와 똑같은 내용으로 자신의 사이트를 만들어 놓고, 일반 사용자가 접속하도록 유도한 후 사용자의 아이디나 패스워드 등의 정보를 유출하는 공격을 수행할 수 있음. 사용자는 자신이 공격자 사이트에 접속했는지 모른 채 자신의 모든 거래정보를 입력하게 됨

3 DNS 보안 설정

DNS 서버를 안전하게 운영하기 위해서는 단순히 서버를 설치하는 것 이외에 보안과 관련된 많은 설정이 필요함

1) DNS 서버의 안전한 설치 및 보안 설정

① Zone Transfer* 방지

- /etc/named.conf 설정 파일에서 다음과 같이 allow-transfer 설정을 사용하여 Zone 데이터를 획득할 수 있는 시스템을 제한할 수 있음

```
options {
        allow-transfer{ none; };
};
```

- Master/Slave로 서비스할 경우

```
[Master에서 설정]
options {
        allow-transfer{ 192.168.10.100; };
};
```

```
[Slave에서 설정]
options {
        allow-transfer{ none; };
};
```

- Zone Transfer를 제한하는 데 있어 주의할 것은 Secondary 서버에서도 이를 설정해야 함. 이런 경우 allow-transfer {none;}과 같이 Zone 데이터 유출을 허용하지 않는 것이 바람직함
- Zone 데이터에 대한 인증과 검증을 위한 TSIG(Transaction Signature)* 라는 확장된 기능을 제공하는데, 이를 이용하여 Zone Transfer를 제한할 수도 있음

Zone Transfer
- DNS 트랜잭션의 한 유형으로서, 여러 대의 DNS 서버 간 DNS 데이터베이스를 복제하는 데 사용되는 방법이며, 영역 전송은 전체 전송(AXFR)과 증분 전송(IXFR)하는 2가지 유형이 있음
- Master와 Slave 간 또는 1차와 2차 간, Primary와 Secondary DNS 간 Zone 파일을 동기화하기 위한 용도로 사용되는 기술

TSIG
(Transaction Signature)
Primary Master Name Server와 Slave Name Server에 암호 키를 설정하고, 이들 DNS 서버가 통신할 때 해당 키를 사용하여 데이터를 서명함으로써, 서버 간의 인증을 제공

② **Dynamic Update 설정**

- Dynamic Update를 제한하기 위해서는 IP 주소를 이용하여 제한하거나 TSIG Key를 이용하여 제한하는 방법이 있음
- IP 주소를 사용한다면 먼저 라우터나 방화벽에서 IP Spoofing 공격을 차단하도록 설정하여야 함. 왜냐하면, IP 주소를 이용한 인증은 Spoofing 공격을 이용하여 우회할 수 있기 때문
- Master/Slave로 서비스할 경우

```
[Master에서 설정]
[ /etc/named.rfc1912.zones]

zone "domain.co.kr" IN {
    type master;
    file "domain.co.kr.zone";
    allow-update{ Slave IP 주소; };
};
```

```
[Slave에서 설정]
[ /etc/named.rfc1912.zones]

zone "domain.co.kr" IN {
    type slave;
    file "domain.co.kr.zone";
    masters{ Master IP 주소; };
};
```

③ **DNS 코드 취약점 보안**

- DNS는 인터넷의 기반이 되는 주요 서버로서, 주요 공격대상 중의 하나
- 현재 지속적으로 DNS 관련 취약점이 발견되고 있으며, 이를 이용한 침입이 이루어지고 있음
- 공격자는 취약점(버그)을 이용하여 원격에서 임의의 코드를 실행시키거나, 서비스 거부 공격을 하거나 셸을 획득하여 시스템에 침입하기도 함
- 다른 취약점이 언제든 발견될 수 있으므로, DNS 서버 운영환경을 안전하게 구성하여야 함

2) 안전한 DNS 서버 운영

① DNS 서버를 사용하지 않는다면 이를 실행하지 않거나 제거

② 항상 최신의 버전의 BIND*를 사용

③ named를 실행할 때 관리자 권한(root 권한)이 아닌 별도의 사용자 계정으로 실행

> **BIND**(Berkeley Internet Name Domain)
> - 인터넷에서 가장 널리 사용되는 Domain Name System 소프트웨어
> - 유닉스 계열 운영체제에서는 사실상 표준

④ Chroot(Change Root Directory) 환경에서 named를 실행

- chroot* 환경에서 named 프로세스를 실행하게 되면, named는 /chroot/named 디렉터리를 시스템의 루트 디렉터리로 여기게 되고, /chroot/named 하위 디렉터리에 대해서만 접근할 수 있게 됨. 이는 서버의 취약점으로 인하여 침입을 당한 경우 제한 영역의 시스템 디렉터리에만 그 피해를 제한시키기 위한 메커니즘
- named 프로세스를 chroot 환경(Jail, 감옥이라고도 부름)에서 실행시키기 위한 과정

■ chroot
- 현재 실행 중인 프로세스와 차일드 프로세스 그룹에서 루트 디렉터리를 변경하는 작업
- 홈 디렉터리의 상위 디렉터리로 접근을 제한하는 기능

⑤ Address Spoofing

DNS를 아무런 제한 없이 Recursive 모드로 동작하게 되면 Spoofing 공격에 취약하게 됨. 따라서 DNS를 설정할 때 보안 설정을 하여야 함

㉠ Recursion 모드 해제

- 해당 DNS가 다른 DNS나 클라이언트를 대신해서 도메인에 대한 질의를 수행하지 않도록 함. 하지만 이는 클라이언트의 요청을 지원하지 못하기 때문에 클라이언트에게 DNS 서비스를 제공하거나, Forwarder로 사용될 경우에는 이러한 방식으로 설정하지 못함
- 클라이언트에게 DNS 서비스를 제공해야 하는 경우(대부분의 경우)에는 Recursive 질의를 허용해야 함. 이 경우에는 DNS 서버가 받아들일 수 있는 요청을 제한할 수 있도록 설정하여 사용하면 됨
- 특정 주소로부터의 질의에 대해서만 DNS 서버가 응답하도록 설정하거나, 특정 Zone에 대한 요청에만 응답하도록 설정할 수 있음
- 일반적으로 DNS 서버가 관리하는 Zone에 대한 요청은 외부나 내부 모두에게서 발생할 수 있으며, DNS 서버가 관리하지 않는 Zone에 대해서는 내부에서만 발생하게 됨. 이는 Allow-Query를 사용하여 제한할 수 있음. 내부 클라이언트(Resolver)에게는 모든 DNS 질의를 허용하며, 해당 DNS 서버가 관리하는 xxx.co.kr Zone에 대한 질의는 내부·외부 모두에게 허용한다는 설정
- 기본적으로 Iterative 모드로 동작하고 있는 상태에서 특정 IP 주소에 한하여 Recursive 질의를 받아들일 수 있도록 설정할 수 있음. 이는 Allow-Recursion을 사용하여 간편하게 설정할 수 있음

4 DNSSEC 기술

1) 개요

- DNS 데이터 대상의 "데이터 위조·변조 공격"을 방지하기 위한 인터넷 표준기술
- DNS 데이터의 위조·변조 가능성을 원천적으로 차단하기 위해 공개키 암호방식(Public Key Cryptography)의 전자서명 기술을 DNS 체계에 도입 적용
- 기술적으로 DNS Cache Poisoning 공격에 대응하는 솔루션으로 나온 것이 DNSSEC(DNS Security Extension). 즉 DNS 보안 취약점을 해결하기 위해서는 DNSSEC을 구현해야 함

2) DNSSEC 구현

- IETF RFC 및 Draft로 표준화 작업이 진행 중이며, BIND-9 버전 이후에 잘 구현되어 있음
- PKI 기술을 사용하여 Trust-Chain 방식으로 구현되기 때문에, Root 기관과 중간 단계 기관, 하위 기관 모두 구현되어야 함. Root 기관인 ICANN과 TLD (".com", ".net", ".kr" 등) 기관들은 이미 구현되어 있음. 하지만 하위 기관 (domain.co.kr)에 속하는 도메인 소유자 중 DNSSEC을 구현하고 있는 비율은 매우 적음
- DNS 메시지에 공개키 기반의 전자서명 기능을 제공. 이는 DNS 데이터에 대한 응답이 어떤 사용자로부터 왔는지에 대한 인증 메커니즘을 제공. 이와 같은 인증을 위해 4개의 새로운 레코드 타입인 DNSKEY, RRSIG, DS, NSEC/NSEC3 레코드 타입을 추가

DNSKEY	• 도메인 존의 공개키 데이터를 저장하여 제공하기 위한 RR • Zone은 개인키와 공개키 쌍을 가지고 있으며, 개인키는 안전한 장소에 별도로 보관되며, 개인키와 쌍을 이루는 공개키는 DNSKEY RR의 형태로 명시되어 질의응답을 통해 배포됨
RRSIG*	• Zone 안에 있는 RRSet에 대한 개인키의 전자서명한 결과 값을 갖는 RR • RRSIG는 DNS 응답 메시지에 전자서명 대상 RR과 함께 포함되어 전달
DS	• DNS 고유의 위임체계에 따라 보안 측면의 인증된 위임체계를 구성하기 위한 데이터를 저장하는 RR • 하위 자식 도메인 존의 KSK를 확증할 수 있는 수단 제공 • 부모 도메인과 자식 도메인 간에 인증 사슬 형성
NSEC/ NSEC3	• 'DNS 데이터 부재 인증'을 위해 정의된 RR • 특정 리소스 레코드가 존재하지 않음을 전자서명을 통해 인증할 수 있는 메커니즘을 제공 • NSEC의 Zone 목록화 문제를 해결하기 위해 NSEC3 레코드 추가 정의

> **RRSIG**(Resource Record Signature)
> 도메인 이름 시스템의 각 리소스 레코드 데이터에 대한 전자서명 데이터를 저장하기 위한 리소스 기록 서명

- 사용자가 DNS 서버에게 DNSSEC Validation을 요청한 경우나 해당 정보가 변조되었을 경우, DNS 서버는 Validation에 실패하게 되고, IP 주소를 알려주지 않음. 따라서 사용자는 가짜 사이트로 접속을 하지 않게 됨

3) 검증 절차

도메인과 IP 주소에 대한 검증 절차가 수행되므로, 공격자에 의한 데이터 위 · 변조 시 확인 가능

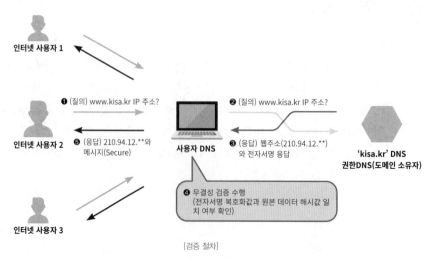

[검증 절차]

4) 구성요소

- DNSSEC을 사용하기 위해서는 DNS Infrastructure의 3가지 부분에서 모두 DNSSEC을 지원해야 함
- 사용자 장비(PC, 스마트폰 등) ⇄ DNS 서버(DNS Resolver) ⇄ 도메인 서버 (Authoritative DNS Server)

사용자 장비	• DNS 요청을 할 때 DNSSEC Validation을 요청해야 함 • Windows 7부터 지원, Default로 Off이나, 제공되는 설정 gpedit.msc를 사용하여 원하는 도메인만 ON 시킬 수 있음
DNS 서버 (DNS Resolver)	DNSSEC Data를 Validation 하는 기능을 지원해야 함
도메인 서버 (Domain Server)	• 도메인 Zone Data를 암호키로 서명해 두어야 함 • 기업의 규모나 기능에 따라 암호키 보관을 위해 HSM* 장비 사용을 고려해야 함 (ICANN과 TLD는 HSM 장비를 사용하고 있음)

① 도메인 서버(Authoritative Name Server)의 종류

Root	ICANN에서 운영
TLD (Top Level Domain)	• ".com", ".net", ".org"와 같은 gTLD(Generic TLD)와 ".kr", ".jp"와 같은 ccTLD(country code TLD)가 있음 • ".com"과 ".net"는 Verisign이라는 기업에서 운영하며, ccTLD는 각 나라의 국가 기관에서 운영
Lower Level Domain	각 기업이나 기관에서 운영(".domain.com", ".netnuri.co.kr" 등)

② 도메인 서버를 구현하는 방식

- Linux(UNIX)/Windows 서버에서 BIND S/W와 같은 DNSSEC 지원 S/W를 설치하여 구성
- DNS 전용 Appliance 사용

③ DNSSEC 구현에 사용되는 암호키 보관 방식

- S/W 방식(보안에 약함)
- HSM 장비를 사용

> ⚡ HSM(Hardware Security Module)
> - 강력한 암호키를 생성하고, 암호키를 안전하게 보관하는 전용 장비
> - 암호연산을 HSM 장비 안에서 수행하기 위한 암호연산 기능도 제공하고 있음. 또한, 감사 목적으로 장비 및 암호키를 접근한 로그 기록도 저장

5) DNSSEC 보호 지점

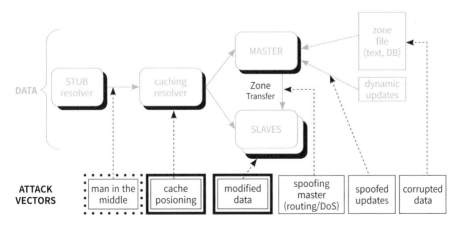

[DNS 취약점 공격 및 DNSSEC 보호 지점]

📖 **DBMS**(DataBase Management System)
· 사용자와 데이터베이스 사이에 위치하여 데이터베이스를 관리하고, 사용자의 요구에 따라 데이터베이스에 대한 연산을 수행해 정보를 생성해 주는 소프트웨어
· 사용자 요구는 일반적으로 데이터의 검색, 삽입, 삭제, 데이터의 생성 등을 포함

Section 05 DB 보안

1 개요

- 정보보호의 가장 근본적인 보호 대상
- 외부자나 내부자가 DB 내에 저장된 조직의 주요기밀 정보에 불법적으로 접근하는 것을 막는 것
- DB와 DB 내에 저장된 데이터를 비인가된 변경, 파괴, 노출 및 비일관성 등을 발생시키는 사건이나 위협들로부터 보호하는 것
- 정보보안의 범주에서도 DB와 DB 내에 저장된 데이터의 보호에 초점을 맞춘 것

1) 기본원리

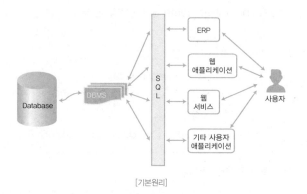

[기본원리]

2) 특징

통합된 데이터(Integrated Data)	최소의 중복, 통제된 중복 데이터
저장 데이터(Stored Data)	컴퓨터가 접근 가능한 매체에 저장
운영 데이터(Operational Data)	조직운영에 필요한 필수적인 데이터
공유 데이터(Shared Data)	여러 응용 프로그램이 공동으로 사용하는 데이터

3) 구성요소

릴레이션(Relation)	열과 행으로 이루어진 테이블
속성(Attribute)	테이블 내의 데이터에 대한 고유한 특성을 나타내는 테이블의 열
튜플(Tuple)	테이블 내의 데이터에 대한 고유한 특성을 나타내는 테이블의 행
도메인(Domain)	한 릴레이션에서 특정 속성이 가질 수 있는 데이터 형식을 지닌 모든 가능한 값의 집합
키(Key)	튜플을 구분시켜 주는 하나 또는 그 이상의 속성 모임
무결성 제약조건	데이터 무결성을 보장하기 위해 데이터에 적용되는 일련의 규칙

[키의 구성요소]

4) 키(Key)

① 키의 특성

유일성	• 속성의 집합인 키의 내용이 릴레이션 내에서 유일하다는 특성 • 릴레이션 내에 중복되는 튜플이 존재하지 않는 것
최소성	• 속성의 집합인 키가 릴레이션의 모든 튜플을 유일하게 식별하기 위한 속성으로 구성된 것 • 속성의 집합에서 특정 속성 하나를 제거하면 튜플을 유일하게 식별할 수 없는 경우에 해당

② 키 유형

후보키 (Candidate Key)	키의 특성인 유일성과 최소성을 만족하는 키 예 <학번>, <이름, 학과>
슈퍼키(Super Key)	• 유일성은 있으나 최소성이 없는 키 • 특정 속성을 제거하면 튜플을 유일하게 식별하지 못하는 것 　예 <이름, 학과, 학년>
기본키(Primary Key)	여러 후보키 중에서 하나를 선정하여 사용하는 것 예 <학번>, <이름, 학과> 후보키 중에서 하나를 선정하는 것
대체키(Alternate Key)	• 여러 후보키 중 기본키로 선정되고 남은 나머지 키 • 기본키를 대체할 수 있는 키 　예 기본키를 <학번>으로 선정하였다면, <이름, 학과>를 지칭
외래키(Foreign Key)	어느 릴레이션 속성의 집합이 다른 릴레이션에서 기본키로 이용되는 키

[DB 키 유형]

2 데이터베이스 서비스

1) MySQL 서버 보안

- MySQL 서버를 운영할 때 잘못된 환경설정 부분을 확인함으로써, 노출을 최소화하고 안전하게 운영할 수 있음
- 환경설정 파일 : /etc/my.cnf

① 최소한 접근 허용

- TCP Wrapper, Iptables 또는 방화벽 등으로 특정 클라이언트만 허용
- 외부의 네트워크 차단(/etc/my.cnf)

```
[mysqld]
skip-networking
```

- 특정 호스트만 허용(/etc/my.cnf)

```
[mysqld]
bind-address = 192.168.10.100
```

② 포트 변경

기본 포트 3306에서 임의의(6033) 포트로 변경

```
[mysqld]
port = 6033
```

③ SHOW DATABASES 권한을 선택한 사용자에게만 권한 부여

일반 사용자의 모든 데이터베이스 검색 제한

```
[mysqld]
skip-show-database
```

④ 로그 저장 활성화

데이터베이스 로그를 저장하여 침해사고 시 시스템 분석에 활용

```
[mysqld]
log = /var/log/mysqld.log
```

⑤ 관리 계정의 히스토리 삭제

```
cat /dev/null > ~/.mysql_history
```

⑥ load_file 비활성화

- 파일 시스템상 어디에 있는 파일이든 읽어서 출력해 주는 함수

```
mysql> SELECT LOCAL_FILE("/etc/passwd")
```

- 비활성화

```
[mysqld]
set-variable = local_infole = 0
```

⑦ MySQL 서버 최신 버전 패치

2) SQL 보안 관리

① 데이터베이스 접속

```
mysql -u 사용자명 -p dbname
```

② 설치 직후 접속

설치 직후에는 root 사용자에 비밀번호가 없으므로, 다음과 같이 접속하여 MySQL을 관리할 수 있음

```
mysql -u root -p mysql
```

③ 비밀번호 변경
- MySQL을 설치한 직후에는 root 계정에 암호가 설정되어 있지 않음
- 다음 세 가지 방법으로 비밀번호를 변경할 수 있음
  ㉠ mysqladmin 이용

```
mysqladmin -u root password '비밀번호'
```

  ㉡ update 문 이용

```
mysql> UPDATE user SET password=password('비밀번호') WHERE user='root';
```

  ㉢ set password 이용

```
mysql> SET PASSWORD FOR root=password('비밀번호');
```

④ 사용자 추가/권한 부여
- username이라는 사용자를 '비밀번호'라는 비밀번호를 갖도록 하여 추가
- username은 dbname이라는 데이터베이스에 대해 모든 권한을 가지고 있음
- username 사용자는 로컬 호스트에서만 접속할 수 있음

```
mysql> GRANT ALL PRIVILEGES ON dbname.* TO username@localhost IDENTIFIED BY '비밀
        번호';
```

- 다른 호스트에서 접속

```
mysql> GRANT ALL PRIVILEGES ON dbname.* TO username@'%' IDENTIFIED BY '비밀번호';
```

※ '%'는 localhost를 제외한 모든 호스트를 의미

- 특정 권한만 부여

```
mysql> GRANT INSERT,UPDATE,SELECT PRIVILEGES ON dbname.* TO username@localhost
        IDENTIFIED BY '비밀번호';
```

⑤ 권한 회수
- DBA가 아닌 일반 사용자에 대해서 mysql.user(mysql 데이터베이스의 user 테이블)에 대한 모든 접근 권한 제거

```
mysql> REVOKE ALL PRIVILEGES ON mysql.user TO username@localhost;
```

- DBA가 아닌 일반 사용자에 대해서 mysql.user(mysql 데이터베이스의 user 테이블)에 대한 select 권한 제거

```
mysql> UPDATE mysql.user SET select_priv='N' WHERE user='username';
```

⑥ 사용자 삭제

```
mysql> DELETE FROM USER WHERE USER='username';
```

⑦ 불필요한 DB(test) 삭제

```
mysql> DROP DATABASE test;
```

3 데이터베이스 보안 구조 및 원리

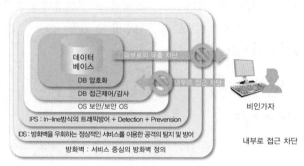

[데이터베이스 보안 구조 및 원리]

1) DB 보안 유형

물리적 보호	자연재해나 시스템 데이터에 대한 손상을 주는 위험으로부터 DB를 보호
권한 보호	• 권한을 가진 사용자만이 특정 접근 모드로 DB에 접근할 수 있도록 보호 • PCI DSS(Payment Card Industry Data Security Standard) 등 국제적 정보 보호 기준 충족
운영 보호	DB의 무결성에 대한 사용자 실수의 영향을 최소화하거나 제거하는 조치

2) DB 보안 요구사항

PCI DSS(Payment Card Industry Data Security Standard)

• 신용카드 정보 및 거래정보를 안전하게 보호하기 위해 JCB, 아메리칸 익스프레스, Discover, Master Card, VISA의 국제 결제 브랜드 5개사가 공동으로 책정한 신용업계 글로벌 보안 기준

• 미국에서는 신용카드 정보와 무관한 기업이나 조직이 PCI DSS를 기준으로 채택하고 있음

부적절한 접근방지	• 인가된 사용자만 접근 허용, 모든 접근 요청은 DBMS가 검사 • 데이터 항목 값에 직접 접근하지 않고 알려진 값으로부터 추론 가능하므로, 레코드, 애트리뷰트 등에 파일보다 더 세밀한 객체 접근통제 적용
추론방지	• 기밀이 아닌 데이터로부터 기밀정보를 유추해 내는 것(추론)을 방지 • DB 내의 데이터 간 상호 연관성이 있으므로, 통계적 데이터값으로부터 개별적 데이터 항목에 대한 정보를 추적하지 못하도록 조치
데이터 무결성	• 인가되지 않는 사용자의 데이터 변경이나 파괴, 저장 데이터를 손상시킬 수 있는 시스템 오류, 고장으로부터 DB를 보호해야 함 • 적절한 시스템 통제와 백업 및 복구절차를 통하여 DBMS가 수행
감사기능	• DB에 대한 모든 접근 감사 기록 생성 • 접근에 대한 후속적인 분석 및 추론으로 데이터 노출의 근거 판단
사용자 인증	별도의 엄격한 사용자 인증방식 요구
다단계 보호	데이터에 대한 등급 분류를 통하여 기밀성과 무결성 보장

3) DB 보안 구현방식

DB 접근 제어 및 감사	• 응용 프로그램 제어 • DB 사용자 접속 제어 • DB 객체, 필드 제어 • 요청 명령 제어 • DB 접속시간 제어 • 접근 권한별 접속 제어 • 사후 감사
DB 암호화	• DB 파일 단위 암호화 • 테이블 내 칼럼 단위 암호화 • 암호화 · 복호화 키 관리 메커니즘 • 데이터 유출 시에도 강력한 암호방식으로 해독 불가 • DB 암호화에 의한 데이터 유출 원천 차단

DB 서버 접속 클라이언트
또는 APP 서버   DB 접근 제어   DB 암호화

[DB 보안 구현방식]

4 DBMS 보안

1) 개요

- 사용자의 정보자원 및 보안 시스템에 대한 종합적 보안 관리를 원격으로 제공하는 서비스
- 사용자의 정보자원을 안전하게 지키기 위해 주요 IT 인프라 및 각종 보안장비에 대하여, 통합보안 관리 솔루션과 체계적인 보안 관리센터 등을 이용함으로써, 보안 관리 업무를 제공하는 한편, 불법적인 침입도 방어할 수 있도록 감시 업무 수행
- 데이터베이스에서 중요 정보자산을 효율적으로 보호하기 위한 DBMS 보안 운영(DB 데이터 보안/DB 관리자 보안)
- 서비스 종류 : 보안 솔루션 관리, 보안 네트워크 장비 관리, 서버 관리, 침해 예방 및 대응, 백업 및 복구, 보안 로그 분석, 보안 솔루션 임대 및 관제 등

① 기능

접근 제어 (Access Control)	로그온 과정을 통제하기 위해 사용자 계정과 비밀번호 관리
보안 및 권한 관리	특정 사용자 또는 사용자 그룹이 지정된 DB 영역에만 접근할 수 있으며, 그 외의 영역은 접근할 수 없도록 통제

2) 접근 제어

- 하나의 단일 방식으로 구성하기도 하지만, 방식마다 장점을 취하고 단점을 보완하기 위해 여러 방식을 혼합한 하이브리드 방식을 많이 사용
- 하이브리드 구성방식 : 에이전트+스니핑, 게이트웨이+스니핑, 게이트웨이+에이전트+스니핑 등

① 접근 제어 구성방법

에이전트 방식		특징	서버 자체에 접근 제어 및 로깅 기능을 포함하는 에이전트* 설치
		장점	DB에 직접 접속하는 전용 클라이언트가 포함되어 있어, 모든 접근 경로를 제어할 수 있는 강력한 보안 방법
		단점	DB 서버에 트래픽을 발생시키므로, DB 서버의 성능 저하 우려, 시스템 정지의 위험 내재
게이트웨이 방식	프록시 방식	특징	DB 서버에 접속하는 모든 IP 주소를 DB 보안 서버(프록시 서버*)를 경유하도록 설정 변경
		장점	• 강력한 접근 제어 기능 제공 • 대형 시스템 환경에 유리 • 보안 서버(프록시 서버)의 장애 발생 시 이중화 구성이 가능하므로, 업무에 지장 없이 복구 가능
	인라인 방식	특징	대상 DB 서버와 클라이언트 간 인라인 보안 시스템 구성
		장점	• 서버나 클라이언트에 별도의 에이전트 설치나 설정변경 불필요 • 규모가 크지 않고, DB 서버가 한 장소에 위치하고, 업무의 비중이 높지 않은 시스템에 유리
		단점	보안 서버 다운 시 모든 업무의 중단 우려가 있으며, 대상 DB 서버의 규모에 따라 다수의 DB 보안 서버 필요

> **에이전트(Agent)**
> 관리자의 개입 없이 정해진 스케줄에 따라 서비스를 수행하는 프로그램

> **프록시 서버 (Proxy Server)**
> - 클라이언트가 자신을 통해서 다른 네트워크 서비스에 간접적으로 접속할 수 있게 해주는 컴퓨터나 응용 프로그램
> - 서버와 클라이언트 사이에서 중계자로서 통신을 수행하는 기능을 가리켜 프록시, 그 중계 기능을 하는 것을 프록시 서버라고 부름

⭐ TAP(Test Access Port)
데이터 흐름을 중단하지 않고 네트
워크에 전혀 영향을 주지 않으면서
트래픽을 모니터링할 수 있게 해주
는 네트워크 모니터링 장비

스니핑 방식	특징	네트워크의 패킷을 TAP* 방식과 패킷 미러링 방식을 통하여 분석하는 방법으로, 사후 감사에 비중을 두는 보안 방식
	장점	서버와 클라이언트 간 에이전트의 설치나 설정 변경이 필요 없으며, 네트워크에 영향을 미치지 않고 시스템 구축 용이
	단점	데이터의 변조나 훼손으로 인한 무결성 유지 곤란
하이브리드 방식		• 별도의 구성방식이 아니라 스니핑, 게이트웨이, 에이전트를 사용하여 혼합하는 방식 • 게이트웨이 방식은 다수의 사용자에 대한 철저한 통제 및 통합 관리가 용이하고, 스니핑 방식은 DB 서버에 부하 없는 로깅 가능, 에이전트 방식은 우회하여 접근이 가능한 시스템 관리자까지 통제 가능하므로 이런 장점을 혼용하여 구성 • 구성이 복잡하여 관리의 부담이 있지만, 높은 수준의 보안 통제 및 로깅이 가능한 방식

5 DB 보안 통제

데이터베이스에 저장된 데이터에 대한 허가 받지 않은 접근, 의도적인 데이터 변경과 파괴, 그리고 데이터의 일관성을 저해하는 우발적인 사고 등으로부터 데이터 혹은 데이터베이스를 보호하는 일련의 활동

1) 종류

흐름통제	• 접근 가능한 객체 간의 정보 흐름을 제어 • 높은 보안등급에서 낮은 등급으로 객체 전송 시, 정보의 흐름에서 기밀성이 위반되지 않도록 조정
추론통제	• 사용자 X를 찾고, Y=f(x)를 통하여 Y를 유도한 후 간접 접근을 통한 추론 • 보이는 데이터 집합 X에 대한 질의와 Y에 대한 조건을 통하여 데이터 집합 Y에 대한 정보 습득 • 상관 데이터 : 보이는 데이터 A가 보이지 않는 데이터 B와 의미적으로 연결될 때 A를 통하여 B를 추론 • 추론통제 해결방법 : 비밀 데이터의 암호화, 사용자의 데이터 지식 추적, 데이터 위장 등
접근통제	• 인증된 사용자에게 허가된 범위 내에서 시스템 내부의 정보에 대한 접근을 허용하는 기술적 방법 • 사용자가 DB 접근 시 접근 권한을 검사하여 허용 여부 결정
허가규칙	정당한 절차를 통하여 DBMS에 로그온한 사용자라 하더라도 허가받지 않은 데이터에 접근을 통제하기 위한 규칙
가상테이블	전체 DB 중 자신이 허가받은 사용자 관점만 볼 수 있도록 한정
암호화	불법적인 데이터 접근을 허용하더라도 내용을 알 수 없는 형태로 변형시킴

① 데이터베이스 추론방지 방법

은폐	추론 공격에 이용될 수 있는 정보를 포함한 특정 셀을 숨기거나 보이지 않도록 하는 기술
데이터베이스 구획화	데이터베이스를 부분으로 구분하는 것. 허가받지 않은 개인이 열람 가능한 데이터로부터 다른 정보를 얻어내는 것을 어렵게 함
잡음 및 혼란	공격자에게 경로를 잘못 알려주거나 공격이 성공하지 못하도록 혼동시킬 목적으로 허위 정보를 삽입하는 기술
롤백	데이터베이스 트랜잭션 무효를 위해 완료된 데이터베이스 수정사항을 부분적으로 원래 상태로 되돌리는 것

2) DB 관리자 보안

- 관리자는 특별한 운영을 위해 안전한 보안 인증 스키마(Schema)*를 필요로 함
- 운영시스템에 의한 인증
- 네트워크 인증 서비스에 의한 인증

6 DB 장애 유형 및 복구

1) DB 장애 유형

사용자 오류	사용자의 명령문 입력 오류 등으로 발생
명령문 장애	• 유효한 SQL 구성이 아닌 경우 명령문을 처리할 때 발생하는 논리적인 상태 • 명령문 장애가 발생하면 명령문 실행결과가 자동 무효화되고, 제어가 사용자에게 돌아감
프로세스 장애	비정상적인 접속해제나 프로세스 종료와 같이 DB에 접근하는 사용자 프로세스에 발생하는 장애
인스턴스 실패	인스턴스(Instance)*가 계속 작업을 수행할 수 없을 때 발생
매체 고장	보조기억장치 등의 논리적 · 물리적인 장애로 인한 데이터 손실

2) DB 백업 · 복구기술

REDO 로그	DB에서 처리되는 모든 트랜잭션(수정사항)을 시간순으로 기록하는 파일
제어 파일	• 데이터베이스의 물리적 구조 기록 • 데이터베이스 이름, 데이터 및 로그 파일의 이름 및 위치 등의 정보 포함 • 데이터베이스 생성시간 • 체크 포인트 정보
롤백	• 데이터베이스 트랜잭션 무효화를 위해 완료된 데이터베이스 수정사항을 부분적으로 원래 상태로 되돌리는 것 • 업데이트 이전 저널 파일을 사용하여 원래의 정상적인 상태로 복원시킬 수 있으므로 데이터의 무결성 보장 • 보통 트랜잭션 로그를 통하여 수행되지만, 다중버전 동시성 제어를 통하여 구현되기도 함 • 순차적 롤백(Cascading Rollback)은 데이터베이스 시스템에 임의의 트랜잭션(T1)이 오류를 발생시킬 때 롤백이 수행되어야 하는데, T1의 동작에 의존하는 다른 트랜잭션도 T1의 오류 때문에 롤백되어야 하는 순차적인 효과를 발생시킴. 즉, 하나의 트랜잭션이 실패하는 것은 많은 실패를 유발 • 실질적인 데이터베이스 복구기술은 비순차적인 롤백을 보장하기 때문에 순차적인 롤백의 결과는 바람직하지 않음

7 DB 보안 개발

1) DB 애플리케이션 보안 프로그래밍(Secure Coding)

① 웹을 통한 SQL* 인젝션 공격 방지 개발방법

- 원시 ODBC* 에러를 사용자가 볼 수 없도록 코딩
- 데이터베이스 애플리케이션의 최소 권한으로 구동
- 데이터베이스 저장 프로시저(Stored Procedure)* 사용
- 테이블 이름, 칼럼 이름, SQL 구조 등이 외부 HTML에 포함되어 나타나지 않게 함

⭐ **스키마(Schema)**
- DB 내에 어떤 구조로 데이터가 저장되는가를 나타내는 데이터 구조를 스키마라고 함
- 데이터베이스의 구조와 제약조건에 관해 전반적인 명세를 기술한 것
- 개체의 특성을 나타내는 속성과 속성들의 집합으로 이루어진 개체, 개체 사이에 존재하는 관계에 대한 정의와 이들이 유지해야 할 제약조건들을 기술한 것

⭐ **인스턴스(Instance)**
특정한 순간에 데이터베이스에 저장된 정보의 모임

⭐ **SQL(Structured Query Language)**
- 관계형 데이터베이스 관리시스템에서 자료의 검색과 관리, 데이터베이스 스키마 생성과 수정, 데이터베이스 객체 접근 조정 관리를 위해 고안된 컴퓨터 언어
- 데이터베이스로부터 정보를 얻거나 갱신하기 위한 표준 대화식 프로그래밍 언어
- 많은 수의 데이터베이스 관련 프로그램들이 SQL을 표준으로 채택하고 있음

⭐ **ODBC(Open DataBase Connectivity)**
- 모든 DBMS에 독립적인 데이터베이스 애플리케이션을 작성하기 위한 API(Application Programming Interface)
- 특정한 DBMS를 사용하는 사람이 ODBC 드라이버를 통하여 다른 DBMS를 사용할 수 있게 함. ODBC 드라이버 관리자(ODBC Driver Manager)를 호출하여 사용하려는 드라이버를 호출하기만 하면 되고, 그 드라이버는 SQL을 사용하여 DBMS와 교신하게 됨
- ODBC는 사용자와 각 데이터베이스 엔진 사이를 연결해 주어 사용자가 공통된 인터페이스로 각각의 다른 데이터 엔진에 접근하게 하여 원하는 데이터를 참조할 수 있도록 함

⭐ **저장 프로시저 (Stored Procedure)**
일련의 쿼리를 마치 하나의 함수처럼 실행하기 위한 쿼리의 집합

전자상거래 보안

Section 01 전자상거래

1 개요

- 컴퓨터 등을 이용해 인터넷과 같은 네트워크상에서 이루어지는, 즉 전자적 매체를 이용하여 가상 공간에서 이루어지는 제품이나 용역을 사고파는 거래행위를 말함
- 정보처리시스템을 이용한 전자문서로 재화나 용역의 거래에 있어서 그 전부 또는 일부가 처리되는 거래를 말하며, 그 부수적인 활동을 포함

1) 전자상거래 절차

1. 상점, 지불 게이트웨이(Payment Gateway), 금융기관은 인증기관으로부터 인증서를 발급받음
2. 고객은 상점에서 전자지갑을 다운로드 받아 자신의 컴퓨터에 설치
3. 전자지갑을 실행시켜 자신의 신용카드를 등록하고, 인증기관(CA)으로부터 인증서를 발급받음
4. 고객은 상점을 방문하여 상품검색 및 주문
5. 고객의 전자지갑 작동
6. 전자지갑을 통해 상점에 지불 정보 전달. 이때 이 정보는 암호화되어 상점에는 노출되지 않음. 즉 상점 입장에서는 지불기관으로부터 지불 약속만 받으면 거래 진행 가능
7. 상점은 지불 정보를 지불 게이트웨이로 전송
8. 지불 게이트웨이는 금융기관으로 지불 정보를 전송
9. 금융기관은 카드소지자의 신용을 파악하여 승인정보 전송. 이때 금융기관은 구매자의 상품정보를 알 필요 없음
10. 지불 게이트웨이는 승인정보를 상점으로 전송
11. 상점은 소비자에게 상품 배송

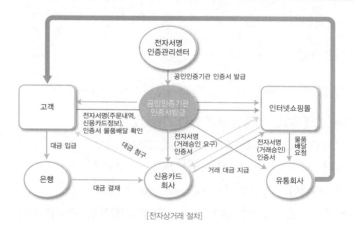

[전자상거래 절차]

2) 특징

유통채널의 단순함	도·소매상을 거치지 않고, 인터넷을 통한 소비자 직거래로 유통채널이 단순
시간과 지역 제한 없음	인터넷을 통한 24시간, 어디서나 접속 가능
고객 수요에 대한 정보 획득 용이	시장조사나 영업사원 없이 인터넷에서 정보수집 가능
쌍방향 통신에 의한 1:1 마케팅 활동 가능	고객과 상호 작용적인 마케팅 활동 가능
시장 또는 상점의 물리적 공간 불필요	인터넷 가상 공간을 활용하여 상품 판매
고객 수요에 대한 즉각적인 대응 가능	네트워크를 통해 고객과 직접판매를 함으로써, 신속하게 대응할 수 있음
투자자본이 적게 소요	인터넷 가상 공간을 활용하여 상품을 판매함으로써, 시장 또는 상점의 물리적 공간 불필요

3) 지불 게이트웨이(Payment Gateway)

가맹점 및 다양한 금융시스템 거래 간 중재자 역할을 하는 서비스의 일종

구성요소	• 고객 : 상품 구매자 • 상점 : 상품 판매자 • 은행 : 신뢰성 있는 관리자 • 인증기관 : 신분확인을 위한 제3자, 공인인증서 발급기관

2 전자상거래 보안 프로토콜

1) SET(Secure Electronic Transaction) 프로토콜

- VISA와 Master Card사에서 개발한 신용카드 기반의 전자지불 보안 프로토콜
- 전자상거래 판매자, 고객, 지불 게이트웨이 간 상호인증, 거래정보의 기밀성 및 무결성을 최대한 보장하도록 설계

① 특징

- 전자 지불 시스템*에 대한 기술 표준
- 트랜잭션 정보의 비밀성 보장을 위해 공개키, 비밀키 암호방식 사용
- 전자서명이나 해시 알고리즘을 이용하여 카드 사용자 및 상점을 인증함으로써, 서로 신뢰 관계에서 거래할 수 있도록 함
- 전자지갑, 상점 서버(MC), 지불 게이트웨이 서버, 인증기관 필수
- 카드소지자와 전자인증서를 통한 카드소지자 신분 확인
- 상점에 대한 인증, 기밀성, 무결성, 부인방지 기능 제공

> 📌 전자지불 시스템(Electronic Payment System)
> 전자상거래에서 발생하는 대금 결제 업무를 인터넷을 통해 처리할 수 있도록 카드 승인, 은행 계좌이체, 직불카드, 전자지갑 등의 다양한 지불 솔루션을 보안 솔루션과 결합된 형태로 인터넷상에 구현하여 제공하는 시스템

② 기능

메시지 암호화	• 카드 소유자의 계좌번호, 신용카드번호, 지불 정보 등의 민감한 정보의 노출을 방지하기 위해 메시지를 암호화 • 대칭키 방식이며, 키의 분배를 위해 RSA 방식을 사용 • 대칭키는 거래할 때마다 변경되기 때문에 세션키라고도 함
전자인증서	• 거래 당사자 간의 인증(구매자가 정상적인 신용카드 회원인가, 상인이 정상적인 가맹점인가)을 위해 X.509 기반 전자인증서(Certificate)를 발급받아야 함 • 전자인증서는 인증기관(Certificate Authority)에 의해 발급되며, 이름, 신용카드의 이름, 암호키 일부 등을 포함 • 유효기간은 최대 3년이며, 유효기간이 지났거나 취소된 인증서에 대해서 거래 거부
디지털 서명	• 메시지에 전자서명과 해시함수를 사용함으로써, 수신자가 메시지의 무결성을 확인할 수 있음 • 거래 당사자가 모두 서명하는 이중 서명(Dual Signature) 방식을 사용함으로써, 상점이 신용카드 정보를 알 수 없으며, 은행은 어떤 물품을 구입했는지 알 수 없음

● 비밀키(Secret Key, 대칭키)

암호 알고리즘의 한 종류로, 암호화와 복호화에 같은 암호키를 사용하는 알고리즘

● 공개키(Public Key)

· 사전에 비밀키를 공유하지 않은 사용자들이 안전하게 통신 가능
· 공개키와 비밀키가 존재하며, 공개키는 누구나 알 수 있지만, 그에 대응하는 비밀키는 키의 소유자만이 알 수 있어야 함

㉠ **전자봉투**(Digital Envelope)

· 송신자가 송신 내용 암호화를 위해 사용한 비밀키*를 수신자만 볼 수 있도록 수신자의 공개키*로 암호화시킨 것
· 메시지 자체는 암호화 속도가 빠른 대칭키 암호 알고리즘으로 암호화하고, 암호화에 사용된 비밀키를 공개키 암호 알고리즘으로 암호화하여 상대방에게 전송함으로써, 공개키 암호 알고리즘의 장점인 보안성을 유지하면서 공개키 암호 알고리즘의 단점인 처리속도 지연 문제를 해결할 수 있음

> 1. 송신자(A)의 비밀키(대칭키) 생성
> 2. 송신자(A)는 원문 메시지를 축약하고, 축약된 메시지를 비밀키(대칭키)로 암호화
> 3. 송신자(A)는 이 비밀키(대칭키)를 수신자(B)의 공개키로 암호화(전자봉투)
> 4. 수신자(B)에게 암호화 메시지와 전자봉투를 전송
> 5. 수신자(B)의 개인키로 전자봉투의 비밀키 복호화
> 6. 수신자(B)는 복호화하여 얻은 비밀키로 암호화 메시지 복호화
> 7. 수신자(B)는 원문 메시지를 얻음

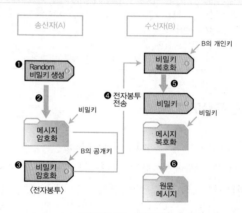

[전자봉투 생성 · 개봉과정]

● 부인방지
(Non-Repudiation)

송수신 거래 사실을 사후에 증명함으로써, 거래 사실을 부인하지 못하게 하는 공증과 같은 역할을 하는 보안 기능

㉡ **전자서명**(Digital Signature)

· 서명자 인증, 메시지의 위 · 변조 방지, 송신 부인방지* 등의 기능을 제공하는 암호화 기술
· 공개키 암호방식에서의 개인키를 이용한 메시지 암호화는 서명 당사자밖에 할 수 없다는 점을 이용하여 구현

> 1. 송신자(A)는 원문 메시지를 해시함수로 축약
> 2. 축약된 메시지를 송신자(A)의 개인키로 암호화
> 3. 수신자(B)에게 원문 메시지와 암호화된 축약 메시지 전송
> 4. 수신자(B)는 전송받은 암호화된 축약 메시지를 송신자(A)의 공개키로 복호화하여 축약 메시지 얻음(전자서명 검증)
> 5. 수신자(B)는 원문 메시지를 해시함수로 축약
> 6. 수신자(B)는 복호화한 축약 메시지와 생성한 축약 메시지를 비교(일치하면 정상, 불일치하면 전송과정에서 변조된 것으로 볼 수 있음)

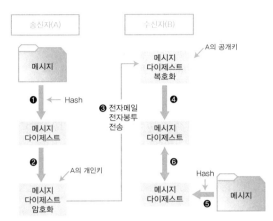

[전자서명 송신 · 수신과정]

ⓒ 이중서명(Dual Signature)

- SET에서는 고객의 결제정보가 판매자를 통하여 지불 게이트웨이로 전송됨에 따라, 고객의 결제정보가 판매자에게 노출될 가능성과 판매자에 의한 결제정보의 위·변조의 가능성이 있기 때문에 판매자에게 결제정보를 노출시키지 않으면서도 판매자가 고객의 정당성 및 구매내용의 정당성을 확인할 수 있어야 함. 이를 위해 주문정보의 메시지 다이제스트*와 지불 정보의 메시지 다이제스트를 합하여 다시 메시지 다이제스트를 생성한 후 고객의 개인키로 암호화
- 지불 게이트웨이는 판매자가 전송한 결제요청이 실제 고객이 의뢰한 메시지인지를 확인할 수 있도록 이중서명 기술의 도입이 필요하게 되었음

> 📌 메시지 다이제스트(MD)
> - 메시지를 해시(Hash)하는 것을 의미
> - 임의의 길이의 메시지를 MD 함수로 처리하면 일정한 길이를 가진 데이터를 출력. 이 데이터를 비교하여 위·변조 여부를 쉽게 알 수 있음

[고객(A)의 서명 생성과정]

③ SET 수행과정

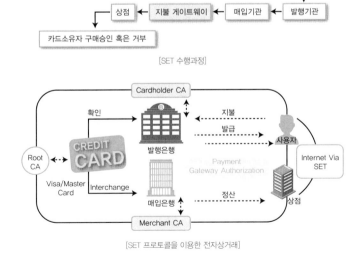

[SET 수행과정]

[SET 프로토콜을 이용한 전자상거래]

④ 구성요소

고객(Card Holder)	카드 소유자
상점(Merchant)	인터넷의 상품 또는 정보서비스 제공자
지불 게이트웨이 (Payment Gateway)	판매자가 요청한 고객의 지불 정보(카드번호)로 금융기관에 승인 및 결제를 요청하는 자
발급사(Issuer)	고객 카드를 발급하고 고객 계좌가 개설된 금융기관
매입사(Acquire)	상점을 가맹점으로 승인하고 상점 계좌가 개설된 금융기관
인증기관 (Certificate Authority)	고객과 상점의 신원을 보증하는 제3의 신뢰할 수 있는 기관

⑤ 암호 알고리즘

공개키	RSA(1,024비트)	서명	RSA(1,024비트)
비밀키	DES(56비트)	해시	SHA−1(160비트)

⑥ 장점, 단점

장점	• 전자상거래 사기 방지 • 기존 신용카드 기반 활용 • SSL의 단점(상인에게 지불 정보 노출) 해결
단점	• 암호 프로토콜이 복잡 • 프로토콜 동작 속도 느림(RSA) • 카드 소유자에게 전자지갑 S/W 필요 • 상점에 별도의 S/W 필요 • 지불 게이트웨이 거래를 위한 별도의 H/W와 S/W 필요

📖 인터넷 드래프트
(Internet Draft)

• IETF의 Areas and Working Groups에서 만든 문서로 현재 만들고 있는 문서
• 이 문서들은 최대 6개월 동안 유효하며, 언제든지 다른 문서에 의해 업데이트되거나 교체 또는 폐기될 수 있음
• RFC(Request for Comments)의 초기 형태가 되는 경우가 빈번함
• 여러 인터넷 문서 중 하나로 보존될 수 없는 문서. 즉 임시문서

2) SSL(Secure Socket Layer) 프로토콜

• Netscape사에서 웹서버와 웹브라우저 사이의 보안을 위해 처음 제안
• 인증기관(CA)이라 불리는 서드 파티로부터 서버와 클라이언트 사이의 인증을 위해 사용
• 1999년 IETF(Internet Engineering Task Force)에 의해 TLS(Transport Layer Security)로 표준화(RFC 2246−TLS 1.0)
• 주로 HTTP에 응용되며, SSL−Enabled HTTP를 HTTPS로 표기

💠 LDAP(Lightweight Directory Access Protocol)

• 경량 디렉터리 액세스 프로토콜
• TCP/IP에서 디렉터리 서비스를 검색하고 수정하는 응용 프로토콜

[SSL 프로토콜을 이용한 전자상거래]

① 특징

• TCP 계층과 HTTP, LDAP*, IMAP 등의 응용계층 사이에서 동작
• 제어 프로토콜과 레코드 프로토콜의 2계층으로 구성

② **기능**

사이트 인증	사용자가 선택한 상대방 웹사이트 인증(신뢰성)
데이터 기밀성	네트워크를 통하여 전송되는 데이터 보호
데이터 무결성	사용자의 웹브라우저에서 웹서버까지 전송되는 메시지가 변경되지 않았음을 보장

③ **프로토콜 구조**

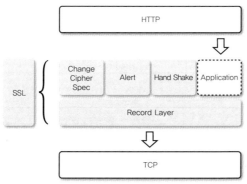

[SSL 프로토콜의 구조]

⊙ 제어 프로토콜(Control Protocol)

Handshake Protocol	• 서버와 클라이언트 간 상호인증 • 협상 및 세션 확립을 위한 정보 교환 • 키 교환, 암호화, 메시지 인증 코드(HMAC), 압축 방식 등의 보안속성 협상
Change Cipher Spec	• 협상된 암호규격과 암호키 등의 보안 정보 결정 • 보안 매개변수를 상대방에게 신속한 전송을 위해 사용
Alert Protocol	상대방이 제시한 암호방식을 지원할 수 없는 경우 등의 오류 발생 시 오류 메시지 전달

ⓛ 레코드 프로토콜(Record Protocol)

주요 기능	• 상위계층 프로토콜들인 Handshake, Change Cipher Spec, Alert 프로토콜 등의 제어 메시지 및 응용 메시지들을 수납하여, 레코드 단위(TLS Record)로 운반하는 프로토콜 • 메시지 분할, 압축, 무결성, 인증, 암호화
보안 서비스	기밀성, 무결성
계층 위치	TCP 위에 위치

④ **동작 원리**

[SSL의 수행 3단계]

1. SSL 서버 인증 단계 : 사용자의 웹브라우저가 웹서버를 인증하는 단계
2. SSL 클라이언트 인증 단계 : 웹서버가 클라이언트를 인증하는 단계
3. 암호화 연결 단계 : 서로에 대한 인증단계 이후 정상적으로 완료되면 클라이언트와 서버 사이에 교환되는 모든 데이터는 사적인 내용을 보호하기 위한 암호화를 요구받음. 또한, SSL 연결을 통해 암호화된 데이터 역시 전송 중 변경을 방지(메시지 무결성)하기 위해 해시 알고리즘으로 보호

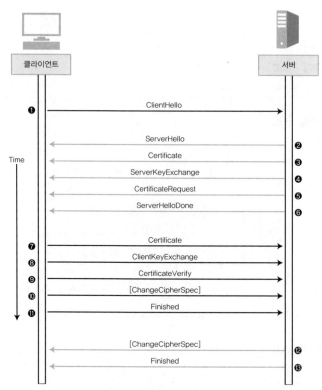

[SSL 동작 원리]

순서	메시지	설명
❶	Client Hello	클라이언트가 서버에 연결을 시도하는 메세지
❷	Server Hello	클라이언트 초기 메시지를 서버가 처리한 후 압축방법, Cipher Suit 등의 정보를 선택하여 클라이언트에 전송
❸	Server Certificate	서버 인증을 위한 자신의 공개키 인증서를 가지고 있으면 Server Certificate 메시지 전송, X.509 인증서 사용
❹	Server Key Exchange	서버는 기본적으로 클라이언트에서 서버 자신을 인증할 수 있도록 함
❺	Certificate Request	
❻	Server Hello Done	서버로 전송할 정보를 모두 전송했음을 알리는 메시지
❼	Client Certificate	서버로부터 클라이언트의 인증서를 요청할 경우 클라이언트는 자신의 인증서를 전송
❽	Client Key Exchange	비밀 세션을 생성하는 단계로, 임의의 비밀정보인 48비트 Pre-Master-Key를 생성
❾	Certificate Verify	서버의 요구에 의하여 전송되는 클라이언트의 인증서를 서버가 쉽게 확인할 수 있도록 클라이언트는 핸드셰이크 메시지에 전자서명하여 전송
❿	Change Cipher Specs	클라이언트는 Change Cipher Specs 메시지를 전송
⓫	Finished	핸드셰이크 종결 메시지 전송
⓬	Change Cipher Specs	서버는 클라이언트가 전송한 모든 메시지를 확인
⓭	Finished	Finished 메시지를 전송하여 SSL 핸드셰이크 프로토콜 종료

3) SET과 SSL 프로토콜의 비교

구분	SET	SSL
기능	전자 지불 프로토콜	통신 보안 프로토콜
상호 운용성	SET 규격에 맞으면 보장	지불관련 상세 규약 없음
온라인 결제	제공함	제공하지 않음
전자지갑	반드시 전자지갑 사용	전자지갑 개념 없음
부인방지	서명 기능으로 제공	서명 기능이 없어 제공하지 않음
안전성	높음(금융기관만 카드번호 확인)	다소 낮음(상점에 카드번호 노출)
기타	시스템 구현이 복잡하고, SSL에 비해 느림	사용 간편, 고속, 시스템 구현이 SET에 비해 간단

4) S-HTTP 프로토콜

- HTTP에 보안 기능을 부가하기 위한 통신 규약
- 웹을 이용할 때 데이터를 안전하게 송수신할 수 있음
- 사용자 ID와 패스워드를 사용하는 방식보다 안전한 인증이 필요한 상황에서 많이 사용

① 동작 원리

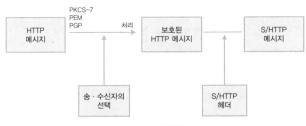

[S-HTTP 동작 원리]

② 특징

- 프로토콜 지시자는 'shttp : //'를 사용
- 하이퍼링크 앵커는 서버 식별, 요구되는 암호 매개변수 등을 지시
- Certrs와 Cryptopts라는 새로운 HTML 요소가 정의되어 사용
- 기밀성, 무결성, 송신자 인증, 송신 부인방지, 접근통제 등 보안서비스 제공
- 요청 메시지 첫 번째 줄은 'Secure HTTP/1.1'과 같은 형태
- S-HTTP 파일은 암호화되고 전자서명을 포함
- SSL의 대안 프로토콜

③ S-HTTP 관련 알고리즘

서명	RSA, DSA	키 교환	Diffie-Hellman, Kerberos, RSA
암호화	DES, RC2	공개키	X.509, PKCS*-6 형식
메시지 축약	MD2, MD5, SHA	캡슐화 형식	PGP, MOSS* 및 PKCS-7 형식

 PKCS(Public-Key
Cryptography Standard)

- 공개키 암호 표준
- RSA Security에서 정한, 공개키 암호에 대한 표준 프로토콜
- RFC 3447에 기술되어 있음

MOSS(MIME Object Security Service)

MIME에 디지털 서명과 암호화를 적용한 보안 프로토콜

5) S-HTTP와 SSL의 비교

구분	S-HTTP	SSL
배경	1994년 EIT, NCSA, RSA에 의하여 HTTP의 안전성 확보를 위해 개발	1993년 웹서버와 웹브라우저 간 안전한 통신을 위해 넷스케이프사에서 개발
동작 계층	응용계층	전송계층
용도	웹에서만 사용	FTP, Telnet 등에서 사용
인증방식 및 인증서	• 각각의 인증서 필요 • 클라이언트에서 인증서를 보낼 수 있음	• 클라이언트의 인증이 선택적 • 서버에서만 인증
인증 단위	메시지 단위	서비스 단위
지시자	shttp://	https://
문제점	대중화되지 못함	• 미국의 정책에 의하여 국외 판매제품 512비트 RSA Public Key와 40비트 RC2 Single Key 제한 • 외국산 알고리즘 사용 시 보안 문제

3 일회용 패스워드(OTP)

- 원격 사용자 인증 시 패스워드 재사용 공격을 방지하기 위해 사용할 때마다 바뀌는 일회용 사용자 인증 암호 및 체계
- 사용자는 일회용 패스워드를 생성하는 하드웨어인 OTP 생성기 이용
- 별도의 OTP 생성기를 소지해야 하는 불편함이 있으므로, 전자금융거래를 제외한 인터넷 등에서는 광범위하게 사용되지 않음
- 우리나라에서는 2007년 10월부터 모든 금융권에서 통합 OTP 인증 서비스를 시작하면서 OTP 인증방법 사용
- 주로 금융권에서 온라인뱅킹 등의 전자금융거래에 사용

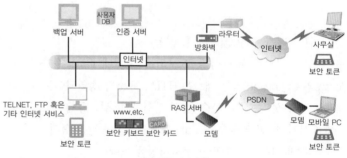

[OTP 인증 처리 과정]

1) 기본원리

SEED
서버와 OTP 토큰 간 공유된 비밀키, 카운터(사건의 횟수) 등

1. 인증 서버와 공유하는 시간 정보와 SEED*를 이용하여 OTP 값을 생성하고, 이 생성된 값을 아이디와 함께 로그온 서버로 전송
2. 로그온 서버는 수신한 정보를 인증센터로 전송
3. 인증센터는 아이디를 확인하고, 시간 정보와 SEED 정보를 OTP 토큰이 가지고 있는 정보와 같은 정보를 이용하여 패스워드를 생성하고, 이 값과 수신한 정보가 일치하는지를 확인하여 로그온 서버에 검증결과를 알려줌
4. OTP 토큰이 필요하며 사전에 인증센터와 같은 알고리즘과 SEED 값을 분배받아 사용자에게 전송

2) 종류

OTP 토큰	• OTP를 자체 생성할 수 있는 연산 기능과 암호 알고리즘 등을 내장한 단말기 • 외형은 USB 메모리와 유사 • 토큰은 별도로 구매
카드형 OTP 토큰	• 토큰을 카드 모형으로 바꾼 것이 카드형 OTP 토큰 • 휴대성을 개선하기 위해 두께를 얇게 만든 것 • 기존 토큰보다 OTP 생성 속도가 느리고, 발급비용이 고가 • 단말기 불필요
스마트폰 앱	• 서버가 OTP 정보를 스마트폰으로 전송하고, 사용자는 이 정보 이용 • 모바일을 통하여 사용하기 때문에(토큰 방식 보다) 정보 노출 가능성 큼
SMS	• 서버가 OTP 정보를 SMS로 전송하고 사용자는 이 정보 이용 • 모바일을 통하여 사용하기 때문에(토큰 방식 보다) 정보 노출 가능성 큼 • 단말기 불필요

3) 생성원리

① 생성 흐름도

생성절차	연계정보 생성 →	생성 알고리즘 →	추출 알고리즘
단계별 산출물	연계정보	암호문	일회용 패스워드
산출물 설명	시각(Time), 이벤트 정보 등의 난수	연계정보를 암호화한 데이터	암호문에서 추출한 일회용 패스워드

② 생성 단계

1단계	연계정보 생성	• OTP 생성기와 인증 서버에서 일회용 패스워드를 생성하기 위해 최초로 사용하는 연계정보는 특정 시간 또는 특정 이벤트에 따라 정보를 수집할 때마다 다른 정보를 수집할 수 있어야 함 • OTP 생성기와 인증 서버에서 같은 일회용 패스워드를 생성하여 검증할 수 있도록 특정 조건에서 생성되는 연계정보는 동일하여야 함 • 일회용 패스워드 생성 알고리즘에서 사용할 수 있는 정보형식이어야 하며, 시각정보 등의 난수값 또는 암호화한 결과 값을 연계정보로 사용 가능해야 함
2단계	암호문 생성	• 같은 연계정보로부터 같은 암호문을 생성 가능하여야 함 • 일회용 패스워드 생성 알고리즘은 112비트 이상의 보안 강도를 제공할 수 있는 암호 알고리즘이어야 함
3단계	일회용 패스워드 추출	OTP 생성기와 인증 서버에서 암호문으로부터 일회용 패스워드를 추출하여 검증하도록 같은 암호문으로부터 같은 일회용 패스워드가 추출 가능하여야 함

□□ 정적 추출 알고리즘
추출정보 값을 미리 지정하여 데이터를 추출하고, 추출 데이터를 일회용 패스워드로 변환

□□ 동적 추출 알고리즘
암호문의 특정 데이터 값을 추출 정보로 사용하여 추출할 데이터 영역으로 선정하고, 추출한 데이터를 일회용 패스워드로 변환

4) 방식별 특징

① 시간 동기화 방식

• 전 세계적으로 가장 많이 사용하는 방식
• 해시함수의 입력으로 비밀 값과 현재의 시간(실시간)을 입력하는 방식
• 서버와 클라이언트는 시간이라는 공통된 값을 공유함으로써 동기화시킬 수 있다는 것에서 착안했으며, 토큰의 시간을 함부로 변경할 수 없게 만드는 것이 중요
• 정해진 시간마다 OTP 값이 자동으로 생성(15초, 30초, 1분)

개인식별번호(PIN)
시스템과 사용자 사이에서 공유하는 보안 식별번호(비밀번호)이며, 사용자 인증 시 사용되는 고유 번호

㉠ 기본원리

> 1. 사용자는 일회용 패스워드를 생성하여 PIN* 번호(사용자의 패스워드와 비밀키)를 인증 서버로 보냄
> 2. 인증 서버는 PIN 번호를 통해 비밀키를 찾고, 생성된 일회용 패스워드가 수신한 것과 일치하는지를 비교
> 3. 인증 서버와 사용자 토큰 사이에 시간이 일치하지 않으면 사용자 인증은 실패, 일치하면 성공

㉡ 장점, 단점

장점	• 토큰에 PIN을 입력하는 절차가 없으므로 사용 간편 • OTP 유효시간이 짧으므로 유출되어도 대체로 안전 • 사용하기 편리하고 보안성이 우수하여 가장 많이 사용
단점	• 토큰의 분실을 대비하여 일회용 패스워드는 사용자의 PIN, 토큰에서 생성된 응답 값으로 구성. 이 경우 네트워크에 PIN이 전송된다는 것과 PIN이 항상 서버에 등록되어 있어야 하므로 변경이 불편 • 토큰은 1분에 한 번씩 패스워드가 바뀌게 되고, 서버와 클라이언트 간 시간의 오차가 생길 수 있으며, 그 오차의 보정이 이 방식의 핵심 • OTP 토큰 시간이 정확해야 하므로 구현하기 어려움

② 비동기화 방식(이벤트 방식)

- 응답 값을 생성할 때 해시함수의 입력으로 비밀 값과 특정한 사건이 일어난 횟수 등을 함께 사용하는 방법
- 질의/응답 방식과 비교하면 질의 값으로 특정 사건을 수치화한 것을 사용한다고 볼 수 있으며, 서버에서 질의 값을 수신할 필요가 없고, 질의/응답 방식의 단점을 보완한 것
- OTP 기기의 버튼을 누를 때마다 OTP 값이 생성

㉠ 기본원리

> 인증 서버와 인증 횟수(Counter) 기록을 사용자 측과 인증 서버 간 공유. 또한, 이 인증 횟수를 일회용 패스워드 생성 시 입력값으로 활용
>
> 1. 인증 서버와 사용자 간 인증 횟수는 인증시도가 없는 경우 '0'으로 인식함
> 2. 사용자가 OTP를 실행시키면 카운터 값이 0에서 1로(1회 실행시켰으므로) 증가하며, 이 값으로 입력한 비밀키(사용자 패스워드)를 이용해서 암호화
> 3. 암호화된 결과 값이 일회용 패스워드로써 화면에 나타나고, 이 값을 시스템에 입력하면 인증 서버로 전달하게 됨
> 4. 인증 서버는 사용자의 인증기록(Counter : 1, 1회 인증했으므로)을 통해 카운터 값을 알아냄
> 5. 카운터 값을 알아낸 후 사용자의 비밀키(사용자의 패스워드)를 이용해 복호화
> 6. 복호화 후 인증 서버에 저장된 사용자의 비밀키(사용자 패스워드)와 일치하면 인증

㉡ 장점, 단점

장점	• 가장 간단한 구조로 구현하기 쉬움 • 사용하기 편리
단점	• 생성될 응답 값 예측 가능 • 인증 서버와 OTP 기기의 이벤트 값을 자주 일치시켜야 하는 불편 • OTP 값의 유효시간이 정해지지 않아 유출 시 보안 취약

③ 질의(Challenge)/응답(Response) 방식

- 난수를 암호 알고리즘의 입력값으로 사용하여, 일회용 패스워드를 생성
- 금융기관에서 사용하는 보안카드가 질의/응답 방식 중의 하나
- OTP 기기에 질의 값을 버튼으로 입력해야 하므로, 사용이 불편하여 거의 사용되지 않음

㉠ 기본원리

> 1. 인증 서버 또는 응용프로그램이 임의의 난수값을 생성 후 사용자에게 전달(Challenge)
> 2. 사용자는 전달받은 난수값을 다시 일회용 패스워드 생성토큰 또는 소프트웨어에 입력
> 3. 사용자는 난수값을 입력 후 나온 출력값을 일회용 패스워드로 입력(Response)
> 4. 인증 서버에서 사용자에게 전송한(2번 과정) 난수값(Challenge)과 등록된 사용자 정보를 이용하여 OTP를 생성한 후 사용자의 입력값(Response)과 비교하여 일치하면 인증

5) S/Key 일회용 패스워드 시스템

- 원격시스템에 접속하여 로그온할 때 패킷이 노출되는 위험을 방지할 수 있음
- 시스템에 어떤 비밀정보도 저장되지 않음
- 계산량이 적기 때문에 스마트카드와 같은 응용에 적합
- 같은 Pass Phrase*를 사용하며, 여러 시스템에서 사용할 수 있는 서로 다른 패스워드를 생성하기 위해 SEED* 사용
- 패스워드는 'Pass Phrase|SEED'를 해시함수에 여러 번 적용하여 계산

> **Pass Phrase와 Password**
> - Pass Phrase는 중간에 띄어 쓰기가 가능하지만, Password는 불가능
> - Pass Phrase는 대부분 단어보다 길고, 일반적으로 기억할 수 있는 정도의 글자보다 길
> - Pass Phrase는 단순히 긴 암호가 아니라 기본적으로 단어나 단어와 비슷한 것의 조합

> **SEED**
> 각 시스템마다 가지는 유일한 값으로, 사용자에게 평문 형태로 전송

① 사용자 인증과정

> **[초기화 단계]**
> 1. 클라이언트는 초기값(PW)을 생성하고, 자신의 ID로 로그온
> 2. 서버는 SEED 값을 생성한 후 해시할 횟수 N을 정하여 클라이언트로 전송
>
> **[패스워드 생성 단계]**
> 3. 클라이언트는 SEED 값과 PW 값을 연산하고, 해시함수(H)를 이용하여 N회 해시한 다음, X_1에서 X_n까지 그 결과 값을 저장
> 4. 클라이언트는 PW 값을 서버에게 전송. 서버는 이를 수신한 다음 클라이언트와 마찬가지로 해시함수(H)를 이용하여 X_1에서 X_n까지 그 결과 값을 계산
>
> **[사용자 인증 단계]**
> 5. 클라이언트는 서버로 접속하기 위하여 ID, X_n을 전송
> 6. 서버는 저장된 X_n과 X_n'을 비교하여 일치 여부에 따라 사용자를 인증
>
> - 클라이언트가 차후 인증을 위해서는 ID, X_{n-1}을 전송하여 인증을 받음
> - 이런 방식을 반복하여 사용자는 자신의 정당함을 서버로 알림

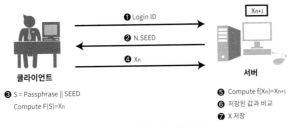

[S/Key 방식을 이용한 사용자 인증과정]

6) 일회용 패스워드(OTP) 공격

공격자가 재입력 대기시간이 존재하는 것을 악용하여 사용자가 컴퓨터에서 입력되는 OTP 번호를 가로채어 대신 입력하는 공격방식

Section **02** 무선 플랫폼에서의 전자상거래 보안

1 무선 플랫폼 프로토콜(WML Script)

- OSI 7계층의 응용 계층에서 구현되며, 무선 접속을 통해 휴대폰이나 PDA 등에 웹 페이지의 텍스트와 이미지 부분이 표시될 수 있도록 해주는 웹 프로그래밍 언어
- 기본적으로 무선환경에서 WTLS와 WML Script를 이용하여 e-Business 보안 서비스 제공에 초점을 맞춤

1) 특징

- 작은 화면과 제한된 메모리 및 CPU, 좁은 대역폭을 가진 무선 이동 단말기에 적합
- 암호화, 복호화, 전자서명 검증, 해시함수 등을 구현하기 위한 독자적인 함수 필요
- 다른 인증기관에서 발행한 인증서 간 호환이 되지 않기 때문에 표준처리가 어렵고, 인증서 취득 · 관리 · 검증이 어려움

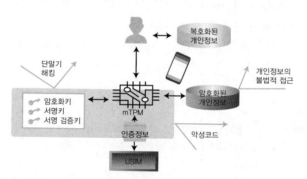

[무선 전자상거래 보안]

2) WML Script Crypto 라이브러리 보안 프로토콜

- WML Script를 이용한 서명
- WML Script를 이용한 암호화 · 복호화 솔루션(Vodafone, Telstar, Certicom)
- WML Script를 이용한 Secure Session

[WML Script의 처리 흐름도]

3) WPKI(Wireless Public Key Infrastructure)

- WAP에서 서버와 클라이언트 간의 인증을 위한 인증서를 발급·운영·관리하는 무선망의 공개키 기반 구조. 즉 기존의 유선 PKI의 구성요소를 그대로 이용하며, 무선환경에 적합하도록 기능을 최소화시킨 것
- 무선 PKI를 구축할 경우 유선과는 달리 클라이언트(무선 단말기)와 서버 간의 제한된 대역폭, 클라이언트의 처리능력, 클라이언트의 제한된 메모리를 고려해야 함. 또한, 기존 유선환경과는 달리 인증서 검증 메커니즘의 경량화가 필요함
- 유선과 마찬가지로 무선 인터넷이 안전한 전자상거래 서비스의 제공을 위해 기밀성, 무결성, 인증, 부인방지와 같은 서비스를 제공하기 위한 무선 PKI가 필요함

① 특징

- 기본적으로 무선용 X.509 인증서를 사용하지만, 무선 CA 서버는 단말기의 검증능력을 고려하여 Short-Lived 인증서인 WTLS 인증서를 사용하며, 단말기의 경우 저장공간의 문제로 인증서를 발급받기 위해 인증서의 URL을 이용
- 단말기에서 무선용 X.509 서버 인증서의 검증 메커니즘으로는 CRL이나 OCSP를 사용하도록 함. 또한, 무선에서는 CRL를 작게 나눠서 최근 CRL로 검증할 수 있는 메커니즘인 Delta CRL을 옵션으로 사용
- 무선 단말기에서 RSA를 사용하여 키 생성이 쉽지 않아 ECDSA를 사용하여 키를 생성할 수 있는 기능이 추가되었으며, 서명 알고리즘으로는 RSA, ECDSA가 사용되고, 키 분배용으로는 RSA, ECDH를 사용
- 무선에서는 무선환경에 맞는 인증서 요청 및 관리 프로토콜 규격을 사용

② 구성요소

CA 서버 시스템	인증서 발급, 관리
RA 서버 시스템	인증서 발급, 관리 요청 중계
Client 시스템	인증서 발급, 관리 요청
Directory 서버 시스템	CA가 발행한 인증서 정보를 저장, 관리

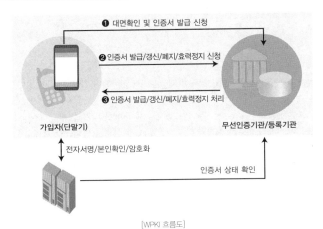

[WPKI 흐름도]

전자상거래 응용 보안

1 e-Biz를 위한 ebXML 보안

전자상거래 표준 프레임워크
컴퓨터와 인터넷을 이용해 한 기업의 비즈니스 경계를 넘어 거래 상대자(Trading Partner)와의 상거래를 가능하게 하는 기능을 규정하는 일반적인 구조

OASIS/CEFACT
e-비즈니스 표준화에 있어 가장 권위 있는 기관

- 차세대 인터넷 전자상거래 표준 프레임워크*
- 전자상거래 데이터 교환 표준을 마련하고자 하는 전 세계적 프로젝트
- XML 기반으로 e-Business를 가능하게 하는 목적의 표준안
- OASIS/CEFACT*가 주도하여 기업의 규모나 지역과 관련 없이 인터넷을 통하여 거래할 수 있도록 하는 규약

1) 특징

- 명세 개발작업에 있어 누구나 아무런 비용 부담 없이 참여가 가능한 개방성과 ebXML 명세에 따라 누구나 특정 솔루션이나 플랫폼에 의존 없이 전자상거래가 가능한 상호연동성
- 개방적인 XML을 범세계적으로 제공하여 국제적이고 단일한 e-Marketplace 제공

2) 유용성

재활용성	• XML 문서는 구성이 각각의 엘리먼트 ('<.>'(태그)로 둘러싸인 항목), 즉 컴포넌트로 구성 • 컴포넌트 중 모든 문서에서 공통으로 사용되는 컴포넌트를 선택하여 핵심 컴포넌트를 만들고, XML 문서를 만들 때 핵심 컴포넌트를 사용하여 XML 문서를 만듦 • XML 문서를 만들 때마다 컴포넌트를 만들려고 고민할 필요 없이 만들어져 있는 핵심 컴포넌트에서 필요한 항목만을 사용하면 되기 때문에 문서 개발에 중복되는 시간과 비용을 많이 절약할 수 있으며, 문서의 구성도 표준화할 수 있음
비즈니스 프로세스 활용	• 기존의 표준이 단순히 문서만을 표준화하여 사용하는 것과는 달리, ebXML에서는 재활용의 수준을 문서 수준뿐만 아니라 시나리오 수준까지 확대 • 비즈니스 전 과정을 모델링하여 시나리오를 작성하고, 이 시나리오에 따라 B2B* 거래를 자동화

B2B(Business to Business)
기업과 기업 간 거래를 기반으로 한 비즈니스 모델

3) 기본원리

1. 회사 A는 인터넷을 통하여 ebXML 등록 저장소에서 일반적인 기업 간 비즈니스 프로세스 항목을 다운로드 받음
2. ebXML 솔루션(MSH : Message Service Handler)을 구매하여 기업 내부 시스템과 연계하여 설치
3. 회사 A는 MSH의 프로토콜 정보와 내부 기업정보가 정의된 협업규약 프로파일(CPP)을 ebXML 등록 저장소에 등록
4. 회사 B는 ebXML 등록 저장소에서 회사 A의 CPP를 검색 및 다운로드 받음
5. 회사 B와 회사 A는 MSH을 통하여 전자문서를 주고받을 수 있도록 협업규약 약정서(CPA)를 작성하여 협정
6. MSH를 통하여 협의된 절차에 따라 전자문서와 상품 거래

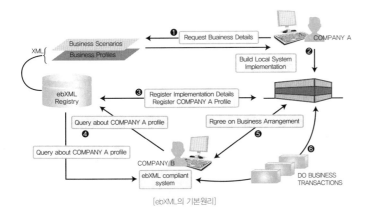

[ebXML의 기본원리]

4) 구성요소

비즈니스 프로세스 (Business Process)	• 비즈니스 거래절차의 내용을 표준화된 방법으로 모델링하여, 시스템이 자동으로 인식·처리할 수 있도록 하기 위한 표현 방법에 대한 정의 • 기업이 비즈니스 서비스 제공자의 비즈니스를 이용할 수 있도록 명세화하여 업무 프로세스와 업무절차 정의 • 기업 간 거래에 있어서 공유하는 역할(Role), 관계(Relationship), 의무사항(Responsible) 등을 어떻게 수행(처리)할 것인가를 상세히 정의 • 비즈니스 프로세스와 연관된 정보모델 등의 일관된 모델링 방법 제공 • 업무 프로세스를 정의하는 과정에서 문서의 검토가 자연스럽게 이루어지기 때문에 기존 문서 수준의 표준화에서 업무수준의 표준화로 확대가 가능한 것이 EDI*와 다름
핵심 컴포넌트 (Core Component)	• 비즈니스에서 교환되는 전자문서를 이루는 항목을 미리 정의하여 재사용이 가능하도록 표준화 작업 • 비즈니스 서비스에 사용되는 객체를 의미하며, 이를 추출하여 이용할 수 있는 명세를 제공 • 현실 개념과 비즈니스 개념과의 관계를 구문 독립적이고, 명확하게 공통의 핵심 컴포넌트로 구분하고, 새로운 확장이 가능하도록 정의한 객체 • 비즈니스 프로세스를 기반으로 재사용성, 확장성, 상속성을 지닌 의미 중립적인 비즈니스 객체

**등록 저장소
(Registry,
Repository)**
	• 거래상대자에 의하여 제출된 정보를 저장하는 안전한 저장소
	• ebXML 구현의 가장 중요한 부분이라 할 수 있음
	  - Registry : 서비스의 메타데이터 등 색인 정보 저장
	  - Repository : 거래상대자가 제출한 정보를 안전하게 저장

**거래 당사자
(Trading Partner)**
	• 비즈니스 거래당사자에 대한 각종 정보 및 협업을 위한 프로파일을 통일된 규칙으로 표현
	• 거래상대자의 프로파일(TPP) 작성 및 거래협약(TPA) 작성
	• ebXML의 핵심 콘텐츠 부분
	  - 협업규약 프로파일(CPP) : 거래당사자 정보
	  - 협업규약 약정서(CPA) : 거래당사자 간의 협약

메시지 서비스 (Message Service)	• 각각의 요소 메시지 전송 및 보안성 규정 • ebXML 거래당사자 간의 비즈니스 메시지를 교환하기 위한 표준방법 제공
전송교환 및 패키징 (Transport and Packaging)	ebXML 메시지 서비스를 제공하여 메시지를 상호 운용성과 보안을 유지하면서 어떻게 전송할 것인가에 대한 표준 정립

> 💠 **EDI**(Electronic Data Interchange)
>
> 전자문서 교환을 말하는 것으로, 독립된 조직 간에 정형화된 문서를 표준화된 자료표현 양식에 준하여 전자적 통신매체를 이용해 교환하는 방식

5) ebXML 보안

- 짐 그레이는 1970년대 말에 신뢰할 수 있는 처리시스템의 ebXML 특성을 정의하였으며, 자동으로 수행하는 기술 개발
- 1983년 앤드리스 류터(Andreas Reuter)와 테오 하더(Theo Harder)가 ACID* 라는 용어를 정의하면서 시작
- 인터넷 표준 웹브라우저만으로 장소에 영향을 받지 않고, 어디서나 전자상거래 가능
- 개방된 네트워크로 전자거래를 위한 국제 표준
- XML에서 사용하는 보안의 대부분 그대로 사용
- XML 전자서명, XML 암호화, XKMS, SAML, XACML 등

6) e-Business를 위한 ebXML 보안

① ebXML과 Web Service 환경

- 자국 내의 영역에서 벗어나 글로벌 환경으로의 확대
- 국가 간 거래 시 상이한 비즈니스 프로세스로 인한 비용 증가

② 보안 요구사항

- W3C/OASIS 등에서 표준화가 진행되거나 완료된 기술 적용
- 무결성, 기밀성, 부인방지, 인증 등의 거래 신뢰성 보장
- XML 기반 보안기술 적용 : XML 전자서명, XML Encryption, XKMS, SAML, XACML

③ 주요 XML 기반 보안기술

XML 전자서명(XML Signature)	무결성 및 부인방지
XML Encryption	기밀성
XKMS(XML Key Management Specification)	PKI 서비스 프록시
SAML(Security Assertion Markup Language)	인증, 속성, 승인
XACML(eXtensible Access Control Markup Language)	XML 기반 접근 제어

기타 애플리케이션 보안

Section 01

기타 애플리케이션 보안기술

1 SSO(Single Sign On)

- 하나의 시스템에 로그온하면 다수의 시스템에 재로그온 없이 접근할 수 있도록 암호화키를 제공하는 기술
- 사용자가 한 번의 인증으로 인터넷 및 인트라넷 간 응용 프로그램을 별도의 인증 없이 이용할 수 있도록 해주는 기술
- 사용자가 하나의 로그온 ID와 패스워드로 DB 서버, 웹서버 등의 여러 정보시스템에 접근할 수 있도록 해주는 기술

1) 특징

- 한 번의 로그온으로 사용자 확인 및 접근 권한을 얻음
- 단일 로그온, 표준화된 인증방법, 중앙집중식 접근 관리 가능

2) 인증과정

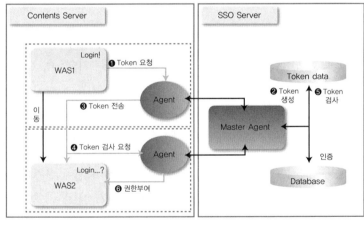

[인증과정]

3) 구성요소

사용자	아이디와 패스워드로 로그온 시도
인증 Server	접근통제목록(ACL)을 통한 통합인증 서버
LDAP	네트워크의 자원을 식별하고, 사용자와 응용 프로그램이 자원에 접근할 수 있도록 하는 네트워크 디렉터리 서비스
SSO Agent	정보 시스템에 자동으로 인증정보(Token)를 전송

4) SSO 구현

SSO 시스템 구현 시 가장 중요한 것은 IdP에서 SP로 사용자 인증정보를 전달할 때의 보안 취약점 발생. 이러한 문제의 해결을 위해서는 여러 표준 프레임워크로 구현할 수 있는데, 대표적으로 SAML, OAuth, JWT 등이 있음

① SSO 적용 전

- 카카오톡, 페이스북, 넷플릭스라는 세 가지 서비스를 사용할 경우 각각의 서비스는 각자의 방식으로 로그온을 요구. 즉 카카오톡을 사용하려면 카카오톡 아이디로 로그온을 해야 하고, 넷플릭스를 사용하려면 넷플릭스 아이디로 로그온해야 함. 또한, 세 애플리케이션이 로그온을 처리하는 방식, 사용자 정보를 저장하는 방식도 모두 다름
- 사용자는 아이디와 비밀번호를 세 쌍이나 필요
- 서비스 제공자는 로그온 화면 세 개, 데이터베이스 세 개, 로그온 프로세스 세 개를 각각 구현해야 함

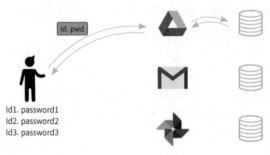

[SSO 적용 전]

② SSO 적용 후

- 기존 불편을 해소할 수 있는 인증방식이 SSO이며, 여러 서비스를 로그온 한 번으로 한 번의 로그온으로 이용할 수 있도록 하는 기술. 즉, 각 애플리케이션에서 로그온과 인증 부분만 모아서 구현
- 사용자는 아이디와 비밀번호가 한 쌍만 필요
- 서비스 제공자는 로그온 화면 한 개, 데이터베이스 한 개, 로그온 프로세스 한 개만 구현
- SP(Service Provider)는 서비스, 애플리케이션이 전체 인증 흐름에서 어떤 역할을 담당하는 요소인가의 관점에서 표현. 그리고, IdP(Identity Provider)는 각 SP들의 인증 관련 부분만 모아서 구현해 놓은 것

> [구글 드라이브를 사용할 경우]
>
> 1. 사용자가 SP(구글 드라이브)를 사용하려고 접속요청
> 2. 사용자의 세션 정보가 SP에 존재하지 않기 때문에 SP는 사용자를 IdP(구글 통합 로그온 페이지)로 리다이렉트(Redirect) 시킴
> 3. 사용자의 세션 정보가 IdP에 존재하지 않기 때문에 사용자는 IdP에서 로그온(또는 어떤 방식으로든 인증)
> 4. 인증이 완료되면 IdP는 사용자를 SP로 다시 리다이렉트(Redirect) 시키며, 동시에 사용자의 인증정보를 SP로 전달
> 5. 로그온 처리가 완료되어 구글 드라이브를 사용할 수 있음

[G메일을 사용할 경우]

1. 사용자가 SP(G메일)를 사용하려고 접속요청
2. 사용자의 세션 정보가 SP에 존재하지 않기 때문에 SP는 사용자를 IdP로 리다이렉트 (Redirect) 시킴
3. 사용자의 세션 정보가 IdP에 존재하기 때문에 IdP는 사용자를 SP로 다시 리다이렉트 (Redirect) 시키며, 동시에 사용자의 인증정보를 SP로 전달
4. 로그온 처리가 완료되어 G메일을 사용할 수 있음

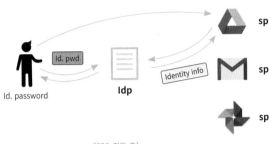

[SSO 적용 후]

5) 장점, 단점

장점	• 운영비용 절감 • 보안성 강화 • 사용자 편의성 증가(패스워드 암기/분실 위험 감소) • 인증정책과 권한설정 용이 • 중앙집중 관리를 통한 효율적 관리 가능
단점	• SSO 서버가 SPoF(Single Point of Failure : 단일 실패 지점) • SSO 서버 침해 시 모든 서버의 보안 침해 가능 • SSO 개발 및 운영비용 발생 • 자원별 권한 관리 약함

6) 구축 시 고려사항

- 신뢰성 있는 알고리즘
- 안전한 키 관리
- 시스템 안정성(Fail Over*, 부하분산 등의 HA* 지원)
- 시스템 호환성(다양한 OS 지원 – AIX, SunOS, HP–UX, Windows 등)
- 다양한 인증방식(ID/Password, PKI, iPIN* 등)
- 다양한 솔루션 지원(SAP, Domino, SIBEL 등의 제3자 인증 지원 등)
- SSO 세션에 대한 관리(멀티 로그온 지원)
- 다양한 개발 언어 지원(JAVA, .NET, Delphi, Power Builder, C/C++, VB, PHP 등)

2 OAuth를 이용한 SSO 구현

- API를 통해 특정 시스템의 보호된 자원에 접근하기 위해서는 해당 시스템의 사용자 인증정보(아이디, 패스워드)를 알고 있어야 함
- 시스템 차원에서 다른 시스템의 보호된 자원에 접근하기 위해 그 시스템의 사용자 인증정보를 관리하고 사용하는 것은 보안상 많은 문제를 유발할 수 있음. 이런 문제가 발생하지 않도록 API 접근을 위임하여 인증처리를 할 수 있음

> **Fail Over**
> 1차 시스템이 고장 또는 정기 유지보수 등의 이유로 이용할 수 없는 상태가 되었을 때, 2차 시스템이 즉시 그 임무를 넘겨받아 프로세서, 서버, 네트워크 또는 데이터베이스 등과 같은 시스템 구성요소의 기능들이 중단 없이 유지 될 수 있는 백업 운영 모드

> **HA**(High Availability)
> • 고가용성
> • 서버와 네트워크, 프로그램 등의 정보 시스템이 오랫동안 정상 운영이 가능한 성질을 말함

> **iPIN**(Internet Personal Identification Number)
> • 인터넷 개인식별번호
> • 인터넷상에서 주민등록번호 대신 아이디와 패스워드를 이용한 본인확인 수단

- 많은 서비스 제공자(Google, Yahoo, AOL 등)들이 이런 인증방식을 별도로 구현하여 사용하였으며, 이렇게 구현된 서비스들은 서로 호환이 되지 않았는데, 이를 통일하기 위해 OAuth 1.0 표준안을 만듦
- OAuth 1.0 발표 이후 몇 년 동안 사용하면서 커뮤니티는 암호화 요구사항의 복잡성, 웹 기반 애플리케이션만 지원, 성능 향상의 어려움에 대하여 고민하였고, 그 결과 OAuth 2(이후 'OAuth'로 명명)를 표준으로 정리

1) 구현 방법

- SSO를 구성하는 방안은 여러 가지가 있지만 크게 두 가지로 요약할 수 있음
- 첫째는 기존에 많이 선택한 방법으로 SSO 전용 오픈 소스인 CAS 서버를 이용하는 방안
- 둘째는 서비스 자원에 대한 접근 제어 인가 흐름(Authorization Flow)을 제공하는 OAuth 2를 이용하여 SSO를 구현하는 것. OAuth 2를 이용하면 웹, 모바일, 데스크톱, IoT 장치로의 확장성이 뛰어남

2) 역할

OAuth에서 위임 방식의 인가를 처리하기 위해 4개의 역할을 정의

역할	설명
자원 서버 (Resource Server)	보호된 정보를 제공하는 서버로, 일반적으로 웹 애플리케이션
자원 소유자 (Resource Owner)	자원 서버에 계정을 가지고 있는 사용자로, 클라이언트가 계정을 통해 자원 서버에 접근하는 것을 인가(Authorize)
클라이언트 (Client)	자원 소유자를 대신하여 자원 서버의 서비스를 사용하고자 하는 애플리케이션
인가 서버 (Authorization Server)	클라이언트가 자원 서버의 서비스를 사용할 때 접근 토큰(Access Token)을 발행

3) 인가 승인 유형(Authorization Grant Type)

- 클라이언트가 접근 토큰을 요청하기 위해서는 자원 소유자의 인가를 받아야 하는데, OAuth는 서로 다른 용도를 위해 다양한 인가 승인 유형을 제공
- OAuth에서 정의한 4가지 인가 승인 유형

인가 승인 유형	용도	비고
인가 코드 승인 (Authorization Code)	웹서버상에서 동작하는 애플리케이션	가장 많이 사용되는 유형
암시적 승인 (Implicit)	모바일 앱 또는 단말기에서 동작하는 웹 애플리케이션	–
자원 소유자 패스워드 승인 (Resource Owner Password)	단말기 OS 또는 높은 신뢰 관계의 애플리케이션	다른 유형들을 사용할 수 없는 경우에만 사용
클라이언트 인증정보 승인 (Client Credential)	애플리케이션 API 접근	신뢰하는 클라이언트만 사용

① 인가 코드 승인(Authorization Code Grant)

- HTTP 리다이렉션 기반이기 때문에 클라이언트는 자원 소유자의 웹브라우저와 상호작용할 수 있어야 하며, 인가 서버로부터의 요청을 처리할 수 있어야 함
- 그림에서 볼 수 있듯이 클라이언트의 인증과정을 거치고, 인가 서버와 클라이언트 간에만 접근 토큰이 포함된 통신을 수행하는 등 보안상 많은 이점을 포함하고 있음

㉠ 기본원리

1. 클라이언트가 사용자 에이전트를 인가 서버로 리다이렉트함으로써 흐름을 시작 (상태(State) 값과 인가 서버로부터 응답을 수신할 Redirect URI 포함)
2. 유효한 인증 이력이 없는 인증 요청에 대해 인가 서버는 로그온 페이지로 응답
3. 자원 소유자는 인가 서버의 인증을 통해 클라이언트를 인가
4. 인가 서버는 정상적인 자원 소유자의 인증/인가 요청을 클라이언트로 리다이렉트함 (인가 코드, 상태 값 포함)
5. 인가 코드를 포함한 요청을 받은 클라이언트는 인가 서버로 접근 토큰 요청을 전송하여, 그 결과로 접근 토큰을 획득(인가 코드, 클라이언트 인증정보 포함)

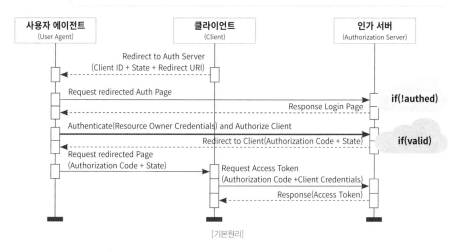

[기본원리]

② 암시적 승인(Implicit Grant) 인가 코드 승인

- 웹브라우저에서 자바스크립트와 같은 스크립트 언어로 동작하는 클라이언트들을 지원하기 위한 승인 유형
- 웹브라우저의 신뢰도가 높고, 신뢰할 수 없는 사용자나 애플리케이션에 노출될 염려가 적을 때 사용
- 모바일 앱 또는 단말기에서 동작하는 웹 애플리케이션에서 주로 사용
- 재발급 토큰을 사용할 수 없으므로, 접근 토큰이 만료되면 클라이언트는 접근이 필요한 경우 승인 흐름을 다시 진행해야 함

㉠ 기본원리

1. 클라이언트가 사용자 에이전트를 인가 서버로 리다이렉트함으로써 흐름을 시작 (상태 값과 인가 서버로부터 응답을 수신할 Redirect URI 포함)
2. 유효한 인증 이력이 없는 인증 요청에 대해 인가 서버는 로그온 페이지로 응답
3. 자원 소유자는 인가 서버의 인증을 통해 클라이언트를 인가
4. 인가 서버는 정상적인 자원 소유자의 인증 · 인가 요청에 접근 토큰으로 응답
5. 클라이언트는 접근 토큰을 획득

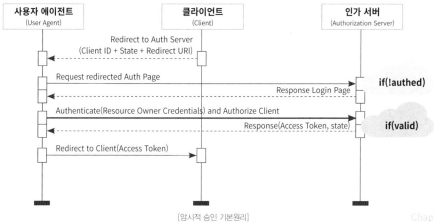

[암시적 승인 기본원리]

③ 자원 소유자 패스워드 승인(Resource Owner Password Grant)

- 사용자 이름과 비밀번호를 접근 토큰으로 교환
- 자원 소유자의 비밀번호가 클라이언트에 노출되기 때문에, 다른 유형의 승인 방식을 사용할 수 없는 경우에만 사용해야 함
  - ㉠ 기본원리

> 1. 클라이언트는 사용자에게 사용자 인증정보를 요청
> 2. 입력받은 사용자 인증정보와 클라이언트 정보를 포함하여 인가 서버로 접근 토큰 요청을 보냄
> 3. 인가 서버는 정상적인 자원 소유자의 인증 · 인가 요청에 대해 접근 토큰으로 응답

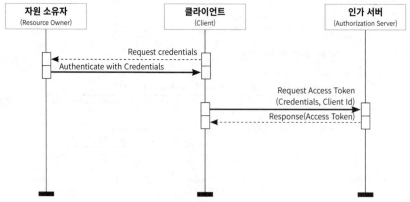

[자원 소유자 패스워드 승인 기본원리]

④ 클라이언트 인증정보 승인(Client Credential Grant)

- 클라이언트 인증정보 승인은 클라이언트가 데이터를 소유하고 있어, 자원 소유자에게 접근을 위임받을 필요가 없거나, 외부에서 애플리케이션에 접근 위임이 이미 허용되었을 경우에 사용. 즉, 사용자와 관계없는 애플리케이션 API 접근 시에 주로 사용
- 자원 소유자의 비밀번호가 클라이언트에 노출되기 때문에, 다른 유형의 승인 방식을 사용할 수 없는 경우에만 사용해야 함
  - ㉠ 기본원리

> 1. 클라이언트는 사용자에게 사용자 인증정보를 요청
> 2. 입력받은 사용자 인증정보와 클라이언트 정보를 포함하여 인가 서버로 접근 토큰 요청을 보냄
> 3. 인가 서버는 정상적인 자원 소유자의 인증 · 인가 요청에 대해 접근 토큰으로 응답

[클라이언트 인증정보 승인 기본원리]

4) OAuth 구현 시 보안 고려사항

- OAuth를 구현할 때 3가지의 시스템, 즉 클라이언트, 인가 서버, 자원 서버를 구현할 수 있음
- 각각의 역할이 다르며, 그에 따른 고려사항 또한 다르게 적용되어야 함. 그리고 최종적으로 발급되는 접근 토큰에 대한 보안도 고려해야 할 사항

① 클라이언트 고려사항

고려사항	설명
CSRF 공격	• 악성 응용 프로그램이 사용자의 웹브라우저가 인증된 웹 사이트에 대한 요청을 통해 원치 않는 작업을 수행하게 되는 것 • 이에 대한 가장 보편적이며 효과적인 방안은 각 HTTP 요청에 예측할 수 없는 요소를 추가하는 것. CSRF의 방어를 위해 'State' 파라미터의 사용을 권장 • OAuth 클라이언트는 예측할 수 없는 'State' 파라미터 값을 생성하고, 인가 서버에 인가 코드 요청과 함께 전달. 인가 서버는 이 값을 그대로 리다이렉트 URI에 대한 파라미터 중 하나로 리턴. 리턴된 'State' 파라미터를 클라이언트는 자신이 보낸 'State' 파라미터 값과 같은지 확인. 값이 없거나 원래 전달된 값과 일치하지 않으면 클라이언트는 오류를 발생하며 인가 흐름을 종료할 수 있음
클라이언트 정보 공격	• 암시적 승인(Implicit Grant) 유형을 선택한 클라이언트는 일반적으로 자바스크립트 전용 애플리케이션인 경우가 많음 • 웹브라우저에서 실행중인 클라이언트가 Client Secret을 숨길 수 있는 기능은 제한적. 또한, Client Secret은 컴파일된 코드로 존재해도 안전하지 않음. 어떤 코드도 디컴파일될 수 있으며, 그 후에는 Client Secret이 안전하지 않기 때문 • 이에 대한 방안으로 동적 클라이언트 등록을 사용하여 런타임 시 Client Secret을 구성할 수 있음. 인가 서버의 Registration Endpoint를 사용하는 방법 • 최초 실행 시에는 Client ID와 Secret이 존재하지 않고, 일반적인 OAuth 흐름이 시작되면 Client ID와 Secret은 새로 생성되며, 클라이언트 응용 프로그램의 모든 인스턴스에 대해 동일하지 않은 클라이언트 정보로 존재. 클라이언트 애플리케이션의 두 인스턴스는 서로의 정보에 접근할 수 없으며, 인가 서버는 인스턴스를 구별할 수 있음
리다이렉트 URI 등록	클라이언트의 정보들을 인가 서버에 등록할 때 리다이렉트 URI 정보가 포함되는데, 이 리다이렉트 URI는 가능한 명확한 URI로 등록하는 것이 중요. 인가 서버는 등록된 리다이렉트 URI의 하위 디렉터리에 대해서도 유연성을 가지고 유효성 검사를 하기 때문. 이 등록에 주의하지 않으면 느슨한 리다이렉트 URI로 인해 공격자로부터 토큰을 도난당하기 쉬움 – Referrer를 이용한 인가 코드 도난 – Open Redirector를 통한 접근 토큰 도난
인가 코드 도난	• 인가 코드를 사용해서 접근 토큰을 발급받으려면 Client Secret이 필요하며, 이는 안전하게 보호되어야 함. 그러나 클라이언트가 공용 클라이언트의 경우에는 Client Secret이 없으므로 인가 코드를 공격자가 가로채기 쉬움 • 기밀 클라이언트의 경우 공격자는 CSRF를 통해 Client Secret을 악의적으로 얻으려고 시도할 수 있으므로 주의해야 함
접근 토큰 도난	• 공격자의 궁극적인 목표는 접근 토큰을 가로채는 것. 접근 토큰을 사용하면 정상적으로 수행할 수 없는 모든 종류의 작업을 공격자가 수행할 수 있게 됨 • OAuth 스펙에서 Bearer 토큰을 전달하는 방법의 하나로, 클라이언트가 쿼리 파라미터를 이용하여 접근 토큰을 URI로 보내는 방법 존재. 접근 토큰을 자원 서버로 제출할 때 이 방법을 사용하면 많은 단점이 있음 • 먼저, 접근 토큰은 URI의 일부로 access.log 파일에 기록. 또한, Referrer에는 URL이 포함되기 때문에 Referrer를 통한 접근 토큰 누출의 위험이 있음. 쿼리 파라미터는 여전히 OAuth에 유효한 방법이지만, 클라이언트는 최후의 수단으로 극도의 주의를 기울여 사용해야 함

② 인가 서버 고려사항

고려사항	설명
세션 하이재킹 (Session Hijacking)	• 인가 코드는 쿼리 파라미터로 넘어오므로, 웹브라우저 기록에 유지됨. 또한, 로그아웃해도 웹브라우저 기록은 지워지지 않음 • 공격자가 같은 웹브라우저를 이용하여 자신의 정보로 로그온을 하고, 웹브라우저 기록에 있는 이전 자원 소유자 세션의 인가 코드를 삽입하면 이전 자원 소유자의 자원에 접근할 수 있게 됨 • 인가 서버는 인가 코드를 두 번 이상 사용하면 요청을 거부해야 하며, 가능하면 인가 코드를 기반으로 이전에 발행된 모든 토큰을 취소하게 구현해야 함. 이러한 검사가 없으면 다른 클라이언트에 대해 발행된 인가 코드를 사용하여 접근 토큰을 얻을 수 있기 때문
리다이렉트 URI 유효성 검사	• 클라이언트 구현 시 리다이렉트 URI 등록의 정확성도 중요하지만, 인가 서버에서 리다이렉트 URI를 검사하는 것도 중요한 보안 고려사항 • 인가 서버에 등록된 리다이렉트 URI와 쿼리 파라미터로 넘어온 URI의 유효성을 검사해야 함. 리다이렉트 URI 유효성 확인은 정확히 일치하는지 검사하는 방법, 하위 디렉터리까지 허용하는 방법 그리고, 서브 도메인까지 허용하는 방법이 일반적으로 많이 사용됨 • 너무 느슨한 리다이렉트 URI 유효성 검사는 공격자로부터 접근 토큰을 가로채기 쉽게 만들기 때문에, 가급적이면 정확히 일치하는지 검사하는 방법의 사용을 권함
클라이언트 유효성 검사	• 인가 서버는 등록된 클라이언트와 요청된 클라이언트가 같은 클라이언트인지 판단하는 것이 중요 • 상태(State) 값이나 Client 식별자 정보처럼 리다이렉트 URI에 포함된 파라미터가 초기 승인 요청에 포함되어 있는지 확인하고, 해당 값이 같은지 확인하는 작업이 필요함
Scope 값의 오류	• 클라이언트로부터 요청된 리다이렉트 URI 중 Scope 값이 정확하지 않으면, 인가 서버는 클라이언트로 오류와 함께 리다이렉트함. 이를 이용하여 공격자는 접근 토큰을 가로챌 수도 있음 • 오류와 함께 리다이렉트된 URI를 이용하여, 실제 유효한 클라이언트 요청에 이를 끼워 넣어 접근 토큰을 가로채는 방식 • 클라이언트로부터 Scope의 값이 존재하지 않거나 잘못된 값으로 요청된 경우에는 리다이렉트 URI로 리다이렉션하지 않고, 400 오류를 발생시키는 것이 최선의 방법

③ 자원 서버 고려사항

고려사항	설명
자원 Endpoint의 설계	• 일부 사용자의 입력에 의해 결과 응답이 구동되는 REST API를 설계하는 경우 XSS 취약성 발생 가능성이 높음 • XSS를 막는 첫 번째 방법으로는 쿼리 파라미터에 대해 이스케이프 처리를 하는 것. 공격자가 악의적으로 쿼리 파라미터에 스크립트 태그를 추가하여 동작하도록 할 수 있으므로, 이스케이프 처리를 하여 태그를 인식할 수 없도록 구현할 수 있음 • 두 번째 방법으로는 알맞은 Content-Type을 반환하도록 하여 XSS를 막을 수도 있음. 이 또한 공격자가 작성한 스크립트 태그를 방지하기 위해 사용할 수 있는 방법 • 또한, 자원 서버에서 접근 토큰을 쿼리 파라미터로 전달받지 않도록 할 수 있음. 이렇게 하면 공격자가 접근 토큰을 포함하는 URI 위조 방법은 없음
동일 출처 정책 문제	• 웹에서는 클라이언트 응용 프로그램이 한 도메인에서 제공되는 반면 보호된 자원은 다른 도메인에서 제공되는 것이 일반적. 그러나 웹브라우저는 한 페이지 내의 자바스크립트가 다른 도메인의 악의적인 콘텐츠를 로드하지 못하도록 같은 출처 정책이 설정됨. 이 경우, API 호출을 자바스크립트 호출로 허용하는 것이 좋음 • 특히 OAuth를 사용하여 API를 보호해야 하므로, 이 문제를 해결하기 위해 솔루션을 사용하는 방법을 선택해야 할 수도 있음

토큰의 수명	• 공격자가 접근 토큰을 획득하면 보호된 자원에 언제든지 접근할 수 있게 됨. 이러한 위험을 최소화하기 위해 상대적으로 수명이 짧은 접근 토큰을 갖는 것이 중요 • 실제로 공격자가 사용자의 접근 토큰을 확보하더라도 이미 만료되었거나 만료일이 가까워지면 공격의 심각도는 감소. 이러한 이유로 OAuth 시스템 전체에서 가능한 한 TLS(Transport Layer Security) 사용을 강제하는 것이 가장 좋은 방법. 그리고 웹브라우저 보호 및 보안 헤더를 최대한 활용하는 것도 접근 토큰을 공격자로부터 지키는 방법

④ 접근 토큰 관련 고려사항

고려사항	설명
Bearer 토큰 사용의 위험 및 고려사항	• 접근 토큰이 위조될 가능성이 있음 • 공격자는 자체 위조 토큰을 만들거나 유효한 토큰을 수정하여 자원 서버가 클라이언트에 부적절한 접근을 허용하게 할 수 있음. 또는 공격자가 토큰 자체의 유효성을 확장할 수 있음 • 공격자는 이미 사용된 이전 토큰을 사용하려고 시도할 것. 이 경우 자원 서버는 유효한 데이터를 반환하지 않아야 하고, 대신 오류를 리턴해야 함 • 공격자는 토큰 리다이렉션을 이용하는 경우도 있음 • 공격자는 한 자원 서버에서 사용하도록 발급된 토큰을 사용하여 토큰이 유효하다고 생각되는 다른 자원 서버에 접근. 이 경우 공격자가 특정 자원 서버에 대한 접근 토큰을 합법적으로 가져와서 이 접근 토큰을 다른 리소스 토큰에 표시하려고 함
Bearer 토큰 전송 보호	• 접근 토큰이 안전하지 않은 채널을 통해 전송되는 것을 조심해야 함 • OAuth 스펙에 명시된 것처럼 접근 토큰의 전송은 네트워크의 통신 보안을 제공하도록 설계된 암호화 프로토콜인 SSL/TLS를 사용하여 보호되어야 함
클라이언트에서 주의해야 할 사항	• 클라이언트가 적용할 수 있는 하나의 대책은 토큰의 범위를 작업에 필요한 최소값으로 제한하는 것. 자원 소유자의 최소 자원을 묻는 것만으로 충분하다면 최소한의 권한을 주는 것이 중요 • 가능하다면 일시적인 메모리에 접근 토큰을 유지하는 것이 좋음. 데이터베이스나 다른 저장소에 토큰을 저장한다면 공격자가 데이터베이스나 저장소의 권한 획득으로 토큰이 노출될 위험이 있기 때문
인가 서버에서 주의해야 할 사항	• 대부분 인가 서버는 접근 토큰을 데이터베이스에 저장. 그러므로 공격자가 인가 서버 데이터베이스에 접근하거나 SQL 인젝션을 할 수 있다면 여러 자원 소유자의 보안이 손상될 수 있음 • 인가 서버는 토큰 자체의 텍스트 대신 접근 토큰의 해시(예 SHA-256)를 저장하는 방식을 선택할 수 있음. 이 경우, 공격자가 모든 접근 토큰을 포함하는 전체 데이터베이스를 도용할 수 있더라도 유출된 정보로 수행할 수 있는 일은 많지 않음 • 단일 접근 토큰의 누출과 관련된 위험을 최소화하려면 접근 토큰의 수명을 짧게 유지하는 것이 좋음. 클라이언트가 자원에 더 오래 접근해야 하는 경우, 인가 서버는 클라이언트에 Refresh 토큰을 발행할 수 있음 • 궁극적으로 인가 서버에서 수행할 수 있는 가장 좋은 작업 중 하나는 보안 로깅. 토큰이 발행, 사용 또는 취소될 때마다 보안 로그를 기록하면 의심되는 동작을 감시하는 데 사용할 수 있음. 그리고 이러한 모든 로그는 노출되지 않도록 보호되어야 함
자원 서버에서 주의해야 할 사항	자원 서버는 토큰의 유효성을 적절히 검사하고, 일종의 슈퍼 파워를 가진 특수 목적의 접근 토큰을 사용하지 않아야 함

3 SAML을 이용한 SSO 구현

• 한 대의 컴퓨터가 하나 이상의 다른 컴퓨터를 대신해 몇 가지 보안 기능을 수행할 수 있도록 하는 프레임워크

• SAML은 모든 정보를 인코딩하는 데 사용되는 XML 변형 언어를 의미하지만, 이 용어는 표준의 일부를 구성하는 다양한 프로토콜 메시지와 프로파일을 포함할 수 있음

• SSO(Single Sign-On)를 구현하는 한 가지 방법이며, 실제 SSO는 SAML(Security Assertion Markup Language)의 가장 일반적인 활용 사례
• 네트워크를 통해 여러 컴퓨터에서 보안 자격증명을 공유할 수 있도록 하는 공개 표준

1) SAML 인증과정

> SSO 환경의 사용자이고, 서버의 일부 자원에 접속하려 한다고 가정
>
> 1. 서비스 제공자인 SAML은 서버의 자원에 접속하려고 시도. 서비스 제공자는 시스템에서 이미 인증됐는지를 확인. 이미 인증됐다면 바로 7단계로 건너뜀. 그렇지 않으면 서비스 공급자는 인증 프로세스를 시작
> 2. 서비스 공급자가 적절한 신원 공급자를 결정하고, 해당 공급자를 리다이렉션(지금 사례의 경우 SSO 서비스를 의미)
> 3. 웹브라우저가 SSO 서비스에 인증 요청을 보냄. 서비스는 사용자 자신을 식별
> 4. SSO 서비스는 서비스 공급자가 SAML Response 매개변수에 필요로 하는 인증정보를 포함하는 XHTML 문서를 반환
> 5. SAML Response 매개변수가 서비스 제공자에게 전달
> 6. 서비스 공급자는 이 응답을 처리하고, 사용자를 위해 보안 컨텍스트를 작성. 기본적으로 사용자가 로그온하고 요청한 자원의 위치를 알려줌
> 7. 이 정보를 이용해 관심 자원을 다시 요청할 수 있음
> 8. 마침내 자원이 반환됨

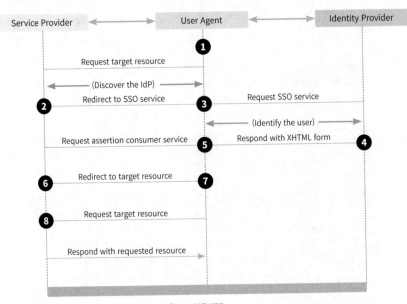

[SAML 인증과정]

2) OAuth와 SAML의 비교

OAuth	• 2006년부터 구글과 트위터에서 공동으로 개발한 SAML보다 새로운 표준 • 모바일 플랫폼에서 SAML의 결함을 보완하기 위해 개발됐으며, XML이 아닌 JSON 기반 • Service Consumer-Provider에 특화된 사용자 및 애플리케이션 인증 프로토콜 • 권한 부여만 처리 • 구글과 트위터에서 인터넷 규모로 설계 • 사용자-메신저-Facebook으로의 3단계의 Dependency가 존재 • 사용자는 Facebook에 직접 접근하거나 사용하는 것이 아니라 단지 메신저 애플리케이션을 이용하다 보니, Facebook에서 제공하는 서비스를 메신저가 제공받아야 하는 것

SAML	• 범용적인 측면의 사용자 SSO를 의미 • 이론적으로 개방형 인터넷에 사용하도록 설계됐지만, 실제로는 SSO를 위해 엔터프라이즈 네트워크 내에서 배포 • 공급자가 인증 및 권한 부여 서비스를 제공하는 방법을 정의 • A 사이트에서 인증된 사용자라면 B 사이트에서는 A 사이트를 신뢰하므로, 이 사이트에서 인증된 사용자 역시 신뢰하는 사용자로 판단하여 인증 처리해 주는 것. 그런데 여기서는 A 사이트와 B 사이트 간에는 아무런 상호작용이 없을 수도 있음. 즉 Identity만 서로 공유할 뿐 독립된 개체로서, 서로 다른 유형의 서비스를 사용자에게 제공하고 있는 것. 즉 사용자와 A 사이트 혹은 사용자와 B 사이트 사이에 직접적인 관계가 맺어지는 것

4 EAM(Extranet Access Management)

인트라넷 · 엑스트라넷 · 인터넷 환경 및 일반 클라이언트/서버 환경에서 통합 인증(SSO) 환경과 이를 기반으로 통합된 사용자 인증 및 권한 관리시스템을 구축하기 위한 접근 제어 솔루션

1) 특징

통합인증(SSO)	기업의 분산환경에서 사용자가 한 번의 로그온만으로, 다양한 서비스를 이용할 수 있는 편리한 환경을 제공하는 인증방법
권한 관리	• 시스템에서 인증된 사용자가 자기에게 부여된 권한에 해당되는 기능만을 수행할 수 있도록 하는 통합적 관리 • 사용자 권한에 따라 웹페이지의 개인화 • 디렉터리 서버의 사용자 정보를 통해 응용 서버 접근
인증방식	• 사용자 ID와 비밀번호 인증 시 암호화 기능(표준 SSL 지원) • 인증기관에서 발행한 인증서 사용 가능
모니터링	로그 감사 및 보고서 기능 제공
성능	로그온/로그아웃, 인증/인가 등의 신속한 과정 수행

2) 구성요소

정책 관리자	• 사용자 인증 정책 관리 • 보안 및 접근통제 정책 관리
권한 관리 저장소	• 사용자 정보 및 권한 정보 통합 저장 및 관리 • DB, LDAP
에이전트	EAM 서버 인가 여부 검사, 접근 처리
클라이언트	• 사용자 인증 인터페이스 • EAM 서버에 응용 서버 접근 권한 요청 • 접근정보를 이용한 응용 서버 접근
EAM 서버	• 보안 및 접근통제 정책 적합 여부 검증(권한 인증) • 사용자 인증 • 응용 서버 접근정보 제공(Token 등)

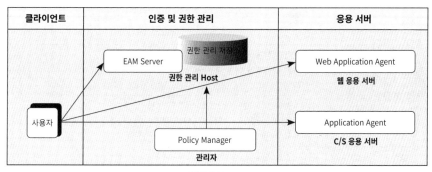

[구성 요소]

5 IAM(Identity and Access Management)

한 번의 로그온으로 다양한 시스템 혹은 인터넷 서비스를 사용할 수 있게 해주는 통합 인증(SSO)과 애플리케이션의 접근 권한 중심의 솔루션인 엑스트라넷 접근 관리(EAM)를 보다 포괄적으로 확장한 보안 솔루션

1) 특징

- 업무 프로세스를 정의하고 관리하는 인프라로서 업무 효율성, 생산성, 보안성의 극대화를 통해 확실한 이익 창출을 보장하는 비즈니스 도구
- 조직이 필요로 하는 보안 정책을 수립하고 자동으로 사용자에게 계정을 만들어 주며, 사용자는 자신의 위치와 직무에 따라 적절한 계정 및 권한을 부여받을 수 있을 뿐만 아니라, 사용자 정보의 변경과 삭제도 실시간으로 반영할 수 있음
- 직원이 입사하거나 퇴사할 경우에도 모든 애플리케이션에 대한 해당 직원의 계정을 자동으로 생성 및 삭제
- 계정을 부여받은 사용자가 시스템에 접속할 때도 그에 대한 인증과 인가를 처리하고 데이터들을 저장하고, 저장된 감사 기록은 향후 기업의 보안 문제를 효율적으로 대처할 수 있게 함
- EAM에 자동적 권한 부여 및 관리 기능이 추가된 것이 통합 계정 관리(IAM) 솔루션

2) 구성도

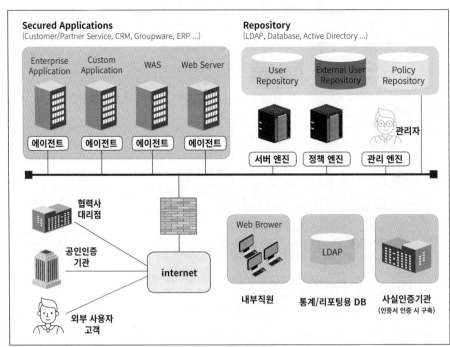

[IAM 구성도]

서버 엔진	정책 엔진	• 사용자 계정 관리 및 인증 • 인증된 사용자에 대한 사용 권한 검증 • 인증, 인가 서비스에 대한 요청/결과 정보 기록
	관리 엔진	• IAM 솔루션의 모든 구성요소 관리 • 보안 정책 사용자의 계정 조직 구성/관리 • 사용자/자원에 대한 권한 정책 관리
DB	Repository	사용자 정보저장 및 정책정보 저장
에이전트	에이전트	WEB, 애플리케이션 서버 등에 설치되어 서버 엔진에서 부여된 보안정책 실행

3) 주요 기능

① 계정 관리 기능

인증 관리 기능	• IAM 솔루션에서는 사용자의 인증을 위해 제품별 고유의 "인증 보안 메커니즘"을 사용하게 됨 • 이러한 메커니즘은 패스워드 모듈, 토큰, X.509 인증서, ID/패스워드 및 X.509 인증서와 폼 기반 인증의 조합 등 다양한 레벨의 광범위한 인증방법을 지원하며, 현재 대다수의 IAM 솔루션은 생체인식 및 스마트카드 같은 다른 보안 강도가 높은 인증 메커니즘을 지원함
프로비저닝 정책	• 프로비저닝 서비스는 IAM 솔루션의 핵심 기능으로, 어떤 사용자/그룹이 어떤 권한을 가지고 관리대상 시스템에 대해 계정이 생성되어야 하는지에 대한 정책과 실제 계정이 만들어지는 프로세스를 정의/관리하는 기능임 • 프로비저닝은 다음과 같은 두 가지 개념을 통해 정의할 수 있음 　－ Membership : 프로비저닝의 대상이 되는 사용자로서, 사용자 개인이 아닌 Access Rule에 따라 구성됨 　－ Entitlement : 사용자 계정이 추가되어야 하는 관리대상 서버로서, Entitlement를 통해 관리대상 서버가 지정되면 Membership에 지정된 사용자만이 해당 관리 대상 서비스를 사용할 수 있도록 정책이 적용됨
워크플로우 적용	• 워크플로우는 사용자 계정을 관리하기 위한 작업 프로세스를 일련의 과정을 통해 자동화하는 것임 • 일반적으로 사용자 계정 생성/변경/승인에 대한 요청/승인/거부/시스템 반영 등의 작업 절차를 워크플로우에 정의함
사용자 자신의 정보 관리	• IAM 솔루션에서 관리하는 사용자는 자신의 정보(주소, 전화번호, 패스워드 등)를 직접 수정함으로써, 관리자가 계정 관리에 들어가는 노력을 최소화할 수 있음 • 일반적으로 사용자는 IAM 솔루션을 통해 자신이 로그온할 수 있는 시스템의 패스워드를 직접 수정하며, 수정된 패스워드는 관리대상 시스템으로 실시간 동기화됨 • 사용자에 의한 패스워드 변경 방법은 패스워드 분실 시 질의/응답 내용을 통한 변경 및 로그온 시 변경 등의 방법을 이용하게 됨

② 권한 관리 기능

역할기반 접근통제	• IAM 솔루션에서는 사용자 역할을 기반으로 관리대상 시스템의 사용권한을 결정하며, 관리자는 계층적으로 조직 구성 • 계층적으로 구성된 조직 안에 조직의 역할을 정의하게 되며, 이러한 역할은 관리대상 시스템별로 접근할 수 있는 사용자/그룹을 포함함
권한위임	• IAM 솔루션은 계층적 구조의 조직 구조를 따라 조직 단위(Organization Unit)를 작성할 수 있으며, Unit별로 중간관리자 설정 • 중간관리자는 기존의 관리자 권한을 가진 사용자에 의하여 관리 권한을 위임받으며, 특정 사용자/그룹을 대상으로 모든 권한/일부 권한을 부여받게 되어 관리자의 역할 분담

③ 기존 통합 저장소 활용 기능

• 기존 디렉터리 및 사용자 정보 데이터베이스를 통합할 수 있으므로, 기존 사용자를 재구성할 필요가 없음
• 인증정보와 정책정보를 각각 다른 Repository를 이용하여 구성하게 되며, 기존의 DB 구조를 변경 없이 사용할 수 있으며, 서로 다른 DB 간의 연동 가능

④ 로깅, 감사, 보고 기능

- 모든 사용자의 행위(인증, 권한 부여, 관리 행위, 자원 접근)에 대한 감사 기록 저장
- 업무 중요도와 시스템 부하를 고려하여 다단계 로그 레벨 설정
- 시간대별, 일별, 월별로 해당 이벤트의 발생 횟수, 발생률, 순위 등의 통계 그래프 제공

4) 도입 효과

기존의 EAM의 주요 기능에 자동적인 사용자 관리 기능을 추가함으로써, 업무 중심의 서비스 체계를 구현하여 관리 비용 및 효율적인 계정 관리 가능

통합적이고 중앙집중적인 계정 관리 서비스 제공	• 일관된 정책에 따라 사용자와 자원을 효과적으로 관리할 수 있는 통합 관리 인프라 구축 • 전사적인 보안 정책과 표준 정립으로 기업 이미지 강화 • 통합적인 감사 및 보고 능력 강화
비용 대비 효율성 증가	• SSO 구현으로 업무 시스템에 단일 로그온이 가능하여 사용자 만족도 및 생산성 향상으로 비용 절감 효과 • 자동화된 계정/자원 관리로 획기적인 생산성 향상
강력한 보안 체계 구현	• 애플리케이션 개발 시 공통적인 사용자 인증/자원 관리 모듈 사용으로, 애플리케이션 품질향상 및 중복 투자 방지 • 중앙집중적인 권한 관리로 신속하게 권한 부여, 회수 등의 기능을 사용한 관리 비용 절감 • 신속한 기밀 권한 회수 및 중앙집중적인 감사로, 기밀 유출 가능성 방지 및 해킹 사고 발생 시 추적 용이 • 일괄적인 ID/Password 생성, 삭제 등으로 기밀정보 유출 가능성 감소

5) SSO, EAM, IAM의 비교

구분	SSO	EAM	IAM
목적	중앙집중식 ID 관리	ID 관리와 권한, 자원정책의 결합	기존 EAM에 자동적 권한 부여 및 관리 기능
관련 기술	PKI, LDAP	SSO, AC, LDAP, PKI, 암호화	통합자원 관리와 Provisioning 기능
장점	• 단일 ID로 사용의 편리성 • 인증정책과 권한설정 용이	• 자원접근 시 권한까지 제어 • 개별 응용 레벨의 권한 제어	자동화된 자원 관리로 확장성 용이
단점	• ID 및 비밀번호 노출 시 전체 시스템 위험 • 자원별 권한 관리 약함	• 사용자 및 자별별 권한 관리 어려움 • 구축비용 고가 • 구현의 복잡성	EAM에 비해 구현의 복잡성

6 하드웨어 보안 모듈(HSM)

물리적 보안 및 암호 연산 기능을 가진 칩을 내장하고 있으므로, 해킹 등으로부터 공인인증서 유출을 방지하는 기능을 가진 안전성이 강화된 휴대용 공인인증서 저장매체

1) 작동원리

1. USB 슬롯에 삽입하는 순간 USB 포트로부터 전기를 공급받아 부팅(부팅 과정은 순간적이지만, 일반 PC가 부팅되는 과정과 기술적으로는 동일)
2. 순식간에 이루어지는 부팅이 모두 끝나면 그때부터는 하나의 독립 시스템으로, PC와 USB 포트를 통해 통신을 시작
3. PC에 설치된 보안토큰 구동 소프트웨어는 보안토큰이 이해할 수 있는 APDU 명령을 보내고, 보안토큰에서 응답하는 내용을 해독

[활용 사례]
1. 공인인증서를 보안토큰에 발급하는 경우, 은행의 웹사이트에서 함께 구동되는 PKI 모듈이 보안토큰 구동 라이브러리를 로드한 후, 표준 API를 이용해 암호화 키 생성 명령을 내림
2. 이 명령은 몇 개의 계층을 거쳐 가장 아래 단계에 도달하면 보안토큰이 알아들을 수 있는 명령으로 바뀌고, 이 명령은 USB 포트를 통해 보안토큰으로 보내짐
3. 보안토큰에 암호화 키를 생성하는 명령이 전해지면 보안토큰에 탑재된 프로세서가 이 명령을 해석하고, 암호화 보조프로세서를 이용해 암호화 키를 생성(암호화 키를 생성하는 것은 고도의 수학적 계산을 요구하므로 수 초가 걸림)

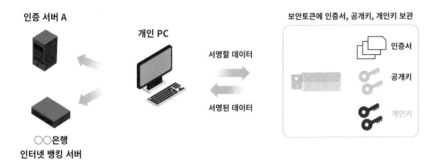

[HSM 작동원리]

2) 종류

인터페이스에 따른 분류	접촉식	유선, 별도의 리더기 필요
	비접촉식	무선, 별도의 안테나 필요
매체에 따른 분류	스마트카드	신용카드 크기의 플라스틱 재질의 카드
	USB	스마트카드 칩을 내장한 USB 기기

3) 특징

• 암호화 키가 필요한 다양한 애플리케이션의 경우 관련 키 생성 및 저장을 애플리케이션 단에서 하는 것이 아니라 전용 장치(HSM)로 하는 것
• 애플리케이션이 처리해야 할 작업을 대신 처리하기 때문에 키 생성 및 처리 관련 부하 걱정이 없음
• HSM에 들어 있는 정보는 원천적으로 외부 복사 및 재생이 불가능
• FIPS 등 인증을 받은 전용 장치로 안전
• 중앙집중적인 키 관리
• 반영구적인 사용(1일 100회 기준 시, 10년 이상)

4) 기능
- 인증서 보관을 컴퓨터가 아닌 보안토큰에 저장
- 전자서명을 컴퓨터가 아닌 보안토큰 하드웨어 내부에서 생성
- 보안토큰 패스워드 설정 및 초기화 패스워드 입력 오류횟수 제한
- 보안토큰 구동 프로그램의 무결성 및 구현 적합성을 자체 확인 가능

5) 키 관리 유형

프로그램 하드 코딩 관리	• 대칭키의 경우 오랫동안 사용하면 공격에 취약할 수 있음 • 프로그램 내에 하드 코딩*이 되어 있어, 수정에 따르는 업무부담이 증가 • 키를 수정할 경우 키 담당자뿐만 아니라, 소스 코드를 관리하는 개발자에게 키가 노출되어 잠재 공격자가 필요 이상으로 증가
파일 시스템에서 관리	• 키 저장 시 암호화되어 저장되기 때문에 키 파일만으로는 키의 해독이 불가능하지만, 실제 키가 사용될 때에는 서버의 메모리로 복호화된 평문 형태의 키가 로딩됨. 이때, 공격자가 서버 메모리의 내용을 덤프 등의 시도로 키가 노출될 가능성이 있음 • 서버의 파일에 접근할 수 있는 권한이 있다면 업무 지식이 부족한 시스템 관리자에 의해 키 파일 손상 가능성이 있음 • 키 파일이 삭제되면 해당 키를 사용하는 업무는 마비됨

6) 내부 처리 과정

물리적 보안	FIPS 140-2 Level 2 혹은 Level 3의 보안 수준을 만족하는 물리적 보안 체계를 갖춘 HSM 내에서 암호관련 연산 처리
접근 제어	서버와 HSM과의 인증, 사용자와 HSM과의 인증을 통해 키에 대한 접근 제어
안전한 메모리 및 전용 CPU	• 안전한 메모리를 탑재하여 내부에서 키를 보관하고 관리 • 전용 CPU를 통해 암호화 혹은 전자서명 키를 사용하는 작업은 전적으로 처리
안전한 백업	• 실제 사용되는 키는 안전한 메모리에 저장되어 관리되므로, 외부로 키가 유출되는 것을 막을 수 있지만, 백업되는 키에 대한 보호도 고려해야 함 • HSM 내부의 유일한 모듈 키와 기타 스마트카드 등의 부가정보를 통해 백업되는 키를 HSM에서만 확인하고 사용할 수 있도록 관리

7) 사용방법

> 1. 보안토큰 구동프로그램 설치
>   - 보안토큰을 이용하기 위해서는 제품별 구동 프로그램을 설치해야 하며, 보안토큰 제조업체 사이트 및 KISA 전자서명 인증관리 센터 홈페이지를 통해 구동 프로그램을 다운로드할 수 있음
> 2. 보안토큰을 PC에 연결
>   - 보안토큰을 PC의 USB 포트에 연결
> 3. 보안토큰 비밀번호 변경
>   - 보안토큰은 초기 비밀번호가 업체별로 지정되어 있음. 보안토큰의 안전성 강화를 위하여 영문/숫자/특수문자를 사용하여 안전한 비밀번호로 변경
> 4. 보안토큰으로 공인인증서 저장 위치 선택
>   - 인증서 발급 시 저장 위치 선택에서 보안토큰을 선택하여 인증서를 발급받음

7 RFID(Radio Frequency Identification)
- 무선 주파수를 이용하여 대상(사람, 물건 등)을 식별하는 기술로, 안테나와 칩으로 구성된 RF 태그에 정보를 저장하여 적용 대상에 부착한 후 판독기에 해당하는 RFID 리더를 통하여 정보를 인식하는 기술
- 물체나 동물 또는 사람 등을 식별하기 위해 전자기 스펙트럼 부분의 무선 주파수 내에 전자기 또는 정전기 커플링(Coupling)* 사용을 통합시킨 기술

하드 코딩(Hard Coding)
- 데이터가 실행 바이너리(exe 파일 등)에 포함되어 있는 상태를 말함
- 데이터를 코드 내부에 직접 입력하는 것

커플링(Coupling)
2개 이상의 회로 또는 시스템 간에 에너지가 전달되는 현상

- 마이크로 칩을 내장한 태그, 레이블, 카드 등에 저장된 데이터를 무선 주파수를 이용하여 리더기에서 자동 인식하는 기술

1) 작동원리

기본적으로 태그(Tag), 리더(Reader), 안테나(Antenna)로 구성되며, 각 객체에 붙이는 태그가 리더의 발사 전파를 일시적으로 흡수해, 해당 전파에 태그의 고유정보를 실어 반사하는 원리로 작동

1. 목적에 맞는 정보를 입력한 태그(Tag)를 대상에 접촉
2. 리더(Reader)에서 안테나를 통해 발사된 무선 주파수가 태그에 접촉
3. 태그는 주파수에 반응하여 입력된 데이터를 안테나(Antenna)로 전송
4. 안테나는 전송받은 데이터를 디지털신호로 변조, CRC 체크 후 리더에 전달
5. 리더는 데이터를 해독하여 컴퓨터 등으로 전달

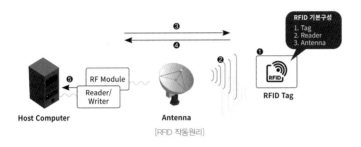

[RFID 작동원리]

2) 구성요소

리더(Interrogator)	• 태그에 정보를 보내도록 명령하는 기능 • 태그로부터 정보를 받아서 사용자가 저장하고, 사용하고자 하는 장소로 정보를 전송하는 기능 • 수동형 태그의 경우 태그 IC칩 동작에 필요한 에너지 공급
태그(Transponder)	• 안테나와 IC 칩으로 구성되며, 리더로부터 RF 태그 정보를 요청받으면 보유한 정보를 리더에 제공 • 제품에 따라 정보를 저장할 수 있는 메모리를 가지고 있음 • 각각(제품·상품·동물·인간 등)의 고유번호를 저장
안테나(Antenna)	리더와 태그에 설치되어 리더와 태그 간의 무선 신호전송 수행
서버(Host Computer)	정보 제공

3) 장점, 단점

장점	• 무선방식으로 비접촉 • 반영구적 사용, 재사용 가능 • 다량의 데이터 저장·변경·추가 용이, 읽기/쓰기 속도 빠름 • 냉온, 습기, 먼지, 열 등의 열악한 인식 환경에서도 인식 가능 • 이동 중에도 인식하며, 다수의 태그/레이블 동시 인식 가능 • 도입 효과 : 시스템 능률 및 생산성 개선, 수익성 증대
단점	• 기존 바코드(Barcode)*에 비하여 고가 • 다양한 RFID 방식에 따른 비표준화로 인하여 추가 비용 발생 • 전파의 적용 범위가 한정 • RFID의 비접촉성, 긴 인식 거리로 인한 보안성 취약

📌 바코드(Barcode)

- 컴퓨터가 판독할 수 있도록 고안된 굵기가 다른 흑백 막대로 조합시켜 만든 코드
- 굵거나 가는 바(검은 막대)와 스페이스(흰 막대)의 조합에 의해 알파벳, 숫자 또는 특수기호를 광학적으로 판독하기 쉽게 부호화한 것. 이것을 이용하여 정보의 표현과 정보의 수집, 해독을 가능하게 함
- 문자나 숫자를 나타내는 검은 바와 흰 공간의 연속으로 바와 스페이스를 특정하게 배열해, 이진수 0과 1의 비트로 바뀌게 되고, 이들을 조합해 정보로 이용하게 되는데, 이들은 심볼로지라는 바코드 언어에 의해 정의된 규칙에 의해 만들어짐

4) 기술적 한계점 및 위협 요인

RFID 제약 조건	• 정해진 국제 규격이 없어서 국가마다 호환이 되지 않음 • 금속체, 액체, 사람 등에 의한 전파장애 가능성 높음 • 전파가 인체에 미치는 영향력 파악해야 함 • 암호화 수행을 위한 칩의 가격 문제
RFID 위협 요인	• 물품을 구매 후 태그를 제거하지 않으면 소비자의 이동 경로를 추적할 수 있음 • 보안 기능이 매우 취약하여 태그 정보의 위조와 변조 위험이 있음

5) RFID 보안 및 프라이버시 보호 기술

Active Jamming	• 강력한 방해전파를 발산하는 기기를 이용하여 기기 근처에 있는 모든 RFID 리더기의 작동을 방해하는 기술로, 태그 정보의 유출을 차단하기 위해 한시적으로 사용 • 원래 정상적인 태그와 리더기 간의 통신을 방해하는 공격기술로 사용되었지만, 역으로 근처에 있는 정당하지 않은 리더기에 의하여 태그 정보가 노출되는 것을 막기 위한 방어 기술로 이용 • 전자 스펙트럼의 특정한 부분의 사용을 방해하기 위한 목적으로, 고의적인 전자파의 방사 또는 재방사
Kill 명령어	• 리더기에서 패스워드(8Bit)를 포함한 Kill 명령어를 전송하여 태그의 기능을 정지시키는 기법으로, 사용자의 프라이버시 보호를 위해 사용하는 가장 일반적인 방법 • Kill 명령어가 적용된 후 재사용이 안 되기 때문에 제한적인 환경에서만 적용 가능 • 단점 : 상품판매 후 Kill 명령어를 통하여 태그의 동작을 중지시킴으로써, 프라이버시를 보호할 수 있지만, 반품 등의 경우에는 작동이 되지 않음
Faraday Cage	• 전파의 발산을 차단하는 특수물질로 만든 용기를 이용하여 태그를 보호하는 방법 • 정당하지 않은 리더기가 태그 정보를 읽는 것을 방지하기 위해 알루미늄이나 은박지 등의 금속 또는 망으로 만들어진 용기에 태그를 넣어 보관하거나 이동
Hash Lock	• Weis가 제안한 RFID 태그에 탑재 가능한 초경량 해시함수 • 데이터 프라이버시를 보장(불법적 리더가 태그의 ID를 알아내는 것을 방지) • 단점 : 고정된 메타 ID를 사용함으로써, 위치 추적이 가능하고, 키와 ID가 평문 형태로 전송
Blocker Tag	의미 없는 신호를 발생시킴으로써, 주변 태그의 통신을 방해하는 특수태그로, 정당하지 않은 리더기에 의한 태그 정보 유출을 차단하기 위해 사용 예 태그부착 의약품 구매 시 Blocker 태그를 사용한 용기에 의약품을 넣으면 어떤 리더기라도 태그 정보를 읽을 수 없어, 의약품 구매 등의 개인정보를 보호할 수 있음
Clipped Tag	• 태그 내부의 안테나 연결선을 일부 절단시킴으로써, 태그의 통신 거리를 줄이는 방법으로, Kill 명령어의 단점을 보완하기 위해 개발된 태그 • 태그의 정보저장 기능은 그대로 유지한 채 정보 송신 거리를 대폭 줄임으로써, 원거리에서 위치추적 등을 통한 프라이버시 침해 가능성을 줄일 수 있음

8 DRM(Digital Rights Management)

- 디지털 콘텐츠의 사용을 제어하고, 불법복제 및 유통을 방지하는 기술 및 서비스를 의미
- 음악 파일이나 동영상 파일, 문서 파일에 대한 권리를 제공하는 기술로, 허가된 사용자 이외에는 접근할 수 없도록 제어하는 기술
- 기본적으로 복사방지 기술은 포함되어 있고, 사용자의 레벨에 따라서 여러 정책을 적용할 수 있는데, 기간 제한이나 횟수 제한, 혹은 읽기 권한 제한 및 수정 제한 등
- PKI* 기반의 불법복제 방지기술로서, 콘텐츠를 사용자의 암호키로 패키징하여 다른 사람이 이용할 수 없도록 하는 방식
- 디지털 콘텐츠의 지적 재산권이 안전하게 보호되고 유지되도록 함
- 콘텐츠가 모든 유통 시점에서 거래 및 분배, 사용 규칙이 적법하게 이루어지도록 하는 기술

📌 PKI
(Public Key Infrastructure)
- 공개키 기반 구조
- 공개키 암호방식을 바탕으로 한 디지털 인증서를 활용하는 소프트웨어, 하드웨어, 사용자, 정책 및 제도 등을 총칭

1) 종류

① 문서 DRM

- 기업 내부에서 사용하는 문서들을 제어하는 DRM 기술
- 보통 기업의 문서 관리 시스템에 연동하여 구축하며, 문서를 열람할 수 있는 사용자들을 구별하여 읽기, 수정 등의 기능을 제한
- 회사 이외에서의 접근을 차단하거나 제한하도록 하여 외부로의 유출을 방지하고, 외부인력이 접근할 때 제한을 두어 정보의 유출을 차단하는 데 사용되는 기술

② 멀티미디어 DRM

- 동영상이나 음악 콘텐츠들을 제어하는 DRM 기술
- 문서 DRM과 달리 파일 개별로 동작하는 경우가 많고, 복제방지를 비롯한 녹음 등의 캡처방지에 기간 제한, 횟수 제한 등의 다양한 정책을 지원
- 문서 DRM보다 더 엄격하게 제한
- 멜론, 뮤직온 등의 각 이동통신사에서 제공하는 DRM이 멀티미디어 DRM

2) 구성요소

에이전트 (Agent)	• 보통 개인용 PC에 설치되며, 대부분이 Windows 기반으로 만들어져 있음 • MS 오피스 프로그램이나 WinAmp, KMP, 곰플레이어 등의 멀티미디어 재생 프로그램에 직접 접근하여 통제하는 기능. 즉, DRM이 적용된 파일을 오피스나 플레이어를 통해서 접근하려고 할 때, 먼저 Agent를 통해서 인증을 받은 다음에 인증에 통과한 사용자에게만 프로그램을 통해서 해당 파일에 접근할 수 있도록 함 • Agent는 접근된 파일을 인증하기 위해 DRM Server와 통신하여 인증과정을 거치게 되며, DRM의 종류에 따라 다르지만, 보통은 DRM Server에서 해당 파일의 정책정보를 가져와 Agent가 정책정보를 적용하는 과정을 거치게 됨. 정책정보에 따라 이 파일의 접근을 허용할지 차단할지 판단하며, 정책까지 통과하면 그 이후에 플레이어에 제어권을 넘겨주는 방식
서버 (Server)	• Agent로부터 전송된 인증정보를 확인하는 작업 • ID와 패스워드로 인증할 수도 있고, 아니면 해당 PC의 내부적인 정보(PC의 MAC 정보 등)를 이용하여 인증할 수도 있음. 이렇게 다양한 인증방법으로 인증정보가 들어오면 DRM Server는 내부에 있는 인증 DB 서버에서 해당 값을 확인한 후, 인증이 통과되면 정책정보를 Agent에 전달하는 역할

3) 시스템의 구성요소

패키저(Packager)	보호 대상인 콘텐츠를 메타 데이터(Meta Data)*와 함께 배포 가능한 단위로 패키징
컨트롤러(Controller)	배포된 콘텐츠를 사용자의 플랫폼에서 이용 권한 통제
클리어링 하우스 (Clearing House)	콘텐츠에 대한 배포정책 및 라이선스 발급, 관리

9 디지털 워터마킹(Digital Watermarking)

- 일본 NEC 연구소가 1996년 개발한 DVD용 디지털 워터마크 및 추적기술이 최초의 사례
- 사진, 음악이나 동영상 같은 각종 디지털 데이터에 저작권 정보와 같은 비밀정보를 삽입하여 관리하는 기술. 즉 디지털 콘텐츠에 특정(일정한) 마크를 삽입하는 기술
- 그림이나 문자를 디지털 데이터에 삽입하여 원본 출처 및 정보를 추적할 수 있으며, 삽입된 워터마크는 재생이 어려운 형태로 보관

> **메타 데이터(Meta Data)**
> - 데이터에 대한 데이터
> - Karen Coyle에 의하면 '어떤 목적을 갖고 만들어진 데이터(Constructed Data with a Purpose)'라고도 정의
> - 데이터에 관한 구조화된 데이터로, 다른 데이터를 설명해 주는 데이터
> - 다량의 정보 가운데 정보를 효율적으로 검색하기 위해 일정한 규칙에 따라 콘텐츠에 부여되는 데이터
> - 구조화된 정보를 분석·분류하고, 부가적 정보를 추가하기 위해 그 데이터 뒤에 함께 따라가는 정보

1) 기능

저작권 보호	저작권자를 규정하고 소유 관계를 주장할 수 있음
위조나 변조 판별	연성 워터마크를 이용하게 되면 해당 데이터 수정 시 워터마킹된 부분이 깨어지게 되므로, 이를 통해 문서의 진위를 판별할 수 있음
불법복제 추적	콘텐츠에 공급받은 사용자의 ID를 삽입하여 불법 복제자를 추적할 수 있음
무단 복사의 방지	복사할 수 있는 횟수를 제한할 수 있음
사용자 제어	콘텐츠에 추가정보를 삽입하여 특정한 사용자를 지정할 수 있음
내용 보호	영상 등의 내용을 상업적으로 재사용할 수 없도록 보호할 수 있음
내용 라벨링	콘텐츠에 포함된 워터마크가 콘텐츠에 대한 정보를 포함하도록 할 수 있음

2) 특성

무감지성 (Invisibility)	워터마크가 삽입된 콘텐츠에서 워터마크를 인지할 수 없어야 함
보안성(Security)	불법적인 도용이 불가능하여야 함
강인성(Robustness)	워터마킹된 콘텐츠는 외부의 어떠한 변형(Attack)에도 워터마크가 지워져서는 안 됨
명확성(Unambiguity)	명확하게 소유권을 증명할 방법을 제시해야 함

3) 분류

① 인지 여부에 따른 분류

가시적	콘텐츠 저작권 소유자의 로고, 심볼 등을 워터마킹하여 이미지 혹은 영상에 중첩시킴으로써, 한 눈에 식별이 가능하도록 하는 방법
비가시적	사람의 육안으로 식별할 수 없는 워터마크를 디지털 콘텐츠 내에 삽입하는 것으로, 특별한 과정을 거치지 않으면 저작권 소유자를 판별하기 어려움

② 삽입 방법에 따른 분류

공간 영역 방법	이미지의 화소와 같은 원시 데이터 값을 직접 변경하여 워터마킹하는 방법으로, 밝기 값의 변화가 급격한 경계 부분의 LSB(Least Significant Transform) 값을 조작하는 것
주파수 변환 방법	콘텐츠에 워터마크를 삽입할 때 FFT(Fast Fourier Transform)나 DCT(Discrete Cosine Transform), Wavelet 변형을 하는 것

③ 적용 기술에 따른 분류

연성 워터마킹	• 원본과 조금이라도 다르면 워터마크에 변형이 생기며, 원본 이미지가 손상되게 설계 • 강성 워터마킹 기술과는 반대로 워터마크가 얼마나 잘 변형이 될 수 있느냐가 척도가 됨 • 복제되어서는 안 되는 데이터의 보호를 위해서 유용하게 사용됨 • 은행이나 관공서의 문서, 법률 문서, 병원의 각종 임상 사진 등의 원본 보호 및 증명에 많이 사용됨
강성 워터마킹	• 원본 이미지에 저작자 고유의 표식으로, 워터마크를 삽입하여 저작권 증명 및 보호에 사용 • 삽입된 워터마크를 지우거나 무력화시키려는 공격에 견딜 수 있는 내성(Robustness)이 가장 중요 • 현 모든 공격에 대해 강성을 제공하기는 어려움

핑거프린팅 (Fingerprinting)	• 지문과 같은 고유한 정보를 파일에 삽입하고, 그 삽입된 정보를 다양하게 활용할 수 있도록 함 • 디지털 콘텐츠에 각기 다른 일련번호를 삽입하는 기술 • 전자화폐의 일련번호에 적용 가능 • 바코드(Barcode) 대체, 정보의 전송 경로/배포 경로 확인, 물류 사업에서 제품의 분류작업에도 이용 가능
스테가노그래피 (Steganography)	• 정보를 은닉하거나 다른 형태로 위장하여 주고받을 수 있게 하는 기능 • 주로 군사적인 목적으로 쓰임 • 암호화(Encryption) 형태보다 한층 진보된 암호 통신 예 중요한 암호나 비밀문서를 음악 파일의 형태로 위장하여 아군에게 전달

④ 활용 용도에 따른 분류

오디오 워터마킹	• 마스킹 현상을 이용하여 청각적으로 들을 수 없는 부분에 워터마크를 삽입 • 인간의 청각은 시각보다 훨씬 민감하기에 영상 워터마킹에 비해 삽입할 수 있는 정보량이 제한됨
이미지 워터마킹	• GIF*, JPEG*, PDF* 등 다양한 이미지 파일에 워터마크를 삽입 • 공간 영역 방법, 주파수 변환 방법, 확산 스펙트럼 방법 등을 사용 • 디지털 이미지에 저작자, 배포자, 생성 날짜 등의 정보를 삽입
비디오 워터마킹	• 주로 동영상 파일에 워터마크를 삽입(MPEG*, AVI*, RM* 등) • 공간 영역 방법, 주파수 변환 방법 등이 많이 사용 • 주파수 변환 방법에서 사용되는 특정 함수로, DCT(Discrete Cosine Transform), Wavelet Transform, DFT(Discrete Fourirer Transform) 등을 많이 사용
벡터 워터마킹	• 게임개발을 위한 오브젝트 파일, CAD* 파일 등과 같이 벡터 기반 2, 3차원 이미지 파일에 보이지 않게 저작권 정보를 삽입 • 특정 중요 정보를 바이너리 형태로 변환하여 삽입
텍스트 워터마킹	• HWP, DOC 파일에 저작권 정보를 삽입 • 줄 간격의 미세한 변화를 이용하는 Line Shift Coding Method와 폰트의 미세한 변화를 이용하는 Font Coding Method 등이 있음

4) 유통 단계

1단계	워터마크 삽입	디지털 콘텐츠에 소유자만 알 수 있는 마크를 삽입
2단계	콘텐츠 배포	워터마크가 삽입된 콘텐츠를 네트워크를 통해 배포
3단계	불법복제	악의적인 목적을 가진 사용자가 불법복제 발생
4단계	소유권 증명	콘텐츠에 삽입된 자신의 워터마크를 추출하여 소유권을 증명

5) 워터마킹 공격(Watermarking Attack)

워터마킹을 무효화시키는 공격기술에는 회전(Rotation), 크기 변경(Scale), 이동(Translation), JPEG/MPEG 압축 등과 같은 기본적인 신호처리부터 복합적인 기술 등 여러 가지 공격기술이 있으며, Anti Watermarking 제품(StirMark, UnZign 등)에 이와 같은 공격 기능들이 포함되어 있음

Filtering Attack	• 실제 많은 워터마크 신호는 스프레드 스펙트럼(Spread Spectrum) 기술을 이용하여 잡음(Noise)과 비슷한 형태를 보임 • Lowpass Filtering으로 잡음을 없애듯이 워터마크 정보를 없애는 공격 방법이며, 간단한 저역 필터(Lowpass Filter)*에서부터 워너 필터(Wiener Filter)*까지 다양한 방법들이 사용 • Wiener Filter 방법에 대한 해결책은 워터마킹의 Power Spectrum이 Cover Signal의 Power Spectrum과 상수와의 곱이 될 때 가장 안전함 • 또 다른 공격으로 미디언 필터링(Median Filtering)*이 있는데, 이 역시 잡음을 없애는 데 많이 사용되며, 워터마크 정보를 무력화시키긴 하지만 콘텐츠의 품질이 떨어지는 결과를 얻음

MPEG(Moving Picture Experts Group)
• ISO 및 IEC 산하에서 비디오와 오디오 등 멀티미디어의 표준 개발을 담당하는 소규모의 그룹
• 영상 압축 기술에 대한 표준

AVI(Audio Video Interleaved)
• Windows 운영체제에서 기본으로 지원하는 동영상 파일 포맷
• 오디오와 비디오를 합쳐 하나의 동영상을 구성한다는 뜻에서 Audio Video Interleaved라고 함
• *.avi라는 확장자를 가짐

RM(RealMedia)
• 리얼네트웍스사가 만든 멀티미디어 컨테이너 포맷
• 확장자는 *.rm
• 리얼 비디오, 리얼 오디오와 자주 연동하며, 인터넷의 스트리밍 콘텐츠로 잘 알려져 있음

CAD(Computer Aided Design)
• 컴퓨터를 활용한 설계 및 설계 관련 작업 또는 컴퓨터에 의한 설계 지원 도구를 말함
• 공학자, 건축가, 그리고 설계 활동에서 전문적인 설계를 지원하는 컴퓨터 기반 도구의 다양한 영역에서 사용

저역 필터(Lowpass Filter)
저주파를 통과시키는 필터

위너 필터(Weiner Filter)
알려진 정지 신호 및 잡음 스펙트럼과 가산 잡음을 가정하여 관찰된 잡음 프로세스의 선형 시간-불변 필터링에 의해 원하는 또는 목표 랜덤 프로세스의 추정치를 생성하는 데 사용되는 필터

미디언 필터링(Median Filtering)
선형 디지털 필터 기술로, 이미지나 기타 신호로부터 신호 잡음을 제거하는 데 자주 이용되며, 통상적으로 이미지 프로세싱에서 윤곽선 감지 같은 높은 수준의 처리를 수행하기 전 단계인 이미지에 고성능 잡음 제거를 수행하는 데 사용

Copy Attack	• 워터마크가 삽입된 신호에서 Wiener Filtering과 같은 방법을 통해 삽입된 워터마크를 측정하고, 측정된 워터마크를 워터마킹되지 않은 임의의 신호에 더함으로써, 워터마크 검출기(Watermark Detector)가 자신이 마크한 신호가 아닌 신호에서도 워터마크를 검출할 수 있게 하여 가성 양성률(False Positive Rate)을 높이는 기술이며, 애플리케이션에 따라 매우 심각한 타격을 받을 수 있음 • 해결책으로 또 하나의 워터마크를 삽입한 것과 원신호에 의존적인 워터마크를 삽입하는 방법이 있지만, 무엇보다 워터마크가 쉽게 측정되지 않게 하는 것이 우선
Mosaic Attack	• 워터마크가 검출되기 전에 먼저 워터마크된 신호를 워터마크가 검출되지 않을 정도로 작게 조각낸 후, 검출기를 지난 후에 다시 조각을 맞추는 방법. 이는 워터마킹이 일정 크기 이상의 신호를 요구하는 특성을 역으로 이용한 것 • 이미 프린트된 이미지의 경우에는 적용할 수 없는 방법
IBM Attack	• SWICO(Single Watermarked Image Counterfeit Original) Attack으로도 불리는 공격 • 타인 소유의 워터마크가 삽입된 이미지나 오디오에 랜덤 노이즈(Random Noise)와 비슷한 자신의 워터마크를 삽입하여, 각자의 검출기에서 각자의 워터마크를 검출할 수 있게 하여 소유권 분쟁을 일으키는 방법 • 양자 모두 자신의 워터마크를 검출할 수 있는데, 이 방법은 구현하기가 매우 쉽지만, 이에 대한 완벽한 해결책을 찾기는 쉽지 않음
Template Attack	• 일종의 Synchronization Attack • 많은 워터마킹 기술들이 관계 변환(Affine Transformation) 과정에도 불구하고 워터마크를 검출할 수 있도록 메시지 외에도 기준으로 삼는 패턴을 삽입하는데, 이 공격은 그러한 패턴을 파괴함으로써 검출기를 혼란시켜, 워터마크 검출을 불가능하게 하는 방법 • 삽입 과정에 대한 약간의 정보만으로도 패턴을 찾을 수 있으며, 다른 패턴을 추가하여 혼란을 일으키든지, 또는 기존의 패턴을 약화시켜 워터마크를 검출하지 못하게 할 수 있는 것이 현실. 결과 신호의 품질은 패턴 측정의 정확도와 삽입된 워터마크의 강도에 따라 달라짐

6) 벤치마킹 도구(Benchmarking Tool)

Stirmark	• 이미지 워터마킹 기술의 강성을 테스트하기 위해 1997년 11월에 버전 1.00이 개발되었으며, 간단한 기하학적 변환으로 이미지 크기 변환(Scaling), 자르기(Cropping), 회전(Rotation), X/Y-절단, 칼럼, 라인 제거(Column & Line Removal)와 함께 압축(Compression) 등의 과정을 통해 워터마킹 기술의 내성을 측정하는 도구 • 현재는 Stirmark 4.0 버전이 공개되어 있음
Checkmark	• 유럽의 DCT 사와 University of Geneva 그룹의 멤버들이 개발하였으며, 2001년 12월에 Checkmark 1.2 버전 공개 • Stirmark 보다는 좀 더 향상된 이미지 워터마킹 벤치마킹 도구 • Wavelet-Based 압축, 복사 공격(Copy Attack), 템플릿 제거 공격(Template Removal Attack) 등이 포함되어 있으며, 이미지 품질을 측정하는 Metric도 포함되어 있어, 좀 더 객관적인 평가를 할 수 있게 하였음
CertiMark	• European Project에서 대학 및 산업체 15개가 참가하여 2000년 5월에 디지털 워터마킹의 벤치마킹을 위한 CertiMark(CERTIfication for Water-MARKing Technology) 프로젝트 출범 • 주된 목적은 디지털 워터마킹 기술에 적합한 벤치마크를 설계하고 개발하여 디지털 워터마킹 전문가 및 기관에 제공하는 것

🔟 DOI(Digital Object Identifier)

- DOI는 디지털 객체 식별자로, 디지털 객체(Digital Object)의 식별자(Identifier)가 아니라 객체(Object)의 디지털 식별자(Digital Identifier)
- ISO의 식별과 문서 위원회(ISO TC46/SC9)의 책임하에 디지털 객체 식별자 시스템(ISO 26324)으로 표준화

- 국제 표준은 DOI 시스템의 문법(Syntax), 설명(Description)과 해석기능 구성 부분들(Resolution Functional Components), 그리고 DOI 이름에 대한 생성 (Creation), 등록(Registration), 관리(Administration)의 일반적 원칙에 대해서 명기하고 있음. 하지만, 이 원칙들을 구현하기 위한 특정 기술에 관해서는 설명하지 않음

1) 특징

- 자료의 이동, 재배치, 북마크에도 변함없는 항구성(Persistence)
- 다른 소스로부터 다른 데이터와의 상호 운용성(Interoperability)
- DOI 이름의 그룹 관리를 통해 추가된 새로운 기능과 서비스의 확장성(Extensibility)
- 여러 출력 형식(플랫폼 독립성)을 위한 데이터의 단일 관리(Single Management)
- 애플리케이션과 서비스에 대한 클래스 관리(Class Management)
- 메타 데이터, 애플리케이션 및 서비스의 동적 갱신(Dynamic Updating)

2) 구성요소

- 상세화된 표준 번호 구문
- 해석 서비스
- 데이터 사전 통합 데이터 모델
- DOI 이름의 거버넌스 및 등록을 위한 조직, 정책, 절차의 사회적 인프라를 통한 구현 메커니즘

3) 기능

- 고유의 기호를 부여하여 언제든지 그 대상을 찾을 수 있도록 하는 것으로, 사서함 역할
- DOI만 있다면 변화하는 URL과는 관계없이 학술자료 · 논문 등을 쉽게 찾을 수 있으므로 매우 유용

4) 표기 형식

- DOI의 구조는 Prefix와 Suffix 형태로 구성되며, 이들 사이에 '/'가 있음
- Prefix는 IDF*가 부여하고, Suffix는 발행인이 부여
- 접두사는 두 개의 부분으로 구성되며, 사이에 '.'이 있음. 전반부는 항상 '10'으로 시작하며, '10'은 DOI 이름임을 나타내는 것. 후반부는 전형적으로 4자리 수로 되어 있으며, DOI 부여자에게 할당
- 접미사는 부여자가 생성하며, 길이에 제한이 없고, 번호부여체계도 자유롭게 선택하여 적용할 수 있으며, 기존의 데이터는 DOI 레코드에 링크될 수 있음
- 표기 예

> http://ab.cdef.org/10.8080(Prefix)/jpis.2014.5.20.900(Suffix)
> - 10.8080은 jpis가 부여받은 고유번호
> - jpis.2014.5.20.900은 2014년 제5권 20호 900페이지에 수록된 논문

⭐ IDF(The International DOI® Foundation)
1998년 국제 DOI 시스템을 개발하기 시작한 국제 DOI 재단

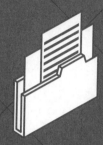

· P A R T ·

04

정보보안 일반

CHAPTER 01 보안 요소 기술

CHAPTER 02 암호학

CHAPTER 01

보안 요소 기술

Section 01 사용자 인증

1 사용자 인증기술

1) 사용자 인증

- 인증하고자 하는 주체(Subject)에 대하여 식별(Identification)을 수행하고, 이에 대한 인증(Authentication) 서비스를 제공하는 시스템
- 정보의 생성 · 전송 · 처리 등의 행위에 관여한 사용자임을 보증하는 것

2) 사용자 인증과 개인 식별

사용자 인증	• A가 B에게 자신이 A임을 확인해 줄 수 있게 하는 기술 • 내부 보안을 위해 사용
개인 식별	• B가 D에게 A인척 할 수 없게 하는 기술 • 인터넷뱅킹 등의 보안사고에서 내부 직원이 외부인과 공모하여 고객의 돈을 인출할 가능성이 많고, 고객 A의 패스워드를 내부 직원 B가 알 수 있기 때문에 이를 불가능하게 하는 것

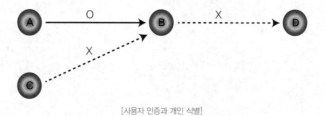

[사용자 인증과 개인 식별]

3) 사용자 인증 시 보안 요구사항

식별 (Identification)	• 시스템에 주체의 식별자를 요청하는 과정 • 각 시스템의 사용자는 시스템이 식별할 수 있는 유일한 식별자(ID)를 가짐 • 개인 식별자는 유일한 것을 사용해야 하며, 공유해서는 안 됨
인증 (Authentication)	• 임의의 정보에 접근할 수 있는 주체의 능력이나 자격을 검증하는 과정 • 시스템의 부당한 사용이나 정보의 부당한 전송을 방지할 수 있음
인가 (Authorization)	• 누구에게 무엇을 할 수 있게 하거나, 소유할 수 있는 권한을 부여하는 것 • 사용자, 프로그램, 프로세스에 권한을 부여하는 것
책임 추적성 (Accountability)	• 다중 작업이 지원되는 네트워크 환경에서 누가, 언제, 어떤 행동을 하였는지 기록 • 필요 시 그 행위자를 추적하여 책임소재를 명확히 할 수 있는 기반

4) 사용자 인증의 종류

Type I	지식기반 (What you Know)	개인식별번호(PIN), 패스워드, 일회용 패스워드(OTP), 패스 프레이즈 (Pass Phrase), 계좌번호 등
Type II	소유기반 (What you Have)	스마트 카드(Smart Card), 마그네틱 카드(Memory Card), 토큰, 열쇠, 운전면허증, 여권 등
Type III	신체기반 (What you Are)	지문, 얼굴, 음성, 홍채, 망막, 정맥, 서명 등
Type IV	행동기반 (What you Do)	키스트로크(Keystroke), 서명(Signature), 음성(Voice)

> 📖 **다중체계 인증(Multi Factor Authentication)**
> 여러 인증방식을 혼합하여 사용

2 사용자 인증기술의 종류별 특징

1) 지식기반 사용자 인증(What you Know)

- 사용자가 알고 있는 어떤 지식을 확인하여 사용자를 인증하는 기법
- 사용자는 신원을 입증하기 위해 신원정보를 제공하고 이를 확인하게 됨

① 종류별 특징

개인식별번호(PIN)	개인에게 부여된 개인식별번호(PIN)로, 일정한 알고리즘을 이용하여 생성되 며, 일련번호 형태로 제공
패스워드 (Password)	• 사용자 인증기술로, 가장 널리 사용되는 방식 • 사용자만이 알고 있는 정보를 입력함으로써, 사용자 인증 수행 • 가장 간편한 동시에 보안상 가장 취약한 인증기술 • 다른 사용자가 패스워드를 추측할 수 없도록 하는 것이 중요 [취약점 대응방법] • 상대방이 쉽게 추측할 수 있는 개인 정보, 특정 문자를 사용하지 않아야 함 예 이름, 생년월일, Administrator 등 • 패스워드 추측이 어렵도록 오류 횟수 제한 • 패스워드를 해시하거나 암호화하여 보관 • 패스워드의 유효기간 설정 • 일회용 패스워드(OTP) 사용
OTP (One Time Password)	• 로그온 시도마다 새로운 패스워드 사용 • 한번 사용된 패스워드는 더 이상 사용할 수 없음 • 공격자가 네트워크에서 사용되고 있는 패스워드를 알아내더라도 그 패스 워드를 사용할 수 없으므로 안전
패스 프레이즈 (Pass Phrase)	• 연속적인 문자의 집합으로 패스워드보다 더 긴 길이의 비트열로 작성된 패스워드 • 일반적인 패스워드보다는 더 긴 비트열을 이용하고, 암호화 기법을 사용 하기 때문에 더 안전

② 장점, 단점

장점	• 애매 모호함이 없음. 즉 사용자가 자신의 비밀번호를 알면 인증이 되고, 모르면 인증되 지 않음 • 비교적 저렴한 관리 비용. 비밀번호가 맞는지 확인하는 과정은 시스템에서 이미 저장하 고 있는 정보들을 이용하므로, 별다른 추가 비용이 필요 없음 • 사용자도 신원을 확인받기가 편리함.(비밀번호만 입력하면 되기 때문)
단점	• 사용자가 비밀번호를 기억하지 못할 수 있음 • 보통 사용자 개인 정보를 이용해서 비밀번호를 생성하기 때문에 공격자가 이러한 점을 이용하면 쉽게 추측이 가능할 때도 있음. 따라서 사용자들은 비밀번호를 설정할 때 잘 못 설정하여 노출되지 않도록 충분한 주의를 기울이는 것이 좋음

P_A : Alice's slored password
Pass : Password sur by claimant

[패스워드를 이용한 사용자 인증]

2) 소유기반 사용자 인증(What you Have)

- 사용자가 가지고 있는 소유물을 확인하여 인증하는 기법
- 다른 사용자가 쉽게 도용할 수 있으므로 단독으로 사용하지 않고, 일반적으로 지식기반 인증과 생체기반 인증을 함께 사용

① 종류별 특징

스마트카드 (IC 카드)	• 신용카드 크기의 플라스틱으로 만들어져 있으며, 데이터를 저장할 수 있는 전자 회로 내장 • 교통카드와 전자화폐* 등 다양한 용도로 사용될 수 있으며, 주기적으로 충전하여 재사용할 수 있음 • 메모리카드보다는 보안성이 뛰어나며, 메모리카드가 제공하지 못하는 다양한 기능 제공
마그네틱 카드	• 데이터의 저장은 가능하나 데이터를 처리할 수 없음 • 사용자 인증을 위한 정보를 포함하고 있으며, 두 가지 이상의 인증정보를 이용 하여 사용자 인증(예 메모리카드(What You Have)와 개인식별번호*(What You Know)를 혼합하여 사용하는 것 등)
일회용 패스 워드 단말기	• 일회용 패스워드 생성용 입력값을 입력하면 암호 알고리즘을 이용하여 일회용 패 스워드를 생성하는 사용자 인증방식 • 서비스를 이용할 때마다 각기 다른 패스워드를 제공하므로, 파밍이나 스니핑 등 을 통해 OTP 패스워드가 유출된다 하더라도 다음번에는 패스워드가 달라지므로 안전함 • 휴대성이 낮고, 2~3년마다 배터리를 교환해야 하는 불편함이 있음

② 장점, 단점

장점	• 신용카드 등의 다양한 수단 사용 가능 • 생체인식보다 경제적
단점	• 마그네틱 정보 훼손 시 인증 불가능 • 분실 위험 존재 • 복제하여 사용 가능

3) 신체적 특성기반 사용자 인증(What you Are)

① 신체적 특성기반 사용자 인증

홍채인식	• 생후 1~2년 이내 대부분 형성
	• 기존의 보안시스템에 통합하거나 독립적으로 운영 가능
	• 장기적인 안정성, 대규모 데이터베이스 처리에 이상적
	• 장점
	  – 비접촉 방식이며, 다른 기술에 비하여 빠르고 정확하게 인식할 수 있음
	  – 편리하고 직관적인 사용자 인터페이스 제공
	  – 도난, 분실 또는 손상될 우려 적음
	• 단점 : Iridian사에서 원천기술 보유(로열티 지불)

전자화폐
여러 인증방식을 혼합하여 사용

개인식별번호(Personal Identification Number)
PIN이라고 하며, 비밀번호와 유사하게 본인을 확인하기 위한 인증수단으로 이용

얼굴인식	• 얼굴의 특징(눈, 코, 입)을 이용하여 사용자 인식
	• 얼굴의 2차원 또는 3차원 이미지를 이용하거나 열상 정보, 동영상에서의 얼굴 정보 이용
	• 장점
	  – 생체인식 방법 중 가장 자연스러운 방식
	  – 비접촉 방식이며, 자연스럽게 인식할 수 있음
	• 단점
	  – 노화, 안경, 가발, 조명 등에 영향받음
	  – 변장 및 세월이 흐르면서 생기는 얼굴 변화 등의 약점을 가지고 있음
	  – 사진 등을 이용한 사칭 가능	

지문인식	• 형태가 개인마다 서로 다르고, 평생 변하지 않음
	• 생체인식 중 가장 오래되고, 많이 사용하는 방식
	• 주로 수사 목적으로 많이 사용되는 인식방식
	• 지문인식 센서
	  – 지문인식 시스템의 정확도는 지문을 입력하는 센서의 정확도에 영향 받음
	  – 광학방식, 반도체 방식, 초음파 방식, 열감지 방식 등이 있음
	  – 열감지 방식은 압력 센서가 작아 휴대전화 등에 사용될 수 있음
	• 용도 : ATM*, 은행 대금금고, 도어락 등에 이용
	• 장점 : 지문채취가 쉬우며, 지문채취 시 거부감 없음
	• 단점
	  – 손을 많이 쓰는 직업에 종사하는 경우 지문이 훼손되는 경우가 발생할 수 있음
	  – 전 인구의 2%는 지문을 얻기 어려움
		★ ATM(Automated Teller Machine)
		현금 인출, 예금, 자금 이체, 기장 또는 계좌 정보 조회와 같은 금융 거래를 금융기관 고객이 언제든지, 은행 직원을 통하지 않고, 직접 수행할 수 있게 해주는 전자기기

음성인식	• 사람의 목소리 높낮이, 성량, 음색 등을 통하여 인식
	• 사용자 인증을 위한 기술보다는 콘텐츠 인식 분야로 발전
	• 장점
	  – 음성취득 장비에 소요되는 비용 저렴
	  – 전화나 인터넷으로 원격지에서도 인식 가능
	• 단점
	  – 다른 생체인식 기술에 비해 오류율이 높음
	  – 건강상태, 성대모사, 녹음에 취약
	  – 음성의 품질과 잡음에 영향을 받음	

망막인식	• 눈의 망막이나 모세혈관의 패턴을 인식하는 방식 • 장치가 커야하기 때문에 이용빈도는 낮음	
혈관인식	근적외선*을 손바닥, 손등, 손가락에 통과시켜 얻을 수 있는 정맥 패턴을 이용하는 기술	**★ 근적외선**(Near Infra Red) • 발열체의 온도가 1800℃ ~ 2200℃ 상태에서 발열되는 태양의 복사열에 가장 가까운 적외선(파장 0.8μm~1.4μm) • 공기를 가열하지 않고 물체에만 열파장을 전달하는 태양빛에 가장 가까운 단파장의 광선
DNA 인식	• 가장 확실하고 궁극적인 생체인식 수단 • 확인하기 위해서는 표본(혈액이나 타액 등)이 필요하고, 실시간으로 상대를 확인하는 장치는 개발되어 있지 않음 • 일란성 쌍둥이를 식별하지 못함	

② 행동적 특성기반 사용자 인증

서명	• 전자패드에 직접 서명하는 방법으로, 사내 결제 등에 많이 이용 • 서명의 물리적 특성을 이용하거나 서명할 때, 펜의 움직임, 속도, 압력 등을 동적으로 파악하는 방식 • 신체적인 접촉이 없고, 개인 신상정보를 데이터베이스로 저장하지 않아도 됨
키스트로크	키보드를 타이핑하는 속도나 타이밍의 경향을 이용하는 방식
립 무브먼트	말하는 사람의 입술의 움직임을 이용하는 방식
눈 깜빡임	• 눈 깜빡임에 의한 검은자위 영역의 변화량을 측정하는 방식 • 무의식으로 하는 눈 깜빡임의 동작은 고속이고, 다른 사람이 흉내 내기도 힘듦 • 얼굴인식과 같이 휴대전화에 사용되기도 함(예 P902iS)
보행	• 사람의 보행을 이용하는 방식 • 보행은 골격이나 근육 등의 체격적인 특징이나, 걷는 방법 등의 동적인 특성이 있어 개인을 인식하는데 사용

③ **기타 사용자 인증**

장문인식	· 손의 길이, 두께 등의 기하학적 특성 측정 · 다른 생체기술에 비하여 유사성 높음
젤라틴을 이용한 인공 지문과 라이브니스 테스트	· 석고로 몰드를 제작하여 중탕한 젤라틴을 물과 혼합하여 몰드에 부어서 가짜 지문 제작 · 젤라틴*이 가짜 지문에 대한 높은 인식률을 제공하지만 차갑게 보관해야 함 · 라이브니스 테스트(Liveness Test)* 기능을 이용하여 살아있는 지문인지 아닌지(열, 전류, 땀이나 숨 등) 측정해야 함

④ **장점, 단점**

생체인식 기술	장점	단점
지문(Fingerprinting)	· 비용 저렴 · 우수한 안정성	지문이 보이지 않거나, 손상될 가능성
안면(Face)	쉽고, 빠르고, 비용 저렴	조명 및 자세에 따라 영향을 받고, 정확도 낮음
장문/손모양 (Palm/Hand Geometry)	최소의 저장용량 요구	처리속도가 느리고, 정확도 떨어짐
홍채(Iris)*	위조 불가능	대용량 특징 벡터(256바이트)
망막(Retina)*	안정성 우수	사용 거부감
음성(Voiceprint)	비용 저렴, 원격접근에 적당	처리속도 느리고, 사람 상태에 쉽게 영향
서명(Signature)	비용 저렴	사람 상태에 쉽게 영향을 받고, 정확도 낮음
DNA*	안정성, 정확성 우수	거부감, 즉시성 떨어짐

⑤ **생체인식 기술의 일반 사항**

㉠ **요구조건**

보편성	모든 사람이 가진 생체특성인가.
구별성	같은 특성이 있는 사람이 없는가.
영구성	오랜 시간이 지나도 생체특성의 변화가 없는가.
획득성	생체특성을 쉽게 얻을 수 있는가.
정확성	환경변화와 무관하게 높은 정확성을 얻을 수 있는가.
수용성	사용자의 거부감은 없는가.
기만성	작위적인 부정 사용에 안전한 특성인가.

㉡ **구성요소**

인식장치	생체정보를 측정
프로세서	측정된 특성을 저장할 수 있는 형태의 자료로 변경
저장장치	인증처리 결과 저장

㉢ **정확성**
· FAR(False Acceptance Rate), FRR(False Rejection Rate)이 문제
· 시스템이 정교하면 정확도는 높지만 사용이 어려워짐
· 시스템의 정교함을 낮추면 정확도는 낮지만 사용은 쉬움
· 사용자의 편리성을 위해서는 FRR을 낮추고, 보안의 엄격성을 위해서는 FAR을 낮추어야 함

㉣ **동작 절차**
· [등록] → [인증] → [안정성 여부] → [오수락률(FAR)] → [오거부율(FRR)]
· FAR과 FRR이 만나는 지점인 CER이 낮을수록 인증과정 정교

ⓜ 오수락률(FAR)과 오거부율(FRR)

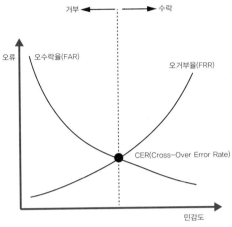

[오수락률과 오거부율]

ⓗ 측정기준

오거부율 (FRR, TYPE1)	• 생체인식 시스템에서 등록자를 비등록자로 잘못 거부하는 비율 • 허가된 사용자가 시스템의 오류로 인하여 접근 거부되는 비율 • 총 시도횟수 중 부정 거부횟수를 백분율로 표시
오수락률 (FAR, TYPE2)	• 생체인식 시스템에서 비등록자를 등록자로 잘못 수락하는 비율 • 허가되지 않은 사용자가 시스템의 오류로 인하여 접근 허용되는 비율 • 총 시도횟수 중 부정 허용횟수를 백분율로 표시
FRR과 FAR의 교차점(CER)	잘못된 거부 비율과 잘못된 허용 비율의 교차점
등록 실패율(FER)	하나의 생체 원시데이터를 등록할 수 없는 사용자가 발생하는 측정치

4) 암호화 기반 사용자 인증과 개인 식별

대칭키 암호방식	• 사용자가 서버와 KA라는 대칭키 공유 • 사용자가 서버에 로그온하기 위하여 자신의 식별자(ID) 전송 • 서버는 임의의 난수 r을 선택하여 사용자에게 전송(Challenge) • 사용자는 r을 자신의 대칭키 KA로 암호화한 R을 재전송(Response) • 서버는 R을 복호화하여 r과 동일하면 사용자 인증
공개키 암호방식	• 사용자는 서버의 공개키인 PUBA만 등록 • 서버는 임의의 난수 r을 선택하여 사용자에게 전송 • 사용자는 r을 자신의 개인키 PRIA로 암호화한 R을 서버에 전송 • 서버는 R을 사용자의 공개키 PUBA로 복호화하여 r과 동일하면 개인 식별

도전/응답
방식
	• 상대방에서 도전 값을 전송하면 자신이 가진 비밀정보를 이용하여 이에 대한 응답값 전송
	• 사전에 각 객체 간 서로 공유된 비밀정보가 있어야 함
	• 도전 값으로 난수, 카운터, 일시 등을 사용
	• 암호학적 도전/응답(Challenge/Response) 프로토콜을 사용하는 강력한 신분 확인 방법
	• 한 개체 A가 관련된 비밀에 대한 지식을 보여줌으로써, 이를 알고 있는 다른 개체 B에게 신분을 증명
	  – 도전(Challenge)은 개체 B에 의하여 랜덤하고 안전하게 선택되는 난수
	  – 응답(Response)은 자신(A)이 아는 비밀정보를 이용하여 도전 값을 적용시켜 계산한 결과
	  – B는 수신한 정보(Response)를 A의 신분확인에 사용
	• 비밀키, 공개키 암호와 영지식 개념 사용
	• 도청이 가능한 환경에서 주로 사용

영지식 방식	• 내가 알고 있는 어떤 중요한 정보에 대하여 보여주지 않으면서, 그것을 알고 있다는 것을 상대방에게 증명해 보이는 방식 • 비밀정보를 노출시키지 않고 반복하여 사용하기 위한 방식 • 클라이언트가 서버를 신뢰할 수 없는 상황에서 사용하기 위한 방식 • 자신의 개인 비밀정보를 공개하지 않고 인증(예 Fiat-Shamir, Schnorr)

3 메시지 인증기술

1) 개요

- 전달되는 메시지의 이상 유무. 즉, 무결성을 확인할 수 있는 기능으로, 전송 중 발생할 수 있는 메시지 내용 변경, 메시지 순서변경, 메시지 삭제 여부를 확인하는 기능
- 송신자가 원문(M)과 인증값(MAC)을 함께 전송 시 수신자도 같은 과정을 수행하여 MAC* 값을 만들어 내고, 전송받는 MAC 값과 비교하여 인증 여부 결정
- 메시지의 순서 일치 및 시간의 적합성도 검증 가능한 기술

2) 구현방법

- 송신자가 메시지를 송신할 때 송신자와 수신자 간 사전에 약속된 암호키 이용
- 메시지 무결성 검사 부호인 메시지 인증 코드를 산출하고, 이를 암호화한 후 메시지와 함께 전송하면 키를 알고 있는 수신자가 키를 이용하여 메시지 인증 코드를 복호화하고, 메시지 인증 코드를 재산출하여 두 메시지 인증 코드를 비교함으로써 변조 사실 검증

> **메시지 인증 코드**
> (Message Authentication Code)
> - 메시지의 인증에 사용되는 작은 크기의 정보
> - MAC 알고리즘은 비밀키를 입력받고, 임의 길이의 메시지를 인증하고, MAC을 출력
> - MAC 값은 검증자의 허가에 의해서 메시지의 데이터 인증과 무결성을 보호

① 메시지 암호화 방식

대칭키 암호	• A가 메시지(평문) M을 인증하여 검증자 B에게 전달하는 경우에 A, B는 대칭키 암호방식을 사용하고 있으므로, 사전에 동일한 키(Single Key)를 분배하여 갖고 있어야 함 • 메시지 인증과 기밀성 서비스가 동시에 제공
공개키 암호	공개키(Public Key)와 개인키(Private Key)의 기능을 반대로 이용하면 쉽게 메시지 인증기능을 구현할 수 있음

② 해시함수 방식

- 일방향 함수로 메시지 압축 기능을 가진 해시함수 값 H=h(M)를 메시지 M에 부가시켜 전송하면, 이를 수신한 수신자는 메시지 M으로부터 해시값 H를 계산하여 수신한 해시값 H를 비교하여 메시지 인증을 할 수 있음
- 메시지 인증에 필요한 해시함수의 성질 : 일방향성, 역상저항성, 충돌회피성

③ 메시지 인증 코드(MAC) 방식

> **체크섬(Checksum)**
> 중복 검사의 한 형태로, 오류 정정을 통해 전송된 자료의 무결성을 보호하는 단순한 방법

- 대칭키 암호방식을 이용하여 메시지 M으로부터 짧은 길이의 암호학적 Checksum*이나 MAC(Message Authentication Code)을 만들어 메시지에 부가시키는 방법으로, MAC은 인증과 무결성을 동시에 제공할 수 있으며, 암호화에 비해 연산이 빠르다는 장점이 있음
- 비밀키 방식을 사용하기 때문에 메시지 인증을 하는 사용자와 검증자는 사전에 비밀키 K를 나누어 갖고 있어야 함
- 메시지 무결성과 인증은 제공하지만, 부인방지는 기능은 제공하지 않음
- 재생 공격과 키 추측 공격에 취약함

3) 공격유형

노출	비인가자에게 메시지 내용 노출 또는 도청
트래픽 분석	통신 주체 간 전송되는 트래픽의 연결 주기, 메시지 길이, 개수 등 분석
위장	부정한 출처로부터 수신한 메시지를 네트워크에서 삽입

내용 수정	메시지 내용에 대한 변경(삽입, 삭제, 전치, 수정 등)
순서 변경	통신 주체의 메시지 순서 변경
송신/수신 부인	송신자가 메시지 송신 사실을 부인하거나, 수신자가 메시지 수신 사실 부인

4) 대응방법

메시지 인증	수신된 메시지 출처가 지정된 곳에서 전송된 것인지 중간에 변경되었는지 확인
디지털 서명	송신자의 메시지 전송에 대한 부인방지 기술
출처 인증	송신자가 메시지 내의 송신자 필드에 기록된 송신자와 일치하는지 검증
실체 인증	통신 개체 간 상대방이 정당한지 검증
단독 인증	통신 개체 간 실체 인증을 일방향으로 검증하는 방식
상호 인증	통신 개체 간 실체 인증을 양방향으로 검증하는 방식

4 디바이스 인증기술

- 네트워크에 참여하는 다양한 기기의 안전한 운영을 위하여 해당 기기를 식별하고, 진위를 판단할 수 있는 신뢰된 인증서비스를 제공하기 위한 기반 및 응용기술
- 네트워크 환경에서 디바이스는 사용자 요구만 처리하는 수동적 개념이 아닌 능동적인 주체로서의 역할을 수행하므로 위협에 대비할 수 있는 보안성이 필요함

1) 인증기술

① 아이디/패스워드 기반 인증

무선 네트워크 ID(SSID) 이용	무선랜 고유식별자인 SSID를 AP와 무선단말기 간 인증
무선 단말과 AP 간 WEP키 이용	무선 단말과 AP 간에 공유키 인증방식으로 올바른 WEP를 갖지 못하면 인증에 실패
서버 간 접근제어 시 PAP* 이용	아이디와 패스워드를 전송하여 클라이언트/서버, 서버/서버를 인증
RFID* 태그와 리더 기 간 인증	RFID 태그 식별자인 아이디 또는 태그마다 저장하고 있는 유일한 키값을 통해 인증
휴대 인터넷 간 상호 인증	사용자 아이디/패스워드를 이용한 상호인증을 위해 해시 또는 대칭키 암호를 이용

② MAC 주소값 인증

단말기의 MAC 주소값을 인증 서버 또는 AP에 등록하여 네트워크 접속 요청 시 아이디 인증 없이 MAC 주소만으로 접속하는 방식

③ 암호 프로토콜을 활용한 인증

- 무선랜 AP(Access Point)를 통한 침입 시도를 차단 가능
- 802.1x, WPA 표준과 EAP 사용자 인증, AES 암호 알고리즘을 이용하는 WPA2 CCMP를 사용

④ 시도/응답(Challenge/Response) 인증

- OTP와 유사하게 일회성 해시값을 생성하여 사용자를 인증하는 방법
- 인증 시마다 난수를 새로 생성하기 때문에 레인보우 테이블 공격*(Rainbow Table Attack), 재전송 공격*(Replay Attack), 무차별 대입 공격*(Brute Force Attack)으로부터 안전
- 키보드 후킹 방법에 의해 패스워드 자체가 노출된 경우 이 방식은 의미가 없음

✿ 패스워드 인증 프로토콜 (PAP, Password Authentication Protocol)
- 암호를 사용하는 인증 프로토콜
- 사용자들에게 서버 자원으로의 접근을 허용하기 전에 포인 투 포인트 프로토콜을 통해 사용자를 확인

✿ RFID(Radio Frequency Identification)
- 주파수를 이용해 ID를 식별하는 방식으로 일명 전자태그라고도 함
- 전파를 이용해 먼 거리에서 정보를 인식하는 기술

📖 레인보우 테이블 (Rainbow Table)
모든 해시의 쌍(원본:해쉬 값)을 미리 계산하여 저장해 놓은 표

✿ 레인보우 테이블 공격 (Rainbow Table Attack)
패스워드별로 미리 해시값을 생성하고, 크래킹하고자 하는 해시값을 레인보우 테이블에서 검색하여 역으로 패스워드를 찾는 공격

✿ 재전송 공격(Replay Attack)
네트워크에서 전송되는 유효 메시지를 가로챈 후 나중에 재전송함으로써, 정당한 사용자로 가장하는 공격

✿ 무차별 대입 공격(Brute Force Attack)
특정한 패스워드를 알아내기 위해 가능한 모든 값을 대입하는 것을 의미

⑤ **PKI 기반 디바이스 인증체계**

- PC, 휴대폰, 스마트 칩*, PDA* 등의 유무선 통신 디바이스에 공개키 기반 구조의 인증서와 하드웨어 특성을 조합한 기기인식의 지문을 탑재하고, 서비스 제공자는 서비스 제공 시 공인인증기관에서 기기 인증서를 발급받아 정당한 기기인지를 인증한 후 서비스를 제공하는 체계
- PKI 디바이스 인증 시 고려사항
  - 사용자가 아닌 기기(Device) 자체의 인증을 위한 공개키 기반의 인증
  - 사용자 등록 및 개입이 없는 인증서 발급 및 사용
  - 이 기종 통신망 및 기기 간의 상호인증
  - 사용자의 인증서에 대한 부담을 해소하며, 안전한 보안서비스 제공

2) 특징

보안성	• 민간 기업 등에서 기기 서비스를 할 경우 위협요소 및 대응방안이 디바이스 인증체계에서 제시될 수 있음 • 기기인증서 발급부터 서비스까지 절차적으로 검증된 보안 수준을 구축하여 보안 취약점 제거
경제성	• 일관된 보안정책 및 안정성을 마련하여 구축 및 운영 비용 절감 • 스마트그리드*를 통한 전력 요금의 실시간 확인에 의한 요금 절감 및 에너지 절약 효과, 인터넷 전화를 이용한 통신비 절감 효과
상호 연동성	• 유비쿼터스* 환경에서 디바이스의 서비스 간, 기종 간 통신 및 인증 필요 • 단일 보안 프레임워크 기반 상호 연동성 보장이 가능한 인증체계 도입 필요

3) 구현방법

디바이스별로 인증서 관리, 디바이스 관리 및 에이전트를 설치하고, 디바이스 인증관리 서버를 통하여 네트워크나 일괄처리로 인증서를 발행하여 인증

4) 공인 인증서와 디바이스 인증서의 비교

구분	공인 인증서	디바이스 인증서
발급대상	사용자	디바이스 및 애플리케이션
발급대상 확인	사용자 신원확인 등록	• 디바이스의 고유 식별값으로 확인 예 ICC ID*, MIM* • 모든 디바이스에 적용(대상 인증 없음)
키 생성 주체	사용자	디바이스, 제조사, 인증 시스템
인증서 발급	온라인을 통한 일대일 발급	온라인 외에 대량의 인증 서버 발급
인증서 관리기능	폐지, 재발급, 효력 정지, 복구	디바이스 폐기에 따른 인증서 폐지, 자동 갱신
공개키 알고리즘	RSA, ECC	RSA, ECC

5) 기존 인증방법의 한계

단순 인증서	인증서가 기기의 정보를 포함하고 있지 않아 기기 복제 등에 취약
하드웨어 기기	• 하드웨어 보수 · 교체로 인한 문제 발생 • 같은 하드웨어에 여러 사용자가 사용하는 경우 문제 발생

5 커버로스(Kerberos)를 이용한 사용자 인증

1) 개요

- MIT의 Athena Project*의 일환으로 개발된 인증 시스템으로, 신뢰하는 서드파티(3rd Party)*가 서비스를 이용하려는 클라이언트를 안전한 방법으로 인증
- 분산환경에서 대칭키를 이용하여 사용자 인증을 제공하는 중앙집중형 인증방식

2) 특징

- Needham과 Schroeder의 신뢰할 수 있는 제3자 프로토콜에 근거한 모델로, 중앙의 인증서버가 네트워크의 모든 실체와 서로 다른 비밀키를 공유하고, 그 비밀키를 알고 있는 것으로 실체의 신원을 증명하며, 특히 패스워드를 네트워크에 노출시키지 않음
- 클라이언트 서버 모델을 목적으로 개발되었으며, 사용자와 서버가 서로 식별할 수 있는 상호 인증(양방향 인증)을 제공
- 커버로스 프로토콜의 메시지는 도청과 재전송 공격으로부터 보호
- 특정 인증 구간에서 비대칭 키 암호방식을 이용함으로써, 선택적으로 공개키 암호방식을 사용할 수 있음
- 기본적으로 88번 포트 사용
- Needham과 Schroeder가 제안한 프로토콜*을 신뢰할 수 있는 제3의 인증서비스로서, 현재 Ver.4와 Ver.5까지 나와 있음(Version 4 : 가장 널리 사용, Version 5 : Version 4의 보안 결함 수정)
- 사용자의 패스워드를 네트워크를 통하여 전송 불필요

3) 구성요소

Client	인증을 받기 위한 사용자 컴퓨터
Server	클라이언트가 접속하고자 하는 컴퓨터
KDC	키 분배 서버, 신뢰할 수 있는 제3의 기관으로서, 티켓을 생성. 인증 서비스 제공
AS	• 인증서비스와 사용자에 대한 인증을 수행하는 KDC의 부분 서비스 • 클라이언트와 인증서버(KDC) 간의 교환 • 클라이언트는 KDC에 KRB_AS_REQ msg를 통해 인증 생성을 요청 • KDC는 클라이언트에 KRB_AS_REQ에 대한 응답으로 티켓에 세션키를 넣어 응답 • 세션키는 사용자 비밀번호를 이용하여 암호화 • 티켓(Ticket Granting Ticket)은 서버의 비밀키를 이용하여 암호화
TGS	• 클라이언트는 TGT를 인증서버로 보내어, 서버에 접속하기 위한 서비스 티켓을 요청 • KDC에서는 서버에 접속하기 위한 서비스 티켓을 첨부하여 응답
CS	• 클라이언트는 서비스 티켓을 서버로 전송하여 인증을 요청 • 서버는 클라이언트 티켓의 비밀번호와 세션키를 복호화하여 클라이언트를 검증 • 인증절차가 성공일 경우 클라이언트와 서버가 연결
Ticket	사용자에 대한 신원과 인증을 처리하는 토큰
Time Stamp	시간제한을 두어 다른 사람이 티켓을 복사하여 재사용하는 것을 방지(재생 공격 방지)

★ Athena Project
교육용으로 캠퍼스 분산 컴퓨팅 환경을 조성하기 위한 MIT, DEC, IBM의 공동 프로젝트

★ 서드파티(3rd Party)
누구나 신뢰할 수 있는 제3자. 즉 인증기관(CA), 중앙집중식 인증 시스템

★ Needham과 Schroeder가 제안한 프로토콜
- 1978년 대칭키와 Trent(인증서버: KDC) 개념을 사용하여 제안한 프로토콜
- 인증기관에 대한 방식을 처음 제안

4) 동작 원리

1. 클라이언트는 서버에 접속하기 위하여 인증 서버로부터 인증받음
2. 클라이언트는 인증을 받기 위하여 패스워드를 사용하여 인증 서버에서 자신을 인증
3. 인증 서버는 인증된 클라이언트에 티켓발급 서버로부터 티켓을 발행하도록 허가
4. 티켓발급 서버는 인증된 클라이언트에 티켓발급
5. 클라이언트는 티켓을 이용하여 서버에 접속
6. 서버는 티켓을 확인하고 클라이언트를 인증한 후 접속 허용

[활동 예제]

1. 텔넷(Telnet)이나 기타 이와 비슷한 로그온 요청을 통해 다른 컴퓨터에서 서버에 접속하기 원한다고 가정했을 때, 이 서버는 로그온 요청을 받아들이기 전에 Kerberos "티켓"을 요구
2. 티켓을 받기 위해 접속자는 먼저 인증 서버에 인증을 요구. 인증 서버는 요구자가 입력한 패스워드에 기반하여 "세션키"와 서비스 요구를 나타내는 임의의 값을 생성. 세션키는 사실상 "티켓을 부여하는 티켓"
3. 그 다음에 세션키를 티켓 부여 서버, 즉 TGS(Ticket Granting Server)에 보냄. TGS는 인증 서버와 물리적으로는 동일한 서버에 있을 수 있지만, 다른 서비스를 수행. TGS는 서비스를 요청할 때 서버에 보낼 수 있는 티켓을 돌려줌
4. 해당 서비스는 티켓을 거절하거나, 또는 받아들여서 서비스를 수행
5. TGS로부터 받은 티켓은 발송 일자와 시간이 기록되어 있기 때문에 일정 시간 동안 (대체로 8시간 동안) 내에는 재인증 없이도 동일한 티켓으로 다른 추가 서비스를 요청할 수 있음. 티켓을 제한된 시간 동안에만 유효하게 만듦으로써, 후에 어떤 사용자가 그것을 사용할 수 없도록 만듦

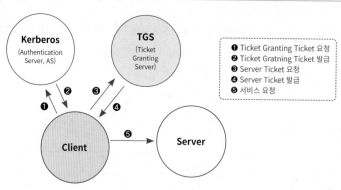

[커버로스의 동작 원리]

5) 티켓에 포함되는 정보

서버 ID, 클라이언트 ID, 클라이언트 네트워크 주소, 티켓 유효 기간, 클라이언트와 서버가 서비스 기간 동안 공유하는 세션키*

6) 장점, 단점

세션키(Session Key)
- 통신하는 상호 간 하나의 통신 세션 동안에만 사용하는 암호화 키
- 하나의 키를 사용한 암호문이 많을 경우 이를 분석하여 키를 계산할 가능성이 있으므로, 이를 막기 위해 사용하는 임시 키

단일 실패 지점
(Single Point of Failure)
- 시스템 구성요소 중에서 동작하지 않으면 전체 시스템이 중단되는 요소
- 제품이나 서비스의 중단을 초래할 수 있는 유일한 접점을 통칭하는 용어

장점	• 사용자 간 메시지를 암호화 키 및 암호 프로세스를 이용하여 보호하기 때문에 데이터의 기밀성과 무결성을 보장 • 타임스탬프를 이용하므로, 재생 공격 방지 • 이 기종 간 자유로운 서비스 인증(SSO) • 대칭키를 사용하여 도청으로부터 보호
단점	• 모든 사용자의 암호화 키를 키 분배센터가 가지고 있으므로, 키 분배센터가 단일 실패 지점(Single Point of Failure)*이 되어 오류가 발생하면 전체 서비스 마비 • 사용자의 비밀키가 사용자의 시스템에 임시로 저장되기 때문에 사용자 시스템의 정보유출 가능성 • 사용자 세션키도 사용자 시스템에 임시저장되기 때문에 취약 • 사용자가 패스워드를 변경하면 비밀키도 변경해야 하는 번거로움 • 패스워드 사전 공격과 패스워드 추측 공격에 취약 • 모든 클라이언트/서버와의 시간 동기화 필요 • UDP 기반으로 방화벽에서 자주 차단 • 커버로스 서버 자체의 보안 문제

7) Ver.4와 Ver.5의 비교

기능	Version 4	Version 5
암호 시스템에 대한 의존	DES	다른 암호 알고리즘 사용 가능
인터넷 프로토콜에 대한 의존	IP	다른 형식의 주소 사용 가능
메시지 바이트 순서	고정	ASN.1과 BER 인코딩 규칙 표준 사용
티켓 유효시간	최대 $2^8 \times 5$분=1,280분 동안만 사용 가능	시작 시간과 종료 시간 표시(충분한 유효시간)
인증의 발송	불가능	가능
상호인증	가능	Kerberos 간의 상호 인증 가능
암호 운영모드	PCBC 모드* 사용	표준 모드인 CBC 모드* 사용
세션키의 연속적 사용	가능	단 1회만 사용되는 서브 세션키 협약 가능
패스워드 추측 공격	가능	패스워드 추측 공격 어려움(사전인증 기능)

★ PCBC 모드

· 블록 암호 운영모드의 하나로, CBC 모드와 유사하며, 평문 블록이 암호화될 때 이전의 평문 블록과 이전의 암호문 블록을 XOR하여 암호문의 입력으로 사용

· Kerberos v.4에서 주로 사용되며, 그 외에는 거의 사용하지 않음

· CBC와 다른 점은 이전 평문 블록이 암호화의 입력으로 포함되면서, 하나의 암호문 블록에 오류가 발생하면 이어지는 모든 블록에 영향을 미침. 그럼으로써 암호화와 동시에 무결성을 보장할 수 있음

★ CBC 모드

· 블록 암호 운영모드의 하나로, 현재의 평문 블록과 직전의 암호문 블록을 XOR한 것을 암호화의 입력으로 사용하며, 각 블록에서는 동일한 키를 사용

· 첫 번째 블록을 만들기 위해서는 최기화 벡터(IV)와 평문 블록을 XOR함

Section 02 접근통제 기술

1 개요

- 사용자의 접근요청이 정당한 것인지 확인 · 기록하고, 보안정책에 근거하여 접근을 승인하거나 거부함으로써, 비인가자로 하여금 불법적인 자원접근 및 파괴를 예방하는 하드웨어(H/W), 소프트웨어(S/W) 및 행정적인 관리를 총칭
- 자원에 대한 비인가된 접근을 감시하고, 접근을 요구하는 사용자를 식별하며, 사용자의 접근요구가 정당한 것인지 확인 · 기록하는 행위

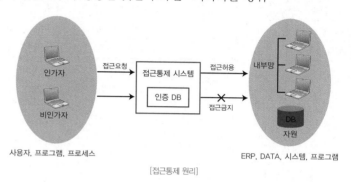

[접근통제 원리]

1) 기본원칙

① 최소 권한의 정책(Least Privilege Policy)

- 사용자가 작업 수행을 위해 필요한 권한만을 가지도록 접근 권한을 부여하는 것
- 사용자 또는 프로세서는 특정 작업을 수행하는 데 필요한 최소한의 권한만을 할당받아야 하고, 이들 권한은 특정 작업을 수행하는 동안에만 할당되어야 한다는 정보보호 원칙

㉠ 장점, 단점

장점	시스템 공격이나 사고에 의한 시스템의 위협을 감소시키고, 객체* 접근에 대하여 강력한 통제를 부여하는 효과가 있음
단점	정당한 주체*에게 초과적 제한을 부과하게 됨

② 직무 분리의 원칙(Separation of Duty)

보안 · 감사, 개발 · 생산, 암호키 관리 · 변경 등

③ 알 필요성의 원칙(Need to Know)

해당 업무에 대해서만 접근 권한을 부여하는 원칙

2) 접근통제의 3요소

구분	설명
접근통제 정책	자원에 접근하는 사용자의 접근모드 및 모든 접근 제한 조건 정의
접근통제 메커니즘*	시도된 접근요청을 정의된 규칙에 대응시켜 검사함으로써, 불법적 접근 제한
접근통제 모델	시스템의 보안 요구를 나타내는 요구 명세로부터 출발하여 정확하고 간결한 기능적 모델 표현

★ 객체

정보의 사용을 제공하기 때문에 수동적 성질을 가짐

★ 주체

정보의 사용을 위한 요청자의 역할을 하므로, 능동적인 성질을 가짐

📖 접근통제 구성요소
- 주체 : 사용자
- 객체 : 자원
- 레이블 : 부여된 보안속성 집합
- 레벨 : 객체에 대한 중요성, 주체에 대한 권한의 정도

★ 접근통제 매커니즘
- 접근통제목록(ACL) : 객체 하나에 대한 주체의 권한 정도
- 기능목록(CL) : 수행 능력표
- 중요도 레이블 : 민감도 레이블

3) 분류

물리적 통제 (Physical Control)	차단막, 자물쇠, CCTV, 센서, 경보, 생체인식 장치 등
관리적 통제 (Manage Control)	정책 수행, 직무 분리, 사후 체크 등
기술적 통제 (Technical Control)	암호화, 접근통제 소프트웨어, 패스워드, 스마트카드, IDS* 등

4) 접근절차

1단계(식별)	• 계정명 또는 식별자(ID)에 의하여 사용자가 누구인지 인식하는 과정. 즉, 본인이 누구라는 것을 시스템에 밝히는 것
	• 시스템에 본인임을 밝히는 유일한 식별자(ID)를 가짐
	  – 식별자는 각 개인의 신원을 나타내기 때문에 사용자의 책임 추적성 분석에 중요한 자료가 됨
	  – 반드시 유일한 것을 사용해야 하며, 공유되어서는 안 됨
	  – 중요한 의미를 갖는 식별자는 사용을 피해야 함

2단계(인증)	• 시스템이 사용자가 그 본인임을 인정해 주는 것. 즉 식별된 사용자를 증명하는 과정 • 임의의 정보에 접근할 수 있는 주체의 능력이나 주체의 자격을 검증하는 단계 • 사용자의 패스워드, 생체인식으로 인증
3단계(접근권한)	사용자의 접근 허용 여부 결정
4단계(허가)	시스템이 사용자에게 권한을 부여하며, 권한의 정도에 따라 자원에 접근
5단계(감사)	사용자의 행동을 기록하며, 필요시 추적하여 책임을 명확하게 함

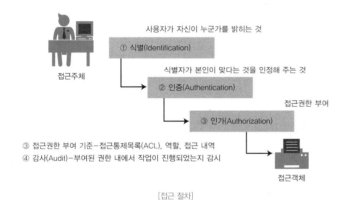

[접근 절차]

IDS(Intrusion Detection System)
• 침입탐지시스템
• 네트워크에서 발생하는 이벤트를 모니터링하고, 침입 여부를 탐지하고, 대응하는 시스템

5) 접근통제 유형

① 임의적 접근통제(Discretionary Access Control)

객체의 소유자가 접근을 요청하는 사용자의 신분. 즉 식별자(ID)에 기초하여 객체에 대해 접근을 제한하는 접근통제 방식

㉠ 특징

• 신분기반, 사용자기반, 혼합방식의 접근통제 방식
• 사용자의 신분에 근거하여 객체에 대한 임의적 접근제한
• 개인기반 정책(IBP)과 그룹기반 정책(GBP) 포함
• 접근통제목록*(ACL : Access Control Lists) 사용
• 유닉스, 리눅스, Windows 20xx 서버 등의 운영체제에서 구현
• TCSEC(오렌지북)* C-Level의 요구사항
• 상업적 환경에서 많이 사용

접근통제목록(ACL)
• 읽기·쓰기·실행 등
• 유닉스, 리눅스 등 운영체제에서 사용

TCSEC
• 오렌지북(Orange Book)이라고도 함
• 시스템. 즉 운영체제에 대한 신뢰 수준을 정의한 문서
• 시스템 보안 평가 기준 중 최초로 수용된 평가 기준
• 네트워크를 고려하지 않은 단일 시스템 보안 평가 기준

ⓛ 장점, 단점

장점	• 모든 주체 및 객체에 대하여 개별적으로 접근제한 설정 가능 • 어떤 객체에 대하여 사용자가 접근 권한을 추가 및 철회 가능
단점	• 규칙을 실제로 수행하기 위하여 사용자와 대상에 대해서 광범위한 그룹형성 요구 • 사용자의 식별자(ID)에 기반한 접근통제를 수행하므로 아이디(ID) 도용에 취약

ⓒ 종류

신분기반(Identity-Based) DAC	주체와 객체의 식별자(ID)에 따라 접근통제
사용자기반(User-Directed) DAC	객체를 소유하고 있는 소유자가 접근 권한을 설정 및 변경할 수 있는 접근통제

② **강제적 접근통제(Mandatory Access Control)**

어떤 주체가 어떤 객체에 접근하려 할 때, 양자의 보안 레이블(보안등급)을 비교하여 높은 보안수준을 요구하는 정보가 낮은 보안수준의 주체에게 노출되지 않도록 접근을 제한하는 접근통제 방식

ⓐ 특징

- 보안등급, 규칙기반, 관리기반 접근통제 방식
- 접근승인은 보안 레벨(Level)과 카테고리(Category)*로 구성되는 보안 레이블(Security Label)*에 의해 제한
- 접근정책은 시스템에 의하여 강제적으로 정의
- 주로 정부나 군대와 같은 보안시스템에 사용
- TCSEC(오렌지북) B-Level의 요구사항

ⓛ 장점, 단점

장점	• 사용자별로 정보에 대한 접근을 제공하고, 추가적 접근통제를 그 사용자에게 일임할 수 있음 • 보안이 매우 엄격하여 군대와 같은 민감한 정보의 기밀성 보장에 사용

단점	• 모든 주체 및 객체에 대하여 일정한 접근통제(개별적 단위로 접근제한 설정 불가능)
	  − 보안 레이블(Security Label)이 주어지며, 객체에 대한 주체의 권한에 근거하여 접근제한
	  − 접근 규칙은 시스템에 의하여 결정
	• 모든 접근에 대하여 보안등급 작업과 보안정책 확인이 필요하며, 시스템의 성능 저하 및 구현 어려움

ⓒ 종류

규칙기반(Rule-Based)	주체와 객체의 특성에 관계된 특정 규칙에 따른 접근통제
관리자 직접통제 (Administratively-Directed)	객체에 접근할 수 있는 시스템 관리자에 의한 통제
분리기반정책 (Compartment-Based Policy)	일련의 객체 집합을 다른 객체들과 분리하여 통제
다중 레벨 정책 (Multi-Level Policy)	• 각 객체별로 지정된 등급만 사용 • TCSEC(미국방성의 컴퓨터 보안 평가지표)에서 사용되고 있음 • BLP(벨−라파둘라) 수학적 모델로 표현이 가능

★ 카테고리(Category)

등급화된 데이터에 대하여 관련된 정보를 모아 보관하는 범위·범주

★ 보안 레이블(Security Label)

- 최상위 보안등급을 가졌다 하더라도 모든 자료를 볼 수 없도록 제한
- 알 필요성의 원칙에 의거하여 필요한 사용자에게만 자료를 볼 수 있도록 하기 위함
- 분류된 데이터에 대하여 보안을 강화하기 위한 정보 보관
- 보안 레이블(객체의 중요도에 따라 분류, 등급 부여)

③ 비임의적 접근통제(Non–Discretionary Access Control)

역할기반 접근통제 (Role Based Access Control)	• 관리자가 사용자에게 적절한 역할을 할당하고, 그 역할에 대한 적절한 　접근 권한을 부여하여 정보에 접근할 수 있도록 함 • 주체의 역할이나 임무에 따라 객체의 접근 권한을 제어하는 방식 • 역할에 따라 설정된 권한만 할당하므로, 보안 관리를 아주 단순하고 　편리하게 할 수 있음 • 알 필요성 원칙, 최소 권한 원칙, 직무분리 원칙이 지켜짐 • 금융기관, 정부나 공공기관에서 효과적으로 사용 • TCSEC(오렌지북) C–Level의 요구사항 • 인사이동이 잦은 기업환경에 적합한 접근통제 방식(예 과장, 부장, 이사)
임무기반 접근통제 (Task Based Access Control)	사용자가 수행하는 직무에 기반하여 접근을 제어하는 방식
격자기반 접근통제 (Lattice Based Access Control)	• 역할에 할당된 민감도 레벨에 의해 접근이 결정되고, 관련된 정보로만 　접근할 수 있도록 접근통제 • 주체와 객체의 관계에 따라 상위경계(Upper Bound)와 하위경계(Lower 　Bound)를 설정하여 접근통제

6) MAC, DAC, RBAC의 비교

구분	MAC	DAC	RBAC
접근 권한 부여	시스템	객체 소유자	중앙 권한
접근여부 기준	보안 레이블	신분(ID)	역할(Role)
정책	경직	유연	유연
TCSEC Level	B–Level	C–Level	C–Level
장점	중앙집중관리	구현 용이	다양한 접근권한
단점	구현, 비용, 성능 문제	신분 위장	–

2 접근통제 관리

1) 중앙집중 접근통제

사용자의 접근통제 구현 · 감사 · 변경 · 검증을 중앙에서 관리

예 AAA 서버*, RADIUS 서버*

① 장점, 단점

장점	사용자의 접근 권한을 통제하는 데 있어, 철저하고 일률적인 절차와 기준 적용
단점	모든 변경사항을 하나의 객체가 처리해야 하므로 속도 저하

⭐ AAA 서버
(Authentication Authorization Accounting)
• 3개의 독립적인 보안 기능으로 구성
• 인증(Authentication) : 네트워크, 시스템 접근을 허용하기 위한 사용자의 신원 검증
• 권한 부여(Authorization) : 검증된 사용자에게 어떤 수준의 권한과 서비스를 허용
• 계정관리(Accounting) : 사용자의 자원에 대한 사용 정보를 모아서 과금, 감사, 용량 증설, 리포팅 등에 활용
• AAA 기능구현을 위한 인증 프로토콜 : RADIUS, DIAMETER, TACACS+, Kerberos

⭐ RADIUS 서버
(Remote Authentication Dial In User Service)
• 1991년 서버 접근 인증, 회계 프로토콜로써, Livingston Enterprises, Inc에서 개발. 후에 IETF 표준으로 등재
• 네트워킹 프로토콜로, 사용자가 네트워크에 연결하고 네트워크 서비스를 받기 위한 중앙 집중화된 인증, 인가, 계정(AAA) 관리를 제공

② 인증절차

① [로그온] → ② [사용자 아이디와 패스워드 정보수집] → ③ [사용자 아이디와 패스워드 전달, 인증 요청] → ④ [인증 DB를 검색하여 인증조건과 일치할 경우 인가하고, 추가 인증정보가 필요한 경우 NAS에 통보하여 인증정보 요청] → ⑤ [인가 여부 확인] → ⑥ [접속] → ⑦ [기록 요청]

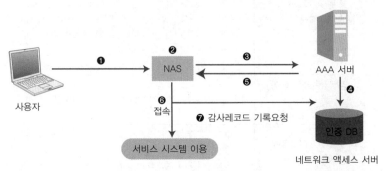

[중앙집중 접근통제 인증절차]

2) 분산 접근통제

- 파일의 소유자나 생성자 또는 관리자에 의하여 직접통제
- 사용자의 접근과 권한을 허가하기 위한 절차와 기준에 일관성을 유지하기 어려움
- 직원이 내부적으로 이동하거나 조직을 떠날 때 모든 접속 권한이 삭제되었는지 확인하기 어려움

3) 혼합 접근통제

- 중앙집중 접근통제와 분산 접근통제의 혼합형
- 중앙 관리자는 중요한 데이터에 대한 접근을 통제하고, 사용자는 자기 소유의 파일을 다른 사용자에게 접근을 허가할 것인지 여부를 결정

① 장점, 단점

장점	• 관리자는 사용자에 대하여 데이터베이스, 프린터, 호스트 등의 정보시스템에 대한 접근통제 • 데이터 소유자는 자기 소유의 자원에 대한 접근통제
단점	• 어떤 접근을 중앙에서 관리하고, 어떤 접근을 사용자가 관리할 것인가를 결정하는 것이 어려움 • 지속적으로 접근통제 내역을 분류해야 하는 번거로움

📖 객체의 중요도에 따른 분류

Top Secret	가장 위험한 등급
Secret	중대한 위협의 등급
Confidential	위협이 되는 등급
Unclassified	분류가 요구되지 않은 등급

Section 03 접근통제 모델

1 개요

특정 주체가 특정 객체에 대한 접근을 어떻게 할 것인가에 대한 일정한 규칙을 만들어 놓은 것

1) 벨-라파둘라(Bell-Lapadula) 모델

- 1973년 미국 MITRE 연구소에서 Bell과 Lapadula가 개발하였으며, 최초의 수학적 모델
- 정보가 하위에서 상위로 흐른다(Bottom-Up)는 개념을 적용한 모델
- 정보를 극비(Top Secret), 비밀(Secret), 미분류(Unclassified)로 구분
- TCSEC 기반 기밀성 모델, 강제적 접근통제 모델, 군사적 모델

① 보안규칙

단순 보안 규칙	• 낮은 등급의 주체는 높은 등급의 객체를 읽을 수 없음(No-Read-Up) • 주체의 등급이 객체의 등급보다 높거나 같을 경우에만 그 객체를 읽을 수 있음
성형 보안 규칙	• 높은 등급의 주체는 낮은 등급의 객체에 쓸 수 없음(No-Write-Down) • 주체의 등급이 객체의 등급보다 낮거나 같을 경우에만 그 객체를 기록할 수 있음

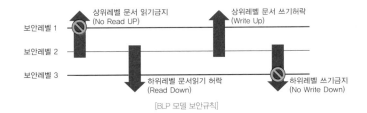

[BLP 모델 보안규칙]

② BLP 모델의 문제점

- 접근 권한 수정에 관한 정책이 없음
- 은닉 채널(Covert Channel)*을 포함할 수 있음
- 기밀성은 유지되지만, 무결성은 파괴될 수 있음(Blind Write가 발생)

> 🔲 **은닉 채널**
> (Covert Channel)
> 데이터 전송 시 평소에 잘 사용하지 않는 공간에 공격 명령어 및 코드를 담아 전송하는 공격 기법

2) 비바(Biba) 모델

- Bell-Lapadula 모델의 단점인 무결성을 보완한 최초의 수학적 모델
- 정보가 상위에서 하위로 흐른다(Top-Down)는 개념을 적용한 모델로 기밀성보다는 정보의 불법 변경을 방지하기 위한 금융권 등에서 사용되는 모델
- 무결성 모델, 군사적 모델

① 보안규칙

단순 무결성 규칙	• 높은 등급의 주체는 낮은 등급의 객체를 읽을 수 없음(No-Read-Down) • 주체의 등급이 객체의 등급보다 낮거나 같은 경우에만 그 객체를 읽을 수 있음
성형 무결성 규칙	• 낮은 등급의 주체는 높은 등급의 객체에 쓸 수 없음(No-Wirte-Up) • 주체의 등급이 객체의 등급보다 높거나 같을 경우에만 그 객체를 기록할 수 있음

[Biba 모델 보안규칙]

3) 클락-윌슨(Clark-Wilson) 모델

- Biba 모델과 같이 정보의 무결성을 강조한 모델로서, Biba 모델보다 더 진화한 형태
- 금융이나 회계 분야에서 기밀성보다 무결성이 중요함을 고려하여 설계
- 무결성 모델, 상업적 모델
- 완전한 자료처리 정책과 직무 분리 적용
- 이중자료 처리시스템을 이용한 무결성 입증

① 보안규칙

- 주체는 객체에 직접적인 접근금지, 반드시 응용프로그램을 이용하여 접근 (SAP에서 JAVA 프로그램을 통한 DB 직접접근 금지)
- 잘 구성된 트랜잭션(트랜잭션의 내 · 외부적 일관성)
- 직무분리(업무 수행자와 검토자의 직무 분리)

4) 만리장성(Chinese Wall, Brewer Nash) 모델

- 사용자의 이해 충돌을 피하기 위한 모델
- 어떤 회사의 특정 분야에서 근무했던 사람이 다른 회사의 같은 영역의 자료에 접근을 금지하는 모델
- 직무분리를 접근통제에 반영한 모델
- 응용 분야 : 금융, 로펌*, 광고 컨설팅 분야에 적용

> **로펌(Law Firm)**
> 다수의 변호사들이 회사 형태로 만들어 운영하는 전문 변호사 법률 사무소

5) 접근 매트릭스(Access Matrix) 모델

- 주체에 대한 객체의 접근 권한을 주체는 행(Raw), 객체는 열(Column)의 테이블 형태로 표현
- 접근 권한은 읽기 · 쓰기 · 실행의 유형

① 접근행렬의 예

구분	파일 1	파일 2	파일 3
사용자 A	읽기	쓰기	읽기 · 쓰기
사용자 B	읽기 · 쓰기	읽기	실행
사용자 C	실행	권한 없음	권한 없음

Section 04 키 분배 프로토콜

1 암호화 키 분류

1) 종류

키에 의하여 보호되는 정보의 유형에 따라 마스터키, 암호화키, 세션키로 구분

마스터키	• 세션키가 마스터키에 의해 암호화되어 전달됨 • 보통 사용자는 KDC(키 분배센터)/서버와 함께 마스터키라는 비밀키를 상호공유하게 됨 • 하나의 마스터키로 동일 사용자에게 여러 세션의 생성에도 사용 가능
암호화 키	암호화용 키
세션키	종단 간 성립된 한시적 연결 세션에만 사용되는 일시적인 대칭 키(암호화 키)

2) 키 분배

- 대칭키 암호, 공개키 암호를 이용하여 분배
- 사용자가 비밀키를 설정하여 다른 사용자에게 전송하는 기술
- 비밀키 공유 프로토콜의 목적은 관련된 사용자 간 같은 키를 소유하고, 키가 신뢰할 수 있는 키 관리기관(TA, Trusted Authority)을 제외하고는 노출되지 않도록 비밀정보보호

2 키 분배 프로토콜

1) KDC 기반 키 분배

- KDC(Key Distribution Center)★, TA(Trusted Authority)★ 역할을 포함하는 포괄적 개념
- 사용자는 A와 B가 비밀통신을 원할 때 KDC에게 작업시간을 포함하는 세션키를 요구하게 되고, KDC는 키를 생성하여 A와 B가 복호화할 수 있도록 암호화된 상태로 키를 전달하는 방법

① 특징

- 모든 사용자로부터 신뢰받는 TA(Trusted Authority) 존재
- 사용자 간 비밀통신 보장

② 기본원리

- 비밀키를 생성하여 대칭키 암호통신을 원하는 사용자에게 키 분배
- 키를 분배하기 위한 조건으로, 키를 수신한 모든 사람은 키 분배센터를 신뢰해야 함

> **KDC**(Key Distribution Center)
> 사용자 간 공통의 암호키를 교환할 수 있도록 키 분배 과정을 수행하는 신뢰 기관
>
> **TA**(Trusted Authority)
> 신뢰받는 키 관리기관

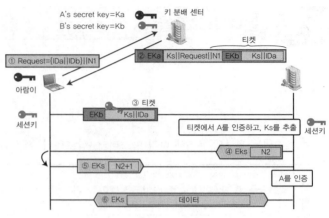

[KDC 기반 키 분배 원리]

③ 장점, 단점

장점	• KDC를 신뢰하면 KDC 사용자 간 자료를 공유할 때 키를 노출시키지 않을 수 있어 키 관리 용이 • 대칭키 방식은 비교적 속도가 빠름 • 서버를 사용하지 않는 경우보다 키 관리 용이
단점	• 단일 실패 지점(SPoF : Single Point of Failure)이 있음 　- KDC에 장애가 발생하면 전체 서비스 중단(해결책 : 미러 서버* 운영) 　- 서버와 미러 서버 간 일관성(Consistency) 문제 발생 가능 • KDC에 침해사고가 발생하면 모든 비밀키가 노출될 위험 존재 • KDC의 신뢰성이 매우 중요 • KDC에 대한 병목 현상(Bottle Neck) 발생

④ KDC에 대한 사용자 등록 과정

사용자 A	• KDC에 등록신청 • 등록된 사용자는 각 KDC와 비밀키를 가지고 있음
KDC	• A의 신분 확인 • A와의 비밀키 KA를 A에게 전달(A, KA)한 후 저장

⑤ 키 분배방식

사전 키 분배방식	• 사용자가 키를 생성하여 상대 또는 양측 사용자에게 전송하는 방식 • Blom 방식*, 중앙집중식 키 분배방식*, 공개키 분배방식*
키 공유방식	• 다수의 사용자가 공개된 네트워크를 통하여 공동으로 비밀키를 설정하는데 참여하는 방식 • Diffie-Hellman 키 교환, Okamoto-Nakamura 키 공유방식*, Matsumoto-Takashima-Imai 키 공유방식*

⭐ **미러 서버(Mirror Server)**
• 원래의 서버와 동일한 콘텐츠나 접근 권한을 가진 서버
• 사용자가 폭주하여 시스템에 부하가 걸려 성능에 문제가 발생하게 되는데, 이를 방지하기 위해 다른 컴퓨터에 이와 똑같은 콘텐츠를 복사해 놓은 서버를 말함

⭐ **Blom 방식**
분배센터에서 두 사용자에게 임의의 함수 값을 전송하면 각 사용자는 전송받은 값을 이용해 다른 사용자와의 통신에 필요한 세션키를 생성

⭐ **중앙집중식 키 분배방식**
• 각 사용자는 TK(Terminal Key)를 생성하고, KDC에 등록한 후 세션키가 필요할 때 TK로 세션키를 암호화하여 분배받음
• 커버로스(Kerberos)가 대표적

⭐ **공개키 분배방식**
KDC가 공개키 분배

⭐ **Okamoto-Nakamura 키 공유방식**
사용자가 암호통신 때마다 다른 세션키 사용 가능

⭐ **Matsumoto-Takashima-Imai 키 공유방식**
Diffie-Hellman 방식에서 사용자 A와 B가 항상 동일한 세션키를 가지는 문제 개선

2) Needham–Schroeder 키 분배 프로토콜

- 1978년 Roger Needham과 Michael Schroeder가 사용 제안
- 대칭키와 인증 서버(Trent) 개념을 사용한 키 분배 프로토콜

① 기본원리

1. A가 S에게 B와 통신하고 싶다고 알림(A와 B의 ID와 A가 생성한 난수값 보냄)

   $[A \rightarrow S : A, B, N_a]$

2. S가 A에게, B와 통신할 때 사용할 키 K_{ab}를 주고, B에게도 알려주라고 K_{ab}를 K_{bs}로 암호화하여 보냄

   $[S \rightarrow A : \{N_a, K_{ab}, B, \{K_{ab}, A\}K_{bs}\}K_{as}]$

3. S가 B에게 알려주라고 보낸 K_{ab}를 B에게 보냄

   $[A \rightarrow B : \{K_{ab}, A\}K_{bs}]$

4. A로부터 K_{ab}를 받은 B는 응답 신호로써, 자신이 생성한 난수값 N_b를 암호화하여 보냄

   $[B \rightarrow A : \{N_b\}K_{ab}]$

5. B로부터 받은 난수값에서 1을 빼고, 암호화하여 보냄

   $[A \rightarrow B : \{N_b - 1\}K_{ab}]$

- S : 인증 서버, A : 통신 주체, B : 통신 주체
- K_{as} : A와 S 간 대칭키, K_{bs} : B와 S 간 대칭키
- K_{ab} : 서버가 발급하는 A와 B의 대칭키, 세션키
- N_a, N_b : 난수 번호 Nonce 값

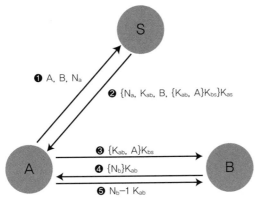

[Needham–Schroeder 키 분배 프로토콜 기본원리]

② 프로토콜 취약점

- 2단계에서 공격자가 중간에서 세션키를 가로채어 B를 가장하면, A는 속을 수밖에 없음
- 중간자 공격(MITM)과 재전송 공격에 취약

③ 대응방법

타임 스탬프(Time Stamp)*를 이용하여 2단계에서 B의 키를 암호화할 때, EB(K, A, T)를 포함하여 암호화하면 공격자가 중간에 세션키를 획득하더라도 안전하며, 인증 서버가 분배한 세션키와 타임 스탬프를 복호화 후 비교하여 일치하면 정상 사용자로 인증

■ 타임 스탬프(Time Stamp)
- 특정한 시각을 나타내는 문자열
- 둘 이상의 시각을 비교하거나 기간을 계산할 때 편리하게 사용하기 위해 고안되었으며, 일관성 있는 형식으로 표현

3) Diffie-Hellman 키 분배 프로토콜

- 사용자 간 암호화되지 않은 통신망. 즉 공개된 통신망을 통해 공통의 비밀키를 공유할 수 있도록 하는 공개키 암호방식
- 사용자는 각자 생성한 공개키를 상호 교환하여 공통의 비밀키를 생성하는 키 합의 방식
- 키 전달 문제를 해결하기 위한 방식으로, 안전한 비밀키 공유를 목적으로 함

① 특징

- 키 교환 및 인증에 사용하는 프로토콜로, 사용자가 비밀키를 안전하게 교환하여 메시지 암호화
- 공개키 알고리즘을 이용하는 키 교환방식으로, 상대방의 공개키와 개인키를 이용하여 비밀키를 생성하고, 송신자와 수신자는 비밀키를 이용하여 데이터를 암호화한 후 전송
- 네트워크의 두 개체 A, B가 알고리즘에 사용하는 비밀키를 서로 만나지 않고 공유 가능
- 공개키를 키 관리센터나 서버에서 관리하는 절차 없이 서로의 비밀키를 전송할 수 있으므로, 키 교환 시 도청되어도 공통키를 구할 수 없음
- 인증 메시지에 비밀 세션키를 포함하여 전송할 필요가 없고, 세션키를 암호화하여 전송할 필요가 없어 단순하고 효율적
- 사용자 A, B만이 로컬에서 키 계산이 가능하므로 기밀성 제공
- 수신자 B는 사용자 A만이 키를 사용하여 암호화된 메시지를 생성할 수 있으므로 인증기능 제공
- 이산대수 기반 어려움에 의존($y=g^x$ 형태에서 y를 알게 되더라도 x를 계산하는 것은 불가능)
- 재전송 공격, 중간자(MITM) 공격에 취약
- 다수의 상업용 제품에서 사용

② 공개되는 정보

- 공개적으로 알려진 두 수가 있음
- 소수 p와 q의 원시근인 정수 a 임
- A와 B 모두에게 알려진 정보(q : 소수, a : $a < q$, a는 q의 한 원시근)

③ 기본원리

[A와 B가 공개된 네트워크에서 Diffie-Hellman 키 교환 절차]

1. A가 소수 p, 그리고 1부터 $p-1$까지의 정수 g를 선택하여 사전에 B와 공유
2. A가 정수 a를 선택. 이 정수는 외부에 공개되지 않으며, B또한 알 수 없음
3. A가 $A = g^a \bmod p$, 즉 g^a를 p로 나눈 나머지를 계산
4. B가 마찬가지로 정수 b를 선택하여 $B = g^b \bmod p$를 계산
5. A와 B가 서로에게 A와 B를 전송
6. A가 $B^a \bmod p$를 B가 $A^b \bmod p$를 계산

- 마지막 단계에서 $B^a \bmod p = (g^b)^a \bmod p = g^{ab} \bmod p$
  $A^b \bmod p = (g^a)^b \bmod p = g^{ab} \bmod p$이며,
  따라서, A와 B는 $g^{ab} \bmod p$라는 공통의 비밀키를 공유하게 됨
- A와 B 이외의 인물은 a와 b를 알 수 없으며, $g, p, g^b \bmod p$를 알 수 있음

[숫자를 활용한 예제]
1. A와 B는 $p = 23$, $g = 5$를 사용하기로 합의
2. A가 비밀정보를 전송하기 위해 임의의 정수 $a = 6$을 선택한 후, B에게
   $A = g^a \bmod p$를 전송
   $A = 5^6 \bmod 23$
   $A = 15,625 \bmod 23$
   $A = 8$
3. B는 임의의 정수 $b = 15$를 선택하고, A에게 $B = g^b \bmod p$를 전송
   $B = 5^{15} \bmod 23$
   $B = 30,517,578,125 \bmod 23$
   $B = 19$
4. A는 B로부터 받은 B를 바탕으로 $s = g^a \bmod p$를 계산
   $s = 19^6 \bmod 23$
   $s = 47,045,881 \bmod 23$
   $s = 2$
5. B는 A로부터 받은 A를 바탕으로 $s = A^b \bmod p$를 계산
   $s = 8^{15} \bmod 23$
   $s = 35,184,372,088,832 \bmod 23$
   $s = 2$
6. A와 B는 이제 비밀키 $s = 2$를 공유하게 됨

- 여기서 p가 충분히 클 경우, 외부에서 비밀키를 알아내기 위해 도청을 하는 도청자 이브는 g^a나 g^b를 통해 s 를 알아낼 수 없는 것으로 알려져 있음. A와 B는 두 사람만이 아는 비밀키 s 를 갖게 되었으므로, 대칭키 암호를 이용해 이후의 통신을 암호화할 수 있음
- 그러나 p나 a, b가 너무 작을 경우, 도청자는 가능한 모든 조합을 계산해보는 방식으로 s를 계산해낼 수 있음. 따라서 실제 비밀통신에는 충분히 큰 소수를 사용해야 함. 만약 p가 최소 300자리의 소수이고, a, b가 각각 100자리 이상의 정수일 경우, 현재 인류가 보유한 모든 컴퓨터를 동원해도 공개된 정보로부터 비밀키를 알아낼 수 없는 것으로 알려져 있음

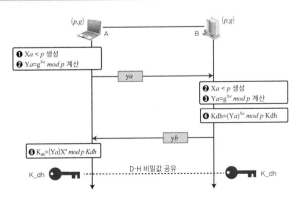

[Diffie-Hellman 키 분배 프로토콜 원리]

④ 안전성

- 소수를 모듈로 하여 지수 승을 계산하는 것은 비교적 쉽지만, 이산대수를 계산하는 것은 매우 어렵다는 데 있음
- 소수가 커지면 계산적으로 불가능하므로, 공격은 거의 불가능

4) RSA를 이용한 키 분배 프로토콜

① 기본원리

1. 공개키와 개인키 쌍인 KUa = {e, n}, KRa = {d, n} 사용
2. A가 B에게 {KUa, IDa} 송신, 암호화하지 않은 평문 전달
3. B는 공유 비밀키 Ks를 생성하여 A의 EKUa{Ks}로 암호화하여 전송
4. A는 자신의 개인키로 Ks를 추출하고, 데이터를 암호화하여 전송
5. 공유 비밀키 Ks를 RSA 암호 방식을 통해 공유

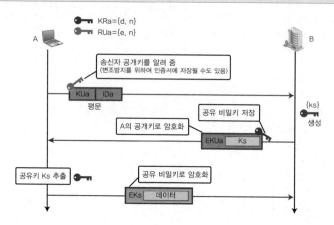

[RSA를 이용한 키 분배 프로토콜 원리]

5) SESAMI/RADIUS/DIAMETER

① SESAMI 프로토콜

- 커버로스(Kerberos)의 취약점을 해결하기 위하여 유럽에서 제안한 인증기술
- 공개키 암호 알고리즘을 이용한 비밀키 분배
  ㉠ 장점, 단점

장점	• 강력한 접근통제(역할기반) • 관리하기 용이
단점	패스워드 추측 공격과 사전 공격에 취약

② RADIUS 프로토콜와 DIAMETER 프로토콜

구분	RADIUS 프로토콜	DIAMETER 프로토콜
RADIUS 프로토콜 구조	서버/클라이언트(단방향)	Peer–to–Peer(양방향)
전송 계층의 신뢰성	UDP	TCP/SCTP*(IPSec 지원)
Fail Over 기능*	비효율적, 제한적	효율적 전송 계층 관리
보안 기능	공유 비밀키	공유 비밀키
종단 간 보안 지원	End to End	End to End

SCTP(Stream Control Transmission Protocol)

- 전송계층 프로토콜로서, TCP, UDP와 유사한 기능을 수행
- TCP처럼 연결지향적 프로토콜이며, 혼잡제어를 통해 신뢰성 있는 순차적 메시지 전송을 보장
- 멀티 스트리밍이나 멀티 호밍 특성을 지원

Fail Over 기능

1차 시스템이 고장 또는 유지보수 등의 이유로 운영할 수 없을 때, 2차 시스템이 그 임무를 넘겨받아 중단 없이 유지될 수 있는 백업 운용 모드

Section 05 전자서명과 공개키 기반 구조

1 전자서명

1) 정의

- 서명자를 확인하고 서명자가 당해 전자문서*에 서명을 하였음을 나타내는데 이용하기 위하여 당해 전자문서에 첨부되거나 논리적으로 결합된 전자적 형태의 정보
- 공개키 암호방식을 이용하여 문서를 생성한 사용자의 신원과 문서가 중간에 위조나 변조되었는지 확인할 수 있는 고유한 정보를 전자서명이라 함
- 현재 사용되고 있는 도장·사진 등을 디지털 정보로 구현하여 전자문서에 서명으로 사용하는 것
- 전자문서에 전자서명을 사용하여 서명하면, 종이 문서와 동일한 법적 효력을 가짐

> ★ 전자문서
> (Electronic Document)
> - 컴퓨터 등 정보처리능력을 가진 장치에 의하여 전자적인 형태로 작성되어 송수신되거나, 저장된 문서형식의 자료로서 표준화된 것 (정보통신망법)
> - 정보처리시스템에 의하여 전자적 형태로 작성되어 송신 또는 수신되거나 저장된 정보를 말함 (전자서명법)

2) 기능

- 공개키 기반 사용자 인증과 메시지 인증기능 제공
- 공개키 암호방식을 이용하여 전자서명 키 생성
- 이미지로 전자서명을 하는 경우 이미지를 스캔하여 재사용이 가능한 문제점이 발생함으로, 전자서명법에서는 재사용이 불가능하도록 디지털 서명만 전자서명으로 인정

3) 기본원리

송신자의 개인키로 암호화하여 전자서명 생성, 송신자의 공개키로 복호화하여 서명 검증

> [RSA에 의한 서명]
> - RSA에 의한 서명 작성을 식으로 표현하면(D와 N은 서명자의 개인키)
>   [서명 = 메시지 D mod N]
> - 서명으로부터 얻어진 메시지(E와 N은 서명자의 공개키)
>   [서명으로부터 얻어진 메시지 = 서명 E mod N]
>
> [RSA에 의한 서명 검증]
> 공개키를 이용하여 서명으로부터 얻어진 메시지를 계산한 값과 메시지를 비교
>
> --
>
> [숫자를 활용한 예제]
> - 공개키 : $E = 5, N = 323$
> - 개인키 : $D = 29, N = 323$
> - 메시지 = 123
>
> 1. '123' 메시지에 서명
>   [메시지 D mod $N = 123^{29}$ mod $323 = 157$] : 서명은 157
> 2. 수신자에게 전송
>   [메시지, 서명] = [123, 157]
> 3. 수신자는 받은 값을 공개키(E, N) = (5, 323)을 이용하여 서명으로부터 얻어진 메시지를 계산
>   [서명 E mod $N = 157^5$ mod $323 = 123$]

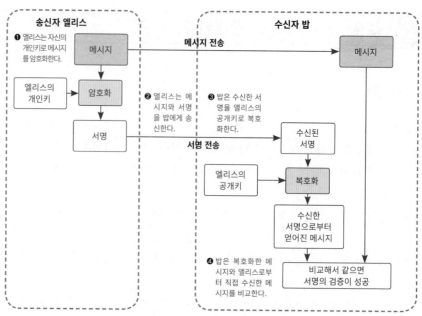

[RSA를 이용한 전자서명 원리]

4) 특징

- 송신자 외에 문서의 내용 및 서명의 변경·삭제 불가능해야 함
- 메시지에 의존하는 비트 형태이어야 함
- 생성·인식·확인이 쉬워야 함
- 서명문의 복사본을 유지하는 것이 실용적이어야 함
- 개인키 보관을 위한 하드웨어를 고려해야 함
- 부인방지를 위하여 메시지 출처 인증기능을 제공해야 함

5) 종류

부인방지 서명	• 자체 인증방식을 배제하여 서명을 검증할 때, 반드시 서명자의 도움이 있어야 검증이 가능한 전자서명 방식 • 서명자의 도움 없이 서명 진위 확인이 불가능하므로, 서명의 진위 검증도 제한적으로 수행하고자 할 때 사용
은닉서명	• D.Chaum에 의하여 제안된 방식 • 서명자가 서명문 확인이 불가능한 상태에서 서명하도록 하는 방식 • 서명하고자 하는 메시지의 내용을 공개하지 않고, 메시지에 대한 서명을 받고자 할 때 사용 • 서명을 받는 사람의 신원과 서명문을 연결시킬 수 없어 익명성을 유지할 수 있음 • 서명자와 송신자의 익명성을 보장하여 기밀성을 유지하게 하는 특수한 서명 방식
이중서명	고객의 결제정보가 판매자를 통하여 지불정보 중계기관(PG)으로 전송됨에 따라, 고객의 결제정보가 판매자에게 노출될 가능성과 판매자에 의한 결제정보의 위·변조의 가능성 제거
위임서명	• 위임서명자를 지정하여 서명하는 방식으로, 제3자는 위임서명 생성 불가능 • 위임서명 검증자는 위임서명을 위임한 서명자의 동의를 확인할 수 있어야 함
대리서명	• 본인 부재 시 대리로 서명하게 하는 방식으로, 본인을 대신하여 제3자가 서명 • 검증자는 대리서명으로부터 서명자의 위임사실을 확인할 수 있어야 함
다중서명	• 여러 사람이 서명하는 방식 • 동시에 서명이 이루어지는 동시 다중서명과 서명이 순차적으로 이루어지는 순차 다중서명이 있음

6) 조건

위조불가	• 합법적인 서명자만이 전자문서에 전자서명 생성 가능 • 서명자 이외의 타인이 서명을 위조하기 어려워야 함
서명자 인증	• 전자서명의 서명자를 누구든지 검증 가능 • 누구의 서명인지 확인 가능해야 함
부인불가	• 서명자는 서명 후 자신의 서명 사실을 부인 불가능 • 서명자는 서명 사실을 부인할 수 없음
변경불가	• 서명한 문서의 내용 변경 불가능 • 한 번 서명한 문서는 내용 변경 불가능
재사용 불가	• 전자문서의 서명은 다른 전자문서의 서명으로 재사용 불가능 • 다른 문서의 서명을 위조하거나 기존 서명을 재사용할 수 없음

7) 방법

메시지에 직접 서명하는 방법	• 송신자의 개인키로 원문에 암호화하여 서명 • 서명값과 메시지를 수신자에게 전송 • 수신자는 수신한 원문과 복호화한 서명값을 비교하여, 그 값이 일치하면 서명으로 인정
메시지의 해시값에 서명하는 방법	• 원문을 해시값으로 생성하여 암호화 전송 • 수신자는 복호화한 해시값과 원문의 해시값을 비교하여 일치하면 서명으로 인정 • 메시지가 길어도 해시값이 짧으므로 서명이 쉬워짐

8) 유형

메시지 복원형	• 공개키 암호화, 개인키 복호화 • 서명검증과정에서 원래의 메시지가 복원되는 방식 • 기존의 암호 알고리즘을 사용하므로, 별도의 전자서명 프로토콜 불필요 • 메시지를 일정한 크기의 블록으로 나누어, 각 블록에 대하여 서명하기 때문에 생성이나 검증에서 많은 시간 소요
메시지 부가형	• 임의의 길이의 메시지를 해시 알고리즘을 이용하여 일정한 크기로 압축 • 해시 알고리즘의 결과와 서명자의 개인키를 이용하여 전자서명을 생성하고 메시지를 덧붙여 전송 • 수신된 메시지를 해시한 결과와 전자서명 및 공개키를 이용하여 계산된 값을 비교함으로써 검증 • 메시지 이외에 서명을 별도로 전송해야 하기 때문에 전송량은 증가하지만, 메시지가 길더라도 한 번의 서명만을 필요로 하기 때문에 효율적 • 입력 메시지가 조금만 변경되어도 결과가 많이 다르게 나타나기 때문에 서명의 위조나 변조 불가능

9) 방식분류

직접 서명 (Direct Digital Signature)	자신이 서명 알고리즘을 수행하고 서명하는 방식
중재 서명 (Arbitrated Digital Signature)	중재자와 프로토콜을 수행하여 서명하는 방식

10) 전자서명 알고리즘

RSA	• 1978년 Rivest, Shamir, Adleman에 의하여 제안된 공개키 알고리즘 • 서명 대상이 되는 메시지, 키, 서명이 모두 숫자로 표현됨으로, 문장에 서명하고자 할 경우에는 부호화하여 숫자로 변환해야 함 • RSA에 의한 서명작성은 다음 식으로 표현할 수 있음 　서명=메시지 D mod N(D와 N은 서명자의 개인키) • RSA에 의한 서명의 검증은 다음 식으로 표현할 수 있음 　서명으로부터 얻어진 메시지=서명 E mod N(E와 N은 서명자의 공개키) • 인증서 이용 서명 방식
Elgamal	• Taher ElGamal에 의한 공개키 알고리즘 • 이산대수 문제를 기반으로, 정보보호 기능 없이 서명만을 위하여 고안된 방식 • 안전성은 결정적 Diffie-Hellman(Decisional Diffie-Hellman) 가정에 있으며, 이 가정은 이산대수 문제보다 더 강력 • 공개키 암호와 디지털서명에 이용할 수 있고, 암호 소프트웨어 GnuPG*에서도 알고리즘의 하나로 사용하고 있음
DSS (Digital Signature Standard)	• 1991년 NIST에서 제안한 전자서명 표준안으로, 디지털서명 알고리즘 • DSA 알고리즘을 핵심 알고리즘으로 사용하며, Schnorr와 ElGamal 알고리즘의 변형으로, 디지털 서명에만 사용할 수 있고, 암호화나 키 분배에 사용할 수 없음 • 인증서 이용 서명 방식
Schnorr	• IC 카드에 적합한 서명 방식 • 이산대수의 어려움에 기반 • 이산대수를 이용하는 전자서명의 효율성을 높이기 위하여 소수 p, q의 사용을 처음 제안
KCDSA	• 1997년 한국표준 전자서명으로 채택된 알고리즘 • 이산대수의 어려움에 기반
EC-KCDSA	KCDSA에 타원곡선을 이용한 전자서명 알고리즘

11) 전자서명 생성과 검증

전자서명의 생성	• 원문 메시지를 해시함수를 이용하여 축약 • 해시 코드(Hash Code)에 전자서명을 수행하여 서명값(Signature)을 서명자의 개인키(Secret Signing Key)를 이용하여 생성 • 상대방에게 원문과 서명값(Signature)을 함께 전송
전자서명의 검증	• 전송받은 원문을 해시함수의 입력값으로 하여 해시 코드(Hash Code)를 만듦 • 전송받은 서명값(Signature)은 서명자의 공개키(Public Verifying Key)를 이용하여 복호화 • 검증자가 만든 해시 코드값과 복호화한 해시 코드값을 비교하여 일치하면 검증 완료

2 전자입찰

1) 개요

- 기존 오프라인(Off-Line)으로 처리해 오던 기업 내 입찰업무를 인터넷을 통해 전자서명 및 검증 방식으로 처리하는 시스템
- 입찰자 간 견적제출서를 전자 서명된 암호문으로 저장하고 관리되며, 사용권한에 따라 견적서의 전자서명을 검증 및 복호화로 개찰하여 낙찰 업체를 선정하는 시스템으로 업무를 자동화, 간편화함
- 기업으로서는 업무의 효율성 증대 및 부대비용 절감과 기업 내 투명거래를 실현할 수 있는 시스템

★ GnuPG
- 공개키 암호방식을 사용하므로, 더욱 안전하게 통신할 수 있음
- 데이터를 암호화하고 전자서명을 생성할 수 있으며, 암호화 도구로 유명한 PGP를 완벽하게 대신할 수 있음
- IDEA 알고리즘을 전혀 이용하지 않으므로, 아무런 제한 없이 사용할 수 있음

2) 특징

- 전자상거래 방식을 통한 공개 구매
- 저렴한 가격으로 입찰에 대한 정보를 웹 사이트에 게재하게 되므로, 공정한 경쟁 입찰가능

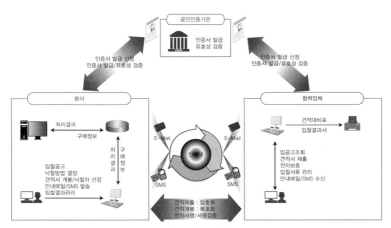

[전자입찰 흐름도]

3) 구성요소

입찰자	전자입찰에 참여하는 자
입찰 공고자	전자입찰 정보를 공정성을 지키기 위해 참여자들에게 알리는 자
전자입찰 시스템	전자입찰을 위해 입찰 발주자와 입찰 참여자가 이용하는 시스템

4) 문제점

네트워크상에 메시지 유출	전자입찰 시 입찰자와 입찰 공고자의 정보가 공개 네트워크를 통해 서버로 송수신될 때, 정보의 유출 가능성이 있으므로 공정성을 지키기 위해 암호화와 도청에 대한 대응이 필요
입찰자와 서버 사이의 공모	서버가 입찰자들이 제시한 가격들을 접수받은 후, 특정 입찰자에게 정보를 제공하여 생길 수 있는 부정을 방지하기 위해 서버는 입찰자들의 입찰가를 알 수 없어야 하고, 입찰자들의 개인정보는 보호되어야 함
입찰자 간의 공모	• 입찰 공고자의 입찰 예정가를 미리 알고 있을 경우 입찰자들이 입찰가를 담합 공모할 수 있으므로 누구나 입찰할 수 있어야 함 • 입찰자의 신원이 보장되어야 하고, 유찰제도를 도입하여 입찰 공고자의 피해를 막을 수 있어야 함
입찰자와 입찰공고자 간의 공모	입찰 공고자가 입찰자들에 대한 입찰 정보를 보유하고 있으면 특정 입찰자에게 예정가와 그 입찰 정보를 유출하여 공모할 문제가 있으므로 입찰 공고자와 서버는 독립성을 유지해야 하고 입찰자의 정보는 보호되어야 함
서버의 독단	서버가 특정 입찰자를 위해 나머지 입찰자 및 입찰 공고자의 정보를 누락 및 변조할 가능성을 막기 위해 정확한 등록 여부를 확인하는 것이 가능해야 하고 모든 정보는 공개되어야 함

5) 전자입찰의 방식

LKR 방식	• S/MIME와 같이 안전한 전송 방식을 구축함으로써 제3자의 도청 및 변조를 방지 • 입찰 내용에 해시 처리를 하여 입찰자의 서명을 붙여 무결성 및 부인방지를 가능하게 하는 방식
PL 방식	• 입찰 공고자와 서버가 공모할 경우 입찰 예정가 및 입찰가 조작이 가능 • 입찰 공고자가 시방서 작성 시 랜덤하게 선택함으로써 최적의 효율성을 확보하지 못하는 문제점

6) 전자 입찰 시 요구사항

독립성, 비밀성, 무결성, 공평성, 안전성

7) 전자 입찰 도구

Java, 디지털서명, XML 이용

8) 전자입찰 단계

입찰 단계	• 입찰 내용 제출 : 비밀성 • 입찰 기간 마감 : 여러 개의 입찰 서버가 있을 경우 동시 마감
입찰 오픈 및 입찰자 결정 단계	• 입찰 내용 오픈 • 입찰 내용 검증 : 입찰의 정당성 검증 • 입찰자 결정 : 공개적 결정

3 전자투표

1) 개요

- 의사를 표현하는 사회적 활동의 하나로 중요한 의사결정 수단임
- 철저한 개인인증 절차와 완벽한 보안시스템의 보호 아래 투표하게 되므로 안전함
- 온라인을 활용하므로 편리하고 비용이 절감됨

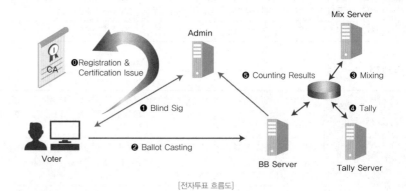

[전자투표 흐름도]

2) 전자투표 시스템의 요구사항

정확성(Accuracy)	시스템이 투표데이터를 수정, 삭제할 수 없고 유효한 투표데이터가 투표기록에 정확하게 카운트 되도록 투표 집계 결과에 있어서 정확해야 함
비밀성(Privacy)	시스템이 투표권을 행사하는 투표자에게 연결되어 있지 않고 어떠한 방법으로도 투표자가 누구에게 투표했는지 증명할 수 없어야 함(비밀투표)
위조 불가능성 (Unforeability)	선거관리센터로부터 인증을 받은 투표권은 제3자에 의해 위조가 불가능해야 함
단일성(Singularity)	합법적인 투표자는 단지 한 번의 투표권만 행사 가능해야 함
합법성(Eligibility)	합법적인 절차를 통하여 투표권을 얻은 사람만 투표에 참여 가능
공정성(Fairness)	투표 진행과정에서 다른 사람의 투표권 행사에 의해 자신의 투표권 행사가 전체 투표에 영향을 줄 수 없어야 하며, 전체 투표에 영향을 줄 수 있는 중간 투표 결과를 알 수 없어야 함
확인성(Verifiability)	투표자가 정확하게 자신의 투표용지가 카운트되었는지 확인 가능해야 함
투표권 매매방지 (Untradability)	투표권은 타인에게 매매 불가능하며, 매매에 따른 결과는 투표권을 소유하는 인증된 투표자만 알 수 있어야 함
완전성 (Completeness)	투표자들이나 집계자의 부정에 의해 투표시스템의 모든 투표 진행이 중단되거나 불완전한 결과를 초래하지 않아야 함

3) 전자투표의 방식

PSEV (Poll Site E-Voting)	• 지정된 투표소에서 전자투표를 하는 방식 • 유권자가 투표소의 화면 인터페이스를 이용하여 수행함 • 전자투표 기기를 선거인단에서 관리하여 안전성이 높고 국민투표 활용 가능성이 큼 • 부정행위 불가성과 검증성에 대한 확인 방법 및 신뢰성 검증 방법이 미비함 • 확인키 발급 시 투표 매매의 가능성도 존재
키오스크 (Kiosk)	• 군중이 밀집된 지역에 투표기기를 설치하여 유권자가 이를 이용해 투표할 수 있는 무인 투표시스템 • 외부 인증기술이 필요하고 투표 결과가 공공망을 통해 집계 • 외부 공격자 및 악의적인 공격의 가능성이 크고 편리성과 효율성만 만족시킴
REV (Remote E-Voting)	• 인터넷 투표 방식, 다양한 기술 수단을 통해 원격으로 자유로운 투표가 가능 • 비밀투표를 충족하기 어렵고 매매의 위험성과 불신감이 큼

4) 암호화 기법

- 공개키, 공개키를 이용한 암호화, 복호화 함수
- 전자서명, 은닉암호

4 공개키 기반 구조(PKI)

1) 개요

- 공개키 암호에 기반하여 공개키 인증서를 발급·관리·저장·분배·폐지에 필요한 S/W, H/W, 인적자원, 정책 및 절차의 총체
- 인증기관(CA)에서 공개키와 개인키를 포함하는 인증서(Certificate)를 발급받아 네트워크에서 안전하게 비밀통신을 가능하게 하는 기반 구조
- 공신력 있는 제3의 인증기관에 의한 거래 주체의 인증, 거래정보의 무결성과 기밀성, 거래의 부인방지 기능을 담당하는 공개키 기반의 인프라
- 공신력 있는 인증기관에서 사용자의 키와 인증서를 발급하고 관리함으로써, 공중망에서 전자거래 시 상대방을 인증하고, 데이터의 안전한 교환을 위한 공개키 기반 구조
- 다수의 인증기관을 포함하는 복잡한 구조에서 상호인증을 위한 계층적 인증체계를 관리

2) PKI의 구조

① 순수계층 구조

- 루트(Root) CA*에 대한 신뢰를 바탕으로, 하부 CA 간의 상호인증을 원칙적으로 배제하는 방식
- 루트 CA 간 상호인증을 통하여 국제간 상호 동작을 원활히 함
- 하부 CA 간 상호인증은 원칙적으로 배제

> ★ 루트(Root) CA
> 최상위 인증기관

㉠ 계층별 역할

루트(Root) CA	• 전반적인 PKI 정책 수립 • 제2계층 CA 인증
제2계층 CA	• 루트 CA의 정책하에 자신의 정책 수립 • 제3계층 CA 인증
제3계층 CA	사용자 인증

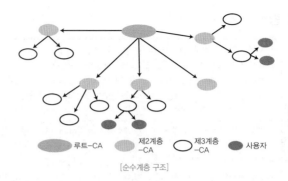

[순수계층 구조]

② 네트워크 구조

- 수평적으로 구성되어 있으며, 모든 CA 간 상호인증 허용
- 상호인증 수가 대폭 증가

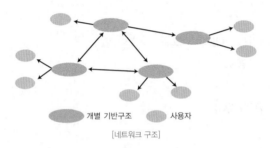

[네트워크 구조]

③ 혼합형 구조

- 순수계층 구조와 네트워크 구조의 혼합형
- 큰 조직은 각 루트 인증기관이 존재하고, 각 루트 인증기관은 자신의 하위 인증기관에 대하여 인증하며, 동일 계층에 존재하는 기관은 다른 루트 인증기관과 상호인증
- 루트 인증기관의 하위 인증기관은 동일 계층 및 자신의 하위와 상위의 인증기관 간 상호인증이 가능하여 계층 구조처럼 하나의 인증서를 가지고 있으며, 다른 인증기관에 대한 인증서는 디렉터리에 저장
- 순수계층 구조와 네트워크 구조를 혼합하면 유용한 인증구조를 구성할 수 있음

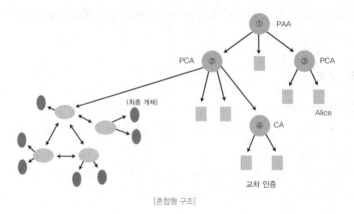

[혼합형 구조]

④ 인증구조의 비교

인증구조	장점	단점
계층형	• 정부와 같은 조직의 구조에 유리 • 계층적 디렉터리 명칭 사용 • 인증경로 탐색 용이 • 모든 사용자가 루트 CA의 공개키를 알고 있으므로, 인증서 검증 용이	• 전 세계 PKI를 위한 루트 CA가 존재한다는 것이 비현실적 • 루트 CA의 비밀키 노출 시 복구 어려움 • 상업적 관계에는 부적합
네트워크형	• 유연성이 좋으며, 실질적인 신뢰 관계를 반영 • 상업적 상호 신뢰 관계를 반영 • 사용자는 최소한 자신에게 인증서를 발행한 CA를 신뢰 • 원격 CA 간 상호인증이 직접 이루어지므로, 인증절차가 간단하고 인증 경로처리 부하 경감 • 루트 CA 비밀키 노출 시 피해가 지역적으로 축소 • CA 개인키 손상에 대한 복구 용이	• 인증경로 탐색이 매우 복잡 • 사용자가 서명 검증을 보장하는 단일 인증경로를 제공할 수 없음 • 다양한 인증경로의 관리 문제
혼합형	• 계층적 구조 및 네트워크 구조의 특징 혼합 • 인증경로의 검증을 효과적으로 처리	• 인증경로 검증이 다양하고 복잡 • 다양한 형태의 상호 인증서 필요

3) 전자 인증서

① 구조

[사용자 A의 인증서]=[사용자 A의 공개키]+[사용자 A의 정보]에 대한 인증기관의 전자서명

② 특징

- 사용자 공개키와 사용자 ID 정보를 결합하여 인증기관이 서명한 문서이며, 공개키의 인증성 제공
- 사용자 확인, 특정 권한, 능력 등을 허가하는 데 활용(개인의 신분증 역할)
- 인증기관은 자신의 개인키를 사용하여 전자서명을 생성하여 인증서에 첨부하고, CA의 공개키를 사용하여 인증서의 유효성 확인

③ 종류

공인인증서	인감도장에 해당, 국가 공신력 있는 기관에서 발행하여 법적 구속력 가짐
사설인증서	막도장에 해당, 사설 기관이 임의로 발행, 법적 분쟁 시 당사자 간 약관에 따라 해결

④ 발급절차

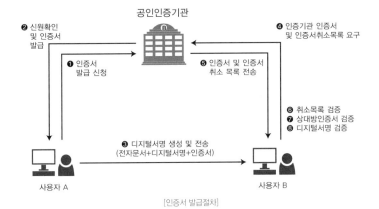

[인증서 발급절차]

4) 인증서 표준 및 구조

① 인증서 표준

X.509 인증서 표준	• ITU에 의하여 제안된 인증서 기본형식을 정의한 규격 • 인증서를 이용한 공개키의 효율적인 분배방법 정의
X.509 v1(1988)	• 인증경로 • 인증서 폐기

X.509 v2(1992)	• 인증서 취소 목록(CRL : Certificate Revocation List)* 도입
	• 2개의 식별자 추가
	  – 인증기관 고유식별자(Issuer Unique Identifier)
	  – 주체 고유식별자(Subject Unique Identifier)

X.509 v3(1996)	• 확장영역 추가
	• 인증서를 정의하는 다양한 환경에 맞는 조건과 서명 알고리즘의 선택이 가능하도록 확장영역 추가
	  – 인증기관 키 식별자 : 하나의 인증기관이 여러 비밀키를 발급한 경우, 서명검증용 공개키 식별을 위하여 사용
	  – 주체키 식별자 : 한 주체가 여러 키 쌍에 대하여 발급받은 인증서를 가지고 있을 경우, 인증서에 포함된 공개키를 구별하는데 사용
	  – 키 용도 : 공개키가 암호용인지 서명용인지 비트로 표시

X.509 V3 확장자	• X.509 실현자가 그 용도에 맞게 내용을 추가적으로 정의하기 위함
	• 확장영역
	  – 키 및 정책 확장자
	  – 주체와 발급자에 대한 속성 정보
	  – 인증서 경로 및 규제 정보
	  – CRL을 위한 확장자

② 공개키 인증서 구조

버전(Version)	인증서 형식의 연속된 버전 구분
일련번호(Serial Number)	발생 CA 내부 유일한 정수값
알고리즘 식별자 (Algorithm Identifier)	인증서를 생성하는 데 이용되는 서명 알고리즘을 확인하기 위한 OID 값
발행자(Issuer)	인증서를 발행하고 표시하는 CA
유효기간(Period of Validity)	인증서가 유효한 첫 번째와 마지막 날짜 2개로 구성
주체(Subject)	인증서가 가르키는 사람
공개키 정보 (Public−Key Information)	주체의 공개키와 이 키가 사용될 알고리즘 식별자
서명(Signature)	CA의 개인 서명키로 서명한 서명문
용도	E−Mail, SSL*, 전자 지불, 소프트웨어 코드 서명, IPSec* 등

③ 인증서의 보관 및 폐기

유효기간이 지난 경우	인증기관은 해당 인증서를 디렉터리에서 제거하고, 추후 부인방지 서비스를 위하여 일정 기간 보관
인증서를 폐기하는 경우	• 개인키가 유출되었다고 판단되는 경우 • 사용자가 조직을 변경한 경우 • 사용자가 CA에 인증서를 해지 신청한 경우

5) PKI 인증서 관리구조

① 관리구조

COI* 구조	• 관심 주제에 따라 그룹을 형성한 인증기관 구조 • 인증경로가 사용자 간 설정되어 저장할 인증서의 수효감소
조직에 따른 구조	• 어떤 기관의 계층적 또는 부서별 조직 관계를 반영한 구조 • 조직의 계층적 상하 관계가 분명한 기관에서 유리하며, 구현 용이
보증단계에 따른 구조	• 어떤 등급의 보증수준을 나타내는 대상자별로 그룹을 형성한 구조 • 신뢰성 보증수준에 따른 효과적 보안정책 수립
복합형 인증서 관리 구조	• COI 구조, 조직에 따른 구조, 그리고 보증단계에 따른 구조의 3가지 형태를 각각 하나의 세그먼트로 허용하는 복합적인 구조 • 한 국가의 종합적인 환경은 정부기관, 일반 상거래 관계의 기업, 또는 특수 한 분야의 서비스 조직 등 다양한 형태별 구성 가능

② PKI 응용모델

SDS (Simple Distributed Security Infrastructure)	• 1996년 X.509의 복잡성에 대응하여 단순화된 방식 제안 : X.509의 기능에서 인증서 정책, 제약조건, 키 생명주기 관리 등의 기능 생략 • 단순한 응용환경에서 운용할 수 있는 X.509 기능 일부 정의 • 공식적인 정책이 요구되는 대형 조직에서는 구현하기 어려움
SPKI (Simple Public Key Infrastructure)	• X.509 PKI 신뢰 모델의 실체기반 인증서와는 달리 신용기반 인증서 정의 • 개인키의 소유자에게 필요한 실체 명을 요구하지 않고, SPKI 인증서가 공개 키에 명시된 인가 또는 특권을 인정하는 새로운 기법 • 주요 목적이 어떤 동작에 인가를 부여하고 자격 인정 • 폐쇄된 환경에서 자원의 접근을 제어하기 위하여 사용할 수 있는 가능성 제시
SET (Secure Electronic Transaction)	신용카드 지불을 지원하기 위하여 비자와 마스터카드사가 개발한 프로토콜
PGP (Pretty Good Privacy)	• 신뢰성의 확인은 각 사용자의 신뢰를 통하여 전송 • PGP의 공개키 링의 각 키 증서는 신뢰의 유효성과 신뢰성 등급 표현 • PGP의 인증체계 기반기술은 PKI 표준과 일치하지 않으며, 개별적인 사용은 쉽지만 대규모의 전자상거래를 지원하기에 부적합
S/MIME (Secure Multipurpose Internet Mail Extension)	• RSA를 기반으로, MIME 전자메일 형식의 표준을 확장구현 • PGP가 많은 사용자에 대하여 개별적 전자메일 보안을 다루는 반면, S/ MIME은 상업적인 조직의 산업적 표준 수행 • X.509의 버전 3에 일치하는 공개키 인증서 사용 • 사용된 키 관리구조는 엄격한 X.509 인증서 계층과 PGP의 신뢰 모델에 대 한 복합적인 방식 채택 • S/MIME 관리자 및 사용자는 PGP 처럼 신뢰하는 키의 목록과 CRL을 가지 고 각 클라이언트 구성

③ PKI 인증 구성요소

인증기관 (Certification Authority)	• PKI 구조에 가장 기반이 되는 요소 • 인증서와 인증서 관리를 위한 모든 작업 담당 • 인증서 발급, 인증서 상태관리, 인증서 문제 시 해당 인증서 철회를 위한 CRL 발급, 유효한 인증서와 CRL 목록 발행, 지금까지 발행한 인증서와 CRL의 모든 리스트 저장 • 인증기관 : 금융결제원, 한국정보인증, 한국증권전산, 한국인터넷 진흥원, 한국전자인증, 한국무역정보통신
저장소, 디렉터리 (Repository)	• 인증서와 CRL을 사용자에게 분배하는 역할 • 사용자의 요청이 있을 경우 해당 인증서와 CRL을 사용자에게 전송
사용자 (User)	• 인증서를 사용하는 사람 • 인증서를 CA로부터 발급받고, 다른 사람의 인증서를 사용하여 인 증할 수도 있음

> 🔲 **COI**(Content Object Identifier)
> • 디지털 문화콘텐츠의 저작권 관리를 체계화하고, 투명한 유통을 도모하기 위해 문화관광부에서 표준화한 식별체계
> • 디지털 문화콘텐츠에 부여되는 고유한 인식 코드 또는 이를 관리하는 체계를 말함

인증서 정책 (Certificate Policy)	• 인증서에 관련된 정책 • 인증서를 어떻게 사용할 것인가에 따른 항목을 포함
인증 요청서 (Certification Request)	• 인증서 발급을 위한 요청서 • CA에게 인증서를 발급받기 위한 요청서 • 사용자, 주체의 정보, 주체의 공개키 등의 정보 포함
인증서 취소 목록 (Certificate Revocation List)	• CA에서 발급되는 인증서 중 취소된 인증서의 목록 • 취소해야 하는 인증서 목록, 일련번호를 통하여 구분 • CA 정보, CRL 유효기간, CA가 CRL의 내용에 서명한 서명값 포함

④ 인증기관의 역할

정책 승인기관 (PAA)	• 전반적인 PKI 정책(인증서 정책)을 설정하고 관리하는 기관 • 정부 PKI의 경우 한 개만 존재 • 다른 나라의 PAA와 상호연동을 위한 협정체결 • PCA를 위한 정책 수립 및 PCA의 정책 승인 • PCA의 인증서 발행
정책 인증기관 (PCA)	• 특정 조직 혹은 공동조직에서 사용될 보안정책 설정 • 암호키 생성 주체, 인증서 유효기간, CRL 관리방법 등 결정 • 보안정책을 설정하는 정부 부처마다 존재 • CA의 인증서 발행 • 수립된 정책의 적절한 운용검사 • CA의 정책 수립
인증기관 (CA)	• 최종 개체에게 인증서를 발급하는 제3의 신뢰기관 • 인증서 취소 목록(CRL : Certificate Revocation List) 유지 • 상호인증 기능 • PCA의 정책에 의하여 하위 CA, 사용자, RA의 인증서 발행
등록기관 (RA)	• 사용자 신분확인 • 사용자와 CA 간 사용자 등록 • 인증요구 정보 전달 • 발급된 인증서 전달 • 인증서는 발급하지 않음

⑤ PKI 제공 서비스

서비스 요소		서비스 내용	소요 기술
인증	사용자	인증된 사용자임을 증명	인증
	메시지	위 · 변조되지 않았음을 증명	
무결성		위 · 변조 방지 보장	해시함수
기밀성		적법한 사용자만이 열람 가능	암호화
부인방지		송 · 수신 부인방지 보장	전자서명
키 관리		키 생성, 폐기, 등록, 인증, 분배	키 관리

6) 인증서 취소 목록(CRL) 구조 및 기능

① 인증서 취소 메커니즘

X.509에 정의된 인증서 취소 목록(CRL)을 이용한 관리

② 기본영역의 정보

서명 알고리즘	CRL에서 서명한 알고리즘 ID 및 관련 데이터
발급자	발급자 CA의 X.509 이름
최근 수정 일자	최근 수정 일자(UTC Time)
차후 수정 일자	다음 수정 일자(UTC Time)
취소 인증 목록	취소한 인증서 목록
CRL 확장자	CRL 확장자 유무 및 내용
발급자 서명문	발급자의 서명문

③ 확장영역의 정보

기본 확장자	• CA키 고유번호 : CRL에 서명한 키 번호 • 발급자 대체이름 : CRL 발급자 대체이름 • CRL 발급번호 : CRL에 대한 일련번호 • 발급 분배점 : CRL 분배점 이름 • 델타 CRL* 지시자 : 최근에 취소한 목록만 저장한 델타 CRL 지시자
개체 확장자	• 취소 이유 부호 : 인증서가 취소된 이유 • 명령 부호 : 인증서를 만났을 경우 명령 • 무효화 날짜 : 인증서가 무효화된 날짜 • 인증서 발급자 : 간접 CRL에서 인증서 발급자

> 💬 **델타(Delta) CRL**
> • CA의 병목 현상 감소 목적으로 개발
> • 이전에 발송한 CRL과의 차이만 포함된 CRL
> • Delta CRL들 중 하나만 빠져도 일관성 없는 목록이 됨
> • 각 사용자 시스템의 부하는 줄어들지 않음

④ 인증서 취소 요구

인증서 소유자 또는 인증서 대리인의 요청에 의한 인증서 취소 가능

⑤ CRL 공개

• 취소된 인증서에 대한 목록을 공개하고, 디렉터리에 보관
• 네트워크를 통하여 접속 가능

⑥ CRL 생성방법

• 주기적으로 CRL을 생성하는 방법
• 실시간으로 CRL을 생성하는 방법
• 하이브리드 방식

5 인증서 검증 방식

1) SLC(Short Lived Certificated) 방식

• 유선 인터넷 환경에서는 인증서 취소 목록(CRL)의 주기적 갱신이 가능하지만, 무선 인터넷 환경에서는 단말기의 제한된 연산 성능과 메모리 용량으로 인해 주기적 CRL 갱신이나 목록의 유지가 사실상 불가능하므로, CRL을 대신할 수 있는 인증서 취소 메커니즘으로 만든 것
• 단기 인증서(SLC)는 24시간 또는 48시간 정도의 짧은 유효기간을 갖고, 인증서의 취소 사유가 발생할 경우에 CRL을 발행하는 것이 아니라, 더 이상 인증서를 발행하지 않음으로써, 인증서의 취소 사실을 알리는 방법

① 특징

- 무선 인터넷 환경에서 사용되기 위해 짧은 유효기간을 갖는 인증서
- 인증기관(CA)에서는 매일 전체 사용자의 인증서를 다시 생성해야 하는 문제 발생
- 무선 응용 프로토콜(WAP)의 무선 전송계층 보안(WTLS)에서 사용되고 있으므로, WTLS 인증서라고도 함

② 기본원리

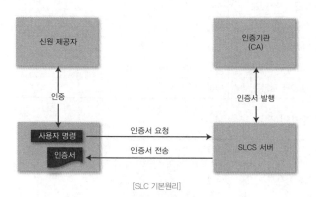

[SLC 기본원리]

2) OCSP(Online Certificated Status Protocol) 방식

- 공개키 기반 구조 내에서 인증서에 대한 상태 정보를 서버에게 질의하여 알기 위하여 사용되는 프로토콜
- 인증서 취소 목록(CRL)의 갱신 주기성 문제를 해결하기 위해 취소/효력 정지 상태를 파악하여 사용자가 실시간으로 인증서를 검증할 수 있도록 해주는 프로토콜

① 특징

- 클라이언트가 온라인 취소 상태 확인 서비스(ORS), 대리 인증경로 발견 서비스(DPD), 대리 인증경로 검증 서비스(DPV) 등 3가지 상태 및 유효성 검증 서비스를 요구하고, 서버가 이 요청 메시지에 대해 응답하는 구조
- 인증서 상태 정보를 요구하는 질의 메시지와 인증서 상태 정보 요구에 응하는 응답 메시지로 구성
- 서버와 클라이언트의 응용프로그램 간 통신 구문 정의
- 인증서 유효성 검증 가능
- X.509 v3 인증서 사용

② 기본원리

> 1. 사용자는 OCSP 서버로 인증서의 유효성 여부를 묻는 OCSP Request를 보냄
> 2. OCSP 서버는 자신의 X.500 디렉터리에 들어있는 해당 인증서의 유효 여부를 검사
> 3. OCSP 서버는 검사 결과를 OCSP Response의 형태로 사용자에게 돌려줌

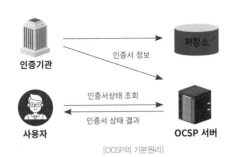

[OCSP의 기본원리]

③ OCSP와 CRL의 비교

OCSP	CRL
• RFC 2560을 따름 • 실시간 인증서 유효성 검증 프로토콜 • 특정 CA와 사용 계약을 해야 하고, 사용량에 따라 추가 비용 지불 • CA와 계약을 하면 서버 인증서와 개인키가 발급되고, CA의 OCSP 서버로 인증서 유효성 검증요청 시 서버용 인증서 사용 • 서버용 인증서는 1년마다 교체	• RFC 3280을 따름 • CA가 인증서 취소 시마다 인증서 취소 목록(CRL)을 생성하는 것이 아닌 일정 주기마다 인증서 취소 목록 생성(6~24시간) • CRL이 갱신되어야만 폐기로 판단 • 비용 지불 없이 사용 가능

3) SCVP(Simple Certificate Validation Protocol) 방식

- 클라이언트를 대신하여 서버가 인증서의 경로 검증 및 유효성 확인을 처리하는 프로토콜
- 서버로 하여금 인증서 유효 여부, 인증경로 등 다양한 인증서 정보를 제공하여 클라이언트의 인증절차를 단순화

① 특징

- 클라이언트의 구현을 단순화시키고, 기업 내에서 신뢰 및 정책 관리를 중앙 집중식으로 처리할 수 있도록 허용하는 것이 목적
- SCVP 서버를 이용하여 클라이언트의 인증서 처리에 대한 부담을 줄임
- 인증서 유효성 혹은 신뢰할 수 있는 인증서의 체인 등 다양한 정보를 제공

② 기본원리

1. 사용자는 SCVP 서버로 인증서 및 체인의 유효성 여부를 묻는 SCVP Request를 보냄
2. SCVP 서버는 자신의 X.500 디렉터리에 들어있는 해당 인증서 및 체인의 유효 여부를 검사
3. SCVP 서버는 검사 결과를 SCVP Response의 형태로 사용자에게 돌려줌

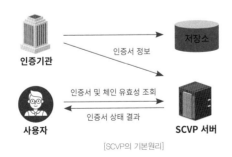

[SCVP의 기본원리]

암호학

Section 01 암호 알고리즘

1 개요

좁은 의미에서 평문(Plain Text)을 암호문(Cipher Text)으로 변환하고, 암호문을 다시 평문으로 변환할 때 사용되는 알고리즘을 말하며, 넓은 의미에서는 암호기술에서 사용되는 모든 알고리즘을 의미

1) 용어 정의

① **평문**
- 송신자와 수신자 간 송수신할 내용으로 일반적인 문장
- 암호화의 대상이 되는 문장으로 한글이나 영어 등의 일반 언어로 작성된 문장

② **암호문**
송신자와 수신자 간 송수신할 내용으로 제3자가 이해할 수 없는 형태로 변환된 문장

③ **암호화**
- 평문을 제3자가 이해할 수 없는 암호문으로 변환하는 과정
- 일반적으로 암호화는 송신자가 수행

④ **복호화**
- 암호문을 제3자가 이해할 수 있는 평문으로 변환하는 과정
- 일반적으로 복호화는 수신자가 수행

⑤ **키**
- 평문의 암호화 과정이나 암호문의 복호화 과정에 필요한 파라미터
- 암호화 키와 복호화 키로 이루어짐

⑥ **암호 알고리즘**
- 암호화와 복호화에 사용되는 수학적인 함수
- 암호화에 사용되는 암호 알고리즘, 복호화에 사용되는 복호 알고리즘이 있음

⑦ **암호 해독**
- 정당한 사용자가 아닌 제3자가 불법적으로 암호문으로부터 원래의 평문으로 복구하려는 시도
- 암호화에 사용된 암호키를 찾거나 부가정보를 이용하여 암호문으로부터 평문을 찾는 과정을 말하며, 암호 공격이라 함

⑧ 송신자와 수신자
- 네트워크에서 비밀리에 평문을 송수신하는 주체
- 평문을 암호문으로 변경하여 수신자에게 전송하는 사람이 송신자이며, 암호 문으로부터 평문을 복호화하는 사람이 수신자

⑨ 공격자

암호 방식의 정당한 사용자가 아닌 사용자가 암호문으로부터 평문을 해독하려 는 제3자를 공격자라고 함

⑩ 암호 체계(암호 시스템)

암호화와 복호화 키, 평문, 암호문을 포함한 암호화와 복호화 알고리즘

2) 암호의 역사

① 가장 오래된 암호 방식
- 기원전 400년경 고대 그리스인들이 사용한 스키테일(Scytale) 암호*라고 불 리는 전치 암호
- 전송하려는 평문을 재배열하는 방식
- 암호 송신자는 곤봉에 종이(Papyrus)를 감아 평문을 횡으로 쓴 다음 종이를 풀면 평문의 각 문자는 재배치되어 평문의 내용을 인식할 수 없게 됨
- 암호문 수신자는 송신자가 사용한 곤봉과 지름이 같은 곤봉에 암호문이 적혀 있는 종이를 감고 횡으로 읽으면 평문을 얻을 수 있음

② 고대 봉건사회의 암호
- 황제나 왕, 군주 등이 지방 관리에게 전송하는 문서나 비밀정찰의 통보, 국가 기밀문서 등에 이용
- 전쟁 중 작전 지시나 군사훈련 중 지휘관의 명령이나 보고사항 등을 적으로 부터 보호하고 비밀을 유지하기 위하여 주로 사용

③ 산업사회의 발전과 전기통신의 발달
- 20세기에는 무선통신의 발달로 암호사용이 더욱 가속화
- 전송되는 정보의 양이 급증하면서 정보보호를 위한 암호사용이 급증

④ 근대 암호
- 기술적으로는 전신기술의 발달과 두 차례의 세계대전 후 전자계산기의 출현 으로, 암호화와 복호화 및 암호해독의 속도가 향상됨으로써 암호 실용화 연 구가 활발해짐
- 20세기에는 무선통신의 발달로 암호사용이 더욱 가속화
- 전송되는 정보의 양이 급증하면서 정보보호를 위한 암호사용이 급증

💡 스키테일(Scytale) 암호
- 사실상 역사상 가장 오래된 암 호로 기원전 450년 경 그리스인 들이 고안해 낸 암호
- 당시 그리스 도시국가에서는 제 독이나 장군을 다른 지역에 파 견할 때 길이와 굵기가 같은 2 개의 나무봉을 만들어 하나는 본부에 두었고 나머지 하나는 파견인에게 줌. 이 나무봉에 종 이테이프를 서로 겹치지 않도록 감아올린 뒤 그 위에 가로로 글 씨를 씀. 테이프를 풀어 세로로 길게 늘어선 글을 읽으면 무슨 뜻인지 전혀 알수 없음. 하지만 풀어진 테이프의 해독을 위해 같은 크기의 나무봉에 감아 가 로로 글을 읽으면 비로소 내용 이 드러남. 이 나무봉을 스키테 일(Scytale)이라 불렀기 때문에 '스키테일 암호'라 부름

✿ 비즈네르(Vigenere) 암호

- 외교관이었던 비즈네르는 알베르티의 논문을 자세히 분석하여 이를 통해 비즈네르 암호라 부르는 것을 만들게 됨
- 빈도분석법으로 해독이 거의 불가능하다는 사실. 또한, 키의 개수가 무궁무진하다는 것도 큰 장점
- 비즈네르 암호는 복합 알파벳에 속함. 이러한 장점으로 인해 난공불락의 암호라는 별명이 붙게 됨
- 암호문 제작을 위해서는 이른바 비즈네르 표를 만들어야 함. 비즈네르 표는 원문 알파벳 아래에 26가지 암호 알파벳이 나열되어 있음. 암호 알파벳은 한 줄 내려갈 때마다 한 자씩 뒤로 이동하게 되며, 1번 줄은 1칸 이동 카이사르 암호 알파벳과 동일
- 이런 식으로 2번 줄은 2칸 이동, 3번 줄은 3칸 이동 카이사르 암호 알파벳과 같음

✿ 카르다노 그리드(Grille) 암호

- 5지 선다형 OMR 카드를 채점하는 판독기가 고장나서 수작업으로 채점을 해야 한다고 하자. 간단한 방법은 공란의 OMR 카드에 정답을 표기하고 정답의 표시 부분만 칼로 오려낸 후 수험자가 제출한 답안 위에 올려 놓고 표시가 보이는 칸의 개수를 세면 됨. 이 방법의 뿌리는 카르다노 그리드(Cardan Grille)라 불리는 암호기법
- 이 방법은 스테가노그래피와 비슷한데 두 사람이 키 역할을 하는 그리드를 사전에 공유하고, 비밀통신을 위해서 밑그림 역할을 하는 문서를 이용하는 것

✿ 에니그마(ENIGMA) 암호

- 회전판을 기반으로 만들어진 휴대용 전기기계식 암호 장비
- 다중치환암호 방식을 사용
- 전기기계식 암호 기계는 각 알파벳에 대응되는 암호 알파벳을 전기 회로로 연결해서 사용. 여기서 한 발 더 나가 암호의 배열이 한 글자를 칠 때마다 매번 바뀌도록 설계

17세기	근대수학의 발전과 더불어 고급 암호가 발전하기 시작
20세기	• 본격적인 근대수학을 도입한 과학적인 근대 암호가 발전하기 시작 • 프랑스 외교관 Vigenere*가 고안한 암호 방식 • Playfair가 만든 2문자 조합 암호 • 오스트리아 육군 대령 Fleissner의 Grille 암호*
Freidman	• '일치 반복률과 암호 응용' 발표 • 제2차 세계대전 중 독일군이 사용하던 에니그마(ENIGMA) 암호*와 일본군이 사용하던 무라사끼 암호를 해독한 사람 • 유전자 구조 해석의 길을 개척한 선각자
C. E. Shannon	• '비밀 시스템의 통신 이론' 발표 • 확률론을 기초로 한 정보 이론을 창시한 사람 • 원리적으로 해독 불가능한 암호 방식 제안 • 안전성을 평균 정보량을 이용하여 수리적으로 증명

⑤ 현대 암호

1976년	스탠포드 대학과 MIT 대학에서 시작 : 스탠포드 대학의 디피(Diffie)와 헬만(Hellman)이 자신의 논문 'New Direction in Cryptography'에서 처음 공개키 암호 방식의 개념을 발표

Diffie와 Hellman	• 공개키 암호 방식 제안
	• 공개키 암호 방식 실현 : MIT의 리베스트(Rivest), 샤미르(Shamir), 에이들만(Adleman)에 의하여 처음 실현
	  – RSA 공개키 암호 방식
	  – 머클(Merkle), 헬만(Helman)의 MH 공개키 암호 방식
	  – 라빈(Rabin)의 공개키 암호 방식

1977년	• 미국 상무성 표준국(NBS, 현 NIST)은 전자계산기 데이터 보호를 위한 암호 알고리즘을 공개 모집 – IBM사가 제안한 대칭키 암호 방식을 데이터 암호 규격(DES)으로 채택하여 상업용으로 사용 • DES의 출현으로 상업용 암호 방식의 이용이 급격하게 증가 • 전자메일, 전자문서 교환, 전자현금 등을 실현하기 위한 암호 알고리즘 • 디지털서명 알고리즘 등 • 현대 암호 방식 : 암호 알고리즘 공개

3) 암호의 종류

전치 암호 (Transposition Cipher)	• n×m개의 문자열을 m개씩 끊어서 n×m 행렬을 만들고, 세로로 읽는 암호 방식 • Scytale 암호 • 메시지의 내용을 변경하지 않고 배열의 위치만을 바꾸는 것 • 키를 이용하여 재배열하는 방법
치환 암호 (Substitution Cipher)	• 메시지의 각 문자의 위치변화 없이 문자 자체를 다른 형태의 요소로 대치시켜 암호화하고 역변환하여 이를 복원하는 방법으로, 문자열을 일정한 개수만큼 나눈 후 그 속에서 일정한 방식으로 뒤섞는 암호 방식 • 원문과 암호문의 구성요소를 1 : 1로 대응시키고, 키를 이용하여 재배열함으로써, 순서를 혼란시킴
합성 암호 (Product Cipher)	• 전치 암호와 치환 암호를 적당히 조합시킨 것 • 1914년 제1차 세계대전 중 독일 육군에서 사용된 ADFGVX 암호 • 평문의 각 문자를 좌표로 치환시켜 1차 암호화하고 별도의 키를 이용하여 최종의 암호문 생성

4) 암호 일반

① 비밀 통신

암호라기보다는 다른 사람이 인식하지 못하도록 통신문을 숨긴다는 뜻

② 스테가노그래피(Steganography)

- 그리스어로 '감추어진 글'이란 의미이며, 평범한 그래픽, 사진, 영화, 음악파일(MP3) 등에 정보를 교환하고 있다는 것을 숨기면서 통신하는 기술
- 육안으로는 식별할 수 없지만 특별한 소프트웨어를 이용하면 쉽게 은닉된 정보를 확인할 수 있음
- 이미지의 중요하지 않은 비트를 정보비트로 대체하는 방법으로 암호화하고, 변경된 이미지는 육안으로 식별 불가능
- 암호화 기법과는 달리 정보를 전송하는 데 있어서 많은 오버헤드 발생
- 암호화를 대신하는 것이 목적이 아니라 암호화와 함께 스테가노그래피 기법을 사용하여 보안수준을 높이는 것이 목적
- 고대 그리스에서는 나뭇가지에 열매가 달린 유무에 따라 통신문을 표현
- 오사마 빈라덴과 알카에다의 조직원도 많이 사용했던 것으로 알려진 기술

③ 암호를 사용함으로써 얻을 수 있는 효과

외부 침입자(Intruder)에 의한 보안 위협. 즉 메시지가 수신자에게 전송되는 것을 막는 행위(Blocking), 메시지를 중간에 가로채어(Intercept) 내용을 읽는 행위, 메시지의 내용을 수정 및 첨가하는 변조(Modify), 외부 침입자가 보내는 메시지를 송신자가 전송하는 것처럼 위장(Fabricate) 등으로부터 정보와 시스템을 보호할 수 있음

④ 암호기술

㉠ 암호화 기술

암호화 키와 복호화 키가 일치하는지 여부에 따라	대칭키 알고리즘, 공개키 알고리즘
대칭키 암호의 변환하는 방법에 따라	블록 암호 알고리즘, 스트림 암호 알고리즘
공개키 암호 알고리즘의 수학적 개념기반에 따라	인수분해, 이산대수, 타원곡선 문제 등

㉡ 암호 프로토콜 기술

기본 암호 프로토콜	개인식별, 인증 및 전자서명
특정 분야의 암호 프로토콜	전자상거래 암호 프로토콜

⑤ 암호화와 복호화

㉠ 기본원리

- $C = E(K, P)$
  (C : 암호문, E : 암호화, K : 키 값, P : 평문(Plain text))
- 암호화와 복호화를 위하여 서로 다른 키를 이용 : $C = E(Ke, P)$, $P = D(Kd, C)$
  (Ke는 암호화(Encryption)를 위한 키, Kd는 복호화(Decryption)를 위한 키)

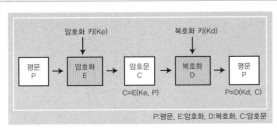

[암호화와 복호화 과정]

2 암호공격

- 제3자가 암호문으로부터 평문을 찾으려는 시도를 의미
- 암호 공격방법은 암호 해독자가 사용 또는 알고 있는 내용에 따라 4가지로 분류

암호문 단독 공격 (Ciphertext Only Attack)	• 암호문만을 이용하여 평문이나 키를 찾아내는 방법(예) 고전 암호) • 평문의 통계적 성질과 문자의 특성 등을 추정하여 해독하는 방법
기지 평문 공격 (Known Plaintext Attack)	• 약간의 평문에 대응하는 암호문을 알고 있는 상태에서 사용하는 방법(예) 편지의 시작이나 끝말 등을 추측할 수 있음) • 스니핑*한 암호문에 대하여 암호화 방식 추론 • 암호문과 평문의 관계로부터 키나 평문 추정 • 주로 대칭키를 통하여 이루어진 통신 채널을 공격하기 위하여 사용
선택 평문 공격 (Chosen Plaintext Attack)	• 암호 해독자가 암호기에 접근할 수 있는 경우에 사용 가능하며, 평문을 추측하여 암호화한 후 비교하여 평문 추정 • 평문을 선택하고, 그 평문에 해당하는 암호문을 얻어 키나 평문을 추정하여 암호를 해독하는 방법 • 암호문에 사용된 알고리즘을 알고 있다면 메시지에서 특정한 문자열을 집중적으로 공격함으로써 키에 대한 정보를 알아낼 수 있음 • 주로 공개키 시스템을 공격할 때 많이 사용
선택 암호문 공격 (Chosen Ciphertext Attack)	• 암호 복호기에 접근할 수 있는 경우에 사용 가능 • 복호화 방식을 알고 있을 때 키값을 추정하여 복호화하는 공격방법으로, 일부 암호문에 대한 평문을 얻어 암호 해독 • 주로 공개키 시스템을 공격할 때 많이 사용하며, 선택 평문 공격과는 반대

3 암호 분석방법

암호를 설계하는 사람은 언젠가 알고리즘이 암호분석가에게 알려질 것이라는 가정 하에 알고리즘을 설계해야 함

전수 조사 (Exhaustive Attack)	평문을 암호화할 수 있는 모든 경우에 대하여 조사하는 방법으로, 가장 확실한 방법이지만 거의 실현 불가능
통계적 분석 (Statistical Analysis)	각 나라 언어와 마찬가지로 영어문장에 사용하는 알파벳은 고유한 출현 빈도를 가지고 있는데, 이러한 통계적인 자료를 이용하여 암호문을 분석하는 방법
수학적 분석 (Mathematical Analysis)	수학적인 이론을 이용하여 암호문을 분석하는 방법

⭐ 스니핑(Sniffing)
- 사전적인 의미는 코를 킁킁거리다., 냄새를 맡다. 등의 의미
- 해킹기법으로서 스니핑은 네트워크상에서 자신이 아닌 다른 상대방의 패킷을 엿듣는 것을 의미

1 개요

- 암호 알고리즘의 한 종류로, 암호화·복호화에 같은 암호키를 사용하는 알고리즘이며, 송신자와 수신자는 암호키가 노출되지 않도록 비밀로 관리해야 함
- 송신자와 수신자가 같은 키를 가지고 있으므로, 그 키를 통하여 송신자가 평문을 암호화하여 암호문을 전송하면 수신자가 같은 키로 복호화하여 암호문을 평문으로 만듦

1) 기본원리

> 1. 송신자와 수신자는 사전에 같은 키를 공유
> 2. 송신자는 공유한 키로 평문을 암호화하여 암호문을 수신자에게 전송
> 3. 수신자는 수신한 암호문을 공유한 키로 복호화하여 평문을 얻음

[대칭키 암호 알고리즘]

2) 특징

- 암호화할 수 있는 사람은 누구나 복호화 가능
- 송신자와 수신자는 사전에 서로 비밀키를 공유해야 함
- 대칭키 암호 방식 혹은 One Key 암호 방식이라고도 불림

3) 장점, 단점

장점	• 암호 알고리즘의 내부구조가 간단하며, 시스템 개발 용이 • 의사 난수 생성기*, 해시함수*, MAC* 등 다양한 암호 메커니즘 구성의 원천 기술로 사용 • 비밀키의 길이가 공개키에 비해 상대적으로 짧음 • 암호화와 복호화가 공개키에 비해 상대적으로 빠름
단점	• 키를 두 사람이 공유하기 때문에 노출될 가능성이 높음 • 암호화 통신을 하는 사용자가 증가할수록 관리와 보관하는 키의 개수는 상대적으로 증가 • 디지털서명 기법에 적용하기 어려움 • 안전성 분석 어려움 • 중재자 필요

2 블록 암호 알고리즘

사전에 공유한 비밀키를 이용하여 정해진 한 단위(블록)를 입력받아 그에 대응하는 암호화 블록을 생성하는 방식

📖 **암호 알고리즘의 구분**
- 키의 갯수 :
  1 Key – 비밀키(대칭키),
  2 Key – 공개키(비대칭키)
- 데이터처리 단위 :
  스트림(Stream), 블록(Block)
- 원본 복호화 여부 :
  단방향, 양방향

🔒 **의사 난수 생성기(PRNG)**
연관성이 없는 듯한 수열을 만들어 내는 소프트웨어나 하드웨어

🔒 **해시함수(Hash Function)**
- 임의의 길이의 데이터를 고정된 길이의 데이터로 매핑하는 함수
- 해시함수에 의해 얻어지는 값은 해시값, 해시 코드, 해시 체크섬 또는 간단하게 해시라고 함

🔒 **메시지 인증 코드(MAC)**
- 메시지의 인증에 쓰이는 작은 크기의 정보
- MAC 알고리즘은 비밀키를 입력받고, 임의 길이의 메시지를 인증. 그리고 출력으로써 MAC을 출력
- MAC 값은 검증자의 허가에 의해서 메시지의 데이터 인증과 더불어 무결성을 보호

1) 특징

- 단순한 함수를 반복적으로 적용하여 암호학적으로 강한 함수를 만드는 과정 (반복 함수 : 라운드 함수, 라운드 함수에서 작용하는 키 : 라운드 키)
- 출력 블록의 각 비트는 입력 블록과 키의 모든 비트에 영향
- 전치와 치환 변환을 사용

2) 구조

① Feistel 구조

- Feistel의 제안은 Claude Shannon*이 제안한 혼돈*함수와 확산*함수를 번 갈아 수행하는 합성 암호 개발 방식의 실용적인 응용
- 입력되는 평문 블록을 좌우 두 개의 블록으로 분할하고, 좌측 블록을 Feistel 함수라는 라운드 함수를 적용하여 출력된 결과를 우측 블록에 적용하는 과정 을 반복하는 구조

  #### ㉠ 특징

  - DES를 이용한 블록 암호 시스템에 이용
  - 암호화와 복호화 과정이 동일
  - 원하는 만큼 라운드 수를 늘릴 수 있음
  - 3라운드 이상이며, 짝수 라운드로 구성
  - 두 번의 수행으로 블록 간 완전한 확산이 이루어짐
  - 라운드 함수 F에 어떤 함수를 사용해도 복호화 가능
  - 알고리즘 속도가 빠르고, 하드웨어 및 소프트웨어 구현 용이
  - 별도의 복호화기를 구현하지 않아도 암호화기를 이용하여 복호화 가능

  #### ㉡ 기본원리

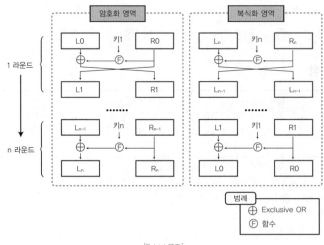

[Feistel 구조]

  #### ㉢ S-Box의 기본원리

  - 대칭 키 알고리즘의 기본 구성요소로 대체를 수행
  - 블록 암호에서는 일반적으로 키와 암호문(샤논의 혼돈성) 사이의 관계를 모 호하게하는 데 사용
  - 6비트의 입력을 4비트의 출력으로 변환하는 함수
  - 역방향으로 복원이 매우 어려운 강한 비선형성을 가지고 있음

클로드 샤논(Claude Shannon)

- 미국의 수학자이자 전기공학자
- 정보 이론의 아버지라고 불리며, 그가 작성한 A Mathematical Theory of Communication 논 문은 정보 이론의 시초
- 불 논리를 전기회로로 구현할 수 있는 방법을 발명하여 디지 털 회로 이론 창시

혼돈(Confusion)

암호문의 통계적 성질과 평문의 통계적 성질 관계를 난해하게 만드는 성질

확산(Diffusion)

각각의 평문 비트와 키 비트가 암호문의 모든 비트에 영향을 주는 성질

쇄도 효과(Avalanche Effect)

평문 또는 키값을 조금만 변경 시켜도 암호문에는 큰 변화가 생기는 효과

치환(Substitution)

평문의 각 원소 또는 원소의 그룹 을 다른 원소에 사상시키는 것

순열(Permutation)

평문 원소의 순서가 순열의 순 서대로 재배치 되는 것

Luby와 Rackoff

Feistel 구조가 합성에 의하여 복 잡도가 증가한다는 것을 이론적 으로 증명

XOR(Exclusive OR)

- 배타적 논리합이라고 부름
- 수리 논리학에서 주어진 2개의 명제 가운데 1개만 참일 경우를 판단하는 논리 연산
- 연산자는 XOR, xor, ⊕, ^ 등을 사용

[진리표]

명제 P	명제 Q	$P \oplus Q$
1	1	0
1	0	1
0	1	1
0	0	0

[숫자를 활용한 예제]
- DES에서 S-Box를 통과하는 과정이다. 입력값이 001111(2)일 때 출력 비트는?
- 입력값 : 6비트
- 출력값 : 4비트
- $S[0](X_0, X_1, X_3, X_4, X_5) \rightarrow (Y_0, Y_1, Y_2, Y_3)$
- 행값 : X_0, X_5
- 열값 : X_1, X_2, X_3, X_4
- 입력값 $S[0](0, 0, 1, 1, 1, 1)$ 이므로, 행(01 = 1), 열(0111 = 7)
- S-Box에서 행 1, 열 7의 값은 10이므로, $S[0](0, 0, 1, 1, 1, 1) = 1 = 0001_{(2)}$

입력값	0	0	1	1	1	1

S-Box	0	1	2	3	4	5	6	7	8	9	10	11	12	13	14	15
0	14	4	13	1	2	15	11	8	3	10	6	12	5	9	0	7
1	0	15	7	4	14	2	13	1	10	6	12	11	9	5	3	8
2	4	1	14	8	13	6	2	11	15	12	9	7	3	10	5	0
3	15	12	8	2	4	9	1	7	5	11	3	14	10	0	6	13

[S-Box의 기본원리]

② SPN(Substitution Permutation Network) 구조

- 샤논(Shannon)의 혼돈(Confusion)과 확산(Diffusion) 이론에 기반한 구조
- 암호화와 복호화 과정이 다름
- 복호화를 위하여 별도의 복호화기 필요
- 구현이 복잡하고, 구현상 비효율적일 수 있음
- 암호문과 키와의 관계를 은닉, 비선형함수 사용

㉠ 기본원리

1. 입력을 여러 작은 블록으로 나눔
2. 각 작은 블록을 S-Box에 입력하여 치환시킴
3. S-Box의 출력을 P-Box로 전치하는 과정 반복

[각 라운드는 비선형성을 갖는 S-Box 적용]
- SubBytes( ) : 바이트 단위로 치환 수행
- ShiftRows( ) : 행 단위로 순환 시프트 수행
- MixColumns( ) : 높은 확산을 제공하기 위해 열 단위로 혼합(암호화의 마지막 라운드에서는 사용하지 않음)
- AddRoundKey( ) : 라운드 키와 State를 X-OR

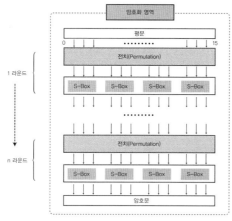

[SPN 구조]

QUICK TIPS

P-Box : 전치 암호, 확산

구분	입력(n), 출력(m)	역함수	비트수
단순(Straight)	n=m	○	–
축소(Compress)	n〉m	x	감소
확장(Expansion)	n〈m	x	증가

S-Box : 치환 암호, 혼돈

- 전치 암호의 축소 모형
- 입력과 출력의 개수가 달라도 됨
- 역함수 존재(입력=출력) 혹은 비존재 가능

3) Feistel 구조와 SPN 구조를 사용하는 알고리즘

Feistel 구조를 사용하는 알고리즘	SPN 구조를 사용하는 알고리즘
DES	SAFER
SEED(변형된 Feistel)	ARIA(Involutional SPN)
LOKI	IDEA
CAST	SHARK
Blowfish	Square
MISTY	CRYPTON
RC5, RC6	Rijndael
CAST256	SAFER+
E2	Serpent
Twofish	PRESENT
Mars	

4) 암호 알고리즘별 구조 및 특징

① DES(Data Encryption Standard)

㉠ 등장 배경

- 1976년 11월 23일 미국 정부의 공식 암호 알고리즘으로 채택
- 처음에는 DEA(Data Encryption Algorithm)이라고 부름
- 국제표준화기구(ISO)*에 의하여 표준으로 채택
- 1977년 1월, 연방정보처리규격 FIPS-46(Federal Information Processing Standard)에 등록되어 'Data Encryption Standard'로 공표되었고, 표준 알고리즘으로 선정
- 주로 민간용으로 사용되고, ANSI(American National Standard Institute)* 표준으로 지정되어 금융기관 등에서 널리 사용

㉡ 기본원리

1. 64비트 단위 블록으로 구성된 평문 메시지를 16라운드의 반복적인 암호화 과정 수행
2. 라운드마다 전치 및 치환의 과정을 거친 평문과 56비트의 내부키에서 나온 48비트의 키를 이용하여 암호문을 만듦
3. 복호화 과정은 암호화 과정과 동일하지만, 키는 역순으로 사용 : 각 과정에서 사용되는 키는 이전 단계의 키를 1비트 이동(Shift)하여 사용

📌 ISO(International Standard Organization)

- 국제표준화기구
- 여러 나라의 표준 제정 단체들의 대표들로 이루어진 국제적인 표준화 기구
- 1947년에 출범하였으며, 나라마다 다른 산업, 통상 표준의 문제점을 해결하고자 국제적으로 통용되는 표준을 개발하고 보급
- ISO의 회원가입 현황은 2015년 기준으로 총 163개국이 가입, 활동하고 있음

📌 ANSI(American National Standard Institute)

- 미국 국가표준협회
- 미국에서 제품, 서비스, 과정, 시스템, 인력관리 분야에서 표준을 개발하는 것을 감독하는 비영리 민간 기구
- 미국을 대표하여 국제 표준화 기구에 가입. 이 협회는 미국의 제품이 전 세계에서 사용될 수 있도록 미국의 표준을 국제표준에 맞추는 활동을 함

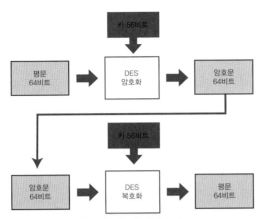

[DES 암호 알고리즘의 기본원리]

ⓒ 특징

블록 길이	64비트
키 길이	56비트+8비트(패리티 비트)
라운드 수	16라운드
기타	• 초기치환 : 64비트 → 64비트 변환 • F 함수 : 8개의 비선형 S-Box 사용 및 32비트를 48비트로 확장 • S-Box : 6비트 → 4비트 변환(설계원칙 비공개) • 보수 특성*에 의한 취약키 존재 • 서로 다른 키로 DES 암호 방식을 반복 적용 시, 외형은 2배로 증가하지만 57비트 효과밖에 얻지 못함 • 무차별 대입 공격(Brute Force Attack)*에 취약

② TDES(Triple Data Encryption Standard)

• DES보다 강력하도록 DES를 3단 겹치게 한 암호 알고리즘

• 트리플 DES, 3중 DES 혹은 3DES 등으로 불리기도 함

㉠ 기본원리

[암호화]
암호화 → 복호화 → 암호화

[복호화]
복호화 → 암호화 → 복호화

[TDES의 암호화 과정]

ⓛ 특징

• DES의 취약점인 무차별 대입 공격(Brute Force Attack)을 보완하기 위하여 3번의 DES 알고리즘 사용

• Double DES의 중간자 공격(Man In The Middle Attack)*에 대한 취약점 개선

• DES의 암호화와 복호화를 3회 혼용

• 3개의 키값으로 48라운드를 수행하는 암호 알고리즘

📌 **보수 특성**
(Complementation Property)
· Key Complement
· $C = Ek(P)$
  - $comp(C) = Ecomp(k)comp(P)$
· 평문 P를 키 k로 암호화했을 때 암호문 C가 나온다고 하면, 평문 P를 키 k의 보수인 come(k)를 가지고 암호화했을 때 암호문 C의 보수 comp(C)가 나옴
· 사용할 수 있는 키의 갯수는 2^{56}가 아니라, 절반인 2^{55}가 됨
· Key Domain of $2^{56} => 2^{55}$

📌 **무차별 대입 공격**
(Brute Force Attack)
특정한 암호를 복호화시키기 위해 모든 경우의 수를 무작위로 대입하여 암호를 알아내는 공격 기법

📌 **중간자 공격**
(Man In The Middle Attack)
· 네트워크 통신을 조작하여 통신 내용을 도청하거나 조작하는 공격 기법
· 통신을 연결하는 두 사람은 상대방에게 연결했다고 생각하지만, 실제로 두 사람은 중간자에게 연결되어 있으며, 중간자가 한쪽에서 전달된 정보를 도청 및 조작한 후 다른 쪽으로 전달

© TDES의 활용

- 금융권에서는 전자 지불 시스템 등에서 DES-EDE2가 많이 사용되었음
- 트리플 DES의 처리속도는 빠르지 않으며, 현재 암호 표준으로 지정된 AES 가 6배 정도 더 빠름
- AES가 보다 완벽한 안전성을 가지고 있으며, 블록의 크기도 더 크고, 키의 길이도 더 길며, 현재까지도 공개적으로 알려진 암호학적 공격이 없음

③ IDEA(International Data Encryption Algorithm)

PES(Proposed Encryption Standard)
IDEA 암호 알고리즘의 초기 버전

- 1990년 Lai와 Massey에 의하여 초기 버전(PES*)이 개발되었으며, 현재의 IDEA는 1992년 개명
- DES를 대체하기 위해 제안된 대칭키 암호 알고리즘

㉠ 기본원리

> 1. 한 라운드는 서로 다른 연산인 XOR, 모듈러 2^{16}상의 덧셈, 그리고 모듈러 $2^{16}+1$상의 곱셈을 이용함으로써 보안성을 높임
> 2. 여덟 개의 라운드가 끝나면, IDEA의 한 라운드에서의 연산까지만 수행하고 끝남

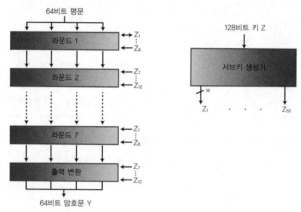

[IDEA의 기본원리]

㉡ 특징

블록 길이	64비트
키 길이	128비트
라운드 수	8라운드(DES보다 이론상 2배 빠름)
기타	• 대수적 구조이며, 상이한 대수로부터 3가지 연산 혼합(배타적 논리합(XOR), 모듈러 덧셈, 모듈러 곱셈 연산 사용) • S-Box 사용 안 함 • 입력을 4개의 16비트 서브 블록으로 나누고, 각 라운드는 4개의 서브 블록을 입력받아, 4개의 16비트 결과 생성 • 모든 서브키는 초기 128비트 키를 사용하여 생성하며, 총 52개의 서브키 사용 • 암호화와 복호화에 동일 알고리즘 사용 • 하드웨어, 소프트웨어로 구현 용이 • 유럽의 금융권을 비롯한 다양한 분야에서 많이 사용 • 블록을 초당 177M비트의 처리가 가능한 빠른 암호 방식 • RSA와 더불어 PGP v.2에 사용되는 방식

④ AES(Advanced Encryption Standard)

- 지금까지 표준이었던 DES를 대신하는 새로운 표준으로, 전 세계의 기업과 암호학자가 AES의 후보로 다수의 대칭키 암호 알고리즘 제안
- 2000년 AES 프로젝트에 J.Daemon과 V.Rijmen이 개발한 Rijndael 선정
- 안전성을 검증받은 차세대 암호표준

㉠ 기본원리

> 1. 첫 번째의 라운드를 수행하기 전 초기 평문과 라운드 키의 XOR 연산 수행
> 2. 암호화 과정의 각 라운드는 비선형성(Non-Linear)*을 가지는 S-Box*를 적용하여 바이트 단위로 치환을 수행하는 SubByte( ) 연산, 행 단위로 순환 시프트를 수행하는 ShiftRows( ) 연산, 높은 확산을 제공하기 위하여 열 단위로 혼합하는 MixColumns( ) 연산
> 3. 마지막으로 라운드 키와 상태(State)*를 XOR하는 AddRoundKey( ) 연산
>   - 암호화 과정에 필요한 전체 라운드 키(Round Key)*의 개수는 Nr+1개가 됨
>   - 암호화의 마지막 라운드에서는 MixColumn( ) 연산을 수행하지 않음

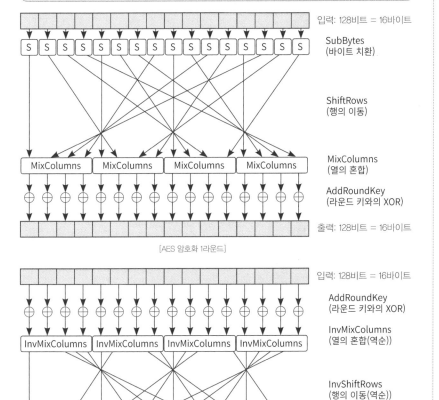

[AES 암호화 1라운드]

[AES 복호화 1라운드]

비선형성(Non-Linear)

함수의 값이 독립변수의 값과 비례관계에 있지 않은 것

S-Box

바이트 값의 1:1 치환을 수행하기 위해 각각의 바이트 치환 변형과 키 확장 루틴에서 사용되는 비선형 치환 테이블

상태(State)

- 내부적으로 Rijndael 알고리즘의 연산들은 State라 불리는 2차원 바이트 행렬에서 실행. 이 행렬에서 4개의 행과 열의 수는 Nb로 나타내며, Nb는 블록 길이를 32로 나눈 것과 같음
- 4행과 Nb열을 가지는 바이트 행렬로 나타나는 중간 암호문

라운드 키(Round Key)

키 확장 루틴을 이용하여 암호 키로부터 유도된 값. 이것은 암호화와 복호화에서 각 State에 적용

ⓒ AES의 계층구조

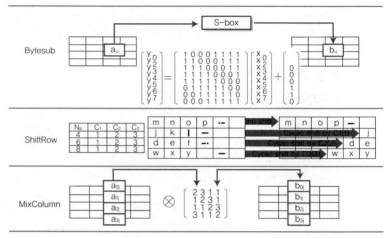

[AES의 계층구조]

ⓒ 특징

블록 길이	128비트
키 길이	128비트, 192비트, 256비트
라운드 수	10라운드, 12라운드, 14라운드
기타	• 키 확장과 라운드 키 선택으로 구성 • 라운드 키의 전체 비트 수 : 라운드에 1을 더한 수만큼 곱한 블록 길이와 동일 • 라운드 키는 확장키로부터 생성 • 모든 알려진 공격에 대한 대응 가능 • 간단한 설계, 코드 압축 및 다양한 종류의 플랫폼에서 빠른 속도 제공 • 제한된 영역이 없는 고속 칩, 스마트카드 등의 컴팩트 보조 프로세서 구현에 적합 • 유한체(Finite Field)*에서의 배타적 논리합(XOR) 및 모듈러 연산 • 선형과 비선형 변환의 치환을 반복 사용 • 8비트 → 8비트 변환의 S−Box 사용 • 라운드는 비선형성을 가지는 S−Box 적용

📌 **유한체(Finite Field)**
· 유한 집합인 체
· 항상 양의 표수 P를 가짐. 표수가 P인 유한체의 크기는 항상 P의 거듭제곱.
즉, P^n의 형태($n \in Z^+$)

⑤ RC5

• 1994년 미국 RSA 연구소의 리베스트(Rivest)가 개발

• 1997년 RSA Data Security에 의하여 특허를 받은 암호 알고리즘

ⓐ 기본원리

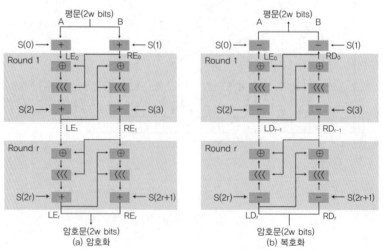

[RC5의 암호화와 복호화 과정]

ⓛ 특징

블록 길이	32, 64, 128비트
키 길이	0~2,048비트까지 가능
라운드 수	0~255까지 가능
기타	• 속도는 DES의 10배 • 정수 덧셈, 비트 방향(Bit-Wise) 배타적 논리합(XOR), 변수 회전을 통하여 암호화 • 비교적 간단한 연산으로 거의 모든 하드웨어에 적합 • 제한된 메모리를 가진 시스템에 적합

⑥ Skipjack

- 미국의 NSA(National Security Agency)에 의하여 1985~1990년 사이에 개발
- 1993년 4월 클린턴 행정부 "법 시행의 합법적 필요성을 허용하는 범위 내에서 전화 통화의 보안성과 프라이버시 향상을 위한 연방정부의 참여" 선언
- 합법적인 전자적 감시를 통하여 사회를 보호하면서도 국가의 다른 이해관계와 충돌하지 않는 안전체계를 제공하려 함
- 암호를 사용하는 개인 통화 내용의 감청허용
- 미국가안보국(NSA)에서 개발한 클리퍼 칩(Clipper Chip)*에 내장되는 블록 암호 알고리즘
- 알고리즘의 형태와 구조를 비공개하였으나, 1998년에 공개

> 📌 **클리퍼 칩(Clipper Chip)**
> 1990년대에 NSA에서 주장한 계획안으로, 모든 통신장비에 부착 가능한 암호화 칩셋

ㄱ 기본원리

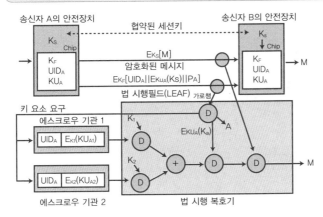

[Skipjack의 기본원리]

ⓛ 특징

블록 길이	64비트
키 길이	80비트
라운드 수	32 라운드
기타	• 소프트웨어로 구현되는 것을 방지하고자, Fortezza Card*에 칩 형태로 구현 • 음성을 암호화하는 데 주로 사용 • ECB, CBC, OFB, CFB 모드 사용 가능

> 📌 **Fortezza Card**
> • PC카드 기반 보안 토큰인 Fortezza Crypto Card를 사용하는 정보보안 시스템
> • 미국 정부의 Clipper Chip 프로젝트를 위해 개발되었으며, 미국 정부에서 다양한 용도로 사용

⑦ Blowfish

• 1993년 암호 전문가인 Bruce Schneier가 개발

• DES의 대용으로 가장 인기 있는 암호

　㉠ 기본원리

[암호화]

1. 32 비트의 평문을 P Array의 1번째 구성요소와 XOR
2. 과정 1에서 XOR된 결과 값 Blowfish_F Function을 통과시킴
3. 과정 2에서 나온 결과 값을 32 비트를 우측 값과 XOR
4. 과정 3에서 나온 결과 값을 좌측에 저장, 과정 1의 결과 값을 우측에 저장
5. 과정 1~4를 총 16번 반복
6. 16번 반복 후 나온 좌변을 P_{18}번째 원소와 우측 값과 XOR시킨 값을 우변에 저장하고, P_{17} 번째 원소와 우측 값과 XOR시킨 값을 우변에 저장
7. 암호화로 나온 좌변과 우변을 결과 값으로 리턴시킴

[복호화]

P Array의 18번째 원소를 암호문과 XOR를 시킨 후 암호화 시에 사용된 반복 루틴(과정 2~5)을 사용한 후 나온 좌변 값에 P Array의 0번째 원소와 XOR시키고, 우변 값을 P Array 의 1번째 원소와 XOR시키면 복호화

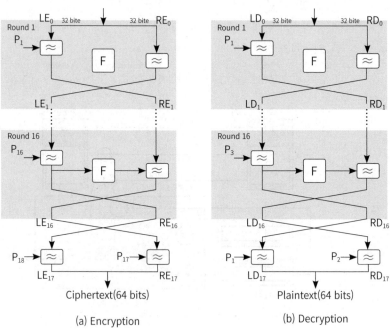

(a) Encryption　　　　　　　　(b) Decryption

[Blowfish의 기본원리]

　㉡ 특징

블록 길이	448비트까지 가변적
키 길이	128비트
라운드 수	16 라운드
기타	• DES처럼 S-Box와 XOR 함수를 사용하고, 이진합도 사용하며, 가변적 S-Box 사용 • 서브키와 S-Box는 Blowfish 알고리즘을 키에 연속적으로 적용 생성 • 서브키와 S-Box를 생성하기 위하여 총 521회의 Blowfish 암호 알고리즘 수행 • 비밀키를 수시로 바꾸는 응용에는 부적합 • 구현이 용이하고, 고속처리가 가능 • 5KB 이내의 메모리로 사용이 가능한 소형 알고리즘 • 많은 상용 제품이 Blowfish 사용하였음

⑧ SEED

- 1998년 한국인터넷진흥원(KISA)에서 개발
- 1999년 한국정보통신기술협회(TTA) 표준(TTAS.KO-12004)

㉠ 기본원리

> 1. 128비트 단위 블록으로 구성된 평문 메시지를 16라운드의 Feistel 구조를 거쳐 암호화
> 2. 128비트의 평문 메시지 블록은 두 개의 64비트 메시지 블록으로 분할
> 3. 분할된 메시지 블록은 F 함수, XOR(Exclusive OR) 연산 등을 수행하는 16회 반복
> 4. 16라운드 이후 반복 메시지 블록은 통합되어 128비트의 암호문 메시지 블록이 됨
> 5. 각 라운드에 대하여 서로 다른 64비트의 키 적용

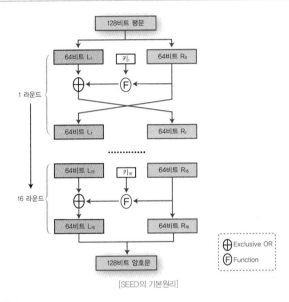

[SEED의 기본원리]

㉡ 특징

블록 길이	128비트
키 길이	128비트
라운드 수	16라운드
기타	• 선형과 비선형 변환 반복 사용 • 8비트 → 8비트 변환하는 2개의 비선형 S-Box 사용 • 안전성에 문제 없음 • 국내외 산학연에서 활발히 활용되고 있음 • 블록의 길이만 다를 뿐 DES의 구조와 같음 • DES, MISTY★와 비교하였을 때 우수한 내부함수 내장 • 현재 전자상거래, 전자메일, 인터넷뱅킹, 데이터베이스 암호화, 가상사설망(VPN)★, 지적 재산권 보호 등의 다양한 분야에서 사용 • 차분 공격 및 선형 공격에 강함

⑨ ARIA

- ARIA라는 이름은 Academy(학계), Research Institute(연구소), Agency(정부기관)의 첫 글자로 이루어진 것으로, ARIA 개발에 참여한 학·연·관의 공동 노력을 표현
- 경량환경 및 하드웨어 구현을 위하여 최적화된 Involutional SPN 구조★를 갖는 범용 블록 암호 알고리즘

🔲 **MISTY 암호 알고리즘**
- 키 길이 : 128비트
- 블록 크기 : 64비트
- 차분/선형 공격에 안전성 증명 구조

🔲 **가상사설망(VPN)**
공중 네트워크를 이용하여 기업의 안전한 통신을 목적으로 사용되는 사설망

🔲 **Involutional SPN 구조**
- 복합 암호 알고리즘은 128비트의 키 길이를 갖는 AES 10라운드 암호 알고리즘과 128비트의 키 길이를 갖는 ARIA 12라운드 암호 알고리즘의 각 라운드의 내부 블록 간의 데이터 흐름을 재배열하여 구성
- SPN 구조의 특성상 별도의 복호화기를 사용하지 않고, 복호화를 할 수 있는 구조

㉠ 기본원리

> 대치, 확산, 키 적용 단계를 반복하는 Involutional SPN 구조로써, 대치 단계에서는 S-Box 를 이용하여 바이트 단위로 치환하고, 확산 단계에서는 16x16 Involution 이진 행렬을 사용 하는 바이트 간 확산 수행

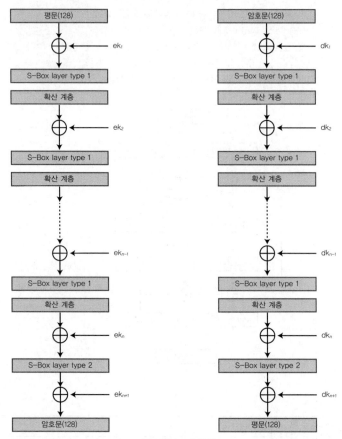

[ARIA의 암호화와 복호화 원리]

㉡ 특징

블록 길이	128비트
키 길이	128, 192, 256비트(AES와 동일규격)
라운드 수	12, 14, 16(키 크기에 따라 결정)
기타	대부분의 연산은 XOR와 같은 단순한 바이트 단위 연산으로 구성

⑩ ARIA와 SEED 알고리즘의 비교

구분	ARIA	SEED
표준화	기술 표준원에서 개발	• 정보통신단체 표준(TTA)* 제정 • IETF* 표준으로 제정 • ISO/IEC 국제표준 블록 암호 알고리즘으로 제정
키 길이	128비트(고정)	128, 192, 256비트(가변)
알고리즘 구조	Involution SPN	변형된 Feistel
성능	암호화 시간 비율(ARIA : SEED)=2 : 1(ARIA가 우수)	

TTA(Telecommunication Technology Association)
- 한국정보통신기술협회
- 1988년에 설립되었으며, 국내 유일의 정보통신 단체표준 제정 기관
- 대한민국의 기술 연구 단체로, 정보통신분야의 표준화 활동 및 표준 제품의 시험인증을 위해 만들어진 단체

IETF(International Engineering Task Force)
- 국제 인터넷 표준화 기구
- 인터넷의 운영 · 관리 · 개발에 대해 협의하고, 프로토콜과 구조적인 사안들을 분석하는 인터넷 표준화 작업기구

5) 대칭키 암호 알고리즘의 비교

알고리즘	키 크기 (비트)	블록 크기 (비트)	라운드 수	응용
DES	56	64	16	SET, Keberos
3DES	112, 168	64	48	금융 키 관리, PGP, S/MIME
AES	128, 192, 256	128	10, 12, 14	DES와 3DES를 대체
IDEA	128	64	8	PGP
Blowfish	448까지 다양	64	16	다양한 소프트웨어 패키지
RC5	2048까지 다양	32, 64, 128	256까지 다양	알고리즘 간단, 속도 빠름
SEED	128	128	16	다양한 소프트웨어 패키지
ARIA	128, 192, 256	128	12, 14, 16	경량환경 및 하드웨어 구현
CRYPTON	0~256	128	12	–
FEAL	64	64	4	소프트웨어 구현에 적합
MISTY	128	64	8	차분, 선형 공격에 안전
SKIPJACK	80	64	32	Fortezza 카드에 칩 형태로 사용

6) 안정성

① 기본 가정

공격자는 모든 암호문을 얻을 수 있음을 가정

② 공격 유형

차분 공격 (Differential Cryptanalysis)	• 1980년대 후반 Eli Biham과 Shamir가 발견하면서 처음 알려진 공격으로, 여러 블록 암호와 암호학적 해시함수의 취약성을 발표하였으며, DES의 취약성을 연구하면서 DES가 차분 공격에 강하도록 설계되었다는 것을 발견 • 암호 해독(Cryptanalysis)의 한 방법으로, 입력값의 변화에 따른 출력값의 변화를 이용하는 방법 • 두 개의 평문 블록의 비트 차이에 대하여 대응되는 암호문 블록의 비트 차이를 이용함으로써, 암호키를 찾아내는 방법 • 일반적으로 선택 평문 공격(Chosen Plaintext Attack)을 가정 • 차분 쌍을 이용하여 블록 암호의 암호키를 찾는 공격이 가능할 수도 있음 : 블록 암호가 SPN 구조를 가질 때 마지막 라운드를 제외한 나머지 과정에서 차분 현상이 일어났다면 마지막 라운드에 입력되는 값의 차이를 일정 확률로 알 수 있고, 출력값의 차이를 예측할 수 있으므로, 마지막 라운드에 더해지는 키의 일부도 알 수 있기 때문
선형 공격 (Linear Cryptanalysis)	• 마쓰이 미쓰루의 논문에서 처음 공개되었으며, 해당 논문에서는 선형 공격으로 FEAL 암호*공격 방법 제시 • 1993년 Matsui에 의하여 개발된 기지 평문 공격기법으로, 알고리즘 내부의 비선형 구조를 적당히 선형화시켜 키를 찾는 방법 • 암호공격의 한 방법으로, 암호화 과정에서 근사적 선형 관계식을 찾는 것을 목적으로 함 • 차분 공격과 함께 블록 암호공격 방법으로 널리 이용 • 먼저 암호화 과정에서 근사적인 선형 관계성을 찾음 • 선형 관계식을 찾는 방법은 암호화 과정에 따라 다르며, SPN의 경우 치환과정은 선형적이며, S-Box에서의 대치과정에서만 비선형적인 변환이 일어남 • 따라서 S-Box의 연산을 선형과정으로 근사화할 방법을 찾는 것이 목표이고, 근사 선형 관계성을 찾았다면 이를 통하여 선택 평문 공격을 수행할 수 있음 • 암호화 모듈에 임의의 입력값을 입력할 수 있을 경우, 관계식에서 입력값 부분과 출력값 부분이 얼마나 일치하는지 횟수를 측정하여 이 횟수를 기반으로 암호화 키 비트에 대한 관계식을 확률적으로 추정할 수 있음

🔹 Kerckoff의 가정

암호 시스템 안정성은 암호 알고리즘의 비밀을 지키는데 의존해서는 안 되고, 키의 비밀을 지키는데 의존해야 한다는 원리

🔹 FEAL 암호 알고리즘

- 1987년 일본 NTT에서 기존의 DES를 대신하기 위해 만든 블록 암호시스템
- 기본적인 구성은 Feistel 알고리즘에 바탕을 두고 있지만, DES와 같은 Table Look-Up 방식을 사용하지 않는데 의의
- 라운드 수에 따라 FEAL-N으로 나타내는데, FEAL-8에 대해 알아보면 DES와 마찬가지로 64비트 비밀키를 사용하여 64비트 평문을 64비트 암호문으로 바꾸는 블록 암호시스템
- FEAL의 처리부는 키 생성부와 데이터 암호화부의 두 부분으로 구성되는데, 키 생성부는 64비트의 키를 256비트의 키로 확장시키는 역할을 하고, 데이터 암호화부는 이들 확장된 키를 이용하여 64비트 암호문을 만들어 내는 역할

7) 운영방식

- 임의의 길이의 평문을 암호화하기 위하여 평문을 일정한 길이를 가지는 블록으로 나누고, 각 블록에 블록 암호를 반복적용하여 암호화할 필요가 있음
- 블록 암호를 반복하는 방법을 블록 암호의 '모드'라고 함

① 전자코드 북(ECB, Electronic Code Book) 방식

운영 방식 중 가장 간단한 구조를 가지며, 암호화하려는 메시지를 여러 블록으로 나누고, 각 블록을 독립적 · 순차적으로 암호화하는 방식

ㄱ 기본원리

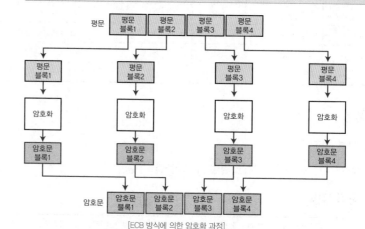

- 각 평문 블록을 독립적으로 암호화
- 초기화 벡터가 필요 없음

[ECB 방식에 의한 암호화 과정]

[ECB 방식에 의한 복호화 과정]

ㄴ 특징

- 모든 블록이 같은 암호화 키를 사용하기 때문에 보안에 취약. 만약 암호화 메시지를 여러 부분으로 나누었을 때, 두 블록이 같은 값을 가진다면 암호화한 결과 역시 같음
- 평문 블록과 암호문 블록이 일대일 관계를 유지하기 때문에 한 개의 블록만 해독되면 나머지 블록도 해독되는 단점이 있음
- 암호문이 블록의 배수가 되기 때문에 복호화 후 평문을 알아내기 위하여 패딩(Padding)*을 해야 함
- 무차별 대입 공격(Brute Force Attack), 사전 공격(Dictionary Attack)*에 취약

★ 패딩(Padding)
- 데이터를 블록으로 암호화 할때 평문이 항상 블록 크기(일반적으로 64비트 또는 128비트)의 배수가 되지 않음. 패딩은 어떻게 평문의 마지막 블록이 암호화되기 전에 데이터로 채워지는가를 확실히 지정하는 방법
- 복호화 과정에서는 패딩을 제거하고, 평문의 실제 길이를 지정

★ 사전 공격
(Dictionary Attack)
- 사전에 있는 단어를 입력하여 암호를 알아내거나, 해독하는 공격 기법
- 사전의 단어를 순차적으로 대입하는 것

ⓒ 오류 전파(Error Propagation)

- 각 블록이 독립적으로 동작하기 때문에 한 블록의 오류가 다른 블록에 영향을 미치지 않음. 즉 해당 블록에만 오류 발생
- 모든 평문 블록이 개별적으로 암호화되고 복호화되어, 다른 블록에 영향을 미치지 않음

② **암호 블록 체인(CBC, Cipher Block Chain) 방식**

- 현재 널리 사용되는 운영 방식 중 하나
- 각 블록은 암호화되기 전에 이전 블록의 암호화 결과와 XOR되며, 첫 블록의 경우에는 초기화 벡터가 사용됨
- 초기화 벡터(IV)*가 같은 경우 출력 결과가 항상 같으므로, 매 암호화마다 다른 초기화 벡터를 사용해야 함

ⓐ 기본원리

> - 초기화 벡터(IV)를 평문 블록과 XOR 하여 암호문 블록을 생성하고, 이 암호문을 초기화 벡터(IV)로 하여 다시 평문 블록과 XOR 하여 암호문 블록을 생성하는 방식으로, 1단계 앞에서 수행된 결과에 평문 블록을 XOR 한 후 암호화 수행
> - 암호화 : $C_i = E_k(C_i - 1 \oplus P_i)$
> - 복호화 : $P_i = D_k(C_i) \oplus C_i - 1$

> ⭐ **초기화 벡터(IV)**
> - 첫 블록을 암호화할 때 사용되는 값을 의미
> - 운용 방식마다 초기화 벡터를 사용하는 방법이 다르며, 초기화 벡터에서 요구되는 성질도 조금씩 다를 수 있지만, 같은 초기화 벡터가 반복되어 사용되어서는 안 된다는 성질을 공통적으로 가짐

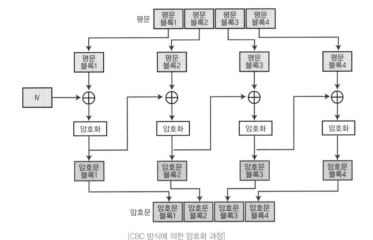

[CBC 방식에 의한 암호화 과정]

[CBC 방식에 의한 복호화 과정]

IPSec(IP Security)

· 네트워크에서의 보안을 위한 표준 프로토콜

· 사설 및 공중망을 사용하는 TCP/IP 통신을 보다 안전하게 유지하기 위한 종단 간 암호화와 인증을 제공

3DES−CBC

3DES를 CBC모드로 사용한 것

AES−CBC

AES를 CBC모드로 사용한 것

커버로스(Kerberos)

· 티켓에 기반을 두고 비보안 네트워크에서 특정 노드와 노드가 보안된 형식으로 통신할 수 있도록 제공

· 통합인증(SSO) 시스템의 한 종류로, 사용자가 한 번의 인증으로 여러 개의 응용 서버에 접근할 수 있도록 구현한 방식

· 대칭키 암호 방식과 종단 간 암호화를 제공

ⓒ 특징

- 초기화 벡터(IV)가 암호문 대신 사용되며, 이때 초기화 벡터(IV)는 제2의 키가 될 수 있음
- 암호문이 블록의 배수가 되기 때문에 복호화 후 평문을 얻기 위하여 패딩(Padding)을 해야 함
- 암호화는 순차적, 복호화는 병렬처리 가능
- 보안성이 높은 암호화 방법으로 가장 많이 사용
- 무결성 검증을 위한 메시지 인증 코드(MAC)값을 생성하는 데 주로 사용

ⓒ 오류 전파(Error Propagation)

- 오류가 발생한 암호문의 해당 블록과 다음 블록의 평문까지 영향을 미침
- 이전 블록에서 발생한 오류는 이후 블록에 영향
- 암호화에서는 특정 입력 이후로 영향을 미침
- 복호화에서는 특정 암호문의 오류가 다음 블록에 영향을 미치지 않음

② CBC 방식 활용

- IPSec*, 3DES−CBC*, AES−CBC* 등
- 대칭키 암호시스템의 하나인 Kerberos* Ver.5에서도 사용

ⓜ 장점, 단점

장점	· 평문의 반복은 암호문에 반영되지 않음 · 병렬처리 가능(복호화만) · 임의의 암호문 블록을 복호화할 수 있음	사용 권장
단점	· 비트 단위의 오류가 있는 암호문을 복호화하면 해당 블록 전체와 다음 블록에 대응하는 비트 오류 · 암호화에서는 병렬처리 불가능	

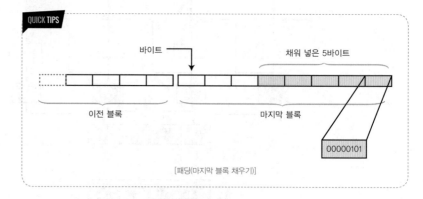

[패딩(마지막 블록 채우기)]

③ **암호 피드백(CFB, Cipher Feed Back) 방식**

- CBC의 변형으로, 블록 암호를 자기 동기 스트림 암호로 변환
- CFB의 동작 방식은 CBC와 비슷하며, 특히 CFB 복호화 방식은 CBC 암호화의 역순과 거의 비슷

ⓒ 기본원리

> 초기화 벡터(IV)를 암호화한 암호문 블록과 평문 블록을 XOR하여 암호문 블록을 생성하고, 이 암호문을 초기화 벡터(IV)를 사용하여 다시 암호화한 암호문 블록과 평문 블록을 XOR하여 암호문 블록을 반복하여 생성
>
> · 암호화 : $C_i = E_k(C_i - 1) \oplus P_i$
> · 복호화 : $P_i = E_k(C_i - 1) \oplus C_i$

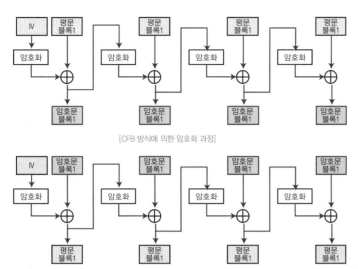
[CFB 방식에 의한 암호화 과정]

[CFB 방식에 의한 복호화 과정]

ⓒ 특징
- CBC의 변형으로, 블록 암호화를 자기 동기 스트림 암호화와 같이 처리하여 평문과 암호문의 길이가 같음(패딩이 불필요)
- 최초의 키생성 시 초기화 벡터(IV)가 사용되며, 이때 초기화 벡터(IV)는 제2 의 키가 될 수 있음
- 스트림의 기본 단위를 비트 단위로 설정할 수 있으며, 비트 단위에 따라 CFB8~CFB128로 쓰임
- 암호화는 순차적, 복호화는 병렬처리 가능
- 암호화와 복호화 모두 암호화로만 처리할 수 있음
- 암호문에서 발생되는 오류는 일정 시간 후에 복구할 수 있음

ⓒ 오류 전파(Error Propagation)
- CBC 방식과 마찬가지로 한 암호문 블록의 오류는 해당 평문 블록과 다음 평 문 블록에 전파(2개 블록)
- 이전 블록의 최상위 비트에서 발생한 오류는 이후 블록에 영향을 줌
- 암호화에서는 특정 입력 이후로 영향을 미침
- 복호화에서는 특정 암호문의 오류가 입력 이후에 영향을 미치지 않음

ⓔ 장점, 단점

장점	• 평문의 반복은 암호문에 영향을 미치지 않음 • 병렬처리 가능(복호화만) • 임의의 암호문 블록을 복호화할 수 있음	사용 권장
단점	• 비트 단위의 오류가 있는 암호문을 복호화하면 1블록 전체와 다음 블 록에 대응하는 비트에 오류 • 암호화에서는 병렬처리 불가능	

④ 출력 피드백(OFB, Output Feed Back) 방식

블록 암호를 동기식 스트림 암호로 변환

㉠ 기본원리

> 초기화 벡터(IV)를 암호화한 암호문 블록과 평문 블록을 XOR하여 암호문 블록을 생성하 고, 그 값을 다시 암호화하여 생성된 암호문 블록과 평문 블록을 XOR하여 암호문을 생성 하는 방식
>
> - 암호화 : $C_i = P_i \oplus E_k(I_i)$
> - 복호화 : $P_i = C_i \oplus E_k(I_i)$

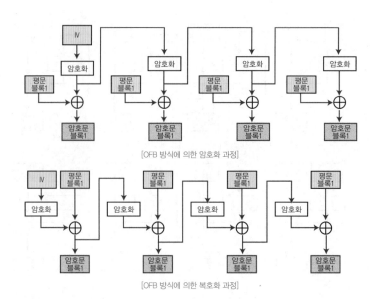

[OFB 방식에 의한 암호화 과정]

[OFB 방식에 의한 복호화 과정]

     ⓛ 특징

- 블록 암호화를 스트림 암호화와 같이 처리하여 평문과 암호문의 길이가 같음 (패딩 불필요). 즉, 블록 암호시스템을 스트림 암호시스템처럼 사용하고자 할 때 사용
- 암호화 함수는 키생성에만 사용되며, 암호화 방법과 복호화 방법이 동일하여 암호문을 한 번 더 암호화하면 평문이 나옴(복호화 시에 암호화)
- 최초의 키생성 시 초기화 벡터(IV)가 사용되며, 이때 초기화 벡터(IV)는 제2의 키가 될 수 있음
- 스트림의 기본 단위를 비트 단위로 설정할 수 있으며, 비트 단위에 따라 OFB8~OFB128로 쓰임
- 암호문에서 발생되는 오류는 복구할 수 없음
- 영상이나 음성과 같은 디지털 신호화한 아날로그 신호에 많이 사용

     ⓒ 오류 전파(Error Propagation)

- 암호문의 오류는 복호화 과정에서 해당 블록과 대응되는 한 블록에만 영향을 미침
- 키스트림이 평문과 암호문에 의존하지 않기 때문에 암호화된 블록에서 발생되는 오류는 다음 블록에 영향을 주지 않음

     ⓔ 장점, 단점

장점	• 패딩 불필요 • 암호화·복호화의 사전 준비 가능 • 암호화와 복호화가 같은 구조 • 비트 단위의 오류가 있는 암호문을 복호화하면 평문에 대응하는 비트만 오류 발생	CTR 모드를 사용하는 것이 유리
단점	• 병렬처리 불가능 • 능동적 공격자가 암호문 블록을 비트 반전시키면, 대응하는 평문 블록이 비트 반전	

   ⑤ 카운터(CTR, CounTeR) 방식

- 블록 암호를 스트림 암호로 바꾸는 구조
- 각 블록마다 현재 블록이 몇 번째인지 값을 얻어 그 숫자와 비표(Nonce)를 결합하여 블록 암호의 입력으로 사용하고, 각 블록 암호에서 연속적인 난수를 얻은 다음 암호화하려는 문자열과 XOR하여 암호문 블록 생성

㉠ 기본원리

> • 카운터 값을 암호화한 비트열과 평문 블록과의 XOR 한 값이 암호문 블록
> • 카운터의 초기 값은 암호화할 때마다 다른 값(Nonce, 비표)을 기초로 만듦

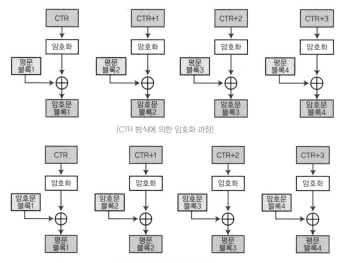

[CTR 방식에 의한 암호화 과정]

[CTR 방식에 의한 복호화 과정]

㉡ 특징

- 블록을 암호화할 때마다 1씩 증가하는 카운터 값을 암호화하여 키스트림을 만들어 내는 스트림 암호
- 각 블록의 암호화 및 복호화가 이전 블록에 의존하지 않으며, 따라서, 병렬로 동작하는 것이 가능. 혹은 암호화된 문자열에서 원하는 부분만 복호화하는 것도 가능
- 암호화와 복호화는 같은 구조이기 때문에 프로그램으로 구현하는 것이 매우 간단
- 암호화와 복호화할 때 사용하는 카운터 값은 비표와 블록 번호로부터 구할 수 있으므로, 블록을 임의의 순서로 암호화와 복호화를 할 수 있음
- OFB 방식과 거의 같은 성질의 방식
- AES 운영방식 권고 추가

㉢ 오류 전파(Error Propagation)

- CTR 방식의 암호문 블록에서 1비트의 반전이 발생했을 경우, 복호화를 수행하면 반전된 비트에 대응하는 평문 블록의 1비트만 반전되고, 오류는 전파되지 않음
- OFB 방식에서는 키스트림의 1블록을 암호화한 결과가 암호화 전의 결과와 우연히 같을 경우, 그 이후 키스트림은 같은 값이 반복되어 나타나는데, CTR 방식에서는 같은 키에 대하여 서로 다른 카운터를 이용하여 같은 평문 블록이 서로 다른 암호문 블록으로 출력됨으로써, 결과값이 같은 값으로 반복되어 나타날 수 없음

㉣ 장점, 단점

장점	• 패딩 불필요 • 암호화와 복호화의 사전 준비 가능 • 암호화와 복호화가 같은 구조 • 비트 단위의 오류가 있는 암호문을 복호화하면 대응하는 평문 비트만 오류 • 병렬처리 가능(암호화와 복호화 모두 가능)	사용 권장
단점	공격자가 암호문 블록을 비트 반전시키면 대응하는 평문 블록이 비트 반전	

3 스트림 암호 알고리즘

1) 개요

- 1970년대 초반부터 주로 유럽에서 연구 발표
- 일회용 패드(OTP)*를 실용적으로 구현할 목적으로 개발하였으며, Vernam 암호라고도 함
- 연속적인 비트/바이트를 계속해서 입력받아, 그에 대응하는 암호화 비트/바이트를 생성하는 방식

> ★ **일회용 패드(OTP)**
> - 일명 OTP라고 불리며, 1917년에 Vernam이 개발한 암호 방식. 이 암호화 방식은 완전한 기밀성(Perfect-Secrecy)을 달성했다고 Shannon이 소개
> - 평문과 랜덤한 비트열과의 XOR만을 취하는 단순한 암호
> - 전사 공격으로 키 공간을 전부 탐색하더라도 절대로 해독할 수 없는 암호

2) 기본원리

- 짧은 길이의 키로부터 긴 길이의 난수를 발생시키는 이진 키스트림 과정을 통하여 얻어진 이진 수열과 평문 이진 수열의 배타적 논리합(XOR 연산)으로 암호문을 생성하는 방식
- 평문과 같은 길이의 키스트림을 생성하여 평문과 키를 비트 단위로 XOR한 후 암호문을 얻는 방식

- $C_i = M_i$
- K_i for $I = 1, 2, 3\cdots$
  (C_i : 암호문 문자의 비트열, M_i : 평문 문자의 비트열, K_i : 키 열, XOR 연산자 전체)

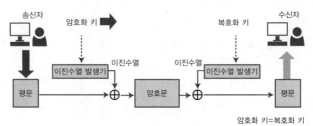

[스트림 암호 알고리즘]

3) 특징

- 시프트 레지스터를 활용한 이진 수열 발생기를 사용하여 입력되는 정보를 비트 단위로 암호화하는 시스템
- 처음에는 초기값이 필요하며, 주기와 선형 복잡도 등 여러 수학적 수치의 정확성을 위하여 긴 주기와 높은 선형 복잡도 요구
- 안전성을 수학적으로 증명 가능(다음 출력 비트 예측 확률이 1/2이어야 안전)하며, 안전성을 증가시키기 위하여 LFSR(Linear Feedback Shift Register)*를 여러 개 결합하거나, 비선형 변환을 결합하는 방식 사용
- 한 번에 한 바이트씩 암호화
- 완벽한 기밀성과 안정성을 제공하지만 실용적이지 못함
- CFB, OFB 모드는 스트림 암호와 같은 역할
- 알고리즘 구현 쉬움

> ★ **LFSR(Linear Feedback Shift Register)**
> - 선형 귀환 치환 레지스터
> - 레지스터에 입력되는 값이 이전 상태 값들의 선형 함수로 계산되는 구조를 가지고 있음. 이때 사용되는 선형 함수는 주로 배타적 논리합(XOR)
> - LFSR의 초기 비트 값은 시드(Seed)라고 부름
> - 의사 난수, 의사 난수 잡음(PRN), 빠른 디지털 카운터, 백지화 수열 등의 분야에서 사용

4) 종류

동기식 스트림 암호	• 난수열을 생성하기 위해 내부 상태를 유지하며, 이전 내부 상태에서 새로운 내부 상태와 유사난수를 얻음 • 암호화 및 복호화는 생성된 유사 난수열과 입력값을 XOR하는 방식으로 이루어짐 • 암호화 및 복호화할 문자열에서 특정 위치 비트를 변경할 경우 암호화된 결과에서도 같은 위치 비트가 변경되며, 다른 위치의 비트는 변경되지 않음. 따라서 암호화 문자열 전송 시 특정 비트가 다른 값으로 손상되었어도 복호화 시 다른 비트에는 영향을 미치지 않음. 하지만 전송 오류에서 비트가 사라지거나 잘못된 비트가 추가되는 경우 오류가 난 시점 이후의 복호화가 실패하게 되며, 따라서 전송 시에 동기화가 필요함 • 암호문을 복호화할 때 키스트림과 암호문 사이에 동기화가 필요 • 키 스트림이 독립적이어서 정보유출 가능성 적음(선형귀환 치환레지스터) • 같은 암호화 키로 여러 입력값을 사용할 수 있으면 이를 이용한 암호공격(Cryptanalysis)이 가능
자기 동기식 스트림 암호	• 난수열을 생성할 때 암호화 키와 함께 이전에 암호화된 문자열 일부를 사용 • 이 암호의 내부 상태는 이전 내부 상태에 의존하지 않음. 따라서 암호화 문자열을 전송할 시에 오류가 발생하여도 일부분만이 복호화에 실패하며, 그 이후에는 다시 정상적인 복호화 값을 얻을 수 있는 자기 동기성을 가짐 • 오류정정 기능 포함. 키스트림과 암호문의 종속성으로 해독 쉬움(암호문 귀환 자동키) • 자기 동기 스트림 암호(CFB 운영모드를 결합한 것)

5) 응용분야

- 군사, 외교용으로 많이 사용
- 이동통신 및 무선통신 환경 구현 용이
- 전송 오류가 매우 높거나, 메시지 버퍼링이 제한되어 있거나, 문자 등을 즉시 처리해야 하는 상황에서 유용하게 사용

6) 종류 및 특징

① RC4(Rivest Cipher 4)

- Rivest*가 설계한 바이트 단위 스트림 암호로, 키의 크기가 가변적
- 암호의 주기가 10보다 큰 임의 순열(Random Permutation) 사용
- 출력 바이트마다 8~16번의 기계 연산을 수행하는 소프트웨어로 매우 빠르게 수행될 수 있음

② SEAL(Software-Optimized Encryption Algorithm)

- Rdgaway와 Coppersmith에 의하여 1993년 32비트 컴퓨터용 고속 스트림 암호로 설계
- 초기화 단계 : SHA를 이용하여 다량의 테이블 집합을 초기화
- 키스트림을 생성 중 룩업 테이블(Look Up Table)*을 사용하여 출력 바이트를 생성할 때 다섯 개의 명령만 사용함으로써 고속처리 가능

7) 스트림 암호화와 블록 암호화의 비교

구분	스트림 암호화	블록 암호화
암호화 과정	평문의 각 문자를 순서대로 암호화 스트림으로 만듦	평문 자체를 블록 단위로 배열하고, 순차적으로 암호화
장점	• 암호화 속도가 상대적으로 빠름 • 오류 전파가 제한적	• 평문에 혼돈성을 주어 해독을 어렵게 함 • 완성된 암호문에 내용 추가 및 변경 어려움
단점	• 평문의 특성이 암호문에도 그대로 반영 • 공격자에 쉽게 내용 추가 및 변경 가능	• 암호화 속도가 상대적으로 느림 • 암호화 시 오류의 파급효과가 큼
예	• 단순 알파벳 암호 알고리즘 • 복합 알파벳 암호 알고리즘	• 세로 방향으로 옮긴 알고리즘 • 모르스 부호* 응용 알고리즘

Ron Rivest
- 미국의 암호학자, 현재 MIT의 교수
- Adi Shamir, Leonard
- Adleman과 함께 RSA 암호 체계를 개발하여 공개키 암호 체계에 지대한 공헌을 함
- MD5 같은 암호학적 해시함수뿐만 아니라, RC6 같은 블록 암호도 개발

룩업 테이블
(Look Up Table)
- 순람표(順覽表)
- 일반적으로 배열이나 연관 배열로된 데이터 구조
- 런타임 계산을 더 단순한 배열 색인화 과정으로 대체하는데 자주 사용

모르스 부호(Morse Code)
- 짧은 발신 전류(·)와 긴 발신 전류(-)를 적절히 조합하여 알파벳과 숫자를 표기한 것
- 기본적인 형태는 국제적으로 비슷
- 미국의 발명가 새뮤얼 핀리 브리즈 모스가 고안하였으며, 1844년 최초로 미국의 볼티모어와 워싱턴 D.C. 사이 전신 연락에 사용

Section 03 공개키 암호 알고리즘

1 개요

- 1976년 W. Diffie와 M. E. Hellman이 "New Directions in Cryptography"이란 논문을 발표하면서 최초로 공개키 개념 소개
- 1978년 Rivest, Shamir, Adleman에 의하여 소인수분해의 어려움에 기반한 공개키 암호 알고리즘(RSA) 개발
- 사전에 비밀키를 공유하지 않은 사용자들이 안전하게 통신할 수 있도록 함
- 공개키 암호 방식에서는 공개키와 비밀키가 존재하며, 공개키는 누구나 알 수 있으나, 그에 대응하는 비밀키는 키의 소유자만이 알 수 있어야 함
- 공개키는 보안 타협 없이 공개적으로 배포가 가능하며, 공개키 암호를 구성하는 알고리즘은 대칭키 암호 방식과 비교하여 비대칭키 암호 방식이라고 부르기도 함

1) 기본원리

> 수신자의 공개키로 평문을 암호화하여 암호문을 수신자에게 전달하면, 수신자는 자신의 개인키로 암호문을 복호화하여 평문을 얻음

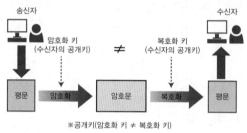

[공개키 암호 기본원리]

2) 특징

- 암호화에 필요한 공개키와 복호화에 필요한 개인키(비밀키)가 서로 다르므로, 비대칭 암호 방식 혹은 2키(Two Key) 암호 방식이라고도 함
- 암호화 키와 복호화 키를 분리하여 암호화 키는 공개하고 복호화 키는 비밀리에 보관하며, 공개키로부터 비밀키를 계산할 수 없어야 함
- 송신자는 수신자의 공개키로 암호화하고, 수신자는 받은 암호문을 개인키로 복호화
- 키생성 알고리즘을 통하여 두 개의 키를 생성(공개키, 개인키)
- 키 분배 문제, 키 관리 문제 및 서명 문제 해결

3) 장점, 단점

장점	• 암호 알고리즘, 암호문, 공개키를 통한 개인키 추정 불가능 • 사전에 키 분배과정 불필요 • 전자서명에 사용되는 검증키는 대칭키 암호보다 작음
단점	• 대칭키보다 키 길이가 길고, 속도 느림 • 수학적 어려움에 기반하여 안전성 증명 어려움 • 공개키 저장소의 공개키가 변조된다면 전체 인증체계에 문제 발생

4) 기반 논리

소인수분해 문제, 이산대수 문제, 타원곡선(ECC)★, 배낭(Knapsack) 문제★

2 소인수분해 기반 공개키 암호 알고리즘

- 합성수의 소인수분해의 어려움을 이용하여 암호화 및 복호화 수행
- 충분히 큰 두 소수를 곱하는 것은 쉽지만, 소인수분해하는 것은 계산적으로 매우 어려움

기본원리	• 백자리 크기 이상의 두 소수 p, q가 존재하고 p, q의 곱 n을 계산할 경우 p와 q를 알고 있는 사람은 n을 계산하기 쉬움 • n만 알고 있는 사람은 n으로부터 p와 q를 인수분해하여 찾아내기 매우 어려움
대표적인 알고리즘	RSA, Rabin 등

1) RSA 암호 알고리즘

- MIT의 리베스트(Rivest), 샤미르(Shamir), 에이들만(Adleman)에 의하여 개발
- 공개키 암호시스템의 하나로, 암호화뿐만 아니라 전자서명이 가능한 최초의 알고리즘
- 전자상거래에서 가장 흔히 사용되는 공개키 알고리즘

① RSA 암호 알고리즘을 이용한 안전한 통신

> 1. A가 B에게 메시지를 안전하게 보내려고 함. 이때 RSA 알고리즘을 이용함
> 2. B가 공개키와 개인키를 만들어 A에게 공개키를 보냄.(개인키는 B만 가지고 있음)
> 3. A가 B로부터 받은 공개키를 이용하여 보낼 메시지를 암호화
> 4. A가 암호화된 메시지를 B에게 보냄
> 5. B가 암호화된 메시지를 받고, 개인키를 이용하여 암호문을 복호화

② 기본원리

> [키 생성]
> 1. 두 개의 매우 큰 소수 p와 q라고 하는 두 개의 서로 다른 ($p \neq q$) 소수를 선택
> 2. 두 수를 곱하여 $N = pq$를 찾음
> 3. $\varphi(N) = (p-1)(q-1)$를 구함
> 4. $\varphi(N)$보다 작고, $\varphi(N)$와 서로소★인 정수 e를 찾음
> 5. 확장된 유클리드 호제법★을 이용하여 $d \times e$를 $\varphi(N)$로 나누었을 때, 나머지가 1인 정수 d를 구함.(de≡1(mod$\varphi(N)$))

> A의 공개키는 위에서 구한 두 개의 숫자로 이루어진 〈N, e〉이고, 개인키는 〈N, d〉. A는 〈N, e〉만을 B에게 공개하고, B는 이 공개키를 사용하여 자신의 메시지를 암호화. 여기서 p와 q의 보안은 매우 중요한데 이를 가지고 d와 e의 계산이 가능하기 때문. 그리하여 공개키와 개인키가 생성이 된 후에는 이 두 숫자를 지워버리는 것이 안전
>
> - 암호화 : $c = m^e \bmod N$
> - 복호화 : $m = c^d \bmod N$

타원곡선(ECC)
알려진 특정한 점에 대한 무작위 타원 곡선의 이산 로그를 찾는 것이 어렵다는 것을 이용

배낭(Knapsack) 문제
배낭의 전체 무게를 알고 있을 때 어떤 무게의 물건이 몇 개 들어 있는지 알기 어려운 것을 이용

서로소
어떤 두 정수에 대한 최대공약수가 1인 경우를 말함

유클리드 호제법
- 2개의 자연수 또는 정식의 최대공약수를 구하는 알고리즘의 하나
- 호제법이란 말은 두 수가 서로 상대방 수를 나누어서 결국 원하는 수를 얻는 알고리즘을 나타냄

확장 유클리드 알고리즘
- ax+by=c에서 c의 값이 gcd(a, b)의 배수일 때만 정수해를 갖음. 따라서 ax+by=c가 정수해를 갖는 c의 최솟값이 gcd(a,b)가 되는 것
- 이를 통해 확장 유클리드 알고리즘은 a, b의 최대공약수와 ax+by=gcd(a,b)를 만족하는 x, y도 구하는 알고리즘

③ 숫자를 활용한 예제

1. 서로 다른 두 소수를 선택 예를 들어, p = 61, q = 53을 선택
2. N = pq를 계산
   N = 61×53 = 3233
3. N의 오일러 피 함수 φ(N) = (p-1)(q-1)를 계산
   φ(3233) = (61-1)(53-1) = 3120
4. 1 < e < 3120인 숫자 e 가운데 φ(N)과 서로소인 임의의 숫자를 선택
   e = 17을 선택
5. e(mod φ(N))에 대해 곱의 역원, 즉 ed(mod φ(N)) = 1인 숫자 d를 계산
   17×2753 = 46801 = 1(mod 3120)
   d = 2753

- 공개키는 (N = 3233, e = 17)이며, 평문 m은 다음 함수로 암호화
  m^{17}(mod 3233)
- 개인키는 (N = 3233, e = 2753)이며, 암호문 c는 다음 함수로 복호화
  C^{2753}(mod 3233)
- 예를 들어, 평문 m=65는 다음과 같이 암호화
  $C=65^{17}$(mod 3233) = 2790
- 암호문 c = 2790은 다음과 같이 복호화
  $m = 2790^{2753}$(mod 3233) = 65

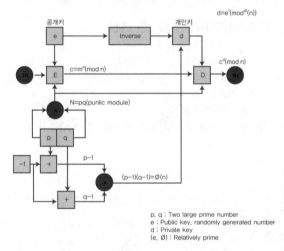

[RSA 암호화와 복호화 과정]

④ 특징

- 공개키와 비밀키는 서로 연관되도록 생성
- 효과적인 RSA 암호구현을 위하여 큰 수에 대한 지수연산 알고리즘으로 몽고메리(Montgomery) 알고리즘* 사용
- 암호문 C는 평문 M보다 증가하지 않음
- RSA 암호화의 안전성을 위하여 키값은 적어도 512비트 이상의 n 사용

⑤ 매우 큰 수 p와 q에 대한 요구사항

- 거의 같은 크기의 자리 수를 가짐
- p-1과 q-1은 커다란 소수를 가짐
- p-1과 q-1의 최대공약수는 작은 수이어야 함

★ 몽고메리(Montgomery) 알고리즘

- P.L Montgomery가 제안한 몽고메리 곱셈은 모듈러 곱셈에 있어 곱셈 후에 발생하는 리덕션 연산을 단순화하기 위한 기법
- 이 연산에서는 리덕션을 단순화하기 위해 모듈러 M과 서로소이며, 2^n의 형태를 가지는 R을 선택하고, 곱셈의 입력이 되는 x, y를 $\tilde{x}= x\cdot R(mod\ M)$, $\tilde{y}= y\cdot R(mod\ M)$의 형태로 변환하여 몽고메리 도메인으로 변환하여
  $\tilde{x}\cdot\tilde{y}\cdot R^{-1}$
  $= x\cdot R\cdot y\cdot R\cdot R^{-1}$
  $= x\cdot y\cdot R(mod\ M)$
  과 같이 연산
- 이와 같은 방법으로 리덕션에 소요되는 비용을 비트 시프트 형태의 연산으로 단순화할 수 있음

---

2) Rabin 암호 알고리즘

1979년 Rabin이 개발한 소인수분해 기반 공개키 암호

① 기본원리

> B가 A에게 암호문을 보내고, A가 복호화할 경우
>
> **[키 생성]**
> 1. A는 매우 크며, 서로 다른 두 소수 p, q를 선택
> 2. n = pq를 계산한 후 B에게 보냄
> 3. n은 공개키, p와 q는 A의 개인키

> **[암호화]**
> 1. B는 A에게 보낼 평문 m을 선택
>   m∈p = {1, 2, ⋯, n-1}
> 2. B는 암호문 c≡m²(mod n)을 보냄
>
> **[복호화]**
> 1. A는 암호문 c를 받고, n을 알고 있는 상황
> 2. $m_p = \sqrt{c}$(mod p), $m_q = \sqrt{c}$(mod q) 이고, p*y_p+q*y_q = 1을 만족하는 y_p, y_q를 찾음
>   − m이 합성수이면, 효율적으로 찾는 방법이 발견되지 않음
>   − m이 소수이거나, 두 소수의 곱이면 중국인의 나머지 정리로 계산

② 특징

- 2차 잉여* 문제를 이용한 암호
- 암호화 과정에서 제곱 연산만 하면 되기 때문에 RSA보다 훨씬 빠름
- 선택 평문 공격에 대해 계산적으로 안전

> **★ 2차 잉여**
> (Quadratic Residue)
> m이 1보다 큰 자연수이고, gcd(a,m)
> = 1일 때, 합동식 $X^2 \equiv$ a(mod m)이
> 해를 가지면 a를 법 m에 관한 2차
> 잉여라 하고, 이 합동식이 해를 갖
> 지 않으면 a를 법 m에 관한 2차 비
> 잉여라 함

3 이산대수 기반 공개키 암호 알고리즘

이산대수 문제(DLP : Discrete Logarithm Problem)* 기반 암호 알고리즘

기본원리	• 사용자는 큰 소수 p를 선정하여 Zp 상의 원시원소 g와 함께 p를 공개 • 송신자 A : Zp 상의 임의의 원소 X_A를 비밀정보로 선택하여 $y_A \equiv g^{x_A}$mod p의 공개정보 yA를 계산 • 송신자 B : Zp 상의 임의의 원소 X_B를 비밀정보로 선택하여 $y_B \equiv g^{x_B}$mod p의 공개정보 yB를 계산 • 송신자 A와 수신자 B의 y_A, y_B, p, q를 공개 목록에 등록 : y_A와 y_B가 송신자 A와 수신자 B의 공개키 Ke이고, X_A와 X_B가 송신자 A와 수신자 B의 비밀키 Kd가 됨
대표적인 알고리즘	ElGamal, 타원 곡선(ECC) 등

> **★ 이산대수 문제**
> • 큰 소수 p로 만들어진 집합 Zp
>   상에서의 원시 원소를 g라 할
>   때, $g^x \equiv y$ mod p의 g와 y 값을
>   알고 있어도 $\log_g y \equiv X$를 구하는
>   것이 어려움
> • g를 알고 있는 사용자가 y를 계
>   산하는 것은 쉬움

1) Elgamal 암호 알고리즘

임의의 수를 사용하기 때문에 같은 평문을 암호화할 때마다 다르게 암호화

① 기본원리

> 1. 송신자 A가 평문 M을 암호화하여 암호문 C를 수신자 B에게 전송하기 위하여 Zp 상에서 임의의 난수 $r \in Z_{p-1}$을 선정한 후 수신자 B의 공개 암호화 키 y_B로 K≡y^r mod p_B를 계산
> 2. 암호문 C
> $C_1 \equiv y^r$ mod p와 $C_2 \equiv KM$ mod p을 계산한 다음 C =(C1, C2)가 됨
> 3. 수신자 B의 평문 복호화 과정은 암호문 C_1에 수신자 B 자신의 비밀키 X_B를 누승하여
> $K \equiv C_b{}^X$mod p1를 구한 다음 $M \equiv C_2/K$ mod p로 평문을 구함

② 특징

- Diffie-Hellman과 같은 안전도 제공
- 난수 생성기 필요
- 유한 순환군에서의 연산 수행

2) ECC 암호 알고리즘

- 1985년에 닐 코블리츠와 빅터 밀러가 각각 독립적으로 제안한 타원곡선 이론에 기반한 공개키 암호 방식
- 하나의 타원 곡선상에 주어진 두 지점 P와 R에 대하여 K=PR을 만족하는 K를 찾아내는 것은 타원곡선 이산대수 문제로 알려진 어려운 문제

> - 암호화 목적의 타원곡선은 평면곡선의 한 종류로, 다음의 방정식을 만족하는 점(무한 원점 포함)들의 집합(곡선의 단순함을 위해 점들은 표수가 2나 3이 아닌 고정된 유한체)
> - $y^2=x^3+ax+b$
> - 위 집합은 타원곡선의 군의 연산과 함께 무한 원점을 항등원으로 하는 아벨 군을 형성. 군의 구조는 대수 다양체를 밑으로 하는 인자를 따름

① 특징

- 이진형과 소수형의 유한체를 모두 사용할 수 있으나, 안전성 측면에서 소수형 권장
- 다른 공개키(RSA)에 비하여 비교적 키 길이 짧고, 안전성이 높음
- 유한체에서의 연산을 수행하므로, H/W, S/W 구현 용이
- 스마트카드나 스마트폰 등 키 길이가 제한적인 무선통신 분야에 적합
- 암호키 분배, 전자서명, 인증 등에 사용

4 대칭키 암호 방식과 공개키 암호 방식의 비교

구분	대칭키 암호 방식	공개키 암호 방식
암호키 관계	암호화 키와 복호화 키가 서로 같음	암호화 키와 복호화 키가 서로 다름
암호화 키	비밀	공개
복호화 키	비밀	비밀
암호 알고리즘	비밀로 하거나 공개하기도 함	공개
비밀키 수	n(n−1)/2 (n=100이면 4,950개의 키가 생성)	2n (n=100이면 200개의 키가 생성)
안전한 인증	안전한 인증 곤란	안전한 인증 용이
암호화 속도	고속	저속
경제성	높음	낮음
전자서명	복잡	간단
대표적인 예	DES, AES, IDEA, SEED, ARIA	RSA, Rabin, DSA, ECC, Elgamal

Section 04 해시함수와 응용

1 해시함수

1) 개요

- 임의의 길이 메시지로부터 고정 길이의 해시값을 계산하는 것
- 하나의 문자열을 상징하는 더 짧은 길이의 값이나 키로 변환하는 것

① 기본원리

- 세 개의 평문은 길이가 다르지만 해시 결과값은 32개의 문자로 모두 같음
- 또한, 둘째와 셋째 평문은 단어 하나만 다를 뿐인데, 해시 결과가 완전히 다르게 나타나는데, 이와 같은 결과는 해시값을 통하여 해싱되기 전의 값을 추측하는 것을 불가능하게 하는 해시함수의 특성 때문

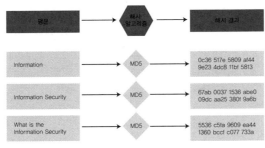

[해시함수의 기본원리]

② 특징

- 어떤 입력값에도 항상 고정된 길이의 해시값을 출력
- 입력값의 작은 변화에도 전혀 다른 결과값을 출력
- 출력된 결과값을 토대로 입력값을 유추할 수 없음
- 동일한 입력값은 항상 동일한 해시값을 출력
- 입력값이 다르면 해시값도 다름
- 해시값을 고속으로 계산할 수 있음
- 전자서명*에 많이 사용
- 무결성* 검증에 사용

③ 안전성

일방향성 (One-Wayness) (역상저항성)	• 주어진 임의의 출력값에 대응하는 입력 메시지를 찾는 것이 계산적으로 불가능 • 주어진 임의의 출력값 y에 대하여, y=h(x)를 만족하는 입력값 x를 찾는 것이 계산적으로 불가능
충돌 저항성 (Collision Resistance)	• 충돌을 발견하는 것이 어려운 성질 • 충돌 내성을 가질 필요가 있음
	[1st 충돌 저항 : 두 번째 역상 저항성] • 주어진 입력값에 대응하는 출력값과 같은 출력값을 갖는 다른 입력값을 찾는 것이 계산적으로 불가능 • 주어진 입력값 x에 대하여 h(x)=h(x'), x≠x'을 만족하는 다른 입력값 x'을 찾는 것이 계산적으로 불가능
	[2nd 충돌 저항 : 충돌 저항성] • 임의의 두 입력 쌍에 대하여 같은 출력값을 갖는 서로 다른 입력값을 찾는 것이 계산적으로 불가능 • h(x)=h(x')을 만족하는 임의의 두 입력값 x, x'을 찾는 것이 계산적으로 불가능

📌 전자서명
- 서명자를 확인하고 서명자가 당해 전자문서에 서명했다는 사실을 나타내는 데 이용하려고, 특정 전자문서에 첨부되거나 논리적으로 결합된 전자적 형태의 정보
- 네트워크에서 송신자의 신원을 증명하는 방법으로, 송신자가 자신의 비밀키로 암호화한 메시지를 수신자가 송신자의 공개키로 검증하는 과정

📌 무결성
데이터를 인가된 사용자에 의해서 인가된 방법으로만 변경이 가능한 것

📖 **해시함수의 충돌(Collision)**
· 2개의 다른 메시지가 같은 해시값을 갖는 것
· 일방향 해시함수를 무결성 확인에 사용하기 위하여 충돌이 발견되면 안 됨

📖 **해시함수의 초기값**
해시값을 계산하기 위하여 임의로 선택하며, 비밀로 보관할 필요는 없음

⭐ **Davies—Meyer**
· k비트를 갖는 n비트 블록 암호 알고리즘을 이용
· 사용된 블록 암호 알고리즘이 암호학적으로 안전하다고 하더라도 n이 충분히 크지 않을 경우 충돌 회피성이 약하다는 단점이 있음

⭐ **MASH(Modular Arithmetic Secure Hash)**
· 모듈러 연산을 이용한 해시함수
· 이미 존재하는 모듈러 연산에 대한 소프트웨어나 하드웨어를 재사용하고, 요구되는 안전성 수준에 맞게 설계가 가능한 장점을 가지고 있으나, 전용 해시함수보다 속도가 느리다는 단점도 있음

⭐ **HAS—160**
· 대한민국의 한국인터넷진흥원이 개발한 암호화 해시함수
· SHA-1을 기반으로 만듦 SHA-1과 마찬가지로 80단계의 연산단계

⭐ **RIPEMD—160**
· 1992년과 1996년에 개발된 암호화 해시함수
· 유럽의 RIPE 프로젝트의 일환으로 개발
· 임의의 길이의 메시지를 512 비트 블록 단위 처리
· 출력 : 160비트

---

④ 전자서명에 사용되는 해시함수의 성질

약 일방향성 (Weak Onewayness)	해시값 H로부터 h(M)=H가 되는 서명문 M을 찾는 것은 계산상 불가능(해시함수의 역함수 계산 방지)
강 일방향성 (Strong Onewayness)	어떤 서명문 M과 그의 해시값 H=h(M)가 주어졌을 때, h(M')=H가 되는 서명문 M'≠M을 찾는 것은 계산상 불가능(해시함수의 역함수 계산 방지)
충돌 회피성 (Collision Freeness)	h(M)=h(M')가 되는 서명문 쌍(M, M') (M≠M')을 찾는 것은 계산상 불가능(부인방지)

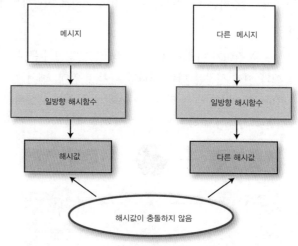

[해시함수의 충돌 내성]

⑤ 기반함수

블록 암호기반 해시함수	Davies—Meyer*, MDC—2, MDC—4
대수적 연산기반 해시함수	MASH—1, MASH—2*
전용 해시함수	MD4, MD5, SHA—1/256/384/512, HAS—160*, RIPEMD—160*

⑥ 해시함수 안전성 정리

구분	동일 용어	전자서명	함수 공식	취약 공격
역상 저항성	프리이미지 저항성	약 일방향성	y=h(x)=x?	–
두 번째 역상 저항성	제2 프리이미지 저항성, 약한 충돌 내성	강 일방향성	h(x)=h(x')=x?	무차별 대입 공격
충돌 저항성	강한 충돌성	충돌 회피성	h(x)=h(x') => x, x'?	생일공격

2) 전용 해시함수의 종류 및 특징

① MD5

· 미국 MIT의 로널드 리베스트 교수가 RSA와 함께 공개키 기반 구조(Public Key Infrastructure)를 만들기 위하여 개발
· MD(Message Digest Function 95) 알고리즘에는 MD2, MD4, MD5 등 3가지가 있음
  - MD2는 8비트 컴퓨터에 최적화되어 있음
  - MD4와 MD5는 32비트 컴퓨터에 최적화되어 있음

㉠ 패딩 처리과정

> 메시지 끝에 '1'을 추가하고, 메시지 길이가 448비트가 되도록 '0'을 추가한 후, 나머지 64비트는 64비트로 표현한 이진 수열을 LSB로 추가하면 512비트 배수가 됨

㉡ 특징

처리단위	512비트
출력단위	128비트
라운드 수	• 4라운드 64단계 구성(라운드별 16단계) • 라운드별 3개의 서로 다른 부울 함수 사용
사용 연산	모듈러 덧셈, Shift 연산, XOR
기타	MD5 알고리즘은 MD4의 확장판으로, MD4보다 속도가 느리지만, 데이터 보안성에 있어 더 높은 안전성 제공

② SHA-1

- NIST(National Institute of Standards and Technology)에서 개발한 160비트의 일방향 해시함수
- 1993년에 미국의 연방정보처리표준규격(FIPS PUB 180)으로 발표된 것을 SHA라 부름
- 1995년에 발표된 개정판 FIPS PUB 180-1을 SHA-1이라 부름
- SHA-1의 메시지의 길이에는 상한이 있지만, 264비트 미만이라는 대단히 큰 값이므로, 현실적인 적용에는 문제가 없음
- 2002년에 NIST는 새로운 표준인 FIPS 180-2를 발표하였는데, 이때 해시 값이 각각 256, 384, 512비트인 3개의 새로운 SHA 버전 정의

㉠ 기본원리(한 개의 단계)

> [각 라운드의 형식]
> 1. $A \leftarrow (E + f(t, B, C, D) + s^5(A) + W_t + K_t)$
> 2. $B \leftarrow A$
> 3. $C \leftarrow S^{30}(B)$
> 4. $D \leftarrow C$
> 5. $E \leftarrow D$
>
> - A, B, C, D, E : 버퍼의 5워드
> - t : 단계 수 : $0 \leq t \leq 79$
> - $f(t, B, C, D)$: 단계에 대한 기약 논리 함수
> - S^k : 비트에 의한 현재 32비트 매개변수의 순환 좌측 시프트
> - W_t : 현재 입력 블록으로 만들어진 32비트 워드
> - K_t : 덧셈 상수(미리 정해진 4개의 다른 값)
> - $+$: 법 2^{32} 덧셈

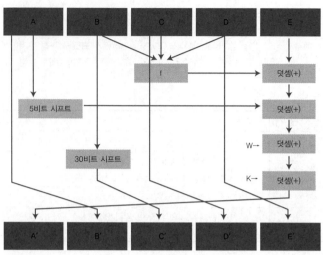

[SHA 알고리즘 기본 원리]

ⓛ SHA-1의 특징

처리단위	512비트
출력단위	160비트
라운드 수	• 4라운드 80단계 구성(라운드별 20단계) • 라운드별 3개의 서로 다른 부울 함수 사용
사용 연산	모듈러 덧셈, Shift 연산, XOR
기타	• MD4의 발전 형태 • MD5보다 조금 느리지만 더 안전 • SHA-1과 SHA-2로 나눔 • SHA-256, 384, 512는 SHA-2에 속함

ⓒ 패딩 처리과정

> 메시지 끝에 '1'을 추가하고, 메시지 길이가 448비트가 되도록 '0'을 추가한 후, 나머지 64비트는 64비트로 표현한 이진 수열을 MSB로 추가하면 512비트 배수가 됨

③ SHA-160

㉠ 특징

처리단위	512비트
출력단위	160비트
라운드 수	4라운드 64단계 구성(라운드별 20단계)
사용 연산	모듈러 덧셈, Shift 연산, XOR
기타	• 라운드별 3개의 서로 다른 부울 함수 사용 • Little-Endian*으로 변환

ⓛ 패딩 처리과정

> 메시지 끝에 '1'을 추가하고, 메시지 길이가 448비트가 되도록 '0'을 추가한 후, 나머지 64비트는 64비트로 표현한 이진 수열을 MSB로 추가하면 512비트 배수가 됨

④ 해시함수 종류별 비교

알고리즘	출력 해시값 크기	블록 크기	충돌성
HAVAL	256/224/192/160/128	1,024	있음
MD2	128	128	있음
MD4	128	512	있음

📖 **Endian**
컴퓨터의 메모리와 같은 1차원 공간에 여러 개의 연속된 대상을 배열하는 방식

✦ **Little-Endian**
최상위 바이트(MSB)부터 차례로 저장하는 방식

📖 **Big-Endian**
최하위 바이트(LSB)부터 차례로 저장하는 방식

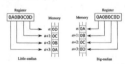

MD5	128	512	있음
PANAMA	256	256	있음
RIPEEMD	128	512	있음
RIPEEMD - 128/256	128/256	512	없음
RIPEEMD - 160/320	160/320	512	없음
SHA - 0	160	512	있음
SHA - 1	160	512	있음
SHA - 256/224	256/224	512	없음
SHA - 512/384	512/348	1,024	없음

⑤ SHA 종류 및 특징

구분	SHA-1	SHA-224	SHA-256	SHA-384	SHA-512
MD 길이	160	224	256	384	512
메시지 길이	$<2^{64}$	$<2^{64}$	$<2^{64}$	$<2^{128}$	$<2^{128}$
블록 길이	512	512	512	1,024	1,024
단계 수	80	64	64	80	80
보안	80	112	128	192	256

3) 블록 암호를 이용한 해시함수

n비트의 블록 암호를 이용하여 만들어진 해시함수는 단일 길이의 해시값을 생성하는 것(n비트)과 이중 길이의 해시값을 생성하는 해시함수로 나눔(2n비트)

① MDC(Manipulation Detection Code)

- 메시지의 무결성(메시지가 변경되지 않았다는 것)을 보장하는 메시지 다이제스트
- 수신한 메시지의 MDC를 계산하고, 송신측이 보내준 MDC와 비교하여 동일한지 비교

㉠ 기본원리

> 1. 메시지의 무결성을 제공하기 위해서 송신자 A는 송신할 메시지를 이용하여 메시지 다이제스트(암호학적 해시함수를 이용한 해시값)를 생성. 이때 생성된 메시지 다이제스트를 일반적으로 MDC라고 부름
> 2. 송신자 A가 메시지와 MDC를 수신자 B에게 보냄
> 3. 수신자 B는 받은 메시지로 MDC를 생성하고, 송신자 A가 보낸 MDC와 비교하여 메시지의 무결성을 확인

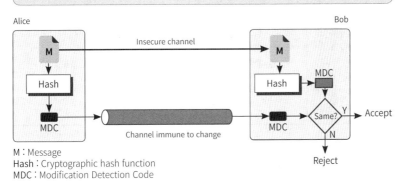

M : Message
Hash : Cryptographic hash function
MDC : Modification Detection Code

[MDC 기본원리]

ⓛ 특징
- 위의 그림을 보면 MDC는 신뢰성 있는 채널을 통해 MDC가 전송된다는 가정을 함. 따라서, MDC를 위해서는 신뢰성 있는 채널이 있어야만 한다는 제약이 있으며, 그렇지 않으면 제3자가 메시지를 위조해도 알아낼 수 없음
- 무결성에 대해서는 보장이 가능하지만, 누가 보냈는지에 대한 메시지 출처인증이 안됨. 즉, 메시지의 위조 같은 적극적 공격은 메시지 인증 코드(MAC)로 검출해야 함

ⓒ 종류

해시함수	(n, k, m)	해시 비율
Matyas-Meyer-Oseas*	(n, k, m)	1
Davies-Meyer	(n, k, m)	k/n
MDC-2(DES)	(64, 56, 128)	1/2
MDC-4(DES)	(64, 56, 128)	1/4

ⓔ 안전성

안전하고 효율적인 MDC 해시함수 h( )는 다음 조건을 만족하는 함수
- 함수 h( )는 공개된 함수이고, 어떠한 비밀키도 함수계산에 사용되지 않음
- 변수 m의 길이에는 제한이 없고, h(m)의 길이는 l비트로 고정(l>64)
- h( )와 m이 주어졌을 때, h(m)의 계산은 쉬워야 함
- m가 h(m)이 주어졌을 때, h(m′)=h(m)을 만족하는 m′(≠m)을 찾는 것은 계산적으로 불가능해야 함

구분	입력	출력	해시율
MDC-2	n	2n	1/2
MDC-4	n	2n	1/4

2 해시함수 공격의 종류 및 특성

생일 공격 (Birthday Attack)	• n비트를 출력하는 해시함수는 생일의 역설에 의하여 2n/2개의 메시지만 있으면 1/2이상 충돌쌍이 발생하기 때문에, 128비트, 180비트의 출력값을 갖는 해시함수의 안전도는 각각 64비트, 80비트의 안전도를 가짐 • 해시함수뿐만 아니라 메시지 인증 코드(MAC)의 안전성 분석에서도 중요한 역할
일치 블록 연쇄 공격	새로운 메시지 M′를 사전에 다양하게 만들어 놓은 상태에서 공격하고자 하는 메시지 M의 해시함수 값 h(M)와 같은 해시함수 값을 갖는 것을 선택하여 사용하는 공격
중간자 연쇄 공격	전체 해시값이 아니라 해시 중간의 결과에 대한 충돌쌍을 찾아서 특정 포인트를 공격
고정점 연쇄 공격	• 압축함수에서 고정점이란 f(Hi-1, xi)=Hi-1을 만족하는 쌍(Hi-1, xi)을 말함 • 메시지 블록과 연쇄 변수쌍을 얻게 되면 연쇄변수가 발생하는 특정한 점에서 임의의 수의 동등한 블록들 xi를 메시지의 중간에 삽입해도 전체 해시값이 변하지 않음 • 이러한 공격은 고정점으로 밝혀진 특정한 점에서 연쇄변수의 값을 다양하게 조절할 수 있다는 전제가 있어야 효율적이며, 따라서 연쇄변수가 알려진 고정점에 대하여 어떤 값을 갖도록 재배열될 수 있는지에 따라 공격 가능 여부 결정
차분 연쇄 공격	다중 라운드 블록 암호의 공격 : 다중 라운드 블록 암호를 사용하는 해시함수에서 입력값과 그에 대응하는 출력값 차이의 통계적 특성을 조사하는 기법

♠ Matyas-Meyer-Oseas
- 단일 길이 MDC
- 중간 해시값 을 키로 사용해 메시지 블록을 암호화하고, 암호화한 값을 다시 입력 메시지 블록과 XOR 하는 방법
- $H_i = E_{H_{i-1}}(m_i) \oplus m_i$

3 해시함수 설계원리

1) 압축함수

- 크기가 고정된 해시함수로, 압축성, 계산의 용이성에 일방향 성질을 추가시킨 함수
- 하지만 정의역이 제한되어 있어 고정된 크기의 입력값을 가짐
- m비트 크기의 입력을 n비트 크기의 출력값으로 압축시킴(m>n)

2) 패딩기법

- 블록 단위로 해시하는 방법에서 일반적으로 블록 길이를 같게 하기 위하여 해시하기 전의 메시지에 대한 비트열 패딩
- 패딩된 비트는 송신자와 수신자가 동의하면 전송 또는 저장될 필요 없음

패딩방법 1	입력	비트 길이가 n인 데이터 x
	출력	비트 길이가 n의 배수인 패딩된 데이터 x′
	패딩	비트 길이가 n의 배수가 되도록 필요한 만큼 x에 '0' 비트를 패딩
패딩방법 2	입력	비트 길이가 n인 데이터 x
	출력	비트 길이가 n의 배수인 패딩된 데이터 x′
	패딩	x에 '1' 비트를 패딩 함. 비트 길이가 n의 배수가 되도록 필요한 만큼 데이터 x에 '0' 비트 패딩

- [패딩방법 1]은 데이터의 뒤에 붙은 '0' 비트가 패딩 '0' 비트와 구별되지 않으므로 모호
- 이런 방법은 다른 수단에 의하여 수신자에게 데이터의 길이를 알려줄 수 있다면 좋은 방법이 될 수 있음
- [패딩방법 2]는 패딩되지 않은 데이터 x와 패딩된 데이터 x′ 사이에 일대일 관계가 있으므로, 모호하지 않음

4 메시지 인증 코드(Message Authentication Code)

1) 개요

- 전송 중인 메시지 내용의 무결성 보장을 위한 방법
- 원문 메시지가 변하지 않았다는 것을 증명하기 위한 암호학적 점검 값
- 짧은 길이의 암호학적 점검 값이며, MAC을 만들어 부가

2) 메시지 인증 필요성

노출(Disclosure)	제3자에게 메시지 내용 노출
트래픽 분석(Traffic Analysis)	통신 주체 간 트래픽 형태 발견
위장(Masquerade)	부정한 출처로부터의 메시지 삽입
내용 수정(Content Modification)	메시지 내용 변경
순서 수정(Sequence Modification)	메시지 순서 수정
시간 수정(Timing Modification)	메시지 지연과 재전송
부인(Repudiation)	메시지 송신이나 수신 부인

📖 **생일의 역설(Birthday Paradox)**

- 적어도 23명 이상이 존재하면 생일이 같은 사람이 1/2, 즉 50% 이상은 반드시 존재
- 계산식

$$p(n) = 1 - \frac{365!}{365^n(365-n)!}$$

- 여기서 $n \le 365$인 자연수 !는 계승을 의미
- 이 $p(n)$값을 특정 n값에 대해 계산하면 다음과 같다.

n	$p(n)$
1	0.0%
5	2.7%
10	11.7%
20	41.1%
23	50.7%
30	70.6%
40	89.1%
50	97.0%
60	99.4%
70	99.9%
100	99.99997%
366	100%

3) 메시지 인증자 단계

1단계	인증자 생성 단계
2단계	인증자 검증 단계

4) 메시지 인증 함수 유형

메시지 암호화	전체 메시지의 암호문이 인증자로 제공
메시지 인증 코드	• 초기에는 DES의 CBC 운영모드를 이용하여 MAC 생성 • 최근에는 해시함수 기반의 MAC 생성 방식을 주로 사용
해시함수	메시지 내용 무결성 보장

5) 기본원리

- 1. 송신자 A와 수신자 B 사전에 키를 공유
- 2. 송신자 A는 메시지를 기초로 하여 MAC 값을 계산(공유 키를 사용)
- 3. 송신자 A는 수신자 B에게 메시지와 MAC 값을 보냄
- 4. 수신자 B는 수신한 메시지를 기초로 하여 MAC 값을 계산(공유 키를 사용)
- 5. 수신자 B는 송신자 A로부터 수신한 MAC 값과 계산으로 얻어진 MAC 값을 비교
- 6. 수신자 B는 2개의 MAC 값이 동일하면 메시지가 송신자 A로부터 전송된 것이라고 판단(인증 성공). 동일하지 않다면 A로부터 전송된 것이 아니라고 판단(인증 실패)

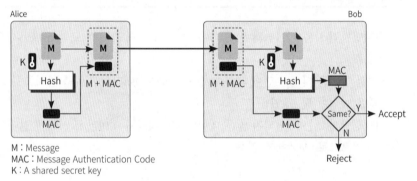

M : Message
MAC : Message Authentication Code
K : A shared secret key

[MAC 기본원리]

6) 기반함수

- 블록 암호 알고리즘 기반 MAC 알고리즘
  - CBC MAC*, CMAC*
- 해시함수 기반 MAC 알고리즘
  - HMAC*

7) 안정성

- 비밀키를 알지 못하면 주어진 메시지에 대한 MAC 값 계산 불가능
- 같은 MAC 값을 갖는 메시지 생성 불가능
- 안전하고 효율적인 MAC 해시함수 h( )는 다음 조건을 만족하는 함수
  - 함수 h( )는 공개된 함수이고, 비밀키 k가 함수계산에 사용
  - 변수 m의 길이에는 제한이 없고, h(k, m)의 길이는 l비트로 고정(l≥64)
  - h( ), m 그리고 k가 주어졌을 때, h(k, m)의 계산은 쉬워야 함
  - 여러 쌍의 {mi, h(k, mi)}가 예측되었다고 할지라도, 이를 이용하여 비밀키 k를 도출한다거나 임의의 m′(≠mi)에 대하여 h(k, m′)를 계산해 내는 것이 계산적으로 불가능해야 함

🔲 CBC MAC
- 데이터를 선택된 블록 암호로 CBC 모드를 사용하여 암호화한 후 최종 암호문 블록을 가지고 MAC 값을 구하는 방식
- MAC의 안전성은 사용된 블록 암호의 안전성에 의존

🔲 CMAC
(Cipher-Based MAC)
- 암호기반 메시지 인증 방식
- AES, Triple-DES 암호 알고리즘을 이용

🔲 HMAC(Hash-Based MAC)
- Keyed-Hash 메시지 인증 코드로, 키를 조합하여 해시함수를 구하는 방식
- 송신자와 수신자만이 공유하고 있는 키와 메시지를 조합하여 해시값을 생성

구분	설계의 목적	이상적인 길이	공격자의 목적
OWHF	• 역상 저항 • 두 번째 역상 저항	• 2n • 2n	• 역상 생성 • 같은 상을 갖는 다른 역상 생성
CRHF	충돌 저항	2n/2	충돌 생성
MAC	• 키 회복 불능 • 계산 저항	• 2t • Pfmax(2−t, 2−n)	새로운 메시지, MAC 생성

5 MDC, MAC의 비교

구분	특징	종류	무결성	인증	부인방지	키 유무
MDC	Hash	MD5, SHA−1	o	x	x	없음
MAC	Hash+대칭키	HMAC, CBC−MAC	o	o	x	있음

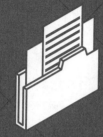

· P A R T ·

05

정보보안 관리 및 법규

CHAPTER 01   정보보호 관리

CHAPTER 02   정보보호관련 표준 · 지침

CHAPTER 03   정보보호 관련 법규

정보보호 관리

📖 **정보보안과 정보보호의 의미**

· 정보보안 : 사람이 오감으로 감촉할 수 있는(Tangible) 물리적 자산(건물, 금고, 탄약고 등)의 보호를 전제로 하는 보호 행위를 의미
· 정보보호 : 사람이 오감으로 감촉할 수 없는(Intangible) 논리적 자산, 즉 소프트웨어의 내용이나 데이터 등의 논리적 정보자산에 대한 보호를 전제로 하는 보호행위를 의미

Section 01 정보보호의 개요

1 개요

1) 정의

- 의도적이든 의도적이 아니든 인가받지 않은 노출 · 전송 · 수정 그리고 파괴로부터 정보를 보호하는 것
- 정보의 수집 · 가공 · 저장 · 검색 · 송신 · 수신 중에 정보의 훼손 · 변조 · 유출 등을 방지하기 위한 관리적 · 기술적 수단을 강구하는 것(정보화촉진 기본법 제2조)

2) 필요성

- 산업사회에서 정보화 사회로 바뀌면서 오프라인에서 수행되던 일이 대부분 온라인으로 수행이 가능해지고 있음. 그러나 정보화의 순기능과 함께 개인정보가 노출되거나 악용되는 등의 사례가 증가함에 따라 사생활 침해, 조직 내 중요 정보의 오용과 악의적인 유출 등 치명적인 정보화 역기능이 발생
- 정보화 역기능의 사례는 지속적으로 증가하고 있으며, 사용되는 기술도 정보기술과 함께 발달하고 있으므로, 정보보호*의 필요성이 더욱 중요시되고 있음

📌 **정보보호**

· 공급자 측면 : 내·외부의 위협요인으로부터 네트워크, 시스템 등의 하드웨어, 데이터베이스, 통신 및 전산시설 등 정보자산을 안전하게 보호·운영하기 위한 일련의 행위
· 사용자 측면 : 개인정보 유출 및 남용을 방지하기 위한 일련의 행위

3) 목표

기밀성 (Confidentiality)	정보가 비인가된 사용자에게 노출되지 않도록 보장하는 보안원칙
무결성 (Integrity)	정보가 비인가된 사용자의 악의적 또는 비악의적 접근으로부터 변경되지 않도록 보장하는 보안원칙
가용성 (Availability)	인가된 사용자가 정보시스템의 데이터 또는 자원을 필요로 할 때, 지체 없이 원하는 객체 또는 자원에 접근하여 사용할 수 있도록 보장하는 보안원칙

4) 특성

① 기밀성, 무결성, 가용성

기밀성 (Confidentiality)	개념	• 내부 정보 비인가된 개인, 단체, 프로세스 등으로부터 중요한 정보를 보호하는 것 • 정보 소유자의 인가를 받은 사용자만이 정보 접근이 가능하도록 하는 것 • 접근통제의 모든 행위는 근본적으로 기밀성 보호를 위한 것
	침해유형	공개(Display), 노출(Exposure)
	접근통제	물리적 수준, 운영체제 수준, 네트워크 수준 접근통제
무결성 (Integrity)	개념	내부에 있는 정보의 저장과 전달 시 비인가된 방식으로 정보와 소프트웨어가 변경되지 않도록 정확성과 안정성을 보호하는 것
	침해유형	변조(Alteration), 파괴(Destruction)
	무결성 통제	물리적 통제와 해시함수 사용
가용성 (Availability)	개념	내부의 정보자원에 대하여 인가된 사용자가 정보나 서비스를 요구할 때 언제든지 사용 가능하도록 하는 것
	침해유형	지체(Delay), 재난(Disaster)
	가용성 통제	데이터 백업, 중복성 유지, 물리적 위협으로부터 보호 기술 사용

[정보보호의 특성]

② 기타 특성

책임 추적성 (Accountability)	• 내부 정보에 침해행위가 발생한 경우, 각 객체의 행위를 유일하게 추적할 수 있음을 보장하는 것 • 책임 추적성이 보장되지 않으면 잘못이 없는 사람에게 책임이 전가될 수 있으며, 추적 불가능한 행위를 방임하는 결과를 가져올 수 있음
인증성 (Authenticity)	• 어떤 주체나 객체가 정당한 사용자임을 확인하는 것 • 잘못된 인증은 주체 또는 객체에 피해를 줄 수 있음
신뢰성 (Reliability)	• 의도된 행위에 따른 결과의 일관성을 보장하는 것 • 신뢰성의 결여는 고객의 신뢰성 상실로 인하여 기업의 신뢰도를 떨어뜨리는 등 조직의 목표에 중대한 영향을 미칠 수 있음
부인방지 (Non-Repudiation)	• 송신 부인방지, 수신 부인방지 • 통신 프로토콜에 디지털 서명 등의 기술 적용
접근통제 (Access Control)	• 시스템과 프로그램 간 접근통제 • 비인가자의 접근통제, 주어진 권한만 사용

💠 **보안 솔루션**
  (Security Solution)
네트워크 방화벽, IPS, 웹 방화벽,
NAC 등 보안을 위하여 도입되는
프로그램 또는 장비를 총칭

💠 **DRM**
  (Digital Rights Management)
디지털 콘텐츠의 저작권을 보호
하는 기술

💠 **ESM**(Enterprise Security
  Management)
방화벽(Firewall), 침입 탐지시
스템(IDS), 가상사설망(VPN) 등
다양한 종류의 보안 솔루션을
하나로 모은 통합보안 관리시
스템

5) 정보보호 기술의 분류

관리적 보안	• 기업의 민감한 정보를 보호하기 위한 인적 · 행정적 정보보호 방안 • 정보보호 관리체계(ISMS), 정보보안 지침과 절차, 비상대책 수립과 보안사고 대응 능력, 자산의 보안 등급 분류 및 가치평가, 보안 관리 및 보안교육 시행 등
기술적 보안	• 정보보호를 위한 기술적 보안시스템 • 보안 솔루션*, 보안 모니터링 및 감사, DRM*, 인증, 데이터 암호화, DB 보안, ESM* 등
물리적 보안	• 중요한 자원 및 민감한 정보를 보호하기 위한 물리적인 시설 및 수단 • 입 · 출입 통제시스템, 자연재해 통제, 데이터 백업 및 저장매체 반입 · 반출 통제시스템, 재해복구시스템, 전원 및 케이블 보호, 제한구역 설정, 항온항습 장치 등

2 정보보호 관리

1) 개념

- 조직이 가지고 있는 취약점을 찾아내어, 이를 보완할 수 있는 다양한 통제 방안 도입
- 조직의 정보에 대한 다양한 위협으로부터 정보보호를 위한 체계
- 효율적인 정보보호 관리체계를 구축하기 위하여 체계적인 절차 필요
- 각 조직은 자신의 정보보호 요구사항에 따라 필요한 통제를 적절히 선정하여 효율적으로 정보보호를 해야 함
- 정보보호 관리를 이행하기 위하여 조직은 정보보호 정책 및 조직수립, 범위설정 및 정보자산 식별, 위험관리, 구현, 사후관리 활동으로 구성된 6단계의 논리적이고 체계적인 정보보호관리 프레임워크를 수립하고, 기획 · 관리해야 함
- 정보보호 관리체계(ISMS : Information Security Management System) 구축

Section 02 정보보호 정책 및 조직

1 정보보호 정책의 개념 및 유형

1) 개념

- 조직의 정보보호에 대한 방향과 전략, 그리고 정보보호 프로그램의 근거를 제시하는 매우 중요한 문서이기 때문에 정책의 의미, 유형, 수립과정, 포함될 내용을 이해해야 함
- 정보보호 프로그램이 조직 내에서 효과적으로 수행되기 위하여 정보보호에 대한 책임과 역할이 명확히 규명되어야 하고, 이것이 조직체계로서 구현되어야 하므로, 정보보호를 위한 조직의 유형과 역할, 구성 등에 대한 이해 필요
- 어떤 조직의 기술과 정보자산에 접근하려는 사람이 따라야 하는 규칙의 형식적인 진술이며, 정보보호 임무를 관리하기 위한 수단

2) 유형

상향식(Bottom Up) 정책	기업 차원의 정책은 차후에 기존의 운영정책을 종합하여, 수립정책 간의 불일치와 모순이 발생할 여지가 있음
하향식(Top Down) 정책	• 기업 차원의 정책으로부터 하위 수준의 정책을 도출하는 방식 • 전사적으로 일관성을 유지할 수 있어야 함

3) 요소

경영진의 참여와 지원	• 성공적인 정보보호 실천을 위하여 정보보호 정책은 최고 경영자 및 경영진에 대한 참여를 통하여 제정·승인되며, 직원이 정보보호가 중요하다는 사실을 인식할 수 있음 • 모든 사람에게 경영진이 정보보호에 대하여 확실한 실행 의지와 지원이 약속되었다는 것을 보여줄 수 있음
관계 법령의 고려	• 조직 내 정보보호 실천을 위한 최상위의 규정이지만, 조직의 사업 목적과 관계 법령에 종속 • 정보보호는 한 조직만의 문제가 아니며, 국가의 안전과 시민의 권리와도 관련이 있으므로, 정보보호 정책은 제반 법적 요구사항을 만족해야 할 뿐만 아니라, 적극적으로 정보보호에 관련된 법적 요구사항을 달성하도록 명시해야 함
상위정책과의 일관성 유지	• 정보보호 정책의 체계를 수립하는 것은 경영전략, 정보기술전략 등의 상위정책과의 일관성을 유지하는 것과 정책·표준·지침·절차 등의 정보보호 관련 문서의 유형을 조직에 맞도록 정형화하는 것을 의미 • 상위정책과 일관성을 유지하기 위하여 정보보호 정책을 새롭게 개발하거나 개정하는 경우에는 경영전략, 사업목표 등의 상위 문서를 개발의 초기 단계에서 우선적으로 검토하여, 필요한 사항을 적절하게 반영해야 함
정보보호 정책 구성 체계	• 정보보호에 관련된 문서체계는 상위 정보보호 정책과 중간의 절차·표준 지침, 그리고 하위 정보보호 관리체계를 운영하면서 발생하는 기록 등으로 분류하여 관리해야 하며, 하위 문서는 상위 문서를 구체화하며 상위 문서에 종속 • 목적, 적용대상과 범위에 따라 계층화될 수 있으며, 전체 조직에 적용되는 최상위 정보보호 정책이 존재하고, 이를 달성하기 위하여 부서별로 업무에 관련된 정보보호 정책이 존재할 수 있음

4) 정책, 표준, 지침, 절차의 정의 및 특성

구분	정의 및 특성
정책 (Policy)	• 정보보호에 대한 상위 수준의 목표 및 방향 제시 • 조직의 경영목표를 반영하고, 정보보호 관련 상위정책과 일관성 유지 • 정보보호를 위하여 관련된 모든 사람이 반드시 지켜야 할 요구사항을 전반적이며 개략적으로 규정
표준 (Standard)	• 정보보호 정책과 마찬가지로 반드시 지켜야 하는 요구사항에 대한 규정이지만, 정책의 만족을 위하여 반드시 준수해야 할 구체적인 사항이나 양식 규정 • 조직의 환경 또는 요구사항에 따라 관련된 모든 사용자가 준수하도록 요구되는 규정
지침 (Guideline)	• 반드시 지켜야 하는 것이 아니라 선택적이거나, 권고적인 내용이며, 융통성 있게 적용할 수 있는 사항 설명 • 정보보호 정책에 따라 특정 시스템 또는 특정 분야별로 정보보호 활동에 필요한 세부 정보 설명
절차 (Procedure)	• 정책을 만족하기 위하여 수행해야 하는 사항을 순서에 따라 단계적으로 설명 • 정보보호 활동의 구체적인 적용을 위하여 필요한 적용 절차 등의 구체적이고 세부적인 방법 기술

❷ 정보보호 정책 수립과정 및 내용

1) 정의

- 정보보호 정책은 어떤 조직의 기술과 정보자산에 접근하려는 사람이 지켜야 하는 규칙의 형식적인 진술
- 정보보호에 관한 경영진의 목표와 방향을 문서화된 형태로 제시하는 것이며, 어떤 조직의 기술과 정보자산에 접근하려는 사람이 지켜야 하는 규칙의 형식적인 진술
- 반드시 충족해야 할 특정 요구사항 또는 규칙에 대한 윤곽을 명시하며, 고위 경영진에 의하여 생성된 고위급 성명서(High Level Statement)로서, 사내의 중요한 정보를 보호 · 관리 · 배포하기 위한 방법 규정

2) 정보보호 정책의 목표, 필요성과 특징

목표	• 조직의 고위 경영진이 생각하는 신념과 지향하는 목표 그리고 달성하고자 하는 내용의 성명서(Statement)로, 내용상 간단하나 강력한 시행을 요구하는 의무사항 • 정책은 문서화되어야만 법률상의 문제 발생 시 법정에서 법적 인정을 받을 수 있으며, 총괄적인 내용을 나타내는 청사진으로, 1년을 주기로 검토하여 조직 구성이나 책임의 변동에 따른 변화를 반영해야 함 • 조직에서 정보보호 정책의 목표를 설정할 경우에는 조직이 달성하고자 하는 목표와 달성 방법(전략), 그리고 목표달성을 위한 정책을 조직의 각 단계 및 사업단위 또는 부서별로 정의해야 함. 또한, 효율적인 정보보호 정책을 위하여 각각의 조직수준과 사업단위별로 다양한 목표, 전략, 정책을 수립해야 함
필요성	• 정보보호와 관련된 결정은 대부분 정보보호 관리자가 네트워크의 안전 여부, 제공기능, 편의성에 관하여 결정하였을 때 만들어짐 • 정보보호 정책의 목표를 결정하지 않고, 보안에 관한 적절한 결정을 할 수 없음 • 정보보호 목표를 결정할 때까지는 무엇을 점검하고 무엇을 제한할 것인지를 전혀 알지 못하기 때문에, 어떤 보안 도구도 효과적으로 사용할 수 없음
특징	• 수용 가능한 지침 또는 다른 적절한 방법을 수립하고, 시스템 관리절차를 통한 구현이 가능해야 함 • 예방이 기술적으로 불가능한 경우에는 인가를 통하여 보안 도구가 적절하게 실행되어야 함 • 사용자, 관리자, 기술 요원에 대한 책임 영역이 명확하게 정의되어야 함

3) 정보보호 목표선정 시 고려사항

서비스제공	사용자에게 제공하는 서비스의 이점이 잠재적 위험보다 크면, 정보보호 관리자는 사용자가 위험으로부터 서비스를 안전하게 사용할 수 있도록 보호 대책을 수립해야 함
용이성	• 누구나 쉽게 시스템에 접근하여 사용할 수 있다면 사용하기 쉬운 반면, 각종 위험에 노출될 가능성이 높음 • 정보보호 관리자는 시스템 사용의 용이성이 다소 떨어지더라도, 시스템의 안전을 최우선 과제로 선정해야 함
정보보호 비용과 손실 위험	• 정보보호를 하기 위하여 비용이 많이 소요되기 때문에 각 비용의 형태는 발생 가능한 손실의 형태에 따라 신중하게 결정해야 함 • 정보보호 정책의 영역은 정보기술, 저장된 정보, 기술에 의하여 조직된 정보의 모든 형태를 포함

3 정보보호 정책 수립 절차

1) 정보보호 정책 수립

- 경영목표를 지원하는 법적 · 규제적 요건을 파악하여 수립
- 위험관리에 관하여 명시된 전략적 정보보호 정책 수립

2) 정보보호 정책 작성방안

목적	중요한 정보자산을 식별하여 선언하고, 정보의 어떤 특성을 만족해야 하는지 선언
적용 범위	• 정책의 적용 범위 명시 • 전 조직을 대상으로 하며, 정보자산에 접근하는 외부인을 포함하는 것이 가장 일반적이고 바람직
정책 내용	관리체계 범위 내의 전 직원에게 적용되는 것이 원칙이기 때문에, 모두가 숙지할 수 있도록 가장 중요한 사항만 간단하고 명료하게 만들어야 함
책임	• 정책을 수행하기 위하여 기본적으로 책임 사항을 정의해야 함 • 경영진의 책임, 정보관리 또는 정보보호 조직의 책임, 일반 직원의 책임 등 명시
문서승인	조직의 최고책임자가 정책을 승인하고, 지원 의지를 알리기 위한 것

4 조직체계와 역할 · 책임

- 정보보호 조직은 적합한 정보보호 정책을 계획 · 구현 · 승인 · 감독할 수 있는 조직체계를 수립해야 함
- 모든 조직은 독자적인 체계를 가지고, 이에 적합한 방식으로 정보보호와 관련된 직무를 할당해야 함

1) 주요 임무

사고 대응팀과 정보보호 위원회	• 전략적 보안계획과 관련하여 IT 운영위원회에 조언 • 조직의 IT 정보보호 정책을 수립하고, IT 운영위원회로부터 승인 획득 • IT 정보보호 정책을 IT 보안 프로그램으로 전환 • IT 보안 프로그램 실행을 모니터링 • IT 보안정책의 유효성 검토 • IT 보안 문제 인식 촉진 • 계획 프로세스를 지원 및 IT 보안 프로그램 수행을 지원하는 데 필요한 자원(인력, 예산 등)을 토대로 조언
정보시스템 관리 책임자	• IT 보안 프로그램 수행 감독 • 정보보호 관리팀 및 정보보호 임원에 대한 연락 및 보고 • IT 보안정책과 지침 유지 • 사고 조사 조정 • 조직의 전반적인 보안 인식프로그램 관리 • IT 프로젝트 및 시스템 보안담당의 권한 결정
프로젝트 보안 담당자와 시스템 보안 담당자	• 정보보호 관리팀 및 IT 보안담당에 대한 연락 및 보고 • IT 프로젝트 및 시스템 보안정책 수립 · 유지 • 정보보호 계획을 개발 · 구현 • IT 프로젝트 및 시스템 보안 대책의 구현 및 모니터링 • 사고 조사의 착수 · 지원

2) 책임

구성원의 역할과 책임 및 권한을 명확히 규정하여, 모든 직원이 이를 이해하도록 함

3) 구성원별 책임

최고 경영자	정보보호를 위한 총괄 책임
정보시스템 정보보호 관리자	조직의 정보보호 정책 · 표준 · 대책 · 실무 절차를 설계 · 구현 · 관리 · 조사할 책임
데이터 관리자	정보시스템에 저장된 데이터의 정확성과 무결성을 유지하고, 데이터의 중요성 및 분류를 결정할 책임
프로세스 관리자	정보시스템에 대한 조직의 정보보호 정책에 따라 적절한 보안을 보증할 책임
기술지원 인력	보안대책의 구현에 대하여 조언할 책임
정보시스템 감사자	보안목적이 적절하고, 정보보호 정책 · 표준 · 대책 · 실무 및 절차가 조직의 보안목적에 따라 적절하게 이루어지고 있음을 독립적인 입장에서 관리자에게 보증할 책임
사용자	조직의 정보보호 정책에 따라 수립된 절차를 준수할 책임

5 예산 수립 및 정당화 방법

1) 정보자산 식별

- 조직의 정보자산으로 보호할 가치가 있는 자산을 식별하고, 이를 정보자산의 형태, 소유자, 관리자, 특성 등을 포함한 목록으로 만들어야 함
- 자산식별을 통하여 조직의 자산을 파악하고, 자산의 가치 및 중요도를 산출하며, 정보자산과 업무처리와의 관계도 알아낼 수 있음

2) 자산 가치산정

- 자산(Asset)*을 정량적 또는 정성적으로 산출하는 기준과 절차 정의
- 자산의 중요도를 파악하고, 위협이 발생한 경우 피해량 측정에 필요한 정보를 얻기 위하여, 위험분석 대상 자산의 가치를 정량적 또는 정성적인 방법으로 평가하는 과정

① 기준

정량적 기준	자산도입 비용, 자산복구 비용, 자산교체 비용
정성적 기준	업무처리에 대한 자산의 기여도, 자산이 영향을 미치는 조직과 작업의 수, 시간(복구시간), 기타(조직의 특성에 맞는 기타 요소)

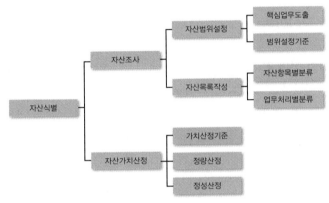

[자산식별 과정]

3) 자산평가

자산평가 과정은 위험분석 결과의 정확도를 결정하는 매우 중요한 과정으로, 자산조사와 자산 가치산정의 2가지로 나눔

자산조사	조사할 자산의 범위를 설정하고, 자산목록 작성
자산 가치 산정	여러 가지가 있으나, 적용의 편의성을 위하여 가장 단순하게 3단계(자산의 기밀성, 무결성, 가용성 측면의 중요도)로 평가할 수 있음 – 기밀성과 무결성 : 주로 데이터의 가치에 의하여 결정 – 가용성 : 서비스의 중요도에 의하여 결정

4) 자산 그룹핑

조사한 자산을 기밀성, 무결성, 가용성 평가결과에 기초하여 자산 유형, 보안 특성, 중요도가 같은 것끼리 묶어 공통 자산그룹으로 명시하는 것

① 목적

- 위협 및 취약성 평가와 위험평가를 수행할 때 앞에서 언급한 3가지 특성에 근거하여 결과가 달라지기 때문에, 같은 결과가 나오는 자산에 대하여 동일한 작업을 반복하지 않기 위하여 그룹핑을 해야 함
- 만약, 자산의 수가 적고, 결과가 다양하여 이후의 분석에 걸리는 시간 차이가 크지 않다면 그룹핑을 하지 않아도 됨

★ 자산(Asset)
조직이 보호해야 할 대상으로 정보, 하드웨어, 소프트웨어, 시설 등을 말하며, 관련 인력, 기업 이미지 등의 무형자산도 포함

Section 03 위험관리

1 위험관리 전략 및 계획수립

1) 위험의 정의

① 손실을 끼치는 사건 발생 가능성과 발생 손실의 정도에 비례

> 위험 = 발생 가능성 × 손실의 정도

② 자산, 위협, 취약성의 함수로서 정의

> 위험 = f(자산, 위협, 취약성)

2) 위험관리의 정의 및 목적

- 위험을 평가하고, 피해자가 수용할 수 있는 수준까지 위험을 감소시키기 위한 조치를 마련하여 위험을 수용할 수 있는 수준으로 유지하는 것
- 위험의 측정과 관리를 통하여 다양한 위협요소로부터 피해를 최소화하거나 막기 위함
- 조직문화와 정보자산에 적절한 위험관리 전략과 계획을 수립하기 위하여, 위험을 분석하고 평가하여 대응이 필요한 위험과 우선순위 결정
- 위험을 수용 가능한 수준으로 감소시키기 위해 적절한 정보보호 대책을 선택하고, 이들을 구현할 계획수립

3) 위험관리의 구분

- 정보보호 정책을 바탕으로 각 조직에 적합한 전반적인 위험관리 전략 결정
- 위험분석 활동의 결과, 혹은 기본 통제에 따른 개별 IT 시스템에 대한 대책의 선택
- 보안 권고를 토대로 IT 시스템 보안정책의 정형화, 조직의 정보보호 정책
- 승인된 IT 시스템 보안정책을 토대로 대책을 구현하기 위한 IT 보안 계획수립

4) 위험관리 계획

위험분석	• 통제되거나 수용할 필요가 있는 위험을 확인하는 것 • 자산 가치평가, 위협, 취약성을 포함 • 모든 시스템에 대한 간단한 초기 분석을 통하여 불필요한 시간과 자원의 투자 없이 실행할 수 있음
위험평가	• 위험평가의 목적은 적절하고 정당한 보안대책을 선정하고 식별하기 위하여, 시스템 및 그 자산이 노출된 위험을 평가하고 식별하기 위한 것 • 위험은 위험에 처한 자산, 잠재적이고 불리한 업무충격을 유발하는 위협 가능성, 식별된 위협으로 인한 취약성의 쉬운 사용 및 위험을 감소시키는 기존의 대책 혹은 계획된 어떤 대책에 따른 새로운 위험 가능성 등을 포함
대책선정	• 허용 가능 수준으로 평가된 위험을 줄이기 위하여 적절하고 정당한 대책을 식별 및 선정 • 대책은 위협을 방지하고, 취약성을 감소시키고, 원치 않는 사고의 감지 및 충격을 제한하고, 복구를 촉진하는 실행 · 절차 · 메커니즘 • 일반적으로 효과적인 보안에는 자산에 대한 보안계층을 제공하는 다양한 대책의 조합을 요구

5) 위험관리 계획수립

- 신청기관의 목표 및 정책, 법적 요구사항 등을 고려하여, 조직, 역할, 책임, 주요 과정을 포함한 위험관리 전략 및 계획수립
- 신청기관에 적합한 위험관리 방법을 선택하고 문서화
- 위험관리 조직, 일정, 방법의 명시 : 조직의 정보보호 정책에 따라 조직의 목표, 법적 요구사항 등을 고려하여, 위험관리를 수행할 조직을 지정하고, 관련된 조직의 역할과 책임, 기본적인 절차 등을 문서화
- 위험관리 수행주기 : 위험분석 및 평가는 1~2년 단위로 정기적 수행을 권고
- 위험관리 방법의 재검토 : 기존의 위험분석 및 평가방법이 현재에 적절한지를 검토하고 수행

6) 정보보호 관련 위협

① 위협의 종류

가로채기 (Interception)	• 비인가된 사용자, 공격자가 전송 중인 정보를 열람하거나 도청하는 행위 • 정보의 기밀성 보장 위협
위조 (Fabrication)	• 마치 다른 송신자로부터 정보가 수신된 것처럼 속이는 것. 즉 시스템에 불법접근 후 저장정보를 변경하여 정보를 속이는 행위 • 정보의 무결성 보장 위협
변조 (Modification)	• 시스템에 불법적으로 접근하여 데이터를 다른 내용으로 바꾸는 행위 • 정보의 무결성 보장 위협
차단 (Interruption)	• 정보의 송수신을 원활하게 하지 못하도록 방해하는 행위 • 정보의 흐름을 차단하고, 정보의 가용성 보장 위협

② 포괄적 정보보호 위협

구분	소분류	내용
사람과 관련한 위협 (인위적 위협)	의도적인 위협	도청, 절도, 시스템 해킹, 악성코드, 비인가된 사용, 사용자 위장 등
	비의도적인 위협(우연한 사고)	작업자의 실수로 인한 파일 삭제, 하드웨어 고장, 컴퓨터 오류 등
환경적 위협	지진, 폭풍, 화재, 전자기 오류	

2 위험분석 방법론

- 위험관리에서 가장 중요한 역할을 하는 부분으로, 정보시스템과 그 자산의 기밀성, 무결성, 그리고 가용성에 영향을 미칠 수 있는 다양한 위협에 대하여, 정보시스템의 취약성을 인식하고 이로 인하여 인식할 수 있는 예상손실 분석
- 식별된 정보자산에 영향을 줄 수 있는 모든 위협과 취약성, 위험을 식별하고 분류해야 하며, 이 정보자산의 가치와 위험을 고려하여 잠재적 손실에 대한 영향을 식별·분석

1) 구성요소

자산 (Asset)	• 조직이 보호해야 할 대상으로, 정보, 하드웨어, 소프트웨어, 시설 등을 말하며, 관련 인력, 기업 이미지 등의 무형자산을 포함하기도 함 • 자산의 유형에 따라 위협과의 관계, 즉 취약성이 분류될 수 있으므로, 이런 측면에서 자산을 분류하여 파악하는 것이 위험을 평가하는 데 효과적 • 일반적으로 데이터 자산, 문서 자산, 소프트웨어 자산, 하드웨어 자산, 시설이나 장비 등의 물리적 자산, 인적 자산 등으로 구분되며, 이 외에 기업의 이미지 또는 평판, 직원의 사기 등을 무형자산으로 평가하기도 함 • 자산의 가치산정을 정확하게 하기는 매우 어려우나 이러한 측면을 모두 고려하고, 단기적 손실과 장기적 영향을 포함하여 자산의 중요도 또는 사고 발생 시 미칠 수 있는 영향의 규모를 파악하는 것이 필요
위협 (Threat)	• 자산에 손실을 초래할 수 있는 원치 않는 사건의 잠재적 원인(Source)이나 행위자(Agent) • 방법론에 따라 '비인가된 노출'과 같은 위협이 발생했을 때 나타나는 결과로 표현되기도 하고, '패킷의 IP 주소 변조(IP Spoofing) 위협' 과 같은 위협 사건이 일어나는 방식으로 표현 • 위협과 관련하여 파악해야 할 속성은 발생 가능성(Likelyhood, Frequency)이며, 이것은 연간 발생 횟수 또는 발생 정도로 표현 • 위협이 발생하였다고 하여 반드시 피해가 발생하는 것은 아니며, 자산이 그 위협에 취약한지, 그리고 그 취약성을 보호할 대책이 있는지에 따라 결과는 달라짐
취약성 (Vulnerability)	• 자산의 잠재적 속성이며, 위협의 이용 대상으로 정의하나, 때로는 정보보호 대책의 미비로 정의되기도 함 • 자산에 취약성이 없다면 위협이 발생해도 손실이 발생하지 않는다는 점에서, 취약성은 자산과 위협 사이의 관계를 맺어 주는 특성으로 파악할 수 있음 • 자산과 위협 간 어느 정도의 관계가 있는지 즉, 특정 위협이 발생할 때 특정 자산에 자산의 가치와 관련하여 어느 정도의 피해가 발생할지를 취약성, 노출 정도(Exposure Grade) 또는 효과(Effectiveness Factor)라는 값으로 나타냄. 이러한 관계를 나타내는 값이 없다면 특정 위협의 발생은 이에 취약한 특정 자산의 전면적 피해, 즉 자산 가치 전액의 완전한 손실로 파악될 수 있으므로, 이러한 가정은 현실적이지 않아 위협이 자산에 영향을 미칠 가능성을 취약성 값 또는 정도(Grade)로 표현

① 정보보호 대책(Safeguard, Countermeasure)

위협에 대응하여 자산을 보호하기 위한 관리적, 물리적, 기술적 대책으로 정의되며, 이러한 대책에는 방화벽, 침입 탐지시스템 등의 제품뿐만 아니라 절차, 정책, 교육 등의 모든 통제를 포함

② 위험 구성요소 간의 관계

• 위험을 구성하는 요소인 자산, 위협, 취약성, 보호 대책 등의 요소는 서로 영향을 주고받음
• 위협은 취약성을 공격하여 이용하게 되며, 취약성은 자산을 노출시키고, 또한 자산은 가치를 보유하는데, 이러한 위협, 취약성, 자산 가치는 모두 위험을 증가시킴
• 위험을 파악함으로써 보안 요구사항을 파악할 수 있고, 보안 요구사항을 만족시키는 정보보호 대책을 선정하여 구현함으로써 위협을 방어할 수 있음

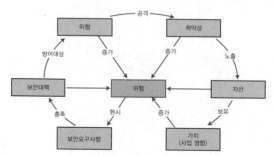

[위험 구성요소 간의 관계]

2) 위험분석 방법론

정보기술 보안 관리를 위한 국제표준 지침인 ISO/IEC 13335-1에서는 위험분석 전략을 크게 4가지로 나눔

① 베이스라인 접근법(Baseline Approach)

- 모든 시스템에 대하여 표준화된 보호 대책의 항목들을 체크리스트 형태로 제공
- 체크리스트에 있는 보호 대책이 현재 구현되어 있는지를 조사하여 구현되지 않은 보호 대책 식별

⊙ 장점, 단점

장점	분석 비용과 시간 절약
단점	• 과보호 또는 부족한 보호가 될 가능성이 있음 • 조직에 적합한 체크리스트가 존재하는 경우가 아니라면 위험분석을 하지 않는 것과 유사한 상태가 될 수 있음 • 조직의 자산변동이나 새로운 위협·취약성의 발생 또는 위협 발생률의 변화 등 보안 환경의 변화를 적절하게 반영하지 못함 • 담당자가 보안상태 자체보다 체크리스트를 통하여 나타나는 점수에 집착하게 함으로써, 보안 요구사항에 따른 우선순위보다는 구현 용이성에 따라 정보보호 대책을 구현하게 되는 경향이 나타날 수 있음

② 비정형 접근법(Informal Approach)

- 구조적인 방법론에 의하지 않고, 경험자의 지식을 사용하여 위험분석 수행
- 특정 위험분석 방법론과 기법을 선정하여 수행하지 않고, 수행자의 경험에 따라 중요 위험 중심으로 분석

⊙ 장점, 단점

장점	상세위험분석보다 빠르고 비용 절약
단점	• 작은 규모의 조직에는 적합할 수 있으나, 새롭게 나타나거나 수행자의 경험이 적은 위험영역을 놓칠 가능성이 있음 • 논리적이고 검증된 방법론이 아닌 검토자의 개인적 경험에 지나치게 의존하기 때문에, 사업 분야 및 보안에 전문성이 높은 인력이 참여하여 수행하지 않으면 실패할 가능성이 있음

③ 상세위험분석(Detailed Risk Analysis)

- 자산분석, 위협분석, 취약성 분석의 각 단계를 수행하여 위험평가
- 방법론에 따라 취약성 분석과 별도로 설치된 정보보호 대책에 대한 분석을 수행하기도 함

⊙ 장점, 단점

장점	조직의 자산 및 보안 요구사항을 구체적으로 분석하여 가장 적절한 대책을 수립할 수 있으며, 자산·위협·취약성 목록을 작성 및 검토했기 때문에 이후 변경이 발생했을 때, 해당 변경에 관련된 사항만을 추가·조정·삭제함으로써, 보안환경의 변화에 적절히 대처할 수 있음
단점	• 분석에 시간과 노력이 많이 소요 • 채택한 위험분석 방법론을 잘 이해해야 하므로, 비정형 접근법과 마찬가지로 고급의 인적 자원 필요

ⓛ 상세 위험분석 절차

- 자산분석, 위협평가, 취약성 평가, 기존 정보보호 대책의 평가를 통하여 잔여 위험을 평가하는 단계로 나눌 수 있음
- 방법론에 따라 위협평가와 취약성 평가를 하나로 통합하고, 정보보호 대책을 취약성 평가에 반영하는 방식을 사용하기도 함

자산분석	• 주요 자산을 유형별로 분류하여 목록을 작성하고, 만들어진 목록의 각 자산에 대하여 가치평가 • 각 자산에 대하여 기밀성, 무결성, 가용성의 요구 정도를 평가하며, 이 세 가지 측면의 정보보호 속성과 해당 자산의 가치에 기초하여, 각 위협에 따른 보안 사고가 각 자산에 미치는 영향(손실)을 판단하게 됨 • 자산목록을 얼마나 상세하게 할 것인가, 그리고 그것을 어떻게 분류할 것인가는 상황에 따라 달라질 수 있으며, 최종적으로 필요한 것은 어떤 자산을 어떤 방법으로, 어느 정도의 비용으로 보호해야 할 것인가를 결정하는 것 • 위협에 대한 영향이 달라지는 측면을 고려하여 주요 자산 중심으로 분류하고, 자산의 목록은 자산의 가치평가 및 기밀성, 무결성, 가용성 요구사항이 달라지는 수준에서 그룹화하는 것이 좋음
위협 및 취약성 평가	• 우려되는 발생 가능한 위협을 목록화하고, 각각의 발생 가능성 예측 • 위협에 대한 취약성을 자산별로 확인하여 그 정도를 결정하게 됨 • 위협의 발생 가능성을 정확히 평가한다는 것은 불가능하며, 검증할 수도 없으므로 위협의 발생 가능성을 추론하는 것은 여전히 필요한 작업이며, 정보시스템의 사용자와 관리자가 자산의 특성과 위험을 이해하는 좋은 기회가 될 수 있음 • 취약성 분석 역시 존재하는 모든 취약성을 나열한다는 것은 불가능하므로, 파악된 위협에 대하여 자산별로 취약성을 평가하거나 인증심사기준과 같은 표준적인 대책 목록에 대하여 구현 여부를 확인한 후 구현되지 않은 대책의 영향을 파악하기도 하며, 우려(Concern)라는 표현으로 위협과 취약성을 통합한 개념인 가능성을 평가하기도 함 • 자산 · 위협 · 취약성을 분석하여 파악한 위험을 원천위험(Original Risk)이라고 하며, 취약성 평가 시 이미 설치된 보안대책의 효과를 고려하지 않고, 위협에 대한 자산의 본래 취약성을 평가
기존 정보보호 대책의 평가	• 자산에 존재하는 위협 및 취약성에 대비하여 이미 조치한 정보보호 대책의 효과를 평가 • 대책의 종류에 따라 취약성을 낮추거나, 피해의 규모를 감소시키고, 위협 발생 가능성을 낮추어 최종적으로 현재 조직의 위험 규모를 평가하게 되는 것

④ 복합 접근법(Combined Approach)

고위험(High Risk) 영역을 식별하여 상세위험 분석을 수행하고, 그 외의 다른 영역은 베이스라인 접근법을 사용하는 방식

ⓛ 장점, 단점

장점	• 비용과 자원을 효과적으로 사용할 수 있음 • 고위험 영역을 빠르게 식별하고, 적절하게 처리할 수 있음
단점	고위험 영역을 잘못 식별했을 경우, 위험분석 비용이 낭비되거나, 부적절한 대응이 될 수 있음

3) 정량적 위험분석

- 손실 및 위험의 크기를 금액으로 나타냄. 즉 위험을 손실액과 같은 숫자로 표현
- 주로 미국에서 사용하는 방식으로, 연간예상손실액(ALE)을 계산하기 위하여 관련된 모든 값을 정량화시켜 표현

① 종류

연간예상손실 (ALE)	• 단일예상손실(SLE) = 자산 가치 x 노출 계수 • 연간예상손실(ALE) = 단일예상손실 x 연간 발생률	
과거 자료 분석법	• 과거의 자료를 통하여 위험 발생 가능성을 예측하는 방법 • 과거에 일어났던 사건이 미래에도 일어난다는 가정이 필요	
	장점	위협에 대한 과거 자료가 많을수록 분석의 정확도가 높아짐
	단점	과거의 사건 중 발생빈도가 낮은 자료에 대한 적용이 어려움
수학 공식 접근법	위협의 발생빈도를 계산하는 식을 이용하여 위험을 계량하는 방법	
	장점	과거 자료의 획득이 어려운 경우 위험 발생빈도를 추정하여 분석하는 데 유용하며, 위험을 정량화하여 매우 간결하게 나타낼 수 있음
	단점	기대손실을 추정하는 자료의 양이 적음
확률 분포법	미지의 사건을 추정하는 데 사용되는 방법	
	장점	미지의 사건을 확률적(통계적) 편차를 이용하여 최저, 보통, 최고의 위 험평가를 예측할 수 있음
	단점	확률적으로 추정하는 방법이기 때문에 정확성 낮음

② 장점, 단점

장점	• 비용 · 가치분석이 수행될 수 있음 • 예산계획에 활용할 수 있으며, 평가된 값이 의미하는 것이 분명하다는 점에서 유용
단점	• 분석에 필요한 시간과 비용이 많이 듦 • 분석을 통한 값이 실제 자산의 가치를 정확히 반영할 수 없음

4) 정성적 위험분석

- 손실이나 위험을 개략적인 크기로 비교
- 위험은 조직의 연간예상손실액(Annual Loss Expectancy)과 같이 금액으로 표현할 수도 있지만, 특정 사건에 대한 위험의 정도로 표현될 수도 있음
- 주로 유럽지역에서 사용(예 CRAMM)되었으며, 구체적인 값보다는 등급이나 설명을 사용하여 상황 묘사
- 위험을 어떤 상황에 대한 설명(Descriptive Variable)으로 묘사. 즉, '정보시스템의 기술적 장애' 라든가, '외부인에 의한 사용자 ID 도용'과 같은 표현으로 위험을 분류하며, 그 정도는 '매우 높음(Very High)', '높음(High)', '중간(Medium)', '낮음(Low)' 등으로 표현하거나, 5점 척도 혹은 10점 척도로 점수화하여 사용하기도 함

① 종류

델파이법	시스템에 관한 전문적인 지식을 가진 전문가 집단을 구성하고, 위험을 분석 및 평가 하여 정보시스템이 직면한 다양한 위협과 취약성을 토론을 통하여 분석하는 방법	
	장점	위험분석을 짧은 기간에 도출할 수 있으므로, 시간과 비용을 절약할 수 있음
	단점	추정의 정확도 낮음
시나리오법	어떤 사건도 예상대로 발생하지 않는다는 사실에 근거하여, 일정 조건하에서 위험 발 생 가능한 결과를 추정하는 방법	
	장점	적은 정보를 가지고 전반적인 가능성을 추론할 수 있고, 위험분석팀 과 관리 층 간 원활한 의사소통을 가능하게 함
	단점	발생 가능한 사건이 이론적인 추측에 불과하고, 정확도, 완성도, 이용 기술의 수준 등이 낮음
순위 결정법	• 비교우위 순위 결정표로, 위험 항목의 서술적 순위를 결정하는 방법 • 각각의 위험을 상호 비교하여, 최종 위협요인의 우선순위를 도출하는 방법	
	장점	위험분석 소요 시간과 분석해야 하는 자원의 양이 적음
	단점	위험 추정의 정확도 낮음

② 장점, 단점

장점	• 금액으로 평가하기 어려운 정보자산의 평가 가능 • 분석시간이 상대적으로 짧고, 이해가 쉬움
단점	표현이 주관적이기 때문에 사람에 따라 그 이해가 달라질 수 있음

5) 정량적 · 정성적 분석의 비교

구분	정량적 분석	정성적 분석
개념	위험 발생 확률 × 손실 크기 = 기대 위험 가치분석	• 손실 크기를 화폐가치로 표현하기 어려움 • 위험크기는 기술변수로 표현
유형	• 수학 공식 접근법 • 과거 자료 분석법 • 확률 분포 • 확률지배 • 몬테카를로 시뮬레이션	• 델파이법 • 시나리오법 • 순위 결정법 • 퍼지 행렬법 • 질문서법
척도	연간기대손실(ALE)	점수(5점 척도, 10점 척도)
장점	• 객관적인 평가 기준 적용 • 정보의 가치가 논리적으로 평가되고, 화폐로 표현되기 때문에 이해하기 쉬움 • 위험관리, 성능평가 용이 • 위험평가 결과가 금전적 가치, 백분율, 확률 등으로 표현되기 때문에 이해하기 쉬움	• 계산에 대한 노력이 적게 듦 • 정보자산에 대한 가치평가 불필요 • 비용·이익평가 불필요
단점	• 계산이 복잡하여 분석하는 데 시간·노력·비용이 많이 듦 • 수작업의 어려움으로 자동화 도구를 사용 시 신뢰도가 벤더에 의존	• 위험평가과정과 측정기준이 주관적이기 때문에 사람에 따라 달라질 수 있음 • 측정결과를 화폐가치로 표현하기 어려움 • 위험 완화 대책의 비용·이익분석에 대한 근거가 제공되지 않고, 문제에 대한 주관적인 지적만 있음 • 위험관리 성능을 추적할 수 없음
사용지역	미국	유럽

3 위험평가
• 이미 파악되었거나 잠재적인 위협과 취약성으로 인하여, 신청기관의 정보자산이 입을 수 있는 피해와 현재 구현된 정보보호 대책의 실패 가능성 및 영향을 평가하고 수용 가능한 위험 수준을 포함
• 해당 단계에 목표위험 수준을 경영진이 결정하고 책임지도록 하는 것이 가장 중요

1) 위험도 평가
자산 중요도와 우려 사항에 따라 3단계(높음, 중간, 낮음) 또는 5단계(매우 높음, 높음, 중간, 낮음, 매우 낮음)로 평가할 수 있으며, 즉시 대응해야 할 우선순위를 의미

2) 수용 가능한 목표위험 수준 결정
• 위험평가를 통하여 위험의 우선순위를 결정함으로써, 예산 규모나 사용 가능한 자원을 우선순위가 높은 위험에 먼저 배정하는 것이 가능하나, 위험을 체계적으로 관리하기 위해서는 무엇보다 목표위험 수준을 설정하여 위험을 관리할 필요가 있음

- 목표위험 수준보다 낮은 위험은 수용하고, 그 이상의 위험에 대해서는 즉시 대응하지는 못하더라도 목표 수준을 달성하기 위한 장기계획을 수립하여 대응할 수 있음
- 위험을 완전히 제거할 수는 없으나, 어느 정도의 위험이 어떤 분야에서 발생 가능한지를 알고 있는 것은 매우 중요하며, 이렇게 존재하는 위험을 이해하고 있으면 보안사고 발생 시 빨리 대응할 수 있고, 장기적으로 더 안정적으로 정보를 보호할 수 있음
- 수용 가능한 목표위험 수준은 기술적으로 결정될 수 없으며, 경영진이 의사결정을 해야 하는 사항이고, 이 단계에서 위험분석을 수행한 담당자는 분석 결과를 경영진에게 제시하고, 최고 경영진이 목표위험 수준을 결정하도록 해야 함
- 일반적으로 공공의 조직은 낮은 위험 수준을 선호하고, 민간 분야는 위험감소를 위한 비용을 절약하려는 경향이 있음

3) 위험처리 전략

- 조직은 자기 조직의 위험에 대한 태도에 따라 서로 다른 처리전략을 가질 수 있으며, 자신의 위험처리 전략을 개발하거나, 제시된 전략을 적절히 변경하여 활용할 수 있음
- 각 위험을 경영진이 결정한 수용 가능한 목표위험 수준과 비교하여, 위험도가 목표위험 수준과 같거나, 그 이하인 위험은 수용, 즉 아무런 조처도 하지 않음
- 목표위험 수준보다 위험도가 높은 경우 위험을 목표위험 수준까지 감소시킬 수 있는 대책이 있는지 알아보고, 대책의 구현 및 유지비용과 감소된 위험을 비교하여 구현 비용을 감수할 가치가 있는지를 개략적으로 평가
- 대책구현 비용이 적절하고, 대책을 구현함으로써, 위험이 목표위험 수준 이하로 감소될 수 있다고 판단되면 해당 대책을 선정하여 위험을 감소시킬 수 있음
- 위험을 목표 수준까지 감소시킬 수 있는 대책이 기술적으로 존재하지 않거나, 대책이 존재하더라도 구현 및 유지비용이 감소된 위험의 규모 이상이라고 판단되면 위험을 전가할 적절한 대상이 존재하는지 알아보아야 함
- 예를 들어, 해당 위험에 대하여 대응력이 있는 외주업체를 알아보고, 그러한 업체가 있을 경우 외주비용뿐만 아니라, 외주로 인하여 새로운 위험이 발생할 수 있는지 고려하여 외주 여부를 결정. 또는 해당 위험에 대한 보험상품이 있는지 알아보고, 그러한 보험상품이 있는 경우 보험비용이 적절하며 피해가 발생한 경우 받을 수 있는 보상액이 복구에 충분한지를 고려하여 보험 가입 여부 결정
- 위험을 적절히 처리할 수 있는 외주업체나 보험상품이 없는 경우 위험을 회피할 방법을 찾고, 위험을 발생시키는 업무를 포기하거나 네트워크 연결을 차단하거나, 물리적으로 철수하는 등의 방법을 고려해야 함
- 위험처리 전략은 조직의 특성에 따라 각 처리방안의 고려순서와 선택기준이 달라질 수 있음

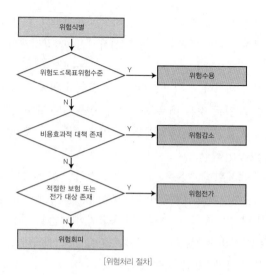

[위험처리 절차]

4 정보보호 대책선정 및 계획서 작성

- 정보보호 관리체계 활동에 관련된 해당 조직의 규모 · 기능 등을 고려하여 문서화해야 함
- 관련 문서는 정보보호 관리체계의 정책에 따라 필요한 모든 임직원이 쉽게 이용할 수 있어야 함

1) 문서 종류

- 정보보호 관리체계의 내역서
- 문서화된 보안정책과 목적
- 정보보호 조직 및 책임 정의서
- 위험분석 · 평가 보고서
- 정보보호 계획서
- 통제사항 적용 명세서
- 정보보호과정의 효과적인 계획, 운영, 통제를 보증하기 위하여 요구되는 기타 문서

2) 대책선정

- 대책은 감지, 억제, 방어, 제한, 교정, 복구, 모니터링, 인식 중 하나 이상의 기능을 수행하는 것으로, 대책의 적절한 선택은 보안 프로그램의 올바른 구현에 필수적
- 대부분 대책이 복합적인 기능을 수행하기 때문에 복수의 기능을 만족시키는 대책을 선택하는 것이 비용 효율적

3) 제약의 식별 및 검토

- 대책선정에 영향을 주는 많은 제약이 있음
- 권고안을 작성하거나 실행할 경우, 반드시 시간적, 재정적, 기술적, 사회적, 환경적, 법적 제약을 고려

4) 정보보호 대책 수립

① 위험처리 전략 설정

위험수용* (Risk Acceptance)	• 현재의 위험을 받아들이고, 잠재적 손실비용을 감수하는 것 • 어떠한 대책을 도입하더라도 위험을 완전히 제거할 수는 없으므로, 일정 수준 이하의 위험은 감수하고 사업을 진행하는 것
위험감소 (Risk Reduction)	• 위험을 감소시킬 수 있는 대책을 채택하여 구현하는 것으로, 대책의 채택 시에는 이에 따른 비용이 소요되기 때문에 비용과 실제 감소하는 위험의 크기를 비교하는 비용효과 분석이 필요 • 정보보호 대책의 효과＝기존 ALE－대책구현 후 ALE－연간 대책 비용 • 분석을 통하여 양(＋)의 효과를 가지는 정보보호 대책을 선택 • 수용 가능한 한계선(위험허용 한계 수준)까지 위험 발생 가능성과 목표에 미치는 영향력의 수준을 낮추는 방법 의미 예 테스트를 반복적으로 수행하는 것, 경험이 많은 더 안정적인 협력업체를 선택하는 것, 프로토타입(Prototype)을 개발하는 것 등 위험을 감소시킬 수 있는 대책을 채택하여 구현
위험회피 (Risk Avoidance)	• 위험이 존재하는 프로세스나 사업을 수행하지 않고 포기하는 것 • 위험 발생원인을 제거하는 것, 즉 위험의 영향으로부터 프로젝트 목표를 보호하기 위하여 프로젝트 자체를 수정하는 것 • 프로젝트를 수정하여 프로젝트의 일부 범위를 수행하지 않는 것이라고 볼 수 있지만, 프로젝트 일부 범위를 제거하는 것은 프로젝트 위험뿐만 아니라, 비즈니스 위험에도 영향을 미칠 수 있으며, 프로젝트 영역을 변경하면 비즈니스 상황도 변경될 수 있기 때문 • 수행 규모가 축소된 프로젝트는 수익이나 비용 절감의 기회가 더 적을 수도 있음 • 위험이 존재하는 프로세스나 사업 포기 예 고위험 활동을 회피하기 위해 프로젝트 범위를 줄이거나, 새로운 기술이 너무 위험성이 많은 경우라면 신기술을 배제하고 기존의 기술을 채택하는 것, 협력업체가 영향을 미치는 위험이 너무 크다면 하위 계약자를 배제하는 것 등을 들 수 있음
위험전가 (Risk Transfer)	• 보험이나 외주 등으로 잠재적 비용을 제3자에게 이전하거나 할당하는 것 • 위험의 발생결과 및 대응의 주체를 제3자에게 이동시키는 것 • 유의할 점은 위험에 대한 관리 책임을 제3자에게 전가하는 것이 위험 자체를 제거하는 것이 아니라는 것 • 주로 재무적인 위험을 처리하는 경우에 많이 사용하며, 보통 위험에 대하여 책임을 지는 제3자에게 위험 프리미엄(Risk Premium)을 지불 예 협력업체가 수행하려는 업무의 범위가 명확하다면 일반적으로 확정금액계약(Fixed Price Contract) 유형으로 계약하는데, 이와 같은 확정금액 계약을 활용하여 일정 및 원가에 대한 위험을 협력업체에 이전

② 통제사항의 선택

대책 수립을 통한 위험감소 방안을 선택할 경우 '정보보호 관리체계 인증심사 기준'에서 제시하는 분류에 따라 통제사항을 선택

5 정보보호 계획수립

• 정보보호 대책 및 구현의 우선순위·일정계획·예산·책임·운영계획 등을 포함한 정보보호 계획을 수립하고, 각 위험에 대한 정보보호 대책 및 선택하게 된 근거를 정보보호 대책 명세서로 문서화해야 함
• 위험을 목표 수준 이하로 감소시키기 위한 대책을 선택하고, 유사한 대책은 하나의 프로젝트로 통합하여 우선순위 설정
• 즉시 교정 가능한 취약점 제거는 주로 시스템이나 장비의 설정 변경, 파일 등의 권한 변경, 취약한 패스워드 변경 등 빠른시간 안에 처리할 수 있는 사항
• 정책 및 절차를 수립하는 작업은 다른 업무보다 높은 우선순위를 가짐

> ⭐ 위험수용(Risk Acceptance)
> • 적극적 수용 : 위험이 발생하려 하거나 발생한 경우, 어떤 방식으로 대처하겠다는 비상계획을 개발하여 놓는 것
> • 소극적 수용 : 특정 위험이 발생할 가능성과 목표에 미치는 영향력이 낮으므로, 해당 위험에 대해서는 어떠한 조치도 취하지 않고, 그대로 내버려두는 것

Section 04 대책구현 및 운영

1 정보보호 대책구현, 정보보호 대책유형, 대책구현 시 고려사항

- 위험을 감소시키기 위한 정보보호 조치를 의미하며, 여기에는 장치 · 절차 · 기법 · 행위 등을 포함
- 정보보호 대책은 안전대책, 통제, 혹은 대응책이라고 함

2 정보보호 대책구현 및 운영

1) 정보보호 대책구현

- 위험관리 단계에서 수립된 정보보호 계획에 따라 정보보호 대책을 효과적으로 구현하고 필요한 교육과 훈련 진행
- 구현 및 운영 시 가장 중요한 요소는 자원이며, 인력 · 시간 · 비용이 지원되어야만 초기 계획에 따라 구현 및 운영 가능

2) 통제(Control)

합리적인 수준의 보증을 제공하기 위하여 설계된 정책 · 절차 · 실무 관행 · 조직구조

수행 시점에 따른 통제	예방통제, 탐지통제, 교정통제
구현방식에 따른 통제	하드웨어 통제, 소프트웨어 통제
구체성에 따른 통제	일반통제, 응용통제

① 접근통제

- 자원에 대하여 비인가된 접근을 감시, 접근을 요구하는 이용자의 식별 및 권한검증 수행
- 보안정책으로 비인가자의 접근을 통제하여, 하드웨어, 소프트웨어, 행정적인 관리를 통제

② 접근의 절차

1단계	식별	• 시스템에 자신이 누구라는 것을 밝히는 것 • 유일한 식별자(ID)를 가짐 • 사용자의 신원을 나타내기 때문에 책임 추적성 분석에 중요한 자료가 됨
2단계	인증	• 시스템이 사용자가 자신임을 주장하는 것을 인정하여 주는 것 • 임의의 정보에 접근할 수 있는 주체의 능력이나 자격을 검증하는 단계 • 접근하는 사용자의 패스워드, 생체인식으로 인정
3단계	접근 권한 유무 판별	정보를 바탕으로 사용자의 접근허용 여부 결정
4단계	허가	시스템이 사용자에게 권한을 부여하며, 권한의 정도에 따라 자원 접근
5단계	감사	• 부여된 권한 내에서 작업이 진행되었는지 감시 • 사용자의 행동을 기록하여 필요시 추적함으로써, 책임을 명확하게 함

③ 수행 시점에 따른 통제

예방통제
(Preventive
Control)
	• 오류(Error)나 부정(Irregularity)이 발생하는 것을 예방하는 것이 목적
	• 발생 가능한 잠재적인 문제를 식별하여 사전에 대처하는 능동적인 개념의 통제이며, 물리적 접근통제, 논리적 접근통제 등으로 나눌 수 있음
	  – 물리적 접근통제 : 관계자 이외의 사람이 특정 시설이나 설비에 접근할 수 없게 하는 통제
	  – 논리적 접근통제 : 승인을 받지 않은 사람이 정보통신망을 이용하여 자산에 접근하는 것을 막기 위한 통제
	• 문제 발생 후 수습하는 것보다 예방이 경제적

탐지통제 (Detective Control)	• 발생 가능한 모든 유형의 오류나 누락 또는 악의적 행위를 예측하여 예방대책을 마련해도 예방통제로만 완전히 막을 수 없음 • 예방통제를 우회하여 발생한 문제점을 찾아내기 위해 탐지통제가 필요
교정통제 (Corrective Control)	• 탐지통제를 통하여 발견된 문제를 해결하기 위한 별도의 조치 필요 • 문제의 발생원인과 영향을 분석하여, 교정을 위한 조치를 해야 함 • 문제의 향후 발생을 최소화하기 위한 시스템을 변경하는 일련의 활동 • 예기치 못했던 시스템 중단이 발생한 경우 어떻게 재실행해야 하는지를 규정한 절차, 백업과 복구를 위한 절차, 그리고 비상사태에 대한 대처계획 등을 포함 • 불법적인 접근시도를 발견해내기 위한 접근위반 로그는 탐지통제에 속하지만, 데이터 파일 복구를 위하여 사용되는 트랜잭션 로그는 교정통제에 속함

3) 잔류위험

보통 대책에 의하여 위험은 부분적으로 경감될 뿐이며, 부분적 경감이 일반적으로 달성할 수 있는 전부이고, 그 이상의 경감에는 비용이 증가하는데, 이는 일반적으로 잔류위험이 존재함을 의미하는 것

4) 대책선정에 영향을 미치는 제약사항

시간적 제약	• 많은 형태의 시간 제약이 존재 • 대책이 기간 내에 구현되는지 여부 • 관리자가 결정하는 시간이 시스템을 특수한 위험에 노출되도록 남겨두는 허용 기간
재정적 제약	• 대책은 보호하기 위하여 설계된 자산 가치보다 실행을 위한 것이 저비용이어야 함 • 모든 노력은 배정된 예산을 초과하지 말아야 함 • 몇몇 경우에 원하는 보안 및 예산 제한 내에서 위험수용 수준을 달성하는 것이 불가능하므로, 이러한 상황의 해결을 위한 방법을 결정해야 함
기술적 제약	• 프로그램이나 하드웨어의 호환성과 같은 기술적 문제는 대책선정 시 그에 대한 평가가 이루어진다면 쉽게 회피될 수 있음 • 기존의 시스템에 대한 회상적 대책구현은 기술적 제약으로 인하여 흔히 저지 • 이러한 난관은 대책의 균형이 절차상, 그리고 물리적 보안 측면을 지향하도록 함
사회적 제약	• 국가, 영역, 조직 심지어 조직 내의 부서에까지 구체적으로 적용 • 많은 기술적 대책이 직원의 능동적인 지원에 의존하기 때문에, 이러한 사회적 제약은 무시될 수 없음 • 만약 직원이 대책에 대한 필요성을 이해하지 못하고, 문화적으로 수용할만하다는 것을 알지 못한다면 대책은 시간이 지날수록 비효율적
환경적 제약	자연적, 도시적 등의 지리학적 공간 가용성이나 극한의 기후조건 등이 대책선정에 영향을 미칠 수 있음
법적 제약	• 정보 프로세스에 대한 개인 자료 보호나 형상상의 코드조항과 같은 법적 요소는 대책선정에 영향을 미칠 수 있음 • 노동법과 같이 IT 분야가 아닌 특수법과 규정은 대책선정에 영향을 미칠 수 있음

3 정보보호 교육 및 훈련

정보보호 관련 직원 및 최종 사용자에게 정보보호에 대한 인식을 제고하고, 정보보호 대책의 필요성을 이해하도록 하며, 구현될 정보보호 대책을 정확하게 사용할 수 있도록 교육 및 훈련 프로그램을 수립하고 이행해야 함

교육대상	• 최고 경영자를 포함한 임원 • 신입 사원 및 IT를 이용하는 그룹 • IT 시스템 운영자와 개발자 그룹 • 조직의 정보를 이용하는 이용자 • 조직을 물리적 · 전자 정보적으로 출입하는 제3자 그룹 • 조직이 제공하는 정보를 이용하는 일반 외부 이용자 그룹
교육내용	• 정보보안의 중요성, 주어진 보안장치의 사용방법, 오용의 보고절차 등을 언급해야 하고, 모든 직원에게 IT 보안 필요성을 인식시키기 위하여 많은 노력 필요 • 운영 · 관리 직원은 독립적으로 관리직무를 수행할 수 있는 범위와 단순 고장에 대한 검출과 조치, 직접 자료를 저장하는 방법, 외부 운영자에 취해지는 안전대책의 이행사항 등을 훈련
정보보호 인식 프로그램	• 정보보호 인식프로그램의 목적은 조직 내의 인식수준을 모든 사람이 쉽게 수행할 수 있는 수준까지 증대시키는 것 • 훈련에는 구성원이 무엇을 해야 하며, 어떻게 할 수 있는지에 대한 교육을 포함 • 훈련의 내용에는 가장 기본적인 보안 단계의 실행에서부터 좀 더 진보적이고 전문화된 기술에 이르기까지 다양한 단계로 나누어 구성될 수 있음

Section 05 업무 연속성 계획과 재해 복구 계획

1 업무 연속성 계획(BCP)

- 각종 재해 발생을 대비하기 위하여 핵심 시스템의 가용성과 신뢰성을 회복하고 사업의 연속성을 유지하기 위한 일련의 업무 연속성 계획과 절차
- 데이터의 복구나 신뢰도를 유지하며, 나아가 기업의 전체적인 신뢰성 유지와 가치를 극대화하는 방법과 절차

1) 업무 연속성 계획(BCP)의 5단계 방법론

범위설정 및 기획	• 조직의 독특한 사업경영과 정보시스템의 지원서비스를 조사하여, 다음 활동 단계로 나가기 위한 프로젝트 계획을 수립하는 단계 • 명확한 범위, 조직, 시간, 인원 등을 정의하여야 함 • 프로젝트의 근본 취지나 요구사항이 조직 전체 및 BCP의 개발에 가장 중요한 역할을 수행할 부서나 직원에게 명료하게 전달
사업영향평가 (BIA)	시스템이나 통신서비스의 심각한 중단사태에 따라 각 사업단위가 받게 될 재정적 손실의 영향도 파악
복구전략개발	• 사업영향평가 단계에서 수집된 정보를 활용하여, 시간 임계적(Time Critical) 사업기능을 지원하는데 필요한 복구자원 추정 • 또한, 여러 가지 복구방안에 대한 평가와 이에 따른 예상비용에 대한 자료를 경영자에게 제시하는 것도 이 단계에서 해야 할 일
복구계획수립	• 사업을 지속하기 위한 실제 복구계획을 수립하는 단계 • 효과적인 복구과정을 수행하기 위하여 명시적인 문서화가 이루어지며, 여기에는 반드시 경영 자산목록 정보와 상세한 복구팀 행동계획을 포함
프로젝트의 수행 테스트 및 유지보수	마지막 단계로, 테스트와 유지보수 활동 현황을 포함하여, 향후에 수행할 엄격한 테스트 및 유지보수 관리절차 수립

2 재해 복구 계획(DRP)

정보시스템의 재해나 재난 발생에 대비하여 실제 상황이 발생하였을 때 취해야 할 행동 절차를 미리 준비하는 것

1) 종류 및 특징

미러 사이트 (Mirror Site)	• 주 센터와 동일한 구성의 백업 센터를 구축하고, 주 센터와 백업 센터 간 실시간 데이터 동기화를 유지하여, 주 센터 재해 발생 즉시 백업 센터에서 업무 대행을 실시간으로 처리할 수 있음 • 주 센터와 동일한 수준의 정보기술 자원을 원격지에 구축하고, 주 센터와 재해복구 센터가 모두 운용 상태로 서비스하는 방식(Active/Active 방식) • RTO(복구 소요 시간)는 이론적으로 0
핫 사이트 (Hot Site)	• 재난 발생으로 영향을 받는 업무기능을 즉시 복구할 수 있도록, 주 센터와 동일한 모든 설비와 자원을 보유한 안전한 시설 • 자원을 대기 상태로 사이트에 보유하면서 동기적 또는 비동기적 방식으로, 실시간 미러링을 통하여 데이터를 최신 상태로 유지(Active/Standby 방식) • 주 센터와 동일한 H/W, S/W, 부대설비를 준비하고, 실시간 DB Log 전송 및 DB 이미지 백업(Image Backup)을 준비하여, 주 센터 재해 발생 시 데이터 복구 작업을 실시 • RTO(복구 소요 시간)는 수 시간 이내

웜 사이트 (Warm Site)	• 주 센터와 동일한 수준의 정보기술 자원을 보유하는 대신, 중요성이 높은 기술 자원만 부분적으로 보유하는 방식 • 주 센터 장비 일부 및 데이터 백업만을 준비하여 재해 발생 시 주요 업무 데이터만 복구하는 시설 • 실시간 미러링을 수행하지 않음 • RTO(복구 소요 시간)는 데이터 백업 주기가 수 시간 ~ 1일 정도
콜드 사이트 (Cold Site)	• 재난 발생 시 새로운 정보시스템을 설치할 수 있는 전산실을 미리 준비하여 둔 것으로, 별다른 장비는 갖추고 있지 않음 • 데이터만 원격지에 보관하고 서비스를 위한 정보자원은 확보하지 않거나, 최소한으로만 확보하는 유형 • RTO(복구 소요 시간)는 주 센터의 데이터를 주기적으로 수 일 ~ 수 주로 원격지에 백업
상호 백업 협정	서로 비슷한 시스템을 갖추고 있는 기업 간 재난 발생 시 상호 백업해주기로 협정
백업 서비스	일부 응용서비스를 회선을 통하여 해당 응용서비스를 제공하는 기관에서 업무처리 대행을 받을 수 있음
수작업	시스템 복구설비를 갖추지 못한 경우에는 새로운 정보시스템이 설치될 때까지 사람이 업무 대행

2) 장점, 단점

구분	특징	장점	단점
미러 사이트 (Mirror Site)	주 센터와 동일한 수준	• 데이터의 최신성 • 높은 안정성 • 신속한 업무 재개	• 높은 초기 투자비용 • 높은 유지보수 비용 • 데이터 업데이트가 많은 경우 과부하 초래
핫 사이트 (Hot Site)	주 센터와 동일한 수준	• 높은 안정성 • 신속한 업무 재개 • 데이터 업데이트가 많은 경우 적합	• 높은 초기 투자비용 • 높은 유지보수 비용
웜 사이트 (Warm Site)	중요성 높은 정보기술 자원만 부분적으로 재해복구센터에 보유	구축 및 유지비용이 핫 사이트에 비해 저렴	• 데이터 손실 다소 발생 • 초기 복구 수준이 부분적 • 복구 소요 시간이 긺
콜드 사이트 (Cold Site)	데이터만 원격지에 보관하고 장소 등, 최소한으로만 확보	구축 및 유지비용이 가장 저렴	• 데이터 손실 발생 • 복구에 매우 긴 시간소요 • 복구 신뢰성 낮음

3 BCP와 DRP의 비교

구분	차이점	공통점
BCP	• 사업 활동이나 프로세스가 중단되는 것에 대한 대비 • 핵심 업무기능의 복구 목적	• 일부 예방적 기능(교정통제) • 위험수용 • 가용성 유지
DRP	• 정보시스템과 데이터가 중단되는 것에 대비 • 핵심 IT 기능의 복구 목적	• 잔여 위험을 대상으로 함 • 대외비로 관리

정보보호관련 표준 · 지침

Section 01 국제 · 국가 표준 · 국제 협약 및 지침

1 OECD 협약

1) OECD 정보보호 가이드라인

「OECD 프라이버시 가이드라인」은 1980년 OECD 회원국에 의하여 만장일치로 채택된 것으로, 프라이버시와 개인정보보호에 관한 원칙의 표준으로 대표되고 있으며, OECD 회원국은 개인정보보호와 관련된 법 제정 시 OECD 가이드라인의 원칙을 고려해야 하고, 그 이행을 위하여 협력하고 노력하여야 함

인식	참여자는 정보시스템 및 네트워크 보호의 필요성과 그 안전성을 향상하기 위하여 취할 수 있는 사항을 알고 있어야 함
책임	모든 참여자는 정보시스템과 네트워크의 보호에 책임이 있음
대응	참여자는 정보보호 사고를 예방 · 탐지 · 대응하기 위하여 적기에 협력하여 행동해야 함
윤리	참여자는 타인의 적법한 이익을 존중해야 함
민주성	정보시스템과 네트워크의 보호는 민주주의 사회의 근본적인 가치에 부합해야 함
위험평가	참여자는 위험평가를 시행해야 함
정보보호의 설계와 이행	참여자는 정보보호를 정보시스템과 네트워크의 핵심요소로 수용해야 함
정보보호 관리	참여자는 정보보호 관리에 대하여 포괄적인 접근방식을 채택해야 함
재평가	참여자는 정보시스템과 네트워크의 보호를 검토하고 재평가하여, 정보보호 정책 · 관행 · 조치 · 절차를 적절히 수정해야 함

2) OECD 정보보호 8원칙

OECD 정보보호 가이드라인은 개인정보의 이용과 관련하여 총 8개의 원칙을 규정

수집제한의 원칙	정보수집 제한과 정보수집 수단의 요건에 관한 문제로, 각국의 입법자로 하여금 무차별적인 개인정보수집을 하지 않도록 제한할 것을 권고하고, 정보수집을 위하여 정보 주체의 인지 또는 동의가 최소한의 요건이라는 것을 다루고 있음. 다만 범죄 수사 활동의 경우처럼 때에 따라서 정보 주체의 인지 또는 동의가 필요한 것으로 간주할 수 없는 이유도 인정하고 있음
정보 정확성의 원칙	그 정보가 사용될 목적과 관련이 있어야 하고, 그러한 목적에 필요한 범위 내에서 정확하고, 완전하며, 최신의 것이어야 한다고 규정
목적명확화 원칙	정보 정확성의 원칙 및 이용제한의 원칙과 밀접한 연관성을 가지는 것으로, 정보의 수집 · 이전 또는 수집 시점까지는 그 정보의 사용될 목적을 알 수 있어야 하고, 목적의 변경이 있을 시 그것까지 명시될 것을 요구
이용제한의 원칙	명시적 목적에서 벗어난 이용에 관한 규정으로, 개인정보는 정보 주체의 동의가 있는 경우 또는 법적 근거에 의한 경우를 제외하고, 목적 명확화 원칙에 의하여 명시된 목적과 다른 목적을 위하여 공개되거나 이용 가능하게 되거나, 또는 달리 이용되어서는 안 된다고 규정

정보의 안전한 보호에 관한 원칙	개인정보의 유실 및 불법적인 접근 · 파괴 · 이용 · 변경 또는 공개와 같은 위험에 대비한 적절한 보안 유지 조치로 보호되어야 함
공개의 원칙	개인정보와 관련된 제도 개선, 실무 및 정책에 관하여 일반적으로 공개 정책을 취 해야 하며, 개인정보의 존재와 성격, 주요 사용 목적, 정보처리자의 신원 및 소재 지를 즉시 파악할 수 있는 장치가 마련되어야 한다고 권고
개인 참가의 원칙	개인은 자신과 관계된 정보를 정보처리자가 보유하고 있는지 여부에 대하여 정보 처리자로부터 직접 또는 다른 경로를 통하여 확인하고, 자신과 관계된 정보가 적 절한 기간 내, 비용이 부과되는 경우 과도하지 않은 범위에서 적절한 방식으로, 그리고 즉시 알아볼 수 있는 형태로 자신에게 통보되도록 하며, 이러한 것이 거절 되는 경우 그 사유를 물어 답을 요구하고, 그러한 거절에 대하여 이의를 제기할 수 있는 것을 말함. 또한, 개인은 이 원칙에 따라 자신과 관계된 정보에 이의를 제 기할 수 있어야 하고, 이의가 받아들여질 경우 해당 정보는 삭제 · 정정 · 완성 또 는 수정될 수 있어야 함
책임의 원칙	정보처리자가 다른 7개 원칙의 시행 · 조치를 이행하는데 책임을 다해야 한다는 것으로, 개인정보의 처리가 정보처리자를 대신하여 제3자에 의하여 이루어졌다 하더라도 이러한 의무는 유지

2 미국의 평가 기준

1) TCSEC

- 미국방부, NBS(National Bureau of Standard, NIST의 전신) 및 MITRE 등을 중심으로, 안전한 컴퓨터시스템의 구축과 평가 등에 관한 지속적인 연구 결과
- 1983년에 'Orange Book'으로 불리는 안전한 컴퓨터시스템 평가 기준인 TCSEC (Trusted Computer System Evaluation Criteria) 초안 제정
- 1985년에 미국방부 표준(DoD 5200.28-STD)으로 채택
- 미국방부는 안전 · 신뢰성이 입증된 컴퓨터시스템을 국방부 및 정부 기관에 보급하기 위하여 TCSEC을 7등급(D1, C1, C2, B1, B2, B3, A1)으로 분류하고, 기관별 특성에 맞는 컴퓨터시스템을 도입 · 운영하도록 권고

① 보안 요구사항

보안정책 (Security Policy)	Discretionary Access Control	주체의 신분을 기반으로 하는 접근통제
	Mandatory Access Control	비밀등급을 비교하여 객체에 대한 접근통제
	Object Reuse	시스템 저장영역 안에 잔존하는 데이터가 없도록 모든 저장 영역을 우선적으로 재할당
	Labels	• 레이블 무결성 : 주체와 객체의 보안등급 부합, TCB 외부 로 유출 시 레이블 정보의 무결성 • 레이블된 정보의 유출 : 통신로와 입출력 장치의 단일/다 중 등급지정, 보안등급변화 감사 • 주체 비밀성 레이블 : 보안등급 변화 시 통지 • 장치 레이블 : TCB의 물리적 장치에 대한 보안등급 할당
책임성 (Accountability)	I & A	• 사용자 ID같은 사용자 신분을 식별 및 인증 • 안전한 경로 : 사용자 초기 로그온 및 인증을 위한 경로
보증 (Assurance)	Audit	TCB는 모든 보안관련 사건의 기록을 TCB 보호 영역에 유지
	Operational Assurance	• 시스템 구조 : TCB 프로세스와 사용자 프로세스의 분리 • 시스템 무결성 : TCB 메커니즘 동작의 정확성 • 비밀채널 분석 : 비밀채널의 식별 및 분석 • 보안 관리 : 시스템 사용자와 관리자의 기능 분리 • 안전한 복구 : 시스템 고장 후 안전한 처리환경으로 복구

문서화 (Documentation)	Life-Cycle Assurance	• 보안 기능시험 : 보안 기능 검증 • 설계명세서 및 보안정책 모델 검증 : 보안정책 모델과 설계명세서 간 일치성 검증 • 형상관리 : 시스템 변화에 대한 통제절차 • 안전한 배포 : TCB를 사용자에게 안전하게 전달
	Security Feature User's Guide	시스템 사용자 및 개발자를 위한 보안 기능 설명 및 사용방법 제시
	Trusted Facility Manual	시스템 관리자, 보안 관리자, 사용자 및 운용자를 위한 보안 기능에 대한 상세한 설명
	Test Documentation	보안 특성을 시험하기 위한 시험계획, 절차 및 결과 등에 관한 문서 제출
	Design Documentation	TCB 구현과 FTLS*와의 일관성을 비정형적으로 명시

> 📌 **FTLS**(Formal Top Level Specification)
> TCSEC에서의 정형적 톱 레벨 규격

② TCSEC 보안 등급

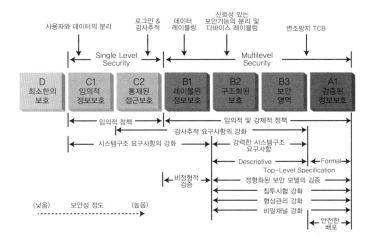

2) TCSEC 적용 보조기준

TNI	NCSC*에서 네트워크용 정보보호 시스템의 평가를 위하여 개발
TDI	• NCSC에서 TCSEC을 기준으로 데이터베이스 관리 시스템의 평가를 위하여 개발 • 보안 요구사항 : 보안정책, 기록성, 보증, 문서화 • TDI 보안등급
CSSI	TCSEC의 평가 기준을 모두 만족하지 못하고, 일부 시스템만을 만족시키는 보안제품에 대한 평가 기준
FC	위 4개의 평가 기준을 통합한 평가 기준(시행은 되지 않았음)

> 📌 **NCSC**(National Cyber Security Center)
> 영국 국가 사이버보안센터

3 유럽의 평가 기준

1) ITSEC

- 영국, 독일, 프랑스 및 네덜란드 등 자국의 정보보호 시스템 평가 기준을 제정하여 시행하던 4개국이 평가제품의 상호인정 및 평가 기준이 상이함에 따른 정보보호 제품의 평가 소요 시간, 인력 및 소요 비용을 절감하기 위하여 1991년에 ITSEC v1.2를 제정
- 단일 기준으로 모든 정보보호 제품을 평가하고, 평가등급은 E1(최저), E2, E3, E4, E5 및 E6(최고)의 6등급으로 나눔(E0 등급 : 부적합 판정을 의미)

★ TOE(Target of Evaluation)
- 제공 가능한 소프트웨어, 펌웨어, 또는 하드웨어의 집합
- 단일 IT 제품, 단일 IT 제품의 일부, 복수 IT 제품, 하나의 제품으로 완성될 수 없는 특수한 기술 등

① 보안 요구사항

식별 및 인증 (Identification and Authentication)	• 요청한 사용자의 신분을 설정하고, 신분확인을 요청한 사용자에 대하여 이를 식별하여 검증하는 기능 • TOE(Target Of Evaluation)*는 식별 및 인증을 위하여 사용자가 제공한 신분확인 관련 정보 유지 • 식별 및 인증 데이터의 추가 · 삭제 · 변경 등을 할 수 있어야 함
접근통제 (Access Control)	• 접근을 허가받지 못하거나 접근할 필요 없는 사용자나 프로세스가 정보나 자원에 대한 접근허가를 막기 위한 요구사항 • 허가받지 않은 자원의 생성 · 갱신 · 삭제 등을 막을 수 있도록 해야 함 • 접근통제 기능은 정보 흐름에 대한 통제를 수행해야 하며, 사용자, 프로세스 및 객체가 정보를 사용하는 것에 대해서도 통제해야 함 • 객체에 대한 접근 권한의 전파(Propagation) 통제 및 데이터의 조각모음으로 인한 추론통제 등의 기능을 포함
책임성 (Accountability)	• 보안과 관련된 권한을 사용하는 경우 이를 기록하는 기능 • 사용자 및 프로세스의 행동을 기록하여, 이들 행동결과로 문제가 발생하는 경우 책임소재를 가릴 수 있는 연결고리를 유지하는 것 • 정보에 대한 수집, 보호 및 분석 기능을 수행해야 하고, 다른 보안 기능에서는 책임성의 요구사항을 만족해야 함
감사 (Audit)	• TOE는 일상 사건 및 예외 사건에 대한 정보를 기록하고 있어야 함 • 보안 위반 사건이 실제로 발생하였는지 판단하고, 이로 인하여 정보나 다른 자원의 손해 정도를 알아내기 위한 기초자료로 활용 • 감사 정보에 대한 수집, 보호 및 분석 기능을 포함해야 하며, 이러한 분석을 통하여 보안 위반 사건이 실제로 일어나기 전에 위반 잠재성을 탐지하여 사전에 알려줄 수 있도록 함
객체 재사용 (Object Reuse)	• TOE는 보호 대상인 주기억장치나, 디스크와 같은 자원이 재사용될 수 있도록 보장 • 객체 재사용 기능에서는 데이터 재사용을 위한 통제기능까지 포함하고 있으며, 이를 위하여 데이터의 초기화, 릴리즈, 재할당의 기능 수행
정확성 (Accuracy)	• TOE는 서로 다른 데이터 조각 간 특정 관계가 정확하게 유지되어야 하고, 프로세스 간에 데이터가 이동되는 경우 변경되지 않음을 보장 • 데이터가 비인가된 방법으로 수정될 수 없도록 해야 하며, 연관된 데이터 관계를 정확하게 설정 및 유지할 수 있는 기능이 제공되어야 함
서비스에 대한 신뢰성 (Reliability of Service)	• TOE는 시간이 중요한 요소로 작용하는 작업(Task)에 대하여 정확한 시기에 수행되도록 보장해야 하며, 자원에 대한 접근이 요청될 때만 이에 대한 접근이 가능하도록 함 • 오류검출 및 오류복구 기능까지 제공하여 서비스에 대한 중단이나 손실을 최소화하도록 하며, 외부 사건과 이에 대한 결과를 시간 내에 응답할 수 있도록 스케줄링을 할 수 있어야 함
데이터 교환 (Data Exchange)	• 통신 채널을 통하여 데이터가 전송되는 동안 데이터에 대한 보안 기능 제공 • 이러한 기능을 제공하기 위하여 인증, 접근통제, 기밀성, 무결성, 부인방지 등의 보안서비스가 뒷받침되어야 함

② 보증 요구사항

효용성 기준 (Effectiveness)	• 효용성 기준은 정확성 기준과는 달리 모든 등급의 제품에 동일하게 적용 • 등급에 따른 요구사항의 차이는 정확성 기준에서만 나타냄 • 효용성 기준의 요구사항은 문서의 분석으로 이루어지는데, 등급에 따라 제출되는 문서의 차이가 있으므로, 같은 효용성 기준이라 하더라도 그 분석의 내용에서는 차이가 나타날 수 있음 • 효용성 기준을 만족시키지 못하면 신청한 평가등급을 받을 수 없음
정확성 기준 (Correctness)	• 정확성 기준의 요구사항은 개발과정에 관한 것, 개발환경에 관한 것, 운영에 관한 것으로 구분 • 이들은 다시 요구사항, 구조설계, 상세설계, 구현, 형상관리, 프로그래밍 언어 및 컴파일러, 개발자 보안, 운영문서, 배달절차 및 구성, 그리고 시동 및 운영에 대한 것으로 나누어짐 • 정확성 기준은 여러 측면에서 구현된 보안 기능의 신뢰성을 소프트웨어 공학적인 측면에서 평가하고자 하는 것

2) BS7799

정보보호 관리체계에 대한 표준. 최상의 정보보호 관리를 위한 포괄적인 일련의 관리방법에 대하여 요건별로 해석하여 놓은 규격으로, 기업이 고객정보의 기밀성·무결성·가용성을 보장한다는 것을 공개적으로 확인하는 것이 목적

① 관리항목

세션	내용
보안방침	정보보호에 대한 경영방침과 자원 사항 제공
보안조직	조직 내 효과적인 정보보호 관리를 위하여 보안에 대한 책임 배정
자산분류 및 관리	조직의 자산에 대한 적절한 보호 대책 유지
인사 보안	사람의 실수, 절도, 부정행위나 설비의 잘못된 사용에 의한 위험감소
물리적 보안	비인가된 접근에 의한 손상 및 사업장, 정보의 위험방지
운영관리	설비의 정확하고 안전한 운영 보장
접근통제	정보에 대한 접근통제
시스템 개발 및 유지	정보시스템 내에 보안이 수립되었음을 보장

② 구성

Part 1	• 기업 내 정보보호 관리에 실질적으로 도움을 줄 수 있는 지침으로, 총 10개의 섹션으로 구성 • 정보보호 관리 최적의 실행지침을 집대성한 것 • 정보보호 업무를 수행하는 기업의 환경에 따라 선택할 수 있는 내용이 달라질 수 있으므로, BS7799 심사 및 인증을 위한 목적으로는 사용하지 못하도록 규정되어 있고, BS7799 심사원의 참조문서
Part 2	• 정보보호 관리체계에 대한 규격서 • 규격서는 실제 BS7799 인증심사 시 심사원이 전적으로 의존하는 문서 : 조직은 문서화된 정보보호 관리체계를 구축하고, 유지·관리하여야 한다고 명시하고 있음 • 인증심사는 이 Part 2 규격서를 토대로 수행 • 10개의 Clause, 36개의 Objective, 127 Control로 이루어짐 • 정보보호 관리체계 문서화 및 실행에 대한 필요사항과 개별 조직의 필요성에 따라 선택적으로 실행될 수 있는 정보보호 관리 요건을 규정하고 있음 • 보통 ISMS 문서화 관련 요구사항은 해당 조직의 정보보호 통제하에 포함되는 자산의 범위, 조직의 위험평가 및 관리방안, 그리고 정보보호 통제목표 및 통제방안, 그리고 요구되는 보장수준 등을 문서화하여 언급하고 있으면 충족시킨다고 볼 수 있음

③ 인증절차

• 조직 내 정보보호 관리체계가 수립되었다면 인증심사 신청

• 어느 인증기관에서 BS7799 인증을 받을 것인지 선택

• 인증기관을 선택한 후에는 인증기관과 심사비용, 기간 등 견적 사항에 대하여 합의한 후 인증기관에 인증 신청서를 제출하면 실질적인 심사 시작

1단계	• 보통 인증심사(Desktop Review)라 불리는 과정으로, 인증심사를 위한 조직의 준비 상태를 점검하는 과정 • 심사원은 이 단계에서 조직의 정보보호 정책, 정책을 지원하는 다양한 정보보호 관련 절차서, 위험평가 및 관리방법, 적용성 보고서 등을 살펴봄 • 심사원의 조직에 대한 정보보호 관리체계의 이해를 위한 과정이며, 실질적인 감사를 위한 준비과정
2단계	• BS7799 심사원이 실제 현장을 방문하여 조직이 구축한 ISMS가 BS7799의 요건에 부합하는지 확인하고, 입증증거를 수집하는 단계 • 인증심사에서 검토된 사항의 실제 적용 여부도 감사하게 되며, 모든 BS7799 문서화 요구사항도 점검 • 결론적으로 조직의 정보보호 관리체계가 조직의 사업목표, 환경에 적합하게 구축되어 효율적으로 작동하고 있는지를 확인하는 과정

④ 구축 및 인증단계

보안정책 수립	정보보호 정책을 규명하는 단계로, 최고 경영자를 비롯하여 경영층의 정보보호에 대한 의지를 담고 있으므로, 직원의 정보보호에 대한 인식, 태도에 큰 영향을 미침
정보보호 관리체계 범위 수립	조직 전체 또는 일부 자산, 시스템, 응용시스템, 서비스, 네트워크 그리고 정보처리, 저장 및 통신에 사용된 기술 등을 정보보호 관리체계 범위로 정의하는 것
위험평가	자산에 대한 위협요인, 취약점 및 조직에 대한 영향을 식별하고, 위험 수준을 결정하는 과정
위험관리	위험평가를 토대로 적정한 수준의 위험요인 통제수단을 도출해야 하고, 통제수단 선택 시 비용, 통제수단 구현 기간 등의 변수와 조직이 얻을 수 있는 이익과의 관계를 고려해야 함
통제 및 통제목표 설정	조직의 모든 위험 통제목표 및 방안은 규격서를 근거로 선택하고, 그 선택을 정당화하는 과정
통제사항 적용 명세서 작성	선택한 통제목표 및 방안과 그 선택을 정당화할 수 있는 사유를 적용성 보고서로 문서화하는 과정

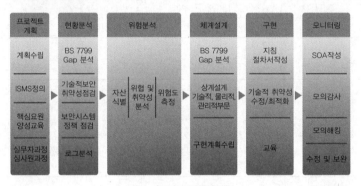

[BS7799 인증절차]

4 국제 공통평가 기준(CC, Common Criteria)

- 한 국가에서 평가받은 제품을 다른 국가에서 사용하기 위하여 재평가받아야 하는 문제점이 있으므로, 재평가 소요 비용을 줄이기 위해 국제 공통평가 기준(CC)이 탄생하게 되었으며, 현재 ISO 국제표준으로 제정
- 공통평가 기준의 등급체계를 이루는 요소는 ITSEC에서와 같은 보안 보증 요구사항
- 공통평가 기준의 평가보증등급(EAL : Evaluation Assurance Level)은 보증을 얻기 위한 비용과 이를 통하여 얻을 수 있는 보증수준 간의 균형을 이루는 단계적인 등급 제공
- 평가 종료 시의 TOE에 대한 보증과 TOE 운영 중에 유지되는 보증의 개념 구분
- 공통평가 기준 평가보증등급은 7등급(EAL1, EAL2, EAL3, EAL4, EAL5, EAL6, EAL7)으로 나누어지며, 등급이 높아질수록 보안 보증 요구사항이 강화됨
- TCSEC과 같이 한 등급에 대하여 기능과 보안 보증 요구사항이 규정되어 있는 것이 아니라, 기능은 다양한 기능에 필요한 요구사항을 분류하여 기준으로 제시하고 있지만, 이들은 부품처럼 필요한 기능만 선택하여 사용할 수 있도록 하고, 가정된 위협에 대처하는데 필요한 기능을 모아 놓은 정보보호 제품을 평가보증등급(EAL)에 따라 평가

1) 목적

- 현존하는 평가 기준의 조화를 통하여 평가결과 상호인증
- 평가의 상호인증을 위한 골격 제시
- 평가 기준의 향후 발전 방향 정립

2) 평가원칙

적절성 (Appropriateness)	평가에 참여하는 모든 평가자들은 보증평가등급(EAL)의 요구사항에 정확하게 일치하는 평가행위만을 수행하여야 함을 의미
공정성 (Impartiality)	평가에 참여하는 모든 평가자들이 평가받고자 하는 평가대상물 또는 보호프로파일에 대하여 편견을 가지고 있어서는 안됨을 의미
객관성 (Objectivity)	평가에 참여하는 모든 평가자들이 잘 정의된 평가방법론과 평가방법론의 정확한 해석을 토대로 평가해야 함을 의미
반복성(Repeatability) 및 재생산성(Reproducibility)	누가 평가를 수행하는 지에 관계없이 동일한 평가대상물에 대해 평가결과가 동일하여야 함을 의미
완전성 (Soundness of Result)	평가 결과가 평가대상물 혹은 보호프로파일에 대하여 기술적으로 정확하게 평가받았음을 보여야함을 의미

3) 주요 개념

보호프로파일 (PP)	• IT제품 및 시스템을 분류하고, 각 특성에 맞는 보안목표를 유용하고 효과적으로 표현하도록 기준의 보안기능 요구사항을 선택하여 보호프로파일을 작성함으로써, 같은 분류에 속하는 IT제품이나 시스템은 보호프로파일을 새로 작성할 필요 없이 기존에 작성되어 있는 보호프로파일을 활용할 수 있게 함 • 표준화된 기준을 제시하고, 명세서를 공식화하려는 의도로 보호프로파일을 개발 • 침입차단시스템, 관계형 데이터베이스 제품의 보호프로파일이 개발된 상태이며, 이들 보호프로파일은 기존에 개발된 기준 TCSEC의 B1등급과 C2등급 수준과도 비교할 수 있는 신뢰도를 가지고 있음
보안목표명세서 (ST)	• 평가활동의 기초자료로서, TOE에서 요구되는 보안요구사항과 객체들을 포함하며, 요구사항을 만족시키기 위하여 TOE가 제공하는 기능과 보증평가를 정의 • ST 작성자는 한 개 이상의 보호프로파일에 적합하도록 보안목표명세서를 작성

4) 구성

정보보호시스템에서 요구되는 기능 요구사항 및 보증요구사항으로 이루어져 있으며, 보안 기능 요구사항에는 보안 활동을 정의하며, 보증요구사항은 정보보호시스템이 신청된 보안 정도를 실제 정확하게 구현하고 있는지에 대한 신뢰도를 입증할수 있는 기초를 제공

① Part 1. 일반모델(Introduction and General Model)
- 정보보호시스템의 평가원칙과 일반개념을 정의하고, 평가의 일반모델을 표현하는 국제공통평가기준의 소개 부분
- 정보보호시스템의 보안목적을 표현하고, 보안 요구사항을 선택하여 정의하고, 정보보호시스템의 상위수준 명세를 작성하기 위한 구조를 소개
- 각 이용자 집단에 대하여 국제공통평가기준의 각 부의 유용성을 서술

② Part 2. 보안기능 요구사항(Security Functional Requirement)
- ㉠ 감사(FAU : Security Audit)
  - 보안 활동에 관련되는 정보를 인식, 기록, 저장 및 분석할 수 있도록 FAU_ARP(Security Audit Automatic Response), FAU_GEN(Security Audit Data Generation), FAU_SAA(Security Audit Analysis), FAU_

SAR(Security Audit Review), FAU_SEL(Security Audit Event Selection), FAU_STG(Security Audit Event Storage) 등 6개의 패밀리로 구성

- 보안관련 사건 발생시 감사대상 사건에 부합하는 시스템 활동을 감사 레코드에 기록 저장하여, 관리자나 인가된 사용자가 필요시 감사관련 자료들을 검토할 수 있게 함

ⓛ 암호(Cryptographic Support : FCS)

- TSF가 암호기능을 지원할 경우 FCS 클래스의 요구사항이 포함되어야 함
- FCS는 암호키 관리와 암호 운용에 대한 요구사항을 정의하며, FCS_CKM(Cryptographic Key Management), FCS_COP(Cryptographic Operation)의 패밀리로 구성

ⓒ 통신(Communication : FCO)

데이터 교환시 송수신자의 신원을 보증 및 확인할 수 있는 요구사항을 정의하는 두 개의 패밀리, 즉 FCO_NRR(Non-Repudiation of Receipt), FCO_NRO(Non-Repudiation of Origin)가 있음

ⓔ 사용자 데이터 보호(User Data Protection : FDP)

- 사용자 데이터를 보호하기 위해 요구되는 컴포넌트들로 패밀리를 구성
- 사용자 데이터가 유입, 유출 및 저장되는 동안 이와 직접적으로 관련되는 보안속성을 다루는 패밀리로 구성

ⓜ 식별 및 인증(Identification and Authentication : FIA)

- 사용자의 신원확인 요청할 경우를 위하여 사용자의 신분을 설정하고, 이를 검증할 수 있도록 요구사항들을 제공
- 사용자가 가지는 권한이 TOE와의 상호작용을 허용하는 것인지를 판단하기 위하여 인가된 사용자의 명확한 신분을 보증하고, 보안속성과 사용자간의 정확한 연결을 보증하도록 해줌

ⓗ 보안 관리(Security Management : FMT)

- TSF 기능에 관한 권리, TSF 데이터 관리, 보안속성의 관리로 나누어 컴포넌트를 설명
- TSF 기능 관리에서는 기능 자체의 활동상태에 관한 관리를 다루며, 보안속성 관리는 TOE의 자원에 대한 접근시 이에 관련되는 보안속성에 관한 관리와 더불어 보안속성의 제한을 정의하는 컴포넌트에서는 보안속성의 유효기간에 대해 설명
- TSF 데이터 관리는 보안속성을 제외한 TSF가 다루는 데이터에 관한 관리를 정의

ⓢ 비밀성(Privacy : FPR)

- 다른 사용자가 인가된 사용자의 ID를 도용하는 것을 방지하도록 요구사항을 정의
- 익명성(Anonynity), 가명성(Pseudonymity), 연결불가성(Unlinkability), 관찰불가성(Unobservability)을 중점적으로 다루고 있음

ⓞ 안전한 보안기능 보호(Protection of the Trusted Function : FPT)

- 사용자 데이터 보호를 위한 클래스이지만, FPT 클래스는 보안기능에 관련된 데이터를 보호하기 위한 요구사항들로 이루어짐
- TSFs(TOE Security Function)를 실제 구현하는 메커니즘의 유지보수를 다루도록 컴포넌트를 정의하며, TSF를 위해 사용되는 데이터에 대한 무결성과 관련하여 컴포넌트를 정의

ⓩ 자원 활용(Resource Utilization : FRU)

　　TOE 자원의 가용성, 즉 처리능력과 저장용량 등의 가용성을 지원하기 위한 패밀리들을 가지고 있고, 이들 패밀리들은 고장 허용 한계(Fault Tolerance), 서비스 우선순위, 자원 할당의 관점으로 구성

ⓩ TOE 접근(TOE Access : FTA)

- 원격지에 있는 사용자가 TOE를 이용할 경우 TOE로 접근하기 위하여 세션을 설정하여야 하는데, 이 과정에서 요구되는 신분확인과 인증을 위한 요구사항을 서술
- TOE 접근 클래스에서 정의되는 요구사항은 사용자 세션 수와 세션의 범위를 제한하고, 접근 내역과 접근 매개변수의 수정 내역을 화면으로 출력할 수 있도록 하는 것

ⓚ 안전한 경로/채널(Trusted Path/Channel : FTP)

- 사용자-TSF, TSF-TSF간의 안전한 통신을 보장하기 위해 통신 경로에 대한 요구사항을 가짐
- 사용자는 TSF와 직접적으로 상호작용을 하여 보안기능을 수행
- FTP 클래스에서 정의되는 컴포넌트들로 안전하지 않은 응용계층에 의한 수정을 방지하는지 보증할 수 있어야 함

③ Part 3. 보증요구사항(Security Assurance Requirement)

ㄱ 형상관리(Configuration Management : ACM)

- 정보보호시스템의 개발과정에서 시스템에 관련된 모든 변경을 추적하여 시스템의 현재 상태를 항상 알 수 있도록 관리하는 것
- 형상관리 문서에는 형상목록, 현상식별 방법, 형상관리체계가 포함

ㄴ 배달과 운영(Delivery and Operation : ADO)

- TOE의 생성, 인수, 설치 및 시동에 대한 요구사항을 제공하며, TOE 개발자가 의도한 안전한 방식으로 설치, 생성, 시동됨을 보증
- 정확한 배달과정을 확인할 수 있도록 인수절차에 대한 문서를 요구

ㄷ 개발(Development : ADV)

- TOE를 개발할 경우 보안목표명세서에 적합하도록 구현하기 위하여 목적하는 TOE에 적절하도록 TSF를 상세히 서술
- 요구사항들을 가장 낮은 보증등급부터 높은 보증등급으로 매핑시켜 나감

ㄹ 지침서(Guidance Document : AGD)

　　사용자와 관리자에게 TOE를 안전하게 운영할 수 있도록 선택적 사용을 제공

ㅁ 생명주기 지원(Life Cycle Support : ALC)

　　생명주기를 정의하여 도구와 기수에 대한 유지보수를 요구사항으로 제공하며, 소비자가 발견한 TOE 오류에 대한 개발 보안 및 개선을 주요 내용으로 하고 있음

ㅂ 시험(Test : ATE)

- TOE가 기능요구사항들을 충족시키는지 증명하도록 요구사항을 정의
- 시험 범위, 시험 강도, TOE 요구사항 및 독립시험 등을 다루고 있음

ㅅ 취약성 평가(Vulnerability Assessment : AVA)

- 비밀채널분석(AVA_CCA), 오용분석(AVA_MSU), TOE 보안기능의 강도(AVA_SOF) 및 취약성 분석(AVA_VLA) 등 4개 패밀리로 이루어 짐
- 악용 가능한 비밀채널의 존재, TOE의 오용이나 부정확한 구성, 직접공격에 견디는 보안 메커니즘의 성능, TOE 개발 및 운영 중에 나타나는 취약성을 이용한 침투시험에 대한 정의와 이들에 대한 평가를 다루고 있음

◎ 보호프로파일 평가(Protection Profile Evaluation : APE)

- 보호프로파일의 구성이 완전성과 일치성을 가지고 안전한 기술로 개발되었음을 증명할 수 있도록 요구사항을 정의
- 보호프로파일은 TOE를 평가할 수 있는 요구사항을 가지고 있어야 하므로, 이 클래스의 패밀리에서는 보안환경, 보안목적 및 TOE 보안요구사항에 대하여 정의

㉢ 보안목표명세서 평가(Security Target Evaluation : ASE)

- 보안목표명세서의 구성이 완전성과 일치성을 가지고 안전한 기술로 개발되었음을 증명할 수 있도록 요구사항을 정의
- 보안목표명세서가 TOE를 평가하는 기초자료로서 적합한지 증명하고자 하는 것이 ASE 클래스의 목적
- 보안환경, 보안목적, PP 준수선언, TOE 보안요구사항, TOE 요약명세서들과 관계하여 정의되고 있음

㉣ 보증등급 유지 클래스(Maintenance of Assurance : AMA)

- TOE나 그 환경에 변경이 일어나더라도 TOE가 계속하여 그 보안목표를 만족한다는 보증을 일정 수준으로 유지하고자 함
- 기본적으로 TOE가 성공적으로 평가된 후에 적용될 개발자와 평가자 요구사항을 명시
- 이들 요구사항 중 몇 가지는 평가 당시에 적용될 수 있음

5) 등급체계

- 국제공통평가기준(CC)은 다양한 정보보호제품에 적용하기 위한 평가기준 개발을 목표하였기 때문에 보안기능요구사항을 명시하는 보안기능 클래스는 등급체계를 고려하지 않고, 시장의 요구를 반영하는 안전한 정보보호시스템을 개발할 경우 사용할 수 있는 잘 정의된 보안기능요구사항 집합을 공통되는 보안목적을 근간으로 그룹화하여 클래스로 제공
- 클래스를 구성하는 기능패밀리들은 같은 보안목적을 가지지만, 강조되는 기능이 다른 컴포넌트들로 이루어지는데 이들 컴포넌트간에는 등급을 두고 있음
- 기능패밀리내의 컴포넌트들간의 관계는 계층적이거나 비계층적일 수 있음
- 컴포넌트가 추가적인 보안기능을 제공할 경우 이 컴포넌트는 다른 컴포넌트에 계층적인 관계를 가지게 됨
- 국제공통평가기준(CC)의 등급체계를 이루는 요소는 ITSEC에서와 같이 보증요구사항임
- 국제공통평가기준(CC)의 평가등급 EAL은 보증을 얻기 위한 비용과 이를 통해 얻을 수 있는 타당한 보증 수준간의 균형을 이루는 단계적인 등급을 제공
- 국제공통평가기준(CC)에서는 평가 종료시의 TOE에 대한 보증과 TOE 운영 중에 유지되는 보증의 개념을 구분

6) 보증등급

- 국제공통평가기준(CC)에서 정의하고 있는 등급체계는 EAL1, EAL2, EAL3, EAL4, EAL5, EAL6 및 EAL7로 구성되며, EAL0은 부적합 판정을 의미
- EAL1부터 EAL4 등급까지는 사용된 특별한 보안기술을 소개하지 않고, 일반적으로 기존에 있었던 제품과 시스템을 재정비하기 위한 관점에서 적용될 수 있음
- EAL4 이상의 등급은 응용기술로 사용된 보안기술까지 평가대상 범위를 넓히고 있음

- 보증등급에 적합한 요구사항을 충족시키도록 TOE를 설계 개발하게 됨
- 실제 비용효과가 개발자 및 평가자 활동에 영향을 미치게 되고 매우 간단한 제품을 제외한 일반제품에 대하여 평가를 위한 기초자료의 문서를 정형화하는 것은 너무나 복잡하여서 현재의 기술상태로는 한계점을 지님

① EAL1 : 기능시험

- 최저의 평가등급이지만 평가되지 않은 IT 제품이나 시스템에 비하여 평가를 받았다는 의미를 가짐
- 최소한의 비용으로 명확한 오류를 감지하기 위한 것으로, 독립적인 보증이 필요한 경우 적용 가능
- EAL1 등급에 맞는 평가를 하기 위하여 보안작용을 이해할 수 있는 TOE의 기능과 인터페이스 명세를 이용하여 보안기능을 분석함으로써 최소한의 보증수준을 제공

② EAL2 : 구조시험

- 개발자에게 추가 요구사항을 요청하지 않고 평가될 수 있는 가장 최상위 보증등급
- 개발자가 합당한 표준에 준하여 개발한다면 EAL2 등급의 평가는 보안기능 시험을 위한 개발자의 지원 없이도 이루어질 수 있음
- 낮은 등급부터 중간등급까지의 요구사항에 대한 보안 평가시 적용될 수 있음
- EAL2 평가는 TOE의 서브시스템에 대한 기본설계서와 같은 기능과 인터페이스를 서술한 문서를 이용하여 TOE 보안기능 분석을 수행
- 보안기능에 대한 독립시험이 진행되며, 평가자는 개발자가 수행한 블랙박스 시험*을 분석하고 개발자가 찾아낸 알려진 취약성을 조사함

> ⭐ **블랙박스 시험**
> (Black Box Test)
> 사용자가 소프트웨어 또는 제품에 대한 요구사항과 결과물이 일치하는 지 확인하기 위한 테스트 기법

③ EAL3 : 방법론적 시험과 점검

- 개발자가 기존의 견실한 개발관례의 기본적인 변경 없이 설계단계에서 주로 사용되고 있는 보안공학으로 최대의 보증을 얻도록 허용
- TOE의 철저한 조사와 새로운 기술비용을 요구하지 않은 개발이 수반된다면 중간등급의 보안평가를 내릴 수 있는 요구사항에서 적용 가능
- 개발자가 수행한 시험결과에 대한 증거를 독립적으로 선택하여 분석하고 개발자가 수행한 회색박스 시험*을 분석하고 개발자가 조사한 알려진 취약성을 분석함

④ EAL4 : 방법론적 설계, 시험 및 검토

- 기존의 제품라인을 개정하여 경제적인 효과를 볼 수 있는 가장 높은 보증등급
- 신용할 수 있는 상업적 개발과정에서 주로 이용되는 보안공학으로부터 얻을 수 있는 가장 높은 등급
- 독립적으로 평가될 수 있는 중간등급부터 상위등급까지의 요구사항들은 이 등급에 적용될 수 있음
- TOE 모듈과 부분 구현단계 수준으로 작성된 상세설계서를 분석하며, 분명한 취약성을 찾기 위한 시험이 독자적으로 수행
- 개발관리는 생명주기 모델, 도구의 식별, 자동화된 형상관리에 의하여 이루어짐

> ⭐ **회색박스 시험**
> (Gray Box Test)
> - 블랙박스 시험과 화이트박스 시험이 혼합된 방식의 테스트 기법
> - 소프트웨어의 내부 구조의 일부만 알고 수행하는 테스트 기법

⑤ EAL5 : 준정형화된 설계 및 시험

- 엄격한 상업적 개발과정에서 주로 이용되는 보안기술로 얻을 수 있는 최대 보증평가이며, 전문 보안공학기술의 적당한 응용으로 이루어 짐
- 엄격한 개발연구법을 수반하고 전문 보안공학기술로 인한 비합리적인 비용이 없다는 가정하에 계획된 개발을 독립적으로 평가하여 높은 수준의 보안평가등급을 내릴 수 있는 요구사항을 가진 등급
- 모든 구현물을 분석하며 보증은 정형화된 모델, 준정형 기능명세서, 준정형 기본설계서, 일치성을 증명하는 준정형화된 문서를 추가로 요구함
- 모듈러 설계와 비밀채널(Covert Channel) 분석이 요구됨

⑥ EAL6 : 준정형적 검증된 설계 및 시험

- 개발자가 중대한 위험으로부터 높은 가치의 자산을 보호하기에 적합한 전문적인 보안제품을 생산하는 경우, 엄격한 개발환경에서 보안공학을 응용하여 높은 보증등급을 얻을 수 있게 함
- 보안작용을 이해하기 위하여 TOE의 기능과 인터페이스 명세, 서브시스템들의 기본설계, TOE 모듈의 상세설계 및 구현의 구조화된 표현을 이용하여 보안기능을 분석함으로써 보증을 제공
- 개발자가 수행한 시험결과에 대한 증거를 독립적으로 선택하여 분석하고, 개발자가 수행한 회색박스 시험을 분석하고 개발자가 조사한 알려진 취약성을 분석함

⑦ EAL7 : 정형적 검증된 설계 및 시험

- 실질적으로 유용한 제품이 보증평가에서 받을 수 있는 가장 높은 등급이며, 개념적으로 단순하며 쉽게 이해되는 모든 실제 응용에서 고려되어야 하는 제품임
- 보안작용을 이해하기 위하여 TOE의 기능과 인터페이스 명세, 서브시스템들의 기본설계, TOE 모듈의 상세설계 및 구현의 구조화된 표현을 이용하여 보안기능을 분석함으로써 보증을 제공
- 추가적인 보증은 정형화 모델과 정형기능명세, 기본설계서, 준정형 상세설계서 간의 일치성을 검증

7) 국내외 평가기준 등급체계 비교

미국				캐나다	유럽		국제		한국
TCSEC		FC		CTCPEC	ITSEC		Common Criteria		침입차단시스템 평가기준
		PP	보증						
D	최소한의 보호	–	–	–	E0	부적절한 보증	EAL0	부적절한 보증	K0
		–	–	–			EAL1	기능시험	K1(E)
C1	임의적 보호	–	–	–	E1 F-C1	비정형적 기본설계	EAL2	구조시험	K2(E)
C2	통제된 접근보호	CS-1	T1	T1	E2 F-C2	비정형적 상세설계	EAL3	방법론적 시험과 점검	K3(E)
B1	레이블된 보호	LP-1 CS-2 CS-3	T2 T3 T4	T2 T3	E3 F-B1	소스코드와 하드웨어 도면 제공	EAL4	방법론적인 설계, 시험 및 검토	K4(E)

B2	구조적 보호	LP-2	T5	T4	E4 F-B2	준정형적 기능명세서, 기본설계, 상세설계	EAL5	준정형적 설계 및 시험	K5(E)
B3	보안영역	LP-3	T6	T5	E5 F-B3	보안요소 상호관계	EAL6	준정형적 검증 된 설계 및 시 험	K6(E)
A1	검증된 설계	LP-4	T7	T6 T7	E6 F-B3	정형적기능 명세서, 상세설계	EAL7	정형적 검증	K7(E)

5 ISO/IEC TR 13335(GMITS)

문서의 성격상 특정 기술의 규격을 정한 표준의 성격을 가지는 것보다는 여러 정보 자원으로부터 자료를 수집하여 작성

1) 구성

Part 1	IT 보안 관리를 설명하기 위하여 사용되는 기본적인 개념 및 모델을 보여줌
Part 2	Part 1과 상당 부분 중복되어 1부와 개정 작업
Part 3	보안 관리과정을 계획, 설계, 구현, 시험, 습득 또는 운영과 같은 생명주기 동안 동시에 사용 할 수 있는 보안기법 기술
Part 4	정보보안 대책의 선택지침 제공
Part 5	외부 네트워크에서 IT 시스템이 연결된 조직의 경우에 사용할 수 있는 네트워크 보안지침 제공

6 ISO27001(정보보안 경영시스템 인증)

- 조직의 경영시스템 중 정보보호 관리체계를 심사하고 인증하는 제도로, ISO와 IEC가 2005년 제정한 국제표준
- 국가별 인정기관 및 인증기관을 지정하여 운영하고 있으며, 인증기관 내 인증위원회에서 인증결과를 심의 · 의결하고 있음

1) 인증분야

보안정책, 자산분류, 위험관리 등 11개 영역, 133개 통제항목에 대한 규격을 만족하는 기업이 엄격한 심사를 통과함으로써 획득할 수 있는 표준

2) 인증절차

① **심사방법** : 문서심사와 현장심사로 이루어짐

② **유효기간** : 3년이며, 인증취득 후 연 1회 이상 사후관리를 받아야 함

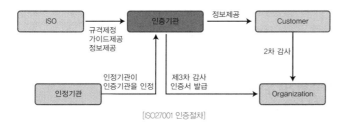

[ISO27001 인증절차]

1 정보보호 및 개인정보보호 관리체계 인증(ISMS-P)

- 정보보호 및 개인정보보호를 위한 일련의 조치와 활동이 인증기준에 적합함을 인터넷진흥원 또는 인증기관이 증명하는 제도
- 정보보호 및 개인정보보호 관리체계 인증기준은 크게 '1. 관리체계 수립 및 운영', '2. 보호대책 요구사항', '3. 개인정보 처리 단계별 요구사항' 의 3개의 영역에서 총 102개의 인증기준으로 구성되어 있음
- 정보보호 관리체계(ISMS) 인증을 받고자 하는 신청기관은 '1. 관리체계 수립 및 운영', '2. 보호대책 요구사항' 의 2개 영역에서 80개의 인증기준을 적용받게 되며, 정보보호 및 개인정보보호 관리체계(ISMS-P) 인증을 받고자 하는 신청기관은 '3. 개인정보 처리 단계별 요구사항'을 포함하여 102개의 인증기준을 적용받게 됨

영역	분야	적용 여부	
		ISMS	ISMS-P
관리체계 수립 및 운영 (16개)	관리체계 기반 마련	O	O
	위험관리	O	O
	관리체계 운영	O	O
	관리체계 점검 및 개선	O	O
보호대책 요구사항 (64개)	정책, 조직, 자산 관리	O	O
	인적 자원	O	O
	외부자 보안	O	O
	물리 보안	O	O
	인증 및 권한관리	O	O
	접근통제	O	O
	암호화 적용	O	O
	정보시스템 도입 및 개발 보안	O	O
	시스템 및 서비스 운영관리	O	O
	시스템 및 서비스 보안관리	O	O
	사고 예방 및 대응	O	O
	재해복구	O	O
개인정보 처리 단계별 요구사항 (22개)	개인정보 수집 시 보호조치	–	O
	개인정보 보유 및 이용 시 보호조치	–	O
	개인정보 제공 시 보호조치	–	O
	개인정보 파기 시 보호조치	–	O
	정보주체 권리보호	–	O

[정보보호 및 개인정보보호 관리체계 인증기준 구성]

1) 관리체계 수립 및 운영

관리체계 기반 마련, 위험관리, 관리체계 운영, 관리체계 점검 및 개선의 4개 분야 16개 인증기준으로 구성. 이러한 관리체계 수립 및 운영은 정보보호 및 개인정보보호 관리체계를 운영하는 동안 Plan, Do, Check, Act의 사이클에 따라 지속적이고, 반복적으로 실행되어야 함

영역	분야	적용 여부
관리체계 수립 및 운영 (16개)	관리체계 기반 마련	경영진의 참여
		최고책임자의 지정
		조직 구성
		범위 설정
		정책 수립
		자원 할당
	위험관리	정보자산 식별
		현황 및 흐름분석
		위험평가
		보호대책 선정
	관리체계 운영	보호대책 구현
		보호대책 공유
		운영현황 관리
	관리체계 점검 및 개선	법적 요구사항 준수 검토
		관리체계 점검
		관리체계 개선

[관리체계 수립 및 운영 인증기준]

[관리주기]

계획	명확한 목표를 정하고 전략을 세우는 계획수립 단계
실행	수립된 계획을 실행하는 단계
검토	수립 결과를 계획에 대비하여 검토하는 단계
반영	검토 결과를 차기 계획에 반영하는 단계

2) 보호대책 요구사항

- 12개 분야 64개 인증기준으로 구성
- 보호대책 요구사항에 따라 신청기관은 관리체계 수립 및 운영과정에서 수행한 위험평가 결과와 조직의 서비스 및 정보시스템 특성 등을 반영하여 체계적으로 보호대책을 수립 · 이행하여야 함

영역	분야	항목
보호대책 요구사항 (64개)	정책, 조직, 자산 관리	정책의 유지관리
		조직의 유지관리
		정보자산 관리

보호대책 요구사항 (64개)	인적 자원	주요 직무자 지정 및 관리
		직무 분리
		보안 서약
		인식제고 및 교육훈련
		퇴직 및 직무변경 관리
		보안 위반 시 조치
	외부자 보안	외부자 현황 관리
		외부자 계약 시 보안
		외부자 보안 이행 관리
		외부자 계약 변경 및 만료 시 보안
	물리 보안	보호구역 지정
		출입통제
		정보시스템 보호
		보호설비 운영
		보호구역 내 작업
		반출입 기기 통제
		업무환경 보안
	인증 및 권한관리	사용자 계정 관리
		사용자 식별
		사용자 인증
		비밀번호 관리
		특수 계정 및 권한 관리
		접근권한 검토
	접근통제	네트워크 접근
		정보시스템 접근
		응용프로그램 접근
		데이터베이스 접근
		무선 네트워크 접근
		원격접근 통제
		인터넷 접속 통제
	암호화 적용	암호정책 적용
		암호키 관리
	정보시스템 도입 및 개발 보안	보안 요구사항 정의
		보안 요구사항 검토 및 시험
		시험과 운영 환경 분리
		시험 데이터 보안
		소스 프로그램 관리
		운영환경 이관
	시스템 및 서비스 운영관리	변경관리
		성능 및 장애관리
		백업 및 복구관리
		로그 및 접속기록 관리
		로그 및 접속기록 점검
		시간 동기화
		정보자산의 재사용 및 폐기

		보안시스템 운영
보호대책 요구사항 (64개)	시스템 및 서비스 보안관리	클라우드 보안
		공개서버 보안
		전자거래 및 핀테크 보안
		정보전송 보안
		업무용 단말기기 보안
		보조저장매체 관리
		패키지 관리
		악성코드 통제
	사고 예방 및 대응	사고 예방 및 대응체계 구축
		취약점 점검 및 조치
		이상행위 분석 및 모니터링
		사고 대응 훈련 및 개선
		사고 대응 및 복구
	재해복구	재해 · 재난 대비 안전조치
		재해복구 시험 및 개선

[보호대책 요구사항]

3) 개인정보 처리 단계별 요구사항

- 5개 분야 22개의 인증기준으로 구성
- 대부분 법적 요구사항과 직접적으로 관련되어 있으므로, 개인정보 흐름분석을 바탕으로 조직이 적용받는 법규 및 세부 조항을 명확히 파악하여 이를 준수할 수 있도록 하여야 함

영역	분야	항목
개인정보 처리 단계별 요구사항 (22개)	개인정보 수집 시 보호조치	개인정보의 수집 제한
		개인정보의 수집 동의
		주민등록번호 처리 제한
		민감정보 및 고유식별번호의 처리 제한
		간접수집 보호조치
		영상정보처리기기 설치 · 운영
		홍보 및 마케팅 목적 활용 시 조치
	개인정보 보유 및 이용 시 보호 조치	개인정보 현황관리
		개인정보 품질보장
		개인정보 표시제한 및 이용 시 보호조치
		이용자 단말기 접근 보호
		개인정보 목적 외 이용 및 제공
	개인정보 제공 시 보호조치	개인정보 제3자 제공
		업무 위탁에 따른 정보주체 고지
		영업의 양수 등에 따른 개인정보의 이전
		개인정보의 국외이전
	개인정보 파기 시 보호조치	개인정보의 파기
		처리목적 달성 후 보유 시 조치
		휴면 이용자 관리
	정보주체 권리보호	개인정보처리방침 공개
		정보주체 권리보장
		이용내역 통지

[개인정보 처리 단계별 요구사항]

4) 인증체계

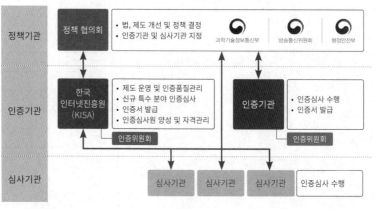

[인증체계]

5) ISMS-P 인증심사 절차

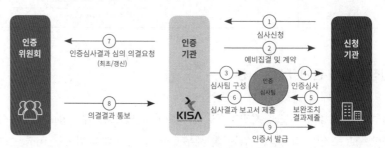

[인증심사 절차]

구분	내용
신청단계	신청 공문 + 인증 신청서, 관리체계 운영 명세서, 법인/개인 사업자 등록증
계약단계	수수료 산정 〉 계약 〉 수수료 납부
심사단계	수수료 산정 〉 계약 〉 수수료 납부
인증단계	최초/갱신심사 심의 의결(인증위원회), 유지(인증기관)

6) 인증범위

구분	인증 범위	내용
ISMS-P	정보보호 및 개인정보보호 관리체계 인증	• 정보서비스의 운영 및 보호에 필요한 조직, 물리적 위치, 정보자산 • 개인정보 처리를 위한 수집, 보유, 이용, 제공, 파기에 관여하는 개인정보처리 시스템, 취급자를 포함
ISMS	정보보호 관리체계 인증	정보서비스의 운영 및 보호에 필요한 조직, 물리적 위치, 정보자산을 포함

7) 심사 종류

[심사 종류]

구분	설명
최초심사	• 인증을 처음으로 취득할 때 진행하는 심사이며, 인증의 범위에 중요한 변경이 있어 다시 인증을 신청할 때에도 실시 • 최초심사를 통해 인증을 취득하면 3년의 유효기간이 부여
사후심사	인증을 취득한 이후 정보보호 관리체계가 지속적으로 유지되고 있는지 확인하는 것을 목적으로, 인증 유효기간 중 매년 1회 이상 시행하는 심사
갱신심사	정보보호 관리체계 인증 유효기간 연장을 목적으로 시행하는 심사

8) 인증대상

① 자율 신청자

의무대상자 기준에 해당하지 않으나 자발적으로 정보보호 및 개인정보보호 관리체계를 구축·운영하는 기업·기관은 임의신청자로 분류되며, 임의신청자가 인증취득을 희망할 경우 자율적으로 신청하여 인증심사를 받을 수 있음

② ISMS 인증 의무대상자(정보통신망법 제47조 2항)

「전기통신사업법」 제2조제8호에 따른 전기통신사업자와 전기통신사업자의 전기통신역무를 이용하여 정보를 제공하거나 정보의 제공을 매개하는 자로서, [표]에서 기술한 의무대상자 기준에 하나라도 해당되는 자

구분	의무대상자 기준
ISP	「전기통신사업법」 제6조제1항에 따른 허가를 받은 자로서, 서울특별시 및 모든 광역시에서 정보통신망서비스를 제공하는 자
IDC	정보통신망법 제46조에 따른 집적정보통신시설 사업자
다음 조건 중 하나라도 해당되는 자	연간 매출액 또는 세입이 1,500억원 이상인 자 중에서 다음에 해당되는 경우 – 「의료법」 제3조의4에 따른 상급종합병원 – 직전연도 12월 31일 기준으로, 재학생 수가 1만명 이상인 「고등교육법」 제2조에 따른 학교
	정보통신서비스 부문 전년도(법인인 경우에는 전 사업연도를 말한다) 매출액이 100억원 이상인 자
	전년도 직전 3개월간 정보통신서비스 일일평균 이용자 수가 100만명 이상인 자

③ 의무대상자 신청

- 의무대상자는 ISMS, ISMS-P 인증 중 선택 가능
- 의무대상자가 되어 인증을 최초로 신청하는 경우 다음 해 8월 31일까지 인증 취득

2 정보보호 등급제 인증제도

정보보호 관리체계(ISMS)를 유지하는 기업을 대상으로, 정보보호 수준을 측정하여 '우수', '최우수' 등급을 부여하는 제도

[인증마크]

1) 인증체계

[인증체계]

2) 인증대상

신청 요건	세부 내용
정보보호관리체계(ISMS) 인증범위	전사(全社) 범위로, 1년 이상 정보보호 관리체계를 운영(1년은 회계년도를 포함한 기간을 말함)
정보보호관리체계(ISMS) 인증 유지기간	정보보호 관리체계 인증을 3년간 연속으로 유지

3) 정보보호 등급 부여 기준

등급	등급 설명	등급 취득 기준
우수	기업에 내재된 정보보호 통제 및 프로세스를 지속적으로 측정, 관리하는 단계로 정기적으로 정보보호 상태를 점검하는 단계	우수 등급(공통+우수)에 해당하는 세부평가 기준을 모두 만족
최우수	정보보호 통제 활동에서 얻어진 문제점을 지속적으로 개선하여 반영함으로서, 기업의 정보보호 수준을 최적화 하는 단계	우수 등급과 최우수 등급(공통+우수+최우수)의 세부 평가기준을 모두 만족

4) 정보보호 등급제 인증심사 기준

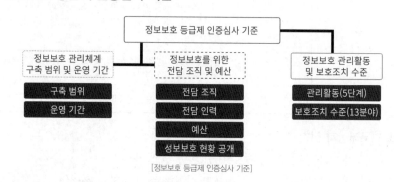

[정보보호 등급제 인증심사 기준]

5) 정보보호 등급제 인증심사 절차

ISMS-P 인증심사 절차와 동일

3 클라우드 보안 인증제

클라우드 서비스 제공자가 제공하는 서비스에 대해 『클라우드 컴퓨팅 발전 및 이용자 보호에 관한 법률』 제 23조 제2항에 따라 정보보호 기준의 준수 여부 확인을 인증기관이 평가 · 인증하여 이용자들이 안심하고 클라우드 서비스를 이용할 수 있도록 지원하는 제도

[인증마크]

1) 목적 및 필요성

- 공공기관에 안전성 및 신뢰성이 검증된 민간 클라우드 서비스 공급
- 객관적이고 공정한 클라우드 서비스 보안 인증을 실시하여 이용자의 보안 우려를 해소하고, 클라우드 서비스 경쟁력 확보

2) 보안 평가 · 인증 체계

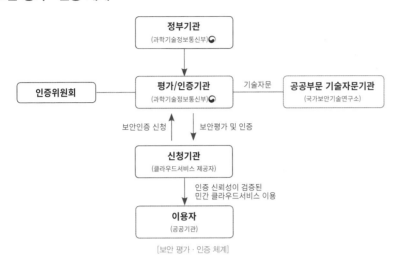

[보안 평가 · 인증 체계]

3) 보안 평가 · 인증 종류

[보안 평가 · 인증 종류]

구분	설명
최초평가	보안 인증을 처음으로 취득할 때 진행하는 평가이며, 인증 취득기간 중 중요한 변경이 있을 경우 변경 사항에 대해 상시평가가 이루어질 수 있음 – 최초평가를 통해 인증을 취득하면, 5년(SaaS 간편 등급은 3년)의 유효기간을 부여
사후평가	• 보안 인증을 취득한 이후 지속적으로 클라우드 서비스 보안 평가 · 인증 기준을 준수하고 있는지 확인하기 위한 평가 • 인증 유효기간(3~5년) 안에 매년 시행
갱신평가	보안 인증 유효기간(3~5년)이 만료되기 전에, 클라우드 서비스에 대한 인증의 연장을 원하는 경우에 실시하는 평가 – 갱신평가를 통과하는 경우, 3~5년의 유효기간을 다시 부여

4) 보안 평가 · 인증범위 기준

- 공공기관의 업무를 위하여 제공하는 클라우드 서비스의 모든 서비스를 포함하여 설정
- 클라우드 서비스 보안인증제는 클라우드컴퓨팅법 시행령 제3조 제1호(IaaS*), 제3조 제2호(SaaS*)의 서비스를 대상으로 시행
- 해당 클라우드서비스에 포함되거나 관련 있는 자산(시스템, 설비, 시설 등), 조직, 지원서비스 등도 모두 포함하여 설정
    - 서비스 운영 · 관리를 위한 온 · 오프라인 자산 및 지원서비스
    - 안전성 및 신뢰성 확보를 위한 자산(정보보호 시스템, 로그관리 시스템 등)

🔖 IaaS
(Infrastructure as a Service)
- 서버, 스토리지, 네트워크를 필요에 따라 인프라 자원을 사용할 수 있게 하는 형태의 클라우드 서비스
- 대표적인 기술로는 서버 가상화, 데스크톱 가상화 등이 있음

🔖 SaaS
(Software as a Service)
- 소프트웨어 및 관련 데이터는 중앙에서 서비스하고, 사용자는 웹 브라우저 등의 클라이언트를 통해 접속하는 형태의 클라우드 서비스
- 주문형 소프트웨어라고도 함

- 식별된 자산 및 조직에 대해서는 「클라우드컴퓨팅 서비스 정보보호에 관한 기준 고시」의 관리적 · 물리적 · 기술적 보호조치 및 공공기관용 클라우드 서비스 추가 보호조치를 준하여야 함

5) 인증기준

- 관리적 · 물리적 · 기술적 보호조치 및 공공기관용 추가 보호조치
- 총 14개 부문으로, IaaS는 117개, SaaS는 78개 통제항목의 준수 여부를 평가

통제 분야	통제 항목	통제항목 수		
		IaaS 표준	SaaS 표준	SaaS 간편
정보보호 정책 및 조직	정보보호 정책	3	3	–
	정보보호 조직	2	2	2
인적 보안	내부인력 보안	6	4	1
	외부인력 보안	3	–	–
	정보보호 교육	3	1	1
자산 관리	자산식별 및 분류	3	1	–
	자산 변경 관리	3	1	–
	위험관리	4	1	–
서비스 공급망 관리	공급망 관리 정책	2	2	–
	공급망 변경 관리	2	1	–
침해사고 관리	침해사고 절차 및 체계	3	3	1
	침해사고 대응	2	2	1
	사후관리	?	?	–
서비스 연속성 관리	장애대응	4	4	1
	서비스 가용성	3	2	1
준거성	법 및 정책 준수	2	1	1
	보안 감사	2	2	–
물리적 보안	물리적 보호구역	6	–	–
	정보처리 시설 및 장비보호	6	–	–
가상화 보안	가상화 인프라	6	2	1
	가상 환경	4	4	–
접근통제	접근통제 정책	2	2	1
	접근권한 관리	3	3	–
	사용자 식별 및 인증	5	5	4
네트워크 보안		6	5	2
데이터 보호와 암호화	데이터 보호	6	6	2
	매체 보안	2	–	–
	암호화	2	2	2
시스템 개발 및 도입 보안	시스템 분석 및 설계	5	5	1
	구현 및 시험	4	4	1
	외주 개발 보안	1	1	–
	시스템 도입 보안	2	–	–
공공 부문 추가 보안 요구사항		8	7	7
총계		117	78	30

[인증기준]

6) 평가 · 인증 절차

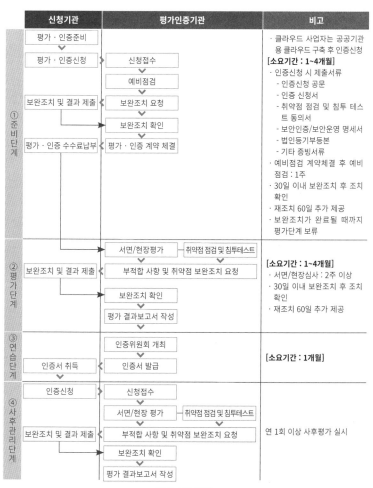

신청기관	평가인증기관	비고
① 준비단계 평가 · 인증준비 → 평가 · 인증신청 → 보완조치 및 결과 제출 → 평가 · 인증 수수료납부	신청접수 → 예비점검 → 보완조치 요청 → 보완조치 확인 → 평가 · 인증 계약 체결	· 클라우드 사업자는 공공기관용 클라우드 구축 후 인증신청 **[소요기간 : 1~4개월]** · 인증신청 시 제출서류 - 인증신청 공문 - 인증 신청서 - 취약점 점검 및 침투 테스트 동의서 - 보안인증/보안운영 명세서 - 법인등기부등본 - 기타 증빙서류 · 예비점검 계약체결 후 예비점검 : 1주 · 30일 이내 보완조치 후 조치 확인 · 재조치 60일 추가 제공 · 보완조치가 완료될 때까지 평가단계 보류
② 평가단계 보완조치 및 결과 제출	서면/현장평가 — 취약점 점검 및 침투테스트 → 부적합 사항 및 취약점 보완조치 요청 → 보완조치 확인 → 평가 결과보고서 작성	**[소요기간 : 1~4개월]** · 서면/현장심사 : 2주 이상 · 30일 이내 보완조치 후 조치 확인 · 재조치 60일 추가 제공
③ 연습단계 인증서 취득	인증위원회 개최 → 인증서 발급	**[소요기간 : 1개월]**
④ 사후관리단계 인증신청 → 보완조치 및 결과 제출	신청접수 → 서면/현장 평가 — 취약점 점검 및 침투테스트 → 부적합 사항 및 취약점 보완조치 요청 → 보완조치 확인 → 평가 결과보고서 작성	연 1회 이상 사후평가 실시

[평가 · 인증 절차]

상기 절차는 최초평가를 기준으로 하였으며, 1년 단위로 실시하는 사후평가(IaaS, SaaS 공통)에서는 예비점검 없이 평가단계로 넘어감

7) 주요 평가단계별 소요일수

IaaS 표준등급(총28일)	사전컨설팅 3일 → 서면/현장평가(5일) · 취약점 점검(10일) (동시 진행) 10일 → 모의침투 테스트 10일 → 이행점검 5일
SaaS 표준등급(총25일)	사전컨설팅 3일 → 서면/현장평가(5일) · 취약점 점검(7일) (동시 진행) 7일 → 모의침투 테스트 10일 → 이행점검 5일
SaaS 간편등급(총17일)	사전컨설팅 2일 → 서면/현장평가(5일) · 취약점 점검(5일) (동시 진행) 5일 → 모의침투 테스트 5일 → 이행점검 5일

4 개인정보 영향평가(BIA)

- 사업 주체가 개인정보를 취급하는 새로운 정보시스템을 도입하거나, 개인정보를 취급하고 있는 기존 정보시스템의 중대한 변경 시, 시스템을 대상으로 개인정보의 침해 위험성을 사전에 조사 · 예측 · 검토하고, 침해요인을 분석하여 개선하도록 하는 사전 예방 조치
- 「개인정보보호법」에 의하여 공공기관이 일정 규모의 개인정보를 취급할 경우 영향평가를 의무적으로 수행하도록 규정하고 있음

1) 평가대상

- 개인정보를 다량 보유 · 관리하는 정보시스템의 신규 구축 사업
- 신기술 또는 기존 기술의 통합으로, 프라이버시 침해 가능성이 있는 기술을 사용하는 사업
- 개인정보를 보유 · 관리하는 기존 정보시스템을 변경하는 사업
- 개인정보의 수집 · 이용 · 보관 · 파기 등 개인정보의 생명주기 내의 중대한 개인정보 침해 위험이 발생할 가능성이 있는 사업
- 단, 개인정보의 수집 · 이용 등과 관련된 새로운 정보시스템의 구축이 기존 프로그램이나 시스템에 대한 경미한 변경인 경우에는 개인정보 영향평가를 수행하지 않을 수 있음

2) 영향평가의 절차

- 개인정보 영향평가는 개인정보를 취급하는 새로운 정보시스템을 구축하거나, 기존의 시스템을 변경하려는 경우 개인성보의 침해요인을 분석하고 예방해야 함
- 개인정보를 취급하는 신규 시스템을 구축한 경우에는 정보시스템 구축 전 단계에서 정보시스템을 분석하거나, 정보시스템을 설계하는 단계에서 실시하는 것이 적절
- 기존 정보시스템을 통하여 서비스가 운영 중일지라도, 개인정보의 수집 · 이용 및 관리에 중대한 침해위험이 발생할 우려가 있거나, 전반적인 개인정보 관리체계를 점검하여 개선하기 위해서도 개인정보 영향평가를 할 수 있음

① 영향평가의 시기

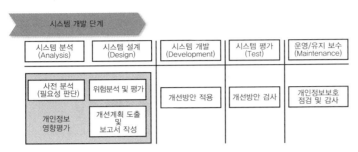

[개인정보 영향평가 시기]

② 영향평가의 절차

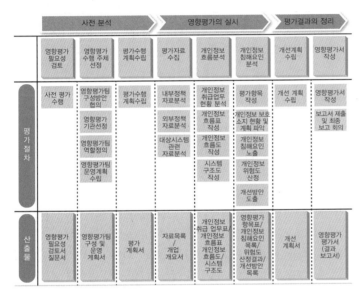

[개인정보 영향평가 절차]

정보보호 관련 법규

※ 관련 법규에서 알아두어야 할 사항들만 선별함
※ 아래 법규 설명에서 ①②③은 '호', 1,2,3…은 '항', 가.나.다.…는 '목'으로 구분됨(법령에서 삭제된 호, 항, 목은 기입하지 않음)

Section 01 정보통신망 이용촉진 및 정보보호 등에 관한 법률

1) 제1조(목적)

이 법은 정보통신망의 이용을 촉진하고 정보통신서비스를 이용하는 자를 보호함과 아울러 정보통신망을 건전하고 안전하게 이용할 수 있는 환경을 조성하여 국민 생활의 향상과 공공복리의 증진에 이바지함을 목적으로 한다.

2) 제2조(정의)

① 이 법에서 사용하는 용어의 뜻은 다음과 같다.

1. "정보통신망"이란 「전기통신사업법」 제2조제2호에 따른 전기통신설비를 이용하거나 전기통신설비와 컴퓨터 및 컴퓨터의 이용기술을 활용하여 정보를 수집 · 가공 · 저장 · 검색 · 송신 또는 수신하는 정보통신체제를 말한다.

2. "정보통신서비스"란 「전기통신사업법」 제2조제6호에 따른 전기통신역무와 이를 이용하여 정보를 제공하거나 정보의 제공을 매개하는 것을 말한다.

3. "징보통신서비스 제공자"란 「전기통신사업법」 제2조제8호에 따른 전기통신사업자와 영리를 목적으로 전기통신사업자의 전기통신역무를 이용하여 정보를 제공하거나 정보의 제공을 매개하는 자를 말한다.

4. "이용자"란 정보통신서비스 제공자가 제공하는 정보통신서비스를 이용하는 자를 말한다.

5. "전자문서"란 컴퓨터 등 정보처리능력을 가진 장치에 의하여 전자적인 형태로 작성되어 송수신되거나 저장된 문서형식의 자료로서 표준화된 것을 말한다.

7. "침해사고"란 해킹, 컴퓨터바이러스, 논리폭탄, 메일폭탄, 서비스 거부 또는 고출력 전자기파 등의 방법으로 정보통신망 또는 이와 관련된 정보시스템을 공격하는 행위를 하여 발생한 사태를 말한다.

9. "게시판"이란 그 명칭과 관계없이 정보통신망을 이용하여 일반에게 공개할 목적으로 부호 · 문자 · 음성 · 음향 · 화상 · 동영상 등의 정보를 이용자가 게재할 수 있는 컴퓨터 프로그램이나 기술적 장치를 말한다.

10. "통신과금서비스"란 정보통신서비스로서 다음 각 목의 업무를 말한다.

   가. 타인이 판매 · 제공하는 재화 또는 용역(이하 "재화 등"이라 한다)의 대가를 자신이 제공하는 전기통신역무의 요금과 함께 청구 · 징수하는 업무

   나. 타인이 판매 · 제공하는 재화 등의 대가가 가목의 업무를 제공하는 자의 전기통신역무의 요금과 함께 청구 · 징수되도록 거래정보를 전자적으로 송수신하는 것 또는 그 대가의 정산을 대행하거나 매개하는 업무

11. "통신과금서비스제공자"란 제53조에 따라 등록을 하고 통신과금서비스를 제공하는 자를 말한다.

12. "통신과금서비스이용자"란 통신과금서비스제공자로부터 통신과금서비스를 이용하여 재화등을 구입 · 이용하는 자를 말한다.

13. "전자적 전송매체"란 정보통신망을 통하여 부호 · 문자 · 음성 · 화상 또는 영상 등을 수신자에게 전자문서 등의 전자적 형태로 전송하는 매체를 말한다.

② 이 법에서 사용하는 용어의 뜻은 제1항에서 정하는 것 외에는 「국가정보화 기본법」에서 정하는 바에 따른다.

3) 제4조(정보통신망 이용촉진 및 정보보호 등에 관한 시책의 마련)

① 과학기술정보통신부장관 또는 방송통신위원회는 정보통신망의 이용촉진 및 안정적 관리 · 운영과 이용자 보호 등(이하 "정보통신망 이용촉진 및 정보보호 등"이라 한다)을 통하여 정보사회의 기반을 조성하기 위한 시책을 마련하여야 한다.

② 제1항에 따른 시책에는 다음 각 호의 사항이 포함되어야 한다.

1. 정보통신망에 관련된 기술의 개발 · 보급
2. 정보통신망의 표준화
3. 정보내용물 및 제11조에 따른 정보통신망 응용서비스의 개발 등 정보통신망의 이용 활성화
4. 정보통신망을 이용한 정보의 공동활용 촉진
5. 인터넷 이용의 활성화
7. 정보통신망에서의 청소년 보호
8. 정보통신망의 안전성 및 신뢰성 제고
9. 그 밖에 정보통신망 이용촉진 및 정보보호 등을 위하여 필요한 사항

③ 과학기술정보통신부장관 또는 방송통신위원회는 제1항에 따른 시책을 마련할 때에는 「국가정보화 기본법」 제6조에 따른 국가정보화 기본계획과 연계되도록 하여야 한다.

4) 제5조(다른 법률과의 관계)

정보통신망 이용촉진 및 정보보호 등에 관하여는 다른 법률에서 특별히 규정된 경우 외에는 이 법으로 정하는 바에 따른다. 다만, 제7장의 통신과금서비스에 관하여 이 법과 「전자금융거래법」의 적용이 경합하는 때에는 이 법을 우선 적용한다.

5) 제9조(인증기관의 지정 등)

① 과학기술정보통신부장관은 정보통신망과 관련된 제품을 제조하거나 공급하는 자의 제품이 제8조제1항 본문에 따라 고시된 표준에 적합한 제품임을 인증하는 기관(이하 "인증기관"이라 한다)을 지정할 수 있다.

② 과학기술정보통신부장관은 인증기관이 다음 각 호의 어느 하나에 해당하면 그 지정을 취소하거나 6개월 이내의 기간을 정하여 업무의 정지를 명할 수 있다. 다만, 제1호에 해당하는 경우에는 그 지정을 취소하여야 한다.

1. 속임수나 그 밖의 부정한 방법으로 지정을 받은 경우
2. 정당한 사유 없이 1년 이상 계속하여 인증업무를 하지 아니한 경우
3. 제3항에 따른 지정기준에 미달한 경우

③ 제1항 및 제2항에 따른 인증기관의 지정기준 · 지정절차, 지정취소 · 업무정지의 기준 등에 필요한 사항은 과학기술정보통신부령으로 정한다.

6) 제22조의2(접근권한에 대한 동의)

① 정보통신서비스 제공자는 해당 서비스를 제공하기 위하여 이용자의 이동통신단말장치 내에 저장되어 있는 정보 및 이동통신단말장치에 설치된 기능에 대하여 접근할 수 있는 권한(이하 "접근권한"이라 한다)이 필요한 경우 다음 각 호의 사항을 이용자가 명확하게 인지할 수 있도록 알리고 이용자의 동의를 받아야 한다.

  1. 해당 서비스를 제공하기 위하여 반드시 필요한 접근권한인 경우

    가. 접근권한이 필요한 정보 및 기능의 항목

    나. 접근권한이 필요한 이유

  2. 해당 서비스를 제공하기 위하여 반드시 필요한 접근권한이 아닌 경우

    가. 접근권한이 필요한 정보 및 기능의 항목

    나. 접근권한이 필요한 이유

    다. 접근권한 허용에 대하여 동의하지 아니할 수 있다는 사실

② 정보통신서비스 제공자는 해당 서비스를 제공하기 위하여 반드시 필요하지 아니한 접근권한을 설정하는 데 이용자가 동의하지 아니한다는 이유로 이용자에게 해당 서비스의 제공을 거부하여서는 아니 된다.

③ 이동통신단말장치의 기본 운영체제(이동통신단말장치에서 소프트웨어를 실행할 수 있는 기반 환경을 말한다)를 제작하여 공급하는 자와 이동통신단말장치 제조업자 및 이동통신단말장치의 소프트웨어를 제작하여 공급하는 자는 정보통신서비스 제공자가 이동통신단말장치 내에 저장되어 있는 정보 및 이동통신단말장치에 설치된 기능에 접근하려는 경우 접근권한에 대한 이용자의 동의 및 철회방법을 마련하는 등 이용자 정보 보호에 필요한 조치를 하여야 한다.

④ 방송통신위원회는 해당 서비스의 접근권한의 설정이 제1항부터 제3항까지의 규정에 따라 이루어졌는지 여부에 대하여 실태조사를 실시할 수 있다.

⑤ 제1항에 따른 접근권한의 범위 및 동의의 방법, 제3항에 따른 이용자 정보 보호를 위하여 필요한 조치 및 그 밖에 필요한 사항은 대통령령으로 정한다.

7) 제23조의2(주민등록번호의 사용 제한)

① 정보통신서비스 제공자는 다음 각 호의 어느 하나에 해당하는 경우를 제외하고는 이용자의 주민등록번호를 수집 · 이용할 수 없다.

  1. 제23조의3에 따라 본인확인기관으로 지정받은 경우

  3. 「전기통신사업법」 제38조제1항에 따라 기간통신사업자로부터 이동통신서비스 등을 제공받아 재판매하는 전기통신사업자가 제23조의3에 따라 본인확인기관으로 지정받은 이동통신사업자의 본인확인업무 수행과 관련하여 이용자의 주민등록번호를 수집 · 이용하는 경우

② 제1항제3호에 따라 주민등록번호를 수집 · 이용할 수 있는 경우에도 이용자의 주민등록번호를 사용하지 아니하고 본인을 확인하는 방법(이하 "대체수단"이라 한다)을 제공하여야 한다.

8) 제45조(정보통신망의 안정성 확보 등)

① 정보통신서비스 제공자는 정보통신서비스의 제공에 사용되는 정보통신망의 안정성 및 정보의 신뢰성을 확보하기 위한 보호조치를 하여야 한다.

② 과학기술정보통신부장관은 제1항에 따른 보호조치의 구체적 내용을 정한 정보보호조치에 관한 지침(이하 "정보보호지침"이라 한다)을 정하여 고시하고 정보통신서비스 제공자에게 이를 지키도록 권고할 수 있다.

③ 정보보호지침에는 다음 각 호의 사항이 포함되어야 한다.

1. 정당한 권한이 없는 자가 정보통신망에 접근 · 침입하는 것을 방지하거나 대응하기 위한 정보보호시스템의 설치 · 운영 등 기술적 · 물리적 보호조치

2. 정보의 불법 유출 · 위조 · 변조 · 삭제 등을 방지하기 위한 기술적 보호조치

3. 정보통신망의 지속적인 이용이 가능한 상태를 확보하기 위한 기술적 · 물리적 보호조치

4. 정보통신망의 안정 및 정보보호를 위한 인력 · 조직 · 경비의 확보 및 관련 계획수립 등 관리적 보호조치

9) 제45조의3(정보보호 최고책임자의 지정 등)

① 정보통신서비스 제공자는 정보통신시스템 등에 대한 보안 및 정보의 안전한 관리를 위하여 임원급의 정보보호 최고책임자를 지정하고 과학기술정보통신부장관에게 신고하여야 한다. 다만, 자산총액, 매출액 등이 대통령령으로 정하는 기준에 해당하는 정보통신서비스 제공자의 경우에는 정보보호 최고책임자를 지정하지 아니할 수 있다.

② 제1항에 따른 신고의 방법 및 절차 등에 대해서는 대통령령으로 정한다.

③ 제1항 본문에 따라 지정 및 신고된 정보보호 최고책임자(자산총액, 매출액 등 대통령령으로 정하는 기준에 해당하는 정보통신서비스 제공자의 경우로 한정한다)는 제4항의 업무 외의 다른 업무를 겸직할 수 없다.

④ 정보보호 최고책임자는 다음 각 호의 업무를 총괄한다.

1. 정보보호관리체계의 수립 및 관리 · 운영

2. 정보보호 취약점 분석 · 평가 및 개선

3. 침해사고의 예방 및 대응

4. 사전 정보보호대책 마련 및 보안조치 설계 · 구현 등

5. 정보보호 사전 보안성 검토

6. 중요 정보의 암호화 및 보안서버 적합성 검토

7. 그 밖에 이 법 또는 관계 법령에 따라 정보보호를 위하여 필요한 조치의 이행

⑤ 정보통신서비스 제공자는 침해사고에 대한 공동 예방 및 대응, 필요한 정보의 교류, 그 밖에 대통령령으로 정하는 공동의 사업을 수행하기 위하여 제1항에 따른 정보보호 최고책임자를 구성원으로 하는 정보보호 최고책임자 협의회를 구성 · 운영할 수 있다.

⑥ 정부는 제5항에 따른 정보보호 최고책임자 협의회의 활동에 필요한 경비의 전부 또는 일부를 지원할 수 있다.

⑦ 정보보호 최고책임자의 자격요건 등에 필요한 사항은 대통령령으로 정한다.

10) 제47조(정보보호 관리체계의 인증)

① 과학기술정보통신부장관은 정보통신망의 안정성 · 신뢰성 확보를 위하여 관리적 · 기술적 · 물리적 보호조치를 포함한 종합적 관리체계(이하 "정보보호 관리체계"라 한다)를 수립 · 운영하고 있는 자에 대하여 제4항에 따른 기준에 적합한지에 관하여 인증을 할 수 있다.

② 「전기통신사업법」 제2조제8호에 따른 전기통신사업자와 전기통신사업자의 전기통신역무를 이용하여 정보를 제공하거나 정보의 제공을 매개하는 자로서 다음 각 호의 어느 하나에 해당하는 자는 제1항에 따른 인증을 받아야 한다.

　　1. 「전기통신사업법」 제6조제1항에 따른 등록을 한 자로서 대통령령으로 정하는 바에 따라 정보통신망서비스를 제공하는 자

　　2. 집적정보통신시설 사업자

　　3. 연간 매출액 또는 세입 등이 1,500억원 이상이거나 정보통신서비스 부문 전년도 매출액이 100억원 이상 또는 3개월간의 일일평균 이용자수 100만명 이상으로서, 대통령령으로 정하는 기준에 해당하는 자

③ 과학기술정보통신부장관은 제2항에 따라 인증을 받아야 하는 자가 과학기술정보통신부령으로 정하는 바에 따라 국제표준 정보보호 인증을 받거나 정보보호 조치를 취한 경우에는 제1항에 따른 인증 심사의 일부를 생략할 수 있다. 이 경우 인증 심사의 세부 생략 범위에 대해서는 과학기술정보통신부장관이 정하여 고시한다.

④ 과학기술정보통신부장관은 제1항에 따른 정보보호 관리체계 인증을 위하여 관리적 · 기술적 · 물리적 보호대책을 포함한 인증기준 등 그 밖에 필요한 사항을 정하여 고시할 수 있다.

⑤ 제1항에 따른 정보보호 관리체계 인증의 유효기간은 3년으로 한다. 다만, 제47조의5제1항에 따라 정보보호 관리등급을 받은 경우 그 유효기간 동안 제1항의 인증을 받은 것으로 본다.

⑥ 과학기술정보통신부장관은 한국인터넷진흥원 또는 과학기술정보통신부장관이 지정한 기관(이하 "정보보호 관리체계 인증기관"이라 한다)으로 하여금 제1항 및 제2항에 따른 인증에 관한 업무로서 다음 각 호의 업무를 수행하게 할 수 있다.

1. 인증 신청인이 수립한 정보보호 관리체계가 제4항에 따른 인증기준에 적합한지 여부를 확인하기 위한 심사(이하 "인증심사"라 한다)

2. 인증심사 결과의 심의

3. 인증서 발급ㆍ관리

4. 인증의 사후관리

5. 정보보호 관리체계 인증심사원의 양성 및 자격관리

6. 그 밖에 정보보호 관리체계 인증에 관한 업무

⑦ 과학기술정보통신부장관은 인증에 관한 업무를 효율적으로 수행하기 위하여 필요한 경우 인증심사 업무를 수행하는 기관(이하 "정보보호 관리체계 심사기관"이라 한다)을 지정할 수 있다.

⑧ 한국인터넷진흥원, 정보보호 관리체계 인증기관 및 정보보호 관리체계 심사기관은 정보보호 관리체계의 실효성 제고를 위하여 연 1회 이상 사후관리를 실시하고 그 결과를 과학기술정보통신부장관에게 통보하여야 한다.

⑨ 제1항 및 제2항에 따라 정보보호 관리체계의 인증을 받은 자는 대통령령으로 정하는 바에 따라 인증의 내용을 표시하거나 홍보할 수 있다.

⑩ 과학기술정보통신부장관은 다음 각 호의 어느 하나에 해당하는 사유를 발견한 경우에는 인증을 취소할 수 있다. 다만, 제1호에 해당하는 경우에는 인증을 취소하여야 한다.

1. 거짓이나 그 밖의 부정한 방법으로 정보보호 관리체계 인증을 받은 경우

2. 제4항에 따른 인증기준에 미달하게 된 경우

3. 제8항에 따른 사후관리를 거부 또는 방해한 경우

⑪ 제1항 및 제2항에 따른 인증의 방법ㆍ절차ㆍ범위ㆍ수수료, 제8항에 따른 사후관리의 방법ㆍ절차, 제10항에 따른 인증취소의 방법ㆍ절차, 그 밖에 필요한 사항은 대통령령으로 정한다.

⑫ 정보보호 관리체계 인증기관 및 정보보호 관리체계 심사기관 지정의 기준ㆍ절차ㆍ유효기간 등에 필요한 사항은 대통령령으로 정한다.

11) 제47조의2(정보보호 관리체계 인증기관 및 정보보호 관리체계 심사기관의 지정취소 등)

① 과학기술정보통신부장관은 제47조에 따라 정보보호 관리체계 인증기관 또는 정보보호 관리체계 심사기관으로 지정받은 법인 또는 단체가 다음 각 호의 어느 하나에 해당하면 그 지정을 취소하거나 1년 이내의 기간을 정하여 해당 업무의 전부 또는 일부의 정지를 명할 수 있다. 다만, 제1호나 제2호에 해당하는 경우에는 그 지정을 취소하여야 한다.

1. 거짓이나 그 밖의 부정한 방법으로 정보보호 관리체계 인증기관 또는 정보보호 관리체계 심사기관의 지정을 받은 경우

2. 업무정지기간 중에 인증 또는 인증심사를 한 경우

3. 정당한 사유 없이 인증 또는 인증심사를 하지 아니한 경우

4. 제47조제11항을 위반하여 인증 또는 인증심사를 한 경우

5. 제47조제12항에 따른 지정기준에 적합하지 아니하게 된 경우

② 제1항에 따른 지정취소 및 업무정지 등에 필요한 사항은 대통령령으로 정한다.

12) 제47조의4(이용자의 정보보호)

① 정부는 이용자의 정보보호에 필요한 기준을 정하여 이용자에게 권고하고, 침해사고의 예방 및 확산 방지를 위하여 취약점 점검, 기술 지원 등 필요한 조치를 할 수 있다.

② 주요정보통신서비스 제공자는 정보통신망에 중대한 침해사고가 발생하여 자신의 서비스를 이용하는 이용자의 정보시스템 또는 정보통신망 등에 심각한 장애가 발생할 가능성이 있으면 이용약관으로 정하는 바에 따라 그 이용자에게 보호조치를 취하도록 요청하고, 이를 이행하지 아니하는 경우에는 해당 정보통신망으로의 접속을 일시적으로 제한할 수 있다.

③ 「소프트웨어산업 진흥법」 제2조에 따른 소프트웨어사업자는 보안에 관한 취약점을 보완하는 프로그램을 제작하였을 때에는 한국인터넷진흥원에 알려야 하고, 그 소프트웨어 사용자에게는 제작한 날부터 1개월 이내에 2회 이상 알려야 한다.

④ 제2항에 따른 보호조치의 요청 등에 관하여 이용약관으로 정하여야 하는 구체적인 사항은 대통령령으로 정한다.

13) 제47조의5(정보보호 관리등급 부여)

① 제47조에 따라 정보보호 관리체계 인증을 받은 자는 기업의 통합적 정보보호 관리수준을 제고하고 이용자로부터 정보보호 서비스에 대한 신뢰를 확보하기 위하여 과학기술정보통신부장관으로부터 정보보호 관리등급을 받을 수 있다.

② 과학기술정보통신부장관은 한국인터넷진흥원으로 하여금 제1항에 따른 등급 부여에 관한 업무를 수행하게 할 수 있다.

③ 제1항에 따라 정보보호 관리등급을 받은 자는 대통령령으로 정하는 바에 따라 해당 등급의 내용을 표시하거나 홍보에 활용할 수 있다.

④ 과학기술정보통신부장관은 다음 각 호의 어느 하나에 해당하는 사유를 발견한 경우에는 부여한 등급을 취소할 수 있다. 다만, 제1호에 해당하는 경우에는 부여한 등급을 취소하여야 한다.

1. 거짓이나 그 밖의 부정한 방법으로 정보보호 관리등급을 받은 경우

2. 제5항에 따른 등급기준에 미달하게 된 경우

⑤ 제1항에 따른 등급 부여의 심사기준 및 등급 부여의 방법 · 절차 · 수수료, 등급의 유효기간, 제4항에 따른 등급취소의 방법 · 절차, 그 밖에 필요한 사항은 대통령령으로 정한다.

14) 제48조(정보통신망 침해행위 등의 금지)

① 누구든지 정당한 접근권한 없이 또는 허용된 접근권한을 넘어 정보통신망에 침입하여서는 아니 된다.

② 누구든지 정당한 사유 없이 정보통신시스템, 데이터 또는 프로그램 등을 훼손·멸실·변경·위조하거나 그 운용을 방해할 수 있는 프로그램(이하 "악성프로그램"이라 한다)을 전달 또는 유포하여서는 아니 된다.

③ 누구든지 정보통신망의 안정적 운영을 방해할 목적으로 대량의 신호 또는 데이터를 보내거나 부정한 명령을 처리하도록 하는 등의 방법으로 정보통신망에 장애가 발생하게 하여서는 아니 된다.

15) 제48조의2(침해사고의 대응 등)

① 과학기술정보통신부장관은 침해사고에 적절히 대응하기 위하여 다음 각 호의 업무를 수행하고, 필요하면 업무의 전부 또는 일부를 한국인터넷진흥원이 수행하도록 할 수 있다.

  1. 침해사고에 관한 정보의 수집·전파
  2. 침해사고의 예보·경보
  3. 침해사고에 대한 긴급조치
  4. 그 밖에 대통령령으로 정하는 침해사고 대응조치

② 다음 각 호의 어느 하나에 해당하는 자는 대통령령으로 정하는 바에 따라 침해사고의 유형별 통계, 해당 정보통신망의 소통량 통계 및 접속경로별 이용 통계 등 침해사고 관련 정보를 과학기술정보통신부장관이나 한국인터넷진흥원에 제공하여야 한다.

  1. 주요정보통신서비스 제공자
  2. 집적정보통신시설 사업자
  3. 그 밖에 정보통신망을 운영하는 자로서 대통령령으로 정하는 자

③ 한국인터넷진흥원은 제2항에 따른 정보를 분석하여 과학기술정보통신부장관에게 보고하여야 한다.

④ 과학기술정보통신부장관은 제2항에 따라 정보를 제공하여야 하는 사업자가 정당한 사유 없이 정보의 제공을 거부하거나 거짓 정보를 제공하면 상당한 기간을 정하여 그 사업자에게 시정을 명할 수 있다.

⑤ 과학기술정보통신부장관이나 한국인터넷진흥원은 제2항에 따라 제공받은 정보를 침해사고의 대응을 위하여 필요한 범위에서만 정당하게 사용하여야 한다.

⑥ 과학기술정보통신부장관이나 한국인터넷진흥원은 침해사고의 대응을 위하여 필요하면 제2항 각 호의 어느 하나에 해당하는 자에게 인력지원을 요청할 수 있다.

16) 제48조의3(침해사고의 신고 등)

① 다음 각 호의 어느 하나에 해당하는 자는 침해사고가 발생하면 즉시 그 사실을 과학기술정보통신부장관이나 한국인터넷진흥원에 신고하여야 한다. 이 경우 「정보통신기반 보호법」 제13조제1항에 따른 통지가 있으면 전단에 따른 신고를 한 것으로 본다.

    1. 정보통신서비스 제공자

    2. 집적정보통신시설 사업자

② 과학기술정보통신부장관이나 한국인터넷진흥원은 제1항에 따라 침해사고의 신고를 받거나 침해사고를 알게 되면 제48조의2제1항 각 호에 따른 필요한 조치를 하여야 한다.

17) 제48조의4(침해사고의 원인 분석 등)

① 정보통신서비스 제공자 등 정보통신망을 운영하는 자는 침해사고가 발생하면 침해사고의 원인을 분석하고 피해의 확산을 방지하여야 한다.

② 과학기술정보통신부장관은 정보통신서비스 제공자의 정보통신망에 중대한 침해사고가 발생하면 피해 확산 방지, 사고대응, 복구 및 재발 방지를 위하여 정보보호에 전문성을 갖춘 민·관합동조사단을 구성하여 그 침해사고의 원인 분석을 할 수 있다.

③ 과학기술정보통신부장관은 제2항에 따른 침해사고의 원인을 분석하기 위하여 필요하다고 인정하면 정보통신서비스 제공자와 집적정보통신시설 사업자에게 정보통신망의 접속기록 등 관련 자료의 보전을 명할 수 있다.

④ 과학기술정보통신부장관은 침해사고의 원인을 분석하기 위하여 필요하면 정보통신서비스 제공자와 집적정보통신시설 사업자에게 침해사고 관련 자료의 제출을 요구할 수 있으며, 제2항에 따른 민·관합동조사단에게 관계인의 사업장에 출입하여 침해사고 원인을 조사하도록 할 수 있다. 다만, 「통신비밀보호법」 제2조제11호에 따른 통신사실확인자료에 해당하는 자료의 제출은 같은 법으로 정하는 바에 따른다.

⑤ 과학기술정보통신부장관이나 민·관합동조사단은 제4항에 따라 제출받은 자료와 조사를 통하여 알게 된 정보를 침해사고의 원인 분석 및 대책 마련 외의 목적으로는 사용하지 못하며, 원인 분석이 끝난 후에는 즉시 파기하여야 한다.

⑥ 제2항에 따른 민·관합동조사단의 구성과 제4항에 따라 제출된 침해사고 관련 자료의 보호 등에 필요한 사항은 대통령령으로 정한다.

18) 제49조(비밀 등의 보호)

누구든지 정보통신망에 의하여 처리·보관 또는 전송되는 타인의 정보를 훼손하거나 타인의 비밀을 침해·도용 또는 누설하여서는 아니 된다.

19) 제49조의2(속이는 행위에 의한 정보의 수집금지 등)

① 누구든지 정보통신망을 통하여 속이는 행위로 다른 사람의 정보를 수집하거나 다른 사람이 정보를 제공하도록 유인하여서는 아니 된다.

② 정보통신서비스 제공자는 제1항을 위반한 사실을 발견하면 즉시 과학기술정보통신부장관 또는 한국인터넷진흥원에 신고하여야 한다.

③ 과학기술정보통신부장관 또는 한국인터넷진흥원은 제2항에 따른 신고를 받거나 제1항을 위반한 사실을 알게 되면 다음 각 호의 필요한 조치를 하여야 한다.

    1. 위반 사실에 관한 정보의 수집 · 전파

    2. 유사 피해에 대한 예보 · 경보

    3. 정보통신서비스 제공자에게 접속경로의 차단을 요청하거나 이용자에게 제1항의 위반 행위에 노출되었다는 사실을 알리도록 요청하는 등 피해 예방 및 피해 확산을 방지하기 위한 긴급조치

④ 과학기술정보통신부장관은 제3항제3호의 조치를 취하기 위하여 정보통신서비스 제공자에게 정보통신서비스 제공자 간 정보통신망을 통하여 속이는 행위에 대한 정보 공유 등 필요한 조치를 취하도록 명할 수 있다.

20) 제51조(중요 정보의 국외유출 제한 등)

① 정부는 국내의 산업 · 경제 및 과학기술 등에 관한 중요 정보가 정보통신망을 통하여 국외로 유출되는 것을 방지하기 위하여 정보통신서비스 제공자 또는 이용자에게 필요한 조치를 하도록 할 수 있다.

② 제1항에 따른 중요 정보의 범위는 다음 각 호와 같다.

    1. 국가안전보장과 관련된 보안정보 및 주요 정책에 관한 정보

    2. 국내에서 개발된 첨단과학 기술 또는 기기의 내용에 관한 정보

③ 정부는 제2항 각 호에 따른 정보를 처리하는 정보통신서비스 제공자에게 다음 각 호의 조치를 하도록 할 수 있다.

    1. 정보통신망의 부당한 이용을 방지할 수 있는 제도적 · 기술적 장치의 설정

    2. 정보의 불법파괴 또는 불법조작을 방지할 수 있는 제도적 · 기술적 조치

    3. 정보통신서비스 제공자가 처리 중 알게 된 중요 정보의 유출을 방지할 수 있는 조치

21) 제52조(한국인터넷진흥원)

① 정부는 정보통신망의 고도화(정보통신망의 구축 · 개선 및 관리에 관한 사항을 제외한다)와 안전한 이용 촉진 및 방송통신과 관련한 국제협력 · 국외진출 지원을 효율적으로 추진하기 위하여 한국인터넷진흥원(이하 "인터넷진흥원"이라 한다)을 설립한다.

② 인터넷진흥원은 법인으로 한다.

③ 인터넷진흥원은 다음 각 호의 사업을 한다.

1. 정보통신망의 이용 및 보호, 방송통신과 관련한 국제협력 · 국외진출 등을 위한 법 · 정책 및 제도의 조사 · 연구

2. 정보통신망의 이용 및 보호와 관련한 통계의 조사 · 분석

3. 정보통신망의 이용에 따른 역기능 분석 및 대책 연구

4. 정보통신망의 이용 및 보호를 위한 홍보 및 교육 · 훈련

5. 정보통신망의 정보보호 및 인터넷주소자원 관련 기술 개발 및 표준화

6. 정보보호산업 정책 지원 및 관련 기술 개발과 인력양성

7. 정보보호 관리체계의 인증, 정보보호시스템 평가 · 인증 등 정보보호 인증 · 평가 등의 실시 및 지원

8. 「개인정보 보호법」에 따른 개인정보 보호를 위한 대책의 연구 및 보호기술의 개발 · 보급 지원

9. 「개인정보 보호법」에 따른 개인정보침해 신고센터의 운영

10. 광고성 정보 전송 및 인터넷광고와 관련한 고충의 상담 · 처리

11. 정보통신망 침해사고의 처리 · 원인분석 및 대응체계 운영

12. 「전자서명법」 제25조제1항에 따른 전자서명인증관리

13. 인터넷의 효율적 운영과 이용활성화를 위한 지원

14. 인터넷 이용자의 저장 정보 보호 지원

15. 인터넷 관련 서비스정책 지원

16. 인터넷상에서의 이용자 보호 및 건전 정보 유통 확산 지원

17. 「인터넷주소자원에 관한 법률」에 따른 인터넷주소자원의 관리에 관한 업무

18. 「인터넷주소자원에 관한 법률」 제16조에 따른 인터넷주소분쟁조정위원회의 운영 지원

19. 「정보보호산업의 진흥에 관한 법률」 제25조제7항에 따른 조정위원회의 운영지원

20. 방송통신과 관련한 국제협력 · 국외진출 및 국외홍보 지원

21. 제1호부터 제20호까지의 사업에 부수되는 사업

22. 그 밖에 이 법 또는 다른 법령에 따라 인터넷진흥원의 업무로 정하거나 위탁한 사업이나 과학기술정보통신부장관 · 행정안전부장관 · 방송통신위원회 또는 다른 행정기관의 장으로부터 위탁받은 사업

④ 인터넷진흥원이 사업을 수행하는 데 필요한 경비는 다음 각 호의 재원으로 충당한다.

1. 정부의 출연금

2. 제3항 각 호의 사업수행에 따른 수입금

3. 그 밖에 인터넷진흥원의 운영에 따른 수입금

⑤ 인터넷진흥원에 관하여 이 법에서 정하지 아니한 사항에 대하여는 「민법」의 재단법인에 관한 규정을 준용한다.

⑥ 인터넷진흥원이 아닌 자는 한국인터넷진흥원의 명칭을 사용하지 못한다.

⑦ 인터넷진흥원의 운영 및 업무수행에 필요한 사항은 대통령령으로 정한다.

Section 02 정보통신망 이용촉진 및 정보보호 등에 관한 법률 시행령

1) 제1조(목적)

이 영은 「정보통신망 이용촉진 및 정보보호 등에 관한 법률」에서 위임된 사항과 그 시행에 필요한 사항을 규정함을 목적으로 한다.

2) 제2조(윤리강령)

① 「정보통신망 이용촉진 및 정보보호 등에 관한 법률」(이하 "법"이라 한다) 제2조제1항제3호에 따른 정보통신서비스 제공자 및 그 단체는 이용자의 개인정보를 보호하고 건전하고 안전한 정보통신서비스 제공을 위하여 정보통신서비스 제공자 윤리강령을 정하여 시행할 수 있다.

② 법 제2조제1항제4호에 따른 이용자의 단체는 건전한 정보사회가 정착되도록 이용자 윤리강령을 정하여 시행할 수 있다.

③ 정부는 제1항 및 제2항에 따른 윤리강령의 제정 및 시행을 위한 활동을 지원할 수 있다.

3) 제3조(개인정보보호지침)

① 방송통신위원회는 법 제4조에 따라 이용자의 개인정보를 보호하기 위한 개인정보보호지침을 정하여 고시하고, 정보통신서비스 제공자에게 이를 준수할 것을 권장할 수 있다.

② 방송통신위원회는 제1항에 따른 개인정보보호지침을 정하여 고시하려면 관련 업계 및 이용자단체 등의 의견을 수렴하고 관계 중앙행정기관의 장과의 협의를 거쳐야 한다.

4) 제6조(정보의 공동 활용체제 구축 시책 등)

① 중앙행정기관의 장은 법 제12조에 따라 소관 분야의 정보의 공동 활용을 위한 계획을 수립하여 고시할 수 있다.

② 중앙행정기관의 장은 제1항에 따른 정보의 공동 활용을 위한 계획을 효율적으로 추진하기 위하여 필요한 경우에는 다음 각 호의 사업 등을 하는 자에 대하여 지원할 수 있다.

1. 보유 · 관리하는 정보 중 공동 활용 대상 정보의 선정
2. 정보통신망 상호간 연계 시스템의 구축 및 운영
3. 정보통신망의 연계에 따른 각 기관 간 비용부담의 조정
4. 그 밖에 정보의 공동 활용체제 구축을 위하여 필요한 사항

5) 제9조의2(접근권한의 범위 등)

① 정보통신서비스 제공자가 법 제22조의2제1항에 따라 이용자의 동의를 받아야 하는 경우는 이동통신단말장치의 소프트웨어를 통하여 다음 각 호의 정보와 기능에 대하여 접근할 수 있는 권한(이하 이 조에서 "접근권한"이라 한다)이 필요한 경우로 한다. 다만, 이동통신단말장치의 제조 · 공급 과정에서 설치된 소프트웨어가 통신, 촬영, 영상 · 음악의 재생 등 이동통신단말장치의 본질적인 기능을 수행하기 위하여 접근하는 정보와 기능은 제외한다.

1. 연락처, 일정, 영상, 통신내용, 바이오정보(지문, 홍채, 음성, 필적 등 개인을 식별할 수 있는 신체적 또는 행동적 특징에 관한 정보를 말한다. 이하 같다) 등 이용자가 이동통신단말장치에 저장한 정보

2. 위치정보, 통신기록, 인증정보, 신체활동기록 등 이동통신단말장치의 이용과정에서 자동으로 저장된 정보

3. 「전기통신사업법」 제60조의2제1항에 따른 고유한 국제 식별번호 등 이동통신단말장치의 식별을 위하여 부여된 고유정보

4. 촬영, 음성인식, 바이오정보 및 건강정보 감지센서 등 입력 및 출력 기능

② 정보통신서비스 제공자는 이동통신단말장치의 소프트웨어를 설치 또는 실행하는 과정에서 소프트웨어 안내정보 화면 또는 별도 화면 등에 표시하는 방법으로 이용자에게 법 제22조의2제1항 각 호의 사항을 알리고, 다음 각 호의 구분에 따라 이용자의 동의를 받아야 한다.

1. 이동통신단말장치의 기본 운영체제(이동통신단말장치에서 소프트웨어를 실행할 수 있는 기반 환경을 말하며, 이하 "운영체제"라 한다)가 이용자가 접근권한에 대한 동의 여부를 개별적으로 선택할 수 있는 운영체제인 경우: 법 제22조의2제1항제1호 및 제2호에 따른 접근권한을 구분하여 알린 후 접근권한이 설정된 정보와 기능에 최초로 접근할 때 이용자가 동의 여부를 선택하도록 하는 방법

2. 이동통신단말장치의 운영체제가 이용자가 접근권한에 대한 동의 여부를 개별적으로 선택할 수 없는 운영체제인 경우: 법 제22조의2제1항제1호에 따른 접근권한만을 설정하여 알린 후 소프트웨어를 설치할 때 이용자가 동의 여부를 선택하도록 하는 방법

3. 제1호 또는 제2호의 운영체제에 해당함에도 불구하고 제1호 또는 제2호의 방법이 불가능한 경우: 제1호 또는 제2호의 방법과 유사한 방법으로서 이용자에게 동의 내용을 명확하게 인지할 수 있도록 알리고 이용자가 동의 여부를 선택하도록 하는 방법

③ 법 제22조의2제1항에 따라 이용자의 동의를 받아야 하는 사항이 같은 항 제1호 또는 제2호에 따른 접근권한 중 어느 것에 해당하는지 여부를 판단할 때에는 이용약관, 개인정보처리방침 또는 별도 안내 등을 통하여 공개된 정보통신서비스의 범위와 실제 제공 여부, 해당 정보통신서비스에 대한 이용자의 합리적 예상 가능성 및 해당 정보통신서비스와 접근권한의 기술적 관련성 등을 고려하여야 한다.

④ 이동통신단말장치의 운영체제를 제작하여 공급하는 자, 이동통신단말장치 제조업자 및 이동통신단말장치의 소프트웨어를 제작하여 공급하는 자는 법 제22조의2제3항에 따른 이용자 정보 보호를 위하여 다음 각 호의 구분에 따라 필요한 조치를 하여야 한다.

1. 이동통신단말장치의 운영체제를 제작하여 공급하는 자: 정보통신서비스 제공자가 제2항 각 호의 구분에 따른 방법으로 동의를 받을 수 있는 기능과 이용자가 동의를 철회할 수 있는 기능이 구현되어 있는 운영체제를 제작하여 공급하고, 운영체제에서 설정하고 있는 접근권한 운영 기준을 이동통신단말장치의 소프트웨어를 제작하여 공급하는 자가 이해하기 쉽도록 마련하여 공개할 것

2. 이동통신단말장치 제조업자: 제1호에 따른 동의 및 철회 기능이 구현되어 있는 운영체제를 이동통신단말장치에 설치할 것

3. 이동통신단말장치의 소프트웨어를 제작하여 공급하는 자: 제1호 및 제2호에 따른 조치를 한 운영체제와 이동통신단말장치에 맞는 동의 및 철회방법을 소프트웨어에 구현할 것

6) 제10조(개인정보 처리위탁의 통지)

법 제25조제2항 전단에서 "대통령령으로 정하는 방법"이란 전자우편·서면·모사전송·전화 또는 이와 유사한 방법 중 어느 하나의 방법을 말한다.

7) 제11조(영업의 양도 등에 따른 개인정보 이전 시의 통지)

① 법 제26조제1항 각 호 외의 부분 및 제2항 본문에서 "대통령령으로 정하는 방법"이란 전자우편·서면·모사전송·전화 또는 이와 유사한 방법 중 어느 하나의 방법을 말한다.

② 정보통신서비스 제공자 등 또는 영업양수자 등이 과실 없이 이용자의 연락처를 알 수 없는 경우에 해당되어 제1항의 방법에 따라 통지할 수 없는 경우에는 인터넷 홈페이지에 최소 30일 이상 게시하여야 한다.

③ 천재·지변이나 그 밖에 정당한 사유로 제2항에 따른 홈페이지 게시가 곤란한 경우에는 「신문 등의 진흥에 관한 법률」에 따라 전국을 보급지역으로 하는 둘 이상의 일반일간신문(이용자의 대부분이 특정지역에 거주하는 경우에는 그 지역을 보급구역으로 하는 일반일간신문)에 1회 이상 공고하는 것으로 갈음할 수 있다.

8) 제12조(동의획득방법)

① 정보통신서비스 제공자 등이 법 제26조의2에 따라 동의를 얻는 방법은 다음 각 호의 어느 하나와 같다. 이 경우 정보통신서비스 제공자 등은 동의를 얻어야 할 사항(이하 "동의 내용"이라 한다)을 이용자가 명확하게 인지하고 확인할 수 있도록 표시하여야 한다.

1. 인터넷 사이트에 동의 내용을 게재하고 이용자가 동의 여부를 표시하도록 하는 방법

2. 동의 내용이 기재된 서면을 이용자에게 직접 발급하거나, 우편 또는 팩스를 통해 전달하고 이용자가 동의 내용에 대하여 서명날인 후 제출하도록 하는 방법

3. 동의 내용이 적힌 전자우편을 발송하여 이용자로부터 동의의 의사표시가 적힌 전자우편을 전송받는 방법

4. 전화를 통하여 동의 내용을 이용자에게 알리고 동의를 얻거나 인터넷주소 등 동의 내용을 확인할 수 있는 방법을 안내하고 재차 전화 통화를 통하여 동의를 얻는 방법

5. 그 밖에 제1호부터 제4호까지의 규정에 따른 방법에 준하는 방법으로 동의 내용을 알리고 동의의 의사표시를 확인하는 방법

② 정보통신서비스 제공자 등은 개인정보 수집 매체의 특성상 동의 내용을 전부 표시하기 어려운 경우 이용자에게 동의 내용을 확인할 수 있는 방법(인터넷주소·사업장 전화번호 등)을 안내하고 동의를 얻을 수 있다.

9) 제13조(개인정보 보호책임자의 자격요건 등)

① 정보통신서비스 제공자와 그로부터 이용자의 개인정보를 제공받은 자(이하 "정보통신서비스 제공자 등"이라 한다)가 법 제27조제1항 본문에 따라 지정하는 개인정보 보호책임자는 다음 각 호의 어느 하나에 해당하는 지위에 있는 자로 하여야 한다.

   1. 임원

   2. 개인정보와 관련하여 이용자의 고충처리를 담당하는 부서의 장

② 법 제27조제1항 단서에서 "대통령령으로 정하는 기준에 해당하는 정보통신서비스 제공자 등"이란 상시 종업원 수가 5명 미만인 정보통신서비스 제공자 등을 말한다. 다만, 인터넷으로 정보통신서비스를 제공하는 것을 주된 업으로 하는 정보통신서비스 제공자 등의 경우에는 상시 종업원 수가 5명 미만으로서 전년도 말 기준으로 직전 3개월간의 일일평균이용자가 1천명 이하인 자를 말한다.

10) 제14조(개인정보 처리방침의 공개 방법 등)

① 법 제27조의2제1항에 따라 정보통신서비스 제공자 등은 개인정보를 처리(개인정보를 수집, 생성, 연계, 연동, 기록, 저장, 보유, 가공, 편집, 검색, 출력, 정정(訂正), 복구, 이용, 제공, 공개, 파기(破棄), 그 밖에 이와 유사한 행위를 말한다. 이하 이 조, 제15조, 제17조 및 제34조에서 같다)하는 경우에는 개인정보의 수집 장소와 매체 등을 고려하여 다음 각 호 중 어느 하나 이상의 방법으로 개인정보 처리방침을 공개하되, 그 명칭을 '개인정보 처리방침'이라고 표시하여야 한다.

   1. 인터넷 홈페이지의 첫 화면 또는 첫 화면과의 연결화면을 통하여 법 제27조의2제2항 각 호의 사항을 이용자가 볼 수 있도록 하는 방법. 이 경우 정보통신서비스 제공자 등은 글자 크기, 색상 등을 활용하여 이용자가 개인정보 처리방침을 쉽게 확인할 수 있도록 표시하여야 한다.

   2. 점포·사무소 안의 보기 쉬운 장소에 써 붙이거나 비치하여 열람하도록 하는 방법

   3. 동일한 제호로 연 2회 이상 계속적으로 발행하여 이용자에게 배포하는 간행물·소식지·홍보지·청구서 등에 지속적으로 게재하는 방법

② 법 제27조의2제3항에 따른 개인정보 처리방침의 변경 이유 및 내용은 다음 각 호의 방법 중 어느 하나 이상의 방법으로 공지한다.

   1. 정보통신서비스 제공자 등이 운영하는 인터넷 홈페이지의 첫 화면의 공지사항란 또는 별도의 창을 통하여 공지하는 방법

   2. 서면·모사전송·전자우편 또는 이와 비슷한 방법으로 이용자에게 공지하는 방법

   3. 점포·사무소 안의 보기 쉬운 장소에 써 붙이거나 비치하는 방법

11) 제14조의2(개인정보 유출 등의 통지·신고)

① 정보통신서비스 제공자 등은 개인정보의 분실·도난·유출의 사실을 안 때에는 지체 없이 법 제27조의3제1항 각 호의 모든 사항을 전자우편·서면·모사전송·전화 또는 이와 유사한 방법 중 어느 하나의 방법으로 이용자에게 알리고 방송통신위원회 또는 한국인터넷진흥원에 신고하여야 한다.

② 정보통신서비스 제공자 등은 제1항에 따른 통지·신고를 하려는 경우 법 제27조의3제1항제1호 또는 제2호의 사항에 관한 구체적인 내용이 확인되지 아니하였으면 그때까지 확인된 내용과 같은 항 제3호부터 제5호까지의 사항을 우선 통지·신고한 후 추가로 확인되는 내용에 대해서는 확인되는 즉시 통지·신고하여야 한다.

③ 정보통신서비스 제공자 등은 법 제27조의3제1항 각 호 외의 부분 단서에 따른 정당한 사유가 있는 경우에는 법 제27조의3제1항 각 호의 사항을 자신의 인터넷 홈페이지에 30일 이상 게시하는 것으로 제1항의 통지를 갈음할 수 있다.

④ 천재지변이나 그 밖의 정당한 사유로 제3항에 따른 홈페이지 게시가 곤란한 경우에는 「신문 등의 진흥에 관한 법률」에 따른 전국을 보급지역으로 하는 둘 이상의 일반일간신문에 1회 이상 공고하는 것으로 제3항에 따른 홈페이지 게시를 갈음할 수 있다.

⑤ 정보통신서비스 제공자 등은 법 제27조의3제1항 각 호 외의 부분 본문 및 단서에 따른 정당한 사유를 지체 없이 서면(전자문서를 포함한다)으로 방송통신위원회에 소명하여야 한다.

12) 제15조(개인정보의 보호조치)

① 법 제28조제1항제1호에 따라 정보통신서비스 제공자 등은 개인정보의 안전한 처리를 위하여 다음 각 호의 내용을 포함하는 내부관리계획을 수립·시행하여야 한다.

   1. 개인정보 보호책임자의 지정 등 개인정보보호 조직의 구성·운영에 관한 사항

   2. 정보통신서비스 제공자의 지휘·감독을 받아 이용자의 개인정보를 처리하는 자(이하 이 조에서 "개인정보취급자"라 한다)의 교육에 관한 사항

   3. 제2항부터 제5항까지의 규정에 따른 보호조치를 이행하기 위하여 필요한 세부 사항

② 법 제28조제1항제2호에 따라 정보통신서비스 제공자 등은 개인정보에 대한 불법적인 접근을 차단하기 위하여 다음 각 호의 조치를 하여야 한다. 다만, 제3호의 조치는 전년도 말 기준 직전 3개월간 그 개인정보가 저장·관리되고 있는 이용자 수가 일일평균 100만명 이상이거나 정보통신서비스 부문 전년도(법인인 경우에는 전 사업연도를 말한다) 매출액이 100억원 이상인 정보통신서비스 제공자 등만 해당한다.

   1. 개인정보를 처리할 수 있도록 체계적으로 구성한 데이터베이스시스템(이하 "개인정보처리시스템"이라 한다)에 대한 접근권한의 부여·변경·말소 등에 관한 기준의 수립·시행

2. 개인정보처리시스템에 대한 침입차단시스템 및 침입탐지시스템의 설치 · 운영

3. 개인정보처리시스템에 접속하는 개인정보취급자 컴퓨터 등에 대한 외부 인터넷망 차단

4. 비밀번호의 생성 방법 및 변경 주기 등의 기준 설정과 운영

5. 그 밖에 개인정보에 대한 접근통제를 위하여 필요한 조치

③ 법 제28조제1항제3호에 따라 정보통신서비스 제공자 등은 접속기록의 위조 · 변조 방지를 위하여 다음 각 호의 조치를 하여야 한다.

1. 개인정보취급자가 개인정보처리시스템에 접속하여 개인정보를 처리한 경우 접속일시, 처리내역 등의 저장 및 이의 확인 · 감독

2. 개인정보처리시스템에 대한 접속기록을 별도 저장장치에 백업 보관

④ 법 제28조제1항제4호에 따라 정보통신서비스 제공자 등은 개인정보가 안전하게 저장 · 전송될 수 있도록 다음 각 호의 보안조치를 하여야 한다.

1. 비밀번호의 일방향 암호화 저장

2. 주민등록번호, 계좌정보 및 바이오정보 등 방송통신위원회가 정하여 고시하는 정보의 암호화 저장

3. 정보통신망을 통하여 이용자의 개인정보 및 인증정보를 송신 · 수신하는 경우 보안서버 구축 등의 조치

4. 그 밖에 암호화 기술을 이용한 보안조치

⑤ 법 제28조제1항제5호에 따라 정보통신서비스 제공자 등은 개인정보처리시스템 및 개인정보취급자가 개인정보 처리에 이용하는 정보기기에 컴퓨터바이러스, 스파이웨어 등 악성프로그램의 침투 여부를 항시 점검 · 치료할 수 있도록 백신소프트웨어를 설치하여야 하며, 이를 주기적으로 갱신 · 점검하여야 한다.

⑥ 방송통신위원회는 제1항부터 제5항까지의 규정에 따른 사항과 법 제28조제1항제6호에 따른 그 밖에 개인정보의 안전성 확보를 위하여 필요한 보호조치의 구체적인 기준을 정하여 고시하여야 한다.

13) 제16조(개인정보의 파기 등)

② 정보통신서비스 제공자 등은 이용자가 정보통신서비스를 법 제29조제2항의 기간 동안 이용하지 아니하는 경우에는 이용자의 개인정보를 해당 기간 경과 후 즉시 파기하거나 다른 이용자의 개인정보와 분리하여 별도로 저장 · 관리하여야 한다. 다만, 법 제29조제2항 본문에 따른 기간(법 제29조제2항 단서에 따라 이용자의 요청에 따라 달리 정한 경우에는 그 기간을 말한다)이 경과한 경우로서 다른 법령에 따라 이용자의 개인정보를 보존하여야 하는 경우에는 다른 법령에서 정한 기간이 경과할 때까지 다른 이용자의 개인정보와 분리하여 별도로 저장 · 관리하여야 한다.

③ 정보통신서비스 제공자 등은 제2항에 따라 개인정보를 별도로 저장 · 관리하는 경우에는 법 또는 다른 법률에 특별한 규정이 있는 경우를 제외하고는 해당 개인정보를 이용하거나 제공하여서는 아니 된다.

④ 법 제29조제3항에서 "개인정보가 파기되는 사실, 기간 만료일 및 파기되는 개인
정보의 항목 등 대통령령으로 정하는 사항"이란 다음 각 호의 사항을 말한다.

    1. 개인정보를 파기하는 경우: 개인정보가 파기되는 사실, 기간 만료일 및 파기되는 개인
정보의 항목

    2. 다른 이용자의 개인정보와 분리하여 개인정보를 저장 · 관리하는 경우: 개인정보가 분
리되어 저장 · 관리되는 사실, 기간 만료일 및 분리 · 저장되어 관리되는 개인정보의
항목

⑤ 법 제29조제3항에서 "전자우편 등 대통령령으로 정하는 방법"이란 전자우
편 · 서면 · 모사전송 · 전화 또는 이와 유사한 방법을 말한다.

14) 제17조(개인정보 이용내역의 통지)

① 법 제30조의2제1항 본문에서 "대통령령으로 정하는 기준에 해당하는 자"란 전
년도 말 기준 직전 3개월간 그 개인정보가 저장 · 관리되고 있는 이용자 수가
일일평균 100만명 이상이거나 정보통신서비스 부문 전년도(법인인 경우에는
전 사업연도를 말한다) 매출액이 100억원 이상인 정보통신서비스 제공자 등을
말한다.

② 법 제30조의2제1항에 따라 이용자에게 통지하여야 하는 정보의 종류는 다음
각 호와 같다.

    1. 개인정보의 수집 · 이용 목적 및 수집한 개인정보의 항목

    2. 개인정보를 제공받은 자와 그 제공 목적 및 제공한 개인정보의 항목. 다만, 「통신비밀
보호법」 제13조, 제13조의2, 제13조의4 및 「전기통신사업법」 제83조제3항에 따라 제공
한 정보는 제외한다.

    3. 법 제25조에 따른 개인정보 처리위탁을 받은 자 및 그 처리위탁을 하는 업무의 내용

③ 법 제30조의2제1항에 따른 통지는 전자우편 · 서면 · 모사전송 · 전화 또는 이
와 유사한 방법 중 어느 하나의 방법으로 연 1회 이상 하여야 한다.

15) 제17조의2(법정대리인 동의의 확인방법)

① 정보통신서비스 제공자 등은 법 제31조제1항에 따라 다음 각 호의 어느 하나
에 해당하는 방법으로 법정대리인이 동의했는지를 확인해야 한다.

    1. 동의 내용을 게재한 인터넷 사이트에 법정대리인이 동의 여부를 표시하도록 하고 정
보통신서비스 제공자 등이 그 동의 표시를 확인했음을 법정대리인의 휴대전화 문자메
시지로 알리는 방법

    2. 동의 내용을 게재한 인터넷 사이트에 법정대리인이 동의 여부를 표시하도록 하고 법
정대리인의 신용카드 · 직불카드 등의 카드정보를 제공받는 방법

    3. 동의 내용을 게재한 인터넷 사이트에 법정대리인이 동의 여부를 표시하도록 하고 법
정대리인의 휴대전화 본인인증 등을 통해 본인 여부를 확인하는 방법

    4. 동의 내용이 적힌 서면을 법정대리인에게 직접 발급하거나, 우편 또는 팩스를 통하여
전달하고 법정대리인이 동의 내용에 대하여 서명날인 후 제출하도록 하는 방법

5. 동의 내용이 적힌 전자우편을 발송하여 법정대리인으로부터 동의의 의사표시가 적힌 전자우편을 전송받는 방법

6. 전화를 통하여 동의 내용을 법정대리인에게 알리고 동의를 얻거나 인터넷주소 등 동의 내용을 확인할 수 있는 방법을 안내하고 재차 전화 통화를 통하여 동의를 얻는 방법

7. 그 밖에 제1호부터 제6호까지의 규정에 따른 방법에 준하는 방법으로 법정대리인에게 동의 내용을 알리고 동의의 의사표시를 확인하는 방법

② 정보통신서비스 제공자 등은 개인정보 수집 매체의 특성상 동의 내용을 전부 표시하기 어려운 경우 법정대리인에게 동의 내용을 확인할 수 있는 방법(인터넷주소 · 사업장 전화번호 등)을 안내할 수 있다.

16) 제36조의6(정보보호 최고책임자의 지정 및 겸직금지 등)

① 법 제45조의3제1항 단서에서 "자산총액, 매출액 등이 대통령령으로 정하는 기준에 해당하는 정보통신서비스 제공자"란 정보통신서비스 제공자로서 다음 각 호의 어느 하나에 해당하는 자를 말한다.

1. 「전기통신사업법」 제22조제4항제1호에 따라 부가통신사업을 신고한 것으로 보는 자

2. 「소상공인 보호 및 지원에 관한 법률」 제2조에 따른 소상공인

3. 「중소기업기본법」 제2조제2항에 따른 소기업[「전기통신사업법」 제2조제8호에 따른 전기통신사업자와 타인의 정보통신서비스 제공을 위하여 집적된 정보통신시설을 운영 · 관리하는 사업자(이하 "집적정보통신시설사업자"라 한다)는 제외한다]으로서 전년도 말 기준 직전 3개월간의 일일평균 이용자 수가 100만 명 미만이고 전년도 정보통신서비스 부문 매출액이 100억원 미만인 자

② 법 제45조의3제1항 및 제7항에 따라 정보통신서비스 제공자가 지정 · 신고해야 하는 정보보호 최고책임자는 다음 각 호의 어느 하나에 해당하는 자격을 갖추어야 한다. 이 경우 정보보호 또는 정보기술 분야의 학위는 「고등교육법」 제2조 각 호의 학교에서 「전자금융거래법 시행령」 별표 1 비고 제1호 각 목에 따른 학과의 과정을 이수하고 졸업하거나 그 밖의 관계법령에 따라 이와 같은 수준 이상으로 인정되는 학위를, 정보보호 또는 정보기술 분야의 업무는 같은 비고 제3호 및 제4호에 따른 업무를 말한다.

1. 정보보호 또는 정보기술 분야의 국내 또는 외국의 석사학위 이상 학위를 취득한 사람

2. 정보보호 또는 정보기술 분야의 국내 또는 외국의 학사학위를 취득한 사람으로서 정보보호 또는 정보기술 분야의 업무를 3년 이상 수행한 경력이 있는 사람

3. 정보보호 또는 정보기술 분야의 국내 또는 외국의 전문학사학위를 취득한 사람으로서 정보보호 또는 정보기술 분야의 업무를 5년 이상 수행한 경력이 있는 사람

4. 정보보호 또는 정보기술 분야의 업무를 10년 이상 수행한 경력이 있는 사람

5. 법 제47조제6항제5호에 따른 정보보호 관리체계 인증심사원의 자격을 취득한 사람

6. 해당 정보통신서비스 제공자의 소속인 정보보호 관련 업무를 담당하는 부서의 장으로 1년 이상 근무한 경력이 있는 사람

③ 법 제45조의3제3항에서 "자산총액, 매출액 등 대통령령으로 정하는 기준에 해당하는 정보통신서비스 제공자"란 정보통신서비스 제공자로서 다음 각 호의 어느 하나에 해당하는 자를 말한다.

1. 직전 사업연도 말 기준 자산총액이 5조원 이상인 자

2. 법 제47조제2항에 따라 정보보호 관리체계 인증을 받아야 하는 자 중 직전 사업연도 말 기준 자산총액 5천억원 이상인 자

④ 제3항에 따른 정보통신서비스 제공자가 지정·신고해야 하는 정보보호 최고책임자는 제2항에 따른 자격 요건을 충족하고, 상근하는 자로서 다음 각 호의 어느 하나에 해당하는 자격을 갖추어야 한다. 이 경우 정보보호 또는 정보기술 분야의 업무는 「전자금융거래법 시행령」 별표 1 비고 제3호 및 제4호에 따른 업무를 말한다.

1. 정보보호 분야의 업무를 4년 이상 수행한 경력이 있는 사람

2. 정보보호 분야의 업무를 수행한 경력과 정보기술 분야의 업무를 수행한 경력을 합산한 기간이 5년(그 중 2년 이상은 정보보호 분야의 업무를 수행한 경력이어야 한다) 이상인 사람

17) 제36조의7(정보보호 최고책임자의 신고 방법 및 절차)

법 제45조의3제1항에 따라 정보보호 최고책임자를 지정하고 신고해야 하는 정보통신서비스 제공자는 신고의무가 발생하게 된 날부터 90일 이내에 과학기술정보통신부령으로 정하는 정보보호 최고책임자 지정신고서를 과학기술정보통신부장관에게 제출해야 한다.

18) 제56조(침해사고 대응조치)

법 제48조의2제1항제4호에서 "그 밖에 대통령령으로 정한 침해사고 대응조치"란 다음 각 호의 조치를 말한다.

1. 주요정보통신서비스 제공자 및 법 제46조제1항에 따른 타인의 정보통신서비스 제공을 위하여 집적된 정보통신시설을 운영·관리하는 사업자에 대한 접속경로(침해사고 확산에 이용되고 있거나 이용될 가능성이 있는 접속경로만 해당한다)의 차단 요청

2. 「소프트웨어산업 진흥법」 제2조제4호에 따른 소프트웨어사업자 중 침해사고와 관련이 있는 소프트웨어를 제작 또는 배포한 자에 대한 해당 소프트웨어의 보안상 취약점을 수정·보완한 프로그램(이하 "보안취약점보완프로그램"이라 한다)의 제작·배포 요청 및 정보통신서비스 제공자에 대한 보안취약점보완프로그램의 정보통신망 게재 요청

3. 언론기관 및 정보통신서비스 제공자에 대한 법 제48조의2제1항제2호에 따른 침해사고 예보·경보의 전파

4. 국가 정보통신망 안전에 필요한 경우 관계 기관의 장에 대한 침해사고 관련정보의 제공

19) 제57조(침해사고 관련정보 제공자)

법 제48조의2제2항제3호에서 "정보통신망을 운영하는 자로서 대통령령으로 정하는 자"란 정보통신망을 운영하는 자 중 다음 각 호의 어느 하나에 해당하는 자를 말한다.

1. 「정보통신기반 보호법」 제6조 및 제10조에 따라 과학기술정보통신부장관이 수립 및 제정하는 주요정보통신기반시설보호계획 및 보호지침의 적용을 받는 기관

2. 정보통신서비스 제공자의 정보통신망운영현황을 주기적으로 관찰하고 침해사고 관련정보를 제공하는 서비스를 제공하는 자

3. 인터넷진흥원으로부터 「인터넷주소자원에 관한 법률」 제2조제1호가목에 따른 인터넷 프로토콜 주소를 할당받아 독자적으로 정보통신망을 운영하는 민간사업자 중 과학기술정보통신부장관이 정하여 고시하는 자

4. 정보보호산업에 종사하는 자 중 컴퓨터바이러스 백신소프트웨어 제조자

20) 제58조(침해사고 관련정보의 제공방법)

법 제48조의2제2항에 따라 침해사고 관련정보를 제공하는 자는 다음 각 호의 방법에 따라 침해사고 관련정보를 제공하여야 한다.

1. 과학기술정보통신부장관이 정보통신망의 특성, 침해사고 동향 등을 고려하여 정하는 제공방식에 적합할 것

2. 침해사고 관련정보의 훼손 · 멸실 및 변경 등을 방지할 수 있는 조치를 취할 것

3. 필요할 때에는 과학기술정보통신부장관이 정하는 암호기술을 적용할 것

4. 그 밖에 과학기술정보통신부장관이 정하여 고시하는 방법 및 절차에 적합할 것

21) 제59조(민 · 관 합동조사단의 구성 등)

① 과학기술정보통신부장관이 법 제48조의4제2항에 따라 민 · 관 합동조사단(이하 "조사단"이라 한다)을 구성할 때에는 다음 각 호의 자로 조사단을 구성하여야 한다.

1. 침해사고를 담당하는 공무원

2. 침해사고에 관한 전문지식과 경험이 있는 자

3. 인터넷진흥원의 직원

4. 그 밖에 침해사고의 원인 분석에 필요하다고 인정되는 자

② 제1항에 따른 조사단의 구성은 침해사고의 규모 및 유형에 따라 조정할 수 있다.

22) 제66조(개인정보침해신고센터의 운영)

① 법 제52조제3항제9호에 따른 개인정보침해 신고센터(이하 "개인정보침해신고센터"라 한다)는 다음 각 호의 업무를 수행한다.

1. 개인정보 침해방지 및 보호와 관련한 법 제64조제10항에 따른 기술적 자문과 그 밖에 필요한 지원

2. 개인정보 침해 및 광고성 정보전송과 관련한 고충처리 및 상담

3. 개인정보 침해 관련 대책 연구

4. 개인정보 침해방지를 위한 교육 및 홍보

5. 제1호부터 제4호까지에 따른 업무와 관련되는 사업

② 방송통신위원회는 개인정보의 보호와 관련하여 법 제64조제1항 및 제3항에 따른 정보통신서비스 제공자 등에 대한 관계 물품 · 서류 등의 제출요구 및 검사업무를 효율적으로 수행하기 위하여 필요한 경우에는 「국가공무원법」 제32조의4에 따라 소속 공무원을 인터넷진흥원에 파견할 수 있다.

Section 03 개인정보 보호법

1) 제1조(목적)

이 법은 개인정보의 처리 및 보호에 관한 사항을 정함으로써 개인의 자유와 권리를 보호하고, 나아가 개인의 존엄과 가치를 구현함을 목적으로 한다.

2) 제2조(정의)

이 법에서 사용하는 용어의 뜻은 다음과 같다.

1. "개인정보"란 살아 있는 개인에 관한 정보로서 다음 각 목의 어느 하나에 해당하는 정보를 말한다.

   가. 성명, 주민등록번호 및 영상 등을 통하여 개인을 알아볼 수 있는 정보

   나. 해당 정보만으로는 특정 개인을 알아볼 수 없더라도 다른 정보와 쉽게 결합하여 알아볼 수 있는 정보. 이 경우 쉽게 결합할 수 있는지 여부는 다른 정보의 입수 가능성 등 개인을 알아보는 데 소요되는 시간, 비용, 기술 등을 합리적으로 고려하여야 한다.

   다. 가목 또는 나목을 제1호의2에 따라 가명처리함으로써 원래의 상태로 복원하기 위한 추가 정보의 사용 · 결합 없이는 특정 개인을 알아볼 수 없는 정보(이하 "가명정보"라 한다)

1의2. "가명처리"란 개인정보의 일부를 삭제하거나 일부 또는 전부를 대체하는 등의 방법으로 추가 정보가 없이는 특정 개인을 알아볼 수 없도록 처리하는 것을 말한다.

2. "처리"란 개인정보의 수집, 생성, 연계, 연동, 기록, 저장, 보유, 가공, 편집, 검색, 출력, 정정(訂正), 복구, 이용, 제공, 공개, 파기(破棄), 그 밖에 이와 유사한 행위를 말한다.

3. "정보주체"란 처리되는 정보에 의하여 알아볼 수 있는 사람으로서 그 정보의 주체가 되는 사람을 말한다.

4. "개인정보파일"이란 개인정보를 쉽게 검색할 수 있도록 일정한 규칙에 따라 체계적으로 배열하거나 구성한 개인정보의 집합물(集合物)을 말한다.

5. "개인정보처리자"란 업무를 목적으로 개인정보파일을 운용하기 위하여 스스로 또는 다른 사람을 통하여 개인정보를 처리하는 공공기관, 법인, 단체 및 개인 등을 말한다.

6. "공공기관"이란 다음 각 목의 기관을 말한다.

   가. 국회, 법원, 헌법재판소, 중앙선거관리위원회의 행정사무를 처리하는 기관, 중앙행정기관(대통령 소속 기관과 국무총리 소속 기관을 포함한다) 및 그 소속 기관, 지방자치단체

   나. 그 밖의 국가기관 및 공공단체 중 대통령령으로 정하는 기관

7. "영상정보처리기기"란 일정한 공간에 지속적으로 설치되어 사람 또는 사물의 영상 등을 촬영하거나 이를 유 · 무선망을 통하여 전송하는 장치로서 대통령령으로 정하는 장치를 말한다.

8. "과학적 연구"란 기술의 개발과 실증, 기초연구, 응용연구 및 민간 투자 연구 등 과학적 방법을 적용하는 연구를 말한다.

3) 제3조(개인정보 보호 원칙)

① 개인정보처리자는 개인정보의 처리 목적을 명확하게 하여야 하고 그 목적에 필요한 범위에서 최소한의 개인정보만을 적법하고 정당하게 수집하여야 한다.

② 개인정보처리자는 개인정보의 처리 목적에 필요한 범위에서 적합하게 개인정보를 처리하여야 하며, 그 목적 외의 용도로 활용하여서는 아니 된다.

③ 개인정보처리자는 개인정보의 처리 목적에 필요한 범위에서 개인정보의 정확성, 완전성 및 최신성이 보장되도록 하여야 한다.

④ 개인정보처리자는 개인정보의 처리 방법 및 종류 등에 따라 정보주체의 권리가 침해받을 가능성과 그 위험 정도를 고려하여 개인정보를 안전하게 관리하여야 한다.

⑤ 개인정보처리자는 개인정보 처리방침 등 개인정보의 처리에 관한 사항을 공개하여야 하며, 열람청구권 등 정보주체의 권리를 보장하여야 한다.

⑥ 개인정보처리자는 정보주체의 사생활 침해를 최소화하는 방법으로 개인정보를 처리하여야 한다.

⑦ 개인정보처리자는 개인정보를 익명 또는 가명으로 처리하여도 개인정보 수집 목적을 달성할 수 있는 경우 익명처리가 가능한 경우에는 익명에 의하여, 익명처리로 목적을 달성할 수 없는 경우에는 가명에 의하여 처리될 수 있도록 하여야 한다.

⑧ 개인정보처리자는 이 법 및 관계 법령에서 규정하고 있는 책임과 의무를 준수하고 실천함으로써 정보주체의 신뢰를 얻기 위하여 노력하여야 한다.

4) 제4조(정보주체의 권리)

정보주체는 자신의 개인정보 처리와 관련하여 다음 각 호의 권리를 가진다.

1. 개인정보이 처리에 관한 정보를 제공받을 권리
2. 개인정보의 처리에 관한 동의 여부, 동의 범위 등을 선택하고 결정할 권리
3. 개인정보의 처리 여부를 확인하고 개인정보에 대하여 열람(사본의 발급을 포함한다. 이하 같다)을 요구할 권리
4. 개인정보의 처리 정지, 정정 · 삭제 및 파기를 요구할 권리
5. 개인정보의 처리로 인하여 발생한 피해를 신속하고 공정한 절차에 따라 구제받을 권리

5) 제6조(다른 법률과의 관계)

개인정보 보호에 관하여는 다른 법률에 특별한 규정이 있는 경우를 제외하고는 이 법에서 정하는 바에 따른다.

6) 제7조(개인정보 보호위원회)

① 개인정보 보호에 관한 사무를 독립적으로 수행하기 위하여 국무총리 소속으로 개인정보 보호위원회(이하 "보호위원회"라 한다)를 둔다.

② 보호위원회는 「정부조직법」 제2조에 따른 중앙행정기관으로 본다. 다만, 다음 각 호의 사항에 대하여는 「정부조직법」 제18조를 적용하지 아니한다.

　1. 제7조의8제3호 및 제4호의 사무
　2. 제7조의9제1항의 심의 · 의결 사항 중 제1호에 해당하는 사항

7) 제7조의2(보호위원회의 구성 등)

① 보호위원회는 상임위원 2명(위원장 1명, 부위원장 1명)을 포함한 9명의 위원으로 구성한다.

② 보호위원회의 위원은 개인정보 보호에 관한 경력과 전문지식이 풍부한 다음 각 호의 사람 중에서 위원장과 부위원장은 국무총리의 제청으로, 그 외 위원 중 2명은 위원장의 제청으로, 2명은 대통령이 소속되거나 소속되었던 정당의 교섭단체 추천으로, 3명은 그 외의 교섭단체 추천으로 대통령이 임명 또는 위촉한다.

  1. 개인정보 보호 업무를 담당하는 3급 이상 공무원(고위공무원단에 속하는 공무원을 포함한다)의 직에 있거나 있었던 사람

  2. 판사·검사·변호사의 직에 10년 이상 있거나 있었던 사람

  3. 공공기관 또는 단체(개인정보처리자로 구성된 단체를 포함한다)에 3년 이상 임원으로 재직하였거나 이들 기관 또는 단체로부터 추천받은 사람으로서 개인정보 보호 업무를 3년 이상 담당하였던 사람

  4. 개인정보 관련 분야에 전문지식이 있고 「고등교육법」 제2조제1호에 따른 학교에서 부교수 이상으로 5년 이상 재직하고 있거나 재직하였던 사람

③ 위원장과 부위원장은 정무직 공무원으로 임명한다.

④ 위원장, 부위원장, 제7조의13에 따른 사무처의 장은 「정부조직법」 제10조에도 불구하고 정부위원이 된다.

8) 제7조의3(위원장)

① 위원장은 보호위원회를 대표하고, 보호위원회의 회의를 주재하며, 소관 사무를 총괄한다.

② 위원장이 부득이한 사유로 직무를 수행할 수 없을 때에는 부위원장이 그 직무를 대행하고, 위원장·부위원장이 모두 부득이한 사유로 직무를 수행할 수 없을 때에는 위원회가 미리 정하는 위원이 위원장의 직무를 대행한다.

③ 위원장은 국회에 출석하여 보호위원회의 소관 사무에 관하여 의견을 진술할 수 있으며, 국회에서 요구하면 출석하여 보고하거나 답변하여야 한다.

④ 위원장은 국무회의에 출석하여 발언할 수 있으며, 그 소관 사무에 관하여 국무총리에게 의안 제출을 건의할 수 있다.

9) 제7조의4(위원의 임기)

① 위원의 임기는 3년으로 하되, 한 차례만 연임할 수 있다.

② 위원이 궐위된 때에는 지체 없이 새로운 위원을 임명 또는 위촉하여야 한다. 이 경우 후임으로 임명 또는 위촉된 위원의 임기는 새로이 개시된다.

10) 제7조의5(위원의 신분보장)

① 위원은 다음 각 호의 어느 하나에 해당하는 경우를 제외하고는 그 의사에 반하여 면직 또는 해촉되지 아니한다.

  1. 장기간 심신장애로 인하여 직무를 수행할 수 없게 된 경우
  2. 제7조의7의 결격사유에 해당하는 경우
  3. 이 법 또는 그 밖의 다른 법률에 따른 직무상의 의무를 위반한 경우

② 위원은 법률과 양심에 따라 독립적으로 직무를 수행한다.

11) 제7조의6(겸직금지 등)

① 위원은 재직 중 다음 각 호의 직(職)을 겸하거나 직무와 관련된 영리업무에 종사하여서는 아니 된다.

  1. 국회의원 또는 지방의회의원
  2. 국가공무원 또는 지방공무원
  3. 그 밖에 대통령령으로 정하는 직

② 제1항에 따른 영리업무에 관한 사항은 대통령령으로 정한다.

③ 위원은 정치활동에 관여할 수 없다.

12) 제7조의7(결격사유)

① 다음 각 호의 어느 하나에 해당하는 사람은 위원이 될 수 없다.

  1. 대한민국 국민이 아닌 사람
  2. 「국가공무원법」 제33조 각 호의 어느 하나에 해당하는 사람
  3. 「정당법」 제22조에 따른 당원

② 위원이 제1항 각 호의 어느 하나에 해당하게 된 때에는 그 직에서 당연 퇴직한다. 다만, 「국가공무원법」 제33조제2호는 파산선고를 받은 사람으로서 「채무자 회생 및 파산에 관한 법률」에 따라 신청기한 내에 면책신청을 하지 아니하였거나 면책불허가 결정 또는 면책 취소가 확정된 경우만 해당하고, 같은 법 제33조제5호는 「형법」 제129조부터 제132조까지, 「성폭력범죄의 처벌 등에 관한 특례법」 제2조, 「아동 · 청소년의 성보호에 관한 법률」 제2조제2호 및 직무와 관련하여 「형법」 제355조 또는 제356조에 규정된 죄를 범한 사람으로서 금고 이상의 형의 선고유예를 받은 경우만 해당한다.

13) 제7조의8(보호위원회의 소관 사무)

보호위원회는 다음 각 호의 소관 사무를 수행한다.

1. 개인정보의 보호와 관련된 법령의 개선에 관한 사항
2. 개인정보 보호와 관련된 정책 · 제도 · 계획 수립 · 집행에 관한 사항
3. 정보주체의 권리침해에 대한 조사 및 이에 따른 처분에 관한 사항
4. 개인정보의 처리와 관련한 고충처리 · 권리구제 및 개인정보에 관한 분쟁의 조정

5. 개인정보 보호를 위한 국제기구 및 외국의 개인정보 보호기구와의 교류 · 협력

6. 개인정보 보호에 관한 법령 · 정책 · 제도 · 실태 등의 조사 · 연구, 교육 및 홍보에 관한 사항

7. 개인정보 보호에 관한 기술개발의 지원 · 보급 및 전문인력의 양성에 관한 사항

8. 이 법 및 다른 법령에 따라 보호위원회의 사무로 규정된 사항

14) 제7조의9(보호위원회의 심의 · 의결 사항 등)

① 보호위원회는 다음 각 호의 사항을 심의 · 의결한다.

1. 제8조의2에 따른 개인정보 침해요인 평가에 관한 사항

2. 제9조에 따른 기본계획 및 제10조에 따른 시행계획에 관한 사항

3. 개인정보 보호와 관련된 정책, 제도 및 법령의 개선에 관한 사항

4. 개인정보의 처리에 관한 공공기관 간의 의견조정에 관한 사항

5. 개인정보 보호에 관한 법령의 해석 · 운용에 관한 사항

6. 제18조제2항제5호에 따른 개인정보의 이용 · 제공에 관한 사항

7. 제33조제3항에 따른 영향평가 결과에 관한 사항

8. 제28조의6, 제34조의2, 제39조의15에 따른 과징금 부과에 관한 사항

9. 제61조에 따른 의견제시 및 개선권고에 관한 사항

10. 제64조에 따른 시정조치 등에 관한 사항

11. 제65조에 따른 고발 및 징계권고에 관한 사항

12. 제66조에 따른 처리 결과의 공표에 관한 사항

13. 제75조에 따른 과태료 부과에 관한 사항

14. 소관 법령 및 보호위원회 규칙의 제정 · 개정 및 폐지에 관한 사항

15. 개인정보 보호와 관련하여 보호위원회의 위원장 또는 위원 2명 이상이 회의에 부치는 사항

16. 그 밖에 이 법 또는 다른 법령에 따라 보호위원회가 심의 · 의결하는 사항

② 보호위원회는 제1항 각 호의 사항을 심의 · 의결하기 위하여 필요한 경우 다음 각 호의 조치를 할 수 있다.

1. 관계 공무원, 개인정보 보호에 관한 전문 지식이 있는 사람이나 시민사회단체 및 관련 사업자로부터의 의견 청취

2. 관계 기관 등에 대한 자료제출이나 사실조회 요구

③ 제2항제2호에 따른 요구를 받은 관계 기관 등은 특별한 사정이 없으면 이에 따라야 한다.

④ 보호위원회는 제1항제3호의 사항을 심의 · 의결한 경우에는 관계 기관에 그 개선을 권고할 수 있다.

⑤ 보호위원회는 제4항에 따른 권고 내용의 이행 여부를 점검할 수 있다.

15) 제7조의10(회의)

① 보호위원회의 회의는 위원장이 필요하다고 인정하거나 재적위원 4분의 1 이상의 요구가 있는 경우에 위원장이 소집한다.

② 위원장 또는 2명 이상의 위원은 보호위원회에 의안을 제의할 수 있다.

③ 보호위원회의 회의는 재적위원 과반수의 출석으로 개의하고, 출석위원 과반수의 찬성으로 의결한다.

16) 제7조의11(위원의 제척 · 기피 · 회피)

① 위원은 다음 각 호의 어느 하나에 해당하는 경우에는 심의 · 의결에서 제척된다.

　1. 위원 또는 그 배우자나 배우자였던 자가 해당 사안의 당사자가 되거나 그 사건에 관하여 공동의 권리자 또는 의무자의 관계에 있는 경우

　2. 위원이 해당 사안의 당사자와 친족이거나 친족이었던 경우

　3. 위원이 해당 사안에 관하여 증언, 감정, 법률자문을 한 경우

　4. 위원이 해당 사안에 관하여 당사자의 대리인으로서 관여하거나 관여하였던 경우

　5. 위원이나 위원이 속한 공공기관 · 법인 또는 단체 등이 조언 등 지원을 하고 있는 자와 이해관계가 있는 경우

② 위원에게 심의 · 의결의 공정을 기대하기 어려운 사정이 있는 경우 당사자는 기피 신청을 할 수 있고, 보호위원회는 의결로 이를 결정한다.

③ 위원이 제1항 또는 제2항의 사유가 있는 경우에는 해당 사안에 대하여 회피할 수 있다.

17) 제7조의12(소위원회)

① 보호위원회는 효율적인 업무 수행을 위하여 개인정보 침해 정도가 경미하거나 유사 · 반복되는 사항 등을 심의 · 의결할 소위원회를 둘 수 있다.

② 소위원회는 3명의 위원으로 구성한다.

③ 소위원회가 제1항에 따라 심의 · 의결한 것은 보호위원회가 심의 · 의결한 것으로 본다.

④ 소위원회의 회의는 구성위원 전원의 출석과 출석위원 전원의 찬성으로 의결한다.

18) 제7조의13(사무처)

보호위원회의 사무를 처리하기 위하여 보호위원회에 사무처를 두며, 이 법에 규정된 것 외에 보호위원회의 조직에 관한 사항은 대통령령으로 정한다.

19) 제7조의14(운영 등)

이 법과 다른 법령에 규정된 것 외에 보호위원회의 운영 등에 필요한 사항은 보호위원회의 규칙으로 정한다.

20) 제8조의2(개인정보 침해요인 평가)

① 중앙행정기관의 장은 소관 법령의 제정 또는 개정을 통하여 개인정보 처리를 수반하는 정책이나 제도를 도입 · 변경하는 경우에는 보호위원회에 개인정보 침해요인 평가를 요청하여야 한다.

② 보호위원회가 제1항에 따른 요청을 받은 때에는 해당 법령의 개인정보 침해요인을 분석·검토하여 그 법령의 소관기관의 장에게 그 개선을 위하여 필요한 사항을 권고할 수 있다.

③ 제1항에 따른 개인정보 침해요인 평가의 절차와 방법에 관하여 필요한 사항은 대통령령으로 정한다.

21) 제9조(기본계획)

① 보호위원회는 개인정보의 보호와 정보주체의 권익 보장을 위하여 3년마다 개인정보 보호 기본계획(이하 "기본계획"이라 한다)을 관계 중앙행정기관의 장과 협의하여 수립한다.

② 기본계획에는 다음 각 호의 사항이 포함되어야 한다.

1. 개인정보 보호의 기본목표와 추진방향
2. 개인정보 보호와 관련된 제도 및 법령의 개선
3. 개인정보 침해 방지를 위한 대책
4. 개인정보 보호 자율규제의 활성화
5. 개인정보 보호 교육·홍보의 활성화
6. 개인정보 보호를 위한 전문인력의 양성
7. 그 밖에 개인정보 보호를 위하여 필요한 사항

③ 국회, 법원, 헌법재판소, 중앙선거관리위원회는 해당 기관(그 소속 기관을 포함한다)의 개인정보 보호를 위한 기본계획을 수립·시행할 수 있다.

22) 제10조(시행계획)

① 중앙행정기관의 장은 기본계획에 따라 매년 개인정보 보호를 위한 시행계획을 작성하여 보호위원회에 제출하고, 보호위원회의 심의·의결을 거쳐 시행하여야 한다.

② 시행계획의 수립·시행에 필요한 사항은 대통령령으로 정한다.

23) 제11조(자료제출 요구 등)

① 보호위원회는 기본계획을 효율적으로 수립하기 위하여 개인정보처리자, 관계 중앙행정기관의 장, 지방자치단체의 장 및 관계 기관·단체 등에 개인정보처리자의 법규 준수 현황과 개인정보 관리 실태 등에 관한 자료의 제출이나 의견의 진술 등을 요구할 수 있다.

② 보호위원회는 개인정보 보호 정책 추진, 성과평가 등을 위하여 필요한 경우 개인정보처리자, 관계 중앙행정기관의 장, 지방자치단체의 장 및 관계 기관·단체 등을 대상으로 개인정보관리 수준 및 실태파악 등을 위한 조사를 실시할 수 있다.

③ 중앙행정기관의 장은 시행계획을 효율적으로 수립 · 추진하기 위하여 소관 분야의 개인정보처리자에게 제1항에 따른 자료제출 등을 요구할 수 있다.

④ 제1항부터 제3항까지에 따른 자료제출 등을 요구받은 자는 특별한 사정이 없으면 이에 따라야 한다.

⑤ 제1항부터 제3항까지에 따른 자료제출 등의 범위와 방법 등 필요한 사항은 대통령령으로 정한다.

24) 제12조(개인정보 보호지침)

① 보호위원회는 개인정보의 처리에 관한 기준, 개인정보 침해의 유형 및 예방조치 등에 관한 표준 개인정보 보호지침(이하 "표준지침"이라 한다)을 정하여 개인정보처리자에게 그 준수를 권장할 수 있다.

② 중앙행정기관의 장은 표준지침에 따라 소관 분야의 개인정보 처리와 관련한 개인정보 보호지침을 정하여 개인정보처리자에게 그 준수를 권장할 수 있다.

③ 국회, 법원, 헌법재판소 및 중앙선거관리위원회는 해당 기관(그 소속 기관을 포함한다)의 개인정보 보호지침을 정하여 시행할 수 있다.

25) 제15조(개인정보의 수집 · 이용)

① 개인정보처리자는 다음 각 호의 어느 하나에 해당하는 경우에는 개인정보를 수집할 수 있으며 그 수집 목적의 범위에서 이용할 수 있다.

1. 정보주체의 동의를 받은 경우
2. 법률에 특별한 규정이 있거나 법령상 의무를 준수하기 위하여 불가피한 경우
3. 공공기관이 법령 등에서 정하는 소관 업무의 수행을 위하여 불가피한 경우
4. 정보주체와의 계약의 체결 및 이행을 위하여 불가피하게 필요한 경우
5. 정보주체 또는 그 법정대리인이 의사표시를 할 수 없는 상태에 있거나 주소불명 등으로 사전 동의를 받을 수 없는 경우로서 명백히 정보주체 또는 제3자의 급박한 생명, 신체, 재산의 이익을 위하여 필요하다고 인정되는 경우
6. 개인정보처리자의 정당한 이익을 달성하기 위하여 필요한 경우로서 명백하게 정보주체의 권리보다 우선하는 경우. 이 경우 개인정보처리자의 정당한 이익과 상당한 관련이 있고 합리적인 범위를 초과하지 아니하는 경우에 한한다.

② 개인정보처리자는 제1항제1호에 따른 동의를 받을 때에는 다음 각 호의 사항을 정보주체에게 알려야 한다. 다음 각 호의 어느 하나의 사항을 변경하는 경우에도 이를 알리고 동의를 받아야 한다.

1. 개인정보의 수집 · 이용 목적
2. 수집하려는 개인정보의 항목
3. 개인정보의 보유 및 이용 기간
4. 동의를 거부할 권리가 있다는 사실 및 동의 거부에 따른 불이익이 있는 경우에는 그 불이익의 내용

③ 개인정보처리자는 당초 수집 목적과 합리적으로 관련된 범위에서 정보주체에게 불이익이 발생하는지 여부, 암호화 등 안전성 확보에 필요한 조치를 하였는지 여부 등을 고려하여 대통령령으로 정하는 바에 따라 정보주체의 동의 없이 개인정보를 이용할 수 있다.

26) 제16조(개인정보의 수집 제한)

① 개인정보처리자는 제15조제1항 각 호의 어느 하나에 해당하여 개인정보를 수집하는 경우에는 그 목적에 필요한 최소한의 개인정보를 수집하여야 한다. 이 경우 최소한의 개인정보 수집이라는 입증책임은 개인정보처리자가 부담한다.

② 개인정보처리자는 정보주체의 동의를 받아 개인정보를 수집하는 경우 필요한 최소한의 정보 외의 개인정보 수집에는 동의하지 아니할 수 있다는 사실을 구체적으로 알리고 개인정보를 수집하여야 한다.

③ 개인정보처리자는 정보주체가 필요한 최소한의 정보 외의 개인정보 수집에 동의하지 아니한다는 이유로 정보주체에게 재화 또는 서비스의 제공을 거부하여서는 아니 된다.

27) 제17조(개인정보의 제공)

① 개인정보처리자는 다음 각 호의 어느 하나에 해당되는 경우에는 정보주체의 개인정보를 제3자에게 제공(공유를 포함한다. 이하 같다)할 수 있다.

1. 정보주체의 동의를 받은 경우
2. 제15조제1항제2호 · 제3호 · 제5호 및 제39조의3제2항제2호 · 제3호에 따라 개인정보를 수집한 목적 범위에서 개인정보를 제공하는 경우

② 개인정보처리자는 제1항제1호에 따른 동의를 받을 때에는 다음 각 호의 사항을 정보주체에게 알려야 한다. 다음 각 호의 어느 하나의 사항을 변경하는 경우에도 이를 알리고 동의를 받아야 한다.

1. 개인정보를 제공받는 자
2. 개인정보를 제공받는 자의 개인정보 이용 목적
3. 제공하는 개인정보의 항목
4. 개인정보를 제공받는 자의 개인정보 보유 및 이용 기간
5. 동의를 거부할 권리가 있다는 사실 및 동의 거부에 따른 불이익이 있는 경우에는 그 불이익의 내용

③ 개인정보처리자가 개인정보를 국외의 제3자에게 제공할 때에는 제2항 각 호에 따른 사항을 정보주체에게 알리고 동의를 받아야 하며, 이 법을 위반하는 내용으로 개인정보의 국외 이전에 관한 계약을 체결하여서는 아니 된다.

④ 개인정보처리자는 당초 수집 목적과 합리적으로 관련된 범위에서 정보주체에게 불이익이 발생하는지 여부, 암호화 등 안전성 확보에 필요한 조치를 하였는지 여부 등을 고려하여 대통령령으로 정하는 바에 따라 정보주체의 동의 없이 개인정보를 제공할 수 있다.

28) 제18조(개인정보의 목적 외 이용·제공 제한)

① 개인정보처리자는 개인정보를 제15조제1항 및 제39조의3제1항 및 제2항에 따른 범위를 초과하여 이용하거나 제17조제1항 및 제3항에 따른 범위를 초과하여 제3자에게 제공하여서는 아니 된다.

② 제1항에도 불구하고 개인정보처리자는 다음 각 호의 어느 하나에 해당하는 경우에는 정보주체 또는 제3자의 이익을 부당하게 침해할 우려가 있을 때를 제외하고는 개인정보를 목적 외의 용도로 이용하거나 이를 제3자에게 제공할 수 있다. 다만, 이용자(「정보통신망 이용촉진 및 정보보호 등에 관한 법률」 제2조제1항제4호에 해당하는 자를 말한다. 이하 같다)의 개인정보를 처리하는 정보통신서비스 제공자(「정보통신망 이용촉진 및 정보보호 등에 관한 법률」 제2조제1항제3호에 해당하는 자를 말한다. 이하 같다)의 경우 제1호·제2호의 경우로 한정하고, 제5호부터 제9호까지의 경우는 공공기관의 경우로 한정한다.

1. 정보주체로부터 별도의 동의를 받은 경우

2. 다른 법률에 특별한 규정이 있는 경우

3. 정보주체 또는 그 법정대리인이 의사표시를 할 수 없는 상태에 있거나 주소불명 등으로 사전 동의를 받을 수 없는 경우로서 명백히 정보주체 또는 제3자의 급박한 생명, 신체, 재산의 이익을 위하여 필요하다고 인정되는 경우

5. 개인정보를 목적 외의 용도로 이용하거나 이를 제3자에게 제공하지 아니하면 다른 법률에서 정하는 소관 업무를 수행할 수 없는 경우로서 보호위원회의 심의·의결을 거친 경우

6. 조약, 그 밖의 국제협정의 이행을 위하여 외국정부 또는 국제기구에 제공하기 위하여 필요한 경우

7. 범죄의 수사와 공소의 제기 및 유지를 위하여 필요한 경우

8. 법원의 재판업무 수행을 위하여 필요한 경우

9. 형(刑) 및 감호, 보호처분의 집행을 위하여 필요한 경우

③ 개인정보처리자는 제2항제1호에 따른 동의를 받을 때에는 다음 각 호의 사항을 정보주체에게 알려야 한다. 다음 각 호의 어느 하나의 사항을 변경하는 경우에도 이를 알리고 동의를 받아야 한다.

1. 개인정보를 제공받는 자

2. 개인정보의 이용 목적(제공 시에는 제공받는 자의 이용 목적을 말한다)

3. 이용 또는 제공하는 개인정보의 항목

4. 개인정보의 보유 및 이용 기간(제공 시에는 제공받는 자의 보유 및 이용 기간을 말한다)

5. 동의를 거부할 권리가 있다는 사실 및 동의 거부에 따른 불이익이 있는 경우에는 그 불이익의 내용

④ 공공기관은 제2항제2호부터 제6호까지, 제8호 및 제9호에 따라 개인정보를 목적 외의 용도로 이용하거나 이를 제3자에게 제공하는 경우에는 그 이용 또는 제공의 법적 근거, 목적 및 범위 등에 관하여 필요한 사항을 보호위원회가 고시로 정하는 바에 따라 관보 또는 인터넷 홈페이지 등에 게재하여야 한다.

⑤ 개인정보처리자는 제2항 각 호의 어느 하나의 경우에 해당하여 개인정보를 목적 외의 용도로 제3자에게 제공하는 경우에는 개인정보를 제공받는 자에게 이용 목적, 이용 방법, 그 밖에 필요한 사항에 대하여 제한을 하거나, 개인정보의 안전성 확보를 위하여 필요한 조치를 마련하도록 요청하여야 한다. 이 경우 요청을 받은 자는 개인정보의 안전성 확보를 위하여 필요한 조치를 하여야 한다.

29) 제19조(개인정보를 제공받은 자의 이용 · 제공 제한)

개인정보처리자로부터 개인정보를 제공받은 자는 다음 각 호의 어느 하나에 해당하는 경우를 제외하고는 개인정보를 제공받은 목적 외의 용도로 이용하거나 이를 제3자에게 제공하여서는 아니 된다.

1. 정보주체로부터 별도의 동의를 받은 경우

2. 다른 법률에 특별한 규정이 있는 경우

30) 제20조(정보주체 이외로부터 수집한 개인정보의 수집 출처 등 고지)

① 개인정보처리자가 정보주체 이외로부터 수집한 개인정보를 처리하는 때에는 정보주체의 요구가 있으면 즉시 다음 각 호의 모든 사항을 정보주체에게 알려야 한다.

1. 개인정보의 수집 출처

2. 개인정보의 처리 목적

3. 제37조에 따른 개인정보 처리의 정지를 요구할 권리가 있다는 사실

② 제1항에도 불구하고 처리하는 개인정보의 종류 · 규모, 종업원 수 및 매출액 규모 등을 고려하여 대통령령으로 정하는 기준에 해당하는 개인정보처리자가 제17조제1항제1호에 따라 정보주체 이외로부터 개인정보를 수집하여 처리하는 때에는 제1항 각 호의 모든 사항을 정보주체에게 알려야 한다. 다만, 개인정보처리자가 수집한 정보에 연락처 등 정보주체에게 알릴 수 있는 개인정보가 포함되지 아니한 경우에는 그러하지 아니하다.

③ 제2항 본문에 따라 알리는 경우 정보주체에게 알리는 시기 · 방법 및 절차 등 필요한 사항은 대통령령으로 정한다.

④ 제1항과 제2항 본문은 다음 각 호의 어느 하나에 해당하는 경우에는 적용하지 아니한다. 다만, 이 법에 따른 정보주체의 권리보다 명백히 우선하는 경우에 한한다.

1. 고지를 요구하는 대상이 되는 개인정보가 제32조제2항 각 호의 어느 하나에 해당하는 개인정보파일에 포함되어 있는 경우

2. 고지로 인하여 다른 사람의 생명 · 신체를 해할 우려가 있거나 다른 사람의 재산과 그 밖의 이익을 부당하게 침해할 우려가 있는 경우

31) 제21조(개인정보의 파기)

① 개인정보처리자는 보유기간의 경과, 개인정보의 처리 목적 달성 등 그 개인정보가 불필요하게 되었을 때에는 지체 없이 그 개인정보를 파기하여야 한다. 다만, 다른 법령에 따라 보존하여야 하는 경우에는 그러하지 아니하다.

② 개인정보처리자가 제1항에 따라 개인정보를 파기할 때에는 복구 또는 재생되지 아니하도록 조치하여야 한다.

③ 개인정보처리자가 제1항 단서에 따라 개인정보를 파기하지 아니하고 보존하여야 하는 경우에는 해당 개인정보 또는 개인정보파일을 다른 개인정보와 분리하여서 저장 · 관리하여야 한다.

④ 개인정보의 파기방법 및 절차 등에 필요한 사항은 대통령령으로 정한다.

32) 제22조(동의를 받는 방법)

① 개인정보처리자는 이 법에 따른 개인정보의 처리에 대하여 정보주체(제6항에 따른 법정대리인을 포함한다. 이하 이 조에서 같다)의 동의를 받을 때에는 각각의 동의 사항을 구분하여 정보주체가 이를 명확하게 인지할 수 있도록 알리고 각각 동의를 받아야 한다.

② 개인정보처리자는 제1항의 동의를 서면(『전자문서 및 전자거래 기본법』 제2조제1호에 따른 전자문서를 포함한다)으로 받을 때에는 개인정보의 수집 · 이용 목적, 수집 · 이용하려는 개인정보의 항목 등 대통령령으로 정하는 중요한 내용을 보호위원회가 고시로 정하는 방법에 따라 명확히 표시하여 알아보기 쉽게 하여야 한다.

③ 개인정보처리자는 제15조제1항제1호, 제17조제1항제1호, 제23조제1항제1호 및 제24조제1항제1호에 따라 개인정보의 처리에 대하여 정보주체의 동의를 받을 때에는 정보주체와의 계약 체결 등을 위하여 정보주체의 동의 없이 처리할 수 있는 개인정보와 정보주체의 동의가 필요한 개인정보를 구분하여야 한다. 이 경우 동의 없이 처리할 수 있는 개인정보라는 입증책임은 개인정보처리자가 부담한다.

④ 개인정보처리자는 정보주체에게 재화나 서비스를 홍보하거나 판매를 권유하기 위하여 개인정보의 처리에 대한 동의를 받으려는 때에는 정보주체가 이를 명확하게 인지할 수 있도록 알리고 동의를 받아야 한다.

⑤ 개인정보처리자는 정보주체가 제3항에 따라 선택적으로 동의할 수 있는 사항을 동의하지 아니하거나 제4항 및 제18조제2항제1호에 따른 동의를 하지 아니한다는 이유로 정보주체에게 재화 또는 서비스의 제공을 거부하여서는 아니 된다.

⑥ 개인정보처리자는 만 14세 미만 아동의 개인정보를 처리하기 위하여 이 법에 따른 동의를 받아야 할 때에는 그 법정대리인의 동의를 받아야 한다. 이 경우 법정대리인의 동의를 받기 위하여 필요한 최소한의 정보는 법정대리인의 동의 없이 해당 아동으로부터 직접 수집할 수 있다.

⑦ 제1항부터 제6항까지에서 규정한 사항 외에 정보주체의 동의를 받는 세부적인 방법 및 제6항에 따른 최소한의 정보의 내용에 관하여 필요한 사항은 개인정보의 수집매체 등을 고려하여 대통령령으로 정한다.

33) 제23조(민감정보의 처리 제한)

① 개인정보처리자는 사상·신념, 노동조합·정당의 가입·탈퇴, 정치적 견해, 건강, 성생활 등에 관한 정보, 그 밖에 정보주체의 사생활을 현저히 침해할 우려가 있는 개인정보로서 대통령령으로 정하는 정보(이하 "민감정보"라 한다)를 처리하여서는 아니 된다. 다만, 다음 각 호의 어느 하나에 해당하는 경우에는 그러하지 아니하다.

> 1. 정보주체에게 제15조제2항 각 호 또는 제17조제2항 각 호의 사항을 알리고 다른 개인정보의 처리에 대한 동의와 별도로 동의를 받은 경우
> 2. 법령에서 민감정보의 처리를 요구하거나 허용하는 경우

② 개인정보처리자가 제1항 각 호에 따라 민감정보를 처리하는 경우에는 그 민감정보가 분실·도난·유출·위조·변조 또는 훼손되지 아니하도록 제29조에 따른 안전성 확보에 필요한 조치를 하여야 한다.

34) 제24조의2(주민등록번호 처리의 제한)

① 제24조제1항에도 불구하고 개인정보처리자는 다음 각 호의 어느 하나에 해당하는 경우를 제외하고는 주민등록번호를 처리할 수 없다.

> 1. 법률·대통령령·국회규칙·대법원규칙·헌법재판소규칙·중앙선거관리위원회규칙 및 감사원규칙에서 구체적으로 주민등록번호의 처리를 요구하거나 허용한 경우
> 2. 정보주체 또는 제3자의 급박한 생명, 신체, 재산의 이익을 위하여 명백히 필요하다고 인정되는 경우
> 3. 제1호 및 제2호에 준하여 주민등록번호 처리가 불가피한 경우로서 보호위원회가 고시로 정하는 경우

② 개인정보처리자는 제24조제3항에도 불구하고 주민등록번호가 분실·도난·유출·위조·변조 또는 훼손되지 아니하도록 암호화 조치를 통하여 안전하게 보관하여야 한다. 이 경우 암호화 적용 대상 및 대상별 적용 시기 등에 관하여 필요한 사항은 개인정보의 처리 규모와 유출 시 영향 등을 고려하여 대통령령으로 정한다.

③ 개인정보처리자는 제1항 각 호에 따라 주민등록번호를 처리하는 경우에도 정보주체가 인터넷 홈페이지를 통하여 회원으로 가입하는 단계에서는 주민등록번호를 사용하지 아니하고도 회원으로 가입할 수 있는 방법을 제공하여야 한다.

④ 보호위원회는 개인정보처리자가 제3항에 따른 방법을 제공할 수 있도록 관계 법령의 정비, 계획의 수립, 필요한 시설 및 시스템의 구축 등 제반 조치를 마련·지원할 수 있다.

35) 제25조(영상정보처리기기의 설치·운영 제한)

① 누구든지 다음 각 호의 경우를 제외하고는 공개된 장소에 영상정보처리기기를 설치·운영하여서는 아니 된다.

> 1. 법령에서 구체적으로 허용하고 있는 경우

2. 범죄의 예방 및 수사를 위하여 필요한 경우

3. 시설안전 및 화재 예방을 위하여 필요한 경우

4. 교통단속을 위하여 필요한 경우

5. 교통정보의 수집 · 분석 및 제공을 위하여 필요한 경우

② 누구든지 불특정 다수가 이용하는 목욕실, 화장실, 발한실(發汗室), 탈의실 등 개인의 사생활을 현저히 침해할 우려가 있는 장소의 내부를 볼 수 있도록 영상 정보처리기기를 설치 · 운영하여서는 아니 된다. 다만, 교도소, 정신보건 시설 등 법령에 근거하여 사람을 구금하거나 보호하는 시설로서 대통령령으로 정하는 시설에 대하여는 그러하지 아니하다.

③ 제1항 각 호에 따라 영상정보처리기기를 설치 · 운영하려는 공공기관의 장과 제2항 단서에 따라 영상정보처리기기를 설치 · 운영하려는 자는 공청회 · 설명 회의 개최 등 대통령령으로 정하는 절차를 거쳐 관계 전문가 및 이해관계인의 의견을 수렴하여야 한다.

④ 제1항 각 호에 따라 영상정보처리기기를 설치 · 운영하는 자(이하 "영상정보처 리기기운영자"라 한다)는 정보주체가 쉽게 인식할 수 있도록 다음 각 호의 사 항이 포함된 안내판을 설치하는 등 필요한 조치를 하여야 한다. 다만, 「군사기 지 및 군사시설 보호법」 제2조제2호에 따른 군사시설, 「통합방위법」 제2조제 13호에 따른 국가중요시설, 그 밖에 대통령령으로 정하는 시설에 대하여는 그 러하지 아니하다.

1. 설치 목적 및 장소

2. 촬영 범위 및 시간

3. 관리책임자 성명 및 연락처

4. 그 밖에 대통령령으로 정하는 사항

⑤ 영상정보처리기기운영자는 영상정보처리기기의 설치 목적과 다른 목적으로 영상정보처리기기를 임의로 조작하거나 다른 곳을 비춰서는 아니 되며, 녹음 기능은 사용할 수 없다.

⑥ 영상정보처리기기운영자는 개인정보가 분실 · 도난 · 유출 · 위조 · 변조 또는 훼 손되지 아니하도록 제29조에 따라 안전성 확보에 필요한 조치를 하여야 한다.

⑦ 영상정보처리기기운영자는 대통령령으로 정하는 바에 따라 영상정보처리기기 운영 · 관리 방침을 마련하여야 한다. 이 경우 제30조에 따른 개인정보 처리방 침을 정하지 아니할 수 있다.

⑧ 영상정보처리기기운영자는 영상정보처리기기의 설치 · 운영에 관한 사무를 위 탁할 수 있다. 다만, 공공기관이 영상정보처리기기 설치 · 운영에 관한 사무를 위탁하는 경우에는 대통령령으로 정하는 절차 및 요건에 따라야 한다.

36) 제26조(업무위탁에 따른 개인정보의 처리 제한)

① 개인정보처리자가 제3자에게 개인정보의 처리 업무를 위탁하는 경우에는 다 음 각 호의 내용이 포함된 문서에 의하여야 한다.

1. 위탁업무 수행 목적 외 개인정보의 처리 금지에 관한 사항

2. 개인정보의 기술적·관리적 보호조치에 관한 사항

3. 그 밖에 개인정보의 안전한 관리를 위하여 대통령령으로 정한 사항

② 제1항에 따라 개인정보의 처리 업무를 위탁하는 개인정보처리자(이하 "위탁자"라 한다)는 위탁하는 업무의 내용과 개인정보 처리 업무를 위탁받아 처리하는 자(이하 "수탁자"라 한다)를 정보주체가 언제든지 쉽게 확인할 수 있도록 대통령령으로 정하는 방법에 따라 공개하여야 한다.

③ 위탁자가 재화 또는 서비스를 홍보하거나 판매를 권유하는 업무를 위탁하는 경우에는 대통령령으로 정하는 방법에 따라 위탁하는 업무의 내용과 수탁자를 정보주체에게 알려야 한다. 위탁하는 업무의 내용이나 수탁자가 변경된 경우에도 또한 같다.

④ 위탁자는 업무 위탁으로 인하여 정보주체의 개인정보가 분실·도난·유출·위조·변조 또는 훼손되지 아니하도록 수탁자를 교육하고, 처리 현황 점검 등 대통령령으로 정하는 바에 따라 수탁자가 개인정보를 안전하게 처리하는지를 감독하여야 한다.

⑤ 수탁자는 개인정보처리자로부터 위탁받은 해당 업무 범위를 초과하여 개인정보를 이용하거나 제3자에게 제공하여서는 아니 된다.

⑥ 수탁자가 위탁받은 업무와 관련하여 개인정보를 처리하는 과정에서 이 법을 위반하여 발생한 손해배상책임에 대하여는 수탁자를 개인정보처리자의 소속 직원으로 본다.

⑦ 수탁자에 관하여는 제15조부터 제25조까지, 제27조부터 제31조까지, 제33조부터 제38조까지 및 제59조를 준용한다.

37) 제27조(영업양도 등에 따른 개인정보의 이전 제한)

① 개인정보처리자는 영업의 전부 또는 일부의 양도·합병 등으로 개인정보를 다른 사람에게 이전하는 경우에는 미리 다음 각 호의 사항을 대통령령으로 정하는 방법에 따라 해당 정보주체에게 알려야 한다.

1. 개인정보를 이전하려는 사실

2. 개인정보를 이전받는 자(이하 "영업양수자등"이라 한다)의 성명(법인의 경우에는 법인의 명칭을 말한다), 주소, 전화번호 및 그 밖의 연락처

3. 정보주체가 개인정보의 이전을 원하지 아니하는 경우 조치할 수 있는 방법 및 절차

② 영업양수자등은 개인정보를 이전받았을 때에는 지체 없이 그 사실을 대통령령으로 정하는 방법에 따라 정보주체에게 알려야 한다. 다만, 개인정보처리자가 제1항에 따라 그 이전 사실을 이미 알린 경우에는 그러하지 아니하다.

③ 영업양수자등은 영업의 양도·합병 등으로 개인정보를 이전받은 경우에는 이전 당시의 본래 목적으로만 개인정보를 이용하거나 제3자에게 제공할 수 있다. 이 경우 영업양수자등은 개인정보처리자로 본다.

38) 제28조(개인정보취급자에 대한 감독)

① 개인정보처리자는 개인정보를 처리함에 있어서 개인정보가 안전하게 관리될 수 있도록 임직원, 파견근로자, 시간제근로자 등 개인정보처리자의 지휘 · 감독을 받아 개인정보를 처리하는 자(이하 "개인정보취급자"라 한다)에 대하여 적절한 관리 · 감독을 행하여야 한다.

② 개인정보처리자는 개인정보의 적정한 취급을 보장하기 위하여 개인정보취급자에게 정기적으로 필요한 교육을 실시하여야 한다.

39) 제28조의2(가명정보의 처리 등)

① 개인정보처리자는 통계작성, 과학적 연구, 공익적 기록보존 등을 위하여 정보주체의 동의 없이 가명정보를 처리할 수 있다.

② 개인정보처리자는 제1항에 따라 가명정보를 제3자에게 제공하는 경우에는 특정 개인을 알아보기 위하여 사용될 수 있는 정보를 포함해서는 아니 된다.

40) 제28조의3(가명정보의 결합 제한)

① 제28조의2에도 불구하고 통계작성, 과학적 연구, 공익적 기록보존 등을 위한 서로 다른 개인정보처리자 간의 가명정보의 결합은 보호위원회 또는 관계 중앙행정기관의 장이 지정하는 전문기관이 수행한다.

② 결합을 수행한 기관 외부로 결합된 정보를 반출하려는 개인정보처리자는 가명정보 또는 제58조의2에 해당하는 정보로 처리한 뒤 전문기관의 장의 승인을 받아야 한다.

③ 제1항에 따른 결합 절차와 방법, 전문기관의 지정과 지정 취소 기준 · 절차, 관리 · 감독, 제2항에 따른 반출 및 승인 기준 · 절차 등 필요한 사항은 대통령령으로 정한다.

41) 제28조의4(가명정보에 대한 안전조치의무 등)

① 개인정보처리자는 가명정보를 처리하는 경우에는 원래의 상태로 복원하기 위한 추가 정보를 별도로 분리하여 보관 · 관리하는 등 해당 정보가 분실 · 도난 · 유출 · 위조 · 변조 또는 훼손되지 않도록 대통령령으로 정하는 바에 따라 안전성 확보에 필요한 기술적 · 관리적 및 물리적 조치를 하여야 한다.

② 개인정보처리자는 가명정보를 처리하고자 하는 경우에는 가명정보의 처리 목적, 제3자 제공 시 제공받는 자 등 가명정보의 처리 내용을 관리하기 위하여 대통령령으로 정하는 사항에 대한 관련 기록을 작성하여 보관하여야 한다.

42) 제28조의5(가명정보 처리 시 금지의무 등)

① 누구든지 특정 개인을 알아보기 위한 목적으로 가명정보를 처리해서는 아니 된다.

② 개인정보처리자는 가명정보를 처리하는 과정에서 특정 개인을 알아볼 수 있는 정보가 생성된 경우에는 즉시 해당 정보의 처리를 중지하고, 지체 없이 회수·파기하여야 한다.

43) 제28조의6(가명정보 처리에 대한 과징금 부과 등)

① 보호위원회는 개인정보처리자가 제28조의5제1항을 위반하여 특정 개인을 알아보기 위한 목적으로 정보를 처리한 경우 전체 매출액의 100분의 3 이하에 해당하는 금액을 과징금으로 부과할 수 있다. 다만, 매출액이 없거나 매출액의 산정이 곤란한 경우로서 대통령령으로 정하는 경우에는 4억원 또는 자본금의 100분의 3 중 큰 금액 이하로 과징금을 부과할 수 있다.

② 과징금의 부과·징수 등에 필요한 사항은 제34조의2제3항부터 제5항까지의 규정을 준용한다.

44) 제28조의7(적용범위)

가명정보는 제20조, 제21조, 제27조, 제34조제1항, 제35조부터 제37조까지, 제39조의3, 제39조의4, 제39조의6부터 제39조의8까지의 규정을 적용하지 아니한다.

45) 제29조(안전조치의무)

개인정보처리자는 개인정보가 분실·도난·유출·위조·변조 또는 훼손되지 아니하도록 내부 관리계획 수립, 접속기록 보관 등 대통령령으로 정하는 바에 따라 안전성 확보에 필요한 기술적·관리적 및 물리적 조치를 하여야 한다.

46) 제30조(개인정보 처리방침의 수립 및 공개)

① 개인정보처리자는 다음 각 호의 사항이 포함된 개인정보의 처리 방침(이하 "개인정보 처리방침"이라 한다)을 정하여야 한다. 이 경우 공공기관은 제32조에 따라 등록대상이 되는 개인정보파일에 대하여 개인정보 처리방침을 정한다.

1. 개인정보의 처리 목적
2. 개인정보의 처리 및 보유 기간
3. 개인정보의 제3자 제공에 관한 사항(해당되는 경우에만 정한다)
3의2. 개인정보의 파기절차 및 파기방법(제21조제1항 단서에 따라 개인정보를 보존하여야 하는 경우에는 그 보존근거와 보존하는 개인정보 항목을 포함한다)
4. 개인정보처리의 위탁에 관한 사항(해당되는 경우에만 정한다)
5. 정보주체와 법정대리인의 권리·의무 및 그 행사방법에 관한 사항
6. 제31조에 따른 개인정보 보호책임자의 성명 또는 개인정보 보호업무 및 관련 고충사항을 처리하는 부서의 명칭과 전화번호 등 연락처
7. 인터넷 접속정보파일 등 개인정보를 자동으로 수집하는 장치의 설치·운영 및 그 거부에 관한 사항(해당하는 경우에만 정한다)
8. 그 밖에 개인정보의 처리에 관하여 대통령령으로 정한 사항

② 개인정보처리자가 개인정보 처리방침을 수립하거나 변경하는 경우에는 정보주체가 쉽게 확인할 수 있도록 대통령령으로 정하는 방법에 따라 공개하여야 한다.

③ 개인정보 처리방침의 내용과 개인정보처리자와 정보주체 간에 체결한 계약의 내용이 다른 경우에는 정보주체에게 유리한 것을 적용한다.

④ 보호위원회는 개인정보 처리방침의 작성지침을 정하여 개인정보처리자에게 그 준수를 권장할 수 있다.

47) 제31조(개인정보 보호책임자의 지정)

① 개인정보처리자는 개인정보의 처리에 관한 업무를 총괄해서 책임질 개인정보 보호책임자를 지정하여야 한다.

② 개인정보 보호책임자는 다음 각 호의 업무를 수행한다.

    1. 개인정보 보호 계획의 수립 및 시행

    2. 개인정보 처리 실태 및 관행의 정기적인 조사 및 개선

    3. 개인정보 처리와 관련한 불만의 처리 및 피해 구제

    4. 개인정보 유출 및 오용 · 남용 방지를 위한 내부통제시스템의 구축

    5. 개인정보 보호 교육 계획의 수립 및 시행

    6. 개인정보파일의 보호 및 관리 · 감독

    7. 그 밖에 개인정보의 적절한 처리를 위하여 대통령령으로 정한 업무

③ 개인정보 보호책임자는 제2항 각 호의 업무를 수행함에 있어서 필요한 경우 개인정보의 처리 현황, 처리 체계 등에 대하여 수시로 조사하거나 관계 당사자로부터 보고를 받을 수 있다.

④ 개인정보 보호책임자는 개인정보 보호와 관련하여 이 법 및 다른 관계 법령의 위반 사실을 알게 된 경우에는 즉시 개선조치를 하여야 하며, 필요하면 소속 기관 또는 단체의 장에게 개선조치를 보고하여야 한다.

⑤ 개인정보처리자는 개인정보 보호책임자가 제2항 각 호의 업무를 수행함에 있어서 정당한 이유 없이 불이익을 주거나 받게 하여서는 아니 된다.

⑥ 개인정보 보호책임자의 지정요건, 업무, 자격요건, 그 밖에 필요한 사항은 대통령령으로 정한다.

48) 제32조(개인정보파일의 등록 및 공개)

① 공공기관의 장이 개인정보파일을 운용하는 경우에는 다음 각 호의 사항을 보호위원회에 등록하여야 한다. 등록한 사항이 변경된 경우에도 또한 같다.

    1. 개인정보파일의 명칭

    2. 개인정보파일의 운영 근거 및 목적

    3. 개인정보파일에 기록되는 개인정보의 항목

　　4. 개인정보의 처리방법

　　5. 개인정보의 보유기간

　　6. 개인정보를 통상적 또는 반복적으로 제공하는 경우에는 그 제공받는 자

　　7. 그 밖에 대통령령으로 정하는 사항

② 다음 각 호의 어느 하나에 해당하는 개인정보파일에 대하여는 제1항을 적용하지 아니한다.

　　1. 국가 안전, 외교상 비밀, 그 밖에 국가의 중대한 이익에 관한 사항을 기록한 개인정보파일

　　2. 범죄의 수사, 공소의 제기 및 유지, 형 및 감호의 집행, 교정처분, 보호처분, 보안관찰처분과 출입국관리에 관한 사항을 기록한 개인정보파일

　　3. 「조세범처벌법」에 따른 범칙행위 조사 및 「관세법」에 따른 범칙행위 조사에 관한 사항을 기록한 개인정보파일

　　4. 공공기관의 내부적 업무처리만을 위하여 사용되는 개인정보파일

　　5. 다른 법령에 따라 비밀로 분류된 개인정보파일

③ 보호위원회는 필요하면 제1항에 따른 개인정보파일의 등록사항과 그 내용을 검토하여 해당 공공기관의 장에게 개선을 권고할 수 있다.

④ 보호위원회는 제1항에 따른 개인정보파일의 등록 현황을 누구든지 쉽게 열람할 수 있도록 공개하여야 한다.

⑤ 제1항에 따른 등록과 제4항에 따른 공개의 방법, 범위 및 절차에 관하여 필요한 사항은 대통령령으로 정한다.

⑥ 국회, 법원, 헌법재판소, 중앙선거관리위원회(그 소속 기관을 포함한다)의 개인정보파일 등록 및 공개에 관하여는 국회규칙, 대법원규칙, 헌법재판소규칙 및 중앙선거관리위원회규칙으로 정한다.

49) 제32조의2(개인정보 보호 인증)

① 보호위원회는 개인정보처리자의 개인정보 처리 및 보호와 관련한 일련의 조치가 이 법에 부합하는지 등에 관하여 인증할 수 있다.

② 제1항에 따른 인증의 유효기간은 3년으로 한다.

③ 보호위원회는 다음 각 호의 어느 하나에 해당하는 경우에는 대통령령으로 정하는 바에 따라 제1항에 따른 인증을 취소할 수 있다. 다만, 제1호에 해당하는 경우에는 취소하여야 한다.

　　1. 거짓이나 그 밖의 부정한 방법으로 개인정보 보호 인증을 받은 경우

　　2. 제4항에 따른 사후관리를 거부 또는 방해한 경우

　　3. 제8항에 따른 인증기준에 미달하게 된 경우

　　4. 개인정보 보호 관련 법령을 위반하고 그 위반사유가 중대한 경우

④ 보호위원회는 개인정보 보호 인증의 실효성 유지를 위하여 연 1회 이상 사후관리를 실시하여야 한다.

⑤ 보호위원회는 대통령령으로 정하는 전문기관으로 하여금 제1항에 따른 인증, 제3항에 따른 인증 취소, 제4항에 따른 사후관리 및 제7항에 따른 인증 심사원 관리 업무를 수행하게 할 수 있다.

⑥ 제1항에 따른 인증을 받은 자는 대통령령으로 정하는 바에 따라 인증의 내용을 표시하거나 홍보할 수 있다.

⑦ 제1항에 따른 인증을 위하여 필요한 심사를 수행할 심사원의 자격 및 자격 취소 요건 등에 관하여는 전문성과 경력 및 그 밖에 필요한 사항을 고려하여 대통령령으로 정한다.

⑧ 그 밖에 개인정보 관리체계, 정보주체 권리보장, 안전성 확보조치가 이 법에 부합하는지 여부 등 제1항에 따른 인증의 기준 · 방법 · 절차 등 필요한 사항은 대통령령으로 정한다.

50) 제33조(개인정보 영향평가)

① 공공기관의 장은 대통령령으로 정하는 기준에 해당하는 개인정보파일의 운용으로 인하여 정보주체의 개인정보 침해가 우려되는 경우에는 그 위험요인의 분석과 개선 사항 도출을 위한 평가(이하 "영향평가"라 한다)를 하고 그 결과를 보호위원회에 제출하여야 한다. 이 경우 공공기관의 장은 영향평가를 보호위원회가 지정하는 기관(이하 "평가기관"이라 한다) 중에서 의뢰하여야 한다.

② 영향평가를 하는 경우에는 다음 각 호의 사항을 고려하여야 한다.

1. 처리하는 개인정보의 수
2. 개인정보의 제3자 제공 여부
3. 정보주체의 권리를 해할 가능성 및 그 위험 정도
4. 그 밖에 대통령령으로 정한 사항

③ 보호위원회는 제1항에 따라 제출받은 영향평가 결과에 대하여 의견을 제시할 수 있다.

④ 공공기관의 장은 제1항에 따라 영향평가를 한 개인정보파일을 제32조제1항에 따라 등록할 때에는 영향평가 결과를 함께 첨부하여야 한다.

⑤ 보호위원회는 영향평가의 활성화를 위하여 관계 전문가의 육성, 영향평가 기준의 개발 · 보급 등 필요한 조치를 마련하여야 한다.

⑥ 제1항에 따른 평가기관의 지정기준 및 지정취소, 평가기준, 영향평가의 방법 · 절차 등에 관하여 필요한 사항은 대통령령으로 정한다.

⑦ 국회, 법원, 헌법재판소, 중앙선거관리위원회(그 소속 기관을 포함한다)의 영향평가에 관한 사항은 국회규칙, 대법원규칙, 헌법재판소규칙 및 중앙선거관리위원회규칙으로 정하는 바에 따른다.

⑧ 공공기관 외의 개인정보처리자는 개인정보파일 운용으로 인하여 정보주체의 개인정보 침해가 우려되는 경우에는 영향평가를 하기 위하여 적극 노력하여야 한다.

51) 제34조(개인정보 유출 통지 등)

① 개인정보처리자는 개인정보가 유출되었음을 알게 되었을 때에는 지체 없이 해당 정보주체에게 다음 각 호의 사실을 알려야 한다.

　　1. 유출된 개인정보의 항목

　　2. 유출된 시점과 그 경위

　　3. 유출로 인하여 발생할 수 있는 피해를 최소화하기 위하여 정보주체가 할 수 있는 방법 등에 관한 정보

　　4. 개인정보처리자의 대응조치 및 피해 구제절차

　　5. 정보주체에게 피해가 발생한 경우 신고 등을 접수할 수 있는 담당부서 및 연락처

② 개인정보처리자는 개인정보가 유출된 경우 그 피해를 최소화하기 위한 대책을 마련하고 필요한 조치를 하여야 한다.

③ 개인정보처리자는 대통령령으로 정한 규모 이상의 개인정보가 유출된 경우에는 제1항에 따른 통지 및 제2항에 따른 조치 결과를 지체 없이 보호위원회 또는 대통령령으로 정하는 전문기관에 신고하여야 한다. 이 경우 보호위원회 또는 대통령령으로 정하는 전문기관은 피해 확산방지, 피해 복구 등을 위한 기술을 지원할 수 있다.

④ 제1항에 따른 통지의 시기, 방법 및 절차 등에 관하여 필요한 사항은 대통령령으로 정한다.

52) 제34조의2(과징금의 부과 등)

① 보호위원회는 개인정보처리자가 처리하는 주민등록번호가 분실·도난·유출·위조·변조 또는 훼손된 경우에는 5억원 이하의 과징금을 부과·징수할 수 있다. 다만, 주민등록번호가 분실·도난·유출·위조·변조 또는 훼손되지 아니하도록 개인정보처리자가 제24조제3항에 따른 안전성 확보에 필요한 조치를 다한 경우에는 그러하지 아니하다.

② 보호위원회는 제1항에 따른 과징금을 부과하는 경우에는 다음 각 호의 사항을 고려하여야 한다.

　　1. 제24조제3항에 따른 안전성 확보에 필요한 조치 이행 노력 정도

　　2. 분실·도난·유출·위조·변조 또는 훼손된 주민등록번호의 정도

　　3. 피해확산 방지를 위한 후속조치 이행 여부

③ 보호위원회는 제1항에 따른 과징금을 내야 할 자가 납부기한까지 내지 아니하면 납부기한의 다음 날부터 과징금을 낸 날의 전날까지의 기간에 대하여 내지 아니한 과징금의 연 100분의 6의 범위에서 대통령령으로 정하는 가산금을 징수한다. 이 경우 가산금을 징수하는 기간은 60개월을 초과하지 못한다.

④ 보호위원회는 제1항에 따른 과징금을 내야 할 자가 납부기한까지 내지 아니하면 기간을 정하여 독촉을 하고, 그 지정한 기간 내에 과징금 및 제2항에 따른 가산금을 내지 아니하면 국세 체납처분의 예에 따라 징수한다.

⑤ 과징금의 부과 · 징수에 관하여 그 밖에 필요한 사항은 대통령령으로 정한다.

53) 제35조(개인정보의 열람)

① 정보주체는 개인정보처리자가 처리하는 자신의 개인정보에 대한 열람을 해당 개인정보처리자에게 요구할 수 있다.

② 제1항에도 불구하고 정보주체가 자신의 개인정보에 대한 열람을 공공기관에 요구하고자 할 때에는 공공기관에 직접 열람을 요구하거나 대통령령으로 정하는 바에 따라 보호위원회를 통하여 열람을 요구할 수 있다.

③ 개인정보처리자는 제1항 및 제2항에 따른 열람을 요구받았을 때에는 대통령령으로 정하는 기간 내에 정보주체가 해당 개인정보를 열람할 수 있도록 하여야 한다. 이 경우 해당 기간 내에 열람할 수 없는 정당한 사유가 있을 때에는 정보주체에게 그 사유를 알리고 열람을 연기할 수 있으며, 그 사유가 소멸하면 지체 없이 열람하게 하여야 한다.

④ 개인정보처리자는 다음 각 호의 어느 하나에 해당하는 경우에는 정보주체에게 그 사유를 알리고 열람을 제한하거나 거절할 수 있다.

1. 법률에 따라 열람이 금지되거나 제한되는 경우

2. 다른 사람의 생명 · 신체를 해할 우려가 있거나 다른 사람의 재산과 그 밖의 이익을 부당하게 침해할 우려가 있는 경우

3. 공공기관이 다음 각 목의 어느 하나에 해당하는 업무를 수행할 때 중대한 지장을 초래하는 경우

　　가. 조세의 부과 · 징수 또는 환급에 관한 업무

　　나. 「초 · 중등교육법」 및 「고등교육법」에 따른 각급 학교, 「평생교육법」에 따른 평생교육시설, 그 밖의 다른 법률에 따라 설치된 고등교육기관에서의 성적 평가 또는 입학자 선발에 관한 업무

　　다. 학력 · 기능 및 채용에 관한 시험, 자격 심사에 관한 업무

　　라. 보상금 · 급부금 산정 등에 대하여 진행 중인 평가 또는 판단에 관한 업무

　　마. 다른 법률에 따라 진행 중인 감사 및 조사에 관한 업무

⑤ 제1항부터 제4항까지의 규정에 따른 열람 요구, 열람 제한, 통지 등의 방법 및 절차에 관하여 필요한 사항은 대통령령으로 정한다.

54) 제36조(개인정보의 정정 · 삭제)

① 제35조에 따라 자신의 개인정보를 열람한 정보주체는 개인정보처리자에게 그 개인정보의 정정 또는 삭제를 요구할 수 있다. 다만, 다른 법령에서 그 개인정보가 수집 대상으로 명시되어 있는 경우에는 그 삭제를 요구할 수 없다.

② 개인정보처리자는 제1항에 따른 정보주체의 요구를 받았을 때에는 개인정보의 정정 또는 삭제에 관하여 다른 법령에 특별한 절차가 규정되어 있는 경우를 제외하고는 지체 없이 그 개인정보를 조사하여 정보주체의 요구에 따라 정정 · 삭제 등 필요한 조치를 한 후 그 결과를 정보주체에게 알려야 한다.

③ 개인정보처리자가 제2항에 따라 개인정보를 삭제할 때에는 복구 또는 재생되지 아니하도록 조치하여야 한다.

④ 개인정보처리자는 정보주체의 요구가 제1항 단서에 해당될 때에는 지체 없이 그 내용을 정보주체에게 알려야 한다.

⑤ 개인정보처리자는 제2항에 따른 조사를 할 때 필요하면 해당 정보주체에게 정정·삭제 요구사항의 확인에 필요한 증거자료를 제출하게 할 수 있다.

⑥ 제1항·제2항 및 제4항에 따른 정정 또는 삭제 요구, 통지 방법 및 절차 등에 필요한 사항은 대통령령으로 정한다.

55) 제37조(개인정보의 처리정지 등)

① 정보주체는 개인정보처리자에 대하여 자신의 개인정보 처리의 정지를 요구할 수 있다. 이 경우 공공기관에 대하여는 제32조에 따라 등록 대상이 되는 개인정보파일 중 자신의 개인정보에 대한 처리의 정지를 요구할 수 있다.

② 개인정보처리자는 제1항에 따른 요구를 받았을 때에는 지체 없이 정보주체의 요구에 따라 개인정보 처리의 전부를 정지하거나 일부를 정지하여야 한다. 다만, 다음 각 호의 어느 하나에 해당하는 경우에는 정보주체의 처리정지 요구를 거절할 수 있다.

1. 법률에 특별한 규정이 있거나 법령상 의무를 준수하기 위하여 불가피한 경우
2. 다른 사람의 생명·신체를 해할 우려가 있거나 다른 사람의 재산과 그 밖의 이익을 부당하게 침해할 우려가 있는 경우
3. 공공기관이 개인정보를 처리하지 아니하면 다른 법률에서 정하는 소관 업무를 수행할 수 없는 경우
4. 개인정보를 처리하지 아니하면 정보주체와 약정한 서비스를 제공하지 못하는 등 계약의 이행이 곤란한 경우로서 정보주체가 그 계약의 해지 의사를 명확하게 밝히지 아니한 경우

③ 개인정보처리자는 제2항 단서에 따라 처리정지 요구를 거절하였을 때에는 정보주체에게 지체 없이 그 사유를 알려야 한다.

④ 개인정보처리자는 정보주체의 요구에 따라 처리가 정지된 개인정보에 대하여 지체 없이 해당 개인정보의 파기 등 필요한 조치를 하여야 한다.

⑤ 제1항부터 제3항까지의 규정에 따른 처리정지의 요구, 처리정지의 거절, 통지 등의 방법 및 절차에 필요한 사항은 대통령령으로 정한다.

56) 제38조(권리행사의 방법 및 절차)

① 정보주체는 제35조에 따른 열람, 제36조에 따른 정정·삭제, 제37조에 따른 처리정지, 제39조의7에 따른 동의 철회 등의 요구(이하 "열람 등 요구"라 한다)를 문서 등 대통령령으로 정하는 방법·절차에 따라 대리인에게 하게 할 수 있다.

② 만 14세 미만 아동의 법정대리인은 개인정보처리자에게 그 아동의 개인정보 열람 등 요구를 할 수 있다.

③ 개인정보처리자는 열람 등 요구를 하는 자에게 대통령령으로 정하는 바에 따라 수수료와 우송료(사본의 우송을 청구하는 경우에 한한다)를 청구할 수 있다.

④ 개인정보처리자는 정보주체가 열람 등 요구를 할 수 있는 구체적인 방법과 절차를 마련하고, 이를 정보주체가 알 수 있도록 공개하여야 한다.

⑤ 개인정보처리자는 정보주체가 열람 등 요구에 대한 거절 등 조치에 대하여 불복이 있는 경우 이의를 제기할 수 있도록 필요한 절차를 마련하고 안내하여야 한다.

57) 제39조(손해배상책임)

① 정보주체는 개인정보처리자가 이 법을 위반한 행위로 손해를 입으면 개인정보처리자에게 손해배상을 청구할 수 있다. 이 경우 그 개인정보처리자는 고의 또는 과실이 없음을 입증하지 아니하면 책임을 면할 수 없다.

③ 개인정보처리자의 고의 또는 중대한 과실로 인하여 개인정보가 분실·도난·유출·위조·변조 또는 훼손된 경우로서 정보주체에게 손해가 발생한 때에는 법원은 그 손해액의 3배를 넘지 아니하는 범위에서 손해배상액을 정할 수 있다. 다만, 개인정보처리자가 고의 또는 중대한 과실이 없음을 증명한 경우에는 그러하지 아니하다.

④ 법원은 제3항의 배상액을 정할 때에는 다음 각 호의 사항을 고려하여야 한다.
  1. 고의 또는 손해 발생의 우려를 인식한 정도
  2. 위반행위로 인하여 입은 피해 규모
  3. 위법행위로 인하여 개인정보처리자가 취득한 경제적 이익
  4. 위반행위에 따른 벌금 및 과징금
  5. 위반행위의 기간·횟수 등
  6. 개인정보처리자의 재산상태
  7. 개인정보처리자가 정보주체의 개인정보 분실·도난·유출 후 해당 개인정보를 회수하기 위하여 노력한 정도
  8. 개인정보처리자가 정보주체의 피해구제를 위하여 노력한 정도

58) 제39조의2(법정손해배상의 청구)

① 제39조제1항에도 불구하고 정보주체는 개인정보처리자의 고의 또는 과실로 인하여 개인정보가 분실·도난·유출·위조·변조 또는 훼손된 경우에는 300만원 이하의 범위에서 상당한 금액을 손해액으로 하여 배상을 청구할 수 있다. 이 경우 해당 개인정보처리자는 고의 또는 과실이 없음을 입증하지 아니하면 책임을 면할 수 없다.

② 법원은 제1항에 따른 청구가 있는 경우에 변론 전체의 취지와 증거조사의 결과를 고려하여 제1항의 범위에서 상당한 손해액을 인정할 수 있다.

③ 제39조에 따라 손해배상을 청구한 정보주체는 사실심(事實審)의 변론이 종결되기 전까지 그 청구를 제1항에 따른 청구로 변경할 수 있다.

59) 제39조의3(개인정보의 수집 · 이용 동의 등에 대한 특례)

① 정보통신서비스 제공자는 제15조제1항에도 불구하고 이용자의 개인정보를 이용하려고 수집하는 경우에는 다음 각 호의 모든 사항을 이용자에게 알리고 동의를 받아야 한다. 다음 각 호의 어느 하나의 사항을 변경하려는 경우에도 또한 같다.

1. 개인정보의 수집 · 이용 목적
2. 수집하는 개인정보의 항목
3. 개인정보의 보유 · 이용 기간

② 정보통신서비스 제공자는 다음 각 호의 어느 하나에 해당하는 경우에는 제1항에 따른 동의 없이 이용자의 개인정보를 수집 · 이용할 수 있다.

1. 정보통신서비스(「정보통신망 이용촉진 및 정보보호 등에 관한 법률」 제2조제1항제2호에 따른 정보통신서비스를 말한다. 이하 같다)의 제공에 관한 계약을 이행하기 위하여 필요한 개인정보로서 경제적 · 기술적인 사유로 통상적인 동의를 받는 것이 뚜렷하게 곤란한 경우
2. 정보통신서비스의 제공에 따른 요금정산을 위하여 필요한 경우
3. 다른 법률에 특별한 규정이 있는 경우

③ 정보통신서비스 제공자는 이용자가 필요한 최소한의 개인정보 이외의 개인정보를 제공하지 아니한다는 이유로 그 서비스의 제공을 거부해서는 아니 된다. 이 경우 필요한 최소한의 개인정보는 해당 서비스의 본질적 기능을 수행하기 위하여 반드시 필요한 정보를 말한다.

④ 정보통신서비스 제공자는 만 14세 미만의 아동으로부터 개인정보 수집 · 이용 · 제공 등의 동의를 받으려면 그 법정대리인의 동의를 받아야 하고, 대통령령으로 정하는 바에 따라 법정대리인이 동의하였는지를 확인하여야 한다.

⑤ 정보통신서비스 제공자는 만 14세 미만의 아동에게 개인정보 처리와 관련한 사항의 고지 등을 하는 때에는 이해하기 쉬운 양식과 명확하고 알기 쉬운 언어를 사용하여야 한다.

⑥ 보호위원회는 개인정보 처리에 따른 위험성 및 결과, 이용자의 권리 등을 명확하게 인지하지 못할 수 있는 만 14세 미만의 아동의 개인정보 보호 시책을 마련하여야 한다.

60) 제39조의4(개인정보 유출등의 통지 · 신고에 대한 특례)

① 제34조제1항 및 제3항에도 불구하고 정보통신서비스 제공자와 그로부터 제17 조제1항에 따라 이용자의 개인정보를 제공받은 자(이하 "정보통신서비스 제공자 등"이라 한다)는 개인정보의 분실 · 도난 · 유출(이하 "유출 등"이라 한다) 사실을 안 때에는 지체 없이 다음 각 호의 사항을 해당 이용자에게 알리고 보호위원회 또는 대통령령으로 정하는 전문기관에 신고하여야 하며, 정당한 사유 없이 그 사실을 안 때부터 24시간을 경과하여 통지 · 신고해서는 아니 된다. 다만, 이용자의 연락처를 알 수 없는 등 정당한 사유가 있는 경우에는 대통령령으로 정하는 바에 따라 통지를 갈음하는 조치를 취할 수 있다.

  1. 유출 등이 된 개인정보 항목
  2. 유출 등이 발생한 시점
  3. 이용자가 취할 수 있는 조치
  4. 정보통신서비스 제공자 등의 대응 조치
  5. 이용자가 상담 등을 접수할 수 있는 부서 및 연락처

② 제1항의 신고를 받은 대통령령으로 정하는 전문기관은 지체 없이 그 사실을 보호위원회에 알려야 한다.

③ 정보통신서비스 제공자 등은 제1항에 따른 정당한 사유를 보호위원회에 소명하여야 한다.

④ 제1항에 따른 통지 및 신고의 방법 · 절차 등에 필요한 사항은 대통령령으로 정한다.

61) 제39조의5(개인정보의 보호조치에 대한 특례)

정보통신서비스 제공자 등은 이용자의 개인정보를 처리하는 자를 최소한으로 제한하여야 한다.

62) 제39조의6(개인정보의 파기에 대한 특례)

① 정보통신서비스 제공자 등은 정보통신서비스를 1년의 기간 동안 이용하지 아니하는 이용자의 개인정보를 보호하기 위하여 대통령령으로 정하는 바에 따라 개인정보의 파기 등 필요한 조치를 취하여야 한다. 다만, 그 기간에 대하여 다른 법령 또는 이용자의 요청에 따라 달리 정한 경우에는 그에 따른다.

② 정보통신서비스 제공자 등은 제1항의 기간 만료 30일 전까지 개인정보가 파기되는 사실, 기간 만료일 및 파기되는 개인정보의 항목 등 대통령령으로 정하는 사항을 전자우편 등 대통령령으로 정하는 방법으로 이용자에게 알려야 한다.

63) 제39조의7(이용자의 권리 등에 대한 특례)

① 이용자는 정보통신서비스 제공자 등에 대하여 언제든지 개인정보 수집·이용·제공 등의 동의를 철회할 수 있다.

② 정보통신서비스 제공자 등은 제1항에 따른 동의의 철회, 제35조에 따른 개인정보의 열람, 제36조에 따른 정정을 요구하는 방법을 개인정보의 수집방법보다 쉽게 하여야 한다.

③ 정보통신서비스 제공자 등은 제1항에 따라 동의를 철회하면 지체 없이 수집된 개인정보를 복구·재생할 수 없도록 파기하는 등 필요한 조치를 하여야 한다.

64) 제39조의8(개인정보 이용내역의 통지)

① 정보통신서비스 제공자 등으로서 대통령령으로 정하는 기준에 해당하는 자는 제23조, 제39조의3에 따라 수집한 이용자의 개인정보의 이용내역(제17조에 따른 제공을 포함한다)을 주기적으로 이용자에게 통지하여야 한다. 다만, 연락처 등 이용자에게 통지할 수 있는 개인정보를 수집하지 아니한 경우에는 그러하지 아니한다.

② 제1항에 따라 이용자에게 통지하여야 하는 정보의 종류, 통지주기 및 방법, 그 밖에 이용내역 통지에 필요한 사항은 대통령령으로 정한다.

65) 제39조의9(손해배상의 보장)

① 정보통신서비스 제공자 등은 제39조 및 제39조의2에 따른 손해배상책임의 이행을 위하여 보험 또는 공제에 가입하거나 준비금을 적립하는 등 필요한 조치를 하여야 한다.

② 제1항에 따른 가입 대상 개인정보처리자의 범위, 기준 등에 필요한 사항은 대통령령으로 정한다.

66) 제39조의10(노출된 개인정보의 삭제·차단)

① 정보통신서비스 제공자 등은 주민등록번호, 계좌정보, 신용카드정보 등 이용자의 개인정보가 정보통신망을 통하여 공중에 노출되지 아니하도록 하여야 한다.

② 제1항에도 불구하고 공중에 노출된 개인정보에 대하여 보호위원회 또는 대통령령으로 지정한 전문기관의 요청이 있는 경우 정보통신서비스 제공자 등은 삭제·차단 등 필요한 조치를 취하여야 한다.

67) 제39조의11(국내대리인의 지정)

① 국내에 주소 또는 영업소가 없는 정보통신서비스 제공자 등으로서 이용자 수, 매출액 등을 고려하여 대통령령으로 정하는 기준에 해당하는 자는 다음 각 호의 사항을 대리하는 자(이하 "국내대리인"이라 한다)를 서면으로 지정하여야 한다.

 1. 제31조에 따른 개인정보 보호책임자의 업무

 2. 제39조의4에 따른 통지 · 신고

 3. 제63조제1항에 따른 관계 물품 · 서류 등의 제출

② 국내대리인은 국내에 주소 또는 영업소가 있는 자로 한다.

③ 제1항에 따라 국내대리인을 지정한 때에는 다음 각 호의 사항 모두를 제30조에 따른 개인정보 처리방침에 포함하여야 한다.

 1. 국내대리인의 성명(법인의 경우에는 그 명칭 및 대표자의 성명을 말한다)

 2. 국내대리인의 주소(법인의 경우에는 영업소 소재지를 말한다), 전화번호 및 전자우편 주소

④ 국내대리인이 제1항 각 호와 관련하여 이 법을 위반한 경우에는 정보통신서비스 제공자 등이 그 행위를 한 것으로 본다.

68) 제39조의12(국외 이전 개인정보의 보호)

① 정보통신서비스 제공자 등은 이용자의 개인정보에 관하여 이 법을 위반하는 사항을 내용으로 하는 국제계약을 체결해서는 아니 된다.

② 제17조제3항에도 불구하고 정보통신서비스 제공자 등은 이용자의 개인정보를 국외에 제공(조회되는 경우를 포함한다) · 처리위탁 · 보관(이하 이 조에서 "이전"이라 한다)하려면 이용자의 동의를 받아야 한다. 다만, 제3항 각 호의 사항 모두를 제30조제2항에 따라 공개하거나 전자우편 등 대통령령으로 정하는 방법에 따라 이용자에게 알린 경우에는 개인정보 처리위탁 · 보관에 따른 동의절차를 거치지 아니할 수 있다.

③ 정보통신서비스 제공자 등은 제2항 본문에 따른 동의를 받으려면 미리 다음 각 호의 사항 모두를 이용자에게 고지하여야 한다.

 1. 이전되는 개인정보 항목

 2. 개인정보가 이전되는 국가, 이전일시 및 이전방법

 3. 개인정보를 이전받는 자의 성명(법인인 경우에는 그 명칭 및 정보관리책임자의 연락처를 말한다)

 4. 개인정보를 이전받는 자의 개인정보 이용목적 및 보유 · 이용 기간

④ 정보통신서비스 제공자 등은 제2항 본문에 따른 동의를 받아 개인정보를 국외로 이전하는 경우 대통령령으로 정하는 바에 따라 보호조치를 하여야 한다.

⑤ 이용자의 개인정보를 이전받는 자가 해당 개인정보를 제3국으로 이전하는 경우에 관하여는 제1항부터 제4항까지의 규정을 준용한다. 이 경우 "정보통신서비스 제공자 등"은 "개인정보를 이전받는 자"로, "개인정보를 이전받는 자"는 "제3국에서 개인정보를 이전받는 자"로 본다.

69) 제39조의13(상호주의)

제39조의12에도 불구하고 개인정보의 국외 이전을 제한하는 국가의 정보통신서비스 제공자 등에 대하여는 해당 국가의 수준에 상응하는 제한을 할 수 있다. 다만, 조약 또는 그 밖의 국제협정의 이행에 필요한 경우에는 그러하지 아니하다.

70) 제40조(설치 및 구성)

① 개인정보에 관한 분쟁의 조정(調停)을 위하여 개인정보 분쟁조정위원회(이하 "분쟁조정위원회"라 한다)를 둔다.

② 분쟁조정위원회는 위원장 1명을 포함한 20명 이내의 위원으로 구성하며, 위원은 당연직위원과 위촉위원으로 구성한다.

③ 위촉위원은 다음 각 호의 어느 하나에 해당하는 사람 중에서 보호위원회 위원장이 위촉하고, 대통령령으로 정하는 국가기관 소속 공무원은 당연직위원이 된다.

1. 개인정보 보호업무를 관장하는 중앙행정기관의 고위공무원단에 속하는 공무원으로 재직하였던 사람 또는 이에 상당하는 공공부문 및 관련 단체의 직에 재직하고 있거나 재직하였던 사람으로서 개인정보 보호업무의 경험이 있는 사람

2. 대학이나 공인된 연구기관에서 부교수 이상 또는 이에 상당하는 직에 재직하고 있거나 재직하였던 사람

3. 판사 · 검사 또는 변호사로 재직하고 있거나 재직하였던 사람

4. 개인정보 보호와 관련된 시민사회단체 또는 소비자단체로부터 추천을 받은 사람

5. 개인정보처리자로 구성된 사업자단체의 임원으로 재직하고 있거나 재직하였던 사람

④ 위원장은 위원 중에서 공무원이 아닌 사람으로 보호위원회 위원장이 위촉한다.

⑤ 위원장과 위촉위원의 임기는 2년으로 하되, 1차에 한하여 연임할 수 있다.

⑥ 분쟁조정위원회는 분쟁조정 업무를 효율적으로 수행하기 위하여 필요하면 대통령령으로 정하는 바에 따라 조정사건의 분야별로 5명 이내의 위원으로 구성되는 조정부를 둘 수 있다. 이 경우 조정부가 분쟁조정위원회에서 위임받아 의결한 사항은 분쟁조정위원회에서 의결한 것으로 본다.

⑦ 분쟁조정위원회 또는 조정부는 재적위원 과반수의 출석으로 개의하며 출석위원 과반수의 찬성으로 의결한다.

⑧ 보호위원회는 분쟁조정 접수, 사실 확인 등 분쟁조정에 필요한 사무를 처리할 수 있다.

⑨ 이 법에서 정한 사항 외에 분쟁조정위원회 운영에 필요한 사항은 대통령령으로 정한다.

71) 제41조(위원의 신분보장)

위원은 자격정지 이상의 형을 선고받거나 심신상의 장애로 직무를 수행할 수 없는 경우를 제외하고는 그의 의사에 반하여 면직되거나 해촉되지 아니한다.

72) 제42조(위원의 제척 · 기피 · 회피)

① 분쟁조정위원회의 위원은 다음 각 호의 어느 하나에 해당하는 경우에는 제43조제1항에 따라 분쟁조정위원회에 신청된 분쟁조정사건(이하 이 조에서 "사건"이라 한다)의 심의 · 의결에서 제척(除斥)된다.

　　1. 위원 또는 그 배우자나 배우자였던 자가 그 사건의 당사자가 되거나 그 사건에 관하여 공동의 권리자 또는 의무자의 관계에 있는 경우

　　2. 위원이 그 사건의 당사자와 친족이거나 친족이었던 경우

　　3. 위원이 그 사건에 관하여 증언, 감정, 법률자문을 한 경우

　　4. 위원이 그 사건에 관하여 당사자의 대리인으로서 관여하거나 관여하였던 경우

② 당사자는 위원에게 공정한 심의 · 의결을 기대하기 어려운 사정이 있으면 위원장에게 기피신청을 할 수 있다. 이 경우 위원장은 기피신청에 대하여 분쟁조정위원회의 의결을 거치지 아니하고 결정한다.

③ 위원이 제1항 또는 제2항의 사유에 해당하는 경우에는 스스로 그 사건의 심의 · 의결에서 회피할 수 있다.

73) 제43조(조정의 신청 등)

① 개인정보와 관련한 분쟁의 조정을 원하는 자는 분쟁조정위원회에 분쟁조정을 신청할 수 있다.

② 분쟁조정위원회는 당사자 일방으로부터 분쟁조정 신청을 받았을 때에는 그 신청내용을 상대방에게 알려야 한다.

③ 공공기관이 제2항에 따른 분쟁조정의 통지를 받은 경우에는 특별한 사유가 없으면 분쟁조정에 응하여야 한다.

74) 제44조(처리기간)

① 분쟁조정위원회는 제43조제1항에 따른 분쟁조정 신청을 받은 날부터 60일 이내에 이를 심사하여 조정안을 작성하여야 한다. 다만, 부득이한 사정이 있는 경우에는 분쟁조정위원회의 의결로 처리기간을 연장할 수 있다.

② 분쟁조정위원회는 제1항 단서에 따라 처리기간을 연장한 경우에는 기간연장의 사유와 그 밖의 기간연장에 관한 사항을 신청인에게 알려야 한다.

75) 제45조(자료의 요청 등)

① 분쟁조정위원회는 제43조제1항에 따라 분쟁조정 신청을 받았을 때에는 해당 분쟁의 조정을 위하여 필요한 자료를 분쟁당사자에게 요청할 수 있다. 이 경우 분쟁당사자는 정당한 사유가 없으면 요청에 따라야 한다.

② 분쟁조정위원회는 필요하다고 인정하면 분쟁당사자나 참고인을 위원회에 출석하도록 하여 그 의견을 들을 수 있다.

76) 제46조(조정 전 합의 권고)

분쟁조정위원회는 제43조제1항에 따라 분쟁조정 신청을 받았을 때에는 당사자에게 그 내용을 제시하고 조정 전 합의를 권고할 수 있다.

77) 제47조(분쟁의 조정)

① 분쟁조정위원회는 다음 각 호의 어느 하나의 사항을 포함하여 조정안을 작성할 수 있다.

1. 조사 대상 침해행위의 중지
2. 원상회복, 손해배상, 그 밖에 필요한 구제조치
3. 같거나 비슷한 침해의 재발을 방지하기 위하여 필요한 조치

② 분쟁조정위원회는 제1항에 따라 조정안을 작성하면 지체 없이 각 당사자에게 제시하여야 한다.

③ 제1항에 따라 조정안을 제시받은 당사자가 제시받은 날부터 15일 이내에 수락 여부를 알리지 아니하면 조정을 거부한 것으로 본다.

④ 당사자가 조정내용을 수락한 경우 분쟁조정위원회는 조정서를 작성하고, 분쟁조정위원회의 위원장과 각 당사자가 기명날인하여야 한다.

⑤ 제4항에 따른 조정의 내용은 재판상 화해와 동일한 효력을 갖는다.

78) 제48조(조정의 거부 및 중지)

① 분쟁조정위원회는 분쟁의 성질상 분쟁조정위원회에서 조정하는 것이 적합하지 아니하다고 인정하거나 부정한 목적으로 조정이 신청되었다고 인정하는 경우에는 그 조정을 거부할 수 있다. 이 경우 조정거부의 사유 등을 신청인에게 알려야 한다.

② 분쟁조정위원회는 신청된 조정사건에 대한 처리절차를 진행하던 중에 한 쪽 당사자가 소를 제기하면 그 조정의 처리를 중지하고 이를 당사자에게 알려야 한다.

79) 제49조(집단분쟁조정)

① 국가 및 지방자치단체, 개인정보 보호단체 및 기관, 정보주체, 개인정보처리자는 정보주체의 피해 또는 권리침해가 다수의 정보주체에게 같거나 비슷한 유형으로 발생하는 경우로서 대통령령으로 정하는 사건에 대하여는 분쟁조정위원회에 일괄적인 분쟁조정(이하 "집단분쟁조정"이라 한다)을 의뢰 또는 신청할 수 있다.

② 제1항에 따라 집단분쟁조정을 의뢰받거나 신청받은 분쟁조정위원회는 그 의결로써 제3항부터 제7항까지의 규정에 따른 집단분쟁조정의 절차를 개시할 수 있다. 이 경우 분쟁조정위원회는 대통령령으로 정하는 기간 동안 그 절차의 개시를 공고하여야 한다.

③ 분쟁조정위원회는 집단분쟁조정의 당사자가 아닌 정보주체 또는 개인정보처리자로부터 그 분쟁조정의 당사자에 추가로 포함될 수 있도록 하는 신청을 받을 수 있다.

④ 분쟁조정위원회는 그 의결로써 제1항 및 제3항에 따른 집단분쟁조정의 당사자 중에서 공동의 이익을 대표하기에 가장 적합한 1인 또는 수인을 대표당사자로 선임할 수 있다.

⑤ 분쟁조정위원회는 개인정보처리자가 분쟁조정위원회의 집단분쟁조정의 내용을 수락한 경우에는 집단분쟁조정의 당사자가 아닌 자로서 피해를 입은 정보주체에 대한 보상계획서를 작성하여 분쟁조정위원회에 제출하도록 권고할 수 있다.

⑥ 제48조제2항에도 불구하고 분쟁조정위원회는 집단분쟁조정의 당사자인 다수의 정보주체 중 일부의 정보주체가 법원에 소를 제기한 경우에는 그 절차를 중지하지 아니하고, 소를 제기한 일부의 정보주체를 그 절차에서 제외한다.

⑦ 집단분쟁조정의 기간은 제2항에 따른 공고가 종료된 날의 다음 날부터 60일 이내로 한다. 다만, 부득이한 사정이 있는 경우에는 분쟁조정위원회의 의결로 처리기간을 연장할 수 있다.

⑧ 집단분쟁조정의 절차 등에 관하여 필요한 사항은 대통령령으로 정한다.

80) 제50조(조정절차 등)

① 제43조부터 제49조까지의 규정에서 정한 것 외에 분쟁의 조정방법, 조정절차 및 조정업무의 처리 등에 필요한 사항은 대통령령으로 정한다.

② 분쟁조정위원회의 운영 및 분쟁조정 절차에 관하여 이 법에서 규정하지 아니한 사항에 대하여는 「민사조정법」을 준용한다.

81) 제51조(단체소송의 대상 등)

다음 각 호의 어느 하나에 해당하는 단체는 개인정보처리자가 제49조에 따른 집단분쟁조정을 거부하거나 집단분쟁조정의 결과를 수락하지 아니한 경우에는 법원에 권리침해 행위의 금지·중지를 구하는 소송(이하 "단체소송"이라 한다)을 제기할 수 있다.

1. 「소비자기본법」 제29조에 따라 공정거래위원회에 등록한 소비자단체로서 다음 각 목의 요건을 모두 갖춘 단체
   가. 정관에 따라 상시적으로 정보주체의 권익증진을 주된 목적으로 하는 단체일 것
   나. 단체의 정회원수가 1천명 이상일 것
   다. 「소비자기본법」 제29조에 따른 등록 후 3년이 경과하였을 것
2. 「비영리민간단체 지원법」 제2조에 따른 비영리민간단체로서 다음 각 목의 요건을 모두 갖춘 단체
   가. 법률상 또는 사실상 동일한 침해를 입은 100명 이상의 정보주체로부터 단체소송의 제기를 요청받을 것
   나. 정관에 개인정보 보호를 단체의 목적으로 명시한 후 최근 3년 이상 이를 위한 활동실적이 있을 것
   다. 단체의 상시 구성원수가 5천명 이상일 것
   라. 중앙행정기관에 등록되어 있을 것

82) 제52조(전속관할)

① 단체소송의 소는 피고의 주된 사무소 또는 영업소가 있는 곳, 주된 사무소나 영업소가 없는 경우에는 주된 업무담당자의 주소가 있는 곳의 지방법원 본원 합의부의 관할에 전속한다.

② 제1항을 외국사업자에 적용하는 경우 대한민국에 있는 이들의 주된 사무소·영업소 또는 업무담당자의 주소에 따라 정한다.

83) 제53조(소송대리인의 선임)

단체소송의 원고는 변호사를 소송대리인으로 선임하여야 한다.

84) 제54조(소송허가신청)

① 단체소송을 제기하는 단체는 소장과 함께 다음 각 호의 사항을 기재한 소송허가신청서를 법원에 제출하여야 한다.

   1. 원고 및 그 소송대리인
   2. 피고
   3. 정보주체의 침해된 권리의 내용

② 제1항에 따른 소송허가신청서에는 다음 각 호의 자료를 첨부하여야 한다.

   1. 소제기단체가 제51조 각 호의 어느 하나에 해당하는 요건을 갖추고 있음을 소명하는 자료
   2. 개인정보처리자가 조정을 거부하였거나 조정결과를 수락하지 아니하였음을 증명하는 서류

85) 제55조(소송허가요건 등)

① 법원은 다음 각 호의 요건을 모두 갖춘 경우에 한하여 결정으로 단체소송을 허가한다.

  1. 개인정보처리자가 분쟁조정위원회의 조정을 거부하거나 조정결과를 수락하지 아니하였을 것

  2. 제54조에 따른 소송허가신청서의 기재사항에 흠결이 없을 것

② 단체소송을 허가하거나 불허가하는 결정에 대하여는 즉시항고할 수 있다.

86) 제56조(확정판결의 효력)

원고의 청구를 기각하는 판결이 확정된 경우 이와 동일한 사안에 관하여는 제51조에 따른 다른 단체는 단체소송을 제기할 수 없다. 다만, 다음 각 호의 어느 하나에 해당하는 경우에는 그러하지 아니하다.

1. 판결이 확정된 후 그 사안과 관련하여 국가 · 지방자치단체 또는 국가 · 지방자치단체가 설립한 기관에 의하여 새로운 증거가 나타난 경우

2. 기각판결이 원고의 고의로 인한 것임이 밝혀진 경우

87) 제57조(「민사소송법」의 적용 등)

① 단체소송에 관하여 이 법에 특별한 규정이 없는 경우에는 「민사소송법」을 적용한다.

② 제55조에 따른 단체소송의 허가결정이 있는 경우에는 「민사집행법」 제4편에 따른 보전처분을 할 수 있다.

③ 단체소송의 절차에 관하여 필요한 사항은 대법원규칙으로 정한다.

Section 04 개인정보 보호법 시행령

1) 제1조(목적)

이 영은 「개인정보 보호법」에서 위임된 사항과 그 시행에 필요한 사항을 규정함을 목적으로 한다.

2) 제2조(공공기관의 범위)

「개인정보 보호법」(이하 "법"이라 한다) 제2조제6호나목에서 "대통령령으로 정하는 기관"이란 다음 각 호의 기관을 말한다.

1. 「국가인권위원회법」 제3조에 따른 국가인권위원회

2. 「공공기관의 운영에 관한 법률」 제4조에 따른 공공기관

3. 「지방공기업법」에 따른 지방공사와 지방공단

4. 특별법에 따라 설립된 특수법인

5. 「초·중등교육법」, 「고등교육법」, 그 밖의 다른 법률에 따라 설치된 각급 학교

3) 제3조(영상정보처리기기의 범위)

법 제2조제7호에서 "대통령령으로 정하는 장치"란 다음 각 호의 장치를 말한다.

1. 폐쇄회로 텔레비전: 다음 각 목의 어느 하나에 해당하는 장치

   가. 일정한 공간에 지속적으로 설치된 카메라를 통하여 영상 등을 촬영하거나 촬영한 영상정보를 유무선 폐쇄회로 등의 전송로를 통하여 특정 장소에 전송하는 장치

   나. 가목에 따라 촬영되거나 전송된 영상정보를 녹화·기록할 수 있도록 하는 장치

2. 네트워크 카메라: 일정한 공간에 지속적으로 설치된 기기로 촬영한 영상정보를 그 기기를 설치·관리하는 자가 유무선 인터넷을 통하여 어느 곳에서나 수집·저장 등의 처리를 할 수 있도록 하는 장치

4) 제4조(위원의 제척·기피·회피)

① 법 제7조제2항에 따른 개인정보 보호위원회(이하 "보호위원회"라 한다)의 위원은 다음 각 호의 어느 하나에 해당하는 사항에 대한 심의·의결에 관여하지 못한다.

   1. 위원 또는 위원의 배우자, 4촌 이내의 혈족, 2촌 이내의 인척인 사람이나 그 사람이 속한 기관·단체와 이해관계가 있는 사항

   2. 위원이 증언, 진술 또는 감정(鑑定)을 하거나 대리인으로 관여한 사항

   3. 위원이나 위원이 속한 공공기관·법인 또는 단체 등이 조언 등 지원을 하고 있는 자와 이해관계가 있는 사항

② 보호위원회가 심의·의결하는 사항과 직접적인 이해관계가 있는 자는 제1항에 따른 제척 사유가 있거나 심의·의결의 공정을 기대하기 어려운 사유가 있는 위원에 대해서는 그 사유를 밝혀 보호위원회에 그 위원의 기피를 신청할 수 있다. 이 경우 위원장이 기피 여부를 결정한다.

③ 위원은 제1항 또는 제2항에 해당하는 경우에는 스스로 심의·의결을 회피할 수 있다.

5) 제5조(전문위원회)

① 보호위원회는 법 제8조제1항에 따른 심의 · 의결 사항에 대하여 사전에 전문적으로 검토하기 위하여 보호위원회에 분야별 전문위원회(이하 "전문위원회"라 한다)를 둘 수 있다.

② 제1항에 따라 전문위원회를 두는 경우 각 전문위원회는 위원장 1명을 포함한 10명 이내의 위원으로 구성하되, 전문위원회 위원은 다음 각 호의 사람 중에서 보호위원회의 동의를 받아 보호위원회 위원장이 임명하거나 위촉하고, 전문위원회 위원장은 보호위원회 위원장이 전문위원회 위원 중에서 지명한다.

　　1. 보호위원회 위원

　　2. 개인정보 보호 관련 업무를 담당하는 중앙행정기관의 관계 공무원

　　3. 개인정보 보호에 관한 전문지식과 경험이 풍부한 사람

　　4. 개인정보 보호와 관련된 단체 또는 사업자단체에 속하거나 그 단체의 추천을 받은 사람

③ 전문위원회의 회의는 재적위원 과반수의 출석으로 개의(開議)하고, 출석위원 과반수의 찬성으로 의결한다.

6) 제6조(의사의 공개)

보호위원회의 의사(議事)는 공개한다. 다만, 보호위원회 위원장이 필요하다고 인정하는 경우에는 공개하지 아니할 수 있다.

7) 제7조(공무원 등의 파견)

보호위원회는 그 업무 수행을 위하여 필요하다고 인정하는 경우에는 공공기관에 그 소속 공무원 또는 임직원의 파견을 요청할 수 있다.

8) 제8조(조직 및 정원 등)

이 영에서 규정한 사항 외에 보호위원회의 조직 및 정원 등에 관하여 필요한 사항은 따로 대통령령으로 정한다.

9) 제9조(출석수당 등)

보호위원회 또는 전문위원회의 회의에 출석한 위원, 법 제8조제2항에 따라 보호위원회에 출석한 사람 및 전문위원회에 출석한 사람에게는 예산의 범위에서 수당 · 여비, 그 밖에 필요한 경비를 지급할 수 있다. 다만, 공무원이 그 소관 업무와 직접 관련되어 출석하는 경우에는 그러하지 아니하다.

10) 제9조의2(정책 · 제도 · 법령 개선 권고의 절차 등)

① 보호위원회는 법 제8조제4항에 따라 관계 기관에 정책 · 제도 및 법령의 개선을 권고하는 경우에는 그 내용과 사유 등을 함께 통보하여야 한다.

② 보호위원회는 법 제8조제5항에 따른 권고내용의 이행여부를 점검하기 위하여 관계 기관에 권고사항의 이행결과에 대한 자료 제출을 요청할 수 있다.

11) 제9조의3(개인정보 침해요인 평가 절차 등)

① 중앙행정기관의 장은 법 제8조의2제1항에 따라 개인정보 침해요인 평가(이하 "침해요인 평가"라 한다)를 요청하는 경우 다음 각 호의 사항을 포함하는 개인정보 침해요인 평가 요청서(전자문서를 포함한다)를 보호위원회에 제출하여야 한다.

1. 법령(법령안을 포함한다)을 통하여 도입되거나 변경되는 개인정보 처리를 수반하는 정책·제도의 목적과 주요 내용

2. 개인정보 처리를 수반하는 정책·제도의 도입·변경에 따른 제2항 각 호의 사항에 대한 개인정보 침해요인 자체 분석

3. 개인정보 처리를 수반하는 정책·제도의 도입·변경에 따른 개인정보 보호 대책

② 보호위원회는 제1항에 따른 요청서를 받은 경우에는 다음 각 호의 사항을 고려하여 침해요인 평가를 하고, 그 결과를 해당 중앙행정기관의 장에게 통보하여야 한다.

1. 개인정보 처리의 필요성
2. 개인정보 주체의 권리보장의 적정성
3. 개인정보 관리의 안전성
4. 그 밖에 침해요인 평가에 필요한 사항

③ 중앙행정기관의 장은 법 제8조의2제2항에 따른 권고를 받은 경우에는 그 내용을 해당 법령안에 반영하는 등 권고내용을 이행하도록 노력하여야 한다. 다만, 보호위원회의 권고대로 이행하기 곤란한 경우에는 그 사유를 보호위원회에 통보하여야 한다.

④ 보호위원회는 침해요인 평가를 하는 경우에는 침해요인 평가에 필요한 자료 등을 해당 중앙행정기관의 장에게 요청할 수 있다.

⑤ 보호위원회는 침해요인 평가의 세부기준 및 방법 등 침해요인 평가에 필요한 지침을 수립하여 중앙행정기관의 장에게 통보할 수 있다.

⑥ 보호위원회는 침해요인 평가를 실시하기 위하여 필요하면 관계 전문가에게 자문 등을 할 수 있다.

12) 제10조(보호위원회 등의 운영 세칙)

법과 이 영에서 규정한 사항 외에 보호위원회 및 전문위원회의 구성 및 운영 등에 필요한 사항은 보호위원회의 의결을 거쳐 보호위원회의 규칙으로 정한다.

13) 제11조(기본계획의 수립절차 등)

① 보호위원회는 3년마다 법 제9조에 따른 개인정보 보호 기본계획(이하 "기본계획"이라 한다)을 그 3년이 시작되는 해의 전전년도 12월 31일까지 수립하여야 한다.

② 보호위원회는 제1항에 따라 기본계획을 작성하는 경우에는 관계 중앙행정기관의 장으로부터 개인정보 보호 관련 중장기 계획과 시책 등을 반영한 부문별 계획을 제출받아 기본계획에 반영할 수 있다. 이 경우 보호위원회는 기본계획의 목표, 추진방향 및 부문별 계획의 작성 지침 등에 관하여 관계 중앙행정기관의 장과 협의하여야 한다.

③ 보호위원회는 기본계획이 확정되면 지체 없이 관계 중앙행정기관의 장에게 통보하여야 한다.

14) 제12조(시행계획의 수립절차 등)

① 보호위원회는 매년 12월 31일까지 다음다음 해 시행계획의 작성방법 등에 관한 지침을 마련하여 관계 중앙행정기관의 장에게 통보하여야 한다.

② 관계 중앙행정기관의 장은 제1항의 지침에 따라 기본계획 중 다음 해에 시행할 소관 분야의 시행계획을 작성하여 매년 2월 말일까지 보호위원회에 제출하여야 한다.

③ 보호위원회는 제2항에 따라 제출된 시행계획을 그 해 4월 30일까지 심의 · 의결하여야 한다.

15) 제13조(자료제출 요구 등의 범위와 방법)

① 보호위원회는 법 제11조제1항에 따라 개인정보처리자에게 다음 각 호의 사항에 관한 자료의 제출이나 의견의 진술 등을 요구할 수 있다.

 1. 해당 개인정보처리자가 처리하는 개인정보 및 개인정보파일의 관리와 영상정보처리 기기의 설치 · 운영에 관한 사항
 2. 법 제31조에 따른 개인정보 보호책임자의 지정 여부에 관한 사항
 3. 개인정보의 안전성 확보를 위한 기술적 · 관리적 · 물리적 조치에 관한 사항
 4. 정보주체의 열람, 개인정보의 정정 · 삭제 · 처리정지의 요구 및 조치 현황에 관한 사항
 5. 그 밖에 법 및 이 영의 준수에 관한 사항 등 기본계획의 수립 · 추진을 위하여 필요한 사항

② 보호위원회는 제1항에 따라 자료의 제출이나 의견의 진술 등을 요구할 때에는 기본계획을 효율적으로 수립 · 추진하기 위하여 필요한 최소한의 범위로 한정하여 요구하여야 한다.

③ 법 제11조제3항에 따라 중앙행정기관의 장이 소관 분야의 개인정보처리자에게 자료의 제출 등을 요구하는 경우에는 제1항과 제2항을 준용한다. 이 경우 "보호위원회"는 "중앙행정기관의 장"으로, "법 제11조제1항"은 "법 제11조제3항"으로 본다.

16) 제15조(개인정보의 목적 외 이용 또는 제3자 제공의 관리)

공공기관은 법 제18조제2항 각 호에 따라 개인정보를 목적 외의 용도로 이용하거나 이를 제3자에게 제공하는 경우에는 다음 각 호의 사항을 행정안전부령으로 정하는 개인정보의 목적 외 이용 및 제3자 제공 대장에 기록하고 관리하여야 한다.

1. 이용하거나 제공하는 개인정보 또는 개인정보파일의 명칭

2. 이용기관 또는 제공받는 기관의 명칭

3. 이용 목적 또는 제공받는 목적

4. 이용 또는 제공의 법적 근거

5. 이용하거나 제공하는 개인정보의 항목

6. 이용 또는 제공의 날짜, 주기 또는 기간

7. 이용하거나 제공하는 형태

8. 법 제18조제5항에 따라 제한을 하거나 필요한 조치를 마련할 것을 요청한 경우에는 그 내용

17) 제15조의2(개인정보 수집 출처 등 고지 대상 · 방법 · 절차)

① 법 제20조제2항 본문에서 "대통령령으로 정하는 기준에 해당하는 개인정보처리자"란 다음 각 호의 어느 하나에 해당하는 개인정보처리자를 말한다.

　1. 5만명 이상의 정보주체에 관하여 법 제23조에 따른 민감정보(이하 "민감정보"라 한다) 또는 법 제24조제1항에 따른 고유식별정보(이하 "고유식별정보"라 한다)를 처리하는 자

　2. 100만명 이상의 정보주체에 관하여 개인정보를 처리하는 자

② 제1항 각 호의 어느 하나에 해당하는 개인정보처리자는 법 제20조제1항 각 호의 사항을 서면 · 전화 · 문자전송 · 전자우편 등 정보주체가 쉽게 알 수 있는 방법으로 개인정보를 제공받은 날부터 3개월 이내에 정보주체에게 알려야 한다. 다만, 법 제17조제2항제1호부터 제4호까지의 사항에 대하여 같은 조 제1항제1호에 따라 정보주체의 동의를 받은 범위에서 연 2회 이상 주기적으로 개인정보를 제공받아 처리하는 경우에는 개인정보를 제공받은 날부터 3개월 이내에 정보주체에게 알리거나 그 동의를 받은 날부터 기산하여 연 1회 이상 정보주체에게 알려야 한다.

③ 제1항 각 호의 어느 하나에 해당하는 개인정보처리자는 제2항에 따라 알린 경우 다음 각 호의 사항을 법 제21조 또는 제37조제4항에 따라 해당 개인정보를 파기할 때까지 보관 · 관리하여야 한다.

　1. 정보주체에게 알린 사실

　2. 알린 시기

　3. 알린 방법

18) 제16조(개인정보의 파기방법)

① 개인정보처리자는 법 제21조에 따라 개인정보를 파기할 때에는 다음 각 호의 구분에 따른 방법으로 하여야 한다.

1. 전자적 파일 형태인 경우 : 복원이 불가능한 방법으로 영구 삭제

2. 제1호 외의 기록물, 인쇄물, 서면, 그 밖의 기록매체인 경우 : 파쇄 또는 소각

② 제1항에 따른 개인정보의 안전한 파기에 관한 세부 사항은 행정안전부장관이 정하여 고시한다.

19) 제17조(동의를 받는 방법)

① 개인정보처리자는 법 제22조에 따라 개인정보의 처리에 대하여 다음 각 호의 어느 하나에 해당하는 방법으로 정보주체의 동의를 받아야 한다.

1. 동의 내용이 적힌 서면을 정보주체에게 직접 발급하거나 우편 또는 팩스 등의 방법으로 전달하고, 정보주체가 서명하거나 날인한 동의서를 받는 방법

2. 전화를 통하여 동의 내용을 정보주체에게 알리고 동의의 의사표시를 확인하는 방법

3. 전화를 통하여 동의 내용을 정보주체에게 알리고 정보주체에게 인터넷주소 등을 통하여 동의 사항을 확인하도록 한 후 다시 전화를 통하여 그 동의 사항에 대한 동의의 의사표시를 확인하는 방법

4. 인터넷 홈페이지 등에 동의 내용을 게재하고 정보주체가 동의 여부를 표시하도록 하는 방법

5. 동의 내용이 적힌 전자우편을 발송하여 정보주체로부터 동의의 의사표시가 적힌 전자우편을 받는 방법

6. 그 밖에 제1호부터 제5호까지의 규정에 따른 방법에 준하는 방법으로 동의 내용을 알리고 동의의 의사표시를 확인하는 방법

② 법 제22조세2항에서 "대통령령으로 정하는 중요한 내용"이란 다음 각 호의 사항을 말한다.

1. 개인정보의 수집 · 이용 목적 중 재화나 서비스의 홍보 또는 판매 권유 등을 위하여 해당 개인정보를 이용하여 정보주체에게 연락할 수 있다는 사실

2. 처리하려는 개인정보의 항목 중 다음 각 목의 사항

    가. 제18조에 따른 민감정보

    나. 제19조제2호부터 제4호까지의 규정에 따른 여권번호, 운전면허의 면허번호 및 외국인등록번호

3. 개인정보의 보유 및 이용 기간(제공 시에는 제공받는 자의 보유 및 이용 기간을 말한다)

4. 개인정보를 제공받는 자 및 개인정보를 제공받는 자의 개인정보 이용 목적

③ 개인정보처리자가 정보주체로부터 법 제18조제2항제1호 및 제22조제4항에 따른 동의를 받거나 법 제22조제3항에 따라 선택적으로 동의할 수 있는 사항에 대한 동의를 받으려는 때에는 정보주체가 동의 여부를 선택할 수 있다는 사실을 명확하게 확인할 수 있도록 선택적으로 동의할 수 있는 사항 외의 사항과 구분하여 표시하여야 한다.

④ 개인정보처리자는 법 제22조제6항에 따라 만 14세 미만 아동의 법정대리인의 동의를 받기 위하여 해당 아동으로부터 직접 법정대리인의 성명 · 연락처에 관한 정보를 수집할 수 있다.

⑤ 중앙행정기관의 장은 제1항에 따른 동의방법 중 소관 분야의 개인정보처리자
별 업무, 업종의 특성 및 정보주체의 수 등을 고려하여 적절한 동의방법에 관
한 기준을 법 제12조제2항에 따른 개인정보 보호지침(이하 "개인정보 보호지
침"이라 한다)으로 정하여 그 기준에 따라 동의를 받도록 개인정보처리자에게
권장할 수 있다.

20) 제18조(민감정보의 범위)

법 제23조제1항 각 호 외의 부분 본문에서 "대통령령으로 정하는 정보"란 다음 각
호의 어느 하나에 해당하는 정보를 말한다. 다만, 공공기관이 법 제18조제2항제5
호부터 제9호까지의 규정에 따라 다음 각 호의 어느 하나에 해당하는 정보를 처리
하는 경우의 해당 정보는 제외한다.

1. 유전자검사 등의 결과로 얻어진 유전정보
2. 「형의 실효 등에 관한 법률」 제2조제5호에 따른 범죄경력자료에 해당하는 정보

21) 제19조(고유식별정보의 범위)

법 제24조제1항 각 호 외의 부분에서 "대통령령으로 정하는 정보"란 다음 각 호의
어느 하나에 해당하는 정보를 말한다. 다만, 공공기관이 법 제18조제2항제5호부
터 제9호까지의 규정에 따라 다음 각 호의 어느 하나에 해당하는 정보를 처리하는
경우의 해당 정보는 제외한다.

1. 「주민등록법」 제7조의2제1항에 따른 주민등록번호
2. 「여권법」 제7조제1항제1호에 따른 여권번호
3. 「도로교통법」 제80조에 따른 운전면허의 면허번호
4. 「출입국관리법」 제31조제4항에 따른 외국인등록번호

22) 제21조(고유식별정보의 안전성 확보 조치)

① 법 제24조제3항에 따른 고유식별정보의 안전성 확보 조치에 관하여는 제30조
를 준용한다. 이 경우 "법 제29조"는 "법 제24조제3항"으로, "개인정보"는 "고
유식별정보"로 본다.

② 법 제24조제4항에서 "대통령령으로 정하는 기준에 해당하는 개인정보처리자"
란 다음 각 호의 어느 하나에 해당하는 개인정보처리자를 말한다.

1. 공공기관
2. 5만명 이상의 정보주체에 관하여 고유식별정보를 처리하는 자

③ 행정안전부장관은 제2항 각 호의 어느 하나에 해당하는 개인정보처리자에 대
하여 법 제24조제4항에 따라 안전성 확보에 필요한 조치를 하였는지를 2년마
다 1회 이상 조사하여야 한다.

④ 제3항에 따른 조사는 제2항 각 호의 어느 하나에 해당하는 개인정보처리자에
게 온라인 또는 서면을 통하여 필요한 자료를 제출하게 하는 방법으로 한다.

⑤ 법 제24조제5항에서 "대통령령으로 정하는 전문기관"이란 다음 각 호의 기관을 말한다.

　　1. 「정보통신망 이용촉진 및 정보보호 등에 관한 법률」 제52조에 따른 한국인터넷진흥원(이하 "한국인터넷진흥원"이라 한다)

　　2. 법 제24조제4항에 따른 조사를 수행할 수 있는 기술적 · 재정적 능력과 설비를 보유한 것으로 인정되어 행정안전부장관이 정하여 고시하는 법인, 단체 또는 기관

23) 제21조의2(주민등록번호 암호화 적용 대상 등)

① 법 제24조의2제2항에 따라 암호화 조치를 하여야 하는 암호화 적용 대상은 주민등록번호를 전자적인 방법으로 보관하는 개인정보처리자로 한다.

② 제1항의 개인정보처리자에 대한 암호화 적용 시기는 다음 각 호와 같다.

　　1. 100만명 미만의 정보주체에 관한 주민등록번호를 보관하는 개인정보처리자 : 2017년 1월 1일

　　2. 100만명 이상의 정보주체에 관한 주민등록번호를 보관하는 개인정보처리자 : 2018년 1월 1일

③ 행정안전부장관은 기술적 · 경제적 타당성 등을 고려하여 제1항에 따른 암호화 조치의 세부적인 사항을 정하여 고시할 수 있다.

24) 제22조(영상정보처리기기 설치 · 운영 제한의 예외)

① 법 제25조제2항 단서에서 "내통령령으로 정하는 시설"이란 다음 각 호의 시설을 말한다.

　　1. 「형의 집행 및 수용자의 처우에 관한 법률」 제2조제4호에 따른 교정시설

　　2. 「정신건강증진 및 정신질환자 복지서비스 지원에 관한 법률」 제3조제5호부터 제7호까지의 규정에 따른 정신의료기관(수용시설을 갖추고 있는 것만 해당한다), 정신요양시설 및 정신재활시설

② 중앙행정기관의 장은 소관 분야의 개인정보처리자가 법 제25조제2항 단서에 따라 제1항 각 호의 시설에 영상정보처리기기를 설치 · 운영하는 경우 정보주체의 사생활 침해를 최소화하기 위하여 필요한 세부 사항을 개인정보 보호지침으로 정하여 그 준수를 권장할 수 있다.

25) 제23조(영상정보처리기기 설치 시 의견 수렴)

① 법 제25조제1항 각 호에 따라 영상정보처리기기를 설치 · 운영하려는 공공기관의 장은 다음 각 호의 어느 하나에 해당하는 절차를 거쳐 관계 전문가 및 이해관계인의 의견을 수렴하여야 한다.

　　1. 「행정절차법」에 따른 행정예고의 실시 또는 의견청취

　　2. 해당 영상정보처리기기의 설치로 직접 영향을 받는 지역 주민 등을 대상으로 하는 설명회 · 설문조사 또는 여론조사

② 법 제25조제2항 단서에 따른 시설에 영상정보처리기기를 설치 · 운영하려는 자는 다음 각 호의 사람으로부터 의견을 수렴하여야 한다.

1. 관계 전문가

2. 해당 시설에 종사하는 사람, 해당 시설에 구금되어 있거나 보호받고 있는 사람 또는 그 사람의 보호자 등 이해관계인

26) 제24조(안내판의 설치 등)

① 법 제25조제1항 각 호에 따라 영상정보처리기기를 설치 · 운영하는 자(이하 "영상정보처리기기운영자"라 한다)는 영상정보처리기기가 설치 · 운영되고 있음을 정보주체가 쉽게 알아볼 수 있도록 같은 조 제4항 각 호의 사항이 포함된 안내판을 설치하여야 한다. 다만, 건물 안에 여러 개의 영상정보처리기기를 설치하는 경우에는 출입구 등 잘 보이는 곳에 해당 시설 또는 장소 전체가 영상정보처리기기 설치지역임을 표시하는 안내판을 설치할 수 있다.

② 제1항에도 불구하고 영상정보처리기기운영자가 설치 · 운영하는 영상정보처리기기가 다음 각 호의 어느 하나에 해당하는 경우에는 안내판 설치를 갈음하여 영상정보처리기기운영자의 인터넷 홈페이지에 법 제25조제4항 각 호의 사항을 게재할 수 있다.

1. 공공기관이 원거리 촬영, 과속 · 신호위반 단속 또는 교통흐름조사 등의 목적으로 영상정보처리기기를 설치하는 경우로서 개인정보 침해의 우려가 적은 경우

2. 산불감시용 영상정보처리기기를 설치하는 경우 등 장소적 특성으로 인하여 안내판을 설치하는 것이 불가능하거나 안내판을 설치하더라도 정보주체가 쉽게 알아볼 수 없는 경우

③ 제2항에 따라 인터넷 홈페이지에 법 제25조제4항 각 호의 사항을 게재할 수 없으면 영상정보처리기기운영자는 다음 각 호의 어느 하나 이상의 방법으로 법 제25조제4항 각 호의 사항을 공개하여야 한다.

1. 영상정보처리기기운영자의 사업장 · 영업소 · 사무소 · 점포 등(이하 "사업장 등"이라 한다)의 보기 쉬운 장소에 게시하는 방법

2. 관보(영상정보처리기기운영자가 공공기관인 경우만 해당한다)나 영상정보처리기기운영자의 사업장 등이 있는 특별시 · 광역시 · 도 또는 특별자치도(이하 "시 · 도"라 한다) 이상의 지역을 주된 보급지역으로 하는 「신문 등의 진흥에 관한 법률」 제2조제1호가목 · 다목 및 같은 조 제2호에 따른 일반일간신문, 일반주간신문 또는 인터넷신문에 싣는 방법

④ 법 제25조제4항 각 호 외의 부분 단서에서 "대통령령으로 정하는 시설"이란 「보안업무규정」 제32조에 따른 국가보안시설을 말한다.

27) 제25조(영상정보처리기기 운영 · 관리 방침)

① 영상정보처리기기운영자는 법 제25조제7항에 따라 다음 각 호의 사항이 포함된 영상정보처리기기 운영 · 관리 방침을 마련하여야 한다.

1. 영상정보처리기기의 설치 근거 및 설치 목적

2. 영상정보처리기기의 설치 대수, 설치 위치 및 촬영 범위

3. 관리책임자, 담당 부서 및 영상정보에 대한 접근 권한이 있는 사람

4. 영상정보의 촬영시간, 보관기간, 보관장소 및 처리방법

5. 영상정보처리기기운영자의 영상정보 확인 방법 및 장소

6. 정보주체의 영상정보 열람 등 요구에 대한 조치

7. 영상정보 보호를 위한 기술적 · 관리적 및 물리적 조치

8. 그 밖에 영상정보처리기기의 설치 · 운영 및 관리에 필요한 사항

② 제1항에 따라 마련한 영상정보처리기기 운영 · 관리 방침의 공개에 관하여는 제31조제2항 및 제3항을 준용한다. 이 경우 "개인정보처리자"는 "영상정보처리기기운영자"로, "법 제30조제2항"은 "법 제25조제7항"으로, "개인정보 처리 방침"은 "영상정보처리기기 운영 · 관리 방침"으로 본다.

28) 제26조(공공기관의 영상정보처리기기 설치 · 운영 사무의 위탁)

① 법 제25조제8항 단서에 따라 공공기관이 영상정보처리기기의 설치 · 운영에 관한 사무를 위탁하는 경우에는 다음 각 호의 내용이 포함된 문서로 하여야 한다.

1. 위탁하는 사무의 목적 및 범위

2. 재위탁 제한에 관한 사항

3. 영상정보에 대한 접근 제한 등 안전성 확보 조치에 관한 사항

4. 영상정보의 관리 현황 점검에 관한 사항

5. 위탁받는 자가 준수하여야 할 의무를 위반한 경우의 손해배상 등 책임에 관한 사항

② 제1항에 따라 사무를 위탁한 경우에는 제24조제1항부터 제3항까지의 규정에 따른 안내판 등에 위탁받는 자의 명칭 및 연락처를 포함시켜야 한다.

29) 제27조(영상정보처리기기 설치 · 운영 지침)

행정안전부장관은 법 및 이 영에서 규정한 사항 외에 영상정보처리기기의 설치 · 운영에 관한 기준, 설치 · 운영 사무의 위탁 등에 관하여 법 제12조제1항에 따른 표준 개인정보 보호지침을 정하여 영상정보처리기기운영자에게 그 준수를 권장할 수 있다.

30) 제28조(개인정보의 처리 업무 위탁 시 조치)

① 법 제26조제1항제3호에서 "대통령령으로 정한 사항"이란 다음 각 호의 사항을 말한다.

1. 위탁업무의 목적 및 범위

2. 재위탁 제한에 관한 사항

3. 개인정보에 대한 접근 제한 등 안전성 확보 조치에 관한 사항

4. 위탁업무와 관련하여 보유하고 있는 개인정보의 관리 현황 점검 등 감독에 관한 사항

5. 법 제26조제2항에 따른 수탁자(이하 "수탁자"라 한다)가 준수하여야 할 의무를 위반한 경우의 손해배상 등 책임에 관한 사항

② 법 제26조제2항에서 "대통령령으로 정하는 방법"이란 개인정보 처리 업무를 위탁하는 개인정보처리자(이하 "위탁자"라 한다)가 위탁자의 인터넷 홈페이지에 위탁하는 업무의 내용과 수탁자를 지속적으로 게재하는 방법을 말한다.

③ 제2항에 따라 인터넷 홈페이지에 게재할 수 없는 경우에는 다음 각 호의 어느 하나 이상의 방법으로 위탁하는 업무의 내용과 수탁자를 공개하여야 한다.

  1. 위탁자의 사업장 등의 보기 쉬운 장소에 게시하는 방법

  2. 관보(위탁자가 공공기관인 경우만 해당한다)나 위탁자의 사업장 등이 있는 시·도 이상의 지역을 주된 보급지역으로 하는 「신문 등의 진흥에 관한 법률」 제2조제1호가목·다목 및 같은 조 제2호에 따른 일반일간신문, 일반주간신문 또는 인터넷신문에 싣는 방법

  3. 같은 제목으로 연 2회 이상 발행하여 정보주체에게 배포하는 간행물·소식지·홍보지 또는 청구서 등에 지속적으로 싣는 방법

  4. 재화나 용역을 제공하기 위하여 위탁자와 정보주체가 작성한 계약서 등에 실어 정보주체에게 발급하는 방법

④ 법 제26조제3항 전단에서 "대통령령으로 정하는 방법"이란 서면, 전자우편, 팩스, 전화, 문자전송 또는 이에 상당하는 방법(이하 "서면 등의 방법"이라 한다)을 말한다.

⑤ 위탁자가 과실 없이 제4항에 따른 방법으로 위탁하는 업무의 내용과 수탁자를 정보주체에게 알릴 수 없는 경우에는 해당 사항을 인터넷 홈페이지에 30일 이상 게재하여야 한다. 다만, 인터넷 홈페이지를 운영하지 아니하는 위탁자의 경우에는 사업장 등의 보기 쉬운 장소에 30일 이상 게시하여야 한다.

⑥ 위탁자는 수탁자가 개인정보 처리 업무를 수행하는 경우에 법 또는 이 영에 따라 개인정보처리자가 준수하여야 할 사항과 법 제26조제1항 각 호의 사항을 준수하는지를 같은 조 제4항에 따라 감독하여야 한다.

31) 제29조(영업양도 등에 따른 개인정보 이전의 통지)

① 법 제27조제1항 각 호 외의 부분과 같은 조 제2항 본문에서 "대통령령으로 정하는 방법"이란 서면 등의 방법을 말한다.

② 법 제27조제1항에 따라 개인정보를 이전하려는 자(이하 이 항에서 "영업양도자 등"이라 한다)가 과실 없이 제1항에 따른 방법으로 법 제27조제1항 각 호의 사항을 정보주체에게 알릴 수 없는 경우에는 해당 사항을 인터넷 홈페이지에 30일 이상 게재하여야 한다. 다만, 인터넷 홈페이지를 운영하지 아니하는 영업양도자 등의 경우에는 사업장 등의 보기 쉬운 장소에 30일 이상 게시하여야 한다.

32) 제30조(개인정보의 안전성 확보 조치)

① 개인정보처리자는 법 제29조에 따라 다음 각 호의 안전성 확보 조치를 하여야 한다.

  1. 개인정보의 안전한 처리를 위한 내부 관리계획의 수립·시행

  2. 개인정보에 대한 접근 통제 및 접근 권한의 제한 조치

  3. 개인정보를 안전하게 저장·전송할 수 있는 암호화 기술의 적용 또는 이에 상응하는 조치

4. 개인정보 침해사고 발생에 대응하기 위한 접속기록의 보관 및 위조 · 변조 방지를 위한 조치

5. 개인정보에 대한 보안프로그램의 설치 및 갱신

6. 개인정보의 안전한 보관을 위한 보관시설의 마련 또는 잠금장치의 설치 등 물리적 조치

② 행정안전부장관은 개인정보처리자가 제1항에 따른 안전성 확보 조치를 하도록 시스템을 구축하는 등 필요한 지원을 할 수 있다.

③ 제1항에 따른 안전성 확보 조치에 관한 세부 기준은 행정안전부장관이 정하여 고시한다.

33) 제31조(개인정보 처리방침의 내용 및 공개방법 등)

① 법 제30조제1항제8호에서 "대통령령으로 정한 사항"이란 다음 각 호의 사항을 말한다.

1. 처리하는 개인정보의 항목

2. 개인정보의 파기에 관한 사항

3. 제30조에 따른 개인정보의 안전성 확보 조치에 관한 사항

② 개인정보처리자는 법 제30조제2항에 따라 수립하거나 변경한 개인정보 처리방침을 개인정보처리자의 인터넷 홈페이지에 지속적으로 게재하여야 한다.

③ 제2항에 따라 인터넷 홈페이지에 게재할 수 없는 경우에는 다음 각 호의 어느 하나 이상의 방법으로 수립하거나 변경한 개인정보 처리방침을 공개하여야 한다.

1. 개인정보처리자의 사업장 등의 보기 쉬운 장소에 게시하는 방법

2. 관보(개인정보처리자가 공공기관인 경우만 해당한다)나 개인정보처리자의 사업장 등이 있는 시 · 도 이상의 지역을 주된 보급지역으로 하는 「신문 등의 진흥에 관한 법률」 제2조제1호가목 · 다목 및 같은 조 제2호에 따른 일반일간신문, 일반주간신문 또는 인터넷신문에 싣는 방법

3. 같은 제목으로 연 2회 이상 발행하여 정보주체에게 배포하는 간행물 · 소식지 · 홍보지 또는 청구서 등에 지속적으로 싣는 방법

4. 재화나 용역을 제공하기 위하여 개인정보처리자와 정보주체가 작성한 계약서 등에 실어 정보주체에게 발급하는 방법

34) 제32조(개인정보 보호책임자의 업무 및 지정요건 등)

① 법 제31조제2항제7호에서 "대통령령으로 정한 업무"란 다음 각 호와 같다.

1. 법 제30조에 따른 개인정보 처리방침의 수립 · 변경 및 시행

2. 개인정보 보호 관련 자료의 관리

3. 처리 목적이 달성되거나 보유기간이 지난 개인정보의 파기

② 개인정보처리자는 법 제31조제1항에 따라 개인정보 보호책임자를 지정하려는 경우에는 다음 각 호의 구분에 따라 지정한다.

1. 공공기관: 다음 각 목의 구분에 따른 기준에 해당하는 공무원 등

가. 국회, 법원, 헌법재판소, 중앙선거관리위원회의 행정사무를 처리하는 기관 및 중앙행정기관 : 고위공무원단에 속하는 공무원(이하 "고위공무원"이라 한다) 또는 그에 상당하는 공무원

나. 가목 외에 정무직공무원을 장(長)으로 하는 국가기관 : 3급 이상 공무원(고위공무원을 포함한다) 또는 그에 상당하는 공무원

다. 가목 및 나목 외에 고위공무원, 3급 공무원 또는 그에 상당하는 공무원 이상의 공무원을 장으로 하는 국가기관 : 4급 이상 공무원 또는 그에 상당하는 공무원

라. 가목부터 다목까지의 규정에 따른 국가기관 외의 국가기관(소속 기관을 포함한다) : 해당 기관의 개인정보 처리 관련 업무를 담당하는 부서의 장

마. 시 · 도 및 시 · 도 교육청 : 3급 이상 공무원 또는 그에 상당하는 공무원

바. 시 · 군 및 자치구 : 4급 공무원 또는 그에 상당하는 공무원

사. 제2조제5호에 따른 각급 학교 : 해당 학교의 행정사무를 총괄하는 사람

아. 가목부터 사목까지의 규정에 따른 기관 외의 공공기관 : 개인정보 처리 관련 업무를 담당하는 부서의 장. 다만, 개인정보 처리 관련 업무를 담당하는 부서의 장이 2명 이상인 경우에는 해당 공공기관의 장이 지명하는 부서의 장이 된다.

2. 공공기관 외의 개인정보처리자 : 다음 각 목의 어느 하나에 해당하는 사람

가. 사업주 또는 대표자

나. 임원(임원이 없는 경우에는 개인정보 처리 관련 업무를 담당하는 부서의 장)

③ 행정안전부장관은 개인정보 보호책임자가 법 제31조제2항의 업무를 원활히 수행할 수 있도록 개인정보 보호책임자에 대한 교육과정을 개설 · 운영하는 등 지원을 할 수 있다.

35) 제33조(개인정보파일의 등록사항)

법 제32조제1항제7호에서 "대통령령으로 정하는 사항"이란 다음 각 호의 사항을 말한다.

1. 개인정보파일을 운용하는 공공기관의 명칭

2. 개인정보파일로 보유하고 있는 개인정보의 정보주체 수

3. 해당 공공기관에서 개인정보 처리 관련 업무를 담당하는 부서

4. 제41조에 따른 개인정보의 열람 요구를 접수 · 처리하는 부서

5. 개인정보파일의 개인정보 중 법 제35조제4항에 따라 열람을 제한하거나 거절할 수 있는 개인정보의 범위 및 제한 또는 거절 사유

36) 제34조(개인정보파일의 등록 및 공개 등)

① 개인정보파일을 운용하는 공공기관의 장은 그 운용을 시작한 날부터 60일 이내에 행정안전부령으로 정하는 바에 따라 행정안전부장관에게 법 제32조제1항 및 이 영 제33조에 따른 등록사항(이하 "등록사항"이라 한다)의 등록을 신청하여야 한다. 등록 후 등록한 사항이 변경된 경우에도 또한 같다.

② 행정안전부장관은 법 제32조제4항에 따라 개인정보파일의 등록 현황을 인터넷 홈페이지에 게재하여야 한다.

③ 행정안전부장관은 제1항에 따른 개인정보파일의 등록사항을 등록하거나 변경하는 업무를 전자적으로 처리할 수 있도록 시스템을 구축 · 운영할 수 있다.

37) 제34조의2(개인정보 보호 인증의 기준 · 방법 · 절차 등)

① 행정안전부장관은 제30조제1항 각 호의 사항을 고려하여 개인정보 보호의 관리적 · 기술적 · 물리적 보호대책의 수립 등을 포함한 법 제32조의2제1항에 따른 인증의 기준을 정하여 고시한다.

② 법 제32조의2제1항 따라 개인정보 보호의 인증을 받으려는 자(이하 이 조 및 제34조의3에서 "신청인"이라 한다)는 다음 각 호의 사항이 포함된 개인정보 보호 인증신청서(전자문서로 된 신청서를 포함한다)를 제34조의6에 따른 개인정보 보호 인증 전문기관(이하 "인증기관"이라 한다)에 제출하여야 한다.

　1. 인증 대상 개인정보 처리시스템의 목록

　2. 개인정보 보호 관리체계를 수립 · 운영하는 방법과 절차

　3. 개인정보 보호 관리체계 및 보호대책 구현과 관련되는 문서 목록

③ 인증기관은 제2항에 따른 인증신청서를 받은 경우에는 신청인과 인증의 범위 및 일정 등에 관하여 협의하여야 한다.

④ 법 제32조의2제1항에 따른 개인정보 보호 인증심사는 제34조의8에 따른 개인정보 보호 인증심사원이 서면심사 또는 현장심사의 방법으로 실시한다.

⑤ 인증기관은 제4항에 따른 인증심사의 결과를 심의하기 위하여 정보보호에 관한 학식과 경험이 풍부한 사람을 위원으로 하는 인증위원회를 설치 · 운영하여야 한다.

⑥ 제1항부터 제5항까지에서 규정한 사항 외에 인증신청, 인증심사, 인증위원회의 설치 · 운영 및 인증서의 발급 등 개인정보 보호 인증에 필요한 세부사항은 행정안전부장관이 정하여 고시한다.

38) 제34조의3(개인정보 보호 인증의 수수료)

① 신청인은 인증기관에 개인정보 보호 인증 심사에 소요되는 수수료를 납부하여야 한다.

② 행정안전부장관은 개인정보 보호 인증 심사에 투입되는 인증 심사원의 수 및 인증심사에 필요한 일수 등을 고려하여 제1항에 따른 수수료 산정을 위한 구체적인 기준을 정하여 고시한다.

39) 제34조의4(인증취소)

① 인증기관은 법 제32조의2제3항에 따라 개인정보 보호 인증을 취소하려는 경우에는 제34조의2제5항에 따른 인증위원회의 심의 · 의결을 거쳐야 한다.

② 행정안전부장관 또는 인증기관은 법 제32조의2제3항에 따라 인증을 취소한 경우에는 그 사실을 당사자에게 통보하고, 관보 또는 인증기관의 홈페이지에 공고하거나 게시하여야 한다.

40) 제34조의5(인증의 사후관리)

① 법 제32조의2제4항에 따른 사후관리 심사는 서면심사 또는 현장심사의 방법으로 실시한다.

② 인증기관은 제1항에 따른 사후관리를 실시한 결과 법 제32조의2제3항 각 호의 사유를 발견한 경우에는 제34조의2제5항에 따른 인증위원회의 심의를 거쳐 그 결과를 행정안전부장관에게 제출하여야 한다.

41) 제34조의6(개인정보 보호 인증 전문기관)

① 법 제32조의2제5항에서 "대통령령으로 정하는 전문기관"이란 다음 각 호의 기관을 말한다.

 1. 한국인터넷진흥원

 2. 다음 각 목의 요건을 모두 충족하는 법인, 단체 또는 기관 중에서 행정안전부장관이 지정·고시하는 법인, 단체 또는 기관

  가. 제34조의8에 따른 개인정보 보호 인증심사원 5명 이상을 보유할 것

  나. 행정안전부장관이 실시하는 업무수행 요건·능력 심사에서 적합하다고 인정받을 것

② 제1항제2호에 해당하는 법인, 단체 또는 기관의 지정과 그 지정의 취소에 필요한 세부기준 등은 행정안전부장관이 정하여 고시한다.

42) 제34조의7(인증의 표시 및 홍보)

법 제32조의2제6항에 따라 인증을 받은 자가 인증 받은 내용을 표시하거나 홍보하려는 경우에는 행정안전부장관이 정하여 고시하는 개인정보 보호 인증표시를 사용할 수 있다. 이 경우 인증의 범위와 유효기간을 함께 표시하여야 한다.

43) 제34조의8(개인정보 보호 인증심사원의 자격 및 자격 취소 요건)

① 인증기관은 법 제32조의2제7항에 따라 개인정보 보호에 관한 전문지식을 갖춘 사람으로서 인증심사에 필요한 전문 교육과정을 이수하고 시험에 합격한 사람에게 개인정보 보호 인증심사원(이하 "인증심사원"이라 한다)의 자격을 부여한다.

② 인증기관은 법 제32조의2제7항에 따라 인증심사원이 다음 각 호의 어느 하나에 해당하는 경우 그 자격을 취소할 수 있다. 다만, 제1호에 해당하는 경우에는 자격을 취소하여야 한다.

 1. 거짓이나 부정한 방법으로 인증심사원 자격을 취득한 경우

 2. 개인정보 보호 인증 심사와 관련하여 금전, 금품, 이익 등을 부당하게 수수한 경우

 3. 개인정보 보호 인증 심사 과정에서 취득한 정보를 누설하거나 정당한 사유 없이 업무상 목적 외의 용도로 사용한 경우

③ 제1항 및 제2항에 따른 전문 교육과정의 이수, 인증심사원 자격의 부여 및 취소 등에 관한 세부 사항은 행정안전부장관이 정하여 고시한다.

44) 제35조(개인정보 영향평가의 대상)

법 제33조제1항에서 "대통령령으로 정하는 기준에 해당하는 개인정보파일"이란 개인정보를 전자적으로 처리할 수 있는 개인정보파일로서 다음 각 호의 어느 하나에 해당하는 개인정보파일을 말한다.

1. 구축 · 운용 또는 변경하려는 개인정보파일로서 5만명 이상의 정보주체에 관한 민감정보 또는 고유식별정보의 처리가 수반되는 개인정보파일
2. 구축 · 운용하고 있는 개인정보파일을 해당 공공기관 내부 또는 외부에서 구축 · 운용하고 있는 다른 개인정보파일과 연계하려는 경우로서 연계 결과 50만명 이상의 정보주체에 관한 개인정보가 포함되는 개인정보파일
3. 구축 · 운용 또는 변경하려는 개인정보파일로서 100만명 이상의 정보주체에 관한 개인정보파일
4. 법 제33조제1항에 따른 개인정보 영향평가(이하 "영향평가"라 한다)를 받은 후에 개인정보 검색체계 등 개인정보파일의 운용체계를 변경하려는 경우 그 개인정보파일. 이 경우 영향평가 대상은 변경된 부분으로 한정한다.

45) 제36조(영향평가 시 고려사항)

법 제33조제2항제4호에서 "대통령령으로 정한 사항"이란 다음 각 호의 사항을 말한다.

1. 민감정보 또는 고유식별정보의 처리 여부
2. 개인정보 보유기간

46) 제37조(평가기관의 지정 및 지정취소)

① 행정안전부장관은 법 제33조제1항 후단에 따라 다음 각 호의 요건을 모두 갖춘 법인을 개인정보 영향평가기관(이하 "평가기관"이라 한다)으로 지정할 수 있다.

1. 최근 5년간 다음 각 목의 어느 하나에 해당하는 업무 수행의 대가로 받은 금액의 합계액이 2억원 이상인 법인

  가. 영향평가 업무 또는 이와 유사한 업무

  나. 「전자정부법」 제2조제13호에 따른 정보시스템(정보보호시스템을 포함한다)의 구축 업무 중 정보보호컨설팅 업무(전자적 침해행위에 대비하기 위한 정보시스템의 분석 · 평가와 이에 기초한 정보 보호 대책의 제시 업무를 말한다. 이하 같다)

  다. 「전자정부법」 제2조제14호에 따른 정보시스템 감리 업무 중 정보보호컨설팅 업무

  라. 「정보보호산업의 진흥에 관한 법률」 제23조제1항제1호 및 제2호에 따른 업무

  마. 「정보통신망 이용촉진 및 정보보호 등에 관한 법률」 제2조제8호에 따른 정보보호산업에 해당하는 업무 중 정보보호컨설팅 업무

2. 별표 1에 따른 전문인력을 10명 이상 상시 고용하고 있는 법인

3. 다음 각 목의 사무실 및 설비를 갖춘 법인

  가. 신원 확인 및 출입 통제를 위한 설비를 갖춘 사무실

  나. 기록 및 자료의 안전한 관리를 위한 설비

② 평가기관으로 지정받으려는 자는 행정안전부령으로 정하는 평가기관 지정신청서에 다음 각 호의 서류(전자문서를 포함한다. 이하 같다)를 첨부하여 행정안전부장관에게 제출하여야 한다.

　1. 정관

　2. 대표자의 성명

　3. 제1항제2호에 따른 전문인력의 자격을 증명할 수 있는 서류

　4. 그 밖에 행정안전부령으로 정하는 서류

③ 제2항에 따라 평가기관 지정신청서를 제출받은 행정안전부장관은 「전자정부법」 제36조제1항에 따른 행정정보의 공동이용을 통하여 다음 각 호의 서류를 확인하여야 한다. 다만, 신청인이 제2호의 확인에 동의하지 아니하는 경우에는 신청인에게 그 서류를 첨부하게 하여야 한다.

　1. 법인 등기사항증명서

　2. 「출입국관리법」 제88조제2항에 따른 외국인등록 사실증명(외국인인 경우만 해당한다)

④ 행정안전부장관은 제1항에 따라 평가기관을 지정한 경우에는 지체 없이 평가기관 지정서를 발급하고, 다음 각 호의 사항을 관보에 고시하여야 한다. 고시된 사항이 변경된 경우에도 또한 같다.

　1. 평가기관의 명칭·주소 및 전화번호와 대표자의 성명

　2. 지정 시 조건을 붙이는 경우 그 조건의 내용

⑤ 행정안전부장관은 제1항에 따라 지정된 평가기관이 다음 각 호의 어느 하나에 해당하는 경우에는 평가기관의 지정을 취소할 수 있다. 다만, 제1호 또는 제2호에 해당하는 경우에는 평가기관의 지정을 취소하여야 한다.

　1. 거짓이나 그 밖의 부정한 방법으로 평가기관의 지정을 받은 경우

　2. 지정된 평가기관 스스로 지정취소를 원하는 경우나 폐업한 경우

　3. 제1항에 따른 지정요건을 충족하지 못하게 된 경우

　4. 제6항에 따른 신고의무를 이행하지 아니한 경우

　5. 고의 또는 중대한 과실로 영향평가 업무를 부실하게 수행하여 그 업무를 적정하게 수행할 수 없다고 인정되는 경우

　6. 그 밖에 법 또는 이 영에 따른 의무를 위반한 경우

⑥ 제1항에 따라 지정된 평가기관은 지정된 후 다음 각 호의 어느 하나에 해당하는 사유가 발생한 경우에는 행정안전부령으로 정하는 바에 따라 그 사유가 발생한 날부터 14일 이내에 행정안전부장관에게 신고하여야 한다. 다만, 제3호에 해당하는 경우에는 그 사유가 발생한 날부터 60일 이내에 신고하여야 한다.

　1. 제1항 각 호의 어느 하나에 해당하는 사항이 변경된 경우

　2. 제4항제1호에 해당하는 사항이 변경된 경우

　3. 평가기관을 양도·양수하거나 합병하는 등의 사유가 발생한 경우

⑦ 행정안전부장관은 제5항에 따라 평가기관의 지정을 취소하려는 경우에는 청문을 하여야 한다.

47) 제38조(영향평가의 평가기준 등)

① 법 제33조제6항에 따른 영향평가의 평가기준은 다음 각 호와 같다.

　1. 해당 개인정보파일에 포함되는 개인정보의 종류 · 성질, 정보주체의 수 및 그에 따른 개인정보 침해의 가능성

　2. 법 제24조제3항, 제25조제6항 및 제29조에 따른 안전성 확보 조치의 수준 및 이에 따른 개인정보 침해의 가능성

　3. 개인정보 침해의 위험요인별 조치 여부

　4. 그 밖에 법 및 이 영에 따라 필요한 조치 또는 의무 위반 요소에 관한 사항

② 법 제33조제1항에 따라 영향평가를 의뢰받은 평가기관은 제1항의 평가기준에 따라 개인정보파일의 운용으로 인한 개인정보 침해의 위험요인을 분석 · 평가한 후 다음 각 호의 사항이 포함된 평가 결과를 영향평가서로 작성하여 해당 공공기관의 장에게 보내야 하며, 공공기관의 장은 제35조 각 호에 해당하는 개인정보파일을 구축 · 운용 또는 변경하기 전에 그 영향평가서를 행정안전부장관에게 제출(영향평가서에 제3호에 따른 개선 필요 사항이 포함된 경우에는 그에 대한 조치 내용을 포함한다)하여야 한다.

　1. 개인정보파일 운용과 관련된 사업의 개요 및 개인정보파일 운용의 목적

　2. 영향평가 대상 개인정보파일의 개요

　3. 평가기준에 따른 개인정보 침해의 위험요인에 대한 분석 · 평가 및 개선이 필요한 사항

　4. 영향평가 수행 인력 및 비용

③ 행정안전부장관은 법 및 이 영에서 정한 사항 외에 평가기관의 지정 및 영향평가의 절차 등에 관한 세부 기준을 정하여 고시할 수 있다.

48) 제39조(개인정보 유출 신고의 범위 및 기관)

① 법 제34조제3항 전단에서 "대통령령으로 정한 규모 이상의 개인정보"란 1천명 이상의 정보주체에 관한 개인정보를 말한다.

② 법 제34조제3항 전단 및 후단에서 "대통령령으로 정하는 전문기관"이란 각각 한국인터넷진흥원을 말한다.

49) 제40조(개인정보 유출 통지의 방법 및 절차)

① 개인정보처리자는 개인정보가 유출되었음을 알게 되었을 때에는 서면 등의 방법으로 지체 없이 법 제34조제1항 각 호의 사항을 정보주체에게 알려야 한다. 다만, 유출된 개인정보의 확산 및 추가 유출을 방지하기 위하여 접속경로의 차단, 취약점 점검 · 보완, 유출된 개인정보의 삭제 등 긴급한 조치가 필요한 경우에는 그 조치를 한 후 지체 없이 정보주체에게 알릴 수 있다.

② 제1항에도 불구하고 개인정보처리자는 같은 항 본문에 따라 개인정보가 유출되었음을 알게 되었을 때나 같은 항 단서에 따라 유출 사실을 알고 긴급한 조치를 한 후에도 법 제34조제1항제1호 및 제2호의 구체적인 유출 내용을 확인하지 못한 경우에는 먼저 개인정보가 유출된 사실과 유출이 확인된 사항만을 서면 등의 방법으로 먼저 알리고 나중에 확인되는 사항을 추가로 알릴 수 있다.

③ 제1항과 제2항에도 불구하고 법 제34조제3항 및 이 영 제39조제1항에 따라 1천명 이상의 정보주체에 관한 개인정보가 유출된 경우에는 서면 등의 방법과 함께 인터넷 홈페이지에 정보주체가 알아보기 쉽도록 법 제34조제1항 각 호의 사항을 7일 이상 게재하여야 한다. 다만, 인터넷 홈페이지를 운영하지 아니하는 개인정보처리자의 경우에는 서면 등의 방법과 함께 사업장 등의 보기 쉬운 장소에 법 제34조제1항 각 호의 사항을 7일 이상 게시하여야 한다.

50) 제40조의2(과징금의 부과기준 등)

① 법 제34조의2제1항에 따른 과징금의 부과기준은 별표 1의2와 같다.

② 행정안전부장관은 법 제34조의2제1항에 따라 과징금을 부과하려는 경우에는 위반사실, 부과금액, 이의제기 방법 및 이의제기 기간 등을 명시하여 이를 납부할 것을 과징금 부과대상자에게 서면으로 통지하여야 한다.

③ 제2항에 따라 통지를 받은 자는 통지를 받은 날부터 30일 이내에 행정안전부장관이 정하는 수납기관에 과징금을 납부하여야 한다. 다만, 천재지변이나 그 밖에 부득이한 사유로 인하여 그 기간 내에 과징금을 납부할 수 없는 경우에는 그 사유가 없어진 날부터 7일 이내에 납부하여야 한다.

④ 법 제34조의2제3항 전단에서 "대통령령으로 정하는 가산금"이란 납부기한의 다음 날부터 과징금을 낸 날의 전날까지의 기간에 대하여 매 1개월이 지날 때마다 내지 아니한 과징금의 1천분의 5에 상당하는 금액을 가산한 금액을 말한다.

51) 제41조(개인정보의 열람절차 등)

① 정보주체는 법 제35조제1항에 따라 자신의 개인정보에 대한 열람을 요구하려면 다음 각 호의 사항 중 열람하려는 사항을 개인정보처리자가 마련한 방법과 절차에 따라 요구하여야 한다.

　　1. 개인정보의 항목 및 내용

　　2. 개인정보의 수집·이용의 목적

　　3. 개인정보 보유 및 이용 기간

　　4. 개인정보의 제3자 제공 현황

　　5. 개인정보 처리에 동의한 사실 및 내용

② 개인정보처리자는 제1항에 따른 열람 요구 방법과 절차를 마련하는 경우 해당 개인정보의 수집 방법과 절차에 비하여 어렵지 아니하도록 다음 각 호의 사항을 준수하여야 한다.

1. 서면, 전화, 전자우편, 인터넷 등 정보주체가 쉽게 활용할 수 있는 방법으로 제공할 것

2. 개인정보를 수집한 창구의 지속적 운영이 곤란한 경우 등 정당한 사유가 있는 경우를 제외하고는 최소한 개인정보를 수집한 창구 또는 방법과 동일하게 개인정보의 열람을 요구할 수 있도록 할 것

3. 인터넷 홈페이지를 운영하는 개인정보처리자는 홈페이지에 열람 요구 방법과 절차를 공개할 것

③ 정보주체가 법 제35조제2항에 따라 행정안전부장관을 통하여 자신의 개인정보에 대한 열람을 요구하려는 경우에는 행정안전부령으로 정하는 바에 따라 제1항 각 호의 사항 중 열람하려는 사항을 표시한 개인정보 열람요구서를 행정안전부장관에게 제출하여야 한다. 이 경우 행정안전부장관은 지체 없이 그 개인정보 열람요구서를 해당 공공기관에 이송하여야 한다.

④ 법 제35조제3항 전단에서 "대통령령으로 정하는 기간"이란 10일을 말한다.

⑤ 개인정보처리자는 제1항 및 제3항에 따른 개인정보 열람 요구를 받은 날부터 10일 이내에 정보주체에게 해당 개인정보를 열람할 수 있도록 하는 경우와 제42조제1항에 따라 열람 요구 사항 중 일부를 열람하게 하는 경우에는 열람할 개인정보와 열람이 가능한 날짜 · 시간 및 장소 등(제42조제1항에 따라 열람 요구 사항 중 일부만을 열람하게 하는 경우에는 그 사유와 이의제기방법을 포함한다)을 행정안전부령으로 정하는 열람통지서로 해당 정보주체에게 알려야 한다. 다만, 즉시 열람하게 하는 경우에는 열람통지서 발급을 생략할 수 있다.

52) 제42조(개인정보 열람의 제한 · 연기 및 거절)

① 개인정보처리자는 제41조제1항에 따른 열람 요구 사항 중 일부가 법 제35조제4항 각 호의 어느 하나에 해당하는 경우에는 그 일부에 대하여 열람을 제한할 수 있으며, 열람이 제한되는 사항을 제외한 부분은 열람할 수 있도록 하여야 한다.

② 개인정보처리자가 법 제35조제3항 후단에 따라 정보주체의 열람을 연기하거나 같은 조 제4항에 따라 열람을 거절하려는 경우에는 열람 요구를 받은 날부터 10일 이내에 연기 또는 거절의 사유 및 이의제기방법을 행정안전부령으로 정하는 열람의 연기 · 거절 통지서로 해당 정보주체에게 알려야 한다.

53) 제43조(개인정보의 정정 · 삭제 등)

① 정보주체는 법 제36조제1항에 따라 개인정보처리자에게 그 개인정보의 정정 또는 삭제를 요구하려면 개인정보처리자가 마련한 방법과 절차에 따라 요구하여야 한다. 이 경우 개인정보처리자가 개인정보의 정정 또는 삭제 요구 방법과 절차를 마련할 때에는 제41조제2항을 준용하되, "열람"은 "정정 또는 삭제"로 본다.

② 다른 개인정보처리자로부터 개인정보를 제공받아 개인정보파일을 처리하는 개인정보처리자는 법 제36조제1항에 따른 개인정보의 정정 또는 삭제 요구

를 받으면 그 요구에 따라 해당 개인정보를 정정·삭제하거나 그 개인정보 정정·삭제에 관한 요구 사항을 해당 개인정보를 제공한 기관의 장에게 지체 없이 알리고 그 처리 결과에 따라 필요한 조치를 하여야 한다.

③ 개인정보처리자는 제1항과 제2항에 따른 개인정보 정정·삭제 요구를 받은 날부터 10일 이내에 법 제36조제2항에 따라 해당 개인정보의 정정·삭제 등의 조치를 한 경우에는 그 조치를 한 사실을, 법 제36조제1항 단서에 해당하여 삭제 요구에 따르지 아니한 경우에는 그 사실 및 이유와 이의제기방법을 행정안전부령으로 정하는 개인정보 정정·삭제 결과 통지서로 해당 정보주체에게 알려야 한다.

54) 제44조(개인정보의 처리정지 등)

① 정보주체는 법 제37조제1항에 따라 개인정보처리자에게 자신의 개인정보 처리의 정지를 요구하려면 개인정보처리자가 마련한 방법과 절차에 따라 요구하여야 한다. 이 경우 개인정보처리자가 개인정보의 처리 정지 요구 방법과 절차를 마련할 때에는 제41조제2항을 준용하되, "열람"은 "처리 정지"로 본다.

② 개인정보처리자는 제1항에 따른 개인정보 처리정지 요구를 받은 날부터 10일 이내에 법 제37조제2항 본문에 따라 해당 개인정보의 처리정지 조치를 한 경우에는 그 조치를 한 사실을, 같은 항 단서에 해당하여 처리정지 요구에 따르지 아니한 경우에는 그 사실 및 이유와 이의제기방법을 행정안전부령으로 정하는 개인정보 처리정지 요구에 대한 결과 통지서로 해당 정보주체에게 알려야 한다.

55) 제45조(대리인의 범위 등)

① 법 제38조에 따라 정보주체를 대리할 수 있는 자는 다음 각 호와 같다.
  1. 정보주체의 법정대리인
  2. 정보주체로부터 위임을 받은 자

② 제1항에 따른 대리인이 법 제38조에 따라 정보주체를 대리할 때에는 개인정보처리자에게 행정안전부령으로 정하는 정보주체의 위임장을 제출하여야 한다.

56) 제46조(정보주체 또는 대리인의 확인)

① 개인정보처리자는 제41조제1항에 따른 열람의 요구, 제43조제1항에 따른 정정·삭제의 요구 또는 제44조제1항에 따른 처리정지의 요구(이하 이 조, 제47조 및 제48조에서 "열람 등 요구"라 한다)를 받았을 때에는 열람 등 요구를 한 자가 본인이거나 정당한 대리인인지를 확인하여야 한다.

② 공공기관인 개인정보처리자가 「전자정부법」 제36조제1항에 따른 행정정보의 공동이용을 통하여 제1항에 따른 확인을 할 수 있는 경우에는 행정정보의 공동이용을 통하여 확인하여야 한다. 다만, 해당 공공기관이 행정정보의 공동이용을 할 수 없거나 정보주체가 확인에 동의하지 아니하는 경우에는 그러하지 아니하다.

57) 제47조(수수료 등의 금액 등)

① 법 제38조제3항에 따른 수수료와 우송료의 금액은 열람 등 요구에 필요한 실비의 범위에서 해당 개인정보처리자가 정하는 바에 따른다. 다만, 개인정보처리자가 지방자치단체인 경우에는 그 지방자치단체의 조례로 정하는 바에 따른다.

② 개인정보처리자는 열람 등 요구를 하게 된 사유가 그 개인정보처리자에게 있는 경우에는 수수료와 우송료를 청구해서는 아니 된다.

③ 법 제38조제3항에 따른 수수료 또는 우송료는 다음 각 호의 구분에 따른 방법으로 낸다. 다만, 국회, 법원, 헌법재판소, 중앙선거관리위원회, 중앙행정기관 및 그 소속 기관(이하 이 조에서 "국가기관"이라 한다) 또는 지방자치단체인 개인정보처리자는「전자금융거래법」제2조제11호에 따른 전자지급수단 또는「정보통신망 이용촉진 및 정보보호 등에 관한 법률」제2조제10호에 따른 통신과금서비스를 이용하여 수수료 또는 우송료를 내게 할 수 있다.

   1. 국가기관인 개인정보처리자에게 내는 경우 : 수입인지
   2. 지방자치단체인 개인정보처리자에게 내는 경우 : 수입증지
   3. 국가기관 및 지방자치단체 외의 개인정보처리자에게 내는 경우 : 해당 개인정보처리자가 정하는 방법

58) 제48조(열람 요구 지원시스템의 구축 등)

① 개인정보처리자는 열람 등 요구 및 그에 대한 통지를 갈음하여 해당 업무를 전자석으로 처리할 수 있도록 시스템을 구축 · 운영하거나 그 밖의 절차를 정하여 해당 업무를 처리할 수 있다.

② 행정안전부장관은 개인정보처리자 중 공공기관이 보유하고 있는 개인정보에 관한 열람 등 요구 및 그에 대한 통지에 관한 공공기관의 업무 수행을 효율적으로 지원하기 위하여 시스템을 구축 · 운영할 수 있다.

59) 제48조의2(당연직위원)

법 제40조제1항에 따른 개인정보 분쟁조정위원회(이하 "분쟁조정위원회"라 한다)의 당연직위원은 행정안전부 · 방송통신위원회 · 금융위원회 및 보호위원회의 고위공무원단에 속하는 일반직공무원으로서 개인정보 보호에 관한 업무를 담당하는 사람 중 소속 기관의 장이 지명하는 사람으로 한다.

60) 제49조(조정부의 구성 및 운영)

① 법 제40조제6항에 따른 조정부(이하 "조정부"라 한다)는 분쟁조정위원회 위원장이 지명하는 5명 이내의 위원으로 구성하되, 그 중 1명은 변호사 자격이 있는 위원으로 한다.

② 분쟁조정위원회 위원장은 조정부의 회의를 소집한다.

③ 분쟁조정위원회의 위원장은 조정부의 회의를 소집하려면 회의 날짜·시간·장소 및 안건을 정하여 회의 개최 7일 전까지 조정부의 각 위원에게 알려야 한다. 다만, 긴급한 사정이 있는 경우에는 그러하지 아니하다.

④ 조정부의 장은 조정부 위원 중에서 호선(互選)한다.

⑤ 제1항부터 제4항까지의 규정에서 정한 사항 외에 조정부의 구성 및 운영 등에 필요한 사항은 분쟁조정위원회의 의결을 거쳐 분쟁조정위원회의 위원장이 정한다.

61) 제50조(사무기구)

법 제40조제8항에 따른 분쟁조정 접수 및 사실 확인 등 분쟁조정에 필요한 사무 처리는 보호위원회의 사무기구가 수행한다.

62) 제51조(분쟁조정위원회 등의 운영)

① 분쟁조정위원회 위원장은 분쟁조정위원회의 회의를 소집하며, 그 의장이 된다.

② 분쟁조정위원회 위원장이 분쟁조정위원회의 회의를 소집하려면 회의 날짜·시간·장소 및 안건을 정하여 회의 개최 7일 전까지 각 위원에게 알려야 한다. 다만, 긴급한 사정이 있는 경우에는 그러하지 아니하다.

③ 분쟁조정위원회 및 조정부의 회의는 공개하지 아니한다. 다만, 필요하다고 인정되는 경우에는 분쟁조정위원회의 의결로 당사자 또는 이해관계인에게 방청을 하게 할 수 있다.

63) 제52조(집단분쟁조정의 신청 대상)

법 제49조제1항에서 "대통령령으로 정하는 사건"이란 다음 각 호의 요건을 모두 갖춘 사건을 말한다.

1. 피해 또는 권리침해를 입은 정보주체의 수가 다음 각 목의 정보주체를 제외하고 50명 이상일 것
   가. 개인정보처리자와 분쟁해결이나 피해보상에 관한 합의가 이루어진 정보주체
   나. 같은 사안으로 다른 법령에 따라 설치된 분쟁조정기구에서 분쟁조정 절차가 진행 중인 정보주체
   다. 해당 개인정보 침해로 인한 피해에 대하여 법원에 소(訴)를 제기한 정보주체

2. 사건의 중요한 쟁점이 사실상 또는 법률상 공통될 것

64) 제53조(집단분쟁조정 절차의 개시)

① 법 제49조제2항 후단에서 "대통령령으로 정하는 기간"이란 14일 이상의 기간을 말한다.

② 법 제49조제2항 후단에 따른 집단분쟁조정 절차의 개시 공고는 분쟁조정위원회의 인터넷 홈페이지 또는 「신문 등의 진흥에 관한 법률」에 따라 전국을 보급 지역으로 하는 일반일간신문에 게재하는 방법으로 한다.

65) 제54조(집단분쟁조정 절차에 대한 참가 신청)

① 법 제49조에 따른 집단분쟁조정(이하 "집단분쟁조정"이라 한다)의 당사자가 아닌 정보주체 또는 개인정보처리자가 법 제49조제3항에 따라 추가로 집단분쟁조정의 당사자로 참가하려면 법 제49조제2항 후단의 공고기간에 문서로 참가 신청을 하여야 한다.

② 분쟁조정위원회는 제1항에 따라 집단분쟁조정 당사자 참가 신청을 받으면 제1항의 신청기간이 끝난 후 10일 이내에 참가 인정 여부를 문서로 알려야 한다.

66) 제55조(집단분쟁조정 절차의 진행)

① 집단분쟁조정 절차가 개시된 후 제52조제1호가목부터 다목까지의 어느 하나에 해당하게 된 정보주체는 당사자에서 제외된다.

② 분쟁조정위원회는 제52조 각 호의 요건을 모두 갖춘 사건에 대하여 집단분쟁조정 절차가 개시되고 나면 그 후 집단분쟁조정 당사자 중 일부가 같은 조 제1호가목부터 다목까지의 어느 하나에 해당하게 되어 같은 조 제1호의 요건을 갖추지 못하게 되더라도 집단분쟁조정 절차를 중지하지 아니한다.

67) 제56조(수당과 여비)

분쟁조정위원회 및 조정부의 회의에 출석한 위원 등에게는 예산의 범위에서 수당과 여비를 지급할 수 있다. 다만, 공무원인 위원이 그 소관 업무와 직접적으로 관련되어 출석하는 경우에는 그러하지 아니하다.

68) 제57조(분쟁조정 세칙)

법 및 이 영에서 규정한 사항 외에 분쟁조정위원회의 운영 및 집단분쟁조정을 위하여 필요한 사항은 분쟁조정위원회의 의결을 거쳐 분쟁조정위원회의 위원장이 정한다.

69) 제58조(개선권고 및 징계권고)

① 법 제61조제2항 · 제3항에 따른 개선권고 및 법 제65조제2항 · 제3항에 따른 징계권고는 권고 사항, 권고 사유 및 조치 결과 회신기간 등을 분명하게 밝힌 문서로 하여야 한다.

② 제1항에 따른 권고를 받은 자는 권고 내용에 따라 필요한 조치를 하고, 그 결과를 행정안전부장관 또는 관계 중앙행정기관의 장에게 문서로 통보하여야 한다. 다만, 권고 내용대로 조치하기 곤란하다고 판단되는 특별한 사정이 있는 경우에는 그 사유를 통보하여야 한다.

70) 제59조(침해 사실의 신고 등)

행정안전부장관은 법 제62조제2항에 따라 개인정보에 관한 권리 또는 이익 침해 사실 신고의 접수 · 처리 등에 관한 업무를 효율적으로 수행하기 위한 전문기관으로 한국인터넷진흥원을 지정한다.

71) 제60조(자료제출 요구 및 검사)

① 법 제63조제1항제3호에서 "대통령령으로 정하는 경우"란 개인정보 유출 등 정보주체의 개인정보에 관한 권리 또는 이익을 침해하는 사건·사고 등이 발생하였거나 발생할 가능성이 상당히 있는 경우를 말한다.

② 행정안전부장관은 법 제63조제1항 및 제2항에 따른 자료의 제출 요구 및 검사 등을 위하여 한국인터넷진흥원의 장에게 기술적인 사항을 자문하는 등 필요한 지원을 요청할 수 있다.

72) 제61조(결과의 공표)

① 행정안전부장관 및 관계 중앙행정기관의 장은 법 제66조제1항 및 제2항에 따라 다음 각 호의 사항을 인터넷 홈페이지 또는 「신문 등의 진흥에 관한 법률」에 따라 전국을 보급지역으로 하는 일반일간신문 등에 게재하여 공표할 수 있다.

  1. 위반행위의 내용

  2. 위반행위를 한 자

  3. 개선권고, 시정조치 명령, 고발, 징계권고 및 과태료 부과의 내용 및 결과

② 행정안전부장관 및 관계 중앙행정기관의 장은 법 제66조제1항 및 제2항에 따라 제1항 각 호의 사항을 공표하려는 경우에는 위반행위의 내용 및 정도, 위반 기간 및 횟수, 위반행위로 인하여 발생한 피해의 범위 및 결과 등을 고려하여야 한다.

③ 행정안전부장관 및 관계 중앙행정기관의 장은 법 제66조제1항에 따른 보호위원회에 심의·의결을 요청하기 전에 공표대상자에게 공표대상자라는 사실을 알려 소명자료를 제출하거나 의견을 진술할 수 있는 기회를 주어야 한다.

73) 제62조(권한의 위탁)

② 행정안전부장관은 법 제24조의2제4항에 따른 대체가입수단 제공의 지원에 관한 권한을 다음 각 호의 어느 하나의 기관에 위탁할 수 있다.

  1. 「전자정부법」 제72조제1항에 따른 한국지역정보개발원

  2. 한국인터넷진흥원

  3. 대체가입수단의 개발·제공·관리 업무를 안전하게 수행할 수 있는 기술적·재정적 능력과 설비를 보유한 것으로 인정되어 행정안전부장관이 고시하는 법인·기관·단체

③ 행정안전부장관은 다음 각 호의 권한을 한국인터넷진흥원에 위탁한다.

  1. 법 제13조제1호에 따른 개인정보 보호에 관한 교육·홍보

  2. 법 제33조제5항에 따른 관계 전문가의 육성 및 영향평가 기준의 개발

  3. 법 제35조제2항에 따른 열람 요구의 접수 및 처리

  4. 법 제63조에 따른 자료제출 요구 및 검사(법 제62조에 따라 개인정보침해 신고센터에 접수된 신고의 접수·처리 및 상담과 관련된 사항만 해당한다)

  5. 제37조제2항에 따른 평가기관 지정신청서의 접수 및 같은 조 제6항에 따른 신고 사항의 접수

④ 행정안전부장관은 제2항에 따라 권한을 위탁하는 경우에는 그 수탁자 및 위탁 업무를 고시하여야 한다.

74) 제62조의2(고유식별정보의 처리)

① 행정안전부장관(제62조제3항에 따라 행정안전부장관의 권한을 위탁받은 자를 포함한다)은 다음 각 호의 사무를 수행하기 위하여 불가피한 경우 제19조에 따른 주민등록번호, 여권번호, 운전면허의 면허번호 또는 외국인등록번호가 포함된 자료를 처리할 수 있다.

1. 법 제24조의2제4항에 따른 주민등록번호 대체 방법 제공을 위한 시스템 구축 등 제반 조치 마련 및 지원에 관한 사무
2. 법 제34조의2에 따른 과징금의 부과 및 징수에 관한 사무
3. 법 제62조제3항에 따른 개인정보침해 신고센터의 업무에 관한 사무

② 분쟁조정위원회는 법 제45조 및 제47조에 따른 개인정보 분쟁 조정에 관한 사무를 수행하기 위하여 불가피한 경우 제19조에 따른 주민등록번호, 여권번호, 운전면허의 면허번호 또는 외국인등록번호가 포함된 자료를 처리할 수 있다.

75) 제62조의3(규제의 재검토)

② 행정안전부장관은 다음 각 호의 사항에 대하여 다음 각 호의 기준일을 기준으로 2년마다(매 2년이 되는 해의 기준일과 같은 날 전까지를 말한다) 그 타당성을 검토하여 개선 등이 조치를 하여야 한다.

2. 제31조에 따른 개인정보 처리방침의 내용 및 공개방법 등 : 2015년 1월 1일

2의2. 제37조에 따른 평가기관의 지정 및 지정 취소의 요건 등 : 2016년 1월 1일

Section 05 정보통신기반 보호법

1) 제1조(목적)

이 법은 전자적 침해행위에 대비하여 주요정보통신기반시설의 보호에 관한 대책을 수립·시행함으로써 동 시설을 안정적으로 운용하도록 하여 국가의 안전과 국민생활의 안정을 보장하는 것을 목적으로 한다.

2) 제2조(정의)

이 법에서 사용하는 용어의 정의는 다음과 같다.

1. "정보통신기반시설"이라 함은 국가안전보장·행정·국방·치안·금융·통신·운송·에너지 등의 업무와 관련된 전자적 제어·관리시스템 및 「정보통신망 이용촉진 및 정보보호 등에 관한 법률」 제2조제1항제1호의 규정에 의한 정보통신망을 말한다.
2. "전자적 침해행위"라 함은 정보통신기반시설을 대상으로 해킹, 컴퓨터바이러스, 논리·메일폭탄, 서비스거부 또는 고출력 전자기파 등에 의하여 정보통신기반시설을 공격하는 행위를 말한다.
3. "침해사고"란 전자적 침해행위로 인하여 발생한 사태를 말한다.

3) 제3조(정보통신기반보호위원회)

① 제8조의 규정에 의하여 지정된 주요정보통신기반시설(이하 "주요정보통신기반시설"이라 한다)의 보호에 관한 사항을 심의하기 위하여 국무총리 소속하에 정보통신기반보호위원회(이하 "위원회"라 한다)를 둔다.

② 위원회의 위원은 위원장 1인을 포함한 25인 이내의 위원으로 구성한다.

③ 위원회의 위원장은 국무조정실장이 되고, 위원회의 위원은 대통령령이 정하는 중앙행정기관의 차관급 공무원과 위원장이 위촉하는 자로 한다.

④ 위원회의 효율적인 운영을 위하여 위원회에 공공분야와 민간분야를 각각 담당하는 실무위원회를 둔다.

⑤ 위원회 및 실무위원회의 구성·운영 등에 관하여 필요한 사항은 대통령령으로 정한다.

4) 제4조(위원회의 기능)

위원회는 다음 각 호의 사항을 심의한다.

1. 주요정보통신기반시설 보호정책의 조정에 관한 사항
2. 제6조제1항에 따른 주요정보통신기반시설에 관한 보호계획의 종합·조정에 관한 사항
3. 제6조제1항에 따른 주요정보통신기반시설에 관한 보호계획의 추진 실적에 관한 사항
4. 주요정보통신기반시설 보호와 관련된 제도의 개선에 관한 사항
4의2. 제8조제5항에 따른 주요정보통신기반시설의 지정 및 지정 취소에 관한 사항
4의3. 제8조의2제1항 후단에 따른 주요정보통신기반시설의 지정 여부에 관한 사항

5. 그 밖에 주요정보통신기반시설 보호와 관련된 주요 정책사항으로서 위원장이 부의하는 사항

5) 제5조(주요정보통신기반시설보호대책의 수립 등)

① 주요정보통신기반시설을 관리하는 기관(이하 "관리기관"이라 한다)의 장은 제9조제1항 또는 제2항에 따른 취약점 분석 · 평가의 결과에 따라 소관 주요정보통신기반시설 및 관리 정보를 안전하게 보호하기 위한 예방, 백업, 복구 등 물리적 · 기술적 대책을 포함한 관리대책(이하 "주요정보통신기반시설보호대책"이라 한다)을 수립 · 시행하여야 한다.

② 관리기관의 장은 제1항의 규정에 의하여 주요정보통신기반시설보호대책을 수립한 때에는 이를 주요정보통신기반시설을 관할하는 중앙행정기관(이하 "관계중앙행정기관"이라 한다)의 장에게 제출하여야 한다. 다만, 관리기관의 장이 관계중앙행정기관의 장인 경우에는 그러하지 아니하다.

③ 지방자치단체의 장이 관리 · 감독하는 관리기관의 주요정보통신기반시설보호대책은 지방자치단체의 장이 행정안전부장관에게 제출하여야 한다.

④ 관리기관의 장은 소관 주요정보통신기반시설의 보호에 관한 업무를 총괄하는 자(이하 "정보보호책임자"라 한다)를 지정하여야 한다. 다만, 관리기관의 장이 관계중앙행정기관의 장인 경우에는 그러하지 아니하다.

⑤ 정보보호책임자의 지정 및 업무 등에 관하여 필요한 사항은 대통령령으로 정한다.

6) 제5조의2(주요정보통신기반시설보호대책 이행 여부의 확인)

① 과학기술정보통신부장관과 국가정보원장 등 대통령령으로 정하는 국가기관의 장(이하 "국가정보원장 등"이라 한다)은 관리기관에 대하여 주요정보통신기반시설보호대책의 이행 여부를 확인할 수 있다.

② 과학기술정보통신부장관과 국가정보원장 등은 제1항에 따른 확인을 위하여 필요한 경우 관계중앙행정기관의 장에게 제5조제2항에 따라 제출받은 주요정보통신기반시설보호대책 등의 자료 제출을 요청할 수 있다.

③ 과학기술정보통신부장관과 국가정보원장 등은 제1항에 따라 확인한 주요정보통신기반시설보호대책의 이행 여부를 관계중앙행정기관의 장에게 통보할 수 있다.

④ 제1항에 따른 주요정보통신기반시설보호대책 이행 여부의 확인절차 등에 관하여 필요한 사항은 대통령령으로 정한다.

7) 제6조(주요정보통신기반시설보호계획의 수립 등)

① 관계중앙행정기관의 장은 제5조제2항의 규정에 의하여 제출받은 주요정보통

신기반시설보호대책을 종합 · 조정하여 소관분야에 대한 주요정보통신기반시설에 관한 보호계획(이하 "주요정보통신기반시설보호계획"이라 한다)을 수립 · 시행하여야 한다.

② 관계중앙행정기관의 장은 전년도 주요정보통신기반시설보호계획의 추진실적과 다음 연도의 주요정보통신기반시설보호계획을 위원회에 제출하여 그 심의를 받아야 한다. 다만, 위원회의 위원장이 보안이 요구된다고 인정하는 사항에 대하여는 그러하지 아니하다.

③ 주요정보통신기반시설보호계획에는 다음 각 호의 사항이 포함되어야 한다.

　1. 주요정보통신기반시설의 취약점 분석 · 평가에 관한 사항

　2. 주요정보통신기반시설 및 관리 정보의 침해사고에 대한 예방, 백업, 복구대책에 관한 사항

　3. 그 밖에 주요정보통신기반시설의 보호에 관하여 필요한 사항

④ 과학기술정보통신부장관과 국가정보원장은 협의하여 주요정보통신기반시설보호대책 및 주요정보통신기반시설보호계획의 수립지침을 정하여 이를 관계중앙행정기관의 장에게 통보할 수 있다.

⑤ 관계중앙행정기관의 장은 소관분야의 주요정보통신기반시설의 보호에 관한 업무를 총괄하는 자(이하 "정보보호책임관"이라 한다)를 지정하여야 한다.

⑥ 주요정보통신기반시설보호계획의 수립 · 시행에 관한 사항과 정보보호책임관의 지정 및 업무 등에 관하여 필요한 사항은 대통령령으로 정한다.

8) 제7조(주요정보통신기반시설의 보호지원)

① 관리기관의 장이 필요하다고 인정하거나 위원회의 위원장이 특정 관리기관의 주요정보통신기반시설보호대책의 미흡으로 국가안전보장이나 경제사회전반에 피해가 우려된다고 판단하여 그 보완을 명하는 경우 해당 관리기관의 장은 과학기술정보통신부장관과 국가정보원장 등 또는 필요한 경우 대통령령이 정하는 전문기관의 장에게 다음 각 호의 업무에 대한 기술적 지원을 요청할 수 있다.

　1. 주요정보통신기반시설보호대책의 수립

　2. 주요정보통신기반시설의 침해사고 예방 및 복구

　3. 제11조에 따른 보호조치 명령 · 권고의 이행

② 국가안전보장에 중대한 영향을 미치는 다음 각 호의 주요정보통신기반시설에 대한 관리기관의 장이 제1항에 따라 기술적 지원을 요청하는 경우 국가정보원장에게 우선적으로 그 지원을 요청하여야 한다. 다만, 국가안전보장에 현저하고 급박한 위험이 있고, 관리기관의 장이 요청할 때까지 기다릴 경우 그 피해를 회복할 수 없을 때에는 국가정보원장은 관계중앙행정기관의 장과 협의하여 그 지원을 할 수 있다.

　1. 도로 · 철도 · 지하철 · 공항 · 항만 등 주요 교통시설

2. 전력, 가스, 석유 등 에너지 · 수자원 시설

3. 방송중계 · 국가지도통신망 시설

4. 원자력 · 국방과학 · 첨단방위산업관련 정부출연연구기관의 연구시설

③ 국가정보원장은 제1항 및 제2항에 불구하고 금융 정보통신기반시설 등 개인정보가 저장된 모든 정보통신기반시설에 대하여 기술적 지원을 수행하여서는 아니 된다.

9) 제8조(주요정보통신기반시설의 지정 등)

① 중앙행정기관의 장은 소관분야의 정보통신기반시설중 다음 각 호의 사항을 고려하여 전자적 침해행위로부터의 보호가 필요하다고 인정되는 정보통신기반시설을 주요정보통신기반시설로 지정할 수 있다.

1. 해당 정보통신기반시설을 관리하는 기관이 수행하는 업무의 국가사회적 중요성

2. 제1호의 규정에 의한 기관이 수행하는 업무의 정보통신기반시설에 대한 의존도

3. 다른 정보통신기반시설과의 상호연계성

4. 침해사고가 발생할 경우 국가안전보장과 경제사회에 미치는 피해규모 및 범위

5. 침해사고의 발생가능성 또는 그 복구의 용이성

② 중앙행정기관의 장은 제1항의 규정에 의한 지정 여부를 결정하기 위하여 필요한 자료의 제출을 해당 관리기관에 요구할 수 있다.

③ 관계중앙행정기관의 장은 관리기관이 해당 업무를 폐지 · 정지 또는 변경하는 경우에는 직권 또는 해당 관리기관의 신청에 의하여 주요정보통신기반시설의 지정을 취소할 수 있다.

④ 지방자치단체의 장이 관리 · 감독하는 기관의 정보통신기반시설에 대하여는 행정안전부장관이 지방자치단체의 장과 협의하여 주요정보통신기반시설로 지정하거나 그 지정을 취소할 수 있다.

⑤ 중앙행정기관의 장이 제1항 및 제3항의 규정에 의하여 지정 또는 지정 취소를 하고자 하는 경우에는 위원회의 심의를 받아야 한다. 이 경우 위원회는 제1항 및 제3항의 규정에 의하여 지정 또는 지정취소의 대상이 되는 관리기관의 장을 위원회에 출석하게 하여 그 의견을 들을 수 있다.

⑥ 중앙행정기관의 장은 제1항 및 제3항의 규정에 의하여 주요정보통신기반시설을 지정 또는 지정 취소한 때에는 이를 고시하여야 한다. 다만, 국가안전보장을 위하여 필요한 경우에는 위원회의 심의를 받아 이를 고시하지 아니할 수 있다.

⑦ 주요정보통신기반시설의 지정 및 지정취소 등에 관하여 필요한 사항은 이를 대통령령으로 정한다.

10) 제8조의2(주요정보통신기반시설의 지정 권고)

① 과학기술정보통신부장관과 국가정보원장 등은 특정한 정보통신기반시설을 주요정보통신기반시설로 지정할 필요가 있다고 판단되는 경우에는 중앙행정기

관의 장에게 해당 정보통신기반시설을 주요정보통신기반시설로 지정하도록 권고할 수 있다. 이 경우 지정 권고를 받은 중앙행정기관의 장은 위원회의 심의를 거쳐 지정 여부를 결정하여야 한다.

② 과학기술정보통신부장관과 국가정보원장 등은 제1항에 따른 권고를 위하여 필요한 경우에는 중앙행정기관의 장에게 해당 정보통신기반시설에 관한 자료를 요청할 수 있다.

③ 제1항에 따른 주요정보통신기반시설의 지정 권고 절차, 그 밖에 필요한 사항은 대통령령으로 정한다.

11) 제9조(취약점의 분석 · 평가)

① 관리기관의 장은 대통령령이 정하는 바에 따라 정기적으로 소관 주요정보통신기반시설의 취약점을 분석 · 평가하여야 한다.

② 중앙행정기관의 장은 다음 각 호의 어느 하나에 해당하는 경우 해당 관리기관의 장에게 주요정보통신기반시설의 취약점을 분석 · 평가하도록 명령할 수 있다.

　1. 새로운 형태의 전자적 침해행위로부터 주요정보통신기반시설을 보호하기 위하여 필요한 경우

　2. 주요정보통신기반시설에 중대한 변화가 발생하여 별도의 취약점 분석 · 평가가 필요한 경우

③ 관리기관의 장은 제1항 또는 제2항에 따라 취약점을 분석 · 평가하고자 하는 경우에는 대통령령이 정하는 바에 따라 취약점을 분석 · 평가하는 전담반을 구성하여야 한다.

④ 관리기관의 장은 제1항 또는 제2항에 따라 취약점을 분석 · 평가하고자 하는 경우에는 다음 각 호의 1에 해당하는 기관으로 하여금 소관 주요정보통신기반시설의 취약점을 분석 · 평가하게 할 수 있다. 다만, 이 경우 제3항에 따른 전담반을 구성하지 아니할 수 있다.

　1. 「정보통신망 이용촉진 및 정보보호 등에 관한 법률」 제52조의 규정에 의한 한국인터넷진흥원(이하 "인터넷진흥원"이라 한다)

　2. 제16조의 규정에 의한 정보공유 · 분석센터(대통령령이 정하는 기준을 충족하는 정보공유 · 분석센터에 한한다)

　3. 「정보보호산업의 진흥에 관한 법률」 제23조에 따라 지정된 정보보호 전문서비스 기업

　4. 「정부출연연구기관 등의 설립 · 운영 및 육성에 관한 법률」 제8조의 규정에 의한 한국전자통신연구원

⑤ 과학기술정보통신부장관은 관계중앙행정기관의 장 및 국가정보원장과 협의하여 제1항 및 제2항에 따른 취약점 분석 · 평가에 관한 기준을 정하고 이를 관계중앙행정기관의 장에게 통보하여야 한다.

⑥ 주요정보통신기반시설의 취약점 분석 · 평가의 방법 및 절차 등에 관하여 필요한 사항은 대통령령으로 정한다.

12) 제10조(보호지침)

① 관계중앙행정기관의 장은 소관분야의 주요정보통신기반시설에 대하여 보호지침을 제정하고 해당분야의 관리기관의 장에게 이를 지키도록 권고할 수 있다.

② 관계중앙행정기관의 장은 기술의 발전 등을 감안하여 제1항의 규정에 의한 보호지침을 주기적으로 수정 · 보완하여야 한다.

13) 제11조(보호조치 명령 등)

관계중앙행정기관의 장은 다음 각 호의 어느 하나에 해당하는 경우 해당 관리기관의 장에게 주요정보통신기반시설의 보호에 필요한 조치를 명령 또는 권고할 수 있다.

1. 제5조제2항에 따라 제출받은 주요정보통신기반시설보호대책을 분석하여 별도의 보호조치가 필요하다고 인정하는 경우

2. 제5조의2제3항에 따라 통보된 주요정보통신기반시설보호대책의 이행 여부를 분석하여 별도의 보호조치가 필요하다고 인정하는 경우

14) 제12조(주요정보통신기반시설 침해행위 등의 금지)

누구든지 다음 각 호의 1에 해당하는 행위를 하여서는 아니 된다.

1. 접근권한을 가지지 아니하는 자가 주요정보통신기반시설에 접근하거나 접근권한을 가진 자가 그 권한을 초과하여 저장된 데이터를 조작 · 파괴 · 은닉 또는 유출하는 행위

2. 주요정보통신기반시설에 대하여 데이터를 파괴하거나 주요정보통신기반시설의 운영을 방해할 목적으로 컴퓨터바이러스 · 논리폭탄 등의 프로그램을 투입하는 행위

3. 주요정보통신기반시설의 운영을 방해할 목적으로 일시에 내량의 신호를 보내거나 부정한 명령을 처리하도록 하는 등의 방법으로 정보처리에 오류를 발생하게 하는 행위

15) 제13조(침해사고의 통지)

① 관리기관의 장은 침해사고가 발생하여 소관 주요정보통신기반시설이 교란 · 마비 또는 파괴된 사실을 인지한 때에는 관계 행정기관, 수사기관 또는 인터넷진흥원(이하 "관계기관 등"이라 한다)에 그 사실을 통지하여야 한다. 이 경우 관계기관 등은 침해사고의 피해확산 방지와 신속한 대응을 위하여 필요한 조치를 취하여야 한다.

② 정부는 제1항의 규정에 의하여 침해사고를 통지함으로써 피해확산의 방지에 기여한 관리기관에 예산의 범위안에서 복구비 등 재정적 지원을 할 수 있다.

16) 제14조(복구조치)

① 관리기관의 장은 소관 주요정보통신기반시설에 대한 침해사고가 발생한 때에는 해당 정보통신기반시설의 복구 및 보호에 필요한 조치를 신속히 취하여야 한다.

② 관리기관의 장은 제1항의 규정에 의한 복구 및 보호조치를 위하여 필요한 경우 관계중앙행정기관의 장 또는 인터넷진흥원의 장에게 지원을 요청할 수 있다. 다만, 제7조제2항의 규정에 해당하는 경우에는 그러하지 아니하다.

③ 관계중앙행정기관의 장 또는 인터넷진흥원의 장은 제2항의 규정에 의한 지원 요청을 받은 때에는 피해복구가 신속히 이루어질 수 있도록 기술지원 등 필요한 지원을 하여야 하고, 피해확산을 방지할 수 있도록 관리기관의 장과 함께 적절한 조치를 취하여야 한다.

17) 제15조(대책본부의 구성 등)

① 위원회의 위원장은 주요정보통신기반시설에 대하여 침해사고가 광범위하게 발생한 경우 그에 필요한 응급대책, 기술지원 및 피해복구 등을 수행하기 위한 기간을 정하여 위원회에 정보통신기반침해사고대책본부(이하 "대책본부"라 한다)를 둘 수 있다.

② 위원회의 위원장은 대책본부의 업무와 관련 있는 공무원의 파견을 관계 행정기관의 장에게 요청할 수 있다.

③ 위원회의 위원장은 침해사고가 발생한 정보통신기반시설을 관할하는 중앙행정기관의 장과 협의하여 대책본부장을 임명한다.

④ 대책본부장은 관계 행정기관의 장, 관리기관의 장 및 인터넷진흥원의 장에게 주요정보통신기반시설 침해사고의 대응을 위한 협력과 지원을 요청할 수 있다.

⑤ 제4항의 규정에 의하여 협력과 지원을 요청받은 관계 행정기관의 장 등은 특별한 사유가 없는 한 이에 응하여야 한다.

⑥ 대책본부의 구성·운영 등에 관하여 필요한 사항은 대통령령으로 정한다.

18) 제16조(정보공유·분석센터)

① 금융·통신 등 분야별 정보통신기반시설을 보호하기 위하여 다음 각 호의 업무를 수행하고자 하는 자는 정보공유·분석센터를 구축·운영할 수 있다.
   1. 취약점 및 침해요인과 그 대응방안에 관한 정보 제공
   2. 침해사고가 발생하는 경우 실시간 경보·분석체계 운영

④ 정부는 제1항 각 호의 업무를 수행하는 정보공유·분석센터의 구축을 장려하고 그에 대한 재정적·기술적 지원을 할 수 있다.

19) 제24조(기술개발 등)

① 정부는 정보통신기반시설을 보호하기 위하여 필요한 기술의 개발 및 전문인력 양성에 관한 시책을 강구할 수 있다.

② 정부는 정보통신기반시설의 보호에 필요한 기술개발을 효율적으로 추진하기 위하여 필요한 때에는 정보보호 기술개발과 관련된 연구기관 및 민간단체로 하여금 이를 대행하게 할 수 있다. 이 경우 이에 소요되는 비용의 전부 또는 일부를 지원할 수 있다.

20) 제25조(관리기관에 대한 지원)

정부는 관리기관에 대하여 주요정보통신기반시설을 보호하기 위하여 필요한 기술의 이전, 장비의 제공 그 밖의 필요한 지원을 할 수 있다.

21) 제26조(국제협력)

① 정부는 정보통신기반시설의 보호에 관한 국제적 동향을 파악하고 국제협력을 추진하여야 한다.

② 정부는 정보통신기반시설의 보호에 관한 국제협력을 촉진하기 위하여 관련기술 및 인력의 국제교류와 국제표준화 및 국제공동연구개발 등에 관한 사업을 지원할 수 있다.

22) 제27조(비밀유지의무)

다음 각 호의 어느 하나에 해당하는 기관에 종사하는 자 또는 종사하였던 자는 그 직무상 알게 된 비밀을 누설하여서는 아니 된다. 다만, 다른 법률에 특별한 규정이 있는 경우에는 그러하지 아니하다.

1. 제3조에 따른 위원회 및 실무위원회
2. 제9조제4항에 따라 주요정보통신기반시설에 대한 취약점 분석 · 평가업무를 하는 기관
3. 제13조의 규정에 의하여 침해사고의 통지 접수 및 복구조치와 관련한 업무를 하는 관계기관 등
4. 제16조제1항 각 호의 업무를 수행하는 정보공유 · 분석센터

23) 제28조(벌칙)

① 제12조의 규정을 위반하여 주요정보통신기반시설을 교란 · 마비 또는 파괴한 자는 10년 이하의 징역 또는 1억원 이하의 벌금에 처한다.

② 제1항의 미수범은 처벌한다.

24) 제29조(벌칙)

제27조의 규정을 위반하여 비밀을 누설한 자는 5년 이하의 징역, 10년 이하의 자격정지 또는 5천만원 이하의 벌금에 처한다.

25) 제30조(과태료)

① 다음 각 호의 어느 하나에 해당하는 자는 1천만원 이하의 과태료에 처한다.

   1. 제11조에 따른 보호조치 명령을 위반한 자

② 제1항의 규정에 의한 과태료는 대통령령이 정하는 바에 따라 관계중앙행정기관의 장 또는 과학기술정보통신부장관(이하 "부과권자"라 한다)이 부과 · 징수한다.

Section 06 정보통신기반 보호법 시행령

1) 제1조(목적)

이 영은 정보통신기반보호법에서 위임된 사항과 그 시행에 관하여 필요한 사항을 규정함을 목적으로 한다.

2) 제2조(정보통신기반보호위원회의 위원)

「정보통신기반 보호법」(이하 "법"이라 한다) 제3조제3항에서 "대통령령이 정하는 중앙행정기관의 차관급 공무원"이란 다음 각 호의 사람을 말한다. 이 경우 차관급 공무원이 2명 이상인 기관은 해당 기관의 장이 지정하는 사람을 말한다.

1. 기획재정부차관
2. 과학기술정보통신부차관
3. 외교부차관
4. 법무부차관
5. 국방부차관
6. 행정안전부차관
7. 산업통상자원부차관
8. 보건복지부차관
9. 고용노동부차관
10. 국토교통부차관
11. 해양수산부차관
12. 국가정보원 차장
13. 금융위원회 부위원장
14. 방송통신위원회 상임위원

3) 제3조(정보통신기반보호위원회의 운영)

① 정보통신기반보호위원회(이하 "위원회"라 한다)의 위원장은 회의를 소집하고, 그 의장이 된다.

② 위원장이 부득이한 사유로 직무를 수행할 수 없는 때에는 위원장이 지명하는 위원의 순으로 그 직무를 대행한다.

③ 위원회의 사무를 처리하기 위하여 위원회에 간사 1인을 두되, 간사는 국무조정실의 정보통신기반시설 보호 업무를 담당하는 고위공무원단에 속하는 공무원이 된다.

④ 위원회의 회의를 소집하고자 하는 때에는 회의 일시·장소 및 부의사항을 회의개최 7일전까지 각 위원에게 서면 또는 전자문서로 통지하여야 한다. 다만, 긴급을 요하거나 부득이한 사유가 있는 경우에는 그러하지 아니하다.

⑤ 위원장은 법 제4조 각 호의 규정에 의한 사항의 심의를 위하여 필요하다고 인정되는 경우에는 관련 전문가 또는 전문기관의 장으로 하여금 그에 관한 검토보고를 하게 할 수 있다.

4) 제4조(의사 및 의결정족수)

위원회는 재적위원 과반수의 출석과 출석위원 과반수의 찬성으로 의결한다.

5) 제5조(실무위원회의 구성 · 운영)

① 법 제3조제4항에 따라 위원회에 두는 공공분야를 담당하는 실무위원회(이하 "공공분야 실무위원회"라 한다)와 민간분야를 담당하는 실무위원회(이하 "민간분야 실무위원회"라 한다)는 각각 위원장 1명을 포함한 25명 이내의 위원으로 구성한다.

② 공공분야 실무위원회의 위원장은 국가정보원 차장이 되고, 민간분야 실무위원회의 위원장은 과학기술정보통신부 제2차관이 되며, 각 실무위원회 위원장은 해당 실무위원회의 회의를 소집하고 그 의장이 된다.

③ 각 실무위원회의 위원은 다음 각 호의 어느 하나에 해당하는 사람 중에서 각 실무위원회의 위원장이 임명하거나 위촉한다.

  1. 법 제8조에 따라 지정된 주요정보통신기반시설(이하 "주요정보통신기반시설"이라 한다)을 관할하는 중앙행정기관(이하 "관계중앙행정기관"이라 한다)의 고위공무원단에 속하는 공무원 또는 그에 상당하는 공무원

  2. 주요정보통신기반시설을 관리하는 기관(이하 "관리기관"이라 한다)의 임원 또는 직원

④ 각 실무위원회는 다음 각 호의 구분에 따른 주요정보통신기반시설의 보호에 관하여 위원회의 심의를 지원한다.

  1. 공공분야 실무위원회 : 다음 각 목의 주요정보통신기반시설

    가. 중앙행정기관 · 지방자치단체 및 그 소속 기관의 장이 관리하는 주요정보통신기반시설

    나. 국회 · 법원 · 헌법재판소 · 중앙선거관리위원회 및 그 소속 기관의 장이 관리하는 주요정보통신기반시설

    다. 「전자정부법」 제2조제3호에 따른 공공기관이 관리하는 주요정보통신기반시설

  2. 민간분야 실무위원회 : 제1호에 따른 주요정보통신기반시설 외의 주요정보통신기반시설

⑤ 각 실무위원회는 제4항 각 호의 구분에 따른 주요정보통신기반시설의 보호에 관하여 위원회가 위임하거나 위원회의 위원장이 지시한 사항을 검토 · 심의한다.

⑥ 실무위원회의 운영에 관하여는 제3조제2항부터 제5항까지 및 제4조를 각각 준용한다. 이 경우 "위원회"는 "각 실무위원회"로, "위원장"은 "실무위원회 위원장"으로, "국무조정실의 정보통신기반시설 보호 업무를 담당하는 고위공무원단에 속하는 공무원"은 "실무위원회 위원장이 지명하는 소속 공무원"으로 본다.

6) 제8조(주요정보통신기반시설보호대책의 수립)

법 제5조제2항 또는 제3항에 따라 관리기관의 장 및 지방자치단체의 장은 다음 연도의 법 제5조제1항에 따른 주요정보통신기반시설보호대책(이하 "주요정보통신기반시설보호대책"이라 한다)을 수립하여 매년 8월 31일까지 관계중앙행정기관의 장에게 제출하여야 한다.

7) 제9조(정보보호책임자의 지정 등)

① 법 제5조제4항 본문에 따라 관리기관의 장은 소관 주요정보통신기반시설의 보호 업무를 담당하는 4급·4급 상당 공무원, 5급·5급 상당 공무원, 영관급 장교 또는 임원급 관리·운영자를 정보보호책임자로 지정하여야 한다.

② 제1항의 규정에 의한 정보보호책임자가 총괄하는 업무는 각 호와 같다.

    1. 법 제5조제1항의 규정에 의한 주요정보통신기반시설보호대책의 수립·시행

    2. 법 제7조제1항 및 제2항 본문의 규정에 의한 기술적 지원의 요청

    3. 법 제9조의 규정에 의한 취약점 분석·평가 및 전담반 구성

    4. 법 제11조제1항의 규정에 의한 주요정보통신기반시설의 보호에 필요한 조치 명령 또는 권고의 이행

    5. 법 제13조제1항 전단의 규정에 의한 침해사고의 통지

    6. 법 제14조제1항의 규정에 의한 해당 주요정보통신기반시설의 복구 및 보호에 필요한 조치

    7. 기타 다른 법령에 규정된 주요정보통신기반시설의 보호업무에 관한 사항

③ 관리기관의 장이 정보보호책임자를 지정한 때에는 이를 관할 중앙행정기관의 장에게 통지하여야 한다.

8) 제9조의2(주요정보통신기반시설보호대책 이행 여부의 확인)

① 법 제5조의2제1항에서 "국가정보원장 등 대통령령으로 정하는 국가기관의 장"이란 국가정보원장 및 국방부장관을 말한다.

② 법 제5조의2제1항에 따라 과학기술정보통신부장관, 국가정보원장 및 국방부장관은 다음 각 호의 구분에 따른 관할 주요정보통신기반시설에 대한 관리기관의 주요정보통신기반시설보호대책 이행 여부를 확인할 수 있다.

    1. 과학기술정보통신부장관 : 제5조제4항제2호에 따른 주요정보통신기반시설

    2. 국가정보원장 : 제5조제4항제1호에 따른 주요정보통신기반시설(제3호의 국방 분야 주요정보통신기반시설은 제외한다)

    3. 국방부장관 : 국방 분야 주요정보통신기반시설

③ 과학기술정보통신부장관, 국가정보원장 및 국방부장관은 법 제5조의2에 따라 주요정보통신기반시설보호대책 이행 여부를 확인하기 위하여 필요한 자료의 제출을 제2항의 구분에 따른 관할 주요정보통신기반시설 관리기관에 요청하고, 해당 주요정보통신기반시설보호대책에 따른 보호조치의 세부적인 내용을 확인·점검할 수 있다.

④ 과학기술정보통신부장관과 국가정보원장은 법 제5조의2에 따라 주요정보통신기반시설보호대책의 이행 여부를 확인하려는 경우 미리 확인 절차 등에 관하여 관계중앙행정기관의 장과 협의하여야 하고, 과학기술정보통신부장관, 국가정보원장 및 국방부장관은 확인 절차 등에 관하여 해당 관리기관에 통보하여야 한다.

⑤ 과학기술정보통신부장관, 국가정보원장 및 국방부장관은 법 제5조의2에 따른 주요정보통신기반시설보호대책 이행 여부 확인을 위하여 필요한 경우 제12조에 따른 주요정보통신기반시설 보호지원기관에 지원을 요청할 수 있다.

⑥ 제1항부터 제5항까지에서 규정한 사항 외에 법 제5조의2에 따른 주요정보통신기반시설보호대책 이행 여부의 확인에 관한 세부 사항은 과학기술정보통신부장관과 국가정보원장이 협의하여 정한다.

9) 제9조의3(주요정보통신기반시설보호대책 이행 여부 확인 결과 보고 등)

① 과학기술정보통신부장관, 국가정보원장 및 국방부장관은 법 제5조의2에 따른 주요정보통신기반시설보호대책의 이행 여부 확인 결과를 위원회에 보고하여야 한다.

② 과학기술정보통신부장관, 국가정보원장 및 국방부장관은 법 제5조의2에 따른 주요정보통신기반시설보호대책의 이행 여부 확인 결과 보완이 필요하다고 판단되는 관리기관에 대해서는 개선을 권고할 수 있다.

③ 과학기술정보통신부장관과 국가정보원장은 법 제5조의2에 따른 주요정보통신기반시설보호대책의 이행 여부 확인 결과를 다음 연도의 주요정보통신기반시설보호대책 및 법 제6조제1항에 따른 주요정보통신기반시설보호계획(이하 "주요정보통신기반시설보호계획"이라 한다)의 수립지침에 반영할 수 있다.

④ 과학기술정보통신부장관과 국가정보원장은 법 제7조에 따른 주요정보통신기반시설의 보호지원을 효율적으로 하기 위하여 주요정보통신기반시설보호대책의 이행 여부 확인 결과를 서로 제공하여야 한다.

10) 제10조(주요정보통신기반시설보호계획의 수립 등)

① 관계중앙행정기관의 장은 법 제6조제2항에 따라 전년도 주요정보통신기반시설보호계획의 추진실적과 다음 연도의 주요정보통신기반시설보호계획을 매년 10월 31일까지 위원회에 제출하여야 한다.

② 과학기술정보통신부장관과 국가정보원장은 법 제6조제4항에 따라 매년 5월 31일까지 다음 연도의 주요정보통신기반시설보호대책 및 주요정보통신기반시설보호계획의 수립지침을 작성하여 이를 관계중앙행정기관의 장에게 통보할 수 있다. 이 경우 주요정보통신기반시설보호대책의 수립지침을 통보받은 관계중앙행정기관의 장은 관할 주요정보통신기반시설의 관리기관의 장(법 제5조제3항에 따라 주요정보통신기반시설보호대책을 제출하여야 하는 지방자치단체의 장을 포함한다)에게 그 수립지침을 통보하여야 한다.

③ 관계중앙행정기관의 장은 다음 연도의 주요정보통신기반시설보호계획을 위원
회의 심의를 거쳐 12월 31일까지 확정한다.

11) 제11조(정보보호책임관의 지정 등)

① 관계중앙행정기관의 장은 주요정보통신기반시설 보호업무를 담당하는 과장급
공무원을 법 제6조제5항의 규정에 의한 정보보호책임관으로 지정하여야 한다.

② 제1항의 규정에 의한 정보보호책임관이 총괄하는 업무는 다음 각 호와 같다.

1. 법 제6조제1항의 규정에 의한 주요정보통신기반시설보호계획의 수립 · 시행
2. 법 제8조의 규정에 의한 주요정보통신기반시설의 지정 및 지정 취소
3. 법 제10조의 규정에 의한 보호지침의 제정 · 수정 및 보완
4. 법 제13조제1항 후단의 규정에 의한 침해사고의 피해확산 방지와 신속한 대응을 위
   하여 필요한 조치
5. 법 제14조제3항의 규정에 의한 피해복구 지원 및 피해확산 방지에 필요한 조치
6. 기타 다른 법령에 규정된 주요정보통신기반시설의 보호업무에 관한 사항

12) 제12조(주요정보통신기반시설 보호지원기관의 범위)

법 제7조제1항 각 호 외의 부분에서 "대통령령이 정하는 전문기관"이란 다음 각
호의 기관을 말한다.

1. 「정보통신망 이용촉진 및 정보보호 등에 관한 법률」 제52조에 따라 설립된 한국인터넷진
   흥원
2. 법 제9조제3항제2호에 따른 정보공유 · 분석센터
3. 「정보보호산업의 진흥에 관한 법률」 제23조제1항제1호 및 제2호에 따라 지정된 정보보호
   전문서비스 기업
4. 「과학기술분야 정부출연연구기관 등의 설립 · 운영 및 육성에 관한 법률」 제8조에 따라
   설립된 한국전자통신연구원의 국가보안기술 연구 · 개발을 전담하는 부설연구소

13) 제17조(취약점 분석 · 평가의 시기)

① 관리기관의 장은 소관 정보통신기반시설이 주요정보통신기반시설로 지정된
때에는 지정 후 6월 이내에 법 제9조제1항의 규정에 의한 취약점의 분석 · 평
가를 실시하여야 한다. 다만, 관리기관의 장은 소관 주요정보통신기반시설 지
정 후 6월 이내에 동 시설에 대한 취약점의 분석 · 평가를 시행하지 못할 특별
한 사유가 있다고 판단되는 경우에는 관할 중앙행정기관의 장의 승인을 얻어
지정 후 9월 이내에 이를 실시하여야 한다.

② 관리기관의 장은 제1항에 따라 소관 주요정보통신기반시설이 지정된 후 당해
주요정보통신기반시설에 대한 최초의 취약점 분석 · 평가를 한 후에는 매년 취
약점의 분석 · 평가를 실시한다. 다만, 소관 주요정보통신기반시설에 중대한
변화가 발생하였거나 관리기관의 장이 취약점 분석 · 평가가 필요하다고 판단
하는 경우에는 1년이 되지 아니한 때에도 취약점의 분석 · 평가를 실시할 수
있다.

14) 제18조(취약점 분석 · 평가 방법 및 절차)

① 법 제9조제2항의 규정에 의하여 관리기관의 장은 취약점을 분석 · 평가하기 위한 전담반을 구성하는 때에는 별표 1의 사항을 고려하여 취약점 분석 · 평가의 객관성과 실효성을 확보할 수 있도록 하여야 한다.

② 관리기관의 장은 법 제9조제3항 각 호의 1에 해당하는 기관으로 하여금 소관 주요정보통신기반시설의 취약점을 분석 · 평가하게 하는 때에는 취약점 분석 · 평가 수행기관이 취득한 관리기관의 비밀정보가 외부에 유출되지 아니하도록 적정한 조치를 취하여야 한다.

③ 법 제9조제3항의 규정에 의하여 관리기관의 장이 동항 각 호의 1에 해당하는 기관으로 하여금 취약점을 분석 · 평가하게 하는 때에는 취약점 분석 · 평가 업무를 위탁받은 기관이 이를 직접 수행하도록 하여야 한다.

④ 법 제9조제4항의 규정에 의한 취약점 분석 · 평가 기준에는 다음 각 호의 사항이 포함되어야 한다.

　1. 취약점 분석 · 평가의 절차

　2. 취약점 분석 · 평가의 범위 및 항목

　3. 취약점 분석 · 평가의 방법

15) 제19조(정보공유 · 분석센터의 취약점 분석 · 평가)

① 법 제9조제3항제2호에서 "대통령령이 정하는 기준"이라 함은 별표 2의 기준을 말한다.

② 정보공유 · 분석센터에 가입한 복수의 관리기관이 정보통신망을 통하여 영업을 수행하는 분야에 있어서 상호 연동된 주요정보통신기반시설에 대한 취약점 분석 · 평가는 해당 관리기관의 동의를 얻어 수행하여야 한다.

16) 제20조(보호지침의 제정)

① 법 제10조의 규정에 의한 보호지침에는 주요정보통신기반시설 보호에 필요한 다음 각 호에 관한 사항이 포함되어야 한다.

　1. 정보보호체계의 관리 및 운영

　2. 취약점 분석 · 평가 및 침해사고 예방

　3. 침해사고에 대한 대응 및 복구

② 관계중앙행정기관의 장은 보호지침을 제정 · 수정 또는 보완한 경우에는 이를 소관 관리기관의 장에게 통지한다.

17) 제21조(침해사고의 통지)

① 법 제13조제1항 전단의 규정에 의한 침해사고의 통지에는 다음 각 호의 사항이 포함되어야 한다.

　　1. 침해사고발생 일시 및 시설

　　2. 침해사고로 인한 피해내역

　　3. 기타 신속한 대응·복구를 위하여 필요한 사항

② 법 제13조제1항의 규정에 의한 관계 행정기관은 국가보안업무를 수행하는 기관(국가기관 또는 지방자치단체의 장이 관리기관의 장인 주요정보통신기반시설 및 법 제7조제2항 각 호에 해당하는 주요정보통신기반시설의 경우에 한한다) 또는 관계중앙행정기관으로 한다.

③ 침해사고 상황의 통지 절차 및 방법에 관하여 이 영에서 규정한 것 이외의 필요한 사항은 관계중앙행정기관의 장이 정할 수 있다.

Section 07 위치정보의 보호 및 이용 등에 관한 법률

1) 제1조(목적)

이 법은 위치정보의 유출·오용 및 남용으로부터 사생활의 비밀 등을 보호하고 위치정보의 안전한 이용환경을 조성하여 위치정보의 이용을 활성화함으로써 국민생활의 향상과 공공복리의 증진에 이바지함을 목적으로 한다.

2) 제2조(정의)

이 법에서 사용하는 용어의 정의는 다음과 같다.

1. "위치정보"라 함은 이동성이 있는 물건 또는 개인이 특정한 시간에 존재하거나 존재하였던 장소에 관한 정보로서 「전기통신사업법」 제2조제2호 및 제3호에 따른 전기통신설비 및 전기통신회선설비를 이용하여 수집된 것을 말한다.

2. "개인위치정보"라 함은 특정 개인의 위치정보(위치정보만으로는 특정 개인의 위치를 알 수 없는 경우에도 다른 정보와 용이하게 결합하여 특정 개인의 위치를 알수 있는 것을 포함한다)를 말한다.

3. "개인위치정보주체"라 함은 개인위치정보에 의하여 식별되는 자를 말한다.

4. "위치정보 수집사실 확인자료"라 함은 위치정보의 수집요청인, 수집일시 및 수집방법에 관한 자료(위치정보를 제외한다)를 말한다.

5. "위치정보 이용·제공사실 확인자료"라 함은 위치정보를 제공받는 자, 취득경로, 이용·제공일시 및 이용·제공방법에 관한 자료(위치정보를 제외한다)를 말한다.

6. "위치정보사업"이라 함은 위치정보를 수집하여 위치기반서비스사업을 하는 자에게 제공하는 것을 사업으로 영위하는 것을 말한다.

7. "위치기반서비스사업"이라 함은 위치정보를 이용한 서비스(이하 "위치기반서비스"라 한다)를 제공하는 것을 사업으로 영위하는 것을 말한다.

8. "위치정보시스템"이라 함은 위치정보사업 및 위치기반서비스사업을 위하여 「정보통신망 이용촉진 및 정보보호 등에 관한 법률」 제2조제1항제1호에 따른 정보통신망을 통하여 위치정보를 수집·저장·분석·이용 및 제공할 수 있도록 서로 유기적으로 연계된 컴퓨터의 하드웨어, 소프트웨어, 데이터베이스 및 인적자원의 결합체를 말한다.

3) 제3조(위치정보의 보호 및 이용 등을 위한 시책의 강구)

방송통신위원회는 관계중앙행정기관의 장과 협의를 거쳐 위치정보의 안전한 보호와 건전한 이용 등을 위하여 다음 각호의 사항이 포함되는 시책을 마련하여야 한다.

1. 위치정보의 보호 및 이용 등을 위한 시책의 기본방향

2. 위치정보의 보호에 관한 사항(위치정보 처리에 따른 위험성 및 결과, 개인위치정보주체의 권리 등을 명확하게 인지하지 못할 수 있는 14세 미만의 아동의 위치정보 보호에 관한 사항을 포함한다)

3. 공공목적을 위한 위치정보의 이용에 관한 사항

4. 위치정보사업 및 위치기반서비스사업과 관련된 기술개발 및 표준화에 관한 사항

5. 위치정보사업 및 위치기반서비스사업의 안전성 및 신뢰성 향상에 관한 사항

6. 위치정보사업 및 위치기반서비스사업의 품질개선 및 품질평가 등에 관한 사항

7. 그 밖에 위치정보의 보호 및 이용 등을 위하여 필요한 사항

4) 제4조(다른 법률과의 관계)

위치정보의 수집, 저장, 보호 및 이용 등에 관하여 다른 법률에 특별한 규정이 있는 경우를 제외하고는 이 법이 정하는 바에 의한다.

5) 제14조(과징금의 부과 등)

① 방송통신위원회는 제13조제1항의 규정에 의한 사업의 정지가 개인위치정보주체의 이익을 현저히 저해할 우려가 있는 경우에는 사업의 정지명령 대신 위치정보사업 또는 위치기반서비스사업 매출액의 100분의 3 이하의 과징금을 부과할 수 있다.

② 제1항의 규정에 의한 매출액의 산정 등 과징금을 부과하는 기준 및 절차에 관하여 필요한 사항은 대통령령으로 정한다.

③ 방송통신위원회는 제1항의 규정에 의한 과징금을 납부하여야 할 자가 납부기한 이내에 이를 납부하지 아니한 때에는 체납된 과징금에 대하여 납부기한의 다음날부터 연 100분의 8 범위 안에서 대통령령이 정하는 비율의 가산금을 징수한다.

④ 방송통신위원회는 과징금납부의무자가 납부기한 이내에 과징금을 납부하지 아니한 때에는 기간을 정하여 독촉을 하고, 그 지정한 기간 이내에 과징금 및 제3항의 규정에 의한 가산금을 납부하지 아니한 때에는 국세체납처분의 예에 따라 이를 징수한다.

6) 제15조(위치정보의 수집 등의 금지)

① 누구든지 개인위치정보주체의 동의를 받지 아니하고 해당 개인위치정보를 수집·이용 또는 제공하여서는 아니 된다. 다만, 다음 각 호의 어느 하나에 해당하는 경우에는 그러하지 아니하다.

1. 제29조제1항에 따른 긴급구조기관의 긴급구조요청 또는 같은 조 제7항에 따른 경보 발송요청이 있는 경우
2. 제29조제2항에 따른 경찰관서의 요청이 있는 경우
3. 다른 법률에 특별한 규정이 있는 경우

② 누구든지 타인의 정보통신기기를 복제하거나 정보를 도용하는 등의 방법으로 개인위치정보사업자 및 위치기반서비스사업자(이하 "개인위치정보사업자 등"이라 한다)를 속여 타인의 개인위치정보를 제공받아서는 아니된다.

③ 위치정보를 수집할 수 있는 장치가 부착된 물건을 판매하거나 대여·양도하는 자는 위치정보 수집장치가 부착된 사실을 구매하거나 대여·양도받는 자에게 알려야 한다.

7) 제16조(위치정보의 보호조치 등)

① 위치정보사업자 등은 위치정보의 누출, 변조, 훼손 등을 방지하기 위하여 위치정보의 취급 · 관리 지침을 제정하거나 접근권한자를 지정하는 등의 관리적 조치와 방화벽의 설치나 암호화 소프트웨어의 활용 등의 기술적 조치를 하여야 한다. 이 경우 관리적 조치와 기술적 조치의 구체적 내용은 대통령령으로 정한다.

② 위치정보사업자 등은 위치정보 수집 · 이용 · 제공사실 확인자료를 위치정보시스템에 자동으로 기록되고 보존되도록 하여야 한다.

③ 방송통신위원회는 위치정보를 보호하고 오용 · 남용을 방지하기 위하여 소속 공무원으로 하여금 제1항의 규정에 의한 기술적 · 관리적 조치의 내용과 제2항의 규정에 의한 기록의 보존실태를 대통령령이 정하는 바에 의하여 점검하게 할 수 있다.

④ 제3항에 따라 기술적 · 관리적 조치의 내용과 기록의 보존실태를 점검하는 공무원은 그 권한을 표시하는 증표를 지니고 이를 관계인에게 내보여야 한다.

8) 제17조(위치정보의 누설 등의 금지)

위치정보사업자 등과 그 종업원이거나 종업원이었던 자는 직무상 알게 된 위치정보를 누설 · 변조 · 훼손 또는 공개하여서는 아니된다.

9) 제17조의2(개인위치정보주체에 대한 위치정보 처리 고지 등)

위치정보사업자 등이 개인위치정보주체에게 위치정보 처리와 관련한 사항의 고지 등을 하는 때에는 이해하기 쉬운 양식과 명확하고 알기 쉬운 언어를 사용하여야 한다.

10) 제18조(개인위치정보의 수집)

① 위치정보사업자가 개인위치정보를 수집하고자 하는 경우에는 미리 다음 각호의 내용을 이용약관에 명시한 후 개인위치정보주체의 동의를 얻어야 한다.

  1. 위치정보사업자의 상호, 주소, 전화번호 그 밖의 연락처
  2. 개인위치정보주체 및 법정대리인(제25조제1항의 규정에 의하여 법정대리인의 동의를 얻어야 하는 경우로 한정한다)의 권리와 그 행사방법
  3. 위치정보사업자가 위치기반서비스사업자에게 제공하고자 하는 서비스의 내용
  4. 위치정보 수집사실 확인자료의 보유근거 및 보유기간
  5. 그 밖에 개인위치정보의 보호를 위하여 필요한 사항으로서 대통령령이 정하는 사항

② 개인위치정보주체는 제1항의 규정에 의한 동의를 하는 경우 개인위치정보의 수집의 범위 및 이용약관의 내용 중 일부에 대하여 동의를 유보할 수 있다.

③ 위치정보사업자가 개인위치정보를 수집하는 경우에는 수집목적을 달성하기 위하여 필요한 최소한의 정보를 수집하여야 한다.

11) 제19조(개인위치정보의 이용 또는 제공)

① 위치기반서비스사업자가 개인위치정보를 이용하여 서비스를 제공하고자 하는 경우에는 미리 다음 각호의 내용을 이용약관에 명시한 후 개인위치정보주체의 동의를 얻어야 한다.

    1. 위치기반서비스사업자의 상호, 주소, 전화번호 그 밖의 연락처

    2. 개인위치정보주체 및 법정대리인(제25조제1항의 규정에 의하여 법정대리인의 동의를 얻어야 하는 경우로 한정한다)의 권리와 그 행사방법

    3. 위치기반서비스사업자가 제공하고자 하는 위치기반서비스의 내용

    4. 위치정보 이용 · 제공사실 확인자료의 보유근거 및 보유기간

    5. 그 밖에 개인위치정보의 보호를 위하여 필요한 사항으로서 대통령령이 정하는 사항

② 위치기반서비스사업자가 개인위치정보를 개인위치정보주체가 지정하는 제3자에게 제공하는 서비스를 하고자 하는 경우에는 제1항 각호의 내용을 이용약관에 명시한 후 제공받는 자 및 제공목적을 개인위치정보주체에게 고지하고 동의를 얻어야 한다.

③ 제2항의 규정에 의하여 위치기반서비스사업자가 개인위치정보를 개인위치정보주체가 지정하는 제3자에게 제공하는 경우에는 매회 개인위치정보주체에게 제공받는 자, 제공일시 및 제공목적을 즉시 통보하여야 한다.

④ 위치기반서비스사업자는 제3항에도 불구하고 대통령령으로 정하는 바에 따라 개인위치정보주체의 동의를 받은 경우에는 최대 30일의 범위에서 대통령령으로 정하는 횟수 또는 기간 등의 기준에 따라 모아서 통보할 수 있다.

⑤ 개인위치정보주체는 제1항 · 제2항 및 제4항에 따른 동의를 하는 경우 개인위치정보의 이용 · 제공목적, 제공받는 자의 범위 및 위치기반서비스의 일부와 개인위치정보주체에 대한 통보방법에 대하여 동의를 유보할 수 있다.

12) 제20조(위치정보사업자의 개인위치정보 제공 등)

① 제19조제1항 또는 제2항의 규정에 의하여 개인위치정보주체의 동의를 얻은 위치기반서비스사업자는 제19조제1항 또는 제2항의 이용 또는 제공목적을 달성하기 위하여 해당 개인위치정보를 수집한 위치정보사업자에게 해당 개인위치정보의 제공을 요청할 수 있다. 이 경우 위치정보사업자는 정당한 사유없이 제공을 거절하여서는 아니된다.

② 제1항의 규정에 의하여 위치정보사업자가 위치기반서비스사업자에게 개인위치정보를 제공하는 절차 및 방법에 대하여는 대통령령으로 정한다.

13) 제21조(개인위치정보 등의 이용 · 제공의 제한 등)

위치정보사업자 등은 개인위치정보주체의 동의가 있거나 다음 각 호의 어느 하나에 해당하는 경우를 제외하고는 개인위치정보 또는 위치정보 수집 · 이용 · 제공사실 확인자료를 제18조제1항 및 제19조제1항 · 제2항에 의하여 이용약관에 명시 또는 고지한 범위를 넘어 이용하거나 제3자에게 제공하여서는 아니된다.

1. 위치정보 및 위치기반서비스 등의 제공에 따른 요금정산을 위하여 위치정보 수집 · 이용 · 제공사실 확인자료가 필요한 경우

2. 통계작성, 학술연구 또는 시장조사를 위하여 특정 개인을 알아볼 수 없는 형태로 가공하여 제공하는 경우

14) 제22조(사업의 양도 등의 통지)

위치정보사업자 등으로부터 사업의 전부 또는 일부의 양도 · 합병 또는 상속 등(이하 "양도 등"이라 한다)으로 그 권리와 의무를 이전받은 자는 30일 이내에 다음 각 호의 사항을 대통령령이 정하는 바에 의하여 개인위치정보주체에게 통지하여야 한다.

1. 사업의 전부 또는 일부의 양도 등의 사실

2. 위치정보사업자 등의 권리와 의무를 승계한 자의 성명, 주소, 전화번호 그 밖의 연락처

3. 그 밖에 개인위치정보 보호를 위하여 필요한 사항으로서 대통령령이 정하는 사항

15) 제23조(개인위치정보의 파기 등)

위치정보사업자 등은 개인위치정보의 수집, 이용 또는 제공목적을 달성한 때에는 제16조제2항의 규정에 의하여 기록 · 보존하여야 하는 위치정보 수집 · 이용 · 제공사실 확인자료 외의 개인위치정보는 즉시 파기하여야 한다.

16) 제24조(개인위치정보주체의 권리 등)

① 개인위치정보주체는 위치정보사업자 등에 대하여 언제든지 제18조제1항 및 제19조제1항 · 제2항 · 제4항에 따른 동의의 전부 또는 일부를 철회할 수 있다.

② 개인위치정보주체는 위치정보사업자 등에 대하여 언제든지 개인위치정보의 수집, 이용 또는 제공의 일시적인 중지를 요구할 수 있다. 이 경우 위치정보사업자 등은 요구를 거절하여서는 아니되며, 이를 위한 기술적 수단을 갖추어야 한다.

③ 개인위치정보주체는 위치정보사업자 등에 대하여 다음 각 호의 어느 하나에 해당하는 자료 등의 열람 또는 고지를 요구할 수 있고, 해당 자료 등에 오류가 있는 경우에는 그 정정을 요구할 수 있다. 이 경우 위치정보사업자 등은 정당한 사유없이 요구를 거절하여서는 아니된다.

1. 본인에 대한 위치정보 수집 · 이용 · 제공사실 확인자료

2. 본인의 개인위치정보가 이 법 또는 다른 법률의 규정에 의하여 제3자에게 제공된 이유 및 내용

④ 위치정보사업자 등은 개인위치정보주체가 제1항의 규정에 의하여 동의의 전부 또는 일부를 철회한 경우에는 지체없이 수집된 개인위치정보 및 위치정보 수집 · 이용 · 제공사실 확인자료(동의의 일부를 철회하는 경우에는 철회하는 부분의 개인위치정보 및 위치정보 이용 · 제공사실 확인자료로 한정한다)를 파기하여야 한다.

17) 제25조(법정대리인의 권리)

① 위치정보사업자 등이 14세 미만의 아동으로부터 제18조제1항, 제19조제1항·제2항 또는 제21조의 규정에 의하여 개인위치정보를 수집·이용 또는 제공하고자 하는 경우에는 그 법정대리인의 동의를 얻어야 하고, 대통령령으로 정하는 바에 따라 법정대리인이 동의하였는지를 확인하여야 한다.

② 제18조제2항·제19조제5항 및 제24조의 규정은 제1항의 규정에 의하여 법정대리인이 동의를 하는 경우에 이를 준용한다. 이 경우 "개인위치정보주체"는 "법정대리인"으로 본다.

18) 제26조(8세 이하의 아동 등의 보호를 위한 위치정보 이용)

① 다음 각 호의 어느 하나에 해당하는 사람(이하 "8세 이하의 아동 등"이라 한다)의 보호의무자가 8세 이하의 아동 등의 생명 또는 신체의 보호를 위하여 8세 이하의 아동 등의 개인위치정보의 수집·이용 또는 제공에 동의하는 경우에는 본인의 동의가 있는 것으로 본다.

  1. 8세 이하의 아동
  2. 피성년후견인
  3. 「장애인복지법」 제2조제2항제2호에 따른 정신적 장애를 가진 사람으로서 「장애인고용촉진 및 직업재활법」 제2조제2호에 따른 중증장애인에 해당하는 사람(「장애인복지법」 제32조에 따라 장애인 등록을 한 사람만 해당한다)

② 제1항의 규정에 의한 8세 이하의 아동 등의 보호의무자는 8세 이하의 아동 등을 사실상 보호하는 자로서 다음 각 호의 어느 하나에 해당하는 자를 말한다.

  1. 8세 이하의 아동의 법정대리인 또는 「보호시설에 있는 미성년자의 후견 직무에 관한 법률」 제3조에 따른 후견인
  2. 피성년후견인의 법정대리인
  3. 제1항제3호의 자의 법정대리인 또는 「장애인복지법」 제58조제1항제1호에 따른 장애인 거주시설(국가 또는 지방자치단체가 설치·운영하는 시설로 한정한다)의 장, 「정신건강증진 및 정신질환자 복지서비스 지원에 관한 법률」 제22조에 따른 정신요양시설의 장 및 같은 법 제26조에 따른 정신재활시설(국가 또는 지방자치단체가 설치·운영하는 시설로 한정한다)의 장

③ 제1항의 규정에 의한 동의의 요건은 대통령령으로 정한다.

④ 제18조 내지 제22조 및 제24조의 규정은 제2항의 규정에 의하여 보호의무자가 동의를 하는 경우에 이를 준용한다. 이 경우 "개인위치정보주체"는 "보호의무자"로 본다.

19) 제27조(손해배상)

개인위치정보주체는 위치정보사업자 등의 제15조 내지 제26조의 규정을 위반한 행위로 손해를 입은 경우에 그 위치정보사업자 등에 대하여 손해배상을 청구할 수 있다. 이 경우 그 위치정보사업자 등은 고의 또는 과실이 없음을 입증하지 아니하면 책임을 면할 수 없다.

20) 제28조(분쟁의 조정 등)

① 위치정보사업자 등은 위치정보와 관련된 분쟁에 대하여 당사자간 협의가 이루어지지 아니하거나 협의를 할 수 없는 경우에는 방송통신위원회에 재정을 신청할 수 있다.

② 위치정보사업자 등과 이용자는 위치정보와 관련된 분쟁에 대하여 당사자간 협의가 이루어지지 아니하거나 협의를 할 수 없는 경우에는 「개인정보 보호법」 제40조에 따른 개인정보분쟁조정위원회에 조정을 신청할 수 있다.

21) 제29조(긴급구조를 위한 개인위치정보의 이용)

① 「재난 및 안전관리 기본법」 제3조제7호에 따른 긴급구조기관(이하 "긴급구조기관"이라 한다)은 급박한 위험으로부터 생명 · 신체를 보호하기 위하여 개인위치정보주체, 개인위치정보주체의 배우자, 개인위치정보주체의 2촌 이내의 친족 또는 「민법」 제928조에 따른 미성년후견인(이하 "배우자 등"이라 한다)의 긴급구조요청이 있는 경우 긴급구조 상황 여부를 판단하여 위치정보사업자에게 개인위치정보의 제공을 요청할 수 있다. 이 경우 배우자 등은 긴급구조 외의 목적으로 긴급구조요청을 하여서는 아니 된다.

② 「경찰법」 제2조에 따른 경찰청 · 지방경찰청 · 경찰서(이하 "경찰관서"라 한다)는 위치정보사업자에게 다음 각 호의 어느 하나에 해당하는 개인위치정보의 제공을 요청할 수 있다. 다만, 제1호에 따라 경찰관서가 다른 사람의 생명 · 신체를 보호하기 위하여 구조를 요청한 자(이하 "목격자"라 한다)의 개인위치정보를 제공받으려면 목격자의 동의를 받아야 한다.

   1. 생명 · 신체를 위협하는 급박한 위험으로부터 자신 또는 다른 사람 등 구조가 필요한 사람(이하 "구조받을 사람"이라 한다)을 보호하기 위하여 구조를 요청한 경우 구조를 요청한 자의 개인위치정보

   2. 구조받을 사람이 다른 사람에게 구조를 요청한 경우 구조받을 사람의 개인위치 정보

   3. 「실종아동등의 보호 및 지원에 관한 법률」 제2조제2호에 따른 실종아동 등 (이하 "실종아동 등"이라 한다)의 생명 · 신체를 보호하기 위하여 같은 법 제2조 제3호에 따른 보호자(이하 "보호자"라 한다)가 실종아동 등에 대한 긴급구조를 요청한 경우 실종아동 등의 개인위치정보

③ 제2항제2호에 따라 다른 사람이 경찰관서에 구조를 요청한 경우 경찰관서는 구조받을 사람의 의사를 확인하여야 한다.

④ 제1항 및 제2항에 따른 긴급구조요청은 공공질서의 유지와 공익증진을 위하여 부여된 대통령령으로 정하는 특수번호 전화서비스를 통한 호출로 한정한다.

⑤ 제1항 및 제2항에 따른 요청을 받은 위치정보사업자는 해당 개인위치정보주체의 동의 없이 개인위치정보를 수집할 수 있으며, 개인위치정보주체의 동의가 없음을 이유로 긴급구조기관 또는 경찰관서의 요청을 거부하여서는 아니 된다.

⑥ 긴급구조기관, 경찰관서 및 위치정보사업자는 제1항 및 제2항에 따라 개인위
치정보를 요청하거나 제공하는 경우 그 사실을 해당 개인위치정보주체에게 즉
시 통보하여야 한다. 다만, 즉시 통보가 개인위치정보주체의 생명·신체에 대
한 뚜렷한 위험을 초래할 우려가 있는 경우에는 그 사유가 소멸한 후 지체 없
이 통보하여야 한다.

⑦ 긴급구조기관은 태풍, 호우, 화재, 화생방사고 등 재난 또는 재해의 위험지역
에 위치한 개인위치정보주체에게 생명 또는 신체의 위험을 경보하기 위하여
대통령령으로 정하는 바에 따라 위치정보사업자에게 경보발송을 요청할 수 있
으며, 요청을 받은 위치정보사업자는 위험지역에 위치한 개인위치정보주체의
동의가 없음을 이유로 경보발송을 거부하여서는 아니 된다.

⑧ 긴급구조기관 및 경찰관서와 긴급구조업무에 종사하거나 종사하였던 사람은
긴급구조 목적으로 제공받은 개인위치정보를 긴급구조 외의 목적에 사용하여
서는 아니 된다.

⑨ 경찰관서는 제2항에 따라 개인위치정보의 제공을 요청한 때에는 다음 각 호의
사항을 대통령령으로 정하는 바에 따라 보관하여야 하며, 해당 개인위치정보
주체가 수집된 개인위치정보에 대한 확인, 열람, 복사 등을 요청하는 경우에
는 지체 없이 그 요청에 따라야 한다.

1. 요청자
2. 요청 일시 및 목적
3. 위치정보사업자로부터 제공받은 내용
4. 개인위치정보 수집에 대한 동의(제2항 단서로 한정한다)

⑩ 제1항 및 제2항에 따른 긴급구조요청, 제3항에 따른 의사확인, 제7항에 따른
경보발송의 방법 및 절차에 필요한 사항은 대통령령으로 정한다.

⑪ 긴급구조기관 및 경찰관서는 제1항 및 제2항에 따라 제공받은 개인위치정보를 제3
자에게 알려서는 아니 된다. 다만, 다음 각 호의 경우에는 그러하지 아니하다.

1. 개인위치정보주체의 동의가 있는 경우
2. 긴급구조 활동을 위하여 불가피한 상황에서 긴급구조기관 및 경찰관서에 제공하는
경우

22) 제30조(개인위치정보의 요청 및 방식 등)

① 긴급구조기관 및 경찰관서는 제29조제1항 및 제2항에 따라 위치정보사업자에
게 개인위치정보를 요청할 경우 위치정보시스템을 통한 방식으로 요청하여야
하며, 위치정보사업자는 긴급구조기관 및 경찰관서로부터 요청을 받아 개인위
치정보를 제공하는 경우 위치정보시스템을 통한 방식으로 제공하여야 한다.

② 긴급구조기관 및 경찰관서는 국회 행정안전위원회에, 위치정보사업자는 국회 과학기술정보방송통신위원회에 제1항 및 제29조제11항에 따른 개인위치정보의 요청 및 제공에 관한 자료를 매 반기별로 보고하여야 한다. 다만, 제1항에 따른 요청 및 제공에 관한 자료와 제29조제11항에 따른 요청 및 제공에 관한 자료는 구분하여 보고하여야 한다.

③ 제1항에 따른 긴급구조기관 및 경찰관서의 요청과 제2항에 따른 보고에 필요한 사항은 대통령령으로 정한다.

23) 제30조의2(가족관계 등록전산정보의 이용)

긴급구조기관은 제29조제1항에 따른 긴급구조요청을 받은 경우 긴급구조 요청자와 개인위치정보주체 간의 관계를 확인하기 위하여 「가족관계의 등록 등에 관한 법률」 제11조제6항에 따른 등록전산정보자료의 제공을 법원행정처장에게 요청할 수 있다.

24) 제39조(벌칙)

다음 각 호의 어느 하나에 해당하는 자는 5년 이하의 징역 또는 5천만원 이하의 벌금에 처한다.

1. 제5조제1항의 규정을 위반하여 허가를 받지 아니하고 위치정보사업을 하는 자 또는 거짓이나 그 밖의 부정한 방법으로 허가를 받은 자

2. 제17조의 규정을 위반하여 개인위치정보를 누설 · 변조 · 훼손 또는 공개한 자

3. 제18조제1항 · 제2항 또는 제19조제1항 · 제2항 · 제5항을 위반하여 개인위치정보주체의 동의를 얻지 아니하거나 동의의 범위를 넘어 개인위치정보를 수집 · 이용 또는 제공한 자 및 그 정을 알고 영리 또는 부정한 목적으로 개인위치정보를 제공받은 자

4. 제21조의 규정을 위반하여 이용약관에 명시하거나 고지한 범위를 넘어 개인위치정보를 이용하거나 제3자에게 제공한 자

5. 제29조제8항을 위반하여 개인위치정보를 긴급구조 외의 목적에 사용한 자

6. 제29조제11항을 위반하여 개인위치정보주체의 동의를 받지 아니하거나 긴급구조 외의 목적으로 개인위치정보를 제공하거나 제공받은 자

25) 제40조(벌칙)

다음 각 호의 어느 하나에 해당하는 자는 3년 이하의 징역 또는 3천만원 이하의 벌금에 처한다.

1. 제5조제7항의 규정을 위반하여 변경허가를 받지 아니하고 위치정보사업을 하는 자 또는 거짓이나 그 밖의 부정한 방법으로 변경허가를 받은 자

1의2. 제5조의2제1항을 위반하여 신고를 하지 아니하고 개인위치정보를 대상으로 하지 아니하는 위치정보사업을 하는 자 또는 거짓이나 그 밖의 부정한 방법으로 신고한 자

2. 제9조제1항, 제9조의2제1항 단서 또는 같은 조 제4항을 위반하여 신고를 하지 아니하고 위치기반서비스사업을 하는 자 또는 거짓이나 그 밖의 부정한 방법으로 신고한 자

3. 제13조제1항에 따른 사업의 폐지명령을 위반한 자

4. 제15조제1항을 위반하여 개인위치정보주체의 동의를 받지 아니하고 해당 개인위치정보를 수집 · 이용 또는 제공한 자

5. 제15조제2항을 위반하여 타인의 정보통신기기를 복제하거나 정보를 도용하는 등의 방법으로 개인위치정보사업자 등을 속여 타인의 개인위치정보를 제공받은 자

26) 제41조(벌칙)

다음 각 호의 어느 하나에 해당하는 자는 1년 이하의 징역 또는 2천만원 이하의 벌금에 처한다.

1. 제5조의2제3항제3호 또는 제9조제3항제3호를 위반하여 변경신고를 하지 아니하고 위치정보시스템을 변경한 자 또는 거짓이나 그 밖의 부정한 방법으로 위치정보시스템의 변경신고를 한 자

2. 제8조제4항 또는 제11조제1항·제2항을 위반하여 위치정보를 파기하지 아니한 자

3. 제13조제1항의 규정에 의한 사업의 정지명령을 위반한 자

4. 제16조제1항을 위반하여 기술적·관리적 조치를 하지 아니한 자(제38조의3에 따라 준용되는 자를 포함한다)

4의2. 제16조제2항을 위반하여 위치정보 수집·이용·제공사실 확인자료가 위치정보시스템에 자동으로 기록·보존되도록 하지 아니한 자

5. 제29조제5항을 위반하여 긴급구조기관 또는 경찰관서의 요청을 거부하거나 제29조제7항을 위반하여 경보발송을 거부한 자

27) 제42조(양벌규정)

법인의 대표자나 법인 또는 개인의 대리인, 사용인, 그 밖의 종업원이 그 법인 또는 개인의 업무에 관하여 제39조부터 제41조까지의 어느 하나에 해당하는 위반행위를 하면 그 행위자를 벌하는 외에 그 법인 또는 개인에게도 해당 조문의 벌금형을 과(科)한다. 다만, 법인 또는 개인이 그 위반행위를 방지하기 위하여 해당 업무에 관하여 상당한 주의와 감독을 게을리하지 아니한 경우에는 그러하지 아니하다.

28) 제43조(과태료)

① 다음 각 호의 어느 하나에 해당하는 자에게는 2천만원 이하의 과태료를 부과한다.

1. 제5조제4항의 규정에 의한 허가조건을 위반한 자

2. 제7조제1항을 위반하여 인가를 받지 아니하고 사업을 양수하거나 합병·분할한 자

3. 제8조제1항 또는 제2항을 위반하여 승인을 받지 아니하고 사업의 전부 또는 일부를 휴업하거나 폐업한 자

4. 제20조제1항의 규정을 위반하여 개인위치정보의 제공을 거절한 자

5. 제24조제2항의 규정을 위반하여 일시적인 중지 요구를 거절 또는 기술적 수단을 갖추지 아니한 자

② 다음 각 호의 어느 하나에 해당하는 자에게는 1천만원 이하의 과태료를 부과한다.

1. 제7조제4항 또는 제10조제1항을 위반하여 사업의 양수, 상속 또는 합병·분할의 신고를 하지 아니한 자 또는 거짓이나 그 밖의 부정한 방법으로 사업의 양수, 상속 또는 합병·분할의 신고를 한 자

2. 제8조제1항·제2항 또는 제11조제1항·제2항을 위반하여 사업의 전부 또는 일부의 휴업·폐업을 신고하지 아니한 자

3. 제12조제1항을 위반하여 이용약관을 공개하지 아니하거나 이용약관의 변경이유 및 변경내용을 공개하지 아니한 자

3의2. 제12조제2항에 따른 이용약관 변경명령을 위반한 자

4. 제15조제3항을 위반하여 위치정보 수집장치가 부착된 사실을 알리지 아니한 자

5. 제18조제1항 또는 제19조제1항의 규정을 위반하여 이용약관명시의무를 다하지 아니한 자

6. 제18조제3항의 규정을 위반하여 개인위치정보를 수집한 자

7. 제19조제2항부터 제4항까지의 규정을 위반하여 고지 또는 통보를 하지 아니한 자

8. 제22조의 규정을 위반하여 사업의 양도 등의 통지를 하지 아니한 자

9. 제24조제3항의 규정을 위반하여 열람, 고지 또는 정정요구를 거절한 자

10. 제25조제1항의 규정을 위반하여 법정대리인의 동의를 얻지 아니하거나 법정 대리인이 동의하였는지를 확인하지 아니하고 개인위치정보를 수집·이용 또는 제공한 자

11. 제29조제1항 또는 제2항에 따른 긴급구조요청을 허위로 한 자

12. 제29조제6항을 위반하여 개인위치정보의 제공사실을 통보하지 아니한 자

13. 제36조제1항에 따른 관계 물품·서류 등을 제출하지 아니하거나 거짓으로 제출한 자(제38조의3에 따라 준용되는 자를 포함한다)

14. 제36조제2항에 따른 검사를 정당한 사유 없이 거부·방해 또는 기피한 자(제38조의3에 따라 준용되는 자를 포함한다)

③ 다음 각 호의 어느 하나에 해당하는 자에게는 500만원 이하의 과태료를 부과한다.

1. 제5조제7항, 제5조의2제3항, 제9조제3항제1호·제2호 및 제9조의2제3항을 위반하여 변경신고를 하지 아니하고 상호나 주된 사무소의 소재지를 변경한 자 또는 거짓이나 그 밖의 부정한 방법으로 상호나 주된 사무소의 소재지의 변경신고를 한 자

2. 제32조를 위반하여 통계자료를 제출하지 아니한 자

④ 제1항, 제2항(제11호는 제외한다) 및 제3항의 규정에 의한 과태료는 대통령령이 정하는 바에 따라 방송통신위원회가 부과·징수한다.

⑧ 제2항제11호에 따른 과태료는 대통령령으로 정하는 바에 따라 긴급구조기관의 장 또는 경찰관서의 장이 부과·징수한다.

Section 08 신용정보의 이용 및 보호에 관한 법률

1) 제1조(목적)

이 법은 신용정보 관련 산업을 건전하게 육성하고 신용정보의 효율적 이용과 체계적 관리를 도모하며 신용정보의 오용 · 남용으로부터 사생활의 비밀 등을 적절히 보호함으로써 건전한 신용질서를 확립하고 국민경제의 발전에 이바지함을 목적으로 한다.

2) 제2조(정의)

이 법에서 사용하는 용어의 뜻은 다음과 같다.

1. "신용정보"란 금융거래 등 상거래에서 거래 상대방의 신용을 판단할 때 필요한 정보로서 다음 각 목의 정보를 말한다.

　　가. 특정 신용정보주체를 식별할 수 있는 정보(나목부터 마목까지의 어느 하나에 해당하는 정보와 결합되는 경우만 신용정보에 해당한다)

　　나. 신용정보주체의 거래내용을 판단할 수 있는 정보

　　다. 신용정보주체의 신용도를 판단할 수 있는 정보

　　라. 신용정보주체의 신용거래능력을 판단할 수 있는 정보

　　마. 가목부터 라목까지의 정보 외에 신용정보주체의 신용을 판단할 때 필요한 정보

1의2. 제1호가목의 "특정 신용정보주체를 식별할 수 있는 정보"란 다음 각 목의 정보를 말한다.

　　가. 살아 있는 개인에 관한 정보로서 다음 각각의 정보

　　　　1) 성명, 주소, 전화번호 및 그 밖에 이와 유사한 정보로서 대통령령으로 정하는 정보

　　　　2) 법령에 따라 특정 개인을 고유하게 식별할 수 있도록 부여된 정보로서 대통령령으로 정하는 정보(이하 "개인식별번호"라 한다)

　　　　3) 개인의 신체 일부의 특징을 컴퓨터 등 정보처리장치에서 처리할 수 있도록 변환한 문자, 번호, 기호 또는 그 밖에 이와 유사한 정보로서 특정 개인을 식별할 수 있는 정보

　　　　4) 1)부터 3)까지와 유사한 정보로서 대통령령으로 정하는 정보

　　나. 기업(사업을 경영하는 개인 및 법인과 이들의 단체를 말한다. 이하 같다) 및 법인의 정보로서 다음 각각의 정보

　　　　1) 상호 및 명칭

　　　　2) 본점 · 영업소 및 주된 사무소의 소재지

　　　　3) 업종 및 목적

　　　　4) 개인사업자(사업을 경영하는 개인을 말한다. 이하 같다) · 대표자의 성명 및 개인식별번호

　　　　5) 법령에 따라 특정 기업 또는 법인을 고유하게 식별하기 위하여 부여된 번호로서 대통령령으로 정하는 정보

　　　　6) 1)부터 5)까지와 유사한 정보로서 대통령령으로 정하는 정보

1의3. 제1호나목의 "신용정보주체의 거래내용을 판단할 수 있는 정보"란 다음 각 목의 정보를 말한다.

　　가. 신용정보제공 · 이용자에게 신용위험이 따르는 거래로서 다음 각각의 거래의 종류, 기간, 금액, 금리, 한도 등에 관한 정보

　　　　1) 「은행법」 제2조제7호에 따른 신용공여

　　　　2) 「여신전문금융업법」 제2조제3호 · 제10호 및 제13호에 따른 신용카드, 시설대여 및 할부금융 거래

　　　　3) 「자본시장과 금융투자업에 관한 법률」 제34조제2항, 제72조, 제77조의3제4항 및 제342조제1항에 따른 신용공여

        4) 1)부터 3)까지와 유사한 거래로서 대통령령으로 정하는 거래

  나. 「금융실명거래 및 비밀보장에 관한 법률」 제2조제3호에 따른 금융거래의 종류, 기간, 금액, 금리 등에 관한 정보

  다. 「보험업법」 제2조제1호에 따른 보험상품의 종류, 기간, 보험료 등 보험계약에 관한 정보 및 보험금의 청구 및 지급에 관한 정보

  라. 「자본시장과 금융투자업에 관한 법률」 제3조에 따른 금융투자상품의 종류, 발행 · 매매 명세, 수수료 · 보수 등에 관한 정보

  마. 「상법」 제46조에 따른 상행위에 따른 상거래의 종류, 기간, 내용, 조건 등에 관한 정보

  바. 가목부터 마목까지의 정보와 유사한 정보로서 대통령령으로 정하는 정보

1의4. 제1호다목의 "신용정보주체의 신용도를 판단할 수 있는 정보"란 다음 각 목의 정보를 말한다.

  가. 금융거래 등 상거래와 관련하여 발생한 채무의 불이행, 대위변제, 그 밖에 약정한 사항을 이행하지 아니한 사실과 관련된 정보

  나. 금융거래 등 상거래와 관련하여 신용질서를 문란하게 하는 행위와 관련된 정보로서 다음 각각의 정보

    1) 금융거래 등 상거래에서 다른 사람의 명의를 도용한 사실에 관한 정보

    2) 보험사기, 전기통신금융사기를 비롯하여 사기 또는 부정한 방법으로 금융거래 등 상거래를 한 사실에 관한 정보

    3) 금융거래 등 상거래의 상대방에게 위조 · 변조하거나 허위인 자료를 제출한 사실에 관한 정보

    4) 대출금 등을 다른 목적에 유용(流用)하거나 부정한 방법으로 대출 · 보험계약 등을 체결한 사실에 관한 정보

    5) 1)부터 4)까지의 정보와 유사한 정보로서 대통령령으로 정하는 정보

  다. 가목 또는 나목에 관한 신용정보주체가 법인인 경우 실제 법인의 경역에 참여하여 법인을 사실상 지배하는 자로서 대통령령으로 정하는 자에 관한 정보

  라. 가목부터 다목까지의 정보와 유사한 정보로서 대통령령으로 정하는 정보

1의5. 제1호라목의 "신용정보주체의 신용거래능력을 판단할 수 있는 정보"란 다음 각 목의 정보를 말한다.

  가. 개인의 직업 · 재산 · 채무 · 소득의 총액 및 납세실적

  나. 기업 및 법인의 연혁 · 목적 · 영업실태 · 주식 또는 지분보유 현황 등 기업 및 법인의 개황(槪況), 대표자 및 임원에 관한 사항, 판매명세 · 수주실적 또는 경영상의 주요 계약 등 사업의 내용, 재무제표(연결재무제표를 작성하는 기업의 경우에는 연결재무제표를 포함한다) 등 재무에 관한 사항과 감사인(「주식회사 등의 외부감사에 관한 법률」 제2조제7호에 따른 감사인을 말한다)의 감사의견 및 납세실적

  다. 가목 및 나목의 정보와 유사한 정보로서 대통령령으로 정하는 정보

1의6. 제1호마목의 "가목부터 라목까지의 정보 외에 신용정보주체의 신용을 판단할 때 필요한 정보"란 다음 각 목의 정보를 말한다.

  가. 신용정보주체가 받은 법원의 재판, 행정처분 등과 관련된 정보로서 대통령령으로 정하는 정보

  나. 신용정보주체의 조세, 국가채권 등과 관련된 정보로서 대통령령으로 정하는 정보

  다. 신용정보주체의 채무조정에 관한 정보로서 대통령령으로 정하는 정보

  라. 개인의 신용상태를 평가하기 위하여 정보를 처리함으로써 새로이 만들어지는 정보로서 기호, 숫자 등을 사용하여 점수나 등급 등으로 나타낸 정보(이하 "개인신용평점"이라 한다)

  마. 기업 및 법인의 신용을 판단하기 위하여 정보를 처리함으로써 새로이 만들어지는 정보로서 기호, 숫자 등을 사용하여 점수나 등급 등으로 표시한 정보(이하 "기업신용등급"이라 한다). 다만, 「자본시장과 금융투자업에 관한 법률」 제9조제26항에 따른 신용등급은 제외한다.

  바. 기술(「기술의 이전 및 사업화 촉진에 관한 법률」 제2조제1호에 따른 기술을 말한다. 이하 같다)에 관한 정보

사. 기업 및 법인의 신용을 판단하기 위하여 정보(기업 및 법인의 기술과 관련된 기술성·시장성·사업성 등을 대통령령으로 정하는 바에 따라 평가한 결과를 포함한다)를 처리함으로써 새로이 만들어지는 정보로서 대통령령으로 정하는 정보(이하 "기술신용정보"라 한다). 다만, 「자본시장과 금융투자업에 관한 법률」 제9조제26항에 따른 신용등급은 제외한다.

아. 그 밖에 제1호의2부터 제1호의5까지의 규정에 따른 정보 및 가목부터 사목까지의 규정에 따른 정보와 유사한 정보로서 대통령령으로 정하는 정보

2. "개인신용정보"란 기업 및 법인에 관한 정보를 제외한 살아 있는 개인에 관한 신용정보로서 다음 각 목의 어느 하나에 해당하는 정보를 말한다.

가. 해당 정보의 성명, 주민등록번호 및 영상 등을 통하여 특정 개인을 알아볼 수 있는 정보

나. 해당 정보만으로는 특정 개인을 알아볼 수 없더라도 다른 정보와 쉽게 결합하여 특정 개인을 알아볼 수 있는 정보

3. "신용정보주체"란 처리된 신용정보로 알아볼 수 있는 자로서 그 신용정보의 주체가 되는 자를 말한다.

4. "신용정보업"이란 다음 각 목의 어느 하나에 해당하는 업(業)을 말한다.

가. 개인신용평가업

나. 개인사업자신용평가업

다. 기업신용조회업

라. 신용조사업

5. "신용정보회사"란 제4호 각 목의 신용정보업에 대하여 금융위원회의 허가를 받은 자로서 다음 각 목의 어느 하나에 해당하는 자를 말한다.

가. 개인신용평가회사: 개인신용평가업 허가를 받은 자

나. 개인사업자신용평가회사: 개인사업자신용평가업 허가를 받은 자

다. 기업신용조회회사: 기업신용조회업 허가를 받은 자

라. 신용조사회사: 신용조사업 허가를 받은 자

6. "신용정보집중기관"이란 신용정보를 집중하여 관리·활용하는 자로서 제25조제1항에 따라 금융위원회로부터 허가받은 자를 말한다.

7. "신용정보제공·이용자"란 고객과의 금융거래 등 상거래를 위하여 본인의 영업과 관련하여 얻거나 만들어 낸 신용정보를 타인에게 제공하거나 타인으로부터 신용정보를 제공받아 본인의 영업에 이용하는 자와 그 밖에 이에 준하는 자로서 대통령령으로 정하는 자를 말한다.

8. "개인신용평가업"이란 개인의 신용을 판단하는 데 필요한 정보를 수집하고 개인의 신용상태를 평가(이하 "개인신용평가"라 한다)하여 그 결과(개인신용평점을 포함한다)를 제3자에게 제공하는 행위를 영업으로 하는 것을 말한다.

8의2. "개인사업자신용평가업"이란 개인사업자의 신용을 판단하는 데 필요한 정보를 수집하고 개인사업자의 신용상태를 평가하여 그 결과를 제3자에게 제공하는 행위를 영업으로 하는 것을 말한다. 다만, 「자본시장과 금융투자업에 관한 법률」 제9조제26항에 따른 신용평가업은 제외한다.

8의3. "기업신용조회업"이란 다음 각 목에 따른 업무를 영업으로 하는 것을 말한다. 다만, 「자본시장과 금융투자업에 관한 법률」 제9조제26항에 따른 신용평가업은 제외한다.

가. 기업정보조회업무: 기업 및 법인인 신용정보주체의 거래내용, 신용거래능력 등을 나타내기 위하여 대통령령으로 정하는 정보를 제외한 신용정보를 수집하고, 대통령령으로 정하는 방법으로 통합·분석 또는 가공하여 제공하는 행위

나. 기업신용등급제공업무: 기업 및 법인인 신용정보주체의 신용상태를 평가하여 기업신용등급을 생성하고, 해당 신용정보주체 및 그 신용정보주체의 거래상대방 등 이해관계를 가지는 자에게 제공하는 행위

　　다. 기술신용평가업무: 기업 및 법인인 신용정보주체의 신용상태 및 기술에 관한 가치를 평가하여 기술신용정보를 생성한 다음 해당 신용정보주체 및 그 신용정보주체의 거래상대방 등 이해관계를 가지는 자에게 제공하는 행위

9. "신용조사업"이란 제3자의 의뢰를 받아 신용정보를 조사하고, 그 신용정보를 그 의뢰인에게 제공하는 행위를 영업으로 하는 것을 말한다.

9의2. "본인신용정보관리업"이란 개인인 신용정보주체의 신용관리를 지원하기 위하여 다음 각 목의 전부 또는 일부의 신용정보를 대통령령으로 정하는 방식으로 통합하여 그 신용정보주체에게 제공하는 행위를 영업으로 하는 것을 말한다.

　　가. 제1호의3가목1) · 2) 및 나목의 신용정보로서 대통령령으로 정하는 정보

　　나. 제1호의3다목의 신용정보로서 대통령령으로 정하는 정보

　　다. 제1호의3라목의 신용정보로서 대통령령으로 정하는 정보

　　라. 제1호의3마목의 신용정보로서 대통령령으로 정하는 정보

　　마. 그 밖에 신용정보주체 본인의 신용관리를 위하여 필요한 정보로서 대통령령으로 정하는 정보

9의3. "본인신용정보관리회사"란 본인신용정보관리업에 대하여 금융위원회로부터 허가를 받은 자를 말한다.

10. "채권추심업"이란 채권자의 위임을 받아 변제하기로 약정한 날까지 채무를 변제하지 아니한 자에 대한 재산조사, 변제의 촉구 또는 채무자로부터의 변제금 수령을 통하여 채권자를 대신하여 추심채권을 행사하는 행위를 영업으로 하는 것을 말한다.

10의2. "채권추심회사"란 채권추심업에 대하여 금융위원회로부터 허가를 받은 자를 말한다.

11. 채권추심의 대상이 되는 "채권"이란 「상법」에 따른 상행위로 생긴 금전채권, 판결 등에 따라 권원(權原)이 인정된 민사채권으로서 대통령령으로 정하는 채권, 특별법에 따라 설립된 조합 · 공제조합 · 금고 및 그 중앙회 · 연합회 등의 소합원 · 회원 등에 대한 대출 · 보증, 그 밖의 여신 및 보험 업무에 따른 금전채권 및 다른 법률에서 채권추심회사에 대한 채권추심의 위탁을 허용한 채권을 말한다.

13. "처리"란 신용정보의 수집(조사를 포함한다. 이하 같다), 생성, 연계, 연동, 기록, 저장, 보유, 가공, 편집, 검색, 출력, 정정(訂正), 복구, 이용, 결합, 제공, 공개, 파기(破棄), 그 밖에 이와 유사한 행위를 말한다.

14. "자동화평가"란 제15조제1항에 따른 신용정보회사등의 종사자가 평가 업무에 관여하지 아니하고 컴퓨터 등 정보처리장치로만 개인신용정보 및 그 밖의 정보를 처리하여 개인인 신용정보주체를 평가하는 행위를 말한다.

15. "가명처리"란 추가정보를 사용하지 아니하고는 특정 개인인 신용정보주체를 알아볼 수 없도록 개인신용정보를 처리(그 처리 결과가 다음 각 목의 어느 하나에 해당하는 경우로서 제40조의2제1항 및 제2항에 따라 그 추가정보를 분리하여 보관하는 등 특정 개인인 신용정보주체를 알아볼 수 없도록 개인신용정보를 처리한 경우를 포함한다)하는 것을 말한다.

　　가. 어떤 신용정보주체와 다른 신용정보주체가 구별되는 경우

　　나. 하나의 정보집합물(정보를 체계적으로 관리하거나 처리할 목적으로 일정한 규칙에 따라 구성되거나 배열된 둘 이상의 정보들을 말한다. 이하 같다)에서나 서로 다른 둘 이상의 정보집합물 간에서 어떤 신용정보주체에 관한 둘 이상의 정보가 연계되거나 연동되는 경우

　　다. 가목 및 나목과 유사한 경우로서 대통령령으로 정하는 경우

16. "가명정보"란 가명처리한 개인신용정보를 말한다.

17. "익명처리"란 더 이상 특정 개인인 신용정보주체를 알아볼 수 없도록 개인신용정보를 처리하는 것을 말한다.

18. "대주주"란 다음 각 목의 어느 하나에 해당하는 주주를 말한다.

가. 신용정보회사, 본인신용정보관리회사 및 채권추심회사의 의결권 있는 발행주식(출자지분을 포함한다. 이하 같다) 총수를 기준으로 본인 및 그와 대통령령으로 정하는 특수한 관계가 있는 자(이하 "특수관계인"이라 한다)가 누구의 명의로 하든지 자기의 계산으로 소유하는 주식(그 주식과 관련된 증권예탁증권을 포함한다)을 합하여 그 수가 가장 많은 경우의 그 본인(이하 "최대주주"라 한다)

나. 다음 각 1) 및 2)의 어느 하나에 해당하는 자

1) 누구의 명의로 하든지 자기의 계산으로 신용정보회사, 본인신용정보관리회사 및 채권추심회사의 의결권 있는 발행주식 총수의 100분의 10 이상의 주식(그 주식과 관련된 증권예탁증권을 포함한다)을 소유한 자

2) 임원[이사, 감사, 집행임원(「상법」 제408조의2에 따라 집행임원을 둔 경우로 한정한다)을 말한다. 이하 같다]의 임면(任免) 등의 방법으로 신용정보회사, 본인신용정보관리회사 및 채권추심회사의 중요한 경영사항에 대하여 사실상의 영향력을 행사하는 주주로서 대통령령으로 정하는 자

3) 제3조의2(다른 법률과의 관계)

① 신용정보의 이용 및 보호에 관하여 다른 법률에 특별한 규정이 있는 경우를 제외하고는 이 법에서 정하는 바에 따른다.

② 개인정보의 보호에 관하여 이 법에 특별한 규정이 있는 경우를 제외하고는 「개인정보 보호법」에서 정하는 바에 따른다.

4) 제5조(신용정보업 등의 허가를 받을 수 있는 자)

① 개인신용평가업, 신용조사업 및 채권추심업 허가를 받을 수 있는 자는 다음 각 호의 자로 제한한다. 다만, 대통령령으로 정하는 금융거래에 관한 개인신용정보 및 제25조제2항제1호에 따른 종합신용정보집중기관이 집중관리·활용하는 개인신용정보를 제외한 정보만 처리하는 개인신용평가업(이하 "전문개인신용평가업"이라 한다)에 대해서는 그러하지 아니하다.

1. 대통령령으로 정하는 금융기관 등이 100분의 50 이상을 출자한 법인
2. 「신용보증기금법」에 따른 신용보증기금
3. 「기술보증기금법」에 따른 기술보증기금
4. 「지역신용보증재단법」에 따라 설립된 신용보증재단
5. 「무역보험법」에 따라 설립된 한국무역보험공사
6. 신용정보업이나 채권추심업의 전부 또는 일부를 허가받은 자가 100분의 50 이상을 출자한 법인. 다만, 출자자가 출자를 받은 법인과 같은 종류의 업을 하는 경우는 제외한다.

② 개인사업자신용평가업 허가를 받을 수 있는 자는 다음 각 호의 어느 하나에 해당하는 자로 한다.

1. 개인신용평가회사(전문개인신용평가회사를 제외한다)
2. 기업신용등급제공업무를 하는 기업신용조회회사
3. 「여신전문금융업법」에 따른 신용카드업자
4. 제1항제1호에 따른 자
5. 제1항제6호에 따른 자

③ 기업신용조회업 허가를 받을 수 있는 자는 다음 각 호의 어느 하나에 해당하는 자로 한다. 다만, 기업신용등급제공업무 또는 기술신용평가업무를 하려는 자는 제1호 · 제2호 및 제4호의 자로 한정한다.

1. 제1항제1호에 따른 자

2. 제1항제2호부터 제6호까지의 규정에 따른 자

3. 「상법」에 따라 설립된 주식회사

4. 기술신용평가업무의 특성, 법인의 설립 목적 등을 고려하여 대통령령으로 정하는 법인

④ 제3항에도 불구하고 다음 각 호의 어느 하나에 해당하는 자는 제2조제8호의3 나목 및 다목에 따른 업무의 허가를 받을 수 없다.

1. 「독점규제 및 공정거래에 관한 법률」 제14조제1항에 따른 공시대상기업집단 및 상호출자제한기업집단에 속하는 회사가 100분의 10을 초과하여 출자한 법인

2. 「자본시장과 금융투자업에 관한 법률」 제9조제17항제3호의2에 따른 자(이하 이 조에서 "신용평가회사"라 한다) 또는 외국에서 신용평가회사와 유사한 업을 경영하는 회사가 100분의 10을 초과하여 출자한 법인

3. 제1호 또는 제2호의 회사가 최대주주인 법인

5) 제6조(허가의 요건)

① 신용정보업, 본인신용정보관리업 또는 채권추심업의 허가를 받으려는 자는 다음 각 호의 요건을 갖추어야 한다.

1. 신용정보업, 본인신용정보관리업 또는 채권추심업을 하기에 충분한 인력(본인신용정보관리업은 제외한다)과 전산설비 등 물적 시설을 갖출 것

1의2. 개인사업자신용평가업을 하려는 경우: 50억원 이상

1의3. 기업신용조회업을 하려는 경우에는 제2조제8호의3 각 목에 따른 업무 단위별로 다음 각 목의 구분에 따른 금액 이상

  가. 기업정보조회업무: 5억원

  나. 기업신용등급제공업무: 20억원

  다. 기술신용평가업무: 20억원

1의4. 본인신용정보관리업을 하려는 경우: 5억원 이상

2. 사업계획이 타당하고 건전할 것

3. 대주주가 충분한 출자능력, 건전한 재무상태 및 사회적 신용을 갖출 것

3의2. 임원이 제22조제1항 · 제2항, 제22조의8 또는 제27조제1항에 적합할 것

4. 신용정보업, 본인신용정보관리업 또는 채권추심업을 하기에 충분한 전문성을 갖출 것

② 신용정보업, 본인신용정보관리업 또는 채권추심업의 허가를 받으려는 자는 다음 각 호의 구분에 따른 자본금 또는 기본재산을 갖추어야 한다.

1. 개인신용평가업을 하려는 경우: 50억원 이상. 다만, 전문개인신용평가업만 하려는 경우에는 다음 각 목의 구분에 따른 금액 이상으로 한다.

  가. 다음 각각의 신용정보제공 · 이용자가 수집하거나 신용정보주체에 대한 상품 또는 서비스 제공의 대가로 생성한 거래내역에 관한 개인신용정보를 처리하는 개인신용평가업을 하려는 경우: 20억원

    1) 「전기통신사업법」에 따른 전기통신사업자

2) 「한국전력공사법」에 따른 한국전력공사

3) 「한국수자원공사법」에 따른 한국수자원공사

4) 1)부터 3)까지와 유사한 신용정보제공 · 이용자로서 대통령령으로 정하는 자

나. 가목에 따른 각 개인신용정보 외의 정보를 처리하는 개인신용평가업을 하려는 경우: 5억원

2. 신용조사업 및 채권추심업을 각각 또는 함께 하려는 경우에는 50억원 이내에서 대통령령으로 정하는 금액 이상

③ 제1항에 따른 허가의 세부요건에 관하여 필요한 사항은 대통령령으로 정한다.

④ 신용정보회사, 본인신용정보관리회사 및 채권추심회사는 해당 영업을 하는 동안에는 제1항제1호에 따른 요건을 계속 유지하여야 한다.

6) 제10조(양도 · 양수 등의 인가 등)

① 신용정보회사, 본인신용정보관리회사 및 채권추심회사가 그 사업의 전부 또는 일부를 양도 · 양수 또는 분할하거나, 다른 법인과 합병(「상법」 제530조의2에 따른 분할합병을 포함한다. 이하 같다)하려는 경우에는 대통령령으로 정하는 바에 따라 금융위원회의 인가를 받아야 한다.

② 신용정보회사, 본인신용정보관리회사 및 채권추심회사가 제1항에 따라 인가를 받아 그 사업을 양도 또는 분할하거나 다른 법인과 합병한 경우에는 양수인, 분할 후 설립되는 법인 또는 합병 후 존속하는 법인(신용정보회사, 본인신용정보관리회사 및 채권추심회사인 법인이 신용정보회사, 본인신용정보관리회사 및 채권추심회사가 아닌 법인을 흡수합병하는 경우는 제외한다)이나 합병에 따라 설립되는 법인은 양도인, 분할 전의 법인 또는 합병 전의 법인의 신용정보회사, 본인신용정보관리회사 및 채권추심회사로서의 지위를 승계한다. 이 경우 종전의 신용정보회사, 본인신용정보관리회사 및 채권추심회사에 대한 허가는 그 효력(제1항에 따른 일부 양도 또는 분할의 경우에는 그 양도 또는 분할한 사업의 범위로 제한한다)을 잃는다.

③ 제1항 및 제2항에 따른 양수인, 합병 후 존속하는 법인 및 분할 또는 합병에 따라 설립되는 법인에 대하여는 제5조, 제6조, 제22조, 제22조의8 및 제27조 제1항부터 제7항까지의 규정을 준용한다.

④ 신용정보회사, 본인신용정보관리회사 및 채권추심회사가 영업의 전부 또는 일부를 일시적으로 중단하거나 폐업하려면 총리령으로 정하는 바에 따라 미리 금융위원회에 신고하여야 한다.

⑤ 금융위원회는 제4항에 따른 신고를 받은 경우 그 내용을 검토하여 이 법에 적합하면 신고를 수리하여야 한다.

7) 제15조(수집 및 처리의 원칙)

① 신용정보회사, 본인신용정보관리회사, 채권추심회사, 신용정보집중기관 및 신용정보제공 · 이용자(이하 "신용정보회사 등"이라 한다)는 신용정보를 수집하고 이를 처리할 수 있다. 이 경우 이 법 또는 정관으로 정한 업무 범위에서 수집 및 처리의 목적을 명확히 하여야 하며, 이 법 및 「개인정보 보호법」 제3조제1항 및 제2항에 따라 그 목적 달성에 필요한 최소한의 범위에서 합리적이고 공정한 수단을 사용하여 신용정보를 수집 및 처리하여야 한다.

② 신용정보회사 등이 개인신용정보를 수집하는 때에는 해당 신용정보주체의 동의를 받아야 한다. 다만, 다음 각 호의 어느 하나에 해당하는 경우에는 그러하지 아니하다.

　1. 「개인정보 보호법」 제15조제1항제2호부터 제6호까지의 어느 하나에 해당하는 경우

　2. 다음 각 목의 어느 하나에 해당하는 정보를 수집하는 경우

　　가. 법령에 따라 공시(公示)되거나 공개된 정보

　　나. 출판물이나 방송매체 또는 「공공기관의 정보공개에 관한 법률」 제2조제3호에 따른 공공기관의 인터넷 홈페이지 등의 매체를 통하여 공시 또는 공개된 정보

　　다. 신용정보주체가 스스로 사회관계망서비스 등에 직접 또는 제3자를 통하여 공개한 정보. 이 경우 대통령령으로 정하는 바에 따라 해당 신용정보주체의 동의가 있었다고 객관적으로 인정되는 범위 내로 한정한다.

　3. 제1호 및 제2호에 준하는 경우로서 대통령령으로 정하는 경우

8) 제17조(처리의 위탁)

① 신용정보회사 등은 제3자에게 신용정보의 처리 업무를 위탁할 수 있다. 이 경우 개인신용정보의 처리 위탁에 대해서는 「개인정보 보호법」 제26조제1항부터 제3항까지의 규정을 준용한다.

② 신용정보회사 등은 신용정보의 처리를 위탁할 수 있으며 이에 따라 위탁을 받은 자(이하 "수탁자"라 한다)의 위탁받은 업무의 처리에 관하여는 제19조부터 제21조까지, 제22조의4부터 제22조의7까지, 제22조의9, 제40조, 제43조, 제43조의2, 제45조, 제45조의2 및 제45조의3(해당 조문에 대한 벌칙 및 과태료 규정을 포함한다)을 준용한다.

③ 제2항에 따라 신용정보의 처리를 위탁하려는 신용정보회사등으로서 대통령령으로 정하는 자는 제공하는 신용정보의 범위 등을 대통령령으로 정하는 바에 따라 금융위원회에 알려야 한다.

④ 신용정보회사 등은 제2항에 따라 신용정보의 처리를 위탁하기 위하여 수탁자에게 개인신용정보를 제공하는 경우 특정 신용정보주체를 식별할 수 있는 정보는 대통령령으로 정하는 바에 따라 암호화 등의 보호 조치를 하여야 한다.

⑤ 신용정보회사 등은 수탁자에게 신용정보를 제공한 경우 신용정보를 분실 · 도난 · 유출 · 위조 · 변조 또는 훼손당하지 아니하도록 대통령령으로 정하는 바에 따라 수탁자를 교육하여야 하고 수탁자의 안전한 신용정보 처리에 관한 사항을 위탁계약에 반영하여야 한다.

⑥ 수탁자가 개인신용정보를 이용하거나 제3자에게 제공하는 경우에는 「개인정보 보호법」 제26조제5항에 따른다.

⑦ 수탁자는 제2항에 따라 위탁받은 업무를 제3자에게 재위탁하여서는 아니 된다. 다만, 신용정보의 보호 및 안전한 처리를 저해하지 아니하는 범위에서 금융위원회가 인정하는 경우에는 그러하지 아니하다.

9) 제17조의2(정보집합물의 결합 등)

① 신용정보회사등(대통령령으로 정하는 자는 제외한다. 이하 이 조 및 제40조의2에서 같다)은 자기가 보유한 정보집합물을 제3자가 보유한 정보집합물과 결합하려는 경우에는 제26조의4에 따라 지정된 데이터전문기관을 통하여 결합하여야 한다.

② 제26조의4에 따라 지정된 데이터전문기관이 제1항에 따라 결합된 정보집합물을 해당 신용정보회사등 또는 그 제3자에게 전달하는 경우에는 가명처리 또는 익명처리가 된 상태로 전달하여야 한다.

③ 제1항 및 제2항에서 규정한 사항 외에 정보집합물의 결합·제공·보관의 절차 및 방법에 대해서는 대통령령으로 정한다.

10) 제18조(신용정보의 정확성 및 최신성의 유지)

① 신용정보회사 등은 신용정보의 정확성과 최신성이 유지될 수 있도록 대통령령으로 정하는 바에 따라 신용정보의 등록·변경 및 관리 등을 하여야 한다.

② 신용정보회사 등은 신용정보주체에게 불이익을 줄 수 있는 신용정보를 그 불이익을 초래하게 된 사유가 해소된 날부터 최장 5년 이내에 등록·관리 대상에서 삭제하여야 한다. 다만, 다음 각 호의 어느 하나에 해당하는 경우에는 그러하지 아니하다.

1. 제25조의2제1호의3에 따른 업무를 수행하기 위한 경우
2. 그 밖에 신용정보주체의 보호 및 건전한 신용질서를 저해할 우려가 없는 경우로서 대통령령으로 정하는 경우

③ 제2항에 따른 해당 신용정보의 구체적인 종류, 기록보존 및 활용기간 등은 대통령령으로 정한다.

11) 제19조(신용정보전산시스템의 안전보호)

① 신용정보회사 등은 신용정보전산시스템(제25조제6항에 따른 신용정보공동전산망을 포함한다. 이하 같다)에 대한 제3자의 불법적인 접근, 입력된 정보의 변경·훼손 및 파괴, 그 밖의 위험에 대하여 대통령령으로 정하는 바에 따라 기술적·물리적·관리적 보안대책을 수립·시행하여야 한다.

② 신용정보제공 · 이용자가 다른 신용정보제공 · 이용자 또는 개인신용평가회사, 개인사업자신용평가회사, 기업신용조회회사와 서로 이 법에 따라 신용정보를 제공하는 경우에는 금융위원회가 정하여 고시하는 바에 따라 신용정보 보안관리 대책을 포함한 계약을 체결하여야 한다.

12) 제20조(신용정보 관리책임의 명확화 및 업무처리기록의 보존)

① 신용정보회사등은 신용정보의 수집 · 처리 · 이용 및 보호 등에 대하여 금융위원회가 정하는 신용정보 관리기준을 준수하여야 한다.

② 신용정보회사등은 다음 각 호의 구분에 따라 개인신용정보의 처리에 대한 기록을 3년간 보존하여야 한다.

    1. 개인신용정보를 수집 · 이용한 경우

        가. 수집 · 이용한 날짜

        나. 수집 · 이용한 정보의 항목

        다. 수집 · 이용한 사유와 근거

    2. 개인신용정보를 제공하거나 제공받은 경우

        가. 제공하거나 제공받은 날짜

        나. 제공하거나 제공받은 정보의 항목

        다. 제공하거나 제공받은 사유와 근거

    3. 개인신용정보를 폐기한 경우

        가. 폐기한 날짜

        나. 폐기한 정보의 항목

        다. 폐기한 사유와 근거

    4. 그 밖에 대통령령으로 정하는 사항

③ 신용정보회사, 본인신용정보관리회사, 채권추심회사, 신용정보집중기관 및 대통령령으로 정하는 신용정보제공 · 이용자는 제4항에 따른 업무를 하는 신용정보관리 · 보호인을 1명 이상 지정하여야 한다. 다만, 총자산, 종업원 수 등을 감안하여 대통령령으로 정하는 자는 신용정보관리 · 보호인을 임원(신용정보의 관리 · 보호 등을 총괄하는 지위에 있는 사람으로서 대통령령으로 정하는 사람을 포함한다)으로 하여야 한다.

④ 제3항에 따른 신용정보관리 · 보호인은 다음 각 호의 업무를 수행한다.

    1. 개인신용정보의 경우에는 다음 각 목의 업무

        가. 「개인정보 보호법」 제31조제2항제1호부터 제5호까지의 업무

        나. 임직원 및 전속 모집인 등의 신용정보보호 관련 법령 및 규정 준수 여부 점검

        다. 그 밖에 신용정보의 관리 및 보호를 위하여 대통령령으로 정하는 업무

    2. 기업신용정보의 경우 다음 각 목의 업무

        가. 신용정보의 수집 · 보유 · 제공 · 삭제 등 관리 및 보호 계획의 수립 및 시행

        나. 신용정보의 수집 · 보유 · 제공 · 삭제 등 관리 및 보호 실태와 관행에 대한 정기적인 조사 및 개선

다. 신용정보 열람 및 정정청구 등 신용정보주체의 권리행사 및 피해구제

라. 신용정보 유출 등을 방지하기 위한 내부통제시스템의 구축 및 운영

마. 임직원 및 전속 모집인 등에 대한 신용정보보호 교육계획의 수립 및 시행

바. 임직원 및 전속 모집인 등의 신용정보보호 관련 법령 및 규정 준수 여부 점검

사. 그 밖에 신용정보의 관리 및 보호를 위하여 대통령령으로 정하는 업무

⑤ 신용정보관리 · 보호인의 업무수행에 관하여는 「개인정보 보호법」 제31조제3 항 및 제5항의 규정을 준용한다.

⑥ 대통령령으로 정하는 신용정보회사등의 신용정보관리 · 보호인은 처리하는 개 인신용정보의 관리 및 보호 실태를 대통령령으로 정하는 절차와 방법에 따라 정기적으로 점검하고, 그 결과를 금융위원회에 제출하여야 한다.

⑦ 제3항에 따른 신용정보관리 · 보호인의 자격요건과 그 밖에 지정에 필요한 사 항, 제6항에 따른 제출 방법에 대해서는 대통령령으로 정한다.

⑧ 「금융지주회사법」 제48조의2제6항에 따라 선임된 고객정보관리인이 제6항의 자격요건에 해당하면 제3항에 따라 지정된 신용정보관리 · 보호인으로 본다.

13) 제20조의2(개인신용정보의 보유기간 등)

① 신용정보제공 · 이용자는 금융거래 등 상거래관계(고용관계는 제외한다. 이하 같다)가 종료된 날부터 금융위원회가 정하여 고시하는 기한까지 해당 신용정 보주체의 개인신용정보가 안전하게 보호될 수 있도록 접근권한을 강화하는 등 대통령령으로 정하는 바에 따라 관리하여야 한다.

② 「개인정보 보호법」 제21조제1항에도 불구하고 신용정보제공 · 이용자는 금융 거래 등 상거래관계가 종료된 날부터 최장 5년 이내(해당 기간 이전에 정보 수 집 · 제공 등의 목적이 달성된 경우에는 그 목적이 달성된 날부터 3개월 이내) 에 해당 신용정보주체의 개인신용정보를 관리대상에서 삭제하여야 한다. 다 만, 다음 각 호의 경우에는 그러하지 아니하다.

1. 이 법 또는 다른 법률에 따른 의무를 이행하기 위하여 불가피한 경우

2. 개인의 급박한 생명 · 신체 · 재산의 이익을 위하여 필요하다고 인정되는 경우

2의2. 가명정보를 이용하는 경우로서 그 이용 목적, 가명처리의 기술적 특성, 정보의 속 성 등을 고려하여 대통령령으로 정하는 기간 동안 보존하는 경우

3. 그 밖에 다음 각 목의 어느 하나에 해당하는 경우로서 대통령령으로 정하는 경우

가. 예금 · 보험금의 지급을 위한 경우

나. 보험사기자의 재가입 방지를 위한 경우

다. 개인신용정보를 처리하는 기술의 특성 등으로 개인신용정보를 보존할 필요가 있 는 경우

라. 가목부터 다목까지와 유사한 경우로서 개인신용정보를 보존할 필요가 있는 경우

③ 신용정보제공 · 이용자가 제2항 단서에 따라 개인신용정보를 삭제하지 아니하 고 보존하는 경우에는 현재 거래 중인 신용정보주체의 개인신용정보와 분리하 는 등 대통령령으로 정하는 바에 따라 관리하여야 한다.

④ 신용정보제공 · 이용자가 제3항에 따라 분리하여 보존하는 개인신용정보를 활용하는 경우에는 신용정보주체에게 통지하여야 한다.

⑤ 제1항 및 제2항에 따른 개인신용정보의 종류, 관리기간, 삭제의 방법 · 절차 및 금융거래 등 상거래관계가 종료된 날의 기준 등은 대통령령으로 정한다.

14) 제21조(폐업 시 보유정보의 처리)

신용정보회사 등(신용정보제공 · 이용자는 제외한다)이 폐업하려는 경우에는 금융위원회가 정하여 고시하는 바에 따라 보유정보를 처분하거나 폐기하여야 한다.

15) 제22조(신용정보회사 임원의 자격요건 등)

① 개인신용평가회사, 개인사업자신용평가회사 및 기업신용조회회사의 임원에 관하여는 「금융회사의 지배구조에 관한 법률」 제5조를 준용한다.

② 신용조사회사는 다음 각 호의 어느 하나에 해당하는 사람을 임직원으로 채용하거나 고용하여서는 아니 된다.

1. 미성년자. 다만, 금융위원회가 정하여 고시하는 업무에 채용하거나 고용하는 경우는 제외한다.
2. 피성년후견인 또는 피한정후견인
3. 파산선고를 받고 복권되지 아니한 사람
4. 금고 이상의 실형을 선고받고 그 집행이 끝나거나(집행이 끝난 것으로 보는 경우를 포함한다) 집행이 면제된 날부터 3년이 지나지 아니한 사람
5. 금고 이상의 형의 집행유예를 선고받고 그 유예기간 중에 있는 사람
6. 이 법 또는 그 밖의 법령에 따라 해임되거나 면직된 후 5년이 지나지 아니한 사람
7. 이 법 또는 그 밖의 법령에 따라 영업의 허가 · 인가 등이 취소된 법인이나 회사의 임직원이었던 사람(그 취소사유의 발생에 직접 또는 이에 상응하는 책임이 있는 사람으로서 대통령령으로 정하는 사람만 해당한다)으로서 그 법인 또는 회사에 대한 취소가 있은 날부터 5년이 지나지 아니한 사람
8. 재임 또는 재직 중이었더라면 이 법 또는 그 밖의 법령에 따라 해임권고(해임요구를 포함한다) 또는 면직요구의 조치를 받았을 것으로 통보된 퇴임한 임원 또는 퇴직한 직원으로서 그 통보가 있었던 날부터 5년(통보가 있었던 날부터 5년이 퇴임 또는 퇴직한 날부터 7년을 초과한 경우에는 퇴임 또는 퇴직한 날부터 7년으로 한다)이 지나지 아니한 사람

16) 제22조의2(신용정보 등의 보고)

개인신용평가회사, 개인사업자신용평가회사, 기업신용조회회사 및 본인신용정보관리회사는 신용정보의 이용범위, 이용기간, 제공 대상자를 대통령령으로 정하는 바에 따라 금융위원회에 보고하여야 한다.

17) 제22조의3(개인신용평가 등에 관한 원칙)

① 개인신용평가회사 및 그 임직원은 개인신용평가에 관한 업무를 할 때 다음 각 호의 사항을 고려하여 그 업무를 수행하여야 한다.

1. 개인신용평가 결과가 정확하고 그 평가체계가 공정한지 여부

2. 개인신용평가 과정이 공개적으로 투명하게 이루어지는지 여부

② 기업신용등급제공업무 또는 기술신용평가업무를 하는 기업신용조회회사 및 그 임직원은 기업신용등급이나 기술신용정보의 생성에 관한 업무를 할 때 독립적인 입장에서 공정하고 충실하게 그 업무를 수행하여야 한다.

③ 개인사업자신용평가회사 및 그 임직원에 대해서는 제1항 및 제2항을 준용한다.

18) 제22조의4(개인신용평가회사의 행위규칙)

① 개인신용평가회사가 개인인 신용정보주체의 신용상태를 평가할 경우 그 신용정보주체에게 개인신용평가에 불이익이 발생할 수 있는 정보 외에 개인신용평가에 혜택을 줄 수 있는 정보도 함께 고려하여야 한다.

② 개인신용평가회사가 개인신용평가를 할 때에는 다음 각 호의 행위를 하여서는 아니 된다.

1. 성별, 출신지역, 국적 등으로 합리적 이유 없이 차별하는 행위

2. 개인신용평가 모형을 만들 때 특정한 평가항목을 합리적 이유 없이 유리하게 또는 불리하게 반영하는 행위

3. 그 밖에 신용정보주체 보호 또는 건전한 신용질서를 저해할 우려가 있는 행위로서 대통령령으로 정하는 행위

③ 전문개인신용평가업을 하는 개인신용평가회사는 계열회사(「독점규제 및 공정거래에 관한 법률」 제2조제3호에 따른 계열회사를 말한다. 이하 같다)로부터 상품 또는 서비스를 제공받는 개인인 신용정보주체의 개인신용평점을 높이는 등 대통령령으로 정하는 불공정행위를 하여서는 아니 된다.

19) 제22조의5(개인사업자신용평가회사의 행위규칙)

① 개인사업자신용평가회사가 개인사업자의 신용상태를 평가할 경우에는 다음 각 호의 사항을 따라야 한다.

1. 해당 개인사업자에게 평가에 불이익이 발생할 수 있는 정보 외에 평가에 혜택을 줄 수 있는 정보도 함께 고려할 것

2. 개인사업자신용평가회사와 금융거래 등 상거래 관계가 있는 자와 그 외의 자를 합리적 이유 없이 차별하지 아니할 것

② 개인사업자신용평가회사는 다음 각 호의 어느 하나에 해당하는 행위를 하여서는 아니 된다.

1. 개인사업자의 신용상태를 평가하는 과정에서 개인사업자신용평가회사 또는 그 계열회사의 상품이나 서비스를 구매하거나 이용하도록 강요하는 행위

2. 그 밖에 신용정보주체 보호 또는 건전한 신용질서를 저해할 우려가 있는 행위로서 대통령령으로 정하는 행위

③ 개인사업자신용평가회사는 그 임직원이 직무를 수행할 때 지켜야 할 적절한 기준 및 절차로서 다음 각 호의 사항을 포함하는 내부통제기준을 정하여야 한다. 다만, 개인신용평가회사가 제11조제2항에 따라 개인사업자신용평가업을 하는 경우로서 자동화평가의 방법으로 개인사업자의 신용상태를 평가하는 경우에는 제1호를 포함하지 아니할 수 있다.

1. 평가조직과 영업조직의 분리에 관한 사항

2. 이해상충 방지에 관한 사항

3. 불공정행위의 금지에 관한 사항

4. 개인사업자의 특성에 적합한 신용상태의 평가기준에 관한 사항

5. 그 밖에 내부통제기준에 관하여 필요한 사항으로서 대통령령으로 정하는 사항

20) 제22조의6(기업신용조회회사의 행위규칙)

① 기업신용조회회사(기업정보조회업무만 하는 기업신용조회회사는 제외한다. 이하 제2항 및 제3항에서 같다)가 기업 및 법인의 신용상태를 평가할 경우에는 해당 기업 및 법인에게 평가에 불이익이 발생할 수 있는 정보 외에 평가에 혜택을 줄 수 있는 정보도 함께 고려하여야 한다.

② 기업신용조회회사는 다음 각 호의 어느 하나에 해당하는 행위를 하여서는 아니 된다.

1. 기업신용조회회사와 일정한 비율 이상의 출자관계에 있는 등 특수한 관계에 있는 자로서 대통령령으로 정하는 자와 관련된 기업신용등급 및 기술신용정보를 생성하는 행위

2. 기업신용등급 및 기술신용정보의 생성 과정에서 기업신용조회회사 또는 그 계열회사의 상품이나 서비스를 구매하거나 이용하도록 강요하는 행위

3. 그 밖에 신용정보주체 보호 또는 건전한 신용질서를 저해할 우려가 있는 행위로서 대통령령으로 정하는 행위

③ 기업신용조회회사는 그 임직원이 직무를 수행할 때 지켜야 할 적절한 기준 및 절차로서 다음 각 호의 사항을 포함하는 내부통제기준을 정하여야 한다.

1. 평가조직과 영업조직의 분리에 관한 사항

2. 이해상충 방지에 관한 사항

3. 불공정행위의 금지에 관한 사항

4. 기업 및 법인의 특성에 적합한 기업신용등급의 생성기준 또는 기술신용평가의 기준에 관한 사항

5. 그 밖에 내부통제기준에 관하여 필요한 사항으로서 대통령령으로 정하는 사항

④ 기업정보조회업무를 하는 기업신용조회회사는 신용정보의 이용자 관리를 위하여 대통령령으로 정하는 바에 따라 이용자관리규정을 정하여야 한다.

21) 제22조의7(신용조사회사의 행위규칙)

① 신용조사회사는 다음 각 호의 어느 하나에 해당하는 행위를 하여서는 아니 된다.

1. 의뢰인에게 허위 사실을 알리는 행위

2. 신용정보에 관한 조사 의뢰를 강요하는 행위

3. 신용정보 조사 대상자에게 조사자료의 제공과 답변을 강요하는 행위

4. 금융거래 등 상거래관계 외의 사생활 등을 조사하는 행위

② 신용조사사업에 종사하는 임직원이 신용정보를 조사하는 경우에는 신용조사사업에 종사하고 있음을 나타내는 증표를 지니고 이를 상대방에게 내보여야 한다.

22) 제22조의9(본인신용정보관리회사의 행위규칙)

① 본인신용정보관리회사는 다음 각 호의 어느 하나에 해당하는 행위를 하여서는 아니 된다.

1. 개인인 신용정보주체에게 개인신용정보의 전송요구를 강요하거나 부당하게 유도하는 행위

2. 그 밖에 신용정보주체 보호 또는 건전한 신용질서를 저해할 우려가 있는 행위로서 대통령령으로 정하는 행위

② 본인신용정보관리회사는 제11조제6항에 따른 업무 및 제11조의2제6항제3호에 따른 업무를 수행하는 과정에서 개인인 신용정보주체와 본인신용정보관리회사 사이에 발생할 수 있는 이해상충을 방지하기 위한 내부관리규정을 마련하여야 한다.

③ 본인신용정보관리회사는 다음 각 호의 수단을 대통령령으로 정하는 방식으로 사용·보관함으로써 신용정보주체에게 교부할 신용정보를 수집하여서는 아니 된다.

1. 대통령령으로 정하는 신용정보제공·이용자나 「개인정보 보호법」에 따른 공공기관으로서 대통령령으로 정하는 공공기관 또는 본인신용정보관리회사(이하 이 조 및 제33조의2에서 "신용정보제공·이용자등"이라 한다)가 선정하여 사용·관리하는 신용정보주체 본인에 관한 수단으로서 「전자금융거래법」 제2조제10호에 따른 접근매체

2. 본인임을 확인 받는 수단으로서 본인의 신분을 나타내는 증표 제시 또는 전화, 인터넷 홈페이지의 이용 등 대통령령으로 정하는 방법

④ 신용정보제공·이용자 등은 개인인 신용정보주체가 본인신용정보관리회사에 본인에 관한 개인신용정보의 전송을 요구하는 경우에는 정보제공의 안전성과 신뢰성이 보장될 수 있는 방식으로서 대통령령으로 정하는 방식으로 해당 개인인 신용정보주체의 개인신용정보를 그 본인신용정보관리회사에 직접 전송하여야 한다.

⑤ 제4항에도 불구하고 신용정보제공·이용자등의 규모, 금융거래 등 상거래의 빈도 등을 고려하여 대통령령으로 정하는 경우에 해당 신용정보제공·이용자 등은 대통령령으로 정하는 중계기관을 통하여 본인신용정보관리회사에 개인신용정보를 전송할 수 있다.

⑥ 신용정보제공·이용자 등은 제33조의2제4항에 따라 개인신용정보를 정기적으로 전송할 경우에는 필요한 범위에서 최소한의 비용을 본인신용정보관리회사가 부담하도록 할 수 있다.

※ 2020년 2월 4일에 신설된 제22조의9의 ③, ④, ⑤, ⑥, ⑦ 항의 시행일은 현재 (2020. 5. 15. 기준) 지정되어 있지 않은 상태입니다.

⑦ 제4항 및 제5항의 전송의 절차 · 방법, 제6항에 따른 비용의 산정기준 등에 대해서는 대통령령으로 정한다.

23) 제23조(공공기관에 대한 신용정보의 제공 요청 등)

② 신용정보집중기관이 국가 · 지방자치단체 또는 대통령령으로 정하는 공공단체 (이하 "공공기관"이라 한다)의 장에게 신용정보주체의 신용도 · 신용거래능력 등의 판단에 필요한 신용정보로서 대통령령으로 정하는 신용정보의 제공을 요청하면 그 요청을 받은 공공기관의 장은 다음 각 호의 법률에도 불구하고 해당 신용정보집중기관에 정보를 제공할 수 있다. 이 경우 정보를 제공하는 기준과 절차 등은 대통령령으로 정한다.
   1. 「공공기관의 정보공개에 관한 법률」
   2. 「개인정보 보호법」
   3. 「국민건강보험법」
   4. 「국민연금법」
   5. 「한국전력공사법」
   6. 「주민등록법」

③ 신용정보집중기관은 제2항에 따라 공공기관으로부터 제공받은 신용정보를 대통령령으로 정하는 신용정보의 이용자에게 제공할 수 있다.

④ 신용정보집중기관 또는 제3항에 따른 신용정보의 이용자가 제2항 및 제3항에 따라 공공기관으로부터 제공받은 개인신용정보를 제공하는 경우에는 제32조 제3항에서 정하는 바에 따라 제공받으려는 자가 해당 개인으로부터 신용정보 제공 · 이용에 대한 동의를 받았는지를 확인하여야 한다. 다만, 제32조제6항 각 호의 어느 하나에 해당하는 경우에는 그러하지 아니하다.

⑤ 제4항에 따라 개인신용정보를 제공받은 자는 그 정보를 제3자에게 제공하여서는 아니 된다.

⑥ 제2항에 따라 신용정보의 제공을 요청하는 자는 관계 법령에 따라 열람료 또는 수수료 등을 내야 한다.

⑦ 신용정보회사 등은 공공기관의 장이 관계 법령에서 정하는 공무상 목적으로 이용하기 위하여 신용정보의 제공을 문서로 요청한 경우에는 그 신용정보를 제공할 수 있다.

24) 제24조(주민등록전산정보자료의 이용)

① 신용정보집중기관 및 대통령령으로 정하는 신용정보제공 · 이용자는 다음 각 호의 어느 하나에 해당하는 경우에는 행정안전부장관에게 「주민등록법」 제30조제1항에 따른 주민등록전산정보자료의 제공을 요청할 수 있다. 이 경우 요청을 받은 행정안전부장관은 특별한 사유가 없으면 그 요청에 따라야 한다.

1. 「상법」 제64조 등 다른 법률에 따라 소멸시효가 완성된 예금 및 보험금 등의 지급을 위한 경우로서 해당 예금 및 보험금 등의 원권리자에게 관련 사항을 알리기 위한 경우

2. 금융거래계약의 만기 도래, 실효(失效), 해지 등 계약의 변경사유 발생 등 거래 상대방의 권리 · 의무에 영향을 미치는 사항을 알리기 위한 경우

② 제1항에 따라 주민등록전산정보자료를 요청하는 경우에는 금융위원회위원장의 심사를 받아야 한다.

③ 제2항에 따라 금융위원회위원장의 심사를 받은 경우에는 「주민등록법」 제30조제1항에 따른 관계 중앙행정기관의 장의 심사를 거친 것으로 본다. 처리절차, 사용료 또는 수수료 등에 관한 사항은 「주민등록법」에 따른다.

25) 제25조(신용정보집중기관)

① 신용정보를 집중하여 수집 · 보관함으로써 체계적 · 종합적으로 관리하고, 신용정보회사등 상호 간에 신용정보를 교환 · 활용(이하 "집중관리 · 활용"이라 한다)하려는 자는 금융위원회로부터 신용정보집중기관으로 허가를 받아야 한다.

② 제1항에 따른 신용정보집중기관은 다음 각 호의 구분에 따라 허가를 받아야 한다.

1. 종합신용정보집중기관: 대통령령으로 정하는 금융기관 전체로부터의 신용정보를 집중관리 · 활용하는 신용정보집중기관

2. 개별신용정보집중기관: 제1호에 따른 금융기관 외의 같은 종류의 사업자가 설립한 협회 등의 협약 등에 따라 신용정보를 집중관리 · 활용하는 신용정보집중기관

③ 제1항에 따른 신용정보집중기관으로 허가를 받으려는 자는 다음 각 호의 요건을 갖추어야 한다.

1. 「민법」 제32조에 따라 설립된 비영리법인일 것

2. 신용정보를 집중관리 · 활용하는 데 있어서 대통령령으로 정하는 바에 따라 공공성과 중립성을 갖출 것

3. 대통령령으로 정하는 시설 · 설비 및 인력을 갖출 것

④ 제1항 및 제2항에 따른 허가 및 그 취소 등에 필요한 사항과 집중관리 · 활용되는 신용정보의 내용 · 범위 및 교환 대상자는 대통령령으로 정한다. 다만, 신용정보집중기관과 개인신용평가회사, 개인사업자신용평가회사, 기업신용조회회사(기업정보조회업무만 하는 기업신용조회회사는 제외한다) 사이의 신용정보 교환 및 이용은 개인신용평가회사, 개인사업자신용평가회사, 기업신용조회회사(기업정보조회업무만 하는 기업신용조회회사는 제외한다)의 의뢰에 따라 신용정보집중기관이 개인신용평가회사, 개인사업자신용평가회사, 기업신용조회회사(기업정보조회업무만 하는 기업신용조회회사는 제외한다)에 신용정보를 제공하는 방식으로 한다.

⑤ 제2항제1호에 따른 종합신용정보집중기관(이하 "종합신용정보집중기관"이라 한다)은 집중되는 신용정보의 정확성 · 신속성을 확보하기 위하여 제26조에 따른 신용정보집중관리위원회가 정하는 바에 따라 신용정보를 제공하는 금융기관의 신용정보 제공의무 이행 실태를 조사할 수 있다.

⑥ 신용정보집중기관은 대통령령으로 정하는 바에 따라 신용정보공동전산망(이하 "공동전산망"이라 한다)을 구축할 수 있으며, 공동전산망에 참여하는 자는 그 유지 · 관리 등에 필요한 협조를 하여야 한다. 이 경우 신용정보집중기관은 「전기통신사업법」 제2조제1항제1호에 따른 전기통신사업자이어야 한다.

26) 제25조의2(종합신용정보집중기관의 업무)

종합신용정보집중기관은 다음 각 호의 업무를 수행한다.

1. 제25조제2항제1호에 따른 금융기관 전체로부터의 신용정보 집중관리 · 활용

1의2. 제23조제2항에 따라 공공기관으로부터 수집한 신용정보의 집중관리 · 활용

1의3. 제39조의2에 따라 신용정보주체에게 채권자변동정보를 교부하거나 열람하게 하는 업무

2. 공공 목적의 조사 및 분석 업무

3. 신용정보의 가공 · 분석 및 제공 등과 관련하여 대통령령으로 정하는 업무

3의2. 제26조의3에 따른 개인신용평가체계 검증위원회의 운영

5. 이 법 및 다른 법률에서 종합신용정보집중기관이 할 수 있도록 정한 업무

6. 그 밖에 제1호부터 제5호까지에 준하는 업무로서 대통령령으로 정하는 업무

27) 제26조(신용정보집중관리위원회)

① 다음 각 호의 업무를 수행하기 위하여 종합신용정보집중기관에 신용정보집중관리위원회(이하 "위원회"라 한다)를 둔다.

　1. 제25조의2 각 호의 업무로서 대통령령으로 정하는 업무와 관련한 중요 사안에 대한 심의

　2. 신용정보의 집중관리 · 활용에 드는 경상경비, 신규사업의 투자비 등의 분담에 관한 사항

　3. 제25조제2항제1호에 따른 금융기관의 신용정보제공의무 이행 실태에 관한 조사 및 대통령령으로 정하는 바에 따른 제재를 부과하는 사항

　4. 신용정보의 업무목적 외 누설 또는 이용의 방지대책에 관한 사항

　5. 그 밖에 신용정보의 집중관리 · 활용에 필요한 사항

③ 위원회는 제1항 각 호의 사항을 결정한 경우 금융위원회가 정하는 바에 따라 금융위원회에 보고하여야 한다.

28) 제26조의2(신용정보집중관리위원회의 구성 · 운영 등)

① 위원회는 위원장 1명을 포함한 15명 이내의 위원으로 구성한다.

② 위원회의 위원장은 종합신용정보집중기관의 장으로 하며, 위원은 공익성, 중립성, 업권별 대표성, 신용정보에 관한 전문지식 등을 고려하여 구성한다.

③ 그 밖에 위원회의 구성 및 운영 등에 필요한 사항은 대통령령으로 정한다.

29) 제26조의3(개인신용평가체계 검증위원회)

① 다음 각 호의 업무를 수행하기 위하여 종합신용정보집중기관에 개인신용평가체계 검증위원회를 둔다.

> 1. 개인신용평가회사 및 개인사업자신용평가회사(이하 이 조에서 "개인신용평가회사 등"이라 한다)의 평가에 사용되는 기초정보에 관한 심의
>
> 2. 개인신용평가회사등의 평가모형의 예측력, 안정성 등에 관한 심의
>
> 3. 제1호 및 제2호와 유사한 것으로서 대통령령으로 정하는 사항

② 개인신용평가체계 검증위원회는 위원장 1명을 포함한 7명 이내의 위원으로 구성한다.

③ 개인신용평가체계 검증위원회는 제1항 각 호의 사항을 심의하여 그 결과를 금융위원회가 정하여 고시하는 바에 따라 금융위원회에 보고하고, 해당 개인신용평가회사등에 알려야 한다.

④ 금융위원회는 제3항에 따라 보고받은 심의결과를 금융위원회가 정하여 고시하는 바에 따라 인터넷 홈페이지 등을 이용하여 공개하여야 한다.

⑤ 제1항에 따른 개인신용평가체계 검증위원회의 구성 및 운영, 제2항부터 제4항까지의 규정에 따른 심의결과의 제출 방법, 시기 및 절차 등에 관하여는 대통령령으로 정한다.

30) 제26조의4(데이터전문기관)

① 금융위원회는 제17조의2에 따른 정보집합물의 결합 및 제40조의2에 따른 익명처리의 적정성 평가를 전문적으로 수행하는 법인 또는 기관(이하 "데이터전문기관"이라 한다)을 지정할 수 있다.

② 데이터전문기관은 다음 각 호의 업무를 수행한다.

> 1. 신용정보회사등이 보유하는 정보집합물과 제3자가 보유하는 정보집합물 간의 결합 및 전달
>
> 2. 신용정보회사등의 익명처리에 대한 적정성 평가
>
> 3. 제1호 및 제2호와 유사한 업무로서 대통령령으로 정하는 업무

③ 데이터전문기관은 제2항제1호 및 제2호의 업무를 전문적으로 수행하기 위하여 필요하면 대통령령으로 정하는 바에 따라 적정성평가위원회를 둘 수 있다.

④ 데이터전문기관은 다음 각 호의 어느 하나에 해당하는 경우에는 대통령령으로 정하는 위험관리체계를 마련하여야 한다.

> 1. 제2항제1호의 업무와 같은 항 제2호의 업무를 함께 수행하는 경우
>
> 2. 제2항 각 호의 업무와 이 법 또는 다른 법령에 따른 업무를 함께 수행하는 경우

⑤ 제1항에 따른 지정의 기준 및 취소, 제3항에 따른 적정성평가위원회의 구성·운영에 관하여 필요한 사항은 대통령령으로 정한다.

31) 제32조(개인신용정보의 제공 · 활용에 대한 동의)

① 신용정보제공 · 이용자가 개인신용정보를 타인에게 제공하려는 경우에는 대통령령으로 정하는 바에 따라 해당 신용정보주체로부터 다음 각 호의 어느 하나에 해당하는 방식으로 개인신용정보를 제공할 때마다 미리 개별적으로 동의를 받아야 한다. 다만, 기존에 동의한 목적 또는 이용 범위에서 개인신용정보의 정확성 · 최신성을 유지하기 위한 경우에는 그러하지 아니하다.

  1. 서면

  2. 「전자서명법」 제2조제3호에 따른 공인전자서명이 있는 전자문서(「전자문서 및 전자거래 기본법」 제2조제1호에 따른 전자문서를 말한다)

  3. 개인신용정보의 제공 내용 및 제공 목적 등을 고려하여 정보 제공 동의의 안정성과 신뢰성이 확보될 수 있는 유무선 통신으로 개인비밀번호를 입력하는 방식

  4. 유무선 통신으로 동의 내용을 해당 개인에게 알리고 동의를 받는 방법. 이 경우 본인 여부 및 동의 내용, 그에 대한 해당 개인의 답변을 음성녹음하는 등 증거자료를 확보 · 유지하여야 하며, 대통령령으로 정하는 바에 따른 사후 고지절차를 거친다.

  5. 그 밖에 대통령령으로 정하는 방식

② 개인신용평가회사, 개인사업자신용평가회사, 기업신용조회회사 또는 신용정보집중기관으로부터 개인신용정보를 제공받으려는 자는 대통령령으로 정하는 바에 따라 해당 신용정보주체로부터 제1항 각 호의 어느 하나에 해당하는 방식으로 개인신용정보를 제공받을 때마다 개별적으로 동의(기존에 동의한 목적 또는 이용 범위에서 개인신용정보의 정확성 · 최신성을 유지하기 위한 경우는 제외한다)를 받아야 한다. 이 경우 개인신용정보를 제공받으려는 자는 개인신용정보의 조회 시 개인신용평점이 하락할 수 있는 때에는 해당 신용정보주체에게 이를 고지하여야 한다.

③ 개인신용평가회사, 개인사업자신용평가회사, 기업신용조회회사 또는 신용정보집중기관이 개인신용정보를 제2항에 따라 제공하는 경우에는 해당 개인신용정보를 제공받으려는 자가 제2항에 따른 동의를 받았는지를 대통령령으로 정하는 바에 따라 확인하여야 한다.

④ 신용정보회사 등은 개인신용정보의 제공 및 활용과 관련하여 동의를 받을 때에는 대통령령으로 정하는 바에 따라 서비스 제공을 위하여 필수적 동의사항과 그 밖의 선택적 동의사항을 구분하여 설명한 후 각각 동의를 받아야 한다. 이 경우 필수적 동의사항은 서비스 제공과의 관련성을 설명하여야 하며, 선택적 동의사항은 정보제공에 동의하지 아니할 수 있다는 사실을 고지하여야 한다.

⑤ 신용정보회사 등은 신용정보주체가 선택적 동의사항에 동의하지 아니한다는 이유로 신용정보주체에게 서비스의 제공을 거부하여서는 아니 된다.

⑥ 신용정보회사 등(제9호의3을 적용하는 경우에는 데이터전문기관을 포함한다)이 개인신용정보를 제공하는 경우로서 다음 각 호의 어느 하나에 해당하는 경우에는 제1항부터 제5항까지를 적용하지 아니한다.

  1. 신용정보회사 및 채권추심회사가 다른 신용정보회사 및 채권추심회사 또는 신용정보집중기관과 서로 집중관리 · 활용하기 위하여 제공하는 경우

  2. 제17조제2항에 따라 신용정보의 처리를 위탁하기 위하여 제공하는 경우

3. 영업양도 · 분할 · 합병 등의 이유로 권리 · 의무의 전부 또는 일부를 이전하면서 그와 관련된 개인신용정보를 제공하는 경우

4. 채권추심(추심채권을 추심하는 경우만 해당한다), 인가 · 허가의 목적, 기업의 신용도 판단, 유가증권의 양수 등 대통령령으로 정하는 목적으로 사용하는 자에게 제공하는 경우

5. 법원의 제출명령 또는 법관이 발부한 영장에 따라 제공하는 경우

6. 범죄 때문에 피해자의 생명이나 신체에 심각한 위험 발생이 예상되는 등 긴급한 상황에서 제5호에 따른 법관의 영장을 발부받을 시간적 여유가 없는 경우로서 검사 또는 사법경찰관의 요구에 따라 제공하는 경우. 이 경우 개인신용정보를 제공받은 검사는 지체 없이 법관에게 영장을 청구하여야 하고, 사법경찰관은 검사에게 신청하여 검사의 청구로 영장을 청구하여야 하며, 개인신용정보를 제공받은 때부터 36시간 이내에 영장을 발부받지 못하면 지체 없이 제공받은 개인신용정보를 폐기하여야 한다.

7. 조세에 관한 법률에 따른 질문 · 검사 또는 조사를 위하여 관할 관서의 장이 서면으로 요구하거나 조세에 관한 법률에 따라 제출의무가 있는 과세자료의 제공을 요구함에 따라 제공하는 경우

8. 국제협약 등에 따라 외국의 금융감독기구에 금융회사가 가지고 있는 개인신용정보를 제공하는 경우

9. 제2조제1호의4나목 및 다목의 정보를 개인신용평가회사, 개인사업자신용평가회사, 기업신용등급제공업무 · 기술신용평가업무를 하는 기업신용조회회사 및 신용정보집중기관에 제공하거나 그로부터 제공받는 경우

9의2. 통계작성, 연구, 공익적 기록보존 등을 위하여 가명정보를 제공하는 경우. 이 경우 통계작성에는 시장조사 등 상업적 목적의 통계작성을 포함하며, 연구에는 산업적 연구를 포함한다.

9의3. 제17조의2제1항에 따른 정보집합물의 결합 목적으로 데이터전문기관에 개인신용정보를 제공하는 경우

9의4. 다음 각 목의 요소를 고려하여 당초 수집한 목적과 상충되지 아니하는 목적으로 개인신용정보를 제공하는 경우

　가. 양 목적 간의 관련성

　나. 신용정보회사 등이 신용정보주체로부터 개인신용정보를 수집한 경위

　다. 해당 개인신용정보의 제공이 신용정보주체에게 미치는 영향

　라. 해당 개인신용정보에 대하여 가명처리를 하는 등 신용정보의 보안대책을 적절히 시행하였는지 여부

10. 이 법 및 다른 법률에 따라 제공하는 경우

11. 제1호부터 제10호까지의 규정에 준하는 경우로서 대통령령으로 정하는 경우

⑦ 제6항 각 호에 따라 개인신용정보를 타인에게 제공하려는 자 또는 제공받은 자는 대통령령으로 정하는 바에 따라 개인신용정보의 제공 사실 및 이유 등을 사전에 해당 신용정보주체에게 알려야 한다. 다만, 대통령령으로 정하는 불가피한 사유가 있는 경우에는 인터넷 홈페이지 게재 또는 그 밖에 유사한 방법을 통하여 사후에 알리거나 공시할 수 있다.

⑧ 제6항제3호에 따라 개인신용정보를 타인에게 제공하는 신용정보제공 · 이용자로서 대통령령으로 정하는 자는 제공하는 신용정보의 범위 등 대통령령으로 정하는 사항에 관하여 금융위원회의 승인을 받아야 한다.

⑨ 제8항에 따른 승인을 받아 개인신용정보를 제공받은 자는 해당 개인신용정보를 금융위원회가 정하는 바에 따라 현재 거래 중인 신용정보주체의 개인신용정보와 분리하여 관리하여야 한다.

⑩ 신용정보회사 등이 개인신용정보를 제공하는 경우에는 금융위원회가 정하여 고시하는 바에 따라 개인신용정보를 제공받는 자의 신원(身元)과 이용 목적을 확인하여야 한다.

⑪ 개인신용정보를 제공한 신용정보제공 · 이용자는 제1항에 따라 미리 개별적 동의를 받았는지 여부 등에 대한 다툼이 있는 경우 이를 증명하여야 한다.

32) 제33조(개인신용정보의 이용)

① 개인신용정보는 다음 각 호의 어느 하나에 해당하는 경우에만 이용하여야 한다.

 1. 해당 신용정보주체가 신청한 금융거래 등 상거래관계의 설정 및 유지 여부 등을 판단하기 위한 목적으로 이용하는 경우

 2. 제1호의 목적 외의 다른 목적으로 이용하는 것에 대하여 신용정보주체로부터 동의를 받은 경우

 3. 개인이 직접 제공한 개인신용정보(그 개인과의 상거래에서 생긴 신용정보를 포함한다)를 제공받은 목적으로 이용하는 경우(상품과 서비스를 소개하거나 그 구매를 권유할 목적으로 이용하는 경우는 제외한다)

 4. 제32조제6항 각 호의 경우

 5. 그 밖에 제1호부터 제4호까지의 규정에 준하는 경우로서 대통령령으로 정하는 경우

② 신용정보회사 등이 개인의 질병, 상해 또는 그 밖에 이와 유사한 정보를 수집 · 조사하거나 제3자에게 제공하려면 미리 제32조제1항 각 호의 방식으로 해당 개인의 동의를 받아야 하며, 대통령령으로 정하는 목적으로만 그 정보를 이용하여야 한다.

33) 제33조의2(개인신용정보의 전송요구)

※ 2020년 2월 4일에 신설된 제33조의2의 시행일은 현재 (2020. 5. 15. 기준) 지정되어 있지 않은 상태입니다.

① 개인인 신용정보주체는 신용정보제공 · 이용자등에 대하여 그가 보유하고 있는 본인에 관한 개인신용정보를 다음 각 호의 어느 하나에 해당하는 자에게 전송하여 줄 것을 요구할 수 있다.

 1. 해당 신용정보주체 본인

 2. 본인신용정보관리회사

 3. 대통령령으로 정하는 신용정보제공 · 이용자

 4. 개인신용평가회사

 5. 그 밖에 제1호부터 제4호까지의 규정에서 정한 자와 유사한 자로서 대통령령으로 정하는 자

② 제1항에 따라 개인인 신용정보주체가 전송을 요구할 수 있는 본인에 관한 개인신용정보의 범위는 다음 각 호의 요소를 모두 고려하여 대통령령으로 정한다.

 1. 해당 신용정보주체(법령 등에 따라 그 신용정보주체의 신용정보를 처리하는 자를 포함한다. 이하 이 호에서 같다)와 신용정보제공 · 이용자등 사이에서 처리된 신용정보로서 다음 각 목의 어느 하나에 해당하는 정보일 것

　　가. 신용정보제공 · 이용자등이 신용정보주체로부터 수집한 정보

　　나. 신용정보주체가 신용정보제공 · 이용자등에게 제공한 정보

　　다. 신용정보주체와 신용정보제공 · 이용자등 간의 권리 · 의무 관계에서 생성된 정보

　2. 컴퓨터 등 정보처리장치로 처리된 신용정보일 것

　3. 신용정보제공 · 이용자등이 개인신용정보를 기초로 별도로 생성하거나 가공한 신용
　　정보가 아닐 것

③ 제1항에 따라 본인으로부터 개인신용정보의 전송요구를 받은 신용정보제공 ·
　이용자등은 제32조 및 다음 각 호의 어느 하나에 해당하는 법률의 관련 규정
　에도 불구하고 지체 없이 본인에 관한 개인신용정보를 컴퓨터 등 정보처리장
　치로 처리가 가능한 형태로 전송하여야 한다.

　1.「금융실명거래 및 비밀보장에 관한 법률」 제4조

　2.「국세기본법」 제81조의13

　3.「지방세기본법」 제86조

　4.「개인정보 보호법」 제18조

　5. 그 밖에 제1호부터 제4호까지의 규정에서 정한 규정과 유사한 규정으로서 대통령령
　　으로 정하는 법률의 관련 규정

④ 제1항에 따라 신용정보주체 본인이 개인신용정보의 전송을 요구하는 경우 신
　용정보제공 · 이용자등에 대하여 해당 개인신용정보의 정확성 및 최신성이 유
　지될 수 있도록 정기적으로 같은 내역의 개인신용정보를 전송하여 줄 것을 요
　구할 수 있다.

⑤ 개인인 신용정보주체가 제1항 각 호의 어느 하나에 해당하는 자에게 제1항에
　따른 전송요구를 할 때에는 다음 각 호의 사항을 모두 특정하여 전자문서나 그
　밖에 안전성과 신뢰성이 확보된 방법으로 하여야 한다.

　1. 신용정보제공 · 이용자 등으로서 전송요구를 받는 자

　2. 전송을 요구하는 개인신용정보

　3. 전송요구에 따라 개인신용정보를 제공받는 자

　4. 정기적인 전송을 요구하는지 여부 및 요구하는 경우 그 주기

　5. 그 밖에 제1호부터 제4호까지의 규정에서 정한 사항과 유사한 사항으로서 대통령령
　　으로 정하는 사항

⑥ 제3항에 따라 개인신용정보를 제공한 신용정보제공 · 이용자 등은 제32조제7
　항 및 다음 각 호의 어느 하나에 해당하는 법률의 관련 규정에도 불구하고 개
　인신용정보의 전송 사실을 해당 신용정보주체 본인에게 통보하지 아니할 수
　있다.

　1.「금융실명거래 및 비밀보장에 관한 법률」 제4조의2

　2. 그 밖에 개인신용정보의 처리에 관한 규정으로서 대통령령으로 정하는 법률의 관련
　　규정

⑦ 개인인 신용정보주체는 제1항에 따른 전송요구를 철회할 수 있다.

⑧ 제1항에 따라 본인으로부터 개인신용정보의 전송요구를 받은 신용정보제공 · 이용자 등은 신용정보주체의 본인 여부가 확인되지 아니하는 경우 등 대통령령으로 정하는 경우에는 전송요구를 거절하거나 전송을 정지 · 중단할 수 있다.

⑨ 제1항 및 제4항에 따른 전송요구의 방법, 제3항에 따른 전송의 기한 및 방법, 제7항에 따른 전송요구 철회의 방법, 제8항에 따른 거절이나 정지 · 중단의 방법에 대해서는 대통령령으로 정한다.

34) 제34조(개인식별정보의 수집 · 이용 및 제공)

신용정보회사 등이 개인을 식별하기 위하여 필요로 하는 정보로서 대통령령으로 정하는 정보를 수집 · 이용 및 제공하는 경우에는 제15조, 제32조 및 제33조를 준용한다.

35) 제34조의2(개인신용정보 등의 활용에 관한 동의의 원칙)

※ 2020년 2월 4일에 신설된 제34조의2의 시행일은 현재 (2020. 5. 15. 기준) 지정되어 있지 않은 상태입니다.

① 신용정보회사 등은 제15조제2항, 제32조제1항 · 제2항, 제33조제1항제2호, 제34조에 따라 신용정보주체로부터 동의(이하 "정보활용 동의"라 한다. 이하 이 조 및 제34조의3에서 같다)를 받는 경우 「개인정보 보호법」 제15조제2항, 제17조제2항 및 제18조제3항에 따라 신용정보주체에게 해당 각 조항에서 규정한 사항(이하 이 조에서 "고지사항"이라 한다)을 알리고 정보활용 동의를 받아야 한다. 다만, 동의 방식이나 개인신용정보의 특성 등을 고려하여 대통령령으로 정하는 경우에 대해서는 그러하지 아니하다.

② 대통령령으로 정하는 신용정보제공 · 이용자는 다음 각 호의 사항을 고려하여 개인인 신용정보주체로부터 정보활용 동의를 받아야 한다.

　1. 보다 쉬운 용어나 단순하고 시청각적인 전달 수단 등을 사용하여 신용정보주체가 정보활용 동의 사항을 이해할 수 있도록 할 것

　2. 정보활용 동의 사항과 금융거래 등 상거래관계의 설정 및 유지 등에 관한 사항이 명확하게 구분되도록 할 것

　3. 정보를 활용하는 신용정보회사 등이나 정보활용의 목적별로 정보활용 동의 사항을 구분하여 신용정보주체가 개별적으로 해당 동의를 할 수 있도록 할 것(제32조제4항의 선택적 동의사항으로 한정한다)

③ 대통령령으로 정하는 신용정보제공 · 이용자는 제1항에도 불구하고 고지사항 중 그 일부를 생략하거나 중요한 사항만을 발췌하여 그 신용정보주체에게 알리고 정보활용 동의를 받을 수 있다. 다만, 개인인 신용정보주체가 고지사항 전부를 알려줄 것을 요청한 경우에는 그러하지 아니하다.

④ 제3항 본문에 따라 고지사항 중 그 일부를 생략하거나 중요한 사항만을 발췌하여 정보활용 동의를 받는 경우에는 같은 항 단서에 따라 신용정보주체에게 고지사항 전부를 별도로 요청할 수 있음을 알려야 한다.

⑤ 제3항 본문에 따른 생략 · 발췌에 관한 사항, 같은 항 단서에 따른 요청의 방법, 제4항에 따라 알리는 방법에 대해서는 대통령령으로 정한다.

36) 제34조의3(정보활용 동의등급)

※ 2020년 2월 4일에 신설된 제34조의3의 시행일은 현재 (2020. 5. 15. 기준) 지정되어 있지 않은 상태입니다.

① 대통령령으로 정하는 신용정보제공·이용자는 정보활용 동의 사항에 대하여 금융위원회가 평가한 등급(이하 이 조에서 "정보활용 동의등급"이라 한다)을 신용정보주체에게 알리고 정보활용 동의를 받아야 한다. 정보활용 동의 사항 중 대통령령으로 정하는 중요사항을 변경한 경우에도 또한 같다.

② 금융위원회는 제1항에 따른 평가를 할 때 다음 각 호의 사항을 고려하여 정보 활용 동의등급을 부여하여야 한다.

1. 정보활용에 따른 사생활의 비밀과 자유를 침해할 위험에 관한 사항(활용되는 개인신 용정보가 「개인정보 보호법」 제23조에 따른 민감정보인지 여부를 포함한다)

2. 정보활용에 따라 신용정보주체가 받게 되는 이익이나 혜택

3. 제34조의2제2항제1호 및 제2호의 사항

4. 그 밖에 제1호부터 제3호까지의 규정에서 정한 사항과 유사한 사항으로서 대통령령 으로 정하는 사항

③ 금융위원회는 제1항에 따른 신용정보제공·이용자가 거짓이나 그 밖의 부정한 방법으로 정보활용 동의등급을 부여받은 경우, 그 밖에 대통령령으로 정하는 경우에는 부여한 정보활용 동의등급을 취소하거나 변경할 수 있다.

④ 제1항 및 제2항에 따른 정보활용 동의등급의 부여, 제3항에 따른 취소·변경 의 방법·절차 등에 대해서는 대통령령으로 정한다.

37) 제35조(신용정보 이용 및 제공사실의 조회)

① 신용정보회사 등은 개인신용정보를 이용하거나 제공한 경우 대통령령으로 정 하는 바에 따라 다음 각 호의 구분에 따른 사항을 신용정보주체가 조회할 수 있도록 하여야 한다. 다만, 내부 경영관리의 목적으로 이용하거나 반복적인 업무위탁을 위하여 제공하는 경우 등 대통령령으로 정하는 경우에는 그러하지 아니하다.

1. 개인신용정보를 이용한 경우: 이용 주체, 이용 목적, 이용 날짜, 이용한 신용정보의 내 용, 그 밖에 대통령령으로 정하는 사항

2. 개인신용정보를 제공한 경우: 제공 주체, 제공받은 자, 제공 목적, 제공한 날짜, 제공 한 신용정보의 내용, 그 밖에 대통령령으로 정하는 사항

② 신용정보회사 등은 제1항에 따라 조회를 한 신용정보주체의 요청이 있는 경우 개인신용정보를 이용하거나 제공하는 때에 제1항 각 호의 구분에 따른 사항을 대통령령으로 정하는 바에 따라 신용정보주체에게 통지하여야 한다.

③ 신용정보회사 등은 신용정보주체에게 제2항에 따른 통지를 요청할 수 있음을 알려주어야 한다.

38) 제35조의2(개인신용평점 하락 가능성 등에 대한 설명의무)

대통령령으로 정하는 신용정보제공·이용자는 개인인 신용정보주체와 신용위험 이 따르는 금융거래로서 대통령령으로 정하는 금융거래를 하는 경우 다음 각 호의 사항을 해당 신용정보주체에게 설명하여야 한다.

1. 해당 금융거래로 인하여 개인신용평가회사가 개인신용평점을 만들어 낼 때 해당 신용정보주체에게 불이익이 발생할 수 있다는 사실

2. 그 밖에 해당 금융거래로 인하여 해당 신용정보주체에게 영향을 미칠 수 있는 사항으로서 대통령령으로 정하는 사항

39) 제35조의3(신용정보제공 · 이용자의 사전통지)

① 대통령령으로 정하는 신용정보제공 · 이용자가 제2조제1호다목의 정보 중 개인신용정보를 개인신용평가회사, 개인사업자신용평가회사, 기업신용조회회사 및 신용정보집중기관에 제공하여 그 업무에 이용하게 하는 경우에는 다음 각 호의 사항을 신용정보주체 본인에게 통지하여야 한다.

　1. 채권자

　2. 약정한 기일까지 채무를 이행하지 아니한 사실에 관한 정보로서 다음 각 목의 정보
　　가. 금액 및 기산일
　　나. 해당 정보 등록이 예상되는 날짜

　3. 정보 등록 시 개인신용평점 또는 기업신용등급이 하락하고 금리가 상승하는 등 불이익을 받을 수 있다는 사실(신용정보집중기관에 등록하는 경우에는 신용정보집중기관이 제3자에게 정보를 제공함으로써 신용정보주체가 불이익을 받을 수 있다는 사실)

　4. 그 밖에 제1호부터 제3호까지의 규정에서 정한 사항과 유사한 사항으로서 대통령령으로 정하는 사항

② 제1항에 따른 통지의 시기와 방법 등에 대하여 필요한 사항은 대통령령으로 정한다.

40) 제36조(상거래 거절 근거 신용정보의 고지 등)

① 신용정보제공 · 이용자가 개인신용평가회사, 개인사업자신용평가회사, 기업신용조회회사(기업정보조회업무만 하는 기업신용조회회사는 제외한다) 및 신용정보집중기관으로부터 제공받은 개인신용정보로서 대통령령으로 정하는 정보에 근거하여 상대방과의 상거래관계 설정을 거절하거나 중지한 경우에는 해당 신용정보주체의 요구가 있으면 그 거절 또는 중지의 근거가 된 정보 등 대통령령으로 정하는 사항을 본인에게 고지하여야 한다.

② 신용정보주체는 제1항에 따라 고지받은 본인정보의 내용에 이의가 있으면 제1항에 따른 고지를 받은 날부터 60일 이내에 해당 신용정보를 수집 · 제공한 개인신용평가회사, 개인사업자신용평가회사, 기업신용조회회사(기업정보조회업무만 하는 기업신용조회회사는 제외한다) 및 신용정보집중기관에게 그 신용정보의 정확성을 확인하도록 요청할 수 있다.

③ 제2항에 따른 확인절차 등에 관하여는 제38조를 준용한다.

41) 제36조의2(자동화평가 결과에 대한 설명 및 이의제기 등)

① 개인인 신용정보주체는 개인신용평가회사 및 대통령령으로 정하는 신용정보제공 · 이용자(이하 이 조에서 "개인신용평가회사 등"이라 한다)에 대하여 다음 각 호의 사항을 설명하여 줄 것을 요구할 수 있다.

1. 다음 각 목의 행위에 자동화평가를 하는지 여부

　가. 개인신용평가

　나. 대통령령으로 정하는 금융거래의 설정 및 유지 여부, 내용의 결정(대통령령으로 정하는 신용정보제공 · 이용자에 한정한다)

　다. 그 밖에 컴퓨터 등 정보처리장치로만 처리하면 개인신용정보 보호를 저해할 우려가 있는 경우로서 대통령령으로 정하는 행위

2. 자동화평가를 하는 경우 다음 각 목의 사항

　가. 자동화평가의 결과

　나. 자동화평가의 주요 기준

　다. 자동화평가에 이용된 기초정보(이하 이 조에서 "기초정보"라 한다)의 개요

　라. 그 밖에 가목부터 다목까지의 규정에서 정한 사항과 유사한 사항으로서 대통령령으로 정하는 사항

② 개인인 신용정보주체는 개인신용평가회사등에 대하여 다음 각 호의 행위를 할 수 있다.

1. 해당 신용정보주체에게 자동화평가 결과의 산출에 유리하다고 판단되는 정보의 제출

2. 자동화평가에 이용된 기초정보의 내용이 정확하지 아니하거나 최신의 정보가 아니라고 판단되는 경우 다음 각 목의 어느 하나에 해당하는 행위

　가. 기초정보를 정정하거나 삭제할 것을 요구하는 행위

　나. 자동화평가 결과를 다시 산출할 것을 요구하는 행위

③ 개인신용평가회사등은 다음 각 호의 어느 하나에 해당하는 경우에는 제1항 및 제2항에 따른 개인인 신용정보주체의 요구를 거절할 수 있다.

1. 이 법 또는 다른 법률에 특별한 규정이 있거나 법령상 의무를 준수하기 위하여 불가피한 경우

2. 해당 신용정보주체의 요구에 따르게 되면 금융거래 등 상거래관계의 설정 및 유지 등이 곤란한 경우

3. 그 밖에 제1호 및 제2호에서 정한 경우와 유사한 경우로서 대통령령으로 정하는 경우

④ 제1항 및 제2항에 따른 요구의 절차 및 방법, 제3항의 거절의 통지 및 그 밖에 필요한 사항은 대통령령으로 정한다.

42) 제37조(개인신용정보 제공 동의 철회권 등)

① 개인인 신용정보주체는 제32조제1항 각 호의 방식으로 동의를 받은 신용정보제공 · 이용자에게 개인신용평가회사, 개인사업자신용평가회사 또는 신용정보집중기관에 제공하여 개인의 신용도 등을 평가하기 위한 목적 외의 목적으로 행한 개인신용정보 제공 동의를 대통령령으로 정하는 바에 따라 철회할 수 있다. 다만, 동의를 받은 신용정보제공 · 이용자 외의 신용정보제공 · 이용자에게 해당 개인신용정보를 제공하지 아니하면 해당 신용정보주체와 약정한 용역의 제공을 하지 못하게 되는 등 계약 이행이 어려워지거나 제33조제1항제1호에 따른 목적을 달성할 수 없는 경우에는 고객이 동의를 철회하려면 그 용역의 제공을 받지 아니할 의사를 명확하게 밝혀야 한다.

② 개인인 신용정보주체는 대통령령으로 정하는 바에 따라 신용정보제공 · 이용
   자에 대하여 상품이나 용역을 소개하거나 구매를 권유할 목적으로 본인에게
   연락하는 것을 중지하도록 청구할 수 있다.

③ 신용정보제공 · 이용자는 서면, 전자문서 또는 구두에 의한 방법으로 제1항 및
   제2항에 따른 권리의 내용, 행사방법 등을 거래 상대방인 개인에게 고지하고,
   거래 상대방이 제1항 및 제2항의 요구를 하면 즉시 이에 따라야 한다. 이 때
   구두에 의한 방법으로 이를 고지한 경우 대통령령으로 정하는 바에 따른 추가
   적인 사후 고지절차를 거쳐야 한다.

④ 신용정보제공 · 이용자는 대통령령으로 정하는 바에 따라 제3항에 따른 의무
   를 이행하기 위한 절차를 갖추어야 한다.

⑤ 신용정보제공 · 이용자는 제2항에 따른 청구에 따라 발생하는 전화요금 등 금
   전적 비용을 개인인 신용정보주체가 부담하지 아니하도록 대통령령으로 정하
   는 바에 따라 필요한 조치를 하여야 한다.

43) 제38조(신용정보의 열람 및 정정청구 등)

① 신용정보주체는 신용정보회사 등에 본인의 신분을 나타내는 증표를 내보이거
   나 전화, 인터넷 홈페이지의 이용 등 대통령령으로 정하는 방법으로 본인임을
   확인받아 신용정보회사 등이 가지고 있는 신용정보주체 본인에 관한 신용정보
   로서 대통령령으로 정하는 신용정보의 교부 또는 열람을 청구할 수 있다.

② 제1항에 따라 자신의 신용정보를 열람한 신용정보주체는 본인 신용정보가 사
   실과 다른 경우에는 금융위원회가 정하여 고시하는 바에 따라 정정을 청구할
   수 있다.

③ 제2항에 따라 정정청구를 받은 신용정보회사 등은 정정청구에 정당한 사유가
   있다고 인정하면 지체 없이 해당 신용정보의 제공 · 이용을 중단한 후 사실인
   지를 조사하여 사실과 다르거나 확인할 수 없는 신용정보는 삭제하거나 정정
   하여야 한다.

④ 제3항에 따라 신용정보를 삭제하거나 정정한 신용정보회사 등은 해당 신용정
   보를 최근 6개월 이내에 제공받은 자와 해당 신용정보주체가 요구하는 자에게
   해당 신용정보에서 삭제하거나 정정한 내용을 알려야 한다.

⑤ 신용정보회사 등은 제3항 및 제4항에 따른 처리결과를 7일 이내에 해당 신용
   정보주체에게 알려야 하며, 해당 신용정보주체는 처리결과에 이의가 있으면
   대통령령으로 정하는 바에 따라 금융위원회에 그 시정을 요청할 수 있다. 다
   만, 개인신용정보에 대한 제45조의3제1항에 따른 상거래기업 및 법인의 처리
   에 대하여 이의가 있으면 대통령령으로 정하는 바에 따라 「개인정보 보호법」에
   따른 개인정보 보호위원회(이하 "보호위원회"라 한다)에 그 시정을 요청할 수
   있다.

⑥ 금융위원회 또는 보호위원회는 제5항에 따른 시정을 요청받으면 「금융위원회의 설치 등에 관한 법률」 제24조에 따라 설립된 금융감독원의 원장(이하 "금융감독원장"이라 한다) 또는 보호위원회가 지정한 자로 하여금 그 사실 여부를 조사하게 하고, 조사결과에 따라 신용정보회사등에 대하여 시정을 명하거나 그 밖에 필요한 조치를 할 수 있다. 다만, 필요한 경우 보호위원회는 해당 업무를 직접 수행할 수 있다.

⑦ 제6항에 따라 조사를 하는 자는 그 권한을 표시하는 증표를 지니고 이를 관계인에게 내보여야 한다.

⑧ 신용정보회사 등이 제6항에 따른 금융위원회 또는 보호위원회의 시정명령에 따라 시정조치를 한 경우에는 그 결과를 금융위원회 또는 보호위원회에 보고하여야 한다.

44) 제38조의2(신용조회사실의 통지 요청)

① 신용정보주체는 개인신용평가회사, 개인사업자신용평가회사에 대하여 본인의 개인신용정보가 조회되는 사실을 통지하여 줄 것을 요청할 수 있다. 이 경우 신용정보주체는 금융위원회가 정하는 방식에 따라 본인임을 확인받아야 한다.

② 제1항의 요청을 받은 개인신용평가회사 또는 개인사업자신용평가회사는 명의도용 가능성 등 대통령령으로 정하는 사유에 해당하는 개인신용정보 조회가 발생한 때에는 해당 조회에 따른 개인신용정보의 제공을 중지하고 그 사실을 지체 없이 해당 신용정보주체에게 통지하여야 한다.

③ 제2항의 정보제공 중지 및 통지 방법, 통지에 따른 비용 부담 등에 필요한 사항은 대통령령으로 정한다.

45) 제38조의3(개인신용정보의 삭제 요구)

① 신용정보주체는 금융거래 등 상거래관계가 종료되고 대통령령으로 정하는 기간이 경과한 경우 신용정보제공·이용자에게 본인의 개인신용정보의 삭제를 요구할 수 있다. 다만, 제20조의2제2항 각 호의 어느 하나에 해당하는 경우에는 그러하지 아니하다.

② 신용정보제공·이용자가 제1항의 요구를 받았을 때에는 지체 없이 해당 개인신용정보를 삭제하고 그 결과를 신용정보주체에게 통지하여야 한다.

③ 신용정보제공·이용자는 신용정보주체의 요구가 제1항 단서에 해당될 때에는 다른 개인신용정보와 분리하는 등 대통령령으로 정하는 바에 따라 관리하여야 하며, 그 결과를 신용정보주체에게 통지하여야 한다.

④ 제2항 및 제3항에 따른 통지의 방법은 금융위원회가 정하여 고시한다.

46) 제39조(무료 열람권)

개인인 신용정보주체는 1년 이내로서 대통령령으로 정하는 일정한 기간마다 개인신용평가회사(대통령령으로 정하는 개인신용평가회사는 제외한다)에 대하여 다음 각 호의 신용정보를 1회 이상 무료로 교부받거나 열람할 수 있다.

1. 개인신용평점

2. 개인신용평점의 산출에 이용된 개인신용정보

3. 그 밖에 제1호 및 제2호에서 정한 정보와 유사한 정보로서 대통령령으로 정하는 신용정보

47) 제39조의2(채권자변동정보의 열람 등)

① 대통령령으로 정하는 신용정보제공 · 이용자는 개인인 신용정보주체와의 금융거래로서 대통령령으로 정하는 금융거래로 인하여 발생한 채권을 취득하거나 제3자에게 양도하는 경우 해당 채권의 취득 · 양도 · 양수 사실에 관한 정보, 그 밖에 신용정보주체의 보호를 위하여 필요한 정보로서 대통령령으로 정하는 정보(이하 이 조에서 "채권자변동정보"라 한다)를 종합신용정보집중기관에 제공하여야 한다.

② 개인인 신용정보주체는 제1항에 따라 종합신용정보집중기관이 제공받아 보유하고 있는 신용정보주체 본인에 대한 채권자변동정보를 교부받거나 열람할 수 있다.

③ 종합신용정보집중기관은 제1항에 따라 제공받은 채권자변동정보를 제25조제1항에 따라 집중관리 · 활용하는 정보, 그 밖에 대통령령으로 정하는 정보와 대통령령으로 정하는 바에 따라 분리하여 보관하여야 한다.

④ 제1항 및 제2항에 따른 채권자변동정보의 제공 및 열람권 행사의 비용 등에 대해서는 대통령령으로 정한다.

48) 제39조의3(신용정보주체의 권리행사 방법 및 절차)

① 신용정보주체는 다음 각 호의 권리행사(이하 "열람 등 요구"라 한다)를 서면 등 대통령령으로 정하는 방법 · 절차에 따라 대리인에게 하게 할 수 있다.

1. 제33조의2제1항에 따른 전송요구

2. 제36조제1항에 따른 고지요구

3. 제36조의2제1항에 따른 설명 요구 및 제2항 각 호의 어느 하나에 해당하는 행위

4. 제37조제1항에 따른 동의 철회 및 제2항에 따른 연락중지 청구

5. 제38조제1항 및 제2항에 따른 열람 및 정정청구

6. 제38조의2제1항에 따른 통지 요청

7. 제39조에 따른 무료열람

8. 제39조의2제2항에 따른 교부 또는 열람

② 만 14세 미만 아동의 법정대리인은 신용정보회사 등에 그 아동의 개인신용정보에 대하여 열람 등 요구를 할 수 있다.

49) 제39조의4(개인신용정보 누설통지 등)

① 신용정보회사 등은 개인신용정보가 업무 목적 외로 누설되었음을 알게 된 때에는 지체 없이 해당 신용정보주체에게 통지하여야 한다. 이 경우 통지하여야 할 사항은「개인정보 보호법」제34조제1항 각 호의 사항을 준용한다.

② 신용정보회사 등은 개인신용정보가 누설된 경우 그 피해를 최소화하기 위한 대책을 마련하고 필요한 조치를 하여야 한다.

③ 신용정보회사 등은 대통령령으로 정하는 규모 이상의 개인신용정보가 누설된 경우 제1항에 따른 통지 및 제2항에 따른 조치결과를 지체 없이 금융위원회 또는 대통령령으로 정하는 기관(이하 이 조에서 "금융위원회 등"이라 한다)에 신고하여야 한다. 이 경우 금융위원회 등은 피해 확산 방지, 피해 복구 등을 위한 기술을 지원할 수 있다.

④ 제3항에도 불구하고 제45조의3제1항에 따른 상거래기업 및 법인은 보호위원회 또는 대통령령으로 정하는 기관(이하 이 조에서 "보호위원회 등"이라 한다)에 신고하여야 한다.

⑤ 금융위원회 등은 제3항에 따른 신고를 받은 때에는 이를 개인정보 보호위원회에 알려야 한다.

⑥ 금융위원회 등 또는 보호위원회 등은 제2항에 따라 신용정보회사 등이 행한 조치에 대하여 조사할 수 있으며, 그 조치가 미흡하다고 판단되는 경우 금융위원회 또는 보호위원회는 시정을 요구할 수 있다.

⑦ 제1항에 따른 통지의 시기, 방법 및 절차 등에 필요한 사항은 대통령령으로 정한다.

50) 제40조(신용정보회사 등의 금지사항)

① 신용정보회사 등은 다음 각 호의 행위를 하여서는 아니 된다.

　4. 특정인의 소재 및 연락처(이하 "소재 등"이라 한다)를 알아내는 행위. 다만, 채권추심회사가 그 업무를 하기 위하여 특정인의 소재 등을 알아내는 경우 또는 다른 법령에 따라 특정인의 소재 등을 알아내는 것이 허용되는 경우에는 그러하지 아니하다.

　5. 정보원, 탐정, 그 밖에 이와 비슷한 명칭을 사용하는 일

② 신용정보회사 등이 개인신용정보 또는 개인을 식별하기 위하여 필요한 정보를 이용하여 영리목적의 광고성 정보를 전송하는 경우에 대하여는「정보통신망 이용촉진 및 정보보호 등에 관한 법률」제50조를 준용한다.

51) 제40조의2(가명처리 · 익명처리에 관한 행위규칙)

① 신용정보회사 등은 가명처리에 사용한 추가정보를 대통령령으로 정하는 방법으로 분리하여 보관하거나 삭제하여야 한다.

② 신용정보회사 등은 가명처리한 개인신용정보에 대하여 제3자의 불법적인 접근, 입력된 정보의 변경 · 훼손 및 파괴, 그 밖의 위험으로부터 가명정보를 보호하기 위하여 내부관리계획을 수립하고 접속기록을 보관하는 등 대통령령으로 정하는 바에 따라 기술적 · 물리적 · 관리적 보안대책을 수립 · 시행하여야 한다.

③ 신용정보회사 등은 개인신용정보에 대한 익명처리가 적정하게 이루어졌는지 여부에 대하여 금융위원회에 그 심사를 요청할 수 있다.

④ 금융위원회가 제3항의 요청에 따라 심사하여 적정하게 익명처리가 이루어졌다고 인정한 경우 더 이상 해당 개인인 신용정보주체를 알아볼 수 없는 정보로 추정한다.

⑤ 금융위원회는 제3항의 심사 및 제4항의 인정 업무에 대해서는 대통령령으로 정하는 바에 따라 제26조의4에 따른 데이터전문기관에 위탁할 수 있다.

⑥ 신용정보회사 등은 영리 또는 부정한 목적으로 특정 개인을 알아볼 수 있게 가명정보를 처리하여서는 아니 된다.

⑦ 신용정보회사 등은 가명정보를 이용하는 과정에서 특정 개인을 알아볼 수 있게 된 경우 즉시 그 가명정보를 회수하여 처리를 중지하고, 특정 개인을 알아볼 수 있게 된 정보는 즉시 삭제하여야 한다.

⑧ 신용정보회사 등은 개인신용정보를 가명처리나 익명처리를 한 경우 다음 각 호의 구분에 따라 소치 기록을 3년간 보존하여야 한다.

　1. 개인신용정보를 가명처리한 경우

　　가. 가명처리한 날짜

　　나. 가명처리한 정보의 항목

　　다. 가명처리한 사유와 근거

　2. 개인신용정보를 익명처리한 경우

　　가. 익명처리한 날짜

　　나. 익명처리한 정보의 항목

　　다. 익명처리한 사유와 근거

52) 제40조의3(가명정보에 대한 적용 제외)

가명정보에 관하여는 제32조제7항, 제33조의2, 제35조, 제35조의2, 제35조의3, 제36조, 제36조의2, 제37조, 제38조, 제38조의2, 제38조의3, 제39조 및 제39조의2부터 제39조의4까지의 규정을 적용하지 아니한다.

53) 제41조의2(모집업무수탁자의 모집경로 확인 등)

① 신용정보제공·이용자는 본인의 영업을 영위할 목적으로 모집업무(그 명칭과 상관없이 본인의 영업과 관련한 계약체결을 대리하거나 중개하는 업무를 말한다. 이하 같다)를 제3자에게 위탁하는 경우 그 모집업무를 위탁받은 자로서 대통령령으로 정하는 자(이하 "모집업무수탁자"라 한다)에 대하여 다음 각 호의 사항을 확인하여야 한다.

1. 거짓이나 그 밖의 부정한 수단이나 방법으로 취득하거나 제공받은 신용정보(이하 "불법취득신용정보"라 한다)를 모집업무에 이용하였는지 여부
2. 모집업무에 이용한 개인신용정보 등을 취득한 경로
3. 그 밖에 대통령령으로 정하는 사항

② 신용정보제공·이용자는 모집업무수탁자가 불법취득신용정보를 모집업무에 이용한 사실을 확인한 경우 해당 모집업무수탁자와의 위탁계약을 해지하여야 한다.

③ 신용정보제공·이용자는 제2항에 따라 모집업무수탁자와의 위탁계약을 해지한 경우 이를 금융위원회 또는 대통령령으로 정하는 등록기관에 알려야 한다.

④ 제1항에 따른 확인, 제3항에 따른 보고의 시기·방법 등에 필요한 사항은 대통령령으로 정한다.

54) 제42조(업무 목적 외 누설금지 등)

① 신용정보회사 등과 제17조제2항에 따라 신용정보의 처리를 위탁받은 자의 임직원이거나 임직원이었던 자(이하 "신용정보업관련자"라 한다)는 업무상 알게 된 타인의 신용정보 및 사생활 등 개인적 비밀(이하 "개인비밀"이라 한다)을 업무 목적 외에 누설하거나 이용하여서는 아니 된다.

② 신용정보회사 등과 신용정보업관련자가 이 법에 따라 신용정보회사 등에 신용정보를 제공하는 행위는 제1항에 따른 업무 목적 외의 누설이나 이용으로 보지 아니한다.

③ 제1항을 위반하여 누설된 개인비밀을 취득한 자(그로부터 누설된 개인비밀을 다시 취득한 자를 포함한다)는 그 개인비밀이 제1항을 위반하여 누설된 것임을 알게 된 경우 그 개인비밀을 타인에게 제공하거나 이용하여서는 아니 된다.

④ 신용정보회사 등과 신용정보업관련자로부터 개인신용정보를 제공받은 자는 그 개인신용정보를 타인에게 제공하여서는 아니 된다. 다만, 이 법 또는 다른 법률에 따라 제공이 허용되는 경우에는 그러하지 아니하다.

55) 제42조의2(과징금의 부과 등)

① 금융위원회(제45조의3제1항에 따른 상거래기업 및 법인이 다음 각 호의 어느 하나에 해당하는 행위를 한 경우에는 보호위원회를 말한다)는 다음 각 호의 어느 하나에 해당하는 행위가 있는 경우에는 전체 매출액의 100분의 3 이하에 해당하는 금액을 과징금으로 부과할 수 있다. 다만, 제1호에 해당하는 행위가 있는 경우에는 50억원 이하의 과징금을 부과할 수 있다.

　　1. 제19조제1항을 위반하여 개인신용정보를 분실 · 도난 · 누출 · 변조 또는 훼손당한 경우

　　1의2. 제32조제6항제9호의2에 해당하지 아니함에도 제32조제1항 또는 제2항을 위반하여 신용정보주체의 동의를 받지 아니하고 개인신용정보를 제3자에게 제공한 경우 및 그 사정을 알면서도 영리 또는 부정한 목적으로 개인신용정보를 제공받은 경우

　　1의3. 제32조제6항제9호의2 및 제33조제1항제4호에 해당하지 아니함에도 제33조제1항을 위반하여 개인신용정보를 이용한 경우

　　1의4. 제40조의2제6항을 위반하여 영리 또는 부정한 목적으로 특정 개인을 알아볼 수 있게 가명정보를 처리한 경우

　　2. 제42조제1항을 위반하여 개인비밀을 업무 목적 외에 누설하거나 이용한 경우

　　3. 제42조제3항을 위반하여 불법 누설된 개인비밀임을 알고 있음에도 그 개인비밀을 타인에게 제공하거나 이용한 경우

② 제1항에 따른 과징금을 부과하는 경우 신용정보회사 등이 매출액 산정자료의 제출을 거부하거나 거짓의 자료를 제출한 때에는 해당 신용정보회사 등과 비슷한 규모의 신용정보회사 등의 재무제표나 그 밖의 회계자료 등의 자료에 근거하여 매출액을 추정할 수 있다. 다만, 매출액이 없거나 매출액의 산정이 곤란한 경우로서 대통령령으로 정하는 경우에는 200억원 이하의 과징금을 부과할 수 있다.

③ 금융위원회 또는 보호위원회는 제1항에 따른 과징금을 부과하려면 다음 각 호의 사항을 고려하여야 한다.

　　1. 위반행위의 내용 및 정도

　　2. 위반행위의 기간 및 횟수

　　3. 위반행위로 인하여 취득한 이익의 규모

④ 제1항에 따른 과징금은 제3항을 고려하여 산정하되, 구체적인 산정기준과 산정절차는 대통령령으로 정한다.

⑤ 금융위원회 또는 보호위원회는 제1항에 따른 과징금을 내야 할 자가 납부기한까지 이를 내지 아니하면 납부기한의 다음 날부터 내지 아니한 과징금의 연 100분의 6에 해당하는 가산금을 징수한다. 이 경우 가산금을 징수하는 기간은 60개월을 초과하지 못한다.

⑥ 금융위원회 또는 보호위원회는 제1항에 따른 과징금을 내야 할 자가 납부기한까지 이를 내지 아니한 경우에는 기간을 정하여 독촉을 하고, 그 지정된 기간에 과징금과 제5항에 따른 가산금을 내지 아니하면 국세 체납처분의 예에 따라 징수한다.

⑦ 법원의 판결 등의 사유로 제1항에 따라 부과된 과징금을 환급하는 경우에는 과징금을 낸 날부터 환급하는 날까지 연 100분의 6에 해당하는 환급가산금을 지급하여야 한다.

⑧ 신용정보제공·이용자가 위탁계약을 맺고 거래하는 모집인(「여신전문금융업법」 제14조의2제2호에 따른 모집인을 말한다) 등 대통령령으로 정하는 자가 제1항 각 호에 해당하는 경우에는 그 위반행위의 범위에서 해당 신용정보제공·이용자의 직원으로 본다. 다만, 그 신용정보제공·이용자가 그 모집인 등의 위반행위를 방지하기 위하여 상당한 주의와 감독을 다한 경우에는 그러하지 아니하다.

⑨ 그 밖에 과징금의 부과·징수에 관하여 필요한 사항은 대통령령으로 정한다.

56) 제43조(손해배상의 책임)

① 신용정보회사 등과 그로부터 신용정보를 제공받은 자가 이 법을 위반하여 신용정보주체에게 손해를 가한 경우에는 해당 신용정보주체에 대하여 그 손해를 배상할 책임이 있다. 다만, 신용정보회사 등과 그로부터 신용정보를 제공받은 자가 고의 또는 과실이 없음을 증명한 경우에는 그러하지 아니하다.

② 신용정보회사 등이나 그 밖의 신용정보 이용자(수탁자를 포함한다. 이하 이 조에서 같다)가 고의 또는 중대한 과실로 이 법을 위반하여 개인신용정보가 누설되거나 분실·도난·누출·변조 또는 훼손되어 신용정보주체에게 피해를 입힌 경우에는 해당 신용정보주체에 대하여 그 손해의 5배를 넘지 아니하는 범위에서 배상할 책임이 있다. 다만, 신용정보회사 등이나 그 밖의 신용정보 이용자가 고의 또는 중대한 과실이 없음을 증명한 경우에는 그러하지 아니하다.

③ 법원은 제2항의 배상액을 정할 때에는 다음 각 호의 사항을 고려하여야 한다.

1. 고의 또는 손해 발생의 우려를 인식한 정도

2. 위반행위로 인하여 입은 피해 규모

3. 위반행위로 인하여 신용정보회사 등이나 그 밖의 신용정보 이용자가 취득한 경제적 이익

4. 위반행위에 따른 벌금 및 과징금

5. 위반행위의 기간·횟수 등

6. 신용정보회사 등이나 그 밖의 신용정보 이용자의 재산상태

7. 신용정보회사 등이나 그 밖의 신용정보 이용자의 개인신용정보 분실·도난·누출 후 해당 개인신용정보 회수 노력의 정도

8. 신용정보회사 등이나 그 밖의 신용정보 이용자의 피해구제 노력의 정도

④ 채권추심회사 또는 위임직채권추심인이 이 법을 위반하여 「채권의 공정한 추심에 관한 법률」에 따른 채무자 또는 관계인에게 손해를 가한 경우에는 그 손해를 배상할 책임이 있다. 다만, 채권추심회사 또는 위임직채권추심인이 자신에게 고의 또는 과실이 없음을 증명한 경우에는 그러하지 아니하다.

⑤ 신용정보회사가 자신에게 책임 있는 사유로 의뢰인에게 손해를 가한 경우에는 그 손해를 배상할 책임이 있다.

⑥ 제17조제1항에 따라 신용정보의 처리를 위탁받은 자가 이 법을 위반하여 신용 정보주체에게 손해를 가한 경우에는 위탁자는 수탁자와 연대하여 그 손해를 배상할 책임이 있다.

⑦ 위임직채권추심인이 이 법 또는 「채권의 공정한 추심에 관한 법률」을 위반하여 「채권의 공정한 추심에 관한 법률」에 따른 채무자 또는 관계인에게 손해를 가 한 경우 채권추심회사는 위임직채권추심인과 연대하여 그 손해를 배상할 책임 이 있다. 다만, 채권추심회사가 위임직채권추심인 선임 및 관리에 있어서 자 신에게 고의 또는 과실이 없음을 증명한 경우에는 그러하지 아니하다.

57) 제43조의2(법정손해배상의 청구)

① 신용정보주체는 신용정보회사 등이나 그로부터 신용정보를 제공받은 자가 이 법의 규정을 위반한 경우에는 신용정보회사 등이나 그로부터 신용정보를 제공 받은 자에게 제43조에 따른 손해배상을 청구하는 대신 300만원 이하의 범위 에서 상당한 금액을 손해액으로 하여 배상을 청구할 수 있다. 이 경우 해당 신 용정보회사 등이나 그로부터 신용정보를 제공받은 자는 고의 또는 과실이 없 음을 입증하지 아니하면 책임을 면할 수 없다.

② 제1항에 따른 손해배상 청구의 변경 및 법원의 손해액 인정에 관하여는 「개인 정보 보호법」 제39조의2제2항 및 제3항을 준용한다.

58) 제43조의3(손해배상의 보장)

대통령령으로 정하는 신용정보회사 등은 제43조에 따른 손해배상책임의 이행을 위하여 금융위원회가 정하는 기준에 따라 보험 또는 공제에 가입하거나 준비금을 적립하는 등 필요한 조치를 하여야 한다.

Section 09 클라우드컴퓨팅 발전 및 이용자 보호에 관한 법률

1) 제1조(목적)

이 법은 클라우드컴퓨팅의 발전 및 이용을 촉진하고 클라우드컴퓨팅서비스를 안전하게 이용할 수 있는 환경을 조성함으로써 국민생활의 향상과 국민경제의 발전에 이바지함을 목적으로 한다.

2) 제2조(정의)

이 법에서 사용하는 용어의 뜻은 다음과 같다.

1. "클라우드컴퓨팅"(Cloud Computing)이란 집적·공유된 정보통신기기, 정보통신설비, 소프트웨어 등 정보통신자원(이하 "정보통신자원"이라 한다)을 이용자의 요구나 수요 변화에 따라 정보통신망을 통하여 신축적으로 이용할 수 있도록 하는 정보처리체계를 말한다.

2. "클라우드컴퓨팅기술"이란 클라우드컴퓨팅의 구축 및 이용에 관한 정보통신기술로서 가상화 기술, 분산처리 기술 등 대통령령으로 정하는 것을 말한다.

3. "클라우드컴퓨팅서비스"란 클라우드컴퓨팅을 활용하여 상용(商用)으로 타인에게 정보통신자원을 제공하는 서비스로서 대통령령으로 정하는 것을 말한다.

4. "이용자 정보"란 클라우드컴퓨팅서비스 이용자(이하 "이용자"라 한다)가 클라우드컴퓨팅서비스를 이용하여 클라우드컴퓨팅서비스를 제공하는 자(이하 "클라우드컴퓨팅서비스 제공자"라 한다)의 정보통신자원에 저장하는 정보(「국가정보화 기본법」 제3조제1호에 따른 정보를 말한다)로서 이용자가 소유 또는 관리하는 정보를 말한다.

3) 제3조(국가 등의 책무)

① 국가와 지방자치단체는 클라우드컴퓨팅의 발전 및 이용 촉진, 클라우드컴퓨팅서비스의 안전한 이용 환경 조성 등에 필요한 시책을 마련하여야 한다.

② 클라우드컴퓨팅서비스 제공자는 이용자 정보를 보호하고 신뢰할 수 있는 클라우드컴퓨팅서비스를 제공하도록 노력하여야 한다.

③ 이용자는 클라우드컴퓨팅서비스의 안전성을 해치지 아니하도록 하여야 한다.

4) 제4조(다른 법률과의 관계)

이 법은 클라우드컴퓨팅의 발전과 이용 촉진 및 이용자 보호에 관하여 다른 법률에 우선하여 적용하여야 한다. 다만, 개인정보 보호에 관하여는 「개인정보 보호법」, 「정보통신망 이용촉진 및 정보보호 등에 관한 법률」 등 관련 법률에서 정하는 바에 따른다.

5) 제5조(기본계획 및 시행계획의 수립)

① 과학기술정보통신부장관은 클라우드컴퓨팅의 발전과 이용 촉진 및 이용자 보호와 관련된 중앙행정기관(이하 "관계 중앙행정기관"이라 한다)의 클라우드컴퓨팅 관련 계획과 시책 등을 종합하여 3년마다 기본계획(이하 "기본계획"이라 한다)을 수립하고 「정보통신 진흥 및 융합 활성화 등에 관한 특별법」 제7조에 따른 정보통신 전략위원회의 심의를 거쳐 확정하여야 한다.

② 기본계획에는 다음 각 호의 사항이 포함되어야 한다.

1. 클라우드컴퓨팅 발전과 이용 촉진 및 이용자 보호를 위한 시책의 기본 방향

2. 클라우드컴퓨팅 산업의 진흥 및 이용 촉진을 위한 기반 조성에 관한 사항

3. 클라우드컴퓨팅의 도입과 이용 활성화에 관한 사항

4. 클라우드컴퓨팅기술의 연구개발 촉진에 관한 사항

5. 클라우드컴퓨팅 관련 전문인력의 양성에 관한 사항

6. 클라우드컴퓨팅 관련 국제협력과 해외진출 촉진에 관한 사항

7. 클라우드컴퓨팅서비스 이용자 정보 보호에 관한 사항

8. 클라우드컴퓨팅 관련 법령 · 제도 개선에 관한 사항

9. 클라우드컴퓨팅 관련 기술 및 산업 간 융합 촉진에 관한 사항

10. 그 밖에 클라우드컴퓨팅기술 및 클라우드컴퓨팅서비스의 발전과 안전한 이용환경 조성을 위하여 필요한 사항

③ 관계 중앙행정기관의 장은 기본계획에 따라 매년 소관별 시행계획(이하 "시행계획"이라 한다)을 수립 · 시행하여야 한다.

④ 관계 중앙행정기관의 장은 다음 연도의 시행계획 및 전년도의 시행계획에 따른 추진실적을 대통령령으로 정하는 바에 따라 매년 과학기술정보통신부장관에게 제출하고, 과학기술정보통신부장관은 매년 시행계획에 따른 추진실적을 평가하여야 한다.

⑤ 제1항부터 제4항까지에서 규정한 사항 외에 기본계획 및 시행계획의 수립 · 시행, 추진실적의 제출 · 평가에 필요한 사항은 대통령령으로 정한다.

6) 제6조(관계 기관의 협조)

① 과학기술정보통신부장관 및 관계 중앙행정기관의 장은 기본계획 또는 시행계획의 수립 · 시행을 위하여 필요한 경우에는 국가기관, 지방자치단체 및 「전자정부법」 제2조제3호에 따른 공공기관(이하 "국가기관등"이라 한다)의 장에게 협조를 요청할 수 있다.

② 제1항에 따른 요청을 받은 자는 정당한 사유가 없으면 이에 따라야 한다.

7) 제7조(실태조사)

① 과학기술정보통신부장관은 클라우드컴퓨팅에 관한 정책의 효과적인 수립 · 시행에 필요한 산업 현황과 통계를 확보하기 위하여 실태조사를 할 수 있다.

② 과학기술정보통신부장관은 제1항에 따른 실태조사를 위하여 필요한 경우에는 클라우드컴퓨팅서비스 제공자나 그 밖의 관련 기관 또는 단체에 자료의 제출이나 의견의 진술 등을 요청할 수 있다.

③ 과학기술정보통신부장관은 관계 중앙행정기관의 장이 요구하는 경우 실태조사 결과를 통보하여야 한다.

④ 제1항부터 제3항까지에 따른 실태조사에 필요한 사항은 대통령령으로 정한다.

8) 제11조(중소기업에 대한 지원)

① 정부는 클라우드컴퓨팅의 발전과 이용 촉진 및 이용자 보호를 위하여 클라우드컴퓨팅 관련 중소기업(「중소기업기본법」 제2조에 따른 중소기업을 말한다. 이하 같다)에 다음 각 호의 지원을 할 수 있다.

    1. 클라우드컴퓨팅서비스에 관한 정보 제공 및 자문

    2. 이용자 정보를 보호하기 위하여 필요한 기술 및 경비의 지원

    3. 클라우드컴퓨팅 관련 전문인력의 양성

    4. 그 밖에 클라우드컴퓨팅 관련 중소기업의 육성을 위하여 필요한 사항

② 관계 중앙행정기관의 장은 제8조에 따른 연구개발사업을 추진할 때에는 클라우드컴퓨팅 관련 중소기업의 참여를 확대할 수 있는 조치를 마련하여야 한다.

③ 제1항 및 제2항에 따른 지원의 대상과 방법 등에 필요한 사항은 대통령령으로 정한다.

9) 제12조(국가기관등의 클라우드컴퓨팅 도입 촉진)

① 국가기관등은 클라우드컴퓨팅을 도입하도록 노력하여야 한다.

② 정부는 「국가정보화 기본법」에 따른 국가정보화 정책이나 사업 추진에 필요한 예산을 편성할 때에는 클라우드컴퓨팅 도입을 우선적으로 고려하여야 한다.

10) 제13조(클라우드컴퓨팅 사업의 수요예보)

① 국가기관등의 장은 연 1회 이상 소관 기관의 클라우드컴퓨팅 사업의 수요정보를 과학기술정보통신부장관에게 제출하여야 한다.

② 과학기술정보통신부장관은 제1항에 따라 접수된 클라우드컴퓨팅 수요정보를 연 1회 이상 클라우드컴퓨팅서비스 제공자에게 공개하여야 한다.

③ 제1항에 따른 제출 및 제2항에 따른 공개의 구체적인 횟수·시기·방법·절차 등에 필요한 사항은 대통령령으로 정한다.

11) 제14조(전문인력의 양성)

① 과학기술정보통신부장관은 클라우드컴퓨팅에 관한 전문인력을 양성하기 위하여 필요한 정책을 수립하고 추진할 수 있다.

② 과학기술정보통신부장관은 클라우드컴퓨팅 관련 교육훈련을 실시하는 교육기관 중 대통령령으로 정하는 요건을 갖춘 기관을 지정하여 필요한 경비의 전부 또는 일부를 지원할 수 있다.

③ 과학기술정보통신부장관은 제2항에 따라 지정한 교육기관이 다음 각 호의 어느 하나에 해당하는 경우 그 지정을 취소할 수 있다. 다만 제1호에 해당하는 경우에는 그 지정을 취소하여야 한다.

1. 거짓이나 그 밖의 부정한 방법으로 지정받은 경우

2. 제2항에 따른 지정 요건에 적합하지 아니하게 된 경우

3. 교육기관 지정일부터 1년 이상 교육 실적이 없는 경우

④ 제1항부터 제3항까지에 따른 정책의 수립, 교육기관의 지정 요건, 지정 및 지정 취소 절차와 지원 내용 등에 필요한 사항은 대통령령으로 정한다.

12) 제15조(국제협력과 해외진출의 촉진)

정부는 클라우드컴퓨팅 관련 국제협력과 클라우드컴퓨팅기술 및 클라우드컴퓨팅서비스의 해외진출을 촉진하기 위하여 다음 각 호의 사업을 추진할 수 있다.

1. 클라우드컴퓨팅 관련 정보 · 기술 · 인력의 국제교류

2. 클라우드컴퓨팅 관련 전시회 등 홍보와 해외 마케팅

3. 국가 간 클라우드컴퓨팅 공동 연구 · 개발

4. 클라우드컴퓨팅 관련 해외진출에 관한 정보의 수집 · 분석 및 제공

5. 클라우드컴퓨팅 관련 국제협력의 실효성 확보를 위한 국가 간 공조

6. 그 밖에 클라우드컴퓨팅 관련 국제협력 및 해외진출 촉진을 위하여 필요한 사업

13) 제16조(클라우드컴퓨팅기술 기반 집적정보통신시설의 구축 지원)

① 국가와 지방자치단체는 클라우드컴퓨팅의 발전과 이용을 촉진하기 위하여 클라우드컴퓨팅기술을 이용하여 집적된 정보통신시설을 구축하려는 자에게 행정적 · 재정적 · 기술적 지원을 할 수 있다.

② 제1항에 따른 지원의 대상, 방법 및 절차 등에 필요한 사항은 대통령령으로 정한다.

14) 제17조(산업단지의 조성)

① 국가와 지방자치단체는 클라우드컴퓨팅 산업 관련 기술의 연구 · 개발과 전문인력 양성 등을 통하여 클라우드컴퓨팅 산업의 진흥과 클라우드컴퓨팅의 활용 촉진을 위한 산업단지를 조성할 수 있다.

② 산업단지의 조성은 「산업입지 및 개발에 관한 법률」에 따른 국가산업단지, 일반산업단지 또는 도시첨단산업단지의 지정 · 개발 절차에 따른다.

③ 과학기술정보통신부장관은 산업단지의 조성을 촉진하기 위하여 필요하다고 인정하는 경우에는 국토교통부장관에게 산업단지로의 지정을 요청할 수 있다.

15) 제18조(공정한 경쟁 환경 조성 등)

① 정부는 대기업(「중소기업기본법」 제2조에 따른 중소기업 및 「중견기업 성장촉진 및 경쟁력 강화에 관한 특별법」 제2조제1호에 따른 중견기업이 아닌 기업을 말한다)인 클라우드컴퓨팅서비스 제공자와 중소기업인 클라우드컴퓨팅서비스 제공자 간의 공정한 경쟁환경을 조성하고 상호간 협력을 촉진하여야 한다.

② 대기업인 클라우드컴퓨팅서비스 제공자는 중소기업인 클라우드컴퓨팅서비스 제공자에게 합리적인 이유 없이 그 지위를 이용하여 불공정한 계약을 강요하거나 부당한 이익을 취득하여서는 아니 된다.

③ 정부는 클라우드컴퓨팅 산업의 공정한 경쟁 환경 조성을 위하여 클라우드컴퓨팅 산업 경쟁 환경의 현황 분석 및 평가, 그 밖에 공정한 유통 환경을 조성하기 위하여 필요한 사업을 할 수 있다.

16) 제19조(전담기관의 지정 등)

① 과학기술정보통신부장관은 클라우드컴퓨팅산업 진흥과 클라우드컴퓨팅 이용 촉진을 위하여 필요한 때에는 전담기관을 지정할 수 있다.

② 과학기술정보통신부장관은 전담기관의 사업 수행에 필요한 경비의 전부 또는 일부를 지원할 수 있다.

③ 전담기관의 지정 및 운영 등에 필요한 사항은 대통령령으로 정한다.

17) 제20조(공공기관의 클라우드컴퓨팅서비스 이용 촉진)

정부는 공공기관이 업무를 위하여 클라우드컴퓨팅서비스 제공자의 클라우드컴퓨팅서비스를 이용할 수 있도록 노력하여야 한다.

18) 제21조(전산시설 등의 구비)

다른 법령에서 인가 · 허가 · 등록 · 지정 등의 요건으로 전산 시설 · 장비 · 설비 등(이하 "전산시설 등"이라 한다)을 규정한 경우 해당 전산시설 등에 클라우드컴퓨팅서비스가 포함되는 것으로 본다. 다만, 다음 각 호의 어느 하나에 해당하는 경우에는 그러하지 아니하다.

1. 해당 법령에서 클라우드컴퓨팅서비스의 이용을 명시적으로 금지한 경우
2. 해당 법령에서 회선 또는 설비의 물리적 분리구축 등을 요구하여 사실상 클라우드컴퓨팅서비스 이용을 제한한 경우
3. 해당 법령에서 요구하는 전산시설등의 요건을 충족하지 못하는 클라우드컴퓨팅서비스를 이용하는 경우

19) 제22조(상호 운용성의 확보)

과학기술정보통신부장관은 클라우드컴퓨팅서비스의 상호 운용성을 확보하기 위하여 필요한 경우에는 클라우드컴퓨팅서비스 제공자에게 협력 체계를 구축하도록 권고할 수 있다.

20) 제23조(신뢰성 향상)

① 클라우드컴퓨팅서비스 제공자는 클라우드컴퓨팅서비스의 품질 · 성능 및 정보보호 수준을 향상시키기 위하여 노력하여야 한다.

② 과학기술정보통신부장관은 클라우드컴퓨팅서비스의 품질·성능에 관한 기준 및 정보보호에 관한 기준(관리적·물리적·기술적 보호조치를 포함한다)을 정하여 고시하고, 클라우드컴퓨팅서비스 제공자에게 그 기준을 지킬 것을 권고할 수 있다.

③ 과학기술정보통신부장관이 제2항에 따라 클라우드컴퓨팅서비스의 품질·성능에 관한 기준을 고시하려는 경우에는 미리 방송통신위원회의 의견을 들어야 한다.

21) 제25조(침해사고 등의 통지 등)

① 클라우드컴퓨팅서비스 제공자는 다음 각 호의 어느 하나에 해당하는 경우에는 지체 없이 그 사실을 해당 이용자에게 알려야 한다.

> 1. 「정보통신망 이용촉진 및 정보보호 등에 관한 법률」 제2조제7호에 따른 침해 사고(이하 "침해사고"라 한다)가 발생한 때
>
> 2. 이용자 정보가 유출된 때
>
> 3. 사전예고 없이 대통령령으로 정하는 기간(당사자 간 계약으로 기간을 정하였을 경우에는 그 기간을 말한다) 이상 서비스 중단이 발생한 때

② 클라우드컴퓨팅서비스 제공자는 제1항제2호에 해당하는 경우에는 즉시 그 사실을 과학기술정보통신부장관에게 알려야 한다.

③ 과학기술정보통신부장관은 제2항에 따른 통지를 받거나 해당 사실을 알게 되면 피해 확산 및 재발의 방지와 복구 등을 위하여 필요한 조치를 할 수 있다.

④ 제1항부터 제3항까지의 규정에 따른 통지 및 조치에 필요한 사항은 대통령령으로 정한다.

22) 제26조(이용자 보호 등을 위한 정보 공개)

① 이용자는 클라우드컴퓨팅서비스 제공자에게 이용자 정보가 저장되는 국가의 명칭을 알려 줄 것을 요구할 수 있다.

② 정보통신서비스(「정보통신망 이용촉진 및 정보보호 등에 관한 법률」 제2조제2호에 따른 정보통신서비스를 말한다. 이하 제3항에서 같다)를 이용하는 자는 정보통신서비스 제공자(「정보통신망 이용촉진 및 정보보호 등에 관한 법률」 제2조제3호에 따른 정보통신서비스 제공자를 말한다. 이하 제3항에서 같다)에게 클라우드컴퓨팅서비스 이용 여부와 자신의 정보가 저장되는 국가의 명칭을 알려 줄 것을 요구할 수 있다.

③ 과학기술정보통신부장관은 이용자 또는 정보통신서비스 이용자의 보호를 위하여 필요하다고 인정하는 경우에는 클라우드컴퓨팅서비스 제공자 또는 정보통신서비스 제공자에게 제1항 및 제2항에 따른 정보를 공개하도록 권고할 수 있다.

④ 과학기술정보통신부장관이 제3항에 따라 정보를 공개하도록 권고하려는 경우에는 미리 방송통신위원회의 의견을 들어야 한다.

23) 제27조(이용자 정보의 보호)

① 클라우드컴퓨팅서비스 제공자는 법원의 제출명령이나 법관이 발부한 영장에 의하지 아니하고는 이용자의 동의 없이 이용자 정보를 제3자에게 제공하거나 서비스 제공 목적 외의 용도로 이용할 수 없다. 클라우드컴퓨팅서비스 제공자로부터 이용자 정보를 제공받은 제3자도 또한 같다.

② 클라우드컴퓨팅서비스 제공자는 이용자 정보를 제3자에게 제공하거나 서비스 제공 목적 외의 용도로 이용할 경우에는 다음 각 호의 사항을 이용자에게 알리고 동의를 받아야 한다. 다음 각 호의 어느 하나의 사항이 변경되는 경우에도 또한 같다.

1. 이용자 정보를 제공받는 자
2. 이용자 정보의 이용 목적(제공 시에는 제공받는 자의 이용 목적을 말한다)
3. 이용 또는 제공하는 이용자 정보의 항목
4. 이용자 정보의 보유 및 이용 기간(제공 시에는 제공받는 자의 보유 및 이용 기간을 말한다)
5. 동의를 거부할 권리가 있다는 사실 및 동의 거부에 따른 불이익이 있는 경우에는 그 불이익의 내용

③ 클라우드컴퓨팅서비스 제공자는 이용자와의 계약이 종료되었을 때에는 이용자에게 이용자 정보를 반환하여야 하고 클라우드컴퓨팅서비스 제공자가 보유하고 있는 이용자 정보를 파기하여야 한다. 다만, 이용자가 반환받지 아니하거나 반환을 원하지 아니하는 등의 이유로 사실상 반환이 불가능한 경우에는 이용자 정보를 파기하여야 한다.

④ 클라우드컴퓨팅서비스 제공자는 사업을 종료하려는 경우에는 그 이용자에게 사업 종료 사실을 알리고 사업 종료일 전까지 이용자 정보를 반환하여야 하며 클라우드컴퓨팅서비스 제공자가 보유하고 있는 이용자 정보를 파기하여야 한다. 다만, 이용자가 사업 종료일 전까지 반환받지 아니하거나 반환을 원하지 아니하는 등의 이유로 사실상 반환이 불가능한 경우에는 이용자 정보를 파기하여야 한다.

⑤ 제3항 및 제4항에도 불구하고 클라우드컴퓨팅서비스 제공자와 이용자 간의 계약으로 특별히 다르게 정한 경우에는 그에 따른다.

⑥ 제3항 및 제4항에 따른 이용자 정보의 반환 및 파기의 방법·시기, 계약 종료 및 사업 종료 사실의 통지 방법 등에 필요한 사항은 대통령령으로 정한다.

24) 제28조(이용자 정보의 임치)

① 클라우드컴퓨팅서비스 제공자와 이용자는 전문인력과 설비 등을 갖춘 기관[이하 "수치인"(受置人)이라 한다]과 서로 합의하여 이용자 정보를 수치인에게 임치(任置)할 수 있다.

② 이용자는 제1항에 따른 합의에서 정한 사유가 발생한 때에 수치인에게 이용자 정보의 제공을 요구할 수 있다.

25) 제29조(손해배상책임)

이용자는 클라우드컴퓨팅서비스 제공자가 이 법의 규정을 위반한 행위로 인하여 손해를 입었을 때에는 그 클라우드컴퓨팅서비스 제공자에게 손해배상을 청구할 수 있다. 이 경우 해당 클라우드컴퓨팅서비스 제공자는 고의 또는 과실이 없음을 입증하지 아니하면 책임을 면할 수 없다.

26) 제30조(사실조사 및 시정조치)

① 과학기술정보통신부장관은 클라우드컴퓨팅서비스 제공자가 이 법을 위반한 행위가 있다고 인정하면 소속 공무원에게 이를 확인하기 위하여 필요한 조사를 하게 할 수 있다.

② 과학기술정보통신부장관은 제1항에 따른 조사를 위하여 필요하면 소속 공무원에게 클라우드컴퓨팅서비스 제공자의 사무소 · 사업장에 출입하여 장부 · 서류, 그 밖의 자료나 물건을 조사하게 할 수 있다.

③ 과학기술정보통신부장관은 제1항에 따라 조사를 하는 경우 조사 7일 전까지 조사 기간 · 이유 · 내용 등을 포함한 조사계획을 해당 클라우드컴퓨팅서비스 제공자에게 알려야 한다. 다만, 긴급한 경우나 사전에 통지하면 증거인멸 등으로 조사 목적을 달성할 수 없다고 인정하는 경우에는 그러하지 아니하다.

④ 제2항에 따라 클라우드컴퓨팅서비스 제공자의 사무소 · 사업장에 출입하여 조사하는 사람은 그 권한을 표시하는 증표를 관계인에게 보여주어야 하며, 조사를 할 때에는 해당 사무소나 사업상의 관계인을 참여시켜야 한다.

⑤ 과학기술정보통신부장관은 제25조제1항 또는 제27조를 위반한 클라우드컴퓨팅서비스 제공자에게 해당 위반행위의 중지나 시정을 위하여 필요한 조치를 명할 수 있다.

27) 제31조(위임 및 위탁)

① 이 법에 따른 과학기술정보통신부장관 및 관계 중앙행정기관의 장의 권한은 대통령령으로 정하는 바에 따라 그 일부를 그 소속 기관의 장에게 위임할 수 있다.

② 이 법에 따른 과학기술정보통신부장관 및 관계 중앙행정기관의 업무는 대통령령으로 정하는 바에 따라 그 일부를 전문기관에 위탁할 수 있다.

28) 제32조(비밀 엄수)

이 법에 따라 위탁받은 업무에 종사하거나 종사하였던 자는 업무를 수행하는 과정에서 알게 된 클라우드컴퓨팅서비스 제공자의 사업상 비밀을 누설하여서는 아니 된다.

29) 제33조(벌칙 적용 시 공무원 의제)

제31조제2항에 따라 위탁받은 업무에 종사하는 전문기관의 임직원은 「형법」 제129조부터 제132조까지의 규정에 따른 벌칙을 적용할 때에는 공무원으로 본다.

30) 제34조(벌칙)

제27조제1항을 위반하여 이용자의 동의 없이 이용자 정보를 이용하거나 제3자에게 제공한 자 및 이용자의 동의 없음을 알면서도 영리 또는 부정한 목적으로 이용자 정보를 제공받은 자는 5년 이하의 징역 또는 5천만원 이하의 벌금에 처한다.

31) 제35조(벌칙)

제32조를 위반하여 위탁받은 업무를 수행하는 과정에서 알게 된 비밀을 누설하는 자는 3년 이하의 징역 또는 3천만원 이하의 벌금에 처한다.

32) 제36조(양벌규정)

법인의 대표자나 법인 또는 개인의 대리인, 사용인, 그 밖의 종업원이 그 법인 또는 개인의 업무에 관하여 제34조 및 제35조의 위반행위를 하면 그 행위자를 벌하는 외에 그 법인 또는 개인에게도 해당 조문의 벌금형을 과(科)한다. 다만, 법인 또는 개인이 그 위반행위를 방지하기 위하여 해당 업무에 관하여 상당한 주의와 감독을 게을리하지 아니한 경우에는 그러하지 아니하다.

33) 제37조(과태료)

① 다음 각 호의 어느 하나에 해당하는 자에게는 1천만원 이하의 과태료를 부과한다.

　1. 제25조제1항을 위반하여 침해사고, 이용자 정보 유출, 서비스 중단 발생 사실을 이용자에게 알리지 아니한 자

　2. 제25조제2항을 위반하여 이용자 정보 유출 발생 사실을 과학기술정보통신부장관에게 알리지 아니한 자

　3. 제27조제3항 또는 제4항을 위반하여 이용자 정보를 반환하지 아니하거나 파기하지 아니한 자

　4. 제30조제5항에 따른 중지명령이나 시정명령을 이행하지 아니한 자

② 제1항에 따른 과태료는 대통령령으로 정하는 바에 따라 과학기술정보통신부장관이 부과·징수한다.

Section 10 전자정부법

1) 제1조(목적)

이 법은 행정업무의 전자적 처리를 위한 기본원칙, 절차 및 추진방법 등을 규정함으로써 전자정부를 효율적으로 구현하고, 행정의 생산성, 투명성 및 민주성을 높여 국민의 삶의 질을 향상시키는 것을 목적으로 한다.

2) 제2조(정의)

이 법에서 사용하는 용어의 뜻은 다음과 같다.

1. "전자정부"란 정보기술을 활용하여 행정기관 및 공공기관(이하 "행정기관등"이라 한다)의 업무를 전자화하여 행정기관 등의 상호 간의 행정업무 및 국민에 대한 행정업무를 효율적으로 수행하는 정부를 말한다.

2. "행정기관"이란 국회 · 법원 · 헌법재판소 · 중앙선거관리위원회의 행정사무를 처리하는 기관, 중앙행정기관(대통령 소속 기관과 국무총리 소속 기관을 포함한다. 이하 같다) 및 그 소속 기관, 지방자치단체를 말한다.

3. "공공기관"이란 다음 각 목의 기관을 말한다.
   가. 「공공기관의 운영에 관한 법률」 제4조에 따른 법인 · 단체 또는 기관
   나. 「지방공기업법」에 따른 지방공사 및 지방공단
   다. 특별법에 따라 설립된 특수법인
   라. 「초 · 중등교육법」, 「고등교육법」 및 그 밖의 다른 법률에 따라 설치된 각급 학교
   마. 그 밖에 대통령령으로 정하는 법인 · 단체 또는 기관

4. "중앙사무관장기관"이란 국회 소속 기관에 대하여는 국회사무처, 법원 소속 기관에 대하여는 법원행정처, 헌법재판소 소속 기관에 대하여는 헌법재판소사무처, 중앙선거관리위원회 소속 기관에 대하여는 중앙선거관리위원회사무처, 중앙행정기관 및 그 소속 기관과 지방자치단체에 대하여는 행정안전부를 말한다.

5. "전자정부서비스"란 행정기관 등이 전자정부를 통하여 다른 행정기관등 및 국민, 기업 등에 제공하는 행정서비스를 말한다.

6. "행정정보"란 행정기관 등이 직무상 작성하거나 취득하여 관리하고 있는 자료로서 전자적 방식으로 처리되어 부호, 문자, 음성, 음향, 영상 등으로 표현된 것을 말한다.

7. "전자문서"란 컴퓨터 등 정보처리능력을 지닌 장치에 의하여 전자적인 형태로 작성되어 송수신되거나 저장되는 표준화된 정보를 말한다.

8. "전자화문서"란 종이문서와 그 밖에 전자적 형태로 작성되지 아니한 문서를 정보시스템이 처리할 수 있는 형태로 변환한 문서를 말한다.

9. "행정전자서명"이란 전자문서를 작성한 다음 각 목의 어느 하나에 해당하는 기관 또는 그 기관에서 직접 업무를 담당하는 사람의 신원과 전자문서의 변경 여부를 확인할 수 있는 정보로서 그 문서에 고유한 것을 말한다.
   가. 행정기관
   나. 행정기관의 보조기관 및 보좌기관
   다. 행정기관과 전자문서를 유통하는 기관, 법인 및 단체
   라. 제36조제2항의 기관, 법인 및 단체

10. "정보통신망"이란 「전기통신기본법」 제2조제2호에 따른 전기통신설비를 활용하거나 전기통신설비와 컴퓨터 및 컴퓨터 이용기술을 활용하여 정보를 수집·가공·저장·검색·송신 또는 수신하는 정보통신체제를 말한다.

11. "정보자원"이란 행정기관 등이 보유하고 있는 행정정보, 전자적 수단에 의하여 행정정보의 수집·가공·검색을 하기 쉽게 구축한 정보시스템, 정보시스템의 구축에 적용되는 정보기술, 정보화예산 및 정보화인력 등을 말한다.

12. "정보기술아키텍처"란 일정한 기준과 절차에 따라 업무, 응용, 데이터, 기술, 보안 등 조직 전체의 구성요소들을 통합적으로 분석한 뒤 이들 간의 관계를 구조적으로 정리한 체제 및 이를 바탕으로 정보화 등을 통하여 구성요소들을 최적화하기 위한 방법을 말한다.

13. "정보시스템"이란 정보의 수집·가공·저장·검색·송신·수신 및 그 활용과 관련되는 기기와 소프트웨어의 조직화된 체계를 말한다.

14. "정보시스템 감리"란 감리발주자 및 피감리인의 이해관계로부터 독립된 자가 정보시스템의 효율성을 향상시키고 안전성을 확보하기 위하여 제3자의 관점에서 정보시스템의 구축 및 운영 등에 관한 사항을 종합적으로 점검하고 문제점을 개선하도록 하는 것을 말한다.

15. "감리원"(監理員)이란 정보시스템 감리의 업무(이하 "감리업무"라 한다)를 수행하기 위하여 제60조제1항에 따른 요건을 갖춘 사람을 말한다.

3) 제3조(행정기관 등 및 공무원 등의 책무)

① 행정기관 등의 장은 전자정부 구현을 촉진하고 국민의 삶의 질을 향상시킬 수 있도록 이 법을 운영하고 관련 제도를 개선하여야 하며, 정보통신망의 연계 및 행정정보의 공동이용 등에 적극 협력하여야 한다.

② 공무원 및 공공기관의 소속 직원은 담당업무의 전자적 처리에 필요한 정보기술 활용능력을 갖추어야 하며, 담당업무를 전자적으로 처리할 때 해당 기관의 편익보다 국민의 편익을 우선적으로 고려하여야 한다.

4) 제4조(전자정부의 원칙)

① 행정기관 등은 전자정부의 구현·운영 및 발전을 추진할 때 다음 각 호의 사항을 우선적으로 고려하고 이에 필요한 대책을 마련하여야 한다.

　1. 대민서비스의 전자화 및 국민편익의 증진
　2. 행정업무의 혁신 및 생산성·효율성의 향상
　3. 정보시스템의 안전성·신뢰성의 확보
　4. 개인정보 및 사생활의 보호
　5. 행정정보의 공개 및 공동이용의 확대
　6. 중복투자의 방지 및 상호운용성 증진

② 행정기관등은 전자정부의 구현·운영 및 발전을 추진할 때 정보기술아키텍처를 기반으로 하여야 한다.

③ 행정기관등은 상호간에 행정정보의 공동이용을 통하여 전자적으로 확인할 수 있는 사항을 민원인에게 제출하도록 요구하여서는 아니 된다.

④ 행정기관등이 보유 · 관리하는 개인정보는 법령에서 정하는 경우를 제외하고는 당사자의 의사에 반하여 사용되어서는 아니 된다.

5) 제5조(전자정부기본계획의 수립)

① 중앙사무관장기관의 장은 전자정부의 구현 · 운영 및 발전을 위하여 5년마다 제5조의2제1항에 따른 행정기관등의 기관별 계획을 종합하여 전자정부기본계획을 수립하여야 한다.

② 제1항에 따른 전자정부기본계획(이하 "전자정부기본계획"이라 한다)에는 다음 각 호의 사항이 포함되어야 한다.

  1. 전자정부 구현의 기본방향 및 중장기 발전방향
  2. 전자정부 구현을 위한 관련 법령 · 제도의 정비
  3. 전자정부서비스의 제공 및 활용 촉진
  4. 전자적 행정관리
  5. 행정정보 공동이용의 확대 및 안전성 확보
  6. 정보기술아키텍처의 도입 및 활용
  7. 정보자원의 통합 · 공동이용 및 효율적 관리
  8. 전자정부 표준화, 상호운용성 확보 및 공유서비스의 확대
  9. 전자정부사업 및 지역정보화사업의 추진과 성과 관리
  10. 전자정부 구현을 위한 업무 재설계
  11. 전자정부의 국제협력
  12. 그 밖에 정보화인력의 양성 등 전자정부의 구현 · 운영 및 발전에 필요한 사항

③ 관계 중앙행정기관의 장은 「국가정보화 기본법」 제7조에 따른 국가정보화 시행계획을 수립 · 시행할 때에는 전자정부기본계획을 고려하여야 한다.

④ 전자정부기본계획의 수립 절차 등에 관하여 필요한 사항은 국회규칙, 대법원규칙, 헌법재판소규칙, 중앙선거관리위원회규칙 및 대통령령으로 정한다.

6) 제5조의2(기관별 계획의 수립 및 점검)

① 행정기관 등의 장은 5년마다 해당 기관의 전자정부의 구현 · 운영 및 발전을 위한 기본계획(이하 "기관별 계획"이라 한다)을 수립하여 중앙사무관장기관의 장에게 제출하여야 한다.

② 행정기관 등의 장은 기관별 계획의 시행에 필요한 재원을 확보하도록 노력하여야 한다.

③ 중앙사무관장기관의 장은 행정기관등의 기관별 계획 추진현황 및 성과를 점검할 수 있다.

④ 기관별 계획의 작성 기준, 수립 절차 및 추진현황 점검 등에 관하여 필요한 사항은 국회규칙, 대법원규칙, 헌법재판소규칙, 중앙선거관리위원회규칙 및 대통령령으로 정한다.

7) 제6조(다른 법률과의 관계)

행정기관 등의 대민서비스 및 행정관리의 전자화, 행정정보의 공동이용 등 전자정부의 구현·운영 및 발전에 관하여 다른 법률에 특별한 규정이 있는 경우를 제외하고는 이 법에서 정하는 바에 따른다.

8) 제8조(구비서류의 전자적 확인 등)

① 행정기관 등의 장은 민원인이 첨부·제출하여야 하는 증명서류 등 구비서류가 행정기관 등이 전자문서로 발급할 수 있는 문서인 경우에는 직접 그 구비서류를 발급하는 기관으로부터 발급받아 업무를 처리하여야 한다.

② 제1항에 따른 업무처리는 민원인이 행정기관 등에 미리 해당 민원사항 및 구비서류에 대하여 관계 법령에서 정한 수수료(행정기관 등이 발급기관에 수수료를 송금하는 데 드는 비용을 포함한다)를 냈을 때에만 할 수 있다.

③ 행정기관 등의 장은 제1항에 따른 업무처리에 있어서 제36조제1항에 따른 행정정보의 공동이용을 통하여 구비서류에 대한 정보를 확인할 수 있을 때에는 그 확인으로 구비서류의 발급을 갈음하여야 한다. 이 경우 행정기관 등의 장은 발급기관의 장과 협의하여 해당 구비서류에 대한 수수료를 감면할 수 있다.

④ 행정기관 등의 장이 제1항부터 제3항까지의 규정에 따라 구비서류를 처리한 경우에는 관계 법령에서 정한 절차에 따라 구비서류를 처리한 것으로 본다.

⑤ 행정기관 등의 장은 제1항부터 제3항까지의 규정에 따른 방법으로 구비서류를 처리하려고 하는 경우에는 그 구비서류와 관련된 민원사항 등의 종류, 범위, 그 밖에 필요한 사항을 인터넷을 통하여 미리 국민에게 공표하여야 한다.

⑥ 제1항부터 제5항까지의 규정에 따른 업무처리의 절차와 그 밖에 필요한 사항은 국회규칙, 대법원규칙, 헌법재판소규칙, 중앙선거관리위원회규칙 및 대통령령으로 정한다.

9) 제10조(민원인 등의 본인 확인)

행정기관 등의 장은 민원사항 등을 처리할 때 해당 민원인 등의 신원을 확인할 필요가 있는 경우에는 「전자서명법」 제2조제3호에 따른 공인전자서명(이하 "공인전자서명"이라 한다)이나 국회규칙, 대법원규칙, 헌법재판소규칙, 중앙선거관리위원회규칙 및 대통령령으로 정하는 방법으로 그 신원을 확인할 수 있다.

10) 제11조(전자적 고지·통지)

① 행정기관 등의 장은 관계 법령에서 고지서·통지서 등의 종이문서로 통지 등을 하도록 규정하고 있는 경우에도 본인이 원하면 이를 전자문서로 통지 등을 할 수 있다.

② 제1항에 따른 전자문서로 통지 등을 한 경우에는 해당 법령에서 정한 절차에 따라 통지 등을 한 것으로 본다.

③ 행정기관 등의 장은 제1항에 따라 통지 등을 전자문서로 할 때에는 인터넷을 통하여 미리 그 통지 등의 종류와 절차를 국민에게 공표하여야 한다.

④ 전자문서에 의한 통지 등을 하는 데 필요한 사항은 국회규칙, 대법원규칙, 헌법재판소규칙, 중앙선거관리위원회규칙 및 대통령령으로 정한다.

11) 제12조(행정정보의 전자적 제공)

① 행정기관 등의 장은 민원 관련 법령, 민원사무 관련 편람, 민원사무의 처리기준 등 민원과 관련된 정보와 그 밖에 국민생활과 관련된 행정정보로서 국회규칙, 대법원규칙, 헌법재판소규칙, 중앙선거관리위원회규칙 및 대통령령으로 정하는 행정정보 등을 별도로 인터넷을 통하여 국민에게 제공하여야 한다.

② 행정기관 등의 장은 관보·신문·게시판 등에 싣는 사항을 별도로 인터넷을 통하여 국민에게 제공할 수 있다.

12) 제18조(유비쿼터스 기반의 전자정부서비스 도입·활용)

① 행정기관 등의 장은 첨단 정보통신기술을 활용하여 국민·기업 등이 언제 어디서나 활용할 수 있는 행정·교통·복지·환경·재난안전 등의 서비스(이하 "유비쿼터스 기반의 전자정부서비스"라 한다. 이하 이 조에서 같다)를 제공하여야 하며, 이에 필요한 시책을 마련하여야 한다.

② 행정안전부장관은 제1항의 유비쿼터스 기반의 전자정부서비스 도입과 이용을 촉진하기 위하여 필요한 경우 시범사업을 추진할 수 있다.

③ 제1항 및 제2항의 유비쿼터스 기반의 전자정부서비스 도입·활용 및 시범사업 등에 관하여 필요한 사항은 국회규칙, 대법원규칙, 헌법재판소규칙, 중앙선거관리위원회규칙 및 대통령령으로 정한다.

13) 제21조(전자정부서비스의 민간 참여 및 활용)

① 행정기관 등의 장은 전자정부서비스 이용을 활성화하기 위하여 업무협약 등을 통하여 개인 및 기업, 단체 등이 제공하는 서비스와 결합하여 새로운 서비스를 개발·제공할 수 있다.

② 행정기관 등의 장은 개인 및 기업, 단체 등이 전자정부서비스에서 제공하는 일부 기술이나 공공성이 큰 행정정보(「개인정보 보호법」 제2조제1호에 따른 개인정보는 제외한다) 등을 활용하여 새로운 서비스를 개발·제공할 수 있도록 필요한 지원을 할 수 있다.

③ 제1항 및 제2항에 따른 업무협약, 지원 기준과 절차 등에 필요한 사항은 국회규칙, 대법원규칙, 헌법재판소규칙, 중앙선거관리위원회규칙 및 대통령령으로 정한다.

14) 제22조(전자정부서비스의 이용실태 조사 · 분석)

① 행정기관 등의 장은 해당 기관에서 제공하는 전자정부서비스에 대한 이용실태 등을 주기적으로 조사 · 분석하여 관리하고 개선 방안을 마련하여야 한다.

② 제1항에 따른 전자정부서비스 이용실태의 조사 · 분석 및 관리에 필요한 구체적인 사항은 국회규칙, 대법원규칙, 헌법재판소규칙, 중앙선거관리위원회규칙 및 대통령령으로 정한다.

15) 제23조(전자정부서비스의 효율적 관리)

① 중앙사무관장기관의 장은 행정기관등에서 제공하는 전자정부서비스가 서로 유사하거나 중복되는 경우 또는 운영가치가 낮은 경우에는 서비스의 통합 또는 폐기 등 개선 방안을 권고할 수 있다.

② 제1항의 전자정부서비스의 통합 또는 폐기 등의 기준 및 절차에 관한 사항은 국회규칙, 대법원규칙, 헌법재판소규칙, 중앙선거관리위원회규칙 및 대통령령으로 정한다.

16) 제24조(전자적 대민서비스 보안대책)

① 행정안전부장관은 전자적 대민서비스와 관련된 보안대책을 국가정보원장과 사전 협의를 거쳐 마련하여야 한다.

② 중앙행정기관과 그 소속 기관 및 지방자치단체의 장은 제1항의 보안대책에 따라 해당 기관의 보안대책을 수립 · 시행하여야 한다.

PART 06

최신 기출 복원 문제

01 회   기출 복원 문제

02 회   기출 복원 문제

03 회   기출 복원 문제

04 회   기출 복원 문제

기출 복원 문제

11회 2018년 3월 31일

1과목 시스템 보안

01 다음 〈보기〉에서 설명하는 인증방법은?

> 기업의 시스템에서 하나의 시스템을 인증하면 자동으로 개별 시스템까지 모두 인증을 수행한다.

① PAM
② ID/Password
③ SSO
④ ESM

해설
① PAM(Pluggable Authentication Module) : 리눅스 또는 GNU/FreeBSD 시스템에서 애플리케이션과 서비스에 대한 동적 인증을 제공한다.
④ ESM(Enterprise Security Management) : 방화벽, 침입 탐지시스템(IDS), 침입 방지시스템(IPS), 가상사설망(VPN) 등의 보안 솔루션을 하나로 모은 통합보안 관리시스템이다.

02 다음 〈보기〉에서 설명하는 공격기법은?

> • 시스템에 쉽게 접근하기 위해서 열어 둔 것이며, 관리자가 쉽게 접근하기 위해서도 사용된다.
> • 보안 기능을 우회해 데이터에 직접 접근하는 공격 방법이다.

① Spyware
② Hoax
③ Trapdoor
④ Joke

해설
① Spyware : 사용자의 동의 없이 설치되어 컴퓨터의 정보를 수집하고 전송하는 악성 소프트웨어로, 신용 카드와 같은 금융정보 및 주민등록번호와 같은 신상정보, 암호를 비롯한 각종 정보를 수집한다.
② Hoax : 이메일, 메신저, 문자메시지, 웹 사이트 등의 통신 수단에 존재하지 않는 거짓 악성코드 정보 또는 유언비어, 괴담 등을 올려 마치 사실인 것처럼 사용자를 속이는 가짜 정보를 말한다.
④ Joke : 바이러스인 것처럼 보여서 사람들을 놀라게 하지만 실제로는 해를 입히는 프로그램은 아니며, 실제 환경에서 업무에 많은 영향을 미칠 수 있다.

03 전자우편 보안과 관련된 기술이 아닌 것은?

① PGP
② PEM
③ SMAIL
④ S/MIME

해설
① PGP(Pretty Good Privacy) : 1991년 필립 짐머만이 개발하였으며, 현재 전 세계적으로 이메일 보안의 표준이다.
② PEM(Privacy Enhanced Mail) : IETF에서 채택한 기밀성, 인증, 무결성, 부인방지를 지원하는 이메일 보안기술이다.
④ S/MIME(Secure/Multipurpose Internet Mail Extension) : 응용 계층에서 보안을 제공하는 가장 대표적인 시스템으로, MIME 객체에 암호화와 전자서명 기능을 추가한 프로토콜이다.

04 트로이목마에 대한 설명이다. 옳지 않은 것은?

① 사용자 컴퓨터를 감염시켜서 개인정보를 갈취한다.
② 자기복제를 수행하여 증식한다.
③ 트로이목마에 감염된 컴퓨터에서 은행의 계좌번호, 거래내역과 같은 정보를 획득한다.
④ 트로이목마를 통해서 백도어를 실치하여 공격자가 쉽게 침입할 수 있게 하고 카드번호, 비밀번호 등을 유출할 수 있다.

해설
②는 웜(Worm)에 대한 설명이다.

05 다음 〈보기〉는 Windows 부팅 순서를 나열한 것이다. 옳은 것은?

> ㉠ MBR을 실행한다.
> ㉡ Power on Self Test
> ㉢ CMOS
> ㉣ Windows 운영체제
> ㉤ Windows 서브 시스템

① ㉢ → ㉠ → ㉣ → ㉤ → ㉡
② ㉠ → ㉡ → ㉢ → ㉣ → ㉤
③ ㉡ → ㉢ → ㉠ → ㉣ → ㉤
④ ㉡ → ㉢ → ㉠ → ㉤ → ㉣

06 다음은 xfile 파일에 대한 정보를 ls 명령으로 확인한 것이다. test 파일의 권한으로 옳은 것은?

> −r−s−wsrwt 1 root root 11 11월 8 13:11 test.txt

① 7437

② 7537

③ 1537

④ 6436

해설

명령어	특수 권한	소유자 권한	그룹 권한	제3자 권한	파일명
chmod	7	5	3	7	test.txt
	SetUID, SetGID, Sticky Bit	읽기/실행	쓰기/실행	읽기/쓰기/실행	

> −r−s−wsrwt 1 root root 11 11월 8 13:11 test.txt
> ㉠   ㉡   ㉢

test 파일의 허가권에는 SetUID(㉠), SetGID(㉡), Sticky Bit(㉢)가 설정되어 있다.

Sticky Bit	1	Sticky Bit가 설정되어 있으면 쓰기 권한이 있음에도 불구하고, 해당 파일의 소유자만 삭제가 가능하다.
SetGID	2	해당 파일이 실행될 때만 실행한 그룹에게 소유자 권한을 부여하는 허가권이다.
SetUID	4	해당 파일이 실행될 때만 실행한 사용자에게 소유자 권한을 부여하는 허가권이다.

07 Windows 서버 및 도메인 컨트롤러(Domain Controller)가 사용하는 Challenge−Response 기반의 인증 방식은?

① SRM

② NTLM

③ LSA

④ SAM

해설

① SRM : 보안 참조 모니터. 사용자가 특정 객체에 접근할 권리가 있는지 검사. 감사 메시지 생성과 사용자에게 고유의 SID(Security Identifier)를 부여한다.

② NTLM(NT LAN Manager) : 사용자가 부팅 시 제일 먼저 로그온할 때, Windows 2000은 사용자가 정당한 권한을 가지고 있는지에 대한 두 가지 인증절차를 거친다. 첫 번째로 AD 통합된 표준인증 프로토콜인 Kerberos 인증을 거치고, 만약 KDC(모든 도메인 컨트롤러에서 실행되며, AD 커버로스 보안 인증과 연동되는 서비스)가 커버로스 인증을 하지 못하면 로컬 보안 계정 관리자(SAM)에서 데이터베이스 내의 사용자 계정 인증을 위해서 NTLM을 사용한다.

④ SAM(Security Account Manager) : 보안 계정관리, Windows 사용자, 그룹, 워크스테이션 계정을 관리하는 일종의 데이터베이스 사용자의 로그인 입력 정보와 SAM 데이터베이스 정보를 비교하여 인증 여부를 결정한다.

08 Windows의 SMB 서비스를 사용하면 악성코드에 감염되는 문제가 있으므로, Windows 방화벽에서 해당 TCP 및 UDP 포트를 차단해야 한다. 이때 차단하기 위해 (㉠), (㉡) 안에 들어갈 포트 번호로 옳은 것은?

> TCP (㉠), (㉡)
> UDP 137, 138

	㉠	㉡		㉠	㉡
①	137	138	②	137	443
③	139	443	④	139	445

09 다음은 Windows 시스템의 SID에 대한 것이다. SID 구조에서 사용자에게 유일하게 식별되는 번호는?

> S−1−5−21−1801674531−1801674531−839522115−
> ㉠   ㉡   ㉢
> 1708537768−500
>   ㉣

① ㉠   ② ㉡   ③ ㉢   ④ ㉣

해설

[SID 구조]

> S−1−5−21−1801674531−1801674531−839522115−
> 1708537768−500

운영체제	시스템 유형	시스템 번호	사용자 식별자
S−1	5−21	1801674531−1801674531−839522115−1708537768	500

운영체제	Windows 시스템을 의미
시스템 유형	시스템이 도메인 컨트롤러이거나 단독 시스템(Stand Alone)임을 의미
시스템 번호	• 해당 시스템만의 고유한 식별자 • 동일한 컴퓨터에 다시 Windows를 설치해도 동일한 값을 가지지 않음
사용자 식별자	사용자 식별자(ID) − 500 : 관리자(Administrator) − 501 : 게스트(Guest) − 10000이상 : 일반 사용자

10 유닉스 시스템에서 SetUID와 SetGID 설정된 파일을 검색하기 위한 명령어로 옳은 것은?

① find / type f ₩(-perm -1000 -o -perm -2000 ₩) -print

② find / type f ₩(-perm -4000 -o -perm -1000 ₩) -print

③ find / type f ₩(-perm -2000 -o -perm -4000 ₩) -print

④ find / type f ₩(-perm -4000 -o -perm -2000 ₩) -print

해설 ❓

```
find / type f ₩(-perm -2000 -o -perm -4000 ₩)
     ㉠ ㉡ ㉢            ㉣           ㉤
-print
  ㉥
```

㉠ : 파일/디렉터리 검색 명령어
㉡ : 검색 경로(최상위 디렉터리(/)부터 하위 디렉터리까지 모두 검색)
㉢ : 검색 유형 옵션(f : 파일, d : 디렉터리 등)
㉣ : 허가권 검색 옵션
㉤ : 허가권(1000 : Sticky Bit, 2000 : SetGID, 4000 : SetUID)
㉥ : 검색 결과 화면 출력

11 다음 〈보기〉에서 설명하는 OTP 인증 방식은?

> 서버는 OTP 토큰을 해시함수로 n번 미리 처리해 놓고 클라이언트에서 전송한 값과 비교하여 인증한다.

① 클라이언트/서버인증 ② 시간 동기화 기법
③ 챌린지/리스펀스 기법 ④ 이벤트 동기화 기법

해설 ❓

① **클라이언트/서버인증** : 클라이언트/서버 간의 상호인증이다.
② **시간 동기화 기법** : 전 세계적으로 가장 많이 적용하는 방식으로, 해시함수의 입력으로 비밀 값과 현재의 시간(실시간)을 입력하는 방식이다. 서버와 클라이언트는 시간이라는 공통된 값을 가짐으로써 동기화시킬 수 있다는 것에서 착안했으며, 토큰의 시간을 함부로 변경할 수 없게 만드는 것이 중요하다.
③ **챌린지/리스펀스 기법** : 서버에서 난수 발생기를 사용하여 일정한 자릿수의 질의 값을 클라이언트로 전송하면 그 질의 값을 토큰, 즉 암호 발생기에 입력하여 응답 값을 생성하며 시스템 로그인 시 사용자 ID를 입력하면 서버에서 질의 값을 전송하며 응답 값을 요청하게 되는데, 그 질의 값을 토큰에 입력하여 응답 값을 생성한다. 질의 값의 입력은 사용자가 직접 토큰의 버튼을 누르거나, 화면에 바코드 형태로 인식하여 포토 센서가 장착된 토큰을 접근시키는 방식 등으로 구현한다.

12 다음 〈보기〉의 (㉠) 안에 들어갈 내용으로 알맞은 것은?

> (㉠)은 개발자가 동적으로 메모리를 할당하는 malloc 함수를 사용하는 경우 사용되는 메모리 영역이다. malloc( ) 함수로 할당된 메모리는 free( ) 함수를 사용해서 메모리를 해제해야 한다.

① Stack ② Heap
③ Code ④ Data

해설 ❓

① **Stack** : 후입선출(LIFO) 방식에 의하여 데이터를 관리하는 구조로, Top이라고 불리는 스택의 끝부분에서 데이터의 삽입과 삭제가 일어남. 지역변수, 매개변수, 복귀번지, 함수호출 시 전달되는 인수 값 저장을 위한 메모리 영역이다.
③ **Code** : 중앙처리장치에 의하여 실행되는 시스템 코드가 있는 영역으로, EIP가 다음에 실행할 명령을 가리키며, 프로그램 코드 자체를 구성하는 명령이나 기계어 명령을 위한 메모리 영역이다.
④ **Data** : 초기화된 데이터 세그먼트(Initialized Data Segment)라고도 하며, 프로그램이 실행될 때 0이나 NULL 포인터로 초기화되는 영역으로, 프로그램의 전역변수나 정적변수의 할당을 위하여 존재하는 영역이다.

13 시스템의 취약점 점검 도구가 아닌 것은?

① nikto ② nessus
③ Snort ④ lynis

해설 ❓

① **nikto** : 6,500여 개의 방대한 데이터베이스를 이용하여 취약한 CGI 파일을 스캔하고, 서버 환경설정의 취약점이나 웹서버 설치 시 기본적으로 설치되는 파일과 웹서버의 종류와 버전 등을 스캔한다.
② **nessus** : 세계에서 가장 많이 사용되는 취약점 스캐너이다. 서버와 네트워크 장비에 대한 점검을 통하여 보안상 취약한 서비스, 서버 설정, 낮은 버전의 프로그램 등을 알려줌으로써, 보안사고를 방지하는 데 사용되는 취약점 점검 도구이다.
③ **Snort** : 실시간 트래픽 분석과 IP 네트워크에서 패킷 로깅이 가능한 침입 탐지시스템이다.
④ **lynis** : 리눅스나 유닉스계열에서 사용되는 시스템 점검 도구이다. 시스템 관리자와 보안 전문가가 시스템과 보안 방어책을 스캐닝하며, 시스템 하드닝이라고 불리는 과정을 도와준다. 구체적인 운영체제 종류와 설치된 패키지, 시스템과 네트워크 설정을 결정한다.

14 악성코드 유포에 대한 설명이다. 옳지 않은 것은?

① 사용자가 URL을 입력하는 경우 공격자가 IP 주소를 전송하여 공격자 사이트로 연결하게 한 후에 악성코드를 배포한다.

② 사용자 메일로 악성코드가 유포되고, 사용자가 악성코드를 다운로드해서 실행하는 방법은 Drive by Download이다.

③ USB에 악성코드를 심어 두고, USB를 삽입하면 악성코드를 실행하게 한다.

④ 특정인을 대상으로 신뢰된 사이트에 사용자가 접속하면 악성코드를 배포시켜 공격하는 것은 Watering Hole이다.

해설 ❓

Drive by Download : 사용자가 웹사이트에 방문하는 자체만으로도 사용자 모르게 악성코드가 다운로드되는 사이버 공격기법이다.

15 리눅스 시스템에서 원본 파일 sample.txt에 대해 파일 복사(cp) 또는 파일 링크(ln)를 수행하여, 아래 〈보기〉와 같이 sample01.txt, sample02.txt, sample03.txt, sample04.txt 파일을 생성하였다. 생성된 4개의 파일 중 수정 시 원본 파일도 수정되고, 원본 파일을 삭제해도 그 정보가 삭제되지 않는 것은?

```
root@kali:/home# ls -il
2380460 -rw-r--r-- 2 root root 21 12월 15 21:37
sample.txt
2380459 -rw-r--r-- 1 root root 21 12월 15 21:38
sample01.txt
2380458 -rw-r--r-- 1 root root 21 12월 15 21:39
sample02.txt
2380461 lrwxrwxrwx 1 root root 12 12월 15 21:43
sample03.txt -> sample01.txt
2380460 -rw-r--r-- 2 root root 21 12월 15 21:37
sample04.txt
root@kali:/home#
```

① sample01.txt ② sample02.txt

③ sample03.txt ④ sample04.txt

해설 ❓

sample.txt이 sample04.txt의 원본 파일이며, 하드링크(아이노드 번호가 같음 : 2380460)로 연결되어 있다. 파일을 하드링크하였을 때에는 원본 파일을 삭제하더라도 복사본을 그대로 사용할 수 있다. 이와는 반대로 심볼릭 링크(sample01.txt)는 원본 파일이 삭제되면 복사본 파일(sample03.txt)을 사용할 수 없게 된다.

16 Windows 운영체제의 net 명령어에 대한 설명으로 옳지 않은 것은?

① net share : Windows 운영체제에서 파일 시스템 공유를 확인하거나 공유 폴더를 추가, 삭제한다.

② net user : Windows 운영체제의 일반 사용자, 게스트 사용자, 관리자 생성 및 활성화/비활성화할 수 있다.

③ net session : 현재 Windows 시스템에 로그인된 세션 정보를 확인한다.

④ net computer : 컴퓨터를 시작하거나 종료할 수 있다.

해설 ❓

• net computer : 도메인 데이터베이스에서 컴퓨터를 추가하거나 삭제한다.
• net start/stop : 컴퓨터를 시작하거나 종료할 수 있다.

17 Windows 파일 시스템이 아닌 것은?

① FAT16 ② FAT32

③ EXT2 ④ NTFS

해설 ❓

① FAT16 : MS-DOS 4.0 이후 하드디스크 지원. 큰 클러스터에 작은 파일이 들어가게 되어 낭비가 생긴다.
② FAT32 : Windows 95에서 2GB 이상의 고용량 하드디스크를 지원하기 위하여 개발(32GB까지로 제한)되었으며, FAT16보다 효율적으로 하드디스크를 사용한다.
③ EXT2 : 리눅스의 초기부터 사용하던 파일 시스템으로, 부트 섹터(Boot Sector)와 블록 그룹(Block Group)으로 이루어진다.
④ NTFS : FAT32에 대용량 하드디스크 지원, 보안, 압축, 원격저장소 기능 등을 추가하여 만든 Windows NT 전용 파일 시스템. 현재 Windows 파일 시스템의 기본 형태로 사용한다.

18 유닉스 시스템 최적화에 대한 설명이다. 옳지 않은 것은?

① 유닉스 시스템에서 daemon, bin, sys, adm 등으로 로그인이 필요하지 않은 유닉스 사용자는 "/bin/false"로 부여한다.

② 존재하지 않은 유닉스 계정에 대해서 /etc/group 파일이 그룹에 포함되지 않아야 한다.

③ 사용자 환경 변수에서 현재 디렉터리를 의미하는 "."을 PATH 환경변수에 제일 앞에 놓아야 한다.

④ 불필요하게 설정된 특수권한을 확인하여 제거해야 한다.

해설 ❓

사용자 환경 변수에 현재 디렉터리를 의미하는 "."이 포함되어 있을 경우, 해당 사용자가 의도하지 않은 명령을 실행하여 시스템에 예기치 않은 결과를 초래할 수 있다. 특히, root 사용자일 경우에는 더욱 치명적일 수 있다.

19 유닉스 시스템의 로그 파일과 명령어에 대한 설명이다. 옳지 않은 것은?

① wtmp - 로그인 및 로그아웃 정보 - Binary File - last

② utmp - 현재 로그인된 정보 - Binary File - who

③ pacct - 사용자 명령어 정보 - Text File - history

④ secure - 원격 접속에 대한 로그인 정보 - Text File - grep

해설 ❓

③ pacct - 사용자 명령어 정보 - Binary File - acctcom
• .bash_history - 사용자별 실행한 명령어 기록 - Text File - history

20 다음 〈보기〉에서 설명하는 것은?

> 유닉스 시스템에서 파일을 생성하면 자동으로 권한이 부여된다. 이것은 파일을 생성할 때 특별한 권한을 부여하지 않아도 자동으로 부여될 수 있게 한 것이다.

① sticky bit   ② setGID

③ umask   ④ setUID

해설 ❓

① sticky bit : 설정된 디렉터리 내의 모든 파일/디렉터리의 삭제 권한은 root와 해당 파일/디렉터리의 소유자만 가능하도록 하는 허가권이다.(허가권 : 1000)

② setGID : 해당 파일이 실행될 때 실행한 그룹에게 소유자 권한을 부여하는 허가권이다.(허가권 : 2000)

④ setUID : 해당 파일이 실행될 때만 실행한 사용자에게 소유자 권한을 부여하는 허가권이다.(허가권 : 4000)

2과목 네트워크 보안

21 호스트의 IP 주소가 192.168.0.6이고, 서브넷 마스크는 255.255.255.0이다. Land Attack에 대응하기 위해 iptables를 설정할 경우 (㉠)~(㉣) 안에 들어갈 내용으로 옳은 것은?

> iptables - A (㉠) (㉡) 192.168.0.6 (㉢) (㉣)

	㉠	㉡	㉢	㉣
①	INPUT	-d	-j	DROP
②	INPUT	-s	-j	DROP
③	INPUT	-d	-j	ACCEPT
④	INPUT	-s	-j	ACCEPT

해설 ❓

> iptables - A INPUT -s 192.168.0.6 -j DROP
> ❶ ❷ ❸ ❹ ❺ ❻ ❼

❶ : 방화벽 설정 명령어

❷ : 옵션(A : 추가, I : 삽입, D : 삭제)

❸ : 체인(INPUT : 들어오는 패킷, OUTPUT : 나가는 패킷, FORWARD : 지나가는 패킷)

❹ : 출발지/목적지 IP 주소 지정(-s : 출발지 IP 주소, -d : 목적지 IP 주소)

❺ : IP 주소

❻ : 규칙에 맞는 패킷을 어떻게 처리할 것인지 명시

❼ : 정책(ACCEPT : 허용, DROP : 차단, REJECT : 차단(차단 사실을 출발지에 알림))

22 ICMP 프로토콜에 대한 설명으로 옳지 않은 것은?

① 목적지 도착 불가는 라우터가 목적지를 찾지 못하는 경우에 발생되는 메시지이다.

② 패킷을 전송하였으나 시간이 경과된 경우 시간 초과 메시지가 발생된다.

③ 호스트 존재를 확인하기 위해서 Echo Request Reply 메시지를 전송한다.

④ 멀티캐스팅(Multicasting)은 ICMP 프로토콜로 그룹을 관리한다.

해설 ❓

멀티캐스팅(Multicasting) : IGMP(Internet Group Management Protocol) 프로토콜로 그룹을 관리한다.

23 다음 〈보기〉에서 설명하는 공격기법은?

> ICMP Echo Request 사이 패킷의 크기를 크게 만들어 전송하면, 패킷이 분할되어 수신받게 된다. 하나의 패킷이 분할되어 수신자에게 부하를 유발하는 DDoS 공격기법이다.

① Ping of Death　　② Teardrop

③ SYN Flooding　　④ Tiny Fragment

해설 ❓

② Teardrop : 헤더가 조작된 일련의 IP 패킷 조각을 아주 작거나 겹치게 만들어 전송함으로써, 재조립하는 데 과부하를 일으키는 공격이다.

③ SYN Flooding : TCP의 3-Way Handshake의 취약점을 이용한 공격으로, 출발지 IP 주소를 존재하지 않는 IP 주소로 변조한 후 다량의 SYN 패킷을 전송하여, 공격대상 시스템의 백로그 큐(Backlog Queue)를 가득 채워 시스템을 마비시키는 공격이다.

④ Tiny Fragment : 최초의 패킷 조각을 아주 작게 만들어 침입 탐지 시스템이나 패킷 필터링 장비를 우회하는 공격이다.

24 IDS의 탐지기법 중 Anomaly 탐지기법에 대한 설명이다. 옳지 않은 것은?

① Behavior Detection으로 정상적인 상태를 기준으로 상태에 급격한 변화가 발생하면 침입을 탐지하는 방법이다.

② Zero Day Attack 공격을 탐지할 수는 없다.

③ 오탐율이 높다.

④ 통계정보를 사용해서 탐지에 활용된다.

해설 ❓

②는 오용 탐지기법에 대한 설명이다.

25 세션 하이재킹(Session Hijacking)에 대한 설명이다. 옳지 않은 것은?

① 클라이언트가 Reset 명령어를 전송하고 재연결을 시도하면 세션 하이재킹 공격으로 의심할 수 있다.

② 인증 시에 일회용 패스워드를 사용하여 세션 하이재킹에 대응할 수 있다.

③ 연결이 확립된 클라이언트의 세션 정보를 갈취해서 공격하는 것이다.

④ 세션 하이재킹 시 Sequence 번호를 사용해서 공격을 하기 때문에 Sequence 번호를 Random하게 생성하여 대응한다.

해설 ❓

세션 하이재킹 공격은 이미 인증이 완료된 상태의 세션을 가로채는 공격이므로, 인증 시 일회용 패스워드를 사용하는 것으로는 대응할 수가 없다.

26 ping을 실행하면 ICMP 프로토콜을 사용하는데, 이때 ICMP Type Code 값으로 옳은 것은?

	ICMP Echo Request	ICMP Echo Reply
①	1	2
②	0	8
③	8	0
④	0	1

해설 ❓

[ICMP Message]

ICMP 오류 메시지	목적지 도달 불가	Type 3
	발신 억제	Type 4
	재지정	Type 5
	시간 초과	Type 11
	매개변수 문제	Type 12
ICMP 정보성 메시지	에코 응답	Type 0
	에코 요청	Type 8

27 방화벽 구성에서 DMZ는 비무장 지대로 외부망과 내부망 중간에 구축된다. DMZ를 구축하는 방법으로 가장 옳은 것은?

① Dual Home
② Screened Host
③ Screened Router
④ Screened Subnet

해설 ❓

① Dual Home : 외부 네트워크에 대한 네트워크 카드와 내부 네트워크에 대한 네트워크 카드를 구분하여 운영. 내부 네트워크에서 인터넷을 이용하거나, 인터넷에서 내부 네트워크가 제공하는 서비스를 이용하려면 이중 홈 게이트웨이를 반드시 지나야 한다.

② Screened Host : 하나의 스크리닝 라우터(Screening Router)와 배스천 호스트(Bastion Host)로 연결되어 있다.

③ Screened Router : 패킷 필터 라우터라고도 하며, 내부 네트워크와 외부 네트워크의 물리적 연결점을 담당하여 네트워크의 트래픽을 구분할 수 있으며, 네트워크 레벨에서 허용된 패킷 이외의 것을 차단하는 라우터의 패킷 필터링 기능을 수행하고, 속도가 빠르며 비용이 저렴하지만, 로그 관리가 어렵고 패킷 데이터의 분석이 불가능하다.

④ Screened Subnet : 외부 네트워크와 내부 네트워크 간 '방어선 네트워크'라는 완충 지역을 설정하고, 외부에 공개된 모든 서버가 서브넷 내에 위치된다.

28 HIDS에 대한 설명이다. 옳지 않은 것은?

① 시스템에 설치되어 있는 로그 파일을 분석하여 탐지한다.

② 호스트로 전송되는 네트워크 패킷과 시스템 로그를 분석하여 악성코드를 탐지할 수가 있다.

③ Host 하드웨어에 HIDS 소프트웨어를 설치해서 사용한다.

④ 네트워크 패킷만 탐지하여 보고한다.

해설 ❓

구분	HIDS	NIDS
특징	호스트 자원 사용 상황을 분석하여 침입 탐지	네트워크상에서 발생하는 침입 탐지
장점	트로이목마, 백도어, 내부자 공격 탐지	• 공격에 대한 내성, 공격자에게 존재를 숨김 • DoS, DDoS 및 스캐닝 등 탐지
단점	호스트 자원을 사용해 호스트의 성능 저하	• 상대적으로 오탐률이 높음 • 암호화된 패킷에 대한 침입 탐지 불가능

29 TCP/IP 프로그램을 개발하는 경우 클라이언트의 접속을 대기하는 함수는?

① bind
② listen
③ accept
④ connect

해설 ❓

	bind	IP 주소와 PORT 번호 할당
서버 소켓	listen	연결요청 가능 상태로 변경
	accept	연결요청에 대한 수락
클라이언트 소켓	socket	Socket 함수 호출
	connect	서버로의 연결요청

30 다음 〈보기〉에서 설명하는 공격기법은?

> 네트워크 패킷은 MTU보다 큰 패킷이 오면 분할(Fragmentation)하고, 분할된 정보를 Flags와 Offset에 가지고 있다. 이때 Offset을 임의로 조작하여 다시 조립될 수 없도록 하는 공격이다.

① Teardrop
② Tiny Fragment
③ Fragment Overlap
④ IP Spoofing

해설 ❓

Tiny Fragment	• 최초의 패킷 조각을 아주 작게 만들어서 네트워크 침입 탐지시스템이나 패킷 필터링 장비를 우회하는 공격 • TCP 헤더(일반적으로 20바이트)가 2개의 조각으로 나누어질 정도로 작게 쪼개서 목적지 TCP 포트 번호가 첫 번째 조각에 위치하지 않고, 두 번째 조각에 위치하도록 함. 패킷 필터링 장비나 침입 탐지시스템은 필터링을 결정하기 위해 포트 번호를 확인하는데, 포트 번호가 포함되지 않을 정도로 아주 작게 분할된 첫 번째 조각을 통과시키고, 다음으로 들어오는 조각의 경우 포트 번호가 포함되어 있지만, 필터링을 거치지 않고 통과시킴
Fragment Overlap	• Tiny Fragment 공격기법에 비해 좀 더 정교한 공격기법 • 공격자는 공격용 IP 패킷을 위해 2개의 조각을 생성. 첫 번째 조각에서는 패킷 필터링 장비에서 허용하는 HTTP(TCP 80) 포트와 같은 포트 번호를 가짐. 그리고, 두 번째 조각에서는 오프셋(Offset)을 아주 작게 조작해서 조각들이 재조합될 때 두 번째 조각이 첫 번째 조각의 일부분을 덮어쓰도록 함. 일반적으로 공격자들은 첫 번째 조각의 포트 번호가 있는 부분까지 덮어씌움. IDS에서는 첫 번째 조각은 허용된 포트 번호이므로 통과시키고, 두 번째 조각은 이전에 이미 허용된 조각의 ID를 가진 조각이므로 역시 통과시킴. 이 두 개의 조각이 목적지 서버에 도달하여 재조합되면 첫 번째 조각의 포트 번호는 두 번째 조각의 포트 번호로 덮어쓰게 되고, TCP/IP 스택은 이 패킷을 필터링 되어야 할 포트의 응용프로그램에 전달

31 포트 스캐닝 기법에 대한 설명이다. 옳지 않은 것은?

① UDP 스캐닝은 UDP 패킷을 전송하고, 응답으로 ICMP Unreachable이 오면 포트가 닫혀 있는 것으로 인식한다.

② FIN 스캐닝은 FIN Flag를 설정해서 전송했는데 응답이 없으면 포트가 열려 있는 것이다.

③ ACK 스캐닝은 ACK Flag만 설정된 패킷을 대상 시스템에 전송하는 것으로 포트의 Open, Close와 관계없이 RST 패킷이 되돌아오면 Unfiltered 상태이다. ACK 스캐닝은 Stateful 방화벽의 상태를 점검하는 용도로 사용된다.

④ SYN 스캐닝은 TCP 연결을 한 후에 연결이 확립되면 응답 신호를 수신하여 포트가 오픈되어 있는지 확인한다.

해설
- ④는 TCP Connected 스캐닝에 대한 설명이다.
- ④ SYN 스캐닝은 TCP 연결이 완료되기 전에 응답 신호만 수신하여 포트가 오픈되어 있는지만 확인 후 연결을 종료하여 연결이 확립되지 않는다.

32 무선 LAN 보안에 대한 설명이다. 옳지 않은 것은?

① WEP는 RC4 암호와 알고리즘을 사용해서 암호화 키를 무작위로 대입하여 공격할 수 있다.

② RC4 암호화 알고리즘은 스트림 암호화 기법을 사용하고 있다.

③ WPA/WPA2는 세션 연결 과정에서 파라미터 정보가 노출되기 때문에 무작위 공격으로 해킹이 가능하다.

④ CCMP와 TKIP는 보안성이 우수하다.

해설
WPA/WPA2 : 무차별 대입 공격에 취약하다. 하지만, 그것은 세션 연결 과정에서 파라미터 정보가 노출되기 때문이 아니라 무차별 대입(일치하는 암호를 찾을 때까지 반복해서 암호를 추정해 대입하는 방식) 공격에 취약하기 때문이다.

33 지식기반 탐지기법에 해당하지 않는 것은?

① 통계기반　　　　② 패트리넷
③ 상태전이　　　　④ 신경망

해설

지식기반 침입탐지(오용탐지)	행위기반 침입탐지(이상행위)
• 전문가 시스템 • 신경망	
알려진 침입행위를 기반으로 일치하면 침입으로 간주	사용자의 패턴을 분석한 후 입력된 정상 패턴과 비교하여 일치하지 않으면 침입으로 간주
• 시그니처 분석 • 패트리넷 • 상태 전이 분석 • 유전 알고리즘	• 통계적 방법 • 컴퓨터 면역학 • 데이터 마이닝 • 기계학습 • HMM(Hidden Markov Model)

34 IPSec에서 기밀성과 무결성, 인증을 수행하기 위한 동작모드는?

① ESP – 전송모드　　② ESP – 터널모드
③ AH – 터널모드　　④ AH – 전송모드

해설

AH	발신지 인증, 데이터 무결성 보장
ESP	발신지 인증, 데이터 무결성, 기밀성 보장

전송모드	• 원래의 IP 헤더는 대부분 그대로 이용하며 나머지 데이터 부분만 보호하는 방식 • '호스트와 호스트(종단 대 종단) 간'에 주로 사용 • 주로 상위 계층 프로토콜을 보호하기 위해 사용
터널모드	• IP 패킷 전체를 보호하고, 그 위에 새로운 IP 헤더를 추가하는 방식 • '라우터와 라우터 간', '호스트와 라우터 간', '게이트웨이와 게이트웨이 간' 주로 사용 • IPSec VPN 구현

35 반사 공격에 대한 설명이다. 옳지 않은 것은?

① 반사 공격을 한때 발신자의 IP 주소를 피해자의 IP 주소로 바꿔서 공격한다.

② TCP 프로토콜과 UDP 프로토콜을 사용해서 피해자를 공격한다.

③ TCP Half Open을 이용한 공격이다.

④ 여러 개의 호스트가 한 대의 피해자 호스트로 SYN+ACK를 전송하여 공격한다.

해설
반사 공격 : UDP 프로토콜을 사용하는 DNS, NTP, SNMP 서비스 등의 구조적 특성을 이용한다.

36 네트워크 접근 제어 솔루션의 기능에 대한 설명으로 옳지 않은 것은?

① 네트워크 접근을 통제할 때 IP 주소를 확인하여 네트워크 접근 여부를 통제한다.

② End-point 보안기술이다.

③ 바이러스/웜, 악성코드에 대한 탐지 및 대응이 가능하다.

④ 비인가자에 대한 검출이 가능하다.

해설 ❓

[NAC 주요 특징]

구분	주요 특징	설명
접근	사용자 통제	내부 직원 역할 기반 접근 통제
통제	장비 통제	IP, MAC 기반 네트워크 장비 통제
침해	침해 탐지	해킹, 웜, 악성코드 트래픽 탐지
차단	침해 차단	해킹 차단, 증거 수집

37 ESM의 구성요소에 대한 설명으로 옳지 않은 것은?

① Agent : 보안시스템에 설치되어서 각종 로그 정보를 수집한다.

② Manager : 수집된 로그 정보를 통합하고 분석한다.

③ Console : 관리자는 ESM Console을 사용해서 모니터링하고, 명령어를 실행한다.

④ 보안패치 : 최근 보안취약점이 발생한 시스템에 대해서 자동으로 패치를 수행한다.

해설 ❓

PMS(Patch Management System) : 보안패치 파일을 원격에서 자동으로 설치 및 관리해 주는 시스템이다. 패치 설치를 권고 · 유도하거나, 필요시 강제적으로 설치하도록 관리해 준다.

38 다음 〈보기〉는 IDS에 대한 설명이다. 옳은 것은?

> IDS 침입탐지 기법 중에서 공격자가 침입을 했는데도 침입을 탐지하지 못했다. 따라서 보안담당자는 공격자의 공격을 알지 못했다.

① False Positive   ② True Positive

③ False Negative   ④ True Negative

해설 ❓

① False Positive : 공격이 아닌데 공격이라고 탐지하는 것(오탐)
③ False Negative : 공격인데 공격이 아니라고 탐지하는 것(미탐)
④ True Negative : 실제 공격이 발생하여 탐지하는 것

39 다음 〈보기〉에서 설명하는 프로토콜은?

> Double Direct 공격 시에 사용되는 것으로 MITM(Man-In-The-Middle) 공격을 한다. 이 공격은 희생자들의 개인정보, 금융정보 등을 탈취할 수 있고, 악성코드를 심을 수도 있다.

① IP   ② TCP   ③ ICMP   ④ IGMP

해설 ❓

① IP : 송신 호스트와 수신 호스트가 패킷 교환 네트워크에서 정보를 주고받는 데 사용하는 정보 위주의 규약이며, OSI 네트워크 계층에서 호스트의 주소지정과 패킷 분할 및 조립 기능을 담당한다.
② TCP : 인터넷상의 컴퓨터들 사이에서 데이터를 메시지의 형태로 보내기 위해 IP 주소와 함께 사용되는 프로토콜이다. 근거리 통신망이나 인트라넷, 인터넷에 연결된 컴퓨터에서 실행되는 프로그램 간에 일련의 옥텟을 안정적, 순서대로, 오류 없이 교환할 수 있게 한다.
④ IGMP : 호스트 컴퓨터와 인접 라우터가 멀티캐스트 그룹 멤버십을 구성하는 데 사용하는 통신 프로토콜이다.

40 NTP Amplification Attack에 대한 설명이다. 옳지 않은 것은?

① 공격자는 NTP 서버에서 패킷을 전송하여 패킷을 증폭시키는데, 이때 공격자의 IP 주소는 변조된 주소이다.

② NTP 서버에 다량의 UDP 패킷을 전송하고, 응답으로 오는 호스트 목록을 사용해서 호스트들의 정보를 획득한다.

③ 공격자가 monlist 명령을 전송하면 변조된 공격자가 IP 주소로 응답한다.

④ 호스트 리스트가 포함된 패킷을 증폭시켜서 피해자에게 부하를 증폭시키는 DDoS 공격기법이다.

해설 ❓

NTP Amplification Attack : 공격자는 공격대상의 IP 주소로 도용하고, NTP 서버가 많은 양의 응답 트래픽(고정된 패킷 크기)을 공격대상 서버에게 보내도록 요청한다. NTP 서버의 응답이 공격자가 보낸 요청보다 크기가 큰 증폭 기술이 활용되어 공격 효율성을 크게 높일 수 있다. 공격자는 다수의 인터넷에 공개된 NTP 서버에 monlist 요청을 하면 서버는 monlist 요청에 대한 응답을 일제히 공격대상으로 전송하고 공격대상은 네트워크 대역폭을 모두 소진하여 정상적인 사용자에 대한 서비스 장애가 발생한다.

3과목 애플리케이션 보안

41 포맷 스트링 공격과 관련이 없는 것은?

① 메모리에서 사용 가능한 다른 위치의 데이터를 보이게 한다.

② 악의적인 코드와 주소로 겹쳐 쓸 수 있다.

③ 프로그램을 충돌시킨다.

④ 시스템을 강제적으로 다운시킬 수 있다.

해설

포맷 스트링 공격 : 프로그램을 충돌시키거나 악의적인 코드를 실행시키는 공격으로, 시스템을 강제로 다운시킬 수는 없다.

42 다음 〈보기〉의 내용을 보고 예측할 수 있는 웹 공격은?

10.10.10.1 – – [10/an/2017.00:1803 10900] E
/home/login/login.php?userid=%27%2008%201%201%20
%2D HTTP/"1.1" 200 970
"http://10.10.10.20/home/login/ogin_form.php" "Mezia–50
(Windows NT 6.3, WOW64;
Tricent/7.0; v.11.0) like Cecko)

① Command Injection   ② SQL Injection

③ XSS   ④ CSRF

해설

① Command Injection : Command에 임의의 명령어를 삽입하고 요청을 보내 웹서버에서 실행되게 하는 공격. 만약, 웹 애플리케이션 공격이 내부에서 실행된다고 했을 때 사용자가 입력한 값이 적절한 검증 절차를 거치지 않을 경우 입력했던 시스템 명령어가 그대로 전달되어 공격자는 이 값을 조작하여 시스템 명령어 삽입 공격을 할 수 있게 된다.

43 다음 〈보기〉에서 설명하는 공격기법은?

FTP 서버를 사용해서 공격하는 것으로, 네트워크 포트 스캐닝을 하고 익명의 사용자로 공격하는 것이다.

① 바운스 공격   ② 사용자 공격

③ 버퍼 오버플로   ④ FTP 서버 취약점 공격

해설

④ FTP 서버 취약점 공격 : 최소한의 서비스를 위한 권한만 사용자에게 제공해야 하는데, 사용자 권한 및 파일/디렉터리의 허가권에 대한 적절한 제한이 이루어지지 않음으로, 사용자나 파일/디렉터리의 정보를 유출하는 공격기법이다.

44 다음 〈보기〉에서 설명하는 공격기법은?

소프트웨어 개발과정의 분석, 설계, 구현과정에서 공격자가 악성코드를 삽입하여 공격한다.

① Development Process Attack

② Supply Chain Attack

③ Service Chain Attack

④ Replay Attack

해설

④ Replay Attack : 데이터를 획득하여 비인가된 효과를 얻기 위하여 재전송한다.

45 사용자 FTP 프로그램을 실행해서 FTP 서버에 연결하였다. 그런데 FTP에서 디렉터리 목록이 확인되지 않는다. 사용자가 확인해야 할 사항으로 옳지 않은 것은?

① 공유기를 확인한다.

② 클라이언트 방화벽을 확인한다.

③ Active Mode와 Passive Mode 변경은 관련이 없다.

④ 서버 방화벽을 확인한다.

해설

클라이언트에 방화벽이 설치되어 있을 경우 데이터 포트가 차단되므로, 방화벽을 중단하거나 Passive Mode로 변경하면 문제를 해결할 수 있다.

46 php.ini 파일에서 allow–url–fopen을 off로 설정하는 것은 어떤 공격에 대응하기 위한 것인가?

① 원격 사용자 정보 획득을 방지한다.

② RFI 공격을 예방하기 위한 것이다.

③ XSS 및 CSRF 공격에 대응하다.

④ URL을 사용한 세션 값 갈취를 대응하기 위한 것이다.

해설

• RFI(Remote File Inclusion) 취약점을 이용한 공격은 공격자가 악성 스크립트를 웹서버에 전달하여 해당 페이지를 통하여 전달한 악성코드가 실행되도록 하는 공격이다.

• php.ini 파일에서 allow–url–fopen을 On으로 하면 URL 주소로 파일을 읽어 올 수 있어 노출과 변조 위험성이 있으므로, 이를 제거하기 위해 Off로 설정해야 안전하다.

47 다음 〈보기〉에서 설명하는 공격기법은?

> 웹 사이트에서 사용되는 스크립트를 이용하는 공격 방법으로, 악성 스크립트를 게시판에 저장하고 피해자가 해당 게시글을 클릭하는 순간에 스크립트가 실행되어서 공격하는 방법이다.

① CSRF
② SQL Injection
③ XSS
④ Buffer Overflow

해설

① CSRF : 웹 취약점 공격으로 희생자가 자신의 의지와는 무관하게 공격자가 의도한 행위(수정, 삭제, 생성 등)를 특정 웹사이트에 요청하는 공격이다.

② SQL Injection : 데이터베이스로 전송되는 SQL를 변경시키기 위하여 웹 애플리케이션에서 입력받은 파라미터를 변조 후 삽입함으로써, 비정상적인 접근을 시도하거나 쿼리를 재구성하여 정보를 열람하는 공격이다.

④ Buffer Overflow : 할당된 메모리 경계에 대한 검사를 하지 않는 프로그램의 취약점을 이용하여 공격자가 원하는 데이터를 덮어쓰는 방식이다. 만약, 실행 코드가 덮어써진다면 공격자가 원하는 방향으로 프로그램이 동작하게 할 수 있다.

48 다음 중 2017년 OWASP Top 10에 새롭게 포함된 것은?

① Injection
② Broken Authentication
③ XML External Entities(XXE)
④ Cross Site Scripting(XSS)

해설

[OWASP Top 10 (2017)]

A1 (인젝션)	• SQL, OS, XXE, LDAP 인젝션 취약점은 신뢰할 수 없는 데이터가 명령어나 쿼리문의 일부분으로써, 인터프리터로 보내질 때 발생 • 공격자의 악의적인 데이터는 예기치 않은 명령을 실행하거나, 올바른 권한 없이 데이터에 접근하도록 인터프리터를 속일 수 있음
A2 (취약한 인증)	• 인증 및 세션 관리와 관련된 애플리케이션 기능이 종종 잘못 구현되어 공격자들이 암호, 키, 세션 토큰을 위험에 노출될 수 있거나, 일시적 또는 영구적으로 다른 사용자의 권한 획득을 위해 구현상 결함을 악용하도록 허용
A3 (민감한 데이터 노출)	• 다수의 웹 애플리케이션과 API는 금융정보, 건강 정보, 개인 식별 정보와 같은 중요한 정보를 제대로 보호하지 않음 • 공격자는 신용카드 사기, 신분 도용 또는 다른 범죄를 수행하기 위해 보호가 취약한 데이터를 훔치거나 수정할 수 있음 • 중요한 데이터는 저장 또는 전송할 때 암호화 같은 추가 보호 조치가 없으면 탈취당할 수 있으며, 웹브라우저에서 주고받을 때 각별한 주의가 필요함
A4 (XML 외부 개체 (XXE))	• 오래되고 설정이 엉망인 많은 XML 프로세서들은 XML 문서 내에서 외부 개체 참조를 평가함 • 외부 개체는 파일 URI 처리기, 내부 파일 공유, 내부 포트 스캔, 원격 코드 실행과 서비스 거부 공격을 사용하여 내부 파일을 공개하는 데 사용할 수 있음
A5 (취약한 접근 통제)	• 인증된 사용자가 수행할 수 있는 작업에 대한 제한이 제대로 적용되어 있지 않음 • 공격자는 이러한 결함을 악용하여 다른 사용자의 계정에 접근하거나, 중요한 파일을 보거나, 다른 사용자의 데이터를 수정하거나, 접근 권한을 변경하는 등 권한 없는 기능과 데이터에 접근할 수 있음
A6 (잘못된 보안 구성)	• 잘못된 보안 구성은 가장 흔하게 보이는 이슈 • 취약한 기본 설정, 미완성(또는 임시 설정), 개방된 클라우드 스토리지, 잘못 구성된 HTTP 헤더 및 민감한 정보가 포함된 장황한 오류 메시지로 인한 결과 • 모든 운영체제, 프레임워크, 라이브러리와 애플리케이션을 안전하게 설정해야 할 뿐만 아니라 시기적절하게 패치/업그레이드를 진행해야 함
A7 (크로스 사이트 스크립팅(XSS))	• 애플리케이션이 올바른 유효성 검사 또는 필터링 처리 없이 새 웹 페이지에 신뢰할 수 없는 데이터를 포함하거나, 자바스크립트와 HTML을 생성하는 웹브라우저 API를 활용한 사용자 제공 데이터로 기존 웹 페이지를 업데이트할 때 발생 • 피해자의 웹브라우저에서 공격자에 의해 스크립트를 실행시켜 사용자 세션을 탈취할 수 있게 만들고, 웹사이트를 변조시키고, 악성 사이트로 리다이렉션할 수 있도록 허용
A8 (안전하지 않은 역 직렬화)	• 안전하지 않은 역 직렬화는 종종 원격 코드 실행으로 이어짐 • 역 직렬화 취약점이 원격 코드 실행 결과를 가져오지 않더라도 이는 권한 상승 공격, 주입 공격과 재생 공격을 포함한 다양한 공격 수행에 사용될 수 있음
A9 (알려진 취약점이 있는 구성요소 사용)	• 라이브러리, 프레임워크 및 다른 소프트웨어 모듈 같은 컴포넌트는 애플리케이션과 같은 권한으로 실행됨 • 만약에 취약한 컴포넌트가 악용된 경우, 이는 심각한 데이터 손실을 일으키거나 서버가 장악됨 • 알려진 취약점이 있는 컴포넌트를 사용한 애플리케이션과 API는 애플리케이션 방어를 약화하거나 다양한 공격에 영향을 미침
A10 (불충분한 로깅 및 모니터링)	• 불충분한 로깅과 모니터링은 사고 대응의 비효율적인 통합 또는 누락과 함께 공격자들이 시스템을 더 공격하고, 지속성을 유지하며, 더 많은 시스템을 중심으로 공격할 수 있도록 만들고, 데이터를 변조, 추출 또는 파괴할 수 있음 • 대부분의 침해 사례에서 침해를 탐지하는 시간이 200일이 넘게 걸리는 것을 보여주고, 이는 일반적으로 내부 프로세스와 모니터링보다 외부기관이 탐지함

49 버퍼 오버플로를 보호하는 기법이 아닌 것은?

① 스택가드(Stack Guard)

② No-Executable Stack

③ ASLR

④ RTL(Return To Library)

해설 ❓

① 스택가드(Stack Guard) : 특정 변수를 입력받을 때 해당 변수값의 경계에 특정한 값을 입력하여, 이 값이 변조되거나, 침범당할 경우 시스템 프로세스로 하여금 오류를 발생시켜 버퍼 오버플로 등의 공격을 방지하기 위한 프로그램 컴파일러 기술이다.

② No-Executable Stack : NX(Never Execute) Bit를 사용하여 스택에서 코드 실행을 제한하는 보안기법이다.

③ ASLR : 컴퓨터를 시작할 때마다 다른 메모리 영역에 저장된 중요한 시스템 파일을 읽어 악의적인 코드의 실행을 어렵게 하는 기능이다.

④ RTL(Return To Library) : NX(Never Execute) Bit가 적용된 스택을 우회하기 위해 사용되는 기법이다.

50 전자상거래 보안 프로토콜인 SSL(Secure Socket Layer)에 대한 설명이다. 옳지 않은 것은?

① SSL은 웹브라우저와 웹 서버 사이에 안전한 통신을 수행하고 443 포트를 사용한다.

② SSL은 제어 프로토콜과 레코드 프로토콜로 되어 있다.

③ SSL은 레코드 프로토콜은 협의된 암호 알고리즘을 사용해서 암호화를 수행한다.

④ SSL에서 Client Hello는 웹브라우저의 SSL, Version, 지원하는 암호 알고리즘을 웹 서버에게 전송한다.

해설 ❓

SSL : 하위 레코드 계층 프로토콜(단편화, 압축, 무결성, 암호화, 인증 기능 제공)과 상위 핸드셰이크 관련 프로토콜들로 구성되어 있다.

51 BYOD(Bring Your Own Device)와 관련이 없는 것은?

① MDM   ② MAM

③ ESM   ④ Mobile 가상화

해설 ❓

[모바일 관리 솔루션]

• MDM(Mobile Device Management) : IT 부서가 원격으로 직원 소유 또는 기업 소유의 스마트폰이나 태블릿, 기타 디바이스를 등록한 후, 직원이나 직원의 업무에 특화된 프로파일을 통해 이를 추적하고 관리하고 보호할 수 있다.

• MAM(Mobile Application Management) : MDM보다 좀 더 대상을 특정한 솔루션으로, 이 전략은 디바이스 자체가 아니라 기업용 애플리케이션과 관련 데이터만을 통제한다. 다시 말해 MAM은 물리적인 디바이스 전체는 건드리지 않고, 기업이 업무용 애플리케이션과 관련 콘텐츠에 대한 접근을 통제할 수 있다.

• UEM(Unified Endpoint Management) : MDM이나 MAM과 비교하면, UEM은 기업 내의 모든 하드웨어를 하나의 전략으로 포괄한다. IT 부서가 스마트폰과 태블릿, 노트북, 데스크톱, 그리고 사물 인터넷 디바이스까지 모든 것을 원격에서 프로비저닝하고 제어하고 보호한다.

• EMM((Enterprise Mobility Management) : UEM이 단일 관리 전략 하에 모든 하드웨어를 가져오는 것처럼, EMM(Enterprise Mobility Management)은 다양한 소프트웨어 관리 도구를 하나로 모으는 것을 목표로 한다. EMM은 포괄적이고 하드웨어를 가리지 않은 원격 디바이스 관리 방법으로, MDM과 MAM을 통해 디바이스 환경설정과 디바이스 상에서 생성된 기업 데이터도 관리한다. 기업 애플리케이션과 내부 웹사이트, 심지어 이들과 관련된 데이터 저장소에 대한 접근도 통제한다.

• ESM : 방화벽, 침입 탐지시스템, 가상사설망 등의 보안 솔루션을 하나로 모은 통합보안 관리 시스템이다.

• Mobile 가상화 : 물리적으로 하나인 단말기를 개인 영역과 업무 영역으로 완벽히 분리해 마치 2개의 독자적인 단말기를 사용하는 것처럼 해준다. 기술 자체가 단말기 하드웨어 수준에 구현되기 때문에 각 영역이 처음부터 각각 독립적인 모바일 OS에서 구동될 수 있다.

52 DNSSEC에 대한 설명이다. 옳지 않은 것은?

① DNS에 대해서 암호화 기능을 지원한다.

② DNS에 대해서 전자서명을 지원한다.

③ DNSSEC는 대칭키만 사용해서 보안성을 지원한다.

④ DNSSEC를 사용하면 보안성은 향상되지만, 속도는 저하될 수 있다.

해설 ❓

③ DNS에 공개키 암호화 방식의 보안기능을 추가 부여하여 DNS의 보안성을 대폭 강화하는 역할을 합니다.

53 스팸 필터 솔루션에 대한 설명이다. 옳지 않은 것은?

① 스팸 필터 솔루션은 메일 서버 앞단에 존재하여 SMTP 프로토콜을 사용한 DoS 공격이나 폭탄 메일을 차단한다.

② 프록시 메일서버로 동작하여 스팸메일을 차단한다.

③ 제목 필터링은 제목에 특정 문자열이 있는 경우 필터링을 수행하고, 본문 필터링은 특정 문자가 포함되어 있거나 본문의 크기와 메일 전체의 크기를 비교하여 유효성을 확인한다.

④ 첨부파일 필터링은 첨부된 파일을 분석하여 필터링을 수행한다.

해설 ❓

④ 첨부파일 필터링은 첨부된 파일명이나 확장자명으로 필터링을 수행한다.

54 다음 〈보기〉의 (㉠)~(㉢) 안에 들어갈 내용이 순서대로 나열된 것은?

OSI 7계층에서 IPSec은 (㉠)계층에서 동작하고, SSL은 (㉡)계층에서 동작하며, OTP는 (㉢)계층에서 동작한다.

	㉠	㉡	㉢
①	전송	응용	네트워크
②	네트워크	전송	응용
③	응용	전송	네트워크
④	전송	네트워크	응용

55 S/MIME 보안 서비스에 대한 설명으로 옳지 않은 것은?

서명 데이터(Signed Data)는 송신자가 자신의 개인 키(Private key)를 사용해서 MIME 메시지에 서명한 데이터를 의미한다.

① MIME 메시지에 대해서 무결성을 제공한다.

② 부인방지 기능을 제공한다.

③ S/MIME 기능을 가진 수신자만 서명된 데이터를 볼 수 있다.

④ UTFS로 인코딩되어 있다.

해설 ❓

S/MIME : 서명과 내용은 Base64 방식으로 부호화한다. 그러므로, S/MIME 기능을 가진 수신자만 서명된 메시지를 볼 수 있다.

56 스마트카드 인증에 대한 설명이다. 옳지 않은 것은?

① 정적인증 : 자신의 토큰을 사용해서 인증한다.

② 정적인증 : 정적 패스코드는 원격 호스트 쪽에서 해시 연산된 값을 저장한다.

③ 동적인증 : 동적 패스코드는 원격 호스트가 일회성 패스코드를 생성하고 해시값을 가진다.

④ 동적인증 : 동적 생체인식에는 지문, 망막 또는 안면인식이 있다.

해설 ❓

• 동적 생체인식 : 필적, 키스트로크, 립무브먼트, 보행 등이 있다.
• 정적 생체인식 : 지문, 망막, DNA, 홍채, 안면인식, 음성 등이 있다.

57 FTP 보안에 대한 설명이다. 옳지 않은 것은?

① FTP는 인터넷에서 파일을 다운로드하거나 업로드할 때 사용되고, sFTP는 암호화를 지원한다.

② root 사용자로, FTP 서버에 접근할 수 없도록 차단해야 한다.

③ FTP 연결 방식은 Active Mode와 Passive Mode가 있으며, 두 개의 차이점은 데이터를 수신받는 포트 번호가 다르다는 것이다.

④ FTP 사용자 리스트를 ftpusers 파일에 등록해서 등록된 사용자만 접근 가능하도록 해야 한다.

해설 ❓

ftpusers 파일 : 사용자 리스트를 등록하면 등록된 사용자는 접근이 차단된다.

58 다음 〈보기〉에서 설명하는 취약점은?

공격자가 사용자의 Cookie나 Session 정보를 의도한 사이트로 보내거나, 특정한 동작을 유발하는 스크립트를 게시물에 삽입하여 사용자가 해당 게시물을 클릭할 경우 공격자가 원하는 명령을 실행하게 하는 취약점

① SQL Injection ② CSRF

④ Directory Listing ③ RFI

해설 ❓

④ Directory Listing : 웹서버의 환경설정을 잘못하여 웹서버의 웹문서를 접근 시 디렉터리 구조와 파일 목록이 노출되고, 파일의 열람 및 다운로드가 가능해지는 취약점이다.

③ RFI(Remote File Including) : 공격자가 악성 스크립트를 서버에 전송한 웹페이지를 통하여 전송한 악성 스크립트가 실행되도록 하는 것이다. 즉, 웹페이지에 공격자가 자신의 코드를 삽입한다.

59 다음 〈보기〉는 무엇에 대한 설명인가?

> P2P 방식으로 동작하는 인증으로, 인증 정보를 여러 개의 블록으로 만들고, 서로 체인으로 연결하여 사용하는 인증 방식이다.

① ECDSA
② 라이트닝 네트워크
③ 블록체인
④ 인공지능

해설

① ECDSA : 타원곡선을 이용한 전자서명 알고리즘이다.
② 라이트닝 네트워크(Lightning Network) : 블록 내부의 크기를 키워서 대량의 거래를 가능하도록 하는 'On Chain Scaling'이 아닌, 블록체인 바깥에 결제 채널을 별도로 만들어 낮은 수수료로 다량의 소액거래를 가능하도록 하는 'Off Chain Scaling'이다.
④ 인공지능 : 학습·추론·판단 등 인간의 지능이 가지는 기능을 갖춘 컴퓨터 시스템이다. 인공지능을 응용한 것으로는 자연 언어의 이해, 기계 번역, 전문가 시스템(Expert System) 등이 있다.

60 DRM(Digital Rights Management)에 대한 설명이다. 옳지 않은 것은?

① DOI는 디지털 콘텐츠 보호 기술로, 추적기술 중의 하나이다.
② DOI는 URI의 한 종류로, 디지털 콘텐츠 단위로 주소를 부여한다.
③ DRM은 문서를 암호화하여 디지털 콘텐츠의 유통을 관리한다.
④ DOI는 적극적인 보안기법이다.

해설

DOI : 소극적인 보안기법으로, 인터넷 주소가 변경되더라도 사용자가 그 문서의 새로운 주소로 다시 찾아갈 수 있도록 웹 파일이나 인터넷 문서에 영구적으로 부여된 식별자이다.

4과목 정보보안 일반

61 MAC(Mandatory Access Control)에 대한 설명으로 옳지 않은 것은?

① 객체의 소유자가 주체와 객체 간의 접근 통제를 관리한다.
② 접근 규칙이 적어 통제하기가 용이하다.
③ 보안 관리를 중앙집중적으로 관리하기 쉽다.
④ 사용자 데이터 보안을 최소화한다.

해설

①은 DAC(Discretionary Access Control)에 대한 설명이다.

62 다음 〈보기〉는 Diffie–Hellman 키 교환에 대한 설명이다. (㉠)~(㉣) 안에 들어갈 내용은 무엇인가?

> • Diffie–Hellman 키 공유 절차는 다음과 같다.
> (1) 송신자 A는 소수 P, 그리고 1부터 $p-1$까지의 정수 g를 선택하여 사전에 수신자 B와 공유한다.
> (2) 송신자 A는 정수 a를 선택 (정수 a는 외부 미공개, 수신자 B도 알 수 없음)
> (3) 송신자 A는 (㉠), 즉 g^a를 p로 나눈 나머지를 계산한다.
> (4) 송신자 B도 마찬가지로 정수 b를 선택, (㉡)를 계산한다.
> (5) 송신자 A와 수신자 B가 서로에게 A와 B를 전송한다.
> (6) 송신자 A가 (㉢), 수신자 B가 (㉣)를 계산한다.
> (7) 마지막 단계에서 $B^a=(g^b)^a=g^{ab}$, $A^b=(g^a)^b=G^{ab}$ 이며, 따라서 $K=g^{ab} \bmod p$라는 공통의 비밀키를 공유한다.

	㉠	㉡	㉢	㉣
①	$g^a \bmod p$	$g^b \bmod p$	$B^a \bmod p$	$A^b \bmod p$
②	$A^b \bmod p$	$g^b \bmod p$	$B^a \bmod p$	$g^a \bmod p$
③	$g^b \bmod p$	$g^a \bmod p$	$B^a \bmod p$	$A^b \bmod p$
④	$g^a \bmod p$	$g^b \bmod p$	$A^b \bmod p$	$B^a \bmod p$

63 대칭키 암호 알고리즘으로만 묶인 것은?

① DES, AES, MAC
② RC5, AES, OFB
③ SEED, ARLA, IDEA
④ Rabin, ECDSA, AES

해설

• 대칭키 암호 알고리즘 : DES, AES, RC5
• 공개키 암호 알고리즘 : Rabin, ECDSA

64 해시함수 설계 시 고려해야 할 사항에 해당하지 않는 것은?

① 계산 용이성 　② 역방향성
③ 약한 충돌회피성 ④ 강한 충돌회피성

해설 ❓

해시함수 설계 시 고려해야할 사항으로는 계산 용이성, 일방향성, 약한 충돌회피성, 강한 충돌회피성이 있다.

65 생체인식 특징에 해당하지 않는 것은?

① 보편성 　② 수용성
③ 유연성 　④ 유일성

해설 ❓

[생체인식 기술이 갖추어야 할 특성]

보편성	모든 사람이 가지고 있는 생체 특성이어야 한다.
유일성	같은 특성을 가진 사람이 없어야 한다.
영구성	절대 변화하거나 변경되지 않아야 한다.
획득성	센서로부터 생체 특성 정보 추출 및 정량화가 용이해야 한다.

[생체인식의 신뢰성을 높이기 위한 추가적인 특성]

정확도	시스템의 정확도, 처리속도, 내구성 등
수용도	시스템에 대한 거부감을 갖지 않는 정도
기만용이도	비정상적으로 시스템을 속이기가 용이한 정도

66 능동적 공격에 해당하지 않는 것은?

① 가로채기 공격 : 보안 공격의 하나로, 인가받지 않은 자들의 불법적인 접근에 의한 신뢰성에 대한 공격이다.

② 전송되는 파일 도청 : 불법적인 공격자가 전송되는 메시지를 도중에 가로채어 외부로 노출하는 행위이다.

③ 삽입 공격 : 불법적인 공격자가 정당한 송신자로 가장하여 특정 수신자에게 메시지를 보내어 역시 불법적인 효과를 발생시키는 공격이다.

④ 삭제 공격 : 정상적인 통신 시설의 사용, 관리를 방해하는 서비스거부 공격, 특정 수신자에게 전송되는 메시지의 전부 또는 일부가 공격자에 의해 삭제되는 것이다.

해설 ❓

• 소극적 공격 : 스니핑, 패킷 분석, 도청 등이 있다.
• 적극적 공격 : 재전송, 변조, 신분 위장, DDoS 공격 등이 있다.

67 대칭키 암호의 장점에 대한 설명으로 옳지 않은 것은?

① 암호화 속도가 빠르다.
② 알고리즘 내부가 간단하다.
③ 인증과 부인방지 기능을 제공한다.
④ 비교적 Bit 수가 적고, 키 길이가 짧다.

해설 ❓

인증과 부인방지 기능을 제공하는 것은 비대칭키(공개키) 암호방식이다.

68 블록 암호공격에 해당하지 않는 것은?

① 선형 공격 　② 차분 공격
③ 고정점 연쇄공격 ④ 전수 공격

해설 ❓

[해시함수 공격]

일치 블록 연쇄 공격	새로운 메시지 M'를 사전에 다양하게 만들어 놓았다가 공격하고자 하는 메시지 M의 해시함수 값 h(M)와 같은 해시함수 값을 갖는 것을 골라 사용하는 공격
중간자 연쇄공격	전체 해시값이 아니라 해시 중간의 결과에 대한 충돌쌍을 찾음. 특정 포인트를 공격대상으로 삼음
고정점 연쇄공격	메시지 블록과 연쇄변수 쌍을 얻게 되면 연쇄변수가 발생하는 특성한 섬에서 임의의 수의 동등한 블록을 메시지의 중간에 삽입해도 전체 해시값이 변하지 않음
차분 연쇄공격	다중 라운드 블록 암호공격 : 다중 라운드 블록 암호를 사용하는 해시함수에서 입력값과 그에 대응하는 출력값 차이의 통계적 특성을 조사하는 기법

69 소인수분해 기반 공개키 암호방식에 해당하는 것은?

① AES 　② RSA
③ ECC 　④ DH

해설 ❓

① AES : 대칭키 암호방식이다.
③ ECC : 공개키 암호방식으로, 이산대수 기반 암호방식이다.
④ DH : 공개키 암호방식으로, 이산대수 기반 암호방식이다.

70 페이스텔(Feistel) 방식에 해당하지 않는 것은?

① DES
② AES
③ SEED
④ RC5

해설 ❓

Feistel 구조를 사용하는 알고리즘	SPN 구조를 사용하는 알고리즘
DES	SAFER
SEED(변형된 Feistel)	ARIA(Involutional SPN)
LOKI	IDEA
CAST	SHARK
Blowfish	Square
MISTY	CRYPTON
RC5, RC6	AES(Rijndael)
CAST256	SAFER+
E2	Serpent
Twofish	

71 미국 MIT대의 Athena Project에 의해 개발된 대칭키 방식에 의한 인증 시스템인 커버로스(Kerberos)의 특성으로 옳지 않은 것은?

① 보안성
② 재사용성
③ 투명성
④ 전수 공격

72 다음 〈보기〉에서 설명하고 있는 접근 통제 모델에 해당하는 것은?

> • 이 모델은 무결성을 위한 상업용 모델이며, 최초의 수학적 무결성 모델로서, 무결성의 3가지 목표 중 비인가자들에 의한 데이터 변형 방지만 취급한다.
> • 단순 무결성 속성은 주체는 더 낮은 무결성 레벨의 데이터 읽기는 불가능하나, 더 높은 레벨의 읽기는 허용된다. 성형 무결성 속성은 주체는 더 높은 무결성 레벨에서 데이터 작성은 불가능하다. 즉, 상향의 쓰기는 금지되나, 하향의 쓰기는 허용한다. 권한의 속성은 더 높은 레벨에서 호출 명령은 불가하다. 그리고 이 모델은 Lattice Model을 기반으로 한다.

① Bell–LaPadula 모델
② Biba 모델
③ Clark–Wilson 모델
④ 상태전이 모델

해설 ❓

① Bell–LaPadula 모델 : 최초의 수학적 모델. 강제적 접근 통제 모델. 무결성과 가용성은 보장하지 않는다.
③ Clark–Wilson 모델 : 무결성 중심의 상업용 모델이다.

73 다음 〈보기〉는 인증 기술에 대한 설명이다. (㉠), (㉡), (㉢) 안에 들어갈 내용으로 알맞은 것은?

> 개인 식별이란 아이디를 사용해서 (㉠)을 확인하는 것이고, 사용자 인증은 정당한 사용자를 (㉡)하는 것이다. 그리고 사용자 인가라는 것은 인증된 사용자에게 (㉢)을 부여하는 것이다.

	㉠	㉡	㉢		㉠	㉡	㉢
①	제삼자	권한	확인	②	본인	인가	제삼자
③	본인	권한	확인	④	본인	확인	권한

74 암호 시스템에 대한 설명으로 옳지 않은 것은?

① 대칭키 암호화 알고리즘은 블록 암호화 방식과 스트림 암호화 방식으로 나뉘며, 속도가 빠르다는 장점이 있다.
② 공개키 암호화 알고리즘은 인증 모드와 암호 모드 방식으로 나뉜다. 인증 모드 방식은 송신자가 수신자의 공개키로 암호화하여 전송하고 수신자는 자신의 개인키로 암호화 복호화한다.
③ 대칭키는 암호화 속도가 빠르지만, 전자서명은 할 수 없다.
④ RSA는 인증 모드와 암호 모드 모두를 지원하나, DSA는 인증 모드만 지원한다.

해설 ❓

DSA : 디지털 서명을 위한 연방 정보 처리 표준이다. 1991년 8월 미국 국립표준기술연구소는 자신들의 디지털 서명 표준에 사용하기 위해 DSA를 제안했으며, 1993년 FIPS 186로 채택되었다. 전자서명과 인증모드를 지원한다.

75 다음 〈보기〉는 공개키 방식의 특성이다. (㉠), (㉡) 안에 들어갈 내용으로 옳은 것은?

> • (㉠) : 수신자의 공개키로 암호화하여 송신한다.
> • (㉡) : 발신자의 개인키로 암호화하여 전송한다.

	㉠	㉡		㉠	㉡
①	비밀성	부인방지	②	무결성	비밀성
③	비밀성	가용성	④	가용성	부인방지

76 CRL(Certificate Revocation List) 개체의 확장 필드에 대한 설명으로 옳지 않은 것은?

① Reason Code : 인증서가 갱신된 이유를 나타내기 위해서 사용하는 코드이다.

② Hold Instruction Code : 인증서의 일시적인 유보지원 사용코드이다.

③ Certificate Issuer : 인증서 발행자의 이름이다.

④ Invalidity Data : 개인키 손상이 발생하는 등의 이유로 인증서가 유효하지 않게 된 날짜와 시간값이다.

해설 ⓠ
① Reason Code : 인증서의 효력 정지 및 폐지된 사유를 나타내는 코드이다.

77 다음 〈보기〉의 (㉠)~(㉢) 안에 들어갈 내용으로 옳은 것은?

> • (㉠)는 블록 암호 운용 방식 중 가장 간단하며, 암호화하려는 메시지를 여러 블록으로 나눠 각각 암호화하는 방식으로 되어 있다. 같은 키에 대해 동일한 암호문 블록으로 출력한다는 단점 때문에 출력하지 않는다.
> • (㉡)와 (㉢)의 초기 벡터(IV)가 필요하다는 공통점이 있다. 그러나 (㉡)은 초기 벡터(IV) 그리고 이전단계의 암호화된 블록이 다음 블록과 XOR 되어 암호화를 수행한다. 암호화 과정에서 평문 블록의 한 비트의 오류는 모든 암호화 블록에 영향을 미치며, 복호화 과정에서 암호문 블록 1개의 파손은 2개의 평문 블록에 영향을 미친다.
> • (㉢)은 동일한 초기 벡터(IV)를 사용하는 두 암호문의 첫 블록들을 XOR하면 두 평문 블록을 택한 값을 얻을 수 있다. CFB 모드에서는 반드시 매번 다른 IV를 사용해야 한다. 이 모드는 동기화 스트림 암호 방식을 이용한 암호화 모드이다.

	㉠	㉡	㉢
①	ECB	CBC	CFB
②	ECB	CFB	CBC
③	CBC	ECB	CFB
④	CFB	CBC	ECB

78 이중서명에 대한 설명으로 옳지 않은 것은?

① 구매자의 자세한 주문정보와 지불정보를 금융기관에 필요 이상으로 전달하지 않는다.

② 분쟁에 대비한 두 메시지 간 연관성을 고려하여 구현하여야 한다.

③ SSL을 도입한 기술로, 고객의 카드 정보를 상인에게 전달하면 상인은 그 고객의 요청의 유효성을 확인하게 된다.

④ 구매자는 최종 메시지의 다이제스트를 자신의 개인키로 서명하고, 암호화하여 이중서명을 생성한다.

해설 ⓠ
이중서명 : SET을 도입한 기술로, 고객의 카드 정보를 상인에게 전달하면 상인은 고객의 요청의 유효성을 확인하게 된다.

79 인증서의 사용 가능 여부를 실시간으로 검증하기 위한 프로토콜은?

① CSR(Certificate Signing Request)

② OCSP(Online Certificate Status Protocol)

③ CRL(Certificate Revocation List)

④ SSL(Secure Socket Layer)

해설 ⓠ
① CSR(Certificate Signing Request) : 인증서 서명 요청이란 의미로, 인증서 발급을 위해 필요한 정보를 담고 있는 인증서 신청 형식 데이터를 말한다.
③ CRL(Certificate Revocation List) : 공개키 기반 구조와 같은 체계에서 해지되었거나, 더 이상 유효하지 않은 인증서의 목록을 의미한다.
④ SSL(Secure Socket Layer) : 하위 레코드 계층 프로토콜(단편화, 압축, 무결성, 암호화, 인증 기능 제공)과 상위 핸드세이크 관련 프로토콜들로 구성되어 있다.

80 MAC 키 공유 알고리즘 방식 중 〈보기〉에서 설명하고 있는 것은?

> 메시지 인증 코드는 메시지에 붙여지는 작은 데이터 블록을 생성하기 위해 비밀키를 이용하는 방법이다. SHA-1 등 일방향 해시함수를 이용해서 메시지 인증 코드를 구성하는 방법으로, 소프트웨어 구현이 가능하며, 오픈 소스가 목표이다.

① CMAC(Cipher-based Message Authentication Code)
② CCM(Counter with Cipher Block Chaining-MAC)
③ ARIA(Academy, Research Institute, Agency)
④ HMAC(Hashed Message Authentication Code)

해설
① CMAC : 암호블록체인(CBC) 모드와 유사하여 N개의 평문 블록으로부터 N개의 암호문 블록을 만드는 것. 대칭 키 암호를 N번 사용하여 N개의 평문 블록으로부터 하나의 MAC를 생성한다.
② CCM : 통신상 기밀성과 인증(무결성)을 동시에 보호하는 암호 시스템으로, AES 암호 알고리즘, CTR 운용 모드, CMAC 알고리즘을 사용하며, 암호화와 MAC 알고리즘 양쪽에 동일한 하나의 키 K가 사용된다.
③ ARIA : 국내 학계, 연구소, 정부기관에서 개발한 정보보호의 핵심 기술. Involution SPN 구조의 대칭키 암호 알고리즘으로서, 초경량 환경 및 하드웨어 구현에 최적으로 개발되었다.

5과목 정보보안 관리 및 법규

81 공공기관의 장이 개인정보파일을 운용하는 경우에는 다음 각호의 사항을 보호위원회에 등록하여야 한다. (㉠), (㉡) 안에 들어갈 내용으로 알맞은 것은?

> 1. 개인정보파일의 명칭
> 2. 개인정보파일의 운영 근거 및 목적
> 3. 개인정보파일에 기록되는 개인정보의 (㉠)
> 4. 개인정보의 처리 방법
> 5. 개인정보의 (㉡)
> 6. 개인정보를 통상적 또는 반복적으로 제공하는 경우에는 그 제공받는 자

	㉠	㉡		㉠	㉡
①	보유기간	암호화	②	항목	보유기간
③	항목	암호화	④	보유시점	보유기간

82 정보통신망법에 따라 정보통신서비스 제공자 등은 안전한 암호 알고리즘으로 암호화하여 저장해야 한다. 다음 중 필수 암호화 대상에 해당하지 않는 것은?
① 주민등록번호　② 운전자면허번호
③ 핸드폰 번호　④ 계좌번호

83 BCP(Business continuity Planning) 5단계 접근 방법론을 순서대로 나열한 것은?
① 프로젝트 범위, 설정 및 기획 → 복구계획 수립 → 복구전략 개발 → 프로젝트 수행 테스트 및 유지보수 → 사업영향평가(BIA)
② 프로젝트 범위, 설정 및 기획 → 사업영향평가(BIA) → 복구전략 개발 → 복구계획 수립 → 프로젝트 수행 테스트 및 유지보수
③ 프로젝트 범위, 설정 및 기획 → 복구계획 수립 → 복구전략 개발 → 사업영향평가(BIA) → 프로젝트 수행 테스트 및 유지보수
④ 프로젝트 범위, 설정 및 기획 → 사업영향평가(BIA) → 복구계획 전략 → 복구계획 수립 → 프로젝트 수행 테스트 및 유지보수

84 정보보호 관리체계 인증에 대한 설명으로 옳지 않은 것은?
① 정보보호 관리체계 인증 대상은 임의 신청자와 의무 대상자로 구분되며, 인증 의무 대상자가 인증을 받지 않으면 천만원 이하의 과태로가 부과된다.
② 임의 신청자가 인증 취득을 희망할 경우 자율적으로 신청하여 인증 심사를 받을 수 있으며, 임의 신청자의 경우 인증 범위를 신청기관이 정하여 신청할 수 있으며, 심사기준 및 심사 절차는 의무 대상자 심사와 동일하다.
③ 정보통신망법 제46조에 따른 집적정보통신시설 사업자는 인증 의무 대상자이다.
④ 정보통신서비스 부문 전년도 매출액이 100억원 이상 또는 3개월간 일일 평균 이용자 수 10만명 이상인자는 인증 의무 대상자에 해당된다.

85 OECD 개인정보보호 가이드라인에서 제시한 설명으로 옳지 않은 것은?

① 참여자들은 정보시스템과 네트워크를 보호하기 위해서 검토 및 재평가하여 정책, 관행, 조사, 절차를 적절히 수정해야 한다.

② 참여자들은 정보시스템 및 네트워크의 정보보호의 핵심적 요소를 포함시켜야 한다.

③ 참여자들은 보안사고를 예방, 탐지, 대응하기 위해 시기적절하고 상호 협조적인 방법으로 행동하여야 한다.

④ 참여자들은 정보시스템과 네트워크의 위험평가를 시행할 수 있다.

해설

[OECD 개인정보보호 가이드라인 9원칙]
1. 참여자들은 정보보호 필요성 및 정보보호 제고를 위한 개인의 역할을 인식해야 한다.
2. 모든 참여자들은 정보시스템 및 네트워크의 보호에 대한 책임의식을 지녀야 한다.
3. 참여자들은 보안사고를 예방 · 탐지 · 대응하기 위해 시의적절하고 상호 협조적으로 행동해야 한다.
4. 참여자들은 나의 행동이 타인에게 위해를 가할 수 있다는 사실을 인식하고 정보시스템 이용에 있어 타인의 적법한 이해관계를 존중해야 한다.
5. 정보보호는 통신의 사유, 개인정보의 보호 등 민주주의의 가치와 조화를 이루어야 한다.
6. 참여자들은 기술적 · 물리적 · 정책적 요소 등 다양한 측면에서 정보시스템과 네트워크에 대한 위험평가를 실시해야 한다.
7. 참여자들은 정보통신제품 · 서비스 · 시스템 등의 설계와 사용 모든 분야에 있어 정보보호를 핵심요소로 고려해야 한다.
8. 정보보호관리는 조직원 모두의 참여하에 예방에서부터 대응 · 평가의 단계에 이르기까지 포괄적으로 이루어져야 한다.
9. 참여자들은 변화하는 위험요소에 대응하기 위해 정보보호 실태에 대한 지속적인 재평가와 보완을 해야 한다.

86 다음 〈보기〉에서 설명하고 있는 것은?

> 개인정보 유출 시 손해배상 소송 등에 따른 비용손실을 줄이기 위해 관련 보험에 가입하거나 제3자에게 이전시킨다.

① 위험회피　　② 위험수용

③ 위험전가　　④ 위험감소(완화)

해설

① **위험회피** : 위험이 존재하는 프로세스나 사업을 수행하지 않고 포기하는 것을 말한다.

② **위험수용** : 현재의 위험을 받아들이고, 잠재적 손실비용을 감수하는 것을 말한다.

④ **위험감소(완화)** : 위험을 감소시킬 수 있는 대책을 채택하여 구현하는 것을 말한다.

87 다음 〈보기〉에서 설명하고 있는 제도는?

> 보안기능이 포함된 IT 제품의 안전성과 신뢰성을 국가 차원에서 보증하여, 사용자들이 안심하고 사용할 수 있도록 지원하는 제도를 말한다. 이 제도는 국제 기준으로 ISO 18045의 평가기준 및 방법론을 적용하여 평가를 수행한다. IT 제품의 보안성을 평가하기 위한 국가간 평가결과 상호인정에 필요한 단일화된 평가기준 제정을 목적으로, 미국, 유럽 등 기존의 여러 평가기준을 참조하여 공통평가기준을 개발하였다.

① 정보시스템 평가 인증제도

② 보안 적합성 검증제도

③ 정보보안 관리체계 인증

④ 암호 모듈 검증제도

해설

② **보안 적합성 검증제도** : 국가정보원에서 국가, 공공기관에서 도입하는 정보보호시스템에 대한 안정성을 검증하는 제도이다.

④ **암호 모듈 검증제도(KCMVP)** : 행정기관 등 국가 · 공공기관의 중요 정보를 보호하기 위해 도입하는 암호 모듈의 안전성과 구현 적합성을 검증하는 제도이다. 시험 · 평가 기관(이하 전문기관)으로는 한국인터넷진흥원과 국가보안기술연구소가 지정되어 있으며, 국가정보원이 검증하고 있다.

88 위험관리에 대한 설명으로 옳지 않은 것은?

① 위험관리를 수행함에 있어 위험분석은 조직에 존재하는 위험에는 어떠한 것들이 있는지 명확하게 진단하고 분석하는 것이므로, 보안 요구사항, 전문인력의 보유현황, 수행 가능한 기간, 확보된 예산 등의 조직 내 자원 등을 충분히 고려하여 적절한 접근 방식을 선택해야 한다.

② 식별된 위험이 실제 조직에 미치는 영향(잠재적 손실)을 고려하여 위험도를 산정하여야 하며, 이를 위하여 위험도 산정기준을 마련하여야 한다.

③ 조직에서 수용 가능한 목표 위험 수준(DoA, Degree of Assurance)을 정하고, 위험평가 결과를 바탕으로 그 수준을 초과하는 위험을 식별하여야 한다.

④ 식별된 정보 자산의 수가 많거나 같은 결과가 나오는 작업이 반복될지라도 자산의 중요도 등을 고려하여 개별적으로 자산에 대한 위험분석을 실시하여야 한다.

해설

식별된 정보 자산의 수가 많거나 같은 결과가 나오는 작업을 반복하지 않기 위해 자산의 중요도 등을 고려하여 유사한 정보 자산을 그룹핑하여 위험분석을 실시하여야 한다.

89 접근 통제에 대한 설명으로 옳은 것은?

① 정보통신서비스 제공자 등은 개인정보처리시스템에 열람, 수정, 다운로드 등 접근 권한을 부여할 때에는 서비스 제공을 위해 필요한 범위에서 구체적으로 차등화하여 부여하여야 한다. 여기서 말하는 접근 권한은 본인 이외의 개인정보에 대한 접근 권한을 의미하며, 이용자가 자신의 개인정보를 조회·수정하는 등의 접근 권한도 포함하여 부여한다.

② 인터넷 구간 등 외부로부터 개인정보처리시스템에 접속은 원칙적으로 차단하여야 하나, 정보통신서비스 제공자 등의 업무 특성 또는 필요에 의해 개인정보취급자가 노트북, 업무용 컴퓨터, 모바일 기기 등으로 외부에서 정보통신망을 통해 개인정보처리시스템에 접속이 필요할 때에는 안전한 인증 수단을 적용하여야 한다.

③ 접근 제한 기능 및 유출 탐지 기능의 충족을 위해서는 단순히 침입 차단시스템을 설치하는 것만으로 충족이 가능하다.

④ 이상 행위를 탐지 또는 차단 시 로그 분석을 통해서 대응할 수 있는데, 로그는 침입 차단시스템 또는 침입 탐지시스템의 로그 기록에 한정하여 분석한다.

해설 ❓

[정보통신 이용촉진 및 정보보호 등에 관한 법률]
- 정보통신서비스 제공자 등은 개인정보처리시스템에 접근 권한을 서비스 제공을 위해 필요한 최소한의 인원에게 부여해야 한다. 특히, 개인정보처리시스템의 데이터베이스(DB)에 직접 접속은 데이터베이스 운영·관리자에 한정하는 등의 보호 조치를 적용할 필요성이 있다.
- 정보통신서비스 제공자 등은 개인정보처리시스템에 열람, 수정, 다운로드 등 접근 권한을 부여할 때에는 서비스 제공을 위해 필요한 범위에서 구체적으로 차등화하여 부여하여야 한다.
- 접근 제한 기능 및 유출 탐지 기능의 충족을 위해서는 단순히 시스템을 설치하는 것만으로는 부족하며, 신규 위협 대응 및 정책의 관리를 위하여 신규 취약점 또는 침해사고 발생 시 보안 업데이트 적용, 과도하게 허용되거나 사용되지 않는 정책 등에 대하여 주기적 검토 및 조치 등 체계적으로 운영·관리하여야 한다.
- 이상 행위를 탐지 또는 차단 시 로그 분석을 통해서 대응할 수 있는데, 로그는 침입 차단시스템 또는 침입 탐지시스템의 로그 기록에 한정하지 않고, 개인정보처리시스템의 접속기록, 네트워크 장비의 로그 기록, 보안장비 소프트웨어의 기록 등을 포함하여야 한다.

90 개인정보 파기에 대한 설명으로 옳은 것은?

① 개인정보처리자는 개인정보 동의를 받고 처리 목적이 달성되었다 하더라도 보유 기간이 경과하지 않았다면 계속적으로 개인정보를 보유·이용이 가능하다.

② 개인정보 동의 후 개인정보 처리목적이 달성되지 않으면 보유 기간이 경과하더라도 계속 보유·이용이 가능하다.

③ 개인정보처리자는 개인정보가 불필요하게 되었을 때에는 그 개인정보를 5일 이내 파기하여야 한다.

④ 개인정보의 파기 방법은 복원이 불가능한 수준의 안전한 방법으로 파기하여야 한다. 이때 복원이 불가능한 방법이란 최신의 미래 개발된 기술 수준을 고려하여 사회 통념상 적절한 비용으로 파기한 개인정보의 복원이 불가능하도록 조치하는 방법이다.

해설 ❓

[개인정보 보호법]
제21조(개인정보의 파기)
① 개인정보처리자는 보유기간의 경과, 개인정보의 처리목적 달성 등 그 개인정보가 불필요하게 되었을 때에는 지체 없이 그 개인정보를 파기하여야 한다. 다만, 다른 법령에 따라 보존하여야 하는 경우에는 그러하지 아니하다.
② 개인정보처리자가 제1항에 따라 개인정보를 파기할 때에는 복구 또는 재생되지 아니하도록 조치하여야 한다.
③ 개인정보처리자가 제1항 단서에 따라 개인정보를 파기하지 아니하고 보존하여야 하는 경우에는 해당 개인정보 또는 개인정보파일을 다른 개인정보와 분리하여서 저장·관리하여야 한다.
④ 개인정보의 파기방법 및 절차 등에 필요한 사항은 대통령령으로 정한다.

91 정보통신기반 보호법에서 정한 주요정보통신기반시설의 지정 시 고려사항이 아닌 것은?

① 해당 정보통신기반시설을 관리하는 기관이 수행하는 업무의 국가 사회적 중요성

② 기관이 수행하는 업무의 정보통신기반시설에 대한 의존도

③ 다른 정보통신기반시설과의 상호연계성

④ 정보통신기반시설에서 보유한 개인정보 보유 규모

해설

[정보통신기반 보호법]

제8조(주요정보통신기반시설의 지정 등)

① 중앙행정기관의 장은 소관 분야의 정보통신기반시설 중 다음 각 호의 사항을 고려하여 전자적 침해행위로부터의 보호가 필요하다고 인정되는 정보통신기반시설을 주요정보통신기반시설로 지정할 수 있다.

1. 해당 정보통신기반시설을 관리하는 기관이 수행하는 업무의 국가 사회적 중요성

2. 제1호의 규정에 의한 기관이 수행하는 업무의 정보통신기반시설에 대한 의존도

3. 다른 정보통신기반시설과의 상호연계성

4. 침해사고가 발생할 경우 국가안전보장과 경제사회에 미치는 피해 규모 및 범위

5. 침해사고의 발생 가능성 또는 그 복구의 용이성

92 개인정보 안전성 확보조치에 따르면 인터넷 홈페이지를 통해서 고유식별정보를 처리하는 개인정보처리자는 고유식별정보가 유출·변조·훼손되지 않도록 해당 인터넷 홈페이지에 대해 연 1회 이상 취약점을 점검하여야 하는데, 이에 대한 설명으로 옳은 것은?

> a. 웹 취약점 점검과 함께 정기적으로 웹 셸 등을 점검하고 조치하는 경우 취급 중인 개인정보가 인터넷 홈페이지를 통해 열람 권한이 없는 자에게 공개되거나 유출되는 위험성을 더욱 줄일 수 있다.
> b. 인터넷 홈페이지 취약점 점검은 개인정보처리자의 자체 인력 보안업체 등을 활용할 수 있으며, 취약점 점검은 사용 도구, 공개용 도구, 자체 제작 도구 등을 활용할 수 있다.
> c. 취약점 점검 결과에 따라 발견된 취약점에 대해서는 이행조치 계획을 수립하고, 실제 이행 여부를 재점검하는 계획을 수립할 것을 권장한다.

① a

② a, b

③ a, c

④ a, b, c

93 망분리에 대한 설명으로 옳은 것은?

① A 통신회사는 개인정보가 저장·관리되고 있는 이용자 수가 일일 평균 ○○정보시스템 60만, ××정보시스템 70만으로 각각 일일 평균이 100만이 넘지 않으면, 전체 정보시스템 일일 평균 보유량이 100만 이상이 넘는다 하더라도 망분리 의무대상에 해당하지 않는다.

② B 통신회사는 정보통신서비스에서는 100억이 넘지 않지만, 정보통신서비스 외 다른 서비스와 합치면 매출액이 100억이 넘는다. 그러므로 망분리 의무대상에는 해당하지 않는다.

③ 정보통신서비스 제공자 등의 망분리 대상은 개인정보처리시스템에서 개인정보를 다운로드, 파기, 접근 권한 설정, 단순 개인정보 열람 및 조회할 수 있는 개인정보 취급자의 컴퓨터 등을 망분리 의무대상에 포함하여야 한다.

④ 망분리를 적용하여야 하는 정보통신서비스 제공자 등은 전년도말 기준 직전 3개월간 개인정보가 저장·관리되고 있는 이용자 수가 일일 평균 100만 명 이상 또는 성보통신 서비스 부문 전년도(전 사업년도) 매출액이 10억 원 이상이 의무대상이다.

해설

[방송통신위원회 고시 2019-13호]

제4조(접근 통제)

⑥ 전년도 말 기준 직전 3개월간 그 개인정보가 저장·관리되고 있는 이용자 수가 일일평균 100만명 이상이거나 정보통신서비스 부문 전년도(법인인 경우에는 전 사업연도를 말한다) 매출액이 100억원 이상인 정보통신서비스 제공자 등은 개인정보처리시스템에서 개인정보를 다운로드 또는 파기할 수 있거나, 개인정보처리시스템에 대한 접근 권한을 설정할 수 있는 개인정보취급자의 컴퓨터 등을 물리적 또는 논리적으로 망분리 하여야 한다.

94 개인정보 유출사고 대책에 대한 설명으로 옳지 않은 것은?

① 개인정보의 분실·도난·유출(이하 "유출 등"이라 한다) 발생 시 그 사실을 안 때부터 24시간 이내에 보호위원회 또는 한국인터넷진흥원에 신고해야 한다.

② 개인정보의 유출 등이 발생할 때, 유출되는 개인정보 항목과 유출경로 등이 파악되지 않아 정보수집이 어려워 24시간 안에 신고가 어려울 경우 이를 초과하여 신고하여도 무방하다.

③ 개인정보의 분실·도난·유출(이하 "유출 등"이라 한다) 사실을 안 때에는 유출 등이 된 개인 정보 항목, 유출 등이 발생한 시점, 이용자가 취할 수 있는 조치, 상담 부서 및 연락처, 정보통신서비스 제공자 등의 대응 조치 방법을 알려야 한다.

④ 개인정보의 분실·도난·유출의 사실을 안 때에는 전자우편·서면·모사전송·전화 또는 이와 유사한 방법 중 어느 하나의 방법으로 이용자에게 알린다.

해설

[개인정보 유출 신고 및 통지]
- 유출 신고 : 보호위원회, 한국인터넷진흥원에 지체 없이 확인된 사항을 중심으로 신고하고 이후 추가 신고 병행
- 유출 통지 : 이용자에게 지체 없이 확인된 사항을 중심으로 개별 통지하고, 추가로 확인되는 내용은 개별 또는 홈페이지를 통해 신속히 통지 실시
  - 통지를 할 때에는 이용자가 실제 확인 가능하도록 이용빈도가 높은 방법
    예: 전화통화/문자/이메일/팩스 등을 우선 활용하여 통지하는 것이 바람직
  - 대규모 유출사고의 경우 24시간 이내 전체 통지가 기술적으로 불가능한 경우가 있어, 이 경우 우선적으로 홈페이지 팝업창 등을 통해 게시한 후 개별 통지 및 유출 확인절차를 병행토록 함
  - 일부 정보만 유출된 이용자의 경우에도 통지 의무가 있음

95 다음 〈보기〉에서 설명하고 있는 위험분석 기법에 해당하는 것은?

> 어떤 사실도 기대대로 되지 않는다는 가정하에 시나리오를 통해 분석하는 방법

① 과거자료분석법   ② ALE(연간손실법)
③ 시나리오법   ④ 확률분포법

해설
① 과거자료분석법 : 과거 자료를 통하여 위험 발생 가능성을 예측하는 방법이다.
② ALE(연간손실법) : 정량적 위험 분석법으로, 연간예상손실(ALE) = 단일예상손실 × 연간발생률
④ 확률분포법 : 미지의 사건에 대해 확률적 편차를 이용하여 최저/보통/최고와 같은 위험평가를 예측하는 방법이다.

96 정보보호 정책 및 조직에 대한 설명으로 옳지 않은 것은?

① 조직이 수행하는 관리적, 기술적, 물리적 모든 정보보호 활동의 근거를 포함할 수 있도록 정보 보호 정책을 수립하여 법적 요구사항을 미반영한다.

② 정보보호 상위 정책을 시행하기 위한 세부적인 수행 주체, 방법, 절차 등은 정보보호 지침, 절차, 매뉴얼 등의 형식으로 수립하여야 한다.

③ 정기적으로 정보보호 정책 및 정책 시행문서의 타당성을 검토하고, 중대한 보안사고 발생, 새로운 위협 또는 취약성의 발견, 정보보호 환경에 중대한 변화 등이 정보보호 정책에 미치는 영향을 분석하여 필요한 경우 제·개정하여야 한다.

④ 정보보호 최고책임자와 정보보호 관련 담당자에 대한 역할 및 책임을 정의하고, 그 활동을 평가할 수 있는 체계를 마련하여야 한다.

해설
조직이 수행하는 관리적, 기술적, 물리적 모든 정보보호 활동의 근거를 포함할 수 있도록 정보보호 정책을 수립하여 법적 요구사항을 반영하여야 한다.

97 정보보호 교육에 대한 설명으로 옳지 않은 것은?

① 정보보호 교육의 시기, 기간, 대상, 내용, 방법 등의 내용이 포함된 연간 정보보호 교육 계획을 수립하여야 하며, 교육 대상에는 정보보호 관리체계 범위 내 임직원만 포함하여 외부 용역자는 제외한다.

② 교육에는 정보보호 및 정보보호 관리체계 개요, 보안사고 사례, 내부 규정 및 절차, 법적 책임 등의 내용을 포함하고 일반 임직원, 책임자, IT 및 정보보호 담당자 등 각 직무별 전문성 제고에 적합한 교육내용 및 방법을 정하여야 한다.

③ 정보보호 관리체계 범위 내 연 1회 이상 교육을 실시하여야 한다.

④ 정보보호 정책 및 절차의 중대한 변경, 조직 내·외부 보안사고 발생, 관련 법규 등의 사유가 발생할 경우 추가 교육을 수행하여야 한다. 또한, 교육 시행에 대한 기록을 남기고 평가하여야 한다.

해설 ②

정보보호 교육의 시기, 기간, 대상, 내용, 방법 등의 내용이 포함된 연간 정보보호 교육 계획을 수립하여야 하며, 교육 대상에는 정보보호 관리체계 범위 내 임직원은 물론 외부 용역자를 모두 포함하여야 한다.

98 물리적 보호구역의 보안 조치에 대한 설명으로 옳은 것은?

> a. 비인가자의 물리적 접근 및 각종 물리적 환경적 재난으로부터 주요 설비 및 시스템을 보호하기 위하여 통제구역, 제한구역, 접견구역 등 물리적 보호구역을 지정하고, 각 구역별 보호 대책을 수행·이행하여야 한다.
> b. 주요 정보시스템을 외부 집적정보통신시설(IDC)에 위탁 운영하는 경우 화재, 수재, 전력 이상, 온도, 습도, 환기 등의 환경적 위협 및 파손, 도난 등 물리적 위협으로부터 보호되도록 보안 요구사항을 계약서에 반영하고, 운영상태를 주기적으로 검토하여야 한다.
> c. 보호구역 및 보호구역 내 주요 설비 및 시스템은 인가된 사람만이 접근할 수 있도록 출입을 통제하고, 책임 추적성을 확보할 수 있도록 출입 및 접근 이력을 주기적으로 검토하여야 한다.

① a ② a, b
③ a, c ④ a, b, c

99 업무 연속성 관리에 대한 설명으로 옳지 않은 것은?

> a. 시작 단계 : 정책 수립, 업무 연속성 관리에 관한 제반 사항을 준비한다.
> b. 전략 수립 단계 : 잠재적인 영향 및 위험을 평가, 위험감소 및 업무 프로세스 복구를 위한 여러 옵션을 파악 및 평가하여, 업무 연속성 관리를 위한 비용의 효과적인 전략을 수립한다.
> c. 구현 단계 : 업무 연속성 전략, 계획 및 절차를 계속적으로 테스트하고, 검토 및 유지보수, 교육 및 훈련 프로그램을 운영한다.
> d. 운영관리 단계 : 위험감소 조치 및 재해 복구를 위한 설비를 구현 및 업무 복구를 위한 계획 및 절차를 작성하고 초기 시험을 수행한다.

① a ② b, d
③ c ④ c, d

해설 ②

[업무 연속성 관리단계]

시작 단계	• 정책 수립 • 업무 연속성 관리에 관한 제반 사항을 준비
전략 수립 단계	• 잠재적인 영향 및 위험을 평가, 위험감소 및 업무 프로세스 복구를 위한 여러 옵션들 파악 및 평가 • 업무 연속성 관리를 위한 비용의 효과적인 전략을 수립
구현 단계	• 위험감소 조치 및 재해 복구를 위한 설비를 구현 및 업무 복구를 위한 계획 및 절차 작성 • 초기 시험 수행
운영관리 단계	• 업무 연속성 전략, 계획 및 절차를 계속적 테스트 • 검토 및 유지보수, 교육 및 훈련 프로그램 운영

100 위험관리 절차를 순서대로 나타낸 것은?

① 자산식별 → 정보보호 계획 수립 → 위험관리 → 정보보호 대책 구현 → 모니터링 및 개선

② 자산식별 → 정보보호 계획 수립 → 정보보호 대책 구현 → 위험관리 → 모니터링 및 개선

③ 자산식별 → 위험관리 → 정보보호 대책 구현 → 정보보호 계획 수립 → 모니터링 및 개선

④ 자산식별 → 위험관리 → 정보보호 계획 수립 → 모니터링 및 개선 → 정보보호 대책 구현

97 ① 98 ④ 99 ④ 100 ③ **정답**

기출 복원 문제

12회 2018년 9월 8일

1과목 시스템 보안

01 다음 〈보기〉는 어떤 공격을 방어하기 위한 것인가?

> DEP(Data Execution Protection), NX(No Execution)

① XSS
② CSRF
③ Brute Force
④ Heap Spray

해설

- **데이터 실행 방지(DEP, Data Execution Protection)** : Windows 운영체제에 포함된 보안 기능이며, 실행 방지 메모리 영역의 실행 코드에서 응용 프로그램이나 서비스가 실행되지 못하게 막기 위해 고안된 것이다. 버퍼 오버플로를 통해 코드를 저장하는 특정한 이용을 막을 수 있다. DEP는 두 가지 모드로 실행된다.
  - **CPU를 위한 하드웨어 강화 DEP** : 메모리 페이지를 실행 불가능 상태로 표시한다.
  - **소프트웨어 강화 DEP** : CPU가 하드웨어적으로 데이터 실행 방지를 지원하지 못하는 경우 이를 사용한다. 또한, 데이터 페이지의 코드 실행을 막지는 못하지만, 다른 형태의 종류(SEH 덮어쓰기)는 막을 수 있다.
- **실행 방지(NX, No Execution)** : NX 비트(NX Bit, Never eXecute Bit)는 프로세서 명령어나 코드 또는 데이터 저장을 위한 메모리 영역을 분리하는 CPU의 기술이다. 이 기능은 하버드 아키텍처 프로세서에서 보통 사용된다. 그러나 NX 비트는 기본적인 폰 노이만 구조 프로세서에서 보안을 목적으로 많이 사용된다. NX 특성으로 지정된 모든 메모리 구역은 데이터 저장을 위해서만 사용되며, 프로세서 명령어가 상주하지 않음으로써 실행되지 않도록 만들어 준다. 실행 보호라는 일반 기술은 특정한 종류의 악성 소프트웨어를 컴퓨터에 들어오지 못하게 막는 데 사용된다.
- **Heap Spray** : 힙 영역에 NOP와 셸코드를 계속 넣어서 EIP를 특정 주소로 만들면 넣어둔 NOPS와 셸코드(이하 셸코드) 부분으로 이동하도록 하는 것이다. 힙 스프레이의 목적은 공격자가 예측 가능한 주소에 셸코드를 위치시킨다는 것에 있고, 셸코드가 저장되는 위치가 힙 영역이기 때문에 SafeSEH를 우회할 수 있으며, SEH를 덮어씌워 셸코드를 실행할 수 있다.

02 Windows 이벤트 로그에 대한 설명이다. 옳지 않은 것은?

① Windows 이벤트 로그는 "C:\Windows\system32" 하위 디렉터리에 있으며, "evtx" 확장자이다. 이벤트 로그는 메모장을 사용해서 그 내용을 볼 수 있다.
② Windows 이벤트 로그 파일은 파일로 저장되고 관리된다.
③ Windows 이벤트 로그는 응용, 보안, 시스템으로 구성되며, Event Viewer로 확인할 수가 있다.
④ Windows 이벤트 로그 파일의 크기는 변경할 수가 있으며, 보안 로그에는 로그온 횟수, 로그 오류정보, 파일생성 및 다른 개체 생성 정보를 확인할 수가 있다.

해설

Windows 이벤트 로그는 텍스트 파일이 아니므로, 메모장이나 일반 에디터로 볼 수 없다. 이 로그 파일을 보기 위해서는 이벤트 뷰어(Event Viewer)를 사용해야 한다.

03 다음 〈보기〉는 어떤 공격을 위한 도구인가?

> John the Ripper, Medusa, Hydra

① Buffer Overflow
② SQL Injection
③ Brute Force Attack
④ CSRF

해설

① **Buffer Overflow** : 지정된 크기의 저장공간(Buffer)보다 넘치게(Overflow) 입력되는 오버플로 현상을 이용하여 버퍼에 입력되지 못한 조작된 데이터를 시스템의 특정 위치에 기록하여 공격하는 기법이다.
② **SQL Injection** : 응용프로그램 보안상의 허점을 의도적으로 이용해 개발자가 생각하지 못한 SQL문을 실행되게 함으로써, 데이터베이스를 비정상적으로 조작하는 코드 인젝션 공격기법이다.
- 〈보기〉의 John the Ripper는 오프라인 패스워드 크랙 도구이며, Medusa, Hydra는 온라인상에서 패스워드를 크랙하는 패스워드 공격 도구이다. 모두 무차별 대입 공격이나 사전공격에 사용된다.

04 유닉스/리눅스 로그 파일이 아닌 것은?

① wtmp   ② find
③ utmp   ④ pacct

해설 ❓
① wtmp : 사용자들의 로그인, 로그아웃한 정보를 가지고 있다.
② find : 리눅스에서 파일을 검색할 때 사용하는 명령어이다.
③ utmp : 현재 시스템에 접속해 있는 사용자의 정보를 가지고 있다.
④ pacct : 사용자별, 시간대별 명령어를 저장하는 로그이다.

05 리눅스 운영체제는 init 프로세스를 실행하고, init 프로세스는 /etc/inittab에 있는 파일을 읽어 Run Level을 실행한다. 다음에서 설명하는 실행단계로 옳은 것은?

(㉠) : 관리상태 단계로 단일 사용자로 부팅된다.
(㉡) : 리눅스 운영체제를 재부팅한다.
(㉢) : 리눅스를 정상적으로 사용할 수 있도록 부팅하면서 파일 시스템을 마운트하고 다중사용자를 지원한다.

	㉠	㉡	㉢		㉠	㉡	㉢
①	0	1	5	②	1	4	5
③	1	6	3	④	0	6	3

해설 ❓
[런 레벨(Run Level)]

런 레벨	운영모드	설명
0	Halt	시스템 종료
1	Single User Mode	단일 사용자 모드(CLI)
2	Multi User Mode (Without Networking)	다중 사용자 모드(CLI) (네트워크 사용 불가)
3	Multi User Mode (Only Console Login)	다중 사용자 모드(CLI)
4	Not Used	사용하지 않음
5	Multi User Mode With Display Manager	다중 사용자 모드 (GUI, X-Window)
6	Reboot	재시작

06 리눅스 아이노드(Inode)에 대한 설명이다. 아이노드에 포함되어 있지 않은 것은?

① 파일 이름   ② 파일 권한
③ 파일 주소   ④ 링크 정보

해설 ❓
아이노드(inode)에 포함되어 있는 정보 : 파일 모드(허가권), 링크 수, 소유자명, 그룹명, 파일 크기, 파일 주소, 마지막 접근 정보, 마지막 수정 정보, 아이노드 수정 정보 등이 포함되어 있다.

07 리눅스에서 패스워드를 생성할 때 12비트의 난수를 생성하는 것은?

① SHA   ② MD
③ Salt   ④ Text

해설 ❓
① SHA : SHA 함수들은 서로 관련된 암호학적 해시함수들의 모음이다. 이들 함수는 미국 국가안보국(NSA)이 1993년에 처음으로 설계했으며, 미국 국가 표준으로 지정되었다. SHA 함수군에 속하는 최초의 함수는 공식적으로 SHA라고 불리지만, 나중에 설계된 함수들과 구별하기 위하여 SHA-0이라고도 불린다. 2년 후 SHA-0의 변형인 SHA-1이 발표되었으며, 그 후에 4종류의 변형, 즉 SHA-224, SHA-256, SHA-384, SHA-512가 발표되었다. 이들을 통칭해서 SHA-2라고 하기도 한다.
② MD(Message Digest) : 메시지를 압축 · 축약하는 것을 의미한다. 데이터 무결성을 위해 임의 크기의 메시지를 특정한 고정 크기의 블록으로 만드는 것이다.
③ Salt : 단방향 해시함수에서 다이제스트를 생성할 때 추가되는 바이트 단위의 임의의 문자열이다.

08 Windows 그룹 계정에 대한 설명으로 옳지 않은 것은?

① Administrators는 Windows 운영체제의 모든 자원을 관리할 수 있는 계정으로 권한 관리를 수행할 수 있다.
② Power Users는 로컬 사용자 계정을 생성 · 수정할 수 있고, Administrators보다 높은 권한을 가지고 있다.
③ Backup Operator는 Windows 운영체제의 백업을 위해서 파일과 폴더를 백업할 수 있는 권한을 가지고 있다.
④ Users는 기본적인 권한을 가지고 있는 그룹 계정으로 로컬 사용자 계정에 포함된다.

해설 ❓
• Administrators : 도메인 자원이나 로컬 컴퓨터에 대한 모든 권한이 존재하는 그룹이다.
• Power Users : 디렉터리나 네트워크를 공유할 수 있고, 공용 프로그램 그룹을 만들 수 있으며, 컴퓨터의 시계를 맞출 수 있는 권한이 있는 그룹이다.

09 Windows 운영체제에서 로그인에 대한 검증을 수행하고 시스템 자원 및 파일 등에 대한 접근 권한을 검사하는 것은?

① LSA(Local Security Authority)

② SRM(Service Reference Monitor)

③ SAM(Security Account Manager)

④ NTLM

해설

② SRM : SAM이 사용자의 계정과 패스워드가 일치하는지를 확인하여 SRM(Security Reference Monitor)에게 알려주면, SRM은 사용자에게 고유의 SID(Security Identifier)를 부여한다. 또한, SRM은 SID에 기반하여 파일이나 디렉터리에 접근제어를 하게 되고, 이에 대한 감사 메시지를 생성하고, 객체들에 대한 보안 접근 검사를 수행하며, Windows 2000 Execute(ntoskrnl.exe) 내부의 컴포넌트 모듈이다.

③ SAM : 사용자의 로그인 입력 정보와 SAM 데이터베이스 정보를 비교하여 인증 여부를 결정하도록 해준다. 로컬 시스템상에 정의된 사용자 이름과 그룹 정보 데이터베이스를 관리하는 서브루틴들의 집합이며, LSASS 프로세스 내부에서 samsrv.dll의 형태로 구현된다.

④ NTLM : 사용자가 부팅 시 제일 먼저 로그온할 때, WIN2000은 사용자가 정당한 권한을 가지고 있는지 두 가지 인증절차를 거친다. 첫 번째로 AD 통합된 표준인증 프로토콜인 Kerberos 인증을 거치고, 만약 KDC(모든 도메인 컨트롤러에서 실행되며 AD 커버로스 보안 인증과 연동되는 서비스)가 커버로스 인증을 찾지 못하면 로컬 보안 계정 관리자(SAM)에서 데이터베이스 내에서 사용자 계정 인증을 위해서 NTLM을 사용한다.

10 FAT과 NTFS에 대한 설명이다. 옳지 않은 것은?

① FAT 뒤에 나오는 숫자는 파일 시스템의 클러스터 수이다.

② FAT는 최대 파일 크기가 4GB로 제한되지만, NTFS는 16ExaByte까지 가능하다.

③ NTFS는 EFS(Encryption File System)를 지원하고, 다른 파일 시스템을 연동할 수도 있다.

④ 작은 크기의 파일 시스템을 사용하는 경우 NTFS보다 FAT 파일 시스템이 더 빠르다.

해설

FAT 파일 시스템 : 하드 디스크가 대용량화됨에 따라 FAT12, FAT16, FAT32로 나눈다. FAT 뒤의 숫자는 FAT 엔트리의 크기를 나타낸다. 각 엔트리의 크기에 따라 파일 시스템이 지원하는 클러스터 수가 결정된다.

종류	최대 클러스터 수
FAT12	4,084
FAT16	65,524
FAT32	67,092,481

11 악성코드에 대한 설명으로 옳지 않은 것은?

① 루트킷은 컴퓨터 소프트웨어 중에서 악의적인 프로그램의 모음이다.

② 논리 폭탄은 특정 조건이 되면 자동으로 실행되는 악성코드이다.

③ 트로이목마는 자기 복제를 통해서 악성코드를 네트워크로 전파시킨다.

④ 백도어는 인증을 우회해서 시스템 내부에 접근할 수 있도록 한다.

해설

• 트로이목마 : 악성 루틴이 숨어 있는 프로그램으로, 겉보기에는 정상적인 프로그램으로 보이지만 실행하면 악성코드이다.
• 웜 : 자기 복제를 통해서 악성코드를 네트워크로 전파시킨다.

12 리눅스 PAM(Pluggable Authentication Module)의 인증 절차이다. 순서가 옳은 것은?

> ㉠ 서비스 인증 결과는 True 혹은 False의 내용 결과로 진행 또는 거절을 한다.
> ㉡ 서비스는 PAM에게 인증을 요청한다.
> ㉢ 사용자가 PAM 서비스에 접근한다.
> ㉣ PAM은 요청한 서비스의 설정 파일을 확인한다.
> ㉤ 서비스는 설정 파일에 있는 인증 절차에 맞게 수행한 후 그 결과를 서비스에 반환한다.

① ㉠ → ㉡ → ㉢ → ㉣ → ㉤

② ㉢ → ㉡ → ㉣ → ㉤ → ㉠

③ ㉢ → ㉣ → ㉡ → ㉤ → ㉠

④ ㉢ → ㉠ → ㉡ → ㉤ → ㉣

13 무결성 검사를 위한 활동으로 옳지 않은 것은?

① 파일의 변경 날짜를 확인한다.

② 파일 크기 변경 여부를 확인한다.

③ 파일의 소유자 변경을 확인한다.

④ 심볼릭 링크 수를 점검한다.

해설

• 파일의 무결성은 파일에 대한 접근 시간, 데이터 변경, 권한 변경 등과 관련이 있으며, 심볼릭 링크 수로 확인하는 것은 불가능하다.
• 심볼릭 링크는 원본 파일의 위치 정보를 가진 '단축 아이콘'이다. 즉, 다른 파일의 경로를 가리키는 파일이며, Windows의 바로 가기와 비슷한 개념이다.

14 Windows 레지스트리 중에서 설치된 하드웨어와 소프트웨어 드라이버 정보를 포함하고 있는 것은?

① HKEY_CLASSES_ROOT

② HKEY_LOCAL_MACHINE

③ HKEY_USERS

④ HKEY_CURRENT_CONFIG

해설 ❓

① HKEY_CLASSES_ROOT : OLE와 관련된 사항들에 대한 정보들로 구성되어 있다.

③ HKEY_USERS : Windows에 등록된 응용프로그램에 대한 설정들로 구성되어 있다.

④ HKEY_CURRENT_CONFIG : 하드웨어 프로필과 소프트웨어 프로필 정보로 구성되어 있다.

15 SECaaS에 대한 설명으로 옳지 않은 것은?

① 인터넷을 사용해서 안전한 서비스를 제공한다.

② Standalone 방식은 End-Point 보안 서비스를 제공하고, Cloud 방식은 클라이언트에 대한 보호 서비스를 제공한다.

③ 클라우드 서비스의 PaaS에 해당한다.

④ 안전한 서비스를 위해서 방화벽, 메일 보안, 백신 등의 서비스를 제공한다.

해설 ❓

SECaaS(Security as a Service) : SaaS(Software as a Service)의 한 종류로, '클라우드 기반 보안' 또는 '보안 클라우드'으로 불린다. '보안 클라우드'라는 말을 들으면 클라우드 자체를 보호하는 보안이라고 오해하기도 하는데, 클라우드 기반 보안은 클라우드를 이용해 고객이 필요로 하는 보안 서비스를 제공하는 것으로, 클라우드 자체를 보호하는 보안과는 의미가 다르다.

16 리눅스 명령어 중에서 문자열 조작과 관련이 없는 명령어는?

① wc   ② awk   ③ grep   ④ nohup

해설 ❓

① wc : 파일 내의 행, 단어, 문자의 수를 출력하는 명령어이다.

② awk : 패턴 탐색과 처리를 위한 명령어로, 간단하게 파일에서 결과를 추려내고 가공하여 원하는 결과물을 만들어내는 도구이다.

③ grep : 입력으로 전달된 파일의 내용에서 특정 패턴이나 문자열을 찾고자 할 때 사용하는 명령어이다.

④ nohup : 셸 스크립트 파일을 데몬 형태로 실행시키는 프로그램으로, 세션이 끊겨도 실행을 멈추지 않고 동작하도록 할 때 사용하는 명령어이다.

17 Windows의 SRM(Security Reference Monitor)에 대한 설명으로 옳지 않은 것은?

① 사용자 계정과 패스워드 일치 여부를 확인한다.

② Windows는 SID로 자원에 대한 접근 권한을 관리한다.

③ 파일과 디렉터리에 대한 접근을 제어한다.

④ 감사 메시지를 생성한다.

해설 ❓

• ①은 SAM에 대한 설명이다.

• SAM(Security Account Manager) : 사용자/그룹 계정 정보에 대한 데이터베이스 관리, 사용자의 로그인 입력 정보와 SAM 데이터베이스 정보를 비교해 인증 여부 결정

• Windows의 SAM 파일은 다음 경로에 위치

```
%systemroot%/system32/config/sam
```

18 최근 랜섬웨어 악성코드로 워너크라이(WannaCry)와 페티야(Petya)가 있다. 이 중에서 페티야만 가지는 특징으로 옳은 것은?

① 스파이웨어처럼 전파를 시킨다.

② 파일을 암호화한다.

③ SMB 취약점을 이용한 공격이다.

④ Windows MBR의 부트 정보를 삭제하여 부팅할 수가 없다.

해설 ❓

• 워너크라이(WannaCry) : 2017년 5월 12일부터 등장한 랜섬웨어이다. 2017년 5월 12일부터 대규모 사이버 공격을 통해 널리 배포되었으며, 전 세계 99개국의 컴퓨터 12만 대 이상을 감염시켰다.

• 페티야(Petya) : 2016년 처음 발견된 암호화 랜섬웨어의 일종이다. Windows 기반 시스템을 대상으로 하며, 마스터 부트 레코드(MBR)를 감염시켜, 하드 드라이브의 파일 시스템 테이블을 암호화하고, Windows의 부팅을 차단하는 페이로드를 실행시킨다.

19 유닉스/리눅스의 secure.txt 파일에서 소유자는 읽고 실행할 수 있는 권한을 추가하고 다른 사용자는 읽기 권한을 제거하는 명령어는?

① chmod 604 secure.txt

② chmod 666 secure.txt

③ chmod u+rx,o−r secure.txt

④ chmod u−rx,o−r secure.txt

해설 ❓

[chmod 명령어]

8진수 형태와 심볼릭 형태로 사용 가능하다.

8진수 형태	#chmod [옵션] (8진수 허가권) (파일명)
심볼릭 형태	#chmod [옵션] (대상)(+/−/=)(rwx) (파일명) (+ : 권한 추가, − : 권한 제거, = : 권한 설정)

20 유닉스/리눅스 로그 파일에 대한 설명이다. 옳지 않은 것은?

① wtmp는 사용자 로그인, 로그아웃, 시스템 종료, 부팅 정보를 포함하고 있다.

② utmp는 현재 로그인된 사용자 정보를 확인할 수가 있다.

③ syslog는 프로그램들이 생성하는 메시지를 저장한다.

④ xferlog는 메일 서버의 로그를 기록하고 관리한다.

해설 ❓

• xferlog : FTP 서버의 로그를 기록하고 관리한다.

• maillog : 메일 서버의 로그를 기록하고 관리한다.

2과목 네트워크 보안

21 UTM(Unified Threat Management) 보안 솔루션에 대한 설명이다. 옳지 않은 것은?

① 통합보안 솔루션으로 통합보안 정책을 수립한다.

② 보안 로그를 사용해서 심층분석을 수행한다.

③ 방화벽, IDS, IPS 등의 보안 솔루션을 하나로 통합하였다.

④ 패킷 필터링, 블랙 리스트 IP 차단, 화이트 리스트 관리가 가능하다.

해설 ❓

②는 SIEM(Security Information and Event Management)에 대한 설명이다.

22 APT(Advanced Persistent Threats) 공격기법과 가장 거리가 먼 것은?

① 이메일을 사용한 APT 공격

② DDoS APT 공격기법

③ Zero Day Attack

④ Watering Hole

해설 ❓

③ Zero Day Attack : 컴퓨터 소프트웨어의 취약점을 공격하는 기술적 위협으로, 해당 취약점에 대한 패치가 나오지 않은 시점에서 이루어지는 공격을 말한다.

④ Watering Hole : 사자가 먹이를 습격하기 위해 물웅덩이(Watering Hole) 근처에서 매복하고 있는 형상을 빗댄 것(사용자가 덫에 걸리기만을 기다리고 있는 것)으로, 표적 공격이라고도 한다. 공격자는 공격 대상(사용자)이 주로 방문하는 웹사이트에 대한 정보를 사전에 파악한 후 제로데이 취약점 등을 이용해 해당 사이트에 악성코드를 매복시켜 놓는다. 사용자는 해당 웹사이트에 접속하기만 해도 악성코드에 감염될 수 있다.

23 NAT는 사설 IP 주소를 사용해서 IP 주소를 확대할 수가 있다. NAT 종류 중에서 출발지와 목적지 모두를 변환하는 NAT는?

① 동적 NAT   ② 정적 NAT

③ Bypass NAT   ④ Policy NAT

해설 ❓

① 정적 NAT : 내부 호스트 또는 서버가 외부로 패킷을 전송할 경우 특정 IP 주소로만 변환하고자 할 때 사용한다.(1:1)

② 동적 NAT : 내부 다수의 호스트들이 외부로 패킷을 전송할 경우 정해 놓은 범위 내의 IP 주소로 변환하고자 할 때 사용한다.(N:N)

24 DDoS 공격의 대응 절차이다. 순서로 옳은 것은?

> ㉠ 모니터링   ㉡ 초동대응   ㉢ 침입방지
> ㉣ 상세분석   ㉤ 보고

① ㉠ → ㉢ → ㉡ → ㉣ → ㉤

② ㉡ → ㉢ → ㉣ → ㉠ → ㉤

③ ㉡ → ㉢ → ㉣ → ㉠ → ㉤

④ ㉢ → ㉣ → ㉡ → ㉤ → ㉠

25 다음 〈보기〉의 (㉠), (㉡) 안에 들어갈 내용으로 옳은 것은?

> Tcpdump는 네트워크에서 전송되는 패킷을 스니핑하는 도구이다. 특정 포트로 전송되는 패킷을 (㉠)하고, 스니핑 모드를 (㉡)으로 설정해야 한다.

	㉠	㉡
①	포트 미러링	정규 모드
②	무차별 모드	포트 미러링
③	포트 미러링	무차별 모드
④	무차별 모드	정규 모드

해설 ❓

• 포트 미러링(Port Mirroring) : 특정 포트에 송수신되는 모든 패킷들의 복사본을 다른 포트에 전달하는 기능이다.

• 무차별 모드(Promiscuous) : 수신된 프레임이 자신과 상관없는 목적지 주소를 갖는데도 이를 모두 수신하는 모드이다.

26 VoIP 공격에 해당하지 않는 것은?

① SIP Flooding

② Invite Flooding

③ Get Flooding

④ RTP Flooding

해설 ❓

① SIP Flooding : SIP 메시지를 대량으로 보내어 VoIP 사용자나 사업자가 정상적인 서비스를 이용하거나 제공하지 못하게 하는 공격으로, 일반 네트워크에서 DoS와 비슷한 개념이라고 볼 수 있다. 하지만 연결 요청인 Invite 메시지 플러딩인 경우 수신자의 전화기가 불통이 될 뿐만 아니라 전화벨이 계속 울리는 등 아주 난처한 상황을 유발 할 수도 있으므로 그 심각성이 높다.

② Invite Flooding : 1분에 수천 개의 Invite 메시지를 보내어 회선의 자원을 고갈시키는 공격이다.

③ Get Flooding : 정상적인 TCP 연결 과정 이후 정상적으로 보이는 HTTP Transaction 과정이 수행되는 DDoS 공격기법이다. 공격 트래픽을 수신하는 서버는 정상적인 TCP 세션과 함께 정상적으로 보이는 HTTP Get 요청을 지속적으로 하게 되므로, 서비스를 위하여 수행하는 서버는 기본적인 TCP 세션 처리뿐만 아니라 HTTP 요청 처리까지 수행해야 한다. 이 경우 HTTP 처리 모듈의 과부하까지도 발생시킬 수 있는 DDoS 공격기법이다.

④ RTP Flooding : SIP를 이용한 초기 통화(Call) 접속 설정 관련 신호를 사용자간 상호교환한 후 실질적으로 음성 및 비디오 등 매체 전송과 관련 있는 RTP 패킷을 이용한 공격 방법으로, Garbage Header와 Payload를 RTP Packet 안에 변경 및 주입켜 유효하지 않은 Junk RTP 패킷을 다량으로 보냄으로써, 실제 통화(Call) 실행을 지연시키고 통화 품질을 저하시키거나, Softphone을 재부팅 시키는 공격기법이다.

27 다음은 4,000 Byte 패킷을 전송할 때 분할된 것이다. (㉠), (㉡) 안에 들어갈 내용으로 옳은 것은?

패킷 사이즈	Flag	Offset
1,500	0	0
1,500	1	185
(㉠)	1	(㉡)

	㉠	㉡			㉠	㉡
①	1,000	370		②	1,040	370
③	1,040	375		④	1,000	375

해설 ❓

• 1 오프셋 = 8 Bytes

• 공식 = (MTU(1500)−IP Header(20))/1오프셋
  = 1480(MTU−IP Header)÷8(Offset)=185
  – 오프셋값 첫번째는 0, 두번째 분할 패킷은 185, 세번째 분할 패킷은 370이 된다.

28 다음은 TCP 프로토콜이 연결을 해제할 때 사용하는 4-Way Handshaking이다. (㉠), (㉡)의 내용으로 옳은 것은?

No	Time	Source	Destination	Protocol	Length	Info
47	6.984	168.23.10.137	180.182.54.97	TCP	54	44942→80 [FIN, ACK] Seq=1847 Ack=62745 Win=
51	6.998	180.182.54.97	168.23.10.137	TCP	54	44942→80 [ACK] Seq=(㉠) Ack= (㉡) Win=
68	12.933	180.182.54.97	168.23.10.137		54	44942→80 [FIN, ACK] Seq=6877 Ack=948 Win=
.....	.....	.....	.....	.....	.....	

	㉠	㉡		㉠	㉡
①	62745	1847	②	62745	1848
③	1847	62745	④	1847	62746

29 DDoS 공격기법 중에서 발신자의 IP 주소와 수신자의 IP 주소를 동일하게 하여 전송하는 공격기법은?

① Ping of Death　　② Smurfing
③ Land Attack　　④ Teardrop

[해설] ?

① Ping of Death : Ping을 이용하여 ICMP 패킷을 정상적인 크기보다 아주 크게 만들어 전송하는 공격기법이다.
② Smurfing : 여러 호스트가 특정 대상에게 다량의 ICMP Echo Request를 보내게 하여 서비스거부(DoS)를 유발시키는 공격기법이며, 전체 IP 브로드캐스트 주소를 대상으로 실행된다.
③ Land Attack : 공격자가 임의로 자신의 IP 주소와 포트를 공격대상의 호스트 IP 주소와 포트를 같게 하여 서버에 접속함으로써, 실행 속도가 느려지거나 마비되게 하는 공격기법이다.
④ Teardrop : 패킷을 정상 크기보다 아주 작게 분할하거나 겹치게 하여 전송하는 공격기법이다.

30 다음 〈보기〉는 포트 스캐닝에 대한 설명이다. 옳은 것을 모두 고르면?

> ㉠ SYN SCAN은 SYN 신호를 전송하여 SYN+ACK 응답이 오면 포트가 오픈된 것으로 식별한다.
> ㉡ FIN SCAN은 FIN 패킷을 전송하고 해당 포트가 닫혀 있으면 RST가 전송된다.
> ㉢ NULL SCAN은 포트가 닫혀 있는 경우에 응답하지 않는다.
> ㉣ UDP SCAN은 포트가 닫혀 있으면 응답이 없다.

① ㉠, ㉡　　　　② ㉠, ㉡, ㉢
③ ㉠, ㉡, ㉢, ㉣　　④ ㉠, ㉢, ㉣

31 다음 〈보기〉에서 설명하는 공격기법은?

> 특정 사용자가 자주 방문하는 웹사이트를 접속하는 경우 Drive by Download와 같은 공격기법으로 악성코드를 전파한다. 즉, 특정인을 대상으로 신뢰 사이트에 접속하는 경우 공격하는 기법이다.

① Botnet　　　　② Spear Phishing
③ Watering Hole　　④ Phishing

[해설] ?

① Botnet : 일반적으로 공격자가 봇을 사용하여 많은 컴퓨터를 감염시키며, 이러한 컴퓨터는 네트워크, 즉 봇넷을 형성한다. 공격자는 봇넷을 이용하여 스팸메일 전송, 바이러스 유포, 컴퓨터 및 서버 공격을 수행할 수 있다.
② Spear Phishing : 모르는 사람에게 무작위로 피싱 메일을 보내는 것이 아니라, 특정 조직을 공격하기 위하여 공격대상 조직의 중요 시스템 및 정보와 관련 있는 특정인을 대상으로 피싱 메일을 보내는 공격기법이다.
④ Phishing : 가짜 홈페이지를 만들어 놓고 불특정 다수에게 메일이나 문자 등의 미끼를 던져 해당 사이트에 접속하도록 유인한 뒤 개인의 금융정보를 빼내는 사기 수법이다.

32 SYN/ACK 패킷에 대한 설명으로 옳지 않은 것은?

① SYN/ACK는 클라이언트가 SYN 패킷을 전송하면 응답으로 수신된다.
② 반사 공격은 SYN/ACK의 패킷이 공격자에게 발신되게 해서 공격하는 DDoS 공격기법이다.
③ SYN/ACK에 대한 응답으로 ACK를 전송하면 TCP는 Established 상태가 된다.
④ SYN/ACK의 특정 피해자에게 집중적으로 전송하여 DDoS 공격을 할 수가 있다.

[해설] ?

SYN/ACK 반사 공격 : DRDoS 형태의 공격기법으로, 공격자가 피해자의 IP 주소를 변조한 후 반사체로 악용될 서버에 SYN 패킷을 보내고, 해당 응답인 SYN/ACK 패킷을 피해자에게 전송하게 하는 공격이다. 피해자는 SYN/ACK 패킷을 다량으로 전송받게 되면 해당 패킷을 처리하기 위해 자원을 소모하게 되고, 그 과정에서 서버의 부하가 증가하여 정상 사용자들이 접속할 수 없게 된다.

33 SYN, FIN, NULL, URG, PUSH 패킷을 전송하는 포트 스캐닝 기법은?

① SYN SCAN
② FIN SCAN
③ XMAS SCAN
④ NULL SCAN

해설
① SYN SCAN : TCP Connect Scan과 같이 완전한 세션을 성립하지 않고, SYN 패킷만을 이용해 열린 포트를 확인하는 스캔 방식이다. Half Open Scan이라고도 한다.
② FIN SCAN : FIN 플래그만 설정해 스캔하는 방식이다.
④ NULL SCAN : 모든 플래그를 비활성화하여 스캔하는 방식이다.

34 스위치(Switch)의 전송기법 중에서 전체 프레임을 모두 검사 후 데이터를 전송하는 방식은?

① Cut Through 방식
② Store and Forwarding 방식
③ Fragment Free 방식
④ LAN Switching

해설
① Cut Through 방식 : 전체 프레임이 수신되는 것을 기다리지 않고, 프레임의 목적지 주소(48비트)만 확인하여 오류에 대한 검사 없이 해당 목적지로 전달된다. 따라서 지연시간은 최소화되지만 수신된 패킷에 오류가 발생해도 처리하지 못하고 목적지까지 도달한다. 이러한 경우에는 목적지 장비에서 패킷을 폐기한다.
② Store and Forwarding 방식 : 전체 프레임을 수신하는 방식으로 버퍼에 보관하였다가 전체 프레임을 수신한 후 CRC 등 오류를 확인하여 정상 프레임을 목적지까지 전달한다. 패킷 길이에 비례하여 전송지연이 발생하나 소프트웨어 중심인 브리지나 라우터보다 훨씬 신속하게 이루어진다. 서로 다른 속도의 포트가 연결된 경우 반드시 사용해야 한다.
③ Fragment Free 방식 : 전체 프레임이 모두 수신할 때까지 기다릴 필요가 없다는 측면에서는 Cut Through 방식과 비슷하지만, Cut Through 방식과 같이 처음 48비트만을 참조하는 것이 아니라, 처음 512비트를 참조하게 된다. 따라서 오류 감지 능력이 Cut Through에 비해 우수하다고 할 수 있다.

35 다음 〈보기〉에서 HTTP 공격만 모두 고르면?

┌─────────────────────────────┐
│ ㉠ Slowios   ㉡ HTTP Flood │
│ ㉢ 증폭 공격   ㉣ NTP   │
└─────────────────────────────┘

① ㉡
② ㉠, ㉡
③ ㉡, ㉢
④ ㉢, ㉣

36 DRDoS에 대한 설명으로 옳지 않은 것을 모두 고르면?

┌───────────────────────────────────────┐
│ ㉠ 반사 공격으로 공격자가 피해자의 IP 주소로 발신자의 IP │
│   주소를 변조해서 공격한다.   │
│ ㉡ 1024 포트 이후를 차단한다.   │
│ ㉢ 반사 공격 목록을 보관하고 있다가 주기적으로 공격한다. │
│ ㉣ 피해자의 PC에는 SYN+ACK 패킷이 수신된다.   │
└───────────────────────────────────────┘

① ㉠, ㉡
② ㉢, ㉣
③ ㉡
④ ㉢

37 보안과 위협에 대한 설명이다. 옳지 않은 것은?

① Blind SQL Injection : 응답 값의 True와 False에 따라 공격하는 것이다.
② SQL Injection : 데이터베이스를 공격대상으로 해서 SQL을 변조 공격한다.
③ CSRF : 재인증 시에 추가적인 인증 기법을 제공하여 인증을 해야 한다.
④ XSS : 네트워크에 전송되는 패킷을 변조해서 웹 서버를 공격한다.

해설
④ XSS : 웹사이트에서 입력을 검증하지 않는 취약점을 이용하는 공격으로, 사용자로 위장한 공격자가 웹사이트에 프로그램 코드를 삽입하여, 이 사이트를 방문하는 다른 사용자의 웹브라우저에서 해당 코드가 실행되도록 한다.

38 다음 〈보기〉와 관련 있는 공격기법은?

┌─────────────────────┐
│ • ACK Storm   │
│ • RST 패킷을 전송   │
└─────────────────────┘

① 무작위 공격
② XSS
③ 세션 하이재킹
④ CSRF

해설
① 무작위 공격 : 특정한 암호를 풀기 위해 모든 경우의 수를 무작위로 대입하여 암호를 알아내는 공격 방법이다.
④ CSRF : 웹 취약점 공격으로 희생자가 자신의 의지와는 무관하게 공격자가 의도한 행위(수정, 삭제, 생성 등)를 특정 웹사이트에 요청하는 공격이다.

39 L2 스위치 스푸핑(Spoofing)을 위한 공격 방법이 아닌 것은?

① L2 스위치 환경의 공격 방법은 ICMP Redirect, ARP Spoofing, ARP Redirect가 있다.

② ARP Cache Table을 삭제한다.

③ ARP Spoofing 시에 주기적으로 ARP Request 를 전송하여 공격한다.

④ ARP Spoofing은 ARP Cache Table을 정적으로 설정해서 보호한다.

해설
③ ARP Spoofing 시에 주기적으로 ARP Reply를 전송하여 공격한다.

40 다음은 ICMP 프로토콜에 대한 설명이다. 옳은 것은?

- ICMP 프로토콜의 네트워크 오류를 확인하기 위해서 목적지 주소로 (㉠)을 전송한다.
- (㉡)은 패킷이 너무 빨리 전송되는 경우 네트워크에 무리를 주지 않기 위해서 제지한다.
- (㉢) ICMP 패킷에 대한 응답이다.
- (㉣)은 ICMP 패킷이 목적지를 찾지 못할 경우 발생한다.

① ㉠ ICMP Echo Replay
   ㉡ Destination Unreachable
   ㉢ Source Quench
   ㉣ ICMP Echo Request

② ㉠ ICMP Echo Request
   ㉡ Time Exceeded
   ㉢ ICMP Echo Replay
   ㉣ Destination Unreachable

③ ㉠ ICMP Echo Replay
   ㉡ Time Exceeded
   ㉢ ICMP Echo Replay
   ㉣ Destination Unreachable

④ ㉠ ICMP Echo Request
   ㉡ Source Quench
   ㉢ ICMP Echo Replay
   ㉣ Destination Unreachable

3과목 애플리케이션 보안

41 Web 기반 XML 기술이 아닌 것은?

① OCSP ② UDDI
③ WSDL ④ SOAP

해설
① OCSP(Online Certificate Status Protocol) : 사용자의 인증서를 실시간으로 검색해서 인증서의 유효성을 알려주는 시스템이다.

② UDDI(Universal Description, Discovery and Integration) : 웹 서비스 관련 정보의 공개와 탐색을 위한 표준이다. 서비스 제공자는 UDDI라는 서비스 소비자에게 이미 알려진 온라인 저장소에 그들이 제공하는 서비스 목록들을 저장하게 되고, 서비스 소비자들은 그 저장소에 접근함으로써, 원하는 서비스들의 목록을 찾을 수 있게 된다.

③ WSDL(Web Service Description Language) : 웹서비스 기술언어 또는 기술된 정의 파일의 총칭으로 XML로 기술된다. 웹 서비스의 구체적 내용이 기술되어 있어 서비스 제공 장소, 서비스 메시지 포맷, 프로토콜 등이 기술된다.

④ SOAP(Simple Object Access Protocol) : 일반적으로 널리 알려진 HTTP, HTTPS, SMTP 등을 통해 XML 기반의 메시지를 컴퓨터 네트워크상에서 교환하는 프로토콜이다.

42 보안 담당자가 PHP 소스를 분석하기 위해 확인하였더니 다음과 같았다. 어떤 기법을 적용한 것인가?

```php
<?php
$t1=apache_request_headers();
if(base64_encode($_SERVER['HTTP_REFERER'])=='
aHR0cDovL2hlcmUuaXMvbXkvbGF1bmNoZXIuaHRt
bA=='&&$_POST['Troll2']=='lol'&&$t1['Troll1']='lol'){
  echo 'ZG9jdW1lbnQuYm9keS5pbmRhGlsZChkb2N
1bWVudC5jcmVhdGVFbGVtZW50KCdkaXYnKSkuaW5uZ
XJUZXh0PSdBd2Vzb21lIUzsNCg==';
}else{
  echo 'd2luZG93Lm9wZW4oJycsICdfc2VsZicsICcnKTt3a
W5kb3cuY2xvc2UoKTs=';
};
?>
```

① 암호화 ② 난독화
③ 복잡화 ④ 정규화

---

43 디지털 핑거프린팅에 대한 설명으로 옳지 않은 것은?

① 유출 시 구매자의 정보를 이용하여 역추적할 수 있다.

② 콘텐츠마다 다른 구매자 정보가 추가되므로 콘텐츠가 달라진다.

③ 여러 사람이 저작물을 비교하여 핑거프린팅이 삽입된 위치를 파악한 다음 핑거프린팅을 지우거나 새로운 핑거프린팅을 삽입 혹은 조립하여 배포하는 것을 공모 공격이라 하는데, 디지털 핑거프린팅은 공모 공격에 강하다.

④ 추가되는 정보가 다른 것을 제외하면, 디지털 워터마크 기법과 동일하다.

해설 ❓

디지털 핑거프린팅은 공모 공격에 취약하다.

44 포맷스트링 공격의 위협요소로 거리가 먼 것은?

① 임의의 정보 유출　② 메모리 영역 침범

③ 공격자 코드 실행　④ 시스템 자원 고갈

해설 ❓

④ 시스템 자원 고갈 : 디스크 고갈 공격, 메모리 고갈 공격 등이 위협 요소이다.

45 인터넷에서 자료를 공유하기 위한 표준인 SGML과 HTML의 특징을 결합하여 1996년에 표준화된 형식으로, 최근 전자상거래 등의 발전에 따라 많이 사용되고 있는 표준형식은?

① SWIFT　　　　② ebXML

③ EDI　　　　　④ XML

해설 ❓

① SWIFT : 국제 은행 간 통신 협회. 각국의 주요 은행 상호간의 지불 · 송금 업무 등을 위한 데이터 통신을 행하는 것을 목적으로 하는 비영리 법인. 유럽과 북아메리카의 주요 은행이 가맹하고 있으며, 1973년 벨기에에서 발족하였다.

② ebXML : 전자상거래 데이터 교환 표준을 마련하고자 하는 세계적 프로젝트로, XML 기반으로 E-Business를 가능하게 하고자 하는 목적의 표준안이다.

③ EDI(Electronic Data Interchange) : 표준화된 상거래 서식 또는 공공서식을 서로 합의된 표준에 따라 전자문서로 만들어 컴퓨터 및 통신을 매개로 상호 교환하는 것을 의미한다.

46 FTP에 대한 설명으로 옳지 않은 것은?

① TCP를 이용한다.

② IETF 959 표준이다.

③ Active Mode와 Passive Mode가 있다.

④ 제어는 21번 포트, 데이터 전송은 512 이후의 포트를 이용한다.

해설 ❓

제어 포트는 21번, 데이터 포트는 20번을 사용한다.

47 다음 〈보기〉는 Web Page를 대상으로 한 공격이다. 어떤 공격 유형인가?

```
GET
testshop/shop_board/shop_download.asp?strFileName
=webshell.asp&file_path=upload_file HTTP/1.1
Accept: image/gif, image/jpeg,
application/x-shockwave-flash, */*
Accept-Language: ko
User-Agent: Mozilla/4.0(compatible; MSIE 8.0; Windows
NT 5.1;
```

① 관리자 페이지 노출　② 파일 다운로드 취약점

③ 파일 업로드 취약점　④ 디렉터리 리스팅

해설 ❓

② 파일 다운로드 취약점 : 홈페이지에서 파일을 다운받는 cgi, jsp, php, php3 등의 프로그램에서 입력되는 경로를 체크하지 않는 경우 임의의 문자(../.. 등)나 주요 파일명의 입력을 통해 웹 서버의 홈 디렉터리를 벗어나서 임의의 위치에 있는 파일을 열람하거나 다운받는 것이 가능하다.

④ 디렉터리 리스팅 : 웹서버의 잘못된 환경설정으로 인하여 웹 애플리케이션의 파일 목록이 노출되는 보안 취약점이다.

48 전자입찰 시스템 및 프로토콜에 대한 설명으로 옳지 않은 것은?

① 전자입찰 개발도구는 XML, JAVA, HTML이다.

② 여러 개의 서버로 구성된 시스템은 마감 시 순차적으로 입찰 서버를 마감한다.

③ 입찰시스템은 입찰자, 구매자, 시스템으로 구성된다.

④ 전자입찰시스템은 보안성, 안정성을 요구한다.

해설 ❓

전자입찰 시스템에서 여러 개의 서버로 구성된 시스템은 마감 시 동시에 입찰 서버를 마감한다.

49 다음은 전자화폐를 이용한 상거래 프로토콜을 설명한 것이다. (㉠)~(㉢) 안에 들어갈 내용으로 옳은 것은?

> (㉠) : 사용자가 은행으로부터 전자화폐를 발급받는다
> (㉡) : 사용자가 온라인 상점에서 물품을 전자화폐로 구매한다.
> (㉢) : 상점이 은행에게 전자화폐에 대한 비용을 청구한다.

	㉠	㉡	㉢
①	인출 프로토콜	지불 프로토콜	예치 프로토콜
②	인출 프로토콜	예치 프로토콜	지불 프로토콜
③	지불 프로토콜	인출 프로토콜	예치 프로토콜
④	예치 프로토콜	지불 프로토콜	인출 프로토콜

50 폼의 중복 구성, 기능 처리를 잘못하여 발생하는 문제점은?

① HTTP Splitting
② Struts
③ Buffer Overflow
④ Format String

해설 ❓
② Struts : 자바를 개발한 썬 마이크로시스템즈에서 개발한 웹 응용 프로그램을 위한 프레임워크이다.
③ Buffer Overflow : 메모리의 영역을 초과하게 함으로써, 반환되는 주소를 변경하여 원하는 임의의 명령어를 실행시키는 공격이다.
④ Format String : 프로그래머들의 작은 실수로 인한 포맷 스트링의 버그를 이용해 메모리를 변조하는 기술이다.

51 vsftpd 설정 파일의 특징에 대한 설명으로 옳은 것을 모두 고르면?

> ㉠ anonymous_enable : 익명 사용자 로그인 여부를 결정하며, NO를 권장한다.
> ㉡ port_enable : Passive 모드를 사용할 수 있도록 한다.
> ㉢ xferlog_enable : FTP 로그를 남기는 것으로, /var/log/vsftpd.log 파일에 기록된다.
> ㉣ local_enable : 로컬 사용자가 로그인할 수 있다.

① ㉠, ㉡, ㉢
② ㉠, ㉢
③ ㉠, ㉡, ㉢, ㉣
④ ㉠, ㉢, ㉣

해설 ❓
㉡ port_enable : Active 모드를 사용할 수 있도록 한다.
 • pasv_enable : Passive 모드를 사용할 수 있도록 한다.

52 시스템 로그 분석 과정에서 다음과 같은 로그를 발견하였다. 이에 대하여 잘못 설명한 것은?

> [ATTEMPT] 10.0.0.1-login-user-pass-"aaaa"-1 of 456976
> [ATTEMPT] 10.0.0.1-login-user-pass-"aaab"-2 of 456976
> [ATTEMPT] 10.0.0.1-login-user-pass-"aaac"-3 of 456976

① 일반적으로 암호의 길이를 길게 하거나 특수문자를 포함하여 공격을 지연시킬 수 있다.
② 하나의 주소로부터 동일한 요청이 있는 경우 횟수의 제한을 두어 공격을 지연시킬 수 있다.
③ 알려진 아이디와 추측이 가능한 패스워드를 사용하지 않는다.
④ 암호화를 하지 않은 평문 전송이 문제가 된 것으로, 암호화 SSL을 이용하면 공격을 방지할 수 있다.

해설 ❓
• ④는 스니핑 공격에 대한 대응방법이다.
• 〈보기〉는 패스워드 공격 중의 하나인 무차별 대입 공격으로, 암호화로는 방어할 수 없다.

53 다음 〈보기〉는 전자상거래 시 전자서명 과정이다. 관련이 있는 것은?

> 지불 프로토콜 기능이 있고, 가맹점과 사용자 정보를 분리해서 서명한다.

① 전자화폐
② 전자수표
③ PKI
④ SET

해설 ❓
〈보기〉는 이중서명에 대한 설명이다. 그러므로 이중서명을 사용하는 SET 프로토콜과 관련이 있다.

54 비트코인(Bitcoin)에 대한 설명으로 옳지 않은 것은?

① P2P 방식의 분산저장 기법을 이용한다.
② 거래시 개인키를 이용하여 전자서명한다.
③ 지갑의 주소는 개인키의 해시값을 이용한다.
④ 블록체인 기술을 이용하여 저장한다.

55 DRM을 이용하여 패키지 하기 전의 정보를 무엇이라 하는가?

① 콘텐츠   ② 워터마크

③ DOI   ④ 컨트롤

해설 ⊘

② 워터마크 : 정보 은닉기술의 일종으로, 이미지, 영상, 음악, 문서파일 등 디지털 콘텐츠에 사람의 눈에 보이지 않는 특정 정보를 삽입하는 기술을 말하며, 이때 삽입되는 정보를 워터마크라고 한다.

③ DOI : 디지털 콘텐츠에 부여하는 디지털 객체 식별자로, 객체(Object)의 디지털 식별자(Digital Identifier)이다.

④ 컨트롤 : 배포된 콘텐츠의 이용 권한을 통제하는 것이다.

56 SSL의 취약점으로 Bound Check 미비로 인하여 64kb 분량의 평문 정보를 반복하여 유출, 조합을 통해 비밀번호 등을 탈취할 수 있는 보안 취약점은?

① Format String   ② Web Shell

③ Shell Shock   ④ Heart Bleed

해설 ⊘

② Web Shell : 공격자가 악의적인 목적으로 웹서버에서 임의의 명령을 실행할 수 있도록 제작한 프로그램이다. 웹셸은 다양한 방법으로 만들 수 있지만, 간단한 서버 스크립트(JSP, PHP, ASP)로 만드는 방법도 널리 사용된다.

③ Shell Shock : 리눅스 계열 운영체제에서 주로 사용하는 'GNU Bash'에서 공격자가 원격에서 악의적인 시스템 명령을 실행할 수 있는 취약점이다.

57 Web 서비스 관련 파일의 권한이 순서대로 옳게 나되도록 (㉠)~(㉢) 안에 들어갈 내용으로 옳은 것은?

httpd	640	root	(㉠)
htpasswd	640	(㉡)	511
httpd.conf	640	none	(㉢)

	㉠	㉡	㉢		㉠	㉡	㉢
①	640	root	511	②	511	none	640
③	640	none	511	④	511	root	540

58 SSL/TLS에 대한 설명으로 옳지 않은 것은?

① 상위레벨의 보안을 담당한다.

② 종단(End-to-End) 간 보안을 담당한다.

③ 레코드 프로토콜은 암호화 방법을 상대방에게 전송한다.

④ 암호화를 지원한다.

해설 ⊘

• 레코드 계층 프로토콜 : 단편화, 압축, 무결성 보호, 암호화 기능을 제공한다.

• 핸드셰이크 프로토콜 : 서버와 클라이언트가 상호 인증, 암호 키 교환 및 암호화 알고리즘 협상 및 확립을 도모하기 위한 정보를 교환한다.

59 메일 서버의 구성요소로 이루어진 것은?

① MUA, MTA, MDA

② iMAP, POP3, MDA

③ iMAP, MTA, POP3

④ SPF, MTA, iMAP

해설 ⊘

• MUA(Mail User Agent) : 사용자가 전자 메일을 송수신할 때 사용하는 클라이언트 프로그램이다.

• MTA(Mail Transfer Agent) : 인터넷에 있는 특정 컴퓨터로부터 다른 컴퓨터로 전자 메일을 전송하는 서버 프로그램이다.

• MDA(Mail Delivery Agent) : MTA가 수신한 메시지를 사용자의 메일함에 쓰기 위한 프로그램이다.

60 SSO(Single Sign On) 인증 기법이 아닌 것은?

① Delegation   ② Progation

③ 웹기반 쿠키 SSO   ④ 보안 토큰

해설 ⊘

① Delegation : SSO 에이전트를 대행해주는 인증기법

② Propagation : SSO 시스템과 사용자를 인증한 사실을 전달받아 SSO를 구현하는 인증기법

4과목 정보보안 일반

61 전자서명 조건에 대한 설명이다. 옳지 않은 것을 모두 고르면?

> ㉠ 위조불가능 조건 : 서명자만이 서명문을 생성할 수 있다.
> ㉡ 사용자 인증 조건 : 서명문의 서명자를 확인 가능하다.
> ㉢ 부인가능 조건 : 서명자는 후에 서명한 사실을 부인 가능하다.
> ㉣ 변경불가 조건 : 서명된 문서의 내용 변경은 불가능하다.
> ㉤ 재사용 가능 조건 : 서명문의 서명은 다른 문서의 서명으로 사용 가능하다.

① ㉢, ㉤　　　　　② ㉠, ㉡, ㉣
③ ㉡, ㉣　　　　　④ ㉢, ㉣, ㉤

해설
- 부인불가 조건 : 서명자는 후에 서명한 사실을 부인 불가능하다.
- 재사용 불가 조건 : 서명문의 서명은 다른 문서의 서명으로 사용 불가능하다.

62 2가지 요소(2-Factor) 인증에 해당하지 않는 것은?

① USB 토큰, 비밀번호
② 스마트 카드, PIN
③ 지문, 비밀번호
④ 음성인식, 수기서명

해설
- 지식기반 : 비밀번호, PIN
- 소유기반 : USB 토큰, 스마트카드
- 생체인식 : 지문, 음성인식, 수기서명

63 공개키 암호 방식으로 인터넷 쇼핑몰에서 개인을 식별하는 과정에 대한 설명으로 옳은 것은?

> a. 사용자가 인터넷 쇼핑몰에 (㉠)만 등록한다.
> b. 인터넷 쇼핑몰은 임의의 난수 r을 선택하여 사용자에게 보낸다.
> c. 사용자는 자신의 (㉡)를 암호화한 r을 인터넷 쇼핑몰에 보낸다.
> d. 인터넷 쇼핑몰은 r을 사용자의 (㉠)로 복호화하여 r의 암호를 가진 개인을 식별한다.

	㉠	㉡		㉠	㉡
①	공개키	개인키	②	개인키	공개키
③	비밀키	개인키	④	공개키	공개키

64 다음 〈보기〉의 절차도를 참고하여, 이중서명(Dual Signature)과 관련된 것은?

① SET(Secure Electronic Transaction)
② PKI(Public Key Infrastructure)
③ 전자화폐(Electronic Money)
④ 전자수표(Electronic Check)

해설
③ 전자화폐(Electronic Money) : 전자적으로만 교환되는 돈이나 증서를 말한다. 보통 컴퓨터 네트워크, 인터넷, 디지털 선불카드 시스템에서 통용된다. 전자송금, 지로, 디지털금통화는 전자화폐의 실례이다. 또한, 관련된 금융 암호학과 기술을 집합적으로 나타내기도 한다.
④ 전자수표(Electronic Check) : 현재의 실물 수표를 대체하는 전자적 결제수단이다. 실물 수표와 똑같이 전자수표도 발행과 교환, 추심 등 결제과정이 같지만 디지털 방식으로 저장된 화폐가치를 통해 결제한다는 점이 다르다.

65 다음 〈보기〉는 커버로스(Kerberos) 세션키 발급 순서이다. 순서가 옳게 나열된 것은?

> ㉠ 클라이언트는 KDC(Key Distribution Center)에 접속한다.
> ㉡ KDC는 AS(Authentication Server)로부터 인증을 받고, TGT(Ticket Granting Ticket)를 받는다
> ㉢ 클라이언트는 TGT를 이용해 KDC의 TGT(Ticket Granting Ticket)로부터 세션키와 세션키로 암호화된 서비스 티켓을 받는다.
> ㉣ 클라이언트는 접속을 원하는 서버로부터 서비스 티켓을 이용해 인증받는다.
> ㉤ 티켓의 타임스탬프는 이용시간을 제한하는 용도로 사용하며, 이는 제3자가 티켓을 복사해 사용하는 것을 방지한다.

① ㉠ → ㉡ → ㉢ → ㉣ → ㉤
② ㉠ → ㉢ → ㉣ → ㉡ → ㉤
③ ㉠ → ㉢ → ㉣ → ㉤ → ㉡
④ ㉠ → ㉣ → ㉢ → ㉡ → ㉤

정답 61 ① 62 ④ 63 ① 64 ① 65 ①

66 DAC(Discretionary Access Control)의 특징에 대한 설명이다. 옳지 않은 것은?

① 사용자가 그들이 소유한 데이터를 보호할 수 있다.

② 중앙집중적으로 통제되는 환경에서 적합하다.

③ 모든 주체와 객체에 대해 일정하며, 하나의 주체와 하나의 객체 단위로 접근제어는 불가능하다.

④ 객체의 소유자가 주체와 객체 간의 접근통제 권한을 부여한다.

해설

②는 MAC(Mandatory Access Control)에 대한 설명이다.

67 다음 〈보기〉에서 설명하는 장 · 단점을 가진 인증 기술은?

> • 장점 : 데이터의 기밀성, 무결성이 가능하다.
> • 단점 : 모든 당사자와 서비스의 암호화 키를 키 분배 서버에서 보유하고 있고, 인증서버에서 티켓을 발급하고 있으므로 단일 오류 지점이 되어, 키 분배 센터에 오류가 발생하면 전체 서비스 사용이 불가하다.

① 커버로스(Kerberos)

② Challenge-Response 인증

③ 아이디/패스워드 기반의 디바이스 인증

④ MAC(Message Authentication Code)

해설

② Challenge-Response 인증 : 기존의 아이디/패스워드 인증방식은 재전송 공격에 취약하다. 이러한 취약점을 보완하기 위해 대칭키 기반의 소유기반 보안을 추가한 인증방식이다. 서버에서 사용자에게 일회성 Challenge를 보낸다. 그러면 사용자는 이를 비밀키로 암호화하여 서버에 응답(Response)한다. 그러므로 공격자가 중간에 응답(Response)을 스니핑하더라도 이를 재사용할 수 없다. 응답(Response)은 이미 한 번 사용한 일회용 값이기 때문이다.

③ 아이디/패스워드 기반의 디바이스 인증 : 서버/클라이언트 간에 이용되는 일반적인 인증방식으로, 클라이언트의 아이디/패스워드를 서버의 데이터베이스와 비교하여 인증하는 방식이다.

④ MAC(Message Authentication Code) : 메시지의 위 · 변조 검증을 수행하는 인증값이다.

68 인증서 폐기 사유에 해당하지 않는 것은?

① 발행기관 탈퇴

② 개인키 손상

③ 개인키 유출 의심

④ 인증서 유효기간의 완료

69 다음 그림과 같이 처리되는 블록 암호 운영모드는?

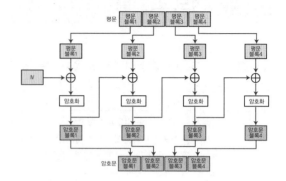

① CBC(Cipher Block Chaining)

② ECB(Electronic Code Book)

③ CTR(CounTeR)

④ CFB(Cipher FeedBack)

70 전자서명 및 전자인증서에 대한 설명으로 옳지 않은 것은?

① 부가형 전자서명 생성과정은 메시지를 일정한 크기의 해시값으로 변환한 후 해시값과 생성자의 개인키를 이용하여 전자서명을 생성한다.

② 검증과정 시 전자서명 생성자의 공개키가 필요하며, 해당 공개키는 네트워크를 통해서 전송되며, 별다른 기능이 없어도 보안상 문제가 없다. 즉, 스니핑이 되어도 서명문이 없기 때문에 공개키가 유출되어도 된다.

③ 전자인증서의 사용자 신원정보, 유효기간, 공개키를 통해 인증 정보를 확인할 수 있다. 정보의 신뢰성을 보장하기 위해 인증기관의 전자서명 값을 함께 포함한다.

④ 사용자 목적과 기능에 따라 여러 인증서를 보유할 수 있고, 해당 인증서 용도에 대한 정보가 포함되어 있다.

해설

전자서명 : 검증과정 시 전자서명 생성자의 공개키가 필요하며, 해당 공개키는 네트워크를 통해서 전송할 필요가 없으며, 공개키는 공개하고, 개인키만 잘 보관하면 보안상의 문제가 없다.

71 키 관리 방식에는 다수의 사용자가 공동으로 비밀키를 설정하는 키 공유 방식과 한 사용자 또는 기관이 비밀키를 설정하여 다른 사용자에게 전달하는 키 분배 방식이 있다. 키 분배 방식에 해당하는 것은?

① Diffie-Hellman 방식

② Matsumoto-Takashima-Imai 방식

③ Okamoto-Nakamura 방식

④ Needham-Schroeder 프로토콜

해설 ❓

① Diffie-Hellman 방식 : 암호키를 교환하는 하나의 방법으로, 두 사람이 암호화되지 않은 통신망을 통해 공통의 비밀키를 공유할 수 있도록 한다.

② Matsumoto-Takashima-Imai 방식 : Diffie-Hellman 방식에서 사용자 A, B가 항상 동일한 세션키를 갖는 문제를 해결하였다.

③ Okamoto-Nakamura 방식 : 사용자가 암호통신 시마다 다른 세션키를 사용하게 하는 방식이다.

④ Needham-Schroeder 프로토콜 : 커버로스 등의 이론적 배경이 되는 키 분배 프로토콜이다.

72 해시함수(Hash Function)에 대한 설명으로 옳지 않은 것은?

① 임의의 길이를 입력하여 정해진 고정 크기의 해시코드를 생성한다.

② 일방향성(One-Way Function)의 특성을 가진다.

③ 약한 충돌 회피성과 강한 충돌 회피성을 가진다.

④ 안전한 키를 사용하며, 계산이 불가능하게 하여 안전성을 보장한다.

해설 ❓

해시함수는 키가 없는 일방향 암호 알고리즘이다.

73 수동적 공격에 해당하는 것은?

① 트래픽 분석

② 메시지 순서 변경 공격

③ 메시지 위조 공격

④ 삭제 공격

해설 ❓

• 능동적 공격(적극적 공격) : 데이터를 변조하거나, 직접 패킷을 전송하여 시스템의 무결성 · 가용성 · 기밀성을 공격하는 것으로 직접적인 피해를 준다.

• 수동적 공격(소극적 공격) : 데이터 도청, 수집된 데이터 분석 등이 있으며, 직접적인 피해를 주지 않는다.

74 강제적 접근제어 정책에 대한 설명에 해당하지 않는 것은?

① 시스템 보안관리자에 의해 부여된 사용자와 정보객체의 보안 등급에 의해 정보에 대한 접근 허가 여부를 결정한다.

② 보안 규칙 기반의 접근통제 정책을 지원한다.

③ 일반적으로 군사 분야의 응용에 적합하도록 설계되었고, BLP(Bell-LaPadula), Biba 모델이 강제적 접근제어 모델에 속한다.

④ Capability List와 ACL(Access Control List)로 적용한다.

해설 ❓

④는 임의적 접근통제에 대한 설명이다.

75 다음 〈보기〉에서 설명하고 있는 키 교환 프로토콜은?

> • 실제로 키를 교환하는 것이 아니라 공유할 암호키를 계산하여 만들어 낸 것이다.
> • 유한체 상의 이산대수를 풀기 어렵다는 사실에 근거한다.
> • 중간자 공격에 취약하여 이를 해결하기 위한 방법으로 재인증 절차를 거친다.

① Needham-Schroeder 프로토콜

② 공개키 암호화

③ KDC(Key Distribution Center)키 분배

④ DH(Diffie-Hellman)키 교환

해설 ❓

② 공개키 암호화 : 신뢰할 수 있는 제3자(인증기관)를 이용하여, 공개키는 공개하고, 사용자들은 자신의 비밀키만을 관리한다.

③ KDC(Key Distribution Center)키 분배 : 통신의 당사자가 아닌 중앙의 신뢰된 제3자로서, 제3의 신뢰할 만한 Kerberos 서버와 같은 키 관리 센터(KDC)에 기반을 둔다. 키 분배 센터와 사용자 간에 1:1 둘만의 유일한 키를 공유(N개의 마스터 키만)하며, 세션 키가 마스터 키에 의해 암호화되어 전달된다.

76 다음 〈보기〉에서 설명하는 블록 암호 공격기법은?

> 1977년 Diffie와 Hellman이 제안한 방법으로, 암호화할 때 일어날 수 있는 모든 가능한 경우에 대하여 조사하는 방법으로, 경우의 수가 적을 때는 가장 정확한 방법이지만, 일반적으로 경우의 수가 많은 경우에는 실현 불가능한 방법이다.

① 차분 공격　　　② 선형 공격

③ 전수 공격　　　④ 통계적 분석

해설

① 차분 공격 : 두 개의 평문 블록의 비트 차이에 대응되는 암호문 블록의 비트 차이를 이용하여 사용된 키를 찾아내는 방법이다.

② 선형 공격 : 알고리즘 내부의 비선형 구조를 적당히 선형화시켜 키를 찾아내는 방법이다.

④ 통계적 분석 : 암호문에 대한 평문이 각 단어의 빈도에 관한 자료를 포함하는 모든 통계적인 자료를 이용하여 해독하는 방법이다.

77 Diffie-Hellman에 대한 설명으로 옳은 것은?

① 비밀키와 세션키를 사용하지 않는다.

② 세션키를 암호화하여 전달하지 않는다.

③ 복제 방지 및 효율적인 키 교환이 가능하도록 무결성을 보장한다.

④ 신분 위장 공격에 취약하며, 서명을 위한 것은 아니다.

78 블록 암호 공격기법 중 1990년 Biham과 Shamir에 의하여 개발된 평문 공격기법으로, 두 개의 평문 블록들의 비트 차이에 대하여 대응되는 암호문 블록들의 비트 차이를 이용하여 사용된 암호기를 찾아내는 방법은?

① 선형 공격　　　② 차분 공격

③ 수학적 분석　　　④ 전수 공격

해설

③ 수학적 분석 : 수학적인 이론을 이용하여 암호문을 공격하는 방법이다.

④ 전수 공격 : 암호화할 때 일어날 수 있는 모든 가능한 경우에 대하여 조사하는 방법으로, 경우의 수가 적을 때는 가장 정확한 방법이지만, 일반적으로 경우의 수가 많은 경우에는 실현 불가능한 방법이다.

79 스트림 암호(Stream Cipher)에 대한 설명으로 옳지 않은 것은?

① One Time Pad를 이용한 일회용 암호에 사용한다.

② 짧은 주기와 높은 성능을 요구하며, 선형 복잡도가 높은 LFSR을 이용한다.

③ 블록 암호 대비 비트 단위로 암호화하며, 암호화 시간이 빠르다.

④ 블록 암호 모드 OFB, CFB 모드가 스트림 암호화 모드와 유사하다.

해설

• 선형 복잡도는 해당 수열을 생성할 수 있는 선형귀환 치환 레지스터에 대한 생성 다항식의 최소 차수를 의미한다.

• 키스트림은 스트림 암호시스템의 안전성을 보장하기 위하여 비예측 특성(Unpredictability)을 가져야 한다. 키수열이 비예측 특성을 갖기 위해서는 수열의 반복 주기가 일반적으로 길어야 하며, 수열의 반복주기가 길면 선형복잡도가 증가하게 된다.

80 n명의 대칭키 암호통신 시 몇 개의 대칭키가 필요한가?

① n(n+1)/2　　　② n(n−1)/2

③ 2N　　　④ N

해설

대칭키 암호 방식에서 필요한 비밀키 수는 n(n−1)/2이고, 공개키 암호방식에서 필요한 비밀키 수는 2n이다.

5과목 정보보안 관리 및 법규

81 위험분석 전략 장·단점에 대한 설명으로 옳지 않은 것은?

① 비공식접근(Informal Approach)은 구조적인 방법론에 기반하지 않고, 경험자의 지식을 사용하여 위험분석을 수행하는 것이다. 이러한 방식은 대규모 조직에 적합하며, 수행자의 경험에 따라 중요 위험 중심으로 분석한다.

② 복합접근(Combined Approach)은 고위험 영역을 식별하여 이 영역에는 상세 위험분석을 수행하고 다른 영역은 베이스라인 접근법을 사용하는 방식이다. 고위험 영역을 빠르게 식별하고 적절하게 처리할 수 있다는 장점이 있다.

③ 상세위험(Detailed Risk Analysis)은 조직의 자산 및 보안 요구사항을 구체적으로 분석하여 가장 적절한 대책을 수립할 수 있으며, 시간과 노력이 많이 소요된다는 단점이 있다.

④ 기준선접근(Baseline Approach)은 모든 시스템에 대하여 표준화된 보안대책의 세트를 체크리스트 형태로 제공한다. 분석의 비용과 시간이 절약된다는 장점은 있으나, 과보호 또는 부족한 보호가 될 가능성이 상존하게 된다.

해설

비공식접근(Informal Approach) : 구조적인 방법론에 기반하지 않고, 경험자의 지식을 사용하여 위험분석을 수행하는 것이다. 이러한 방식은 소규모 조직에 적합하며, 수행자의 경험에 따라 중요 위험 중심으로 분석한다.

82 개인정보 보호법에 의거하여 고유식별정보를 처리하는 경우에 해당하는 것은?

① 정보주체에게 개인정보의 처리에 대한 동의 없이 별도의 동의를 받는 경우

② 법령에서 구체적으로 고유식별정보의 처리를 요구하거나 허용되는 경우

③ 교통단속을 위하여 필요한 경우

④ 시설안전 및 화재 예방을 위하여 필요한 경우

해설

[개인정보 보호법]

제24조(고유식별정보의 처리 제한)

① 개인정보처리자는 다음 각 호의 경우를 제외하고는 법령에 따라 개인을 고유하게 구별하기 위하여 부여된 식별정보로서, 대통령령으로 정하는 정보(이하 "고유식별정보"라 한다)를 처리할 수 없다.

　1. 정보주체에게 제15조제2항 각 호 또는 제17조제2항 각 호의 사항을 알리고, 다른 개인정보의 처리에 대한 동의와 별도로 동의를 받은 경우

　2. 법령에서 구체적으로 고유식별정보의 처리를 요구하거나 허용하는 경우

83 개인정보 보호법에는 포함되지 않지만, 정보통신망법에는 포함되는 민감정보는?

① 신념　　　　　② 사상

③ 정치적 견해　　④ 친인척 관계

해설

[개인정보 보호법]

제23조(민감정보의 처리 제한)

① 개인정보처리자는 사상·신념, 노동조합·정당의 가입·탈퇴, 정치적 견해, 건강, 성생활 등에 관한 정보, 그 밖에 정보주체의 사생활을 현저히 침해할 우려가 있는 개인정보로서 대통령령으로 정하는 정보(이하 "민감정보"라 한다)를 처리하여서는 아니 된다. 다만, 다음 각 호의 어느 하나에 해당하는 경우에는 그러하지 아니하다.

　1. 정보주체에게 제15조제2항 각 호 또는 제17조제2항 각 호의 사항을 알리고 다른 개인정보의 처리에 대한 동의와 별도로 동의를 받은 경우

　2. 법령에서 민감정보의 처리를 요구하거나 허용하는 경우

② 개인정보처리자가 제1항 각 호에 따라 민감정보를 처리하는 경우에는 그 민감정보가 분실·도난·유출·위조·변조 또는 훼손되지 아니하도록 제29조에 따른 안전성 확보에 필요한 조치를 하여야 한다.

84 다음 〈보기〉의 (㉠), (㉡)에 알맞은 용어는?

> 위험(Risk)이란 원하지 않는 사건이 발생하여 손실 또는 부정적인 영향을 미칠 가능성을 말한다. 위험의 유형과 규모를 확인하기 위해서는 위험에 관련된 모든 요소들과 그들이 어떻게 위험의 규모에 영향을 미치는지 분석하여야 한다. 위험을 미치는지를 분석하여야 한다. 위험을 구성하는 요소인 (㉠), 위협, (㉡) 보호 대책의 요소들은 서로 영향을 미치게 된다. 위협은 (㉡)을 공격하여 이용하게 되며, (㉡)은 (㉠)을 노출시킨다. 또한 (㉠)은 가치를 보유하는데 이러한 위협, (㉡), (㉠), 가치는 모두 위험을 증가시킨다. 한편 위험을 파악함으로써 보안 요구사항을 파악할 수 있고, 보안 요구사항을 만족시키는 정보보호 대책을 구현함으로써 위협을 방어할 수 있다.

	㉠	㉡		㉠	㉡
①	자본	취약성	②	자산	취약성
③	자본	발생 가능성	④	취약성	자산

85 주요정보통신기반시설의 취약점을 분석 · 평가하는 기관이 아닌 것은?

① 한국인터넷진흥원

② 국가정보원

③ 정보공유 · 분석센터

④ 정보보호 전문서비스 기업

해설

[정보통신기반 보호법]
제9조(취약점의 분석 · 평가)
① 관리기관의 장은 대통령령이 정하는 바에 따라 정기적으로 소관 주요정보통신기반시설의 취약점을 분석 · 평가하여야 한다.
② 중앙행정기관의 장은 다음 각 호의 어느 하나에 해당하는 경우 해당 관리기관의 장에게 주요정보통신기반시설의 취약점을 분석 · 평가하도록 명령할 수 있다.
　1. 새로운 형태의 전자적 침해행위로부터 주요정보통신기반시설을 보호하기 위하여 필요한 경우
　2. 주요정보통신기반시설에 중대한 변화가 발생하여 별도의 취약점 분석 · 평가가 필요한 경우
③ 관리기관의 장은 제1항 또는 제2항에 따라 취약점을 분석 · 평가하고자 하는 경우에는 대통령령이 정하는 바에 따라 취약점을 분석 · 평가하는 전담반을 구성하여야 한다.
④ 관리기관의 장은 제1항 또는 제2항에 따라 취약점을 분석 · 평가하고자 하는 경우에는 다음 각호의 1에 해당하는 기관으로 하여금 소관 주요정보통신기반시설의 취약점을 분석 · 평가하게 할 수 있다. 다만, 이 경우 제3항에 따른 전담반을 구성하지 아니할 수 있다.
　1. 「정보통신망 이용촉진 및 정보보호 등에 관한 법률」 제52조의 규정에 의한 한국인터넷진흥원(이하 "인터넷진흥원"이라 한다)
　2. 제16조의 규정에 의한 정보공유 · 분석센터(대통령령이 정하는 기준을 충족하는 정보공유 · 분석센터에 한한다)
　3. 「정보보호산업의 진흥에 관한 법률」 제23조에 따라 지정된 정보보호 전문서비스 기업

86 정보통신서비스 제공자가 이용자의 개인정보를 제3자에게 제공 시 동의 항목이 아닌 것은?

① 동의를 거부할 권리가 있다는 사실 및 동의 거부에 따른 불이익이 있는 경우 그 불이익에 해당하는 내용

② 개인정보를 제공받는 자

③ 개인정보의 이용 목적

④ 개인정보의 보유 및 이용기간

해설

①는 개인정보 보호법에서의 개인정보 제3자 제공 동의 항목이다.

87 개인정보 보호법에서 정한 주민등록번호 처리에 대한 설명으로 가장 옳은 것은?

① 정보주체 또는 제3자의 급박한 생명, 신체, 재산의 이익을 위하여 명백히 필요하다고 인정되는 경우에는 예외적으로 주민등록번호 처리가 허용된다.

② 고유식별정보와 같이 별도의 동의를 받으면 주민등록번호의 처리가 가능하다.

③ 정보주체가 인터넷 홈페이지를 통하여 회원으로 가입하는 단계에서는 주민등록번호를 사용하지 아니하고도 회원으로 가입할 수 있는 방법을 제공하지 않아도 된다.

④ 법령에서 구체적으로 주민등록번호의 처리를 요구하거나 허용한 경우란 법률 시행령, 시행규칙 중 최소한 어느 하나에 개인정보처리자로 하여금 주민등록번호의 처리를 요구하거나 허용하도록 하는 구체적인 규정이 존재하는 것을 말한다.

해설

[개인정보 보호법]
제24조의2(주민등록번호 처리의 제한)
① 제24조제1항에도 불구하고 개인정보처리자는 다음 각 호의 어느 하나에 해당하는 경우를 제외하고는 주민등록번호를 처리할 수 없다.
　1. 법률 · 대통령령 · 국회규칙 · 대법원규칙 · 헌법재판소규칙 · 중앙선거관리위원회규칙 및 감사원규칙에서 구체적으로 주민등록번호의 처리를 요구하거나 허용한 경우
　2. 정보주체 또는 제3자의 급박한 생명, 신체, 재산의 이익을 위하여 명백히 필요하다고 인정되는 경우
　3. 제1호 및 제2호에 준하여 주민등록번호 처리가 불가피한 경우로서 보호위원회가 고시로 정하는 경우

88 다음 〈보기〉의 (㉠)~(㉢) 안에 들어갈 용어는?

1. 개인정보 보호법에서 정한 개인정보란 살아있는 개인에 관한 정보로서 성명, (㉠) 및 영상 등을 통하여 개인을 알아볼 수 있는 정보(해당 정보만으로는 특정 개인을 알아볼 수 없더라도 다른 정보와 쉽게 (㉢)하여 알아볼 수 있는 것을 포함한다.)를 말한다
2. 정보통신망법에서 정한 개인정보란 생존하는 개인에 관한 정보로서 성명·(㉠) 등에 의하여 특정한 개인을 알아볼 수 있는 부호·문자·(㉡)·음향 및 영상 등의 정보(해당 정보만으로는 특정 개인을 알아볼 수 없어도 다른 정보와 쉽게 (㉢)하여 알아볼 수 있는 경우에는 그 정보를 포함한다)를 말한다.

	㉠	㉡	㉢
①	주민등록번호	음성	결합
②	주민등록번호	목소리	구분
③	성별	음성	유추
④	성별	음성	구분

89 다음 〈보기〉에서 설명하는 것은?

IT 제품의 보안성 평가 국제표준(ISO/IEC 15408)인 공통평가기준(Common Criteria)에 대해 기능 및 취약성 등을 평가·인증하는 제도이다. 이 인증 제도는 평가보증등급은 EAL1~EAL7로 구성되어 있으며, 숫자가 높아질수록 보증 수준이 높아진다.

① ISMS 인증   ② CC 인증

③ PIMS 인증   ④ ISO 27001 인증

해설 ❓

[ISO 27001 인증]
• 조직의 경영시스템 중 정보보호관리체계 시스템을 심사하고 인증하는 제도로, ISO와 IEC가 2005년 제정한 국제표준이다.
• 각 나라별로 인정기관 및 인증기관을 지정하여 운영하고 있으며, 인증기관 내 인증위원회에서 인증결과를 심의·의결하고 있다.
• 보안정책, 자산분류, 위험관리 등 11개 영역, 133개 통제항목에 대한 규격을 만족하는 기업이 엄격한 심사를 통과함으로써 획득할 수 있는 표준이다.
• 인증심사는 문서심사와 현장심사로 이루어지며, 인증 유효기관은 5년으로 인증취득 후 연2회 이상 사후관리를 받아야 한다.

90 다음 〈보기〉에서 설명하는 것은?

재난 발생 시 비즈니스 연속성을 유지하기 위한 방법론이다. 이는 재해, 재난으로 정상적으로 운용이 어려운 데이터 백업과 같은 단순복구뿐만 아니라 고객 서비스 지속성 보장, 핵심 업무기능을 지속하는 환경을 조성해 기업가치를 최대화하는 것을 말한다. 이를 위해 우선 기업이 운영하고 있는 시스템에 대한 평가와 비즈니스 프로세스를 파악, 재해에 따른 업무 손실을 최소화하기 위한 방법을 구축하는 작업이 필요하다.

① 재난대응관리   ② 위험관리

③ 업무 연속성 계획   ④ 데이터 백업

해설 ❓

② 위험관리 : 위험을 평가하고, 피해자가 수용할 수 있는 수준까지 위험을 감소시키기 위한 조치를 마련하여 위험을 수용할 수 있는 수준으로 유지하는 것을 말한다.

④ 데이터 백업 : 데이터가 손상되거나 손실될 경우를 대비해 저장하는 데이터의 사본을 말한다.

91 개인정보 처리에 대한 설명으로 옳은 것은?

① 공공기관이 법령 등에서 정하는 소관 업무의 수행을 위하여 불가피한 경우에 개인정보의 목적 외 이용·제공할 수 있다.

② 보험회사가 「상법」 제735조의3(단체 보험)에 따른 단체보험계약의 체결 등의 사무를 수행하기 위하여 필요한 범위에서 피보험자의 주민등록번호를 처리할 수 있도록 규정, 단체 보험은 구성원으로부터 서면 동의를 받지 아니하고 단체가 보험계약자로 피보험자인 구성원을 위하여 보험회사와 일괄계약하는 보험으로서, 회사는 단체보험 가입 목적으로 직원의 주민등록번호를 보험회사에 제공할 수 있다.

③ 개인정보처리자의 정당한 이익을 달성하기 위하여 필요한 경우로서, 명백하게 정보주체의 권리보다 우선하는 경우. 이 경우 개인정보처리자의 정당한 이익과 상당한 관련이 있고 합리적인 범위를 초과하지 아니하는 경우에 한하여 개인정보를 제3자에게 제공이 가능하다.

④ 범죄예방 및 수사, 시설안전 및 화재 예방을 위하여 공개된 장소에 영상정보처리 기기를 설치·운영하여 처리되는 개인정보에 대해서도 개인정보의 수집·이용 동의를 받아야 한다.

92 개인정보 유출 통지 등의 통지 · 신고에 관한 내용이다. (㉠)~(㉢) 안에 들어갈 내용으로 옳은 것은?

• 개인정보처리자는 개인정보가 유출되었음을 알게 되었을 때에는 서면 등의 방법으로(㉠) 법 제34조 제1항 각 호의 사항을 정보주체에게 알려야 한다.
1. 유출된 개인정보의 항목
2. 유출된 시점과 그 경위
3. 유출로 피해를 최소화하기 위하여 정보주체가 할 수 있는 방법 등에 관한 정보
4. 개인정보처리자의 대응조치 및 피해 구제 절차
5. 정보주체에게 피해가 발생한 경우 신고 등을 접수할 수 있는 (㉡) 및 연락처를 정보주체에게 알려야 한다. 다만 유출된 개인정보의 확산 및 추가 유출을 방지하기 위하여 접속경로의 차단, 취약점 점검 · 보완 유출된 개인정보의 삭제 등 긴급한 조치가 필요한 경우에는 그 조치를 한 후 지체없이 정보주체에게 알릴 수 있다. 개인정보처리자는 대통령령으로 정한 규모 이상의 개인정보가 유출된 경우에는 제1항에 따른 통지 및 제2항에 따른 조치 결과를 지체없이 행정안전부 장관 또는 대통령령으로 정하는 전문기관에 신고하여야 한다. 이 경우 (㉢) 이상의 정보주체에 관한 개인정보가 유출되는 경우에는 서면 등의 방법과 함께 인터넷 홈페이지에 정보주체가 알아보기 쉽도록 법 제34조 제1항 각 호의 사항을 7일 이상 게재하여야 한다. 다만 인터넷 홈페이지를 운영하지 아니하는 개인정보처리자의 경우에는 서면 등의 방법과 함께 사업장 등의 보기 쉬운 장소에 법 제34조 제1항 각 호의 사항을 7일 이상 게시하여야 한다.

	㉠	㉡	㉢
①	7일 이내	담당부서	1만명 이상
②	지체없이	책임자	1천명 이상
③	10일 이내	책임자	1만명 이상
④	지체없이	담당부서	1천명 이상

93 공공기관이 개인정보 보호법에 의거 개인정보 영향평가를 실시하는 경우 고려사항에 해당하지 않는 것은?

① 처리하는 개인정보의 수
② 개인정보의 제3자 제공 여부
③ 개인정보의 업무위탁 관리 감독
④ 개인정보의 보유 기간

94 개인정보 보호법에 의거한 정보주체의 권리 보장에 대한 설명으로 가장 옳지 않은 것은?

① 개인정보처리자는 개인정보 처리방침 등 개인정보의 처리에 관한 사항을 공개하여야 하며, 열람 청구권 등 정보주체의 권리를 보장하여야 한다.

② 개인정보처리자는 개인정보의 처리 목적에 필요한 범위에서 개인정보의 정확성, 완전성 및 최신성이 보장되도록 하여야 한다.

③ 개인정보처리자는 정보주체가 자신의 개인정보의 처리에 관한 사항을 공개하도록 하고 열람청구권 등 정보주체의 권리를 보장하여야 한다.

④ 개인정보처리자는 정보주체가 열람등 요구에 대한 거절 등 조치에 대하여 불복이 있는 경우 이의를 제기할 수 있도록 필요한 절차를 마련하고 안내하여야 한다.

해설 🔍

[개인정보 보호법]
제3조(개인정보보호 원칙)
① 개인정보처리자는 개인정보의 처리 목적을 명확하게 하여야 하고, 그 목적에 필요한 범위에서 최소한의 개인정보만을 적법하고 정당하게 수집하여야 한다.
② 개인정보처리자는 개인정보의 처리 목적에 필요한 범위에서 적합하게 개인정보를 처리하여야 하며, 그 목적 외의 용도로 활용하여서는 아니 된다.
③ 개인정보처리자는 개인정보의 처리 목적에 필요한 범위에서 개인정보의 정확성, 완전성 및 최신성이 보장되도록 하여야 한다.
④ 개인정보처리자는 개인정보의 처리 방법 및 종류 등에 따라 정보주체의 권리가 침해받을 가능성과 그 위험 정도를 고려하여 개인정보를 안전하게 관리하여야 한다.
⑤ 개인정보처리자는 개인정보 처리방침 등 개인정보의 처리에 관한 사항을 공개하여야 하며, 열람청구권 등 정보주체의 권리를 보장하여야 한다.
⑥ 개인정보처리자는 정보주체의 사생활 침해를 최소화하는 방법으로 개인정보를 처리하여야 한다.
⑦ 개인정보처리자는 개인정보를 익명 또는 가명으로 처리하여도 개인정보 수집목적을 달성할 수 있는 경우 익명처리가 가능한 경우에는 익명에 의하여, 익명처리로 목적을 달성할 수 없는 경우에는 가명에 의하여 처리될 수 있도록 하여야 한다.
⑧ 개인정보처리자는 이 법 및 관계 법령에서 규정하고 있는 책임과 의무를 준수하고 실천함으로써, 정보주체의 신뢰를 얻기 위하여 노력하여야 한다.

95 개인정보 보호법에 의거하여 개인정보처리자는 정보주체 이외로부터 수집한 개인정보를 처리하는 때에는 정보주체의 요구가 있으면 즉시 정보주체에게 고지하여야 하는 사항에 해당하지 않는 것은?

① 개인정보 처리의 정지를 요구할 권리가 있다는 사실
② 개인정보의 보유 및 이용 기간
③ 개인정보의 수집 출처
④ 개인정보의 처리 목적

해설

[개인정보 보호법]
제20조(정보주체 이외로부터 수집한 개인정보의 수집 출처 등 고지)
① 개인정보처리자가 정보주체 이외로부터 수집한 개인정보를 처리하는 때에는 정보주체의 요구가 있으면 즉시 다음 각 호의 모든 사항을 정보주체에게 알려야 한다.
  1. 개인정보의 수집 출처
  2. 개인정보의 처리 목적
  3. 제37조에 따른 개인정보 처리의 정지를 요구할 권리가 있다는 사실

96 다음 〈보기〉에서 설명하는 위험분석 방법론은?

시스템에 관한 전문적인 지식을 가진 전문가의 집단을 구성하고, 정보시스템이 직면한 다양한 위협과 취약성을 토론을 통해 분석하는 방법

① 과거 자료 분석법
② 시나리오법
③ 델파이법
④ 확률분석법

해설

① 과거 자료 분석법 : 과거 자료를 통하여 위험 발생 가능성을 예측하는 방법. 이는 과거에 대한 자료가 많으면 많을수록 분석의 정확도가 높아지는 반면 과거의 사건이 미래에 발생할 가능성이 낮아질 수 있는 환경에 대해서는 적용이 어렵다는 단점이 있다.
② 시나리오법 : 어떠한 사실도 기대대로 발생하지 않는다는 조건하에서 특정 시나리오를 통하여 발생 가능한 위협의 결과를 우선순위로 도출해 내는 방법을 말한다. 적은 정보를 가지고 전반적인 가능성을 추론할 수 있지만 발생 가능성의 이론적 추측에 불과하여 정확성이 낮다.
④ 확률분석법 : 미지의 사건을 확률적으로 편차를 이용하여 최저/보통/최고 위험평가를 예측하는 방법. 추정하는 것이라 정확도가 낮다.

97 접속기록에 대한 설명으로 옳지 않은 것을 모두 고르면?

a. 식별자 : 개인정보처리시스템에서 개인정보취급자를 식별할 수 있도록 부여된 아이디(ID)를 말한다.
b. 접속일시 : 개인정보처리시스템에 접속한 시점 또는 업무를 수행한 시점을 말한다. (년-월-일, 시:분:초)
c. 접속지 : 개인정보처리시스템에 접속한 자의 근무 주소지를 말한다.
d. 수행업무 : 개인정보취급자가 개인정보처리시스템을 이용하여 개인정보를 처리한 내용을 알 수 있는 정보를 말한다.

① a
② c
③ b, c
④ a, d

해설

[개인정보의 기술적·관리적 보호조치]
정보통신서비스 제공자 등은 개인정보처리시스템에 불법적인 접속 및 운영, 비정상적인 행위 등 이상 유무의 확인 등을 위해 다음의 사항 등을 포함하는 접속기록을 최소 1년 이상 보존·관리하여야 한다.

식별자	개인정보처리시스템에서 개인정보취급자를 식별할 수 있도록 부여된 ID 등
접속일시	개인정보처리시스템에 접속한 시점 또는 업무를 수행한 시점(년-월-일, 시:분:초)
접속지	개인정보처리시스템에 접속한 자의 컴퓨터 또는 서버의 IP 주소 등
수행업무	개인정보처리시스템에서 개인정보취급자가 처리(개인정보를 수집, 생성, 연계, 연동, 기록, 저장, 보유, 가공, 편집, 검색, 출력, 정정, 복구, 이용, 제공, 공개, 파기, 그 밖에 이와 유사한 행위)한 내용을 알 수 있는 정보를 말함

예 접속기록 항목

식별자	A0001(개인정보취급자 식별정보)
접속일시	2012-06-03, 15:00:00
접속지	172.168.100.11
수행업무	홍길동(이용자 식별정보) 연락처 조회 등

98 시스템 개발 보안에 대한 설명으로 옳지 않은 것을 모두 고르면?

> a. 개발 및 시험 시스템은 운영시스템에 대한 비인가 접근 및 변경의 위험을 감소하기 위해 원칙적으로 분리하여야 한다.
> b. 운영환경으로의 이관은 통제된 절차에 따라 이루어져야 하고, 실행코드는 시험과 사용자 인수 후 실행하여야 하며, 소스 프로그램은 별도의 환경에 저장하지 않고, 운영환경에 저장하여 인가된 담당자에게만 접근을 허용하여야 한다.
> c. 시스템 시험 과정에서 운영 데이터 유출을 예방하기 위해 시험데이터 생성, 이용 및 관리, 파기, 기술적 보호조치만을 이행하여도 무방하다.
> d. 정보시스템 개발을 외주 위탁하는 경우 분석 및 설계단계에서 구현 및 이관까지의 준수해야 할 보안 요구사항을 계약서에 명시하고 이행 여부를 관리 · 감독하여야 한다.

① b
② a, d
③ b, c
④ a, b, c

해설 ❓

[시스템 개발 보안]

구현 및 이관 보안	안전한 코딩방법에 따라 정보시스템을 구현하고, 분석 및 설계 과정에서 도출한 보안 요구사항이 정보시스템에 적용되었는지 확인하기 위하여 시험을 시행하여야 한다. 또한, 알려진 기술적 보안 취약성에 대한 노출여부를 점검하고, 이에 대한 보안대책을 수립하여야 한다.
개발과 운영환경 분리	개발 및 시험 시스템은 운영시스템에 대한 비인가 접근 및 변경의 위험을 감소하기 위해 원칙적으로 분리하여야 한다.
운영환경 이관	운영환경으로의 이관은 통제된 절차에 따라 이루어져야 하고, 실행코드는 시험과 사용자 인수 후 실행하여야 한다.
시험 데이터 보안	시스템 시험 과정에서 운영 데이터 유출을 예방하기 위해 시험 데이터 생성, 이용 및 관리, 파기, 기술적 보호조치에 관한 절차를 수립하여 이행하여야 한다.
소스 프로그램 보안	소스 프로그램에 대한 변경관리를 수행하고, 인가된 사용자만이 소스 프로그램에 접근할 수 있도록 통제 절차를 수립하여 이행하여야 한다. 또한, 소스 프로그램은 운영환경에 보관하지 않는 것을 원칙으로 한다.
외주 개발 보안	정보시스템 개발을 외주 위탁하는 경우 분석 및 설계단계에서 구현 및 이관까지의 준수해야 할 보안요구사항을 계약서에 명시하고, 이행 여부를 관리 · 감독하여야 한다.

99 정보통신기반 보호법 제8조에서 중앙행정기관의 장은 소관 분야의 정보통신 기반시설 중 다음 각호의 사항을 고려하여 전자적 침해행위로부터의 보호가 필요하다고 인정되는 정보통신기반시설을 주요정보통신기반시설로 지정할 수 있는데, 아래 〈보기〉의 (㉠)~(㉤)에 들어갈 용어는?

> 1. 해당 정보통신기반시설을 관리하는 기관이 수행하는 업무의 국가사회적 (㉠)
> 2. 제1호의 규정에 의한 기관이 수행하는 업무의 정보통신기반시설에 대한 (㉡)
> 3. 다른 정보통신기반시설과의 (㉢)
> 4. 침해사고가 발생할 경우 국가안전보장과 경제사회에 미치는 피해 규모 및 범위
> 5. 침해사고의 (㉣) 또는 그 복구의 (㉤)

	㉠	㉡	㉢	㉣	㉤
①	중요성	의존도	상호연계성	발생 가능성	용이성
②	중요성	확장성	상호연계성	발생 가능성	수용성
③	기여도	의존도	상호연계성	발생 가능성	수용성
④	기여도	확장성	상호호환성	발생 가능성	용이성

100 개인정보의 기술적 · 관리적 보호조치 기준에 따른 비밀번호 작성 규칙에 대한 설명으로 옳은 것을 모두 고르면?

> a. 비밀번호는 영문, 숫자, 특수문자 중 2가지를 포함해 최소 10자리 이상이어야 한다.
> b. 비밀번호 관리 편의를 위해 반기별로 1회 비밀번호를 변경한다.
> c. SMS 인증 등 최근에 많이 사용하고 있는 핸드폰을 이용하여 추가적인 인증을 사용할 경우에 비밀번호 작성규칙을 사용하지 않아도 된다.

① a, c
② a, b
③ a, b, c
④ c

해설 ❓

제4조(접근통제)

⑧ 정보통신서비스 제공자 등은 개인정보취급자를 대상으로 다음 각 호의 사항을 포함하는 비밀번호 작성규칙을 수립하고, 이를 적용 · 운용하여야 한다.

1. 영문, 숫자, 특수문자 중 2종류 이상을 조합하여 최소 10자리 이상 또는 3종류 이상을 조합하여 최소 8자리 이상의 길이로 구성
2. 연속적인 숫자나 생일, 전화번호 등 추측하기 쉬운 개인정보 및 아이디와 비슷한 비밀번호는 사용하지 않는 것을 권고
3. 비밀번호에 유효기간을 설정하여 반기별 1회 이상 변경

1과목 시스템 보안

01 주로 카메라, DVR 등 인터넷에 연결된 기기들을 감염시켜 봇넷을 만든 후 분산서비스거부(DDoS) 공격을 수행하는 악성코드는?

① 백오리피스(BackOrifice) 악성코드

② 다이어(Dyre) 악성코드

③ 미라이(Mirai) 악성코드

④ 워너크라이(Wannacry) 악성코드

해설

① 백오리피스(BackOrifice) : 미국의 해커 그룹이 제작해 발표한 해킹 도구로서, 기본원리는 공격대상이 되는 컴퓨터에 원격장치 프로그램을 복사시켜 해커가 다른 원격장치 프로그램의 실행을 통하여 시스템 내 파일을 자유롭게 조작할 수 있게 만든 프로그램이다.

② 다이어(Dyre) : 사용자 컴퓨터에 악성코드를 설치하는 트로이목마의 한 종류. 주로 Windows 운영체제를 사용하는 금융 기관을 대상으로 전자우편(이메일) 첨부파일을 통해 악성코드를 유포한다.

④ 워너크라이(Wannacry) : 2017년 5월 12일부터 등장한 랜섬웨어 멀웨어 도구이다. 2017년 5월 12일부터 대규모 사이버 공격을 통해 널리 배포되었으며, 전 세계 99개국의 컴퓨터 12만 대 이상을 감염시켰다.

02 계정의 패스워드를 암호화된 형태로 저장하고 있는 파일은?

① /etc/security

② /etc/shadow

③ /etc/profile

④ /etc/login.defs

해설

① /etc/security : PAM 모듈 실행에 필요한 설정 파일이다.

③ /etc/profile : 사용자가 로그인했을 때 적용되는 스크립트를 정의해 놓은 파일이다.

④ /etc/login.defs : 사용자 계정의 설정과 관련된 기본값을 정의한 파일이다.

03 Internet Explorer의 검색 히스토리는 어떤 파일에 저장되는가?

① config.sys

② command.com

③ index.dat

④ sys.bak

해설

① config.sys : 하드웨어 등의 시스템 설정 파일이다.

② command.com : 도스와 Windows 등을 기본으로 하는 운영체제 셸의 파일 이름으로, 명령줄 해석기라 부른다.

③ index.dat : 사용자가 방문한 모든 웹사이트에 대한 URL, 웹페이지 목록 등이 기록된다.

04 FTP 접근 여부를 알 수 있는 로그는?

① utmp

② sulog

③ wtmp

④ xferlog

해설

① utmp : 시스템에 현재 로그인한 사용자의 상태를 기록한다.

② sulog : su(Switch User) 명령어와 관련된 로그 파일

③ wtmp : 사용자의 로그인/로그아웃 정보를 기록한다.

05 Null Session 공유 취약점을 가지고 있는 것은?

① C$

② Print$

③ IPC$

④ ADMIN$

해설

① C$: C드라이브에 대한 관리목적 공유 폴더이다. 연결되어 있는 하드 드라이브 문자 수만큼 공유되어 있다. 만약 하드 드라이브가 E드라이브까지 있다면, C$, D$, E$까지 표시된다.

② Print$: 프린터를 설치하였다면 프린터에 대한 관리목적 공유 폴더가 있다. 일반적인 프린터와 달리 네트워크를 통해 여러 대의 PC가 하나의 프린터를 사용할 경우 프린터 드라이버 같은 것이 저장되는 장소이다.

③ IPC$: 엄밀하게 말해서 공유 폴더는 아니다. 특별히 공유된 폴더가 정해져 있지 않다. 익명 사용자 접속이 가능하여 익명 로그인을 통해, 모든 사용자 목록을 획득하게 되고 알아낸 사용자 목록을 통해 비밀번호 전수조사(Brute Force) 공격기법을 사용할 수 있게 된다.

④ ADMIN$: Windows 설치 폴더에 접근하는 관리목적 공유 폴더이다. 이 공유로 접근하면 그 컴퓨터의 Windows 설치 폴더가 열리게 된다.

06 다음 〈보기〉에서 설명하는 공격기법은?

> 입력값 검증을 하지 않은 폼에 조작된 SQL문을 삽입하여 인증을 우회하고, XML 문서로부터 인가되지 않은 데이터를 열람하는 공격기법

① SQL Injection   ② XPath Injection

③ XSS   ④ CSRF

07 다음 〈보기〉에서 설명하는 크래킹 방법은?

> 패스워드에 사용될 수 있는 문자열의 범위를 정하고, 그 범위 내에서 생성 가능한 모든 패스워드를 생성하여 이를 하나씩 대입, 패스워드 일치 여부를 확인한다.

① Rainbow Table Attack

② Dictionary Attack

③ Brute Force Attack

④ Hash Attack

해설 ❓
① Rainbow Table Attack : 패스워드별로 해시값을 미리 생성해놓고, 크래킹하고자 하는 해시값을 테이블에서 검색하여 역으로 패스워드를 찾는 공격이다.
② Dictionary Attack : 사전에 있는 단어를 입력하여 암호를 알아내거나 해독하는 시스템 공격기법이다. 암호를 알아내기 위한 공격은 사전의 단어를 순차적으로 입력하는 것이다. 단어를 그대로 입력할 뿐 아니라, 대문자와 소문자를 혼합하기도 하고, 단어에 숫자를 추가하는 등의 처리도 병행하면서 공격을 할 수 있다.

08 리눅스 서버 관리자 A씨는 피해 시스템을 점검하던 중 다음과 같은 시스템 바이너리 파일들이 변조된 것을 확인하였다. 공격자의 입장에서 파일을 변조한 이유가 잘못 연결된 것은?

① ps, top : 특정 프로세스 정보를 숨김

② ls, du : 특정 파일이나 디렉터리를 숨김

③ w, who : 특정 사용자의 정보를 숨김

④ ifconfig : 특정 IP 주소에서의 접속을 숨김

해설 ❓
④ ifconfig : 시스템 내의 네트워크 정보를 숨기기 위해 변조한다.

09 다음 〈보기〉에서 RAID 5에 대한 설명으로 옳은 것을 모두 고르면?

> ㉠ 디스크에 장애가 발생하면 패리티 비트를 이용해서 복구 가능
> ㉡ 하나의 디스크에 장애가 발생해도 복구 가능
> ㉢ 패리티 비트 정보가 모든 디스크에 나누어 저장됨
> ㉣ RAID 3와 4의 단점을 해결한 형태

① ㉠, ㉡   ② ㉠, ㉡, ㉢

③ ㉡, ㉢, ㉣   ④ ㉠, ㉡, ㉢, ㉣

10 다음 〈보기〉의 (㉠)에 들어갈 서비스명은?

> • (㉠) 서비스는 별도의 원격 제어를 위한 코딩 없이 다른 주소 공간에서 함수나 프로시저를 실행할 수 있게 해주는 프로세스 간 프로토콜로써, 어떤 프로그램이 네트워크상의 다른 컴퓨터에서 작동하는 프로그램에 서비스를 요청하는 데 사용되는 프로토콜이다.
> • XML (㉠)라는 서비스는 XML 기반의 분산시스템 통신방법으로, (㉠) 호출에 대해 XML 형태로 매개변수나 리턴값을 반환하는 방식이다.

① RPC   ② SSHD

③ Bluetooth   ④ NFS

해설 ❓
② SSHD : OpenSSH의 서버 프로세스. OpenSSH란 SSH 프로토콜의 오픈소스 구현체이다.
③ Bluetooth : 1994년에 에릭슨이 최초로 개발한 디지털 통신 기기를 위한 개인 근거리 무선통신 산업 표준이다. 연결 케이블 없이 전파를 사용하여 데이터를 주고받기 위한 규격을 말하며, 개인 휴대장치 단말기(PDA), 노트북, PC 사이에서 정보를 교환하는 데 사용된다.
④ NFS : 썬마이크로 시스템즈에서 개발한 네트워크에서 파일 시스템을 공유하도록 설계된 파일 시스템의 한 종류이다.

11 wtmp 로그 파일에 대한 설명으로 옳지 않은 것은?

① 사용자의 로그인 및 로그아웃 정보 포함

② 로그인 실패 정보 포함

③ 바이너리 형태로 저장

④ 시스템 종료 및 부팅 정보 포함

해설 ❓
btmp : 로그인 실패 정보를 기록한다.

12 다음 〈보기〉에서 설명하는 것은?

- Minix File System을 보완하여, 최대 2G까지 파일 시스템 크기를 지원한다.
- 255byte까지 파일명을 지원한다.
- 접근제어, inode 수정, 타임스탬프 수정 등이 불가능하다.
- 사용할수록 단편화가 심해진다.

① FAT16   ② FAT32

③ NTFS   ④ EXT

해설 ❓

① FAT16 : MS–DOS 4.0 이후 하드디스크 지원, 큰 클러스터에 작은 파일이 들어가게 되어 낭비가 생긴다. 클러스터 2^{16}=65,536개

② FAT32 : Windows 95에서 2GB 이상의 고용량 하드디스크를 지원하기 위하여 개발(32GB 까지로 제한), FAT16보다 효율적으로 하드디스크를 사용할 수 있다.

③ NTFS : FAT 파일 시스템의 한계점을 개선한 파일 시스템. 즉, FAT32에 대용량 하드디스크 지원, 보안, 압축, 원격 저장소 기능 등을 추가하여 만든 Windows NT 파일 시스템이다.

13 Windows 로그 종류와 설명이 가장 옳게 짝지어진 것은?

① 계정 관리 감사 – 사용자 권한 할당 정책, 감사 정책, 신뢰 정책의 변경과 관련된 사항을 로깅한다.

② 정책 변경 감사 – 권한설정 변경이나 관리자 권한이 필요한 작업을 수행할 때 로깅한다.

③ 개체 액세스 감사 – 특정 파일이나 디렉터리, 레지스트리키 등과 같은 객체에 대한 접근을 시도하거나 속성 변경 등을 탐지한다.

④ 로그인 이벤트 감사 – 시스템의 시작과 종료, 보안 로그 삭제 등 시스템의 주요한 사항에 대한 이벤트를 남긴다.

해설 ❓

① 계정 관리 감사 : 권한설정 변경이나 관리자 권한이 필요한 작업을 수행할 때 로깅한다.

② 정책 변경 감사 : 사용자 권한 할당 정책, 감사 정책, 신뢰 정책의 변경과 관련된 사항을 로깅한다.

④ 로그인 이벤트 감사 : 사용자가 네트워크를 통하여 로그온/로그오프를 시도하거나 로컬 사용자 계정으로 인증받을 때 발생한다.

• 시스템 이벤트 감사 : 시스템의 시작과 종료, 보안 로그 삭제 등 시스템의 주요한 사항에 대한 이벤트를 남긴다.

14 TCP Wrapper의 설정 파일의 내용이 다음과 같을 때, 어떤 현상이 발생하는가?

```
/etc/hosts.deny
All: All
/etc/hosts.allow
All: All
```

① 모든 접속이 허용된다.

② 모든 접속이 차단된다.

③ 일부 서비스는 모두 허용되고, 일부 서비스는 모두 차단된다.

④ 알 수 없다.

해설 ❓

ALL	ALL
모든 서비스	모든 호스트

예 SSH 서비스를 호스트 192.168.10.100만 허용

```
[/etc/hosts.allow]
sshd : 192.168.10.100
```

```
[/etc/hosts.deny]
sshd : ALL
```

15 다음 〈보기〉에서 설명하고 있는 것은?

리눅스에서 시스템 관리자가 응용프로그램들이 사용자를 인증하는 방법을 선택할 수 있도록 해주는 공유 라이브러리 묶음으로, 이것을 사용하는 응용프로그램을 재컴파일하지 않고 인증방법을 변경할 수 있다.

① sudo   ② PAM

③ Shell Script   ④ Batch File

해설 ❓

① sudo : 유닉스 계열 운영체제에서 다른 사용자의 보안 권한, 보통 슈퍼유저로서 프로그램을 구동할 수 있도록 하는 명령어이다.

③ Shell Script : 셸이나 명령줄 인터프리터에서 실행될 수 있도록 작성되었거나, 운영체제를 위해 작성된 스크립트이다. 프로그램 언어이기도 하다. 셸 스크립트가 수행하는 일반 기능으로는 파일 이용, 프로그램 실행, 문자열 출력 등이 있다.

④ Batch File : 명령줄 인터프리터에 의해 실행되도록 작성된 명령어들이 나열된 텍스트 파일이다.

16 리눅스 운영체제 특수 권한에 대한 설명으로 옳지 않은 것은?

① SetGID가 부여된 파일은 소유 그룹의 실행 권한이 x에서 s로 변경

② SetUID가 부여된 파일은 소유자의 실행 권한이 x에서 s로 변경

③ Sticky Bit가 부여된 디렉터리는 그 외 사용자의 실행 권한이 x에서 s로 변경

④ Sticky Bit는 /tmp와 같은 777 권한의 공용 디렉터리에서 파일 삭제 문제를 해결

해설

Sticky Bit가 설정된 디렉터리는 그 외 사용자(제3자)의 실행 권한이 x에서 t로 변경된다.

17 Supply Chain Attack에 대한 설명으로 옳지 않은 것은?

① 웹사이트의 접속만으로도 공격코드가 자동으로 실행되어 사용자의 컴퓨터에 침입하게 되는 공격

② 소프트웨어 개발과정에서 악성코드를 삽입하는 공격기법

③ 악성코드를 은닉하는 방법을 사용

④ 제품의 유통과정을 악용하는 방법

해설

①은 드라이브 바이 다운로드(Drive By Dwonload)에 대한 설명이다.

18 UNIX 또는 리눅스 시스템에서 똑같은 작업을 지정된 시간에 반복하여 작업하기 위해서 cron 테이블을 작성한다. 사용자가 매주 토요일 오전 10시 정각에 'cron.sh'라는 프로그램을 주기적으로 수행시키기 위해 작성한 cron 테이블은?

① 0 10 6 * * cron.sh

② 0 10 * * 6 cron.sh

③ 0 10 * 6 * cron.sh

④ 0 10 6 * * cron.sh

해설

[crontab 설정 형식]

[분(0~59)], [시(0~23)], [일(0~31)], [월(1~12)], [요일(0~7)], [작업명령]

– 요일 : 0/7:일요일, 1: 월요일, 2: 화요일......

19 다음 〈보기〉에서 설명하는 것은?

> 이것은 실시간 트래픽 분석과 IP 네트워크상에서 패킷 로깅이 가능한 가벼운 네트워크 침입 탐지시스템이다. 또한, 프로토콜 분석, 내용 검색/매칭을 수행할 수 있으며, 오버플로, Stealth 포트 스캔, CGI 공격, SMB 탐색, OS 확인 시도 등의 다양한 공격과 스캔을 탐지할 수 있다.

① wireshark ② tripwire
③ snort ④ iptables

해설

① wireshark : 네트워크를 분석하는 데 사용되는 공개된 패킷 분석 프로그램이다.

② tripwire : 무결성(Integrity) 검사 도구로, 해킹에 의한 파일 변조를 탐지하는데 사용된다.

④ iptables : 리눅스에서 기본적으로 제공되는 강력한 패킷 필터링 도구 중 하나로, 방화벽을 설정할 때 사용되는 메커니즘이다.

20 다음 〈보기〉의 (㉠), (㉡) 안에 들어갈 용어를 바르게 짝지은 것은?

> (㉠) 공격기법이란 해커가 홈페이지를 해킹한 후, 취약점에 따른 (㉡) 코드가 있는 악성 스크립트를 은닉시키고, 취약한 PC 환경의 이용자가 접속할 경우 악성코드가 다운로드 되는 공격기법으로, 사용자의 개입 없이 접속만으로도 악성코드에 감염될 수 있다.

	㉠	㉡
①	Web Shel	Fuzzing
②	Spear Phishing	Fuzzing
③	File Upload	Exploit
④	Drive By Download	Exploit

해설

• Spear Phishing : 모르는 사람에게 무작위로 피싱 메일을 보내는 것이 아니라, 특정 조직을 공격하기 위하여 공격대상 조직의 중요 시스템 및 정보와 관련 있는 특정인을 대상으로 피싱 메일을 보내는 공격을 말한다.

• Fuzzing : 임의로 발생시킨 데이터를 프로그램의 입력으로 사용하여 소프트웨어의 안전성 및 취약성 등을 검사하는 방법을 말한다.

2과목 네트워크 보안

21 다음 〈보기〉에서 설명하고 있는 보안기술은?

> 이 기술은 정보유출 사고들이 증가함에 따라 내부의 모든 문서의 중요한 자료에 대한 정보유출을 방지하기 위한 기술로, 매체 제어(USB, 하드디스크 등), 통신규격 제어(블루투스, LTE 등)를 통해 기밀 자료가 유출되는 것을 막는 솔루션이다.

① DRM ② DLP
③ IPS ④ Firewall

해설

① DRM : 음악, 동영상, 문서 파일에 대한 권리를 제공하는 기술로, 허가된 사용자 이외에는 접근할 수 없도록 제어하는 기술이다.
② DLP(Data Loss Prevention) : 데이터의 흐름을 감시하여 기업 내부의 중요 정보에 대한 유출을 감시/차단하는 기법이다.
③ IPS : 침입 탐지시스템과 방화벽의 조합으로, 침입탐지 모듈로 패킷을 분석하고, 비정상적인 패킷일 경우 차단 모듈에 의하여 패킷을 제거하는 기능을 제공한다. 기존의 솔루션이 수동적인 대응을 하는데 반해 능동적 대응을 한다는 것이 가장 큰 특징이다.
④ Firewall : 허가되지 않은 외부의 공격에 대비하여 시스템을 보호하기 위한 하드웨어와 소프트웨어를 말한다.

22 DDoS(Distributed Denial of Service) 공격에 대한 공격유형을 파악하려고 한다. 이때 유입 트래픽을 확보하기 위해 사용될 수 있는 도구는?

① argus ② ngrep
③ tcpdstat ④ tcpdunp

해설

① argus : 네트워크 패킷을 모니터링하는 도구이며, bps, pps, cps, rps 정보를 생성한다.
② ngrep : tcpdump와 더불어 네트워크를 스니핑하는 도구이다. HTTP Header에 관한 정보를 확인하는 도구이다.
③ tcpdstat : 수집된 트래픽의 프로토콜 종류 등에 관한 정보를 확인하는 도구이다.

23 방화벽의 기능과 가장 거리가 먼 것은?

① 접근제어 ② 데이터 필터링과 축약
③ 로깅과 감시 추적 ④ 인증

해설

②는 침입 탐지시스템(IDS)의 기능 중 하나이다.

24 NAC의 주요 기능으로 옳지 않은 것은?

① PC 및 네트워크 장치 통제
② 접근제어 및 인증
③ 폭탄 메일이나 스팸 메일 차단
④ 해킹, 웜, 유해 트래픽 탐지 및 차단

해설

기능	설명
접근제어/인증	• 내부직원 역할기반 접근제어 • 모든 IP 기반 장치 접근제어
PC 및 네트워크 장치 통제 (무결성 체크)	• 백신 관리 • 패치 관리 • 자산관리(비인가 시스템 자동 검출)
해킹/웜/유해 트래 픽 탐지 및 차단	• 유해 트래픽 탐지 및 차단 • 해킹 차단 • 증거수집 능력 우수
컴플라이언스	• 사내 정보보호 관리체계 통제 적용 • 정기/비정기 감사 도구로 사용

25 스머프 공격에서 Echo Request 패킷을 수신 서브넷 전체에 전달하기 위해 라우터의 해당 인터페이스에서 활성화해야 하는 것은?

① IP Direct Broadcast
② ICMP Redirect
③ ARP Spoofing
④ Switch Jamming

해설

② ICMP Redirect : 하나의 네트워크에 여러 라우터가 있을 경우 호스트가 패킷을 라우터에 전송하도록 알려주는 역할을 한다. 공격자는 이를 악용하여 다른 세그먼트에 있는 호스트에게 위조된 메시지를 전송하여 공격자의 호스트로 패킷을 전송함으로써 패킷을 스니핑하는 방법이다.
③ ARP Spoofing : MAC 주소를 속임으로써, 통신 흐름을 왜곡시킨다.
④ Switch Jamming : 스위치는 주소 테이블이 가득차게 되면 모든 네트워크 세그먼트로 트래픽을 브로드캐스팅 하게 된다. 따라서 공격자는 위조된 MAC 주소를 지속적으로 네트워크에 흘림으로써, 스위치의 주소 테이블을 오버플로우시켜, 다른 네트워크 세그먼트의 데이터를 스니핑할 수 있게 된다.

26 DDoS 공격을 인지하기 위해 사용하는 방법으로 부적절한 것은?

① 방화벽, IDS 등에서 유입 트래픽 크기를 조사한다.

② 동시 접속정보에 대하여 평시 대비 증감율을 비교한다.

③ 웹서버 접속 로그를 확인하여 비정상 접속 증가 여부를 확인한다.

④ 서버에서 유출되는 트래픽을 샘플링하여, 실제 트래픽을 분석한다.

> **해설**
> ④는 스니핑 공격에 대한 설명이다.

27 다음 〈보기〉의 (㉠)에 들어갈 알맞은 용어는?

> (㉠)는/(은) 산업제어시스템(Industrial Control System)에 대한 공정, 기반 시설, 설비를 바탕으로, 작업공정을 감시하고 제어하는 컴퓨터 시스템으로, 최근 이를 대상으로 이루어진 사이버 공격으로 인해 전력공급체계 등 사회기반시설 운영에 피해가 발생하고 있다.

① PLC
② SCADA
③ Modbus
④ Stuxnet

> **해설**
> ① PLC(Programmable Logic Controller) : 산업 플랜트의 자동 제어 및 감시에 사용하는 제어 장치이다.
> ③ Modbus : 1979년 PLC를 위해 만든 시리얼 통신 프로토콜이다.
> ④ Stuxnet : 산업 소프트웨어와 공정설비를 공격목표로 하는 극도로 정교한 군사적 수준의 사이버 무기로 지칭된다. 공정설비와 연결된 프로그램이 논리제어장치(Programmable Logic Controller)의 코드를 악의적으로 변경하여 제어권을 획득한다. 네트워크와 이동 저장매체인 USB를 통하여 전파되며, SCADA(Supervisory Control and Data Acquisition) 시스템이 공격목표이다.

28 서비스 이름과 잘 알려진 포트(Well-Known Port) 번호가 잘못된 것은?

① IMAP – 134
② HTTPS – 443
③ SMTP – 25
④ FTP – 20, 21

> **해설**
> ① IMAP – 143

29 다음 〈보기〉에서 설명하는 DDoS 공격은?

> TCP/IP 스택(Stack) 자원을 소모하는 특징이 있으므로, 출발지 IP 주소별로 PPS 임계치를 설정하거나, 패킷 헤더 검사를 통해 정상적인 옵션 필드값을 갖지 않는 비정상 패킷을 차단한다.

① UDP Flooding
② SYN Flooding
③ Slow Header Flooding
④ ICMP Flooding

> **해설**
> ① UDP Flooding : 공격 대상시스템에 UDP 패킷을 전송하면 목적지 포트가 어떤 애플리케이션이 서비스하고 있는지 확인하고, 없다고 파악되면 소스 IP 주소에 ICMP Unreachable 패킷을 전송하는데, 이때 다량의 UDP 패킷이 공격대상 시스템에 전송되면 시스템에 부하가 걸리게 되어 정상적인 서비스를 할 수 없도록 하는 공격이다.
> ③ Slow Header Flooding : HTTP Header의 끝부분이 '₩r₩n₩r₩n'로 끝나야 정상인데, '₩r₩n'으로만 끝나도록 설정하여 아직 Header를 모두 수신하지 않은 것으로 판단하여 연결을 장시간 유지하게 함으로써, 웹서버의 자원을 소모시키는 공격이다.
> ④ ICMP Flooding : 스머프 공격(Smurf Attack)이라고도 부르며, 네트워크에서의 DoS 공격의 한 변종이다. 네트워크 장치 설정이 잘못되었을 경우, 어떤 특정 네트워크의 브로드캐스트 주소로 전달된 패킷이 네트워크의 모든 컴퓨터에 전달될 수 있다는 점을 이용한다. 네트워크의 호스트들은 이 경우 스머프 증폭기의 역할을 한다. 공격자는 대량의 IP 패킷을 보내면서 출발지 주소를 목적지 주소로 한다. 그러므로 네트워크의 대역폭이 모두 소진되어 정상 패킷이 목적지에 도달하지 못하게 된다.

30 침입 탐지시스템 및 침입 방지시스템에 대한 설명으로 옳지 않은 것은?

① 침입 탐지시스템에서 문자열을 비교하여 네트워크 패킷을 검사하는 방법은 Signature-Based Detection의 일종이다.

② Anomaly Detection은 정상 행위를 규정하여 공격을 탐지하는 방법이다.

③ 알려지지 않은 공격을 Signature-Based Detection 방법으로 탐지할 수 있다.

④ 침입 방지시스템은 침입자에게 시스템이나 네트워크를 사용하지 못하게 하는 등 능동적인 기능을 수행할 수 있다.

> **해설**
> 알려지지 않은 공격은 비정상 행위 탐지(Anomaly Detection) 방법으로 탐지할 수 있다.

31 다음 〈보기〉의 (㉠)~(㉢) 안에 들어갈 내용으로 옳은 것은?

> DHCP에서는 전송계층으로 (㉠) 프로토콜을 사용하는데, 서버는 잘 알려진 (㉡) 포트를 사용하고, 클라이언트는 잘 알려진 (㉢) 포트를 사용한다.

	㉠	㉡	㉢		㉠	㉡	㉢
①	UDP	67	68	②	TCP	67	68
③	TCP	68	67	④	UDP	68	67

32 DDoS 공격에 대한 설명으로 옳은 것은?

> ㉠ 다수의 컴퓨터를 이용하여 특정 사이트를 공격하는 방식이다.
> ㉡ DDoS 공격의 목표는 공격대상 서버가 처리할 수 없는 과도한 접속(트래픽)을 유발하여 시스템을 마비시키는 공격이다.
> ㉢ 일반적으로 좀비 PC들이 이 공격에 활용된다.

① ㉠

② ㉠, ㉡

③ ㉡, ㉢

④ ㉠, ㉡, ㉢

33 포트가 열린 경우 응답이 다른 것은?

① NULL 스캔

② TCP SYN 스캔

③ FIN 스캔

④ XMAS 스캔

해설 ❓

• ①, ③, ④는 스텔스 스캔으로, 포트가 열려있을 경우 무응답, 닫혀있을 경우 RST+ACT로 응답한다.

• ②는 Half Open 스캔으로, 포트가 열려있을 경우 SYN+ACT로 응답, 닫혀있을 경우 RST+ACT로 응답한다.

34 IP Spoofing 공격과 가장 거리가 먼 것은?

① SYN Flooding 공격

② RST를 이용한 접속 끊기

③ 순서번호 추측

④ slowloris 공격

해설 ❓

④ slowloris 공격 : 웹서버와 다수의 세션을 연결 후 각 세션별로 비정상 HTTP 헤더를 전송함으로써, 웹서버의 세션 자원을 고갈시키는 공격기법이다.

35 악성코드와 랜섬웨어에 대한 설명으로 옳은 것을 모두 고르면?

> ㉠ 웹사이트, 전자메일, 네트워크 취약점을 이용하여 유포
> ㉡ 소프트웨어 취약점 및 피해자의 실행으로 감염
> ㉢ 백신을 이용하여 치료 가능

① ㉠

② ㉠, ㉡

③ ㉡, ㉢

④ ㉠, ㉡, ㉢

해설 ❓

악성코드는 백신으로 치료가 가능하지만 랜섬웨어는 치료가 불가능하다.

36 다음 〈보기〉와 같이 출력할 수 있는 Windows 명령어는?

공유 이름	리소스	설명
C$	C:₩	기본 공유
IPC$		원격 IPC
ADMIN$	C:₩WINDOWS	원격 관리
명령을 잘 실행했습니다.		
C:₩Users₩test〉		

① net use

② net share

③ net session

④ net computer

해설 ❓

① net use : 컴퓨터의 공유자원에 접속, 종료, 정보를 표시한다.(네트워크 드라이브 연결)

③ net session : 서버의 접속을 관리한다.

④ net computer : 도메인 데이터베이스에 컴퓨터를 추가 또는 삭제한다.

37 WPA2 CCMP 모드에서 무선구간 데이터 보호를 위해 사용되는 암호 알고리즘은?

① AES   ② RC5   ③ TKIP   ④ DES

해설 ❓

② RC5 : 1994년 미국 RSA 연구소의 리베스트(Rivest)가 개발한 것으로, 비교적 간단한 연산으로 빠른 암호화와 복호화 기능을 제공하며, 모든 하드웨어에 적합하다. 입출력, 키, 라운드 수가 가변인 블록 알고리즘. RC5(Ron's Code 5)는 32/64/128비트의 키를 가지며, 속도는 DES의 약 10배이다.

③ TKIP : IEEE 802.11의 무선 네트워킹 표준으로 사용되는 보안 프로토콜이다. IEEE 802.11i의 작업 그룹과 와이파이 그룹에서 WEP를 하드웨어의 교체 없이 대체하기 위해 고안되었다.

④ DES : 대칭키 암호 알고리즘으로, 64비트 블록 단위로 암호화, 56비트 키를 사용한다. 동일한 키로 암호화·복호화한다.

38 다음 〈보기〉에서 설명하는 것은?

> Anti APT 제품군에 사용되는 기술로, 실제 환경과 동일한 조건으로 만든 가상환경에서 의심스러운 요소를 실행시킨 후 공격으로 의심되는 행위가 발생한다면 해당 요소를 침입으로 판단한다.

① Threat Profiling   ② Heuristic Analysis

③ Sandbox   ④ Injector

39 클라우드 보안에 대한 설명이다. 옳지 않은 것은?

① 가상화 기술을 사용해서 사용자의 가상머신을 상호 연결하여 공격할 수 있다.

② 하이퍼바이저 해킹으로 악성코드 전파 및 DDoS 공격을 수행한다.

③ 네트워크 가상화는 가상 네트워크 스니핑을 통해 패킷 정보를 훔쳐 볼 수 있다.

④ 클라우드 가상화에서 메모리 가상화를 수행하는 경우 취약점이 발생하지 않는다.

해설 ❓

[가상화의 종류]

CPU 가상화	가상머신에 CPU 동적 할당
메모리 가상화	연속된 물리적 메모리가 존재하는 것처럼 인식
네트워크 가상화	물리적 NIC 공유, 각 가상머신에 가상 NIC 부여
스토리지 가상화	가상머신에 직접 연결된 디스크처럼 인식

[가상화 인프라 취약점]

• 기존 IT 환경이 가상화 기반 클라우드 환경으로 변하면서, 물리적 보안장비가 커버할 수 없는 가상화 내부 영역을 통한 보안 위협이 존재

• 가상화 기술을 통해 이용자의 가상머신들이 상호 연결되어 다양한 공격경로 존재(타 가상머신(VM) 및 하이퍼바이저(hypervisor)로 해킹, DDoS, 악성코드 등의 전파가 용이)

• 가상머신의 이동성: 물리적 플랫폼 간 가상머신의 이동(vMotion) – 악성코드가 감염된 가상머신, 보안패치가 안된 가상머신이 다른 물리적 플랫폼으로 쉽게 전파 가능

• 마이크로소프트(MS) 엣지 웹브라우저의 메모리 힙오버플로우 취약점, VM웨어 버퍼오버플로우 취약점, Windows 커널 취약점이 존재

40 다음 〈보기〉의 (㉠), (㉡) 안에 들어갈 용어로 바르게 짝지은 것은?

> 802.11 무선 표준에서는 무선랜의 구성에 따라 2개의 구성 유형이 제시되고 있다. 첫 번째는 (㉠) 모드로 무선 AP와 무선 단말기로 구성되는 방식과 두 번째는 무선 단말기 사이에 직접 통신이 이뤄지는 (㉡) 모드이다.

㉠	㉡
① WLAN	Broadcast
② Infrastructure	Ad Hoc
③ APD	Peer to Peer
④ VPN	Peer to Peer

해설 ❓

• WLAN : 기존 네트워크 케이블이나 전화선 등 케이블 대신에 전파를 이용해 컴퓨터 간 네트워크를 구축하는 방식을 말한다.

• Broadcast : 송신 호스트가 전송한 데이터가 네트워크에 연결된 모든 호스트에 전송되는 방식을 말한다.

• VPN : 인터넷과 같은 공중 네트워크를 마치 전용회선처럼 사용할 수 있게 해주는 기술, 혹은 네트워크를 통칭한다.

• Peer to Peer : 비교적 소수의 서버에 집중하기보다는 망구성에 참여하는 시스템들의 연산과 대역폭 성능에 의존하여 구성되는 통신망이다.

3과목   애플리케이션 보안

41 다음 〈보기〉에서 설명하는 공격은?

> • FTP 서버에 PORT 명령을 전송하여 서버로 하여금 공격 대상 호스트에 접속하게 하는 공격
> • 공격자 호스트의 IP 주소를 숨긴 채 공격대상 호스트의 포트를 모두 조사하는 데 사용될 수 있음

① Port Attack   ② Bounce Attack

③ IP Spoofing   ④ Port Scan

해설 ❓

③ IP Spoofing : 신뢰 관계에 있는 서버와 클라이언트를 확인한 후 클라이언트에 DoS 공격을 하여 접속을 끊고, 클라이언트의 IP 주소를 확보하여 실제 클라이언트인 것처럼 패스워드 없이 접근하는 공격기법이다.

④ Port Scan : 운영 중인 서버에서 열려있는 TCP/UDP 포트를 검색하는 공격기법이다.

42 포렌식 기본 원칙에 대한 설명으로 옳지 않은 것은?

① 기밀성의 원칙 : 수집 증거가 명백히 허가된 대상에게만 제공되어야 함

② 무결성의 원칙 : 수집 증거가 위·변조되지 않았음을 증명해야 함

③ 재현의 원칙 : 같은 조건에서 항상 같은 결과가 나와야 함

④ 신속성의 원칙 : 전 과정이 지체 없이 신속하게 진행되어야 함

해설 ❓

[디지털 포렌식의 기본 5원칙]

정당성의 원칙	증거가 적법절차에 의해 수집되었는가?
재현의 원칙	같은 조건과 상황하에서 항상 같은 결과가 나오는가?
신속성의 원칙	디지털 포렌식의 전 과정이 신속하게 진행되었는가?
무결성의 원칙	증거가 수집/이송/분석/제출과정에서 위·변조가 되지 않았는가?
연계보관성의 원칙	증거는 획득되고, 이송/분석/보관/법정 제출의 과정이 명확하였는가?

43 합법적으로 소유하고 있던 사용자들의 도메인을 탈취하거나, DNS 조작을 통해 사용자들이 정확한 웹페이지 주소를 입력하더라도 가짜 웹페이지에 접속하도록 유도하여 개인정보를 훔치는 공격방식은?

① 피싱 공격   ② 스피어 피싱 공격

③ 파밍 공격   ④ 워터링 홀 공격

해설 ❓

① **피싱 공격** : 이메일 또는 메신저를 사용해서 신뢰할 수 있는 사람 또는 기업이 보낸 메시지인 것처럼 가장하여 신용정보 등의 기밀을 부정하게 얻으려는 사회공학적 기법이다.

② **스피어 피싱 공격** : 모르는 사람에게 무작위로 피싱 메일을 보내는 것이 아니라, 특정 조직을 공격하기 위하여 공격대상 조직의 중요 시스템 및 정보와 관련 있는 특정인을 대상으로 피싱 메일을 보내는 공격이다.

④ **워터링 홀 공격** : 공격대상이 방문할 가능성이 있는 합법적 웹사이트에 미리 악성코드를 심어 놓은 뒤 잠복하면서 피해자의 컴퓨터에 악성코드를 추가로 설치하는 공격을 말한다. 마치 사자가 먹이를 습격하기 위해 물웅덩이(Waterig Hole) 근처에서 매복하고 있는 형상을 빗댄 것으로, 표적 공격의 일종이라고 볼 수 있다. 사전에 공격대상에 대한 정보를 수집한 후 주로 방문하는 웹사이트를 파악, 해당 사이트의 제로데이(Zero-Day) 등을 악용해 접속하는 모든 사용자에게 악성코드를 뿌리기 때문에 사용자가 특정 웹사이트에 접속만 하여도 악성코드에 감염된다.

44 이메일 공격유형 중 HTML 기능이 있는 클라이언트나 웹브라우저 사용자를 대상으로 하는 공격기법은?

① Buffer Overflow 공격

② Active Contents 공격

③ 스팸 메일 공격

④ 트로이목마 공격

해설 ❓

① **Buffer Overflow 공격** : 공격자가 조작된 이메일을 보내 피해자의 컴퓨터에서의 임의의 명령을 실행하거나, 트로이목마와 같은 악성 프로그램을 설치할 수 있도록 한다.

③ **스팸 메일 공격** : 불특정 다수에게 피해를 줄 목적으로 한꺼번에 또는 지속적으로 전자우편을 보내는 수법을 말한다.

④ **트로이목마 공격** : 일반 사용자가 트로이목마를 실행시켜, 시스템에 접근할 수 있는 백도어를 만들게 하거나, 시스템에 피해를 주게 된다.

45 FTP 서비스를 운영할 때 준수하여야 할 보안 사항으로 부적절한 것은?

① FTP 서비스는 필요한 경우에만 활성화하며, Secure FTP 또는 Trivial FTP 등을 사용한다.

② 관리자 외에는 읽기 권한만 부여한다.

③ FTP 연결 시간(Timeout)을 제한한다.

④ FTP 서버에는 중요 문서 또는 보안 파일을 저장하지 않는다.

해설 ❓

FTP 서비스는 필요한 경우에만 활성화하며, 필요시 Secure FTP를 사용해야 한다. 하지만 Trivial FTP는 인증 기능 등이 없어 보안에 취약하므로 사용을 해서는 안된다.

46 포맷 스트링 취약점의 동작과 가장 거리가 먼 것은?

① 프로세스 권한 상승

② 임의의 코드 실행

③ 메모리 내용 변경

④ 프로세스 메모리 보기

47 XSS 공격에 대한 설명으로 옳은 것은?

① 자료실에 올라간 파일을 다운로드할 때 전용 다운로드 프로그램이 파일을 가져오는데, 이때 파일 이름을 필터링하지 않아서 취약점이 발생한다.

② 악성 스크립트를 웹 페이지의 파라미터 값에 추가하거나 웹 게시판에 악성 스크립트를 포함시킨 글을 등록하여 이를 사용자의 웹브라우저 내에서 적절한 검증 없이 실행되도록 한다.

③ 네트워크 통신을 조작하여 통신 내용을 도청하거나 조작하는 공격기법이다.

④ 데이터베이스를 조작할 수 있는 스크립트를 웹 서버를 이용하여 데이터베이스로 전송한 후 데이터베이스의 반응을 이용하여 기밀 정보를 취득하는 공격기법이다.

> **해설** ❓
> • ①은 다운로드 취약점에 대한 설명이다.
> • ③은 스니핑 공격에 대한 설명이다.
> • ④는 SQL Injection 공격에 대한 설명이다.

48 SET에서 주문정보와 지불정보의 해시값을 결합하여 생성된 메시지에 다시 해시함수를 적용한 후 그 결과를 고객의 개인키로 암호화하는데, 이 과정을 의미하는 용어는?

① 전자 서명   ② 은닉 서명

③ 이중 서명   ④ 영지식 서명

> **해설** ❓
> ① 전자 서명 : 서명자를 확인하고 서명자가 해당 전자문서에 서명을 하였음을 나타내는데 이용하기 위하여 해당 전자문서에 첨부되거나 논리적으로 결합된 전자적 형태의 정보를 말한다.
> ② 은닉 서명 : 서명하고자 하는 메시지의 내용을 공개하지 않고, 메시지에 대한 서명을 받고자 할 때 사용한다. 서명을 받는 사람의 신원과 서명문을 연결시킬 수 없어 익명성을 유지할 수 있다.
> ④ 영지식 서명 : 어떤 내용을 알고 있을 때 그 내용을 직접 보여주지 않고, 그것을 알고 있음을 증명하는 방법을 말하며, 이때 증명하고자 하는 사용자가 그 지식을 알고 있다는 것을 제외하고는 어떤 정보도 확인자에게 노출되지 않아야 한다.

49 SQL Injection은 SQL 문에서 사용하는 입력값을 검증하여 예방할 수 있다. 검증 대상 문자의 설명으로 옳지 않은 것은?

① ' : 문자를 표시한다.

② --, # : 한 줄씩 주석을 처리한다.

③ = : 값을 대입한다.

④ & : 문자열을 결합한다.

> **해설** ❓
> &는 AND 논리 연산자이다.

50 CPU 하드웨어에 존재하는 부채널 관련 버그로써, 빠른 수행을 위해 개발된 캐싱 및 추측 실행 기능을 악용하는 공격은?

① Merkle Tree   ② Spectre

③ Man-In-The-Middle   ④ Covert Channel

> **해설** ❓
> ① Merkle Tree : Ralph Merkle이 1979년에 개발한 개념이다. 머클트리의 목적은 빠른 검색이 아니라, 데이터의 간편하고 확실한 인증을 위해 사용한다. 머클트리의 최상위 부모 노드(혹은 루트)는 머클루트라 부르며, 블록체인의 원소 역할을 수행하는 블록에서 저장된 트랜잭션의 해시트리라 볼 수 있다. 데이터의 간편하고 확실한 인증을 위해 SHA-256 암호화 기술(해시함수)을 사용한다.
> ③ Man-In-The-Middle : 공격자가 송 · 수신자 사이에 개입하여 송신자가 보낸 정보를 가로채고, 조작된 정보를 정상적인 송신자가 보낸 것처럼 수신자에게 전달하는 공격기법이다.
> ④ Covert Channel : 통신 채널 간 기생하는 채널로써, ICMP를 이용하여 상대방에게 메시지를 전송할 수도 있고, 상대방 시스템에 접속할 수도 있다.

51 SQL Injection 공격에 대응하는 효과적인 방법이 아닌 것은?

① 데이터베이스 내장 프로시저를 사용

② 원시 ODBC 에러를 사용자가 볼 수 없도록 코딩

③ 사용자가 입력하여 서버로 전송되는 파라미터 값을 검증

④ DB 애플리케이션의 접근 권한을 최대한 허용

> **해설** ❓
> SQL Injection 공격에 효과적으로 대응하기 위해서는 DB 애플리케이션의 접근 권한을 최소한으로 부여해야 한다.

52 다음 〈보기〉에서 설명하는 웹 서비스 공격은?

> 공격자가 사용자의 명령어나 질의어에 특정한 코드를 삽입하여 DB 인증을 우회하거나 데이터를 조작한다.

① 직접 객체 참조

② Cross Site Request Forgery

③ Cross Site Scripting

④ SQL Injection

해설 ❓

① 직접 객체 참조 : 파일, 디렉터리, 데이터베이스 키와 같이 내부적으로 구현된 객체에 대하여 개발자가 참조를 노출할 때 발생하며, 접근통제에 의한 확인이나 다른 보호가 없다면 공격자는 이 참조를 권한 없는 데이터에 접근하기 위하여 조작할 수 있다.

② Cross Site Request Forgery : 웹 취약점 공격으로 희생자가 자신의 의지와는 무관하게 공격자가 의도한 행위(수정, 삭제, 생성 등)를 특정 웹사이트에 요청하는 공격이다.

③ Cross Site Scripting : 웹사이트에서 입력을 검증하지 않는 취약점을 이용하는 공격으로, 사용자로 위장한 공격자가 웹사이트에 프로그램 코드를 삽입하여, 이 사이트를 방문하는 다른 사용자의 웹브라우저에서 해당 코드가 실행되도록 한다.

53 다음 〈보기〉에서 설명하는 공격기법은?

> 이것은 보안장비에서 사용하는 도메인네임 기반 탐지차단을 우회하기 위하여 사용하는 기법으로, 희생자를 악성코드 유포 서버에 접속시키고자 유도할 때, 바로 악성코드 유포 서버를 접속시키지 않고, 먼저 중간 단계의 서버에 접속시킨 다음 그곳으로부터 악성코드 유포 서버로 접속시키는 기법을 사용한다. 이때 중간 단계의 서버 및 유포 서버를 지정할 때 사용되는 기법이다.

① DNS Zone Transfer   ② Domain Shadowing

③ DNS Spoofing   ④ Fast Flux Hosting

해설 ❓

① DNS Zone Transfer : DNS 트랜잭션의 한 유형으로서 여러 대의 DNS 서버 간에 DNS 데이터베이스를 복제하는 데 사용되는 방법이다. 이것은 전체 전송(AXFR)과 증분 전송(IXFR)의 2가지 유형이 있다.

③ DNS Spoofing : 공격대상자에게 전달되는 DNS 응답을 위조하거나 DNS 서버에 위조된 IP 주소가 저장되게 하여 희생자가 의도하지 않은 주소로 접속하게 하는 공격기법이다.

④ Fast Flux Hosting : 봇넷에 속한 광대역망의 봇 IP 주소들을 웹사이트나 네임 서버의 리버스 프록시로 사용하는 기법이다. 고정된 호스트만 사용하게 되면 스팸이나 피싱 메일을 통해 사용자를 웹사이트로 유도하는 도중에 차단당하기 쉬우므로, DNS의 TTL 값을 1~3분 정도로 아주 짧게 설정하고, NS 레코드(네임 서버 IP 주소)나 IN 레코드(웹서버 IP 주소)를 계속 바꾸는 방법을 사용하는데 이를 Fast Flux Hosting이라 부른다.

54 스마트카드 보안기술에 대한 설명으로 옳지 않은 것은?

① 사용자 식별과 인증을 위해 필요한 정보를 저장하고 관리하는 모듈로 WIM(Wireless Identity Module)을 사용한다.

② 개인 이동성과 서비스 이동성을 겸비한 이동 통신용 스마트카드를 USIM이라고 한다.

③ USIM은 ME(Mobile Equipment)와 인터페이스하기 위해 T=0 통신 프로토콜을 사용한다.

④ WIM은 WTLS와 연계하여 사용할 수 없다.

해설 ❓

WIM(WAP Identity Module) : WAP 규격에서는 무선 데이터 통신을 위한 스마트카드에 탑재될 모듈의 규격을 WIM(WAP Identity Module)이라는 이름으로 제안했다. 기존의 SIM 카드처럼 무선 전용 스마트카드를 사용하여 구현될 수 있으며, 멀티 응용 스마트카드에 포함되는 하나의 응용으로도 포함될 수 있다. 이것은 멀티 응용 스마트카드의 일반화를 겨냥한 것으로써, 무선 데이터 통신이 유선에서 사용하는 모든 서비스를 제공하기 위한 방법이며, 또한 사용자의 편리성을 지원하기 위한 유연한 방법이다.

55 SSO 방식과 가장 거리가 먼 것은?

① RADIUS   ② SPNEGO

③ Kerberos   ④ SESAME

해설 ❓

① RADIUS : RADIUS 클라이언트가 원격 컴퓨터에서 사용자를 인증하고, 네트워크에 접근하는 사용자를 통제하는 데 사용된다.

② SPNEGO : WebSEAL이 사용할 인증 메커니즘을 확립하기 위해 웹브라우저와 조정할 수 있도록 한다. 웹브라우저는 커버로스 인증 정보를 제공한다. WebSEAL은 Security Access Manager에 의해 보호되는 자원에 접근하기 위해 사용자 요청을 처리할 때 사용자의 커버로스 인증 정보를 사용하는 방법을 알고 있다. WebSEAL에서 이 구현을 Windows 데스크톱 SSO라고 한다.

③ Kerberos : 중앙집중형 인증시스템이며, 대칭키 기반 인증시스템으로, SSO 방식을 사용한다.

④ SESAME(The Secure European System for Applicatoins in a Multivendor Environment) : 커버로스의 약점을 극복하기 위해 유럽에서 제안된 시스템이다. 비밀키 분배에 공개키 암호화를 사용함으로써, 커버로스와 같이 키 분배 센터에서 모든 사용자의 서비스 암호화 키를 보관할 필요가 없으며, 암호화 키의 관리를 위한 보안에 신경을 쓸 필요가 없다. 사용자 권한 관리를 위해 특권 속성 인증(Privilege Attribute Certificate)이라고 불리는 티켓을 발행하여 인증 과정에서 사용자의 권한 부여를 관리하고 공개키를 사용함으로써 확장성을 가지고 있으며, 관리가 용이한 SSO 방법이다.

56 SSL 핸드셰이크 과정에서 End-to-End에 오류가 발생하면 사용자에게 경고하는 프로토콜은?

① 핸드셰이크 프로토콜

② 암호규격변경 프로토콜

③ Alert 프로토콜

④ Record 프로토콜

해설 ❓

① **핸드셰이크 프로토콜** : 세션에 대한 정보와 연결 정보를 공유하기 위하여 이용되며, 이러한 세션 정보와 연결 정보는 연결이 종료될 때까지 사용된다.

② **암호규격변경 프로토콜** : 서버와 클라이언트 상호 간 Cipher Spec 확인을 위하여 반드시 교환되어야 하는 메시지이며, 이후의 메시지는 설정된 알고리즘과 키를 이용하여 암호화되어 전송된다.

④ **Record 프로토콜** : 상위계층 메시지들이 보안성을 유지하며 전송될 수 있도록 하기 위하여 메시지 분할, 압축, 메시지 인증, 암호화 등의 작업을 수행한다.

57 SSL/TLS에 대한 설명으로 옳지 않은 것은?

① SSL/TLS는 메시지의 기밀성 및 무결성을 보장한다.

② Null Cipher Suites는 Encryption을 지원하지 않는다.

③ SSL2.0/SSL3/0은 취약한 버전이라 더 이상 사용하지 않는 것이 좋다.

④ 최신 버전의 HTTP/2를 사용하려면 TLS1.0 이상이 활성화되어 있어야 한다.

해설 ❓

HTTP/2 환경에서의 HTTPS 통신은 TLS 기반의 ALPN(Application Layer Protocol Negotiation)을 사용한다. ALPN은 SNI와 같은 TLS Extension 중의 하나이다.

58 애플리케이션 개발단계에서 발생할 수 있는 취약점 목록을 언어와 관계없이 번호를 부여하고 정리하여 발표하는 것을 무엇이라 하는가?

① CMVP   ② CVV   ③ CVE   ④ CWE

해설 ❓

③ **CVE(Common Vulnerability Exposure)** : 취약점을 시간에 따라 정리하여 발표한 목록 코드이다.

– **코드 형식** : CVE-발생 연도-순번

　예 CVE-2020-1234

59 다음 〈보기〉에서 설명하는 테스트 방식은?

> 모의해킹 중 프로그램 내부 구조에 대한 타당성 여부를 시험하는 방식으로, 프로그램 내부 구조를 분석하여 프로그램의 모든 처리 루틴을 테스트하는 방식

① 시스템 하드닝   ② 코드 리뷰

③ 블랙박스 테스트   ④ 화이트박스 테스트

해설 ❓

① **시스템 하드닝** : '외부에 공개하는 서비스의 국소화', '작동하고 있는 것의 파악', '불필요한 프로그램의 실행 정지', '취약함을 수정하는 패치의 신속한 적용', '보안 소프트웨어나 기기의 도입', 'OS나 네트워크 기기 등을 한 군데뿐만 아니라 여러 곳에서 다중 방어하는 것'을 말한다.

② **코드 리뷰** : 한 명 또는 여러 명의 개발자가 본인이 만들지 않은 코드의 내용을 점검하고, 피드백을 주는 과정을 말한다.

③ **블랙박스 테스트** : 사용자가 소프트웨어 또는 제품에 대한 요구사항과 결과물이 일치하는지 확인하기 위한 테스트 기법이다.

60 다음 〈보기〉는 iOS, Android에서 인증에 사용하는 OAuth 2.0에 대한 설명이다. 이에 대한 설명으로 옳은 것은?

> 공격자가 악성코드를 사용자의 스마트폰에 설치하고, 공격자의 권한으로 로그인한다. 사용자의 ID로 변경한 후, 다른 사이트에 접속한다.

① OAuth 2.0은 패킷을 스니핑하기 위해 사용한다.

② SSO를 사용하는 대부분의 앱에서 사용하며, ID Provider 데이터는 검증하지 않는다.

③ 악성코드를 설치하지 않기 위해 스마트폰을 빌려주지 않으면 된다.

④ 스마트폰을 사용하지 않는 환경에서는 안전하다.

해설 ❓

OAuth는 인터넷 사용자들이 비밀번호를 제공하지 않고 다른 웹사이트의 자신들의 정보에 대해 웹사이트나 애플리케이션의 접근 권한을 부여할 수 있는 공통적인 수단으로, 접근 위임을 위한 개방형 표준을 말한다. 구글, 페이스북 등의 사용자 ID 정보를 공유하여 다른 웹사이트를 접속할 수 있게 한다. 이때 제공받는 사용자 ID 정보를 검증하게 된다.

4과목 정보보안 일반

61 메시지 인증 코드(MAC)에 대한 설명으로 옳지 않은 것은?

① MAC 값은 메시지와 함께 송신자 및 수신자만 이 공유하고 있는 키값을 함께 해시함수로 처리하여 계산한다.

② 송신자가 전송한 MAC 값을 검증에 성공하는 경우 수신자는 메시지의 무결성과 메시지의 출처를 확인할 수 있다.

③ MAC 값을 활용하면 메시지에 대한 해시값만을 이용하는 경우 발생할 수 있는 메시지 내용과 해시값이 동시에 변조되는 위험에 대응할 수 있다.

④ MAC 값을 활용하면 전자서명과 동일한 보안 서비스를 얻을 수 있다.

해설 ❓

MAC에는 무결성, 인증 기능은 있으나, 부인방지 기능이 없다.

62 BLP에 대한 설명으로 옳지 않은 것은?

① BLP 모델이 개발된 주요 목적은 정보의 비밀성과 무결성 보호에 있다.

② 모든 주체의 객체에는 보안 레이블이 부여되며, 보안 레이블에 의해 접근이 통제된다.

③ 주체가 객체에 정보를 기록(Write)하려 할 때 (Star) 규칙이 적용되며, 객체의 보안 레이블이 주체의 보안 레이블을 지배하는 경우 기록 (Write)이 허용된다.

④ 주체가 객체에 포함된 정보를 조회(Read)할 때 Simple Security 규칙이 적용되며, 주체의 보안 레이블이 객체의 보안 레이블을 지배하는 경우 조회(Read)가 허용된다.

해설 ❓

• BLP 모델이 개발된 주요 목적은 정보의 비밀성 보호에 있다.
• Biba 모델이 개발된 주요 목적은 정보의 무결성 보호에 있다.

63 다음 〈보기〉에서 설명하는 대칭키 암호 공격방식은?

> 일종의 선택된 평문 공격으로, 두 개의 평문 블록들의 비트의 차이에 대하여 대응되는 암호문 블록들의 비트의 차이를 이용하여 사용된 비밀키를 찾아내는 방법이다.

① 선형 공격
② 차분 공격
③ 통계적 분석
④ 전수 공격

해설 ❓

① **선형 공격** : 알고리즘 내부의 비선형 구조를 적당히 선형화시켜 키를 찾아내는 방법이다.

③ **통계적 분석** : 암호문에 대한 평문이 각 단어의 빈도에 관한 자료를 포함하는 모든 통계적인 자료를 이용하여 해독하는 방법이다.

④ **전수 공격** : 암호화할 때 일어날 수 있는 모든 가능한 경우에 대하여 조사하는 방법으로, 경우의 수가 적을 때는 가장 정확한 방법이지만, 일반적으로 경우의 수가 많은 경우에는 실현 불가능한 방법이다.

64 다음 〈보기〉에서 설명하는 암호화 기법은?

> • 하나의 암호 텍스트를 둘 이상의 방법으로 해독하는 정보보안 형식을 말한다. 이것은 논쟁 대상이 되는 메시지를 상대에게 숨기거나 거부하기 위해 사용된다.
> • 예를 들면 어떤 회사에서 그 회사 고위 관리자에게 한 암호 전문을 보내면 각자 자기의 키를 사용하여 해독했을 때 한 사람은 전문 'A'로 읽고, 반면에 다른 사람은 동일한 전문을 'B'로 읽게 된다. 또한, 이것은 통신 엿듣기에서 잘못된 정보를 전달하기 위해 사용되기도 한다.

① 스트림 암호화(Stream Encryption)
② 하이브리드 암호화(Hybrid Encryption)
③ 거부적 암호화(Deniable Encryption)
④ 링크 암호화(Link Encryption)

해설 ❓

① **스트림 암호화** : 대칭 키 암호의 구조 중 하나로, 유사난수를 연속적(스트림)으로 생성하여 암호화하려는 자료와 결합하는 구조를 가진다. 일반적인 스트림 암호는 유사난수를 1비트 단위로 생성하고, 생성된 값과 암호화하려는 각 값을 XOR하여 1비트의 암호화된 자료를 얻는다. 하드웨어 구현이 간편하며 속도가 빠르기 때문에 무선통신 등의 환경에 주로 사용된다. 대표적으로 RC4가 널리 사용되며, 이외에도 A5/1, A5/2 등의 알고리즘이 있다.

② **하이브리드 암호화** : 대칭키 암호 알고리즘과 비대칭키 암호 알고리즘의 장점을 조합한 구조이다. 즉, 대칭키 암호 알고리즘의 빠른 암호화 속도와 비대칭키 암호 알고리즘의 키 분배의 장점을 구현한 것이다.

④ **링크 암호화** : 링크계층의 두 지점(Point to Point) 간의 전송 데이터를 암호화하여 다음 링크 지점으로 전송하는 방식이다.

65 다음 〈보기〉에서 설명하는 일회용 패스워드 생성방식은?

- 사용자가 OTP 인증 요청 시 인증 서버로부터 받은 질의 값을 직접 OTP 토큰에 입력하여 응답 값(난수 형태)을 생성한다.
- OTP 토큰과 인증 서버 간에 동기화해야 할 기준 정보가 없으므로, 동기화할 필요가 없다.
- 사용자와 서버 간에 상호 인증을 제공하는 방식으로 쉽게 확장이 가능하다.
- 인증 서버도 해당 사용자의 질의 값을 관리해야 하는 부담이 있다.

① 시간 동기화 방식   ② 질의/응답 방식

③ S/KEY 방식   ④ 이벤트 동기화 방식

해설 ❓

① 시간 동기화 방식 : 전 세계적으로 가장 많이 적용하는 방식. 해시함수의 입력으로 비밀 값과 현재의 시간(실시간)을 입력하는 방식. 서버와 클라이언트는 시간이라는 공통된 값을 가짐으로써, 동기화시킬 수 있다는 것에서 착안했으며, 토큰의 시간을 함부로 변경할 수 없게 만드는 것이 중요하다.

③ S/KEY 방식 : 벨 통신 연구소에서 개발한 OTP 생성방식으로, 유닉스 계열 운영체제에서 인증에 사용되고 있다. 해시 체인에 기반하고 있으며, 해시함수의 역연산을 하기 어렵다는 점에 착안하여 만들어졌다.

④ 이벤트 동기화 방식 : 서버와 OTP 토큰이 동일한 카운트 값을 기준으로, 패스워드를 생성하는 방식이다. 카운트 값은 인증서버와 OTP 토큰만 알고 있는 값으로 비밀키 외에 입력되는 비밀정보이다.

66 타원곡선 암호를 적용하기에 적합한 공개키 암호 알고리즘은?

① ElGamal   ② Rabin

③ HIGHT   ④ RSA

해설 ❓

- 타원곡선 관련 암호 알고리즘 : ECC, ElGamal
- 소인수 분해 기반 암호 알고리즘 : RSA, Rabin
- 국내에서 개발한 초경량 대칭키 암호 알고리즘 : HIGHT

67 강제적 접근통제의 특징과 가장 거리가 먼 것은?

① 보안관리자 주도하에 중앙 집중적 관리가 가능

② 접근규칙 수가 적어 통제가 용이

③ 이직률이 높은 기업에 적합

④ 사용자와 데이터에 보안 등급을 부여하여 적용

해설 ❓

역할기반 접근통제 : 사용자에게 할당된 역할에 기반하여 접근통제하는 기법으로, 규모가 큰 조직이나 이직률이 높은 기업에 적합하다.

68 사용자 인증방식 중 동일한 기술로 옳게 짝지어진 것은?

| ㉠ 홍채 | ㉡ 스마트카드 | ㉢ OTP |
| ㉣ 음성 | ㉤ 지문 | ㉥ USB 토큰 |

① [㉠, ㉢, ㉣]   [㉡, ㉤, ㉥]

② [㉠, ㉡, ㉢]   [㉣, ㉤, ㉥]

③ [㉠, ㉣, ㉤]   [㉡, ㉢, ㉥]

④ [㉠, ㉣, ㉥]   [㉡, ㉢, ㉤]

해설 ❓

- 소유기반 인증방식 : 스마트카드, OTP, USB 토큰
- 생체기반 인증방식 : 홍채, 음성, 지문

69 인증서 관리와 관련한 설명으로 옳지 않은 것은?

① 인증서 폐지 요청은 인증서 소유자에 의해서만 가능하다.

② 폐지된 인증서 목록이 공개되면 디렉터리에 보관한다.

③ 인증서 폐지 목록은 일정 주기마다 생성한다.

④ OCSP로 인증서 유효성 검증을 할 수 있다.

해설 ❓

[전자서명법]

제18조(공인인증서의 폐지)

① 공인인증기관은 공인인증서에 관하여 다음 각호의 1에 해당하는 사유가 발생한 경우에는 해당 공인인증서를 폐지하여야 한다.
   1. 가입자 또는 그 대리인이 공인인증서의 폐지를 신청한 경우
   2. 가입자가 사위 기타 부정한 방법으로 공인인증서를 발급받은 사실을 인지한 경우
   3. 가입자의 사망 · 실종선고 또는 해산 사실을 인지한 경우
   4. 가입자의 전자서명생성정보가 분실 · 훼손 또는 도난 · 유출된 사실을 인지한 경우

② 공인인증기관은 제1항의 규정에 의하여 공인인증서를 폐지한 경우에는 그 사실을 항상 확인할 수 있도록 지체 없이 필요한 조치를 취하여야 한다.

70 다음 〈보기〉는 전자서명이 제공하는 기능을 나열한 것이다. 옳은 것을 모두 고르면?

| ㉠ 무결성 | ㉡ 인증 | ㉢ 기밀성 |
| ㉣ 부인방지 | ㉤ 대칭키 암호 알고리즘 | |

① ㉠, ㉣, ㉤   ② ㉠, ㉡, ㉢

③ ㉡, ㉢, ㉣   ④ ㉠, ㉡, ㉣

해설 ❓

- 전자서명으로는 기밀성을 보장하지 못한다.
- 전자서명은 공개키 암호 알고리즘을 사용한다.

71 해시함수 $h(\ )$에 대한 설명으로 옳지 않은 것은?

① 해시함수는 임의의 길이 메시지를 고정된 길이의 해시값으로 출력한다.

② 해시함수는 주어진 결과값으로부터 입력값을 찾는 것이 계산적으로 어렵다.

③ $h(x_1)=h(x_2)$가 되는 임의의 $x_1 \neq x_2$를 찾는 것은 계산적으로 어렵다.

④ x_1과 $h(x_1)$ 그리고 $h(\ )$ 함수를 알고 있다면 $h(x_1)=h(x_2)$인 임의의 x_2를 찾는 것이 계산적으로 용이하다.

해설 ❓
- ①은 해시함수의 축약에 대한 설명이다.
- ②는 해시함수의 일방향성에 대한 설명이다.
- ③은 해시함수의 약한 충돌 회피성에 대한 설명이다.
- 강한 충돌 회피성 : $h(x_1)=h(x_2)$인 서로 다른 임의의 두 입력 x_1와 x_2를 찾는 것은 계산적으로 어려워야 한다.

72 국내에서 개발된 암호 알고리즘이 아닌 것은?

① AES ② ARIA ③ SEED ④ LEA

해설 ❓
① AES : 미국의 연방 표준 알고리즘으로, DES(Data Encryption Standard)를 대신할 차세대 표준 알고리즘으로, 128비트 대칭키 암호 알고리즘이다.
② ARIA : 한국 표준 암호 알고리즘으로, 128/192/256비트 대칭키 암호 알고리즘이다. 경량 환경 및 하드웨어 구현을 위해 최적화된 Involutional SPN 구조를 갖는 범용 블록 암호 알고리즘이다.
③ SEED : 한국 표준 암호 알고리즘으로 128비트 대칭키 암호 알고리즘이다.
④ LEA : 한국 표준 암호 알고리즘으로, 128/192/256비트 대칭키 암호 알고리즘이다. 빅데이터, 클라우드 등 고속 환경 및 모바일 기기 등 경량 환경에서 기밀성을 제공하기 위해 개발되었다.

73 인증서의 유효성 확인이 주 기능인 것은?

① PKI ② CA ③ RA ④ CRL

해설 ❓
① PKI : 공개키 암호 방식을 바탕으로, 디지털 인증서를 활용하는 소프트웨어, 하드웨어, 사용자, 정책 및 제도 등을 총칭하여 일컫는다.
② CA : 인증서의 발급과 관리를 담당한다. 이 중에서 최상위 인증기관을 Root CA(Certificate Authority)라고 한다.
③ RA : 등록기관으로 사용자들의 신원 확인을 담당한다.
④ CRL : 폐지된 인증서를 이용자들이 확인할 수 있도록 그 목록을 배포, 공표하기 위한 메커니즘이다.

74 공격자는 전송 중인 메시지와 MAC 값을 중간에 가로채어 가지고 있다가 반복하여 재전송함으로써 잘못된 반복 처리가 가능하다. 이를 방지하기 위한 방법이 아닌 것은?

① 순서번호 ② 타임스탬프
③ CBC ④ 비표

해설 ❓
① 순서번호 : 통신을 시작하는 양단의 장비들이 별개로 임의의 번호부터 시작하며, 수신하기를 기대하는 다음 바이트 번호(마지막 수신 성공 번호 + 1)로 상대방이 보낸 세그먼트를 잘 받았다는 것을 알려주는 번호이다. 그러므로 자신이 보낸 세그먼트와 상대방이 보낸 세그먼트를 확인할 수 있다.
② 타임스탬프 : 특정한 시각을 나타내는 문자열이다. 둘 이상의 시각을 비교하거나 기간을 계산할 때 편리하게 사용하기 위해 고안되었으며, 시간의 유효성 확인을 위해 사용된다.
③ CBC(Cipher Block Chain) : 암호 운영 모드로, 평문의 각 블록은 XOR 연산을 통하여 이전 암호문과 연산하고, 첫 번째 암호문에 대해서는 IV를 암호문 대신 사용한다. 암호화는 병렬처리가 아닌 순차적으로 수행된다.
④ 비표 : 상대방에게 전송하여 상대방을 확인하기 위한 랜덤 값을 말한다.

75 다음 〈보기〉에서 설명하는 접근통제 모델은?

- 허가되지 않은 방식의 접근을 방지하는 모델이다.
- 정보흐름 모델 최초의 수학적 모델이다.
- 주체는 보다 높은 보안 수준의 데이터를 읽을 수 없다.

① 비바 모델 ② 상태 머신 모델
③ 클락-윌슨 모델 ④ 벨-라파듈라 모델

해설 ❓
① 비바 모델 : 벨-라파듈라(Bell-Lapadula) 모델의 단점인 무결성을 보장할 수 있도록 한 모델이다. 주체에 의한 객체접근의 항목으로 무결성을 보장하기 위해 개발된 모델이다.
② 상태 머신 모델 : 각각의 상태(State)들을 어떤 조건에 따라 연결해 놓은 것이다. 이 상태 머신 중에서도 유한한 개수의 상태를 가진 것을 FSM(Finite State Machine)이라고 한다. FSM의 동작은 하나의 입력(Input)을 받고, 그에 따라 현재 상태(Current State)로부터 다음 상태(Next State)로 전이(Transition)하는 식으로 동작한다.
③ 클락-윌슨 모델 : 무결성 중심의 상업용으로 설계(例 금융, 회계 관련 데이터 등). 특별한 데이터에 대응하는 프로그램의 실행 권한에 따른 접근통제. 한 사람이 정보의 입력, 처리, 확인을 모두 하는 것이 아니라, 여러 사람이 나누어 관리하도록 함으로써 자료의 무결성을 보장한다.

76 FDS에 해당하는 통제는?

① 예방 통제   ② 탐지 통제

③ 교정 통제   ④ 복구 통제

해설 ❓

① **예방 통제** : 오류나 부정이 발생하는 것을 예방할 목적으로 수행하는 통제이다.

② **탐지 통제** : 예방 통제를 우회하여 발생한 문제점들을 찾아내기 위한 통제로, 불법적인 접근시도를 발견해내기 위한 접근위반 로그 등의 탐지를 통해 통제를 수행한다.

③ **교정 통제** : 탐지 통제를 통해 발견된 문제를 해결하기 위해 시스템을 변경하는 등의 통제이다.

• **FDS(Fraud Detection System)** : 전자 금융 거래에서 다양하게 수집된 정보를 종합적으로 분석해 의심 거래를 탐지하고 이상 금융 거래를 차단하는 시스템이다.

77 생체인증 요구사항의 특성에 해당하지 않는 것은?

① 유일성   ② 보편성

③ 지속성   ④ 시간 의존성

해설 ❓

생체인증 요구사항 : 유일성, 보편성, 지속성, 획득성, 수용성 등이 있다.

78 블록 암호 종류에 해당하지 않는 것은?

① 3DES   ② AES   ③ SEED   ④ RC4

해설 ❓

① **3DES** : DES를 3번 반복한다. DES로 키를 바꿔가며 암호화 → 복호화 → 암호화 과정을 거쳐 키 길이를 늘리는 기법이다. 2키를 사용하는 경우 112비트, 3키를 사용하는 경우 168비트의 키 길이를 가지기 때문에 어느 정도 안전성은 있지만, 속도가 느리다는 단점이 있다.

② **AES** : 2001년 미국 표준 기술 연구소(NIST)에 의해 제정된 암호화 방식이다. 1977년 공표된 DES를 대체한 AES는 암호화와 복호화 과정에서 동일한 키를 사용하는 대칭 키 알고리즘이다.

블록 크기 : 128 비트, 키 길이 : 128/192/256비트, 라운드 수 : 12/14/16

③ **SEED** : 1998년 한국인터넷진흥원(KISA)에서 개발.

블록 크기 : 128비트, 키 길이 : 128비트, 라운드 수 : 16라운드

④ **RC4** : 스트림 암호 알고리즘에 해당한다.

79 인가된 사용자가 조직의 정보자산에 적시에 접근하여 업무를 수행할 수 있도록 유지하는 것을 목표로 하는 정보보호 요소는?

① 기밀성(Confidentiality)

② 무결성(Integrity)

③ 가용성(Availability)

④ 인증성(Authentication)

해설 ❓

① **기밀성** : 인가된 사용자나 프로그램에게만 접근을 허용하는 것을 의미한다.

② **무결성** : 승인되지 않거나 원하지 않는 방법에 의한 데이터의 변경을 보호하는 것을 의미한다.

④ **인증성** : 정보나 해당 정보의 주체가 진짜임을 확인하는 것을 의미한다.

80 어떠한 사용자가 실제 사람인지 컴퓨터 프로그램인지 구별하기 위한 목적으로 사용되는 것은?

① 무결성 점검 도구   ② PKI

③ 전자서명   ④ CAPTCHA

해설 ❓

① **무결성 점검 도구** : 데이터의 변조 여부를 확인하는 도구로, 자주 사용되는 도구는 Tripwire가 있다.

② **PKI** : 공개키 기반구조로, 인증, 암호화, 무결성 및 부인방지를 지원하기 위하여 공개키를 관리한다.

③ **전자서명** : 서명자를 확인하고 서명자가 해당 전자문서에 서명을 했음을 나타내는 데 이용하기 위하여 해당 전자문서에 첨부되거나 논리적으로 결합된 전자적 형태의 정보를 말한다. 무결성 및 부인방지 등의 기능을 지원한다.

5과목 정보보안 관리 및 법규

81 국가정보호화 기본법 제3조에서 정한 "정보통신"이란 정보의 (㉠) · (㉡) · (㉢) · (㉣) · (㉤) · (㉥) 및 그 활용, 이에 관련되는 기기(器機) · 기술 · 서비스 및 그 밖에 정보화를 촉진하기 위한 일련의 활동과 수단을 말한다. 괄호안에 들어갈 내용으로 옳은 것은?

	㉠	㉡	㉢	㉣	㉤	㉥
①	수집	가공	저장	검색	송신	수신
②	수집	보관	이용	제공	파기	처리
③	수집	가공	저장	제공	삭제	수신
④	수집	가공	보관	처리	송신	삭제

해설

[국가정보화 기본법]
제3조(정의)
이 법에서 사용하는 용어의 뜻은 다음과 같다.
5. "정보통신"이란 정보의 수집 · 가공 · 저장 · 검색 · 송신 · 수신 및 그 활용, 이에 관련되는 기기(器機) · 기술 · 서비스 및 그 밖에 정보화를 촉진하기 위한 일련의 활동과 수단을 말한다.
6. "정보보호"란 정보의 수집, 가공, 저장, 검색, 송신, 수신 중 발생할 수 있는 정보의 훼손, 변조, 유출 등을 방지하기 위한 관리적 · 기술적 수단(이하 "정보보호시스템"이라 한다)을 마련하는 것을 말한다.

82 정보통신망 이용 촉진 및 정보보호 등에 관한 법률에서 해킹, 컴퓨터바이러스, 논리폭탄, 메일폭탄, 서비스 거부 또는 고출력 전자기파 등의 방법으로 정보통신망 또는 이와 관련된 정보시스템을 공격하는 행위를 하여 발생한 사태로 정의된 용어는?

① 침해사고   ② 보안사고
③ 물리적 공격   ④ 사이버 공격

해설

③ 물리적 공격 : 시스템 자체에 물리적인 손상을 가하거나 누설되는 정보들을 장비 및 기술로 분석하여 공격하는 방법이다.
④ 사이버 공격 : 웹, 이메일, 악성 파일을 포함하는 다수의 경로를 사용하고, 공격목표를 정하고, 사용할 때마다 변경하고, 제로데이뿐만 아니라 여러 네트워크 보안 취약점을 악용하는 물리적 · 논리적 · 관리적 공격을 의미한다.

83 위험분석에 대한 설명으로 옳지 않은 것은?

① 자산의 식별된 위험을 처리하는 방안으로는 위험 수용, 위험 회피, 위험 전가 등이 있다.
② 자산의 가치 평가를 위해 자산 구입비용, 자산 유지보수비용 등을 고려할 수 있다.
③ 자산의 적절한 보호를 위해 소유자와 책임소재를 지정함으로써, 자산의 책임 추적성을 보장받을 수 있다.
④ 자산의 가치 평가 범위에 데이터베이스, 계약서, 시스템 유지보수 인력 등은 제외된다.

해설

자산의 가치 평가 : 통상적인 기업활동을 수행함에 있어 기업의 적정 가치를 파악하는 것으로, 인적 · 물적 자원, 유 · 무형의 자산을 모두 포함한다.

84 조직의 정보자산을 보호하기 위하여 정보자산에 대한 위협과 취약점을 분석하여 비용 대비 적절한 보호 대책을 마련함으로써, 위험을 감수할 수 있는 수준으로 유지하는 일련의 과정은?

① 업무 연속성 계획   ② 위험관리
③ 정책과 절차   ④ 탐지 및 복구 통제

해설

업무 연속성 계획 : 기업이 재해로 인한 피해를 어떻게 복구 · 재개하는지에 대한 계획이다. 기업의 핵심 비즈니스 프로세스를 식별하고, 핵심 업무를 처리하기 위한 대응 행동 계획을 결정한다.

85 다음 〈보기〉는 업무연속성계획(BCP)의 접근 5단계 방법론을 순서대로 나열하였다. (㉠)~(㉢)에 들어갈 용어의 순서로 옳은 것은?

> 프로젝트의 범위 설정 · 기획-(㉠)-(㉡)-(㉢)-프로젝트의 수행 테스트 및 유지보수

	㉠	㉡	㉢
①	복구계획 수립	복구전략 개발	사업영향평가
②	복구전략 개발	복구계획 수립	사업영향평가
③	사업영향평가	복구계획 수립	복구전략 개발
④	사업영향평가	복구전략 개발	복구계획 수립

86 다음 〈보기〉에서 설명하는 제도는?

> 이것은 정보보호 및 개인정보보호를 위한 일련의 조치와 활동이 인증기준에 적합함을 한국인터넷진흥원 또는 인증기관이 증명하는 제도이다.

① CC　② ISMS　③ PIMS　④ ISMS-P

해설 ❓

① CC : 국제적으로 통용되는 제품 평가기준으로, 일반적인 소개와 일반 모델, 보안요구사항, 보증요구사항 등으로 구성되어 있다.

② ISMS : 정보통신망의 안전성 확보를 위해 수립 · 운영하고 있는 기술적 · 물리적 보호조치 등 종합적인 관리체계를 말한다.

③ PIMS : 기업이 고객의 개인정보보호 활동을 체계적 · 지속적으로 수행하기 위하여 필요한 일련의 보호조치이며, 기업이 정보주체의 개인정보를 안전하게 보호할 수 있도록 기술적 · 관리적 · 물리적 · 조직적인 다양한 보호 대책을 구현하고, 지속적으로 관리 · 운영하는 종합적인 체계를 말한다.

87 정보보호 최고책임자에 대한 설명으로 옳지 않은 것은?

① 정보통신서비스 제공자는 임원급의 정보보호 최고책임자를 지정하고, 과학기술정보통신부장관에게 신고하여야 한다.

② 정보보호 최고책임자는 법에서 정한 업무 이외에도 기업의 형편에 따라 다른 업무를 겸직할 수 있다.

③ 정보통신서비스 제공자는 침해사고에 대한 공동 예방 및 대응과 필요한 정보의 교류 등의 사업을 수행하기 위하여 정보보호 최고책임자를 구성원으로 하는 정보보호 최고책임자 협의회를 구성 · 운영할 수 있다

④ 정보보호 최고책임자는 정보보호관리체계의 수립 및 관리 · 운영 정보보호 취약점 분석 · 평가 및 개선 침해사고의 예방 및 대응 등의 업무를 총괄한다.

해설 ❓

[정보통신 이용촉진 및 정보보호 등에 관한 법률 시행령]

자산총액 5조원 이상인 정보통신서비스 제공자, 정보보호 관리체계 인증을 받아야 하는 정보통신서비스 제공자 중 자산 총액 5천억원 이상인 기업의 CISO는 정보보호 관리체계 수립, 취약점 분석과 평가, 침해사고 예방과 대응 등의 정보보호 업무에 전념할 수 있도록 다른 직무의 겸직을 제한했다.

88 개인정보 안전성 확보를 위한 암호화에 대한 설명으로 옳지 않은 것은?

① 인터넷 구간 및 인터넷 구간과 내부망의 중간지점(DMZ)에 고유식별정보를 저장하는 경우에는 이를 암호화하여야 한다.

② 비밀번호 및 바이오 정보는 암호화하여 저장하여야 한다. 다만, 비밀번호를 저장하는 경우에는 양방향 암호화하여 저장하여야 한다.

③ 고유식별정보, 비밀번호, 바이오 정보를 정보통신망을 통하여 송신하거나 보조저장매체 등을 통하여 전달하는 경우에는 이를 암호화하여야 한다.

④ 업무용 컴퓨터 또는 모바일 기기에 고유식별정보를 저장하여 관리하는 경우, 상용 암호화 소프트웨어 또는 안전한 암호화 알고리즘을 사용하여 암호화한 후 저장하여야 한다.

해설 ❓

[개인정보의 안전성 확보조치 기준]

비밀번호 및 바이오 정보는 암호화하여 저장하여야 한다. 다만, 비밀번호를 저장하는 경우에는 일방향 암호화(해시함수)하여 저장하여야 한다.

89 A사의 개인정보처리자는 A사에서 수집한 개인정보를 사용 목적이 종료되어 파기하고자 한다. 이때 파기하기 위한 조치사항으로 옳지 않은 것은?

① 하드디스크의 개인정보를 파기하기 위해 하이레벨 포맷 수행

② 데이터가 복원되지 않도록 초기화 또는 덮어쓰기 수행

③ 전용 소자 장비를 이용하여 개인정보 파기 수행

④ 기록물, 인쇄물, 서면, 그 밖의 기록 매체의 일부만 파기할 경우, 해당 부분을 마스킹, 천공 등으로 삭제

해설 ❓

디스크의 데이터를 복구할 수 없도록 파기하기 위해서는 로우레벨 포맷을 수행해야 한다.

– **로우레벨 포맷** : 하드디스크를 공장에서 나온 초기 상태로 만들어 주는 포맷이며, 일반 하이레벨 포맷은 파티션을 나눈 디스크드라이브의 내용을 삭제해주지만, 로우레벨 포맷은 파티션 정보까지 삭제한다.

90 침해사고 등이 발생한 경우 클라우드서비스 제공자의 의무로 옳지 않은 것은?

① 클라우드컴퓨팅서비스 제공자는 이용자 정보가 유출된 때에는 즉시 그 사실을 과학기술정보통신부장관에게 알려야 한다.

② 클라우드컴퓨팅서비스 제공자는 사전예고 없이 대통령령으로 정하는 기간 이상 서비스 중단이 발생한 때에는 지체 없이 그 사실을 과학기술정보통신부장관에게 알려야 한다.

③ 클라우드컴퓨팅서비스 제공자는 이용자가 정보가 유출된 때에는 지체 없이 그 사실을 해당 이용자에게 알려야 한다.

④ 클라우드컴퓨팅서비스 제공자는 정보통신망법에 따른 침해사고가 발생한 때에는 지체 없이 그 사실을 해당 이용자에게 알려야 한다.

해설

[클라우드컴퓨팅 발전 및 이용자 보호에 관한 법률]
제25조(침해사고 등의 통지 등)
① 클라우드컴퓨팅서비스 제공자는 다음 각 호의 어느 하나에 해당하는 경우에는 지체 없이 그 사실을 해당 이용자에게 알려야 한다.
　1.「정보통신망 이용촉진 및 정보보호 등에 관한 법률」제2조제7호에 따른 침해사고(이하 "침해사고"라 한다)가 발생한 때
　2. 이용자 정보가 유출된 때
　3. 사전예고 없이 대통령령으로 정하는 기간(당사자 간 계약으로 기간을 정하였을 경우에는 그 기간을 말한다) 이상 서비스 중단이 발생한 때
② 클라우드컴퓨팅서비스 제공자는 제1항제2호에 해당하는 경우에는 즉시 그 사실을 과학기술정보통신부장관에게 알려야 한다.
③ 과학기술정보통신부장관은 제2항에 따른 통지를 받거나 해당 사실을 알게 되면 피해 확산 및 재발의 방지와 복구 등을 위하여 필요한 조치를 할 수 있다.
④ 제1항부터 제3항까지의 규정에 따른 통지 및 조치에 필요한 사항은 대통령령으로 정한다.

91 다음 〈보기〉의 (㉠), (㉡)에 들어갈 내용으로 옳은 것은?

> 정보보호 및 개인정보보호 관리체계 인증 등에 관한 고시
> (과학기술정보통신부고시 제2018-80호)
> 제10조 (㉠) 및 (㉡) 확보
> 인증기관 및 심사기관은 인증심사의 (㉠) 및 (㉡) 확보를 위해 다음 각 호의 행위가 발생되지 않도록 노력하여야 한다.
> 1. 정보보호 및 개인정보보호 관리체계 구축과 관련된 컨설팅 업무를 수행하는 행위
> 2. 정당한 사유 없이 인증절차, 인증기준 등의 일부를 생략하는 행위
> 3. 조직의 이익 등을 위해 인증심사 결과에 영향을 주는 행위
> 4. 그 밖에 인증심사의 공정성 및 독립성을 훼손할 수 있는 행위

	㉠	㉡		㉠	㉡
①	기밀성	객관성	②	신뢰성	무결성
③	공정성	독립성	④	투명성	지속성

해설

[정보보호 및 개인정보보호 관리체계 인증 등에 관한 고시]
(과학기술정보통신부고시 제2018-80호)
제10조(공정성 및 독립성 확보)
인증기관 및 심사기관은 인증심사의 공정성 및 독립성 확보를 위해 다음 각 호의 행위가 발생되지 않도록 노력하여야 한다.
　1. 정보보호 및 개인정보보호 관리체계 구축과 관련된 컨설팅 업무를 수행하는 행위
　2. 정당한 사유 없이 인증절차, 인증기준 등의 일부를 생략하는 행위
　3. 조직의 이익 등을 위해 인증심사 결과에 영향을 주는 행위
　4. 그 밖에 인증심사의 공정성 및 독립성을 훼손할 수 있는 행위

92 개인정보 영향평가 시 고려 사항에 해당하지 않는 것은?

① 처리하는 개인정보의 수
② 개인정보 처리 방법
③ 개인정보의 제3자 제공 여부
④ 정보주체의 권리를 해할 가능성 및 그 위험 정도

해설

[개인정보 보호법]
제33조(개인정보 영향평가)
① 공공기관의 장은 대통령령으로 정하는 기준에 해당하는 개인정보파일의 운용으로 인하여 정보주체의 개인정보 침해가 우려되는 경우에는 그 위험요인의 분석과 개선 사항 도출을 위한 평가(이하 "영향평가"라 한다)를 하고 그 결과를 보호위원회에 제출하여야 한다. 이 경우 공공기관의 장은 영향평가를 보호위원회가 지정하는 기관(이하 "평가기관"이라 한다) 중에서 의뢰하여야 한다.
② 영향평가를 하는 경우에는 다음 각 호의 사항을 고려하여야 한다.
　1. 처리하는 개인정보의 수
　2. 개인정보의 제3자 제공 여부
　3. 정보주체의 권리를 해할 가능성 및 그 위험 정도
　4. 그 밖에 대통령령으로 정한 사항

93 다음의 개인정보 보호법 제17조 1항에 따라 개인정보처리자가 정보주체의 개인정보를 수집한 목적 범위 안에서 제3자에게 제공할 수 있는 경우로 〈보기〉에서 옳은 것만을 모두 고른 것은?

> 제17조(개인정보의 제공)
> ① 개인정보처리자는 다음 각 호의 어느 하나에 해당되는 경우에는 정보주체의 개인정보를 제3자에게 제공(공유를 포함한다. 이하 같다)할 수 있다.

> ㉠ 정보주체와의 계약체결 및 이행을 위하여 불가피하게 필요한 경우
> ㉡ 공공기관이 법령 등에서 정하는 소관 업무의 수행을 위하여 불가피한 경우
> ㉢ 법률에 특별한 규정이 없거나 법령상 의무를 준수하기 위하여 불가피한 경우

① ㉠
② ㉠, ㉡
③ ㉡, ㉢
④ ㉠, ㉡, ㉢

해설 ❓

[개인정보의 수집 · 이용기준과 제공기준]
[개인정보 보호법]
제15조(개인정보의 수집 · 이용)
① 개인정보처리자는 다음 각 호의 어느 하나에 해당하는 경우에는 개인정보를 수집할 수 있으며 그 수집 목적의 범위에서 이용할 수 있다.
  1. 정보주체의 동의를 받은 경우
  2. 법률에 특별한 규정이 있거나 법령상 의무를 준수하기 위하여 불가피한 경우
  3. 공공기관이 법령 등에서 정하는 소관 업무의 수행을 위하여 불가피한 경우
  4. 정보주체와의 계약의 체결 및 이행을 위하여 불가피하게 필요한 경우
  5. 정보주체 또는 그 법정대리인이 의사표시를 할 수 없는 상태에 있거나 주소불명 등으로 사전 동의를 받을 수 없는 경우로서 명백히 정보주체 또는 제3자의 급박한 생명, 신체, 재산의 이익을 위하여 필요하다고 인정되는 경우
  6. 개인정보처리자의 정당한 이익을 달성하기 위하여 필요한 경우로서 명백하게 정보주체의 권리보다 우선하는 경우. 이 경우 개인정보처리자의 정당한 이익과 상당한 관련이 있고 합리적인 범위를 초과하지 아니하는 경우에 한한다.
② 개인정보처리자는 제1항제1호에 따른 동의를 받을 때에는 다음 각 호의 사항을 정보주체에게 알려야 한다. 다음 각 호의 어느 하나의 사항을 변경하는 경우에도 이를 알리고 동의를 받아야 한다.
  1. 개인정보의 수집 · 이용 목적
  2. 수집하려는 개인정보의 항목
  3. 개인정보의 보유 및 이용 기간
  4. 동의를 거부할 권리가 있다는 사실 및 동의 거부에 따른 불이익이 있는 경우에는 그 불이익의 내용
③ 개인정보처리자는 당초 수집 목적과 합리적으로 관련된 범위에서 정보주체에게 불이익이 발생하는지 여부, 암호화 등 안전성 확보에 필요한 조치를 하였는지 여부 등을 고려하여 대통령령으로 정하는 바에 따라 정보주체의 동의 없이 개인정보를 이용할 수 있다.

94 다음 〈보기〉의 (㉠), (㉡)에 들어갈 알맞은 용어는?

> • 정량적 위험분석 방법으로는 연간 예상 손실, 과거자료 분석법, 수학공식 접근법, 확률 분포법 등이 있다.
> • 이 중 예상 손실은 단일 예상 손실과 연간 예상 손실을 계산할 수 있는데, 단일 예상 손실을 산출하기 위한 공식은 다음과 같다.
> • (㉠) * (㉡) 계수 = 단일 예상 손실액

	㉠	㉡		㉠	㉡
①	자산 가치	소비	②	소비 가치	노출
③	자산 가치	노출	④	소비 가치	생산

해설 ❓

[정량적 분석 방법]
• ALE(연간 예상 손실액) = SLE(단일 예상 손실액) × ARO(연간 발생 빈도)
• SLE(단일 예상 손실액) = AV(자산 가치) × EF(노출 계수)

95 개인정보 보호법상 정보주체의 동의를 받아야 개인정보를 수집 · 이용할 수 있는 경우는?

① 경력직 직원의 채용을 위해 지원자의 종교, 질병, 범죄경력 등의 개인정보를 수집 · 이용한 경우

② 개인정보처리자가 도난 뜨는 화재 예방을 위하여 자재 창고 앞에 CCTV를 설치한 경우

③ 소비자가 주문한 세탁기를 배달하기 위하여 소비자의 집주소와 전화번호를 수집 · 이용한 경우

④ 교통사고로 인해 정보주체가 의식이 없는 상태에서 급박한 수술을 위해 보호자의 전화번호를 수집 · 이용한 경우

해설 ❓

[개인정보 보호법]
제23조(민감정보의 처리 제한)
① 개인정보처리자는 사상 · 신념, 노동조합 · 정당의 가입 · 탈퇴, 정치적 견해, 건강, 성생활 등에 관한 정보, 그 밖에 정보주체의 사생활을 현저히 침해할 우려가 있는 개인정보로서 대통령령으로 정하는 정보(이하 "민감정보"라 한다)를 처리하여서는 아니 된다. 다만, 다음 각 호의 어느 하나에 해당하는 경우에는 그러하지 아니하다.
  1. 정보주체에게 제15조제2항 각 호 또는 제17조제2항 각 호의 사항을 알리고 다른 개인정보의 처리에 대한 동의와 별도로 동의를 받은 경우
  2. 법령에서 민감정보의 처리를 요구하거나 허용하는 경우
② 개인정보처리자가 제1항 각 호에 따라 민감정보를 처리하는 경우에는 그 민감정보가 분실 · 도난 · 유출 · 위조 · 변조 또는 훼손되지 아니하도록 제29조에 따른 안전성 확보에 필요한 조치를 하여야 한다.

96 개인정보 보호법 제34조 및 관련 시행령에 따른 개인 정보 유출 통지 및 신고에 대한 설명이다. (㉠), (㉡)에 들어갈 알맞은 용어는?

> [개인정보 유출 시 신고 방법]
> • 대상 : (㉠) 이상의 정보주체에 관한 개인정보가 유출된 경우
> • 기관 : 보호위원회, 전문기관 (㉡)
> • 시기 : 지체 없이
> • 방법 : 전화, 전자우편, 팩스
> • 내용 : 통지내용, 유출피해 최소화 대책 및 조치 결과

	㉠	㉡
①	1천명	한국인터넷진흥원
②	1만명	한국인터넷진흥원
③	5천명	한국정보화진흥원
④	1만명	한국정보화진흥원

97 정보보호 내부감사 시 고려해야 할 사항으로 가장 옳지 않은 것은?

① 내부감사를 수행하는 구성원은 정보보호 전문 가들로 제한한다.

② 감사의 범위는 다양한 위협을 분석 및 검토할 수 있도록 가능한 포괄적이어야 한다.

③ 내부감사는 조직의 위험을 파악하여 개선사항 을 제시할 수 있다.

④ 감사활동은 기업 내외부로부터 독립성을 유지 할 수 있도록 해야 한다.

해설 ❓

정보보호 내부감사 수행 시 구성원은 정보보호 측면의 전문성을 위해 객관성과 전문성을 지닌 사람을 감사인으로 기업 내 독립된 감사 조직을 시행하거나 정보보호정책 기능 등을 담당하는 조직이 담당하게 하여 감사의 독립성 및 전문성을 확보해야 한다.

98 개인정보 보호법 제23조(민감정보의 처리 제한), 개인정보 보호법 시행령 제18조(민감정보의 범위)에서 규정하고 있는 민감정보에 대한 내용으로 가장 옳지 않은 것은?

① 범죄경력자료   ② 성생활에 관한 정보

③ 여권번호   ④ 유전정보

해설 ❓

[개인정보 보호법]

제23조(민감정보의 처리 제한)

① 개인정보처리자는 사상 · 신념, 노동조합 · 정당의 가입 · 탈퇴, 정치적 견해, 건강, 성생활 등에 관한 정보, 그 밖에 정보주체의 사생활을 현저히 침해할 우려가 있는 개인정보로서 대통령령으로 정하는 정보(이하 "민감정보"라 한다)를 처리하여서는 아니 된다. 다만, 다음 각 호의 어느 하나에 해당하는 경우에는 그러하지 아니하다.

  1. 정보주체에게 제15조제2항 각 호 또는 제17조제2항 각 호의 사항을 알리고 다른 개인정보의 처리에 대한 동의와 별도로 동의를 받은 경우

  2. 법령에서 민감정보의 처리를 요구하거나 허용하는 경우

② 개인정보처리자가 제1항 각 호에 따라 민감정보를 처리하는 경우에는 그 민감정보가 분실 · 도난 · 유출 · 위조 · 변조 또는 훼손되지 아니하도록 제29조에 따른 안전성 확보에 필요한 조치를 하여야 한다.

[개인정보 보호법 시행령]

제18조(민감정보의 범위)

법 제23조제1항 각 호 외의 부분 본문에서 "대통령령으로 정하는 정보"란 다음 각 호의 어느 하나에 해당하는 정보를 말한다. 다만, 공공기관이 법 제18조제2항제5호부터 제9호까지의 규정에 따라 다음 각 호의 어느 하나에 해당하는 정보를 처리하는 경우의 해당 정보는 제외한다.

  1. 유전자검사 등의 결과로 얻어진 유전정보

  2. 「형의 실효 등에 관한 법률」 제2조제5호에 따른 범죄경력자료에 해당하는 정보

99 개인정보 보호법 제25조의 1항에 따르면 누구든지 다음 각호의 경우를 제외하고는 공개된 장소에 영상정보처리기기를 설치 · 운영하여서는 아니 된다. 각 호에 해당하지 않는 것은?

① 교통단속을 위하여 필요한 경우

② 교통정보의 수집 · 분석 및 제공을 위하여 필요한 경우

③ 시설안전 및 화재 예방을 위하여 필요한 경우

④ 소관 업무의 수행을 위하여 불가피한 경우

해설 ②

제25조(영상정보처리기기의 설치 · 운영 제한)
① 누구든지 다음 각 호의 경우를 제외하고는 공개된 장소에 영상정보처리기기를 설치 · 운영하여서는 아니 된다.

　1. 법령에서 구체적으로 허용하고 있는 경우
　2. 범죄의 예방 및 수사를 위하여 필요한 경우
　3. 시설 안전 및 화재 예방을 위하여 필요한 경우
　4. 교통단속을 위하여 필요한 경우
　5. 교통정보의 수집 · 분석 및 제공을 위하여 필요한 경우

100 다음 〈보기〉의 내용으로 볼 때, 피의자 K씨가 한 행위와 가장 관련 있는 법률은?

> 피의자 K씨는 어느 사이트를 운영하며 이용자의 개인정보를 수집하였다. 이에 그치지 않고 경품 추첨을 진행한다는 거짓 이벤트를 통해 이용자의 민감한 정보까지 수집하였다. 하지만 K씨는 이를 동의 없이 개인정보 목적 외 이용 및 제3자에게 제공한 사실이 드러났고, 사이트를 통해 악성 프로그램을 유포하였다.

① 개인정보 보호법

② 통신비밀보호법

③ 정보통신기반 보호법

④ 사행행위 등 규제 및 처벌 특례법

해설 ②

② **통신비밀보호법** : 통신 및 대화의 비밀과 자유에 대한 제한은 그 대상을 한정하고 엄격한 법적 절차를 거치도록 함으로써, 통신비밀을 보호하고 통신의 자유를 신장함을 목적으로 한다.

③ **정보통신기반 보호법** : 전자적 침해행위에 대비하여 주요정보통신기반시설의 보호에 관한 대책을 수립 · 시행함으로써, 동 시설을 안정적으로 운용하도록 하여 국가의 안전과 국민생활의 안정을 보장하는 것을 목적으로 한다.

04 기출 복원 문제

1과목 시스템 보안

01 다음 〈보기〉의 Windows 운영체제의 기능은?

> • 강제적 접근제어를 구현
> • 컴퓨터 설정을 변경하는 작업을 하거나 소프트웨어를 설치할 때, 이 대화상자가 나타나 관리자 암호를 요구함

① Privileged Access Management

② Privileged Account Management

③ User Access Control

④ User Account Control

해설
UAC(User Account Control) : 일반 사용자가 관리자 권한을 부여받기 전에 확인하는 기능을 말한다.

02 다음의 취약점 또는 사이버 공격 중 그 원인이 하드웨어에 기반하는 것은?

① Heartbleed   ② Shellshock

③ Spectre   ④ WannaCry

해설
① Heartbleed : 2014년 4월에 발견된 오픈 소스 암호화 라이브러리인 OpenSSL의 소프트웨어 버그이다. 인증기관에서 인증받은 안전한 웹 서버의 약 17%가 이 공격으로 개인 키, 세션 쿠키 및 암호를 훔칠 수 있는 상태이다. TLS 하트 비트 확장 구현체에서 심각한 메모리 처리 오류를 발생시켰다. 이 결함은 매 하트 비트마다 응용 프로그램 메모리의 최대 64kb를 유출하는데 이용될 수 있다.
② Shellshock : Bashdoor라고도 하며, 광범위하게 사용되는 유닉스 계열 Bash 셸에서 발생하는 보안 버그로, 2014년 9월 24일에 처음 밝혀졌다. 많은 인터넷 기반 서비스들이 Bash 셸을 이용하여 명령을 처리하기 때문에, 이들 서버에 있는 버그에 취약한 Bash 셸을 이용하여 임의 코드 실행이 가능하다.
③ Spectre : 하드웨어 보안 취약점으로, 추론적 실행에서 분기 예측을 적용한 최근 마이크로프로세서가 모두 영향권에 있으며, 멜트다운과 달리 x86과 ARM 아키텍처에 전부 적용되며, 멜트다운과 동일하게 마이크로프로세서가 메모리 전체를 볼 수 있도록 프로그램의 접속을 허용하며, 이로 인해서 전체 컴퓨터의 내용에 접근할 수 있다.
④ WannaCry : 2017년 5월 12일부터 등장한 랜섬웨어 멀웨어 도구이다. 2017년 5월 12일부터 대규모 사이버 공격을 통해 널리 배포되었으며, 전 세계 99개국의 컴퓨터 12만대 이상을 감염시켰다.

03 멜트다운(Meltdown) 취약점에 대한 설명으로 옳지 않은 것은?

① 중앙처리장치(CPU)의 성능을 높이기 위한 메커니즘을 악용하는 취약점이다.

② 메모리보다는 하드디스크 영역에 접근하기 위한 공격이다.

③ 부채널 공격의 일종이다.

④ 내부 사용자가 커널에서 관리하는 메모리 영역에 접근할 수 있다.

해설

[Meltdown 취약점과 Spectre 취약점 차이점]

구분	Meltdown 취약점	Spectre 취약점
아키텍처	인텔(Intel)	인텔(Intel), AMD, ARM
엔트리	시스템에서 코드 실행	시스템에서 코드 실행
메소드	권한 상승 및 예측 실행	브랜치 예측 및 예측 실행
영향	사용자 공간에서 커널 메모리 읽기	프로그램을 실행하는 다른 사용자로부터 메모리 읽기
대응	소프트웨어 패치	소프트웨어 패치

Meltdown 취약점과 Spectre 취약점은 모두 중앙리장치(CPU) 취약점

04 랜섬웨어(Randsomware)에 대한 설명으로 옳지 않은 것은?

① 피해자의 파일을 암호화시키고 금품을 요구하는 공격이다.

② 크립토락커(CryptoLocker)는 주로 이메일 첨부와 같은 형태로 감염되는데 구 버전 익스플로러, 플래시의 취약점을 이용하여 Drive By Download 방식으로 감염된다.

③ 전자서명 시에 RSA의 서명을 위조하는 공격이다.

④ 랜섬웨어는 이미지, 문서 등을 암호화하며, 백신으로 치료할 수가 없다.

05 좀비 프로세스의 존재를 확인하기 위한 명령어들로 옳게 짝지어진 것은?

> ㉠ top - b - n 1 | grep zombie
> ㉡ ps - ef | grep defunct
> ㉢ ps - ef | grep zombie
> ㉣ top - b - n 1 | grep defunct

① ㉠, ㉢   ② ㉡, ㉣
③ ㉠, ㉡   ④ ㉢, ㉣

해설 ❓

> top - b - n 1 | grep zombie
> ❶ ❷ ❸ ❹ ❺ ❻
> ps - ef | grep defunct
> ❼ ❽ ❾

[top 명령어]
❶ : 프로세스를 실시간으로 모니터링하는 도구이다.
❷ : 배치 모드에서 시작
❸ : 반복 횟수를 지정
❹ : 프로세스의 통신을 위해 도입한 것으로, 어떤 프로세스의 표준 출력이 다른 프로세스의 표준 입력으로 사용되게 하는 것을 말한다. 즉 두 개의 명령어를 연결해 주는 역할을 한다.
❺ : 입력으로 전달된 파일의 내용에서 특정 문자열을 찾고자 할 때 사용하는 명령어이다.
❻ : 좀비 프로세스명(zombie)이다.
[ps 명령어]
❼ : 현재 프로세스 상태를 확인하는 명령어이다.
❽ : 커널 프로세스를 제외한 모든 프로세스를 보여준다.(-e), UID, PID, PPID, C, STIME, TTY, TIME, CMD 등의 필드 목록으로, CMD 필드의 전체 명령어 형태를 보여준다.(-f)
❾ : 좀비 프로세스명(defunct)이다.

06 Null Session 취약점을 갖는 것은?

① ADMIN$ ② C$
③ IPC$ ④ D$

해설 ❓

① ADMIN$: Windows 설치 폴더에 접근하는 관리목적 공유 폴더이다. 이 공유로 접근하면 그 컴퓨터의 Windows 설치 폴더가 열리게 된다.
②,④ CD : C드라이브에 대한 관리목적 공유 폴더이다. 연결되어 있는 하드드라이브 문자 수만큼 공유되어 있다. 만약 하드드라이브가 E드라이브까지 있다면, C$, D$, E$까지 표시된다.
③ IPC$: 컴퓨터 간 필요한 정보를 통신 교환하기 위해 사용하며, 네트워크에서 프로세스 간 통신을 위하여 사용한다. Null Session Share에 취약하여 레지스트리 수정을 통한 변경이 필요하다

07 리눅스/유닉스 시스템에서 최상위 디렉터리를 옳게 짝지은 것은?

> (㉠) : 시스템의 환경설정 및 주요 설정 파일을 담고 있다.
> (㉡) : 프로그램 실행 시 생성되는 임시 파일을 담고 있다.
> (㉢) : 프린터나 터미널 같은 물리적인 장치를 다루기 위한 특수 파일을 담고 있다.

	㉠	㉡	㉢
①	/usr	/tmp	/var
②	/usr	/temp	/dev
③	/etc	/temp	/var
④	/etc	/tmp	/dev

해설 ❓

• /usr : 일반사용자들이 주로 사용하는 디렉터리로, 배포판에서 제공하는 파일들을 담고 있다.
• /var : 시스템 운영 중에 사용되는 가변적인 파일들을 담고 있다.

08 다음 〈보기〉의 내용으로 볼 때, X가 해킹을 위해 사용했을 것으로 의심되는 위치는?

> Black Hacker인 X는 리눅스 서버의 보안 취약점을 이용하여 root 권한을 획득하는 데 우연히 성공했다. X는 이후 시스템이 시작될 때마다 자신이 만들어 놓은 해킹 툴을 자동으로 구동시키기 위하여 관련된 파일을 변조하였다.

① /etc/crontab
② /etc/resolv.conf
③ /etc/sysconfig/network
④ /etc/rc.d/rc.local

해설 ❓

① /etc/crontab : cron의 주 환경설정 파일이다.
② /etc/resolv.conf : 요청할 DNS 서버를 지정할 때 사용하는 파일이다.
③ /etc/sysconfig/network : 전체 네트워크 설정과 관련된 항목들이 들어 있는 파일이다. 게이트웨이 주소, 호스트네임 등이 설정된다.

09 FTP 접근 여부를 확인할 수 있는 로그는?

① wtmp   ② utmp   ③ sulog   ④ xferlog

해설 ❓

① wtmp : 사용자들의 로그인, 로그아웃 정보를 가지고 있다.
② utmp : 현재 시스템에 접속해 있는 사용자의 정보를 가지고 있다.
③ sulog : su(Switch User) 명령어와 관련된 정보를 가지고 있다.

10 토로이목마의 기능과 가장 거리가 먼 것은?

① 개인정보 유출   ② 원격 조정

③ 시스템 파일 파괴   ④ 악성코드 전파

해설
④ 악성코드 전파 : 웜(Worm) 바이러스와 관련이 있다.

11 Windows 레지스트리 중 등록된 응용 프로그램과 확장자 사이의 관계 정보를 담고 있는 곳은?

① HKEY_CLASSES_ROOT

② HKEY_LOCAL_MACHINE

③ HKEY_CURRENT_CONFIG

④ HKEY_USERS

해설
② HKEY_LOCAL_MACHINE : 레지스트리 중 가장 중요한 정보를 저장하고 있으며, 설치된 프로그램 관련 정보, 시스템 관련 정보, 하드웨어 정보, 서비스나 관련 옵션 정보 등이 저장되어 있다.
③ HKEY_CURRENT_CONFIG : 디스플레이와 프린터에 관한 정보가 저장되어 있다.
④ HKEY_USERS : 데스크톱 설정, 네트워크 연결 등의 정보가 저장되어 있다.

12 다음 〈보기〉의 내용에 대한 설명으로 옳은 것은?

유닉스 또는 리눅스에서 실행 파일 a.out의 소유자가 root, 그룹은 staff이라고 할 때, chmod 4755 a.out 명령을 수행한 후 a.out의 특성

① 그룹이 staff인 모든 사용자에 한해 a.out을 읽고 실행시킬 수 있다.
② root만이 a.out을 읽고 실행시킬 수 있다.
③ 실행하는 사용자에 관계없이 a.out은 root의 권한으로 실행된다.
④ 실행하는 사용자에 관계없이 a.out은 staff의 권한으로 실행된다.

해설
```
#chmod 4755 a.out
#ls -l
-rwsr-xr-x 2 root staff 2048 12월 30일 a.out
```
a.out 파일에 SetUID가 설정되어 실행하는 사용자에 관계없이 a.out은 root의 권한으로 실행된다.

13 윈도우 운영체제에서 LSA의 기능을 모두 고르면?

㉠ 모든 계정 로그인에 대하여 접근 권한을 검사한다.
㉡ SRM을 생성하고, 감사로그를 기록한다.
㉢ 윈도우 계정명과 SID를 매칭하고, SRM이 생성한 감사로그를 기록한다.
㉣ 보안그룹을 제공한다.

① ㉠, ㉡   ② ㉠, ㉡, ㉣
③ ㉠, ㉡, ㉢   ④ ㉡, ㉢, ㉣

해설

LSA (Local Security Authority)	• SAM이 사용자의 계정과 패스워드가 일치하는지를 확인하여 SRM에게 알려주면, SRM은 사용자에게 고유의 SID(Security Identifier)를 부여 • SID에 기반하여 파일이나 디렉터리에 접근(Access)제어를 하게 되고, 이에 대한 감사·메시지를 생성(실질적으로 SAM에서 인증을 거친 후 권한을 부여하는 모듈)
SRM (Security Reference Monitor)	• 모든 계정의 로그인에 대한 검증, 시스템 자원 및 파일 등에 대한 접근권한을 검사 • SRM이 생성한 감사 로그를 기록하는 역할(즉, NT 보안의 중심 요소, 보안 서브시스템(Security Subsystem)이라고 부르기도 함)

14 다음 〈보기〉는 리눅스 시스템의 PAM 보안 설정이다. 옳지 않은 것은?

```
password requisite pam_cracklib.so retry=3 minlen=8
dcredit=-1 ucredit=-1 lcredit=-1 ocredit=-1
```

① 패스워드 입력 재시도 횟수는 3회이다.
② dcredit는 숫자를 포함할 수 있는 크레디트 값이다.
③ ucredit는 알파벳 대문자를 포함할 수 있는 크레디트 값이다.
④ lcredit는 특수문자를 포함할 수 있는 크레디트 값이다.

해설
```
password requisite pam_cracklib.so retry=3 minlen=8
dcredit=-1 ucredit=-1 lcredit=-1 ocredit=-1
```

(재시도 횟수 3회, 패스워드 길이 최소 8자, 대문자 1개, 소문자 1개, 숫자 1개, 특수문자 1개 이상)

retry=N	패스워드 입력 실패 시 재시도 횟수
difok=N	기존 패스워드와 비교(기본값 : 10(50%))
minlen=N	크레디트를 더한 패스워드 최소 길이
dcredit=N	숫자에 주어지는 크레디트 값(기본값 : 1)
udredit=N	영어 대문자에 주어지는 크레디트 값
lcredit=N	영어 소문자에 주어지는 크레디트 값
ocredit=N	숫자, 영어 대/소문자를 제외한 기타 문자

(각 항목에서 -1 값을 주면 반드시 해당하는 문자를 포함시켜야 함. 즉 dcredit=-1 이라면 패스워드에 숫자가 반드시 포함되어야 함)

15 리눅스에서 로그인 실패 시 로그가 저장되는 파일은?

① utmp   ② pacct   ③ wtmp   ④ btmp

해설 ❓

① utmp : 시스템에 현재 로그인한 사용자의 상태를 기록하는 로그 파일이다.

② pacct : 사용자별로 실행되었던 명령어를 기록하는 유닉스 시스템의 로그 파일이다.

③ wtmp : 사용자의 로그인/로그아웃 정보를 기록한 로그 파일이다.

16 rlogin은 원격 시스템에 접속할 때 사용하는 서비스로, 사전에 서버의 특정 파일에 호스트를 등록하여 클라이언트가 패스워드를 입력할 필요 없이 로그인이 가능하게 하는 서비스이다. 다음 중 호스트를 등록하는 파일은?

① /etc/hosts   ② /etc/hosts.equiv

③ /etc/resolv.conf   ④ /etc/syslog.conf

해설 ❓

① /etc/hosts : 호스트 이름과 IP 주소를 매핑시키는데 사용하는 파일이다.

③ /etc/resolv.conf : 요청할 DNS 서버를 지정할 때 사용하는 파일이다.

④ /etc/syslog.conf : 시스템 로그 데몬(syslogd)이 실행될 때 참조되는 로그파일의 설정 파일로, 서비스 종류(데몬)에 대하여 우선순위의 상황이 발생하면 로그파일의 위치를 파일에 기록한다.

• rlogin, rsh, rcp 등의 명령어와 관련 있는 설정 파일은 /etc/hosts. equiv과 $HOME/.rhosts가 있다.

17 다음 〈보기〉에서 설명하는 파일 시스템은?

• 초창기 리눅스용으로 개발되었으며, 최대 2GB까지 파일 시스템 크기를 지원한다.
• 256byte까지 파일명을 지원한다.
• 접근제어, inode 수정, 타임스탬프 수정 등의 기능이 없다.
• 사용할수록 단편화가 심해진다.

① FAT16   ② FAT32   ③ NTFS   ④ EXT

해설 ❓

① FAT16 : MS-DOS 4.0 이후 하드디스크 지원, 큰 클러스터에 작은 파일이 들어가게 되어 낭비가 생긴다. 클러스터 =65,536개

② FAT32 : Windows 95에서 2GB 이상의 고용량 하드디스크를 지원하기 위하여 개발(32GB까지로 제한), FAT16 보다 효율적으로 하드디스크 사용할 수 있다.

③ NTFS : FAT 파일 시스템의 한계점을 개선한 파일 시스템. 즉, FAT32에 대용량 하드디스크 지원, 보안, 압축, 원격 저장소 기능 등을 추가하여 만든 Windows NT 파일 시스템이다.

18 TCP Wrapper의 기능이 아닌 것은?

① Log를 기록한다.

② 특정 IP 주소를 차단한다.

③ IP 주소와 포트 번호를 이용하여 접근통제를 수행한다.

④ 특정 서비스를 차단한다.

해설 ❓

TCP Wrapper : 호스트 기반 네트워킹 ACL 시스템으로서, 리눅스 또는 BSD 같은 운영체제의 인터넷 프로토콜 서버에서 네트워크 접근을 필터링하기 위해 사용된다. 이것은 접근제어 목적을 위한 필터 역할을 하는 토큰으로서 사용되며, 호스트나 부분망 IP 주소, 호스트명 쿼리 응답을 허용한다.

19 Windows Users 그룹에 대한 설명으로 옳지 않은 것은?

• Windows에서는 사용자 계정을 추가하면 일반 사용자 그룹인 Users 그룹에 자동으로 포함된다.
• NTFS로 포맷된 볼륨에서는 이 그룹의 구성원이 운영체제 및 설치된 프로그램의 무결성을 손상시킬 수 없도록 새로 설치된 시스템의 기본 보안 설정이 지정된다.

① Users 그룹의 구성원은 워크스테이션을 종료할 수 있고, 서버도 종료할 수 있다.

② Users 그룹의 구성원은 관리자가 설치하거나, 배포한 인증된 프로그램을 실행할 수 있다.

③ Users 그룹의 구성원은 로컬 그룹을 만들 수는 있지만, 자신이 만든 로컬 그룹만 관리할 수 있다.

④ Users 그룹의 구성원은 자신의 모든 데이터 파일(%userprofile%) 및 레지스트리에서 자신에 속하는 부분(HKEY_CURRENT_USER)을 완전하게 제어할 수 있다.

해설 ❓

①은 Administrators 그룹에 대한 설명이다.

20 다음 〈보기〉에서 설명하는 공격은?

> 한정된 자원을 동시에 이용하려는 여러 프로세스가 자원의 이용을 위해 경쟁을 벌이는 현상을 의미하는 것으로, 취약 프로그램이 생성하는 임시 파일과 같은 이름의 파일을 생성한 후 생성한 임시 파일에 대한 심볼릭 링크를 설정한다.

① SQL Injection

② Trapdoor

③ Race Condition

④ Watering Hole

해설 ❓

③ Race Condition : 두 프로세스 간 자원 사용에 대한 경쟁을 이용하여 시스템 관리자의 권한을 획득하고, 파일에 대한 접근을 가능하게 하는 공격기법이다.
  – 시스템과 공격 프로그램이 경쟁 상태에 이르게 함

2과목 네트워크 보안

21 다음 〈보기〉의 내용을 보고 예측할 수 있는 공격은?

```
#arp -a
192.168.10.1   00-00-00-00-00-00   Dynamic
#arp -a
192.168.10.1   11-11-11-11-11-11   Dynamic
```

① ARP Spoofing

② ARP Broadcast

③ ICMP Redirect

④ Switch Jamming

22 Ping 명령어를 이용하여 4,000 Byte ICMP 패킷을 전송하였다. MTU가 1500일 경우 3번째 패킷의 크기는?

① 1,480　　　　② 2,048

③ 1,024　　　　④ 1,040

해설 ❓

MTU가 1500이므로, 4,000 Byte 패킷은 분할되며, 1,480(MTU − IP Header), 1,480, 1,040 크기로 분할된다.

23 SSL Handshake 프로토콜에 대한 설명으로 옳지 않은 것은?

① Cipher Suite은 공개키 암호 시스템, 대칭키 암호 시스템, 해시 알고리즘 등 3개의 정보로 구성된다.

② SSL Handshake 프로토콜 동작 과정을 통해 SSL 클라이언트와 서버가 공유하는 암호 알고리즘들과 키값들이 생성된다.

③ SSL 클라이언트는 통신 상대인 서버의 신원 확인을 위해 전자인증서 기반의 인증을 수행한다.

④ SSL 클라이언트와 서버의 전자인증서는 대칭키 암호 시스템을 이용한다.

해설 ❓

SSL 클라이언트와 서버의 전자인증서는 공개키 암호 시스템을 이용한다.

24 VLAN에 대한 설명이다. (㉠)~(㉢) 안에 들어갈 내용을 순서대로 나열한 것은?

> • VLAN이란 (㉠) 트래픽을 제한하여 불필요한 트래픽을 차단하기 위한 (㉡) LAN이다.
> • 스위치는 허브처럼 한 포트에서 발생한 데이터를 모든 포트에 전달하지 않기 때문에 스위치에 흐르는 데이터를 분석하려면 허브와는 달리 (㉢) 기능을 사용해야 한다.

	㉠	㉡	㉢
①	멀티캐스팅	논리적인	Port Mirroring
②	브로드캐스팅	논리적인	Port Mirroring
③	브로드캐스팅	물리적인	Port Filtering
④	멀티캐스팅	물리적인	Port Filtering

25 TTL에 대한 설명으로 옳은 것은?

① Echo Replay 패킷 크기

② Replay 패킷을 받기까지의 시간

③ 라우팅 정보가 잘못되어 발생하는 패킷 무한 반복을 제어하기 위한 값

④ 손실된 패킷의 수

해설 ❓

TTL(Time to Live)은 컴퓨터나 네트워크에서 데이터의 유효 기간을 나타내기 위한 방법으로서 패킷의 무한 순환을 방지한다.

26 TCP 플래그 값을 모두 Off(비활성화)한 패킷들을 이용하여 스캔하는 기법은?

① FIN 스캔
② TCP SYN 스캔
③ Null 스캔
④ XMAS 스캔

해설

① FIN 스캔 : FIN 플래그만 설정해 스캔하는 방식이다.
② TCP SYN 스캔 : TCP Connect Scan과 같이 완전한 세션을 성립하지 않고, SYN 패킷만을 이용해 열린 포트를 확인하는 스캔 방식이다. Half Open Scan이라고도 한다.
④ XMAS 스캔 : TCP 플래그 값을 모두 설정하거나, 일부 값을 설정하여 확인하는 스캔 방식이다.

27 다음 〈보기〉의 공격 특징 및 대응 방안과 가장 관련이 있는 공격은?

> 웹서버 OS의 TCP 스택(Stack) 자원을 소모하는 특징을 갖는 웹서버 자원 소모 공격으로 사용될 수 있으며, 그 대응방법으로, Anti-DDoS 장비에서 출발지 IP 주소별로 PPS 임계치를 설정하거나, 패킷 헤더 검사를 통해 정상적인 옵션 필드 값을 갖지 않는 비정상 패킷을 차단할 수 있다.

① UDP Flooding
② SYN Flooding
③ GET Flooding
④ ICMP Flooding

해설

① UDP Flooding : 공격 대상시스템에 UDP 패킷을 전송하면 목적지 포트가 어떤 애플리케이션이 서비스하고 있는지 조사하고, 없다고 파악되면 출발지 IP 주소에 ICMP Unreachable 패킷을 전송하는데, 이때 다량의 UDP 패킷을 공격대상 시스템에 전송함으로써 시스템에 부하가 걸리게 하여 정상 서비스를 할 수 없도록 하는 공격이다.
③ GET Flooding : 정상적인 TCP 연결 과정 이후 정상적으로 보이는 HTTP Transaction 과정이 수행되는 DDoS 공격기법이다. 공격자가 동일한 동적 콘텐츠에 대한 HTTP GET 메소드 요청을 다량으로 발생시켜, 공격대상 웹 서버가 해당 요청을 처리하기 위해 서버 자원을 과도하게 사용하도록 함으로써, 웹 서버의 정상적인 요청을 처리하지 못하도록 하는 공격기법이다.
④ ICMP Flooding : 스머프 공격(Smurf Attack)이라고도 하며, 네트워크에서의 DoS 공격의 하나이다. 네트워크 장치 설정이 잘못되었을 경우, 어떤 특정 네트워크의 브로드캐스트 주소로 전달된 패킷이 네트워크의 모든 컴퓨터에 전달될 수 있다는 점을 이용한다.

28 다음 〈보기〉의 Snort 규칙에 대한 설명으로 옳지 않은 것은?

> alert tcp !192.168.10.100/24 any -> 192.168.10.100/24 139
> (flow : established:content : "|334433443344|";)

① 바이너리로 "334433443344"가 IP 주소 192.168.10.100으로 전송되는 경우 탐지한다.
② 전송되는 패킷 중 TCP를 탐지하고, IP 주소 192.168.10.100, Port 139로 전송되는 패킷을 탐지한다.
③ 연결이 확립된 트랜잭션에 대해서는 검사를 수행하지 않는다.
④ 출발지의 포트번호와는 관계없이 탐지한다.

해설

Snort는 연결이 확립된(Established) 패킷에 대해서만 탐지한다.

29 OSI 7 Layer 모델의 3계층 터널링 프로토콜은?

① PPTP   ② L2TP   ③ IPSec   ④ SSL

해설

• 2계층 터널링 프로토콜 : PPTP, L2F, L2TP
• 3계층 터널링 프로토콜 : IPSec
• 5계층 터널링 프로토콜 : SSL, Socks

30 iptables 설정 내용을 /etc/iptables.tmp 파일에 저장하는 명령어로 옳은 것은?

① iptables - store 〉 /etc/iptables.tmp
② iptables - config 〉 /etc/iptables.tmp
③ iptables - restore 〉 /etc/iptables.tmp
④ iptables - save 〉 /etc/iptables.tmp

31 포트의 Open 여부를 확인하는 방법으로 다른 하나는?

① Null 스캔
② FIN 스캔
③ SYN 스캔
④ XMAS 스캔

해설

• ①, ②, ④는 Stealth Scan으로, 포트 Open 시 무응답, 포트 Closed 시 RST 패킷이 돌아온다.
• ③은 Half Open Scan으로, 포트 Open 시 SYN+ACK, 포트 Closed 시 RST 패킷이 돌아온다.

26 ③ 27 ② 28 ③ 29 ③ 30 ④ 31 ③ **정답**

32 공격자는 공격대상 시스템을 10.10.10.5로 에이전트가 있는 네트워크 192.168.3.0/24로 설정하고, 패킷 생성 도구를 이용하여 패킷을 보냈다. 다음 〈보기〉를 참조할 때 이러한 공격행위와 가장 관련이 있는 것은?

> hping 192.168.3.255 −a 10.10.10.5 — icmp −−flood

① SYN Flooding　　② Ping of Death
③ LAND　　　　　④ Smurf

해설 ❓

① SYN Flooding : TCP의 3-Way Handshake의 취약점을 이용한 공격으로, 출발지 IP 주소를 존재하지 않는 IP 주소로 변조한 후, 다량의 SYN 패킷을 전송하여 공격대상 시스템의 백로그 큐(Backlog Queue)를 가득채워 시스템을 마비시키는 공격이다.

② Ping of Death : Ping을 이용하여 ICMP 패킷을 정상적인 크기보다 아주 크게 만들어 전송하는 공격기법이다.

③ LAND : 공격자가 임의로 자신의 IP 주소와 포트를 공격대상의 IP 주소와 포트를 같게 하여 서버에 접속함으로써, 실행 속도가 느려지거나 마비되게 하는 공격기법이다.

④ Smurf : 여러 호스트가 특정 대상에게 다량의 ICMP Echo Request를 보내게 하여 서비스거부(DoS)를 유발하는 공격기법이며, 전체 IP 브로드캐스트 주소를 대상으로 수행된다.

33 다음 〈보기〉는 어떤 공격을 방어하기 위한 것인가?

> • 콘텐츠 요청 횟수에 대한 임계치 설정에 의한 차단
> • 시간별 웹페이지 URL 접속 임계치 설정에 의한 차단
> • Web-Scraping 기법을 이용한 차단

① Get Flooding 공격 방어
② ICMP Flooding 공격 방어
③ SYN Flooding 공격 방어
④ TCP Session 공격 방어

해설 ❓

② ICMP Flooding 공격 방어 : 라우터나 서버의 방화벽에서 ICMP 프로토콜 차단

③ SYN Flooding 공격 방어 : 백로그 큐 크기를 늘려줌. SYNCookies 사용

④ TCP Session 공격 방어 : 암호 알고리즘을 사용하여 Session 암호화

34 다음 〈보기〉에서 설명하고 있는 공격기법은?

> 공격대상이 방문할 가능성이 있는 합법적인 웹 사이트를 미리 감염시킨 뒤, 잠복하고 있다가 피해자가 방문하면 피해자의 컴퓨터에 악성코드를 설치하는 공격 기법

① Malicious Bot 공격
② Watering Hole 공격
③ Spear Phishing 공격
④ Pharming 공격

해설 ❓

① Malicious Bot 공격 : 사용자의 컴퓨터에 몰래 잠입해 있다가 해커의 조정에 따라 시스템을 감염시키는 악성 원격제어 프로그램이다. 원격 로봇처럼 공격자의 명령으로 실행되며, 스팸메일 발송, 분산 서비스 거부(DDoS) 공격 등에 악용되는 프로그램 또는 코드를 말한다.

② Watering Hole 공격 : 타겟이 된 사용자가 방문 할 가능성이 높은 사이트를 대상으로, 공격자가 사이트를 침해하여 피해자를 악성코드에 리디렉터(redirect)하기 위해 자바스크립트와 HTML을 삽입한다. 위험 사이트에 방문하는 사용자의 컴퓨터로 악성코드가 다운로드하고 실행되길 기다리는 "Waiting" 상태로 대기한다.

35 스위칭 환경에서 스니핑을 수행하기 위한 공격이 아닌 것은?

① ICMP 리다이렉트　② ARP 스푸핑
③ 스위치 재밍　　　 ④ IP 스푸핑

해설 ❓

IP 스푸핑 : 신뢰 관계에 있는 서버와 클라이언트를 확인한 후 클라이언트에 DoS 공격을 하여 접속을 끊고, 클라이언트의 IP 주소를 확보하여 실제 클라이언트인 것처럼 패스워드 없이 접근하는 공격기법이다.

36 내부망에서 외부망을 향하는 패킷들을 모니터링하고 통제하여, 비인가 트래픽이나 악성 트래픽이 내부망을 벗어나지 않도록 하는 필터링 방식은?

① Contents Filtering
② Blacklist Filtering
③ Egress Filtering
④ Inference Filtering

해설 ❓

① Contents Filtering : 인터넷 검색을 이용할 때 데이터를 제한하는 기술로, 원하는 콘텐츠를 이용하는 과정에서 사용한다.

② Blacklist Filtering : 악의성이 입증된 것을 차단하는 필터링 방식이다.

37 다음 〈보기〉에서 설명하는 보안시스템은?

> • 네트워크에 접근하는 접속 단말의 보안성을 검증하여 보안성을 강제화하고 접속을 통제할 수 있는 보안 인프라이다.
> • 사용 단말이 내부 네트워크에 접속하기 전에 보안정책을 준수했는지 여부를 검사해 네트워크 접속을 통제하는 보안 솔루션이다.
> • 주요 기능으로는 접근제어/인증, PC 및 네트워크 장비 통제, 해킹, 웜, 유해 트래픽 탐지 및 차단 등이 있다.

① NAC   ② ESM   ③ SIEM   ④ IDS

해설 ❓

② ESM : 네트워크를 통하여 들어오는 모든 위험 요소를 총체적으로 분석하여 예방할 수 있도록 운영자에게 알려주는 시스템이다. 네트워크 및 서버 운영자는 ESM을 통하여 수집된 위험 정보를 바탕으로 네트워크에서 발생할 위기 상황을 미리 파악하고 대처함으로써, 시스템 운용을 원활하게 할 수 있다.

③ SIEM : 네트워크와 보안장비로부터 정보를 수집, 분석하고 제시하는 것으로, 경계부터 최종 사용자까지 전체 범위에서 로그를 수집, 저장 및 분석한다. 종합적인 보안 보고 및 규제 준수 관리와 함께 신속한 공격 탐지, 차단 및 응답을 위해 보안 위협을 실시간으로 모니터링하는 소프트웨어이다.

④ IDS : 네트워크 시스템 파일과 로그인을 감시하여 컴퓨터 시스템에 침입하거나 이를 악용하려는 침입자를 탐지하는 역할을 한다. 침입 탐지시스템의 두 가지 주요 유형은 비정상행위 탐지(Anomaly Detection)와 오용 탐지(Misuse Detection)가 있다. 비정상행위 탐지는 정상적인 시스템 사용에서 발생하는 행동을 탐지하고 오용탐지는 알려진 공격 시나리오와 일치하는 행동을 탐지한다. IDS는 탐지만 가능하고 차단은 하지 못한다.

38 IPSec 프로토콜의 설명으로 옳지 않은 것은?

① IPSec은 전송데이터 보호 구간에 따라 트랜스포트 모드와 터널 모드로 나뉘며, End-to-End 전송 데이터 보호를 위해서는 터널 모드를 사용해야 한다.

② ESP를 설정하면 데이터 기밀성을 제공하여 데이터가 노출되는 것을 차단할 수 있다.

③ AH를 설정할 시 데이터가 수정되지 않았음을 보장할 수 있다.

④ 트랜스포트 모드 AH 헤더는 IP 헤더와 IP 페이로드 사이에 삽입된다.

해설 ❓

IPSec은 전송데이터 보호 구간에 따라 트랜스포트 모드와 터널 모드로 나뉘며, End-to-End 전송 데이터 보호를 위해서는 트랜스포트 모드를 사용해야 한다. 두 라우터 간, 호스트와 라우터 간, 두 게이트웨이 간에는 터널 모드를 사용해야 한다.

39 IP Fragmentation을 이용하여 공격을 수행하는 공격기법은?

① Teardrop   ② SYN Flooding
③ ICMP Flooding   ④ LAND Attack

해설 ❓

② Trapdoor : 보안 기능을 우회해 데이터에 직접 접근하는 공격기법인데, 사실상 백도어와 같은 의미로 사용된다. 백도어라는 용어가 더 널리 사용되고 있다.

40 다음 〈보기〉의 인바운드 방화벽 규칙에 대한 설명으로 옳지 않은 것은?

출발지(클라이언트)	목적지(서버)	접근통제
10.10.10.10/24	20.20.20.20/24	거부
10.10.11.10/24	20.20.21.20/24	차단
30.30.20.10/24	20.20.20.20/24	허용

① 출발지 IP 주소 10.10.10.10은 20.20.20.20 서버에 접속할 수 없다.

② 목적지 IP 주소 20.20.21.20은 10.10.11.10으로 접속을 요청하면 차단된다.

③ 출발지 IP 주소 30.30.20.10은 20.20.20.20 서버에 접속할 수 있다.

④ 출발지 IP 주소 10.10.11.10은 40.40.40.40 서버에 접속할 수 있다.

해설 ❓

서버 내부(20.20.21.20)에서 외부(10.10.11.10)로 나가는 패킷은 차단 설정이 안 되어 있기 때문에 접속할 수 있다.

3과목 애플리케이션 보안

41 공격자가 사용자의 아이디와 패스워드를 획득하여 다른 사이트를 공격하는 것을 무엇이라 하는가?

① 인증 우회　　　　② 무차별 대입 공격

③ 크리덴셜 스터핑　④ 크로스 사이트 요청 변조

해설

③ 크리덴셜 스터핑 : 공격자가 미리 확보해 놓은 로그인 자격증명 (Credential)을 다른 계정에 무작위로 대입(Stuffing)해보며 사용자 의 계정을 탈취하는 공격기법이다.

42 디지털포렌식 과정 중 수집된 디지털 증거를 이송, 분석, 보관, 법정 제출 등 각 단계에서 담당자 및 책임자를 명확히 함으로써, 증거물의 진정성을 판단하는 기본 원칙은?

① 관리 연속성　　　② 독수독과성

③ 전문 배제성　　　④ 증거 무결성

해설

② 독수독과성 : 위법하게 수집된 증거(독수)에 의하여 발견된 제2차 증거(독과)의 증거능력은 인정할 수 없다는 이론이다.

③ 전문 배제성 : 전문증거의 증거능력을 배제하는 증거법상의 원칙 을 말한다.

④ 증거 무결성 : 증거 데이터가 수집 및 분석 과정을 거쳐 법정에 제 출되기까지 변경이나 훼손 없이 안전하게 보호되는 것을 말한다.

43 취약점 및 버그 방지 개발 방법 중 새로운 프로세스를 생성하여 사용할 경우의 보안 대책과 거리가 먼 것은?

① 모든 파일 기술자들을 닫았는지 확인한다.

② strncat( ) 함수나 vfscanf( ) 함수의 사용을 제한한다.

③ 자식 프로세스에 전달된 환경변수를 확인한다.

④ 프로그램을 실행할 때 전체 경로 이름을 사용하는지 확인한다.

해설

strcat( ) 함수나 fscanf( ) 함수 같은 취약한 함수를 사용하는 것보다 strncat( ) 함수나 vfscanf( ) 함수를 사용해야 한다.

44 웹에서 보안 문제 발생 시 아파치 로그를 분석하여 문제를 해결하는 방법으로 가장 옳지 않은 것은?

① 클라이언트의 IP 주소, 클라이언트의 접속 시간 정보에 대한 로그 내용을 분석한다.

② 클라이언트의 요청방식(GET, POST) 및 요청 내용(URL)에 대한 로그 내용을 분석한다.

③ 특정 파일에 대한 연속적인 요청이 있을 시 로그 패턴을 분석한다.

④ 웹서버에서 특정 웹페이지(파일)의 요청이 많은 경우에 대한 로그 패턴을 분석한다.

해설

웹에서 보안 문제 발생 시 웹서버인 아파치 로그의 분석 내용은 접속 시간, 접속 IP 주소, 요청 패턴 등을 분석해야 한다.

45 FTP의 Passive 모드를 사용하는 이유는?

① UDP를 이용하므로 전송 속도가 빠르다.

② 20, 21번 포트를 모두 사용할 수 있다.

③ 클라이언트가 방화벽 뒤에 있어 접속할 수 없는 경우를 해결할 수 있다.

④ Passive 모드는 암호화를 이용하므로, Active 모드보다 안전하다.

해설

FTP Passive 모드는 클라이언트가 서버로 접속을 요청하므로, 클라이언 트에 방화벽이 설치되어 있어 접속할 수 없는 경우를 해결할 수 있다.

46 SQL Injection에 대한 설명으로 옳지 않은 것은?

① 입력값을 조작하여 사용자 인증을 우회할 수 있는 SQL문을 만들고 DB 입력에 사용하는 것을 말한다.

② 준비된 쿼리문을 이용하여 SQL문을 사용하므로써, 공격을 완화할 수 있다.

③ 응답 값이 True와 False 값으로 공격하는 것은 Blind SQL Injection이라고 한다.

④ 등록되어 있는 패턴을 입력하지 않도록 관리하는 블랙리스트 방식은 화이트리스트 방식보다 보안이 더 우수하다.

해설

화이트리스 방식은 등록된 패턴만을 입력할 수 있도록 하는 것으로, 블랙리스트 방식보다 보안에 우수하다.

47 KISA에서 발표한 생체인식기반 간편 공인인증 가이드라인의 보안 요구사항으로 부적합한 사항을 모두 고르면?

> a. 루팅 및 탈옥 등 스마트폰이 불법 변경되면, 모든 저장소에 접근이 가능하여 안전한 하드웨어 저장소를 활용할 것을 권고한다.
> b. 생체정보 등의 로컬인증 실패 횟수는 제한하지 않되, 비밀번호 등은 실패 횟수를 제한하여야 한다.
> c. 장치의 오인식률(FAR)은 5% 미만이어야 한다.
> d. 스마트폰 내 지문인식 장치의 취약점이 발견되는 즉시 보안조치가 이루어져야 한다.

① a, b ② a, c ③ b, c ④ b, d

해설 ❓

[생체인식기반 간편 공인인증 가이드라인의 보안 요구사항]
1. 루팅(Rooting) · 탈옥(Jail-Break) 등 스마트폰이 불법 변경된 환경에서는 모든 저장소에 접근이 가능하기 때문에, 물리적으로 독립된 안전한 하드웨어 저장소를 활용하는 것을 권고한다.
2. 비밀번호, 생체정보 등 전자서명생성정보 접근을 위한 로컬인증 실패시 횟수를 제한하여야 한다.
3. 스마트폰 내 지문인식 장치의 FAR(오인식률)은 1/50,000을 지원하여야 하며, FRR(오거부율)은 2~3% 이하를 지원하여야 한다.
4. 위조지문 등 스마트폰 내 지문인식 장치의 취약점이 발견되는 즉시 보안조치가 이루어져야 한다.
5. TEE(Trusted Execution Environment) 클라이언트와 TA(Technical Architecture)는 신뢰된 상호인증을 수행하는 것을 권고한다.

48 DRM에 대한 설명으로 옳지 않은 것은?

① 커널에 삽입된 DRM 모듈은 응용 프로그램이 작성한 문서를 암호화하여 하드디스크에 저장한다.
② 문서보안 기술의 하나로서, 문서의 열람, 편집, 인쇄에 접근 권한을 설정하여 통제한다.
③ 관리자는 각 개인의 DRM 인증서에 권한을 설정하여, 각 개인의 문서에 대한 접근 권한을 관리할 수 있다.
④ 과거 IP 관리 시스템이 발전한 형태의 솔루션으로서, MAC 주소를 기반으로 접근제어 및 인증을 수행한다.

해설 ❓
• ④는 NAC에 대한 설명이다.
• NAC(Network Access Control) : 과거 IP 관리 시스템이 발전한 형태 의 솔루션으로서, 기본적으로는 IP 관리 시스템과 비슷하고, IP 관리 시스템에 네트워크에 대한 통제를 강화한 것이다.

49 서버 측 스크립트 언어가 아닌 것은?

① JSP ② ASP ③ HTML ④ PHP

해설 ❓
• 서버 측 스크립트 언어 : JSP, ASP, ASP.NET, PHP, Node.js, Flask 등이 있다.
• 클라이언트 측 스크립트 언어 : HTML, CSS, 자바스크립트 등이 있다.

50 OWASP TOP 10 - 2017과 거리가 먼 것은?

① DDoS : UDP 등 사용하지 않는 프로토콜 차단 및 모니터링 체계 구성이 필요함
② 민감한 데이터 노출 : 중요한 데이터를 저장 및 전송할 때, 암호화 같은 추가적인 보호 조치가 요구됨
③ 취약한 인증 : 인증 및 세션 관리와 관련된 애플리케이션 기능이 잘못 구현되어 있는 상황에서 발생
④ 불충분한 로깅 및 모니터링 : 로깅과 모니터링을 적절히 수행하지 않을 경우, 사고에 대한 적절한 대응이 불가

해설 ❓
[OWASP Top 10 - 2017]

A1 (인젝션)	• SQL, OS, XXE, LDAP 인젝션 취약점은 신뢰할 수 없는 데이터가 명령어나 쿼리문의 일부분으로써, 인터프리터로 보내질 때 발생 • 공격자의 악의적인 데이터는 예기치 않은 명령을 실행하거나, 올바른 권한 없이 데이터에 접근하도록 인터프리터를 속일 수 있음
A2 (취약한 인증)	인증 및 세션 관리와 관련된 애플리케이션 기능이 종종 잘못 구현되어 공격자들이 암호, 키, 세션 토큰을 위험에 노출될 수 있거나, 일시적 또는 영구적으로 다른 사용자의 권한 획득을 위해 구현상 결함을 악용하도록 허용
A3 (민감한 데이터 노출)	• 다수의 웹 애플리케이션과 API는 금융 정보, 건강 정보, 개인 식별 정보와 같은 중요한 정보를 제대로 보호하지 않음 • 공격자는 신용카드 사기, 신분 도용 또는 다른 범죄를 수행하기 위해 보호가 취약한 데이터를 훔치거나 수정할 수 있음 • 중요한 데이터는 저장 또는 전송할 때 암호화 같은 추가 보호 조치가 없으면 탈취당할 수 있으며, 브라우저에서 주고받을 때 각별한 주의가 필요함
A4 (XML 외부 개체 (XXE))	• 오래되고 설정이 엉망인 많은 XML 프로세서들은 XML 문서 내에서 외부 개체 참조를 평가함 • 외부 개체는 파일 URI 처리기, 내부 파일 공유, 내부 포트 스캔, 원격 코드 실행과 서비스거부 공격을 사용하여 내부 파일을 공개하는 데 사용할 수 있음

A5 (취약한 접근통제)	• 인증된 사용자가 수행할 수 있는 작업에 대한 제한이 제대로 적용되어 있지 않음 • 공격자는 이러한 결함을 악용하여 다른 사용자의 계정에 접근하거나, 중요한 파일을 보거나, 다른 사용자의 데이터를 수정하거나, 접근 권한을 변경하는 등 권한 없는 기능과 데이터에 접근할 수 있음
A6 (잘못된 보안 구성)	• 잘못된 보안 구성은 가장 흔하게 보이는 이슈 • 취약한 기본 설정, 미완성(또는 임시 설정), 개방된 클라우드 스토리지, 잘못 구성된 HTTP 헤더 및 민감한 정보가 포함된 장황한 오류 메시지로 인한 결과 • 모든 운영체제, 프레임워크, 라이브러리와 애플리케이션을 안전하게 설정해야 할 뿐만 아니라 시기적절하게 패치/업그레이드를 진행해야 함
A7 (크로스 사이트 스크립팅(XSS))	• 애플리케이션이 올바른 유효성 검사 또는 필터링 처리 없이 새 웹 페이지에 신뢰할 수 없는 데이터를 포함하거나, 자바스크립트와 HTML을 생성하는 브라우저 API를 활용한 사용자 제공 데이터로 기존 웹 페이지를 업데이트할 때 발생 • 피해자의 브라우저에서 공격자에 의해 스크립트를 실행시켜 사용자 세션을 탈취할 수 있게 만들고, 웹사이트를 변조시키고, 악성 사이트로 리다이렉션할 수 있도록 허용
A8 (안전하지 않은 역 직렬화)	• 안전하지 않은 역 직렬화는 종종 원격 코드 실행으로 이어짐 • 역 직렬화 취약점이 원격 코드 실행 결과를 가져오지 않더라도 이는 권한 상승 공격, 주입 공격과 재생 공격을 포함한 다양한 공격 수행에 사용될 수 있음
A9 (알려진 취약점이 있는 구성요소 사용)	• 라이브러리, 프레임워크 및 다른 소프트웨어 모듈 같은 컴포넌트는 애플리케이션과 같은 권한으로 실행됨 • 만약에 취약한 컴포넌트가 악용된 경우, 이는 심각한 데이터 손실을 일으키거나 서버가 장악됨 • 알려진 취약점이 있는 컴포넌트를 사용한 애플리케이션과 API는 애플리케이션 방어를 약화하거나 다양한 공격에 영향을 미침
A10 (불충분한 로깅 및 모니터링)	• 불충분한 로깅과 모니터링은 사고 대응의 비효율적인 통합 또는 누락과 함께 공격자들이 시스템을 더 공격하고, 지속성을 유지하며, 더 많은 시스템을 중심으로 공격할 수 있도록 만들고, 데이터를 변조, 추출 또는 파괴할 수 있음 • 대부분의 침해 사례에서 침해를 탐지하는 시간이 200일이 넘게 걸리는 것을 보여주고, 이는 일반적으로 내부 프로세스와 모니터링보다 외부기관이 탐지함

51 웹 취약점을 보완하기 위한 내용으로 옳지 않은 것은?

① 서버 통제 적용
② 특수문자 필터링
③ 쿠키(Cookie)의 사용
④ 지속적인 세션 관리

52 제3자가 소비자의 상품 대금을 보관하고 있다가 상품배송이 완료된 후, 통신 판매업자에게 지급하는 서비스는?

① 선불전자지급 수단발행 서비스
② 전자지급결제대행(PG) 서비스
③ 결제대금예치(Escrow) 서비스
④ 전자고지결제(EBPP) 서비스

해설 ❓

① 선불전자지급 수단발행 서비스 : 이전 가능한 금전적 가치가 전자적 방법으로 저장돼 발행된 증표 또는 그 증표에 관한 정보로서, 발행인 외의 제3자로부터 재화 용역을 구입하고, 그 대가를 지급하는 데 사용할 수 있는 수단을 말한다.

② 전자지급결제대행(PG) 서비스 : 전자적 방법으로 재화의 구입 또는 용역의 이용에 있어서 지급결제정보를 송신하거나 수신하는 것, 또는 그 대가의 정산을 대행하거나 매개하는 서비스를 말한다.

④ 전자고지결제(EBPP) 서비스 : 수취인을 대행하여 지급인이 수취인에게 지급하여야 할 자금의 내역을 전자적인 방법으로 수취인에게 고지하고, 자금을 직접 수수하며 그 정산을 대행하는 서비스를 말한다.

53 FTP 서비스에 대한 공격과 거리가 먼 것은?

① Sniffing 공격
② Brute Force 공격
③ Bounce 공격
④ CSRF 공격

해설 ❓

CSRF 공격 : 웹 취약점 공격으로 희생자가 자신의 의지와는 무관하게 공격자가 의도한 행위(수정, 삭제, 생성 등)를 특정 웹사이트에 요청하는 공격기법이다.

54 SSL 프로토콜에 대한 설명으로 옳지 않은 것은?

① SSL 프로토콜에 지정된 포트는 443임
② 세션 계층에서 적용되며, FTP, TFTP, SYS-LOG 등과 같은 응용 계층 프로토콜의 안전성 보장을 위해 사용될 수 있음
③ 웹 서버와 웹브라우저 간의 안전한 통신을 위해 넷스케이프에 의해 개발됨
④ SSL을 사용하기 위해서는 우리가 흔히 사용하는 URL 표기 방식인 "http://*" 대신에 "https://*"를 사용해야 함

해설 ❓

SSL : 세션 계층에서 적용되며 FTP, SMTP, HTTP 등과 같은 응용 계층 프로토콜의 안전성 보장을 위해 사용될 수 있다.

55 SQL Injection을 방어하기 위하여 등록하는 필터를 모두 고르면?

> ㉠ insert[[space :]]+into.*values
> ㉡ drop[[space :]]+table
> ㉢ location.href[[space :]]*=
> ㉣ declare.+varchar=fset

① ㉠, ㉡, ㉢
② ㉠, ㉡
③ ㉡, ㉣
④ ㉢, ㉣

해설 ❓

SQL Injection을 방어하기 위해서는 DDL, DML, DCL 관련 명령어를 필터링해야 한다. DDL 언어에는 CREATE, DROP, ALTER 등이 있고, DML에는 SELECT, UPDATE, DELETE, INSERT 등이 있으며, DCL 에는 GRANT, REVOKE 등이 있다.

56 경계 검사의 미비로 버퍼 오버플로를 발생시킬 우려가 있어, 사용하지 않도록 권고되는 C라이브러리 함수에 포함되지 않는 것은?

① strcpy( )
② fgets( )
③ sscanf(.)
④ gethostbyname( )

해설 ❓

취약한 함수	strcpy( ), strcat( ), sprintf( ), vsprintf( ), gets( )
안전한 함수	strncpy( ), strncat( ), snprintf( ), fgets( )

57 다수의 부분 문자열을 입력하여 공격 문자열을 완성하는 공격기법으로, 질의 결과로 참과 거짓만을 확인하며 수행하는 공격기법은?

① SQL Injection
② Blind SQL Injection
③ Union SQL Injection
④ Mass SQL Injection

해설 ❓

③ Union SQL Injection : 2개 이상의 쿼리를 요청하여 결과를 얻는 UNION이라는 SQL 연산자를 이용한 SQL Injection 공격기법을 말한다. 즉, 원래의 요청에 한 개의 추가 쿼리를 삽입하여 정보를 얻는다.

④ Mass SQL Injection : SQL Injection 기법보다 확장된 개념이다. 한 번의 공격으로 대량의 DB값이 변조되어 홈페이지에 치명적인 악영향을 미친다.

58 휘발성 순위가 가장 높은 데이터는?

① Register, Cache
② Routing Table, ARP Cache
③ Temporary File System
④ Disk

해설 ❓

휘발성 순위가 높은 순서에서 낮은 순서 : ① → ② → ③ → ④

59 CSRF 공격에 대한 설명이 틀린 것은?

① 자신의 의도와는 무관하게 공격자가 의도한 행위(수정, 삭제, 등록, 송금 등)를 하게 만드는 공격이다.
② 특정 사용자를 대상으로 하지 않고, 불특정 다수를 대상으로 한다.
③ 기본적으로 XSS 공격과 매우 유사하며, XSS 공격의 발전된 형태로 보기도 한다.
④ XSS 공격은 사용자가 악성스크립트를 서버에 요청하는데 반해 CSRF는 악성스크립트가 클라이언트에서 실행된다.

해설 ❓

XSS 공격은 사용자가 악성스크립트를 클라이언트에 요청하는데 반해 CSRF는 악성스크립트가 서버에서 실행된다.

60 전자상거래 환경에서 구매자의 신용카드 정보 등 중요 지불정보를 이용하여 판매자 대신 신용카드사 등 금융기관에 결제를 요청하고 처리하는 기관의 명칭은?

① CA(Certification Authority)
② PG(Payment Gateway)
③ TGS(Ticket Granting Service)
④ KDC(Key Distribution Center)

해설 ❓

① CA(Certification Authority) : 디지털 서명을 이용한 전자상거래 등에 있어서 누구나 객관적으로 신뢰할 수 있는 제3자(Trusted Third Party)를 의미한다. 전자서명 및 암호화를 위한 디지털 인증서를 발급 · 관리하는 서비스 제공 기관/서버를 말한다.

③ TGS(Ticket Granting Service) : 커버로스 인증에서 티켓을 발급해주는 서버를 말한다.

④ KDC(Key Distribution Center) : 데이터베이스에 접근하여 사용자의 신원을 인증하고, 다른 시스템에 접근할 수 있는 권한을 부여하는 티켓을 분배한다.

55 ① 56 ② 57 ② 58 ① 59 ④ 60 ② **정답**

4과목 정보보안 일반

61 다음 〈보기〉에서 설명하는 블록암호 운영모드는?

> • 초기치를 암호화한 값과 평문 블록을 XOR하여 암호문 블록을 생성하고, 그 암호문을 입력으로 사용하여 다시 암호화한 값과 평문 블록을 XOR하여 암호문 블록을 생성하는 과정을 반복하는 방식
> • 암호문 블록의 오류는 해당 평문 블록과 다음 평문 블록, 즉 총 2개의 블록에 영향을 미침

① Electronic CodeBook Mode

② Cipher FeedBack Mode

③ Output FeedBack Mode

④ Counter Mode

해설 ❓

① Electronic CodeBook Mode : 가장 단순한 모드로, 블록 단위로 순차적 암호화 구조. 1개의 블록만 해독되면 나머지 블록도 해독되는 단점이 있다.

③ Output FeedBack Mode : 블록 암호를 스트림 암호처럼 구성해 평문과 암호문의 길이가 같다. 암호화 함수는 키 생성에만 사용되며, 암호화와 복호화 방법이 동일하여 암호문을 한 번 더 암호화하면 평문이 출력된다.

④ Counter Mode : 블록 암호를 스트림 암호로 바꾸는 구조. 카운터 방식에서는 각 블록마다 현재 블록이 몇 번째인지 값을 얻어, 그 숫자와 nonce를 결합하여 블록 암호의 입력으로 사용한다. 각 블록 암호에서 연속적인 난수를 얻은 다음 암호화하려는 문자열과 XOR 한다. 각 블록의 암호화 및 복호화가 이전 블록에 의존하지 않으며, 따라서 병렬적으로 동작하는 것이 가능하다. 혹은 암호화된 문자열에서 원하는 부분만 복호화하는 것도 가능하다.

62 해시함수 h에 대해 $h(x)=h(x')$을 만족하는 2개의 서로 다른 입력 x, x'를 찾는 것이 계산적으로 불가능한 것을 의미하는 것은?

① 일방향성

② 무결성

③ 두 번째 역상 저항성

④ 충돌저항성

해설 ❓

① 일방향성 : 주어진 해시값에 대하여, 그 해시값을 생성하는 입력값을 찾는 것이 어려워야 한다.

③ 두 번째 역상 저항성 : 주어진 입력값과 그 입력값에 해당하는 해시값에 대하여 동일한 해시값을 생성하는 다른 입력값을 찾는 것이 어려워야 한다.

63 Active Attack과 Passive Attack이 옳게 짝지어진 것은?

① 재생 공격, 메시지 변조 공격

② 트래픽 분석 공격, 전송 파일 도청

③ 메시지 변조, 전송 파일 도청

④ 삽입 공격, 삭제 공격

해설 ❓

• Active Attack : 재생 공격, 메시지 변조, 삽입 공격, 삭제 공격

• Passive Attack : 트래픽 분석 공격, 전송 파일 도청

64 단일 치환 암호를 해독할 수 있는 방법으로 옳은 것은?

① 빈도 분석법

② 치환 분석법

③ 알파벳 분석법

④ 순서 분석법

65 전자서명 생성과 검증 과정에 사용되는 키가 옳게 짝지어진 것은?

	생성	검증
①	수신자의 공개키	송신자의 개인키
②	송신자의 공개키	송신자의 개인
③	송신자의 개인키	송신자의 공개키
④	수신자의 공개키	수신자의 개인키

66 다음 〈보기〉에서 설명하는 전자서명 기술은?

> SET에서 고객의 프라이버시 보호와 거래의 정당성 인증을 위해 고안된 전자서명 프로토콜로, SET기반 거래에서 상인은 주문정보만을 알아야 하고, 지불게이트웨이(PG)는 지불정보만을 알아야 한다.

① 이중서명

② 은닉서명

③ 공개서명

④ 전자서명

해설 ❓

② 은닉서명 : 기본적으로 임의의 전자서명을 만들 수 있는 서명자와 서명받을 메시지를 제공하는 제공자로 구성되어 있는 서명 방식으로, 제공자의 신원과(메시지, 서명) 쌍을 연결시킬 수 없는 특성을 유지할 수 있는 서명이다.

④ 전자서명 : 서명자를 확인하고 서명자가 해당 전자문서에 서명했다는 사실을 나타내는 데 이용하려고, 특정 전자문서에 첨부되거나 논리적으로 결합된 전자적 형태의 정보를 말한다.

67 메시지 인증 코드(MAC)에 대한 설명으로 옳지 않은 것은?

① 메시지에 붙여지는 작은 데이터 블록을 생성하기 위해 비밀키를 이용한다.

② 메시지와 비밀키를 입력하여 인증값으로 사용될 고정길이 값을 생성한다.

③ 수신자는 수신된 메시지에 동일 키를 이용하여 새 메시지 인증코드를 생성하기 위해 동일한 계산을 수행한다.

④ 송신자는 메시지를 공개키로 암호화하여 보냄으로써 메시지 송신에 대한 부인을 방지한다.

해설 ?
메시지 인증 코드(MAC) : 송신자는 메시지를 개인키로 암호화하여 보냄으로써, 메시지 송신에 대한 부인을 방지할 수 있다.

68 강제적 접근통제의 특징이 아닌 것은?

① 중앙집중적 관리가 용이하다.

② 접근 규칙 수가 적어 통제가 용이하다.

③ 이직률이 높은 기업에 적합하다.

④ 사용자와 데이터는 보안등급을 부여받아 적용한다.

해설 ?
③은 역할기반 접근통제(RBAC)의 특징이다.

69 CRL(Certificate Revocation List)과 비교 시 OCSP(Online Certificate Status Protocol)에 대한 설명으로 옳지 않은 것은?

① 실시간 인증서 상태 프로토콜로, 인증서의 유효성을 검증한다.

② 인증서가 폐기되면 바로 반영된다.

③ OCSP 서버로부터 인증서 상태를 전달받는다.

④ 비용 지불 없이 사용할 수 있다.

해설 ?
OCSP : 인증기관(CA)과의 계약체결로, 사용량에 따라 비용을 지불해야 한다.

70 다음 〈보기〉에서 설명하는 대칭키 암호 공격방법은?

- 암호 해독자는 일정량의 알려진 평문에 대응하는 암호문을 알고 있음
- 암호화 키를 알아내거나, 다른 암호문들에 대응되는 평문을 추정하는 방법

① 암호문 단독 공격   ② 기지 평문 공격

③ 선택 평문 공격   ④ 선택 암호문 공격

해설 ?
① **암호문 단독 공격** : 입수된 암호문만을 이용하여 평문을 찾는 방법이다. 평문의 통계적 성질, 문장의 특성 등을 추정하여 찾아내는 방법이다.

③ **선택 평문 공격** : 암호기에 일시적으로 접근할 수 있어, 특정한 평문을 자유롭게 선택하여 이에 대응하는 암호문을 얻을 수 있는 상황에서 암호키를 찾아내는 방법이다.

④ **선택 암호문 공격** : 복호기에 일시적으로 접근할 수 있어, 특정한 암호문을 자유롭게 선택하여 이에 대응하는 평문을 얻을 수 있는 상황에서 암호키를 찾아내는 방법이다.

71 다음 〈보기〉에서 설명하는 접근통제 보안 모델은?

- 정보의 기밀성에 중점을 둔 최초의 수학적 모델이다.
- MAC(Mandatory Access Control) 방식으로 접근을 통제한다.
- 이 모델에서 주체는 자신의 인가권 수준보다 높은 수준의 데이터를 읽을 수 없으며, 주체는 데이터를 자신의 인가권 수준보다 낮은 수준의 객체에 기록할 수 없다.

① State Machine Model

② Bell–LaPadula Model

③ Biba Model

④ Lattice Model

해설 ?
① **State Machine Model** : 각각의 상태(State)들을 어떤 조건에 따라 연결해 놓은 것이다. 이 상태 머신 중에서도 유한한 개수의 상태를 가진 것을 FSM(Finite State Machine)이라고 한다. FSM의 동작은 하나의 입력(Input)을 받고, 그에 따라 현재 상태(Current State)로부터 다음 상태(Next State)로 전이(Transition)하는 방식으로 동작한다.

③ **Biba Model** : 벨-라파둘라(Bell-Lapadula) 모델의 단점인 무결성을 보장할 수 있도록 한 모델이다. 주체에 의한 객체접근의 항목으로 무결성을 보장하기 위해 개발된 모델이다.

④ **Lattice Model** : 정보 흐름을 안전하게 통제하기 위한 보안모델로, 접근 주체에 접근 가능한 정보 등급의 하한선과 상한선이 부여된다.

72 은닉서명에 대한 설명으로 옳은 것은?

① 전자화폐 이용 시 사용자의 신원 노출 문제점을 해결하는 전자서명 기술이다.

② 전자서명 발급 이후에 메시지에 대한 서명의 유효성을 확인할 수 없으나, 서명 생성자는 수신자의 신원을 알 수 있다.

③ 사용자 A가 서명자 B에게 자신의 메시지를 보여주고 서명을 얻는 방법이다.

④ 검증자는 메시지에 대한 서명의 유효성을 확인할 수 없으나, 송신자의 신원을 알 수 있다.

> **해설** 🔍
> ① 전자화폐 이용 시 서명자의 신원 노출 문제점을 해결하는 전자서명 기술이다.
> ③ 사용자 A가 임의의 문서 내용을 서명자 B에게 알리지 않고 서명을 받는 방법이다.
> ④ 검증자는 메시지에 대한 서명의 유효성은 확인할 수 있으나, 송신자의 신원을 확인할 수 없다.

73 Hybrid 암호화 시스템에 관련된 설명으로 옳지 않은 것은?

① 대칭 암호 시스템은 1회용 세션키로 데이터를 암호화하는 용도로 사용한다.

② 공개키 암호 시스템은 대칭 암호 알고리즘에서 사용할 1회용 세션키를 분배하는 용도로 사용한다.

③ 공개키 암호 시스템은 암·복호화 속도가 느려 대용량 데이터 암호화에 부적합하기 때문에 속도가 빠른 대칭키 암호 시스템을 혼용하는 것이다.

④ 키 분배를 대칭키 암호 시스템으로 암호화하여 분배하고, 암호화할 데이터를 공개키로 암호화한다.

> **해설** 🔍
> **Hybrid 암호화 시스템** : 대칭키 암호 시스템과 공개키 암호 시스템을 혼합한 암호 시스템으로, 대칭키의 장점인 빠른 처리 속도와 공개키의 장점인 키 분배의 편리함을 이용한 암호 시스템이다. 키 분배를 공개키 암호 시스템으로 암호화하여 분배하고, 암호화할 데이터를 대칭키로 암호화한다.

74 FIDO(Fast IDentity Online)에 대한 설명으로 옳지 않은 것은?

① 패스워드 문제점을 해결하기 위한 하나의 방법이다.

② 인증 기법과 인증 프로토콜을 분리하는 것이 핵심 아이디어이다.

③ FIDO 표준에는 UAF(Universal Authentication Framework), U2F(Universal 2nd Factor) 등이 포함된다.

④ FIDO UAF에서는 소유기반 인증방식으로 패스워드 문제점을 해결한다.

> **해설** 🔍
> • FIDO : 개인용 스마트 기기에서 지문, 홍채, 안면 등의 생체정보를 이용해 인증하는 기술이다.
> • FIDO UAF : 패스워드 대신 생체인증 기술을 사용하는 인증기술이다.
> • FIDO U2F : 패스워드 인증방식과 별도의 장치를 사용하여 인증하는 2차 인증기술이다.

75 다음 〈보기〉에서 설명하는 블록 암호 운용 모드는?

> • 평문이 블록 암호 알고리즘의 입력으로 전혀 사용되지 않음
> • 평문이나 암호문의 오류가 후속 블록에 영향을 미치지 않음
> • 블록 암호를 기반으로 한 스트림 암호

① ECB 모드 ② CBC 모드

③ CFB 모드 ④ OFB 모드

76 다음 〈보기〉와 같은 함수의 용도로 가장 적절한 것은?

> H(key XOR 3636...36, H(key XOR 5C5C...5C, data))
> (H는 임의의 암호학적 해시함수, key는 비밀키, 3636...36 과 5C5C...5C 등은 같은 길이의 16진수)

① 메시지 인증 ② 메시지 기밀성

③ 송신자 부인방지 ④ 서비스거부 공격 방지

> **해설** 🔍
> [HMAC]
>
> HMAC(K, text) = H((K0 XOR opad) || H(K0 XOR ipad) || text))
>
> • H : 해시함수
> • K0 : 암호키 K의 바이트 크기에 따라 사전 계산을 통해 B 바이트가 되도록 유도된 값
> • opad(Outer pad) : 바이트 0x5c를 B번 연접하여 구성
> • ipad(Inner pad) : 바이트 0x36을 B번 연접하여구성

77 인증방식과 보안 요소 기술이 잘못 연결된 것은?

① 알고 있는 것(Something You Know)

　– 아이디(ID), 비밀번호(Password), OTP 생성기

② 가지고 있는 것(Something You Have)

　– 스마트카드(Smart Card), 신분증

③ 자신의 모습(Something You Are)

　– 지문, 얼굴, 홍채

④ 위치해 있는 곳(Somewhere You Are)

　– 사용자 IP 주소, 콜백(Callback)

해설 ❓

• 알고 있는 것(Something You Know) → 지식기반
　– 아이디(ID), 비밀번호(Password)
• 가지고 있는 것(Something You Have) → 소유기반
　– 스마트카드(Smart Card), OTP 생성기, 신분증

78 대칭키 배송 문제를 해결할 수 있는 방법이 아닌 것은?

① Diffie-Hellman 키 교환 방법에 의한 해결

② 키 분배 센터에 의한 해결

③ 전자서명에 의한 해결

④ 공개키 암호에 의한 해결

해설 ❓

전자서명 : 송신자 부인방지, 무결성 기능 등을 지원하며, 기밀성, 키 분배 기능 등은 지원하지 않는다.

79 메시지 인증 코드에서 재전송 공격을 방지하기 위한 방법으로 가장 거리가 먼 것은?

① 메시지 내부에 일방향 해시값(One-Way Hash)을 추가하여 메시지 인증코드를 생성한다.

② 메시지 내부에 매회 1씩 증가하는 순서번호 (Sequence Number)를 추가하여 메시지 인증코드를 생성한다.

③ 메시지 내부에 난수 형태의 일회용 Nonce 값을 추가하여 메시지 인증코드를 생성한다.

④ 메시지 내부에 현재 시각 정보(Timestamp)를 추가하여 메시지 인증코드를 생성한다.

해설 ❓

①은 메시지 무결성을 보장하기 위한 방법이다.

80 SSL, IPSec 등 대부분의 네트워크 보안 프로토콜에서 RSA 공개키 암호를 이용하여 송신자(A)와 수신자(B) 간에 비밀 세션키를 공유하는 키 분배 방식을 지원하고 있다. 이때, 송신자(A)가 수신자(B)에게 전달하는 세션키를 암호화할 때 필요로 하는 키 정보에 해당하는 것은?

① 송신자(A)의 개인키　　② 송신자(A)의 공개키

③ 수신자(B)의 개인키　　④ 수신자(B)의 공개키

5과목 정보보안 관리 및 법규

81 정보통신기반 보호위원회의 기능에 대한 설명으로 옳지 않은 것은?

① 주요정보통신기반시설의 지정 및 지정 취소

② 주요정보통신기반시설 보호정책의 조정

③ 주요정보통신기반시설에 관한 보호계획의 종합 · 조성

④ 주요정보통신기반시설 보호대책의 수립

해설 ❓

[정보통신기반 보호법]
제4조(위원회의 기능)
위원회는 다음 각호의 사항을 심의한다.
　1. 주요정보통신기반시설 보호정책의 조정에 관한 사항
　2. 제6조제1항에 따른 주요정보통신기반시설에 관한 보호계획의 종합 · 조정에 관한 사항
　3. 제6조제1항에 따른 주요정보통신기반시설에 관한 보호계획의 추진 실적에 관한 사항
　4. 주요정보통신기반시설 보호와 관련된 제도의 개선에 관한 사항
　4의2. 제8조제5항에 따른 주요정보통신기반시설의 지정 및 지정 취소에 관한 사항
　4의3. 제8조의2제1항 후단에 따른 주요정보통신기반시설의 지정 여부에 관한 사항
　5. 그 밖에 주요정보통신기반시설 보호와 관련된 주요 정책사항으로서 위원장이 부의하는 사항

82 공인인증서의 폐지 사유가 아닌 것은?

① 가입자 또는 그 대리인이 공인인증서의 폐지를 신청한 경우

② 공인인증서의 유효기간이 경과한 경우

③ 가입자의 전자서명생성정보가 분실 · 훼손 또는 도난 · 유출된 사실을 인지한 경우

④ 가입자가 사위 기타 부정한 방법으로 공인인증서를 발급받은 사실을 인지한 경우

해설

[전자서명법]

제16조(공인인증서의 효력의 소멸 등)

① 공인인증기관이 발급한 공인인증서는 다음 각호의 1에 해당하는 사유가 발생한 경우에는 그 사유가 발생한 때에 그 효력이 소멸된다.

1. 공인인증서의 유효기간이 경과한 경우
2. 제12조제1항의 규정에 의하여 공인인증기관의 지정이 취소된 경우
3. 제17조의 규정에 의하여 공인인증서의 효력이 정지된 경우
4. 제18조의 규정에 의하여 공인인증서가 폐지된 경우

제18조(공인인증서의 폐지)

① 공인인증기관은 공인인증서에 관하여 다음 각호의 1에 해당하는 사유가 발생한 경우에는 해당 공인인증서를 폐지하여야 한다.

1. 가입자 또는 그 대리인이 공인인증서의 폐지를 신청한 경우
2. 가입자가 사위 기타 부정한 방법으로 공인인증서를 발급받은 사실을 인지한 경우
3. 가입자의 사망 · 실종선고 또는 해산 사실을 인지한 경우
4. 가입자의 전자서명생성정보가 분실 · 훼손 또는 도난 · 유출된 사실을 인지한 경우

② 공인인증기관은 제1항의 규정에 의하여 공인인증서를 폐지한 경우에는 그 사실을 항상 확인할 수 있도록 지체 없이 필요한 조치를 취하여야 한다.

83 전자서명법에서 정의한 용어에 대한 설명으로 옳지 않은 것은?

① "전자서명"이라 함은 서명자를 확인하고 서명자가 해당 전자문서에 서명을 하였음을 나타내는데 이용하기 위하여 해당 전자문서에 첨부되거나 논리적으로 결합된 전자적 형태의 정보를 말한다.

② "전자문서"라 함은 정보처리시스템에 의하여 전자적 형태로 작성되어 송신 또는 수신되거나 저장된 정보를 말한다.

③ "전자서명 검증"이라 함은 전자서명생성정보가 가입자에게 유일하게 속한다는 사실을 확인하고 이를 증명하는 행위를 말한다.

④ "공인인증업무"라 함은 공인인증서 발급, 인증관련 기록의 관리 등 공인인증 역무를 제공하는 업무를 말한다.

해설

[전자서명법]

제2조(정의)

이 법에서 사용하는 용어의 정의는 다음과 같다.

1. "전자문서"라 함은 정보처리시스템에 의하여 전자적 형태로 작성되어 송신 또는 수신되거나 저장된 정보를 말한다.
2. "전자서명"이라 함은 서명자를 확인하고 서명자가 해당 전자문서에 서명을 하였음을 나타내는데 이용하기 위하여 해당 전자문서에 첨부되거나 논리적으로 결합한 전자적 형태의 정보를 말한다.
3. "공인전자서명"이라 함은 다음 각목의 요건을 갖추고 공인인증서에 기초한 전자서명을 말한다.
   가. 전자서명생성정보가 가입자에게 유일하게 속할 것
   나. 서명 당시 가입자가 전자서명생성정보를 지배 · 관리하고 있을 것
   다. 전자서명이 있은 후에 해당 전자서명에 대한 변경여부를 확인할 수 있을 것
   라. 전자서명이 있은 후에 해당 전자문서의 변경여부를 확인할 수 있을 것
4. "전자서명생성정보"라 함은 전자서명을 생성하기 위하여 이용하는 전자적 정보를 말한다.
5. "전자서명검증정보"라 함은 전자서명을 검증하기 위하여 이용하는 전자적 정보를 말한다.
6. "인증"이라 함은 전자서명생성정보가 가입자에게 유일하게 속한다는 사실을 확인하고 이를 증명하는 행위를 말한다.
7. "인증서"라 함은 전자서명생성정보가 가입자에게 유일하게 속한다는 사실 등을 확인하고 이를 증명하는 전자적 정보를 말한다.
8. "공인인증서"라 함은 제15조의 규정에 따라 공인인증기관이 발급하는 인증서를 말한다.
9. "공인인증업무"라 함은 공인인증서의 발급, 인증관련 기록의 관리 등 공인인증역무를 제공하는 업무를 말한다.
10. "공인인증기관"이라 함은 공인인증역무를 제공하기 위하여 제4조의 규정에 의하여 지정된 자를 말한다.
11. "가입자"라 함은 공인인증기관으로부터 전자서명생성정보를 인증받은 자를 말한다.

84 정보보호 관리체계에 대한 설명으로 옳지 않은 것은?

① 경영과 IT 영역의 중요한 위험관리 활동의 하나이다.

② 기업이 민감한 정보를 안전하게 보존하도록 관리할 수 있는 체계적 경영관리 시스템이다.

③ 기업에 있는 정보자산 보호를 목적 운용 또는 인적 관리는 관리대상에서 배제한다.

④ 계획(Plan), 실행(Do), 점검(Check), 개선(ACT) 사이클을 기반으로 경영 활동을 분석한다.

해설 ❓
정보보호 관리체계 : 기업에 있는 정보자산 보호를 목적 운용 또는 인적 · 물적 자원관리를 관리대상에 모두 포함한다.

85 위험의 구성요소가 아닌 것은?

① 자산　② 위협　③ 취약점　④ 정책

86 ISMS-P 인증제도에 관련된 설명으로 옳지 않은 것은?

① ISMS-P에서는 관리체계 수립 및 운영, 보호대책 요구사항, 개인정보 처리단계별 요구사항의 102개 인증기준이 존재한다.

② 정보보호 및 개인정보보호를 위한 일련의 조치와 활동이 인증기준에 적합함을 인터넷진흥원 또는 인증기관이 증명하는 제도이다.

③ ISMS-P 인증기관 및 심사기관의 유효기간은 5년이며, 유효기간이 끝나기 전 6개월부터 끝나는 날까지 재지정을 신청할 수 있다.

④ 정보통신기반 보호법에 따른 주요통신기반시설의 취약점 분석 · 평가에 따른 정보보호 조치를 취한 경우 인증심사 일부를 생략할 수 있다.

해설 ❓
[정보보호 및 개인정보보호 관리체계 인증 등에 관한 고시]
(과학기술정보통신부)
제9조(인증기관 및 심사기관의 재지정)
① 인증기관 및 심사기관 지정의 유효기간은 3년이며, 유효기간이 끝나기 전 6개월부터 끝나는 날까지 재지정을 신청을 할 수 있으며, 제6조제2항 각 호의 서류를 과학기술정보통신부장관, 행정안전부장관 및 방송통신위원회에 제출하여야 한다. 이 경우 재지정의 신청에 대한 처리결과를 통지받을 때까지는 그 지정이 계속 유효한 것으로 본다.

87 국내 정보보호 및 개인정보보호 관리체계(ISMS-P)의 관리체계 수립 및 운영 4단계 중 위험관리 단계의 통제항목에 해당하지 않는 것은?

① 정보자산 식별　② 현황 및 흐름 분석

③ 보호대책 구현　④ 위험 평가

해설 ❓
[관리체계 수립 및 운영 인증기준]

영역	분야	적용 여부
관리체계 수립 및 운영	관리체계 기반 마련	경영진의 참여
		최고책임자의 지정
		조직 구성
		범위 설정
		정책 수립
		자원 할당
	위험관리	정보자산 식별
		현황 및 흐름분석
		위험평가
		보호대책 선정
	관리체계 운영	보호대책 구현
		보호대책 공유
		운영현황 관리
	관리체계 점검 및 개선	법적 요구사항 준수 검토
		관리체계 점검
		관리체계 개선

88 정보주체의 권리에 해당하지 않는 것은?

① 개인정보의 처리 여부를 확인하고, 개인정보에 대하여 열람을 요구할 권리

② 개인정보의 처리 정지, 정정, 삭제 및 파기를 요구할 권리

③ 개인정보의 처리에 관한 정보를 제공받을 권리

④ 개인정보의 처리로 인하여 발생한 금전적 이익에 대해 배상받을 권리

해설 ❓
[개인정보 보호법]
제4조(정보주체의 권리)
정보주체는 자신의 개인정보 처리와 관련하여 다음 각 호의 권리를 가진다.
　1. 개인정보의 처리에 관한 정보를 제공받을 권리
　2. 개인정보의 처리에 관한 동의 여부, 동의 범위 등을 선택하고 결정할 권리
　3. 개인정보의 처리 여부를 확인하고 개인정보에 대하여 열람(사본의 발급을 포함한다. 이하 같다)을 요구할 권리
　4. 개인정보의 처리 정지, 정정 · 삭제 및 파기를 요구할 권리
　5. 개인정보의 처리로 인하여 발생한 피해를 신속하고 공정한 절차에 따라 구제받을 권리

89 자동화된 위험분석 도구의 특징이 아닌 것은?

① 위험분석의 일반적인 요구사항과 절차를 자동화한 도구이다.

② 위험분석에 소요되는 시간과 비용을 절감할 수 있다.

③ 분석 과정에서 정확한 자료의 입력이 매우 중요하다.

④ 수작업 시의 실수로 인한 오차를 줄일 수 있기 때문에 수작업에 비해 결과에 대한 신뢰도가 높다.

90 침해사고 등이 발생한 경우 클라우드컴퓨팅 발전 및 이용자 보호에 관한 법률에 따른 클라우드서비스 제공자의 의무를 설명한 것이다. 옳지 않은 것은?

① 이용자 정보가 유출된 때에는 즉시 그 사실을 과학기술정보통신부장관에게 알려야 한다.

② 사전예고 없이 대통령령으로 정하는 기간 이상 서비스 중단이 발생한 때에는 지체 없이 그 사실을 해당 과학기술정보통신부장관에게 알려야 한다.

③ '정보통신망 이용촉진 및 정보보호 등에 관한 법률'에 따른 침해사고가 발생한 때에는 지체 없이 그 사실을 해당 이용자에게 알려야 한다.

④ 이용자 정보가 유출된 때에는 지체 없이 그 사실을 해당 이용자에게 알려야 한다.

해설 ❓

[클라우드컴퓨팅 발전 및 이용자 보호에 관한 법률]

제25조(침해사고 등의 통지 등)

① 클라우드컴퓨팅서비스 제공자는 다음 각 호의 어느 하나에 해당하는 경우에는 지체 없이 그 사실을 해당 이용자에게 알려야 한다.

1. 「정보통신망 이용촉진 및 정보보호 등에 관한 법률」 제2조제7호에 따른 침해사고(이하 "침해사고"라 한다)가 발생한 때

2. 이용자 정보가 유출된 때

3. 사전예고 없이 대통령령으로 정하는 기간(당사자 간 계약으로 기간을 정하였을 경우에는 그 기간을 말한다) 이상 서비스 중단이 발생한 때

② 클라우드컴퓨팅서비스 제공자는 제1항제2호에 해당하는 경우에는 즉시 그 사실을 과학기술정보통신부장관에게 알려야 한다.

③ 과학기술정보통신부장관은 제2항에 따른 통지를 받거나 해당 사실을 알게 되면 피해 확산 및 재발의 방지와 복구 등을 위하여 필요한 조치를 할 수 있다.

91 다음 〈보기〉는 정보통신망 이용촉진 및 정보보호 등에 관한 법률에 대한 내용이다. ( ) 안에 들어갈 내용으로 옳은 것은?

> 정보통신망 이용촉진 및 정보보호 등에 관한 법률에 있는 개인정보보호 관련 조항은 기본적으로 정보통신서비스 제공자와 (㉠) 간의 관계를 규정하고 있다.

① 이용자

② 별정통신사업자

③ 부가통신사업자

④ 기간통신사업자

92 개인정보 영향평가 시 고려해야 할 사항으로 옳지 않은 것은?

① 개인정보의 제3자의 제공 여부

② 처리하는 개인정보의 수

③ 정보주체의 권리를 해할 가능성 및 그 위험 정도

④ 개인정보를 처리하는 수탁업체 관리·감독의 여부

해설 ❓

[개인정보 보호법]

제33조(개인정보 영향평가)

① 공공기관의 장은 대통령령으로 정하는 기준에 해당하는 개인정보파일의 운용으로 인하여 정보주체의 개인정보 침해가 우려되는 경우에는 그 위험요인의 분석과 개선 사항 도출을 위한 평가(이하 "영향평가"라 한다)를 하고 그 결과를 보호위원회에 제출하여야 한다. 이 경우 공공기관의 장은 영향평가를 보호위원회가 지정하는 기관(이하 "평가기관"이라 한다) 중에서 의뢰하여야 한다.

② 영향평가를 하는 경우에는 다음 각 호의 사항을 고려하여야 한다.

1. 처리하는 개인정보의 수

2. 개인정보의 제3자 제공 여부

3. 정보주체의 권리를 해할 가능성 및 그 위험 정도

4. 그 밖에 대통령령으로 정한 사항

93 정보보호 위험의 정량적 평가방법이 아닌 것은?

① 수학공식 접근법　　② 과거자료 분석법

③ 확률분포법　　　　④ 델파이법

해설 ❓

• 정량적 평가 방법 : 수학공식 접근법, 과거자료 분석법, 확률분포법

• 정성적 평가 방법 : 시나리오법, 델파이법, 순위결정법

94 주요통신기반시설 관리기관이 취약점 분석 · 평가를 의뢰할 수 없는 기관은?

① 「국가정보화 기본법」 제14조의 규정에 의한 한국정보화진흥원

② 「정보보호산업의 진흥에 관한 법률」 제23조에 따라 지정된 정보보호 전문서비스 기업

③ 「정보통신기반 보호법」 제16조의 규정에 의한 정보공유 · 분석센터

④ 「정부출연연구기관 등의 설립 · 운영 및 육성에 관한 법률」 제8조의 규정에 의한 한국전자통신연구원

해설 ❓

[정보통신기반 보호법]
제9조(취약점의 분석 · 평가)
① 관리기관의 장은 대통령령이 정하는 바에 따라 정기적으로 소관 주요정보통신기반시설의 취약점을 분석 · 평가하여야 한다.
② 중앙행정기관의 장은 다음 각 호의 어느 하나에 해당하는 경우 해당 관리기관의 장에게 주요정보통신기반시설의 취약점을 분석 · 평가하도록 명령할 수 있다.
　1. 새로운 형태의 전자적 침해행위로부터 주요정보통신기반시설을 보호하기 위하여 필요한 경우
　2. 주요정보통신기반시설에 중대한 변화가 발생하여 별도의 취약점 분석 · 평가가 필요한 경우
③ 관리기관의 장은 제1항 또는 제2항에 따라 취약점을 분석 · 평가하고자 하는 경우에는 대통령령이 정하는 바에 따라 취약점을 분석 · 평가하는 전담반을 구성하여야 한다.
④ 관리기관의 장은 제1항 또는 제2항에 따라 취약점을 분석 · 평가하고자 하는 경우에는 다음 각호의 1에 해당하는 기관으로 하여금 소관 주요정보통신기반시설의 취약점을 분석 · 평가하게 할 수 있다. 다만, 이 경우 제3항에 따른 전담반을 구성하지 아니할 수 있다.
　1. 「정보통신망 이용촉진 및 정보보호 등에 관한 법률」 제52조의 규정에 의한 한국인터넷진흥원(이하 "인터넷진흥원"이라 한다)
　2. 제16조의 규정에 의한 정보공유 · 분석센터(대통령령이 정하는 기준을 충족하는 정보공유 · 분석센터에 한한다)
　3. 「정보보호산업의 진흥에 관한 법률」 제23조에 따라 지정된 정보보호 전문서비스 기업
　4. 「정부출연연구기관 등의 설립 · 운영 및 육성에 관한 법률」 제8조의 규정에 의한 한국전자통신연구원
⑤ 과학기술정보통신부장관은 관계중앙행정기관의 장 및 국가정보원장과 협의하여 제항 및 제2항에 따른 취약점 분석 · 평가에 관한 기준을 정하고 이를 관계중앙행정기관의 장에게 통보하여야 한다.
⑥ 주요정보통신기반시설의 취약점 분석 · 평가의 방법 및 절차 등에 관하여 필요한 사항은 대통령령으로 정한다.

95 개인정보 보호법에서는 '개인정보 수집 시 그 목적에 필요한 최소한의 개인정보를 수집하여야 한다.' 고 되어있다. 이 경우 최소한의 개인정보 수집에 대한 입증을 부담하는 담당자는?

① 개인정보 담당자　　② 개인정보 책임자
③ 개인정보 처리자　　④ 정보주체

96 주 센터와 동일한 수준의 정보처리시스템을 원격지에 구축하고, Active—Standby 상태로 유지하여, 주 센터 장애 발생 시 원격지의 시스템을 운영상태로 전환하는 유형은?

① 미러 사이트　　② 핫 사이트
③ 웜 사이트　　④ 콜드 사이트

해설 ❓

① 미러 사이트 : 주 센터와 동일한 수준의 정보기술 자원을 원격지에 구축하고, 주 센터와 재해 복구 센터가 모두 운용 상태로 서비스를 하는 방식이다. RTO(복구 소요 시간)는 이론적으로 0이다.
③ 웜 사이트 : 주 센터와 동일한 수준의 정보기술 자원을 보유하는 대신 중요성이 높은 기술 자원만 부분적으로 보유하는 방식이다. 실시간 미러링을 수행하지 않으며, 데이터의 백업 주기가 수 시간 ~ 1일(RTO) 정도로 핫 사이트에 비하여 다소 길다.
④ 콜드 사이트 : 데이터만 원격지에 보관하고 서비스를 위한 정보 자원은 확보하지 않거나 최소한으로만 확보하는 유형이다. 주 센터의 데이터는 주기적으로 수 일 ~ 수 주(RTO)로 원격지에 백업한다.

97 다음 〈보기〉의 내용에 적합한 위험처리 전략은?

> 조직 내 인터넷을 이용하여 고액의 전자거래 시스템을 운영하고자 위험분석을 수행하였다. 위험분석의 결과는 고액의 온라인 전송에 따른 거래 금액 노출, 변조, 거래 사실 부인의 위험이 매우 높았다. 해당 조직은 이 위험을 처리하기 위해 전자서명, 암호화, 송신자 부인방지를 위한 공증 시스템과 같은 대책을 도입하였다.

① 위험 수용　　② 위험 감소
③ 위험 회피　　④ 위험 전가

해설 ❓

① 위험 수용 : 현재의 위험을 받아들이고 잠재적 손실 비용을 감수하는 것을 말한다.
③ 위험 회피 : 위험이 존재하는 프로세스나 사업을 수행하지 않고 포기하는 것을 말한다.
④ 위험 전가 : 보험이나 외주 등으로 잠재적 비용을 제3자에게 이전하거나 할당하는 것을 말한다.

98 정보보호 조직의 구성원과 그 책임에 대한 설명으로 옳지 않은 것은?

① 정보보호 관리자 – 조직의 정보보호 정책 표준, 대책, 실무 절차를 설계, 구현, 관리, 조사할 책임

② 최고 경영자 – 정보보호를 위한 총괄 책임

③ 데이터 관리자 – 정보시스템에 저장된 데이터의 정확성과 무결성을 유지하고, 데이터의 중요성 및 분류를 결정할 책임

④ 정보보호 위원회 – 보안 목적이 적절하고 정보보호 정책, 표준, 대책, 실무 및 절차가 조직의 보안 목적에 따라 적절하게 이루어지고 있음을 독립적인 입장에서 관리자에게 보증할 책임

해설 ❓
④는 정보시스템 감사자에 대한 설명이다.

99 다음 〈보기〉에서 설명하는 문서의 명칭은?

> 가. 프로젝트 범위 설정 및 기획
> 나. 조직 및 역할의 정의
> 다. 업무영향 분석
> 라. 사업 연속성 계획
> 마. 계획 승인 및 구현

① 위험관리 지침

② 업무 연속성 관리 지침

③ 정보보호 정책

④ 침해사고 대응 지침

해설 ❓
[침해사고 대응 지침]
• 침해사고의 정의 및 범위
• 침해사고 유형 및 중요도
• 침해사고 선포 절차 및 방법
• 비상 연락망 등 연락체계
• 침해사고 탐지 체계
• 침해사고 발생 시 기록, 보고 절차
• 침해사고 신고 및 통지 절차
• 침해사고 보고서 작성
• 침해사고 중요도 및 유형에 따른 대응 및 복구 절차
• 침해사고 복구 조직의 구성 및 역할
• 침해사고 복구 장비 및 자원 조달
• 침해사고 대응 및 복구 훈련, 훈련 시나리오
• 외부 전문가나 전문 기관의 활용 방안
• 기타 보안사고 예방 및 복구를 위한 필요한 사항

100 다음 〈보기〉는 OECD 개인정보보호 8개 원칙의 내용이다. 이에 해당하는 것은?

> 개인정보는 그 이용목적에 부합되는 것이어야 하며, 이용목적에 필요한 범위 내에서 정확하고 완전하며, 최신의 상태를 유지해야 한다.

① 수집 제한의 원칙

② 목적 명확화의 원칙

③ 정보 정확성의 원칙

④ 안전성 확보의 원칙

해설 ❓
[OECD 개인정보보호 8원칙]

수집제한의 원칙	개인정보의 수집은 적법하고 정당한 절차에 의해 정보주체의 인지나 동의를 얻은 후 수집되어야 한다.
정보 정확성의 원칙	개인정보는 그 이용목적에 부합되는 것이어야 하며, 이용목적에 필요한 범위내에서 정확하고 완전하며, 최신의 상태를 유지해야 한다.
목적 명확화의 원칙	개인정보의 수집목적은 수집시에 특정되어 있어야 하며, 그 후의 이용은 구체화된 목적달성 또는 수집목적과 부합해야 한다.
이용제한의 원칙	개인정보는 특정된 목적 이외의 다른 목적을 위하여 공개 · 이용 · 제공될 수 없다.
안전성 확보의 원칙	개인정보는 분실 또는 불법적인 접근 · 파괴 · 사용 · 위조 · 변조 · 공개 위험에 대비하여, 적절한 안전조치에 의해 보호되어야 한다.
처리방침의 공개 원칙	정보주체가 제공한 개인정보가 어떠한 용도와 방식으로 이용되고 있으며, 개인정보보호를 위하여 어떠한 조치를 취하고 있는지를 공개하여야 하며, 정보주체가 자신의 정보에 대하여 쉽게 확인할 수 있어야 한다.
정보주체 참여의 원칙	정보주체가 제공한 개인정보를 열람 · 정정 · 삭제를 요구할 수 있는 절차를 마련해야 한다.
책임의 원칙	정보관리자는 위의 제 원칙이 지켜지도록 필요한 제반조치를 취해야 할 책임이 있다.

참고 문헌 및 사이트

주요 문헌

- 박성업, 이기적 in 정보보안(산업)기사 필기 기본서 (영진닷컴, 2014)
- 박성업, 정보보호론 이론서(도서출판 북플러스, 2015)
- 박성업, 리눅스마스터 1급 기출문제집(도서출판 북플러스, 2018)
- 박성업, 정보시스템 · 네트워크보안 이론서(도서출판 북플러스, 2018)
- 박성업, 정보보안(산업)기사 필기 문제바이블 3000제(도서출판 북플러스, 2019)
- 양대일, 정보보안개론(한빛아카데미, 2018)
- KISA, 정보보안(산업)기사 기출문제(2013년~2019년)

기타 문헌

- KISA, WEB 취약점 점검 가이드
- KISA, WEB 서버 보안 가이드
- KISA, DNS 보안 가이드
- KISA, 서버 보안 가이드
- KISA, DB 보안 가이드
- KISA, 정보시스템 보안 가이드
- KISA, PC 보안 가이드
- KISA, 클라우드 보안 가이드
- KISA, DDoS 대응 가이드
- KISA, 무선랜 보안 가이드
- KISA, 악성코드 분석
- KISA, 주요정보통신기반시설 기술적 취약점 분석 평가 가이드
- 행정안전부, 소프트웨어 개발 보안 가이드
- 행정안전부, 소프트웨어 보안 약점 진단 가이드

주요 사이트

- KISA, http://www.kisa.or.kr
- KISA 인터넷보호나라&KrCERT, https://www.krcert.or.kr
- 국가법령정보센터, http://www.law.go.kr
- 한국정보통신기술협회, http://www.tta.or.kr
- 정보통신기술용어, http://ktword.co.kr
- 안랩, http://www.ahnlab.com
- 위키백과, https://ko.wikipedia.org/wiki
- 보안뉴스, https://www.boannews.com/

기타 사이트

- OAuth, http://www.nextree.co.kr/oauth-2reul-iyonghan-sso-hwangyeong-gucug-1-2
- SSO, https://hanee24.github.io/2018/08/04/sso/
- SAML, http://www.itworld.co.kr/tags/70505/OAuth/108736
- EAM/IAM, https://ghstylus.tistory.com/5

저자 카페

- 넷누리 https://cafe.naver.com/netnuri

좋은 책을 만드는 길
독자님과 함께하겠습니다.

도서에 궁금한 점, 아쉬운 점, 만족스러운 점이
있으시다면 어떤 의견이라도 말씀해 주세요.
시대인은 독자님의 의견을 모아 더 좋은 책으로 보답하겠습니다.

www.Sidaegosi.com

정보보안 기사·산업기사 **필기** **한권**으로 **끝**내기

초 판 발 행	2020년 07월 06일 (인쇄 2020년 05월 15일)
발 행 인	박영일
책 임 편 집	이해욱
저 자	박성업
편 집 진 행	임채현, IT 수험교재팀
표 지 디 자 인	안병용
편 집 디 자 인	임옥경
발 행 처	(주)시대고시기획
출 판 등 록	제 10-1521호
주 소	서울시 마포구 큰우물로 75 [도화동 538 성지 B/D] 9F
전 화	1600-3600
팩 스	02-701-8823
홈 페 이 지	www.sidaegosi.com
I S B N	979-11-254-7194-3(13000)
정 가	33,000원